JOSEPH ZIEGLER

SYLLOGE

GESAMMELTE AUFSÄTZE ZUR

MITTEILUNGEN DES SEPTUAGINTA-UNTERNEHMENS

der Akademie der Wissenschaften
in Göttingen

X

JOSEPH ZIEGLER

SYLLOGE

Gesammelte Aufsätze zur Septuaginta

GÖTTINGEN · VANDENHOECK & RUPRECHT · 1971

INHALT

Vorwort

Das vorliegende Buch trägt den Namen „Sylloge". Der Autor, der es
schrieb, wollte, daß es unter dieser einfachen und schlichten Bezeichnung
stehe. Es war nicht leicht, Prof. Dr. Joseph Ziegler für den Plan zu gewinnen, diesen Band erscheinen zu lassen. Denn er ist nicht angetan
von „den vielen ähnlichen Sammlungen alternder Forscher heutzutage,
in denen sie ihre Lebensleistung der Mitwelt in Erinnerung rufen" (ThLZ
87, 1962, Sp. 86). Das Werk solle — so meint er mit Recht — für sich
selbst sprechen. In der Tat, sein Werk, an dem er unverdrossen, stetig
und mit ganzem Einsatz weiterarbeitet, spricht für sich und bedarf nicht
des erinnernden Sammelbandes. Als er dann nach langem Drängen seine
Zustimmung gab, sollte das Buch den bescheidenen, sachlichen Titel erhalten, der im griechischen Wort schon zum Inhalt hinführt.

Dieser Band enthält Aufsätze und Beiträge zur Septuaginta, die Joseph
Ziegler in etwa drei Jahrzehnten seines wissenschaftlichen Arbeitens geschrieben hat. Sie werden im photomechanischen Nachdruck vorgelegt,
nicht nur des einfacheren Druckverfahrens wegen, sondern auch um noch
ein wenig den Eindruck der Erstveröffentlichung zu bewahren. Manche
von ihnen sind schwer zugänglich. Das trifft vor allem für die beiden
Studien, die im Personal- und Vorlesungsverzeichnis Braunsberg erschienen sind, zu. Deshalb wurde auch, obwohl sonst nur kürzere Beiträge Aufnahme fanden, die umfangreiche Abhandlung über „Die jüngeren griechischen Übersetzungen als Vorlage der Vulgata in den prophetischen Schriften" hereingenommen. Vieles aber konnte nicht berücksichtigt werden.

Das wissenschaftliche Werk Joseph Zieglers ist größer und umfangreicher, als dieses Buch es auszuweisen vermag. Die Festschrift, die zum
siebzigsten Geburtstag im Echter-Verlag zu Würzburg in zwei Bänden
erscheint und Beiträge zur Septuaginta (I) wie zu den Psalmen und Propheten (II) bringt, wird das Schriftenverzeichnis enthalten; es vermittelt
einen lebendigen Eindruck von dem reichen Schaffen dieses Gelehrten.
Vieles von dem, was er geschrieben hat, konnte der Sammelband nicht
fassen. Der Thematik wegen mußten manche Aufsätze oder auch Bespre-
chungen, die durch ihre treffsicheren Formulierungen und die klare
Sprache Zeugnis von dem unbestechlichen Urteil und dem Engagement
des Rezensenten geben, draußen bleiben. Nicht einmal alle Abhandlungen
zur Septuaginta erhielten einen Platz unter den hier nachgedruckten

Schriften. So wurden die Studie über „Die Münchener griechische Sirach-Handschrift 493" und die „Beiträge zur Jeremias-Septuaginta" fortgelassen, weil sie unter den Schriften der Münchener und der Göttinger Akademie der Wissenschaften noch leicht greifbar sind. Und die Habilitationsschrift „Untersuchungen zur Septuaginta des Buches Isaias" wie „Dulcedo Dei; ein Beitrag zur Theologie der griechischen und lateinischen Bibel", die als Monographien in den „Alttestamentlichen Abhandlungen" hinausgegangen waren, konnten nicht mehr unter den meist kleineren Aufsätzen und Beiträgen untergebracht werden. Natürlich kam ein Nachdruck der Einleitungen in die großen Septuaginta-Ausgaben nicht in Frage. Joseph Ziegler hat sie zu folgenden Bänden der „Göttinger Septuaginta", die er herausgab, geschrieben: XII, 1 Sapientia Salomonis; XII, 2 Sirach; XIII Duodecim Prophetae; XIV Isaias; XV Ieremias, Baruch, Threni, Epistula Ieremiae; XVI, 1 Ezechiel; XVII, 2 Daniel, Susanna, Bel et Draco. Sie müssen aber wenigstens erwähnt werden, wo es um die Abhandlungen zur Septuaginta geht. Denn sie enthalten nicht nur die Grundsätze und die bestimmenden Überlegungen zur Textgestaltung der großen kritischen Ausgaben, die Feststellung und Beschreibung der Rezensionen und die Besprechung ungewöhnlicher Wortformen, sondern auch viel Material und bedeutsame Ergebnisse zur Klärung schwieriger Stellen und Lesarten.

Obwohl „Sylloge" nur einen Teil der Septuaginta-Arbeiten Zieglers enthält, ist der Band doch mehr geworden als nur ein Ausschnitt aus dem Werk eines Gelehrten. Er ist eine Fundgrube für alle, die sich wissenschaftlich mit der Septuaginta beschäftigen. Darüber hinaus darf er als ein Arbeitsbuch gelten, das im eindringenden Studium in die hohe Kunst biblischer Philologie und Textkritik einzuführen vermag, wie sie ein Meister beherrscht. Auch aus diesem Grund darf der Herausgeber allen herzlich danken, die dieses Buch ermöglicht haben. Herrn P. Dr. Pirmin Hugger OSB danke ich sehr für die Erstellung der Register.

Den Dank an den Autor dieses Buches aber möchte ich in die Worte fassen, die J. W. Wevers schon vor fast zwanzig Jahren (ThRu 22, 1954, 111) aussprach und die heute, da mehr als das doppelte an großen kritischen Ausgaben und Aufsätzen vorliegt, um so mehr gelten: „Ziegler hat in weniger als eineinhalb Jahrzehnten drei kritische Ausgaben der Propheten herausgebracht. Daneben schrieb er eine große Zahl von Aufsätzen, die aus seiner wissenschaftlichen Arbeit hervorgingen ... Sein unglaublicher Fleiß, sein kritischer Verstand und seine unbedingte Hingabe an seine Aufgabe werden als leuchtendes Beispiel akademischen Idealismus' unvergessen bleiben."

Würzburg, den 25. Juli 1971   Josef Schreiner

Der textkritische Wert der Septuaginta des Buches Job

Der textkritische Wert der LXX für die Wiederherstellung des ursprünglichen hebr. Textes ist schon längst anerkannt. Allerdings ist er in den einzelnen Büchern je nach der Art und Weise der Übersetzung verschieden. Leider ist die LXX von den Textkritikern zu wenig gewürdigt worden. Dagegen hat in jüngster Zeit Fr. WUTZ in der zweiten Lieferung seiner *Transkriptionen* ([1]) in grösstem Ausmasse die LXX für die Gewinnung des ursprünglichen hebr. Textes herangezogen. Besonders zahlreich sind die Beispiele aus dem Buche Job gesammelt; hier bringt WUTZ an Hand der LXX viele neue Lesarten, dass das Buch Job weithin ein ganz anderes Gesicht trägt.

Mit Recht stellt WUTZ die Forderung auf, dass keine Korrektur des hebr. Textes ohne Einbeziehung der alten Versionen, namentlich der LXX als ältesten Textzeugen, vorzunehmen sei (S. 467). In dieser Beziehung hätte auch die *Biblia Hebraica* (= BH) noch mehr in ihrem textkritischen Apparat auf die LXX Bezug nehmen müssen. Sie ist zwar öfters zitiert, doch vermisst man manchmal einen entsprechenden Hinweis; so fehlt 23,13 die Zitation der LXX-Lesart ἔϰρινεν = בָּחַר, vgl. 15,5 διέϰρινας = תבחר. Auch 22, 2, wo das Ms. Ken. 18 דעת liest, hätte auf die LXX verwiesen werden können, die σύνεσιν ϰαὶ ἐπιστήμην übersetzt.

Weiterhin ist die Forderung von WUTZ berechtigt, dass jede Korrektur nur im engsten Anschluss an den überlieferten Konsonantenbestand des MT zu machen sei (S. 482). In dieser Hinsicht hat die neuere Textkritik viel gefehlt; hier soll nur auf die *Textstudien*

([1]) *Die Transkriptionen von der Septuaginta bis zu Hieronymus.* Stuttgart 1933. Folgende weitere Literatur ist noch verwendet: G. BEER, *Der Text des Buches Hiob.* Marburg 1897; P. DHORME, *Le livre de Job.* Paris 1926; N. PETERS, *Das Buch Job.* Münster i. W. 1928. — Die Arbeiten von BICKELL über die Job-LXX sind von BEER aufgenommen und verwertet; die späteren Studien über die Job-LXX gehen nicht über BEER hinaus.

zum *Buche Hiob* von G. RICHTER (Stuttgart 1927) verwiesen werden, die eine Reihe von Lesarten bringen, die sich ganz vom MT entfernen. Auch bei den Korrekturen auf Grund der LXX ist der MT möglichst zu berücksichtigen und nur die Lesart zu wählen, die graphisch am nächsten dem hebr. Text steht. Mit Recht polemisiert Wutz öfters gegen die BH, die verschiedene Lesarten auf Grund der LXX aufnimmt, die sich zu weit vom hebr. Text entfernen. So kann Job 15, 23 nur נֹעַד (= κατατέτακται) in Frage kommen, aber nicht נָתַן, das graphisch zu entfernt ist, vgl. WUTZ 265. Ferner steht zu 33, 17 מעשה der Hinweis auf LXX: «מֵעשֶׂק, מֵעוֹלָה *vel sim*»; hier käme höchstens מעשק (Wechsel ק - ה) in Frage; aber wahrscheinlich ist nur מִמַּעֲשֶׂה (מ haplogr. ausgefallen) zu lesen, das die LXX frei wiedergegeben hat, vgl. 37, 7 τὴν ἑαυτοῦ ἀσθένειαν מעשהו. 8, 10 möchte die BH mit Berufung auf die LXX וְיַגִּידוּ statt יאמרו des MT lesen; jedoch kann hier die Verlesung nicht begründet werden. LXX hat vielmehr יאמרו des MT gelesen und nur frei ἀναγγελοῦσιν gesetzt, das sich öfters als Äquivalent für אמר findet, vgl. Gen. 48, 1; Ex. 18, 6; 3 Reg. 18, 11; Ps. 101 (102) 25; Dan. LXX 2, 4. Ebenso kann Job 24, 13 der MT trotz der LXX-Lesart ἐπορεύθησαν beibehalten werden; LXX hat weder das Verbum יֵלְכוּ (BH) noch יָשׁוּרוּ (WUTZ S. 283) gelesen, sondern nur frei wiedergegeben, weil sie den Sinn ihrer Vorlage nicht genau erkannte, vgl. PETERS, *Komm.* 263. Auch 28, 11 hat LXX nicht in ihrer Vorlage עִמְקֵי gelesen (BH setzt hier sehr richtig ein Fragezeichen), sondern frei wiedergegeben, weil sie mit מבכי des hebr. Textes nicht zurecht kam.

Es ist voll anzuerkennen, dass WUTZ in systematischer Weise die Buchstabenverwechslung behandelt und genau über jeden Buchstaben Rechenschaft gibt. Ohne Zweifel hat WUTZ manche wertvolle Lesarten auf Grund der LXX gebracht. Doch geht er zu weit, indem er eine zu grosse Zahl von Textschäden annimmt. Hier widerspricht seine Textkritik dem richtigen Satze, den er gegen Ende seines Buches ausspricht, dass « eine unerhört sorgfältige Erhaltung des Konsonantenbestandes » vorliege (S. 483). Gewiss enthält der MT des Buches Job viele verderbte Lesarten; aber so weit wird doch nicht die Unsicherheit gehen, dass z. B. 34,20 kein einziges Wort des MT richtig überliefert ist (WUTZ S. 326 lässt von den 11 Wörtern des Verses keines stehen!). Eine richtige Beurteilung der LXX wird vielmehr an zahlreichen Stellen den MT belassen können; denn gerade beim Buche Job zeigt die LXX eine ausgesprochene Neigung zu erklären und zu paraphrasieren.

Bei der Verwertung der LXX als textkritisches Hilfsmittel ist vor allem die Tatsache nicht ausser acht zu lassen, dass die Ur-LXX nur vier Fünftel des ganzen Buches ausmacht([1]). Die fehlenden Teile wurden von den Späteren, besonders von Origenes, nach den jüngeren griech. Übersetzungen, namentlich aus Theodotion eingeschoben. So kommt es, dass an verschiedenen Stellen, wo LXX einen Vers verkürzt wiedergegeben hat, D o p p e l ü b e r s e t z u n g e n in der jetzigen Job-LXX stehen; die Korrektoren haben nämlich öfters übersehen, dass LXX verkürzt wiedergegeben hat; sie glaubten, dass nur eine Vershälfte übersetzt sei, und haben deshalb die vermeintlich fehlende nach Theod. aufgefüllt. Diese Tatsache hat WUTZ zu wenig beachtet.

20, 2 entspricht der jetzige griech. Text von V. 2 b nicht dem hebr. V. 2 b, sondern ist wohl eine Wiedergabe von V. 4 a. Deshalb ist die Textrekonstruktion von WUTZ (S. 219. 288) hinfällig.

30, 13 a stammt von Theod.; die Ur-LXX hat den Vers verkürzt wiedergegeben; deshalb entspricht ἐξέδυσαν dem hebr. נתסו und στολήν ist als Obj. aus יעילו (= מעיל) herausgelesen, vgl. PETERS, *Komm*. 329.

30, 22 b stammt ebenfalls von Theod.; ἐν ὀδύναις wird in תשוה zu suchen sein (= בשואה), vgl. V. 14 שאה = ὀδῦναι (so DHORME, *Komm*. 404).

37, 11-12 a fehlten in der Ur-LXX; anfänglich stand nur der letzte Versteil: ταῦτα... γῆς. Somit ist συντέτακται auf יצום zurückzuführen und kann nicht als Wiedergabe von ארצה = אֶצְרֶה « sein Auftrag » (so WUTZ S. 301) gelten.

39, 2 b LXX entspricht 39, 3 b MT; der jetzige LXX·Text 3 b stammt von Theod.; hier ist nur das Verbum שלך genauer mit ἐξαποστέλλειν übersetzt, während die Ur-LXX freier λύειν genommen hat. Deshalb kann WUTZ (S. 304) nicht zugestimmt werden, wenn er für וידעת verlangt: וְרָצֶתָ « und du hast ausgerechnet ».

([1]) So nach Angabe der BH zu 1, 1. Nach *Institutiones Biblicae* vol. II (Romae 1929) p. 78 beträgt das Minus der LXX ein Sechstel. Die griech. Codd. Dresd. A 170 und Vat. 346 bemerken, die LXX zähle 1600 Stichen ohne Asteriscus, dagegen 2200 Stichen, wenn man die durch Asteriscus bezeichneten Stücke hinzuzähle. Die Differenz beträgt demnach etwas mehr als ein Viertel des Buches. Aber das Mehr geht nur teilweise (etwa 2/3) auf Ergänzung von Stücken zurück, die der erste Uebersetzer ausgelassen hatte. Die hexaplarischen Verse, die meistens nach Theodotion ergänzt sind, sind in den Kommentaren von PETERS und DHORME vermerkt.

Öfters finden sich im Buche Job Wiedergaben, die ganz frei gehalten sind, so dass sie nicht mehr eigentlich als Übersetzungen gelten können, sondern Paraphrasen genannt werden müssen. Hier ist es nicht mehr möglich, die einzelnen Äquivalente festzustellen. So ist 24, 14. 20, ferner 33, 23 f.; 36, 18 f. in paraphrasierender Weise wiedergegeben worden. Deshalb kann nur schwer an diesen Stellen auf Grund der LXX der Text hergestellt werden. Wutz (S. 199) möchte 24, 14 auf Grund der LXX παρέδωκεν αὐτούς als ursprünglichen Text voraussetzen: יְקָדֵם = יִקְדָם. Man könnte als Parallele auf 1 Reg. (Sam.) 20, 25 hinweisen, wo LXX liest: προέφθασεν = וַיְקַדֵּם; MT: וַיָּקָם. Aber trotzdem wird der MT Job 24, 14 beizubehalten sein; jedenfalls kann hier die LXX nicht verwertet werden, da יָקוּם nicht als Äquivalent für παρέδωκεν αὐτούς gesichert ist.

24, 20 lautet ebenfalls (den letzten Satz ausgenommen, der von Theod. stammt) ganz verschieden in der LXX und im MT; auch hier versagt die LXX als textkritische Stütze. Die Verbesserungen von Wutz (S. 199. 239) befriedigen nicht. Die Konjektur von Wutz (S. 311) zu 33, 23 auf Grund der LXX οὐ μὴ τρώσῃ αὐτόν = פֶּן יַצְלֵף liest sich zwar ganz gut; aber es ist zu beachten, dass אֶלֶף mit χίλιοι in V. 23 a wiedergegeben ist, und dass τιτρώσκειν ein Lieblingsverbum des Übersetzers ist, das er besonders gerne in Beziehung auf die Engel verwendet, vgl. 36, 14; 36, 25 (s auch unten S. 295).

Die freie Wiedergabe findet sich in der Job-LXX sehr häufig. Öfters sind Konkreta durch Abstrakta wiedergegeben, namentlich bei Körperteilen. Bereits in der älteren LXX stehen solche Wiedergaben, vgl. Lev. 24, 12; Num. 9, 18. 20. 23 u. ö.: διὰ προστάγματος K. = עַל־פִּי יהוה. Ebenso heisst es Job 39, 27 ἐπὶ δὲ σῷ προστάγματι = עַל־פִּיךָ; auch נְשָׁמָה ist 4, 9 mit πρόσταγμα wiedergegeben und 26, 13 יָד.

Weiterhin finden sich solche Wiedergaben:

4, 10	שֵׁן	γαυρίαμα
12, 11	אֹזֶן	νοῦς
15, 5	לָשׁוֹן	ῥήματα
15, 26	צַוָּאר	ὕβρις
16, 16 (15)	קֶרֶן	σθένος
22, 12	רֹאשׁ	ὕβρις

Vgl. ferner: 6, 26 רוּחַ φθέγμα; 15, 5 לָשׁוֹן ῥήματα; 27, 4 לָשׁוֹן ψυχή; 29, 3 לֵב στόμα.

Bei der Verwendung der LXX als textkritisches Hilfsmittel muss die freie Wiedergabe berücksichtigt werden. Wutz (S. 206 f.) will 4, 10 עֲוִי « Gekläff » statt שֵׁן « Zahn » lesen; aber hier ist nur frei übersetzt, wie auch die Wiedergabe von שַׁאֲנָה mit σθένος zeigt. Ferner verbessert Wutz (S. 354) 15, 26 בְּצַוָּאר in כְּצֻרֵר; dies ist jedoch nicht notwendig; der MT kann beibehalten werden, vgl. Peters, *Komm.* 164. Auch 22, 12 wird nur eine freie Wiedergabe vorliegen.

Umgekehrt sind öfters Abstrakta durch Konkreta wiedergegeben:

8, 14 כֶּסֶל *Zuversicht* οἶκος (// מִבְטָח σκηνή)

33, 7 אֶכֶף *Druck* χείρ (// אֵימָה φόβος)

Auch hier liegt nur freie Wiedergabe vor. 8, 14 sieht Wutz (S. 504) das Wort נֵסֶל *Familie, Verwandtschaft* vorliegen, das LXX noch richtig gesehen habe; jedoch liegt hier nur freie Wiedergabe vor im Anschluss an 27, 18 (S. 291 und 294). Bei 33, 7 liegt der Versuch nahe, nach der LXX in כַּפִּי zu ändern; allein es fragt sich, wie das seltene אֶכֶף das geläufige כַּף verdrängen konnte. Allerdings steht 13, 21 כַּף ebenfalls parallel mit אֵימָה; hier ist es möglich, dass ursprünglich ebenfalls אכף gestanden hat. Der Übersetzer hat 33, 7 nur frei gedeutet in Abhängigkeit von der gewöhnlichen Wendung ἡ χείρ βαρεῖα, vgl. 23, 2 b.

In der ganzen LXX findet sich die freie Wiedergabe von דֶּרֶךְ im ethischen Sinn: = sittlicher oder unsittlicher Wandel; LXX übersetzt hier ἁμαρτίαι 3 Reg. 22, 53; κακία Jer. 15, 7; ἀνομία Ez. 20, 33. Auch bei Job ist דרך ganz verschieden wiedergegeben:

34, 21 ἔργα (// πράσσειν צַעַד)

36, 23 ἔργα

24, 4 ὁδὸς δικαία

24, 13 ὁδὸς δικαιοσύνης

34, 27 δικαίωμα (// νόμος אַחַר = אֹרַח)

40, 14 (19) πλάσμα

Auch die verwandten Begriffe von דֶרֶך sind ähnlich wiedergegeben:

13, 27 ἔργον   אָרַח

14, 16 ἐπιτήδευμα   צַעַד

33, 21 πράσσειν   צַעַד (// ἔργον דרך)

23, 11 ἔνταλμα   אֲשֶׁר

Wutz (S. 281; 323; 462) möchte *hier* keine freie Wiedergabe
sehen, sondern das Wort דֶרֶב (arab. *daraba* male habuit) = *Laster*
als ursprünglich voraussetzen. Er hat aber nicht berücksichtigt, dass
LXX auch an den anderen Stellen דֶרֶך ganz frei wiedergibt, (vgl.
34, 27, wo Wutz selbst die freie Wiedergabe der LXX anerkennt),
und dass auch die positive Seite von דֶרֶך = sittlich guter Wandel
frei mit ὁδὸς δικαία wiedergegeben wird, vgl. Job. 24, 4. 13. Deshalb
kommt das neue Wort דֶרֶב *Laster* nicht in Frage auf Grund der LXX.

Zu den « freien » Wiedergaben gehören auch die pleonastischen Übersetzungen im Buche Job. Hier zeigt sich die exegetische Anlage des Job-Übersetzers, der darauf bedacht ist, etwas
ausführlicher und breiter die hebr. Vorlage darzubieten. Eine Reihe
von Beispielen kann aufgezählt werden:

3, 24 συνέχεσθαι φόβῳ   שְׁאָגָה   (Subst.)

4, 4 θάρσος περιτιθέναι   אמץ   Pi.

6, 20 αἰσχύνην ὀφείλειν   בּוֹשׁ

7, 5 σαπρία σκωλήκων   רִמָּה

10, 16 ἀγρεύεσθαι εἰς θήραν   צוּד

10, 16 δεινῶς ὀλέκειν   פלא   Hithp.

14, 17 ἄκοντα παραβαίνειν   עָוֹן   (Subst.)

19, 17 προσκαλεῖσθαι κολακεύοντα   חנן

24, 12 στενάζειν μέγα   שׁוע   Pi.

30, 25 ἀνὴρ ἐν ἀνάγκαις   אֶבְיוֹן

31, 12 ἐκ ῥιζῶν ἀπολλύναι   שׁרשׁ   Pi.

31, 33 ἁμαρτάνειν ἀκουσίως   פֶּשַׁע   (Subst.)

38, 7 αἰνεῖν φωνῇ μεγάλῃ   רוּע   Hi.

39, 20 περιτιθέναι πανοπλίαν   רעשׁ   Hi.

Diese pleonastischen Wiedergaben können nicht als Duplikate angesehen werden; deshalb ist die Bemerkung BEERS (S. 45) zu 7, 5: « רמה scheint von G jetzt zwei Mal übersetzt zu sein » nicht zutreffend. Für die textkritische Verwendung der LXX müssen die pleonastischen Wiedergaben entsprechend berücksichtigt werden. Allerdings ist in manchen Fällen die Entscheidung schwierig, ob nur eine erklärende, breite Wiedergabe vorliegt, oder ob jedes griech. Wort ein Äquivalent im Hebr. hat. Es ist möglich, dass der Übersetzer ein Wort ausgelassen hat, und ein anderes pleonastisch wiedergegeben hat. WUTZ berücksichtigt in seinen Beispielen aus Job die pleonastischen Wiedergaben zu wenig.

So ist 3, 24 für συνεχόμενος nicht כמים als Äquivalent (= כְּמֵי umringt, vgl. WUTZ S. 275) zu suchen; συνέχεσθαι gebraucht nämlich der Übersetzer gerne als Auffüllsel, vgl. 7, 11; 10, 1; 38, 2; an diesen Stellen vertritt es nur die Präposition בְּ; deshalb könnte man 3, 24 auch an במו denken, vgl. BEER S. 22. Auch 10, 16 wird ἀγρ. εἰς θήραν nur in breiter Weise das Verbum צוד wiedergeben wollen; WUTZ (S. 310) sieht allerdings für εἰς σφαγήν das Äquivalent in ינאה = לְנֶאֶה ins Garn. Es ist möglich, dass aus diesem Verbum σφαγή herausgelesen ist; aber wahrscheinlich hat der Übersetzer das schwierige וינאה ausgelassen und תצודני pleonastisch wiedergegeben. Der V. 31, 33 ist verkürzt wiedergegeben. WUTZ (S. 275) möchte auf Grund der LXX כאדם des MT in מֵאָשֶׁם verbessern, das als ursprüngliche Lesart des hebr. Textes zu gelten habe. Auf den ersten Blick erscheint diese Verbesserung sehr ansprechend. Jedoch besagt der Hinweis auf πλημμέλημα = אָשָׁם nicht viel, weil ἀκουσίως gewöhnlich die Wiedergabe von שְׁגָגָה ist, vgl. Num. 15, 25. 26 u. ö.; dann ist entscheidend 14, 17, wo sich die verwandte Wiedergabe findet: εἴ τι ἄκων παρέβην = עַל־עֲוֹנִי. Von hier aus gesehen, kann ἁμαρτάνειν ἀκουσίως nur eine freie Wiedergabe von עָוֹן sein; weiterhin ist auch möglich, dass ἀκουσίως einfach freie Wiedergabe von כאדם ist: = wie ein Mensch, d. i. versehentlich. Auch 38, 7 liegt eine pleonastische Wiedergabe vor; WUTZ (S. 209) sieht in בקר eine griech. Verlesung aus βεχολ statt βοχερ; jedoch wird בקר vom Übersetzer übergangen sein, und ויריעו nur breit wiedergegeben sein, vgl. 24, 12 στενάζειν μέγα. Der nämliche Fall liegt 39, 20 vor. Nach 39, 19 möchte man zwar für πανοπλία das Äquivalent in כארבה suchen (WUTZ S. 296 f. sieht es in אָרֶן = Rüstung); jedoch zeigt ein Blick auf 4, 4, dass das

Verbum רעש auch pleonastisch wiedergegeben sein kann: רעש « Ge-
rassel » ist als « Rüstung » gedeutet, vgl. unten S. 287 und 289.

Bevor eine Wiedergabe als frei bezeichnet wird, ist zu prüfen,
ob nicht innergriech. Verderbnis vorliegt. Manchmal ist die
Entscheidung nicht leicht zu geben. So möchte man bei ἀρέσαι 31, 10
innergriech. Verderbnis annehmen aus ἀλέσαι (ἀλεῖν = טחן Js. 47, 2).
Jedoch liegt hier nur freie Wiedergabe vor. LXX hat טחן (ähnlich
Vulg.: *scortum alterius sit uxor mea*) im sexuellen Sinne aufgefasst
und ein blasses Verbum gebraucht. Ebenso ist 7, 15 nicht klar, ob
ἀπὸ πνεύματος nur freie Wiedergabe ist, oder ob ursprünglich ἀπὸ
πνίγματος zu lesen ist. Eine innergriech. Verlesung anzunehmen,
empfiehlt sich sehr, vgl. ἀποπνίγειν = חנק Nah. 2, 13. Jedoch ist
auch möglich, dass der Übersetzer mit πνεῦμα den « Würggeist »
meint, vgl. 1 Reg. (Sam.) 16, 14 f.: καὶ ἔπνιγεν αὐτὸν πνεῦμα πονηρόν
ובעתתו רוח־רעה.

Der Job–Übersetzer verwendet verschiedene Verba als « Lieblingswörter » in bevorzugter Weise. Die Textkritik muss bei der
Verwertung dieser Lieblingswörter für die Ermittlung des hebr. Textes
recht vorsichtig sein; denn sie sind gerade dann öfters gewählt, wenn
im Hebr. ein schwieriges Wort steht. Der Übersetzer fand hier kein
genaues Äquivalent, und deshalb nahm er eines seiner bevorzugten
Wörter, das nach seiner Meinung den Sinn richtig (wenn auch nicht
wörtlich) wiedergab. Zu diesen Verba gehören:

ἀμφιάζειν = לבש 29, 14; 40, 5 (10); = כסות 31, 19.

ἀπαλλάσσειν = סור Hi. 9, 34; 27, 5; 34, 5; = סתר Hi. 3, 10;
= בחר 7, 15; = חתף 9, 12; = יבל Ho. 10, 19.

ἀποποιεῖσθαι = מאס 8, 20; 19, 18; 36, 5; = כסף (neg.) 14, 15;
= פרר Hi. 15, 4; 40, 3 (8).

ἐνάλλεσθαι = כרר 6, 27; = חבר Hi. 16, 5 (4); = למש 16, 10 (11);
= יכח Hi. 19, 5.

σβεννύναι = דעך 18, 5.6; 21, 17; = נתע 4, 10; = עלל Po. 16,
16 (15);
= נכא Ni. 30, 8; = ספק 34, 26; = כנע Hi. 40, 7 (12).

τιτρώσκειν = דכא Pi. 6, 9; = הלך 16, 7 (6); = חלף 20, 24;
= ברח Hi. 41, 19 (20); = ? 33, 23; 36, 14; 36, 25.

χειροῦσθαι = ערר 3, 8; = קטל 13, 15; = שלח־יד 30, 24.

χρᾶσθαι = עשה 13, 20; = שום 23, 6; = ? 30, 14; χρ. παρανό-
μως = עבר 34, 20; vgl. χρᾶσθαι ὀργῇ 10, 17; 16, 9
(10); 18, 4; 19, 11.

Weiterhin sind auch verschiedene « Lieblingswendungen »
in der Job–LXX aufzuzählen:

εἰς κενὸν κοπιάζειν   = לריק יניעה 39, 16 b; om. MT 2, 9 bγ.

εἰς κενὰ καὶ μάταια κοπ. = משיב יגע 20, 18 a.

κενὰ ἀποβήσεται   = שוא היה 15, 31 b; = ילד און 15, 35 b;
                           MT al. 34, 20 a.

τὰ σῖτα ζητεῖν   = עלי־דשא 6, 5 a; = לבלי־אכל 38, 41 b;
                         = חפר־אכל 39, 29 a; vgl. ζητεῖν βοράν
                         = עלי־אכל 9, 26 b.

πτῶμα ἐξαίσιον   = איד 18, 12; = מקרוב 20, 5 a; = אות
                         מפל תמים 37, 16 b.

ἔνδοξά τε καὶ ἐξαίσια   = נפלאות 5, 9 b; 10, 9 b; om. MT 34, 24
                           (aus 5, 9 b beigefügt).

Auch WUTZ muss zugeben, dass bei Job die obigen Wörter gerne
frei verwendet werden. Deshalb ist es nicht angängig, anzunehmen,
dass LXX 16, 10 (11) יוֹשֵׁשׁ statt ילטש (16, 9 MT) gelesen habe (so
WUTZ S. 377). Das Verbum σβεννύναι ist 4, 10 für נתע und 16, 16 (15)
für עלל Po. gebraucht; an beiden Stellen steht als Subjekt σθένος;
es ist deshalb nicht notwendig, dass LXX 4, 10 das Verbum נָתְשׁוּ
(von תשש Ni.) voraussetzt, wie WUTZ 260 f. meint. Ebenso gibt
τιτρώσκειν verschiedene hebr. Verba wieder; 16, 7 (6) ist wohl im
Hinblick auf 20, 24 das Verbum חלף von der LXX vorausgesetzt;
BEER (S. 100) vermutet hier entweder freie Übersetzung, oder das
Verbum חלה. 13, 15 bedeutet χειροῦσθαι *töten* und gibt deshalb קטל
richtig wieder; WUTZ (S. 378) nimmt an, dass LXX קלט « greifen »
voraussetze; dies ist unnötig. 3, 8 wird nur freie Wiedergabe vorliegen. Besonders häufig steht bei Job das Verbum χρᾶσθαι, namentlich
in der Verbindung mit ὀργῇ. Es ist möglich, dass 23, 6 ursprünglich
zu lesen ist: אַף statt אַךְ; allerdings ist ἐν ἀπειλῇ seltsam, da man
ἐν ὀργῇ erwarten würde; es mag auch nur freie Wiedergabe vorliegen, weil LXX den absoluten Gebrauch von שׁים (ohne לב, vgl. 4, 20)
verkannt hat. 37, 16 b ist πτ. ἐξαίσια nur eine freie Wiedergabe von
מפלאות ת'; WUTZ (S. 310) will als ursprüngliche Lesung gelten lassen:
מִפְלְצוֹת פְּתֹם; jedoch zeigt die gleiche Wiedergabe 18, 12; 20, 5
und besonders 5, 9, dass LXX נפלאות voraussetzt; sie denkt hier
an das Verbum נפל.

Die obige Zusammenstellung zeigt deutlich, dass der Job–Übersetzer besondere Verba und Wendungen bevorzugt; an diesen Stellen

kann die LXX nur mit allem Vorbehalt als textkritische Stütze verwendet werden. Selbst in solchen Fällen, wo sich eine Verlesung leicht erklären lässt (wie 3, 10 LXX: ἀπήλλαξεν = יסיר; MT: יסתר; Wechsel ת-י)([1]), ist es sehr fraglich, ob wirklich eine Verlesung vorliegt, oder ob nur LXX in freier Weise ihr Lieblingsverbum verwendet hat. Wenn wir hier die Übersetzungstechnik berücksichtigen, müssen wir zugeben, dass der Übersetzer ganz gut das Verbum des MT gelesen hat, ohne sich jedoch an eine genaue Wiedergabe zu binden.

Im folgenden sind eine Reihe von Beispielen zusammengestellt, wo sich eine Wiederaufnahme desselben Wortes oder derselben Wendung findet. Im Buche Job sind solche Wiederholungen sehr häufig, namentlich gegen Ende des Buches. Der Übersetzer hat sich nicht sonderlich Mühe gegeben, sondern kurz nacheinander dasselbe Wort gewählt. Bereits im hebr. Text finden sich solche Wiederholungen, die durch vertikale Dittographie entstanden sind([2]). Für die Job–LXX können folgende Stellen genannt werden:

1. 3, 1 b   καὶ κατηράσατο τὴν ἡμέραν αὐτοῦ   ויקלל את־יומו
   3, 5 c   καταραθείη ἡ ἡμέρα   כמרירי יום
   3, 8 a   ἀλλὰ καταράσαιτο αὐτὴν   יקבהו אררי־יום
          ὁ καταρώμενος τὴν ἡμέραν ἐκείνην

2. 5, 22 b   ἀπὸ δὲ θηρίων ἀγρίων   ומחית הארץ
   5, 23   θῆρες γὰρ ἄγριοι   וחית השדה

3. 15, 30 c   ἐκπέσοι δὲ αὐτοῦ τὸ ἄνθος   ויסור ברוח פיו
   15, 33 b   ἐκπέσοι δὲ ὡς ἄνθος ἐλαίας   וישלך כזית נצתו

4. 27, 9 a   ἢ τὴν δέησιν αὐτοῦ εἰσακούσεται ὁ θεός   הצעקתו ישמע אל
   27, 10 b   ἢ ὡς ἐπικαλεσαμένου αὐτοῦ   יקרא אלוה
          εἰσακούσεται αὐτοῦ   בכל־עת

([1]) Wutz erkennt den Wechsel ת-י nicht an. Trotzdem wird man ihn zugeben müssen, vgl. die Beispiele bei Delitzsch, *Lese-und Schreibfehler im A. T.* Nr. 117 u. 124 a; ferner Job 22, 30 אי־נקי = נקי את: Prov. 14. 27 תורת = יראת.

([2]) Vgl. N. Peters, *Vertikale Doppelschreibung als Fehlerquelle im Buche Job* in: *Theol. u. Gl.* 14 (1922) 109–110.

5. 28, 1 a   ...τόπος ὅθεν γίνεται   מוצא
     1 b   τόπος... ὅθεν διηθεῖται   ומקום ... יזקו
     2 a   ...ἐκ γῆς γίνεται   מעפר יקח

6. 29, 22 b   ... ὁπόταν αὐτοῖς ἐλάλουν   מלתי
     23 b   ... τὴν ἐμὴν λαλιάν   למלקוש

7. 31, 7 b   εἰ... ἐπηκολούθησεν ἡ καρδία μου   (אם) ... הלך לבי
     9 a   εἰ ἐξηκολούθησεν ἡ καρδία μου   אם־נפתה לבי

8. 34, 9 a   οὐκ ἔσται ἐπισκοπὴ ἀνδρός   לא יסכן־גבר
     9 b   καὶ ἐπισκοπὴ αὐτῷ παρὰ Κυρίου   ברצתו עם־א'

9. 34, 10 c   καὶ ἔναντι Παντοκράτορος ταράξαι τὸ δίκαιον   ושדי מעול
     12 b   ἢ ὁ Παντοκράτωρ ταράξει κρίσιν   ושדי לא־יעות משפט

10. 36, 21 a... μὴ πράξῃς ἄδικα   אל־תפן אל־און
     23 b   ἔπραξεν ἄδικα   פעלת עולה

11. 36, 23 a   ... αὐτοῦ τὰ ἔργα   דרכו
     24 a   ... αὐτοῦ τὰ ἔργα   פעלו

12. 38, 9 a   ἐθέμην δὲ αὐτῇ νέφος   בשומי ענן
     10 a   ἐθέμην δὲ αὐτῇ ὅρια   ואשבר עליו חקי

13. 38, 24 a   πόθεν δὲ ἐκπορεύεται πάχνη   אי־זה הדרך יחלק אור
     29 a   ἐκ γαστρὸς δὲ τίνος   מבטן מי
             ἐκπορεύεται ὁ κρύσταλλος   יצא הקרח

14. 38, 25 a   τίς δὲ ἡτοίμασεν ὑετῷ...   מי־פלג לשטף
     41 a   τίς δὲ ἡτοίμασεν κόρακι...   מי־יכין לערב

15. 39, 19 a   ἢ σὺ περιέθηκας ἵππῳ...   התתן לסוס
     20 a   περιέθηκας δὲ αὐτῷ...   התרעישנו

16. 39, 21 a   ἐν πεδίῳ γαυριᾷ   בעמק וישיש
     21 b   ἐκπορεύεται δὲ εἰς πεδίον   יצא לקראת־נשק
     23 a   ἐπ' αὐτῷ γαυριᾷ...   עליו תרנה

17. 41, 18 (19) a   ἥγηται μὲν γὰρ σίδηρον ἄχυρα   יחשב לתבן ברזל
     19 (20) b   ἥγηται μὲν πετροβόλον χόρτον   לקש נהפכו־לו אבני־קלע
     20 (21) a   ὡς καλάμη ἐλογίσθησαν σφυρά   כקש נחשבו תותח
     22 (23) b   ἥγηται δὲ τὴν θάλασσαν ὥσπερ ἐξάλιπτρον   ים ישים
                           [כמרקחה
     23 (24) b   ἐλογίσατο ἄβυσσον εἰς περίπατον   יחשב תהום לשיבה

Die Zusammenstellung zeigt, dass der Übersetzer gerne dieselben Wörter kurz hintereinander verwendet. Die betreffende Wendung lag ihm noch im Sinne, und deshalb hat er sie wieder verwendet, ohne sich viel Mühe zu machen und ein neues Wort zu suchen. Bei der Benützung der LXX als textkritisches Hilfsmittel muss diese Eigenart der Übersetzungsweise berücksichtigt werden, damit man nicht falsche Schlüsse aus dem griech. Wort auf die hebr. Vorlage zieht. Zu den einzelnen Beispielen sei folgendes vermerkt:

Zu 1. Aus כמרירי 3, 5 c hat der Übersetzer das Verbum ארר im Anschluss an V. 1 herausgelesen. Wutz (S. 460) sieht καταρ. in יבעתהו stecken und nimmt als Subjekt dazu נמרירי (vgl. assyr. *namrirru = Glanz*) und übersetzt: « es möge ihn verabscheuen die Helligkeit des Tages ». So ansprechend diese Wiedergabe ist, so wenig kann hier LXX als textkritische Stütze dienen, weil sie verkürzend und frei im Anschluss an V. 1 und 3 übersetzt.

Zu 3. ויסור 2⁰ ist wohl nicht ursprünglich, sondern durch יסור 1⁰ bedingt. Es ist nicht sicher, welches Verbum hier in Frage kommt; BH gibt וְיִשּׁוֹר und וִיסַעֵר an; das letztere wird ursprünglich 15, 30 gestanden haben, vgl. Wutz S. 269.

Zu 4. Die Wiedergabe εἰσακούσεται αὐτοῦ 27, 10 b ist abhängig vom vorausgehenden εἰσακούσ. V. 9 a; es ist fraglich, ob LXX hier יֶעְתָּר־לּוֹ (so BH), oder בָּן לְעָתֵר « achtet Gott auf den Beter » (so Wutz S. 245) als ursprünglich voraussetzt. Der MT ist beizubehalten.

Zu 6. Der Übersetzer hat den ganzen Vers 29, 23 ziemlich frei wiedergegeben, indem er im Anschluss an den vorausgehenden V. 22 מלקוש « Regen » bildlich als « Rede » auffasst. Eine Verlesung zu לְמִלְקָחִי « nach meiner Lehre » (Wutz S. 279) als ursprüngliche Lesart anzunehmen, ist unnötig.

Zu 8. Der Übersetzer bringt zweimal ἐπισκοπή; Wutz (S. 312) möchte für ἐπισκοπή 2⁰ als ursprüngliche Lesung בְּראֹתוֹ nach 6, 14 annehmen; jedoch ist die Wiedergabe der LXX durch ἐπισκοπή 1⁰ bedingt.

Zu 9. Der V. 34, 10 ist vom Übersetzer aus dogmatischen Gründen abwegig wiedergegeben. Die pleonastische Wiedergabe ταῥᾶξαι τὸ δίκαιον setzt nicht צֶדֶק מֵעַוֵּת voraus, wie BH bemerkt, sondern ist unter dem Einfluss des V. 12 gestaltet.

Zu 12. BH möchte 38,10 im Anschluss an LXX lesen וְאָשִׁית. Diese Lesart kommt graphisch nicht in Frage und kann auch nicht auf die LXX gestützt werden, weil hier die Wiedergabe der LXX deutlich von V. 9a abhängig ist. Wenn man den MT korrigieren will, dann kommt nur ואסכר = ואשכר in Frage; aber der MT ist beizubehalten, vgl. PETERS, *Komm.* 438.

Zu 13. 38,24 ist ἔκπορ. freie Wiedergabe des hebr. הדרך יחלק im Anschluss an V. 29. Das Subst. πάχνη könnte אֻר wiedergeben; vielleicht hat auch V. 29b die Wiedergabe mit πάχνη veranlasst, wo πάχνη (= כְּפֹר) in Parallele mit κρύσταλλος steht. WUTZ (S. 315) möchte auf Grund der LXX als ursprünglich voraussetzen: יֵחַת קִטּוֹר; jedoch kann LXX hier aus den oben genannten Gründen nicht als textkritisches Hilfsmittel herangezogen werden. BH hatte in der zweiten Auflage mit Rücksicht auf die LXX קִיטוֹר vorgeschlagen; in der neuen Auflage nennt sie רוַּח; beide kommen nicht in Frage; der MT ist zu belassen.

Zu 15. 39,20a ist das Verbum περιτιθέναι im Anschluss an V. 19a gewählt. Von den alten Textkritikern wird die LXX als zweite Übersetzung von 19a gehalten, vgl. SCHLEUSNER, *Lex.* II, 634. WUTZ (S. 296 f.) möchte mit Hinweis auf die LXX als ursprüngliche Lesart feststellen: הֲתַכְרִישֶׁנּוּ בְּאַרְנוֹ « gibst du ihm zu eigen seine sonstige Ausrüstung ». Es ist jedoch möglich, dass LXX nur frei das Verbum ausgedeutet hat: lässt du es « rasseln » (sc. mit der Rüstung)? Der MT ist trotz LXX als richtig zu belassen.

Zu 16. Hier wird zweimal das Verbum γαυριᾶν und ebenfalls zweimal das Subst. πεδίον verwendet. יצא scheint pleonastisch im Anschluss an V. 21a (ἐν πεδίῳ) mit ἔκπορ. εἰς πεδίον wiedergegeben zu sein.

Zu 17. Der Übersetzer verwendet hier kurz hintereinander das Verbum ἡγεῖσθαι, dagegen 2 mal λογίζεσθαι für חשב. Die Abwechslung hat ihren Grund darin, weil V. 23 (24)b von Theod. stammt.

Im folgenden sind eine Reihe von Wiedergaben zusammengestellt, die sich teilweise inhaltlich völlig gleich sind. Der Übersetzer fand in seiner Vorlage einen Gedanken ausgesprochen, den er in Erinnerung an parallele Stellen wiedergab. Manchmal mag ihm die genaue Wiedergabe infolge der schwierigen Wörter nicht möglich gewesen sein; teilweise mag ihn auch eine gewisse Bequemlichkeit dazu verleitet haben, seine Wiedergabe frei und oberflächlich, vielfach nur dem Sinne nach zu machen. Ein bekannter Gedanke hat ihn geleitet und nach ihm übersetzte er seine Vorlage, ohne sich zu bemühen, genau wiederzugeben. Öfters finden sich auch Wiedergaben, die nach späteren Stellen gemacht sind. Auch hier liegt Beeinflussung vor. Der Übersetzer hat entweder das Buch seinem Inhalte nach gekannt und bei der Wiedergabe der schwierigen Stelle frei den ihm aus der Lektüre des Buches bekannten Gedanken niedergeschrieben; oder er hat die schwierige Stelle zunächst ausgelassen und erst später die Wiedergabe nach einer Stelle, wo er denselben Gedanken ausgesprochen glaubte, nachgetragen. Es mag auch die Möglichkeit vorliegen, dass bereits in seiner Vorlage irgendwelche erklärende Glossen aus parallelen Stellen standen, die der Übersetzer für seine Wiedergabe benutzte.

An manchen Stellen sind noch leicht verschiedene Wörter als Stichwörter zu erkennen, welche die Verbindung zwischen den beiden Stellen bilden; vgl. das Verbum שלם 8, 6 b und 22, 27 (am Ende); ferner מאס 8, 20 a und 36, 5 a; שלם 9, 4 b und 22, 21 a; ראה 22, 12 b und 40, 11 b. An manchen Stellen hat das Stichwort einen Einschub veranlasst, vgl. 7, 2 θεράπων δεδοικὼς τὸν κύριον αὐτοῦ aus 3, 19; ferner 10, 13 ἀδυνατεῖ δέ σοι οὐθέν aus 42, 2; 34, 24 ἔνδοξά τε καί ἐξαίσια aus 5, 9 b. Es ist klar, dass bei der Verwendung der LXX als textkritisches Hilfsmittel die Beeinflussung durch Parallelstellen berücksichtigt werden muss. Bei den meisten Fällen kann hier der hebr. Text nicht nach der ·LXX beurteilt werden, weil die Wiedergabe nach der Parallele gemacht ist. Zu diesen Stellen gehören folgende:

1. 2, 8 a   ...ἵνα τὸν ἰχῶρα ξύη   להתגרד בו
    7, 5 b   ...ἀπὸ ἰχῶρος ξύων   עורי רגע וימאס

2. 3, 21 a   ...τοῦ θανάτου καὶ οὐ τυγχάνουσιν   למות ואיננו
    3, 22 b   ἐὰν κατατύχωσιν   כי ימצאו־קבר
    17, 1 b   ...ταφῆς καὶ οὐ τυγχάνω   קברים לי

3. 5, 20 b   ἐκ χειρὸς σιδήρου   מידי חרב
    20, 24 a ἐκ χειρὸς σιδήρου   מנשק ברזל

4. 6, 3 b   ἀλλ᾽ ὡς ἔοικεν   על־כן
              τὰ ῥήματά μού ἐστιν φαῦλα   דברי לעו
    6, 25 a   ἀλλ᾽ ὡς ἔοικεν   מה־נמרצו
              φαῦλα ἀληθινοῦ ῥήματα   אמרי־ישר

5. 7, 12 b   ὅτι κατέταξας... φυλακήν   כי־תשים... משמר
    35, 10 b ὁ κατατάσσων φυλακάς   נתן זמרות

6. 7, 14 a   ἐκφοβεῖς με ἐνυπνίοις   וחתתני בחלמות
    33, 16 b ἐν εἴδεσιν φόβου... ἐξεφόβησεν   ובמסרם יַחְתֹּם

7. 8, 6 a   εἰ καθαρὸς εἶ   אם־זך
    11, 13 a εἰ γὰρ σὺ καθαρὰν ἔθου   אם־אתה הכינות
              τὴν καρδίαν σου   לבך

8. 8, 6 b   ἀποκαταστήσει δέ σοι δίαιταν δικαιοσύνης   ושלם נות צ״
    22, 28 a ἀποκαταστήσει δέ σοι δίαιταν δικαιοσύνης   ...ויקם לך

9. 8, 13 b   ἐλπὶς γὰρ ἀσεβοῦς ἀπολεῖται   ותקות חנף תאבד
    11, 20 b ἡ γὰρ ἐλπὶς αὐτῶν ἀπώλεια   ותקותם מפח־נפש

10. 8, 14 b   ἀράχνη δὲ αὐτοῦ ἀποβήσεται   ובית עכביש
              ἡ σκηνή   מבטחו
    27, 18   ἀπέβη δὲ ὁ οἶκος αὐτοῦ   בנה כעש ביתו
              ὥσπερ σῆτες καὶ ὥσπερ ἀράχνη   וכסכה עשה נצר

11. 8, 17 a   ἐπὶ συναγωγὴν λίθων κοιμᾶται   על־גל שרשיו יסבכו
    20, 11 b καὶ μετ᾽ αὐτοῦ ἐπὶ χώματος κοιμηθήσεται   ועמו על־עפר
                                                             תשכב]

12. 8, 20 a   ὁ γὰρ κύριος οὐ μὴ ἀποποιήσηται   הן אל לא ימאס
              τὸν ἄκακον   תם
    36, 5 a   ὅτι ὁ κύριος οὐ μὴ   הן אל כביר
              ἀποποιήσηται τὸν ἄκακον   ולא ימאס

13. 9, 4 b   τίς σκληρὸς γενόμενος   מי הקשה
              ἐναντίον αὐτοῦ ὑπέμεινεν   אליו וישלם
    22, 21 a γενοῦ δὴ σκληρός,   הסכן־נא עמו
              ἐὰν ὑπομείνῃς   ושלם

14. 11, 6 c   ἄξια... ὧν ἡμάρτηκας   ...מעונך
    15, 11 a ὀλίγα ὧν ἡμάρτηκας   ...ממך

15. 14, 10 a   ἀνὴρ δὲ τελευτήσας ᾤχετο   וגבר ימות ויחלש

    14, 20 a   ὤσας αὐτὸν εἰς τέλος, καὶ ᾤχετο   תתקפהו לנצח ויהלך

16. 17, 1 a   ὀλέκομαι πνεύματι φερόμενος   רוחי חבלה

    32, 18 b   ὀλέκει γάρ με   הציקתני

          τὸ πνεῦμα τῆς γαστρός   רוח בטני

17. 19, 20 a   ἐν δέρματί μου   בעורי ובבשרי

          ἐσάπησαν αἱ σάρκες μου   דבקה עצמי

    33, 21 a   ἕως ἂν σαπῶσιν   יכל בשרו

          αὐτοῦ αἱ σάρκες   מראי

18. 20, 5 b   παρανόμων ἀπώλεια   חנף עדי רגע

    27, 7 b   ἡ ἀπώλεια τῶν παρανόμων   כעול

19. 20, 24 b   τρῶσαι αὐτὸν τόξον χάλκειον   תחלפהו קשת נחושה

    41, 19 (20) a   οὐ μὴ τρώσῃ αὐτὸν   לא יבריחנו

          τόξον χάλκειον   בן־קשת

20. 22, 6 b   ἀμφίασιν δὲ γυμνῶν ἀφείλου   ובגדי ע׳ תפשיט

    24, 7 b   ἀμφίασιν δὲ ψυχῆς αὐτῶν ἀφείλαντο   ואין כסות בקרה

21. 22, 12 b   τοὺς δὲ ὕβρει φερομένους   וראה ראש כוכבים

          ἐταπείνωσεν   כי־רמו

    40, 6 (11) b   πάντα δὲ ὑβριστὴν   וראה כל־גאה

          ταπείνωσον   והשפילהו

22. 24, 14 a   γνοὺς δὲ αὐτῶν τὰ ἔργα   (MT al.)

    34, 25 a   ὁ γνωρίζων αὐτῶν τὰ ἔργα   לכן יכיר מעבדיהם

23. 24, 20 c   ἀποδόθείη δὲ αὐτῷ ἃ ἔπραξεν   (MT om.)

    34, 11 a   ἀλλὰ ἀποδιδοῖ ἀνθρώπῳ   כי פעל אדם

          καθὰ ποιεῖ ἕκαστος αὐτῶν   ישלם־לו

24. 30, 19   ἥγησαι δέ με ἴσα πηλῷ   הרני לחמר

          ἐν γῇ καὶ σποδῷ μου ἡ μερίς   ואתמשל כעפר ואפר

    42, 6 b   ἥγημαι δὲ ἐγὼ ἐμαυτὸν   ונחמתי

          γῆν καὶ σποδόν   על־עפר ואפר

25. 34, 26 a   ἔσβεσεν δὲ ἀσεβεῖς   תחת רשעים ספקם

    40, 7 (12) a   ὑπερήφανον δὲ σβέσον   ראה כל־גאה הכניעהו

Zu 1. 2, 8 ist das Verbum נרד Hithp. näher ausgedeutet: « den Eiter abschaben », vgl. Vulg. *saniem radebat.* An diesen Vers dcnkt

der Übersetzer bei 7, 5 b. Es ist schwierig, hier die Äquivalente festzustellen. Beer (S. 45) fragt, ob statt ἰχῶρος vielleicht χρωτός (= עוֹרִי)
zu lesen sei; das kommt jedoch nicht in Frage. Der Übersetzer hat
vielleicht ἰχώρ aus der Verbalform ימאס (= ימס) abgeleitet und
das Verbum ξύειν von גרע = רגע. Wutz (S. 354) möchte auf
Grund der LXX als ursprünglich lesen וְיִמַּס עוֹר יִנְּלַע « der Eiter
bricht auf und beginnt zu fliessen ». Die LXX kann jedoch hier nicht
herangezogen werden, weil deutlich der Einfluss von 2, 8 gegeben ist.

Zu 2. Die Wiedergabe von 17, 1b ist abhängig von 3, 21. Das
Verbum (κατα)τυγχάνειν fasst der Übersetzer im Sinne von *sterben*.

Zu 3. Der Übersetzer kennt die Bedeutung von נֶשֶׁק = *Rüstung*
nicht, vgl. 39, 21; deshalb übersetzt er 20, 24 a mit der gewöhnlichen Redensart ἐκ χειρός im Anschluss an 5, 20 b.

Zu 4. Die beiden Wiedergaben sind einander völlig angeglichen.
Es ist nicht angängig, in 6, 3 b das Verbum נמרצו auf Grund der
LXX einzusetzen (gegen Cheyne, *Jew. Quart. Rev.* 1897, 576).

Zu 5. 35, 10 b ist im Anschluss an 7, 12 b wiedergegeben. Der
Übersetzer denkt wohl an die Sterne; es ist fraglich, ob er שְׁמָרֹת
gelesen hat; er hat bloss seine Vorlage ausgedeutet (Verwechslung
der S-Laute: שׁ - ‍).

Zu 6. Die Wiedergabe ἐν εἴδεσιν φόβου 33, 16 b ist frei im
Anschluss an 7, 14. Es ist nicht anzunehmen, dass die LXX ein
anderes Wort in ihrer Vorlage gelesen hat z. B. בַּמֹרִים (so BH), oder
בַּסְמָלִים (so Wutz S. 209). Richtig ist von der LXX das Verbum
חתת vorausgesetzt, vgl. 7, 14.

Zu 7. Es ist nicht sicher, dass LXX 11, 13 a הַזַּכֹּות gelesen
hat; καθαρὰν ἔθου kann auch als verdeutlichende Wiedergabe im
Anschluss an 8, 6 gewählt sein, vgl. Peters, *Komm.* 121.

Zu 8. Die Wiedergabe der LXX 22, 28 a = LXX 8, 6 b. Die
Einfügung 22, 28 a geschah infolge des Kennwortes תשלם V. 27
am Ende.

Zu 9. Die Wendung, dass die Hoffnung der Gottlosen « zunichte » wird (ἀπολεῖται), ist ein geläufiger Ausdruck in der LXX; 11, 30 b liegt deshalb nur freie Wiedergabe vor.

Zu 10. An beiden Stellen ist ganz frei wiedergegeben. מבטח ist 8, 14 b in Verbindung mit בית als σκηνή gedeutet. Der zweite Vergleich in 27, 18 stammt wohl aus der Parallelstelle 8, 14. Es ist möglich, dass ὥσπερ ἀράχνη aus der aufgelösten Kürzung כעש = כעכביש stammt, vgl. BEER S. 175.

Zu 11. Die griech. Wiedergabe von 8, 17 stimmt inhaltlich mit 20, 11 b überein. Der Übersetzer hat 8, 17 a wohl das Verbum שכב im Anschluss an 20, 11 b vermutet, גל als « Steinhaufen » gedeutet und den Gen. λίθων aus der zweiten Vershälfte (אבנים) heraufgenommen.

Zu 12. Der Übersetzer hat 36, 5 a nach 8, 20 a wiedergegeben. Der MT von 36, 5 scheint nicht in Ordnung zu sein. Der Übersetzer vermisste zu ימאס ein Objekt und fand es nach 8, 20 in תם; vielleicht stand es schon in seiner Vorlage. Die LXX kann hier nicht zur Wiederherstellung des ursprünglichen Textes verwendet werden; selbst WUTZ (S. 431) verzichtet auf die LXX.

Zu 13. Das Verbum שלם in beiden Stellen hat zur gleichen Wiedergabe der verschiedenen Verba הקשה und הסכן mit σκληρὸν γίγνεσθαι beigetragen. BEER (S. 148) übersetzt 22, 21 a nach der LXX mit הסכל־נא; das ist jedoch unzulässig. Die richtige Bedeutung von סכן scheint dem Übersetzer unbekannt gewesen zu sein; an den verschiedenen Stellen ist abweichend wiedergegeben, vgl. 15, 3 δεῖν (richtig!); 22, 2 διδάσκειν; 35, 3 (om. LXX); 34, 9 ἐπισκοπή.

Zu 14. BEER (S. 91) gibt als Äquivalent der LXX 15, 11 a an: המעט הכית מעונות. WUTZ (S. 290) glaubt, dass die LXX voraussetzt מִמְּךָ (von מום = *Sünde*), und hält dies für die ursprüngliche Lesung. Jedoch hat hier der Übersetzer den Vers im ethischen Sinne aufgefasst und frei im Anschluss an 11, 6 c wiedergegeben.

Zu 15. Die Wiedergabe der LXX in 14, 10 a ᾤχετο setzt weder יַחְלֹף, יַחֲלֹף (so BH), noch יָחֲלַע (so WUTZ S. 496) voraus, sondern ist abhängig von V. 20 a. Es mag sein, dass in die Vorlage der LXX bereits aus V. 20 a יהלך eingedrungen war; jedoch ist dies nicht die ursprüngliche Lesart.

Zu 16. Die Wiedergabe von 17, 1 a ist frei im Anschluss an 32, 18 b gemacht.

Zu 17. Das Verbum ἐσάπησαν 19, 20 a geht wohl auf רקבה, das aus דבקה verlesen wurde, zurück. Der MT von 19, 20 ist nicht richtig überliefert; das zweimalige בעור(י) ist sicher nicht ursprünglich. An der Parallelstelle 33, 21 findet der Übersetzer die nämliche Sache geschildert, und übersetzt deshalb hier יכל mit σαπῶσιν.

Zu 18. Der kurze Vergleich 27, 7 b ist von der LXX ausführlicher wiedergegeben im Anschluss an 20, 5 b.

Zu 19. Der Übersetzer verwendet an den drei genannten Stellen sein Lieblingswort τιτρώσκειν (vgl. oben S. 280). Als Subjekt ist 41, 19(20) der « eherne Bogen » genannt in Abhängigkeit von 20, 24. Wutz (S. 377) glaubt, dass 41, 19(20) τρώσῃ das Verbum חבר voraussetze; dies ist möglich; jedoch wird nur Angleichung vorliegen, so dass der MT beibehalten werden kann.

Zu 20. Die Wiedergabe ist in beiden Versen gleichgestaltet. Das seltsame ψυχῆς αὐτῶν entspricht entweder יקרה, oder es ist innergriech. aus ἐν ψύχει verderbt, vgl. Beer S. 160.

Zu 21. Die griech. Übersetzung von 22, 12 b ist abhängig von 40, 6 (11). In beiden Versen steht das Stichwort וראה. Es ist fraglich, ob LXX mit ihrer Wiedergabe 22, 12 b als ursprüngliche Lesart voraussetzt וְדָ(א)שׁ כַּבִּירִים כִּי רָמוּ (so im Anschluss an Bickell die neuere Kritik, vgl. Peters, *Komm.* 239). Wutz (S. 202) nimmt als richtige Lesart an: כַּבִּירִים יְכְרֹם « (Gott) wirft zu Boden die Hochmütigen ». Jedoch wird das Verbum ἐταπείνωσεν nicht in כי רמו zu suchen sein, sondern in ראה oder ראש, die wohl Duplikate bilden. Die LXX ist hier nur mit Vorsicht zu benützen, weil ihre Wiedergabe von 40, 6 (11) b abhängig ist.

Zu 22 u. 23. An den beiden Stellen 24, 14 a und 24, 20 c liegen paraphrastische Wiedergaben vor, die nach 34, 25 a und 34, 11 a gemacht sind.

Zu 24. An beiden Stellen bringt der Übersetzer das Verbum ἡγεῖ-
σϑαι, vgl. oben S. 287. An der ersten Stelle wird nur freie Wiedergabe
vorliegen. BEER (S. 195) denkt an das Verbum הֲרֵנִי = *vide me.* Bei
42, 6 ist es unsicher, ob ἥγημαι δέ dem hebr. ונחמתי entspricht;
wahrscheinlich ist es nur freie Einfügung im Anschluss an 30, 19.

Zu 25. Inhaltlich bringen beide Stellen den nämlichen Gedanken,
dass die Frevler (die Gottlosen) vernichtet werden, vgl. auch 22, 12 b
und 40, 6 (11) b unter Nr. 22. In der LXX steht an beiden Stellen
das Kennwort ταπεινοῦν im vorausgehenden Vers (vgl. 34, 25 b καὶ
ταπεινωθήσεται und 40, 6 (11) ταπείνωσον). WUTZ (S. 218) sieht als
Äquivalent für ἔσβεσεν 34, 26 הֵחַת von חתת abgeleitet statt von
נחת: « er führte die Gottlosen hinab in den Abgrund ». Allein hier
ist ספקם nicht berücksichtigt, das wohl durch ἔσβεσεν frei in Abhängigkeit von 40, 7 (12) wiedergegeben ist.

Diese Ausführungen über die Job-LXX mögen genügen. Sie zeigen deutlich, dass der Übersetzer sehr häufig verschiedene Wörter
und Wendungen in bevorzugter Weise anwendet, ohne bestrebt zu
sein oder ohne in der Lage zu sein, damit ein genaues griech. Äquivalent zu geben. Weiterhin zeigt sich der Übersetzer sehr oft in seiner
Wiedergabe von verwandten Stellen abhängig und gibt deshalb seine
Vorlage nicht treffend und getreu wieder. Sehr gerne bringt er ganz
freie und paraphrasierende Wiedergaben. Diese Übersetzungsart min-
dert den Wert der Job-LXX sehr beträchtlich und muss gebührend
berücksichtigt werden.

Maidbronn b. Würzburg, 30. Jan. 1934.

J. ZIEGLER.

Die Einheit der Septuaginta zum Zwölfprophetenbuch

J. Herrmann und Fr. Baumgärtel haben in ihren Beiträgen zur Entstehungsgeschichte der Septuaginta den Nachweis zu erbringen versucht, daß die Septuaginta zu Isaias und zum Zwölfprophetenbuch das Werk zweier Übersetzer sei, und daß Ezechiel sogar von drei Alexandrinern übersetzt sei[1]). In meinen Untersuchungen zur Septuaginta des Buches Isaias[2]) habe ich dagegen in Abschnitt II (S. 31—46) nachgewiesen, daß die These für den griech. Is. nicht stichhaltig ist. Gelegentlich verschiedener Studien über die Septuaginta zum Dodekapropheton sind auch hier Bedenken gekommen, ob die LXX auf zwei Übersetzer zurückgeht. Herrmann-Baumgärtel weisen selbst zu Beginn ihrer Untersuchung darauf hin, daß infolge der Eigenart des Dodekaprophetons vielleicht nur mit einem unbefriedigenden Ergebnis zu rechnen sei. Jedoch scheine das gesammelte Material „die Nichteinheitlichkeit der Übersetzung, das Auftreten eines zweiten Übersetzers im zweiten Teil des Sammelwerkes völlig sicherzustellen" (S. 33).

Ein Überblick über das vorgelegte Material scheint dafür zu sprechen, daß die Übersetzung nicht einheitlich ist. Jedoch ist mit der Tatsache der Nichteinheitlichkeit noch nicht das weitere Moment gegeben, daß ein zweiter Übersetzer im zweiten Teil aufgetreten ist; denn die Nichteinheitlichkeit der Wiedergabe zieht sich durch das ganze Buch hindurch.

Zugleich erweckt eine Durchsicht der von Herrmann-Baumgärtel angeführten Beispiele einiges Mißtrauen. Zunächst sind nur wenige Punkte angeführt, wo eine scharfe Grenze zwischen I und II besteht[3]). Dies gilt höchstens bei den Nummern 11, 12,

---

[1]) Beiträge zur Wissenschaft vom AT. N. F. Heft 5, Berlin—Stuttgart —Leipzig 1923, 32—38.

[2]) Alttestamentliche Abhandlungen XII. Bd. 3. Heft, Münster i. W. 1934.

[3]) Die beiden von Herrmann-Baumgärtel vorausgesetzten Übersetzergruppen sind in dieser Abhandlung mit I und II bezeichnet.

13, 14, 16, 17, 18, 20. Aber diese sind nicht beweiskräftig, weil die betreffenden Wörter zahlenmäßig nur gering auftreten, und dann, weil die angeführten Stellen teilweise lückenhaft und unrichtig sind (siehe unten). Zwar finden sich öfters Wiedergaben, die nur in I oder in II stehen, so ὤ nur in II (Nr. 2); πανήγυρις nur in I (Nr. 8); συνάγειν nur in I (Nr. 19). Aber auch hier ist die Wortwahl wohl durch verschiedene Umstände veranlaßt (siehe unten). Dann scheint der Übersetzer von I oder II für manche Wiedergaben eine Vorliebe zu haben; so ist nach Herrmann-Baumgärtel die Vorliebe von II für τάσσειν im Gegensatz zu I, der τιϑέναι dafür nimmt, evident (Nr. 1 S. 33). Doch erhebt sich hier die schwere Frage, die bereits Herrmann-Baumgärtel empfunden haben, wo eigentlich die Grenze zwischen den beiden Übersetzern liegt. Bei Nr. 1 ist Nah. zu I gerechnet; dagegen bei Nr. 2 zu II; wenn bei Nr. 1 Nah. wie bei den übrigen Beispielen zu II gestellt wird, verschiebt sich sofort das Bild.

Eine scharfe Grenze zwischen beiden Übersetzern kann nicht angegeben werden. Richtig bemerken Herrmann-Baumgärtel, daß sich Belege finden, die Nah. zu I und II weisen. Nach ihnen sollen Nr. 9, 15 Nah. „mit überwiegender Wahrscheinlichkeit" (S. 38) zu II rechnen. Jedoch sind hier die wichtigsten Beispiele ausgelassen, die Nah. zu I zählen:

1. Nah. 2,10 (11) und Joel 2,6 ὡς πρόσκαυμα χύτρας קבצו פארור.
2. Nah. 3,7 und Os. 7,13 δείλαιος שדד.
3. Nah. 3,8 und Mich. 7,3 ἑτοιμάζειν טוב Hi.
4. Nah. 3,10 und Os. 10,14; 14,1 ἐδαφίζειν רטש.
5. Nah. 3,12 und Os. 9,10 σκοπός בְּכוּרָה.

Diese Wiedergaben verdienen besondere Beachtung, weil sie dem Dodekapropheton eigen sind und sich sonst nicht in der LXX finden: πρόσκαυμα χύτρας und σκοπός sind Hapaxlegomena der LXX; die Wiedergabe von טוב Hi. mit ἑτοιμάζειν ist ein Aramaismus, der nur hier in der LXX vorkommt; שדד wird sonst mit ταλαιπωρεῖν wiedergegeben (siehe unten); schließlich weicht auch die Wiedergabe von רטש von den übrigen Stellen der LXX ab; 4 Reg. 8,12 und Is. 13,16 ist רטש mit demselben Objekt wie im Dodekapropheton („Kinder") mit ἐνσείειν und ῥάσσειν wiedergegeben, ferner Is. 13,18 mit συντρίβειν (Objekt: „Bogen"). Somit ist erwiesen, daß die griech. Übersetzung von Nah. engstens mit I verwandt ist.

Man könnte zwar die Sache so erklären, daß der Übersetzer von Nah. die Wiedergabe der vorausgehenden Bücher gut kannte und sich hier davon beeinflussen ließ; so suchen Herrmann-Baumgärtel die Übereinstimmung zu erklären (S. 38). Jedoch mag diese Erklärung genügen für die von ihnen angeführten Beispiele, die nicht so eigenartig sind. Die von uns genannten Stellen sind so eigentümlich, daß nur die Einheit des Übersetzers von Nah. und der vorausgehenden Bücher eine Lösung gibt.

Daneben sind aber auch verschiedene Stellen vorhanden, die Nah. mit den folgenden Büchern verbinden. Bereits Herrmann-Baumgärtel haben auf die Wiedergaben von מוש mit ψηλαφᾶν (Nr. 9) und von עבר mit dem Subst. πορεία (Nr. 15) verwiesen. Weitere Beispiele können angeführt werden:

1. Nah. 1,6 und Hab. 3,6 findet sich das griech. Verbumpaar τήκειν — διαθρύπτειν für die verschiedenen hebr. Verba נתץ — נתך Nah. 1,6 und שחח — פצץ Hithp. Hab. 3,6.

2. Nah. 1,7 und Soph. 3,12 εὐλαβεῖσθαι חסה.

3. Nah. 1,12 κατάρχων ὑδάτων πολλῶν (MT dagegen אם־שלמים ורבים (וכן) entspricht Zach. 9,10 καὶ κατάρξει ὑδάτων (= MT).

4. Nah. 3,3 und Hab. 3,11 ὅπλον חנית, aber Mich. 4,3 = δόρυ.

5. Nah. 3,16 und Hab. 1,8 steht ebenfalls das gleiche Verbumpaar ὁρμᾶν — (ἐκ)πετανούναι für die verschiedenen hebr. Verba פשט — עוף Nah. 3,16 und פוש(?) — עוף Hab. 1,8.

Diese angeführten Belege sind zwar nicht so zwingend wie die anderen, die für die Zugehörigkeit von Nah. zu I sprechen. Jedoch legen auch sie die Annahme nahe, daß Nah. nicht von der Übersetzung von II abweicht, sondern mit ihr verwandt ist. Damit dürfte erwiesen sein, daß man Nah. weder zu I noch zu II rechnen kann, sondern daß Nah. zu I und II gehört.

Zu verschiedenen Belegen bei Herrmann-Baumgärtel sei folgendes vermerkt:

Zu 2. Auch Nah. 3,17 steht οὐαί; somit steht Nah. zwischen I und II.

Zu 3. Die mannigfaltige Wiedergabe von אכל beweist keine zwei Übersetzer, da sich viel gemeinsames Material findet.

Zu 7. Am. 4,13 ist κτίζειν Wiedergabe von ברא, während יצר abwegig mit στερεοῦν übersetzt ist. Auch II. Mal. 2,10 ist ברא

mit ˙κτίζειν wiedergegeben; also einheitliche Wiedergabe von ברא in
I. und II. Hab. 2,18 יֵצֶר entspricht πλάσμα (πλάτος ist wohl Druckfehler).

Zu 8. Das griech. πανήγυρις ist Os. 2,11 (13); 9,5; Am. 5,21
deshalb gewählt, weil im nämlichen Vers bereits חַג mit ἑορτή
übersetzt ist. Auch Ez. 46,11 steht ἑορτή neben πανήγυρις. Der
Übersetzer mußte πανήγυρις wegen der Abwechslung wählen.

Zu 10. מות = τελευτᾶν steht nur bei Am., der auch sonst
abweichende Wiedergaben hat.

Zu 11. Auch Nah. 2,14 hat der Übersetzer das hebr. מְלָאכָה
= Werk vermutet und mit ἔργον übersetzt. Jon. 1,8 ist ἐργασία
richtig gewählt in der Bedeutung: Handwerk, Gewerbe (vgl.
im NT Apg. 19,25); ἔργον würde hier nicht passen.

Zu 12. Ag. 1,6. 9 ist ὀλίγα gewählt wegen des gegensätz-
lichen πολλά.

Zu 13. Die Aufzählung ist unvollständig. Auch Am. 1,2
steht νομή für נָאָה; damit ist eine Verbindung zu Soph. 2,6
gegeben.

Ferner ist Joel 2,22 derselbe hebr. Ausdruck wie 1,19. 20
mit πεδία τῆς ἐρήμου wiedergegeben.

Zu 14. Die richtige Darstellung ist folgende:

נום I. Am. 5,19; 9,1 (zur Abwechslung mit διαφεύγειν = נום) φεύγειν.

II. Nah. 2,9; Zach. 2,6 (10) φεύγειν.

Also in beiden Teilen ist נום je 2 mal mit φεύγειν wiedergegeben. Außerdem steht noch Am. 2,16 διώκεσθαι. Die Wiedergabe Zach. 14,5 (3 mal) ἐμφράττειν gehört nicht hierher, weil LXX
das Verbum סתם Ni. „verstopfen" voraussetzt.

Zu 19. Nach Os. 9,11 ist Joel einzusetzen (wohl Druckversehen). Hier fehlt die Wiedergabe von קבץ mit ἐκδέχεσθαι
Os. 9,6; Mich. 2,12 (2 mal); Nah. 3,18. Diese Wiedergabe findet
sich nur hier in der LXX.

Zu 21. Κηρύσσειν als Wiedergabe von קרא fehlt zwar in II;
es ist aber als Äquivalent von רוע Hi. gewählt: I. Os. 5,8; Joel 2,1;
II. Soph. 3,14; Zach. 9,9; also wiederum ein Beweis für die Einheit.

Zu 22. Auch Soph. 3,6 ist διαφθορά gesetzt; LXX hat wohl
בשחת anstelle von בשת MT gelesen.

Zu 28. Die Partikel ἅμα steht an den beiden Stellen im Sinne „mit". Als Wiedergabe von יחד, יחדו findet sie sich nirgends im Dodekapropheton; dafür steht Os. 11,8 und Zach. 10,4 ἐν τῷ αὐτῷ (Beweis für die Einheit) und 4 mal ἐπὶ τὸ αὐτό in I. Der Hinweis auf das Vorkommen von ἅμα bei Is. ist irrig; ἅμα = יחד, יחדו steht bei Is. 37 mal[1]). Gerade das Fehlen dieser Wiedergabe ist ein Beweis für die Einheit des griech. Zwölfprophetenbuches.

Zu 29. Das nur einmalige Vorkommen von κατέναντι in II Zach. 14,4 erklärt sich damit, daß נגד nur 1 mal (Hab. 1,3) in II steht. נגד wird gewöhnlich mit κατέναντι wiedergegeben, vgl. Am. 4,3; Joel 1,16; Os. 7,2.

Zu 31. Das häufige und das seltene Vorkommen von ὅπως ist ebenfalls bedingt durch das hebr. למען, das I 9 mal vorkommt und mit ὅπως übersetzt ist, dagegen II nur 4 mal, das 3 mal mit ὅπως und 1 mal (Zach. 13,4) mit ἀνθ' ὧν wiedergegeben ist.

Somit bedarf die Untersuchung von Herrmann-Baumgärtel einer Nachprüfung. Zugleich erhebt sich die Frage, ob die Methode von Herrmann-Baumgärtel richtig ist. Sicherlich ist es berechtigt, die Wiedergaben häufig vorkommender Wörter statistisch zusammenzustellen und je nach der Verschiedenheit der Wiedergabe auf die Verschiedenheit der Übersetzer zu schließen. Dabei ist aber zu prüfen, ob der einzelne Übersetzer in der ihm sicher zugehörenden Arbeit gleichmäßig vorgeht und immer dieselben Äquivalente für dieselben hebr. Wörter nimmt. Hier zeigt sich nun, daß sowohl in den einzelnen Büchern des Zwölfprophetenbuches wie auch in den von Herrmann-Baumgärtel vorausgesetzten zwei Teilen die größte Mannigfaltigkeit in der Wiedergabe herrscht.

Besonders lehrreich ist in dieser Hinsicht das Buch Amos. So ist der Ausdruck תּוֹמֵךְ שֵׁבֶט „Szepterträger" 1,5 mit κατακόψω φυλήν und 1,8 mit ἐξαρθήσεται φυλή wiedergegeben. Der Eigenname בְּאֵר שֶׁבַע ist 5,5 mit τὸ φρέαρ τοῦ ὅρκου gedeutet, dagegen 8,14 einfach mit Βηρσάβεε umschrieben; ähnlich ist der Eigenname קִיר 1,5 mit ἐπίκλητος und 9,7 mit βόθρος übersetzt. Das Wortpaar עֶרֶשׂ — מִטָּה ist 3,12 ganz abwegig mit φυλή — ἱερεῖς wiedergegeben, dagegen richtig 6,4 mit κλίνη — στρωμνή übersetzt. Die Wendung

---

[1]) Vgl. Ziegler, Untersuchungen zur Septuaginta des Buches Isaias 43 f.

הפך ללענה „das Recht in Wermut verkehren" ist 6,12 übersetzt εἰς πικρίαν ἐκστρέφειν, dagegen 5,7 ποιεῖν εἰς ὕψος. Kleinere Unterschiede liegen vor, wenn dieselbe hebr. Wendung 7,3 mit καὶ τοῦτο οὐκ ἔσται und 7,6 mit καὶ τοῦτο οὐ μὴ γένηται wiedergegeben ist. Bei diesen Unterschieden in der Wiedergabe kommen schon gewichtige Bedenken, ob wirklich der gleiche Übersetzer bei den bezeichneten Versen tätig war. Es wäre möglich, daß bereits Teile seiner Vorlage übersetzt waren, die er einfach übernommen hat. So würden sich manche Unterschiede leicht erklären lassen. Denn es ist auffallend, daß ein Übersetzer das gleiche Wortpaar z. B. 6,4 richtig übersetzt, dagegen 3,12 ganz unrichtig. Aber auch hier muß der Zusammenhang berücksichtigt werden; 3,12 konnte nämlich der Übersetzer mit den beiden hebr. Wörtern דְּמֶשֶׂק — פֵּאָה nichts Richtiges anfangen, und kam so in Verlegenheit mit seiner Vorlage. Weiterhin legt der Wechsel der verschiedenen Synonyma für dieselben hebr. Äquivalente nahe, daß der Übersetzer sich nicht an eine bestimmte Wiedergabe hielt, sondern abwechselte. Wenn dann in der ersten Hälfte ein griech. Wort sehr häufig auftrat, um dann in der zweiten Hälfte zugunsten eines anderen Synonymums zurückzutreten (z. B. τιθέναι und τάσσειν bei Herrmann-Baumgärtel Nr. 1), so ist das vielleicht so zu erklären, daß nach eingetretenem Wechsel das neue Wort sich unbewußt beim Übersetzer festhielt und so immer wieder auftrat und das erste verdrängte. Jedenfalls zeigt die jetzt folgende Reihe der verschiedenen Wiedergaben, daß jedes Buch sehr mannigfaltig ist.

Zunächst seien einige Beispiele genannt, wo im nämlichen Buch das gleiche Wort verschieden wiedergegeben ist:

Os. בגד ἐγκαταλείπειν 5,7; καταφρονεῖν 6,7 (8).

זנח ἀποστρέφεσθαι 8,3; ἀποτρίπτεσθαι 8,5.

זעק βοᾶν 7,14; κράζειν 8,2.

מַעֲלָלִים διαβούλια 4,9; 5,4; 7,2; 11,6; ἐπιτηδεύματα 9,15; 12,2 (3).

עוֹף πετεινός 2,18 (20); 4,3; 7,12; ὄρνεον 9,11.

פקד ἐκδικεῖν 1,4; 2,13 (15); 4,9; 8,13; 9,9; 12,2 (3); ἐπισκέπτειν 4,14.

פרח ἀνατέλλειν 10,4; ἀνθεῖν 14,6; ἐξανθεῖν 14,8.

Am. בַּר δῶρον 5,11; θησαυρός 8,6; (8,5 om.).

שְׁאֵרִית κατάλοιποι 1,8; 9,12; περίλοιποι 5,15.

Mich. חזק κατακρατεῖν 4,9; συνέχειν 7,18.

Hi. נטף σταλάζειν 2,11; κλαίειν, δακρύειν 2,6.

עָפָר γῆ 1,10; χοῦς 7,17.

Pl. ראש ἀρχαί 3,1; ἡγούμενοι 3,9.

רעה ποιμαίνειν 5,4 (3). 6 (5); 7,19; νέμειν 7,14.

שְׁאֵרִית κατάλοιποι 2,12; 7,18; ὑπόλειμμα 4,7; 5,7 (6) 8 (7).

שָׂדֶה ἀγρός 1,6; 2,2. 4; 3,12; πεδίον 4,10.

Joel נְאות מִדְבָּר ὡραῖα τῆς ἐρήμου 1,19. 20; πεδία τῆς ἐρήμου 2,22.

Nah. אַדִּיר μεγιστάν 2,6; δυνάστης 3,18.

מָלֵא μεστός 1,10; πλήρης 3,1.

Hab. רגז ταράττεσθαι 3,2. 16; πτοεῖσθαι 3,7. 16.

Soph. פקד ἐκδικεῖν 1,8. 9. 12; 3,7; ἐπισκέπτειν 2,7.

רבץ καταλύεσθαι 2,7 (// רעה νέμεσθαι); νέμεσθαι 2,14
(// לין κοιτάζεσθαι); κοιτάζεσθαι 3,13 (// רעה νέμεσθαι).

Ag. שים על לֵב τάττειν τὴν καρδίαν 1,5; ὑποτάττειν τὴν καρδίαν 2,18;
τιθέναι τὴν καρδίαν 1,7; 2,15. 18.

Zach. בחר αἱρετίζειν 1,17; 2,12 (16).

זמם παρατάττεσθαι 1,6; διανοεῖσθαι 8,14.

מֵעֹבֵר וּמִשָּׁב ἐκ διοδεύοντος καὶ ἐξ ἀναστρέφοντος 7,14;
τοῦ μὴ διαπορεύεσθαι μηδὲ ἀνακάμπτειν 9,8.

Mal. חלה Pi. ἐξιλάσκεσθαι 7,2; 8,22; δεῖσθαι 8,21.

לבש ἐνδύειν 3,3. 4; 13,4; περιβάλλειν 3,5.

חלה Part. ἄρρωστον 1,8; ἐνοχλούμενον 1,13.

בזה φαυλίζειν 1,6 (2 mal); ἀλισγεῖν 1,7; ἐξουδενοῦν 1,12; 2,9.

Wie in den einzelnen Büchern, so sind natürlich auch in den beiden Gruppen I und II die gleichen hebr. Wörter verschieden wiedergegeben. Als Beispiele seien aufgeführt:

I.

בְּכוֹרָה σκοπός Os. 9,10; Nah. 3,12; πρωτόγονον Mich. 7,1.

בקע διαρηγνύναι Os. 14,1; ἀνασχίζειν Am. 1,13 (an beiden Stellen gleiches Objekt).

בַּר δῶρον Am. 5,11; 8,5 om.; 8,6 θησαυρός; σῖτος Joel 2,24.

ברח ἀναχωρεῖν Os. 12,12 (13); ἐκχωρεῖν Am. 7,12; φεύγειν Jon.
1,3. 10; 4,2.

חלק μερίζειν Os. 10,2; καταμετρεῖν Am. 7,17; διαμερίζειν Mich. 2,4; καταδιαιρεῖν Joel 3 (4),2.

כֶּרֶם κτῆμα Os. 2,15 (17); Joel 1,11; ἀμπελών Am. 4,9; 5,11; 9,14; Micha 1,6.

מכר ἀποδιδόναι Am. 2,6; Joel 3 (4), 6. 7. 8; πωλεῖν Joel 3,4 (3).

מָלֵא σὺν πᾶσιν τοῖς κατοικοῦσιν αὐτήν Am. 6,8; καὶ πάντες οἱ ἐν αὐτῇ Mich. 1,2.

מִרְמָה (ζυγὸς) ἀδικίας, ἄδικος Os. 12,7 (8); Am. 8,5; (στάθμια) δόλου Mich. 6,11.

עֹלֵל ὑποτίτθιον Os. 14,1; νήπιον Joel 2,16; Nah. 3,10.

קצר τρυγᾶν Os. 6,11; 10,12. 13; ἀμεῖν Mich. 6,15

רגז ταράττεσθαι Am. 8,8; συγχεῖσθαι Joel 2,10.

שרף κατακαίειν Am. 2,1; ἐμπιμπράναι Mich. 1,7.

תקע σαλπίζειν (σάλπιγγι) Os. 5,8; Joel 2,1. 15; φωνεῖν (σάλπιγγι) Am. 3,6.

II.

נער ἀπειλεῖν Nah. 1,4; ἐπιτιμᾶν Zach. 3,2; ἀφορίζειν (= גרע) Mal. 2,3; διαστέλλειν Mal. 3,11.

חֵרֶם ἀνάθεμα Zach. 14,11; ἄρδην Mal. 4,5 (3,24).

יְבוּל γέννημα Hab. 3,17; Zach. 8,12; ἐκφόριον Ag. 1,10.

כָּנָף ἄκρον Ag. 2,12; κράσπεδον Zach. 8,23.

לבש ἐνδύειν Soph. 1,8; Zach. 3,3. 4; 13,4; περιβάλλεσθαι Ag. 1,6; Zach. 3,5.

לִין κοιτάζεσθαι Soph. 2,14; καταλύειν Zach. 5,4.

לכד κρατεῖν Hab. 1,10; ἁλίσκειν Zach. 14,2.

מִישׁוֹר κατευθύνειν Mal. 2,6; κατορθοῦν Zach. 4,7.

סַף πυλών Soph. 2,14; πρόθυρον Zach. 12,2.

עֶרֶב δείλη Soph. 2,7; πρὸς ἑσπέραν Zach. 14,7.

צרף χωνεύειν Mal. 3,3; πυροῦν Zach. 13,9.

שרק συρίζειν Soph. 2,15; σημαίνειν Zach. 10,8.

תְּהִלָּה καύχημα Soph. 3,19. 20; Hab. 3,3 αἴνεσις.

Auch in den Formen der Substantiva besteht weder in den einzelnen Büchern, noch in den beiden Hälften eine Einheitlichkeit:

ἄστρον 3 mal in I und 1 mal in II; ἀστήρ nur Joel 3 (4) 15; die beiden Parallelstellen bei Joel sind verschieden wiedergegeben:
2,10 καὶ τὰ ἄστρα δύσουσιν τὸ φέγγος αὐτῶν;
3 (4) 15 καὶ οἱ ἀστέρες δύσουσιν τὸ φέγγος αὐτῶν.

ἱμάτιον   4 mal in I und 5 mal in II; ἱματισμός nur 1 mal in II.

οἶκος = בַּיִת 53 mal in I und 48 mal in II;

οἰκία = בַּיִת 4 mal in I und 3 mal in II;

οἰκία = הֵיכָל 1 mal in I und 1 mal in II.

ὄνειδος   3 mal in I; ὀνειδισμός 2 mal in I und 2 mal in II.

παροικία   nur Hab. 3,16; παροικεσία nur Zach. 9,12.

σκήνωμα   1 mal in I und 4 mal in II;

σκηνή   4 mal in I und 1 mal in II.

σκότος   5 mal in I und 2 mal in II; σκοτία nur Mich. 3,6.

σύντριμμος   steht im ganzen 3 mal: Am. 5,9; Mich. 2,8 und Soph. 1,10
                (sonst nur noch 2 mal in der LXX); σύντριμμα = צְרוֹר
                nur Am. 9,9.

Diese Mannigfaltigkeit ist nicht begründet in der Verschiedenheit
der Übersetzer, sondern in der Art des Übersetzers, der sich
nicht an eine bestimmte Form bindet. Im allgemeinen ist diese
Verschiedenheit nicht auffallend, wenn man sich die Beweglichkeit des Übersetzers vor Augen hält. Deshalb ist es auch zu
verstehen, daß manchmal ganz seltene Wörter sich zeigen, so
ἀδυναμία = שָׁאוֹן Am. 2,2 (nur hier in der LXX, sonst steht ἀπώλεια
Os. 10,14); Am. 1,11 φρίκη = אַף; = פַּחַד Joel 4,14; σφάγιον = זֶבַח
Am. 5,25 (sonst steht dafür gewöhnlich θυσία). Diese Beispiele
gehören alle dem Buche Amos an; das wird jedoch nicht besagen,
daß hier ein eigener Übersetzer in Frage kommt. Vielmehr
zeigen sich Verbindungslinien mit den übrigen Büchern, die deutlich
für die Einheit sprechen.

    Als Beweis für die Einheit des griech. Dodekapropheton
können auch verschiedene Wörter angeführt werden, die vom
Übersetzer in bevorzugter Weise im Verlaufe des ganzen Buches
verwendet werden. Darunter sind besonders die Wiedergaben
hervorzuheben, die in der LXX vereinzelt dastehen.

1. ἀνασπᾶν Am. 9,2 לקח; Hab. 1,15 עלה Hi.

2. ἀνθίστασθαι ἐξ ἐναντίας Abd. 11 עמד מנגד; Hab. 1,9 קדימה מגמת... .

3. ἀποφθεγγόμενοι Mich. 5,12 (11) מְעוֹנְנִים; Zach. 10,2 תְּרָפִים.

4. διακόπτειν (εἰς) κεφαλάς Am. 9,1 בצע לראש; Hab. 3,14 נקב ר".

5. διαστρέφειν τὰ ὀρθά (// τὸ κρίμα) Mich. 3,9 עקש; Hab. 1,4 עקל.

6. διώκειν Am. 6,13 (12); Hab. 2,2; Ag. 1,9 רוץ; ebenso καταδιώκειν
    Joel 2,4.

7. ἐγγίζειν πρὸς τὸν θεόν Os. 12,6 (7) "קוה אל־אל"; Soph. 3,2 "קרב אל־אל.

8. ἐκτρέφειν τὰ τέκνα Os. 9,12 גדל Pi.; Zach. 10,9 חיה[1]).

9. ἐκσπᾶν Am. 3,12 (2 mal); 4,11; Hab. 2,9; Zach. 3,3 (2) נצל Hi. Ni.

10. ἐξάλλεσθαι Mich. 2,12 הום Hi.; Joel 2,5 רקד Pi.; Nah. 3,17 (?)[2]); Hab. 1,8 קלל.

11. ἐπιφανής Joel 2,11; 2,31 (3,4); Hab. 1,7; Soph. 2,11; 3,2; Mal. 1,14; 4,5 (3,23) נורא.

12. εὐθηνεῖν Os. 10,1 שוה Pi.; Zach. 7,7 שלו.

13. εὐλαβεῖσθαι Nah. 1,7; Soph. 3,12 חסה.

14. θάρσει, θαρσεῖτε Joel 2,21. 22; Soph. 3,16; Ag. 2,6 (5); Zach. 8,13. 15 אל תירא(ו).

15. ἱκανός Abd. 5; Nah. 2,12 (13); Hab. 2,13 די; Joel 2,11 כיל; Zach. 7,10 כמה.

16. καταδυναστεύειν Os. 5,11; 12,7 (8); Am. 4,1; Zach. 7,10 עשק; Am. 8,4 שבת Hi., Mich. 2,2 נשא; Hab. 1,4 כתר Hi.

17. κατάκαρπος Os. 14,7 הוד; Zach. 2,4 (8) פרזות[3]).

18. καταλαλεῖν Os. 7,13; Mal. 3,13. 16 דבר; Mich. 3,7 עטה על שפם (= „die Oberlippe verhüllen").

19. κατάρχειν Joel 2,17; Nah. 1,12; Zach. 6,13; 9,10 משל.

20. κατασπᾶν Mich. 1,6 נגר Hi.; Soph. 3,6 כרת Hi.; Zach. 11,2 ירד.

21. καταφρονεῖν Os. 6,7; Hab. 1,13 בגד; Soph. 1,12 קפא; καταφρονητής Hab. 2,5; Soph. 3,4; Hab. 1,5 (MT בגוים; LXX בגדים) בגר.

22. κενός Os. 12,1 (2); Hab. 2,3; Mich. 1,14 כוב.

23. κλῆμα Joel 1,7 שריג; Nah. 2,2 (3) זמורה; Mal. 4,1 (3,19) ענף.

24. κονδυλίζειν Am. 2,7 שוף; Mal. 3,5 (MT om.); κονδυλισμός Soph. 2,8 גדוף; κατακονδυλίζειν Am. 5,11 בשם.

25. κόπος Os. 12,3 (4); Mich. 2,1; Hab. 1,3; 3,7; Zach. 10,2; Mal. 2,13 און.

26. μάνδρα Am. 3,4 מעונה; Soph. 2,6 גדרה.

27. μνησικακεῖν Joel 3 (4),4 גמל; Zach. 7,10 חשב.

28. ὀλιγοῦν Joel 1,10. 12; Nah. 1,4 אמל Pul.; Hab. 3,12 צער (als צער gelesen).

---

[1]) LXX las die Verbalform im Pi. וחיו; vgl. Kittel, Bibl. Hebr. z. St.

[2]) Das hebr. Äquivalent von ἐξήλατο ist unsicher; K. A. Vollers, Das Dodekapropheton der Alexandriner, Berlin 1880, 21 meint, daß LXX aus מנזריך das Verbum נזר oder יזור herausgelesen habe.

[3]) LXX las wohl פריות und sah hier den Stamm פרה, פרי „fruchtbar sein", vgl. Vollers a. a. O. 55.

29. ὀξύς Am. 2,15 קֹל; Hab. 1,8 חדד (// קל).

30. ὀπή Abd. 3 חָגְוֵי; Zach. 14,2 חֹר.

31. ὁρμᾶν Nah. 3,16 פשט; Hab. 1,8 (MT unsicher); ὅρμημα Os. 5,10; Am. 1,11; Hab. 3,8 עֶבְרָה.

32. πάσχειν ἐπί Am. 6,6 חלה על Ni.; Zach. 11,5 חמל על.

33. (πίνειν) εἰς μέθην Joel 1,5 עֲל־עָסִים; Ag. 1,6 לְשָׁכְרָה.

34. πνευματοφόρος Os. 9,7 רוּחַ; Soph. 3,4 פחז Part.

35. σάλος Jon. 1,15 וַעַף; Zach. 9,14 סְעָרָה.

36. συμπλέκειν Os. 4,14 לבט Ni.; Nah. 2,4 (5) שקק Hithpalp.; Zach. 14,13 עלה.

37. συμποδίζειν Os. 11,3 רגל Ti.; Zach. 13,3 דקר.

38. σύμφυτος Am. 9,13 מוג; Zach. 11,2 בָּצִיר.

39. σφαγή Abd. 10 (9) קֶטֶל; Zach. 11,4.7 הֲרֵגָה.

40. ταράσσειν ὕδωρ Os. 6,8 (MT al.); Hab. 3,15 חמר מַיִם.

41. φάτνη Joel 1,17 מֶגְרָפָה; Hab. 3,17 רֶפֶת.

42. φάτνωμα Am. 8,3 שִׁירָה; Soph. 2,14 כַּפְתֹּר.

43. φαυλίζειν Mal. 1,6 (2mal); φαύλισμα, φαυλίστρια Soph. 3,1 (2,15); 3,11 עֲלַז; φαυλισμός Os. 7,16 לַעַג.

44. φθέγγεσθαι Am. 1,2 שאג; Nah. 2,7 (8) תפף Po.; Hab. 2,11 ענה.

45. χάος Mich. 1,6; Zach. 14,4 גַּיְא.

Ein Rückblick auf diese Zusammenstellung zeigt, daß hier viele Wiedergaben für die Einheit sprechen. Zunächst sind die Hapaxlegomena zu nennen: κονδυλίζειν (Nr. 24), πνευματοφόρος (Nr. 34), χάος (Nr. 45). Dann sind die Wiedergaben hervorzuheben, die sich nur im Dodekapropheton finden oder sonst nur ganz vereinzelt vorkommen: διώκειν (Nr. 6) steht nur hier in der LXX; ἐκσπᾶν (Nr. 9) kommt nur noch 1. Reg. 17,35 vor; ἐπιφανής (Nr. 11) findet sich nur noch Jud. 13,6 (in der Hs. A) und 1. Par. 17,21; sonst ist נוֹרָא gewöhnlich mit φοβερός wiedergegeben; εὐλαβεῖσθαι (Nr. 13) steht nur noch Prov. 24,28 (30,5); θάρσει, θαρσεῖτε (Nr. 14) kommt nur noch 4 mal in den histor. Büchern vor; sonst steht μὴ φοβοῦ und μὴ φοβεῖσθε; καταφρονεῖν (Nr. 21) steht nur noch Prov. 13,15; κενός (Nr. 22) hat sonst gewöhnlich das Äquivalent רִיק; κόπος (Nr. 25) steht in der übrigen LXX gewöhnlich für עָמָל; ὀλιγοῦν (Nr. 28) findet sich nur hier in der LXX; ὅρμημα (Nr. 31) ist ebenfalls dem Dodekapropheton eigen als Wiedergabe von עֶבְרָה; nur Ex. 32,22 hat vielleicht die LXX עברה in ihrer Vorlage gelesen; φαύλισμα, φαυλίστρια (Nr. 43) stehen nur hier in der LXX, während φαυλισμός noch Is. 28,11; 51,7 steht und φαυλίζειν sich öfters findet.

Ferner sind auch die Wörter und Wendungen zu nennen, die im ganzen Dodekapropheton einheitlich wiedergegeben sind. Herrmann-Baumgärtel haben diese Beispiele zu ihren Gunsten nicht aufgezählt. Im Zusammenhang mit den oben genannten Wiedergaben, die dem Dodekapropheton eigen sind, während sie sonst fehlen oder nur ganz spärlich auftreten, sind sie ein starker Beweis für die Einheit des griech. Zwölfprophetenbuches. So ist die Wendung (מֵאֵשׁ) כְּאוּד מֻצָּל מִשְׂרֵפָה Am. 4,11 und Zach. 3,2 einheitlich wiedergegeben, obwohl das letzte Wort bei beiden verschieden ist: ὡς δαλὸς ἐξεσπασμένος ἐκ πυρός (vgl. noch Zach. 12,6 ὡς δαλὸν πυρός אֵשׁ כְּבִיּוֹר; δαλός = אוּד findet sich nur noch Is. 7,4). Weitere Beispiele sind folgende:

בגד ἐγκαταλείπειν I. Os. 5,7; II. Mal. 2,10. 11. 14. 15. 16.
καταφρονεῖν I. Os. 6,7; II. Hab. 1,5. 13; 2,5; Soph. 3,4.

בִּקְעָה πεδίον I. Am. 1,5; II. Zach. 12,10.

חֹק νόμιμον I. Mich. 7,11; II. Zach. 1,6; Mal. 3,7. πρόσταγμα I. Am. 2,4; II. Mal. 4,6 (3,22).

חתת πτοεῖσθαι I. Abd. 9; II. Hab. 2,17.

יחרו, יחד ἐν τῷ αὐτῷ I. Os. 11,8; II. Zach. 10,4; sonst in I. ἐπὶ τὸ αὐτό: Os. 1,11 (2,2); Am. 1,15; 3,3; Mich. 2,12.

ילל Hi. θρηνεῖν I. Mich. 1,8; Joel 1,5. 11. 13; II. Soph. 1,11; Zach. 11,3; ὀλολύζειν I. Os. 7,14; Am. 8,3; II. Zach. 11,2 (2 mal).

יֶלֶד — יַלְדָּה παιδάριον — κοράσιον I. Joel 3 (4),3; II. Zach. 8,5.

יקץ ἐκνήπειν I. Joel 1,5; II. Hab. 2,7. 19.

ישר κατορθοῦν I. Mich. 7,2; II. Zach. 10,3.

כָּלָה, כֹּל συντέλεια I. Am. 8,8; 9,5; II. Nah. 1,8. 9; Hab. 1,9. 15; 3,19; Soph. 1,18.

כרת Ni. Hi. ἐξαίρειν I. Joel 1,5. 9; Abd. 9. 10; II. Nah. 2,1; Soph. 1,3. 4; ἐξολεθρεύειν I. 11 mal; II. 11 mal.

לבד, לבדד καθ' ἑαυτόν I. Os. 8,9 (hier setzt LXX לְבָדָד voraus); Mich. 7,14; II. Zach. 12,12. 13. 14 (10 mal!).

לבטח ἐπ' ἐλπίδι I. Os. 2,18 (20); II. Soph. 3,1 (2,15).

לְעֵד εἰς μαρτύριον I. Am. 1,11; Mich. 7,18; II. Soph. 3,8 (hier
wohl LXX ursprünglich!); ferner Os. 2,12 (14) (MT: לְעֵר).

מִבְצָר ὀχύρωμα I. Am. 5,9; II. Nah. 3,12. 14; Hab. 1,10.

מִנֶּגֶד ἐξ ἐναντίας I. Abd. 11; II. Hab. 1,3.

מְצוּלָה βάθος I. Mich. 7,19; Jon. 2,4; II. Zach. 10,11.

מַר — יָחִיד ἀγαπητός — ὀδύνη I. Am. 8,10; II. Zach. 12,10.

עָמִיר καλάμη I. Am. 2,13; II. Zach. 12,6.

צִיָּה ἄνυδρος (γῆ) I. Os. 2,3 (5); Joel 2,20; II. Soph. 2,13.

רחם ἐλεεῖν I. Os. 1,6. 7. 8; 2,1 (3). 4 (6); 14,4; II. Zach. 1,12.
ἀγαπᾶν I. Os. 2,23 (25); II. Zach. 10,6.

שדד δείλαιος I. Os. 7,13; II. Nah. 3,7. ταλαιπωρεῖν I. Os. 10,2;
Mich. 2,4; Joel 1,10 (2 mal); II. Zach. 11,2. 3.

שֵׁנִית ἐκ δευτέρου I. Jon. 3,1; II. Ag. 2,20; Zach. 4,12.

Für die Einheit sprechen auch verschiedene Wiedergaben,
die sich einheitlich durch das ganze Zwölfprophetenbuch hindurch
ziehen. So ist שמם Ni. und Hi. immer mit ἀφανίζειν wiedergegeben
(bei Is. fehlt diese Wiedergabe)[1]. Weiterhin sind manche Verba
in ihrer Bedeutung anders aufgefaßt; so ist תִּקְוָה Os. 2,15 (17)
mit σύνεσις wiedergegeben; hier soll σύνεσις nicht „Einsicht" bedeuten
wie z. B. Abd. 8 (= תְּבוּנָה), sondern „Vereinigung", „Verschlossen-
heit"[2]. Dies tritt deutlich hervor bei Mich. 5,7 (6) קוה = συνάγειν,
ferner Hab. 2,16 συνήχθη ἀτιμία = נִקְּבוּ קָלוֹן (MT: וְקִיקָלוֹן) und
schließlich Zach. 9,12 תִּקְוָה = συναγωγή. Der Übersetzer denkt
also hier an den Stamm קוה in der Bedeutung „sich vereinigen",
vgl. Gen. 1,9. Das Verbum דמה = vernichten scheint ebenfalls
dem Übersetzer unbekannt zu sein; überall ist es mit ὁμοιοῦν
übersetzt, vgl. Os. 4,5. 6; 12,10 (11); Soph. 1,11; an einigen Stellen
ist ἀπορίπτειν wiedergegeben (= רמה), Os. 10,7; 11,1 (10,15); Abd. 5.

Alle diese Wiedergaben sind wichtige Zeugen für die Einheit
des griech. Dodekapropheton. Wenn sich trotz dieser einheitlichen Züge eine Reihe von abweichenden Wiedergaben finden,
dann gibt die Beweglichkeit des Übersetzers die Erklärung für

---

[1] Vgl. Ziegler, Untersuchungen zur Septuaginta des Buches Isaias 41.
[2] Fr. Wutz, Die Transkriptionen von der Septuaginta bis zu Hieronymus, Stuttgart 1933, 219 rekonstruiert als hebr. Äquivalent für σύνεσιν
αὐτῆς חִיקָה „um ihren Busen (= Inneres) aufzuschließen". LXX setzt
jedoch das Subst. תִּקְוָה des MT voraus.

die Verschiedenheit in der Wiedergabe. Allerdings muss mit der
Möglichkeit gerechnet werden, daß der Übersetzer verschiedene
Verse bereits vorfand und einfach in seine Version übernahm.
So ist es schwer, zu erklären, daß im ganzen Buche חֶרֶב einheitlich mit ῥομφαία übersetzt ist (26 mal) und nur Zach. 11,17 μάχαιρα
steht[1]). Es ist möglich, daß der Vers 11,17 aus einer anderen
Übersetzung stammt. Es mag auch sein, daß mancher Vers einer
jüngeren Übersetzung die ältere verdrängt hat, weil sie vielleicht
nicht entsprochen hat. So ist nach Field (II, 945) καὶ σμικρυν-
θήσεται Os. 4,3 aus Theod. entnommen; damit erklärt sich, daß
hier μικρύνειν statt ὀλιγοῦν verwendet ist.

Diese Ausführungen mögen genügen. Sie zeigen, daß von
einem zweiten Übersetzer, der die zweite Hälfte des Dodekapropheton bearbeitet hat, nicht gesprochen werden kann.

---

[1]) Dagegen steht im griech. Buche des Propheten Isaias 20 mal μάχαιρα
und nur einmal im Schlußkapitel 66,16 ῥομφαία, vgl. Ziegler, Untersuchungen 43 f.

Textkritische Notizen zu den jüngeren griechischen Übersetzungen des Buches Isaias

Vorgelegt von W. Bauer in der Sitzung am 24. Februar 1939.

Sämtliche Reste der jüngeren griechischen Übersetzungen wurden in die neue Isaias-Ausgabe der Göttinger Septuaginta aufgenommen. Um den Apparat nicht zu sehr zu belasten, konnten nähere Begründungen zu den dort gegebenen Verbesserungen und eingehende Ausführungen zu einzelnen schwierigen Stellen nicht gemacht werden; in diesem Aufsatz sollen sie nachgeholt werden.

1) Die benutzte Literatur wird unter folgenden Abkürzungen angeführt:

BH³   = Biblia Hebraica, fasciculus 7: Liber Jesaiae, praeparavit R. Kittel, editio tertia, Stuttgartiae 1929.

Field   = Field, Fr., Origenis Hexaplorum quae supersunt, Oxonii 1875.

H.-R.   = Hatch, E. and Redpath, H. A., Concordance to the Septuagint and the other Greek versions of the Old Testament, Oxford 1897—1906·

Lob. Phryn. = Phrynichi eclogae nominum et verborum Atticorum ... edidit, explicuit Chr. Aug. Lobeck, Lipsiae 1820.

Lü.-Ra.   = Hexaplarische Randnoten zu Isaias 1—16, aus einer Sinai-Handschrift hsg. von Lütkemann, L. und Rahlfs, A., in: Mitteilungen des Sept.-Unternehmens, Bd. I, S. 231—386, Berlin 1915.

Reider   = Reider, J., Prolegomena to a Greek-Hebrew and Hebrew-Greek index to Aquila, Philadelphia 1916.

Swete   = The Old Testament in Greek according to the Septuagint, ed. by H. B. Swete, vol. III, Cambridge 1930.

Die sonst verwendeten Abkürzungen sind die gleichen wie in der Isaias-Ausgabe der Göttinger Septuaginta: Bas(ilius) Chr(ysostomus) Cyr(illus von Alexandrien) Eus(ebius von Cäsarea) Hi(eronymus) Pr(ocopius von Gaza) Th(eodore)t(us von Cyrus); Pesch(itta) Sy(ro)h(exapla) Targ(um) Vulg(ata); 𝔐 = Masora.

Sept.-App. und Hex.-App. = Septuaginta-Apparat bzw. Hexapla-Apparat der Isaias-Ausgabe.

Die weiteren Abkürzungen (z. B. Hs. = Handschrift) sind von selbst klar.

Bei den Handschriften Q 86 710 Syh wurde der Exponent ᵐᵍ gewöhnlich weggelassen, da es sich durchweg um Randnoten handelt.

Für manche Hinweise bin ich Herrn Univ.-Dozenten Dr. W. Kappler-Göttingen dankbar.

Bereits Field hat in den Anmerkungen seiner Ausgabe eine
Reihe von schwierigen Stellen behandelt und sehr oft erfolgreich
manche Textschäden geheilt. Jedoch konnte Field häufig nicht
das Richtige treffen, weil er nur mangelhafte Abschriften und
Ausgaben zur Verfügung hatte. Besondere Verdienste erwarb sich
Field durch die Erklärung und Rückübersetzung der Randnoten
der Syh. Aber auch hier kann man an manchen Stellen die Ausführungen Field's verbessern und ergänzen. So z. B. ist Field II
p. 545 n. 75 unsicher, ob in der Randnote der Syh zu Is. 57₂₀ wirk-
lich תובד dem griech. $\alpha\pi o\beta\alpha\lambda\lambda\varepsilon\tau\alpha\iota$ entspricht. Aber Jon. 2₉, wo
ebenfalls Syh^mg אובדו für $\alpha\pi\varepsilon\beta\alpha\lambda o\nu\tau o$ verwendet, zeigt deutlich,
daß an beiden Stellen Syh das Verbum $\dot{\alpha}\pi o\beta\acute{\alpha}\lambda\lambda\varepsilon\sigma\vartheta\alpha\iota$ wiedergibt.
Bei der Besprechung der Jon.-Stelle war Field II p. 985 n. 12 mit
dem Hinweis auf die Pesch.-Wiedergabe von Hebr. 10₃₅ auf dem
richtigen Weg, konnte aber nicht zum Ziel kommen, weil ihm die
Parallelstelle Is. 57₂₀ entging.

Besonders lehrreich sind die ausführlichen und zahlreichen
(582!) textkritischen Notizen, die Lütkemann-Rahlfs ihrer Ausgabe
der hexaplarischen Noten der Hs. 710 beigaben. Zu den einzelnen
Stellen haben Lü.-Ra. eine Reihe von Belegen gesammelt, auf die
im vorliegenden Aufsatz einfach verwiesen wurde. Manche Be-
merkungen von Lü.-Ra. konnten auf Grund der $\alpha'\,\sigma'\,\vartheta'$-Wiedergaben,
die der neu aufgefundene Eus.-Kommentar überliefert, korrigiert
und ergänzt werden.

Die Hs. 49 (= Florenz, Bibl. Laur., Plut. XI 4), die den vollständigen Is.-Kommentar des Eus. enthält (vgl. A. Möhle, ZNW 33
[1934] 87—89), zeigt verschiedene Textverderbnisse. Manche sind
ohne Schwierigkeit zu verbessern, weil sie paläographisch nahe-
liegen, so z. B. 16₁₄ $o\lambda\iota\gamma o\varsigma$ statt $o\,\lambda o\gamma o\varsigma$. Andere dagegen entfernen sich weiter von der ursprünglichen Lesart, siehe unten zu
33₉ ($\varepsilon\pi\varepsilon\nu\vartheta\eta\sigma\varepsilon\nu$ statt $\varepsilon\kappa\lambda\alpha\upsilon\sigma\varepsilon\nu$ und $\varepsilon\xi\varepsilon\tau\iota\nu\alpha\chi\vartheta\eta$ statt $\varepsilon\xi\varepsilon\tau\varepsilon\iota\nu\alpha\nu$) und
zu 41₁ ($\sigma\iota\omega\pi\eta\sigma\alpha\tau\varepsilon$ statt $\delta o\upsilon\lambda\varepsilon\upsilon\sigma\alpha\tau\varepsilon$).

Manche Varianten überliefert die Catenen-Hs. 309 (= Rom,
Bibl. Vat., Vat. gr. 755), die Teile des Eus.-Komm. enthält; öfters
sind ihre Lesarten sekundär, siehe unten zu 49₂₃.

Eine willkommene Hilfe bietet auch die Vulgata des Hieronymus. Hieronymus benutzte nämlich bei seiner Übersetzung oftmals die jüngeren griechischen Übersetzer und hatte eine besondere
Vorliebe für Symmachus, den er sich zum Vorbild erwählte[1]. In

---

1) Vgl. Fr. Stummer, Einführung in die lateinische Bibel, Paderborn 1928,
S. 98. 102—104.

seinem Is.-Kommentar erwähnt Hi. öfters ausdrücklich, daß er Symmachus gefolgt sei; häufig übernimmt er stillschweigend die σ'-Wiedergabe. So sagt er zu 66₂₀: „Pro *carrucis*, quas solus interpretatus est Symmachus, q u e m n o s i n h o c l o c o s e c u t i s u m u s, Aquila, Septuaginta et Theodotio, *mulos*, transtulerunt" (Migne PL 24, 670). In seiner Vulg.-Wiedergabe von 16₇ schließt sich Hi. engstens an σ' an. Aus diesen Gründen ist im folgenden öfters auf die Vulg.-Lesart verwiesen.

Verschiedene überlieferte α'-Wiedergaben können immer noch nicht einwandfrei erklärt werden. So wird bezeugt, daß α' 14₁₉ נצר mit ἀκρεμών und ἰχώρ übersetzt habe. Lü.-Ra. p. 328 n. 514 sehen hier einen „unlösbaren Widerspruch". Bereits Field I p. XXIV—XXVII suchte die zweifachen α'-Lesarten dadurch zu erklären, daß er, gestützt auf einige Aussagen bei Hieronymus, eine doppelte Ausgabe der α'-Übersetzung annahm. Zu Is. zählt Field I p. XXVII fünf Stellen auf, wo eine doppelte α'-Wiedergabe überliefert wird; davon fallen die ersten vier weg: 1. 29₁ ist nur πολιχνη παρεμβλησεως die richtige α'-Wiedergabe, die Eus. überliefert; πολις gehört σ' an und βιοτευσεως ist von keiner Hs. gestützt; 2. 31₇ ist die richtige α'-Lesart απορριψουσιν; αρνησονται wird von 86^{mg} a n o n y m bezeugt und hat nichts mit α' zu tun; 3. 33₂₀ των εορτων ⟨ημων⟩ ist die σ'-Wiedergabe; α' hat συνταγων ημων übersetzt, siehe unten zu 33₂₀; 4. es ist sehr fraglich, ob α' wirklich δακρυουσιν *(flebunt* Hi.) übersetzt hat, siehe unten zu 52₅. So bleibt nur 62₈ übrig, wo οἰνία und ὀπωρισμός als α'-Wiedergaben bezeugt sind. Beide Substantiva sind dem Wortschatz des α' eigentümlich, vgl. Reider p. 110. Zugleich ist die Überlieferung recht reichhaltig; denn an 6 Stellen wird die α'-Wiedergabe von תירוש bezeugt: 3 mal ὀπωρισμός Deut. 7₁₃ Is. 24₇ 65₈; 2 mal οἰνία Os. 2 ₂₂₍₂₄₎ (nur syr. überliefert, aber sicher in οἰνία rückzuübersetzen, vgl. Field II p. 943 n. 35) Zach. 9₁₇ und 1 mal οἰνία ὀπωρισμός Is. 62₈. Somit ist nicht zu bezweifeln, daß α' beide Übersetzungen gebraucht hat. Die beste Lösung ist immer noch die von Field vertretene Annahme einer doppelten Ausgabe der α'-Übersetzung.

Ferner gibt es Fälle, wo abweichende α'-Wiedergaben desselben hebr. Äquivalentes an verschiedenen Stellen (desselben Buches) überliefert werden. So finden sich folgende Wiedergaben des Verbums עדר Niphal, das bei Is. 3 mal vorkommt:

34₁₆ LXX ἀπόλλυεσθαι α' ἐμποδίζεσθαι σ'ϑ' λανθάνειν

40₂₆ LXX λανθάνειν α' fehlt σ'ϑ' ἐμποδίζεσθαι

59₁₅ LXX αἴρεσθαι α' λ α ν ϑ ά ν ε ι ν σ' ἐπιλείπειν ϑ' ὑπερορᾶσθαι.

Ein anderes Beispiel ist die α'-Wiedergabe von צניף mit κίδαρις und μίτρα, siehe unten zu 62₃.

Es sind hier zwei Erklärungen möglich: entweder liegt ein Fehler in der Überlieferung vor oder α' hat sich nicht streng an den Grundsatz gehalten, dasselbe hebr. Äquivalent stets durch das nämliche griech. Wort wiederzugeben. Da die letztere Erklärung im vollen Widerspruch zur Übersetzungstechnik des α' steht, ist die erste Erklärung anzunehmen.

Manche Randnoten lassen dagegen gar keine befriedigende Erklärung zu. Dazu gehören zwei anonyme Lesarten in Q, die in ähnlicher Form auch in Syh wiederkehren. Zu 38₁₉ ἀναγγελοῦσι notieren Q^{mg} και τουτο αναγγειλαι und Syh^{mg} למודעו (= του αναγγειλαι) und zu 43₉ ταῦτα notiert Q^{mg} αυτοις και τουτο; ähnlich Syh^{mg} אף הדא (= και τουτο) zu 43₁₄ ἀποστελῶ. Diese Randnote in Syh darf man wohl mit der Randnote in Q zu 43₉ zusammenbringen (Field II p. 518 n. 13: „quod quo pertineat obscurum"), da beide auf eine gemeinsame Quelle zurückgehen. Vielleicht ist folgende Erklärung möglich: 38₁₉ und 43₉ sind die lukianischen Lesarten αναγγελει und εν αυτοις überliefert; diese stecken in dem verschriebenen αναγγειλαι und in dem unvollständigen αυτοις; και τουτο ist entstanden aus και Λουκ(ιανος); somit wollen vielleicht die beiden Randnoten besagen: „auch Lukian (hatte) αναγγελει und εν αυτοις".

Im folgenden seien nun verschiedene unklare und schwierige Stellen näher untersucht.

1₃₀: ως τερεβινθος απορρευσασα τα φυλλα αυτης gehört nicht σ' an, wie Eus. überliefert, sondern α'; zur Wiedergabe von אלה mit τερέβινθος vgl. Lü.-Ra. p. 258 n. 67; נבל = α' ἀπορρεῖν 34₄ (zweimal) 40₈.

2₉: Eus. überliefert richtig αρης wie 710; ανης bei Pr. ist also Schreibfehler, wie bereits Lü.-Ra. p. 263 n. 88 bemerken.

3₂: Die Überlieferung der Wiedergabe von גבור ist bei Tht. sehr ungenau; α' hat sicherlich nicht ανδρειον übersetzt, sondern δυνατον, wie Q 710 Eus. überliefern; ισχνοντα stammt aus der LXX.

3₈: α' προσεριζοντες nach Eus. ist ungenau; das Part. ist durch Angleichung an ἀπειθοῦντες der LXX entstanden. Auch die σ'-Lesart ist bei Eus. nicht deutlich zu erkennen, weil sie zweimal in abweichender Form überliefert ist: zuerst προς το παραπικραινειν und dann kurz darauf εις το παραπικραναι αυτον (so auch bei Pr.). Die Präposition προς ist durch das vorausgehende προς κυριον beeinflußt; der Infinitiv Aorist παραπικραναι ist gegenüber dem Infinitiv Präsens παραπικραινειν, den auch 710 überliefert,

sekundär. Auffallend ist im nämlichen Vers die Konstruktion von
προσερίζειν mit Dativ (οφθαλμοις); man erwartet den Akk., vgl.
Ez. 5₆ α' προσηρισε το κριμα μου.

3₂₀: Eus. nimmt unrichtig τους χλιδωνας als Lemma für die
σ'-Wiedergabe τα εγκομβωματα; nach Ausweis von Q und 710 gehört sie zu τὰ ψέλια.

3₂₄: ϑ' hat sicherlich מקשה mit μακσε transkribiert; Σ vor Є
konnte leicht ausfallen. Lü.-Ra. bringen z. St. keinen Hinweis.

3₂₅: Die σ'-Wiedergabe και οι δυνατοι σου für וּגְבוּרָתֵך nach
Eus. ist entweder freie Übersetzung in Angleichung an das vorausgehende οι καλοι σου, oder σ' hat וּגְבֻּרַיך gelesen; auch Targ. (ועבדי
נצחניך), Pesch. (וגנבריכי) und Vulg. (et fortes tui) haben das Kon-
kretum für das Abstraktum. Vulg. ist wohl abhängig von σ'.

4₂: ανατολη gehört auch σ' an, wie deutlich Eus. zeigt; Lü.-
Ra. p. 278 n. 186 sind also zu korrigieren.

4₅: Wenn die Überlieferung bei Eus. richtig ist, dann haben
die jüngeren Übersetzer על nicht gelesen; vor כל konnte על leicht
ausfallen. Vielleicht ist jedoch επι vor παντα einzuschieben, da
auch sonst in der Hs. des Eus.-Kommentars verschiedene Wörter
fehlen, die wohl vom Schreiber versehentlich ausgelassen worden
sind, z. B. 51₂₁ δη ⟨τουτο⟩ 51₂₂ ο δεσποτης σου ⟨κυριος⟩ und θυμου
⟨μου⟩ 53₄ πονους ⟨ημων⟩ 55₁₀ ουρανου ⟨και⟩ 55₁₂ εν ευφροσυνη ⟨γαρ⟩
56₅ ⟨παρα⟩ θυγατερας 59₁₉ ποταμος ⟨στενος⟩.

5₁: Wie Eus. zeigt, hat α' לידידי mit τω προσφιλει μου und
דודי mit πατραδελφου μου übersetzt; damit wird die Vermutung
von Lü.-Ra. p. 279 n. 190 bestätigt.

5₁: Die von Eus. überlieferte σ'-Lesart εν κερατι εν τοπω ελαιωνι
widerspricht der von Hi. bezeugten σ'-Übersetzung in cornu in
medio olivarum. Statt ελαιωνι erwartet man den Gen.-Plural ἐλαιῶν
oder ein Adjektiv. Vielleicht faßte σ' ἐλαιών als „fetten, frucht-
baren Platz, der für Ölbaumpflanzungen und für Weinbau geeignet
ist", vgl. Papyrus Lond. 214, 10 εις αμπελικον χωριον καλουμενον
Ελαιωνα (zitiert bei W. Bauer, Griechisch-Deutsches Wörterbuch
zu den Schriften des N. T.³, Berlin 1937, s. v. ἐλαιών). Wahrscheinlich ist εν τοπω aus der LXX eingedrungen.

6₆: Q bringt die Notiz οι γ' ομοιως mit Index auf ἄνθρακα,
nicht auf λαβίδι, wie Field II p. 441 n. 11 nach Curter angibt.
Was diese Notiz besagen soll, ist unklar; denn die γ' haben hier
nicht wie die LXX ἄνθρακα übersetzt, sondern calculus (= ψῆφος),
wie Hi. überliefert. Es wäre möglich, daß tatsächlich der Index
zu λαβίδι gehört; aber dann wäre die Notiz wiederum ungenau;

denn man erwartet den Plural $\varepsilon\nu$ $(\tau\alpha\iota\varsigma)$ $\lambda\alpha\beta\iota\sigma\iota$, vgl. Ex. 25 37 (38) $o\iota$ λ' $\lambda\alpha\beta\iota\delta\alpha\varsigma$ $\langle\alpha\upsilon\tau\eta\varsigma\rangle$ = מלקחיה.

9 7: Die von Eus. bezeugte σ'-Lesart $\varepsilon\pi\lambda\eta\sigma\vartheta\eta$ $\gamma\alpha\varrho$ η $\pi\alpha\iota\delta\varepsilon\iota\alpha$ $\alpha\upsilon\tau o\upsilon$ ist verdächtig; statt $\varepsilon\pi\lambda\eta\sigma\vartheta\eta$ ist nach Q Syh 710 Chr. $\varepsilon\pi\lambda\eta$-$\vartheta\upsilon\nu\vartheta\eta$ zu lesen; $\gamma\alpha\varrho$ ist gegen 𝔐 eingeschoben (vielleicht von Eus. selbst); auch $\alpha\upsilon\tau o\upsilon$ scheint sekundär zu sein und aus der LXX zu stammen.

10 4: Field II p. 450 notiert als Wiedergabe von אסיר: σ' $\alpha\iota\chi$-$\mu\alpha\lambda\omega\sigma\iota\alpha\nu\cdot$ $\varkappa\alpha\iota$ $o\iota$ λ' $o\mu o\iota\omega\varsigma$ nach Tht. Wenn wir aber den Kommentar des Tht. zu 10 4 nachschlagen, dann wird die von Field zitierte σ'-Wiedergabe hinfällig. Tht. bezieht nämlich die Stelle auf die Gefangenschaft; er faßt $\dot\alpha\pi\alpha\gamma\omega\gamma\dot\eta$ als $\alpha\dot\iota\chi\mu\alpha\lambda\omega\sigma\dot\iota\alpha$. Die Richtigkeit dieser Deutung von $\dot\alpha\pi\alpha\gamma\omega\gamma\dot\eta$ auf die $\alpha\dot\iota\chi\mu\alpha\lambda\omega\sigma\dot\iota\alpha$ beweist Tht. dadurch, daß er die Übersetzung des σ' und der λ' anführt, die das Wort $\delta\varepsilon\sigma\mu\acute o\varsigma$ verwendet haben, das ja auf die $\alpha\dot\iota\chi\mu\alpha\lambda\omega\sigma\dot\iota\alpha$ zu beziehen ist: ›$\dot\alpha\pi\alpha\gamma\omega\gamma\dot\eta\nu$ $\gamma\dot\alpha\varrho$ $\tau\dot\eta\nu$ $\alpha\dot\iota\chi\mu\alpha\lambda\omega\sigma\dot\iota\alpha\nu$ $\dot\varepsilon\varkappa\dot\alpha\lambda\varepsilon\sigma\varepsilon\nu$. $o\ddot\upsilon\tau\omega$ $\gamma\dot\alpha\varrho$ $\varkappa\alpha\dot\iota$ $\dot o$ $\Sigma\dot\upsilon\mu\mu\alpha\chi o\varsigma$ $\dot\eta\varrho\mu\dot\eta\nu\varepsilon\upsilon\sigma\varepsilon$ $\varkappa\alpha\dot\iota$ $o\dot\iota$ $\Lambda o\iota\pi o\dot\iota$ $\delta\dot\varepsilon$ $\dot o\mu o\dot\iota\omega\varsigma\cdot$ $\varkappa\alpha\dot\iota$ $\pi o\ddot\upsilon$ $\varkappa\alpha\tau\alpha$-$\lambda\varepsilon\dot\iota\psi\varepsilon\tau\varepsilon$ $\tau\dot\eta\nu$ $\delta\dot o\xi\alpha\nu$ $\dot\upsilon\mu\tilde\omega\nu$ $\ddot\omega\sigma\tau\varepsilon$ $\mu\dot\eta$ $\varkappa\alpha\mu\varphi\vartheta\tilde\eta\nu\alpha\iota$ $\dot\upsilon\pi\dot o$ $\delta\varepsilon\sigma\mu\acute o\nu$‹ (ed. Möhle p. 53). Die Partikel $\gamma\dot\alpha\varrho$ geht also in ihrer Begründung nicht, wie Field flüchtig angenommen haben wird, auf den unmittelbar vorhergehenden Satz $\dot\alpha\pi\alpha\gamma\omega\gamma\dot\eta\nu$ — $\dot\varepsilon\varkappa\dot\alpha\lambda\varepsilon\sigma\varepsilon\nu$, sondern begründet das vorher Gesagte: ›$\dot\eta$ $\pi\alpha\varrho o\tilde\upsilon\sigma\dot\alpha$ $\varphi\eta\sigma\iota\nu$ $\varepsilon\dot\upsilon\eta\mu\varepsilon\varrho\dot\iota\alpha$ $\alpha\dot\iota\chi\mu\alpha\lambda\dot\omega\tau o\iota\varsigma$ $\dot\upsilon\mu\tilde\iota\nu$ $\gamma\iota\gamma\nu o$-$\mu\dot\varepsilon\nu o\iota\varsigma$ $o\dot\upsilon\varkappa$ $\dot\varepsilon\pi\alpha\varrho\varkappa\dot\varepsilon\sigma\varepsilon\iota$‹. Das $o\ddot\upsilon\tau\omega$ besagt nicht, daß σ' formell das Wort $\alpha\dot\iota\chi\mu\alpha\lambda\omega\sigma\dot\iota\alpha$ verwendet hat, sondern daß er nur inhaltlich die Stelle auf die Gefangenschaft gedeutet hat. Es ist deutlich zu erkennen, daß Tht. hier nur eine Worterklärung gibt, und nicht sagen will, daß σ' $\alpha\iota\chi\mu\alpha\lambda\omega\sigma\iota\alpha\nu$ übersetzt habe; denn er bringt dann ausführlich die σ'-Wiedergabe des Versteiles, die mit der Übersetzung der λ' (= α' ϑ') übereinstimmt. Die Wiedergabe von אסיר mit $\delta\varepsilon\sigma\mu\acute o\varsigma$ entspricht der Praxis des σ', vgl. 14 17 24 22 σ' $\delta\dot\varepsilon$-$\sigma\mu\iota o\varsigma$ = אסיר; Prov. 7 22 σ' $\delta\varepsilon\sigma\mu\acute o\varsigma$ = מוסר. Dagegen verwendet σ' $\alpha\dot\iota\chi\mu\alpha\lambda\omega\sigma\dot\iota\alpha$ niemals für אסיר, sondern für גלות, vgl. 20 4 Am. 1 6 Ez. 12 7 ($o\iota$ γ') und für שבי, vgl. 49 24 Jer. 30 (37) 16 (α' σ'). Somit hat 710 richtig überliefert, wenn sie $\delta\varepsilon\sigma\mu\acute o\varsigma$ neben ϑ' (so Q) auch σ' zuschreibt. Die σ'-Wiedergabe $\alpha\iota\chi\mu\alpha\lambda\omega\sigma\iota\alpha\nu$ existiert also nicht, und Lü.-Ra. p. 311 n. 390, die kritiklos Field übernehmen, sind zu korrigieren.

10 11: Die Notiz in Syh ist unklar; bereits Field versuchte eine Lösung, die aber nicht recht befriedigt. Syh liest im Text וליּרבוס, das von keiner griech. Hs. gestützt wird; wahrscheinlich ist וליבוס zu lesen, vgl. Field II p. 450 n. 10. Wenn α' σ' wie die o' lesen, dann möchte man als o'-Lesart $\tau\eta$ $\iota\varepsilon\varrho o\upsilon\sigma\alpha\lambda\eta\mu$ annehmen,

das von C ($= 87$-91-309-490) $403'$ ($= 403 + 613$) Eus. Bas. überliefert wird. Vielleicht bezieht sich aber die Randnote $α'$ $σ'$ ομοιως
τοις o' auf den ganzen v. 11; Tht. bemerkt nämlich zu v. 11 ganz
allgemein: ›καὶ ταῦτα τῷ αὐτῷ προσώπῳ συνήρμοσαν οἱ Λοιποὶ
Ἑρμηνευταί‹ (ed. Möhle p. 55).

10_{12}: Die Wiedergabe von גֹּדֶל mit της ευφροσυνης ist wohl nicht
richtig, weil sie sich zu weit von der hebr. Vorlage entfernt; wahrscheinlich hat $σ'$ της μεγαλωσυνης übersetzt, vgl. 9_9 $α'$ $σ'$ μέγεθος
$=$ גֹּדֶל.

10_{13}: Die von Eus. bezeugte $σ'$-Wiedergabe τους βασιλεις αυτων
für עֲתִידֹתֵיהֶם ist eine freie elegante $σ'$-Übersetzung; vgl. *principes
eorum* Vulg. $σ'$ faßte עָתוּד bildlich als „Führer" des Volkes, vgl.
14_9 כָּל־עַתּוּדֵי אָרֶץ $=$ *omnes principes terrae* Vulg.; die Wiedergabe
des $σ'$ ist 14_9 nicht erhalten.

10_{14}: Zu ανοιγων το στομα και στρουθιζων schreibt Tht. in
seinem Kommentar: ›εἰώθαμεν γὰρ λέγειν περὶ τῶν λίαν ἀγωνιών-
των· οὐκ ἐτόλμησε γρύξαι. οἱ δὲ Λοιποὶ φασιν· οὐκ ἐτόλμησε τρῦσαι‹
(ed. Möhle p. 55 sq.). Der Zusammenhang und die Ausdrucksweise
zeigen deutlich, daß hier Tht. eine geläufige Redewendung zitiert.
Auch an anderen Stellen seines Kommentars verweist Tht. auf
geläufige, volkstümliche Ausdrucksweisen mit der nämlichen Formel,
z. B. zu 19_{21} ›εὐχὰς καλεῖ τὰς ὑποσχέσεις, ἃς οἱ πολλοὶ καλοῦσι τάγ-
ματα‹ (ed. Möhle p. 87); zu 50_1 ›βιβλίον δὲ ἀποστασίου, ὃ καλεῖν
εἰώθασιν οἱ πολλοὶ ῥεπούδιον, ὀνομάζει‹ (ed. Möhle p. 199); zu 65_{15}
›εἰώθασι δὲ πολλοὶ λέγειν οὕτως· μὴ πάθοιμι ἃ ὁ δεῖνα πέπονθεν‹
(ed. Möhle p. 254). Vielleicht ist an der oben genannten Stelle
nicht Λοιποί, sondern πολλοί zu lesen. Jedenfalls kann in ουκ
ετολμησε τρυσαι keine Wiedergabe der $γ'$ vorliegen; denn ουκ ετολμησε hat kein Äquivalent im Hebr. und τρυσαι kann nicht als
Übersetzung von מְצַפְצֵף den „Drei" zugeschrieben werden, denn $α'$
übersetzt ὀρνεάζειν oder ὀρνίζειν, vgl. 8_{19} 38_{14} und $ϑ'$ στρουθιζειν,
vgl. 8_{19} 38_{14}; ausdrücklich ist an unserer Stelle ανοιγων — στρουθιζων von Q und Syh $ϑ'$ zugeschrieben. Es käme höchstens $σ'$ in
Frage, der 8_{19} und 38_{14} τρίζειν verwendet. Aber auch für $σ'$ ist
ουκ ετολμησε τρυσαι zu frei. So sind an dieser Stelle unter den
Λοιποί bei Tht. nicht die jüngeren Übersetzer, sondern „manche
Leute" zu verstehen, die diese Redensart gebrauchen. Deshalb ist
Möhle p. XXIV Z. 16 v. o. „14 οι $Λ^{ οʹ}$" zu streichen.

10_{19}: $α'$ $σ'$ (των) ξυλων $=$ עֲצֵי statt עֵץ $\mathfrak{M}$. Der Vorschlag in
BH³ עֲצֵי zu lesen, wird also von $α'$ $σ'$ gestützt.

10_{29}: Die Beziehung der Randnotiz in Q ομοιως οι $γ'$ ist nicht
klar; der Index fehlt. Die Notiz steht hinter $ϑ'$ καταλυμα; viel-

leicht bezieht sie sich auf 10₃₀ ⁕ χρεμετισον φωνην σου, das Q anonym überliefert, vgl. 54₁ α' χρεμετισον = צֶהֳלִי.

10₃₃: Nach Hi. hat α' פארה „Ast", „Zweig" mit κεραμεῖον oder κεραμίδιον (so die Lesart des cod. vat.) übersetzt. Hi. scheint die Bedeutung der α'-Wiedergabe nicht zu kennen; denn er gibt gegen seine sonstige Gewohnheit keine lateinische Übersetzung. Wahrscheinlich steckt in κεραμίδιον die richtige Lesart; denn α' übersetzt 63₃ פורה „Kelter" mit κεραμύλλιον. So hat vielleicht α' auch 10₃₃ etymologisierend פארה mit κεραμύλλιον übersetzt, das in der hsl. Überlieferung zu κεραμίδιον verderbt ist (υ — ι; Δ — Δ).

14₄: Die σ'-Wiedergabe κατεδεθη setzt wahrscheinlich חֻבָּשָׁה statt שָׁבַתָה 𝔐 voraus. Es ist nicht wahrscheinlich, daß der hebr. Text ursprünglich das nämliche Verbum zweimal hatte; LXX setzt allerdings bereits 𝔐 voraus.

14₅: 710 bezeugt zu τὸν ζυγόν 1° die Wiedergaben α' σ' ραβδον σ' (sic) βακτηριαν. Hier liegt ein Fehler in der Überlieferung vor; Lü.-Ra. p. 325 n. 488 fassen σ' vor βακτηριαν als Schreibfehler für ϑ'. Diese Lösung ist nicht richtig. Wenn man die Wiedergabe der Synonyma מטה — שבט vergleicht, ergibt sich folgendes Bild:

מטה		שבט
9₄ α' ῥάβδος		α' σκῆπτρον Eus.
σ' ῥάβδος		σ' ῥάβδος Eus.
10₂₄ σ' βακτηρία		σ' ῥάβδος Eus. Tht.
14₅ σ' βακτηρία		σ' βακτηρία Eus.

Vgl. ferner 11₄ α' σ' ϑ' εν ραβδω 710 = בשבט und 28₂₇ α' σ' ϑ' βακτηρια εν σκηπτρω 86 = בשבט. Das zweimalige ῥάβδος 9₄ und das zweimalige βακτηρία 14₅ bei Eus. ist verdächtig; σ' hat sicherlich in der Wiedergabe abgewechselt. So ist 9₄ vielleicht βακτηρία — ῥάβδος wie 10₂₄ zu setzen; 14₅ hat σ' an erster Stelle wohl ῥάβδος übersetzt, wie auch 710 angibt, an zweiter Stelle βακτηρία, wie Eus. bezeugt; dann ist σ' βακτηριαν in 710 zu belassen, aber auf τὸν ζυγόν 2° zu beziehen. 11₄ ist die Überlieferung in 710 zu summarisch; α' übersetzt שבט mit σκῆπτρον, vgl. 9₄ 63₁₇. Zu 28₂₇ hat 86 die Namen falsch gesetzt; α' gehört vor εν σκηπτρω; dagegen σ' vor βακτηρια; bei ϑ' ist keine Sicherheit zu gewinnen; es kann zu βακτηρια oder zu εν σκηπτρω gestellt werden; für das letztere spricht Regn. III 12₃₁ ϑ' σκῆπτρα = השבטים.

14₇: σ' αγαλλιασθε (רָנָּה 𝔐) ist freie Wiedergabe im Anschluß an den vorausgehenden Imperativ ιλαροι γενεσθε.

14₁₀: Die Beobachtung von Lü.-Ra. p. 326 n. 496, daß die beiden Namen σ' und ϑ' vertauscht sind, ist jetzt durch Eus. bestätigt. Wenn σ' nach Eus. παρεβλήθης bietet, dann ist συμπαρεβλήθης vielleicht nur ϑ' zuzuweisen.

14₁₃: Die σ'-Lesart του ουρανου (אל 𝔐) ist bei Eus. aus der LXX eingedrungen; nach 710 hat σ' richtig θεον übersetzt.

14₁₇: Q und Syh haben die Randnote οι γ' ※ αυτου, Q mit Index auf τους εν επαγωγῇ, Syh mit Index hinter πόλεις. Wahrscheinlich gehört ※ αυτου zu beiden Stellen: πολεις ※ αυτου = 𝔐 und δεσμιους (so lesen die jüngeren Übersetzer für τους εν επαγωγῇ) ※ αυτου = 𝔐.

14₁₉: Zu Lü.-Ra. p. 328 n. 513: Die in 710 anonyme Übersetzung gehört nach Eus. σ' an.

14₁₉: βεβαρημενους ist von טען „beladen" (vgl. Gen. 45₁₇) statt טען „durchbohren" abgeleitet.

14₂₀: Die Übersetzung in 710 ουχ αμα συν αυτοις εταφη ist wohl mit Recht α' zugeschrieben; αμα = יַחַד statt תֶּחַד 𝔐; statt εταφη ist εν ταφη zu lesen. Wie Eus. zeigt, hat σ' anders übersetzt; Lü.-Ra. p. 329 n. 520 sind also zu korrigieren.

16₃: Von Tht. wird μετανασϑενοντα nur ϑ' zugeschrieben; nach 16₂ α' μετανασϑευων kann α' neben oder sogar für ϑ' gesetzt werden. Auch Ps. 30 (31)₁₂ ist μετανασϑευειν = נדד nur α' zugeschrieben.

16₅: In der σ'-Übersetzung ist vielleicht κρισιν (= 𝔐) statt κρισεις, das Eus. überliefert, zu lesen. Vgl. unten zu 57₁₄ (προσκομματα).

16₇: Als Wiedergabe der drei Worte תהגו אך־נכאים bezeugt Q nur σ' φϑεγξασϑε und α' μελετησατε = תהגו, während Eus., der im Zusammenhang die σ'-Übersetzung von v. 6—13 (also ein beträchtliches Stück) bringt, ευρεϑησαν πληγαι überliefert. Zunächst ist auffällig, daß α' hier הגה mit μελετᾶν wiedergibt, während sonst φϑέγγεσϑαι gewählt ist, vgl. 59₁₁ Ps. 2₁ 62 (63)₇ Hiob 37₂ (φϑογγή = הֶגֶה). Unklar ist die Überlieferung bei Eus.: entweder ist φϑεγξασϑε (oder μελετησατε) versehentlich ausgefallen, oder ευρεϑησαν ist Äquivalent für תהגו; in diesem Falle kann ευρεϑησαν nicht richtig überliefert sein, vielleicht ist ερρεϑησαν zu lesen. אך ist nicht wiedergegeben (auch 34₁₅ scheint es von α' σ' ϑ' nicht übersetzt zu sein); es kann aber auch ursprünglich mit πλην übersetzt worden sein (vgl. 36₅ 45₁₄ 63₈) und vor πληγαι versehentlich ausgefallen sein. Die Wiedergabe der Vulg. *loquimini plagas suas* unterdrückt ebenfalls אך und schließt sich an φϑεγξασϑε an.

16₈: Zu ἀπεσταλμένοι hat Q die Randnotiz α' ů ※ απ αυτης. Die Abkürzung ů kann paläographisch in μονος und in μονον aufgelöst werden. Field I p. XCVII und Swete, Apparat z. St. fassen ů als μονος. Dann würde die Randnote besagen: Aquila allein (hat) απ αυτης. Wenn man μ̊ in μονον auflöst, dann ist die Randnotiz zu erklären: Aquila (hat) nur απ αυτης. Aber beide Erklärungen können nicht richtig sein, weil die Wiedergabe für α′ zu frei ist; die hebr. Vorlage verlangt nämlich nur αυτης (also ohne απ). Hier liegt wohl ein Fehler in der Überlieferung vor: Entweder ist απ zu streichen oder der Name ist nicht richtig überliefert. Nun zeigt ein Blick in die hsl. Überlieferung, daß die Lesart απ αυτης neben dem hexaplarischen Zeugen V hauptsächlich von den lukianischen Hss. vertreten wird. Vielleicht will die Randnote in Q die lukianische Herkunft besagen: Λ (= Λουκιανος; Wechsel Λ — Δ) μ̊ (μονος) απ αυτης d. h. Lukian allein hat die Lesart απ αυτης. Auch Syh überliefert מנח.א = α′ απ αυτης. Ob Syh in ihrer griech. Vorlage μ̊ gelesen hat, ohne es wiederzugeben, weil sie es nicht verstand, oder ob μ̊ bereits in ihrer Vorlage fehlte, läßt sich nicht mehr ausmachen. Jedenfalls zeigt diese Stelle wiederum die enge Verwandtschaft zwischen Q^mg und Syh^mg.

Die Abkürzung μ̊ kommt noch einmal 46₄ in Q^mg vor; hier ist sie in μονον aufzulösen: οι γ′ ομοιως σωσω μονον, d. h. die „Drei" übersetzen nur σωσω (= 𝔐) ohne ὑμᾶς. Diese Randnote fehlt bei Field ganz; bei Swete ist sie ohne μονον aufgenommen.

Field I p. XCVII nennt auch 5₁₁, wo Curter zu τὸ πρωί die Randnote ϑ′ μονος ομοιως notiert, vgl. Field II p. 438 n. 19. Gegen Curter möchte Field diese Randnote auf οἱ ἐγειρόμενοι beziehen. Die Hs. Q hat jedoch deutlich den Index über τὸ πρωί und schreibt am Rand ϑ′ μ̊οι = ϑ′ ομοιως, d. h. ϑ′ hat ebenso wie die LXX το πρωι. Die Abkürzung μ̊οι ist zwar auffallend, weil gewöhnlich ομ abgekürzt ist; aber einmal (2₃) findet sich auch ομοι.

16₁₀: Das Verbum πιωσιν in der σ′-Wiedergabe für ירע ist verdächtig. Nach der hebr. Vorlage ist es zum vorhergehenden αγαλλιασονται zu beziehen, nicht zu οινον. Sonst übersetzt σ′ רוע mit σημαίνειν, vgl. Ps. 46 (47)₂ 97 (98)₄ 99 (100)₁. Vielleicht ist an unserer Stelle βοησωσιν zu lesen, das LXX öfters für רוע verwendet, vgl. 15₄ 42₁₃. Es könnte auch sein, daß σ′ ירעע von dem aram. רעע „zerbrechen" abgeleitet hat und es auf οινον bezog (vgl. LXX πατήσουσιν οἶνον); dann wäre vielleicht πιεξωσιν zu lesen, vgl. Mich. 6₁₅ LXX πιέσεις ἐλαίαν. Eine klare Entscheidung läßt sich nicht bringen; sicherlich ist πιωσιν durch das folgende οινον beeinflußt, aber aus dem hebr. Text nicht zu erklären.

18₁: Die von Eus. cod. 49 überlieferte σ′-Lesart γη ης ist der von Eus. cod. 309 (= Pr.) bezeugten γης vorzuziehen; γης ist wohl von der LXX abhängig.

18₂: Auch hier ist die hsl. Überlieferung bei Eus. gespalten; cod. 49 liest μεϑ ον ου κατ επεκεινα; dagegen cod. 309 (= Pr.) μεϑ ον ουκ εστιν επεκεινα. Die letztere Lesart ist vorzuziehen, weil sie sich auch mit Vulg. deckt: *post quem non est alius*. Wenn man aber 𝔐 vergleicht, dann möchte man και επεκεινα = והלאה statt κατ επεκεινα lesen. Es kann jedoch sein, daß σ′ die Verbindungspartikel ו nicht übersetzt hat.

19₁₃: Wenn die σ′-Wiedergabe οι πλανησαντες richtig von Eus. überliefert ist, dann ist die Angabe von Q οι γ′ επλανησαν zu summarisch; vielleicht hat σ′ in seiner hebr. Vorlage הַתְעֵי statt הִתְעוּ 𝔐 gelesen.

21₄: Die von Eus. überlieferte σ′-Übersetzung ist ziemlich frei; Wortwahl und Satzkonstruktion sind auffallend. לבבי hat σ′ doppelt übersetzt; η ψυχη μου als Subj. zu επλανηϑη und η καρδια μου als Subj. zu εταραχϑη. Diese Verbalform (εταραχϑη) ist wohl im Anschluß an επλανηϑη gewählt; im Hebr. entspricht das Subst. פלצות, das σ′ Ps. 54 (55)₆ mit φρικη wiedergegeben hat. εϑορυβησε με ist Äquivalent von בעתתני; sonst übersetzt σ′ בעת mit πτοειν, vgl. Hiob 9₃₄ 13₁₁. Eigenartig ist αταραχον als Wiedergabe von נשף, das 5₁₁ und 59₁₀ von σ′ mit σκοτια bzw. σκοτος übersetzt ist; wie Hi. mitteilt, haben α′ ϑ′ an unserer Stelle *tenebrae* (= σκοτος) übersetzt. Zur Konstruktion ist zu bemerken: nach der hebr. Vorlage ist το αταρ. τ. ευδ. μου als Objekt zu εποιησε zu nehmen; ferner ist besser μοι (= לי) als με zu lesen. Als Subj. zu εϑορ. με und zu εποιησε ist wohl κυριος zu ergänzen. Somit lautet der ganze Vers: επλανηϑη η ψυχη μου, η καρδια μου εταραχϑη, εϑορυβησε με (κυριος), το αταραχον της ευδοκιας μου εποιησε μοι (κυριος) εις εκστασιν.

22₁: Q bringt zuerst die Randnote ϑ′ σ′ λημμα φαραγγος ορασεως, dann α′ οραματιστηριον (sic; nicht οραματισπιριον, wie Swete notiert). Die Wiedergabe von σ′ ϑ′ ist klar; sie entspricht genau משא גיא חזיון. Dagegen ist die α′-Wiedergabe unvollständig und undurchsichtig. α′ übersetzt משא immer mit αρμα, vgl. 14₂₈ 15₁ 19₁ 21₁₃ 23₁ 30₆ und גיא mit φαραγξ, vgl. 28₁ (α′ σ′ ϑ′) Jer. 19₂ (α′ σ′) Ez. 7₁₆ (α′ σ′). Deshalb ist die Angabe in Q zu ergänzen in ⟨αρμα φαραγγος⟩ οραματιστηριον. An οραματιστηριον ist nichts zu ändern; es ist der Genetiv von οραματιστηριον, das α′ für חזיון im Unterschied von חזון = οραματισμος verwendet, weil er es hier im lokalen Sinne faßt: „Ort der Schauung", vgl. auch 33₂₀. Sonst macht α′ keinen Unterschied zwischen הזיון und חזון; er übersetzt beide mit οραματισμος, vgl. Hiob 4₁₃ 33₁₅.

22₄: Die σ'-Wiedergabe μη παραμυϑεισϑε με ist auffällig, weil das Verbum תאיצו im Gegensatz zur LXX (κατισχύσητε) völlig unterdrückt ist. Vielleicht ist die Überlieferung bei Eus. fehlerhaft; in diesem Falle wäre als σ'-Übersetzung im Anschluß an Vulg. (*nolite incumbere ut consolemini me*) und Jer. 17₁₆ (σ' ηπειχϑην = אצתי) μη ⟨επειγεσϑε του⟩ παραμυϑεισϑαι με zu rekonstruieren.

22₉: σ' οικου ist frei übersetzt (עיר 𝔐). Oder stand ursprünglich πολεως da? Vielleicht ist οικου von der LXX (τῶν οἴκων τῆς ἄκρας Δαυιδ) abhängig.

22₂₅: Die nur von Syh bezeugte Randnote פומא.ת = ϑ' στομα (ergänze κυριου), die auch vom cod. Venetus als Sonderlesart bezeugt wird, setzt פי יהוה voraus; פי konnte in 𝔐 leicht nach כי ausfallen.

23₁: Die hexaplarische Hs. 88 liest το ρημα statt τὸ ὅραμα und bringt hier einige hexaplarische Noten, die vom ersten Schreiber selbst eingetragen sind. Sie sind aber gänzlich unzuverlässig: über die Textlesart το ρημα ist der Name α' geschrieben; dann ist noch überliefert: σ' το οραμα ϑ' το λημμα. Von diesen hexaplarischen Noten stimmt nur ϑ' το λημμα; denn σ' übersetzt immer wie ϑ', und α' verwendet für משא stets ἄρμα, siehe zu 22₁. Außer diesen hexaplarischen Noten bezeugt 88 nur noch 40₁₁ eine ϑ'-Wiedergabe, vgl. Hex.-App.

24₁₁: Das Verbum απεσχισϑη, das hier Qᵐᵍ und verschiedene hexaplarische Hss. einheitlich überliefern, kann nicht richtig sein; es muß in απωκισϑη = גלה verbessert werden. ἀποικίζειν ist die gewöhnliche ϑ'-Wiedergabe von גלה, vgl. 57₈ Am. 5₂₄ und 7mal bei Jer.; auch LXX gibt öfters גלה mit ἀποικίζειν wieder, vgl. die Stellen bei H.-R.

24₁₄: ϑ' υδατα ϑαλασσης = מֵי־יָם statt מַיִם 𝔐.

24₂₃: Eus. überliefert zu v. 23a die Wiedergaben von α', σ' und ϑ'; dadurch ist zu erkennen, daß die von Q und Syh anonym bezeugte Randlesart ϑ' oder auch σ' zugehört. Die von Eus. dem α' zugeschriebene Wiedergabe ist jedoch verdächtig: nach dem Zeugnis des Hi. hat α' 30₂₆ *alba* (= λευκή) und *calor* (= ϑέρμη) für die beiden Substantiva לבנה und חמה verwendet. Der Gebrauch des nämlichen Verbums in der zusammengesetzten (καταισχύνειν) und einfachen (αἰσχύνειν) Form für zwei verschiedene hebr. Verba ist bei α' möglich. Das Verbum ἐντρέπειν, das σ' und ϑ' haben, verwendet α' immer für den Stamm כלם, vgl. Hiob 11₃ Jer. 31 (38)₁₉ u. ö.

25₅: Q bringt in der Randnote zuerst anonym ※ ταπεινωσεις und dann gleich anschließend ϑ' ※ ηχον — ισχυρων. Das anonyme ※ ταπεινωσεις gehört aber an den Schluß, also hinter ισχυρων, wo es auch richtig von Syh gesetzt ist. Die zweite Person ist durch Angleichung an καταισχυνεις entstanden; verschiedene Hss. lesen noch richtig die 3. Person καταισχυνει = 𝔐, vgl. Sept.-App. In Q ist ※ ταπεινωσεις nur deshalb vorangestellt, weil auf dem Blatt hinter ισχυρων kein Platz mehr war.

25₇: Wie Eus. zeigt, ist die von Pr. überlieferte σ'-Wiedergabe και η κρισις (oder χρησις) η κεκριμενη, die Field kritiklos übernimmt, falsch. Die richtige Schreibweise και η χρισις η κεχρισμενη wird auch von 𝔐 gefordert; zur Wiedergabe von נסך mit χριζειν vgl. Ps. 2₆ σ' εχρισα = נַסַכְתִּי. σ' faßt also hier das Verbum נסך in der Bedeutung „einweihen", „salben". Gewöhnlich wird jedoch נסך mit „weben" wiedergegeben, vgl. Vulg. *et telam quam orditus est* und 30₁ α'ϑ' του διασασϑαι διασμα = לנסך מסכה.

25₉: Q überliefert auf dem linken Rand ϑ'σ' ※ και σωσει — υπεμειναμεν und dann auf dem rechten Rand anonym ※ αυτω; wie Syh^mg und der hebr. Text zeigen, gehört ※ αυτω zu υπεμειναμεν. Vgl. zu 25₅.

25₁₁: Zur σ'-Wiedergabe συν τοις καταρραγμασι = עם אכבות vgl. 60₈ α' καταρακτης = ארבה. Auch LXX übersetzt öfters wie α', siehe die Stellen bei H.-R.; vgl. ferner Os. 7₆ LXX καταράσσειν = ארב.

25₁₂: Die von Eus. überlieferte σ'-Wiedergabe von v. 12b και κολληϑησεται εις γην ist gegenüber 𝔐 sehr verkürzt. Wie LXX, scheint σ' השפיל nicht gelesen zu haben. Weiterhin fehlt ein griech. Äquivalent zu עד עפר. Einige lukianische Hss. (siehe Sept.-App.) lesen dafür εως κονεως; diese Lesart wird auf σ' zurückgehen, vgl. σ' κόνις = עפר Hiob 5₆ 40₈₍₁₃₎ Ps. 21 (22)₃₀ 29 (30)₁₀.

26₁₀: Es liegt wohl Vertauschung der Autorennamen vor, wenn nach Eus. יחן von α' mit ηλεηϑη und von σ' mit εδωρηϑη wiedergegeben sein soll. α' übersetzt nämlich חנן gewöhnlich mit δωρεῖσϑαι, vgl. 30₁₈ 33₂ (weitere Stellen bei H.-R.). Nur Gen. 33₅ wird überliefert: α' εχαρισατο σ' εδωρησατο; aber auch hier scheinen die Namen vertauscht zu sein.

27₁: Die Transkription von λευιαϑαν ist nicht einheitlich; Q schreibt richtig λευιαϑαν, dagegen Eus. λευιαϑαμ. Bei der σ'-Wiedergabe hat Q das zweite λευιαϑαν vor του οφεως 2° vergessen und es am Rand in der fehlerhaften Form λευιαϑανα (Swete schreibt unrichtig λευιαϑαν) nachgeholt.

27₁: Für עקלתון bringt Eus. die α'-Übersetzung εσκιρωμενον η εσπειρωμενον; aus der letzteren Form ist das von Pr überlieferte επειρωμενον entstanden. εσκιρωμενον ist von σκιρροῦν „hart machen" abzuleiten; auch Q setzt diesen Stamm voraus, überliefert aber das Kompositum ενεσκιρ⟨ρ⟩ωμενον; ähnlich Syh קשׁיא. εσπειρωμενον kommt von σπειροῦν „wickeln", „winden". Wenn man die häufigere α-Form dieses Verbums (σπειρᾶν) voraussetzen will, dann ist σπειρωμενον oder εσπειραμενον statt εσπειρωμενον zu lesen (vgl. δράκοντας . . . ἐσπειραμένους bei Lukian von Samosata, Philopseudes cap. 22). Es werden bei Eus. nicht zwei α′-Übersetzungen vorliegen, sondern nur innergriech. Varianten; als richtige α′-Wiedergabe verdient εσπειρωμενον den Vorzug; allerdings steht hier Q entgegen, der sonst gegenüber Eus. die bessere Überlieferung hat. Die Ausführungen bei Field II p. 476 n. 2 sind hinfällig; nur zeigt jetzt die Überlieferung bei Eus., daß Bensly mit der Konjektur σπειρωμενον auf dem richtigen Weg war.

27₄: Nach Hi. hat α′ שׁמיר ושׁית mit *spinam et veprem* übersetzt. Diese Angabe kann nicht richtig sein; denn α′ gibt שׁמיר immer mit ἀδάμας wieder, vgl. 5₆ 7₂₃ 9₁₈ und Lü.-Ra. p. 280 n. 196. Die richtige α′-Wiedergabe scheint Hi. zu kennen, wenn er sagt, daß die hebr. Wendung „*adamantem* et *loca sentium plena* significat" (Migne PL 24, 308).

27₁₂: Die Angabe des Hi., daß nur α′ ϑ′ יחבט mit ραβδισει übersetzt haben, verdient den Vorzug gegenüber Q und 86, die es allen drei Übersetzern zuschreiben. σ′ wird dann παταξει gewählt haben, das Eus. fälschlich den λ′ zuteilt. Deut. 24₂₂₍₂₀₎ und Is. 28₂₇ ist ραβδιζειν = חבט nur α′ zugeschrieben.

27₁₂: Tht. bringt die unklare Angabe: ›οἱ Ἄλλοι Ἑρμηνευταὶ ἔφασαν· ἀπὸ ὄρους τοῦ ποταμοῦ ἕως τοῦ χειμάρρου Αἰγύπτου καταπαύσει τὰ ῥεῖθρα‹ (ed. Möhle p. 110). Hier ist zunächst ορους Schreibfehler für ροος (das ist die spätere Genetiv-Form von ῥοῦς, vgl. Lob. Phryn. p. 454). Vgl. auch Hi. in seinem Kommentar: *ab alveo* (= Vulg.) vel *rivo fluminis*. Wahrscheinlich ist απο ροος die Wiedergabe des α′ (und ϑ′); denn σ′ übersetzt nach Eus. απο του ρειθρου und Ps. 68 (69)₃ hat α′ שׁבלת mit ῥοῦς wiedergegeben (σ′ wie an unserer Stelle mit ρειθρον). Auch Sir. 4₂₆ entspricht in der LXX ῥοῦς dem hebr. שׁבלת. Die Worte καταπαυσει τα ρειθρα gehören nicht zur Wiedergabe der jüngeren Übersetzer, sondern zum Kommentartext des Tht.; den Ausdruck τα ρειθρα hat wohl Tht. im Anschluß an die σ′-Übersetzung gewählt.

28₁₇: σ′ σπαρτιον Tht. steht gegen σ′ σπαρτον 86 und σ′ διαβητην Tht. gegen σ′ διαβητον 86. An der ersten Stelle wird Tht. wie 86 σπαρτον gelesen haben; denn er spricht in seinem Kommentar über die Verwendung dieses Maurerwerkzeuges ›ἡ σπάρτος διευθύνει τῆς οἰκοδομίας τοὺς σταθμούς‹ (ed. Möhle p. 113 sq.). Dagegen schreibt Tht. auch in seinem Kommentartext ›ὁ διαβή-

της ἴσην δείκνυσι τῶν 'λίθων τὴν ἐπιφάνειαν‹ (ed. Möhle p. 113).
Hier ist Tht. mit διαβήτης gegen 86 im Recht, weil σ' seltenere
Wortformen wie διάβητος nicht wählt.

28₁₈: σ' mit der Wiedergabe και εξαλειφθησεται faßt das Verbum
כפר mit der im Syr. häufigen Bedeutung „abwischen"; σ' setzt also
M voraus.

28₁₈: Reider p. 53 zählt zwar einige Beispiele auf, wo der
Singular eines Abstraktums von α' mit dem Plural wiedergegeben
ist, aber im Hinblick auf 28₁₅ (α' σ' μάστιξ = שׁוֹט) erwartet man
auch hier den Singular μαστιξ (= M) statt des überlieferten Plural.

28₂₀: Die Lesart συναχθηναι (= LXX) ist ursprünglich, weil
sie התכנס entspricht; συναφθηναι ist innergriechisch wegen διασις
entstanden.

28₂₂: 86 schreibt α' unrichtig συντελειαν γ. κ. συντομην zu;
die Wiedergabe gehört σ' θ' an; dieselbe hebr. Wendung hat α'
10₂₃ mit οτι τελευτην κ. συντομην übersetzt.

29₃: α' θ' σφαιραν fassen כדור als ein Wort (כַּדּוּר „Ball",
„Kugel"); σ' ως κυκλον nimmt כְּ als Vergleichspartikel und deutet
דוּר als „Kreis".

29₇: Syh liest im Text אריאיל und bringt dazu die Randnote
ג.אריאיל יאמין. Die Rückübersetzung des ersten Teiles οι γ' αριηλ
ist leicht; dagegen ist die Erklärung von יאמין schwierig. Field II
p. 483 n. 19 weiß keine Lösung: „quid significet, prorsus incertum
est". Man könnte in יאמין die Bedeutung sehen „recte". Besser
jedoch ist יאמין als eine verballhornte syrische Transkription von
ιλημ = ιερουσαλημ aufzufassen. Diese Deutung gewinnt hohe
Wahrscheinlichkeit, weil an derselben Stelle Q die Randnotiz ιλημ
οι γ' αριηλ vermerkt. Der syr. Übersetzer konnte mit dieser Abkürzung nichts anfangen, während sie der Schreiber von Q richtig
überliefert.

29₇: Die überlieferte σ'-Wiedergabe scheint nicht vollständig
zu sein. πολιορκιαι ist wohl das Äquivalent von מצדתה, vgl. 29₃
σ' πολιορκιας = מצרת (ca. 10 Hss. מצדת); οι θλιβοντες αυτην (= LXX)
entspricht המציקים לה; somit fehlt das griech. Äquivalent für צביה.

29₁₀: σ' mit der Wiedergabe εκρατυνε faßt עצם unrichtig in
der Bedeutung „stark sein" (vgl. 40₂₉ σ' κρατος = עצמה) statt „ver-
kleben".

30₁: α' hat הוי nicht mit ω, wie Q schreibt, sondern mit ωι
(ι ist vor υ ausgefallen) wiedergegeben, da er bestrebt ist, seine
Wiedergabe möglichst im Anschluß an das Hebr. zu gestalten.
45₉ ist richtig α' ωι = הוי überliefert. Deshalb kann man zu Lü.-

Ra. p. 283 n. 220 noch hinzufügen: auch die Wiedergabe ω statt ωι spricht gegen α'.

30₄: Die Wiedergabe εις ανης ηγγισαν kann nicht von α' stammen, wie 86 überliefert; denn α' gibt נגע immer mit κατανταν wieder, vgl. Lü.-Ra. p. 298 n. 308. Statt α' ist σ' einzusetzen. Bei der ϑ'-Wiedergabe ist εϑνη als Äquivalent von חנס sehr fraglich, da ϑ' die Gewohnheit hat, Eigennamen zu transkribieren. Vielleicht ist εϑνη aus ανης entstanden: ανης — ανη — εϑνη; σ konnte vor ε (es folgt εφϑασαν) leicht ausfallen.

30₆: α' εκπεταμενος erhält eine Stütze, wenn man das von Hi. überlieferte *et volans* in *evolans* verbessert (so schon Field II p. 486 n. 9). Nach Lü.-Ra. p. 331 n. 539 stammt εκπεταμενος aus dem vorangehenden εκπρηστης. Statt εκπρηστης ist nach Hi. εμπρηστης als α'-Wiedergabe herzustellen.

30₁₇: Nicht σημειον, wie 86 bezeugt, ist die α' ϑ'-Wiedergabe von נס, sondern συσσημον, wie richtig Tht. überliefert. α' gibt נס immer mit σύσσημον wieder, vgl. 11₁₂ 13₂ und Lü.-Ra. p. 316 n. 428. Die Hs. 86 schreibt 33₂₃ unrichtig συνσεισμον statt συσσημον.

30₂₅: Eus. überliefert die α'-Wiedergabe εν ημερα αποκταμμου = ביום הֶרֶג; in der Ausgabe von Pr. steht εν ημ. αποκταμενου. Hier ist αποκταμμου zweifellos die richtige Schreibweise; denn α' liebt die Wortbildungen auf -ος, vgl. ἀνασωσμός, ἐπιτριμμός, ἐρεισμός, κρουνισμός usw. (vgl. Reider, Aquila's Vocabulary p. 101 ss.). Der Hinweis von Reider p. 49 auf Is. 30₂₅ ist also hinfällig.

31₅: In 86 ist die σ'-Übersetzung so geschrieben: ως στρουϑιων πετομενων; die nämliche Schreibweise steht bei Field. Diese Konstruktion (Gen. Plural) kann nicht in Frage kommen. Da der Schreiber der Randnoten sehr häufig ω und ο vertauscht, ist ως στρουϑιον πετομενον zu schreiben. σ' setzt auch sonst den Singular, wo im Hebr. der Plural steht, z. B. 59₁₁ σ' ϑ' ως περιστερα = כיונים.

32₁: Nach Eus. soll α' לצֶדֶק mit εις δικαιοσυνην übersetzt haben; dies ist nicht richtig, denn α' gibt immer צֶדֶק mit δικαιον wieder, vgl. Lü.-Ra. p. 240 n. 2.

32₅: Die seltsame ϑ'-Lesart και τη χηρα (ולכילי M) ist sicher verderbt. Field II p. 492 n. 15 bemerkt: „... expedire nequeo". Vielleicht ist χηρα eine verballhornte Transkription von כילי = χιλαι.

32₆: Die Angabe des Eus., daß die übrigen Übersetzer του κοψαι η εκκοψαι ψυχας πεινωσας wiedergegeben hätten (להריק נפש רעב M), verdient wenig Vertrauen. Der Plural ψυχας πεινωσας steht im Gegensatz zum Singular des M und ist wohl von der LXX

abhängig. Die beiden Verba können nicht in Frage kommen; denn
הריק müßte mit κενοῦν oder ἐκκενοῦν wiedergegeben werden, vgl.
Jer. 48 (31)₁₂ οι λ' εκκενωσουσι = יריקו Zach. 4₁₂ σ' των εκκενουν-
των = המריקים. Lies vielleicht του κενωσαι η εκκενωσαι ψυχην
πεινωσαν, vgl. Vulg. *et vacuam faciat animam esurientis*. Mit der
unbestimmten Angabe η will Eus. sagen, daß einer oder zwei der
jüngeren Übersetzer das Simplex, der dritte das Kompositum hatte.

32₇: In direktem Anschluß an die richtige σ'-Wiedergabe εις
το — ψευδεσιν bringt Eus. noch als weitere σ'-Übersetzung και υπερ
του διασκεδασαι λογους ταπεινων. Unerklärlich ist υπερ; das übrige
scheint nicht von σ' zu stammen, sondern von der LXX, die ebenso
wiedergibt.

32₁₅: σ' αναψυξις = רֶוַח statt רוּח M, vgl. Exod. 8₁₁ LXX
ἀνάψυξις = רְוָחָה.

33₇: Alle drei Übersetzer geben חוצה mit εκτενως wieder; sie
leiten es also von dem syr. und neuhebr. חוץ „fest sein", „beständig
sein" ab und stimmen mit Pesch. überein, die קשׁיאית liest. Vulg.
dagegen übersetzt wie die modernen Exegeten *foris*.

33₉: Eus. bringt die vollständige σ'-Wiedergabe dieses Verses,
die aber schlecht überliefert ist. Statt εκλαυσεν lies επενθησεν
und statt εξετειναν lies εξετιναχθη (so richtig von 86 bezeugt).

33₁₁: Das Subst. חֲשַׁשׁ kommt im A. T. nur zweimal vor, nämlich Is. 5₂₄ und 33₁₁. Gewöhnlich wird es mit „Heu", „trockenes
Gras" wiedergegeben. Die jüngeren Übersetzer kennen diese Bedeutung nicht. 5₂₄ haben α' σ' ϑ' nach 710 ϑέρμη und 33₁₁ α' αιϑμή
σ' φλόξ ϑ' σπουδή nach 86 wiedergegeben. Beide Angaben sind
verdächtig. Die Angabe von 710 zu 5₂₄ ist zu summarisch; Lü.-
Ra. p. 284 geben auffallenderweise zu dieser Wiedergabe keine
kritischen Bemerkungen. Es ist nicht anzunehmen, daß alle drei
Übersetzer gleichmäßig ϑέρμη wiedergegeben haben. Leider hilft
33₁₁ nicht weiter. Richtig ist sicher die σ'-Wiedergabe φλογα. Als
α'-Übersetzung schlug bereits Field II p. 495 n. 19 αιϑαλην statt
αιϑμην vor; diese Konjektur empfiehlt sich besonders dadurch, weil
sie paläographisch leicht erklärbar ist (M — ΑΛ). In der LXX ist
αιϑάλη „Ruß" nur zweimal für פיח Exod. 9₈.₁₀ verwendet. Die
ϑ'-Lesart σπουδη könnte man zur Not aus der hebr. Vorlage erklären, wenn man aus חשש den Stamm חושׁ „eilen", „ängstlich sein"
herausliest, vgl. Hiob 31₅ LXX σπουδάζειν Is. 28₁₆ οι γ' σπευδειν
und 60₂₂ α' ἐπισπεύδειν. Jedoch paßt σπουδη nicht in den Zusammenhang; deshalb schlage ich vor σποδον „Asche" zu lesen.
So haben wir drei Ausdrücke (Rauch — Flamme — Asche), die
in einer Ebene liegen und gut das Ganze veranschaulichen.

33₁₅: Q^mg bezeugt zu λαλῶν = דֹּבֵר die hexaplarische Note οι γ′ λαλει. Man erwartet umgekehrt, daß nämlich die „Drei" λαλων = 𝔐 gelesen hätten. Da die beiden wichtigen Hss. der hexaplarischen Überlieferung 88 und Syh (= οI) λαλει bezeugen, ist wahrscheinlich οι ο′ λαλει statt οι γ′ λαλει zu lesen.

33₂₀: Die Überlieferung der α′ σ′ ϑ′-Lesarten zu ἰδοὺ Σιων ἡ πόλις τὸ σωτήριον ἡμῶν = חֲזֵה צִיּוֹן קִרְיַת מוֹעֲדֵנוּ ist sehr verwirrt:

Eus. überliefert: α′ ωραματισϑη σιων πολιχνη

σ′ ϑ′ ιδε σιων την πολιν των αγιων ημων.

Pr. bezeugt: α′ οραματισϑητι (in der Ausgabe von Curter, Migne PG 87, 2301 ist ganz abwegig ὄρα ματίσϑητι geschrieben!) σιων πολις εορτων

σ′ ϑ′ ιδε σιων την πολιν των αγιων ημων.

86 bringt zu ἰδού die Randnoten α′ οραματιστηριον σ′ ϑ′ ιδε, und dann zu τὸ σωτήριον ἡμῶν die Randnoten α′ των συνταγων ημων σ′ των εορτων ϑ′ εορταστηριον.

Bei der α′-Wiedergabe des Eus. fehlt das Äquivalent für מוֹעֲדֵנוּ; wahrscheinlich ist εορτων versehentlich ausgefallen, das Pr. überliefert; im Kommentar spricht nämlich Eus. zweimal von Sion als πολις των εορτων. Auch των αγιων hat Eus. bereits gelesen, wie deutlich das Aufgreifen dieses Ausdrucks im Kommentar zeigt. Jedoch kann των αγιων nicht richtig sein; es ist aus συνταγων entstanden, wie richtig 86 überliefert. α′ übersetzt nämlich מוֹעֵד immer mit συνταγή, vgl. 1₁₄ 14₁₃ und Lü.-Ra. p. 253 n. 33. Somit ist nicht εορτων die richtige α′-Wiedergabe, sondern συνταγων (der Artikel των ist zu tilgen), das noch in των αγιων bei Eus. und Pr. steckt. Richtig ist πολιχνη als α′-Übersetzung von קִרְיָה, vgl. 26₅ 29₁. Zwiespältig ist die Überlieferung der α′-Wiedergabe von חזה: richtig überliefert Pr. οραματισϑητι (bei Eus. unrichtig ωραματισϑη); nach dieser Wiedergabe faßt α′ חזה als Imperativ; חזה wird wie sonst mit δραματίζεσϑαι wiedergegeben, vgl. Lü.-Ra. p. 259 n. 72. Dagegen bezeugt 86 οραματιστηριον; wenn die Überlieferung richtig ist, dann haben wir eine zweite α′-Wiedergabe. δραματιστήριον ist als Substantiv gefaßt im Sinne von „Ort der Schau", vgl. 22₁; zu ergänzen ist σιων. Allerdings wäre auch die Erklärung möglich, daß οραματιστηριον aus οραματισϑητι σιων entstanden wäre.

34₇: σ′ υψηλοι μονοκερωτες ist Doppelübersetzung: υψηλοι = רָמִים; μονοκερ. = רְאֵמִים 𝔐.

34₁₀: Eus. überliefert zu diesem Vers die σ′-Wiedergabe, in der auch die Worte εις νικος νικεων stehen, die aber nach Q α′ und ϑ′ zugehören. Gleich im Anschluß an die Worte εις νικος

νιχ. sagt Eus. in seinem Kommentar: ›δι ων σαφως ο λογος παρ-
ιστησιν εσχατην ερημιαν τον τε τοπον και το εθνος‹. Hier ist
εσχατην wohl eine Reminiszenz aus der σ'-Übersetzung, die also
Eus. gekannt hat. Weiterhin zitiert Eus. in seinem Kommentar
zweimal die anonyme Stelle ουκ εστι (an der ersten Stelle εσται)
ο διοδευων αυτην, die sicherlich ebenfalls σ' zugehören wird, vgl.
33₈ σ' διοδευων = עָבַר.

34₁₅: σ' hat דגר, das gewöhnlich mit „brüten" übersetzt wird,
mit συναγειν wiedergegeben, vgl. Jer. 17₁₁ LXX συναγειν = דגר.

35₁: σ' αβατος bezieht sich nicht auf ερημος 1⁰, wie 86 angibt,
sondern auf ερημος 2⁰ = ערבה; σ' übersetzt immer ערבה mit αβατος,
vgl. 35₆ 40₃ 41₁₉ 51₃.

35₇: Wahrscheinlich ist in der Randnote von Q εις vor κα-
λαμον zu ergänzen, das die hebr. Vorlage (לקנה) verlangt. Die
Notiz in 86 α' ο' ποιμνιου kann nicht stimmen; denn α' übersetzt
קנה stets mit καλαμος, wie auch Q (οι γ') andeutet, und ποιμνιον
ist bei α' immer die Wiedergabe von צאן, vgl. 7₂₁ Zach. 11₁₁ Ps.
79 (80)₂ 106 (107)₄₁. Vielleicht ist οι ο' statt α'ο' zu lesen; ποιμ-
νιων (nicht ποιμνιον) liest eine Reihe von Hss., darunter auch Qᵐᵍ
und Syhᵗˣᵗ, die treue Zeugen der hexaplarischen Überlieferung sind,
vgl. Sept.-App.

37₁₈: α' hat אמנם sicherlich nicht mit οντως wiedergegeben;
statt α' ist σ' einzusetzen, vgl. Hiob 36₄ σ' οντως = אמנם.

37₂₂: σ' εχλευασε 86 ist richtig gegenüber σ' εξεφαυλισε Eus.;
εξεφαυλισε stammt aus der LXX. Eus. scheint das Kompositum
εξεφαυλισε in seiner Bibel gelesen zu haben; die LXX-Hss. lesen
alle εφαυλισε(ν).

38₁: ουχ υγιαζη kann nicht α' zugehören, wie 86 angibt, sondern σ', vgl. 38₉ σ' υγιανεν = יחי. Das Verbum חיה übersetzt α'
immer mit ζην, vgl. 26₁₄ 38₉.₁₆.

38₁₀: Die von Eus. überlieferte α'-Wiedergabe εν τη πληρωσει
των ημερων μου ist nicht glaubwürdig: der zweimalige Artikel τη
und των spricht gegen α'; πληρωσει als Wiedergabe von דמי kann
nicht stimmen. Vielleicht hat α' übersetzt εν τη σιωπησει, vgl. α'
σιωπαν = דמה Niphal 6₅ 15₁. Die von Cyr. den ετεροι zugeschriebene Übersetzung εν τη ημισει kehrt bei Hi. in der Vulg. in
dimidio wieder. Wer die ετεροι sind, läßt sich nicht ausmachen.

38₁₂: Zur ϑ'-Wiedergabe ως σκηνη — εξετεινεν bemerkt Field
II p. 506 n. 36: „Etiam Theodotionis lectio vix sana esse videtur"
ohne Verbesserungsvorschläge zu machen. Statt εστενωϑη (nach
Field II p. 506 n. 35 „non sollicitandum videtur") könnte man
εστενωϑην lesen. An der Wiedergabe απο συνεργων αυτης (מדלה 𝔐)

ist nichts zu ändern; nur ist hier συνεργων nicht von σύν und ἔργον („Zusammenarbeit"), sondern von συνέργειν = att. συνείργειν „zusammenknüpfen", „verbinden" abzuleiten; συνεργός bedeutet die „Verknüpfung" (vgl. συνειρμός „Verknüpfung"). αυτης setzt מְדַלָּה statt מִדַּלָּה 𝔐 voraus (auch α' liest αυτης). Statt εξετεινεν könnte man εξετεμεν (= σ', vgl. α' εκτεμνει) herstellen, vgl. auch 10₁₂ α' σ' εκτεμη יבצע. Vielleicht ist εξετεινεν als Gegensatz zu εστενωθη innergriechisch entstanden.

40₁₃: Ob das von 86 bezeugte εσταθμησατο das Verbum σταθμᾶσθαι oder σταθμίζεσθαι voraussetzt, ist nicht sicher auszumachen, weil in 86 sehr häufig η und ι vertauscht sind. Die nämliche Unsicherheit liegt Hiob 28₂₅ vor, wo Field II p. 51 notiert: α' εσταθμησατο (s. εσταθμισατο). H.-R. führen die beiden Stellen (Is. 40₁₃ und Hiob 28₂₅) unter σταθμᾶσθαι an. Ps. 74 (75)₄ ist σ' εσταθμισαμην überliefert. An den genannten Stellen entspricht die mediale Form σταθμᾶσθαι oder σταθμίζεσθαι dem hebr. Verbum תכן. Die aktive Form σταθμίζειν hat α' für שקל verwendet, vgl. Hiob 31₆ Is. 33₁₈ 55₂.

40₁₅: Bei der Wiedergabe βαλλομενον und αποπιπτον (dieses wird nur σ' zugehören, nicht α' σ', wie 86 notiert) ist der Stamm טול „werfen" vorausgesetzt, vgl. Hiob 41₁ σ' καταβαλει = יטל.

40₂₈: In der von Eus. bezeugten σ'-Wiedergabe stammt επεινασεν aus der LXX; dafür ist nach Chr. εκοπιαθη zu lesen, vgl. 43₂₂ σ' εκοπιαθης = יגעת.

41₁: δουλευσατε bei Eus. ist sinnlose Verschreibung für σιωπησατε, das richtig von 86 bezeugt wird.

41₂₂: Statt προελθετωσαν ist vielleicht προσελθετωσαν zu schreiben; vgl. Regn. I 14₁₈ σ' προσελθε = הגישה. Das Verbum προέρχεσθαι verwendet σ' häufig für יצא, vgl. Exod. 21₇ u. ö.

42₁₉: Die von Eus. mitgeteilte σ'-Wiedergabe και κωφος ως ο δουλος μου setzt וְחֵרֵשׁ כְּעַבְדִּי voraus, vgl. BH³.

43₂: Q hat die Randnoten ϑ' ομοιως τοις ο' mit Index auf οὐ συγκλύσουσί σε; darunter α' ου καυσουσι σε und σ' ου κατακαν(σουσι σε) mit Index auf οὐ μὴ κατακανθῇς. Syh dagegen schreibt לא .ס.א. נוקדונך (= α' σ' ου (κατα)καυσουσι σε) und darunter .ת בדמותא דהנון שבעין (= ϑ' ομοιως τοις ο') mit Index für beide Randnoten auf לא נטיפונך. Hier hat Syh noch die ursprüngliche Reihenfolge der Randnoten und auch den richtigen Index erhalten. Nur las Syh bereits in ihrer griechischen Vorlage wie Q das fehlerhafte καυσουσι und κατακαυσουσι, das in κλυσουσι und κατακλυσουσι, verbessert werden muß (Λ — Λ). Syh nimmt die beiden Übersetzer α' und σ' zusammen, weil sie das Kompositum nicht ausdrücken kann. Der

Schreiber der Randnoten in Q hat die Umstellung vornehmen müssen, weil er die Wiedergaben des α' und σ' nur auf κατακαυϑῆς beziehen konnte. Wie aber die hebr. Form תכוה zeigt, können sie sich nicht auf dieses Verbum, sondern nur auf ישטפוך beziehen. שטף hat α' immer mit κλύζειν übersetzt, vgl. 8₈ 28₁₅ Ps. 31 (32)₆; σ' wählt ἐπικλύζειν, vgl. 8₈ 30₂₈ Ps. 31 (32)₆ oder κλύζειν, vgl. 28₁₅; ϑ' verwendet 28₁₅ κατακλύζειν. Vgl. auch Lü.-Ra. p. 298 n. 306.

43₂₄: Eus. und Pr. überliefern fehlerhaft εκαλεσας με; lies εκοπωσας με = הוגעתני; vielleicht ist εκαλεσας von v. 22 beeinflußt, wo ebenfalls α' σ' ϑ' εκαλεσας (= 𝔐) haben (in Parallele mit εκοπιασας bzw. εκοπιαϑης).

44₁₂; και ατονησει ist vielleicht Wiedergabe von ואין כח; dann müßte και ασϑενησει (= LXX) ausgeschieden werden. Es könnte aber και ατονησει auch וייעף am Ende des v. 12 wiedergeben und jetzt an falscher Stelle stehen. Sonst verwendet σ' ἀτονεῖν öfters für דלל, vgl. Ps. 78 (79)₈ 114 (116)₆ 141 (142)₇. Schließlich könnte man και ατονησει auf Eus. selbst zurückführen, der es eigenmächtig als Synonym hinter και ασϑενησει einschiebt.

44₁₃: Q^mg hat zunächst anonym ⁜ και εμορφωσεν αυτο und dann gleich anschließend α' ⁜ εν παραγο. — περιγωνιοις. Syh hat και εμορφ. αυτο im Text und α' ⁜ εν παραγο. — περιγ. am Rand. Sicherlich gehört auch ⁜ και εμορφ. αυτο zur α'-Wiedergabe, vgl. 52₁₄ α' και μορφη αυτου = ותארו.

44₁₄: Q hat die Randnote οι γ' ⁜ πιτνν mit Index hinter κύριος; ähnlich Syh אֵרֹזא ⁜ .ג mit Index hinter מריא. Swete notiert „οι γ' ο κυριος + ⁜ πιτνν Q^mg". Q^txt liest κύριος; Q^mg notiert zu κύριος zunächst πιπι, dann den Artikel ο und schließlich οι γ' ⁜ πιτνν, vgl. Sept.-App. Field übersetzt die Randnote der Syh אֵרֹזא mit κεδρους unter Hinweis auf Jud. 9₁₅ und stellt sie zur α' ϑ'-Wiedergabe ⁜ αυτω κεδρους — αυτο, die Q und Syh gemeinsam überliefern. Field's Rückübersetzung und Einreihung sind aber unrichtig; denn die Pluralpunkte sind nur ein Schreibversehen und ארזא ist mit πιτνν zu übersetzen, vgl. Zach. 11₂ Ez. 31₈ Syh πιτυς = ארזא. Dagegen¹ umschreibt Syh κέδρος mit קידרוס, so in der eben erwähnten Randnote zu 44₁₄ und Zach. 11₂.

44₂₀: Der erste Teil der von Tht. den λ' zugeschriebenen Übersetzung οτι ουδεις δυναται εξελεισϑαι ist zu frei (wohl von der LXX beeinflußt); man erwartet και ουκ εξελειται.

45₂₀: Statt μοι, das Eus. und Pr. überliefern, müßte nach 𝔐 (יחדו) ομου stehen.

46₂: Wie die jetzt von Eus. überlieferte σ'-Wiedergabe zeigt, gehört εκδοτα, das Field II p. 522 nach Pr. aufnimmt, nicht zum Text. Auch in 𝔐 fehlt dafür ein Äquivalent.

47₂: Pr. gibt unrichtig an: ›Ἀντὶ δὲ τοῦ, Ἀποκάλυψαι τὸ κατα-κάλυμμά σου, Σύμμαχος, Κάλυψαι τὰ ὦτα, φησίν‹ (Migne PG 87, 2444); Field II p. 523 nimmt dieses falsche Lemma in seine Ausgabe auf. Nach Eus. gehört die σ'-Übersetzung zu ἀνακάλυψαι τὰς πολιάς = חשפי־שבל. Schwierig ist die Wiedergabe von שבל mit τα (> Eus.) ωτα zu erklären. Field II p. 523 n. 4 weist auf alte Lösungsversuche hin: „Semlerus tentat τὰ νῶτα, Doederleinius τὴν ὤαν, infeliciter uterque". Hi. übersetzt in der Vulg. umerum; er scheint also die Bedeutung „Schulter" (= ωμον) vorauszusetzen. Wahrscheinlich ist λῶμα „Saum" statt ωτα zu lesen; λῶμα ist 6 mal im Exodus von der LXX für שׁוּל „Schleppe" verwendet; auch α' und σ' übersetzen Jer. 13₂₂.₂₆ שׁוּלַיִךְ mit τα λωματα σου (nur syrisch überliefert, aber in τα λωματα σου rückzuübersetzen, vgl. Field II p. 608 n. 41). Auch das Verbum καλυψαι für חשפי ist auffallend; man erwartet ανακαλυψαι oder αποκαλ., vgl. 52₁₀ σ' ϑ' απεκαλυψεν = חשף.

47₁₁: Zur α' σ'-Wiedergabe συμφορά für הוה vgl. Soph. 1₁₅ α' συμφορά und Ez. 7₂₆ σ' συμφορα επι συμφοραν.

48₁₉: Eus. überliefert unrichtig α' εξ εμπροσϑεν = מלפני, denn α' verwendet immer das Subst. πρόσωπον, vgl. 36₇ 40₁₀; σ' hat ἔμπροσϑεν, vgl. 55₁₂ 62₁₁ 63₁₂. Deshalb muß σ' für α' eingesetzt werden.

48₂₁: Die von Tht. bezeugte Lesart ist den „Drei" summa-risch zugeschrieben; es kommen nur σ' ϑ' in Frage; α' scheidet aus, denn er übersetzt נזל mit καταρρεῖν, vgl. 64₁ und בקע mit σχίζειν, vgl. 58₈ 59₅ 63₁₂ oder ἀποσχίζειν, vgl. 7₆.

49₆: οι λ' ιδου τεϑεικα σε nach Pr. kann nicht stimmen. Der hebr. Text ונתתיך verlangt και εδωκα σε, vgl. Sept.-App.

49₁₆: Tht. und Pr. stimmen in der Überlieferung der α'-Wieder-gabe ηκριβωσα (σε) überein, bezeugen dagegen für σ' und ϑ' ab-weichende Übersetzungen. Hier verdient Tht. den Vorzug, weil auch 30₈ für σ' ἐγχαράσσειν und für ϑ' διαγράφειν überliefert ist.

49₂₃: Eus. cod. 49 überliefert als σ'-Wiedergabe γαλουχοι σου; cod. 309 schreibt dafür γαλουχησουσι. Die letztere Lesart ist se-kundär; die hebr. Vorlage מיניקתיך verlangt γαλουχοι σου, vgl. auch Vulg. nutrices tuae. Field II p. 526 n. 25 hätte also seiner Kon-jektur mehr zutrauen dürfen.

51₉: Zu מחולל überliefert 86 als α'-Wiedergabe ως δεινοποιησας. Field II p. 529 notiert ›ως (fort. ο) δινοποιησας‹ und setzt ein

Verbum δινοποιεῖν *torqueri, circumagi* = חול voraus. H.-R. nehmen δινοποιεῖν in ihre Konkordanz auf. Jedoch kommt diese Konjektur nicht in Frage; vielmehr ist ωδινοποιησας zu schreiben. α′ leitet ὠδινοποιεῖν von חיל „(unter Geburtsschmerzen) beben" ab; חיל wird von α′ immer mit ὠδίνειν wiedergegeben, vgl. Lü.-Ra. p. 320 n. 454. Mit dem Hilfszeitwort ποιεῖν zusammengesetzte Verba verwendet α′ öfters, vgl. Reider p. 40.

51₁₀: α′ kann nicht als Übersetzer in Frage kommen, wie hauptsächlich der Schlußteil zeigt: 1. αυτην fehlt in 𝔐; 2. α′ hat גאל immer mit ἀγχιστεύειν wiedergegeben; 3. υπο fehlt in 𝔐. Wahrscheinlich gehört die Wiedergabe ϑ′ an.

51₁₉: σ′ τα συσταϑεντα σοι Eus. widerspricht α′ σ′ τα συναντησαντα σοι 86. σ′ übersetzt קרא öfters mit συναντᾶν, vgl. 60₁₈ (auch α′). Doch wird συσταϑεντα nicht zu beanstanden sein. Vielleicht ist in 86 α′ ϑ′ statt α′ σ′ zu lesen.

51₂₀: Die von Eus. und Pr. überlieferte σ′-Wiedergabe εποϱευϑησαν αγομενοι ist verdächtig. Man erwartet ηποϱηϑησαν (?) κοιμωμενοι. Auch die α′-Übersetzung εϱιπτασϑησαν kann schwer aus עלפו erklärt werden. Vulg. *proiecti sunt* nimmt die α′-Wiedergabe auf.

52₄: σ′ εσυκοφαντησεν 86 steht gegen σ′ εδημαγωγησεν Eus. Wahrscheinlich hat 86 richtig überliefert. Die Wiedergabe von עשק mit συκοφαντεῖν findet sich öfters in der LXX, ebenso bei α′ σ′ ϑ′, vgl. die Stellen bei H.-R.

52₅: Zu יהלילו wird eine doppelte α′- und σ′-Wiedergabe überliefert: α′ δακρυουσιν Eus. Hi.ˡᵃᵗ *(flebunt)* und σ′ ολολυξουσιν Eus. Hi.ˡᵃᵗ *(ululabunt)* gegen α′ σ′ παρανομουσιν 86. Die letztere Wiedergabe kehrt auch in der Vulg. *inique agunt* wieder. Der Widerspruch ist so zu lösen, daß man eine doppelte Ausgabe der α′-Übersetzung annimmt oder die von Eus. und Hi. überlieferte Wiedergabe α′ abspricht. Für diese Annahme spricht die Tatsache, daß α′ δακρύειν für דמע nimmt, vgl. Jer. 13₁₇. Dagegen kann die Wiedergabe mit ὀλολύζειν sehr gut σ′ angehören, vgl. 16₇. Die von Hi. überlieferten Futurformen legen nahe, daß δακρυσουσιν und ολολυξουσιν zu lesen ist; auch 𝔐 ist dem Futur günstig.

52₁₅: Nach 86 soll α′ יקפצו mit συντελεσουσιν wiedergegeben haben. Wahrscheinlich ist dafür zu lesen: συστελουσιν, vgl. Sir. 4₃₁ LXX συνεσταλμενη = קפוצה. Ez. 7₇ ist überliefert α′ συστολή = הצפירה; diese Wiedergabe ist verdächtig, nach Field II p. 783 n. 12: „ex duplici, ut videtur, editione".

53₄: Die von Eus. überlieferte Wiedergabe ημεις δε — τεταπεινωμενον kann nicht α′ zugehören: 1. α′ hätte wörtlich και ημεις, nicht ημεις δε übersetzt; 2. Hi. überliefert ausdrücklich, daß α' נגוע mit αφημενον übersetzt hat; τραυματίζειν steht in der LXX und bei σ' ϑ' gewöhnlich für חלל; 3. υπο (auch von Q bezeugt) ist zu frei für α'; 4. τεταπεινωμενον ist die σ' ϑ'-Wiedergabe für נענה, wie 86 bezeugt; α' verwendet für ענה immer das Verbum κακουχεῖν, vgl. 58₃.₅.₁₀. Auch σ' und ϑ' kommen für diese Wiedergabe nicht in Frage, weil ihre Übersetzung in anderem Wortlaut überliefert ist. Wahrscheinlich ist es eine Neuübersetzung eines Unbekannten, vgl. zu 57₁₈ (S. 99) und zu 65₁₅ (S. 101).

53₇: Ob die von Eus. und Pr. überlieferte σ'-Wiedergabe προσηνεχϑη oder die von 86 bezeugte προσηχϑη den Vorzug verdient (נִגַּשׁ 𝔐), ist nicht auszumachen. Beide Verba kommen als Wiedergabe von נגשׁ vor; προσφέρειν ist selten, vgl. Exod. 32₆ LXX προσηνεγκε ϑυσιαν; häufiger ist προσάγειν verwendet, vgl. Gen. 27₂₅ LXX προσαγαγε und Hiob 40₁₄₍₁₉₎ σ' προσαχϑηναι. Vulg. oblatus est greift auf προσηνεχϑη zurück.

53₁₀: דכא soll nach Eus. von α' mit επιστρεψαι und von σ' nach Eus. und 86 mit ελεησαι übersetzt worden sein. Beide Wiedergaben können nicht stimmen. Für דכא ist Hiob 5₄ 19₂ α' ἐπιτρίβειν und σ' κατακλᾶν 5₄ bzw. καταϑλᾶν 19₂ bezeugt. Somit ist als α'-Lesart επιτριψαι herzustellen. Als σ'-Lesart hat bereits Field II p. 535 n. 24 αλοησαι vorgeschlagen; diese Konjektur verdient Vertrauen, weil sie auch paläographisch naheliegt. Allerdings hat σ' ἀλοᾶν gewöhnlich für דושׁ verwendet, vgl. 25₁₀ 28₂₈. Im Hinblick auf die zitierten Hiobstellen und Is. 57₁₅ σ' τεϑλασμενους = דכא könnte man auch ϑλασαι für ελεησαι setzen.

54₆: Es ist sehr fraglich, ob α' עצובה mit κατωδυνος übersetzt hat; α' gibt nämlich den Stamm עצב mit διαπονεῖν wieder, vgl. 50₁₁ α' εις διαπονησιν = למעצבה und 58₃ α' διαπονηματα ⟨υμων⟩ = עצביכם.

54₈: σ' εν οξυσμω οργης Eus. und σ' εν ατομω οργης 86 widersprechen sich. Wer recht hat, ist nicht auszumachen, da Parallelen fehlen. Zur Wiedergabe von שצף mit ὀξυσμός vgl. Prov. 27₄ LXX ὀξεῖα ὀργή = שטף. Vulg. in momento indignationis schließt sich εν ατομω o. an; da Hi. gewöhnlich σ' folgt, liegt vielleicht in εν ατομω o. die echte σ'-Wiedergabe vor.

54₁₂: Die σ'-Wiedergabe τας οικιας σου für שמשתיך „deine Zinnen" ist ziemlich frei; wahrscheinlich ist sie durch das folgende τας πυλας σου bedingt.

56₁₀: Rü.-Ra. p. 259 n. 72 glauben, daß bei α' φανταζομενοι σ' οραματισται die Namen verwechselt sind, weil α' חזה immer mit ὁραματίζεσϑαι wiedergibt. Aber Lü.-Ra. beachten nicht, daß 𝔐 nicht חזים (das zwar mehrere Hss. lesen), sondern הזים schreibt. Bereits α' scheint הזים gelesen zu haben und dies zum Unterschied von חזים mit φανταζομενοι wiedergegeben zu haben.

56₁₀: Die Randnotiz in Q οι γ' ομοιως zu ουκ εγνωσαν besagt wohl nicht, daß die „Drei" ידע mit γιγνωσκειν übersetzt haben, sondern weist auf die Auslassung von φρονησαι hin, das in Übereinstimmung mit 𝔐 in B-V (= O) 87-91-309-490 (= C) Syh und Hi. fehlt, vgl. Sept.-App.

56₁₁: Syh hat eine Randnote א.ס. עלובותא (= α' σ' πλεονεξια) und fügt das Scholion hinzu עלובותא דבשפירתא, das Field II p. 542 n. 5 rückübersetzt: πλεονεξία, ἡ ἐν τοῖς καλοῖς. Was dieses Scholion besagen will, läßt sich nicht ausmachen. Der Index dieser Randnote steht auf דעולותא (= ἀδικίας) 57₁. Field gibt keine nähere Erklärung, sondern verweist auf Middeldorpf, der die Randnote auf 57₁₇ בצעו 𝔐 bezieht. Dies ist unrichtig; die Randnote gehört vielmehr zu 56₁₁ לבצעו, das die jüngeren Übersetzer mit εις πλεονεξιαν αυτου übersetzt haben.

56₁₁: Q schreibt οινοφλυγισωμεν, 86 dagegen zweimal οινοφλυγησομεν; diese Schreibweise haben auch alle LXX-Hss. (außer 147: οινοφλογισωμεν), die diesen Zusatz bezeugen, vgl. Sept.-App. Ob das Verbum οινοφλυγιζειν oder οινοφλυγειν vorliegt, ist nicht sicher zu entscheiden, da die jüngeren Hss. und besonders 86 sehr häufig ι und η vertauschen. Deut. 21₂₀ ist von der LXX οινοφλυγειν bezeugt, das ebenso wie an unserer Stelle סבא wiedergibt.

57₆: Für מִנְחָה bezeugt 86 die σ'-Wiedergabe δῶρον und fügt den glossatorischen Zusatz bei προσφοραν καταπαυσεως, der die Punktation מֻנָחָה voraussetzt. Field II p. 542 n. 19 verweist auf Lev. 14₁₀, wo für מִנְחָה überliefert ist: Αλλος· καταπαυσιν. In der LXX findet sich Regn. II 14₁₇, Zach. 9₁ und Jer. 51 (28)₅₉ der umgekehrte Fall: an den ersten zwei Stellen ist מִנְחָה mit θυσία, an der letzten mit δῶρον übersetzt.

57₁₃: Zu ϑ' (so hat 86, nicht α', wie Field II p. 544 notiert) τα συναντηματα σου = קבוציך vgl. die LXX-Wiedergabe 34₁₅ συνηντησαν = נקבצו.

57₁₄: Nach Eus. und Tht. hat σ' den Plural προσκομματα, dagegen nach 86 den Singular (= 𝔐). Wie aus dem Kommentar hervorgeht, hat Eus. sicher den Plural gelesen ›... τα δοκουντα προσκομματα‹. Auch LXX (σκῶλα) und Vulg. (offendicula) lesen den Plural. Vielleicht geht er auf die Lesart מִכְשׁוֹלִם (es folgt מ) der hebr. Vorlage zurück.

57₁₈: Im Anschluß an die ϑ'-Wiedergabe bringt 86 die Worte συν βρωσιν χειλεων αληθιναν. Vielleicht ist συνβρωσιν zusammenzuschreiben; dies wäre dann die Wiedergabe eines Unbekannten von ניב bzw. נוב.

58₆: Die Zuteilung von απολυε τεθραυσμ. ελ. an α' ist wohl nicht richtig. Für απολυε erwartet man αποστελλε (שלח M), für τεθραυσμενους, das wohl aus der LXX stammt, συντεθλασμενους (רצוצים M), vgl. Gen. 25₂₂ Ps. 73 (74)₁₄.

58₁₁: α' hat sicherlich (gegen Field II p. 547 n. 32 „fortasse") יחלץ mit εξελειται übersetzt; 86 schreibt fehlerhaft εξαλειται. Vgl. Deut. 3₁₈ α' εξηρημενοι = חלוצים und Deut. 25₁₀ α' εξαιρεθεντος = חלוץ. Zur ϑ'-Wiedergabe περικαθαριει vgl. akk. ḫalṣu „rein", „geläutert".

58₁₄: Als α'σ'ϑ'-Wiedergabe von במות ist υψηλα, nicht υψη, wie Field II p. 547 notiert, aus der verworrenen Überlieferung herzustellen, vgl. 36₇ α'σ'ϑ' υψηλα. Trotz 36₇ ist aber die Zuteilung an alle drei Übersetzer ungenau; denn α' hat sicherlich υψωματα geschrieben, vgl. 14₁₄, ferner Deut. 32₁₃ Ez. 6₆ 20₂₉ Ps. 17 (18)₃₄.

59₁₇: Reider p. 54 bringt verschiedene Beispiele, wo α' den Plural eines Kollektivums mit dem Singular wiedergibt, darunter auch Is. 59₁₇ α' ιματιον. Es ist aber nicht sicher, daß α' den Singular übersetzt hat; vielleicht ist ιματιον von der LXX beeinflußt, oder α' hat בֶּגֶד statt בְּגָדִי M gelesen. σ' hat den Plural ιματια = M.

59₁₇: In 86 ist ανεβολισατο geschrieben, nicht ανεβολεσατο, wie Field II p. 550 n. 44 notiert. Die Schreibweise mit ι weist auf das Verbum αναβολίζεσθαι hin; da aber in 86 häufig ι und η wechseln, wird αναβολεισθαι (ανεβολησατο) zu Grunde liegen, vgl. Reider p. 21. 101. Jer. 43 (50)₁₂ verwendet α' das gebräuchliche αναβάλλεσθαι für עטה. Vgl. zu 40₁₃ (εσταθμησατο) und zu 56₁₁ (οινοφλυγησομεν).

60₁₄: Die Zuteilung von και προσκυνησουσιν — σε an σ'ϑ' in Syh ist richtig; denn α' übersetzt כף mit ταρσός (vgl. Lü.-Ra. p. 253 n. 36) und נאץ mit διασύρειν (vgl. 1₄ 5₂₄ und Lü.-Ra. p. 250 n. 5). Das Verbum παροξύνειν verwendet α' für קצף, vgl. 54₉ 64₉.

61₁: Die Wiedergabe von פקח-קוח mit διαβλεψιν ist für α' zu frei; man erwartet διανοιξιν, das ϑ' zugeschrieben ist. Vielleicht sind die Namen α' und ϑ' verwechselt.

62₃: Zu διάδημα = צניף (nicht στέφανος, wie unrichtig Field II p. 555 notiert) hat 86 die Randnote α'σ' κιδαρις. Ähnlich ist Exod. 28₃₇ α'ϑ' κιδαρις zu μίτρα = מצנפת überliefert. Dagegen hat α' 3₂₃ צניף mit μίτρα übersetzt. Es ist nicht sicher zu entscheiden, ob ein Fehler in der Überlieferung vorliegt, oder ob α' in der Wiedergabe von צניף gegen seine sonstige Gewohnheit abwechselt (vgl. S. 78).

62₈: Q liest im Text zweimal δόξης und überliefert am linken Rand ϑ′ δεξιας (fehlt im Apparat von Swete) für δόξης 1⁰ und am rechten Rand ebenfalls ϑ′ δεξιας für δόξης 2⁰. Das zweite ϑ′ δεξιας ist unrichtig; vielleicht stand hier ϑ′ ομοιως (vorausgeht die Randnote οι ο′ ισχνος), d. h. ϑ′ hat wie οι ο′ ισχνος übersetzt.

62₁₀: Auffallend ist die Angabe von 86, daß ϑ′ עברו 2⁰ mit ετοιμασατε wiedergegeben haben soll. Eher möchte man das in Q anonym überlieferte ⁂ πορευεσϑε als ϑ′-Übersetzung von עברו 2⁰ ansprechen. 40₃ hat LXX פנו דרך mit ετοιμασατε übersetzt; vielleicht gehört auch 62₁₀ ετοιμασατε als σ′-Wiedergabe zu פנו דרך. Nach Q hat ϑ′ den ersten Teil des Verses offenbar so übersetzt: πορευεσϑε πορευεσϑε δια των πυλων (μου) σκευασατε την οδον τω λαω (μου) και οδοποιησατε οδοποιησατε.

63₂: Auch cod. 49 des Eus.-Kommentars schreibt πεπυρωται statt πεπυρρωται. Die bei Lü.-Ra. p. 254 n. 42 aufgezählten Stellen sind also um eine zu vermehren.

63₈: Eus. und Pr. überliefern übereinstimmend ουκ ασυνϑηκουντες für לא ישקרו. Field II p. 558 n. 30 möchte dafür ουκ ασυνϑετουντες lesen. Aber ασυνϑηκουντες ist zu belassen, vgl. 48₈ σ′ ασυνϑηκος = פֶּשַׁע. Sonst wechselt σ′ bei der Wiedergabe von פשע mit ἀϑετεῖν, vgl. 53₁₂ und ἀδικεῖν, vgl. 59₁₃.

64₁₁ (10): σ′ εις ονειδος = לְחֶרְפָּה (so Hs. 224 Kennicott) statt לְחָרְבָּה M.

65₁₅: Nach den wichtigen Zeugen Eus. Tht. Hi. haben die jüngeren Übersetzer לשבועה mit εις ορκον wiedergegeben. Dagegen überliefert 86: α′ σ′ ϑ′ εις κορον, das sich mit der LXX-Wiedergabe εις πλησμονήν berührt und לְשָׂבְעָה statt לִשְׁבוּעָה M voraussetzt. Das Substantiv κόρος in der Bedeutung „Sättigung", „Fülle", findet sich nur noch Est. 8₁₂c LXX τόν τε κόρον οὐ δυνάμενοι φέρειν; die übrigen bei H.-R. II p. 780 aufgeführten Stellen gehören zum vorhergehenden κόρος = כֹּר, vgl. auch Reider p. 5 n. 17. Eine innergriechische Verschreibung κορον aus ορκον ist wohl nicht anzunehmen. Somit liegt in εις κορον eine Wiedergabe vor, die vielleicht nur einem der „Drei" oder einem Unbekannten zugehört.

66₁: Zu οἶκον notiert Swete „ϑ′ ⁂ ον Qᵐᵍ". Qᵐᵍ liest aber hier nicht den Namen ϑ′; vermutlich wurde der in Q verwendete Index, dessen Form einem ϑ ähnelt, als ϑ′ gelesen. Sachlich ist Swete vielleicht im Recht, weil das anonyme ον wohl ϑ′ zuzuteilen ist.

66₄: Die Angabe des Eus. οι λ' τ. εμπαιγμους αυτων ist zu allgemein, wie 86 zeigt. Zur Wiedergabe von תעללים vgl. Lü.-Ra. p. 318 n. 441.

66₅: Zum Verbum αποβαλλομενοι = מנדיכם der Randnotiz, die 86 summarisch den α' σ' ϑ' zuschreibt, stehen zwei anonyme Noten εξοριζοντες und χωριζοντες. Nach Am. 6₃ α' οι αποκεχωρισμενοι σ' οι αφωρισμενοι = המנדים gehört die erste σ' an und die zweite α', vgl. auch Ez. 7₁₉ α' εις χωρισμον = לנדה.

66₆: Die von 86 anonym überlieferte Wiedergabe ἀμοιβή von גמול gehört sicherlich α' an (Field II p. 564 n. 22 „fortasse"), vgl. 3₁₁ 59₁₈ α' ἀμοιβή = גמול und 3₉ 63₇ α' ἀμείβειν = גמל.

66₁₂: Zu תשעשע überliefert 86 die α'-Wiedergabe αγαυριασητε. Hier liegt ein Fehler vor; denn α' wählt ἀγαυριᾶν für עלז, vgl. 13₃ (hier allerdings anonym überliefert, aber die Stelle ist sicher α' zuzuschreiben) und Ps. 27 (28)₇. Zum Verbum שעשע ist keine α'-Wiedergabe überliefert, wohl aber zum Subst. שעשועים, vgl. 5₇ und Ps. 118 (119)₁₄₃ α' ἀπόλαυσις. Deshalb ist απολαυσετε oder απολαυσεσϑε als α'-Wiedergabe herzustellen. Richtig ist die σ'-Übersetzung απατησεσϑε in diesem Vers überliefert (von ἀπατᾶν = delectare; zur Bedeutung vgl. F. Zenner, Biblica 1 [1920] 265). In den Bibelhss. ist sehr häufig ἀπατᾶν mit ἀγαπᾶν verwechselt; bereits E. Nestle, Philologia sacra, Berlin 1896, S. 47 hat auf Ps. 77 (78)₃₆ und Chron. II 18₂ verwiesen. Das Verbum ἀπατᾶν = delectare kommt in der LXX nur Sir. 14₁₆ und 30₂₃ vor; an beiden Stellen finden sich viele Verschreibungen in den Hss. Vielleicht ist auch Ps. 93 (94)₁₉ ηπατησαν statt ἠγάπησαν und ebenso Is. 5₇ ηπατημενον statt ἠγαπημένον zu lesen.

66₁₅: Richtig überliefern 86 und Tht., daß α' σ' ϑ' גערה mit ἐπιτίμησις übersetzt haben, vgl. 30₁₇ 51₂₀ 54₉. Das Subst. σκορακισμός bei Eus. ist sicherlich durch die LXX-Lesart ἀποσκορακισμόν beeinflußt.

66₂₄: σ' übersetzt בפגרי האנשים ziemlich frei mit τα εσχατα των ανϑρωπων, während er sonst פגר mit σῶμα wiedergibt, vgl. 14₁₉ Num. 14₃₃ Regn. I 17₄₆ Jer. 33 (40)₅. Zum Inhalt vgl. Ez. 23₂₅ α' σ' ϑ' και τα εσχατα σου (ואחריתך) πυρ καταφαγεται.

Beiträge zum griechischen Dodekapropheton

Vorgelegt von W. B a u e r in der Sitzung am 28. Mai 1943

I n h a l t :

I

Textkritische Notizen zu den jüngeren griechischen Übersetzungen des Dodekapropheton[1])

Wie zu den jüngeren griech. Übersetzungen des Buches Isaias
(siehe Nachr. von der Ges. d. Wiss. zu Gött., Philol.-Histor. Kl.
Fachgruppe V, Religionswissenschaft, N. F. Bd. I Nr. 4, Gött.
1939) sollen im folgenden zum Dodekapropheton nähere Erklärungen zu verschiedenen schwierigen Stellen gegeben werden, die
im Hex.-App. der großen LXX-Ausgabe keine Aufnahme finden
konnten.

Eine besondere Schwierigkeit im Dodekaproph. bilden die
zahlreichen, n u r s y r i s c h überlieferten Lesarten der jüngeren
Übersetzer, weil die Kontrolle fehlt. Field hat bei der Rückübersetzung vielfach gute Arbeit geleistet, die viele Kenntnisse

---

1) Die Abkürzungen und Siglen sind die gleichen wie in der Dodeka-
propheton-Ausgabe der Göttinger Septuaginta (vol. XIII. Duodecim prophetae, ed. J. Ziegler, Göttingen 1943).

voraussetzt und in zahlreichen Stellen den griech. Urtext richtig
getroffen hat. Selbstverständlich bleiben manche Teile unsicher;
neue Texte, die eine Kontrolle bieten, zeigen immer wieder, wie
unzuverlässig solche Rückübersetzungen sind, namentlich in der
Wiedergabe verschiedener Partikeln und selten vorkommender
Wörter. Im Dodekaproph. korrigieren teilweise die neu gefundenen Lesarten am Rand der Patmos-Hs. des Basilius von Neo-
patrae die von Field vorgeschlagenen Übersetzungen. Als Beispiel sei Nah. 3₈ gewählt:

Field	Bas. N.
α′ μη αγαϑυνεις υπερ αμων	α′ μητι αγαϑυνης υπερ αμμων
ϑ′ μη βελτιων (s. κρεισσων) συ υπερ αμων	ϑ′ μη κρεισσων ει τῆς αμμων
ϑ′ ει συ καλη υπερ αμων (s. καλλιων αμων)	ϑ′ ει ου καλη υπερ αμμων.

Field hat im allgemeinen gut übersetzt. Die griech. Überlieferung ist allerdings auch fehlerhaft: lies αγαϑυνεις, αμων (3 mal)
und συ statt ου. Zach. 4₁₀ schlägt Field als griech. σ′-Wieder-
gabe nach dem syr. דפרישא הי vor: τον κεχωρισμενον (s. αποκεχωρ.
s. διακεχωρ.). Wie aber Bas. N. zeigt, hat σ′ τον διεσταμενον gehabt.

Eine Unsicherheit bleibt demnach bei den meisten nur syr.
überlieferten Texten bestehen, wenn man sie ins Griech. rückübersetzt. Ganz unsicher sind die schwierigen Wörter, wenn Parallelstellen fehlen; aber auch bei Parallelstellen ist keine volle Sicherheit gegeben, weil wir nie feststellen können, wie weit die Treue
und Konstanz des Übersetzers der Syh geht. Field I p. LXIX
sagt über den Stil des Übersetzers: „Voces Graecas communiores
per easdem Syriacas constanter transfert" und will, auf diese Beobachtung sich stützend, die zu Mich. 1₁₄ und 2₄ von Middeldorpf
gebrachten Erklärungen, daß hier δοσεις und μερισι den Grund
zur Verwirrung legten, zurückweisen, weil Syh ständig δόσις mit
מוהבתא und μερίς mit מנתא wiedergebe. Jedoch ist damit der Weg
zur Erklärung, die sonst sehr annehmbar wäre, völlig gesperrt.

Als Beispiel für die Wiedergabe der Syh von schwierigeren
Wörtern sei auf Am. 7₇f verwiesen, wo von Hi. für α′ ausdrücklich γανωσις als Wiedergabe des hebr. אנך bezeugt ist. Syh überliefert nun v. 7 an der ersten Stelle מזלגא und an der zweiten
Stelle מזהרותא als α′-Lesart. Die beiden syr. Stämme bezeichnen
„leuchten", „glänzen". An der ersten Stelle wird man ruhig mit
γανωντα wiedergeben können, da auch in γανοῦν die Bedeutung
„leuchten" liegt. An der zweiten Stelle möchte man mit **Field**

στίλβωσις rückübersetzen, das Ez. 21₁₅(₂₀) für dieses syr. Wort
steht. Es wäre höchst auffallend, daß Syh kurz hintereinander ein
verschiedenes Wort genommen hätte, wenn er in der Vorlage das
gleiche griech. Wort gehabt hätte; andererseits ist kaum zu glauben, daß α′ hier zwei verschiedene Wörter verwendet hat; so
muß man doch annehmen, daß Syh hier in der Wiedergabe abwechselt, daß also α′ an beiden Stellen gleich übersetzt hat.

Dagegen ist es leichter verständlich, daß Syh an entlegenen
Stellen für das nämliche griech. Wort verschiedene Wiedergaben
wählt. So bezeugt Syh als α′-Wiedergabe von סוֹד Am. 3₇ ראזא,
das nach Ez. 13₉ mit ἀπόρρητον wiederzugeben ist; dagegen ist
Ier. 23₁₈ als α′-Wiedergabe לא מתמללנותא überliefert, das ganz
wörtlich die griech. Vorlage wiedergibt; Syh hat also hier sklavisch übersetzt, dort frei. Hier könnte erst einmal eine genaue
Konkordanz, deren Mangel in solchen Untersuchungen sehr spürbar
ist, vielleicht die letzte Klarheit bringen.

Die Frage nach der hebr. Vorlage braucht nicht müßig gestellt zu werden. Zwar ist der nächste Eindruck, daß im großen
und ganzen sie mit unserem 𝔐 identisch ist. Um jedoch die hebr.
Vorlage erfassen zu können, muß die Übersetzungsmethode in einzelnen Dingen und die Treue der Überlieferung nachgeprüft werden. So besteht in der Setzung des Singular und Plural
keine Sicherheit. Die Treue der Überlieferung ist anzuzweifeln.
Als Beispiel sei auf Hab. 3₁₄ verwiesen, wo Montfaucon (und ihm
folgend Field) aus dem „cod. Coislin." die Plurale γαυριαματα und
πενητας für die α′-Übersetzung, und das in der σ′-Wiedergabe fehlende Wort für עָנִי mit πτωχους ergänzen. Die Hs. 86 aber, die
die nämlichen Randnoten (offenbar aus der gleichen Quelle) überliefert, bezeugt entsprechend 𝔐 überall die Singulare γαυριαμα,
πενητα, πτωχον, und hat sicher das Richtige bewahrt. So wird
es berechtigt sein, an verschiedenen Stellen den Plur. herzustellen,
z. B. Ion. 2₉ ματαιοτητα⟨ς⟩. Eine Reihe weiterer Stellen kann aufgezählt werden, wo für α′ der Plur. bezeugt wird, obwohl man
nach 𝔐 den Sing. erwartet; hier scheint der Plur. erst durch Angleichung an den Plur. der LXX entstanden zu sein, z. B. Os. 9₃
ἀκάθαρτα] α′ μεμιασμενα Mich. 6₁₆ ἔργα] α′ ποιηματα Nah. 3₃
τραυματιῶν] α′ ανηρημενων Hab. 1₁₀ παίγνια] α′ γελασματα (σ′ γε-
λως) Zach. 11₁₆ ἐκλεκτῶν] α′ πιονων Mal. 1₇ ἠλισγημένους] α′ σ′
ϑ′ μεμολυσμενους 1₁₃ ἐνοχλούμενα] α′ σ′ αρρωστα. Seltener ist der
Fall, daß der Sing. steht, wo man nach 𝔐 den Plur. erwartet,
z. B. Zach. 11₇ α′ σ′ σχοινισμα (= LXX).

Besonders σ' legt wenig Wert darauf, in seiner Wiedergabe des Sing. oder Plur. mit 𝔐 übereinzustimmen; eine Reihe von Stellen ist überliefert, wo σ' offenbar aus stilistischen Gründen den Plur. setzt, z. B. Ioel 2₁₁ σ' οτι ισχυροι οι ποιουντες Soph. 1₉ σ' επιβαινοντας. So wird man nicht berechtigt sein, die Überlieferung zu korrigieren, so sehr es der hebr. Text verlangt, z. B. Mich. 5₁ (4₁₄) σιαγονα (= LXX α' ϑ') statt -νας.

Wenn man sich diese Beobachtungen vor Augen hält, muß man sehr zurückhaltend sein, bei verschiedenen Plur.- oder Sing.- Formen einen von 𝔐 abweichenden hebr. Text anzunehmen; und wenn man es tut, dann muß man sich bewußt sein, daß höchstens eine Wahrscheinlichkeit vorliegt. Beispiele:

Os. 4₈ σ' αμαρτιας (= LXX)   חַטָּאת statt חַטַּאת 𝔐
   8₁₂ α' νομους ⟨μου⟩ (vgl. LXX σ')   תּוֹרָתִי st. תּוֹרֹתַי 𝔐
   14₅ π' τας επιστροφας αυτων   מְשׁוּבָתָם st. מְשׁוּבָתָם 𝔐
Mich. 1₆ α' εις σωρους (vgl. σ' ϑ')   לְעִיִּין (vgl. 3₁₂) st. לְעִי 𝔐
   3₁₂ σ' εις υψος (vgl. LXX ϑ')   לְבָמוֹת st. לְבָמַת 𝔐
Zach. 14₂₀ α' ϑ' βυϑον (vgl. LXX σ')   מְצָלַת st. מְצֻלוֹת 𝔐.

Auch in der Wiedergabe der Tempora sind die jüngeren Übersetzer nicht konsequent. Namentlich σ' wählt öfters andere Tempora, z. B.

Os. 8₁₂ σ' εγραψα   אֶכְתּוֹב 𝔐   Am. 4₇ σ' ουκ εβρεξα   לֹא אמטיר 𝔐
   10₁₁ α' σ' ϑ' επαξω   עברתי 𝔐   4₈ σ' ουκ ενεπλησϑησαν   לֹא ישבעו 𝔐
   13₁₄ σ' ερρυσαμην αυτους   אפדם 𝔐   5₂₄ σ' κεκυλισται γαρ   וְיִגַּל 𝔐.

Deshalb ist es nicht sicher, ob Os. 10₅ σ' πενϑησει wirklich יאבל statt אבל 𝔐 voraussetzt; vgl. auch Mich. 2₁₃ σ' αναβησεται עלה 𝔐.

So ist immer zu prüfen, ob bei einer von 𝔐 abweichenden Übersetzung wirklich ein anderer hebr. Text vorliegt. Abweichungen wichtiger Art können nur in vereinzelten Fällen gebucht werden. Os. 10₄ haben σ' ϑ' ebenso wie LXX wohl כדש(א) statt כראש in ihrer Vorlage gelesen; man erwartet ϑυμός (vgl. Am. 6₁₂ Deut. 32₃₃ Iob 20₁₆) oder χολή (vgl. Ier. 9₁₄ Deut. 29₁₇). Am. 1₁₅ zeigt die Notiz α' σ' ϑ' αυτου (so richtig) statt αὐτῶν (hinter ἱερεῖς), daß die jüngeren Übersetzer wie die LXX כֹּהֲנָיו lesen, das auch die Parallelstellen Ier. 48₇ 49₃ voraussetzen. Am. 3₁₅ hat α' (im Gegensatz zu σ' ϑ') sicherlich nicht והכיתי, sondern ein anderes Verbum (vielleicht wie die LXX וְהַמֹּתִי) gelesen, siehe

unten zu Am. 3₁₅. An der Stelle Zach. 13₆ haben α' σ' ϑ' sicherlich nicht יָדֶיךָ (= LXX) gelesen, sondern שכמך oder כתפך¹).

Die Einschiebungen von πασαις (παση) bzw. παντας Mich. 6₁₃
und Soph. 3₉ kann entweder mit einem כל in der Vorlage oder
durch innergriech. Einwirkung (häufiges Vorkommen ähnlicher
Wendungen) erklärt werden.

Besonders bei Abweichungen von 𝔐 in ϑ'-Wiedergaben kann
nur mit aller Vorsicht eine andere hebr. Vorlage angenommen werden, weil ϑ' häufig ohne Rücksicht auf den Grundtext an den ihm
bekannten LXX-Text anknüpft und sogar Einschübe übernimmt,
die obelisiert sind, so Os. 1₁₀ (2₁): siehe die ausdrückliche Notiz
in Qᵐᵍ; ferner Ioel 1₅, wo ϑ' den Zusatz hat, der fälschlich aste-
risiert ist. Weitere Beispiele sind: Ioel 1₁₇ ϑ' ησχυνθησαν setzt
עבשו voraus, bringt es aber durch den Anklang an בוש mit diesem
Stamm in Verbindung; Ion. 1₆ ϑ' κατεβη ist vielleicht durch v. 5
beeinflußt; Nah. 3₁₁ ϑ' σου hinter εχθρων ist frei eingefügt; Zach.
1₆ ϑ' υμων und υμιν ist innergriech. aus ημων und ημιν entstanden
und von der LXX übernommen.

So bleiben nur Stellen übrig, wo die hebr. Vorlage der „Drei"
in kleinen Dingen (Punktierung, Buchstabenverwechslung, Meta-
thesis) von 𝔐 abweicht:

Os. 2₁₀ (12)   α' εκ χειρος αυτης מִיָּדָהּ st. מִיָּדִי

2₁₅ (17)   α' τους αμπελουργους αυτης אֶת כְּרָמֶיהָ st. אֶת כְּרָמֶיהָ
          ϑ' υπομονην αυτης תִּקְוָה (= LXX) st. תִּקְוָה
          σ' κακωθησεται (vgl. ϑ') עֻנָּתָהּ st. עֹנָתָהּ

4₁₇   α' ϑ' ανεπαυσεν הֻנַּח (= LXX) st. הֻנַּח

5₇   α' ϑ' εγεννηθησαν יֻלְּדוּ (= LXX) st. יָלְדוּ

5₁₄   α' ϑ' ✶ ο', εξαιρουμενος הַמַּצִּיל st. מַצִּיל

6₈   ϑ' η πτερνα αυτης עֲקֻבָּה st. עֲקֻבָּה

6₉   ϑ' absconderunt חָבְ(א)וּ (= LXX) st. חֶבֶר

7₁₆   σ' ζυγον (vgl. ε') עַל st. עָל

8₅   α' απωσθησον זְנַח (= LXX) st. זָנַח

8₉   σ' εν εμοι לִי st. לוֹ

8₁₀   ϑ' και διαλειψουσι וְיֶחְדְּלוּ (= LXX) st. וַיָּחֵלּוּ
      ϑ' του χριειν מִמְּשַׁח (= LXX) st. מִמְּשָׂא

8₁₁   σ' εις αμαρτιαν לַחֲטָא st. לַחֲטָא

9₁₂   ϑ' σαρξ μου בְּשָׂרִי (= LXX) st. בְּשׂוֹרִי

9₁₃   ϑ' οι υιοι αυτης בָּנֶיהָ (= LXX) st. בְּנֵוֶה

---

1) Ez. 29₇ steht für כתף in der LXX χειρ (α' ωμος); wahrscheinlich ist
כַּף zu lesen. Liegt in dieser Richtung die Lösung für Zach. 13₆?

10₂ α' σ' εμερισθη חָלַק st. חָלַק

11₁ οι λ' ως ορθρος בַּשַׁחַר st. בְּשַׁחר

11₄ α' βρωματα (vgl. σ' ϑ') אֹכֶל st. אוֹכִיל

11₇ α' σ' ϑ' ζυγος עֹל st. עַל

α' ϑ' καλεσει αυτον (vgl. σ') יִקְרָאֻהוּ st. יִקְרָאֻהוּ

12₅(₆) ϑ' εμνησθη זָכְרוּ st. זָכְרוּ

13₁ α' κατα το ρημα כִּדְבָר (= LXX) st. כְּדַבֵּר

13₃ σ' απο ακριδων (vgl. ϑ') מֵאַרְבֶּה st. מֵאַרְבֶּה

Am. 1₅ ϑ' εν οικω בְּבֵית st. מִבֵּית

1₁₁ α' σ' εν οργη αυτου בְּאַפּוֹ st. אַפּוֹ

σ' (vgl. ϑ') εφυλαξεν εως τελους שָׁמַר לָנֶצַח (= LXX) st. שְׁמָרָה נֶצַח

1₁₅ α' σ' μελχομ מַלְכָּם st. מַלְכָּם

4₉ σ' ϑ' το πληθος הַרְבּוֹת st. הַרְבּוֹת

5₁₀ ϑ' (vgl. σ') λογον דָּבָר (= LXX) st. דבר

5₂₆ α' μολχομ מַלְכְּכֶם (= LXX) st. מַלְכְּכֶם

7₃ σ' παρακληθητι נַחֵם (= LXX) st. נַחַם

7₁₇ σ' ϑ' πορνευθησεται תִּזָּנֶה st. תִזְנֶה

Mich. 1₁₀ α' (vgl. σ') διερχεσθε עִבְרִי st. עִבְרִי

1₁₂ ϑ' εις υψος רָמוֹת st. רָמוֹת

2₂ α' σ' ※και', ανδρα וְאִישׁ st. אִישׁ

2₄ ϑ' αυτον לוֹ (= LXX) st. לִי

2₆ α' καταληψη תִּסַּג st. יִסַּג

2₁₂ α' in rotundo (בַּצִּירָה(?) st. בָּצְרָה

4₁ οι γ' θεου אלהים st. יהוה

4₁₃ οι λ' αναθεματισεις הַחֲרִמְתִּ (= LXX) st. הַחֲרמְתִּי

6₁₄ ϑ' και ου μη διασωθης וְלֹא תְפַלֵּט st. וְלֹא תַפְלִיט

6₁₆ ϑ' και εφυλαξας וַתִּשְׁמֹר (= LXX) st. וְיִשְׁתַּמֵּר

Abd. 7 σ' οι συνεσθιοντες לַחְמְךָ st. לַחְמְךָ

14 σ' φυγαδειας αυτου פרקו(?) st. הַפֶּרֶק

Ion. 2₉ α' απο φυλασσοντων מְשַׁמְּרִים st. מְשַׁמְּרִים

Nah. 1₈ α' απο ανισταμενων מְקִמִים st. מקומה

1₁₀ σ' αναλωθησεται אֻכְּלוּ st. אָכַל

2₄ σ' ως πυρ λαμπαδων כְּאֵשׁ לַפִּדוֹת st. בָּאֵשׁ פְּלָדוֹת

3₈ α' σ' ϑ' υπερ αμων מִן אָמוֹן st. מִנֹּא אָמוֹן

Hab. 2₁ σ' dicatur יְדַבֵּר st. יְדֻבַּר

2₆ σ' ληφθησεται יִשָּׂא st. יִשְׂאוּ

2₁₆ α' καρωθητι הֵרָעֵל st. הֵעָרֵל

3₄ α' σ' et posuit וְשָׁם (= LXX) st. וְשָׁם

3₁₃ ϑ' ornasti עָדִיתָ st. עָרוֹת

Soph. 2₁₄ α' σ' μαχαιρα חֶרֶב st. חֹרֶב (vgl. Agg. 1₁₁)

　　3₁₈ α' ωι הוֹי (= LXX) st. הָיוּ (vgl. Mich. 2₁)

Zach. 9₁ α' εν δαμασκω בדמשק st. דמשק ¹)

　　9₂ σ' εν ημαϑ בחמת st. חמת ¹)

　　13₇ ϑ' proximum eius עמיתוֹ (vgl. LXX) st. עֲמִיתִי

　　14₅ σ' και εμφραχϑησεται (= LXX) וְנִסְתַּם st. וְנַסְתֶּם

　　14₆ σ' ψυχος και παγος (vgl. LXX) וְקָרוֹת וְקִפָּאוֹן st. יְקָרוֹת יְקִפָּאוֹן

Mal. 2₃ α' συν τω βραχιονι אֶת־הַזְּרוֹעַ st. אֶת־הַזֶּרַע.

Es sind also geringfügige Dinge, in denen ein Abstand von 𝔐 besteht. Diese Tatsache beweist wiederum, wie gut die Überlieferung des hebr. Textes ist. An verschiedenen Stellen wird man keinen anderen hebr. Text voraussetzen dürfen, z. B. Abd. 13 α' τα κακα αυτων; hier ist αυτων und der Akk. von LXX beeinflußt; statt Plur. ist wohl Sing. zu lesen; die ganze Randnote sieht wenig nach α' aus. Ebenso ist Abd. 20 α' της ευποριας αυτων verdächtig; sicherlich gehört ευποριας zu α', der immer חיל so wiedergibt; man erwartet aber als α'-Lesart: της ευποριας ταυτης; an beiden Stellen wird die Überlieferung, die nur syrisch vorliegt, gelitten haben.

Besondere Schwierigkeiten machen die Übersetzungen des α', des „curiosus et diligens interpres", wie ihn Hi. einmal nennt, besonders wenn die Überlieferung nur syrisch vorliegt. Da α' sich gewöhnlich an eine feste und stete Wiedergabe des gleichen Wortes bindet, überraschen Angaben, die einen Wechsel in der Wortwiedergabe voraussetzen. So ist Zach. 11₁₆ als α'-Wiedergabe von בריא nur syr. überliefert שמינא (zum Plur. siehe oben). Mit Field wird man unbekümmert das syr. Wort in πιων rückübersetzen dürfen. Dagegen spricht aber, daß als α'-Wiedergabe von בריא Gen. 41₂ στερεμνιος und Iud. 3₁₇ πιμελής überliefert ist, während πιων Ps. 91 (92)₁₅ und Is. 30₂₃ als α'-Wiedergabe von דשן bezeugt ist. Andererseits ist πιμελής als α'-Wiedergabe von עבת Ps. 117 (118)₂₇ belegt.

Ein weiteres Beispiel ist Zach. 13₇, wo für צעיר die α'-Wiedergabe βραχύς steht. Dagegen ist dasselbe hebr. Wort Ier. 48 (31)₄ von α' mit μικρός und Ier. 50 (27)₄₅ mit ελάχιστος wiedergegeben.

Bei solchen Fällen gibt es nur die Alternative: Entweder hat sich α' an die gleiche Wiedergabe des nämlichen hebr. Wortes nicht immer gehalten, oder die Überlieferung ist schadhaft. In

―――――――――

1) Vielleicht stammt aber εν aus der LXX.

diesen Fragen wird erst eine Untersuchung des gesamten Materials nach Neuprüfung der Überlieferung völlige Klarheit bringen.

Verschiedene Stellen sperren sich gänzlich jeglicher Erklärung. Ich verweise hier nur auf Zach. 13₅, wo die „Drei“ für הקנני die seltsamen Lesarten bringen: α' εταξε με σ' εμερισε με ϑ' εδειξε με. Field verweist auf die ebenso eigenartige Übersetzung des Hi. in der Vulg., die wahrscheinlich von α' oder besser von ϑ' abhängig ist: *exemplum meum*; vgl. die Übersetzung der Philoxeniana von Ioh. 13₁₅ ὑπόδειγμα (lat. *exemplum*) mit תחויתא.

Es folgen nun die textkritischen Notizen zu einzelnen Stellen des Dodekaproph., die verschiedene Übersetzungen der „Drei“ näher erklären sollen.

Os. 1₄: α' επισκεψομαι Syh. Wahrscheinlich ist οι λ' statt α' zu lesen (Verwechslung Λ—A); vgl. οι λ' επισκεψομαι Os. 2₁₃(₁₅) 4₉ Am. 3₁₄ Soph. 1₉.

1₆: α' επιλησομαι αυτων Syh. α' verwendet sonst ἐπιλανϑά-νεσϑαι (wie LXX) für שכח, vgl. Ps. 12 (13)₂ 76 (77)₁₀ 118 (119)₉₃ ₁₀₉; es ist deshalb nicht sicher, daß α' diese Wiedergabe zugehört; vielleicht ist σ' für α' einzusetzen. Vulg. *obliviscar eorum* hat diese Wiedergabe übernommen.

1₉: 𝔐 stellt die Glieder um, so daß man erwartet: σ' ουδε γαρ υμεις λαος μου ουδε εγω εσομαι υμιν.

1₁₀(2₁): Zu α' ψηφος verweist Field auf Deut. 32₈. Vgl. auch Is. 40₂₆, wo 86 zu summarisch α' σ' ϑ' εν ψηφω überliefert, aber Chr. richtig ψῆφος nur α', ἀριϑμός σ' und ϑ' zuschreibt.

2₃(₅): α' σ' ϑ' haben פֶּן wohl mit ει πως, nicht mit μηποτε (so Field) übersetzt; das syr. דלמה ist in ει πως rückzuübersetzen, vgl. Syh Ion. 1₆ Is. 47₁₂ Iob 20₂₃.

2₅(₇): σ' hat eine Vorliebe für das Verbum ἀκολουϑεῖν. Ier. 13₁₀ 16₁₂ ist ebenfalls הלך von σ' mit ἀκολουϑεῖν wiedergegeben worden (LXX an beiden Stellen πορεύειν). Os. 4₁₄ entspricht σ' ἀκολουϑεῖν פרד.

2₁₃(₁₅): Syh schreibt die Wiedergabe και εκοσμει — ηγαπη-μενων αυτης α' zu. Dies kann nicht stimmen, weil α' nicht so frei wiedergibt: αυτους fehlt in 𝔐, ebenso δια; ferner hat 𝔐 die Substantiva im Sing. Vielleicht gehört die Wiedergabe ϑ' an. נֶזֶם ist Iob 42₁₁ Ez. 16₁₂ von α' ϑ' mit ἐνώτιον wiedergegeben; σ' hat an beiden Stellen ἐπίρρινον bzw. ἐπιρρίνιον. Vulg. *ornabatur inaure sua et monili suo* scheint die verloren gegangene α'-Wiedergabe übernommen zu haben.

2 14 (16): α' hat sicher für פתה ϑέλγειν gewählt, das 10 mal für dieses hebr. Verbum als α'-Wiedergabe bezeugt ist, vgl. die Stellen bei H.-R. Somit hat ἀπατᾶν, das Field zur Wahl stellt, für α' auszuscheiden; es wird σ' ϑ' zugehören. Die Angabe des Cyr. ist ungenau.

2 18 (20): α' κοιμησω αυτους setzt 𝔐 voraus, nicht הוֹשַׁבְתִּים, wie BH³ bemerkt. Vgl. Ps. 40 (41) 9 שכב α' κοιμᾶν. Vielleicht ist κοιμισω (von κοιμίζειν) statt κοιμησω zu lesen (in cod. 86 wechseln häufig η—ι).

Für לבטח überliefert Syh unklar α' σ' αμεριμνως εις πεποιϑησιν, während 86 deutlich scheidet: α' εις πεποιϑησιν σ' εν ειρηνη ϑ' εν πεποιϑησει. Iud. 18 7 Ier. 32 (39) 37 ist αμεριμνως = לבטח für σ' bezeugt; verschiedene Wortformen dieses Stammes (ἀμεριμνεῖν, ἀμεριμνία, ἀμέριμνος) bevorzugt σ' offensichtlich, s. die Stellen bei H.-R. So wird auch an unserer Stelle αμεριμνως σ' zugehören. Wenn 86 σ' εν ειρηνη überliefert, so kann dies nur aus der doppelten Ausgabe des σ' stammen.

2 19 (21): σ' λαμβάνειν für ארש ist eine blasse Wiedergabe; Deut. 28 30 und Regn. II 3 14 hat LXX so übersetzt.

3 1: Wahrscheinlich ist εταιρου statt ετερου zu lesen; vgl. Ps. 34 (35) 14 37 (38) 12 87 (88) 19 σ' εταιρος רֵעַ.

3 1: Zur Wiedergabe des α' παλαια verweist Field auf Iob 12 12; vgl. auch Is. 16 7 α' πολυχρόνιοι.

3 2: Zu α' εσκαψα vgl. Ps. 39 (40) 7 α' εσκαψας.

3 3: σ' προσδοκησεις. Field verweist auf Ier. 3 2 σ' προσδο-κωσα. Man möchte annehmen, daß σ' תשברי statt תשבי gelesen hat; aber σ' setzt 𝔐 voraus.

3 5: Die σ'-Wiedergabe επαινεσωσι ist ziemlich frei und sonst nicht bezeugt.

4 2: α' hat wohl αρα wie die LXX gehabt, vgl. Zach. 5 3 Ez. 16 59 (α' σ' ἀρά) 17 19 (α' σ' ϑ' ἀρά).

4 3: Ier. 30 (37) 19 ist ϑ' σμικρυνειν für צער überliefert.

4 5: Die von Field zur Wahl gestellten Verba ἡσυχάζειν und σιγᾶν kommen für α' nicht in Frage, da er דמה immer mit σιωπᾶν wiedergibt, vgl. Os. 10 15 Ier. 14 17 Is. 6 5 (οι λ') 15 1 (α' σ' ϑ') u. ö.

4 7: Zur Wiedergabe mit ἀλλάσσειν vgl. Ier. 2 11 (LXX α') Ps. 45 (46) 3 (α' σ').

4 10: Wörtlich lautet die Wiedergabe der α'-Übersetzung: και ου ποιησουσιν διακοπην. So kann aber α' nicht übersetzt haben. Man erwartet διακοψουσιν, vgl. Gen. 38 29 α' διεκοψας Is. 54 3 α' σ' διακοψεις.

4 12: Field stellt im Anschluß an den Index in Syh die α'- und σ'-Wiedergabe unbekümmert zu ἐν ῥάβδοις αὐτοῦ. Dies ist falsch. Zach. 11 10 hat α' מקל ebenso wie LXX mit ῥάβδος wiedergegeben. Deutlich haben α' und σ' בעצו wiedergegeben.

4 13: Der erste Baum אלון wird von allen richtig mit δρῦς wiedergegeben. α' wählt immer diese Wiedergabe, vgl. Is. 2 13 6 13. Der zweite Baum לבנה wird von LXX und α' etymologisierend mit λεύκη, dagegen von σ' und ϑ' mit πεύκη wiedergegeben, vgl. Is. 41 19 60 13. Man wird der Überlieferung vertrauen dürfen und nicht πεύκη in λεύκη für σ' ϑ' umändern. Der dritte Baum אלה bereitet Schwierigkeiten. Die α'-Wiedergabe τερέβινϑος ist richtig, vgl. Is. 1 30 Ez. 6 13 Regn. I 21 9 (10) α' τερέβινϑος. Auffallend ist die σ'-Übersetzung πλατανος επισκιαζουσα, weil sie zu amplifizierend ist und die ϑ'-Wiedergabe, die mit LXX übereinstimmt. Syh überliefert, daß auch ϑ' wie α' τερεβινϑος übersetzt habe. Dies mag richtig sein. Man ist versucht anzunehmen, daß συσκιάζοντος der LXX, das aus ευσκιαζοντος entstanden sein könnte (so schon Bahrdt bei Schleusner I 875) die Wiedergabe von כי טוב צלה ist, das dann später genauer mit οτι καλον σκεπη wiedergegeben wurde (jetzt Dublette). So könnte man auch die Wiedergabe des σ' πλατανον επισκιαζουσαν als Äquivalent für אלה כי טוב צלה auffassen.. Es ist nicht gut einzusehen, daß σ' zu πλατανος diese Beifügung gemacht hätte, da die Platane schon an und für sich schattenspendend ist. Leichter könnte man die LXX-Wiedergabe δενδρου συσκιαζοντος erklären, weil δενδρου allein zu nichtssagend wäre. Vgl. auch die Wiedergabe δένδρον βαλάνου Is. 2 13 in der LXX für אלון.

4 14: Die Angaben für σ' sind in den 3 Zeugen verschieden: ακαϑαρτων 86, πορνων Syh, εταιριδων Hi. Auch hier werden die Wiedergaben verschiedenen Ausgaben des σ' entnommen sein; man müßte sogar eine dreifache Ausgabe annehmen. Auch die Angaben über die ϑ'-Wiedergabe weichen in 86 gegenüber Syh Hi. ab. Hier wird von Syh und Hi. richtig überliefert sein; die Bezeugung in 86 erweckt Mißtrauen.

4 14: Unsicher ist die Lesart von σ'; אתדבר will Field mit παρεληφϑη oder ηροτριαϑη wiedergeben. Im N. T. ist das syr. Verbum für ἐλαύνεσϑαι, ἀνάγεσϑαι, παραλαμβάνεσϑαι verwendet. Eine klare entsprechende Wiedergabe ist nicht zu finden.

4 17: Zur Wiedergabe von סבא vgl. Is. 1 22 α' συμποσιασμός σ' ϑ' οἶνος und Deut. 21 20 α' συμποσιάζειν; siehe Lü.-Ra. p. 256 n. 50.

4 18: Daš syr. בית דוקא setzt σκοπιά, oder besser σκοπή (vgl. Sir. 37 14) voraus. Dieses Wort paßt aber nicht; es ist aus σκέπη entstanden, vgl. Iud. 5 8 Regn. II 1 21 ϑ' σκέπη LXX ϑυρεός = מגן. Zur σ'-Wiedergabe mit βοήϑεια vgl. Ps. 7 11 LXX βοήϑεια.

5 1: Auffallend ist die blasse Wiedergabe des σ' und ϑ' von Ἰταβύριον; Ier. 46 (26) 18 haben die λ' ϑαβωρ übersetzt.

5 2: Leider ist an dieser Stelle die Hs. 86 völlig verwischt und fast unleserlich. Für שחט steht Ier. 52 10 α' σ' ϑ' ϑύειν und Ez. 23 39 σ' ϑύειν, Is. 57 5 LXX σ' σφάζειν und Ez. 23 39 LXX σφάζειν. Zu שטים hat bereits Field auf Ps. 100 (101) 3 verwiesen, wo סֵטִים (var. lect. שֵׂטִים) mit παραβασεις von der LXX wiedergegeben ist. Ferner kann auf Ps. 39 (40) 5 verwiesen werden, wo שָׂטֵי α' mit προσκλισεις, σ' mit νευοντας nach dem Zeugnis der Syh übersetzt hat. Das Verbum עמק ist gewöhnlich von den jüngeren Übersetzern mit βαϑύνειν wiedergegeben worden, vgl. Os. 9 9 α', Is. 30 33 ϑ', 31 6 σ', Ier. 49 8 (29 9) α'. Am besten läßt sich aus den leserlichen Buchstaben die zuletzt angeführte Lesart, die ε' zugeschrieben ist, aber wahrscheinlich ϑ' angehört, ergänzen: και σφαγην εκκλινοντες κατεβαϑυναν. Schwierig ist die zuerst genannte Wiedergabe, die σ' ε' deutlich zugeschrieben wird: και ϑυσιαν ist richtig ergänzt; deutlich steht dann απιστον in der zweiten Zeile, das unklar ist: sind einige Buchstaben zu ergänzen oder ist απιστον statt απιστον zu lesen? Ps. 32 (33) 17 hat σ' ἄπιστος für שקר gewählt. Das Wort in der dritten Zeile ist sehr wahrscheinlich παραβασεων zu lesen. In der vierten Zeile ist καταβ deutlich zu erkennen und in der fünften εποι; ist zu lesen καταβολην εποιησαν? Man erwartet aber dafür κατεβαϑυναν. Eine befriedigende Lösung läßt sich kaum finden.

5 8: Die gewöhnliche Wiedergabe von רוע ist in der LXX ἀλαλάζειν. Iud. 7 21 Is. 44 23 ist ἀλαλάζειν den λ' zugeschrieben.

5 10: Als σ'-Wiedergabe überliefert 86 ως παρορμιζοντες, eine Lesart, die nicht ganz befriedigt. Es gibt folgende Verbesserungsvorschläge: ergänze ορια bzw. τοις οριοις (so Field Auct. S. 58), oder tilge das μ und lies ως παρορ(ι)ζοντες (so Schleusner II 692). Die letztere Verbesserung verdient den Vorzug. Das Verbum סוג Hiph. ist Deut. 19 14 von σ' mit ἐπέρχεσϑαι (ἐπὶ τὰ ὅρια) und Prov. 23 10 mit μετακινεῖν wiedergegeben; α' hat dafür Deut. 19 14 und Iob 24 2 προσλαμβάνεσϑαι (ὅρια). Diese α'-Wiedergabe scheint Hi. in die Vulg. übernommen zu haben, wenn er Os. 5 10 übersetzt: *quasi adsumentes terminum* (vgl. Deut. 19 14 *non assumes et transferes terminos*).

512: Die ϑ′-Wiedergabe von עשׁ lautet (nach Field) in der
wörtlichen Rückübersetzung: *noxa quae ex rubigine fit*. Das
griech. Äquivalent ist schwer zu finden; vielleicht hatte der Syrer
ein Kompositum vor sich (ανεμοφϑορια); Is. 50₉ hat ϑ′ wie LXX
σής gewählt. Die σ′-Wiedergabe εὐρώς ist nach Ps. 38 (39)₁₂ und
Is. 50₉, auf welche Stellen Field hinweist, sicher; vgl. auch σ′
εὐρωτιᾶν = עשׁשׁ Ps. 30 (31)₁₁. Syh gebraucht für εὐρώς, εὐρωτιᾶν
den Stamm קמל, der Ioel 1₁₇ von σ′ mit εὐρωτιᾶν wiedergegeben
wird.

513: Hi. überliefert für α′ zwei Synonyme. Das erste ἐπίδεσις
ist auch sonst für α′ bezeugt: Is. 1₆ Ier. 30 (37)₁₃ Abd. ₇. Das
zweite σύνδεσμός scheint σ′ oder ϑ′ anzugehören, vgl. Abd. ₇ ϑ′
δεσμός.

513: Für σ′ werden verschiedene Wiedergaben bezeugt: σ′
φονεύς Syh, σ′ *ultor* Hi., vgl. 10₆ σ′ ὑπερμαχῶν. Wahrscheinlich
aus den zwei Ausgaben der σ′-Übersetzung. Auffallend ist die
Wiedergabe mit φονεύς, da sonst σ′ das Verbum ריב niemals mit
„töten" zusammenbringt. Sehr beliebt sind bei σ′ die Komposita
mit ὑπέρ, vgl. ὑπερμαχεῖν, ὑπερμάχεσϑαι, ὑπερμάχεσις (die Stellen
bei H.-R.). Os. 10₆ wird die von Hi. überlieferte Form ὑπερμά-
χοντι fehlerhaft sein; 86 überliefert richtig ὑπερμαχοῦντι.

61: Ob das syr. צד mit ϑηρευσας oder αγρευσας übersetzt
werden soll, ist unsicher (ebenso Am. 1₁₁). Vgl. Am. 1₁₁ σ′
ηγρευσεν, Ps. 21 (22)₁₄ σ′ ϑηρευων und Iob 24₅ σ′ ϑηρευειν. So
sind beide Verba für σ′ möglich.

61: 86 überliefert zu ὑγιάσει (v. 2) σ′ επιδησει ημας α′ σ′ ανα-
ζωσσει (nicht α′ αναξ., wie Field notiert) ε′ υγ. αποδ. Field läßt
die σ′-Wiedergabe unbedenklich bei ὑγιάσει stehen. Dies wird
aber nicht richtig sein; sie gehört zu v. 1 μοτώσει. Der Stamm
חבשׁ wird von α′ mit μοτοῦν, von σ′ und ϑ′ gewöhnlich mit ἐπιδεῖν
wiedergegeben, vgl. Is. 1₆ 3₇ 30₂₆ 61₁ Ez. 30₂₁ Iob 5₁₈ 34₁₇.
Da aber bereits von 86 für σ′ die Wiedergabe μαλαγματισει bezeugt ist, wird ϑ′ für σ′ einzusetzen sein. Oder liegen hier wieder
zwei Übersetzungen aus der doppelten Ausgabe des σ′ vor?

63: Die ε′-Wiedergabe η εξοδος αυτου επι την γην (fehlt bei
Field) ist auffallend. η εξ. αυτου könnte man als Wiedergabe von
מצאו im nämlichen Vers auffassen, für das aber für ε′ η επιφανεια
αυτου bezeugt ist; oder ist εξοδος im Gegensatz zu επιφανεια gewählt?

65: Zur α′ ϑ′-Übersetzung von חצב vgl. Is. 51₉ α′ σ′ ϑ′ λατομεῖν und Prov. 9₁ α′ σ′ λατομεῖν. Die σ′-Übersetzung ist frei.

65: Q schreibt im Text $\varrho\eta\mu\alpha\sigma\iota$, der Korrektor streicht das σ und schreibt darüber ein τ, so daß $\varrho\eta\mu\alpha\tau\iota$ zu lesen ist; am Rand steht οι ο', darunter σ, ohne Index im Text. Swete bezieht das σ auf $\varrho\eta\mu\alpha\tau\iota$ und läßt damit die οι ο' $\varrho\eta\mu\alpha\sigma\iota$ statt $\varrho\eta\mu\alpha\tau\iota$ lesen. Der Plural $\varrho\eta\mu\alpha\sigma\iota(\nu)$ ist aber die Lesart der alexandrinischen Textgruppe, mit denen die οι ο' niemals nähere Beziehung haben. Deshalb ist das σ auf $\mu o\nu$ hinter $\kappa\varrho\iota\mu\alpha$ zu beziehen, so daß die οι ο' $\kappa\varrho\iota\mu\alpha$ $\sigma o\nu$ lesen (= $\mathfrak{M}$), das ausgezeichnet zu den Lesarten der οι ο' paßt, siehe Einleitung zu den Duodecim prophetae S. 56 ff.

68: Zu α' $\pi\varepsilon\varrho\iota\kappa\alpha\mu\pi\acute{\eta}\varsigma$ vgl. Is. 40₄ α' $\pi\varepsilon\varrho\iota\kappa\alpha\mu\pi\acute{\eta}\varsigma$.

69: Bereits die früheren Bearbeiter der Syh (so Middeld., vgl. Field) haben gesehen, daß α' $\vartheta\upsilon\varrho\varepsilon o\varsigma$ nicht stimmen kann. α' hat wahrscheinlich übersetzt $\pi\varrho o\sigma\delta\varepsilon\xi\varepsilon\iota\varsigma$, das als Nomen sing. $\pi\varrho o\sigma\delta\varepsilon\xi\iota\varsigma$ von Syh mit סברא (vgl. $\pi\varrho o\sigma\delta\acute{\varepsilon}\chi\varepsilon\sigma\vartheta\alpha\iota$ = סבר Luc. 2₃₈ Syr.-Sin.) wiedergegeben und fehlerhaft in סכרא verschrieben wurde. חכה hat α' Is. 8₁₇ und Hab. 2₃ mit $\pi\varrho o\sigma\delta\acute{\varepsilon}\chi\varepsilon\sigma\vartheta\alpha\iota$ wiedergegeben.

Für σ' finden sich wieder doppelte Angaben: $\varphi\varrho\upsilon\alpha\gamma\mu\alpha$ (fraglich, ob richtig rückübersetzt) Syh, *fauces* Hi.; ferner $\upsilon\pi o\kappa\varrho\iota\tau o\upsilon$ 86 $\varepsilon\nu\varepsilon\delta\varrho\varepsilon\upsilon\tau o\upsilon$ (*insidiatoris*) Syh Hi. Wahrscheinlich stammen diese verschiedenen Angaben aus der doppelten Ausgabe des σ'.

73: Q^txt hat allein die seltene Akk.-Form $\beta\alpha\sigma\iota\lambda\varepsilon\alpha\varsigma$, während alle anderen Hss. $\beta\alpha\sigma\iota\lambda\varepsilon\iota\varsigma$ schreiben. Über $\beta\alpha\sigma\iota\lambda\varepsilon\alpha\varsigma$ ist ϑ' geschrieben; das soll nicht besagen, daß auch ϑ' die Form $\beta\alpha\sigma\iota\lambda\varepsilon\alpha\varsigma$ hatte, sondern nur, daß ϑ' den Plur. statt Sing. ($\beta\alpha\sigma\iota\lambda\varepsilon\alpha$) verwendete.

76: Die Schreibung mit einem σ statt mit Doppel-σ von $\pi\varepsilon\sigma\sigma\omega\nu$ hat den syr. Übersetzer verleitet, dieses Wort mit $\pi\iota\pi\tau\varepsilon\iota\nu$ zusammenzubringen ($\pi\varepsilon\sigma\acute{\omega}\nu$ Part.). Dieser erste Fehler zog dann den weiteren nach sich, daß das Part. $\pi\varepsilon\sigma\acute{\omega}\nu$ zu $\ddot{\upsilon}\pi\nu o\varsigma$ gezogen wurde; so ist die ganze α'-Überlieferung bei Syh entstellt. 86 hat das Richtige. Nur bei der σ'-Wiedergabe hat Syh richtig אפיא = $\dot{o}$ $\pi\acute{\varepsilon}\sigma\sigma\omega\nu$ übersetzt.

712: 86 überliefert α' $\kappa\alpha\tau\alpha$ $\alpha\kappa o\eta\varsigma$ $\tau\eta\varsigma$ $\sigma\upsilon\nu\alpha\gamma\omega\gamma\eta\varsigma$ und ähnlich Syh α' $\tau\eta\varsigma$ $\sigma\upsilon\nu\alpha\gamma\omega\gamma\eta\varsigma$. Es ist zu verbessern $\kappa\alpha\tau\alpha$ $\alpha\kappa o\eta\nu$ $\tau\eta$ $\sigma\upsilon\nu\alpha\gamma\omega\gamma\eta$. Die Partikel ל ist gewöhnlich von α' mit dem Artikel des Dativs wiedergegeben worden.

714: Syh nennt zu Unrecht α' für $\alpha\sigma\varepsilon\lambda\gamma\omega\varsigma$ $\varepsilon\lambda\alpha\lambda\eta\sigma\alpha\nu$; α' übersetzt immer ילל mit $\dot{o}\lambda o\lambda\acute{\upsilon}\zeta\varepsilon\iota\nu$.

714: Ob die α'-Übersetzung mit $\pi\varepsilon\varrho\iota\varepsilon\sigma\pi\omega\nu\tau o$ richtig getroffen ist, bleibt sehr zweifelhaft. Ier. 30 (37)₂₃ ist מתגורר von α' mit $\sigma\upsilon$-$\varrho o\upsilon\sigma\alpha$ (nach Syh!), Prov. 21₇ יגורם von α' mit $\kappa\alpha\tau\alpha\sigma\pi\alpha\sigma\varepsilon\iota$ $\alpha\upsilon\tau o\upsilon\varsigma$

wiedergegeben. Vielleicht ist auch Os. 7₁₄ als α'-Wiedergabe κατεσπασϑησαν einzusetzen.

7₁₆: ἐμβρίμησις ist auch Ier. 10₁₀ (αλλος = α'), 15₁₇ und Ps. 37 (38)₄ für α' σ' bezeugt.

7₁₆: μυχϑισμός hat α' auch Ps. 122 (123)₄ verwendet.

8₆: σ' ακαταστατος 86; σ' ακαταστατων Hi. Ob die von Hi. bezeugte Form Part. oder Gen. Plur. von ἀκαταστατός (vgl. Schleusner I 94) ist, läßt sich nicht ausmachen; Hi. faßt es als Part. auf. Zu ε' παραπλησιως τω της αραχνης ιστω vgl. Hi. comm. «aranearum fila per aerem volantia» und Vulg. *in aranearum telas.*

8₁₀: Zur α'-Wiedergabe λιτανευσουσιν (יחלו) vgl. Is. 57₁₀ α' ελιτανευσας (חלית). In der σ'-Übersetzung ist φορου statt φοβου zu lesen (vgl. Schleusner III 397). Auch Is. 10₂₇ ist φορος statt φοβος zu lesen. Regn. II 8₂ σ' υπο φορου = נשאי מנחה. Vulg. *ab onere* scheint α' απο αρματος vorauszusetzen.

9₅: Lü.-Ra. p. 253 n. 33: α' übersetzt מועד ohne Unterscheidung der Bedeutungen durch συνταγή. Zu Regn. I 9₂₄ notiert Field α' εις καιρον (s. εις συνταγην) und bemerkt: „εις συνταγην ad duplicem Aquilae editionem pertinere videtur". Aber wahrscheinlich ist εις καιρον ϑ' zuzuschreiben, der Regn. I 13₈ so übersetzt. Vielleicht gehört also καιρου an der Os.-Stelle auch ϑ' an. Die Zuweisung an α' ist sehr verdächtig.

9₆: Klostermann zitiert in Eus. Onom. p. 134 die Os.-Stelle 9₁₆, wo LXX τὰ ἐπιϑυμήματα (= 𝔐) liest. Diese Stelle kann aber nicht in Frage kommen, da hier kein Ortsname genannt wird. Es ist Os. 9₆ zu lesen (Druckfehler).

9₇: σ' εννεος 86: מצדרא ס. Syh. Field übersetzt κραιπαλων s. κεκραιπαληκως und bemerkt dazu: „quod cum Graeco ἐννεὸς, *mutus*, vix, et ne vix quidem, conciliari posse videtur". Aber ἐννεός heißt auch „benommen", „dumm"; Brockelmann Lex. p. 622a notiert צדר לשנא *tardus lingua* und schreibt מצדר die Bedeutungen zu: 1. vino obtusus 2. παραφόρος. Somit ist das syr. Wort in εννεος rückzuübersetzen und keine Abweichung von 86 zu notieren. Unverständlich ist die Notiz in Syh οι λ ως ע. Zunächst kann ע als Zahlzeichen für 70 (= ο') genommen werden oder als Abkürzung für 'Εβραῖος, vgl. Field Auct. S. 58. Aber die gesamte Notiz bleibt unklar, weil keine deutliche Beziehung gegeben ist.

9₇: Zu α' εγκοτησις vgl. Gen. 27₄₁ Ps. 54 (55)₄ LXX ἐγκοτεῖν = שטם.

9 8: Der Index zu לִי steht deutlich hinter אלהא; es ist also an ein Plus zu denken (gegen Field); wenn man דילי $= \mu o \nu$ liest, dann paßt die Lesart von α' σ' $\vartheta\epsilon o \nu$ $\mu o \nu$ sehr gut.

10 1: α' verwendet Is. 19 3 und Ier. 51 (28) 2 $\pi\lambda\alpha\delta\alpha\rho o\tilde{\nu}\sigma\vartheta\alpha\iota$ für בקק.

10 1: Die von Syh dem α' zugeschriebene Wiedergabe von v. 1 b kann ihm nicht zugehören. α' hätte sicher $\varkappa\alpha\tau\alpha$ $\alpha\gamma\alpha\vartheta o\nu$ wiedergegeben; auch $\epsilon\sigma\pi o\nu\delta\alpha\sigma\epsilon$ paßt nicht zu α'. Wahrscheinlich ist σ' statt α' einzusetzen. Für טוב hat σ' Ier. 26 (33) 14 40 (47) 4 $\alpha\rho\epsilon\sigma\varkappa\epsilon\iota$ (α' $\alpha\gamma\alpha\vartheta o\nu$); vielleicht ist an unserer Stelle in $\varkappa\alpha\tau\alpha$ $\tau\eta\nu$ $\alpha\rho\epsilon\sigma\varkappa\epsilon\iota\alpha\nu$ rückzuübersetzen ($\dot\alpha\rho\epsilon\sigma\varkappa\epsilon\iota\alpha$ wird von σ' Ier. 16 12 Ps. 80 (81) 13 für שררות verwendet).

10 4: Es ist höchst unwahrscheinlich, daß α' שוא mit $\vartheta\rho\alpha\sigma\epsilon\iota\varsigma$ oder $\pi\rho o\pi\epsilon\tau\epsilon\iota\varsigma$ wiedergegeben hat, da er sonst immer $\epsilon\iota\varkappa\eta$ dafür wählt, vgl. Lü.-Ra. p. 282 n. 217. Os. 12 11 (12) steht in Syh איקא für $\epsilon\iota\varkappa\eta$. Vielleicht hat auch hier Syh in ihrer Vorlage $\epsilon\iota\varkappa\eta$ gelesen, aber anders wiedergegeben mit Rücksicht auf das zugehörende Subst. $\alpha\rho\alpha\iota$, das sicher für α' zu ergänzen ist, vgl. Ez. 16 59 (α' σ') Ez. 17 19 (α' σ' ϑ').

10 5: Die α'-Wiedergabe ist verdächtig. Sicherlich ist $\alpha\varsigma$ innergriech. Angleichung an $\tau\alpha\varsigma$ $\delta\alpha\mu\alpha\lambda\epsilon\iota\varsigma$; ursprünglich stand $\omega\nu$. Die Zuschreibung an α' kann nicht richtig sein; denn α' übersetzt עגל mit $\mu o\sigma\chi o\varsigma$, vgl. 8 5 13 2 ($\alpha'$ σ' ϑ') Ier. 34 (41) 18; $\delta\alpha\mu\alpha\lambda\iota\varsigma$ dagegen verwendet er für פרא, vgl. Is. 11 7 (α' ϑ') 34 7 Iob 21 10. Das Verbum גור wird von α' mit $\dot\upsilon\pi o\sigma\tau\epsilon\lambda\lambda\epsilon\sigma\vartheta\alpha\iota$ wiedergegeben, vgl. Ps. 32 (33) 8 Iob 41 17. Zudem hat α' און mit $\dot\alpha\nu\omega\varphi\epsilon\lambda\eta\varsigma$ wiedergegeben, vgl. 4 15 5 8 12 8 (9) 11 (12) Am. 1 5; auch für unsere Stelle ist durch Syh ausdrücklich $\alpha\nu\omega\varphi\epsilon\lambda o\upsilon\varsigma$ für α' bezeugt. Vielleicht ist σ' statt α' einzusetzen; dagegen spricht aber, daß Syh $\alpha\delta\iota\varkappa\iota\alpha\varsigma$ σ' zuschreibt: dann könnte man $\alpha\varsigma$ als Rest von $\langle\alpha\delta\iota\varkappa\iota\rangle\alpha\varsigma$ erkennen. So bleibt diese Wiedergabe schließlich dem ϵ' vorbehalten.

10 6: $\delta\omega\rho o\nu$ ist die geläufige α'-Wiedergabe von מנחה, vgl. nur Is. 1 13 66 3.

10 11: Es ist auffallend, daß für α' ϑ' $\alpha\lambda o\eta\sigma\epsilon\iota$ bezeugt ist, da $\dot\alpha\lambda o\tilde\alpha\nu$ die Wiedergabe für דוש ist (siehe im nämlichen Vers!). Eine andere Vorlage ידוש kommt wohl nicht in Frage.

10 14: ϑ' mit $\epsilon\nu\epsilon\delta\rho o\nu$ denkt an den Stamm ארב.

11 4: Zur σ'-Wiedergabe $\epsilon\nu o\mu\iota\sigma\vartheta\eta\nu$ vgl. Iob 13 5 Ps. 49 (50) 21.

11 4: Das Verbum $\pi\alpha\rho\epsilon\beta\alpha\lambda o\nu$, das Field für α' zur Wahl stellt, kann nicht in Frage kommen, da α' $\pi\alpha\rho\alpha\beta\alpha\lambda\lambda\epsilon\iota\nu$ immer für משל

verwendet, vgl. Ps. 27 (28)₁ 142 (143)₇, ferner $\pi\alpha\varrho\alpha\beta o\lambda\eta$ = משל
Is. 14₄ u. ö.

11₆: Die α'-Wiedergabe ist aus den Angaben von Hi. und
Syh, die sich schwer zusammenreimen lassen, kaum zu gewinnen.
Zunächst ist bei Hi. wahrscheinlich *irruit* statt *irruet* zu lesen.
Das dahinterstehende griech. Verbum ist nicht zu erkennen. Die
umschreibende Angabe der Syh setzt wahrscheinlich ein Kompositum voraus, auf das ja auch *irruet* des Hi. deutet. Sonst ist
חלה von α' mit $\dot\alpha\varrho\varrho\omega\sigma\tau\varepsilon\tilde\iota\nu$ wiedergegeben, vgl. Is. 38₁ ₉ 39₁ u. ö.
Sollte auch hier Syh $\eta\varrho\varrho\omega\sigma\tau\eta\sigma\varepsilon\nu$ voraussetzen? Dagegen spricht
die Angabe des Hi.

11₆: Field übersetzt aus dem Syr. $\delta\iota\dot\alpha$ $\tau\dot\alpha\varsigma$ $\delta\iota\alpha\beta o\upsilon\lambda\iota\alpha\varsigma$ $\alpha\dot\upsilon\tau\tilde\omega\nu$,
setzt also den Sing. $\delta\iota\alpha\beta o\upsilon\lambda\iota\alpha$ voraus, der auch von H.-R. aufgenom-
men ist (Ps. 5₁₀ Sir. 17₆ Os. 11₆ LXX, Prov. 1₃₁ 8₁₂ 14₁₇ σ' ϑ').
Alle die von H.-R. angeführten Stellen haben (außer Sir. 17₆, wo
S* die fehlerhafte Form $\delta\iota\alpha\beta o\upsilon\lambda\iota\alpha\nu$ statt $\delta\iota\alpha\beta o\upsilon\lambda\iota o\nu$ hat) den Gen.
Plur. Neutr. $\delta\iota\alpha\beta o\upsilon\lambda\iota\omega\nu$, der aber nicht $\delta\iota\alpha\beta o\upsilon\lambda\iota\tilde\omega\nu$, sondern $\delta\iota\alpha$-
$\beta o\upsilon\lambda\iota\omega\nu$ zu akzentuieren ist, also von $\delta\iota\alpha\beta o\upsilon\lambda\iota o\nu$ abgeleitet wird.
Auch an unserer Stelle kann man $\delta\iota\alpha$ $\tau\alpha$ $\delta\iota\alpha\beta o\upsilon\lambda\iota\alpha$ rückübersetzen.
Das Wort $\delta\iota\alpha\beta o\upsilon\lambda\iota\alpha$ ist aus den LXX-Konkordanzen zu streichen,
vgl. A. Vaccari, Biblica 22 (1941) 318f.

11₈: Die Angabe des Hi., daß α' $o\pi\lambda\omega$ $\varkappa\upsilon\varkappa\lambda\omega\sigma\omega$ $\sigma\varepsilon$ übersetzt
habe, ist verdächtig, da α' solche umschreibende Wiedergaben nicht
liebt und für מגן immer $\vartheta\upsilon\varrho\varepsilon o\varsigma$ verwendet; siehe die Stellen bei
H.-R., ferner Nah. 2₄. Man erwartet ein von $\vartheta\upsilon\varrho\varepsilon o\varsigma$ abgeleitetes
Verbum, nämlich $\vartheta\upsilon\varrho\varepsilon o\tilde\upsilon\nu$, das α' Is. 31₅ 38₆ für גנן verwendet.
Die Wiedergabe $o\pi\lambda\omega$ $\varkappa\upsilon\varkappa\lambda\omega\sigma\omega$ $\sigma\varepsilon$ würde für σ' passen, der Gen.
15₁ für מגן לך übersetzt $\upsilon\pi\varepsilon\varrho\mu\alpha\chi o\mu\alpha\iota$ $\varkappa\alpha\vartheta\alpha\pi\varepsilon\varrho$ $o\pi\lambda o\nu$. Die Wendung $o\pi\lambda\omega$ $\varkappa\upsilon\varkappa\lambda o\upsilon\nu$ findet sich Ps. 90 (91)₄ in der LXX $o\pi\lambda\omega$
$\varkappa\upsilon\varkappa\lambda\omega\sigma\omega$ $\sigma\varepsilon$, während $\mathfrak{M}$ hat צנה וסחרה. Ist Hi. durch diese Ps.-
Stelle beeinflußt? σ' hat eine Vorliebe für das Verbum $\dot\varepsilon\varkappa\delta\iota\delta\acute o\nu\alpha\iota$,
das er öfters für נתן, für שים Regn. I 19₅, נכר Regn. I 23₇, סגר
Ps. 77 (78)₄₈ ₆₂ verwendet.

12₃(4) 4(5): Die beiden Lesarten in Syh α' $\varkappa\alpha\tau\omega\varrho\vartheta\omega\sigma\varepsilon$ $\pi\varrho o\varsigma$
$\alpha\gamma\gamma\varepsilon\lambda o\nu$ und α' ϑ' $\varkappa\alpha\iota$ $\varkappa\alpha\tau\omega\varrho\vartheta\omega\sigma\varepsilon$ $\mu\varepsilon\tau\alpha$ $\vartheta\varepsilon o\upsilon$ scheinen vertauscht zu
sein und müssen in umgekehrter Reihenfolge aufgeführt werden.
An der Grundstelle Gen. 32₂₈ (29), wo LXX (und ϑ') ebenfalls das
Verbum $\dot\varepsilon\nu\iota\sigma\chi\upsilon\varepsilon\iota\nu$ hat, ist für α' und σ' $\dot\alpha\varrho\chi\varepsilon\iota\nu$ bezeugt. Man erwartet für α' an beiden Stellen $\varepsilon\dot\upsilon\vartheta\upsilon\nu\varepsilon\iota\nu$, das sonst bezeugt ist,
vgl. Is. 40₃ ישר = α' $\varepsilon\dot\upsilon\vartheta\upsilon\nu\varepsilon\iota\nu$, ישר = α' $\varepsilon\dot\upsilon\vartheta\upsilon\varsigma$ Mich. 2₇ Ier.
26 (33)₁₄, ferner אשר $\varkappa\alpha\tau\varepsilon\upsilon\vartheta\upsilon\nu\varepsilon\iota\nu$ Prov. 9₆ (α' σ').

12 7(8): 86 überliefert anon. μεταβολος. Is. 23 8 Zach. 14 21 ist für α' μετάβολος bezeugt. Es ist aber fraglich, ob wirklich α' so übersetzt hat, da μετάβολος hier auch ein Onomastikon sein kann, von denen 86 mg eine Reihe überliefert. Vgl. zu Soph. 1 11.

12 11 (12): Für α' ist das Partizip ϑυσιαζοντες und die Stellung des Objektes βοας hinter dem Verbum ungewöhnlich. Wahrscheinlich ist ϑυσιαζοντες aus der LXX beeinflußt und dafür εϑυσιαζον (= σ') oder εϑυσιασαν (= ϑ') zu lesen. Das Objekt ist nach 𝔐 (= σ' ϑ') umzustellen.

12 11 (12): Für σ' ist wiederum eine doppelte Lesart überliefert: σ' σωροι λιϑων Syh Hi. σ' βατραχοι 86. Wahrscheinlich aus der doppelten Ausgabe des σ'.

13 2: Das Part. α' καταφιλουντες ist auffallend; auch Vulg. liest, wohl im Anschluß an α', *adorantes,* während die übrigen Zeugen (auch Hi. für σ') die richtigen Verbalformen entsprechend dem Hebr. (ϑ' προσεκυνησατε 86 ist unrichtig) überliefern.

13 3: Die Überlieferung ist gespalten; einzelne Angaben erregen berechtigtes Mißtrauen. Feststeht die Lesart des α' και ως καπνος απο καταρακτου. Vgl. Is. 60 8 α'. καταράκτης. Völlig rätselhaft ist das von 86 dem σ' zugeschriebene κανϑαρις (ישׁע); mit Field weiß ich keine Deutung. Auch hier stehen zwei σ'-Lesarten einander gegenüber, die wohl aus den beiden Ausgaben des σ' stammen, vgl. Field I p. XXXVII. Die Lesart απο ακριδων könnte aus der LXX stammen (ebenso της ακριδος des ϑ'), die als ursprüngliche LXX-Wiedergabe in den Text aufzunehmen ist, siehe Ausgabe. An den anderen Stellen ist für σ' ϑυρίς bezeugt (Gen. 7 11 Is. 60 8) oder ὀπή (Koh. 12 3). Die von Syh und Hi. überlieferte Lesart απο οπης verdient daher volles Vertrauen. Überraschend ist schließlich die doppelte Angabe für ϑ': της ακριδος 86 und εκ (απο) καπνοδοχης Syh: beide kehren als Varianten in der LXX wieder (siehe App.). Die letztere Variante εκ καπνοδοχης scheint von ϑ' bereits vorgefunden zu sein und nicht erst von ihm zu stammen; sie geht auf die Revision in ältester Zeit zurück, die an Hand des hebr. Textes an verschiedenen Stellen eingesetzt hat und deren Spuren uns in verschiedenen Dopplungen begegnen.

13 13: α' ανοητος für חכם kann nicht stimmen, da sonst immer σοφός steht.

13 15: συναρπασει ist sicher die richtige Wiedergabe, vgl. Lü.-Ra. p. 311 n. 396 zu Is. 10 13.

14 3: α' πασαν ανομιαν αρατε paßt schlecht zu 𝔐; ist als ursprünglich anzunehmen: πασα αιρεται ανομια?

14₉: α' übersetzt immer בְּרוֹשׁ mit ἐλάτη, vgl. Is. 37₂₄ 60₁₃
Ps. 103 (104)₁₇; deshalb ist die Korrektur ελατη für ελαια τις ganz
sicher.

Am. 1₃: Die α'-Wiedergabe für חרצות ist nicht klar ersichtlich. 86 überliefert unbestimmt α' εν τροχοις η τριβολοις. Beide
Worte passen nicht zur Übersetzungsweise des α'; denn er hat
sicher für das seltene hebr. Wort ein anderes Äquivalent verwendet; man erwartet nach Is. 28₂₇ (α' εν συντεμνοντι) ein mit
συντέμνειν zusammengehörendes Wort. τροχός wird sonst für גלגל
genommen, vgl. Ier. 47 (29)₃ (LXX α' σ') Ez. 10₁₃ (α') Ps. 76 (77)₁₉
(LXX α' σ' ϑ'). Auch τρίβολος wird nicht α' angehören; Regn. II
12₃₁ übersetzt LXX die gleiche Wortverbindung mit τριβολοις
σιδηροις. Is. 28₂₇ hat ϑ' τρίβολος verwendet. Auch Syh kann
nicht befriedigend rückübersetzt werden; für α' schlägt Field αμα-
ξαις, für ϑ' αξοσι s. τροχοις vor; die Wortwahl ist in Syh recht
wechselreich, vgl. Anm. 10 bei Field. Der Mangel an Vergleichsmaterial läßt keine sichere Entscheidung zu.

14: Ob das syr. לדרתא wirklich mit τας αυλας zu übersetzen
ist, bleibt fraglich, da ϑ' 2₅ οικησεις übersetzt; auch 1₁₂ setzt das
lat. *habitationes* (unrichtig in der Hi.-Ausgabe *habitatores*) οικησεις voraus. Öfters verwendet Syh den Stamm דור für οἰκεῖν.

16: α' verwendet immer ἀπαρτίζειν für שלם, vgl. Os. 10₁₄
Is. 60₂₀ Gen. 34₂₁ Deut. 25₁₅ 27₆ Regn. III 9₂₅. Deshalb
wird das von Hi. genannte αναπεπληρωμενην nicht in Frage kommen.

19: In Syh ist bei der ϑ'-Lesart der Punkt über ה versehentlich ausgelassen; lies also מנה = αυτην; umgekehrt muß in Syh^txt
der Punkt getilgt werden, so daß Syh αυτον (= Q^c) liest. Die
οι o'-Lesart ist αυτον; so haben auch α' σ' gehabt; ϑ' hatte αυτην
(= LXX). Dies will die Randnotiz besagen. Vgl. zu 1₁₅.

1₁₁: Die in 86 anon. überlieferte Lesart gehört sicherlich σ'
an, wie die Überlieferung durch Pr. und Hi. zeigt. Die Verwendung von ἴδιος als pron. pers. findet sich bei σ' auch Num. 2₁₇
Koh. 3₁₁. Die von Syh überlieferte σ'-Lesart εντερα αυτου (falls
richtig übersetzt) scheint aus der zweiten Ausgabe des σ' zu stammen, vgl. Field I p. XXXVII.

1₁₁: Die dem α' von Syh zugeteilte Übersetzung will nicht
stimmen: εις τους αιωνας ist zu frei; εν οργη αυτου ebenfalls. עד
übersetzt α' Is. 9₆ (5) mit ετι, ebenso Is. 64₉ (8) (α' ϑ'). Für α' erwartet man: και εϑηρευσεν εις ετι (την) οργην αυτου.

1₁₁: Field übersetzt die Syh ולרוגזא ..ת. ו. mit ϑ' ς' και την
οργην αυτου. Aber das erste ו ist nicht als editio sexta zu neh-

men, die niemals in Syh zum Dodekapropheton genannt wird,
sondern ist durch Dittographie entstanden, also zu tilgen.

1₁₂: Die α'-Wiedergabe in 86 ist nach Syh in βοσρα zu verbessern, vgl. Ier. 49₂₂ (29₂₃) α' σ' βοσρα.

1₁₅: Syh liest im Text οι ιερεις αυτης und vermerkt am Rand,
daß α' σ' ϑ' ebenso αυτης lesen; dies kann nicht stimmen; wie Q
richtig überliefert, muß es im. Text οι ι. αυτου heißen, das ebenso
die „Drei" übersetzt haben. Der Punkt über ה muß also in Syh^txt
und ^mg getilgt werden, siehe zu 1₉.

2₇: Das anon. νεανιδα in Syh ist kein «Schol.» (Field), sondern gehört σ' an, vgl. Is. 3₄ σ' νεανιας Is. 3₅ σ' νεος. Ex. 21₉
hat σ' בַּת mit νεᾶνις wiedergegeben.

3₁₂: α' hat sicher κλινη für מטה übersetzt, vgl. Gen. 47₃₁
(α' σ') Regn. I 28₂₃ (οι λ'); κοιτη, das Field zur Wahl stellt, hat
auszuscheiden.

3₁₅: Es ist auffallend, daß α' nicht wie σ' ϑ' και παταξω übersetzt hat. Wenn er והכתי in seiner hebr. Vorlage gelesen hätte,
dann würde er sicher και παταξω übersetzt haben. Wahrscheinlich hat er wie LXX ein anderes Verbum gelesen, nämlich והמתי;
ob die von Field gewählten Verba κολαφισω oder κονδυλισω das
Richtige treffen, ist fraglich. Mal. 3₅ hat Syh κονδυλιζειν mit
קפח wiedergegeben, dagegen Am. 2₇ mit קרדה. Wenn α' והמתי in
seiner Vorlage hatte, dann hat er και φαγεδαινωσω (oder φαγεδαι-
νισω) übersetzt. Das Verbum φαγεδαινοῦν bzw. φαγεδαινιζειν gehört nur dem Wortschatz des α' an, vgl. Deut. 7₂₃ Regn. I 5₆
7₁₀; siehe auch α' φαγεδαινα = מהומה Deut. 7₂₃ 28₂₀ Regn. I
5₁₁ ₁₂ 14₂₀ Ez. 7₇. Die α'-Wiedergabe Ps. 17 (18)₁₅ Ier. 51 (28)₃₄
ist nur syrisch erhalten und zwar steht an beiden Stellen ברם;
Field übersetzt mit φαγεδαινοῦν. Wahrscheinlich dürfen wir an
unserer Stelle קפח ebenfalls mit φαγεδαινοῦν übersetzen; gerade
bei seltenen griech. Wörtern wechselt Syh in der syr. Wiedergabe ab.

Sehr lehrreich für Am. 3₁₅ ist Ex. 23₂₇ וְהַמֹּתִי LXX και
εκστησω; F^mg (= cod. Ambros.; VII H.-P.) και παταξω; hier
liegt die umgekehrte Verlesung bzw. Verschreibung vor.

4₅: εὐχαριστια ist die gebräuchliche α'-Wiedergabe von תּוֹדָה.

4₆: Die Angabe in 86, daß α' πληγην übersetzt habe, kann
nicht stimmen; α' wählt αϑωοτης Ps. 25 (26)₆, vgl. Os. 8₅ α' αϑωω-
ϑηναι.

4₉: Zu ικτερω vgl. Deut. 28₂₂ LXX ωχρα (ωχρια) α' ικτερω.

4 13: Zur Wiedergabe von שחו vgl. Regn. III 18 27 LXX αδολεσχια α' ομιλια Ps. 54 (55) 3 LXX αδολεσχια α' ομιλια Ps. 103 (104) 34 LXX διαλογη α' ομιλια.

5 8: כימה ist Iob 9 9 von LXX mit ἀρκτοῦρος wiedergegeben, Iob 38 31 LXX und σ' πλειάς; כסיל Is. 13 10 LXX ὡρίων σ' τα αστρα.

5 9: Für בלג Hiphil ist Ps. 38 (39) 14 σ' μειδιᾶν α' ἀναπνεῖν bezeugt. Man erwartet μειδιᾶν für α'.

5 16: α' προς ειδοτα θρηνον scheint nicht in Ordnung zu sein. Leicht läßt sich der Plur. ειδοτας herstellen (Syh hat auch fehlerhaft im Text den Sing.); θρηνον als Wiedergabe von נהי paßt nicht gut, da sonst α' dafür μέλος braucht, vgl. Ier. 9 10 (9) 9 19 (18) (α' σ') 31 (38) 15 (α' σ').

5 26: Zu סכות α' συσκιασμους vgl. Lü.-Ra. p. 252 n. 19. Zur Übersetzung des θ' ορασιν („quasi a radice שָׂכָה, aspexit" Field) vgl. Is. 2 16 שכיות LXX θεαν α' οψεις σ' θ' θεας. 86 bringt εικονας anon. mit Index über σκηνήν. εἰκών ist in der LXX gewöhnlich die Wiedergabe von צלם; ebenso haben α' σ' θ' Gen. 1 26 27 übersetzt. Da für θ' (allerdings mit falschem Index auf /Μολοχ) ειδωλων bezeugt ist, wird α' σ' εικονας angehören. Es wäre allerdings auch möglich, daß εικονας (als Sing. εικονα) zu כיון gehörte als Übersetzung von ε' oder σ' (aber für σ' hat Hi. ausdrücklich *chion* bezeugt); die Vulg. übersetzt *imaginem idolorum vestrorum*.

6 1: Vgl. A. Rahlfs, ZNW 20 (1921) 193.

6 1: Zur Wiedergabe von נקבי mit ωνομασμενοι bzw. επεκληθησαν vgl. ὀνομάζειν = נקב LXX Lev. 24 16 Par. I 12 31 II 31 19 Is. 62 2 und α' Iob 3 8.

6 7: 86 hat ετερια, das ἑταιρια zu schreiben ist. Ier. 16 5 (ebenfalls für מרזח) und Ier. 6 11 (für סוד) hat σ' auch ἑταιρία verwendet. H.-P. führt zu Unrecht ἑταιρεία Am. 6 7 und ἑταιρία Ier. 6 11 16 5 getrennt auf.

6 10: Es ist unglaubwürdig, daß α' so wiedergegeben hat; die Übersetzung von θ' ist viel genauer: vielleicht sind beide Namen vertauscht.

7 7: Zu σ' εφανη verweist Field auf Ps. 36 (37) 36. Weitere Beispiele sind: Gen. 33 1 Ex. 4 6 Ios. 5 13 Iud. 4 22. σ' hat also diese Wiedergabe gern verwendet.

7 10: Als σ'-Lesung notiert 86 ανεπισεν αναταρασσον. Bereits Schleusner I 197. 205 hat Verbesserungsvorschläge gebracht: ανεπεισεν (oder ανεσεισεν) ανταρσιν (oder ανταρασσων). Field schlägt als einfachste Korrektur vor: $\varepsilon\pi o\iota\eta\sigma\varepsilon\nu\ \alpha\nu\tau\alpha\varrho\sigma\iota\nu$ mit Hinweis auf Regn. IV 11₁₄ Is. 8₁₂.

8₁: Ier. 5₂₇ hat α' כְּלוּב mit $\zeta\omega\gamma\varrho\varepsilon\tilde{\iota}o\nu$ wiedergegeben. $\varkappa\acute{\alpha}\lambda\alpha\vartheta o\varsigma$ ist von der LXX Ier. 24₁₂ für דוּד verwendet.

8₃: Die griech. Rückübersetzung in $\sigma\tau\varrho o\varphi\iota\gamma\gamma\varepsilon\varsigma$ ist jetzt durch den Pap. W gesichert. Vgl. Prov. 26₁₄, wo LXX צִיר mit $\sigma\tau\varrho\acute{o}\varphi\iota\gamma\xi$ wiedergibt; Vulg. hat an beiden Stellen *cardo*.

8₁₄: Das in 86 anon. überlieferte $\varepsilon\nu\ \tau\eta\ \pi\lambda\eta\mu\mu\varepsilon\lambda\varepsilon\iota\alpha$ gehört wahrscheinlich $\alpha'\ \sigma'\ \vartheta'$ an, vgl. אשם $= \pi\lambda\eta\mu\mu\varepsilon\lambda\varepsilon\tilde{\iota}\nu$ Os. 4₁₅ $(\sigma\upsilon\mu\pi\lambda.$ $\alpha'\ \sigma'\ \vartheta'\ \varepsilon')$ Hab. 1₁₁ $(\alpha'\ \sigma')$ Ier. 50 (27)₇ $(\alpha'\ \sigma'\ \vartheta')$ Ez. 6₆ (ϑ') 22₄ $(\alpha'\ \sigma'\ \vartheta')$.

9₆: 86 schreibt $\delta\varepsilon\sigma\mu\eta\nu$ den λ' zu; es gehört aber nur α' an, vgl. Regn. II 2₂₅ $\alpha'\ \delta\acute{\varepsilon}\sigma\mu\eta$. Verwechslung von $\varLambda$ und A.

9₁₅: Ier. 12₁₄ ₁₅ ist $\varepsilon\varkappa\tau\acute{\iota}\lambda\lambda\varepsilon\iota\nu$ für $\alpha'\ \sigma'$, Regn. III 14₁₅ nur für α' bezeugt. Diese Stellen lassen vermuten, daß Am. 9₁₅ auch α' $\varepsilon\varkappa\tau\iota\lambda\omega\sigma\iota\nu$ übersetzt hat.

Mich. **1**₆: Es ist unklar, wie die α'-Übersetzung von עי bzw. עיין griechisch gelautet hat. Syh hat Mich. 1₆ יגרא (der Plur. ist wohl ein Versehen) ebenso 3₁₂ (Sing.) Ier. 26 (33)₁₈ Ps. 78 (79)₁. Field übersetzt Mich. 1₆ $\sigma\omega\varrho o\upsilon\varsigma$ 3₁₂ $\sigma\omega\varrho o\varsigma$ (s. $\lambda\iota\vartheta o\lambda o\gamma\iota\alpha$) ebenso an der Ier.-Stelle, Ps. 78 (79)₁ nur lateinisch *acervum*. Zunächst möchte man das syr. Wort mit *acervus*, $\sigma\omega\varrho\acute{o}\varsigma$ übersetzen. Da aber Ps. 78 (79)₁ und Mich. 3₁₂ (hier ist sicher $\lambda\iota\vartheta o\lambda o\gamma\iota\alpha\ \varepsilon\sigma\tau\alpha\iota$ statt $\lambda\iota\vartheta o\lambda o\gamma\eta\vartheta\eta\sigma\varepsilon\tau\alpha\iota$ zu lesen) $\lambda\iota\vartheta o\lambda o\gamma\iota\alpha$ von Eus. bezeugt ist, so wird man dieses griech. Wort auch Mich. 1₆ und Ier. 26 (33)₁₈ einsetzen müssen. Abweichend davon berichtet Hi. in seinem Brief an Sunnia und Fretela (106, 51), daß α' an der Ps.-Stelle $\lambda\iota\vartheta\alpha o\varrho\iota o\nu$ (so Hilberg S. 274) gehabt habe; dieser Überlieferung möchte ich nicht allzu viel Glauben schenken. α' hat $\lambda\iota\vartheta o\lambda o\gamma\acute{\iota}\alpha$ für עי gewählt.

1₁₀: Als σ'-Wiedergabe des hebr. לעפרה notiert Syh מניקיתא. Field gibt nur die lat. Übersetzung *patera libatoria* und bemerkt dazu, daß das syr. Wort öfters für $\sigma\pi o\nu\delta\varepsilon\tilde{\iota}o\nu$ verwendet werde (die Stellen bei Field p. 738 n. 50) ohne eine Lösung zu finden: „quae cum Hebraeis nostris quid commune habeant nemo facile dixerit" (Field p. 988 n. 16). Die Lösung kann aber gegeben werden: σ' übersetzte $\sigma\pi o\delta\iota\acute{\alpha}$, die seltenere Form von $\sigma\pi o\delta\acute{o}\varsigma$. $\sigma\pi o\delta\iota\acute{\alpha} = $ עפר LXX Num. 19₁₇ und $\varepsilon\beta\varrho'$ Iob 14₈ $(\varepsilon\nu\ \sigma\pi o\delta\iota\alpha)$. Diese Wiedergabe wurde durch Einfügung eines ν zu $\sigma\pi o\nu\delta\iota\alpha$ bzw. $\sigma\pi o\nu$-$\delta\varepsilon\iota\alpha$ verballhornt, das der syr. Übersetzer dann als Plur. von $\sigma\pi o\nu$-$\delta\varepsilon\tilde{\iota}o\nu$ auffaßte. Allerdings fehlen die Plur.-Punkte; aber sie können von einem Abschreiber leicht übersehen worden sein.

Die α'-Wiedergabe mit $\chi o \tilde{v} \varsigma$ ist in Ordnung, vgl. Is. 40₁₂ 41₂ 52₂.

1₁₁: Die ϑ'-Wiedergabe ist eine Dublette: 1. $\alpha\iota\sigma\chi\upsilon\nu\upsilon\mu\varepsilon\nu\eta$ $\alpha\iota\sigma\chi\upsilon\nu\eta$ = עֶרְיָה־בֹשֶׁת (vielleicht hat ϑ' zwei verschiedene Verba in Angleichung an die hebr. Vorlage verwendet: $\alpha\sigma\chi\eta\mu o\nu o\upsilon\sigma\alpha \alpha\iota\sigma\chi\upsilon\nu\eta$, vgl. *confusa ignominia* Vulg.) 2. $\eta \pi o\lambda\iota\varsigma \alpha\upsilon\tau\eta \alpha\iota\sigma\chi\upsilon\nu\eta$ = עֶרְיָה בֹשֶׁת (wahrscheinlich ist ursprünglich zu lesen $\eta \pi o\lambda\iota\varsigma \alpha\upsilon\tau\eta\varsigma \alpha\iota\sigma\chi$.).

1₁₁: Zur σ'-Wiedergabe $\varepsilon\upsilon\vartheta\eta\nu o\upsilon\sigma\alpha$ vgl. $\varepsilon\dot{\upsilon}\vartheta\eta\nu\varepsilon\tilde{\iota}\nu$ שָׁאֲנָן Is. 32₉ ₁₁ ($o\iota \gamma'$) Iob 3₁₈ ($\alpha' \vartheta'$) Ps. 122 (123)₄ (LXX $\alpha' \sigma'$).

1₁₄: Die Randnote $\alpha' \sigma' \vartheta'$ $o\tau\iota \delta\omega\varrho\alpha$ bleibt immer noch dunkel.

2₁: α' hat $\omega\iota$ übersetzt, nicht $o\upsilon\alpha\iota$, vgl. Ziegler, Notizen S. 89 f. zu Is. 30₁.

2₂: Die Notiz $o\iota \lambda'$ $\kappa\alpha\iota \varepsilon\sigma\upsilon\kappa o\varphi\alpha\nu\tau o\upsilon\nu$ gehört zu $\delta\iota\dot{\eta}\varrho\pi\alpha\zeta o\nu$ 2⁰; עשק wird gewöhnlich von $\alpha' \sigma' \vartheta'$ mit $\sigma\upsilon\kappa o\varphi\alpha\nu\tau\varepsilon\tilde{\iota}\nu$ wiedergegeben, vgl. Ziegler, Notizen S. 97 zu Is. 52₄.

2₄: Field: „Graecis nostris non multum tribuimus". Die α'-Wiedergabe kann nicht richtig sein; vielleicht sind α' und σ' zu vertauschen. α' übersetzt מוש mit $\dot{\alpha}\nu\alpha\chi\omega\varrho\varepsilon\tilde{\iota}\nu$, vgl. Is. 54₁₀ 59₂₁; $\gamma\varepsilon\acute{\iota}\tau\omega\nu$ entspricht bei α' שָׁכֵן, vgl. Deut. 1₇ $\alpha' \gamma\varepsilon\acute{\iota}\tau\omega\nu$. Auch der Plur. spricht gegen α'. Zur Wiedergabe mit $\gamma\varepsilon\acute{\iota}\tau\omega\nu$ vgl. das syr. שבבא „Nachbar". Vielleicht ist statt $\alpha\pi o\delta o\vartheta\eta\sigma\varepsilon\tau\alpha\iota \mu o\iota$ zu übersetzen $\varepsilon\pi\iota\sigma\tau\varrho\varepsilon\psi\varepsilon\iota \mu o\iota$.

2₄: $\alpha' \vartheta'$ haben für den Stamm חלק sicher $\mu\varepsilon\varrho\acute{\iota}\zeta\varepsilon\iota\nu$ gewählt; das von Field vorgeschlagene $\delta\iota\alpha\iota\varrho\varepsilon\tilde{\iota}\nu$ kommt nicht in Frage. Die beste Lösung für die α'-Wiedergabe ist immer noch die von Middeld. vorgeschlagene $\mu\varepsilon\varrho\iota\sigma\iota\nu — \mu\varepsilon\varrho\iota\varepsilon\iota$; nur ist vielleicht besser die Lösung: $\varepsilon\nu \mu\varepsilon\varrho\iota\sigma\iota\nu — \varepsilon\mu\varepsilon\varrho\iota\sigma\varepsilon\nu$ ($\mathfrak{M}$ allerdings verlangt das Futur $\mu\varepsilon\varrho\iota\varepsilon\iota$; aber dann wäre die Wiedergabe wohl mit ϑ' $\mu\varepsilon\varrho\iota\varepsilon\iota$ zusammengenommen worden). Field hält dem entgegen, daß Syh immer מנתא für $\mu\varepsilon\varrho\acute{\iota}\varsigma$ hat; dieser Einwand läßt sich widerlegen, da Syh nicht immer streng die gleiche Wortwahl trifft und auch einmal ein anderes Synonym wählen konnte.

2₆: In der α'-Lesung erwartet man die 3. pers. statt 2. pers.: entweder ist $\kappa\alpha\tau\alpha\lambda\eta\psi\varepsilon\tau\alpha\iota$ zu lesen oder $\kappa\alpha\tau\alpha\lambda\eta\psi\varepsilon\iota$; gegen die letztere Korrektur spricht, daß α' sonst das Medium verwendet, vgl. Mich. 6₁₄ תסג $\alpha' \kappa\alpha\tau\alpha\lambda\eta\psi\eta$. Oder hat α' תסג statt יסג in seinem hebr. Text gelesen? Vgl. oben S. 350.

Vielleicht ist nach $\mathfrak{M}$ in der σ'-Wiedergabe $\kappa\alpha\tau\alpha\iota\sigma\chi\upsilon\mu\mu o\upsilon\varsigma$ zu lesen statt -$\mu o\varsigma$; LXX ($\dot{o}\nu\varepsilon\acute{\iota}\delta\eta$) und α' ($\varepsilon\nu\tau\varrho o\pi\alpha\varsigma$) haben den Plur. כְּלִמּוֹת (= $\mathfrak{M}$) gelesen. Wenn man der Überlieferung aber vertrauen kann, dann hat σ' in seiner hebr. Vorlage כְּלִמּוּת gelesen und als Subj. aufgefaßt, vgl. Vulg. *non comprehendet confusio*.

2 7: Das von Syh vorausgesetzte λογοι μου (in der Vorlage in λογισμου verschrieben) gehört dem ϑ' an, da α' דבר immer mit ῥῆμα wiedergibt, vgl. Lü.-Ra. p. 240—242. Wahrscheinlich ist in der α'-Wiedergabe μετα τον zu lesen statt μετ αυτου.

2 8: Zur Wiedergabe και συναντιω vgl. Neh. 12 38 (= Esdr. II 22 38) LXX συναντῶσα αὐτοῖς = למואל (למול var. lect.). Die Zuteilung an α' bleibt merkwürdig, da α' συναντᾶν für קרה (קרא) verwendet, vgl. Is. 51 19 (α' σ') 60 18 (α' σ') Ier. 32 (39) 23, vgl. weiter für מקרה Regn. I 6 9 α' συνάντημα, Regn. I 20 26 α' συνάντησις, Deut. 23 10 (11) α' συνάντισμα.

2 12: Die α'-Wiedergabe kann nur teilweise in der griech. Urform hergestellt werden. ποίμνιον ist die richtige Übersetzung von צאן, vgl. Zach. 11 11 Is. 7 21. Schwierig ist das griech. Äquivalent für בצרה zu finden; das syr. גלילתא bezeichnet wahrscheinlich einen runden, durch Steine eingeschlossenen Raum für die Herden (einen „Pferch"). Ob α' γυρος oder κυκλος oder ein ähnliches Wort gehabt hat, läßt sich nicht ausmachen. ἀγέλη ist die gebräuchliche α'-Wiedergabe von עדר, vgl. Is. 32 14 Cant. 6 5 (6) (LXX α' σ'). Für *congregationis*, das Field in Ermangelung des griech. Äquivalents einsetzt, ist die Lösung zu finden. α' übersetzte דברו mit αγωγης αυτου, vgl. Is. 5 17 כדברם α' σ' κατα την αγωγην αυτων. Dieses seltene Wort hat ein Schreiber zu συναγωγης gemacht, das dann der syr. Übersetzer mit דכנושיא wiedergab. Zur Wiedergabe von σ' ϑ' βοσκηματα vgl. Ier. 13 20 (σ'). εν οχνρωματι denkt an den Stamm בצר und setzt בבצרה voraus; ebenso hat LXX Ier. 49 22 (29 23) übersetzt: על־בצרה ἐπ' ὀχυρώματα αὐτῆς α' σ' επι βοσρα.

3 1: Field bezieht α' ϑ' αρχη οικου σ' ηγουμενοι auf οἱ κατάλοιποι οἴκου Ισρ. Der Index in Syh besteht aber zu Recht. Zwar stehen der α' ϑ'-Wiedergabe Bedenken gegenüber, aber diese werden bei Field noch größer; denn α' hätte קצין niemals mit ἀρχή wiedergegeben (im Parallelvers 9 von. α' ϑ' mit ἐξουσιάζων oder δυναστεύων wiedergegeben). Zudem sagt Hi., daß alle Übersetzer statt κατάλοιποι *duces* übersetzt hätten. Das οικου bei α' ϑ' geht entweder auf ein בית in ihrer Vorlage zurück (so hat v. 9) oder ist von der LXX eingedrungen.

3 5: Statt εδωκαν ist vielleicht εδωκεν (= 𝔐 und 91) zu lesen. Middeld. übersetzte מהרהרין הוו mit *contendebant*, Field richtiger *cogitabant* ohne es zu wagen, das griech. Verbum einzusetzen. Ich

habe εμηχανωντο genommen, das gut paßt, vgl. auch Ps. 9₁₂ σ′
μηχανή עלילה, oder für dasselbe hebr. Wort μηχάνημα Ps. 65 (66)₅
76 (77)₁₃; Lev. 8₇ haben σ′ ϑ′ μηχάνωμα für חֶשֶׁב. Für das Verbum
μηχανᾶσϑαι kann ich allerdings keinen Beleg zu σ′ finden.

3₇: Zu σ′ περιβαλουνται vgl. Is. 57₁₆ σ′ ϑ′ περιβαλει יעטף
59₁₇ σ′ ϑ′ περιεβαλετο יעט.

4₁: Zur Wiedergabe σ′ συναχϑησονται vgl. Ier. 51 (28)₄₄ LXX
συναχϑωσιν ינהרו.

4₈: Zur Wiedergabe α′ σκοτωδης vgl. Is. 32₁₄ σ′ σκότος עפל.
Zur Wiedergabe σ′ αποκρυφος vgl. Deut. 28₂₇ Regn. I 5₆₉₁₂ σ′
κρυπτα עפלים („Beulen") und Par. II 27₃ «αλλος» (nach Field) ἀπό-
κρυφος עפל.

4₉: Die anon. Randnote ο σύμβουλος σου gehört sicher α′ an.
Field verweist auf Is. 9₆ (5); vgl. ferner Iob 12₁₇ α′ σύμβουλος
יועץ.

4₁₀: Es läßt sich kaum ausmachen, wem das anon. διατεινου
zugehört. α′ übersetzt גוח bzw. גיח mit παλαίειν, vgl. Iob 38₈
Ps. 21 (22)₁₀; an dieser Ps.-Stelle hat LXX ἐκσπᾶν. Es kann
auch sein, daß das syr. אתמתחי mit διασπασαι zu übersetzen ist.

4₁₁: συνελεγησαν gehört sicher α′ an. Field verweist auf Ps.
34 (35)₁₅. Weitere Belege für α′: Is. 32₁₀ 52₁₂ 57₁ 60₂₀. Unrichtig notiert Field σ′ συναχϑησεται; richtig ist σ′ συνηχϑησαν.
Die Hs. 86 hat nämlich im Text επισυναχϑησεται (= lukianischer
Text) und am Rand αχϑησεται συνελεγησαν σ′ συνηχϑησαν. Die
erste Randlesart ist eine Wiederholung der lukianischen Lesart
und ist zu ⟨επισυν⟩αχϑησεται zu ergänzen; öfters überliefern 86ᵗˣᵗ
und 86ᵐᵍ lukianische Lesarten.

4₁₁: Die α′-Wiedergabe in griech. Form ist kaum herauszu-
finden. Folgende α′-Übersetzungen von חנף werden von der Syh
überliefert: Ps. 105 (106)₃₈ נפל בחמתא = incidere in furorem (LXX
φονοκτονεῖσϑαι) Ier. 23₁₁ אתעיט = aegre ferre = ἀγανακτεῖν;
vielleicht auch 23₁₅ (vgl. Field) Ier. 3₂ קטל φονοκτονεῖν, ebenso
Ier. 3₉ α′ ϑ′.

Die Überlieferung schreibt also α′ eine dreifache Wiedergabe
von חנף zu; dies ist höchst unglaubwürdig. Die zuletzt genannte
Wiedergabe φονοκτονεῖσϑαι wird Is. 24₅ σ′ allein zugeschrieben;
auch Ier. 3₂₉ könnte sie σ′ angehören. Ob Ier. 23₁₁ das syr.
Wort wirklich ἀγανακτεῖν voraussetzt, ist zweifelhaft; noch zweifel-
hafter ist es, ob α′ ἀγανακτεῖν gebraucht hat. Am meisten für α′
spricht die zuerst genannte Wiedergabe, die allerdings in ihrer
Urgestalt nicht faßbar ist. Sehr ansprechend denkt Field II p. 263

n. 21 an ein zusammengesetztes Wort ϑυμοπετεῖν, „vel simile monstrum". Ähnlich hat Syh auch an der oben genannten Stelle Os. 11₆ die α'-Übersetzung mit נפל und einem Substantiv umschrieben.

4₁₃: Die Form ἀνατιϑέναι für חרם ist in der LXX sehr selten, sie steht nur Lev. 27₂₈ ₂₉. Die jüngeren Übersetzer haben die gewöhnliche Form ἀναϑεματίζειν; die Stellen bei H.-R.

4₁₃: Für בצע steht sonst gewöhnlich α' σ' ϑ' πλεονεξία Is. 33₁₅ 56₁₁ 57₁₇. Zu ϑ' munera (= δῶρα) vgl. Ez. 33₃₁ α' δῶρον (σ'ϑ' πλεονεξία). Hier kann α' δῶρον nicht in Ordnung sein. Wem das anon. τον πλουτον von 86 zugehört, läßt sich nicht ausmachen.

5₁: Für σ' wird πολιορκουμενη und in der folgenden Notiz πολιορκια eher in Frage kommen als συνεχομενη bzw. συνοχη. Letzteres verwendet σ' zweimal für עצר Ps. 106 (107)₃₉ Prov. 30₁₆; πολιορκια für מצור steht Is. 29₃ Ier. 10₁₇ 52₅; vgl. auch Am. 3₁₁ צר σ' πολιορκια.

5₁: Bei der α'-Lesart ist εν σκηπτρω zu ergänzen, vgl. Ziegler, Notizen S. 82 zu Is. 14₅.

5₄: Field übersetzt סופיה mit (εως) εσχατου; entsprechender und richtiger (vgl. auch den Plur.) ist περατων. Ps. 58 (59)₁₄ ist für אפסים περατα von σ' gewählt (ebenso LXX α' ϑ'). Syh übersetzt εσχατος gewöhnlich mit חרתא, allerdings περατα mit עברא, vgl. Soph. 3₁₀ Ps. 58 (59)₁₄.

5₅: Zur Wiedergabe von נסיכי mit χριστοι vgl. Ziegler, Notizen S. 87 zu Is. 25₇ und H. J. Schoeps, Symmachusstudien S. 88 f. (in: Coniectanea Neotestamentica VI, Uppsala 1942).

5₇: Für α' wird von Eus. bezeugt ποαν, von 86 σπορον. Beide Angaben erregen Mißtrauen, namentlich die letztere, die sicher unhaltbar ist. πόα ist für α' Ps. 22 (23)₂ bezeugt (דשא; LXX χλόη); sonst hat α' aber immer für עשב χλόη gewählt, vgl. Is. 37₂₇ Gen. 1₂₉ ₃₀ Deut. 11₁₅; ferner nach H.-R. Suppl. S. 215 Ps. 91 (92)₈. Die Bezeugung für α' χλόη ist also vorzüglich. Richtig ist ψεκαδες, vgl. Deut. 32₂ α' ψεκαδες LXX νιφετος; ferner Ps. 71 (72)₆ οι λ' ψεκαδες LXX σταγονες.

5₇: In der ϑ'-Übersetzung ist höchstwahrscheinlich das Simplex μενει in das Kompos. υπομενει zu ändern, vgl. Is. 49₂₃ 59₁₁ α' ϑ' ὑπομένειν. Statt ελπιζει (so Heikel) ist nach 𝔐 (auch die übrigen Verba sind als Futurformen zu akzentuieren) wohl ελπισει zu lesen (ελπισει hat Stephanus in der Erstausgabe der dem.).

5₁₂: Die σ'-Wiedergabe σημειοσκοπουμενος findet sich auch Deut. 18₁₀. κληδονίζεσϑαι verwendet LXX für ענן Deut. 18₁₀; κληδονισμός Is. 2₆. Ier. 27 (34)₉ ist α' ϑ' των κληδονων bezeugt.

Dagegen steht Lev. 19 26 α' κληδονίζεσθαι für נחש; diese Angabe ist anzuzweifeln.

6 7: Zu σ' ρειθρα vgl. Iob 20 17 σ' ρεῖθρον נחל.

6 8: α' kann nicht neben ϑ' ερρεϑη wiedergegeben haben; נגד hat α' immer mit ἀναγγέλλειν wiedergegeben, vgl. Mich. 1 10 Is. 21 6 42 9 u. ö.

6 8: ϑ' ε' fassen צנע in der im Sir.-Buch späteren Bedeutung „vorsichtig sein", vgl. Sir. 16 25 32 (35) 3 (LXX ἀκρίβεια, ἀκριβής). Vgl. ferner Prov. 11 2 צנוע LXX ταπεινός σ' ἐπιμελής ϑ' ἐπιεικής. Vgl. auch Vulg. *sollicitum*.

6 13: Field nimmt für σ' das Verbum τιμωρεῖσθαι in Anspruch und übersetzt das syr. סמת ברשך in der σ'-Wiedergabe mit ετιμωρησαμην. Diese Wiedergabe ist zu beanstanden, weil sie wenig zu σ' paßt; allerdings entspricht an allen Stellen in Syh τιμωρεῖσθαι der syr. Wendung. Aber neben τιμωρεῖσθαι ist noch κολάζεσθαι als Vorlage in Betracht zu ziehen, das zwar gewöhnlich im aktiven Sinne mit שנק von Syh wiedergegeben wird (vgl. Sap. 3 4 11 5 8), aber im passiven Sinne öfters קבל מסם ברשא entspricht, vgl. Sap. 11 16 12 15 27 14 10 16 1. Zudem verwendet σ' κολάζεσθαι Prov. 22 23 für קבע, und τιμωρεῖσθαι gewöhnlich für נקם, vgl. Regn. I 14 24 Ps. 8 3 43 (44) 17 Ier. 5 29. Die ϑ' zugeschriebene Wiedergabe ist ziemlich frei; vielleicht gehört sie ε' an.

6 14: α' καταφυτευσω ist schwer befriedigend zu erklären. σ' διαφϑερει denkt an den Stamm שחת, ϑ' σκοτασει an חשך. Vielleicht ist in der ϑ'-Wiedergabe תתנפש nicht wörtlich mit αναψυξεις, sondern mit εκνευσεις (so wohl richtig statt εκνευσει) rückzuübersetzen. Die in der Hs. des Bas. N. ϑ' zugeschriebene Randnote ist nichts anderes als die hexaplarische Variante (vgl. Sept.-App.); vielleicht muß es οι ο' statt ϑ' heißen.

6 16: Der Plur. ποιηματα ist wohl durch Angleichung an den Plural der LXX εργα entstanden. Vgl. oben S. 347.

7 1: Zu εν τοις εσχατοις vgl. Num. 10 25 LXX εσχατοι מאסף. ὀπώρα verwendet σ' sonst für מגד Deut. 33 13 15 Cant. 4 13 5 1 (4 16); in der LXX steht es für קיץ Ier. 31 (48) 32 47 (40) 10 12.

7 2: Zu ἐκλείπειν für אבד vgl. Ier. 7 28 LXX.

7 12: σ' verwendet gern das Verbum περιφράσσειν für verschiedene Stämme (גדר, צור). Zu σ' περιφράσσειν für סוך vgl. Ez. 28 13 σ' περιεφραξε σε מסכתך („deine Decke").

7 18: Für חזק verwendet σ' gewöhnlich κρατεῖν Is. 33 23 Ier. 52 6 Ez. 26 17 oder das Kompos. ἐπικρατεῖν Is. 51 18 (α' σ' ϑ') oder περικρατεῖν Ier. 20 7. Vielleicht ist auch εκρατησεν statt εκαρτερησεν zu lesen, zumal εκαρτερησεν intransitiv ist, wie Field bemerkt.

Ioel 1₈: ὡς παρθενον gehört den „Drei" an; vgl. Is. 23₁₂
Iob 31₁ α' σ' ϑ' παρθένος.

1₁₁: 86 (gegen Field bzw. Parsons[1]) und Syh haben die anon.
Randnote κτητορες; sie gehört wohl σ' an; Parallelstellen fehlen.

1₁₁: θερισμος ist Übersetzung der „Drei", vgl. Am. 4₇ (α' σ' ϑ')
Os. 6₁₁ (σ').

1₁₄: Die Angaben des Hi. passen schlecht zu Is. 1₁₃, wo bezeugt ist: α' επισχεσιν σ' συστροφην. Die σ'-Wiedergabe kann ja
stimmen, weil σ' häufig im Ausdruck wechselt. Die Schwierigkeit läßt sich vielleicht so erklären, daß die lat. Wiedergabe *dies
collectae* nur eine freie Wiedergabe des griech. ἐπίσχεσις ist. Hi.
übersetzt öfters frei.

1₁₇: σ' ευρωτιασαν denkt vielleicht an das neuhebr. עפש
„schimmelig werden", ϑ' ησχυνθησαν an hebr. בוש. Sehr schwierig
ist die ϑ'-Wiedergabe für מגרפתיהם; Field übersetzt αντι της ιγνυας
αυτων. Das syr. Wort קפסא wird Par. II 17₁₂ von der Pesch.
für מסכנות „Vorräte", „Magazine" gebraucht; vielleicht hat es auch
an der Ioel-Stelle diese Bedeutung. Die Wiedergabe χρισματος
sieht in גרף die Bedeutung „einreiben", „einschmieren" (mit Öl),
vgl. aram. arab. גרף = fegen. Die nämliche Bedeutung hat auch
der Übersetzer darin gesehen, der im Pap. W υποκατω αλοιφων (am
Schluß von v. 17) übersetzt hat. Diese Stelle in W εξεψυξεν υποκατω αλοιφων ist keineswegs eine Glosse zu βρωματα ἐξωλεθρευθη
v. 16, wie der Herausgeber des Pap. W, Sanders S. 176 meint,
sondern eine nachträgliche Übersetzung aus dem hebr. Text, an
denen W so reich ist.

2₈: דחק kommt nur noch Iud. 2₁₈ vor und wird hier (ähnlich
wie σ' an unserer Ioel-Stelle) von der LXX mit ἐκθλίβειν wiedergegeben. Ob α' συντριψει wirklich gehabt hat, ist fraglich.

3(4)₃: Die Wiedergabe kann nicht α' angehören. Statt ον
διεμεριζον εν κληρω würde man für α' wie LXX εβαλον κληρον erwarten. Das syr. טליתא gibt Field mit κορασιον wieder; entsprechender ist παιδιον. Wenn α' diese Wiedergabe angehört, dann
ist sicher παιδιον zu lesen; denn παιδιον ist die geläufige α'-
Wiedergabe von ילד, vgl. Lü.-Ra. p. 262 n. 81. Auch die Präposition περι für אל paßt nicht zu α'; er hätte προς genommen.
So wird σ' oder ϑ' für α' eingesetzt werden müssen.

---

1) Auch 1₁₆ ist εξωλοθρευθη in 86 anon. Randlesart. Parsons hat auch
hier wie 1₁₁ das Indexzeichen fälschlich als σ' gelesen; dadurch ließ sich
Field täuschen; Walton hat aber richtig an beiden Stellen anon. Lesarten
gebucht.

3 (4) 14: α′ hat sicherlich nicht συναγωγαι gehabt, sondern οχλοι; המון = α′ οχλος Is. 29 7 8 32 14 33 3.

A b d. 1: α′ εκστασις für חזון kann nicht stimmen; α′ hat sicherlich wie LXX gelesen.

14: σ′ φυγαδειας faßt פרק in der Bedeutung: weggehen, davongehen, fliehen.

19: Zu Abd. 19 gehört die Stelle im Onom. des Eus. «α′ πεδινη σ′ κοιλας». Klostermann p. 162 notiert als Stelle Is. 32 19 ohne nähere Erklärung. Field II p. 493 n. 43 zu, Is. 32 19 schlägt vor, Ιησοι statt Ησαια zu lesen. Dieser Vorschlag ist nicht anzunehmen.

I o n. **2 5**: α′ εξεβην kann nicht stimmen. Gen. 4 14 hat α′ εκβάλλειν Ps. 33 (34) 1 α′ ε′ σ′ εκβάλλειν Is. 57 20 α′ εκβράσσειν. Das letztere Verbum wird richtig sein und eingesetzt werden müssen.

2 9: Der Plur. ματαιοτητας ist zu schreiben, vgl. Lü.-Ra. p. 282 n. 217. Zur griech. Wiedergabe des syr. אובדו mit απεβαλοντο vgl. Ziegler, Notizen S. 76.

3 7: δόγμα ist im Buche Dan. öfters die ϑ′-Wiedergabe von טעם.

N a h. **1 3**: Die Randnote σ′ ϑ′ νεφελαι entspricht genau der Textlesart; vielleicht ist nach 𝔐 νεφελη zu lesen (die Plural-Punkte sind also zu tilgen).

1 6: Zu α′ συνεχωνευϑη σ′ ϑ′ εσταξεν vgl. Is. 40 19 α′ χωνεύειν Ier. 7 20 LXX χεῖν α′ σ′ στάξειν 42 (49) 18 LXX στάξειν α′ (συγ)χωνεύειν.

1 10: Die Rückübersetzung Field's läßt sich an den neu gefundenen Texten des Bas. N. kontrollieren: statt ομοιως στοιβη ist ωσπερ σπειρη zu lesen. Die hebr. Vorlage verlangt ferner, αναλωϑησονται, die urspr. Bas. N.-Lesung, als echt zu nehmen (vgl. Vulg. *consumentur*). Zu συμπεπλεγμ. vgl. Iob 8 17 αλλος · συμπλακησεται יסבכו, vgl. Field II p. 17 n. 21. Zu συμποσιον vgl. Os. 4 18 σ′ ε′ το συμποσιον αυτων סבאם.

1 12: κακουχεῖν ist die gebräuchliche α′-Wiedergabe, siehe die Stellen bei H.-R.

2 2: Für α′ ist bezeugt: σκορπίζειν = פוץ Hiphil Deut. 4 27 28 64; σκορπίζειν = פזר Ps. 52 (53) 6 140 (141) 7 Prov. 11 24 (α′ σ′ ϑ′) und schließlich, aber richtig mit Fragezeichen versehen, Ps. 91 (92) 10 פרד nach H.-R. Suppl. S. 213. Das Verbum σκελίζειν ist sehr selten, nur LXX Ier. 10 18 (קלע), α′ Iob 8 3 (עות), ϑ′ Prov. 19 3 (סלף).

2 2: Leider ist die Stelle in Bas. N. unleserlich, die die ϑ′-Wiedergabe für εξαιρούμενος überliefert. Die Textreste lassen keine befriedigende Lesung zu.

2 4: ϑυρεός steht bei α' immer für מגן, ebenso δυνατός für
גבור, vgl. die Stellen bei H.-R. Zur Schreibung von πεπυρρωμενος
mit nur einem ρ vgl. Lü.-Ra. p. 254 n. 42 und Ziegler, Notizen
S. 101 zu Is. 63 2.

2 4: εὐπορία ist die gewöhnliche α'-Wiedergabe für חיל; Belege bei H.-R. und Lü.-Ra. p. 283 n. 221. Dagegen ist auffallend,
daß α' מתלעים mit εν κοκκινοις (-νον) wiedergegeben haben sollte,
da er für dieses hebr. Wort immer σκώληξ verwendet, vgl. Lü.-
Ra. p. 264 n. 92; vielleicht ist εν κοκκ. durch das nämliche Wort
bei σ' beeinflußt.

2 4: σ' ως πυρ λαμπαδων setzt wahrscheinlich voraus כאש לפדות,
vgl. v. 5 ως λαμπαδες πυρος. Oder steht der Index verkehrt, so
daß die σ'-Lesart sich auf v. 5 beziehen soll, um die etwas ungewöhnliche Wendung ως λαμπαδες πυρος zu verdeutlichen?

3 1: Die „Drei" sehen in פרק die Bedeutung „auflösen", „zerreißen", vgl. Gen. 27 40 LXX σ' ἐκλύειν, Ez. 19 12 α' σ' διαλύειν,
Ps. 7 3 σ' dilacerare. Zu α' ἐξαυχενισμός vgl. hebr. מפרקת „Ge-
nick" Regn. I 4 18 (LXX νῶτος α' τένων σ' σπόνδυλος).

3 3: ϑ' hat vielleicht auch τραυματιων gehabt wie die größte
Zahl der LXX-Hss., vgl. ϑ' τραυματίας Ez. 30 24 32 23 31.

3 5: Zur α' σ'-Wiedergabe τα προς ποδων von שולים vgl. folgende Stellen:

     Ex. 28 33 α' ἀπόληγμα σ' ϑ' τὰ πρὸς ποδῶν
     Is. 6 1 α' σ' ϑ' τὰ πρὸς ποδῶν
     Ier. 13 22 α' τὰ πρὸς ποδῶν 86 α' σ' τὰ λώματα Syh
          (ebenso v. 26)
     Thren. 1 9 LXX πρὸς ποδῶν.

Die Zuteilung von τὰ πρὸς ποδῶν an α' hat schon bei Field II
608 n. 40 (zu Ier. 13 22) und bei Lü.-Ra. p. 287 n. 247 Anstoß
erregt. Is. 6 1 ist die Überlieferung der Namen allerdings völlig
gespalten, siehe Hex.-App. zu Is. Am liebsten würde man ἀπό-
ληγμα für α' reservieren; vgl. ἀπολήγειν = שלם Dan. 5 27 LXX.
Aber ist es berechtigt sich über die einzelnen Zeugen, die jetzt
durch Bas. N. vermehrt werden, hinwegzusetzen? α' scheint also
tatsächlich τὰ πρὸς ποδῶν für שולים verwendet zu haben.

3 7: Field übersetzt recedet ins Griech. mit αναχωρησει zurück. Gewiß gibt Hi. ἀναχωρεῖν manchmal mit recedere wieder,
z. B. Os. 12 12 (13), aber Os. 7 13 entspricht es ἀποπηδᾶν. So wird
αποπηδησεται, das von W Ach Bas. N.mg bezeugt ist, die σ'-Wieder-
gabe von ידוד sein. Dieses Verbum wird Os. 7 13 von der LXX
mit ἀποπηδᾶν wiedergegeben; Rahlfs hat es im Hinblick auf diese

Stelle in seinen Text aufgenommen. Ich rechne es aber zu den
Nachbesserungen nach dem hebr. Text, die häufig in W einge-
drungen sind. Es ist schade, daß gerade hier $\alpha\pi o\pi\eta\delta\eta\sigma\varepsilon\tau\alpha\iota$ in
Bas. N. anon. überliefert wird; aber der Name wird sicherlich
verloren gegangen sein.

3 8: An den neu gefundenen Randnoten in Bas. N. kann man
die von Syh überlieferten Stellen gut nachkontrollieren. Hier
wird wiederum ersichtlich, wie genau α' sogar mit den Partikeln
verfährt; für ihn ist ה $= \mu\eta\tau\iota$, vgl. Is. 7₁₃ 66₈₉.

הלוא $= \mu\eta\tau\iota\ ov$, vgl. Am. 9₇ Mich. 2₇ Zach. 3₂.

3 9: α' hat sicherlich $\varphi ov\tau$ transkribiert, wie verschiedene Hss.
lesen, siehe Sept.-App.

3 14: $v\delta\varrho\varepsilon v\sigma\alpha\sigma\vartheta\alpha\iota$ ist sonst nicht von α' bezeugt; es ist die
häufige Wiedergabe von שאב in der LXX.

3 14: $\dot\varepsilon\pi\iota\lambda\alpha\mu\beta\dot\alpha\nu\varepsilon\sigma\vartheta\alpha\iota$ ist auch Ex. 9₂ für α' bezeugt.

3 18: Die Angabe $o\iota\ \lambda'$ ist zu summarisch; α' gehört nicht
hierher, denn er übersetzt קבץ mit $\dot\alpha\vartheta\varrho o\ell\zeta\varepsilon\iota v$, vgl. Is. 13₁₄ 34₁₅
($\alpha'\ \sigma'\ \vartheta'$) 54₇ ($\alpha'\ \sigma'$).

Hab. 1 8: Es ist unwahrscheinlich, daß α' $\pi\alpha\varrho\delta\alpha\lambda\varepsilon\iota\varsigma$ übersetzt
hat; es fehlt das Vergleichsmaterial völlig. Vielleicht stammt $\pi\alpha\varrho$-
$\delta\alpha\lambda\varepsilon\iota\varsigma$ aus der LXX.

1 9: Zu σ' $\pi\lambda\varepsilon o\nu\varepsilon\xi\iota\alpha\nu$ vgl. Hab. 2₁₇ und Ez. 7₁₁, wo σ' ebenfalls $\pi\lambda\varepsilon o\nu\varepsilon\xi\ell\alpha$ für חמס verwendet. Zur Wiedergabe des schwierigen מגמת vgl. Pesch., die wie σ' „Aussehen" übersetzt. קדים ist
sonst in der LXX häufig mit $\varkappa\alpha\dot v\sigma\omega\nu$ ($\dot\alpha\nu\varepsilon\mu o\varsigma$) wiedergegeben, vgl.
Os. 12₁(₂) 13₁₅ Ion. 4₈.

1 10: Syh überliefert als α'-Wiedergabe: נזדיח. Field gibt als
Übersetzung an *celebrabitur*, wagt also keine griech. Rückübersetzung. An keiner Stelle ist die α'-Wiedergabe von קלס überliefert. Aber wichtig ist, daß zu Ps. 43 (44)₁₄ Chrysostomus be-
zeugt, daß ein $\alpha\lambda\lambda o\varsigma$ für קֶלֶס $\pi o\mu\pi\eta$ übersetzt habe. Dieses $\pi o\mu\pi\eta$
wird α' zugehören; denn הז hat die Bedeutung „*triumphare*" (neben
der von Field angegebenen „*laudare*", „*celebrare*", vgl. Brockelmann, Lex. p. 192a). Sap. 4₂ ist in der Syh $\pi o\mu\pi\varepsilon v\iota$ mit מזדיניא
(lies מזדיחא) wiedergegeben; in der latein. Übersetzung steht *trium-
phat*. Wenn Vulg. Hab. 1₁₀ *triumphabit* (vgl. Ez. 22₅) liest, dann
wird hier die α'-Wiedergabe durchscheinen.

2 5: Die beiden σ'-Lesarten stehen sich gegenüber:

σ' $ov\varkappa\ \varepsilon v\pi\varrho\alpha\gamma\eta\sigma\varepsilon\iota$ 86 Bas. N. σ' $ov\varkappa\ \varepsilon v\pi o\varrho\eta\sigma\varepsilon\iota$ Hi.

Stammen sie aus einer doppelten Ausgabe des σ'?, vgl. Field I p.
XXXVII. Ps. 35 (36)₄ wird σ' $\varepsilon\dot v\pi\varrho\alpha\gamma\varepsilon\tilde\iota v$ für היטיב zugeschrieben.

εὐπορεῖν kommt 4 mal in der LXX vor; Prov. 12₄ hat σ' εὐπορία für חיל.

2₇: יקע Hiphil wird gewöhnlich von den „Drei" mit ἐξυπνίζεσθαι wiedergegeben, vgl. Is. 26₁₉ (οι λ') Ps. 16 (17)₁₅ (α' σ') Prov. 23₃₅ (α' σ' ϑ').

2₁₇: αιμα kann nicht richtig sein; lies dafür αδικια, vgl. Ez. 7₁₁ α' αδικια.

2₁₇: Syh notiert α' ανϑρωπων mit Index auf ϑηρίων. Entweder ist der Index unrichtig gesetzt; dann würde man für אדם, auf das die Randnote zu beziehen wäre, den Sing. ανϑρωπου nehmen. Oder der Index stimmt, dann liegt eine innersyr. Verderbnis vor. Lies דבעירא statt דבנינשא d. h. α' hat κτηνων (wie auch 86 Bas. N. bezeugen) wiedergegeben.

2₁₉: Die griech. Wiedergabe des α' für בקרבו wird εν εγκατω αυτου gelautet haben, vgl. Mich. 6₁₄ α' εν εγκατω σου.

3₁: ϑ' hat sicher (Field: „fort.") ακουσιασμων gelesen, vgl. Schleusner I 720. ἀκούσιος entspricht in der LXX immer שגגה. Auch sonst findet sich in LXX-Hss. die Verwechslung zwischen αχ. und εχ., vgl. Iud. 5₂ Esdr. II 7₁₆.

3₃: Die von Montfaucon gebuchte α' ϑ'-Übersetzung kann nicht in Ordnung sein; sie entfernt sich zu weit von der Wortwahl des α' und stimmt zu sehr mit der Übersetzung von Hab. 3 in der zweiten Fassung (V ll-86-407) überein. Höchstens ist sie nur ϑ' zuzuschreiben.

3₇: δέρρις ist die geläufige Wiedergabe von יריעה in der LXX; α' wird sie Ex. 26₁ Ier. 10₂₀ (= LXX), α' σ' Ier. 49₂₉ (30₇), α' σ' ϑ' Is. 54₂ zugeschrieben.

3₁₀: זרם ist mit ἐντίναγμα von α' Is. 32₂, von α' σ' ϑ' Is. 28₂ wiedergegeben worden.

3₁₁: Vgl. חנית = Regn. I 17₇ LXX λόγχη α' ϑ' δόρυ Ps. 56 (57)₅ LXX ὅπλον α' δόρυ (σ' δορατα) ϑ' τόξον Iob 39₂₃ LXX τόξον ϑ' λόγχη Ps. 34 (35)₃ LXX ῥομφαία α' σ' ϑ' ε' λόγχη.

S o p h. **1**₁₁: Zur Wiedergabe mit ὅλμος vgl. Iud. 15₁₀ οι λ' ολμον (genauer nur α' ϑ', da σ' την μυλην hat) Prov. 27₂₂ α' ϑ' εν ολμω.

1₁₁: μεταβολων ist anon. in 86 überliefert; es wird α' zugehören, vgl. zu Os. 12₇ (₈).

1₁₅: Daß α' צרה mit ταλαιπωρία wiedergegeben haben soll, ist unwahrscheinlich; für ihn entspricht ϑλῖψις, vgl. Is. 30₆ (α' σ' ϑ') Ier. 14₈ 15₁₁ 30 (37)₇ (α' σ'). ταλαιπωρία steht für מדוה Deut. 7₁₅ 28₆₀, vgl. α' ταλαιπωρος דוה Is. 30₂₂. Vielleicht steht der Index falsch, so daß ταλαιπωριας als Variante zu αωριας aufgefaßt werden müßte (verschiedene Hss. lesen ταλαιπωριας statt αωρίας); dann müßte der Name α′ getilgt werden; auch ein anderer Name käme nicht in Frage.

2₅: 𝔐 und Hi., der in der Vulg. *gens perditorum* übersetzt und nach Aufführung der einzelnen Übersetzungen sagt „quae omnia cum interpretatione nostra faciunt“, zeigen deutlich, daß der Plur. ολεθριων bzw. ολεθρευομενων zu setzen ist; vgl. auch Ez. 25₁₆ כרתים σ′ ολεθριους.

2₆: Vielleicht ist *species* statt *requies* in der Angabe des Hi. zu lesen; dafür spricht die α′-Übersetzung ωραιότης. Hi. gibt in der Vulg. נוה öfters mit *speciosa* wieder, vgl. Ioel 1₂₀ Am. 1₂ Is. 27₁₀ Ier. 9₁₀, mit *pulchritudo* Os. 9₁₃ Is. 32₁₈; aber auch mit *habitatio* Is. 33₂₀ oder *cubile* Is. 34₁₃ 35₇ u. ä.

3₁: Die Wiedergabe von יונה (LXX περιστερά) durch σ′ mit ανοητος steht vielleicht mit Rücksicht darauf, daß die Taube als einfältiges Tier gilt, vgl. Os. 7₁₁ LXX περιστερα ανους und im N.T. Matth. 10₁₆ ακεραιοι ως αι περιστεραι.

Zach. **2₄(₈)**: Syh bezeugt für α′ (nicht anon. wie Field II p. 1018 n. 1 notiert) טליא לית: לות טליא ist mit παῖς zu übersetzen; dies ist die α′-Wiedergabe von נער, vgl. Os. 11₁ (α′ σ′) Is. 3₄₅ 10₁₉ und Lü.-Ra. p. 262 n. 81.

2₄(₈): Zur σ′-Wiedergabe· ατειχιστως vgl. Deut. 3₅ οι λ′ ⟨των⟩ ατειχιστων Iud. 5₁₁ und Regn. I 6₁₈ σ′ ατειχιστος, ferner Ez. 38₁₁ LXX επι γην απερριμενην (... פרזות) ... εν η ουχ υπαρχει τειχος.

2₁₃(₁₇): Der Randnote ist deutlich σ′ vorangestellt (gegen Field).

3₁: α′ hat nicht σαταν wiedergegeben, vgl. den folgenden Vers. Allerdings ist Iob 1₆ α′ σαταν überliefert; aber diese Angabe steht im Widerspruch mit Gen. 26₂₁ (α′ αντικειμενη) Ps. 108 (109)₆ (α′ αντικειμενος).

3₅: Zur Wiedergabe von צניף mit μίτρα vgl. Ziegler, Notizen S. 100 f. zu Is. 62₃.

4₁₀: Zu בדל vgl. Is. 56₃ α′ διαχωρίζειν σ′ χωρίζειν ϑ′ αφορίζειν Is. 59₂ α′ διαχωρίζειν ϑ′ διιστάναι (= LXX). Durch Bas. N. ist jetzt das griech. Verbum διιστάναι sichergestellt. Seltsam ist die ϑ′-Wiedergabe του αριθμου.

5₁: Hier stehen sich wieder zwei σ′-Übersetzungen gegenüber: σ′ κεφαλίς Hi. σ′ ειλημα Syh; wahrscheinlich aus den zwei Ausgaben des σ′, vgl. Field I p. XXXVII. κεφαλίς ist für σ′ bezeugt Ier. 36 (43)₁₄, ειλημα für α′ an der eben genannten Ier.-

Stelle und für α' σ' Ez. 27 24. Die Angaben in den Parallelstellen schwanken sehr bei den einzelnen Übersetzern und lassen keine Sicherheit zu, vgl. Lü.-Ra. p. 295 n. 294.

5 6: σ' προς τουτο αποβλεπουσιν ist eine freie Wiedergabe, wie wir sie bei σ' öfters finden.

6 3: Die richtige α'-Wiedergabe ist καρτεροι, vgl. καρτερουν Is. 35 3 44 14 (α' ϑ') Zach. 12 5 (καρτερειν).

6 13: Die allgemeine Zuteilung des Hi. läßt sich auf die einzelnen Übersetzer verteilen. Für α' επιδοξοτητα hat bereits Field auf Ps. 44 (45) 4 103 (104) 1 Ez. 7 7 verwiesen. δοξαν wird σ' angehören, vgl. Ps. 95 (96) 6 (allerdings nur syrisch תשבוחתא überliefert); ευπρεπειαν ist ϑ' zuzuweisen, vgl. Hab. 3 3 α' ϑ' ευπρέπεια und ähnlich Ps. 103 (104) 1 ϑ' μεγαλοπρέπεια. Sicher ist die Verteilung an σ' und ϑ' nicht; ϑ' könnte auch δόξα zugehören, vgl. Ez. 7 7 ϑ' gloria Iob 37 22 ϑ' δόξα.

7 3: Zu α' το αφωρισμενον verweist Field auf Ps. 131 (132) 18. Weitere Belege sind Num. 6 18 und Deut. 33 16; Thren. 4 7 ist σ' αφωρισμενοι überliefert.

9 2: Auch Deut. 19 14 hat α' ὁριοϑετειν für גבל verwendet, Ex. 19 12 wird es den λοιποι zugeschrieben. ὁμορειν verwendet die LXX für קרוב Par. I 12 40 und für שכן Ier. 50 (27) 40 Ez. 16 26.

9 2: Das anon. εσοφισαν (so hat 86, nicht διοτι εσοφησαν wie Field vermerkt) ist keinem der „Drei" entschieden zuzusprechen; es findet sich folgende Bezeugung: Deut. 32 29 (α') Iob 35 11 (α' ϑ') Ps. 57 (58) 6 (α' σ' (ϑ')) Prov. 21 11 (σ') Prov. 30 24 (ϑ'). Somit wird es allen dreien zugehören. Man erwartet den Sing.; der Plur. ist wohl durch ἐφρόνησαν der LXX beeinflußt.

9 16: ἐπαίρειν wird gewöhnlich für נשא verwendet; σ' setzt die Buchstaben ש — ס gleich. Dagegen vgl. den umgekehrten Fall Ps. 4 7, wo α' ϑ' επαρον übersetzt, während LXX richtig ἐσημειώϑη für נסה hat.

10 4: Für נוגש werden folgende Formen als α'-Wiedergaben bezeugt: Ex. 5 13 Iob 39 7 εἰσπράκτης, Iob 3 18 εἰσπράσσων, Is. 3 12 (α' σ' ϑ') 60 17 (α' ϑ') πράκτωρ. Welche Form α' gebraucht hat, läßt sich nicht mehr feststellen; vielleicht hat er abgewechselt.

11 7: Die Randnote α' ανακοψω mit Index auf ποιμανῶ 1° verlangt eine Erklärung, da die LXX ארעה richtig wiedergibt. Oder leitet α' ארעה im späteren Sinne von רעע „zerschlagen", „zerbrechen" ab, wie umgekehrt Ps. 2 9 תרעם σ' συντριψεις (s. συνϑλασεις) αυτους LXX ποιμανεις αυτους? Aber auch dann wäre die Wahl des Verbums auffallend. Vielleicht gehört die Randnote zu

v. 10 ἀπορρίψω אגדע. Aber v. 10 ist ausdrücklich von Eus. dem α' περιεκοψα zugeschrieben; ebenso hat α' Ps. 74 (75)₁₁ גדע mit περικόπτειν wiedergegeben. Vielleicht gehört ανακοψω trotzdem zu v. 10 und einem anderen Übersetzer (ϑ' oder σ') an.

11₇: Hi. zitiert mit σκυταλας sicherlich die Lesart eines jüngeren Übersetzers. Da es an Vergleichsmaterial fehlt, läßt sich nicht ausmachen, wem σκυτάλη angehört. Gen. 30₃₇ ist σκυτάλη als Variante bezeugt, aber ebenso ohne Angabe der Herkunft.

11₁₂: Vielleicht sind beide Namen vertauscht; α' übersetzt nämlich שקל Iob 31₆ Is. 33₁₈ 55₂ mit σταϑμίζειν; für σ' (und ϑ') ist Is. 55₂ ἱστάναι bezeugt.

11₁₅: Auch Prov. 1₇ Is. 35₈ ist ἄφρων α' σ' ϑ' zugeschrieben.

13₁: Ebenso ist מקור Prov. 18₄ wiedergegeben: α' φλέψ σ' ϑ' πηγή; Os. 13₁₅ hat LXX φλέψ.

13₁: חטא = περιαμαρτίζειν Ex. 29₃₆ (οι λ') Lev. 6₂₆ (19) (anon.) 8₁₅ (οι λ') 9₁₅ (α') 14₄₉ (οι λ') Ez. 43₂₀ (anon.)

= ῥαντίζειν Ps. 50 (51)₉ LXX

= περιρραντίζειν Ez. 43₂₀ (anon. sub ※).

נדה = χωρισμός Lev. 12₂ (LXX) 18₁₉ (LXX) Ez. 7₁₉ (α') Lev. 15₂₀ (anon.) 15₂₄ (anon.)

= μετακίνησις Lev. 15₁₉ (anon.) Esdr. II 9₁₁ (LXX)

= ῥαντισμός Num. 19₉ ₁₃ ₂₀ ₂₁ (2mal) LXX.

Vgl. μετακίνημα (LXX κίνησις) anon. Ps. 43 (44)₁₅ = מנוד.
μετακινεῖν = נדד Prov. 27₈ σ' und Is. 22₃ ϑ'
= נוד Ps. 10 (11)₁ ε'.

Die α'-Wiedergabe kann also nicht in Ordnung sein. Bereits Montfaucon (vgl. Schleusner II 446) schlägt vor αμαρτιαν statt μετακινησιν, das aus der LXX stamme, zu lesen. Dieser Vorschlag mag Annahme finden. Trotzdem ist auffallend, daß α' für נדה ῥαντισμός übersetzt haben sollte, da er sonst den Stamm נדה mit (ἀπο)χωρίζειν wiedergibt, vgl. Is. 66₅ Am. 6₃ und Ziegler, Notizen S. 102; man würde also für α' χωρισμον erwarten. Oder hat α' נזה gelesen, bzw. נדה im aram. Sinn mit dem Stamm נדה = hebr. נזה „besprengen" zusammengebracht? Vgl. נזה = ῥαντίζειν Lev. 8₁₁ (α') Is. 52₁₅ (α' ϑ') Is. 63₃ (α' σ').

13₇: Als α'-Wiedergaben sind überliefert: βραχύς Is. 60₂₂ μικρός Ier. 48 (31)₄ ἐλάχιστος Ier. 50 (27)₄₅.

14₈: χειμων haben vielleicht die „Drei" verwendet; vgl. α' σ' ϑ' χειμερινός = חרף Am. 3₁₅ (der nämliche Ausdruck οἶκος χειμερινός in der LXX Ier. 43 (36)₂₂). Die Angabe daß των Εβραιων η εκδοσις so lese besagt bei Cyrill, daß die jüngeren Übersetzer gemeint sind. Cyrills Angaben sind gewöhnlich sehr allgemein und unzuverlässig.

14 20: Hi. bezeugt für מְצֻלוֹת als σ'-Wiedergabe περιπατον συσκιον, id est, *incessum umbrosum*. Unklar ist περιπατον, das als Dublette zu nehmen ist, oder aus der zweiten Übersetzung des σ' stammt. α' ϑ' übersetzen βυϑον = מְצֻלָה. Vgl. Ion. 2₄ und Ps. 87 (88)₇ α' βυϑός für מְצוּלָה. Wenn σ' auch so punktiert hat, dann würde man das Gegenteil von περιπατον, also απεριπατον erwarten. Ps. 67 (68)₂₃ hat σ' (wie LXX) βυϑός übersetzt. Oder ist περιπατον nur als Zusatz zu fassen, der aus Iob 41 ₂₄ ϑ' ελογισατο αβυσσον ως περιπατον stammt? Ion. 2₄ hat ϑ' מְצוּלָה mit ἄβυσσος wiedergegeben. Am besten ist ⟨α⟩περιπατον „unbegehbar", „unwegsam" zu lesen.

Mal. 1 13: Der Plur. τα αρρωστα wird von der LXX her beeinflußt sein; α' hat sicher Sing. gehabt, vgl. *languidum* Vulg.

2 8: Für כשל ist Is. 31₃ 40₃₀ 63₁₃ σ' ϑ' ἀσϑενεῖν bezeugt. Vielleicht hat Syh recht, daß wenigstens ϑ' wie die LXX ησϑενησατε gehabt hat.

2 9: Bas. N. überliefert ταπεινους für α' σ'. Die Namen werden richtig sein, vgl. α' σ' ταπεινος Regn. II 6₂₂, α' σ' ταπεινοῦν, ταπείνωσις Is. 32₁₉. Häufig werden ταπεινός, ταπεινοῦν allen „Drei" zugeschrieben, vgl. Prov. 29₂₃ Is. 2₁₂ 10₃₃ 57₉ Ez. 29₁₅.

2 11: α' hat vielleicht gehabt ισχυρον απεξενωμενον, da er gewöhnlich אל mit ισχυρός wiedergibt, vgl. Is. 8₁₀ (α' ϑ') 9₆(5) 46₆ (α' ϑ') Ier. 51 (28)₅₆ (α' σ') und für נכר Is. 56₃ 60₁₀ ἀπεξενωμένος wählt (vgl. auch α' ξένος Is. 28₂₁).

3 3: Das anon. διυλισει wird α' zugehören, vgl. Ps. 11 (12)₇ α' διυλισμενον; vielleicht kommt auch ϑ' in Frage, vgl. Is. 25₆ ϑ' διυλισμενων.

3 10: בחן wird von α' gewöhnlich mit δοκιμάζειν wiedergegeben, vgl. Gen. 42₁₅ (α' σ') Iob 23₁₀ (α' σ' ϑ') Ps. 10 (11)₄ ₅ Prov. 17₃ (α' σ' ϑ'). Dagegen ist Ez. 21₁₃ (18) ἐρευνᾶν α' zugeschrieben. Die Angabe von Tht. (407) ist zu korrigieren: σ' statt α'.

3 8: קבע ist von α' σ' ϑ' in der späteren jüd. Bedeutung „berauben" verwendet, vgl. Gesenius-Buhl, Handwörterbuch (17. Aufl.) S. 698 mit Hinweis auf Delitzsch zu Prov. 22₂₃.

4 4: Die anon. Randnote φοβεραν in 86 gehört σ' ϑ' an, vgl. Is. 64₃(2) α' επιφοβα σ' ϑ' φοβερα und Ps. 44 (45)₅ α' επιφοβα σ' φοβερα.

II

Innergriechisch und innerlateinisch verderbte Lesarten im Dodekapropheton

In der Einleitung zu den Duodecim prophetae habe ich S. 120 f. nur kurz auf die innergriechisch verderbten Lesarten Bezug nehmen können. Sie verdienen ebenso wie die lateinischen Textverderbnisse eine ausführliche Behandlung. Jedoch muß sich die Erörterung auf die verderbten Lesarten beschränken, die hsl. nicht belegt sind, die also nur durch Konjektur in ihrer richtigen Textgestalt hergestellt werden können. Das Recht der Konjektur ist unbestritten; man kann nicht eine Konjektur deshalb ablehnen, weil sie hsl. nicht belegt ist, wie es Vollers II 267 (zu Am. 6₁) tut: „Gegen die Annahme von Drusius, Grabe und Schleusner, $\dot{\alpha}\pi\varepsilon\tau\varrho\dot{\upsilon}\pi\eta\sigma\alpha\nu$ sei die echte Lesart, spricht nicht nur das Fehlen dieses Verbums in der griechischen Sprache, sondern vor allem auch der Mangel jedes handschriftlichen Beweises". Auch das Fehlen eines Wortes in der griech. Literatur kann nicht gegen die Konjektur angeführt werden; denn die Bibel bezeugt manche Wörter, die sonst nicht belegt sind; und gerade die Seltenheit eines Wortes ist häufig der Grund der Abänderung gewesen.

Die alten Textkritiker, deren Ansichten Schleusner in seinen Thesaurus teils ablehnend, teils zustimmend aufgenommen hat, haben der Konjektur entschieden ein viel zu weites Feld eingeräumt; eine Reihe ihrer Konjekturen, die manchmal scharfsinnig erschlossen sind, muß abgelehnt werden und verdient nicht mehr in den neuen Ausgaben vermerkt zu werden. Es seien hier für das Dodekapropheton einige genannt: Os. 2₁₅ (₁₇) $\varkappa\tau\dot{\eta}\mu\alpha\tau\alpha$] $\varkappa\lambda\eta\mu\alpha\tau\alpha$ Schleusner II 331   3₁ $\pi\dot{\varepsilon}\mu\mu\alpha\tau\alpha$] $\sigma\tau\varepsilon\mu\mu\alpha\tau\alpha$ II 713   4₄ $\dot{\alpha}\nu\tau\iota\lambda\varepsilon\gamma\dot{\omega}\mu\varepsilon\nu\sigma\varsigma$ $\dot{\iota}\varepsilon\varrho\varepsilon\dot{\upsilon}\varsigma$] $\alpha\nu\tau\iota\lambda\varepsilon\gamma\sigma\mu\varepsilon\nu\sigma\iota$ $\iota\varepsilon\varrho\varepsilon\upsilon\sigma\iota$ I 245   II 86 („necessario reponendum est")   4₁₈ $\varphi\varrho\upsilon\dot{\alpha}\gamma\mu\alpha\tau\sigma\varsigma$] $\varphi\varrho\alpha\gamma\mu\alpha\tau\sigma\varsigma$ III 403   7₂ $\sigma\upsilon\nu\dot{\alpha}\delta\sigma\nu\tau\varepsilon\varsigma$] $\sigma\upsilon\nu\alpha\gamma\sigma\nu\tau\varepsilon\varsigma$ III 164   13₃ $\dot{\alpha}\varkappa\varrho\dot{\iota}\delta\omega\nu$] $\vartheta\upsilon\varrho\iota\delta\omega\nu$ I 107   Am. 6₁ $\dot{\varepsilon}\xi\sigma\upsilon\vartheta\varepsilon\nu\sigma\tilde{\upsilon}\sigma\iota$] $\varepsilon\upsilon\vartheta\eta\nu\sigma\upsilon\sigma\iota\nu$ vel $\varepsilon\xi\varepsilon\upsilon\vartheta\eta\nu\sigma\upsilon\sigma\iota\nu$ I 820   9₆ $\dot{\varepsilon}\pi\alpha\gamma\gamma\varepsilon\lambda\dot{\iota}\alpha\nu$] $\sigma\tau\varrho\alpha\gamma\gamma\alpha\lambda\iota\alpha\nu$ I 825   Mich. 1₁₀ $\varkappa\alpha\tau\alpha\gamma\dot{\varepsilon}\lambda\omega\tau\alpha$ 1° et 2°] $\varkappa\alpha\tau\grave{\alpha}$ $\gamma\dot{\varepsilon}\varphi\omega\varrho\alpha$ I 487 („fortasse")   2₈ $\delta\sigma\varrho\dot{\alpha}\nu$] $\delta\sigma\xi\alpha\nu$ I 636 (vgl. zu $\delta\sigma\varrho\dot{\alpha}\nu$ ZAW 30 [1910] 64 f.)   5₅ (₄) $\delta\dot{\eta}\gamma\mu\alpha\tau\alpha$] $\tau\alpha\gamma\mu\alpha\tau\alpha$ I 539   Ioel 1₁ $\tau\dot{\sigma}\nu$] $\upsilon\iota\sigma\nu$ II 522   1₈ $\dot{\upsilon}\pi\grave{\varepsilon}\varrho$ $\nu\dot{\upsilon}\mu\varphi\eta\nu$] $\omega\sigma\pi\varepsilon\varrho$ $\nu\upsilon\mu\varphi\eta$ III 325 („fortasse")   1₁₁ $\varkappa\lambda\dot{\eta}\mu\alpha\tau\alpha$] $\varkappa\tau\eta\mu\alpha\tau\alpha$ II 331   2₈ $\ddot{\sigma}\pi\lambda\sigma\iota\varsigma$] $\sigma\delta\sigma\iota\varsigma$ II 574 („fortasse")   2₁₆ $\dot{\varepsilon}\varkappa\delta\dot{\varepsilon}\xi\alpha\sigma\vartheta\varepsilon$] $\sigma\upsilon\lambda\lambda\varepsilon\xi\alpha\sigma\vartheta\varepsilon$ I 713 („legere mallem")   2₂₃ $\beta\varrho\dot{\omega}\mu\alpha\tau\alpha$] $\pi\varrho\omega\iota\mu\sigma\nu$ (sc.

νετον) I 478   Nah. 1₉ *ἐπὶ τὸ αὐτό*] επεπαυετο I 405   1₁₁ *λογισμός*] *λογιζομενος* II 383   Hab. 1₈ *ἐξιππάσονται*] εκπετασονται I 812 3₃ *κατασκίου δασέος*] *κατασκεδασεως* I 522   3₁₄ *ἐκστάσει*] εκτασει I 728   3₁₆ *ἕξις* (*ισχυς*)] *ιχνος* II 108   Soph. 3₆ *ἀπαιτήσει*] επιθεσει vel *απαισχυνη* I 262   Zach. 5₁ *δρέπανον*] *δερματιον* I 642   9₅ *παραπτώματι*] *παροπτωματι* II 665   Mal. 1₄ *παρατέτακται*] *παρατεταρακται* II 671 („vana est haec conjectura") 1₁₄ *δυνατός*] *δολιευομενος* vel *δολιος* I 650. Das Verdikt, das Schleusner über die an vorletzter Stelle genannte Konjektur von Cappellus („vana est haec conjectura") fällt, kann über alle ausgedehnt werden.

Bei manchen Stellen ist die Entscheidung allerdings nicht auf den ersten Blick zu treffen. Es sei nur Os. 5₁₂ genannt, wo alle Hss. *ταραχή* für עָשׁ lesen. Grabe hat *ἀράχνη* in seinen Text aufgenommen; Rahlfs hat in seiner Ausgabe die Konjektur Grabes im App. vermerkt, sie mit Recht aber nicht in den Text aufgenommen, da עָשַׁשׁ an drei Stellen (Ps. 6₈ 30₁₀ ₁₁) mit *ταράσσεσθαι* wiedergegeben ist. Diese Wiedergabe macht völlig deutlich, daß *ταραχή* richtig und ursprünglich ist; es ist nicht notwendig, die Konjektur im App. zu notieren.

Nur dann darf zu Konjekturen geschritten werden, wenn das griech. Wort in keiner Weise mit der hebr. Vorlage zusammengebracht werden kann und wenn die Umänderung paläographisch leicht zu erklären ist. Zunächst muß immer die Übersetzungspraxis der LXX und die Bedeutung des griech. Wortes untersucht werden; da ergibt sich oft, daß das Zeugnis der Hss. Vertrauen verdient. So verwendet LXX öfters das Verbum *διώκειν, διώκεσθαι* als Wiedergabe von נוס Am. 2₁₆ Is. 13₁₄, von רוץ Ioel 2₄ (*καταδιώκεσθαι*) Am. 6₁₂ Hab. 2₂ Agg. 1₉, von הָלַךְ Regn. I 30₂₂ (*καταδ.*) Mich. 2₁₁, von דָּהַר Nah. 3₂; an diesen Stellen bedeutet *διώκειν, διώκεσθαι* „schnell laufen", „eilen", „fliehen". Es ist nicht berechtigt, hier das Verbum *διοίχεσθαι* „durchgehen" als ursprünglich anzunehmen, wie es J. Fischer, Theol. Quartalschr. 106 (1925) 314. 325 zu Am. 2₁₆ 6₁₂ tut.

Häufig wechselt in den Hss. *η—v*, vgl. Thack. § 6₄₆. Der Wechsel ist hauptsächlich phonetisch bedingt. So wird man berechtigt sein, beim Pronomen der ersten bzw. zweiten Person im Plur. (*ἡμεῖς—ὑμεῖς*) innergriech. Verderbnis anzunehmen, wenn LXX gegen 𝔐 steht und LXX anders nur schwer zu erklären ist (Verlesen, freie Wiedergabe). Sehr häufig wechseln die Hss. zwischen beiden Pronomina und teilen sich in der Bezeugung. An manchen Stellen ist aber die hsl. Überlieferung einheitlich. An diesen

Stellen muß man innergriech. Wandel annehmen, wenn LXX gegen 𝔐 geht. Es sind folgende Stellen:

Os. 7₅ מַלְכֵּנוּ (ἡμέραι) τῶν βασιλέων ὑμῶν; lies (ἡμ.) τ. β. ἡμῶν, wie Nyberg S. 48 richtig bemerkt. Keineswegs setzt LXX die zweite Person voraus מַלְכֵיכֶם, wie BH³ notiert.

Mich. 5₅(₄) ὑμῶν 1° et 2° (ebenso 5₆(₅)); lies ἡμῶν 1° et 2°. Nur Arab hat die erste Person Plural. Ob Arab so in seiner griech. Vorlage gelesen hat, oder ob hier nach 𝔐 (Pesch.?) korrigiert ist, ist nicht sicher auszumachen.

Ioel 1₁₆ ὑμῶν 1°; lies ἡμῶν. Ebenso ist an zweiter Stelle ἡμῶν statt ὑμῶν zu lesen; ὑμῶν 2° ist zwar von den ältesten Hss. bezeugt, aber eine Reihe jüngerer Hss. und sonstiger Zeugen hat das richtige ἡμῶν überliefert, siehe Sept.-App.

Mal. 2₁₀ ist die erste Person nur in Zitaten erhalten; ἡμῶν 1° liest wahrscheinlich auch ursprünglich S; jetzt steht ὑμῶν da. ἡμῶν 2° ist hsl. nur von 91 bezeugt.

Es folgt nun die Besprechung der einzelnen Stellen.

Os. 2₁₅ (₁₇) תִּקְוָה σύνεσιν] coni. σύναξιν P. Katz, ThLZ 61 (1936) 279. Der Stamm קוה ist zwar Mich. 5₇ (₆) Hab. 2₁₆ (siehe BH³) mit συνάγειν, תקוה Zach. 9₁₂ mit συναγωγή wiedergegeben, so daß man ihn auch Os. 2₁₅ (₁₇) erwarten kann. Aber σύνεσις (von συνιέναι abzuleiten) kann stehen bleiben, vgl. Vollers II 244.

4₁₃ συσκιάζοντος. Die Konjektur ευσκιαζοντος käme nur dann in Frage, wenn ευσκιαζοντος Dublette zu ὅτι καλὸν σκέπη wäre. Dies ist aber nicht erweisbar. Vgl. oben S. 354.

7₄ יִשְׁבּוֹת κατακαύματος. Die lukianischen Hss. lesen dafür κατακαυσει αυτους. Nach H.-P. hat 311 καταπαυματος; dies ist nicht richtig, wie ein Blick in die Photos von 311 zeigt; ähnlich soll nach H.-P. die Hs. 114 καταπαυσει haben; eine Nachprüfung kann ich nicht machen. Grabe nimmt καταπαυσει in zu naher Anlehnung an 𝔐 auf. Richtig ist καταπαύματος. Der Wechsel κατακαύειν—καταπαύειν findet sich öfters:

Regn. IV 23₅ הִשְׁבִּית κατέπαυσεν g] κατεκαυσεν rel.

„ „ 23₁₁ „ κατέπαυσεν Grabe] κατεκαυσεν (-σαν) codd.

Ps. 73 (74)₈ שָׂרְפוּ κατακαύσωμεν Grabe (cod. 39 sec. H.-P.)] καταπαυσωμεν codd.

Dan. 11₁₈ הִשְׁבִּית καταπαύσει L C] κατακαυσει B A-Q . . .

Diese Beispiele zeigen, daß die Konjektur καταπαύματος Os. 7₄ richtig ist. Jedenfalls ist es nicht angängig, für κατακαύματος ein hebr. שָׂרֵף vorauszusetzen (so Nyberg S. 48).

8₁₂ כְּמוֹ־זָר εἰς (ἀλλότρια). Mit Wutz S. 23 habe ich ὡς für εἰς geschrieben. Der Wechsel ὡς—εἰς liegt graphisch und stilistisch nahe. כְּמוֹ ist immer mit ὡς wiedergegeben, vgl. Os. 7₄ Hab. 3₁₄ Zach. 9₁₅ 10₂₇ (10₈ καϑότι). Gewöhnlich unterscheidet die LXX streng im Anschluß an 𝔐 zwischen λογίζεσϑαι ὡς (vgl. Am. 6₅ 2 mal Is. 5₂₈ 29₁₆ 40₁₅ 2 mal = כ) und λογίζεσϑαι εἰς (vgl. Is. 29₁₇ 32₁₅ = ל). An verschiedenen Stellen schwanken die Hss. zwischen ὡς und εἰς, z. B. Mich. 3₁₂. Nyberg S. 65 stellt als Vorlage von LXX her בְּמָזָר; dies kommt nicht in Frage. Höchstens könnte man εἰς als freie Wiedergabe annehmen, wenn man eine innergriech. Verderbnis ablehnt.

9₇ אֱוִיל ὥσπερ. Man kann zwar, wie bereits Schleusner III 497 notiert, ὥσπερ von einem verlesenen אֵיךְ ableiten, aber es drängt sich doch die Frage auf, ob nicht innergriech. Verderbnis vorliegt. Zach. 11₁₅ ist אֱוִיל mit ἄπειρος wiedergegeben. Vielleicht ist also ἄ π ε ι ρ ο ς ὁ προφήτης zu lesen. Daß LXX אוּלַי „vielleicht" gelesen hat, wie Nyberg S. 69 meint, kommt nicht in Frage.

10₁ לוֹ. (εὐϑηνῶν) αὐτῆς. Diese Stellung ist sicher ursprünglich; in der alexandrinischen Textform ist umgestellt (αυτης ευϑηνων) und so αὐτῆς zu ὁ καρπός gestellt. Aber für αὐτῆς ist sicherlich αὐτῇ zu schreiben (die fem. Form wegen ἄμπελος):

10₁₀ בָּאתִי ἦλϑεν. Nur B La^S haben ἦλϑεν nicht. Es ist sicher ἦλϑον = בָּאתִי zu lesen. Die erste Person wurde in die dritte umgewandelt, weil man ἦλϑεν auf πόλεμος (v. 9) bezog.

10₁₄ יֻשַּׁד οἰκήσεται. Das Verbum ist hier ungewöhnlich; wahrscheinlich setzt LXX ישׁור (so Vollers II 255) oder besser יֵשֵׁר statt יֻסַּר (so Nyberg S. 82) voraus. Die Schreibweise in A-106 οικησεται gehört zu den Orthographika; keineswegs setzt οικησεται יֵשֵׁב voraus, wie Nyberg S. 82 meint. Wutz S. 417 Anm. 1 denkt an innergriech. Verderbnis und schlägt σχησεται vor. Dies kommt kaum in Frage.

11₄ כְּמְרִימֵי עַל ὡς ῥαπίζων ἄ ν ϑ ρ ω π ο ς. Wutz S. 292. 301 ersetzt ἄνϑρωπος durch ἄνεμος = עֲלְעָל. Man möchte dieser Konjektur zustimmen, zumal auch Iob 36₃₃ dieses Wort עַלְעוֹלָה vorgeschlagen wird und dort sehr gut paßt, vgl. BH³ z. St. Jedoch ist Os. 11₄ anders zu erklären: der Übersetzer hat עַל vor עַל (haplographisch) nicht gelesen und ἄνϑρωπος eingeschoben; gerade die Einschiebung von ἄνϑρωπος als Subjekt ist häufig in der LXX und im N.T., vgl. dazu meine

Untersuchungen zur Sept. des B. Is. (1934) S. 58. Abzulehnen ist der Vorschlag von Nyberg S. 85: ὡς ῥαπίζων ἄνθρωπος = כְּמֹ אדם.

12₆ (₇) וְקַוֵּה καὶ ἔγγιζε (πρὸς τὸν θεόν σου). Bereits Cappel (von
Vollers II 256 zustimmend zitiert) und jetzt noch Nyberg
S. 97 lassen die LXX קרב lesen. Schleusner I 661 nimmt
hier sinngemäße Wiedergabe an: „deum adire precibus, et
quidem animo fiducia pleno". Beide Lösungen kommen nicht
in Frage. Man könnte höchstens zugunsten von Schleusner
annehmen, daß hier der Stamm קוה wie oben 2₁₅ (₁₇) vorausgesetzt ist; bei Gott paßt nicht συνάγειν oder συνιέναι, sondern nur ἐγγίζειν. Jedoch liegt hier innergriech. Verderbnis
vor, die sich auch sonst findet:

Ps. 68 (69)₄ ἀπὸ τοῦ ἐλπίζειν (יחל) ἐπὶ τὸν θεόν μου] απο του
    εγγιζειν επι τον θ. μου B
Ez. 36₈ ὅτι ἐγγίζουσιν (קרבו) Tyc. Spec. = Grabe] οτι ελ-
    πιζουσιν codd. gr.

    Mit Wutz S. 16. 472 Anm. 1 ist also Os. 12₆(₇) ἔλπιζε
zu lesen.

12₁₁ (₁₂) אָוֶן (εἰ) μὴ (Γαλααδ) ἐστίν. Wahrscheinlich hat hier LXX
אַיִן gelesen, wie Vollers II 257 und Nyberg S. 99 bemerken.
Vgl. Am. 5₅ לְאָוֶן ὡς οὐχ ὑπάρχουσα. Man könnte auch an
innergriech. Verderbnis denken: οὐδέν statt ἐστίν. Vgl. Is.
41₂₉ οὐθέν] εισι(ν) codd. gr.; doch ist diese Lösung Os. 12₁₁ (₁₂)
sehr fraglich.

12₁₁ (₁₂) גַּלִּים χελῶναι. Schleusner II 292 verweist auf Bochart,
der κολῶναι vorschlägt. Jedoch ist χελῶναι zu belassen. · Ähnlich übersetzt θ' Eccl. 12₆ גֻּלַּת mit ἡ χελώνη.

13₁₅ יִשְׁסֶה καταξηρανεῖ. Schleusner II 198 und Vollers II 259
stimmen dem Vorschlag von Bahrdt zu, καταξανεῖ zu lesen:
„et καταξαίνω, contero, excorio, perdo, respondet omnino τῷ
שָׁסָה" (Schleusner, z. St.). Eine Sicherheit ist nicht zu bekommen, da weiteres Material fehlt.

Am. 1₁₁ רחמיו μήτραν (μητεραν) ἐπὶ γῆς. Wutz S. 472 schlägt
vor: μητέρα ἐπ' ἴσης „den gleichen Mutterleib". Graphisch
ist diese Konjektur sehr naheliegend und völlig einwandfrei.
Aber grammatisch-stilistisch ist sie unhaltbar, da LXX niemals ἴσος in dem angegebenen Sinne verwendet. Man würde
dann μήτραν αὐτῆς erwarten. Vielleicht ist ἐπὶ γῆς nur eine
freie Hinzufügung (zu ἐλυμήνατο), wie sie Vollers II 260 er-

klärt. Eine befriedigende Erklärung von $\dot\epsilon\pi\grave{\iota}$ $\gamma\tilde{\eta}\varsigma$ läßt sich nicht geben.

2₇ וָאִישׁ $\varkappa\alpha\grave{\iota}$ $\upsilon\acute{\iota}\acute{o}\varsigma$. Die Übersetzung ist frei. Vgl. Vulg. *et fi-lius.* Es wäre allerdings möglich, daß $\ddot{\epsilon}\varkappa\alpha\sigma\tau o\varsigma$ statt $\upsilon\acute{\iota}\acute{o}\varsigma$ zu lesen ist; besser jedoch ist $\upsilon\acute{\iota}\acute{o}\varsigma$ zu belassen.

4₁ הָרֹצְצוֹת $\varkappa\alpha\grave{\iota}$ $\varkappa\alpha\tau\alpha\pi\alpha\tau o\tilde{\upsilon}\sigma\alpha\iota$. Ich vermute, daß hier $\alpha\acute{\iota}$ $\varkappa\alpha\tau\alpha\pi$. zu lesen ist; vgl. im nämlichen Vers: $\alpha\acute{\iota}$ $\varkappa\alpha\tau\alpha\delta\upsilon\nu$. = הָעֹשְׁקוֹת; $\alpha\acute{\iota}$ ($\varkappa\alpha\iota$ 764 Th.ˡᵉᵐ) $\lambda\acute{\epsilon}\gamma o\upsilon\sigma\alpha\iota$ = הָאֹמְרֹת. Die unverbundene Auf-einanderfolge der Partizipia mag zu $\varkappa\alpha\acute{\iota}$ statt $\alpha\acute{\iota}$ geführt haben. Es ist aber möglich, daß bereits der Übersetzer gewechselt hat. Der umgekehrte Fall liegt Am. 6₄ vor: $\varkappa\alpha\grave{\iota}$ $\ddot{\epsilon}\sigma\vartheta o\upsilon\tau\epsilon\varsigma$ = $\mathfrak{M}$] $o\iota$ $\epsilon\sigma\vartheta$. Q* L' alii.

4₃ $\gamma\upsilon\mu\nu\alpha\acute{\iota}$. Zunächst ist das hebr. Äquivalent zu bestimmen. Vollers II 265 und Fischer S. 319 sehen es in וּפְרָצִים, das als וּפְרוּעוֹת gelesen worden sei. Dies ist unrichtig, wie schon die Stellung zeigt; als hebr. Äquivalent kommt nur אִשָּׁה in Frage. Bereits Schleusner I 516 konjiziert hier $\gamma\upsilon\nu\alpha\tilde{\iota}\varkappa\epsilon\varsigma$. Besser ist $\gamma\upsilon\nu\acute{\eta}$. Eine volle Sicherheit ist nicht zu erreichen. Jeden-falls kann man in $\gamma\upsilon\mu\nu\alpha\acute{\iota}$ nicht eine bloße Hinzufügung sehen, wie Stekhoven S. 83 meint.

5₇ הַהֹפְכִים $\acute{o}$ $\pi o\iota\tilde{\omega}\nu$. Fischer S. 321 möchte $\acute{o}$ $\tau\varrho\acute{\epsilon}\pi\omega\nu$ als ursprüng-lich annehmen, läßt aber auch freie Wiedergabe offen. Die Ursprünglichkeit von $\acute{o}$ $\pi o\iota\tilde{\omega}\nu$ ist jedenfalls sehr fraglich; wahrscheinlich ist es durch ($\acute{o}$) $\pi o\iota\tilde{\omega}\nu$ (v. 8) beeinflußt.

6₁ נְקֻבֵי $\dot\alpha\pi\epsilon\tau\varrho\acute{\upsilon}\gamma\eta\sigma\alpha\nu$. Bereits Drusius, Grabe, Schleusner (I 332) nehmen $\dot\alpha\pi\epsilon\tau\varrho\acute{\upsilon}\pi\eta\sigma\alpha\nu$ an. Diese Vermutung liegt sehr nahe, vgl. Agg. 1₆ נָקוּב $\tau\epsilon\tau\varrho\upsilon\pi\eta\mu\acute{\epsilon}\nu o\nu$. Jedoch ist besser die be-zeugte Form zu belassen, da der Wechsel פ—ב naheliegt: $\dot\alpha\pi\epsilon\tau\varrho\acute{\upsilon}\gamma\eta\sigma\alpha\nu$ = נקפי (so Vollers II 267 und Fischer S. 322).

6₉ $o\acute{\iota}$ $\varkappa\alpha\tau\acute{\alpha}\lambda o\iota\pi o\iota$. Hier liegt eine Dublette vor. Wenn $o\acute{\iota}$ $\varkappa\alpha\tau\acute{\alpha}$-$\lambda o\iota\pi o\iota$ דּוֹדוֹ als Äquivalent hat, dann könnte man an $o\iota$ $\varkappa\acute{\alpha}\tau o\iota\varkappa o\iota$ als ursprünglich denken (als דּוֹרוֹ gelesen). Vgl. $\varkappa\alpha\tau o\iota\varkappa\epsilon\tilde{\iota}\nu$ = דּוּר Dan. 2₃₈ 4₉ ₁₈ ₃₂ ϑ'. Der Vorschlag ist allerdings etwas unsicher.

6₁₁ רְסִיסִים $\vartheta\lambda\acute{\alpha}\sigma\mu\alpha\sigma\iota(\nu)$. P. Katz, ThLZ 61 (1936) 279 schlägt $\varkappa\lambda\acute{\alpha}\sigma\mu\alpha\sigma\iota\nu$ vor. Diese Konjektur ist unnötig. Vgl. רצץ = $\vartheta\lambda\tilde{\alpha}\nu$ Is. 36₆ 42₃ u. ö.

8₁₄ דְּרֶךְ $\acute{o}$ $\vartheta\epsilon\acute{o}\varsigma$ $\sigma o\upsilon$ 2⁰. Vollers II 270 verweist auf Mich. 4₅ $\tau\grave{\eta}\nu$ $\acute{o}\delta\grave{o}\nu$ $\alpha\dot\upsilon\tau o\tilde{\upsilon}$ בְּשֵׁם אֱלֹהָיו. Stekhoven S. 79 sieht Einwirkung des vorausgehenden $\acute{o}$ $\vartheta\epsilon\acute{o}\varsigma$ $\sigma o\upsilon$ 1⁰ = $\mathfrak{M}$. Beachtenswert ist der Vorschlag von Wutz S. 31. 195, dem Fischer S. 329 zustimmt, ὁ θεῖός σου zu lesen, dem דֹּדֵךְ entspreche. Die hebr. Korrektur ist sehr befriedigend; jedoch kann ὁ θεός σου stehen bleiben.

Mich. 1₄ וְנָמַסּוּ καὶ σαλευθήσεται (τὰ ὄρη). Wutz S. 374 Anm. 1 will dafür καὶ διαλυθήσονται lesen. Es ist aber sehr fraglich, ob hier innergriech. Verderbnis vorliegt. Der Übersetzer mag an den Stamm מוג oder מוט gedacht haben, oder er hat dem Sinne nach übersetzt; auch das parallele Verbum τακήσονται (יִתְבַּקָעוּ) ist frei gewählt wegen des folgenden ὡς κηρός. Wutz S. 374 schlägt dafür יתבעקו vor, nach dem arab. baʿaqa, das aber nicht „schmelzen", sondern „heftig strömen" (vom Regen) heißt.

1₇ יָשׁוּבוּ ... וְעַד καὶ ἐκ (μισθωμάτων πορνείας) συνέστρεψεν. Schleusner II 220 möchte verbessern και εως μισθ. πορν. ανεστρεψεν. Dies wird nicht in Frage kommen. Die obige Wiedergabe ist durch das vorausgehende parallele Glied ἐκ μισθωμάτων πορνείας συνήγαγε beeinflußt. Hexaplarische Hss. haben das Verbum in επεστρεψεν geändert.

1₁₀ בְּכוֹ ἐν Ἀκ(ε)ιμ. Wutz S. 297 Anm. 3 vermutet ακει als ursprünglich (es folgt μή: Dittographie des μ); in der hebr. Vorlage soll gestanden haben בְּעַכּוֹ. Es ist aber auch möglich, daß LXX das auslautende ו (als י gelesen) pluralisch faßte, vgl. Os. 2₁₆ (₁₈) בעלי Βααλ(ε)ιμ. Eine völlig befriedigende Erklärung läßt sich nicht bringen.

1₁₀ καταγέλωτα 1⁰ et 2⁰ ist zu schreiben (so richtig Swete), nicht κατὰ γέλωτα (Rahlfs). Vollers III 3 verweist richtig auf 3₇ καὶ καταγελασθήσονται וְחָפְרוּ. Vgl. auch κατάγελως Tob. 8₁₀ (S) Ps. 43 (44)₁₃ (B-S*) Mac. I 10₇₀.

1₁₆ קָרְחָתֵךְ τὴν χηρείαν σου. In O L'' C' ist nach 𝔐 in τὴν ξύρησιν σου korrigiert. Bereits Schleusner III 446 vermutet κουράν oder κουρείαν. Dies ist nicht notwendig. Man kann χηρεία im weiteren Sinne auffassen als „Witwenschaft" = „Beraubtheit der Haare". Das griech. Verbum χηρεύειν wird öfters für „leer, öde sein" gebraucht.

5₇ (₆) כִּרְבִיבִים ὡς ἄρνες. Cappellus (bei Schleusner I 358) schlägt vor: ῥάνιες oder ῥανίδες. Vollers III 8 setzt für LXX כככבשים voraus. Dies wird nicht in Frage kommen. Vielleicht las LXX ככרים, das aus fehlerhaftem כרבים entstanden ist. Eine klare Lösung läßt sich nicht geben.

6₅ מִן־הַשִּׁטִּים ἀπὸ τῶν σχοίνων. Ebenso ist Ioel 3 (4)₁₈ übersetzt. Bereits Hi. läßt σχοίνων aus σχίνων verderbt sein: „in Hebraico ponuntur *ligna Settim* . . . Unde arbitror et LXX σχῖνον, interpretatos esse, hoc est, *lentiscum*; sed paulatim librariorum errore factum esse, ut σχοῖνοι, id est, *funes,* pro σχίνοις, hoc est, *lentiscis* legerentur" (Migne PL 25, 1208).

6₁₀ וְאֵיפַת καὶ μετὰ (ὕβρεως). In diesem Vers (wie häufig im Buch Mich.) ist im engsten Anschluß an die Vorlage übersetzt, aber oft der Sinn nicht getroffen. Man könnte hier als Vorlage etwa ואת annehmen; dies ist nicht nötig. Viel besser ist die Annahme innergriech. Verderbnis: μέτρον für μετά, zumal im Zwölferbuch öfters μέτρον für אֵיפָה gewählt ist, vgl. Am. 8₅ Zach. 5₆₇₈₉₁₀.

Ioel 2₆ (ebenso Nah. 2₁₁) קִבְּצוּ פָארוּר ὡς πρόσκαυμα χύτρας. Wutz S. 78 denkt an πρόσκλυμα („Bespülung") χύτρας. Diese Konjektur wird kaum Anklang finden. Es liegt freie Wiedergabe vor (so richtig Vollers I 17 zu Nah. 2₁₁).

Abd. 20 סְפָרַד (ἕως) Εφραθα. Sicherlich fehlt am Beginn ein σ, das durch Haplographie ausfiel. So ist die einfachste Konjektur Σεφραθα, die bereits Grabe in seinen Text aufgenommen hat. Vgl. W. Rudolph, ZAW 49 (1931) 226, der allerdings falsche Angaben über die Hss. im Anschluß an H.-P. und Swete bringt. Es ist aber sehr unwahrscheinlich, daß das ϑ ursprünglich ist; man erwartet Σεφραδα bzw. Σεφραδ. Origenes stellte im Anschluß an 𝔐 σαφαραδ her.

Hab. 2₅ הַיַּיִן ὁ (δὲ) κατοιόμενος. Schleusner II 242 notiert κατοινόμενος oder κατοινούμενος, das bereits ältere Kritiker vorschlugen. Rahlfs nimmt die etwas verbesserte Form κατοινωμένος (oder κατωνωμένος) in seinen Text auf. Dies ist berechtigt.

2₁₅ חֲמָתְךָ (ἀνατροπῇ) θολερᾷ. Wenn man das überlieferte θολερᾷ beibehält, dann wird man als Vorlage an das Wort חמר „Schlamm", „Schmutz" denken müssen. Bereits Schleusner II 65 III 77 nennt die Konjektur χολερα, bemerkt aber: „Sed mihi non sollicitanda videtur lectio recepta". Allein die Konjektur χολερα hat sehr viel für sich, weil der Wechsel ϑ—χ häufig belegt ist. Vgl. Ps. 131 (132)₁₅ τὴν θήραν αὐτῆς Bo^p O L" 55 = 𝔐] την χηραν αυτης S alii; ferner Zach. 10₁₂ κατακαυχήσονται]-κανθησονται W C-68 Abd. ₉ ἐξαρθῇ] εξαρχη W Soph. 3₁₁ προσθῇς] προσχης C-68 410.

3₅ רֶשֶׁף ἐν πεδ(ε)ίλοις und εις πεδια(ν). Die Erklärung dieser Stelle macht besondere Schwierigkeiten. Schon die zwiespältige Überlieferung zeigt, daß man nicht zurechtkam und durch

Nachbesserungen sich zu helfen suchte. Die zwei wichtigsten
Varianten, in die sich die alten Hss. und Übersetzungen teilen
(παιδεια der jüngeren Zeugen ist deutlich sekundär) ἐν πεδ(ε)ί-
λοις und εἰς πεδία(ν) können im Notfall beide auf den hebr.
Text, der sicher hier in Ordnung ist, zurückgeführt werden.
רֶשֶׁף findet an den übrigen Stellen ebenfalls keine eindeutige
Wiedergabe: Deut. 32₂₄ ὄρνις, Ps. 75 (76)₄ κράτος 77 (78)₄₈
πῦρ, Iob 5₇ γύψ, Cant. 8₆ περίπτερον (2 mal), Sir. 43₁₄ ₁₇
πετεινόν.. Deutlich überwiegt der Begriff des „Fliegens" oder
des „Vogels". In diesem Sinne haben es auch die jüngeren
Übersetzer gefaßt. Es kann nun sein, daß die Wiedergabe
ἐν πεδίλοις (οἱ πόδες αὐτοῦ) an diese Vorstellung anknüpft:
„in (mit) Sohlen (Sandalen) seine (nämlich Gottes) Füße".
Hier spielt die mythologische Vorstellung mit, daß die Sohlen
der Götter die Schwungkraft haben, sie über Länder und
Meere hinwegzutragen, vgl. W. Pape, Griech.-Deutsches Handwörterbuch II (1880) S. 541. Es ist aber nicht sicher, daß
die Lesart ἐν πεδίλοις ursprünglich ist; vielleicht ist sie erst
durch diese mythologische Vorstellung der Götter-Sandalen
zurechtgemacht. Es legt sich vielmehr die Vermutung nahe,
daß in ἐν πεδίλοις nur ein Wort steckt, das mit der Präposition εν (εμ) beginnt und auch den Ausdruck des Fliegens in
sich hat. Da möchte man am liebsten an ἐμπετεινός (ἐνπε-
τεινός) oder ἐκπετεινός denken (die Präpositionen ἐν—ἐκ wechseln öfters). Oder ist, da der Wechsel δ—τ gegen diese Konjektur spricht, einfach ein Subst. ἐνπέδιλος (ἐμπέδιλος) zu vermuten, das bedeutet „der mit Sandalen versehene" „der be-
schuhte"? Diese Konjektur hat viel für sich, weil sie wenig
Änderungen verlangt; aus ἐνπέδιλος (in den alten Unzialen
sind die Präpositionen schärfer getrennt, siehe Orthographika
in meiner Ausgabe S. 117 f.) ist durch Abtrennung von ἐν
ohne weiteres der Dativ πεδίλοις mit der Präposition ἐν geworden. Wutz S. 472 rekonstruiert ἐνπέλια, ἐμπέλια „blaue
Beule-Pest". Diese Konjektur ist geistreich; sie scheitert
aber daran, daß 1. εμπελια zu selten in der griech. Literatur
vorkommt (doch ist dies bei Konjekturen in der LXX nicht
entscheidend, weil sie gerade seltene, sonst nicht belegte
Wörter hat, die eben leicht auf innergriech. Weg „verbessert"
wurden und dadurch verloren gingen) und 2. daß LXX niemals רשף als Begriff für Krankheit, speziell für Pest auffaßt.
Dieser zweite Punkt ist entscheidend. So führt die Unter-

suchung der ersten Lesart ἐν πεδίλοις nicht zur' sicheren Lösung.

Wie ist die zweite Lesart εἰς πεδία(ν) (gelegentlich steht
der Sing. εις πεδιον) zu erklären? Da diese Lesart von der
Hs. B überliefert wird, die gewöhnlich den Text stellte, suchte
man sie mit 𝔐 in Verbindung zu bringen, ohne die Variante
ἐν πεδίλοις weiter zu berücksichtigen. Vollers I 32 glaubt,
daß LXX שְׁדֵמוֹת oder שְׁפֵלוֹת oder שָׁדוֹת gelesen habe, läßt also
viele Möglichkeiten bestehen. Die erste und letzte scheidet
ohne weiteres aus. Man könnte höchstens an שפלות denken;
besser noch an לְשֵׁף für רשף und auf Is. 13₂ πεδινός נִשְׁפָּה verweisen. Aber die Erklärung von der hebr. Vorlage her will
nicht gelingen. Viel besser nimmt man hier innergriech.
Wechsel an: ειϛ πεδια ist aus ἐν πεδίλοις entstanden im Anschluß an das vorausgehende Verbum ἐξελεύσεται, das öfters
mit εἰς πεδία verbunden wird, vgl. Gen. 24₆₃ 27₃ Iud. 9₄₂ (A)
Ier. 14₁₈ Ez. 3₂₂ ₂₃. Diese Erklärung ist vorzuziehen.

Mithin wären die Varianten so zu erklären: ἐνπέδιλος
(εμπεδιλος) — ἐν πεδίλοις — εἰς πεδία — παιδεία: dieser starke
innergriech. Wandel nahm seine notwendige Entwicklung im
Anschluß an das unverstandene ἐνπέδιλος (oder ein ähnliches
Wort), das auch heute nicht fest zu greifen ist. So kann die
Stelle nicht voll befriedigend erklärt werden.

3₉ שְׁבֻעוֹת ἐπὶ τὰ (σκῆπτρα). Der B-Text läßt den Artikel τά aus
(Auslassung und Hinzufügung des Artikels kommen oft vor).
Bereits Schleusner I 843 notiert: „Legendum autem est ἑπτὰ
σκῆπτρα, ut jam recte monuit Grevius ad h. l." Auch Wutz
S. 417 Anm. 1 nimmt ἑπτά an. Diese Konjektur verdient
Aufnahme in den Text.

Soph. 1₁₂ הַקֹּפְאִים τοὺς καταφρονοῦντας. Der Dodekapropheton-Übersetzer hat eine Vorliebe für καταφρονεῖν = בגד Os. 6₇ Hab.
1₁₃ und καταφρονητής = בגד Hab. 2₅ Soph. 3₄; auch Hab.
1₅ ist בגדים vorausgesetzt. Pesch. דשיטים geht an unserer
Stelle mit LXX zusammen. Vollers I 39 glaubt, daß beide
(Pesch. und LXX) בגדים gelesen haben. Dies kommt nicht in
Frage. Recht ansprechend ist die Konjektur von Biel (bei
Schleusner II 227 zitiert, von P. Katz, ThLZ 61 [1936] 279
übernommen) καταφορο̃υντας zu lesen. Es ist aber fraglich,
ob dieses Verbum richtig ist. Vielleicht liegt nur freie Wiedergabe vor; nur schwierig ist es, wie der Übersetzer zu seiner
Wiedergabe kam; eine Lösung ist von Döderlein versucht

(bei Schleusner II 227): $\varkappa\alpha\tau\alpha\varphi\varrho\sigma\nu\varepsilon\tilde{\iota}\nu$ = *coagulare, machinari* = קפא.

Zach. 4₇ לָהּ ($\chi\acute{\alpha}\varrho\iota\tau\alpha$) $\alpha\mathring{v}\tau\tilde{\eta}\varsigma$. Da der Übersetzer gewöhnlich sich eng an die Vorlage anlehnt, könnte man vermuten, daß ursprünglich $\alpha\mathring{v}\tau\tilde{\eta}$ stand. Sehr leicht konnte daraus $\alpha\mathring{v}\tau\tilde{\eta}\varsigma$ werden. Aber es ist nicht auszumachen, daß so genau wiedergegeben worden ist. Ähnliche Beispiele lassen sich aufzeigen: Mal. 2₁₅ $\mathring{v}\pi\acute{o}\lambda\varepsilon\iota\mu\mu\alpha$ $\pi\nu\varepsilon\acute{v}\mu\alpha\tau\sigma\varsigma$ $\alpha\mathring{v}\tau\sigma\tilde{v}$ (לו).

Os. 2₁₂ (₁₄) ($\mu\iota\sigma\vartheta\acute{\omega}\mu\alpha\tau\acute{\alpha}$) $\mu\sigma v$ ($\tau\alpha\tilde{v}\tau\acute{\alpha}$ $\mathring{\varepsilon}\sigma\tau\iota\nu$) לי. Die Hs. Q scheint ursprünglich $\mu\sigma\iota$ gelesen zu haben; in den Hss. ist der Wechsel $\mu\sigma v$—$\mu\sigma\iota$ häufig. So wird man berechtigt sein, mit Q* Os. 2₁₂ (₁₄) $\mu\sigma\iota$ in den Text aufzunehmen. Ähnlich Soph. 3₁₀ ($\sigma\mathring{\iota}\sigma\sigma v\sigma\iota$) $\vartheta v\sigma\acute{\iota}\alpha\varsigma$ $\mu\sigma\iota$ מִנְחָתִי. Der Schreiber von S schrieb $\mu\sigma v$, hat es aber gleich wieder in $\mu\sigma\iota$ geändert. Die Minuskeln 48 und 106 lesen $\mu\sigma v$. Dies ist die ursprüngliche Lesart; $\vartheta v\sigma\acute{\iota}\alpha\varsigma$ $\mu\sigma v$ ist in den Text aufzunehmen. Mal. 1₁₀ haben nur L'-576 544 Chr. Cyr.ᵖ Tht. Ir.ˡᵃᵗ Cypr. Spec. die ursprüngliche Lesart $\mu\sigma\iota$ ($\vartheta\acute{\varepsilon}\lambda\eta\mu\alpha$) = לי überliefert, während alle Unzialen (auch W) $\mu\sigma v$ ($\vartheta\acute{\varepsilon}\lambda\eta\mu\alpha$) lesen. Öfters ist auch ursprüngliches $\mathring{v}\mu\tilde{\iota}\nu$ (לָכֶם) in der Nähe von Substantiven in $\mathring{v}\mu\tilde{\omega}\nu$ geändert, vgl. Mal. 3₁₁ $\mathring{v}\mu\tilde{\iota}\nu$ ($\tau\grave{o}\nu$ $\varkappa\alpha\varrho\pi\acute{o}\nu$), nur von W C-68-613 Aeth Cyr.ᶠ überliefert, und $\mathring{v}\mu\tilde{\iota}\nu$ ($\mathring{\eta}$ $\mathring{\alpha}\mu\pi\varepsilon\lambda\sigma\varsigma$), nur von W 719 bezeugt. Dagegen ist Ion. 2₃ einheitlich überliefert (und ursprünglich) $\mathring{\varepsilon}\nu$ $\vartheta\lambda\acute{\iota}\psi\varepsilon\iota$ $\mu\sigma v$ = מצרה לי M.

14₁₀ בָּעֲרָבָה $\varkappa\alpha\grave{\iota}$ $\tau\grave{\eta}\nu$ $\mathring{\varepsilon}\varrho\eta\mu\sigma\nu$. Vollers I 71 meint: LXX hat וערבה gelesen. Dies wäre möglich. Es ist aber besser hier innergriech. Verderbnis anzunehmen, vgl. Nah. 3₆, wo nur L'-36 130' Arm Th. die richtige Lesart $\varkappa\alpha\grave{\iota}$ ($\tau\grave{\alpha}\varsigma$ $\mathring{\alpha}\varkappa\alpha\vartheta\alpha\varrho\sigma\acute{\iota}\alpha\varsigma$ $\sigma\sigma v$) überliefern, während alle übrigen Zeugen (auch W) $\varkappa\alpha\tau\grave{\alpha}$ ($\tau\grave{\alpha}\varsigma$ $\mathring{\alpha}\varkappa.$ $\sigma\sigma v$) lesen. Als ursprünglich ist Zach. 14₁₀ $\varkappa\alpha\tau\grave{\alpha}$ ($\tau\grave{\eta}\nu$ $\mathring{\varepsilon}\varrho\eta\mu\sigma\nu$) zu nehmen.

Mal. 1₃ אֶת־הָרָיו $\tau\grave{\alpha}$ $\mathring{o}\varrho\iota\alpha$ $\alpha\mathring{v}\tau\sigma\tilde{v}$. Im nächsten Vers steht $\mathring{o}\varrho\iota\sigma\nu$ für das geläufige Äquivalent גְּבוּל. Vollers I 73 läßt es unentschieden, ob $\mathring{o}\varrho\iota\alpha$ aus $\mathring{o}\varrho\eta$, $\mathring{o}\varrho\varepsilon\iota\nu\alpha$, $\mathring{o}\varrho\iota\alpha$ verderbt ist, oder ob LXX den griech. Ausdruck dem hebr. הרי „ähnlichlautend zu machen suchten". Es liegt hier sicher innergriech. Verderbnis vor, die sich häufig in den Hss. findet: z. B. Ios. 11₁₆ $\tau\grave{o}$ $\mathring{o}\varrho\sigma\varsigma$] $\tau\sigma$ $\sigma\varrho\iota\sigma\nu$ A; Iud. 7₂₄ $\mathring{o}\varrho\varepsilon\iota$] $\sigma\varrho\iota\omega$ A; Is. 14₂₅ $\mathring{o}\varrho\varepsilon\acute{\omega}\nu$] $\sigma\varrho\iota\omega\nu$ Sᶜ alii; 15₈ $\tau\grave{o}$ $\mathring{o}\varrho\iota\sigma\nu$ = M] $\tau\sigma$ $\sigma\varrho\sigma\varsigma$ A-534*; 54₁₀ $\mathring{o}\varrho\eta$] $\sigma\varrho\iota\alpha$ S alii. So ist $\tau\grave{\alpha}$ $\mathring{o}\varrho\eta$ Mal. 1₃ in den Text aufzunehmen.

1₆ לָכֶם‎ ὑμεῖς. Grabe hat nach 𝔐 ὑμῖν in seinen Text aufgenommen. Vollers I 74: „Ohne Zweifel ist jenes aus ὑμῖν verderbt“. Stekhoven S. 69 wendet sich gegen Vollers. Grabe
und Vollers haben recht; ὑμεῖς ist innergriech. zu erklären
wegen des folgenden Vokativ οἱ ἱερεῖς, auf den es bezogen
wurde.

3₁₆ אֵת‎ ταῦτα. Grabe möchte τότε als ursprünglich annehmen. Es
ist dies nicht wahrscheinlich; ταῦτα geht auf verlesenes (ת)אז‎
zurück.

Im vorausgehenden sind die griechischen Konjekturen, die
eine Erörterung verdienen, besprochen. Bei vielen Stellen ist der
Wert der Konjekturen umstritten. Eine völlige Sicherheit ist nicht
zu erreichen. Es mag sein, daß ein später neu entdecktes Fragment irgendeine Konjektur bestätigt. Wie aber die in letzter Zeit
gefundenen Texte zeigen, besteht wenig Hoffnung; die meisten
Textverderbnisse liegen schon vor der hsl. Spaltung; manche sind
vielleicht schon in die ersten Abschriften übergegangen.

Die Untersuchung der innerlateinisch verderbten Lesarten, die im folgenden behandelt werden, bewegt sich auf festerem
Boden. Oft läßt sich auf den ersten Blick die Textverderbnis erkennen und der Schaden beheben. Dies kommt daher, daß die
altlat. Übersetzung sich eng an den griech. Text anschließt und
nicht so häufig die griech. Vorlage verliest, wie es die LXX mit
dem hebr. Text tut. Im Gegensatz zu den griech. Hss. zeigen die
lat. Hss. eine viel größere Anzahl Textverderbnisse. Die innerlat.
verderbten Lesarten des Hi. sind nur gelegentlich aufgenommen,
weil die Ausgaben nicht zuverlässig sind (vgl. Einleitung zur Textausgabe des Dodekapropheton S. 17).

Os. 1₅ τοῦ Ἰσραηλ] arcus israhel La^W = huius israhel La^S [1])
2₆ (₈) ἀνοικοδομήσω] ei aedificabo La^W = reaedificabo La^S
2₁₃ (₁₅) αὐτοῖς] ei La^W = eis La^S; vgl. aber αὐτῇ Clem.
   4₁₂ αὐτῷ · πνεύματι] et spiritu La^S = ei spiritu
   4₁₈ Χαναναίους] + δι ους 407 764 (Dittographie); + propter quod
      La^W = propter quos
   5₁ ἐπὶ τὸ Ἰταβύριον] in statum in se La^W. Ranke S. 249 denkt
      an statumine oder stato mense, kann aber keine befriedi-

---

1) Ranke hat nicht erkannt, daß der Artikel häufig durch Demon-
strativ-Pronomen wiedergegeben wird; seine Anmerkungen zu Os. 2₁₈ (₂₀)
5₁₄ 6₁₀ sind zu streichen. Auch Oesterley begeht denselben Fehler und
bringt deshalb zu Soph. 2₁₃ Zach. 3₁ 3₃ 3₉ unrichtige Angaben.

gende Erklärung geben. Man könnte vielleicht auch an *cacumine* denken. Am besten aber leitet man es von dem transkribierten Ἰταβύριον ab; Hi. hat *super itabyrium*; Gild. *super retaberium* (DQ) = *super itaberium* (diese Lesart gehört bei Gild. in den Text; *super thabor* Gild. im Text = Vulg.); Lucifer dagegen umschreibend *ad aviarium venantis*; hierzu ist Hi. zu vergleichen, der in seinem Komm. über den Thabor schreibt: „Hunc montem et in Jeremia Septuaginta *Itabyrium* transtulerunt, in quo aves laqueis capi solent" (Migne PL 25, 857). Ist diese Anschauung irgendwie auch in dem verschriebenen *retaberium* (an *retis*, *retia* anklingend) enthalten? Um auf La^W zurückzukommen, so wird man STATVMINSE auf ITABVRIONE zurückführen können (es sind jedesmal 10 Buchstaben). Eine andere Erklärung gibt es kaum.

5₉ ἔδειξα] *ostendit* La^W = *ostendi* Hi.

6₄ πορευομένη] *eris* La^W = *ibis*?

8₂ ἐμὲ κεκράξονται] *et exclambant* Gild. = *me clamabunt*

8₃ ὅτι Ισρ. ἀπεστρέψατο ἀγαθά, ἐχθρὸν κατεδίωξαν] *quia adversum sis israhel bonum ut iniquum persecuti sunt* Gild. = *quia aversum sit israhel bonum inimicum persecuti sunt*

8₅ ἀπότριψαι] *contri* La^C = *contere* La^S

8₇ δράγμα οὐκ ἔχον] *manu a(t?)que non habet* La^S = *manipulus non habens* Hi.

9₄ αὐτῷ] *eis* La^S = *ei* La^C Hi.

αὐτοῖς] *eius* La^C Hi.^{p} = *eis* La^{S*} Hi.^{p}

9₇ τῆς ἀνταποδόσεως] *perditionis* La^{CS} = *redditionis* (Corssen)

9₉ τοῦ βουνοῦ] *colles* La^S = *collis* La^C Hi.

9₁₁ καὶ συλλήμψεων] *et ex conspectionibus* La^S = *et ex conceptionibus* La^C

9₁₅ διὰ τὰς κακίας τῶν ἐπιτηδευμάτων αὐτῶν] *propter magnas adinventiones ipsorum* La^C = *propter malas adinventiones ipsorum* (Corssen, Dold), vgl. *propter malitias adinventionum ipsorum* La^S

10₄ ῥήματα προφάσεις ψευδεῖς] *verba occansionis falsa* La^S = *verba occa(n)siones falsae*

10₆ ἐν τῇ βουλῇ αὐτοῦ] *in cogitationes suas* La^S = *in cogitatione sua*

10₁₁ ἐνισχύσει αὐτῷ] *et invalescamini* La^S = *et invalescat sibi*

10₁₂ ἐκζητήσατε] *et quirite* La^S = *exquirite*

10₁₃ ἐφάγετε] *manducasti* Ambr. II 100 = *manducastis* La^S

11₁₀ αὐτὸς ὠρύσεται, καὶ ἐκστήσονται τέκνα ὑδάτων] *ipse ephrem et curabuntur filii potentium* La^S = *ipse fremet et mirabuntur filii potantium*(?). *ephrem* war in der Vorlage (wie gewöhnlich) *efrem* geschrieben. Fraglich ist, ob *potentium* innerlat. aus *potantium* abgeleitet werden kann. Die Wiedergabe ist sehr seltsam.

11₁₁ ἐκστήσονται] εκπτησονται A O ...; *et volabunt* Hi. = *evolabunt* La^S

11₁₂ (12₁) νῦν] *non* La^S = *nunc* Hi.

12₈ (₉) εἶπεν] *dilexit* La^S : *ex* v. 7 (8) = *dixit* Hi.

13₅ ἀοικήτῳ] *inhabitabilis* La^C = *inhabitabili* La^S Hi.

13₉ τῇ διαφθορᾷ] *corruptionis* La^CS*; *corruptiones* La^Sc = *corruptioni* Hi.

13₁₃ τέκνων] + σου L''; *filiorum suorum* La^S = *fil. tuorum* La^C

14₃ χειλέων] *laborum* La^CS = *labiorum* Ps.Ambr. Hi.

14₈ ζήσονται] *venient* La^S; *bibent* Hi. (setzt diese Lesart im Komm. voraus) = *vivent*

Am.3₉ ἐν Ἀσσυρίοις] *et assiriis* La^S = *in assyriis* Hi.

5₆ τῷ οἴκῳ] *domus* Gild. = *domui*; *domum* Hi.

5₂₅ προσηνέγκατε] *optulisti* La^C = *optulistis* Hi. (*obtulistis*)

6₂ τούτων] *eorum* La^C = *horum*; *his* Hi.

6₅ ἐλογίσαντο καί] *aestimaverunt* [*ea*] *et* Spec.

7₁₆ ὀχλαγωγήσῃς] *congregabitur* Lucif. = *congregabis turbas* La^C, vgl. *congreges turbas* Gild.

8₂ τὸ πέρας] εσπερας 6₂; *consummatio vere* La^C = *cons. vespere*

8₄ εἰς τὸ πρωί] *inmane* Gild. = *in mane* La^C

8₅ ὁ μήν] *messis* La^C Spec. = *mensis* Hi. Gild. Ruf.

8₇ ὀμνύει] *iuravit* Spec. Hi. = *iurat* La^C Gild.
εἰς νῖκος] *in contemptione* Gild. = *in contentione*(*m*)

8₈ οὐ ταραχθήσεται] *conturbabitur* La^C Spec. = *non turbabitur*, oder *non conturbabitur* Hi. Gild. Vielleicht ist aber ου absichtlich ausgelassen, weil man den Fragesatz nicht verstand und die Negation so unterdrücken mußte. Auch Bo Arm lassen die Negation aus.

9₁ τὰ πρόπυλα] *luminaria* La^C = *liminaria*

9₆ τὴν ἐπαγγελίαν αὐτοῦ] *profusionem* Tert. I 167 = *promissionem* Tert.^B Hi., vgl. *repromissionem* La^C

Mich. 1₈ γυμνή, ποιήσεται] *nuda facie faciens* La^C = *nuda faciet* Hi.

1₁₁ κατοικοῦσα καλῶς τὰς πόλεις αὐτῆς] *quae inhabitas bene civitates tuas* La^C = *quae inhabitat bene civ. suas*, vgl. aber *quae habitas bene civ. eius* Hi.

1₁₃ τῇ θυγατρὶ Σιων] *huic domus istrahel* La^C = *huic domui istrahel* (*domus* nur Druckfehler?)

3₄ οὕτως κεκράξονται] *succlamabunt* Gild. = *sic clamabunt* Hi.

3₁₀ Σιων ἐν αἵμασι καὶ Ιερουσ. ἐν ἀδικίαις] *sion et hierusalem · in sanguinem iniquitatibus* Lucif. = *sion in sanguine(m) et hierus. ⟨in⟩ iniquitatibus*

3₁₁ οἱ ἡγούμενοι] *iudices* Lucif.[1]) = *duces* Spec. Hi. Gild. ἐστιν] *est* [*et*] Lucif.

4₂ δείξουσιν] *ostende⟨n⟩t* Hi. Aug.; vielleicht ist absichtlich der Sing. gewählt; auch Syp hat den Sing.

5₈(₇) ὁ ἐξαιρούμενος] *qui liberet* [*et*] La^C (Dittographie)

6₈ ἀνηγγέλη] *renuntiandum est* Lucif. = *renuntiatum est* La^S · Cypr.

6₁₄ καὶ οὐ μὴ διασωθῇς] *et non salvabis* Hi.[2]) = *et non salvaberis* La^S

6₁₆ εἰς συρισμόν] *in tribulationem* La^S = *in sibilationem*, vgl. *in sibilum* Hi.

καὶ ὀνείδη] *et* [*in*] *inproberium* La^S (Dittographie)

7₁ ἐπιφυλλίδα] *racemus* Gild. = *racemos* Gild.^A La^S Hi. Or.^lat

7₄ καὶ βαδίζων ἐπὶ κανόνος] *et gens in ordinem* La^S = *et vadens in arundinem*[3])

κλαυθμοὶ αὐτῶν] *probationes eorum* Spec. = *plorationes eorum*

7₁₁ ἀλοιφῆς] *dilectionis* La^S = *delitionis*, vgl. *liturae* Hi.

7₁₄ νεμήσονται] *parabunt* Cypr. = *pascebunt*, vgl. *pascentur* Hi.

7₁₆ ὄψονται] *viderunt* La^S = *videbunt* Cypr. Hi.

ἐκ πάσης τῆς ἰσχύος] *et omni virtute* La^S = *ex omni virtute*

7₁₈ τῆς κληρονομίας αὐτοῦ] *hereditatis tuae* (Hi.^lem) Tert. = *her. suae* La^ˢ; vgl. aber Bo, der auch die 2. Pers. hat.

Ioel 1₄/₅ ἡ ἐρυσίβη. ⁵ἐκνήψατε] *erysibe*[e] ⁵*evigilate* La^C (Dittographie)

1₇ ἐλεύκανε] *exaltavit* La^C Spec. = *exalbavit*, vgl. *dealbavit* Hi.

---

1) Auch Mich. 3₉ haben manche Hi.-Hss. *iudices* statt *duces* = οἱ ἡγούμενοι.

2) Compl. übersetzt Hi. ins Griech. και ον μη διασωσεις.

3) Vielleicht ist *in ordinem* richtig.

1₁₀ ἐξηράνθη] *et siccatum est* Gild. = *exsiccatum est*

1₁₂ καὶ μῆλον καὶ πάντα] *et malae omnia* La^C = *et mala*[1]) *et omnia*

2₁₃ ἐστί, μακρόθυμος] *et patiens* Lucifer = *est et patiens* Cypr. S. 263. 399. 640, oder besser = *est, patiens* Hi.

Abd. 1 ἤκουσα] *audivit* La^s = *audivi* Hi.

  ₈ ἐξ ὄρους] *de domo* La^s = *de monte* Hi.

  ₂₀ τοῖς υἱοῖς] *filii* La^s = *filiis* Hi.

  γῆ] *terram* La^s = *terra* Hi.

Ion. 2₆ ἐσχάτη] *postremo* La^C = *postrema*

  3₃ μεγάλη τῷ θεῷ] *magna adeo* Lucif. (Dittographie) = *magna deo* Tyc. Hi.

Nah. 1₁₅ εὐαγγελιζομένου καὶ ἀπαγγέλλοντος] *evangelizantes* (*-tis* C v) *et adnuntiantes* Spec. = *evangelizantis et adnuntiantis* Hi. Vgl. zu *adnuntiantes* ἀπαγγελλοντες 62—147

  3₃ ἦν] *erit* Hi.[2]) = *erat* Tyc.

  3₁₁ σεαυτῇ] *ibi* Hi. = *tibi*

  3₁₆ τὰς ἐμπορίας σου] *negotiatores tuos* Spec. = *negotiationes tuas* Hi.

Hab. 1₃ ἔδειξας] *dedisti* Gild. = *ostendisti* Spec. Hi.

  ἐξ ἐναντίας μου γέγονε] *contra: et factum est* Gild. = (*e*) *contra me factum est* Hi.

  2₈ πόλεως] *civitates* La^s = *civitatis* Hi.

  2₉ ὁ πλεονεκτῶν πλεονεξίαν] *qui fundat fundationem* Lucif. = *qui fraudat fraudationem* La^s

  3₈ ὅτι ἐπιβήσῃ] *qui* (*quia*^p) *ascendens* Hi.[3]) = *quia ascendes* (Haplographie)

  3₁₃ ἀνόμων] *inimicorum* La^s Cant.^p = *iniquorum* Aug.

  τραχήλου] *bellum* Cant.^Moz = *collum* Hi. Aug.

  3₁₄ χαλινοὺς αὐτῶν] *oras suas* La^s; *ora sua* Cant.^plur. = *lora sua* Cant. (ed. Tommasi). Vgl. Dold S. 72.

  3₁₆ ἐφυλαξάμην] *custodivit me* La^s Cant.^p = *custodivi* (*me*) Hi.

  3₁₉ ἐπιβιβᾷ με] *impones me* La^s (Druckfehler?) = *imponet me* Hi.

Soph. 1₁₀ ἀπὸ πύλης] *ad portam* La^s = *a porta*, vgl. *de porta* Hi.

  1₁₁ τὴν κατακεκομμένην] *incircumcisa* La^s = *in circumcisa*

  1₁₂ ἐπὶ τὰ φυλάγματα αὐτῶν, οἱ λέγοντες] *mandata; sunt qui dicunt* La^s = *mandata s u a, qui dicunt*

---

1) Vgl. καὶ μηλα W für καὶ μῆλον.

2) Compl. übersetzt εσται.

3) Compl. übersetzt ο αναβησομενος.

1₁₃ εἰς διαρπαγήν] *in dispersionem* La^S = *in direptionem*

1₁₇ ἐκθλίψω] *afficiam* Or.^lat VI 78 Lo. = *affligam*

1₁₈ σπουδήν] *solitudinem* Gild. = *sollicitudinem* La^S

2₂ πρὸ τοῦ γενέσθαι ὑμᾶς] *priusquam fias* La^S = *priusquam fiatis*

3₃ ὑπελίποντο] *subreliqui erunt* Lucif. = *subreliquerunt* La^S

3₄ τὰ ἅγια] *se* Lucif. = *sancta* La^S (sca) Spec. Hi.

3₁₃ νεμήσονται] *patientur* La^S = *pascentur* Hi.

Agg. 2₅ καὶ τὸ πνεῦμά μου] *et spiritus eius* La^S = *et spir. meus* Spec. Hi.

Zach. 7₁₃ οὕτως κεκράξονται] *si clamabunt* Lucif. (Haplographie) = *sic clamabunt* Hi.

8₁₇ τοῦ πλησίον αὐτοῦ] *proximi tui* Lucif. = *prox. sui*, vgl. *proximo suo* Hi.

10₂ μάταια] *vane* Hi. (ebenso Vulg.) = *vana*

12₈ ὡς ἄγγελος] *et angelus* Hi. = *ut angelus*

14₃ αὐτοῦ ἐν ἡμέρᾳ] *et in die* Hi. = *eius in die*

Mal. 2₅ μετ' αὐτοῦ τῆς ζωῆς καὶ τῆς εἰρήνης] *cum vita et pace* Cypr. S. 68. 138 = *cum eo vitae et pacis* Hi.

2₁₃ ἐκ κόπων] *de laboris* Hi. = *de laboribus*

3₈ πτερνίζετε] *subplantastis* Spec. Hi. = *subplantatis*. Vgl. aber επτερνιζετε Q*-544 46'

τὰ ἐπιδέκατα] *decimae [meae]* Spec. (Dittographie)

3₉ ἀποβλέπετε] *dissimulastis* Spec. = *dissimulatis* πτερνίζετε] *subplantastis* Spec. Hi.^p = *subplantatis* Hi.^p Vgl. επτερνιζεται (= -τε) 26.

3₁₀ πάντα τὰ ἐκφόρια] *vos pignera* Spec. = *omnia genera*

4₃ (3₂₁) ἀνόμους] *inimicos* Tert. = *iniquos* Hi.

Sehr häufig ist der Wechsel *ut-et* (vgl. auch oben Zach. 12₈) bei der Wiedergabe des Artikels τοῦ beim griech. Infinitiv; öfters findet sich der Wechsel *et-ut*. Beispiele:

Os. 5₆ τοῦ ἐκζητῆσαι] *et quaerent* Hi.^p = *ut quaerant* Hi.^p. Vgl. και εκζητησουσι 46

Am. 8₅ τοῦ ποιῆσαι] *et faciamus* Spec. = *ut faciamus* Hi.

Ion. 4₆ τοῦ σκιάζειν] *et obumbraret* La^C = *ut obumbraret* La^W; *et protegeret* Hi. = *ut protegeret*

Soph. 3₈ τοῦ ἐκχέαι] *et effundam* La^S Cypr. S. 180. 412 Or.^lat VIII 116 = *ut effundam* Hi.

3₉ τοῦ ἐπικαλεῖσθαι] *et invocent* La^S* = *ut invocent* La^S1 (erste Hand) Hi. Or.^lat

τοῦ δουλεύειν] *et serviant* La^S Or.^lat = *ut serviant* Hi.

Der umgekehrte Fall liegt vor:

Am. 8₅ καὶ ἐμπολήσομεν] *ut adquiramus* La^C Spec. Gild.; *et nego-*
  tiabimur Hi.
  καὶ ἀνοίξομεν] *ut aperiamus* Spec. S. 555 (*ut* fehlt S. 393)
  Gild.; *et aperiamus* La^C; *et aperiemus* Hi.
Mich. 2₃ καὶ οὐ μὴ πορευθῆτε] *ut non ambuletis* Hi. (vielleicht ist
  aber von Hi. selbst *ut* gewählt, das gut in den Zusammenhang paßt).

Sehr leicht werden die Gottesnamen *deus—dominus* verwech-
selt, da die Kürzungen $\overline{ds}$—$\overline{dns}$ in den Hss. nicht scharf geschieden
werden. Beispiele: Os. 5₄ τὸν θεόν] *dominum* La^{CW}   10₃ τὸν
κύριον] *deum* La^S = Th. Thph.   11₁₀ κυρίου] *deum* La^S Cypr.
14₁ τὸν θεόν] *domino* La^{CS}   Am. 8₁₁ κυρίου] *dei* Hil. Spec.^p Gild.
Or.^{lat} VI 76. 96. 117. 140^p. 253. 431 VII 490^p VIII 24 IX 176.
198^p XII 194 Lo. (aber *domini* La^C   Or.^{lat} XI 247. 315 Lo.,
vgl. VII 490 VIII 24) = Syp[1])   Mich. 2₁ τὸν θεόν] *dominum*
La^C 3₄ κύριον] *deum* Gild. 4₂ κυρίου 1⁰] *dei* Spec. 7₉ κυρίου] *dei*
Ambr. VI 40 Ioel 1₁₃ θεῷ] *domino* La^C Ion. 1₅ τὸν θεόν] *do-*
minum La^S 3₁₀ ὁ θεός 2⁰] *dominum* Tert. 4₂ κύριον] *deum* Lucif.
4₇ ὁ θεός] *dominus* La^C = 764 Aeth Arab Cyr.^p Soph. 3₂ τὸν
θεόν] *dominum* Hi.   Agg. 1₁₂ κυρίου 2⁰] *dei* Cypr. S. 138
Mal. 2₁₇ ἐνώπιον κυρίου] *coram deo* Lucif. S. 133 (zweimal)
3₈ θεόν] *dominum* Spec. 3₁₆ τὸν κύριον 1⁰] *deum* Lucif. = τον
θεον 130′ Bo.

Bekannt ist die Verwechslung von *v—b* in den lat. Hss.; die
richtige Form zeigt ein Blick auf die griech. Vorlage: Os. 4₁₆
avortabit La^W (παροίστρησεν)   6₁ *verberabit* Hi. (πέπαικεν für
ἥρπακε) 9₃ *inhabitabit* La^C (κατῴκησεν) 9₁₁ *evolabit* La^C (ἐξεπε-
τάσθη) 10₁ *replebit* La^S (ἐπλήθυνε) 11₅ *inhabitabit* La^S; *habi-*
tabit Hi. (κατῴκησεν) Mich. 2₁₁ *stillabit* La^C (ἐστάλαξε) Ion. 4₂
orabit La^W (προσηύξατο)   Soph. 2₇ *visitabit* Hi. (ἐπέσκεπται)
3₂ *appropinquabit* Hi. (ἤγγισεν) 3₁₅ *liberabit* La^S (λελύτρωται).

Os. 6₁ *salvavit* La^W (ἰάσεται)   9₆ *sepelivit* La^{CS} (θάψει)
13₁₅ *separavit* La^{CS} (διαστελεῖ); *exsiccavit* La^{CS} (ἀναξηρανεῖ)

---

1) Die Or.-Stellen VI 76. 96. 117. 253 VIII 24 IX 198 bringen nur Teile
aus Am. 8₁₁ und sind wohl frei zitiert. Baehrens VI 431 fügt bei der
Quellenangabe Am. 8₁₁ in Klammern bei λόγον θεοῦ; damit will B. wohl die
griech. Vorlage angeben; dies ist aber nicht richtig; es liegt innerlat.
Wechsel vor. Auffallend ist jedoch, daß IX 198 im griech. Text θεοῦ steht
(Einwirkung der lat. Übersetzung?). Baehrens VII 490 notiert im App. „*do-*
mini ... nach der Vulg. (= O′)". Diese Anmerkung ist irreführend.

Mich. 4₇ *regnavit* La^C (βασιλεύσει)   Ioel 3(4)₁₆ *clamavit* La^C (ἀνακεκράξεται) 3(4)₁₈ *adaquavit* Spec. (ποτιεῖ) Hab. 1₁₆ *suppli-cavit* La^s (θυμιάσει) 2₅ *congregavit* La^s (ἐπισυνάξει) Soph. 2₁₃ *exterminavit* La^s (θήσει).

Auch *e—i* wechseln öfters:

Os. 6₂ *vivimus* La^W (ζησόμεθα) 13₁₅ *dividit* Hi.^{p} (διαστελεῖ = *dividet* Hi.^{p}) Mich. 7₆ *surgit* Hi. (ἐπαναστήσεται) Nah. 1₆ *resistit* Cypr. (ἀντιστήσεται) Hab. 2₄ *vivit* La^s Cypr. S. 43. 151 Spec. S. 460. 670 (wenige Cypr.- und Spec.-Hss. lesen das richtige *vivet*, das in den Text gehört = ζήσεται).

Hab. 1₃ *accepit* Spec. (λαμβάνει = *accipit* Spec.^{C}) 1₁₅ *per-cipit* La^s (ἀνέσπασε) 3₄ *constituet* Cypr. (ἔθετο) Soph. 2₇ *avertet* La^s Hi. (ἀπέστρεψε); vgl. aber αποστρεψει V = *avertet* Vulg. 3₂ *recipit* Tyc. Cypr. (ἐδέξατο).

Am. 9₆ *et effundet* La^C = *et effundit* Ambr. Hi. (καὶ ἐκχέων).

Schwierig ist die Frage, ob der Wechsel zwischen Sing. und Plur. bereits auf den Übersetzer zurückgeht oder erst innerlat. durch Abschreiber entstanden ist. Vgl. folgende Stellen: Os. 2₈ (₁₀) ἀργύριον Hi.] *pecunias* La^W 9₁₁ αἱ δόξαι αὐτῶν] *gloria eorum* La^{cs} Hi. (das *e* in *gloriae* konnte leicht infolge Haplographie ver-loren gehen) 13₈ συγκλεισμόν] *conclusiones* La^s; aber -*nem* La^C Am. 2₉ τὸν καρπόν] *fructus* Spec.; aber *fructum* La^s Hi. 6₄ βουκολίων] *armento* La^C; aber *armentis* Spec. Hi. Mich. 6₇ καρπόν] *fructus* La^s Hi., aber *fructum* Cypr. 6₁₁ στάθμια δόλου] *pondus dolosum* La^s, aber *pondera fraudulenta* Hi., *pondera do-losa* Gild. Nah. 1₃ κονιορτός] *pulves* La^C (auch AchSa hat den Plur.); aber *pulvis* Hi. Hab. 1₆ τὰ πλάτη] *latitudinem* Hi. = Vulg.; vgl. auch το πλατος A" alii 1₁₃ πόνους] *dolorem* Hi.; lies *dolores?*   Die Aufzählung braucht nicht fortgesetzt zu werden. Bei manchen Pluralformen, die im Dodekapropheton öfters vor-kommen (so bei dem Plur. αἵματα Os. 4₂ Mich. 3₁₀ 7₂ Nah. 3₁ Hab. 2₈ ₁₂ ₁₇) ist es leicht verständlich, daß der Übersetzer den Plur. *sanguines* gescheut hat und dafür den Singular einsetzte. Trotzdem wird der Sing. nicht einheitlich überliefert. Os. 4₂ haben den Sing. La^s Cypr. Hi., Mich. 3₁₀ Lucif. Gild. (aber den Plur. Spec. Hi.) Mich. 7₂ La^s (vid.) Hi. Or.^{lat} VIII 330 Gild., Hab. 2₈ La^s (vid.) Hi., 2₁₂ Gild. (aber den Plur. Lucif. Hi.), 2₁₇ Hi. Auch Nah. 3₁ hat Hi. den Plur.

Es hat also den Anschein, daß doch ursprünglich überall der Plural stand, da auch sonst die nahe Angleichung der Vetus La-tina an die LXX zu beobachten ist. Ähnlich steht es mit der

Wiedergabe von *κλῆροι*, das ebenfalls öfters im Zwölferbuch vor-kommt (Os. 5₇ Ioel 3(4)₃ Abd. ₁₁ Ion. 1₇ zweimal Nah. 3₁₀) Hi. hat an folgenden Stellen den Plural *sortes*: Ioel 3(4)₃ Ion. 1₇. An den übrigen Stellen steht der Sing.; dieser wird innerlat. ent-standen sein. Os. 5₇ hat Hi. das Lehnwort *cleros* übernommen.

Häufig finden sich Auslassungen, die durch Versehen des Schreibers (Haplographie, Homoioteleuton) entstanden sind:

Os. 2₂(₄) κρίθητε πρὸς τὴν μητέρα ὑμῶν κρίθητε] *iudicamini* ⟨*ad-versus matrem vestram iudicamini*⟩ La^s; *iudicamini cum matre vestra iudicamini* Hi.

4₈ ἐν ταῖς ἀδικίαις] ⟨*in*⟩ *iniquitatibus* La^s, ebenso 14₂ La^C

6₁₀ εἶδον φρικώδη, ἐκεῖ] ειδον εκει φρικ. 86*-764 Thph.; *vidi* ⟨*ibi*⟩ *horrendam* La^W; La^W hatte in ihrer Vorlage die Um-stellung der genannten Hss.; *vidi horribilia ibi* Hi.

8₂ ῾Ο θεός] λεγοντες ο θεος Ο 49 Aeth; *dicentes* ⟨*ds*⟩ La^{cs} Gild.

Am. 7₁₂ ῾Ο ὁρῶν, βάδιζε] ⟨*vatis*⟩ oder besser ⟨*qui vides*⟩ *vade* Lu-cif., vgl. *qui vides vade* Or.^{lat} VIII 345; *qui vides egre-dere* Hi.

Mich. 2₈ εἰς ἔχθραν] ⟨*in*⟩ *inimicitiam* La^C; ⟨*in*⟩ *inimicitiis* Hi.

7₄ οὐαὶ οὐαί] *vae* ⟨*vae*⟩ La^s Spec. = *vae vae* Hi.

Ioel 3(4)₁₈ ἐξ οἴκου κυρίου] *de domo* ⟨*domini*⟩ Spec. = *de domo domini* Vulg. (deest Hi.)

Ion. 4₁/₂ συνεχύθη. ²καί] *confusus* ⟨*est*⟩ *et* La^W

4₅ ἑαυτῷ ἐκεῖ] *ipse sibi* ⟨*ibi*⟩ La^{CW}

Mal. 2₁₇ ἐν αὐτοῖς αὐτός] *in ipsis* ⟨*ipse*⟩ Lucif.

Manchmal finden sich Auslassungen von Wörtern, die in der altlat. Übersetzung durch Versehen verloren gingen; z. B. Os. 10₁₄ om. οἰχήσεται La^s Am. 7₁₄ om. συκάμινα Lucif. 8₇ om. εἰς νῖκος Spec. 8₁₂ om. περιδραμοῦνται Spec. Ioel 3(4)₁₆ om. ἀνακεκράξεται La^s Soph. 3₄ om. νόμον Lucif.

Die innerlateinischen Textschäden sind somit im allgemeinen leicht zu beheben; der enge Anschluß an die griech. Vorlage gibt die Gewähr, daß die Konjekturen gewöhnlich das Richtige treffen.

III

Der Bibeltext des Cyrill von Alexandrien
zu den zwölf kleinen Propheten in den Druck-Ausgaben

In seiner gründlichen und aufschlußreichen Besprechung der „Studien zur Geschichte der Septuaginta" (Leipzig 1910) von O. Procksch kommt A. Rahlfs (Gött. gel. Anz. 172, 1910) am Schluß (S. 705) auch auf den Bibeltext des Cyr. zu sprechen. Er weist hier auf die sofort auffallende große Verschiedenheit der Bibeltexte des Cyr. in den beiden Ausgaben von A u b e r t und P u s e y hin, bespricht einige Lesarten der von H.-P. kollationierten Cyr.-Hs. 153 und sagt zum Schluß: „Hier gilt es also zunächst die Frage zu beantworten: Welches ist der eigentliche Bibeltext Cyrills? Und wie sind die überarbeiteten Cyrilltexte entstanden?" (S. 705).

Diese Fragen sind bis jetzt nicht beantwortet worden. In der folgenden Abhandlung soll es geschehen.

Für das Zwölfprophetenbuch liegen folgende Ausgaben vor:

1. J. Pontanus, Ingolstadt 1607.
2. J. Aubert, Paris 1638; Band III der Gesamtausgabe.
3. Migne PG 71. 72 = Bd. IV und V der Cyr.-Ausgabe; Abdruck von Aubert.
4. Ph. E. Pusey, Oxford 1868, 2 Bde.

Pontanus legte seiner Ausgabe den cod. 17 oder 41 der Münchener Staatsbibliothek (XVI. Jahrh.) zugrunde [1]); es ist nicht auszumachen, welcher von beiden eigentlich benutzt wurde, da beide engstens verwandt sind (wahrscheinlich Abschriften der gleichen Vorlage); in beiden Münchener Hss. fehlen Os. und Zach.; diese ergänzte Pontanus aus vatikanischen Hss. und zwar Os. aus cod. Vat. 1200 und Zach. aus cod. Vat. 587 (= B bei Pusey).

Aubert übernahm den Text des Pontanus, indem er verschiedene orthographische und typographische Fehler des Pontanus verbesserte. Nur zu Soph. verglich er das Fragment des Pariser cod. Reg. 836 (= E bei Pusey). So kommt es, daß die Ausgaben (im

---

1) Diese beiden Hss. gehen auf die vatikanische Hs. Palat. gr. 273 (= 153 H.-P.) zurück, wie viele Sonderlesarten zeigen, z. B. Ioel 1_5 ἐκ στόματος] εκαστος cod. 17. 41 = 153 2_7 ἐκκλίνωσιν] κλινουσιν. Vgl. auch Rahlfs, Verz. S. 243.

folgenden „Edd." abgekürzt) von Pontanus, Aubert, Migne v o r
Pusey fast übereinstimmen; Pontanus ist die Grundlage.

Ein Blick in die beiden Münchener Hss. zeigt sofort, daß
Pont. den Bibeltext nicht von ihnen übernommen hat. Er hat
vielmehr seinen Bibeltext eigenmächtig unter Zuhilfenahme der
Sixt. gestaltet. Aber nicht nur die Sixt., auch andere Hss. scheinen seinen Bibeltext beeinflußt zu haben. Dafür spricht Ioel 1₇:
alle Hss. (auch die beiden Münchener) lesen $\check{\varepsilon}\varrho(\varrho)\iota\psi\varepsilon\nu$, nur Cyr.^{F}
(= 40) hat $\varepsilon\xi\varepsilon\varrho\varrho\iota\zeta\omega\sigma\varepsilon\nu$ = Compl.: Pont. druckt $\varepsilon\varkappa\varrho\iota\zeta\omega\sigma\varepsilon\nu$.(Fehler?),
das dann Aub. und Migne in $\varepsilon\xi\varepsilon\varrho\varrho\iota\zeta\omega\sigma\varepsilon\nu$ verbessern: diese Lesart
kann Pont. nicht aus der Luft gegriffen haben; es gibt 2 Möglich-
keiten: entweder hatte er noch eine Cyr.-Hs., die mit Cyr.^{F} verwandt war, oder er hat diese Lesart aus der Compl. übernommen.
Die letzte Annahme scheint nicht wahrscheinlich, weil sich sonst
keine Beispiele anführen lassen, wo Pont. nur mit Compl. übereinstimmt; dagegen gibt es zahlreiche Stellen, wo der Bibeltext
des Pont. gegen die Münchener Hss. mit Cyr.^{F} zusammengeht, vgl.
die unten aufgeführten Beispiele. Somit darf als erwiesen gelten,
daß Pont. für seine Ausgabe neben der Sixt. eine mit Cyr.^{F} verwandte Hs. zugrunde legte.

Sehr häufig finden sich bei Pont. fehlerhafte Lesarten, die
teilweise durch Druckversehen entstanden sein mögen; einige Stellen
aus Ioel seien genannt: 1₈ $\pi\varepsilon\varrho\iota\varepsilon\zeta\omega\sigma\mu\acute{\varepsilon}\nu\eta\nu$ Pusey] $\pi\varepsilon\varrho\iota\zeta\varepsilon\omega\sigma\mu\varepsilon\nu\eta\nu$
Pont.; $\pi\varepsilon\varrho\iota\zeta\omega\sigma\mu\varepsilon\nu\eta\nu$ Aub.-Migne   1₁₃ $\varepsilon\acute{\iota}\sigma\acute{\varepsilon}\lambda\vartheta\varepsilon\tau\varepsilon$ Pusey] $\varepsilon\sigma\varepsilon\iota\lambda\vartheta\varepsilon\tau\varepsilon$
Pont.; $\varepsilon\sigma\varepsilon\lambda\vartheta\varepsilon\tau\varepsilon$ Aub.-Migne   2₇ $\check{\varepsilon}\varkappa\varkappa\lambda\acute{\iota}\nu\omega\sigma\iota\nu$ Aub.(-Migne) Pusey]
$\varepsilon\varkappa\lambda\iota\nu\omega\sigma\iota\nu$ Pont. Die Nachfolger des Pont. haben also diese Fehler
teilweise verbessert.

Völlig neu bearbeitet ist die Ausgabe von Pusey, der folgende Hss. verglich:

A = Codex Angelicus (X.—XI. Jahrh.); enthält nur Am. und
    Mich.

B = Codex Vat. 587 (XIV. Jahrh.); enthält alle zwölf Propheten.

C = Codex Coisl. 113 (IX. Jahrh.); enthält nur Zach.

D = Codex 285, Athos (XIV. Jahrh.); enthält alle zwölf Pro-
    pheten; ist aber am Anfang (Os.) und Ende (Mal.) ver-
    stümmelt.

E = Fragment zu Soph. 1₁—₁₆ im Codex Regii 836 in Paris
    (XII.—XIII. Jahrh.).

F = 40 H.-P.

Die Neubearbeitung von Pusey läßt von vornherein die Hoffnung aufkommen, daß man hier eine gute Ausgabe vor sich hat,

die den Bibeltext des Cyr. deutlich erkennen läßt. Dem ist aber
nicht so; denn Pusey hat auch zu wenig hsl. Material zugrunde
gelegt, da ja nur B, D und F das ganze Dodekapropheton bieten.
Wie sich bei näherer Prüfung ergibt, ist B sehr unzuverlässig
und F hat zu viele fremde Lesarten, so daß nur D übrig bleibt,
der besonders wertvoll für die Cyr.-Lesarten ist. Aber gerade
diese Hs. hat Pusey sehr zum Schaden seiner Ausgabe übergangen:
in Os. und Mal. ist sie verstümmelt, in Ioel selten herangezogen,
ebenso in Am. („perraro adhibitus") Abd. („aliquoties adhibitus")
Ion. Mich. Soph. Agg. Zach.; nur für Nah. und Hab. ist D vollständig verwertet.

Ferner ist die Verwendung des Apparates sehr erschwert,
weil Pusey nicht angibt, inwieweit man auf die anderen nicht aufgeführten Lesarten e silentio schließen darf, z. B. Mich. 2₁₂ „ἐκ-
δέξομαι] + αυτους Edd. (23) invito A". Welche Cyr.-Hss. haben
αυτους? Man müßte BDF erschließen. Oder Os. 10₁₂ „ξητησατε
F. εκξητησατε Edd." Lesen die Hss. BD εκξητησατε? Viel besser
wäre dann die Notierung: ξητήσατε F] εκξητησατε BD Edd. Nur
ganz selten sind klare Notierungen, z. B. Zach. 8₁₂ „ταῦτα πάντα
C. D. Edd.] πάντα ταυτα B. F." (im Text oben ist παντα ταυτα zu
lesen, das der alexandrinischen Textform entspricht).

Der Bibeltext der alten Ausgaben stimmt häufig mit der Sixt.
überein. Pusey hat in seinem App. diese Stellen notiert; die Notierung „Edd. (Vat.)" begegnet fast auf allen Seiten; sie will besagen, daß der Bibeltext der Ausgaben mit dem vatikanischen
Text, d. i. mit der Sixt. übereinstimmt. Wie nun die Ausgabe
von Pusey zeigt, wird der Text der Sixt. von keiner der von ihm
benutzten Hss. gestützt. Man könnte nun meinen, daß vielleicht
die von den altèn Herausgebern zugrunde gelegte Hs. die mit Sixt.
übereinstimmende Lesart bereits bezeugte. Aber dies war sicherlich nicht der Fall; da öfters Cyr. seine Bibellesarten im Laufe
des Kommentars (= comm) wiederholt, haben wir eine Kontrolle,
welche Lesart die echte Cyr.-Lesart ist. Als Beispiel sei auf
Zach. 1₂₁ (2₄) verwiesen. Pont. und Aub. haben die fehlerhafte
Lesart εισηλθοσιν, die dann Migne in εισηλθοσαν verbessert hat.
Die von Pusey benutzten Hss. BDF haben εἰσῆλθον, das auch im
Komm. (S. 301 Z. 14) wiederholt wird und sich damit als richtige Cyr.-Lesart ausweist. Sixt. hat εξηλθοσαν (= B-S-68);
diese Lesart hat auf den Bibeltext der alten Edditionen eingewirkt, wurde aber verstümmelt übernommen, indem man das Kompositum des Cyr. beibehielt und die Endung von Sixt. übernahm.

Da die Sixt. gewöhnlich den Bibeltext des codex Vaticanus
(B) bietet, begegnen uns in dem Bibeltext der alten Ausgaben
häufig Sonderlesarten von B (manchmal auch gestützt durch den
verwandten cod. Sinaiticus = S). Beispiele:

Os. 2 21 (23) ὁ οὐρανός Cyr.^{BDF}] αυτος Edd. = B-239

  4 16 ὅτι Cyr.^{BD}] διοτι Edd. = B

  5 13 αὐτός Cyr.^{BD}] ουτος Edd. = B

  7 8 συνανεμίγνυτο Cyr.^{BDF}] συνεμιγνυτο Edd. = B Thph.

  10 10 ἦλθε Cyr.^{BD}] om. Edd. = B La^s

  10 13 ἅρμασι Cyr.^{BD}] αμαρτημασι Edd. = B

  10 15 κακιῶν Cyr.] pr. αδικιας Edd. = B La^s

  11 8 διαθῶ 1° Cyr.^{BD} (ποιησω Cyr.^{F})] διαθωμαι Edd. = B-538

  13 4 οὐρανόν Cyr.] pr. τον Edd. = B

Am. 3 12 φυλῆς Cyr.^{AB}] pr. της Edd. = B-V

  5 2 αὐτῆς Cyr.^{AB}] αυτου Edd. = B

  6 5 ἑστῶτα Cyr.^{AB}] εστηκοτα Edd. = B-V 407

  6 14 ἔθνος Cyr.] + λεγει κυριος των δυναμεων Edd. = B-V-239

  7 1 κύριος Cyr.^{ABF}] + θεος Edd. = B-V (ο θεος)

  9 3 ἐγκρυβῶσιν Cyr.^{B} (εγκρυφωσιν Cyr.^{A})] εγκατακρυβωσιν Edd.
    = B

Mich. 3 3 ὀστᾶ Cyr.^{B}] οστεα Edd. = B-V-239

Ioel 1 5 ἐξῆρται Cyr.^{BDF}] εξηρθη Edd. = B-S*-68

Nah. 1 15 προσθῶσιν Cyr.^{BD}] προσθησωσιν Edd. = B·68 711

       διελθεῖν Cyr.^{BD}] + δια σου Edd. = B-S-68 Co

  2 12 σκύμνος Cyr.^{BD}] σκυμνον Edd. = B-S*

Soph. 3 7 διέφθαρται Cyr.^{BF}] εφθαρται Edd. = B-S*

Agg. 2 1 τῷ ἑβδόμῳ μηνί Cyr.^{BD}] τω μ. τω εβδ. Edd. = B-S Syh

Zach. 4 14 τῷ κυρίῳ Cyr.^{BCF}] om. τῷ Edd. = B-S

  7 5 πάντα Cyr.^{C} (> Cyr.^{B})] απαντα Edd. = B

  11 7 μίαν Cyr.^{BC}] pr. μεν Edd. = B

Mal. 3 8 εἰ Cyr.^{B}] μητι Edd. = B-S*.

Die Sixt. bietet aber nicht einen genauen Abdruck von B,
sondern übernimmt viele Lesarten der Ald., deren Hauptquelle 68
bzw. C (= 87-91-490) ist. So bringen die alten Cyr.-Ausgaben
öfters den Text dieser Hss., der mit Cyr. nichts zu tun hat. Beispiele:

Os. 9 15 αὐτοὺς ἐμίσησα Cyr.^{BD}] tr. Edd. = O C-68-613 Thph. Hi.

  11 6 ῥομφαία Cyr.] pr. εν Edd. = C'$^{-538}$-68 Th.

Am. 2 4 ἐπλάνησεν Cyr.^{AB}] -σαν Edd. = C-68

  8 10 τὰς ᾠδάς Cyr.] om. τάς Edd. = 68

  8 11 λόγον Cyr.]. pr. τον Edd. = C-68

Mich. 2₃ ἐξαίφνης Cyr.^{ABD}] > Edd. = C-68 Arm^p Thph.

  2₆ οὐ Cyr.^{AB}] οὐδε Edd. = C-68 Syh

  3₄ κύριον Cyr.] pr. τον Edd. = 87*-68

Ioel 3(4)₃ οἴνου Cyr.^{BF}] pr. του Edd. = 68

Soph. 1₁₁ Χαν.] + καὶ Edd. = V-68 Aeth^p

  1₁₅ σκότους et γνόφου Cyr.^{BDE}] tr. Edd. = C-68-538-613

Agg. 1₅ τὰς καρδίας Cyr.^{BDF}] om. τάς Edd. = C-68

  1₁₂ Ἀγγαίου Cyr.^{BDF}] pr. του Edd. = 68

Zach. 1₁₇ Ἀνάκραγε Cyr.^{BD}] pr. ετι Edd. = C-613 Hi.

  7₄ με Cyr.^{BC}] εμε Edd. = 68

Mal. 3₁₀ ὑμῖν/τὴν εὐλ. μου Cyr.^{B}] tr. Edd. = C-68

  3₁₅ θεῷ Cyr.] pr. τω Edd. = 87-68.

An einigen Stellen wird die Lesart der Sixt. von keiner der uns bekannten Hss. gestützt; auch hier ist der Bibeltext der alten Cyr.-Ausgaben manchmal angeglichen. Beispiele:

Os. 6₂ ἀναστησόμεθα Cyr.^{BDF}] εξαναστησομεθα Edd. = Sixt.

Agg. 1₈ καὶ οἰκοδομήσ. Cyr.^{BD}] om. καί Edd. = Sixt.

  2₂ τὸν τοῦ Ιωσ. Cyr.^{BDF}] om. τόν Edd. = Sixt.

Zach. 7₇ αὐτῆς κυκλόθεν Cyr.^{BC}] tr. Edd. = Sixt.

  14₅ σεισμοῦ Cyr.^{BCF}] συσσεισμον (σεισεισμον Pont.) Edd. = Sixt.

Diese Beispiele zeigen zur Genüge, daß der Bibeltext der alten Ausgaben vor Pusey nicht der Bibeltext des Cyrill ist, sondern der Text der Sixtina. An fast allen Stellen, wo der Bibeltext der alten Ausgaben gegen die alexandrinische Lesart (A-Q . . .) geht, ist er durch die Sixt.-Lesart, die gewöhnlich mit B-S . . . C-68 übereinstimmt, verdrängt worden. Die alten Herausgeber haben aber nicht ganze Arbeit getan, da sie nur den Bibeltext des Lemmas nach der Sixt. änderten, aber den Bibeltext des Kommentars unbehelligt ließen. Damit ist eine Kontrolle möglich. Als Beispiel sei Soph. 3₅ genannt: τὸ κρίμα Cyr.] om. τό Edd. = Sixt. (B-S . . .); aber τὸ κρίμα Komm. S. 218 Z. 23. Die richtige Cyr.-Lesart ist also τὸ κρίμα.

Wenn wir uns von den alten Cyr.-Ausgaben zu der neuesten von Pusey wenden, so ist zunächst eine Untersuchung der einzelnen Hss. notwendig, die Pusey für seine Ausgabe herangezogen hat. Zu diesen Hss. ist folgendes zu bemerken:

1. Die Hs. A (enthält nur Am. und Mich.) bringt, abgesehen von den jeder Hs. eigenen Sonderlesarten öfters stilistische Änderungen, öfters fügt sie Verbindungspartikeln ein, z. B. Mich. 1₁₅ ἡ δόξα] η δε δοξα Cyr.^{A} 2₁ Ἐγένοντο] + δε 7₄ ἔσονται] + γε. Ge-

legentlich ist sie lukianisiert, z. B. Mich. 1₁₅ $κληρονομία$] -$μιαν$ Cyr.^{A} = L'' 4₃ $ῥομφαίαν$] $μαχαιραν$ 6₈ $μετά$] $οπισω$. Im allgemeinen bringt sie gute Cyr.-Lesarten, s. unten.

2. Die Hs. B, die das ganze Dodekapropheton enthält, ist von Pusey besonders bevorzugt worden, ohne daß sie es verdient. Sie enthält nämlich häufig nicht den Bibeltext des Cyr., sondern sekundäre Lesarten. Die engste Verwandtschaft besteht mit 407. Eine Reihe von Sonderlesarten ist nur von 407 Cyr.^{B} bezeugt: Am. 2₈ $τοῦ ϑεοῦ$] pr. $κυριου$ Cyr.^{B} = 407   4₅ $ἀπαγγείλατε$] + $δη$ 5₆ $καταφάγεται$] $κατεδεται$ (auch 86^{mg}) Ion. 1₈ $χώρας$] + $ει συ$ 2₂ $τῆς κοιλίας$] om. $τῆς$ Hab. 2₂ $ἐπὶ πυξίον$] $επι· πυξιον$ Soph. 1₁₅ $ἀωρίας$] $αορασιας$ (auch 147) 1₁₈ om. $πάντας$ Agg. 2₁₆ $ἐγένοντο$] $εγινετο$ (auch 534) Zach. 12₁₀ $ὡς$ 1^0] $ωσει$ 14₁₀ $ἕως τῆς πύλης$] $εως των πυλων$ (auch 410) Mal. 2₂ $ἀκούσητε$] $εισακουσητε$ (auch 410) 2₁₅ $φυλάξασϑε$] $φυλασσεσϑε$. Gelegentlich finden sich kleine Abweichungen, z. B. Zach. 14₇ $γνωστή$] + $εσται$ W^c-407 Hi.; + $εστι$ Cyr.^{B}. Da 407 stark lukianisiert ist, zeigt auch Cyr.^{B} oft lukianische Färbung; Cyr.^{B} ist durch die Vermittlung von 407 lukianisiert worden, wie manche Abweichungen von Cyr.^{B} = 407 von L'' zeigen, z. B. Abd. 7 $ἔϑηκαν$] pr. $συνεσϑιοντες σοι$ Cyr.^{B} = 407; pr. $οι συνεσϑιοντες σοι$ L'' Soph. 1₄/₅ $τῶν ἱερέων$ 5$καί$] $των ιερεων και μετα των ιερων$ Cyr.^{B} = 407; $των ιερεων μετα των ιερ(ε)ων και$ L''. An zwei Stellen steht die Lesart von 407 am Rand von Cyr.^{B}: Os. 4₁₂ $ἀπήγγελλον$ Cyr.^{B}] $απεκρινοντο$ 407^{txt} = Cyr.$^{B\,mg}$ Am. 6₂ $Ραββα$ Cyr.^{B}] $την μεγαλην$ 407 = Cyr.$^{B\,mg}$. Die weiteren lukianischen Lesarten in Cyr.^{B} sind also gewöhnlich Lesarten von 407: Am. 4₃ $Ρεμμαν$ Cyr.^{A}] $αρμανα$ Cyr.^{B} = L''-407 5₆ $ζήσατε$] $ζησεσϑε$ 6₂ $ἴδετε$] + $εις χαλανην$ Soph. 1₁₂ $οἱ λέγοντες$] $τους λεγοντας$ Zach. 4₁₃ $εἶπα$] $ειπον$. Dadurch, daß Pusey die Cyr.-Hs. B bevorzugt, sind viele (sekundäre) lukianische Lesarten in den Cyr.-Text zu Unrecht gekommen, s. unten.

Nahe Verwandtschaft zeigt Cyr.^{B} mit der von H.-P. kollationierten Cyr.-Hs. 153 in Mich. Nah. Beispiele von Sonderlesarten: Mich. 3₉ $οἱ βδελ.$] om. $οἱ$ Cyr.^{B} = 153   4₂ $Ιακωβ$] $ημων$ 5₈ (7) $διαστείλας ἁρπάσῃ$] $διαστειλη αρπασαι$ 6₁ $δή$] $πεδια$ 7₁₀ $οἱ ὀφϑ. μου$] + $νυν$ 7₁₉ $ἡμῶν$ 2^0] $αυτων$ Nah. 1₆ $ἀντιστήσεται$] $υποστησεται$ 2₆ $μνησϑήσονται$] tr. post $αὐτῶν$ 1^0 2₈ $ἀπεκαλύφϑη$] $διεκαλυφϑη$ 3₁₈ $ποιμένες σου$] om. $σου$.

3. Die Hs. C (enthält nur Zach.) zeigt gute Cyr.-Lesarten; manchmal geht sie mit der Tht.-Hs. C zusammen, vgl. Zach. 7₁₃

εἰσήκουσαν] + μου Cyr.^C = Tht.^C. Lukianische Lesarten überliefert Cyr.^C nicht.

4. Die Hs. D (enthält alle zwölf Propheten, ist aber am Anfang und Ende verstümmelt) ist für die Überlieferung der Cyr.-Bibelstellen sehr wertvoll. Gelegentlich zeigt sie stilistische Glättungen, die vielleicht auf Cyr. selbst zurückgehen, z. B. Hab. 2₁₂ πόλιν 1⁰] πολεις Cyr.^D und πόλιν 2⁰] αντας Cyr.^D. Lukianische Einwirkungen sind selten, z. B. Mich. 1₁₆ τὰ τρυφερά/σου] tr. Cyr.^D = L'.

5. Die Hs. E ist ein Fragment zu Soph., das einen guten Text bietet, soweit die wenigen Verse, die es enthält, erkennen lassen.

6. Die Hs. F (= 40 H.-P.) benutzte Pusey nach den Kollationen des Matthaeius, die dieser für H.-P. verfertigte. Sie ist unter allen Cyr.-Hss. die eigenwilligste und wertvollste Hs. für die Textgeschichte des Dodekapropheton, aber nicht für die Cyr.-Lesarten. Sie hat folgende Eigenarten:

a) Gelegentliche Berührungen mit dem cod. Alexandrinus (A): Mich. 2₈ ἀντέστη] αντικατεστη Cyr.^F = A'' . . . 3₈ ἐγὼ ἐμπλήσω] tr. Cyr.^F = A 6₉ φοβουμένους] pr. τους Cyr.^F = A'' Nah. 3₅ αἰσχύνην] ασχημοσυνην Cyr.^F = A'' . . . Zach. 6₅ Ταῦτά ἐστιν] ουτοι εισιν Cyr.^F = A' . . . 14₁₉ ἔσται] εστιν Cyr.^F = A Mal. 2₃ εἰς] επι Cyr.^F = A'-410. Wie die Beispiele zeigen, sind diese Lesarten aber wenig charakteristisch.

b) Vereinzelte Übereinstimmungen mit der Minuskel 764: Os. 11₁₂ (12₁) ψεύδει] ψευδεσιν Cyr.^F = 764 Mich. 1₉ ἦλθεν] διηλθεν 2₃ ὀρθοί] ορθιοι 2₅ βάλλων] pr. ο Ion. 1₇ ἐστὶν ἐν ἡμῖν] εφ υμιν (ημ. 764) εστι Hab. 1₁₀ om. ἐν. Auch diese Sonderlesarten sind nicht besonders kennzeichnend.

c) Einige Berührungen mit Hi.: Os. 2₂₀ (22) τὸν κύριον] οτι εγω κυριος Cyr.^F = quia ego dominus Hi. Am. 4₁ αἱ 1⁰] αι ουσαι Cyr.^F = quae estis Hi. (auch Bo Arm) 5₈ ὄνομα αὐτῷ] ον. αυτου Cyr.^F = nomen eius Hi. (auch Tht.) 6₂ τῶν ὑμετέρων ὁρίων] των ορ. υμων Cyr.^F = terminis vestris Hi. (auch Syh Iust.) 7₅ Κύριε κύριε] κυριος ο θεος Cyr.^F: cf. domine deus Hi. Mich. 4₁ ἐπὶ τὰς κορυφάς] επι την κορυφην Cyr.^F = super verticem Hi. (auch Sa Syh) 4₁₂ τὸν λογισμόν] τους λογισμους Cyr.^F = cogitationes Hi. Ioel 3(4)₁₄ ἐξήχησαν] ηκουσθησαν Cyr.^F = exauditi sunt Hi. Abd. 3 ὑψῶν κατ. αὐτοῦ λέγων] υψουντα κατ. σου λεγοντα Cyr.^F = exaltantem habitaculum tuum atque dicentem Hi. Soph. 2₁₂ ἐστε] εσεσθε Cyr.^F = eritis Hi. Die durchschossen gedruckten Lesarten sind zugleich in die

Compl. übergegangen, die sehr häufig mit Cyr.[F] zusammengeht (s. unter d)). Manche der genannten Lesarten sind deutlich latinisierend, z. B. Am. 4₁ 5₈ 6₂ 7₅ Abd. ₃ Soph. 2₁₂.

d) Enge Verwandtschaft mit Compl.; die weitaus größte Anzahl der hier genannten Lesarten hat in die Ausgaben (Edd.) vor Pusey Eingang gefunden: Os. 10₅ μετῳκίσθη] κατωκισθη Cyr.[F] = Compl. 11₈ σου] σε | συνεταράχθη] διεταραχθη Am. 1₁ τοῦ Ιωας] υιον ιωας 1₁₄ συντελείας] συντελεσεως 2₁₆ ἐκ. τῇ ἡμέρᾳ] ταις ημεραις εκειναις (= Bo) 3₁ ἀνήγαγον] -γεν 3₅ σχασθήσεται] σταθησεται 3₇ τοὺς προφ.] pr. προς 3₈ om. ὁ θεός | οὐ προφητεύσει] ου μη προφητευση 3₉ ἐπὶ τὸ ὄρος] εις το ο. 3₁₅ πολλοί] pr. και 4₉ κατέφαγεν] pr. τουτους 4₁₁ ὁ θεός] κυριος | ἐκ πυρός] απο καυσεως 5₂ ἔσφαλεν] εσφαλη 5₄ ζήσεσθε] ζησετε 5₅ ὅτι] διοτι 5₈ μετασκευάζων] κατασκ. | συσκοτάζων] σκοταζων 5₁₄ ὑμῶν] + κυριος ουτως ειπεν 5₁₉ ἐάν] + τις 5₂₂ ἐνέγκητε] ανενεγκητε 6₂ om. πασῶν | εἰ] επει 6₈ κατοικοῦσιν αὐτήν] εν αυτη 6₁₄ τοῦ χειμ.] om. τοῦ 7₂ ὅτι] διοτι 7₇ ἰδού] + κυριος 7₁₂ Αμως] + λεγων 7₁₅ λαόν μου] οικον 8₂ οὐκέτι μὴ προσθῶ] ου προσθησω ουκετι 8₇ ὑπερηφανίας] -νιαν 8₈ συντέλεια] pr. η 8₁₄ om. ζῇ 2° 9₆ ἀνάβ. αὐτοῦ] om. αὐτοῦ 9₁₄ ἐπιστρέψω] αποστρεψω Mich. 2₁₁ μέθυσμα] pr. εις | ἔσται] + σοι 2₁₂ Ισραηλ] pr. οικον 7₅ ἡγουμένοις] + και 7₁₆ καταισχυνθήσονται] αισχ. 7₁₉ καταδύσει] κατακλυσει Ioel 2₇ δραμοῦνται] διαδρ. 2₁₂ ἐν κλαυθμῷ καὶ ἐν κοπετῷ] om. ἐν 1° et 2° 2₂₅ ἐσθίοντες] βρωσει 3₄ καί 1°] + γε (auch W) 3₆ om. καί 1° 3₇ τὸ ἀνταπόδομα] om. τό 3₁₁ ὁ πραΰς] om. ὁ 3₁₂ om. πάντα 1° 3₁₅ οἱ ἀστέρες] τα αστρα 3₁₇ οὐκέτι] ετι 3₁₉ ἀφανισμοῦ] εις αφανισμον Abd. ₃ ἐν καρδίᾳ αὐτοῦ] εν κ. σου Hab. 1₈ ὁρμήσουσι] εξορμ. 3₂ ἐπιγνωσθήσῃ] γνωσθ. 3₁₀ αὐτῆς 2°] αυτου 3₁₄ δυναστῶν] pr. των 3₁₆ εἰς 2°] προς τον Soph. 3₁ δι᾽ αὐτῆς] αυτην Agg. 2₂₁ Ἐγώ] pr. ιδου Zach. 7₁₄ γῆν] την γην την 14₂ ἐκ τῆς πόλ.] απο τ. πολ. 14₁₂ ῥυήσονται] εκρυησ. Mal. 2₁₁ εἰς] επι 3₁₃ τοὺς λόγους] εν τοις λογοις. Zwar sind die meisten dieser Lesarten nicht besonders wichtig; aber manche sind doch beachtenswert, so die Wortlautveränderungen Am. 3₅ 4₁₁ 7₁₅ Ioel 2₂₅, die starke Eingriffe in den überlieferten Text darstellen. Weil viele der genannten Lesarten in die alten Cyr.-Ausgaben eingedrungen sind, ist der Bibeltext dieser Ausgaben vor Pusey weithin mit Compl. engstens verwandt; aber alle diese Lesarten sind nicht echte Cyr.-Lesarten, weil sie weder in den anderen Cyr.-Hss. noch im Kommentar auftreten. Die Hs. Cyr.[F] gehört also zu den Hss., die die Vorlage der Compl. bildeten. Diese

Gruppe der Hss. ist in einer eigenen Abhandlung zu untersuchen; keine der uns heute vorliegenden Hss. zeigt enge Berührung mit Compl.; die bei H.-P. als „42" auftretende Hs., die öfters Sonderlesarten mit Compl. teilt, ist heute verschollen, vgl. Rahlfs, Verz. S. 330 f. Oben ist bereits eine Reihe von Stellen genannt worden, die ein enges Zusammengehen von Cyr.^{F} Hi. und Compl. zeigen und deutlich latinisierend sind.

e) Starke Lukianisierung: Os. 12₄ (5) ευρον 12₉ (10) εν ημεραις 13₈ θηρία] pr. και 14₁ εδαφισθησεται Am. 2₁ τῆς Ἰδουμ.] om. τῆς 2₂ μετα φωνης και μετα κραυγης 3₉ τῆς Αἰγύπτου] εν γη αιγυπτω 3₁₄ πεσειται 4₅ ομολογιαν Mich. 2₄ λεγοντων 7₁₉ πασαι αι αμαρτιαι Ioel 1₃ ὑπέρ] περι 1₁₈ εκλαυσεν 3₁₂ διότι] οτι 3₁₃ επληθυνθη Nah. 1₅ εσεισθη 2₁₁ τα προσωπα Hab. 2₇ εξαναστησονται Soph. 2₁₄ νεμησεται Zach. 3₁₀ ἀμπέλου et συκῆς] + αυτου 7₉ ἀδελφόν] πλησιον 8₂₃ ἐὰν ἐπιλάβωνται 1⁰ et 2⁰] επιληψονται 9₁ αδραχ 9₅ κατησχυνθη 9₁₄ ἔσται ἐπ' αὐτούς] + οφθησεται (Dublette) | βολίς] + αυτου 9₁₅ θυσιαστήριον] pr. το 10₄ θυμῷ] πνευματι θυμου 11₁₀ λαούς] + της γης 11₁₅ ποιμένα] + απειρον 13₄ αὐτόν] -τους Mal. 3₁₈ καί ult.] + ανα μεσον.

Diese eingehende Untersuchung der einzelnen Cyr.-Hss. ist notwendig, um sie bei der Herstellung des Bibeltextes des Cyr. richtig zu verwenden. Aus zahlreichen Beispielen, wo alle Cyr.-Hss. übereinstimmen, geht hervor, daß der Cyr.-Bibeltext gewöhnlich mit der alexandrinischen Textform (A-Q . . .) geht (s. Einleitung zu meiner Ausgabe S. 47 ff.) und daß er nicht lukianisch ist. Für die Herstellung des Bibeltextes ist also folgendes zu beachten: 1. Wenn eine Cyr.-Hs. eine alexandrinische Lesart bezeugt, so ist diese als Cyr.-Lesart aufzunehmen. 2. Wenn eine Cyr.-Hs. lukianische Lesarten überliefert, dann sind diese Lesarten verdächtig und nicht echt. 3. Wenn eine Lesart einer Cyr.-Hs. wieder im Kommentar aufgenommen ist, dann ist sie als sicher echte Cyr.-Lesart erwiesen, besonders dann, wenn sie öfters zitiert und ausführlich besprochen wird.

Wenn wir nun die Ausgabe von Pusey durchschauen, dann sehen wir, daß er häufig nicht den echten Cyr.-Bibeltext aufgenommen hat, sondern sekundäre Lesarten; dies kommt daher, weil Pusey einseitig die Hs. B bevorzugt, die stark lukianisiert ist; oftmals haben hier die älteren Ausgaben (Edd.) die richtige Lesart, so daß also an diesen Stellen die Ausgabe Pusey's einen Rückschritt bedeutet.

Im folgenden sind nun Stellen genannt, wo der Bibeltext von Pusey zu verbessern ist; die Aufzählung kann nicht vollständig sein, weil Pusey oft nur eine Hs. kollationiert, so daß die Lesarten der übrigen Hss. (so besonders von D) nicht bekannt ist. Vor dem Lemmahaken steht der echte Cyr.-Bibeltext mit Angabe der Bezeugung (soweit aus Pusey ersehbar), hinter dem Lemmahaken der von Pusey gebotene Text mit den Zeugen (wenn keine Zeugen angegeben sind, sondern nur Sperrdruck verwendet ist, dann ist es lukianischer Text): Os. 2₁₅ (₁₇) νηπιότητος Edd.] pr. της Cyr.ᴰ = 42   2₁₇ (₁₉) στόματος Edd.] pr. του Cyr.ᴮᴰ 2₁₈ (₂₀) ἐν ἐκείνη τῇ ἡμέρᾳ διαθήκην Cyr.ᴮᴰ] εν τη ημερα εκεινη δια-θηκην Pusey (Druckfehler?)   4₁₆ νῦν Cyr.ᴰ] και νυν Cyr.ᶠ Edd. 6₉ ἀνδρός Cyr.ᴰ Edd.] pr. ως Cyr.ᴮ   7₁₀ Ἰσρ. Cyr.ᴰ] pr. του Edd. = lII ...   8₄ ὅπως Cyr.ᴰ Edd.] + αν Cyr.ᴮ 46'-407 ... 9₁₀ σκοπόν Cyr.ᴮᴰ] συκον Cyr.ᶠ Edd. = 46' ...   9₁₃ παρέστησαν τὰ τ. αὐτῶν Cyr.ᴰ] παρεστησε τα τ. αυτου Cyr.ᴮᶠ Edd.: cf. L ... 9₁₆ οὐκέτι Edd.] + ου Cyr.ᴮᴰ = 87' ... | κοιλίας Edd.] pr. της Cyr.ᴮᴰ   10₁₁ κάλλιστον Cyr.ᴰ] καλλος Edd.

Am. 1₇ θεμέλια Cyr.ᴬ] pr. τα Edd.   1₉ αἰχμαλωσίαν Cyr.ᴬ] pr. την Edd. = 393 538   1₁₁ ἀδ. αὐτοῦ Cyr.ᴮ Pont.] αδ. αυτων Cyr.ᴬᶠ Aub. = 613   2₇ τὰ πατοῦντα Cyr.ᴬ] των πατουντων Cyr.ᴮ (καταπατουντα Cyr.ᶠ Edd.)   3₁₁ ἰσχύν Cyr.ᴬ] pr. την Cyr.ᶠ Edd.   4₃ γυμναί Edd.] + γυνη και ανηρ αυτης Cyr.ᴮ   4₅ ὅτι Edd.] δη οτι Cyr.ᴮ = 407 (δε οτι Cyr.ᴬ: aus διοτι entstanden, s. oben)   5₂₁ ἑορτάς Edd.] pr. τας Cyr.ᴬ (= Komm. S. 473 Z. 1) 6₃ οἱ εὐχ. Cyr.ᴬᴮ] ουαι ευχ. Cyr.ᶠ Edd. (vgl. Komm. S. 483 Z. 1) 6₁₃ λόγῳ Edd.] + αγαθω Cyr.ᴮ   7₁₆ Ἰσρ. Edd.] pr. λαου μου Cyr.ᴬ = Arab (ex v. 15)   9₆ ἀνάβασιν Edd. (= Komm. S. 533 Z. 1, 534 Z. 2. 7)] pr. την Cyr.ᴬᴮ = Qᵐᵍ lI ...   9₁₂ ἀνθρώπων] + [τον κυριον] Cyr.ᴮ ᵐᵍ = Aʺ 407 ...

Mich. 1₂ λόγους Edd.] pr. παντες Cyr.ᴰᶠ | κύριος 1⁰ Cyr.ᴮ] + ο θεος Cyr.ᴰᶠ Edd.   2₆ τούτῳ Edd.] + οι οφθαλμοι υμων Cyr.ᴮ   2₁₃ διακοπῆς Edd.] κοπης Cyr.ᴮ   7₁₀ ἡ λέγουσα (= Komm. S. 727 Z. 8)] om. ἡ Cyr.ᶠ Edd. = 764.

Ioel 1₁₄ κατοικοῦντας γῆν Edd.] τους κατοικ. την γην Cyr.ᴮ 1₁₅ κυρίου Edd.] pr. του Cyr.ᴮ = 410   1₁₆ ἐξωλεθρεύθη Edd.] + εξηρανθη και Cyr.ᴮ = lI (Dublette; 36-49' haben + και εξηρθη; dies scheint Cyr. vorauszusetzen, da er im Komm. S. 309 Z. 10. 24, S. 310 Z. 3 das Verbum ἐξῆρθαι, ἐξῆρται, ἐξηρῆσθαι verwendet) 1₂₀ τὰ κτήνη Edd.] pr. παντα Cyr.ᴮ = 534 | ἀνέβλεψεν Cyr.ᴮᶠ] -ψαν Edd. = B-S ...   2₁₀ ὁ ἥλιος Edd.] + τε Cyr.ᴮ   2₁₄ ὑπολείψεται

= Komm. S. 323 Z. 12 (ὑποληψ. Edd.)] υπολιπηται Cyr.ᴮ 2 ₂₅ ἐφ'
ὑμᾶς Cyr.ᶠ = A-Q] εις υμας Edd. = B-S . . . 2 ₂₆ ἅ] ος Edd.
= 46' . . . | εἰς θαυμ.] o m. εἰ ς Edd. 2 ₂₇ ἔτι Edd.] ετερος Cyr.ᴮ
= La Ach Sa Aeth 2 ₃₂ Ιερουσ. Edd.] pr. τη Cyr.ᴮ 3 ₄ ὑμεῖς ἐμοί
Edd. = Komm. S. 388 Z. 19] εμοι και υμιν Cyr.ᴰᶠ (= Komm.
S. 350 Z. 17) 3 ₄ κεφαλάς Edd.] pr. τας Cyr.ᶠ (= Komm. S. 388
Z. 22) 3 ₁₀ ἰσχύω ἐγώ Edd.] ισχυν εχω Cyr.ᴮ 3 ₁₂ ἐξεγειρέσθωσαν
Edd.] -σθω Cyr.ᴮ 3 ₁₆ ἀνακράξεται Cyr.ᴮ] ανακεκραξ. Edd. (=
Komm. S. 358 Z. 1. 5) = B-V 3 ₁₉ ἀφανισμοῦ Edd. = Komm.
S. 546 Z. 9] + γ ε ν η σ ε τ α ι Cyr.ᴮ.

Abd. 3 ὑπερηφανία Cyr.ᴰ Edd.] p r. η Cyr.ᴮ 5 ἐπιφυλλίδα
Cyr.ᴰ Edd.] -δας Cyr.ᴮ = B-Sᶜ . . . 7 ἔθηκαν Cyr.ᴰ Edd.] pr.
συνεσθιοντες σοι Cyr.ᴮ = 407 (cf. L") 14 μηδέ Edd.] μη Cyr.ᴮ
15 ἀνταποδοθήσεται Edd.] + σ ο ι Cyr.ᴮ.

Ion. 1 ₄ πνεῦμα Cyr.ᴰ] + μ ε γ α Cyr.ᴮ 1 ₁₃ ἐπιστρέψαι Edd.
υποστρεψαι Cyr.ᴮ = 42 3 ₇ λέγων Edd.] λ ε γ ο ν τ ω ν Cyr.ᴮ
4 ₆ σκιάν Edd.] pr. εις Cyr.ᴮ = l II-407 . . .

Nah. 1 ₉ οὐκ Edd.] p r. κ α ι Cyr.ᴮ 2 ₇ διέπεσον Cyr.ᴮᴰ] -σεν
Edd. = B-S L' . . . 3 ₁₁ ὑπερεωραμένη Cyr.ᴮᴰ Edd.] π α ρ ε ω ρ.
Cyr.ᶠ (= Komm. S. 59 Z. 19).

Hab. 1 ₁₃ ὁ ὀφθ. Edd.] + σ ο υ Cyr.ᴮ 2 ₂ ἐπὶ πυξίον Cyr.ᴮᴰ]
ε ι ς π. Edd. 2 ₅ οὗτος Cyr.ᴰ Edd.] α υ τ ο ς Cyr.ᴮ 2 ₁₄ αὐτούς Cyr.ᴰ
Edd.] θ α λ α σ σ α ς Cyr.ᴮ 3 ₆ καὶ διεθρύβη Cyr.ᴰ] o m. κ α ι Edd.
= B-S L" . . . 3 ₁₃ τραχήλου Cyr.ᴰ Edd.] + ε ι ς τ ε λ ο ς Cyr.ᴮ.

Soph. 1 ₂ ἐκλιπέτω Edd.] + π α ν τ α Cyr.ᴮ 1 ₄ Ιερουσ. Cyr.ᴰ]
pr. εν Cyr.ᴮ = l II-407 . . . | τῆς Βααλ Cyr.ᴱ Edd.] τ ω ν β α α λ ε ι μ
Cyr.ᴮ | τῶν ἱερέων] + κ α ι μ ε τ α τ ω ν ι ε ρ ω ν Cyr.ᴮ = 407 (cf. L')
2 ₃ δικ. ζητήσατε Cyr.ᴰ] ζ η τ η σ α τ ε δ ι κ. ζ η τ η σ α τ ε π ρ α ο τ η τ α
Cyr.ᴮ.

Agg. 1 ₁₀ fin. Cyr.ᴰ] + ε φ υ μ α ς Cyr.ᴮ 1 ₁₁ ὅσα Cyr.ᴰ] pr.
ε π ι π α ν τ α Cyr.ᴮ 1 ₁₃ ἄγγ. κυρίου Cyr.ᴰ] pr. ο Cyr.ᴮᶠ Edd.
2 ₅ init. Cyr.ᴮ] p r. κ α ι ο λ ο γ ο ς — α ι γ υ π τ ο υ Cyr.ᴰ (ähnlich
Cyr.ᶠ Edd.) 2 ₆ σείσω Cyr.ᴰ Edd.] σ ε ι ω Cyr.ᴮ 2 ₁₀ Τετράδι Cyr.ᴰ
Edd.] p r. τ η Cyr.ᴮ 2 ₁₂ οὐ Cyr.ᴰ Edd.] ο υ χ ι Cyr.ᴮ 2 ₁₆ ἐγένοντο
Edd.] εγινετο Cyr.ᴮ = 407 534 2 ₂₁ Ἐγώ Edd.] pr. ε τ ι α π α ξ
Cyr.ᴮ 2 ₂₂ τῶν ἐθνῶν Edd.] o m. τ ῶ ν Cyr.ᴮ.

Zach. 1 ₂₁ (2 ₄) κυρίου Cyr.ᴰ] pr. του Cyr.ᶠ Edd. = 49
4 ₁₄ παρεστήκασι Edd. = Komm. S. 345 Z. 19] p r. ο ι Cyr.ᶜ
6 ₇ ἐπέβλεπον Cyr.ᶜ Edd.] εβλεπον Cyr.ᴮᴰ = 407 | τὴν γῆν 1° Edd.]
pr. πασαν Cyr.ᶜ = 130'-239 Arm | τὴν γῆν 2° Edd.] pr. πασαν
Cyr.ᶜ = 62-l II 6 ₁₂ κυρίου Edd.] pr. του Cyr.ᶜ 7 ₁₀ τοῦ ἀδελφοῦ

Cyr.^{C} Edd.] $\tau\omega\ \alpha\delta\varepsilon\lambda\varphi\omega$ Cyr.^{BD} 8₁₂ $\pi\acute{\alpha}\nu\tau\alpha\ \tau\alpha\~{v}\tau\alpha$ Cyr.^{BF} (= A-Q ...)] tr. Cyr.^{CD} Edd. (= B-S ...)   9₁₀ $\acute{v}\delta\acute{\alpha}\tau\omega\nu$ Cyr.^{CD}] + $\alpha\pi o\ \vartheta\alpha\lambda\alpha\sigma\sigma\eta\varsigma$ Cyr.^{F} Edd.   12₅ $Iov\delta\alpha$ Cyr.^{C}] + $\pi\alpha\nu\tau\varepsilon\varsigma$ Cyr.^{F} Edd.

Mal. 1₄ $\acute{\varepsilon}\varrho\varepsilon\~{\iota}$ Edd.] $\varepsilon\alpha\nu\ \varepsilon\iota\pi\eta$ Cyr.^{B} | $\mathring{\eta}\varrho\eta\mu\omega\mu\acute{\varepsilon}\nu\alpha\varsigma$ Edd.] + $\alpha\nu\tau\eta\varsigma$ Cyr.^{B} 1₆ $\alpha\mathring{v}\tauο\~{v}$ Edd.] + $\varphi o\beta\eta\vartheta\eta\sigma\varepsilon\tau\alpha\iota$ Cyr.^{B} = L—407 1₉ $\acute{v}\mu\~{\omega}\nu$ 1° Edd.] + $\lambda\varepsilon\gamma\varepsilon\iota\ \kappa\nu\varrho\iotaο\varsigma\ \pi\alpha\nu\tauο\kappa\varrho\alpha\tau\omega\varrho$ Cyr.^{B} 1₁₃ $\grave{\varepsilon}\grave{\alpha}\nu\ \varphi\acute{\varepsilon}\varrho\eta\tau\varepsilon$ Edd.] $\pi\varrhoο\sigma\varepsilon\varphi\varepsilon\varrho\varepsilon\tau\varepsilon\ \alpha\nu\tau\alpha$ Cyr.^{B} = 407 (cf. L)   1₁₄ $\grave{\varepsilon}\nu\ \tau\~{\omega}\ \pi ο\iota\mu\nu.$ Edd.] pr. $\alpha\nu\tau\omega$ Cyr.^{B} = 26 407 | $\delta\iota\varepsilon\varphi\vartheta\alpha\varrho\mu\acute{\varepsilon}\nuο\nu$ Edd.] -$\mu\varepsilon\nu\alpha$ Cyr.^{B} 2₁ $ο\mathring{\iota}\ \mathring{\iota}\varepsilon\varrho\varepsilon\~{\iota}\varsigma$ Edd.] $\tauο\nu\varsigma\ \iota.$ Cyr.^{B} = 407   2₂ $\mathring{\alpha}\kappaο\acute{v}\sigma\eta\tau\varepsilon$ Edd.] $\varepsilon\iota\sigma\alpha\kappaο$-$\sigma\eta\tau\varepsilon$ Cyr.^{B} = 407′   2₄ $\grave{\varepsilon}\pi\iota\gamma\nu\acute{\omega}\sigma.$ Edd.] $\gamma\nu\omega\sigma.$ Cyr.^{B} = S 534 $\delta\iota\acute{ο}\tau\iota$ Edd.] $ο\tau\iota$ Cyr.^{B} = V 407   2₁₅ $\varphi\nu\lambda\acute{\alpha}\xi\alpha\sigma\vartheta\varepsilon$ Edd. = Komm. S. 590 Z. 19] $\varphi\nu\lambda\alpha\sigma\sigma\varepsilon\sigma\vartheta\varepsilon$ Cyr.^{B} = 407   2₁₆ fin. Edd.] + $\tau\eta\nu\ \sigma\nu\nu\vartheta\eta\kappa\eta\nu$ Cyr.^{B} 3₅ $\pi\varrhoο\sigma\acute{\alpha}\xi\omega$ Edd. = Komm. S. 604 Z. 7] $\pi\varrhoο\sigma$-$\varepsilon\lambda\varepsilon\nu\sigmaο\mu\alpha\iota$ Cyr.^{B} 3₇ $\mathring{\alpha}\delta\iota\kappa\~{\omega}\nu$ Edd.] $\alpha\mu\alpha\varrho\tau\iota\omega\nu$ Cyr.^{B} 3₉ $\mathring{\alpha}\piο$-$\beta\lambda\acute{\varepsilon}\pi\varepsilon\tau\varepsilon$ Edd.] + $\varepsilon\iota\varsigma\ \alpha\nu\tau\alpha$ Cyr.^{B} 3₁₇ $\deltaο\nu\lambda\varepsilon\acute{v}ο\nu\tau\alpha$ Edd.] pr. $\varepsilon\nu$ Cyr.^{B} 4₆ (3₂₂) $\mu\nu\eta\sigma\vartheta\eta\tau\varepsilon$ Edd.] -$\tau\iota$ Cyr.^{B} = 576 | $\nu\acute{ο}\muο\nu$ Edd.] pr. $\tauο\nu$ Cyr.^{B} = 106 239.

In den genannten Fällen ist der hinter dem Lemmahaken stehende Text, den Pusey aufgenommen hat, zu verwerfen, mag auch Pusey ihn ausdrücklich als richtig erklärt haben, wie z. B. Soph. 2₃, wo er vermerkt „recte, cf. infra". Nicht die Cyr.-Hs. B, die Pusey einseitig bevorzugt, sondern die Cyr.-Hs. D, die Pusey sehr oft leider nicht kollationiert, hat gewöhnlich den richtigen Cyr.-Text.

Ein Rückblick zeigt, daß weder die alten Drucke noch die neue Ausgabe von Pusey den richtigen Cyr.-Bibeltext überliefert. Die alten von Pontanus abhängigen Ausgaben haben ihren Bibeltext vielfach nach der Sixt. korrigiert und sind deshalb unzuverlässig. Pusey stützt sich zwar auf neue Hss., hat aber den Fehler begangen, daß er 1. zu wenige Hss. heranzieht, 2. die ihm vorliegenden Hss. nicht vollständig kollationiert und 3. die stark lukianisierte Hs. B einseitig bevorzugt. Es ist ein Glück, daß Cyr. oft den Bibeltext im Laufe der Erklärung ausführlich wiederholt; so haben wir eine Kontrolle: wenn dieser Text in der Erklärung mit der dem Kommentar voranstehenden Lesart übereinstimmt, dann ist es echter Cyr.-Bibeltext; allerdings ist manchmal der im Kommentar wiederholte Bibeltext in den alten Ausgaben und auch in den Hss. korrigiert. Aber auch in diesem Falle haben wir eine weitere Kontrolle: Viele einwandfreie echte Cyr.-Lesarten zeigen, daß sie mit der von A-Q und verwandten Minuskeln vertretenen

Textform übereinstimmen (alexandrinischer Text); somit ist jene Lesart bei Varianten in Cyr.-Hss. zu wählen, die mit A-Q ... übereinstimmt.

Wegen der Unzuverlässigkeit der Ausgaben wurden im App. der Göttinger Septuaginta nur die Lesarten der Hs. „F", die bereits bei H.-P. unter der Sigel „40" kollationiert ist, eigens vermerkt; die Lesarten der anderen Hss. wurden nicht mit dem Namen der Hs. notiert, sondern allgemein unter „Cyr.p", d. h. eine oder zwei der Hss. vertreten die Lesart. Oft konnte man aus Pusey nicht ersehen, wie die Varianten sich auf die einzelnen Cyr.-Hss. verteilen, weil Schlüsse e sil. nicht gezogen werden konnten. Deshalb verdienen die Angaben im App. „Cyr." und „Cyr.p" nicht unbedingtes Vertrauen. Die gerade in Beziehung auf die Bibeltexte ungenügende Ausgabe von Pusey ist schuld daran.

„De varietate interpretationis diximus,
quae molesta erit negligentibus, stu-
diosis grata."
Hieronymus,   comm.   in   Am. 4₁₂f
(PL 25, 1034 A).

Die jüngeren griechischen Übersetzungen
als Vorlagen der Vulgata

I.

Die ablehnende Haltung des Hieronymus
gegenüber der Septuaginta[1]).

Als Hieronymus an sein großes Werk ging, die Bibel des A. T.
neu nach der „Hebraica veritas" zu übersetzen, war er sich bewußt,
daß er eine schwierige Arbeit in Angriff nahm. Er hatte sich zwar
philologisch auf diese Aufgabe vorbereitet, indem er weder Mühe
noch Zeit noch Geld scheute, die hebr. Sprache, die „mater omnium
linguarum" zu erlernen. Aber er erkannte sofort, daß diese Kenntnisse nicht genügen konnten; so mußte er sich nach Hilfsmitteln
umschauen, die ihm die Arbeit erleichterten. Sein Blick fiel zunächst auf die älteste Übersetzung, auf die Septuaginta (LXX), die
in der lateinischen Gestalt der „vulgata editio" damals die Bibel
der römischen Welt war. Jedoch war diese Übersetzung mehr
hindernd als fördernd für seine Tätigkeit: sie stand im größten
Ansehen und ihre Lesarten waren als Zitate der theologischen
Literatur und als heilige Texte der Liturgie allgemein verwendet
und bekannt. So war Hieronymus vielfach an den gebräuchlichen
Text gebunden und konnte nicht immer neue Wiedergaben bringen,
um nicht zu sehr als „Neuerer" verschrieen zu werden. In seinen
Kommentaren zu den prophetischen Büchern spricht er gelegentlich
von dieser lästigen Bindung an die traditionelle Übersetzung. So

---

[1]) Die Stellen aus den Kommentaren sind nach der Ausgabe von M i g n e ,
PL 24 und 25 (1845) zitiert. PL 24 enthält die Kommentare zu Is. und Ier.; PL 25
enthält die Kommentare zu Ez., Dan. und zu den 12 kleinen Propheten. Die
neue Ausgabe des Ier.-Komm. im Wiener Corpus (CSEL 59) von R e i t e r ist
verglichen worden. Die Vulgata ist nach der Ausgabe von G r a m a t i c a
(Mailand 1922) zitiert; die Ausgabe von H e t z e n a u e r (Regensburg—Rom
1914) wurde verglichen.
Die A b k ü r z u n g e n sind dieselben wie in der großen Göttinger Septuaginta-Ausgabe und leicht verständlich. Besonders sei noch vermerkt, daß
gegen die Überlieferung ergänzte Textteile in Spitz-Klammern < >, gegen die
Überlieferung getilgte Textteile in eckige Klammern [ ] gesetzt sind.

sagt er im Komm. zu Is. 58₁₂: In eo loco, ubi nos iuxta Septuaginta interpretati sumus, ne quid innovare videremur, quia vulgatum est testimonium, *et vocaberis aedificator sepium,* in Hebraico legitur, *et vocabitur in te,* GODER PHERES (572 C/D). Ebenso berücksichtigt er die LXX-Wiedergabe von Is. 65₂₀: Hoc iuxta Septuaginta interpretes diximus, quorum editio toto orbe vulgata est: ne in loco famosissimo videremur ad Hebraeae linguae arcem confugere (647 A). Die Stelle Zach. 14₂₀ übersetzt er gegen besseres Wissen mit *frenum,* weil er nicht von der LXX abweichen will: Soli Septuaginta χαλινὸν, id est, *frenum,* transtulerunt; quos et nos in hoc loco secuti sumus, ne novum aliquid in quaestione vulgata videremur affere (1539 A). Auch wenn es Hieronymus nicht ausdrücklich bemerkt, übernimmt er die LXX-Wiedergabe, namentlich bei öfters zitierten (messianischen) Stellen; so übersetzt er Ier. 11₁₉ *mittamus lignum in panem eius* und führt so die unklare LXX-Übersetzung ἐμβάλωμεν ξύλον εἰς τὸν ἄρτον αὐτοῦ in die lateinische Bibel ein, die durch die liturgische Verwendung als Capitulum in den Laudes der Passionszeit allgemein bekannt ist.

Nur ungern folgt Hieronymus der Septuaginta. Denn je öfters er sie einsieht, desto mehr muß er erkennen, daß sie sich zu weit von der „Hebraica veritas" entfernt und unrichtig übersetzt. In seinen Kommentaren hat er dies wiederholt ausgesprochen. So sagt er zu Ier. 2₂₃/₂₄: Multum in hoc loco LXX editio ab Hebraica veritate discordat (694 C). Absichtlich setzt Hieronymus beide Ausgaben, die LXX und die Vulg. nebeneinander, um die Schwierigkeit und Undurchsichtigkeit der LXX deutlich vor Augen zu führen, so Ier. 22₁₃/₁₇: Utramque editionem ex integro posui, ut et Hebraica veritas, et difficultas Vulgatae editionis facilius cognoscatur (814 B). Sehr viele Teile, so zu Ez. und namentlich zu Ier. fehlen in der LXX, so daß Hieronymus immer wieder konstatieren muß: hoc in Hebraico non habetur. Seltener sind Teile zu Unrecht von der LXX hinzugefügt, z. B. Ier. 23₆: male additum est, *in Prophetis* (820 B). Wenn Hieronymus auch gestehen muß, daß die LXX Ier. 26₇ „manifestius" übersetzt habe *pseudoprophetas* statt *prophetas* (845 B; ähnlich 853 C zu Ier. 28₁), so billigt er doch diese Wiedergabe nicht.

So hat Hieronymus schon bei der Übersetzung nach dem hebr. Text sicherlich oft unwillig sich mit der LXX beschäftigt; erst recht wird ihm die Mangelhaftigkeit der LXX bei der Ausarbeitung seiner Erklärung zu den einzelnen Propheten sichtbar. Er staunt über ihre seltsame, unrichtige und unklare Wiedergabe; immer wieder sagt er: miror quomodo LXX interpretati sunt (oder ähnlich)[2].

---

[2]) Is.-Komm.: 155 B; 392 B; 349 B; 466 B; 607 A/B; Ier.-Komm.: 880 B; Ez.-Komm.: 46 C; Zwölfpropheten-Komm.: 854 C; 1140 A.

Oft kann er mit der Wiedergabe der LXX nichts anfangen; er weiß
nicht, wie sie zu ihrer Wiedergabe gekommen ist oder was die
Übersetzung besagen will; so begegnet uns oft die Wendung: nescio
quid volentes LXX interpretati sunt (transtulerunt, posuerunt, addi-
dere, dixere)[3]). Oftmals muß er gestehen, daß er die LXX nicht
verstehen und erklären kann[4]). Ja ihre Wiedergabe erscheint ihm
sinnlos, so sagt er zu Ez. 48₁₄: Illud autem quod dixerunt LXX:
Nec mensurabitur, nec auferetur, pro eo quod nos diximus, *non muta-*
bitur, nec transferetur, sensum non habere, perspicuum est (484 A).

Diese Äußerungen könnten die Meinung erzeugen, daß Hieronymus die LXX fast gänzlich aufgegeben hat. Aber dies ist nicht
der Fall; viele Kritiken der LXX sind auch zu schroff. Sie gelten
ja immer nur einzelnen Stellen; an zahlreichen anderen Stellen hat
Hieronymus die Übersetzung der LXX in seine Vulg. übernommen
und hat damit stillschweigend ihren Wert anerkannt. Doch soll an
dieser Stelle über LXX-Lesarten in der Vulg. nicht näher gehandelt
werden.

Einen ganz anderen Eindruck machten auf Hieronymus die
Übersetzungen des Aquila, Symmachus und Theodotion; denn hier
sah er seine Forderung erfüllt: die Hebraica veritas war gewahrt.
Diese jüngeren griech. Übersetzungen bildeten die wichtigsten Vorlagen der Vulgata und ihnen soll die vorliegende Untersuchung
gelten, die sich auf die prophetischen Schriften beschränken muß.

Hieronymus hat selbst bei der Darlegung seiner Grundsätze,
die ihn bei der Übersetzung leiteten, gesagt, daß er die Wiedergaben des Aquila, Symmachus und Theodotion eingesehen und
übernommen hat. So in der bekannten Vorrede seines Kommentars
zum Prediger: Interdum Aquilae quoque et Symmachi, et Theodotionis recordatus sum (PL 23, 1011 f.). Im Verlauf seiner Erklärung sagt er bei mehreren Stellen ausdrücklich, daß er einem
„der Drei" gefolgt sei (ihre Aufzählung siehe im Abschnitt III).
Besonders bei schwierigen Stellen mußte er ihre Hilfe anrufen; so
in der Wiedergabe des „Modespiegels" Is. 3₁₈—₂₁. Bei dieser Stelle
spricht er noch einmal seine Grundsätze aus: Quae omnia licet
LXX Interpretes, Aquila, et Symmachus, ac Theodotio diversis

---

[3]) Is.-Komm.: 84 D; 97 B; 132 A; 185 A; 212 C; 263 A; 327 B; 342 B; 458 A;
Ez.-Komm.: 75 A; 202 B; 235 D; 239 C; 248 A; 254 A/B; 289 C; 376 D; Zwölfpropheten-Komm.: 931 B; 1363 A; 1490 B.

[4]) Zu Is. 21₈: Quid sibi autem voluerint in hoc loco LXX interpretes, ut
pro *leone,* qui Hebraice dicitur ARIA, *uriam* transtulerint, non satis intelligo,
praesertim cum supradictus sacerdos *Urias,* qui vocatur in testimonium, aliis
litteris scriptus sit (192 B/C). Zu Is 31₉: Quid sibi autem velit quod in Septuaginta legitur: *Petra* . . . . scire non valeo (357 C/D). Zu Ier. 22₁₃/₁₇: Iuxta
Septuaginta vero, quem sensum habeant, intelligere non possum (814 D).

modis, interpretentur, nos ut potuimus vel de Hebraeo, vel de ipsorum translatione texuimus (70 B). Auch die wissenschaftliche Forschung hat auf die Benutzung der jüngeren Übersetzungen hingewiesen und einzelne Beispiele aufgezeigt[5]); aber es ist noch nicht in zusammenfassender Weise dargetan worden, wie weit dieser Einfluß reicht; die vorliegende Schrift wird zeigen, daß wir sehr oft in unserer Vulg. Aquila und Theodotion, namentlich aber Symmachus in lateinischer Verkleidung begegnen.

II.

Lobende Anerkennung der Übersetzungsweise des Aquila, Symmachus und Theodotion.

Besondere Anerkennung zollt Hieronymus dem A q u i l a. Er bewundert seine hebr. Sprachkenntnisse; diese Bewunderung ist deshalb so groß, weil er immer mehr die Lücken seines eigenen lexikographischen Wissens erkennt. Er nennt ihn einen „homo eruditissimus linguae Hebraicae" (PL 24, 466 B), einen „diligens et curiosus interpres" (PL 25, 839 A). Seine zweite Übersetzung (secunda editio), nennen die Juden κατὰ ἀκρίβειαν (zu Ez. 1₁₅; 39 C); Hieronymus stimmt dieser Bezeichnung zu. Seine Übersetzung ist wörtlich: verbum de verbo exprimens (zu Is. 49₅; 466 B und zu 58₈; 568 A); qui verbum expressit e verbo (zu Dan. 11₃₇; 571 B). Aquila will das hebr. Idiom und die Etymologie des hebr. Wortes wahren; so sagt Hieronymus zu Is. 22₁: et Aquila volens Hebraicum servare idioma posuit καίπερτοι, quam coniunctionem Latinus sermo non explicat (267 C). Zu Ez. 16₂₄ spricht Hieronymus über die Wiedergabe des hebr. *gob;* zur Übersetzung des Aquila bemerkt er: Aquila volens exprimere etymologiam sermonis Hebraici GOB, posuit βάθυνον, quod nos dicere possumus *foveam* (142 C). Die Wiedergaben des Aquila treffen den Sinn des Wortes genau; so sagt Hieronymus zu Is. 28₇: *Siceram...,* quam proprie Aquila *ebrietatem* transtulit (317 C/D; siehe Abschnitt V). In christlichen Kreisen war die Meinung verbreitet, daß Aquila als „Jude" einige

---

[5]) Vgl. besonders F r. F i e l d, Origenis Hexaplorum quae supersunt, vol. I (Oxford 1875) S. XXIV (Beispiele zu Aquila) und S. XXXIV f. (Beispiele zu Symmachus). In seinen Anmerkungen zu den einzelnen Stellen verweist Field gelegentlich auf die Vulgata. Vgl. ferner F r. K a u l e n, Einleitung in die Heilige Schrift des Alten und Neuen Testamentes [5] I (Freiburg 1911) S. 139. 207 und F r. S t u m m e r, Einführung in die lateinische Bibel, Paderborn 1928, S. 102—105.

Stellen aus Haß gegen die Christen geändert habe; Hieronymus
kann dies von vorneherein nicht glauben und findet diese Verleum-
dung nach der Durchsicht der Übersetzung des Aquila als grundlos⁶).
Im Gegenteil, gerade der „Jude" Aquila hat im christlichen Sinn
übersetzt, während die beiden anderen „Halbchristen" Symmachus
und Theodotion „jüdisch" wiedergegeben haben. So führt Hieronymus zu Hab. 3₁₃ die Wiedergaben „der Drei", sowie der quinta und
sexta editio an; besonders lobt er die Übersetzung des Aquila:
Theodotio autem vere quasi pauper et Ebionita, sed et Symmachus
eiusdem dogmatis, pauperem sensum secuti, Iudaice transtulerunt...
Rem incredibilem dicturus sum, sed tamen veram. Isti semi-
christiani Iudaice transtulerunt: et Iudaeus Aquila interpretatus est,
ut Christianus (1326 C). Ungeteiltes Lob kann allerdings Hieronymus dem Aquila nicht spenden; an einigen Stellen verwirft er seine
Wiedergabe; so kritisiert er die Übersetzung μέτρον Is. 9₇; hier sei
Aquila ein Irrtum unterlaufen: verbi ambiguitate deceptus μέτρον, id
est, mensuram interpretatus est (128 B). In seiner Vulg. übersetzt
Hieronymus imperium. Auch seine allzu wörtliche Übersetzung
(verbum de verbo) billigt er nicht; sein Ziel ist nicht Wort an Wort
aneinanderzureihen, sondern den Sinn (secundum sensum) zu
treffen; dies sind die Grundsätze des Symmachus, dem er am
liebsten folgt⁷) (siehe unten). . Aber im großen und ganzen verdient
die Übersetzung des Aquila ein volles Lob; selbst an solchen Stellen,
wo Aquila nach der Meinung des Hieronymus nicht richtig übersetzt
hat, nimmt er lieber einen Fehler in der Überlieferung an als eine
falsche Übersetzung; so zu Am. 7₁: Quid autem voluerit Aquila
dicere: Ecce serotinus post Gazae regem, ... non satis intelligo,
nisi forte ipsum sermonem GOZI posuit, et paulatim in Gazam
errore corruptus est (1069 D/1070 A).

Am besten gefällt Hieronymus die Übersetzungsweise des
S y m m a c h u s , der den Fehler des Aquila vermeidet, zu wörtlich
zu übersetzen, sondern mehr sinngemäß überträgt. Zu Is. 5₂ lobt
Hieronymus die Wiedergabe des hebr. soreq mit electam und nimmt
sie selbst in die Vulg. auf: Sorec, quam solus Symmachus electam
interpretatus est, non verbum e verbo, ut mihi videtur, exprimens,
sed sensum qui tenetur in verbo (76 B). Die Übersetzung des Symmachus wird durch den „Hebraeus"⁸), den Hieronymus bei schwieri-

---

⁶) Vgl. ep. 32 ad Marcellam: et, ut amicae menti fatear, quae ad nostram
fidem pertineant roborandam, plura repperio (CSEL 54, S. 252, Z. 9 f. Hilberg).
Siehe dazu Field I S. XIX f.

⁷) Siehe die einschlägigen Stellen bei Stummer, Einführung in die lat. Bibel
S. 98.

⁸) Vgl. G. B a r d y , S. Jerôme et ses maîtres Hébreux, Revue Bénéd. 46
(1934) 145—164.

gen Stellen befragte, bestätigt und verdient deshalb. besonderes
Vertrauen; so führt Hieronymus zu Am. 3₁₁ aus, wo die LXX und
Aquila das hebr. ṣor als Eigennamen auffassen und mit *Tyrus*
wiedergeben: Hebraeus qui me in sanctis Scripturis erudivit,
tribulationem interpretatus est, nec renuimus eius sententiam: quia
et Symmachus, qui non solet verborum κακοζηλίαν, sed intelligentiae
ordinem sequi, ait, *obsidio et circumdatio terrae* (1019 B).

Über T h e o d o t i o n äußert sich Hieronymus selten; er hat
die Gewohnheit, die hebr. Worte zu umschreiben, vgl. zu Is. 19₁₅:
Theodotio more suo ipsa verba Hebraica posuit CHAPHPHE et
AGMON (254 C).

An verschiedenen Stellen seiner Kommentare zu den Propheten
sagt der hl. Hieronymus, daß die jüngeren Übersetzer, namentlich
Symmachus, „manifestius", „significantius", „apertius", „melius"
und „rectius" übersetzt hätten. Einige Male wurde diese Benotung
im Hinblick auf die LXX gegeben:

Hab. 2₁₉: (LXX *et omnis spiritus non est in eo)* Unde et
Aquila significantius vertit Hebraicum dicens: *Et spiritus eius non
est in visceribus,* sive *in medio eius.* Propterea sciendum in quibus-
dam Hebraicis voluminibus non esse additum, *omnis;* sed absolute,
spiritum legi (1306 B).

Is. 19₁₈: (LXX πόλις ασεδεκ κληθήσεται ἡ μία πόλις) Melius ergo
transtulit Symmachus, *civitas solis vocabitur una* = Vulg. (185 B).

Ez. 20₃: Quod autem dixere LXX, si *respondebo vobis:* Symmachus manifestius transtulit, *non respondebo vobis* = Vulg.
(187 A).

Hab. 2₁₁: Pro quo Septuaginta posuerunt: *Et scarabaeus de
ligno loquetur ea,* manifestius more suo transtulit Symmachus, καὶ
συνδεσμὸς οἰκοδομῆς ξύλινος ἀποφθέγξεται αὐτά, id est, *et iunctura aedi-
ficii lignea loquetur ea* (ähnlich Vulg.) (1296 C).

Ier. 3₁₉: Pro *haereditate praeclara, exercituum gentium,* quam
Septuaginta transtulerunt, *haereditatem nominatam Dei omni-
potentis gentium,* Theodotio significantius transtulit, *haereditatem
inclytam fortitudinis robustissimi gentium* (704 A/B).

Mich. 6₈: Verbum ESNE (quod LXX transtulerunt, *paratum
esse,* et nos diximus, *sollicitum ambulare)* Theodotio significantius
expressit, καὶ ἀσφαλίζου τοῦ πορεύεσθαι μετὰ Ἐλωαὶχ, id est, *et cave
diligenter, ut ambules cum Deo tuo* (1211 C).

Ier. 2₂₃: (LXX ὀψὲ φωνὴ αὐτῆς *ad vesperam vox eius)* Quomodo,
inquit, *caprea levis,* quam nos genere communi, *cursorem* diximus,
significantiusque Aquila, Symmachus, et Theodotio vertere δρομὰς
κούφη, explicat vias suas (694 D).

Ez. 1₂: Significantiusque iuxta Hebraeos et caeteros Interpretes *transmigratio* dicitur Ioachin, et non *captivitas,* quod LXX
transtulerunt (18 B).

Zach. 14₁₀: Quodque sequitur: *Rhama autem in loco suo per-
manebit* (= LXX), melius interpretatus est Aquila et caeteri, qui
posuerunt, *exaltabitur* = Vulg. (1529 B).

Viel häufiger sind aber die Fälle, wo gesagt wird, daß die
Übersetzer Aquila, Symmachus und Theodotion besser und deutlicher übersetzt hätten, als in der Vulgata stehe. Bei seiner vielen
Arbeit, die sich immer mehr häufte und die vielfach schnell erledigt
werden mußte, konnte Hieronymus auch der Übersetzung nicht die
Zeit widmen, die er für diese wichtige Aufgabe nötig gehabt hätte.
Infolge dieser hastigen Arbeitsweise sind ihm manche Versehen
unterlaufen; als er später dann an die Erklärung der Propheten
ging und bei dieser Gelegenheit die Übersetzungen „der Drei" einsah, mußte er erkennen, daß sie öfters deutlicher und besser als er
übersetzt haben. Er schämt sich nicht, diesen Irrtum einzugestehen:
Melius reor etiam proprium errorem reprehendere, quam dum
erubesco imperitiam confiteri, in errore persistere (zu Is. 19₁₇;
184 C).

Im folgenden sind die Stellen aufgeführt; sie alle sind eine
Korrektur der Vulgata-Lesart; bei einer „Neuauflage" seiner
lateinischen Übersetzung hätte Hieronymus diese nach den jüngeren
Übersetzern verbesserten Wiedergaben aufgenommen.

1. A q u i l a = α'.

Is. 19₁₅: Vulg. *refrenantem;* „significantius" α' στρεβλοῦντα
(= *perversum, lascivientem* Hi.). In eo quoque quod nos transtulimus, *incurvantem, et refrenantem,* possumus dicere *incurvum et
lascivientem,* ut intelligamus *senem et puerum.* Nos autem verbum
Hebraicum AGMON, dum celeriter quae scripta sunt vertimus,
ambiguitate decepti, *refrenantem* diximus, quod significantius Aquila
transtulit στρεβλοῦντα, id est, qui nihil recte agit, sed omne perversum, ut puerum significaret (184 A/B). Vgl. auch Sp. 254 D/255 A:
Aquila interpretatus est, *incurvum, atque perversum.* In *incurvo,*
senes intelligi volens; in *perverso, lascivientes pueros,* qui omnia
perversa faciant.

Is. 19₁₇: Vulg. *in pavorem* (Hi. hatte ursprünglich übersetzt: *in
festivitatem);* „significantius" α' ⟨εἰς⟩ γύρωσιν (184 D).

Is. 35₁: Vulg. *quasi lilium;* „significantius" α' ⟨ὡς⟩ καλύκωσις,
quam nos *tumentem rosam* et necdum foliis dilatatis possumus
dicere (374 C).

Ier. 32₂₉: Vulg. *et venient;* „melius" α' ⟨et⟩ *ingredientur* (895 D).

Dan. 11₃₀: Vulg. *et revertetur et indignabitur contra testamentum sanctuarii;* „significantius" α′ *et cogitabit, ut deseratur pactum sanctuarii* (568 C).

Nah. 3₁₇: Vulg. *locusta* (LXX *attelabus):* „significantius" α′ *commessor* (1264 D).

2. Symmachus = σ′.

Is. 5₁: Vulg. *vinea facta est dilecto meo in cornu filio olei* (= α′ϑ′); „more suo manifestius" σ′ *vinea facta est dilecto meo in cornu in medio olivarum* (75 D).

Is. 49₂₄: Vulg. *nunquid tolletur a forti praeda? aut quod captum fuerit a robusto salvum esse poterit;* „manifestius" σ′ *sed et captivitas fortis auferetur, et' rapinae* (lies *rapina) horribilis salva erit* (474 B).

Is. 61₁: Vulg. *clausis apertionem;* „manifestius" σ′ *vinctis solutionem* (600 A).

Is. 63₇: Vulg. *super omnibus, quae reddidit nobis Dominus;* „manifestius" σ′ *pro omnibus in quibus benefecit nobis* ⟨*Dominus*⟩ (614 B).

Ez. 4₁: Vulg. *laterem* (= LXX); „manifestius" σ′ πλινϑίον (= *laterculum et abacum* Hi.) (43 A).

Ez. 5₅f: Vulg. *ista est Ierusalem — non ambulaverunt;* „pulchre" σ′ *haec Ierusalem — non ambulaverunt* (52 C/D).

Ez. 16₁₄: Vulg. *et egressum est nomen tuum in gentes propter speciem tuam, quia perfecta eras in decore meo, quem posueram super te, dicit Dominus Deus;* „manifestius" σ′ *et egressum est nomen tuum in gentes, quod perfectum erat propter dignitatem meam, quam posueram super te, dicit Dominus Deus* (138 A).

Ez. 20₂₅f: Vulg. *ergo et ego dedi eis . . .* (26) *et pollui eos . . .;* „manifestius" σ′ („pro praeterito ponens futurum") *igitur et ego dabo eis . . .* (26) *et polluam eos . . .* (193 B).

Ez. 20₃₉f: Vulg. *singuli post idola vestra ambulate . . .* (40) *in monte sancto meo — omnis domus Israel;* „manifestius" σ′ *unusquisque idolis suis euntes . . .* (40) *in monte vero sancto meo — omnis domus Israel* (197 A).

Ez. 21₂₆: Vulg. *nonne haec est;* „pulchre" σ′ *neque hoc, neque illud* (207 C).

Ez. 35₆: Vulg. *cum sanguinem oderis, sanguis persequetur te;* „manifestius" σ′ *sanguinem tuum odisti, et sanguis persequetur te* (334 A).

Ez. 44₁₄: Vulg. *et dabo eos ianitores domus in omni ministerio eius et in universis quae fiunt in ea;* „ordinem lectionis sensumque considerans, rectius" σ′ *posueram enim eos custodes ianuarum domus universi ministerii eius et cunctorum quae fiunt in ea* (435 D/436 A).

Os. 6₉: Vulg. *et quasi fauces virorum latronum;* „manifestius" σ′ *et fauces tuae quasi viri insidiatoris* (870 D).

Am. 1₁₁: Vulg. *misericordiam eius;* „apertius" σ′ *viscera propria* (1000 D).

Am. 7₁₇: Vulg. *fornicabitur;* „melius" σ′ πορνευθήσεται: „non quod ipsa fornicetur, sed quod passivo genere, ab aliis constuprata sustineat fornicationem" (1078 A).

Mich. 1₂: Vulg. *in testem;* „apertius" σ′ *testificans* (1154 C).

Mich. 2₈: *et e contrario populus meus in adversarium consurrexit;* „apertius" σ′ *ante unam diem populus meus quasi inimicus restitit* (1169 B).

Mich. 5₄: Vulg. *et convertentur;* „melius" σ′ ⟨et⟩ *habitabunt* (1199 D).

Nah. 1₆: Vulg. *et quis resistet in ira furoris eius* (= LXX); „apertius" σ′ *et quis sustinebit iram furoris eius* (1236 B).

Nah. 1₉: Vulg. *non consurget duplex tribulatio* (vgl. ϑ′); „apertius" σ′ *non sustinebunt impetum secundae angustiae* (1238 A/B).

Hab. 1₁₂: Vulg. *nunquid non tu a principio — fundasti eum;* „manifestius" σ′ *nonne tu a principio — constituisti eum* (1282 A).

Hab. 1₁₂: Vulg. *super custodiam meam stabo — arguentem me;* „manifestius" σ′ *quasi custos super speculam ⟨meam⟩ stabo — arguentem me* (1288 C).

Hab. 2₄: Vulg. *iustus autem in fide sua vivet;* „significantius" σ′ *iustus autem per fidem propriam suam vivet* (1289 C/D).

3. C e t e r i   i n t e r p r e t e s = οι λ′.

Is. 7₁₁: Vulg. *in profundum inferni;* „significantius" οι λ′ *de profundo inferni* (105 D).

Wenn es zu einer „neuen, verbesserten Auflage" der Vulg. gekommen wäre, dann hätte Hieronymus wohl die jüngeren Übersetzer noch mehr berücksichtigt. An verschiedenen Stellen seiner Kommentare korrigiert er die frühere Wiedergabe: Zu Zach. 11₁₃ sagt er: Pro πλάστῃ atque fictore, *statuarium* olim interpretatus sum, verbi ambiguitate compulsus, quod statuarium fictoremque uno sermone significat (1506 A). Wie Eusebíus überliefert, ist πλάστης Wiedergabe des Aquila. Sie verdient gewiß den Vorzug; es ist auffallend, daß Hieronymus hier nicht *figulum* übersetzt hat, zumal auch die ntl. Stelle Matth. 27₁₀ diese Wiedergabe nahelegte. Ähnlich sagt Hieronymus zu Is. 38₁₁, wo wir heute in der Vulg. lesen *et habitatorem q u i e t i s. Generatio mea ablata est ...,* daß er ursprüng-

lich das letzte Wort von v. 10 zu v. 11 gezogen habe (wohl im Anschluß an die LXX): Quod nos olim propter verbi ambiguitatem
sequenti versiculo iunxeramus (393 C); er hatte also übersetzt *habitatorem. c e s s a v i t* (oder *occidit) generatio mea*. Die verbesserte
Lesart (wohl nach Aquila) steht jetzt in der Vulgata. Der Grund,
warum Hieronymus keine verbesserte Auflage der Vulg. herausbrachte, lag wohl nicht daran, daß seine Übersetzung bereits zu weit
verbreitet war, sondern an Zeitmangel und Arbeitsüberhäufung.

III.

Ausdrückliche Bezeugung der Abhängigkeit von den jüngeren griechischen Übersetzungen.

An einer Reihe von Stellen sagt Hieronymus ausdrücklich, daß
er in seiner Übersetzung einem „der Drei" gefolgt sei; ihre Aufzählung folgt unten. Gewöhnlich lautet die Ausdrucksweise: „quem
et nos secuti sumus"; manchmal sagt Hieronymus nur, daß seine
Wiedergabe mit einer der jüngeren griech. Übersetzungen über-
einstimme; dies soll wohl auch besagen, daß er von ihnen abhängig
ist. Am häufigsten ist Symmachus genannt, dem Hieronymus
wegen der „elegantia" seiner Übersetzung den Vorzug gibt (siehe
unten zu Ez. 16₁₂). Diese ausdrücklichen Bezeugungen seiner Abhängigkeit sind für uns sehr wertvoll, weil wir aus ihnen ersehen,
daß er auch an solchen Stellen, die keine besonderen Schwierigkeiten bieten, die jüngeren Übersetzer heranzieht und ihre Auffassung sich zu eigen macht. Niemand würde an eine Abhängigkeit
des Hieronymus denken, wenn wir in der Vulgata zu Is. 14₄ *parabolam* lesen (gegenüber LXX τὸν θρῆνον = *planctum*), da *parabola*
(παραβολή) die gewöhnliche Wiedergabe von *mašal* ist, oder wenn
Hieronymus Ez. 16₃₄ übersetzt: *et post te non erit fornicatio*. An
beiden Stellen bezeugt er aber ausdrücklich, daß er „den Drei" bzw.
Symmachus gefolgt sei. Lehrreich ist auch Am. 4₁, wo Hieronymus
im Anschluß an Symmachus übersetzt *vaccae pingues;* Symm. hat
αι βοες ευτροφοι, das Hieronymus in seinem Kommentar mit *boves
saginatae* übersetzt; schon diese lateinische Wiedergabe ist nicht
genau; in die Vulg. übernimmt er aber *vaccae pingues;* er bewahrt
also eine gewisse Freiheit und übernimmt nicht sklavisch die griech.
Lesart. Er will eben besagen, daß er nicht wie LXX, Aquila und
Theodotion den Eigennamen *Basan* gesetzt habe, sondern in Anlehnung an Symmachus das Eigenschaftswort „fett".

Es folgen nun die einzelnen Stellen, aufgezählt nach der Reihenfolge der Kommentare.

1. I s a i a s - Kommentar.

3₂: Symmachus, *prudentem eloquii mystici,* quem et nos in hoc loco secuti sumus (62 A).

6₂: Hoc quod nos, sequentes alios Interpretes et Hebraicam veritatem, ... *super illud,* vertimus (93 B).

6₈: Pro eo quod et nos et alii omnes interpretes transtulerunt, *nobis,* ... nescio quid volentes LXX posuerunt *ad populum istum,* quod penitus in Hebraeo non habetur (97 B).

13₁₀: ⸗ Nos generaliter sequentes Symmachum, *stellam* (Al. *stellas)* diximus (157 A).

14₄: Rursum pro MASAL quam Aquila et Symmachus et Theodotio *parabolam* transtulerunt, quos et nos secuti sumus, LXX *planctum* interpretati sunt (216 D).

17₁₁: Pro eo quod nos iuxta Aquilam et Symmachum et LXX interpretati sumus, *in die haereditatis,* ... legi potest in Hebraico, *in die pessima* (244 A).

38₈: Datur autem signum, ut sol decem gradibus revertatur, quos nos iuxta Symmachum in *lineas* et *horologium* vertimus (391 D/392 A).

47₁₃: Pro eo quoque quod nos iuxta Symmachum et Theodotionem interpretati sumus: *Stent et salvent te augures coeli,* Septuaginta manifestius transtulerunt, *Stent et salvam te faciant astrologi coeli* (457 C).

49₅: *Et Israel non congregabitur,* id est non revertetur ad Dominum. Satisque miror quomodo vulgata editio, fortissimum contra Iudaeorum perfidiam testimonium alia interpretatione subverterit, dicens: *Congregabor et glorificabor coram Domino:* cum Theodotio et Symmachus nostrae interpretationi congruant (466 B).

51₁₆: In eo loco ubi nos iuxta Hebraicum et Aquilam vertimus: *Posui verba mea in ore tuo — populus meus es tu,* ille sic transtulit: *Ponam verba mea in ore tuo — populus meus es tu* (489 D/490 A).

57₃: Pro *iniquitate,* sive *iniquorum,* quod LXX transtulerunt, Theodotio ipsum verbum Hebraicum posuit ONENA, quod nos iuxta Symmachum in *auguratricem* vertimus (548 C/D).

58₃: Quodque sequitur iuxta LXX: *Et omnes subiectos vobis compungitis,* sive *affligitis,* melius Theodotio et Symmachus transtulerunt, quos nos in hoc loco secuti sumus, *Et omnes debitores vestros repetitis* (563 A/B).

63₃: Pro *torculari* quod Hebraice dicitur GETH, Theodotio ipsum verbum Hebraicum posuit PHURA. Sed melius in hoc loco Symmachus, quem et nos secuti sumus (612 B).

66₂₀: Pro *carrucis,* quas solus interpretatus est Symmachus, quem nos in hoc loco secuti sumus, Aquila, Septuaginta et Theodotio, *mulos,* transtulerunt (670 B).

2. Ieremias - Kommentar.

4₁₉: Ubi nos iuxta Symmachum posuimus, *turbati sunt,* et in Hebraeo scriptum est HOMA (lies mit Reiter HOMAE), LXX et Theodotio posuerunt μαιμάσσει: quod verbum usque in praesentiarum quid significet, ignoro (710 B/C).

11₉: Pro *coniuratione,* quam nos iuxta Symmachum interpretati sumus, Aquila et LXX et Theodotio σύνδεσμον transtulerunt, quam nos *colligationem* possumus dicere (754 B).

31₂₂: *femina circumdabit virum*... Unde Symmachus et Aquila iuxta nostram editionem interpretati sunt (880 D).

32₃₀: Secunda quippe Symmachi vertit διόλον (lies mit Reiter διόλου), quem et nos in praesentiarum secuti sumus, ut diceremus *iugiter* (896 B/C).

3. Ezechiel - Kommentar.

1₃: Ac primum sciendum, *spiritum auferentem,* sive *attollentem,* quem nos iuxta Aquilam interpretati sumus, *ventum turbinis* (19 C).

7₅: Pro *afflictione,* quam iuxta Symmachum, qui interpretatus est κάκωσιν perspicuitatis causa posuimus: et in Hebraico et in Graeco κακία, vel πονηρία scribitur: id est, *malitia* (64 C).

7₇: Verbum Hebraicum ADARIM quod nos in duo verba divisum, ... iuxta Theodotionem, *gloriam montium* interpretati sumus (65 B).

7₂₅: Nos autem iuxta Symmachum priorem sententiam cum posteriore coniunximus, ut diceremus: *Angustia superveniente, requirent pacem, et non erit* (74 B).

8₁₆: Quod nos *vestibulum* iuxta Symmachum interpretati sumus, qui πρόπυλον posuit (83 B).

9₂: Pro *lineis,* quod nos iuxta Symmachum interpretati sumus, LXX ποδήρη ... interpretati sunt (86 A).

12₂₄: Quod nos diximus, *proverbium,* iuxta Symmachum, omnes alii interpretes, *parabolam* transtulerunt, quae Hebraice appellatur MASAL (107 B).

16₁₁: Pro *torque,* quam nos iuxta Aquilae secundam editionem et Symmachum interpretati sumus, Septuaginta et Theodotio κάθεμα transtulerunt (134 B).

16₁₂: *Decorem* iuxta Symmachum ob sensus elegantiam interpretati sumus (135 B).

16$_{13}$: Nos autem quod supra *subtile,* hic iuxta Symmachum, *polymitum* diximus (136 B).

16$_{27}$: Quod nos interpretati sumus iuxta Symmachum, *scelerata.* Theodotio ipsum verbum Hebraicum posuit ZEMMA (145 C).

16$_{34}$: Unde et nos iuxta Symmachum interpretati sumus: *Et post te non erit fornicatio* (148 D).

16$_{56/58}$: Editioni Aquilae congruit nostra translatio (158 D).

20$_7$: GELULE ... Aquilae prima editio, *inquinamenta;* secunda, Symmachusque et Theodotio, *idola* interpretati sunt: quos et nos in praesentiarum secuti sumus (188 C/D).

27$_{24}$: *Polymita* quoque, quae Theodotio *varia* interpretatus est, de Aquila et Symmacho addidimus (260 B).

38$_2$: Porro quod in exercitu Gog ... primam gentem *Ros,* Aquila interpretatur *caput,* quem et nos secuti sumus (357 B).

40$_{49}$: Denique Symmachus, quem in hoc loco secuti sumus, *octo* gradus posuit (394 B).

4. Daniel-Kommentar.

1$_3$: et pro φορθομμιν ..., quod nos iuxta editionem Hebraeorum quae κατ' ἀκρίβειαν legitur, in *tyrannos* vertimus (496 A).

8$_{13}$: Pro *altero nescio quo,* quod Symmachus interpretatus est τινί ποτε, quem et nos secuti sumus (536 D/537 A).

11$_{16}$: Pro *terra inclyta,* quod interpretatus est Aquila, quem nos in hoc loco secuti sumus (563 D/564 A).

5. Zwölfpropheten-Kommentar (Osee-Malachias).

Osee 5$_{13}$: Et ubi Septuaginta posuerunt *Iarib,* nos iuxta Symmachum, *ultorem* vertimus (864 C).

13$_2$: Pro eo' quod iuxta Symmachum et Theodotionem vertimus *adorantes;* Aquila interpretatus est καταφιλοῦντες, id est *deosculantes* (931 C).

Ioel 3$_{14}$: Rursum ubi nos diximus *in valle concisionis,* sequentes translationem Aquilae et Symmachi et quintae editionis, Septuaginta et Theodotio τῆς δίκης καὶ τῆς κρίσεως, id est, *causae et iudicii* transtulerunt (984 D/985 A).

Amos 4$_1$: Nos Symmachi interpretationem secuti, qui ait, αἱ βόες εὔτροφοι, id est, *boves saginatae. vaccas pingues* interpretati sumus (1023 D).

4$_2$: Pro *contis* ... solus Theodotio δόρατα, quem nos secuti, *contos* vel *hastas* interpretati sumus (1024 B).

4$_{13}$: Rursumque in eo loco ubi Septuaginta transtulerunt, *praeparare ut invoces Deum tuum,* et nos iuxta Theodotionem posuimus, *praeparare in occursum Dei tui,* Symmachus et Quinta Editio transtulerunt, *praeparare ut adverseris Deo tuo* (1033 C).

9₇: Pro *Cyrene* ... Symmachus *Cyrenem:* quem et nos in hoc loco secuti sumus (1091 A).

Ionas 4₆: Unde et nos eodem tempore quo interpretabamur prophetas, voluimus idipsum Hebraeae linguae nomen exprimere, quia sermo Latinus hanc speciem arboris non habebat; sed timuimus grammaticos, ne invenirent licentiam commentandi ..., secutique sumus veteres translatores, qui et ipsi *hederam* interpretati sunt, quae Graece appellatur κισσός⁹), aliud enim quod dicerent, non habebant (1148 B).

Mich. 5₆: Rursum in eo ubi ego et Aquila transtulimus, *in lanceis eius,* ... Symmachus vertit, ἐντὸς πυλῶν αὐτῆς, id est, *intra portas eius* (1200 D).

Nah. 1₈: Solus Symmachus, cum nostra interpretatione consentiens, ait: *Et in diluvio transeunte, consummationem faciet loci eius* (1238 A).

Hab. 1₅: Rursum in principio capituli, ubi ... et nos transtulimus, *aspicite in gentibus,* et LXX posuerunt, *videte contemptores,* excepto Aquila et Symmacho et Theodotione, qui cum nostra interpretatione concordant (1277 C).

1₈: In eo enim quod dicitur, καὶ ἐξιππάσονται οἱ ἱππεῖς αὐτοῦ, et LXX transtulerunt: *Et equitabuntur equites eius,* iuxta sensum quem supra posuimᵘ interpretatus est Symmachus, *effundentur equites eius,* id est, corruent et allidentur in terram (1280 D/1281 A): die Vulg. liest: *et diffundentur equites eius.*

2₁₁: Porro quod nos interpretati sumus: *Et lignum quod inter iuncturas aedificiorum est, respondebit* ... manifestius more suo transtulit Symmachus ... Theodotio quoque ... necnon et quinta editio ..., quae et ipsae interpretationes cum Symmachi et nostra interpretatione concordant (1296 B/C).

3₁: Aquila et Symmachus et quinta editio, sicut nos, *pro ignorationibus* transtulerunt (1307 A).

3₂: Pro eo quod nos et Aquila et Theodotio transtulimus, *vivifica illud,* Symmachus interpretatus est, *revivifica illud* (1308 C).

3₄: Pro eo quod Septuaginta interpretati sunt, *et posuit dilectionem robustam fortitudinis eius* ... solus Theodotio nostrae translationi congruens, ait: *et ibi absconsio fortitudinis eius* (1312 B).

Soph. 2₅: Denique et Aquila, et quinta editio interpretati sunt, ἔθνος ὀλέθριον (lies -ριων): Et Theodotio ἔθνος ὀλεθρίας: Symmachus

---

⁹) Auch in der ep. 112, 22 ad Augustinum spricht Hieronymus über die Wiedergabe mit *hedera,* die einen Aufstand des Volkes veranlaßt hat. Er sagt: ,hederam' posui, ut ceteris interpretibus consentirem (CSEL 55, S. 393 Z. 1 Hilberg).

quoque ἔθνος ὀλεθρευόμενον (lies -νων), quae omnia cum interpretatione nostra faciunt. Rursum, ubi nos diximus, *Et erit funiculus maris requies pastorum,* et omnes interpretes huic translationi congruerunt, scribitur in LXX: *Et erit Creta pascua gregis, et ovile pecorum* (1360 D/1361 A).

Zach. 14₅: Pro *proximo,* LXX *Asael* transtulerunt ...; solus Symmachus *proximum* interpretatus est, quem et nos secuti sumus (1525 A).

14₂₁: Pro *Chananaeo,* Aquila interpretatus est *mercatorem,* quem et nos in hoc loco secuti sumus (1540 C).

An zwei Stellen hat Hieronymus fehlerhaft notiert; hier ist sein Auge auf ein Wort in der Nachbarschaft abgeirrt.

Is. 66₂₀ sagt er, daß er die σ'-Lesart ἐν καρούχαις übernommen habe. Jedoch gehören folgende Wiedergaben zusammen, wie die Wortfolge zeigt:

𝔐 *baperadim;* LXX ημιονων; α'θ' εν ημιονοις; σ' εν καρουχαις Vulg. *in mulis.* 𝔐 *bakirkaroth;* LXX μετα σκιαδιων; σ' εν φορειοις; Vulg. *in carrucis.* Hieronymus hat also in der Vulg. *et in carrucis* an die falsche Stelle gesetzt; es müßte für *mulis* stehen, das Hieronymus von LXX α'θ' übernommen hat. Die richtige Ordnung und Wiedergabe wäre folgende: *et in lecticis* (= ο᾽) *et in carrucis* (= σ') *et in vehiculis* (s. *gestatoriis* = σ'); oder *et in lecticis* (= σ') *et in mulis* (= α'θ') *et in vehiculis* (s. *gestatoriis* = σ').

Ez. 16₁₃ übersetzt Vulg. *bysso et polymita* (𝔐 *meši*) *et multicoloribus.* Nach der Angabe des Hieronymus stammt *et polymita* von Symmachus. Bereits Field II S. 804 Anm. 22 sagt richtig: Symmachi lectionem rectius, ni fallor, ad proximum *riqmah* refert Syrus noster. Die Beziehung der Syrohexapla wird richtig sein; denn auch Ez. 27₂₄ hat Symmachus *riqmah* mit πολύμιτα wiedergegeben, wie Hieronymus selbst bezeugt (260 B); allerdings ist die Nennung des Aquila hier unrichtig; wie Theodoret überliefert, hat Aquila ποικιλίας übersetzt.

IV.

Stillschweigende Übernahme der jüngeren griechischen Übersetzungen.

Ein Vergleich der Vulg.-Lesarten mit den erhaltenen Resten der jüngeren griech. Übersetzungen zeigt, daß häufig eine Übereinstimmung vorliegt. Da an diesen Stellen Hieronymus nicht ausdrücklich sagt, daß er einem „der Drei" gefolgt sei, könnte man

zunächst eine Beeinflussung leugnen wollen, zumal eine Übereinstimmung nicht gleich auch als Abhängigkeit gewertet werden
kann. Gewiß wird man an den zahlreichen Stellen, wo der Sinn
ohne Schwierigkeit getroffen werden kann und wo auch keine
seltenen Stämme verwendet sind, also kurz an den leichten Stellen,
deren Übersetzung ohne weiteres in die Feder fließt, keine Abhängigkeit von „den Drei" anzunehmen brauchen, mag auch die
LXX abweichend übersetzt haben. Aber bei den mehrdeutigen
Wörtern, wo die LXX offensichtlich nicht das Rechte getroffen hat,
ist ein solcher Einfluß zu spüren; hier hat Hieronymus die jüngeren
Übersetzer nachgeschlagen und sich dann einem von ihnen angeschlossen. Als Beispiel sei auf *dbr* verwiesen Is. 9₈ und Hab. 3₅.
Is. 9₈ liest Vulg. *verbum* = οι γ' λόγον; LXX θάνατον *mortem*. Dazu
führt Hieronymus aus: Apud Hebraeos DABAR, quod per tres
litteras scribitur consonantes DALETH, BETH, et RES, pro locorum
qualitate, si legatur DABAR, *verbum* significat, si DEBER, *mortem*
et *pestilentiam*. Quam ob causam plerique sermonis ambiguitate
decepti, non *verbum* dicunt missum esse, sed *mortem* (129 C/D).

Hab. 3₅ hat Vulg. *mors* = σ'ε'; α' *pestis;* LXX und θ' *sermo.*
Ähnlich wie zu Is. 9₈ spricht auch hier Hieronymus über die Doppelbedeutung des hebr. Wortes: Pro eo quod nos transtulimus *mortem,*
in Hebraeo tres litterae positae sunt DALETH, BETH, RES, absque
ulla vocali, quae si legantur DABAR, *verbum* significant; si DEBER,
pestem, quae Graece dicitur λοιμός (1314 C). An beiden Stellen
kennt Hieronymus die Doppelbedeutung des hebr. Stammes; nach
dem Zusammenhang übersetzt er Is. 9₈ *verbum,* aber Hab. 3₅ *mors;*
hier ist er von Symmachus und der quinta editio beeinflußt, dort
von „den Drei". Warum er Hab. 3₅ *mors* übersetzt hat und nicht
pestis im Anschluß an Aquila, dem er in Ier. 21₆ mit *pestilentia*
vielleicht folgt, ist nicht auszumachen.

Erst recht mußte Hieronymus bei dunklen Stellen und
schwierigen Wörtern, namentlich bei Hapaxlegomena bei den
jüngeren Übersetzern nachschlagen. Hier konnte er nicht allein
zum Ziele kommen. Wenn man die unten aufgeführte Liste über-
schaut, dann möchte man denken, daß sie zu reichhaltig ist; aber
es besteht leichter die Gefahr, daß man zu wenig Stellen nennt
als zu viel. Bei manchen Stellen möchte man sagen: auch ohne
Kenntnis der jüngeren griech. Übersetzungen hätte Hieronymus so
übersetzt. Aber gerade die unter Abschnitt III aufgezählten Beispiele zeigen, daß er auch dann „den Drei" oftmals folgt, wenn
man es nicht vermutet. Ja man kann sagen, daß er ungefähr an
allen Stellen, wo die LXX abweichend von den jüngeren Übersetzern wiedergibt, diese eingesehen hat und je nach Gefallen über-

nommen hat, oder von ihrer Wiedergabe beeinflußt, seine Übersetzung gestaltet hat.

Die Abhängigkeit läßt sich manchmal nicht sicher erkennen
und kann öfters leicht übersehen werden, weil Hieronymus nicht
immer genau übersetzt und häufig ein verwandtes Wort gebraucht.
Als Beispiel sei auf Nah. 3₁ verwiesen; hier überliefert uns Hieronymus die Wiedergaben der ersten und zweiten Ausgabe des Symmachus: Symmachus autem ἀποτομίας πλήρης, quod possumus dicere,
crudelitate, vel *severitate plena.* In altera eius editione reperi,
μελοκοπίας πλήρης, id est, *sectionibus carnium et frustis per membra
conscissis* (1254 A). In der Vulg. lesen wir *dilaceratione plena.*
Die lat. Wiedergabe von ἀποτομίας ist im übertragenen Sinn richtig,
aber nicht wörtlich; man erwartet *desectionis;* für μελοκοπίας gibt
Hieronymus eine zutreffende umschreibende Wiedergabe; die Vulg.-
Lesart *dilaceratione* ist offensichtlich von der zweiten Symmachus-
Wiedergabe abhängig.

Am liebsten schließt sich Hieronymus Symmachus an. Und
doch ist auffallend, daß er ihm nicht an noch mehr Stellen folgt;
vielleicht will er nicht zu sehr in seine Abhängigkeit geraten, sondern
eine gewisse Selbständigkeit bewahren. Bei manchen Stellen hat
ihm die wörtliche Wiedergabe des Aquila mehr zugesagt, besonders
wenn sie von der LXX gestützt wird. So erklärt sich wohl, daß
Hieronymus Ier. 22₉ 32₂₉ *deos a l i e n o s* bzw. *diis a l i e n i s* übersetzt, während Symmachus liest θεοῖς ψευδέσιν. Besonders dann,
wenn das Wort gut ausdeutbar ist, übernimmt Hieronymus lieber
die wörtliche Wiedergabe des Aquila und übergeht die sinngemäße
Übersetzung des Symmachus. So übersetzt er den hebr. Stamm
ntph überall mit *stillare* (nur Mich. 2₆, wo das Verbum dreimal im
nämlichen Vers vorkommt, übersetzt er *ne loquamini loquentes, non
stillabit* wegen der Abwechslung). Gerade das Verbum *stillare* gefällt ihm sehr gut; so führt er zu Am. 7₁₆ aus: Rursum ubi nos
posuimus, *Et non stillabis:* Symmachus interpretatus est, *non incre-
pabis.* Stillare autem prophetas, idioma Scripturarum est: quod
non totam Dei simul inferant iram, sed parvas stillas comminatione
denuntient (1077 D/1078 A). Hieronymus folgt hier Aquila, der οὐ
σταλάξεις übersetzt, während die LXX sehr sinngemäß liest: οὐ μὴ
ὀχλαγωγήσῃς.

Ähnlich führt Hieronymus zu Ier. 7₂₀, wo die Vulg. *nitheketh*
mit *conflatur (conflatus est)* übersetzt, eine andere Wiedergabe an,
die Aquila und Symmachus zugehört, wie die Syh überliefert: *et
indignatio mea s t i l l a v i t* (lies *s t i l l a b i t* nach Syh) *super locum
istum* und deutet *stillare* aus: Pulchreque, non ait, effusus est furor
meus super locum istum, sed *stillavit:* ut moderatam poenam

significet (733 A). Auch hier würde Hieronymus bei einer „Neuauflage" seiner Vulg. *stillabit* statt *conflatur* übersetzen (siehe oben
Abschnitt II).

Hieronymus bindet sich nicht an das Wort und an die Vorlage,
sondern wechselt mit der Wiedergabe ab. Das ist eine richtige
Praxis, besonders dann, wenn das Wort im nämlichen Vers oder im
gleichen Kapitel öfters vorkommt. Aber auffallend ist, daß er auch
bei parallelen Stellen, die weit auseinanderliegen, in der Wiedergabe abwechselt; doch steht hier Hieronymus nicht allein; LXX,
Aquila und Symmachus sind ihm vorausgegangen, wie folgendes
Beispiel zeigt:

Ier. 3₁₄ LXX διοτι εγω κατακυριευσω υμων | Vulg. *quia ego v i r*
α'σ' ⟨οτι εγω⟩ εσχον υμας | *vester*
Ier. 31₃₂ LXX και εγω ημελησα αυτων | Vulg. *et ego d o -*
α' και εγω [ειμι] εκυριευσα ⟨αυτων⟩ | *m i n a t u s*
σ' εγω δε κατειχον αυτους | *sum eorum.*

Wie wir oben im III. Abschnitt zwei Beispiele angeführt haben,
wo Hieronymus ein benachbartes Wort unrichtig übernommen hat
(Is. 66₂₀ und Ez. 16₁₃), so können wir auch hier zwei ähnliche Stellen
aufzeigen. Ez. 23₃ stehen die beiden Verba *moʿaku* und *ʿissu* in
Parallele, die auch in v. 21 nach der sicher richtigen Textemendation
zu lesen sind. Für *moʿaku* ist zu v. 3 die α'-Wiedergabe ἐκλάσθησαν
überliefert; Hieronymus übersetzt aber *subacta sunt* und das parallele *ʿissu* mit *fracta sunt*. Richtig wäre die umgekehrte Reihenfolge: *fracta sunt — subacta sunt,* wie sie in v. 21 steht: *confracta
sunt — subácta sunt;* dagegen ist wieder unzutreffend für *ʿissu* in
v. 8 *confregerunt* verwendet.

Ez. 31₁₂ hat Vulg. *alieni et c r u d e l i s s i m i nationum;* im
Hebr. stehen die beiden Adjektiva *zarim ʿarise; zarim* übersetzt LXX
richtig mit ἀλλότριοι, Symmachus mit ἄσπλαγχνοι; für *ʿarise* ist keine
Wiedergabe „der Drei" überliefert; LXX hat λοιμοί. Dieselbe hebr.
Wendung ist 28₇ von der Vulg. mit *alienos r o b u s t i s s i m o s
gentium* in Anlehnung an Aquila (δυνατούς) wiedergegeben. An der
ersten Stelle (31₁₂) ist sicherlich Hieronymus durch die benachbarte
Symmachus-Wiedergabe beeinflußt worden.

An manchen Stellen faßt Hieronymus die Wiedergaben „der
Drei" nicht richtig auf und gibt eine ungenaue, ja falsche Übersetzung. Auf die sonderbare Übersetzung Is. 26₃ *vetus error abiit*
hat bereits Stummer, Einführung in die lat. Bibel S. 121 hingewiesen.
Ier. 17₁ steht in der Vulg. *super l a t i t u d i n e m cordis eorum;*
dies geht auf die Wiedergabe von Aquila und Symmachus zurück,

die hier übersetzt haben ἐπὶ πλακὸς καρδίας αὐτῶν; statt πλακός hat Hieronymus πλάτος gelesen[10]).

Ier. 47₃ übersetzen LXX und Theodotion (wohl auch Aquila und Symmachus, die nicht genannt sind) richtig das hebr. *parsoth* mit τῶν ὁπλῶν (von ἡ ὁπλή „der Huf"). Hieronymus aber hat in der Vulg. *armorum* übersetzt, akzentuiert also falsch τῶν ὅπλων[11]). An den übrigen Stellen ist immer richtig mit *ungula* wiedergegeben, vgl. Is. 5₂₈ Ez. 26₁₁ 32₁₃ Mich. 4₁₃ Zach. 11₁₆.

Nah. 2₃ ist am Rand der Patmos-Hs. des Kommentars des Basilius Neopatrensis die α'-Wiedergabe überliefert: θυρεὸς δυνατῶν αὐτῆς πεπυρωμένος; Hieronymus übernimmt sie in seine Vulg.: *clipeus fortium eius ignitus.* Die Übersetzung ist richtig; aber πεπυρωμένος ist fälschlich mit nur einem ϱ geschrieben[12]); richtig ist πεπυρρωμένος „gerötet". An den Stellen Ps. 118₁₄₀ und Prov. 30₅ ist *ignitus* die Wiedergabe des hebr. ṣeruphah (LXX πεπυρωμένος). Vielleicht ist Hieronymus von der genannten Prov.-Stelle beeinflußt, wo *ignitus* Beiwort von *clipeus* ist: *omnis sermo Dei i g n i t u s c l i - p e u s est sperantibus in se.*

Zach. 4₇ liest die Vulg. *et exaequabit gratiam,* eine wörtliche Wiedergabe der α'-Übersetzung, wie sie von der Syh überliefert ist: ἐξισώσει χάριν. Jedoch liegt hier ein Fehler in der Überlieferung vor: Die Hs. 86 und die Patmos-Hs. des Basilius Neopatr. bezeugen richtig den Genetiv χάριτος, aber ebenso wie Syh die verderbte Verbalform ἐξισώσει, die sicherlich nach dem Hebr. in ἐξισώσεις (Plur. von ἐξίσωσις) zu ändern ist. Schon Hieronymus hat also die verderbte Aquila-Lesart in seiner Abschrift vor sich gehabt und sie kritiklos übernommen.

Es ist sehr auffallend, daß solche Wiedergaben wie Jer. 47₃ *(armorum)* Nah. 2₃ *(ignitus)* und Zach. 4₇ *(exaequabit)* in die Vulg. kamen. Man fragt sich, wie konnte es geschehen, daß Hieronymus bei seiner beständigen Betonung der „Hebraica veritas" die genannten Stellen g e g e n 𝔐 wiedergegeben hat? Die einzige Er-

---

[10]) Die gleiche Verschreibung findet sich in LXX-Hss. zu Prov. 3₃; Prov. 7₃ und 22₂₀ lesen alle Hss. πλάτος; es ist jedoch πλακός zu lesen. Die Vulg. übersetzt Prov. 3₃ 7₃ *in tabulis;* die Stelle 22₂₀ fehlt in der Vulg.

[11]) Auch Syh übersetzt hier falsch wie Hieronymus mit „Waffen". Auch in neueren textkritischen Untersuchungen kommen solche Versehen vor, vgl. Theol. Revue 37 (1938) 86 f.

[12]) Dieser Fehler (Schreibung mit nur einem ρ) findet sich gewöhnlich bei dem Verbum πυρρόω; vgl. dazu L. L ü t k e m a n n und A. R a h l f s, Hexaplarische Randnoten zu Isaias 1—16, in: Mitteilungen des Sept.-Unternehmens, Bd. I (Berlin 1915) S. 254 Anm. 42 und J. Z i e g l e r, Textkritische Notizen zu den jüngeren griech. Übersetzungen des Buches Isaias, in: Nachr. von der Ges. der Wiss. zu Göttingen, Phil.-hist. Kl. V, Bd. I Nr. 4 (1939) S. 101.

klärung liegt darin, daß er bei seiner schnellen Arbeitsweise gelegentlich n u r die Übersetzungen „der Drei", besonders des Aquila als Vorlage benutzte; gerade zu Aquila, den er in einem Brief an Marcella den „verborum Hebraeorum diligentissimus explicator"[13]) nennt, hatte er volles Vertrauen, und glaubte ihn unbesehen ins Lateinische übersetzen zu können.

Zur unten aufgeführten Liste sei folgendes bemerkt:

1. Dem Benutzer wäre es sicherlich dienlich gewesen, auch die hebr. Äquivalente beigegeben zu sehen; aber aus drucktechnischen Gründen sind sie weggeblieben. Bei Field kann man jederzeit nachschlagen.

2. Die Fragmente der jüngeren Übersetzungen zu Isaias und zum Zwölfprophetenbuch sind meiner Ausgabe in der Göttinger großen Septuaginta entnommen; sie sind dort vollständig neu bearbeitet auf Grund des hsl. Materials und gegenüber Field vielfach verbessert und ergänzt. Die Fragmente der übrigen Propheten-Schriften sind Field entnommen.

3. Sehr viele Randnoten sind nur in der Syrohexapla, also in s y r i s c h e r Sprache überliefert; ihre Rückübersetzung ins Griechische ist oftmals unsicher. Bei diesen Fragmenten ist „Syh" beigefügt, um deutlich zu machen, daß die griech. Form nicht absolut sicher ist. Ebenso ist „Chr." (= Chrysostomus) beigefügt, wenn die Übersetzungen nur in dem a r m e n i s c h überlieferten Isaias-Kommentar des Chr. erhalten sind und ins Griechische rückübersetzt sind.

4. Es sind nicht nur Stellen aufgenommen, wo Hieronymus wörtlich („verbum de verbo") eine Wiedergabe „den Drei" entnommen hat, sondern auch solche, wo er nur dem Sinn nach („secundum sensum") den jüngeren Übersetzern gefolgt ist.

5. Um den Zusammenhang erkennen zu lassen, sind gelegentlich größere Stücke aufgenommen, in denen Hieronymus mit „den Drei" zusammengeht; hier sind die wichtigeren (schwierigen) Wörter, wo eine Abhängigkeit vorliegt, gesperrt gedruckt.

6. Es sind nur solche Stellen aufgenommen, wo Hapaxlegomena, seltene (zwei- bis dreimal vorkommende) und mehrdeutige Stämme im Hebr. vorliegen, oder wo der Sinn des ganzen Satzes unklar ist. Die häufiger von Hieronymus in Abhängigkeit von „den Drei" verwendeten Wörter sind im folgenden Abschnitt V besprochen.

7. Auch solche Stellen sind manchmal aufgenommen, wo die Übertragung an und für sich nahelag, weil das Wort bekannt ist,

---

[13]) Ep. 28 ad Marcellam (CSEL 54, S. 228 Z. 1 f. Hilberg).

wo aber doch Hieronymus die jüngeren Übersetzer eingesehen hat,
weil•LXX anderweitig übersetzt hat. Als Beispiel sei Os. 5₇ genannt, wo Hieronymus das hebr. ḥodeš richtig mit *mensis* wiedergibt, das auch Symmachus und Theodotion verwenden, während
Aquila *neomenia* übersetzt und LXX ἐρυσίβη hat. Er selbst spricht
in seinem Kommentar (859/60) über die verschiedenen Wiedergaben, sagt aber nicht ausdrücklich, daß er Symmachus und Theodotion folgt.

8. Nicht aufgenommen sind Stellen, die manchmal Cyrill in
seinem Zwölfpropheten-Kommentar als Wiedergabe des εβρ' anführt,
die offensichtlich g r i e c h. Rückübersetzungen der Vulg. sind, z. B.
Os. 11₃ γεγονα ως τιθηνος τω Εφραιμ = Vulg. *et ego quasi nutricius
Ephraim* oder Zach. 14₈ εν χειμωνι = Vulg. *in hieme*. Field II S. 958
Anm. 2 (zu Os. 11₃) möchte allerdings den umgekehrten Weg gehen:
er vermutet in Os. 11₃ eine in die Vulg. übergegangene Lesart des
Symmachus: Hunc autem Symmachum esse, praeter stylum elegan-
tiorem arguit ipsa versio Hieronymiana (quam ad Symmachianam
prae ceteris conformatam esse saepius observavimus). Die Schwierigkeit, daß dagegen Syh ἐπαιδαγώγουν als Symmachus-Wiedergabe
überliefert, will Field dadurch lösen, daß er hier an die zweite
Ausgabe des Symmachus denkt. Jedoch ist die obengenannte Erklärung vorzuziehen, zumal Cyrill auch sonst sehr oft den Kommentar des Hieronymus übernimmt und in seinen Angaben sehr
ungenau ist. Vgl. dazu meine Ausgabe des Dodekapropheton in der
Göttinger Septuaginta (1943) S. 106 Anm. 1 und 2.

Isaias.

1₂ *enutrivi;* ebenso 51₁₈	σ'θ' εξεθρεψα; ebenso 51₁₈
1₄ *gravi iniquitate*	α' βαρυς ανομια
abalienati sunt retrorsum	θ' απηλλοτριωθησαν εις τα οπισω
1₆ *a planta pedis*	α' απο ταρσου ποδος Syh
non est in eo sanitas ...	σ' ουκ εστιν εν αυτω υγιες ...
non est circumligata nec	ου σφιγγομενη ουδ επιδεσ-
curata medicamine neque	μουμενη ουδ απαλυνο-
fota oleo	μενη ελαιω
1₈ *ut umbraculum*	α' ⟨ως⟩ συσκιασμος
et sicut civitas quae vasta-	σ' και ως πολις πεπορθημενη
tur	
1₁₄ *laboravi sustinens;* vgl.	α' εμοχθησα αιρων
Ier. 6₁₁	

1₁₈ si fuerint rubra quasi ver-   σ′ ⟨εαν⟩ πυρ⟨ρ⟩αι ωσιν α′ϑ′ ως
miculus   σκωληξ

1₂₂ vinum tuum mixtum est   σ′ ο οινος ⟨σου⟩ μεμιγμενος
aqua   υδατι

1₂₅ convertam   α′σ′ϑ′ επιστρεψω
et excoquam ad purum   σ′ και πυρωσω εις καθαρον την
scoriam tuam   σκωριαν σου
stannum tuum; vgl. Zach. 4₁₀   οι λ′ κασσιτερον ⟨σου⟩

1₂₆ restituam   σ′ϑ′ αποκαταστησω

1₃₀ defluentibus foliis   α′ απορρευσασα τα φυλλα αυτης

1₃₁ utrumque   σ′ αμφοτερα (ϑ′ αμφοτεροι)

2₄ non levabit gens   ϑ′ και ου μη αρη εθνος

2₆ proiecisti   σ′ απερριψας

2₉ ne ergo dimittas eis   σ′ϑ′ και μη αφης αυτοις

2₁₆ Tharsis   π′ tharsis

3₃ et honorabilem vultu;   σ′ και αιδεσιμον ⟨προσωπω⟩
vgl. 9₁₅

3₄ et dabo pueros principes   α′ δωσω παιδας αρχοντας ⟨αυ-
eorum, et effeminati (vgl.   των⟩ και εναλλακται
Os. 4₁₄)

3₅ irruet   ϑ′ προσκοψει

3₁₀ dicite iusto quoniam bene   σ′ ειπατε τω δικαιω οτι
   καλως

3₁₂ mulieres   σ′ γυναικες

3₁₃ stat 1⁰   σ′ ισταται

3₁₄ depasti estis   α′ κατενεμησασθε (vgl. σ′ κατε-
   βοσκησατε)

3₁₅ commolitis   α′σ′ϑ′ αληθετε

3₁₆ et plaudebant ... compo-   σ′ και κροτουσαι ... ευρυθμως
sito gradu incedebant   βαινουσαι

3₁₇ verticem filiarum Sion   α′σ′ϑ′ κορυφην θυγατερων σιων
crinem earum nudabit   α′ κομην αυτων σ′ γυμνωσει

3₁₈ ornamentum calceamento-   σ′ τον κοσμον α′ϑ′ των υποδημα-
rum   των

3₁₉ mitras   σ′ τας μιτρας

3₂₃ specula   α′ κατοπτρα

3₂₄ et pro fascia pectorali   σ′ ⟨και αντι⟩ στηθοδεσμιδος

3₂₆ portae eius   σ′ αι θυραι ⟨αυτης⟩

4₅ et fumum et splendorem   σ′ και καπνον και φεγγος πυρος
ignis flammantis in nocte   φλεγομενου νυκτος

5₁ *dilecto meo 1⁰*	ϑ′ τω αγαπητω μου (vgl. LXX σ′ τω ηγαπημενω μου)
patruelis mei	α′ πατραδελφου μου
dilecto meo in cornu filio olei	α′σ′ϑ′ *dilecto meo* α′ϑ′ εν κερατι υιω ελαιου
5₂ *lapides elegit*	α′σ′ϑ′ ελιϑολογησε
electam; ebenso Ier. 2₂₁	σ′ εκλεκτην
5₈ *usque ad terminum loci*	α′ εως περατος τοπου
5₁₃ *et nobiles eius interierunt fame*	σ′ε′ και οι ενδοξοι αυτου τεϑνηκοτες λιμω
5₁₄ *absque ullo termino*	σ′ εις απεραντον
sublimes	⟨σ′ϑ′⟩ η επαρσις
5₁₇ *in ubertatem versa advenae comedent*	α′ μεμυαλωμενων σ′ παροικοι φαγονται
5₁₈ *funiculis vanitatis*	π′ *funiculis vanitatis*
5₂₄ *et calor flammae; vgl.* 33₁₁	α′σ′ϑ′ και ϑερμη φλογος
5₃₀ *et sonabit super eum*	σ′ ⟨και⟩ ηχησει επ αυτον
et lux obtenebrata est in caligine eius	α′σ′ϑ′ και φως εσκοτασεν εν τω γνοφουσϑαι αυτην
6₄ *et commota sunt superliminaria*	σ′ και εσαλευϑη τα προϑυρα των ουδων
6₆ *calculus*	α′σ′ϑ′ *calculus*
forcipe	ϑ′ (= LXX; vgl. α′σ′) *forcipe*
6₉ *dices*	α′ ερεις
6₁₂ *longe faciet; ebenso Ez.* 11₁₆	σ′ μακραν ποιησει; ebenso Ez. 11₁₆
7₄ *caudis*	α′ ουρων (vgl. σ′ϑ′ ουραγιων)
7₉ *si non credideritis, non permanebitis*	·σ′ εαν μη πιστευσητε ου διαμενειτε
7₁₆ *quam tu detestaris*	ϑ′ ην συ βδελυσση (vgl. α′ σικχαινεις)
7₂₀ *conducta in his, qui trans flumen sunt*	α′ϑ′ μεμισϑωμενω (vgl. σ′ und LXX-Hss.) σ′ τους εν τω περαν του ποταμου
7₂₂ *comedet butyrum*	π′ φαγεται βουτυρον
8₁ *librum grandem*	σ′ τευχος μεγα
spolia detrahe	σ′ ϑ′ σκυλευσαι
8₈ *extensio*	σ′ϑ′ η εκτασις
8₉ *congregamini, populi, et vincimini*	οι γ′ συναϑροισϑητε λαοι και ηττασϑε
confortamini et vincimini; accingite vos et vincimini	⟨σ′?⟩ κραταιουσϑε (anon.) οι γ′ και ηττασϑε περιζωννυσϑε και ηττασϑε

8₁₄ *in lapidem autem offensionis*	α'σ'ϑ' εις λιϑον προσκομματος (vgl. LXX)
8₁₅ *et irretientur (an der Parallelstelle 28₁₃ genauer illaqueentur)*	σ' και παγιδευϑησονται (vgl. ϑ' και ιξευϑησονται)
8₁₆ *liga testimonium, signa legem in discipulis meis*	α' (vgl. σ'ϑ') ενδησον μαρτυριον σφραγισαι νομον εν διδακτοις μου
8₁₉ *qui strident*	σ' οι τριζουσιν Chr.
8₂₂ *dissolutio et angustia et caligo*	σ' εκλυσις και στενοχωρια και σκοτος
9₅ *quia omnis violenta praedatio cum tumulto, et vestimentum mixtum sanguine*	σ' οτι πασα βια εβιασϑη εν σεισμω α' και ιματισμος πεφυρμενος εν αιμασιν (vgl. σ')
9₆ *admirabilis consiliarius*	α'ϑ' ϑαυμαστος α' συμβουλος (vgl. ϑ' βουλευων)
pater futuri saeculi	σ'ϑ' πατηρ αιωνος
9₁₀ *sycomoros; ebenso Am. 7₁₄*	οι λ' συκομορους; ebenso α'σ' Am. 7₁₄
9₁₁ *elevabit ... in tumultum vertet*	α' ενμετεωρισει (vgl. σ'ϑ' υψωσει) ... στασιωσει
9₁₄ *incurvantem et refrenantem*	σ' καμπτοντα και κημουντα
9₁₅ *et honorabilis; vgl. 3₃*	σ' και αιδεσιμος
9₁₆ *et qui beatificantur praecipitati*	σ' και οι μακαριζομενοι αυτου καταπινομενοι
9₁₈ *et convolvetur superbia fumi*	ϑ' και συμπλεκησεται υβρις καπνου
10₄ *ne incurvemini sub vinculo*	σ' ωστε μη καμφϑηναι υπο δεσμον (vgl. ϑ')
10₁₃ *et principes eorum depraedatus sum*	σ' τους βασιλεις αυτων α'ϑ' συνηρπασα
10₁₄ *et aperiret os et ganniret*	ϑ' και ανοιγων στόμα και στρουϑιζων
10₂₃ *consummationem enim et abbreviationem*	σ'ϑ' συντελειαν γαρ και συντομην
10₃₃ *lagunculam*	α' κεραμειον (s. κεραμιδιον)
statura	σ' ηλικια
10₃₄ *condensa saltus*	σ'ϑ' τα δαση του δρυμου
11₄ *pro mansuetis terrae*	α' τοις πραεσι [της] γης
11₈ *reguli; vgl. 14₂₉ 30₆ Ier. 8₁₇*	α'σ' βασιλισκου
13₂ *super montem caliginosum*	α' ⟨επ ορους⟩ γνοφωδους
13₂₀ *usque in finem*	σ'ϑ' εις τελος
nec ponet ibi tentoria Arabs	σ' ουδε σκηνοποιησει εκει αραψ

13₂₁ *pilosi;* vgl. 34₁₄	α΄ τριχιωντες
13₂₂ *et sirenes ~in~ delubris volu-* *ptatis*	α΄σ΄ϑ΄ και σειϱηνες εν ναοις τϱυφης
14₂ *et subicient exactores suos;* vgl. v. 6	σ΄ και υποταξουσι τους φοϱολο- γουντας αυτους
14₁₀ *et tu vulneratus es*	σ΄ και συ ετϱωϑης
14₁₂ *qui vulnerabas gentes*	σ΄ ο τιτϱωσκων επ (om. Eus.) εϑνη
14₁₃ *in lateribus aquilonis*	α΄σ΄ϑ΄ εν μηϱοις βοϱϱα
14₁₄ *similis ero Altissimo*	σ΄ ομοιωϑησομαι τω υψιστω
14₁₅ *in profundum laci*	σ΄ εις βαϑη λακκου
14₁₆ *inclinabuntur*	α΄σ΄ϑ΄ κατακυψουσι
14₁₉ *ad fundamenta laci, quasi* *cadaver putridum*	σ΄ επι ϑεμελιους λακκου ως σωμα δυσωδες
14₂₀ *non habebis consortium* *neque cum eis in sepultura*	σ΄ ου κοινωνησεις αυτοις εν ταφη
14₂₂ *progeniem*	σ΄ απογονον (vgl. α΄ γονην)
14₂₃ *in possessionem ericii et in* *paludes aquarum*	α΄σ΄ϑ΄ εις κληϱονομιαν εχινου α΄ και λιμνας υδατων
14₂₉ *regulus;* vgl. 11₈ 30₆	α΄σ΄ϑ΄ βασιλισκος
absorbens volucrem	ϑ΄ εκϱυφων πετομενος
14₃₀ *primogeniti pauperum*	σ΄ πϱωτοτοκοι πενητων
15₁ *Ar Moab*	ϑ΄ ar ⟨moab⟩
15₄ *super hoc expediti Moab* *ululabunt*	α΄ επι τουτω εξωμοι μωαβ αλα- λαξωσι
15₅ *vectes eius*	α΄σ΄ μοχλος αυτης
15₇ *ad torrentem salicum*	α΄ επι [του] χειμαϱϱου των ιτεων
15₉ *ponam enim super Dibon* *additamenta*	σ΄ πϱοσϑησω γαϱ επι διμων πϱοσϑεματα
de Moab leonem et reliquiis *terrae*	σ΄ απο μωαβ λεοντα ϑ΄ και τοις επιλοιποις της γης (vgl. α΄)
16₃ *vagos;* vgl. Os. 9₁₇	σ΄ αναστατον
16₇ *his qui laetantur super mu-* *ros cocti lateris loquimini* *plagas suas;* vgl. v. 11	σ΄ τοις ευφϱαινομενοις εν τω τειχει τω οστϱακινω φϑεγξασϑε πληγαι
16₈ *deserta sunt . . . exciderunt*	σ΄ ηϱημωϑη . . . εξεκοψαν
16₁₁ *venter meus . . . ad murum* *cocti lateris;* vgl. v. 7	σ΄ η κοιλια μου (= LXX) . . . τω τειχει τω οστϱακινω
17₁₁ *et dolebit*	α΄ϑ΄ et dolebit
18₂ *legatos et in vasis papyri*	α΄ πϱεσβευτας ϑ΄ και εν σκευεσι παπυϱου (vgl. σ΄)
post quem non est alius	σ΄ μεϑ ον ουκ εστιν επεκεινα

18₇ a gente exspectante, exspectante et conculcata,
cuius diripuerunt flumina
terram eius

α΄ εθνους υπομενοντος ⟨υπομενον-
τος⟩ και συνπεπατημενου οι λ΄
ου διηρπασαν οι ποταμοι την
γην ⟨αυτου⟩

19₃ et dirumpetur

σ΄ και ραγησεται (vgl. θ΄ και σχι-
σθησεται)

19₁₃ emarcuerunt

σ΄ εναρκησαν

19₁₅ incurvantem

α΄ incurvum

19₁₈ civitas solis

σ΄ πολις ηλιου

20₅ spe sua

θ΄ ελπιδος αυτων

21₈ leo

α΄ λεοντα

21₉ contrita sunt

σ΄ συνετριβη

21₁₅ a facie enim gladiorum

οι γ΄ ⟨απο προσωπου⟩ μαχαιρων

22₂ civitas exsultans

θ΄ η πολις αγαυριωσα

22₇ electae valles tuae

σ΄θ΄ αι εκλεκται κοιλαδες σου

22₁₅ ad eum qui habitat in tabernaculo

α΄ προς τον σκηνουντα

22₂₄ craterarum

α΄σ΄ ⟨των⟩ κρατηρων

23₂ tacete

σ΄ σιγησατε (vgl. α΄ σιωπησατε)

23₈ negotiatores

α΄ negotiatores

23₁₈ et vestiantur usque ad ve-
tustatem

θ΄ και περιβαλεσθαι εις πα-
λαιωσιν (σ΄ εις το παλαιωσαι)

24₇ luxit vindemia

α΄ επενθησεν οπωρισμος

24₁₆ secretum meum mihi, secretum meum mihi

σ΄θ΄ το μυστηριον μου εμοι το
μυστηριον μου εμοι

25₅ propaginem fortium

θ΄ κληματιδα ισχυρων

25₁₀ et triturabitur Moab sub eo,
sicuti teruntur paleae

α΄ και αλοηθησεται [η] μωαβ υ-
ποκατω αυτου ως αλοαται αχυρα
(vgl. σ΄)

26₁₄ gigantes; ebenso v. 19

σ΄ γιγαντες; ebenso v. 19

27₁ super Leviathan serpentem
vectem et super Leviathan
serpentem tortuosum

α΄ επι λευιαθαν οφιν μοχλον σ΄ και
κατα λευιαθαν του οφεως του
σκολιου

cetum qui in mari est

α΄ συν το κητος το εν θαλασση
(ähnlich θ΄)

27₄ spinam et veprem

α΄ spinam et veprem

27₈ in mensura contra mensuram

θ΄ εν μετρω μετρον

27₉ allisos
luci et delubra

α΄ προσερραγμενους
α΄σ΄θ΄ αλση ... τεμενη

27₁₂ percutiet; vgl. 28₂₇
ab alveo fluminis

οι γ΄ ραβδισει (παταξει nach Eus.)
σ΄ απο του ρειθρου του ποταμου

28₁ ebriis; ebenso v. 3
errantes a vino

α΄σ΄θ΄ μεθυοντες; ebenso θ΄ v. 3
σ΄ οι πεπλανημενοι υπο οινου

28₅ *et sertum* — α'ϑ' εις πλεγμα

28₆ *revertentibus de bello* — σ' αποστρεφουσιν απο πολεμου

28₇ *nescierunt* — α' ηγνοησαν
     iudicium — σ' κρισιν

28₈ *vomitu sordiumque, ita ut* — α' vomitu sordium α'σ'ϑ' ωστε
     non esset ultra locus — μη υπαρχειν τοπον

28₁₂ *et hoc est meum refrige-* — α' και αυτη η αναψυξις
     rium; vgl. Ier. 6₁₆

28₁₃ *manda remanda, manda re-* — σ' εντολη ουκ εντολη εντολη ουκ
     manda, exspecta reexspecta, — εντολη προσδοκια ου προσδοκια
     exspecta reexspecta, modi- — προσδοκια ου προσδοκια μικρον
     cum ibi modicum ibi — ετι μικρον ⟨ετι⟩

28₁₅ *flagellum inundans* — α'σ' μαστιξ κλυζουσα

28₁₆ *lapidem probatum* — α'σ'ϑ' λιθον δοκιμον
     qui crediderit non festinet — οι γ' ο πιστευων ου σπευσει

28₂₄ *proscindet et sariet* — σ' υποσχισει και βωλοκοπησει

28₂₇ *excutietur;* vgl. 27₁₂ — α' ραβδισθησεται; vgl. LXX
     et cyminum in baculo — σ' κυμινον δε εν βακτηρια (vgl.
       LXX)

28₂₈ *comminuetur. verum non in* — σ'ϑ' λεπτυνθησεται αλλ ουκ εις τον
     perpetuum triturans tritu- — αιωνα αλοων αλοησει αυτον ουδε
     rabit illum, neque vexabit — ταραξει τροχος αμαξης αυτου
     eum rota plaustri, nec un- — ουδε ταις οπλαις αυτου λεπτυνει
     gulis suis comminuet eum — αυτον

29₁ *sollemnitates evolutae sunt* — σ' εορται κυκλουτωσαν

29₃ *quasi sphaeram* — α'ϑ' σφαιραν (σ' ως κυκλον)

29₅ *multitudo eorum qui contra* — σ'ϑ' το πληθος των καταδυνασ-
     te praevaluerunt (ebenso — τευοντων σε (ebenso v. 20 α'σ'
     v. 20 *qui praevalebat)* — ϑ' καταδυναστευων)

29₁₀ *spiritum soporis;* vgl. 51₁₇ — σ' πνευμα καρωσεως

29₂₀ *illusor, et succisi sunt* (zu — α'σ'ϑ' χλευαστης σ' και εξεκοπησαν
     illusor vgl. Stummer S. 103)

29₂₁ *frustra* — σ' ματαιως

29₂₂ *vultus eius erubescet* — ϑ' το προσωπον αυτου εντρα-
       πησεται (σ' διατραπησεται)

29₂₄ *et mussitatores* — σ' και γογγυσται (vgl. LXX)

30₁ *et ordiremini telam* — α'ϑ' του διασασθαι διασμα

30₆ *regulus volans;* vgl. 14₂₉ — σ' βασιλισκος ϑ' πετομενος

30₈ *diligenter exara illud* — α' ακριβασον αυτην

30₁₀ *videte nobis errores* — σ' ορατε ημιν πλανας

30₁₄ *de fovea* — α' απο βοθυνου

30₂₇ *et gravis ad portandum* — σ' και βαρυς υπενεγκειν

30₂₈ *et frenum erroris, quod erat* — α'ϑ' και χαλινον πλανωντα επι
     in maxillis populorum — σιαγονας λαων

30₂₉	sicut nox sanctificatae sollemnitatis	α'σ' ως νυξ αγιαζομενης εορτης
	fortem Israel	σ' κραταιον (α' στερεον) ⟨ισραηλ⟩
30₃₃	praeparata est enim ab heri	σ' προητοιμασται γαρ απο χθες
31₅	transiens	οι γ' υπερβαινων
32₃	non caligabunt	σ' και ουκ αμαυρωθησονται
32₄	et cor stultorum	σ' καρδια δε ανοητων
32₅	fraudulentus	σ' τω δολιω
	maior	α' μεγισταν
32₁₁	conturbamini	σ' ταραχθησεσθε
33₃	ab exaltatione tua dispersae sunt	α'θ' απο υψωσεως σου διεσκορπισθησαν
33₄	velut cum fossae plenae fuerint	θ' ως απο των βοθυνων
33₆	divitiae salutis	σ' πλουτος σωτηριας
33₉	obsorduit	α' εχυδαιωθη
	et concussa est Basan	α'σ'θ' και εξετιναχθη βασαν
33₁₁	ardorem; vgl. 5₂₄	α' αιθαλην (vgl. σ' φλογα)
33₁₉	populum impudentem	σ' τον λαον τον αναιδη
33₂₀	tabernaculum quod nequaquam transferri poterit	σ'θ' σκηνην αμεταθετον
33₂₁	navis remigum, neque trieris magna	α' ναυς κωπης και τριηρης υπερμεγεθης
33₂₃	dividentur spolia praedarum	α' εμερισθη σκυλα λαφυρων
34₂	super universam militiam eorum	α' επι πασαν [την] στρατιαν αυτων (vgl. v. 4)
34₇	unicornes	σ' μονοκερωτες
34₁₃	spinae et urticae, et paliurus	α'σ'θ' ακανθαι και κνιδες και ακανες
	draconum	σ' δρακοντων
34₁₄	et pilosus; vgl. 13₂₁	α'σ' και τριχιων
	lamia	σ' λαμια
34₁₅	milvi alter ad alterum	α'σ'θ' ικτινες θ' ετερα την ετεραν
34₁₇	in mensuram	α'σ'θ' εν μετρω
35₂	laetabunda et laudans	σ' αγαλλιωμενη και αινουσα
35₉	et mala bestia	σ' ⟨και⟩ κακον θηριον
36₆	et perforabit eam	θ' και τρησει αυτην
36₉	et quomodo sustinebis faciem iudicis unius	σ' και πως υποστηση το προσωπον αρχοντος ενος
36₁₈	conturbet	α'σ' ανασειση
37₂	qui erat super domum	σ'θ' τον επι του οικου
37₁₄	expandit	α' εξεπετασεν
37₂₄	altitudinem summitatis eius	σ' εις υψος του ακρου αυτου
37₂₅	ego fodi . . . vestigio pedis	σ' εγω ωρυξα . . . εν ιχνει ποδος

37₂₆ *et factum est in eradica-*　σ' και εγενετο εις εκριζωσιν
tionem

37₂₇ *quae exaruit antequam ma-*　σ' ητις ηφανισε προ του τελεσφο-
turesceret　ρηθηναι

37₂₉ *circulum ... et frenum*　σ' κρικον ... και χαλινον (= LXX)

37₃₀ *quae sponte nascuntur*　α'σ'θ' αυτοματα
pomis vescere　σ' απο δενδρων (*pomis vescere*
Hi.)

37₃₈ *Asarhaddon*　σ' ασαραδδων

38₈ *per gradus*　σ' δια των βαθμων

38₉ *scriptura*　α'σ'θ' γραφη
convaluisset; vgl. 39₁　σ' υγιανεν

38₁₂ *quasi tabernaculum pa-*　σ' ως σκηνη[ν] ποιμενων ...
storum ... succidit me　εξετεμεν με

38₁₅ *recogitabo*　σ' αναλογισομαι

38₂₀ *et psalmos nostros canta-*　σ' και ψαλμους ημων ψαλ-
bimus ... in domo　[λ]ουμεν ... εν τω οικω

39₁ *convaluisset; vgl.* 38₉　α'σ'θ' ενισχυσεν

39₂ *aromatum*　α'σ' των αρωματων
et odoramentorum et un-　σ' και τα ηδυσματα και το
guenti optimi et omnes　μυρον το καλον και πασας τας
apothecas　αποθηκας
non fuit verbum; vgl. v. 4.　α'θ' ουκ ην ρημα (σ' ρητον)

39₄ *non fuit res; vgl. v. 2*　σ' ⟨ουκ ην⟩ πραγμα

39₇ *et erunt eunuchi*　α'σ'θ' και εσονται ευνουχοι

40₄ *exaltabitur*　α' επαρθησεται (vgl. σ' υψωθητω)

40₁₂ *tribus digitis*　α'σ'θ' εν τριτω

40₁₃ *ostendit illi*　σ' ostendit ei

40₁₈ *ponetis ei*　α' ταξετε αυτω

40₂₂ *super gyrum*　α'σ'θ' επι τον γυρον (vgl. LXX)

40₂₃ *velut inane*　α' ως κενωμα

40₂₆ *prae multitudine fortitu-*　σ'θ' ⟨απο⟩ πληθους δυναμεως
dinis et roboris virtutisque　και κρατους ισχυος

40₂₈ *nec est investigatio*　α' ουκ εστιν εξιχνιασμος Chr.

41₁ *taceant ... mutent fortitu-*　σ' σιωπησατε (vgl. α'σ'κωφευσατε)
dinem　... αλλαξατωσαν ισχυν

41₇ *dicens: glutino*　α'θ' λεγων τη κολλη (vgl. σ')

41₈ *amici mei*　σ' του φιλου μου

41₁₀ *ne declines*　α' ⟨μη⟩ επικλινου
suscepit (lies -pi?) te　α'σ'θ' αντελαβομην σου

41₁₁ *viri qui contradicunt tibi*　σ' οι ανδρες οι αντιλεγοντες
σοι

41₁₂ *bellantes*　θ' της μαχης σου

41₁₄ *vermis Iacob, qui mortui estis*	α'σ'ϑ' σκωληξ ⟨ιακωβ⟩ α' τεϑνεωτες (vgl. ϑ' οι νεκροι)
41₁₉ *spinam et myrtum et lignum olivae*	ϑ' ακανϑαν σ' ⟨και μυρσινην⟩ και ξυλον ελαιου
abietem, ulmum et buxum; vgl. 60₁₃	α' ελατην σ' πτελεαν και πυξον
41₂₁ *si quid forte habetis*	σ' τα ισχυρα υμων (vgl. ϑ' τα κραταιωματα υμων)
41₂₉ *iniusti*	⟨σ'⟩ ϑ' αδικοι
43₂₇ *et interpretes tui*	α'σ' και οι ερμηνεις σου
44₂ *rectissime*	οι λ' ευϑυτατος (s. ευϑης)
44₅ *adsimilabitur;* vgl. 45₄	α' ομοιωϑησεται Chr.[13a])
44₁₀ *ad nihil utile*	ϑ' εις ανωφελη
44₁₂ *et in malleis formavit illud*	α' και εν σφυραις επλασεν αυτο
44₁₃ *formavit illud ... fecit illud in angularibus*	α' και εμορφωσεν αυτο ... εποιησεν αυτο εν περιγωνιοις
44₁₄ *pinum*	οι γ' πιτυν
45₉ *vae qui contradicit*	σ' ουαι ο αντιλεγων
46₁ *onera vestra ... usque ad lassitudinem*	σ' βασταγματα υμων ... εις εκλυσιν
46₁₁ *avem*	σ' ορνιν (s. ορνεον)
46₁₂ *duro corde*	σ' σκληροκαρδιοι
47₂ *turpitudinem tuam*	σ' το σιωπηλον σου
47₃ *et non resistet mihi homo;* vgl. Ier. 7₁₆	σ' και ουκ αντιστησεται μοι ανϑρωπος
47₅ *tacens*	σ' σιωπωσα
47₁₀ *haec decepit te*	σ' αυτη εξηπατησε σε
47₁₂ *aut si possis fieri fortior*	σ' (ϑ'?) ει πως δυνηση ισχυσαι
48₁₉ *ut lapilli eius*	οι γ' ως αι κεγχροι αυτης
49₈ *et servavi te*	α'σ' ⟨και⟩ διετηρησα σε
49₉ *in omnibus planis*	οι λ' ⟨εν πασιν⟩ πεδινοις Chr.
49₂₁ *transmigrata et captiva*	σ' παροικος και αιχμαλωτος
49₂₂ *in ulnis*	α'ϑ' εν αγκαλαις
49₂₅ *et quod ablatum fuerit*	σ' και ληψις
50₄ *ut sciam sustentare*	α' του γνωναι του υποστηρισαι
51₃ *quasi hortum Domini*	α'ϑ' ως κηπον ⟨κυριου⟩

[13a]) In der Isaias-Ausgabe der Göttinger Septuaginta (1939) habe ich aus dem armenischen Kommentar des Chr. die α'-Wiedergabe mit *imitabitur* übersetzt. Die armenische Überlieferung und die griech. (bzw. lat.) Wiedergabe (Rückübersetzung) sind unsicher. Aquila hat sehr wahrscheinlich mit ομοιωϑησεται wiedergegeben, das in *adsimilabitur* der Vulg. durchschimmert. Vgl. dazu auch Stummer, Einführung in die lat. Bibel S. 105.

51₄ *tribus mea*   α'σ' φυλον μου

51₆ *atteretur*   ‚α' κατατριβησεται

51₉ *nunquid non tu percussisti*   σ' ου συ ει η λατομησασα αλαζο-
superbum, vulnerasti dra-   νειαν τραυματισασα δρακοντα
conem   (vgl. ϑ' δρακοντα)

51₁₇ *soporis; vgl.* 29₁₀   α' καρωσεως

51₁₈ *qui sustentet eam*   α' διαβασταζων ⟨αυτην⟩

51₁₉ *quae occurrerunt tibi; quis*   α'σ' τα συναντησαντα σοι σ' τις
contristabitur super te?   λυπηθησεται σοι

51₂₀ *proiecti sunt . . . sicut oryx*   α' εριπτασθησαν . . . ως ορυξ ημφι-
illaqueatus   βληστρευμενος (vgl. σ'ϑ')

51₂₂ *qui pugnabit*   σ' υπερμαχησει

51₂₃ *corpus tuum*   α' σωμα σου

52₅ *inique agunt*   α'σ' παρανομουσιν

52₁₂ *in tumulto*   ϑ' ⟨εν⟩ θορυβω

52₁₅ *adsperget*   α'ϑ' ραντισει

53₃ *et novissimum virorum*   σ' και ε λ α χ ι σ τ ο ς ανδρων
quasi absconditus vultus eius   α' ως αποκεκρυμμενον προσωπον
      αυτου

53₄ *leprosum et percussum a*   α' αφημενον (vgl. σ' εν αφη οντα;
Deo et humiliatum   α'σ' *leprosum* Hi.) α'σ'ϑ' πε-
      πληγοτα υ π ο θεου και τε-
      ταπεινωμενον

53₅ *attritus est*   α' συντετριμμενος

53₆ *declinavit*   ϑ' εξεκλιναμεν

53₇ *oblatus est quia ipse voluit*   σ' προσηχθη και αυτος υπηκουσεν

53₁₀ *conterere eum*   α' επιτριψαι (vgl. σ' αλοησαι αυ-
      τον)

53₁₁ *saturabitur*   σ' χορτασθησεται

53₁₂ *cum sceleratis*   σ' μετα των ασεβων

54₁ *et hinni quae non pariebas*   α'σ' και χρεμετισον σ' μη τικτουσα
      (οι ο' ου τεκουσα)

54₄ *adulescentiae tuae*   σ'ϑ' της νεοτητος σου

54₅ *dominabitur tui*   σ' κυριευσει σου

54₆ *maerentem spiritu*   α'σ'ϑ' κ α τ ω δ υ ν ο ν πνευματι

54₈ *in momento indignationis*   σ' εν ατομω οργης . . . προς ολιγον
. . . parumper

54₁₁ *tempestate convulsa*   α' λαιλαπισμενη (vgl. σ' καταιγι-
      σθεισα)

     in sapphiris   οι λ' εν σαπφειροις (vgl. 𝔐 et
      LXX)

54₁₇ *iudicabis*   α' καταδικασεις

55₁ *et absque ulla commutatione*	α'σ'ϑ' και ανευ αλλαγματος
et lac; ebenso Ez. 25₄	α'σ' και γαλα; ebenso α'σ'ϑ' Ez. 25₄
55₇ *quoniam multus est ad ignoscendum*	σ' πολυς γαρ εστιν αφιεναι
55₁₀ *et germinare eam facit*	⟨σ' και βλαστησαι αυτην ποιησει
55₁₂ *deducemini*	σ'ϑ' οδηγηθησεσθε
plaudent manu	σ' κροτησει χειρι
55₁₃ *et pro urtica crescet myrtus*	σ' αντι δε τ η ς κ ν ι δ η ς αναβησεται μ υ ϱ σ ι ν η
56₉ *bestiae agri*	σ' ⟨τα θηρια⟩ αγρου
56₁₁ *pastores*	ϑ' ποιμενες (vgl. α' νομεις)
unusquisque ad avaritiam suam, a summo usque ad novissimum	σ'ϑ' εκαστος εις την πλεονεξιαν αυτου απο ακρου εως εσχατου
57₃ *et fornicariae*	σ' και πορνευσασης
57₅ *subter eminentes petras*	σ'ϑ' υπο τας ε ξ ο χ α ς των πετρων
57₆ *in partibus . . . pars tua*	ϑ' εν μ ε ϱ ι σ ι . . . η μ ε ϱ ι ς σου
57₉ *et ornasti te . . . pigmenta tua*	⟨σ'⟩ και εκοσμηθης . . . τα μυρεψια σου
et humiliata es	α'σ'ϑ' και εταπεινωθης
57₁₀ *vitam manus tuae invenisti*	σ' ζωην της χειρος σου ευρες
57₁₁ *tacens*	α'σ' *tacens*
57₁₉ *creavi fructum*	α'σ'ϑ' κτιζων κ α ϱ π ο ν
57₂₀ *quasi mare fervens . . . in conculcationem et lutum*	α'σ'ϑ' ως θαλασσα εκβρασσουσα... καταπατημα και πηλον (-ος σ')
58₆ *dissolve colligationes impietatis . . . qui confracti sunt*	σ' διαλυε στραγγαλιας ασεβειας (vgl. ϑ') . . . τεθλασμενους
58₇ *vagosque*	σ' αναστατους (vgl. α'ϑ')
58₈ *sanitas tua*	σ' ιασις σου (vgl. LXX ιαματα σου)
58₉ *extendere digitum et loqui quod non prodest*	σ'ϑ' εκτεινοντα δακτυλον και λεγοντα α' ανωφελες
58₁₀ *cum effuderis esurienti animam tuam*	α'σ'ϑ' και υ π ε ϱ ε κ χ ε η ς πεινωντι ψυχην σου
58₁₁ *splendoribus*	α' εν λαμπηδονι (σ'ϑ' εν λαμπροτητι)
liberabit	σ' ρυσεται (vgl. α' εξελειται)
59₅ *et quod confotum est*	α' και το θαλφθεν (ϑ' το δε θαλφθεν)
59₁₀ *quasi in tenebris*	σ' ως εν σκοτω
59₁₃ *et mentiri contra Dominum*	σ' και ψευδεσθαι κ α τ α κυριου

59₁₅ in oblivionem ... praedae patuit   α′ λανθανουσα ... λαφυρουμενος (ϑ′ σκυλευεται)

59₁₉ spiritus Domini cogit   σ′ το πνευμα κυριου επειγει

59₂₀ et eis qui redeunt ab iniquitate   σ′ϑ′ και τοις αποστρεφουσιν εξ αδικιας

60₄ de latere surgent (lies sugent)   α′ επι πλαγιου τιθηνηθησονται

60₅ quando conversa fuerit ad te multitudo maris   σ′ οταν μεταστραφη επι σε το πληθος της θαλασσης

60₆ inundatio   σ′ χυσις

60₈ ad fenestras suas   σ′ϑ′ επι τας θυριδας αυτων

60₁₀ filii peregrinorum   α′ υιοι απεξενωμενοι (vgl. σ′ϑ′)

in reconciliatione mea   σ′ εν τη διαλλαγη μου

60₁₃ abies et buxus et pinus; vgl. 41₁₉   α′ ελατη σ′ και πυξος και πευκη

60₁₄ curvi ... vestigia pedum tuorum   σ′ϑ′ κυφοντες ... επι τα ιχνη των ποδων σου

60₁₆ et mamilla regum lactaberis   α′σ′ϑ′ και μασθον βασιλεων θηλασεις

60₁₇ praepositos tuos   σ′ επιστατας σου

60₂₁ germen plantationis meae   σ′ βλαστος φυτειας μου (vgl. ϑ′)

61₁ indulgentiam   α′ αδειαν (vgl. LXX αφεσιν)

apertionem   ϑ′ διανοιξιν

61₃ fortes iustitiae   σ′ ισχυροι της δικαιοσυνης

61₆ superbietis   ϑ′ υψωθησεσθε (vgl. σ′ στρηνιασατε)

61₁₀ indumento iustitiae circumdedit me quasi sponsum decoratum corona   α′ ενδυμα ⟨δικαιοσυνης⟩ σ′ ημφιεσεν με ωσπερ νυμφιον κεκοσμημενον στεφανω

62₁ ut lampas accendatur   α′ ως λαμπας αναφθησεται (vgl. LXX)

62₄ inhabitata ... inhabitabitur   σ′ϑ′ συνωκισμενη ... συνοικισθησεται

62₇ et ne detis silentium ei   ϑ′ και μη δωτε σιγην αυτω (vgl. α′σ′)

62₁₀ praeparate   ϑ′ ετοιμασατε

63₁ in stola sua gradiens (vgl. 51₁₄) ... propugnator sum ad salvandum   σ′ εν στολη αυτου βαινων ... υπερμαχων εις το σωσαι

63₂ indumentum tuum   σ′ το ενδυμα σου

63₃ et adspersus est   α′σ′ και ερραντισθη

et omnia indumenta mea inquinavi   σ′ και παντα τα ενδυματα μου εμολυνα

63₉ *portavit eos*	σ'ϑ' εβαστασεν ⟨αυτους⟩
63₁₁ *cum pastoribus*	α' συν νομευσι
63₁₅ *viscerum tuorum*	σ'ϑ' των σπλαγχνων σου
super me continuerunt se; vgl. 64₁₂	α'σ'ϑ' προς με ενεκρατευσα⟨ν⟩το
64₁ *montes defluerent*	σ'ϑ' ορη κατερρευσαν
64₂ *sicut exustio ignis tabescerent, aquae arderent igni*	ϑ' ως εκκαυσιν πυρος ετα- κησαν υδατα εξεκαυσας πυρ (vgl. σ')
64₆ *et cecidimus*	σ' ⟨και⟩ εξεπεσαμεν
64₉ *et ne ultra*	α'ϑ' ⟨και μη⟩ εις ετι
64₁₂ *nunquid super his continebis te;* vgl. 63₁₅	σ' μη επι τουτοις εγκρατευση
65₁₁ *Fortunae*	π' τη τυχη
65₁₅ *in iuramentum*	οι γ' εις ορκον
65₁₆ *in quo qui benedictus est ... amen*	σ' εν ω ο ευλογημενος ... αμην (= ϑ')
65₂₀ *infans dierum*	α' βρεφος (σ' νηπιον) ⟨ημερων⟩
66₃ *qui offert oblationem*	σ' αναφερων προσφοραν
qui recordatur	οι λ' αναμιμνησκων
66₄ *et quae timebant*	σ'ϑ' και α εφοβουντο
66₅ *abicientes*	ϑ' οι αποβαλλομενοι
66₁₀ *cum Ierusalem*	α' συν ιερουσαλημ (σ' μετα ιερουσ.)
66₁₁ *ut mulgeatis*	σ'ϑ' αμελξετε
ab omnimoda gloria eius	α' απο παντοδαπιας ⟨δοξης αυτης⟩
66₁₂ *blandientur vobis*	σ' απατηθησεσθε
66₁₆ *diiudicabit*	σ' διακριθησεται
66₁₉ *tendentes sagittam*	π' *tendentes arcum*
66₂₀ *et in lecticis*	σ' και εν λεκτισι
et in mulis	α'ϑ' *in mulis* (vgl. LXX ημιονων)
in vase mundo	π' *in vase mundo* (εν σκευει καθαρω)

Ieremias.

1₁₁ *virgam vigilantem;* vgl. v. 12	α'σ' *virgam vigilantem*
1₁₂ *vigilabo;* vgl. v. 11	σ' αγρυπνω Syh
2₂ *desponsationis tuae*	α'σ' νυμφειων σου Syh
2₆ *inhabitabilem*	α' (?) της αοικητου Syh

2_{12} *et portae eius desolamini vehementer*	α'σ' και πυλαι αυτου ερημουσθε σφοδρα Syh
2_{15} *exustae sunt*	α' εξεκαυθησαν Syh
2_{19} *et aversio tua*	οι λ' και η αποστροφη σου Syh
2_{22} *maculata es*	σ' μεμολυσμενη Syh
2_{23} *cursor levis explicans vias suas*	α'σ'θ' δρομας κουφη α' συμπλεκουσα οδους αυτης Syh
2_{24} *attraxit ventum*	σ' επεσπασατο (α' ειλκυεν) ανεμον Syh
2_{25} *a nuditate*	α'σ' ⟨απο⟩ ανυποδεσιας Syh
2_{31} *serotina . . . recessimus*	σ' οψιμος (vgl. α' οψιγονος) Syh . . . ανεχωρησαμεν (vgl. α' απεστημεν) Syh
3_2 *prostrata sis*	α' συνεκοιτασθης Syh
sedebas exspectans eos	σ' προσδοκωσα αυτους (Syh)
3_5 *nunquid irasceris in perpetuum*	α'σ' ινατι μηνιεις εις τον αιωνα Syh
3_{12} *quia sanctus; ebenso* Mich. 7_2	α'σ' οτι οσιος Syh; ebenso Mich. 7_2
4_1 *non commoveberis*	α' και μη σαλευθης Syh
4_6 *levate signum in Sion*	α' αρατε σημειον εν σιων Syh
4_{11} *ventus urens . . . non ad ventilandum et ad purgandum*	σ' πνευμα καυσωνος Syh . . . ου του λικμησαι ουδε του καθαρισαι Syh
4_{16} *custodes*	σ' φυλακες Syh
4_{23} *vacua erat et nihili*	α' κενη (κενωμα?) και ουθεν (Syh) (vgl. LXX κενη και ουθεν)
4_{26} *destructae sunt*	α' καθηρεθησαν Syh
5_4 *stulti*	α'θ' εμωρανθησαν Syh
5_{10} *muros eius*	α' επι τα τειχη ⟨αυτης⟩ Syh
5_{15} *gentem robustam;* vgl. 49_{19} Mich. 6_2	α' ⟨εθνος⟩ στερεον (σ' ισχυρον) Syh
5_{24} *plenitudinem*	α'θ' πλησμονας (vgl. LXX πληρωσεως)
5_{28} *incrassati sunt et impinguati*	α'σ'θ' ελιπανθησαν εστεατωθησαν
6_2 *speciosae et delicatae adsimilavi filiam Sion*	σ' τη ωραια και τη τρυφερα ωμοιωσα την θυγατερα σιων
6_6 *civitas visitationis*	σ' τη πολει της επισκοπης
6_{11} *idcirco furore Domini plenus sum, laboravi sustinens* (vgl. Is. 1_{14})	σ' διο του θυμου κυριου επλησθην εκοπιασα ανεχομενος
6_{13} *omnes avaritiae student . . . cuncti faciunt dolum*	σ' πας φιλοκερδει πλεονεξιαν . . . πας ποιει επιθεσιν Syh

6₁₄ *cum ignominia;* ebenso 8₁₁   α' επ ατιμια; ebenso ϑ' 8₁₁

6₁₆ *refrigerium;* ebenso Is. 28₁₂   α' αναψυξιν Syh; ebenso Is. 28₁₂

6₂₃ *scutum;* ebenso 50₄₂   α'σ' ασπιδα Syh; 50₄₂ α'σ' θυρεον Syh

6₂₆ *luctum unigeniti;* ebenso Am. 8₁₀   α'σ' ⟨πενθος⟩ μονογενους; ebenso σ' Am. 8₁₀

6₂₈ *principes declinantes, ambulantes fraudulenter*   α' αρχοντες αφισταμενοι πορευομενοι διαβολως Syh

7₃ *bonas facite*   σ' αγαθας ποιησατε

et habitabo vobiscum   α' και σκηνωσω συν υμιν Syh

7₁₆ *et non obsistas mihi;* vgl. Is. 47₃   σ' μηδε αντιστης μοι Syh

7₁₈ *conspergunt*   σ' φυρωσιν Syh

7₂₈ *et ablata est*   α'ϑ' και εξηρται

7₂₉ *capillum tuum*   α' το τριχωμα σου (vgl. σ' την τριχα ... σου Syh)

et sume in directum (ebenso 3₂) *planctum*   σ' και λαβε επ ευθειαν θρηνον; ebenso α' επ ευθειαν σ' επ ευθυ 14₆ und LXX εις ευθειαν 3₂

7₃₁ *excelsa Topheth*   α'σ' τα υψηλα του ταφεθ

8₂ *in sterquilinium;* ebenso 16₄   α'σ' εις κοπρον Syh; ebenso 16₄

8₅ *aversione contentiosa*   α'σ' ⟨αποστροφην⟩ φιλονεικον

8₆ *quasi equus impetu vadens ad proelium*   ο συρ' ως ιππος ορμων εις πολεμον (vgl. σ' ορμων εν πολεμω)

8₇ *milvus*   σ' ικτινος *(milvus* Hi.)

8₉ *verbum enim Domini*   σ' τον γαρ λογον ⟨κυριου⟩

8₁₄ *et sileamùs ibi, quia Dominus Deus noster silere nos fecit*   α'σ' και σιγησωμεν εκει οτι κυριος ο θεος ημων κατεσιωπησεν ημας (Syh)

8₁₆ *fremitus equorum eius*   σ' φρυαγμα ιππων αυτου (Syh)

8₁₇ *serpentes regulos*   α' ⟨οφεις⟩ βασιλισκους Syh *(regulos* Hi.)

8₁₈ *cor meum maerens*   σ' καρδια μου λυπηρα Syh

8₂₂ *cicatrix;* vgl. 30₁₇   α'σ' ουλη (= *cicatrix)* Syh

9₂ *deversorium viatorum*   α' καταλυμα οδοιπορων

9₁₀ *et super speciosa ... transmigraverunt* (vgl. 31₁₈)   α' ⟨και⟩ επι τα ωραια ... μετηναστευσαντο Syh

9₁₁ *in acervos harenae;* 51₃₇ *in tumulos*   α' εις θινας; ebenso 51₃₇

10₃ *in ascia*   οι γ' εν σκεπαρνω

10₅ *in similitudinem palmae*   α'ϑ' ως φοινιξ

10₇ *tuum est enim decus*   α' ⟨οτι σοι⟩ πρεπει Syh

10₈ *pariter insipientes et fatui probabuntur* σ′ ομου δε μωροι φανησονται και ασυνετοι Syh (vgl. α′)

10₁₀ *et non sustinebunt gentes comminationem eius; vgl. 15₁₇* ⟨α′⟩ και ουχ υποισουσιν εθνη εμβριμησιν αυτου

10₁₂ *qui . .. praeparat* α′ ο ετοιμαζων Syh

10₁₅ *risu dignum* α′ μεμωκημενα; aliter: α′ *derisionum*

10₁₇ *confusionem tuam* α′ την επιτροπην (lies εντρ.) σου

10₁₈ *in hac vice; vgl. 16₂₁ per hanc vicem* α′ εν τω απαξ τουτω; ebenso α′ϑ′ 16₂₁

10₁₉ *plane haec infirmitas mea est, et portabo illam* α′ πλην τουτο αρρωστημα μου και υποισω αυτο

10₂₀ *⟨et⟩ omnes funiculi mei* α′ και παντα τα σχοινια μου

10₂₃ *nec viri est ut ambulet et dirigat gressus suos* σ′ ουδε ανδρος πορευεσθαι και κατευθυνει τα διαβηματα αυτου Syh

10₂₅ *et decus eius dissipaverunt* α′ ⟨και⟩ ευπρεπειαν αυτου ηφανισαν (Syh)

11₁₈ *tunc ostendisti mihi* σ′ τοτε εδειξας μοι

11₁₉ *quasi agnus mansuetus, qui portatur ad victimam* α′ ως αμνος ειθισμενος (vgl. σ′ τιθασος) απαγομενος εις σφαγην

12₁ *si disputem tecum* σ′ εαν διαλεγωμαι προς σε

12₃ *congrega eos* ϑ′ αθροισον αυτους

12₄ *novissima nostra* α′ τα εσχατα ημων

12₅ *si cum peditibus currens laborasti, quomodo contendere poteris cum equis* σ′ ει μετα πεζων δραμων εκοπωθης α′ και πως εριεις συν τοις ιπποις (Syh) (vgl. σ′ πως αμιλληση ιπποις)

in superbia Iordanis α′ εν υπερηφανια του ιορδανου Syh

12₁₀ *conculcaverunt* α′σ′ κατεπατησαν

12₁₃ *hereditatem acceperunt, et non eis proderit; confundemini a fructibus vestris* α′ εκληροδοτηθησαν και ουκ ωφελησουσιν ⟨αισχυνθητε⟩ απο γεννηματων υμων Syh

13₁₂ *omnis laguncula* α′ (1.ed.) πασα υδρια Syh (*laguncula* Hi.)

13₁₈ *dominatrici (vgl. 29₂ domina)* α′ *dominatrici* (vgl. σ′ *dominae*)

13₂₂ *pollutae sunt plantae tuae* α′σ′ εμολυνθησαν αι πτερναι σου

14₈ *exspectatio Israel; ebenso 17₁₃ 50₇* σ′ προσδοκια του ισραηλ; ebenso 17₁₃

14₉ *ne derelinquas nos* α′σ′ μη αφης (s. ανης) ημας Syh

14₁₄ *et fraudulentiam* α′ και σκελισμον (aliter: α′ επι-
πλαστον)

14₂₁ *neque facias nobis contu-*
meliam α′σ′ μη ατιμασης

15₇ *ventilabro* σ′ εν λικμητηριω (vgl. α′ εν τω
λικμω)

15₁₁ *si non occurri tibi;* vgl. 27₁₈ α′ ει μη απηντησα σοι

15₁₂ *nunquid foederabitur fer-*
rum ferro α′ μη αρμοσει (εταιρισθησε-
ται Syh) σιδηρος εν σιδηρω

15₁₃ *gratis* σ′ υπερ ουδενος

15₁₇ *comminatione;* vgl. 10₁₀ α′σ′ εμβριμησεως

15₁₈ *dolor meus perpetuus* σ′ το αλγημα μου διαμενον

15₁₉ *a vili* α′ *a vili* Syh (vgl. σ′ απο ευ-
τελους)

16₅ *domum convivii* α′ εις οικον εστιασεως αυτων

16₆ *et non se incident* σ′ ου κατατεμουνται (vgl. LXX)

16₁₉ *et robur meum* α′σ′ και κραταιωμα μου Syh

17₁ *stilo ferreo in ungue ada-*
mantino exaratum οι λ′ εν γραφειω σιδηρω εν
ονυχι αδαμαντινω εγκε-
κολαμμενη

17₄ *et servire te faciam inimicis*
tuis σ′ και καταδουλωσω σε τοις εχθροις
σου

17₆ *in siccitate* σ′ εν ξηροτητι Syh

17₉ *pravum est cor* α′ σκολια ⟨η⟩ καρδια (vgl. σ′
σκαμβοτερα)

17₁₇ *formidini, spes mea tu* α′σ′ εις πτοησιν ελπις μου (ει) συ

18₈ *si paenitentiam egerit ...*
agam et ego paenitentiam σ′ και μετανοησει ... και
μεταθησομαι (LXX μετανοησω)
καγω

18₁₄ *frigidae et defluentes* α′ ψυχρα καταρρεοντα Syh

18₁₅ *et impingentes in viis suis,*
in semitis saeculi, ut ambu-
larent σ′ και προσκοψουσιν εν ταις
οδοις αυτων εν τριβοις αι-
ωνιοις του πορευεσθαι Syh

18₁₇ *dorsum, et non faciem* α′ νωτον και ου προσωπον

18₁₉ *adversariorum meorum* α′σ′ των αντιδικων μου

18₂₀ *foderunt foveam animae*
meae; ebenso v. 22 α′ ωρυξαν βοθρον τη ψυχη
μου Syh; ebenso v. 22

18₂₁ *et deduc eos* α′ ⟨και⟩ κατασπασον ⟨αυτους⟩ Syh

18₂₃ *ne propitieris iniquitati eo-*
rum ... non deleatur α′ μη εξιλαση περι της ανομιας
αυτων ... μη εξαλειφθειη

19₁ *lagunculam figuli testeam* α′ σταμνον πλαστου (σ′ κερα-
μεως) Syh

19₂ *ad vallem filii Ennom* α′σ′ εις την φαραγγα υιου εννωμ

20₅ universam substantiam omneque pretium

σ΄ ⟨πασαν⟩ υποστασιν
α΄ ⟨και⟩ συμπασαν την τιμην αυτης

20₁₀ persequimini, et persequamur eum . . . et custodientes latus meum

ϑ΄ διωξατε και διωξωμεν...
φυλασσοντες την πλευραν μου

20₁₁ cadent et infirmi erunt

σ΄ πταισουσι και ασθενησουσιν Syh

21₁₃ vallis solidae

α΄ (1. ed.) ⟨vallis⟩ solidae

22₁₄ et cenacula spatiosa laquearia cedrina

α΄σ΄ και υπερωα ευρυχωρα (Syh)
α΄ και φατνωμα κεδρον Syh

22₁₈ inclite

α΄ ενδοξε Syh

22₁₉ putrefactus

σ΄ ως κοπρον συλληφθεις

22₂₁ in abundantia tua

α΄ σ΄ ⟨εν⟩ τη ευθηνια σου Syh

22₂₇ levant animam suam

α΄ αιρουσι την ψυχην αυτων Syh

22₃₀ virum istum sterilem

α΄ (1. ed.) ανδρα αγονον (sterilem Hi.) Syh

23₄ et nullus quaeretur ex numero

σ΄ ουδε διαφωνησουσιν

23₅ germen iustum

σ΄ βλαστημα δικαιον

23₁₃ fatuitatem

σ΄ αφροσυνην Syh

23₁₄ similitudinem adulterantium

α΄ συγκρισιν μοιχειαν

23₂₉ et quasi malleus conterens petram

α΄ ⟨και ως⟩ σφυρα confringens πετραν Syh

23₃₂ in miraculis suis

α΄σ΄ εν θαμβησεσιν αυτων Syh

25₁₆ et turbabuntur et insanient (= παρανοησουσι ?)

α΄ και συσσεισθησονται και παρανομησουσι (vgl. LXX)

25₃₀ rugiens rugiet super decorem suum

α΄ϑ΄ ωρυομενος ωρυξεται επι της ευπρεπειας αυτου

25₃₄ et dissipationes vestrae

α΄σ΄ϑ΄ και οι σκορπισμοι υμων

26₁₈ in acervum lapidum erit

α΄ σωρος ⟨εσται⟩ Syh

26₂₂ filium Achobor

ϑ΄ υιον αχοβωρ

27₅ ei qui placuit; vgl. 40₄. ₅

οι λ΄ ω αρεσκει Syh

27₁₈ occurrant Domino; vgl. 15₁₁

ϑ΄ απαντησατωσαν δη κυριω (vgl. LXX)

27₁₉ et ad bases

α΄ και επι τας βασεις Syh

29₁₇ quasi ficus malas

α΄ (2. ed.) ⟨quasi ficus⟩ pessimas

29₂₂ quos frixit

α΄σ΄ ους εφρυξεν

29₂₆ super omnem virum arreptitium
et in carcerem

α΄ ⟨παντι ανδρι⟩ επιληπτω
ο συρ΄ ⟨και εις την⟩ ειρκτην (vgl. σ΄ και υπο μοχλον)

29₂₇ non increpasti Ieremiam anathothiten

οι λ΄ ουκ επετιμησας ιερεμια τω αναθωθιτη Syh

30₆ *quare ergo vidi omnis viri manum super lumbum suum*
σ' δια τι ειδον π α ν τ ο ς α ν δ ϱ ο ς χειϱας επι των λαγονων αυτου

30₁₃ *ad alligandum*
α' εις επιδεσιν Syh; vgl. Os. 5₁₃

30₁₇ *obducam enim cicatricem tibi; vgl. 8₂₂ 33₆*
α'σ' οτι αναξω σ υ ν ο υ λ ω σ ι ν σοι

30₁₈ *iuxta ordinem suum fundabitur*
σ' κατα την ταξιν εαυτου εδϱασθησεται

30₂₃ *ecce turbo Domini, furor egrediens, procella ruens*
α' ιδου κ α τ α ι γ ι ς κυϱιου οϱγη εξελθουσα λ α ι λ α ψ σ υ ϱ ο υ σ α Syh

30₂₄ *intelligetis ea*
α'σ' συνησετε αυτο (-τον σ')

31₄ *ornaberis ... in choro* (ebenso v. 13)
α' κοσμηθηση Syh ... εν χοϱω (ebenso v. 13)

31₉ *et in misericordia*
α' και εν οικτιϱμοις (vgl. σ')

31₁₂ *quasi hortus irriguus; ebenso Is. 58₁₁*
α'σ' ως κηπος μεθυων; ebenso LXX Is. 58₁₁

31₁₈ *transmigrantem; vgl. 9₁₀*
α' μεταναστευοντα (= *migrantem*) Syh

quasi iuvenculus indomitus
σ' ως μοσχος α δ α μ α σ τ ο ς

31₂₀ *si filius honorabilis mihi Ephraim*
α' ⟨ει⟩ υιος ε ν τ ι μ ο ς μοι εφϱαιμ

quia ex quo ... idcirco conturbata sunt viscera mea super eum
σ' οτι ε ξ ⟨ου⟩ Syh ... δια τουτο ε τ α ϱ α χ θ η τα ε ν τ ο ς μου ε π αυτω

31₂₁ *speculam*
σ' σκοπιαν Syh; σ' *speculas* (vgl. α' *speculatores*)

amaritudines
α' πικϱασμους

31₂₂ *filia vaga*
α' ⟨η θυγατηϱ⟩ η ϱεμβευουσα

31₂₄ *simul agricolae et minantes greges*
σ' ομου γεωϱγοι κ α ι ε λ α υ ν ο ν - τ ε ς α γ ε λ α ς

31₃₂ *et ego dominatus sum eorum*
α' και εγω [ειμι] εκυϱιευσα ⟨αυτων⟩

31₃₉ *norma mensurae*
α' ο κ α ν ω ν της καταμετϱησεως (σ' του μετϱου) Syh

31₄₀ *et cineris et universam regionem mortis*
σ' και της σ π ο δ ι α ς και συμπαν κατα τ ο ν χ ω ϱ ο ν τ ω ν τ α - φ ω ν (vgl. Is. 16₈ θ' αγϱοι θανατου)

32₉ *stateres; ebenso Ez. 4₁₀*
α'σ' στατηϱας Syh; ebenso σ' Ez. 4₁₀

32₁₂ *testium, qui scripti erant*
α'σ' των μαϱτυϱων τ ω ν γ ε γ ϱ α μ - μ ε ν ω ν

32₁₉ *cogitatu*
σ' τη εννοια Syh

32₂₁ *et in terrore magno*   α′ ⟨και⟩ εν φοβηματι μεγαλω
                            Syh

32₂₃ *et evenerunt eis*   α′ και′ συνηντησαν ⟨αυτοις⟩

32₃₉ *et (lies ut?) bene sit eis;*   α′σ′ ινα ευ η αυτοις
     vgl. 42₆

32₄₄ *agri ementur pecunia et*   α′σ′ αγροι εν αργυριω κτηθη-
     scribentur in libro   σονται και γραφησονται
                            εν βιβλιω

33₆ *deprecationem pacis et veri-* σ′ προσευχην ειρηνης και α-
     tatis   ληθειας

34₁₅ *libertatem; ebenso v. 17*   α′ ελευθεριαν Syh

34₂₁ *qui recesserunt a vobis*   σ′ των αναχωρησαντων αφ
                            υμων

35₂ *in unam exedram thesau-* σ′ ⟨εις μιαν⟩ των εξεδρων Syh
     rorum

35₅ *scyphos*   α′σ′ σκυφους

36₁₈ *ex ore suo loquebatur quasi* σ′ απο στοματος αυτου ελεγεν
     legens ad me   ως ο αναγινωσκων προς
                            με Syh

36₂₅ *contradixerunt regi*   σ′ αντειπον ⟨τω βασιλει⟩

36₂₆ *abscondit autem eos Do-* σ′ εκρυψε δε αυτους κυριος
     minus

37₁ *quem constituit regem*   σ′ ον κατεστησε βασιλευειν

37₁₀ *ergo, cum recessisset*   σ′ οτε δε απεχωρησε Syh

37₁₄ *in carcerem*   σ′ εις οικον ειρκτης

37₁₅ *in ergastulum*   α′ εις τα εργαστηρια

37₁₉ *ne moriar ibi*   σ′ ινα μη αποθανω εκει

38₄ *de industria enim*   σ′ επιτηδες γαρ

38₁₀ *tolle tecum*   σ′ λαβε μετα σεαυτου

38₁₂ *veteres pannos et haec scis-* θ′ παλαια ρακη α′ και τα κεκλωσ-
     sa et putrida, sub cubito ma- μενα Syh θ′ υπο τους αγ-
     nuum tuarum; vgl. v. 11   κωνας των χειρων σου

38₁₉ *sollicitus sum propter Iu-* α′ εγω μεριμνω Syh σ′ δια τους
     daeos, qui transfugerunt   ιουδαιους τους αυτομολησαντας

38₂₂ *demerserunt in caeno et in* α′ κατεδυσαν εν τελματι
     lubrico (= εν ολισθημασι: τους ποδας σου (vgl. σ′ εβαπτι-
     Dublette nach LXX) *pedes* σαν εις τελμα τ. π. σου)
     tuos

38₂₄ *nullus sciat verba haec*   σ′ μηδεις γνωτω τους λογους
                            τουτους

39₄ *quae erat inter duos muros* σ′ των δυο τειχων ... της ερημου
     ... deserti; vgl. 52₇

39₅ *in campo solitudinis ieri-* σ′ εν τω πεδιω της ερημου
     chontinae; vgl. 52₈   τω κατεναντι ιεριχω Syh

39₆ *nobiles;* ebenso Is. 34₁₂	α΄ τους ευγενεις Syh
39₁₀ *et cisternas*	θ΄ και υδρευματα
39₁₇ *et non traderis*	σ΄ και ου μη παραδοθηση
40₄ *si placet tibi, ut venias ...* *si autem displicet tibi venire* *mecum in Babylonem, reside*	σ΄ ει αρεσκει σοι ελθειν ... και ει μη αρεσκει σοι ελθειν ⟨μετ εμου εις βαβυλωνα⟩ α- πομεινον Syh
40₅ *habita apud Godoliam ...* *quocumque placuerit tibi*	σ΄ οικησον παρα γοδολια Syh ... εις παντα τοπον οπου αρεσκει σοι
cibaria et munuscula; vgl. 52₃₄	⟨α΄⟩ εστιατοριαν (vgl. σ΄ εστιατο- ριαν) και δωρα
40₁₅ *nullo sciente;* ebenso 41₄	σ΄ μηδενος ειδοτος; ebenso 41₄
41₈ *decem autem viri reperti* *sunt inter eos, qui dixerunt* *... cessavit ... cum fratri-* *bus suis*	σ΄ δεκα δε ανδρες ευρεθησαν εν αυτοις (= α΄) οι ειπον Syh... απεσχετο ... μετα των αδελφων αυτων Syh
41₉ *lacus autem*	σ΄ ο δε λακκος
42₂ *ora pro nobis*	σ΄ ⟨προσευξαι⟩ υπερ ημων
42₆ *ut bene sit nobis;* vgl. 32₃₉	α΄σ΄ ινα ευ ⟨η⟩ ημιν
42₁₂ *et habitare vos faciam*	α΄ και καθισω υμας Syh
42₁₈ *sicut conflatus est ... sic* *conflabitur;* ebenso 7₂₀ 44₆	α΄ ⟨καθως⟩ συνεχωνευθη Syh ... ⟨α΄ ουτως συγχωνευθησεται⟩
43₃ *incitat te adversum nos*	α΄σ΄ επισειει σε εν ημιν (LXX προς ημας)
43₉ *in crypta, quae est sub* *muro latericio*	οι λ΄ εν τω κρυφιω (σ΄ εν αποκρυ- φοις Syh) εν τω πλινθιω
43₁₀ *et statuet solium suum* *super eos*	σ΄ και επιθησει τον θρονον αυτου επ (s. επανω) αυτων
43₁₃ *statuas domus solis*	α΄σ΄ τας στηλας οικου ηλιου
44₃ *et colerent*	σ΄θ΄ και λατρευειν
44₁₀ *non sunt mundati*	α΄σ΄ ουκ εκαθαρισθησαν
44₁₇ *et bene nobis erat*	σ΄ και ην ημιν καλως
44₂₀ *adversum viros et adversum* *mulieres*	σ΄ κατα των ανδρων και κατα των γυναικων
46₄ *iungite* *polite*	σ΄ ζευξατε Syh α΄ σμηξατε Syh
46₉ *tenentes scutum*	σ΄ και κρατουντες ασπιδα Syh
46₁₆ *gladii columbae;* vgl. 25₃₈	α΄θ΄ ⟨μαχαιρας⟩ της περιστερας
46₁₉ *et deseretur*	σ΄ και ερημασει
46₂₀ *stimulator ab aquilone*	α΄σ΄ εγκεντριζων απο βορρα
46₂₇ *et prosperabitur*	σ΄ ⟨και⟩ ευσταθησει
47₄ *Cappadociae*	α΄θ΄ [και] καππαδοκιας
47₇ *ibique condixerit illi*	α΄σ΄ εκει [δη] συνεταξατο αὐτῇ

48₁ *fortis*   σ'ϑ' το κραταιωμα Syh

48₅ *per ascensum enim*   σ' δια γαρ της αναβασεως Syh
    Luith   α' λουιϑ
    quoniam in descensu Or-   σ' οτι εν τη αναβασει (lies καταβ.)
    onaim hostes   ωρωναιμ οι εχϑροι Syh

48₆ *quasi myricae; ebenso 17₆*   α' ⟨ως⟩ μυρικη; 17₆ LXX η αγριο-
                                       μυρικη

48₉ *date florem Moab, quia flo-*   α' ⟨δοτε⟩ ανϑος ⟨τω μωαβ⟩ οτι
    rens egredietur   ανϑουσα εξελευσεται

48₁₁ *et requievit in faecibus suis*   σ' και ησυχασεν αυτος επι ταις
     ... non est immutatus   τρυγιαις αυτων (ähnlich α') . . .
                                       ουκ ηλλαγη

48₁₂ *stratores laguncularum; et*   α'σ' στρωτας και στρωσουσιν αυτον
     sternent eum

48₁₉ *prospice, habitatio Aroër*   ϑ' επιδε (= LXX; σ' εμ-
                                       βλεψον) κατοικουσα αροηρ

48₂₆ *in vomitu suo*   α'ϑ' εν τω εμετω αυτου

48₃₁ *ad viros muri fictilis; ebenso* α'σ' επ ανδρας τοιχου οστρα-
     v. 36   κινου; ebenso v. 36

48₃₃ *ablata est*   σ' και αφηρεθη
     nequaquam calcator uvae   ο συρ' ουκετι οι ληνοβατουντες κε-
     solitum celeuma cantabit   λευσουσι λεγοντες ια ια

48₃₄ *vitula conternante*   α'σ' δαμαλις τριετης

48₃₉ *quomodo victa est*   α'σ' πως ηττηθη

48₄₅ *de laqueo fugientes*   ϑ' απο παγιδος φευγοντες:
                                      gegen 𝔐

     partem Moab   α' κλιμα ⟨μωαβ⟩ Syh
     et verticem filiorum tumul-   α'σ' και κορυφην υιων ηχου
     tus   Syh

49₂ *et erit in tumultum (lies mit*   α'σ' και εσται εις χωμα ηφα-
    Hetzenauer *tumulum) dissi-*   νισμενη ... και κληρονομησει
    pata ... et possidebit Israel   ισραηλ τους κληρονομησαντας
    possessores suos   αυτον

49₄ *in vallibus? Defluxit vallis*   σ' εν ταις κοιλασι διερρευσεν η
    tua   κοιλας σου Syh

49₈ *perditionem Esau adduxi*   α' απωλειαν επι ησαυ επηγαγον
                                     Syh

49₁₄ *et legatus ad gentes missus*   α' και πρεσβευτης εις τα εθνη
     est   απεσταλη Syh

49₁₆ *arrogantia tua*   σ' αλαζονεια (α' αλαζοσυνη) σου

49₁₉ de superbia Iordanis ad pulchritudinem robustam, quia subito currere faciam eum ... quem praeponam ei; ebenso 50₄₄
α' εκ φρυαγματος του ιορδανου προς ευπρεπειαν στερεαν οτι σ' εξαιφνης δραμειν ποιησω αυτον ... επ αυτην επιστησω Syh

49₂₃ turbati sunt in mari; prae sollicitudine
σ' εταραχθησαν εν θαλασση υπο μεριμνης Syh

49₂₅ civitatem laudabilem
α'σ'ϑ' ⟨πολιν⟩ επαινετην

49₂₈ et ad regna Asor; Asor auch v. 30. 33
α'σ' και ταις βασιλειαις ασωρ; ebenso ασωρ σ' v. 30 und α'σ' v. 33

filios orientis
οι λ' τους υιους ανατολων

49₂₉ tollent sibi
α'σ' αρουσιν εαυτοις

50₂ victus est Merodach
σ' ηττηϑη μαρωδαχ

50₃ et moti sunt et abierunt
α' εσαλευθησαν απηλθον

50₅ et apponentur ad Dominum
α'σ' και προστεθησονται τω κυριω

50₆ feceruntque vagari
σ' περιηγαγον ⟨αυτους⟩ Syh

50₇ decori iustitiae
α'ϑ' ευπρεπεια δικαιοσυνης

50₈ quasi haedi
α'ϑ' ως εριφοι (vgl. ο συρ' τραγοι)

50₁₅ fundamenta eius
α' θεμελια αυτης

50₁₇ exossavit eum
α'σ' εξοστεισεν αυτον

50₁₉ ad habitaculum suum; vgl. v. 45
σ' ⟨προς την⟩ κατοικησιν αυτου

50₂₆ tollite de via lapides et redigite in acervos
α' αποσκολοπισατε αυτην ωσπερ οι σωρευοντες Syh

50₃₁ superbe
α'σ' υπερηφανε Syh

50₃₄ ut exterreat terram et commoveat
σ' ωστε ταραξαι ⟨την γην⟩ α' και κλονησει Syh

50₃₆ qui stulti erunt
α' και μωρανθησονται Syh

50₄₅ habitaculum eorum; vgl. v. 19
α' κατοικητηριον

51₂ ventilatores, et ventilabunt eam
α'σ' λικμητας και λικμησουσιν αυτην

51₁₃ praecisionis tuae
σ' της τομης σου Syh

51₂₇ regibus Ararat, Menni et Ascenez
σ' βασιλεις αραρετ μενει και ασχενεζ (vgl. α')

Taphsar
⟨ϑ'⟩ ταφσαρ

quasi bruchum aculeatum
α'σ' ως βρουχον φρικτον

51₂₉ et commovebitur terra et conturbabitur
α' και σεισθητω η γη και ταραχθησεται

51₃₂ conturbati sunt
α' εταραχθησαν Syh

51₃₃ quasi area, tempus triturae eius
σ' ως αλων ην καιρος αλωης

51₃₅ *et caro mea*   α΄ ⟨και⟩ η σαρξ μου Syh

51₃₇ *eo quod non sit habitator*   α΄θ΄ παρα το μη ειναι ενοικον
                                            (σ΄ ενοικουντα)

51₃₉ *potus eorum*   α΄ τους ποτους ⟨αυτων⟩ Syh

51₄₄ *et non confluent*   σ΄ ου συρρευσει

51₅₁ *super sanctificationem (lies*   οι γ΄ εις τα αγιασματα
      -nes?)

51₅₆ *quia fortis ultor Dominus*   σ΄ οτι ισχυρος (ebenso α΄ ισ-
                                            χυρος) ανταποδοτης κυριος

51₅₉ *Saraias autem erat*   σ΄ σαραιος δε ην

51₆₄ *et dissolvetur*   α΄σ΄ και εκλυθησονται

52₆ *obtinuit fames*   σ΄ εκρατησεν ⟨ο λιμος⟩

52₇ *et dirupta est ... quae est*   σ΄ ⟨και⟩ διερραγη ... της μεταξυ
     inter duos muros ... per   των δυο τειχεων ... κατα την
     viam quae ducit in eremum;   οδον την εις την ερημον
     vgl. 39₄

52₈ *in deserto, quod est iuxta*   σ΄ εν τη ερημω τη παρα ιεριχω
     Iericho; vgl 39₅

52₁₁ *carceris*   σ΄ της φυλακης

52₁₈ *et lebetes*   α΄σ΄ και τους λεβητας Syh
      et psalteria   σ΄ ⟨και⟩ τα ψαλτηρια Syh

52₁₉ *et hydrias et thymiamateria*   α΄ και τας υδριας α΄σ΄ και τα
                                            θυμιατηρια

52₂₂ *et capitella ... capitelli ...*   α΄σ΄ και κεφαλιδες ... κεφαλιδος ...
      similiter   ομοιως

52₃₁ *elevavit*   οι λ΄ επηρεν

52₃₂ *et posuit*   σ΄ και εταξε

52₃₄ *et cibaria eius, cibaria;*   α΄ και η εστιατορια αυτου εστια-
      vgl. 40₅   τορια

Ezechiel.

1₁₂ *ubi erat impetus spiritus*   σ΄ οπου ἦ ἡ ορμη του πνευματος

1₁₅ *cumque adspicerem ani-*   σ΄ εμβλεποντος δε μου εις
     malia, apparuit rota una   τα ζωα ωφθη τροχος εις
     super terram iuxta animalia   εν τη γη πλησιον των ζωων
     habens quattuor facies   τετραπροσωπος (Syh)

1₁₆ *quasi visio*   σ΄ ως ορασις

1₁₉ *elevabantur simul*   σ΄ συνεπηροντο

1₂₀ *eunte spiritu, et rotae pari-*   σ΄ πορευομενου του πνευματος και
     ter elevabantur sequentes   οι τροχοι συνεπηροντο κατ
     eum   αυτους Syh

1₂₃ *rectae*	σ' ορθαι (ϑ' ευϑεις)
1₂₇ *quasi speciem electri, velut*	σ'ϑ' ως ειδος ⟨ηλεκτρου⟩ α'ϑ' ως
adspectum ignis, intrinsecus	ορασις πυρος εσωϑεν αυτου
eius per circuitum	κυκλω
splendentis	σ' περιφεγγομενον
2₉ *involutus liber*	σ' ειλητον τευχος
3₁₃ *percutientium*	ϑ' προσκρουομενων
3₁₅ *maerens;* vgl. 7₂₇ 23₃₃	σ' αδημονων
5₂ *in ventum*	α'σ'ϑ' εις ανεμον
gladium nudabo; vgl. 28₇	σ' ⟨μαχαιραν⟩ γυμνωσω
5₃ *et ligabis eos in summitate*	ϑ' ⟨και⟩ δησεις ⟨αυτους⟩ σ' εν
pallii tui	ακρω του ιματιου σου
5₈ *et ipse ego faciam*	σ' και αυτος εγω ⟨ποιησω⟩
5₁₁ *confringam*	σ' συγκλασω (s. συνθλασω) σε Syh
6₄ *et confringentur*	σ' ⟨και⟩ συγκλασθησονται
6₉ *contrivi cor eorum*	α'ϑ' συνετριψα ⟨την καρδιαν αυτων⟩
6₁₁ *percute manum tuam*	σ' παταξον ⟨χειρα σου⟩
7₄ *ponam super te*	σ' θησω σοι
7₁₆ *qui fugerint ex eis;* vgl. 24₂₇	σ' οιτινες εαν εκφυγωσιν εξ αυτων Syh
quasi columbae convallium	α' ⟨ως περιστεραι⟩ των φαραγγων
7₁₇ *et omnia genua fluent aquis;* ⋆vgl. 21₇	σ' και παντα γονατα ρευσει υδατα (Syh)
7₂₂ *arcanum meum*	α' το αποκρυφον μου (ähnlich σ')
7₂₃ *conclusionem*	α' *conclusionem* (= συγκλεισμον)
7₂₇ *induetur maerore;* vgl. 23₃₃	σ' αφανισθησεται (lies αμφιασθησεται?) αδημονια
8₃ *in cincinno capitis mei*	σ' ⟨του⟩ μαλλου ⟨της κεφαλης μου⟩
idolum zeli; ebenso v. 5	α'ϑ' ειδωλου του ζηλους; ebenso α' v. 5
8₆ *et adhuc conversus; ebenso* v. 13. 15	α' ⟨και ετι⟩ επιστρεψας; ebenso α'ϑ' v. 13. 15
8₁₀ *omnis similitudo*	ϑ' πασα ομοιωσις
in circuitu per totum	σ' κυκλω διολου
8₁₁ *ante picturas*	σ' προ των γραφων Syh
8₁₆ *dorsa habentes ... ad orientem*	σ' ⟨τα οπισθια αυτων⟩ εχοντες ... προς ανατολην (vgl. ϑ' κατ ανατολας)
9₂ *et atramentarium scriptoris*	α' (2. ed.) ⟨και⟩ μελανοδοχειον (*atramentarium* Hi.)
ad renes eius; vgl. v. 3. 11.	σ'ϑ' επι της οσφυος αυτου
9₃ *ad limen domus*	α'ϑ' προς τον ουδον (των ουδων fehlerhaft) ⟨του οικου⟩

9₄ *et signa thau* σ′ και σημειωσαι α′ϑ′ το ϑαυ
9₆ *a sanctuario meo* οι γ′ (lies σ′) ⟨απο του⟩ αγιασμου
⟨μου⟩

9₉ *aversione* οι γ′ (lies σ′ϑ′) εκκλισεως
9₁₁ *atramentarium in dorso* α′ μελανοδοχειον εν τω νωτω
suo; vgl. v. 2 αυτου
10₁ *quasi species similitudinis* σ′ϑ′ ως ε ι δ ο ς ομοιωματος ⟨ϑρο-
solii apparuit νου⟩ ω φ ϑ η
10₁₃ *vocavit volubiles* σ′ επεκαλειτο [το ονομα] κ υ λ ι σ -
μ α τ α (Syh)

10₁₉ *portae . . . orientalis;* eben- σ′ ⟨της πυλης⟩ . . . της ανατολικης;
so 11₁ ebenso 11₁
11₃ *nonne dudum* σ′ ⟨ουχι⟩ αρτιως
11₁₆ *longe feci eos;* ebenso σ′ μακραν ποιησω αυτους; ebenso
Is. 6₁₂ Is. 6₁₂
11₁₉ *in visceribus eorum* σ′ εις τα εγκατα υμων
11₂₄ *et sublata est a me visio* σ′ ⟨και⟩ α ν ε λ η φ ϑ η απ εμου η
ορασις

12₆ *portaberis* α′ αρϑηση
12₇ *in caligine;* ebenso v. 6. 12 α′ εν αχλυι (vgl. σ′ϑ′ εν σκοτια s.
σκοτει)
12₁₀ *super ducem onus istud* σ′ π ε ρ ι του αρχοντος το λημμα
τουτο
12₁₃ *in sagena mea;* ebenso 17₂₀ σ′ ⟨εν τη⟩ σαγηνη μου
12₁₈ *in conturbatione . . . in festi-* ϑ′ εν σαλω . . . ⟨εν⟩ σπουδη
natione
12₁₉ *in desolatione* σ′ ⟨μετα⟩ αδημονιας (lies εν α-
δημονια?)
12₂₄ *visio cassa;* ebenso 13₇ σ′ϑ′ ⟨ορασις⟩ ματαια
13₃ *qui sequuntur spiritum suum* σ′ τοις α κ ο λ ο υ ϑ η σ α σ ι τω πνευ-
et nihil vident ματι εαυτων ⟨και⟩ μηδεν ⟨βλε-
πουσιν⟩
13₄ *in desertis* α′ in desertis (= LXX)
13₆ *confirmare sermonem* σ′ κυρωσαι ⟨λογον⟩
13₇ *cum ego non sim locutus* σ′ εμου μη λαλησαντος
13₉ *in consilio populi mei* ϑ′ εν βουλη ⟨του λαου μου⟩
13₁₀ *illi autem liniebant eum* σ′ αυτοι δ ε επεχριον αυτον αναρ-
luto absque paleis τυτω (Syh)
13₁₁ *quod casurus sit* σ′ οτι ⟨πεσειται⟩
13₁₈ *cervicalia* σ′ϑ′ επαυχενια (vel υπαυχενια)
13₂₀ *animas volantes* α′ ⟨τας ψυχας⟩ τας πετομενας
13₂₁ *ad praedandum* ϑ′ ⟨εις το⟩ ϑηρευϑηναι (σ′ εις
ϑηρευμα)
13₂₂ *ut non reverteretur* ϑ′ ι ν α ⟨μη αποστρεψη⟩

14₇ respondebo ei per me	σ' αποκριθησομαι (= LXX) αυτω δι εμαυτου Syh
14₁₅ et fuerit invia, eo quod non sit pertransiens propter bestias	σ' και εσται αβατος παρα το μη ειναι τον διοδευοντα δια τα θηρια Syh
14₂₂ tamen	σ' πλην Syh
15₄ consumpsit ignis ... nunquid utile erit ad opus	σ' ανηλωσε το πυρ Syh ... μη χρησιμον εις εργασιαν Syh
16₄ et quando nata es in salutem	σ' και οτε ετεχθης Syh α'ϑ' εις σωτηριαν
16₇ et pervenisti ad mundum muliebrem	σ' και κατηντησας εις κοσμον γυναικων Syh
16₈ tempus amantium	σ' ⟨καιρος⟩ αγαπης
16₁₀ et calceavi te ianthino	α'σ' ⟨και υπεδησα σε⟩ ιανθινα
16₁₂ et dedi inaurem	LXX α'ϑ' ⟨και εδωκα⟩ ενωτιον
16₁₃ et profecisti in regnum	σ' και προηχθης ⟨εις βασιλειαν⟩ Syh
16₁₆ sicut non est factum neque futurum est	σ' α ουκ εγενετο ουδε εσται Syh
16₂₄ lupanar; ebenso v. 31. 39	α'ϑ' πορνειον (vgl. LXX οικημα πορνικον)
16₃₀ in quo mundabo cor tuum	σ' εν τινι καθαριω την καρδιαν σου
16₃₁ fastidio augens pretium	σ' εν αξιοπιστια (?) συναγουσα μισθωματα Syh (vgl. LXX)
16₃₃ et dona donabam eis	σ' και εδοματιζες αυτους (vgl. α' και εδωροδοτεις αυτους)
16₄₃ et non feci iuxta scelera tua	σ' και ουκ εποιησα κατα τας μυσαριας σου Syh
16₄₉ et manus (lies mit Hetzenauer manum) egeno et pauperi non porrigebant	σ' και χειρα πτωχω και πενητι ουκ ωρεγον
16₅₀ sicut vidisti	οι γ' καθως ειδες: gegen 𝔐
16₅₂ quae vicisti	σ' καθαπερ υπερεβαλες
16₅₃ restituens	σ' αποκαθιστων
16₅₄ consolans eas	σ' παρηγορουσα αυτας
16₅₅ revertentur ad antiquitatem suam	α' επιστρεψουσιν α'ϑ' εις το αρχαιον αυτων
16₅₇ quae ambiunt te per gyrum	σ' quae te ambiunt per gyrum
16₆₁ sed non ex pacto tuo	σ' αλλ ουκ απο ⟨συνθηκης σου⟩
17₂ propone aenigma	σ' αινιξαι αινιγμα

17₃ *longo membrorum ductu* σ′ ευμηκης τοις μελεσιν
 et varietate α′σ′ϑ′ την ποικιλιαν
 medullam cedri; ebenso σ′ το εγκαρδιον ⟨της κεδρου⟩
 v. 22

17₅ *in terra pro semine, ut fir-* σ′ εν χωρα σποριμη λαβειν ριζωσιν
 maret radicem
 in superficie οι γ′ επιπολαιον

17₆ *palmites* α′ κληματα

17₇ *plumis; ebenso v. 3* σ′ϑ′ πτιλοις
 de areolis; vgl. v. 10 α′ απο των πρασιων

17₉ *ergone prosperabitur; eben-* σ′ αρα προκοψει; ebenso v. 10
 so v. 10

17₁₀ *in areis germinis sui* α′ επι ταις π ρ α σ ι α ι ς βλαστου
  αυτης

17₁₄ *et non elevetur, sed custo-* σ′ ινα μη (vgl. α′ϑ′ τ ο υ μ η)
 diat pactum eius et servet επαρθη αλλα φυλαξη την σ υ ν -
 illud ϑ η κ η ν αυτου, οπως (s. ινα)
  στηση αυτην Syh

17₁₆ *quoniam in loco* σ′ οτι ⟨εν τοπω⟩ : gegen 𝔐

18₇ *non contristaverit* σ′ ⟨ου μη⟩ οδυνηση

18₈ *iudicium verum* σ′ ⟨κριμα⟩ αληθες

18₁₃ *nunquid vivet* σ′ α ρ α ζησεται

18₁₄ *simile eis* σ′ ομοια αυταις

18₂₂ *non recordabor* ϑ′ ου μη μνησθω

19₂ *enutrivit* α′σ′ϑ′ εξετρεψε

19₄ *de eo* σ′ϑ′ π ε ρ ι αυτου
 in catenis; ebenso v. 9 α′ ⟨εν⟩ πεδαις

19₅ *quoniam infirmata est et* σ′ ⟨οτι⟩ ησθενησεν ⟨και απωλετο⟩
 periit exspectatio eius προσδοκια αυτης

19₇ *didicit viduas facere* σ′ και εγνωσεν χ η ρ α ς π ο ι ε ι ν

19₁₀ *in sanguine tuo* σ′ϑ′ εν τω αιματι σου

19₁₄ *ramorum eius* σ′ϑ′ κλαδων αυτης

20₃ *quia non respondebo vobis;* σ′ ⟨οτι⟩ ουκ αποκριθησομαι υμιν;
 ebenso v. 31 ebenso v. 31

20₆ *egregia* α′ (2. ed.) *inclytum*

20₁₁ *quae faciens homo* σ′ α π ο ι η σ α ς ⟨ανθρωπος⟩

20₂₆ *propter delicta sua* ϑ′ ενεκεν πλημμελειας αυτων

20₂₈ *ut darem eis* σ′ ινα δω ⟨αυτοις⟩
 lignum nemorosum ϑ′ ⟨ξυλον⟩ αλσωδες
 irritationem oblationis suae σ′ παροργισμον προσφορας εαυτων

20₃₂ *neque cogitatio mentis* σ′ ουδε το ενθυμημα υμων γινομενον
 vestrae fiet dicentium εσται

20₃₇ *in vinculis foederis* α′ εν δ ε σ μ ο ι ς της διαϑηκης
  (lies συνϑ.)

20₄₀ decimarum vestrarum   α′ δεκατων ⟨υμων⟩

20₄₄ cum benefecero vobis   σ′ οτε ευ ποιησω προς υμας Syh

20₄₆ contra viam austri   α′ οδον νοτου

20₄₉ ipsi dicunt de me   σ′ ⟨λεγουσι⟩ περι εμου

21₇ et tabescet ... et infirma-   α′ και τακησεται ... και ασθενησει
bitur
et per cuncta genua fluent   σ′ και δια παντων γονατων ρευσει
aquae; vgl. 7₁₇   υδατα (Syh)

21₁₀ ut splendeat limatus est; qui   ϑ′ εστιλβωμενη ει (lies ἡ) κι-
moves sceptrum   νουσα ραβδον

21₁₄ et duplicetur gladius   σ′ επιδιπλωθησεται γαρ μαχαιρα

qui obstupescere eos facit   α′ οι θαμβοι (vgl. ŁXX και εκ-
στησεις αυτους)

21₁₅ gladii acuti et limati ad ful-   σ′ οξεια γεγονεν polita ως αστραπη
gendum

21₂₁ in bivio   α′ επι την διοδον
idola   σ′ τα ειδωλα

21₂₅ tu autem, profane, impie   σ′ tu autem profane inique dux
dux Israel   israel

21₂₇ iniquitatem, iniquitatem, ini-   οι γ′ αδικιαν αδικιαν αδικιαν θησο-
quitatem ponam eam   μαι αυτην (vgl. LXX)

21₃₀ revertere ad vaginam tuam   οι γ′ επιστρεψον εις τον κολεον σου

21₃₁ insipientium   οι γ′ αφρονων

22₄ et appropinquare fecisti   σ′ ⟨και⟩ εγγυς εποιησας

22₆ in bracchio suo   α′σ′ϑ′ εν βραχιονι αυτου

22₁₆ et possidebo te   α′ και κατακληροδοτησω (vgl. LXX
και κατακληρονομησω) ⟨εν σοι⟩

22₂₀ et requiescam   α′ και αναπαυσομαι

22₂₅ coniuratio (ebenso Is. 8₁₂)   σ′ συνωμοσια προφητων αυτης
prophetarum   (Syh)

23₁₄ coloribus   σ′ϑ′ εν χρωμασιν

23₁₅ formam ducum omnium   σ′ ειδεα τριστατων παντων

23₁₇ ad cubile mammarum   ϑ′ ⟨εις κοιτην⟩ τιτθων
et saturata est; vgl. v. 22. 28   σ′ και ωλιγοψυχησε (s. ηκηδιασε)
satiata est   Syh

23₂₃ nobiles tyrannosque et prin-   α′ επισκεπτην και τυραννον και
cipes   κορυφαιον

23₂₅ et novissimum tuum   α′σ′ϑ′ ⟨και τα⟩ εσχατα ⟨σου⟩

23₂₆ vasa gloriae tuae   ϑ′ ⟨τα σκευη της⟩ δοξης ⟨σου⟩

23₃₂ quae est capacissima   σ′ η πολλους χωρουσα

23₃₃ calice maeroris et tristitiae;   σ′ ⟨ποτηριον⟩ αδημονιας και αθυ-
vgl. 7₂₇   μιας

23₃₄ *et fragmenta eius devorabis et ubera tua lacerabis*	α′σ′θ′ και τα οστρακα αυτου κατατρωξεις ως οστεα και τους μαστους σου κατατιλεις
23₄₀ *ad quos et circumlinisti stibio*	σ′θ′ προς ους σ′θ′ εστιμμισω (vgl. LXX εστιβιζου)
23₄₃ *quae attrita est in adultęriis*	α′ του κατατριψαι μοιχειας
24₅ *compone quoque strues ossium*	σ′ και συνθες τα οστα κυκλοτερως
24₇ *super limpidissimam petram; ebenso v. 8 26₄. ₁₄*	α′ ⟨επι⟩ λειαν πετραν
24₉ *pyram*	θ′ [και] ανθρακιαν (s. εσχαραν)
24₁₀ *consumentur carnes, et coquetur universa compositio*	σ′ αναλωθησεται ⟨η σαρξ και⟩ συνεψηθησεται η κατασκευη (Syh)
24₁₁ *et consumatur robigo eius*	σ′ ⟨και⟩ αναλωθη ⟨ο ιος αυτης⟩
24₁₂ *multo labore sudatum est*	σ′ εν φιλοπονια εγενετο συν κοπω Syh
24₁₄ *non transeam*	σ′ ουχ υπερβησομαι
24₁₆ *in plaga*	α′σ′ εν πληγη
24₂₃ *coronas habebitis ... sed tabescetis et unusquisque gemet*	σ′ και στεφανοι υμων ... αλλα ⟨εντακησεσθε⟩ θ′ και στεναξετε ⟨εκαστος⟩ Syh
24₂₅ *ecce*	σ′ ορα
24₂₇ *cum eo qui fugit; vgl. 7₁₆*	σ′ προς τον διαφευγοντα
25₃ *pro eo quod dixisti: Euge, euge*	σ′ ανθ ων ειπες ευγε Syh
25₄ *filiis orientalibus*	α′σ′θ′ τοις υιοις ανατολων
— *caulas suas*	σ′ μανδρας (α′θ′ επαυλεις) αυτων
lac tuum; ebenso Is. 55₁	α′σ′θ′ γαλα σου; ebenso α′σ′ Is. 55₁
25₆ *ex toto adfectu ⟨tuo⟩; vgl. v. 15*	α′ εν ολη τη διαθεσει σου
25₁₄ *per manum*	σ′ δια χειρος
25₁₅ *toto animo; vgl. 36₅ ex animo*	σ′ εξ ολης ψυχης
25₁₆ *interficiam interfectores*	σ′ ⟨εξολεθρευσω τους⟩ ολεθριους
26₁₆ *et induentur stupore ... super repentino casu tuo (32₁₀ repente)*	σ′ εκπληξιν ενδυσονται ... περι των αιφνιδιων (ebenso 32₁₀)
26₁₈ *in die ... eo quod nullus egrediatur ex te*	σ′ εν τη ημερα ... απο του μη προερχεσθαι απο σου
27₃ *perfecti decoris*	σ′ τελεια καλλει

27₄ finitimi tui, qui te aedifica- σ′ ομοροι σου [και] οι οικο-
verunt, impleverunt deco- δομουντες σε σ υ ν ε τ ε λ ε σ α ν
rem tuum το καλλος σου

27₅ cum omnibus tabulatis σ′ ⟨συν⟩ πασαις σανισιν

27₇ in malo σ′ εις ιστιον Syh

27₉ in populo negotiationis tuae α′ εις πληθος σ υ ν α λ λ α γ η ς σου

27₁₁ sed et Pigmaei σ′ α λ λ α και α′ (1. ed.) πυγμαιοι

27₁₅ et hebeninos commutave- σ′ και ε β ε ν ο υ ς αντεδωκαν α-
runt in pretio tuo μειψεις σου

27₁₆ et sericum et chodchod α′ et serica π′ και χοδχοδ

27₁₈ in vino pingui, in lanis co- σ′ εν οινω λ ι π α ρ ω και εν εριοις
loris optimi σ τ ι λ β ο ι ς

27₁₉ proposuerunt ferrum fabre- σ′ π ρ ο σ ε θ η κ α ν (lies προεθηκαν)
factum, stacte et calamus σιδηρον ⟨ειργασμενον⟩ σ τ α κ τ η
και καλαμος (Syh)

27₂₂ aromatibus et lapide pre- α′ αρωματων ⟨και λιθων⟩ α′σ′θ′
tioso τιμιων

27₂₄ involucris hyacinthi et poly- α′σ′ ειλημασιν α′ υακινθου α′σ′ και
mitorum gazarumque πολυμιτα θ′ και εν γαζαις

27₂₇ divitiae tuae et thesauri tui α′θ′ πλουτος ⟨σου⟩ σ′ ⟨και⟩ τα
αποθεματα σου

supellectilem tuam α′ την επισκευην σου

27₃₅ mutaverunt vultus σ′ μ ε τ α μ ο ρ φ ω θ η σ ο ν τ α ι τα
προσωπα Syh

28₂ in cathedra α′ καθεδραν

28₇ et nudabunt gladios suos; σ′ και γυμνωσουσι ⟨τας μαχαιρας
vgl. 5₂ αυτων⟩

28₁₂ signaculum similitudinis σ′ ⟨σφραγις⟩ ομοιωματος (vgl.
LXX ομοιωσεως)

28₁₃ opus decoris tui α′θ′ εργον του κ α λ λ ο υ ς σου

28₁₆ interiora tua α′σ′ το εντος σου

28₁₈ polluisti sanctificationem σ′ εβεβηλωσας τον α γ ι α σ μ ο ν
tuam σου

29₃ feci memetipsum σ′ ⟨εποιησα⟩ εμαυτον

29₄ frenum; ebenso 38₄ σ′θ′ χαλινον; ebenso θ′ 38₄

squamis tuis α′σ′θ′ εν ταις λεπισι σου
squamis tuis adhaerebunt σ′ ταις λεπισι σου προσκολλη-
θησονται

29₇ et, innitentibus eis σ′ και επιστηριχθεντων αυτων

29₁₄ in terra nativitatis suae; θ′ ε ν γ η γ ε ν ε σ ε ω ς αυτων
ebenso 21₃₀ Syh

29₁₅ ne imperent; ebenso 34₄ im- σ′ ινα μη επιτασσωσιν; ebenso
perabatis σ′ 34₄ επετασσετε

29₁₆ *ut fugiant et sequantur eos* σ′ προσφευγοντων αυτων ακολου-θειν αυτους

30₆ *et destruetur superbia* θ′ και καθαιρεθησεται α′σ′ η υπερη-φανια

30₁₆ *et in Memphis angustiae cotidianae* σ′ και εν μεμφει πολεμιοι αυθημε-ρινοι

31₃ *quasi cedrus* σ′ ως κεδρος (om. ως 𝔐)
    cacumen eius; vgl. v. 10. 14 α′ ακρον αυτου; ebenso v. 14

31₄ *flumina eius manabant in circuitu* σ′ οι ποταμοι αυτης διηρχοντο κυκλω

31₅ *et elevati sunt rami eius* θ′ και υ ψ ω θ η σ α ν αι παρα-φυαδες αυτου

31₆ *cumque extendisset* σ′ εκταθεισης αυτης (vgl. θ′ εν τω εκτειναι αυτον)

31₈ *et platani;* ebenso Gen. 30₃₇ θ′ ⟨και⟩ πλατανοι; ebenso LXX Gen. 30₃₇

31₁₁ *fortissimi (el 𝔐) gentium* οι γ′ ισχυρου ⟨εθνων⟩
31₁₃ *et in ramis eius;* ebenso v. 5 οι γ′ ⟨και⟩ επι τους κλαδους αυτου
31₁₅ *concussa sunt* α′ εκροτησαν
31₁₆ *el consolata sunt* σ′ και παρεκληθη Syh
31₁₈ *inter ligna voluptatis* θ′ εν ξυλοις τ ρ υ φ η ς
32₂ *adsume* σ′θ′ α ν α λαβε
32₆ *fetore sanguinis tui* σ′ τω ι χ ω ρ ι σου του αιματος σου (Syh)

32₁₂ *fortium . . . inexpugnabiles* σ′ ανδρειων . . . ακαταμαχητοι
32₂₃ *in novissimis laci* σ′ εν τοις κατωτατοις ⟨λακκου⟩
33₅ *si autem se ćustodierit, animam suam salvabit* (lies *salvavit?*) σ′ εαν δε φυλαξηται την ψυχην αυτου περιεσωσεν

33₁₃ *etiamsi dixero . . . confisus* σ′ καν ειπω . . . πεποιθως
33₁₄ *si autem dixero* σ′ εαν ⟨δε⟩ ειπω
33₂₇ *vivo ego, quia* σ′ ⟨ζω εγω⟩ ο τ ι
33₃₁ *quia in canticum oris sui* σ′ οτι ψ α λ μ ο ς εν τω στοματι αυ-των Syh

34₂₇ *absque timore* (aber v. 25 *securi*) σ′ αφοβοι (s. μη φοβουμενοι) Syh (aber v. 25 σ′ αμεριμνως Syh)

35₅ *et concluseris . . . in tempore adflictionis* οι αλλοι και συνεκλεισας . . . εν καιρω θλιψεως αυτων

36₁₁ *sicut a principio* σ′ ω ς το απ αρχης υμων
36₃₇ *invenient me* σ′ ευρεθησομαι
37₂₆ *et fundabo eos* σ′ και στηρισω αυτους Syh
38₉ *quasi tempestas* θ′ ως καταιγις Syh
38₂₀ *saepes* θ′ οι φραγμοι Syh
39₁₆ *Amona* θ′ ο εβρ′ αμωνα

40₉ *vestibulum autem portae erat intrinsecus* — σ΄ το δε προπυλον της πυλης εσωτερον

40₁₆ *et fenestras obliquas; ebenso* 41₁₆. ₂₆ — σ΄ και θυριδες τοξικαι (Syh)

40₁₇ *gazophylacia et pavimentum* — α΄ γαζοφυλακια σ΄ *et pavimentum*

40₄₃ *et labia earum palmi unius* — σ΄ και χειλη παλαιστου ενος Syh

41₆ *ut continerent et non attingerent parietem templi* — σ΄ του επιλαμβανεσθαι οπως μη απτωνται του τοιχου του οικου Syh

41₇ *et platea erat in rotundum ascendens ... et sic de inferioribus ascendebatur ad superiora in medium* — σ΄ και ρυμη ην κυκλοτερης αναβασις ... ουτως δη εκ του κατωτερω ανεβαινετο προς το ανωτερον αυτου εως προς το μεσον Syh

41₁₁ *et ostium lateris ad orationem ... ad orationem* — σ΄ η δε θυρα τη πλευρα (lies της πλευρας) εις προσευχην ... της προσευχης (Syh)

41₂₁ *limen quadrangulum* — σ΄ φλια τετραγωνος Syh (τετραγ. auch LXX)

41₂₄ *quae in se invicem plicabantur* — σ΄ αναπτυσσομεναι επ αλληλας Syh

41₂₆ *super quae fenestrae obliquae ... secundum latera* — σ΄ εφ ου θυριδες ⟨τοξικαι⟩ Syh ... κατα τας πλευρας Syh

42₁ *separatum aedificium; ebenso v. 10. 13* — α΄σ΄ *separati*

42₄ *ad interiora respiciens* — σ΄ εις τα εσωτερα *convertens (?)* se Syh

42₆ *tristega enim erant* — σ΄ τριστεγα γαρ ην

42₁₂ *quae via erat ante vestibulum separatum per viam* — σ΄ ητις οδος ην εμπροσθεν του περιβολου (?) της αναχωρησεως κατα την οδον Syh

42₁₄ *et ibi reponent vestimenta sua* — σ΄ και εκει αποθησονται τα ιματια αυτων

43₁₁ *et omnem descriptionem eius; weiter unten: omnes descriptiones eius* — σ΄ ⟨και πασας⟩ τας διαγραφας αυτου Syh

43₁₃ *et definitio eius usque ad labium eius* — σ΄ και περιορισμος προς το χειλος αυτου (Syh)

43₁₄ *ad crepidinem novissimam; vgl. v.* 17. 20 45₁₉ — α΄ εως του κρηπιδωματος του κατωτατου

44₃ *per viam* — σ΄ δια της οδου

44₁₈ *in sudore* — α΄σ΄ εν ιδρωτι (*in sudore* Hi.) Syh

44₂₀ *neque comam nutrient* — ο εβρ΄ και ο συρ΄ ⟨και κομην⟩ ου θρεψουσι

44₃₀ *ciborum vestrorum*   σ′ των βρωσιμων υμων Syh
45₉ *separate confinia vestra*   σ′ αφελεσθε τα ορια υμων Syh
45₁₁ *aequalia . . . iuxta mensu-* σ′ σηκωμα . . . κατα τον κορον
    ram cori erit aequa libratio   εσται το σηκωμα εκαστου
    eorum   Syh
45₂₀ *qui ignoravit et errore de-* σ′ αγνοουντος και πλανωμενου Syh
    ceptus est
46₂ *per viam vestibuli*   σ′ δια της οδου του προθυρου
                                   Syh
47₃ *usque ad talos*   α′σ′θ′ εως αστραγαλων
47₅ *aquae profundi torrentis*   σ′ το υδωρ το βαθυ Syh
47₈ *ad tumulos sabuli . . . ad* α′ θινας (*tumulos arenarum* Hi.)
    plana deserti   . . . ⟨επι την⟩ ομαλην (*plana*
                                   Hi.) (Syh)
47₁₆ *domus Tichon*   ⟨θ′⟩ αυλαι του θιχων
47₁₉ *usque ad aquas contradic-* ο συρ′ εως υδατων αντιλογιας;
    tionis; ebenso 48₂₈   ebenso σ′ 48₂₈

Daniel[14]).

1₂ *in terram Sennaar*   θ′ εις γην σεννααρ
1₈ *de mensa regis*   θ′ εν τη τραπεζη του βασιλεως
1₁₀ *prae ceteris adulescentibus* θ′ παρα τα παιδαρια τα συνη-
    coaevis vestris   λικα υμων
1₁₇ *in omni libro*   α′ εν παντι βιβλιω
1₂₀ *et magos*   θ′ και τους μαγους
2₁ *et somnium eius fugit ab eo* σ′ και υπνος ⟨αυτου⟩ απεστη απ
                                   αυτου Syh
2₅ *sermo recessit a me; vgl.*   θ′ ο λογος απ εμου απεστη
    v. 8
2₁₀ *sed neque regum quisquam*   σ′ αλλ ουδε τις βασιλευς η μεγας η
    magnus et potens verbum   εξουστιαστης ρημα τοιουτον ε-
    huiuscemodi sciscitatur   ρωτα Syh
2₁₅ *qui a rege potestatem acce-* σ′ ω επετραπη η εξουσια παρα του
    perat   βασιλεως Syh
2₂₀ *et locutus ait*   σ′ και λαλων δανιηλ ειπεν Syh

---

[14]) Es sind nur einige Stellen im Anschluß an Field II S. 908—934 aufgeführt. Da die vollständige Übersetzung des Theodotion zu Dan. überliefert
ist, kann die Abhängigkeit bzw. Übereinstimmung der Vulg. mit Theodotion
deutlich aufgezeigt werden. Diese Untersuchung hat bereits G. H o b e r g in
seiner Dissertation De Sancti Hieronymi ratione interpretandi (Bonn 1886) im
II. Teil (Sancti Hieronymi ratio interpretandi libro Danielis prophetae ab illo
latine reddito illustrata) gemacht.

2₃₁ quasi statua una grandis	σ′ ως ανδριας εις μεγας ο ανδριας (Syh)
2₃₄ abscissus est	θ′ απεσχισθη
2₃₅ quasi in favillam aestivae areae	θ′ ωσει κονιορτος απο αλωνος θερινης (vgl. α′)
2₄₁ de plantario ferri	α′σ′ και εκ του φυτου του σιδηρου Syh
3₂ duces et tyrannos et praefectos omnesque principes regionum	θ′ ηγουμενους και τυραννους και τους επ εξουσιων και παντας τους αρχοντας των χωρων
3₁₂ super opera regionis	θ′ επι τα εργα της χωρας (vgl. α′)
3₉₁ optimatibus suis	α′θ′ τοις μεγιστασιν αυτου
3₉₅ et verbum regis immutaverunt	θ′ και το ρημα του βασιλεως ηλλοιωσαν
3₉₇ rex promovit	σ′ ο βασιλευς εν προαγωγη εποιησε Syh
4₁ quietus eram	σ′ εν ησυχια ⟨ημην⟩ Syh
4₁₀ vigil et sanctus	οι λ′ εγρηγορος ⟨και αγιος⟩
4₂₄ forsitan ignoscet delictis tuis	θ′ ισως εσται μακροθυμος τοις παραπτωμασι σου
5₅ contra candelabrum	α′θ′ κατεναντι της λαμπαδος
5₁₁ spiritum deorum sanctorum; ebenso 4₆	σ′ spiritum deorum sanctorum
6₂ principes tres	σ′ principes ⟨tres⟩
6₃ superabat omnes ... et satrapas	⟨α′⟩ υπερνικων υπερ τους ... σατραπας
6₁₈ et dormivit incenatus	θ′ και εκοιμηθη αδειπνος
7₈ considerabam cornua	θ′ προσενοουν τοις κερασιν αυτου
7₂₅ et putabit	θ′ και υπονοησει
7₂₈ hucusque finis verbi	θ′ εως ωδε το περας του λογου
8₁₁ et usque ad principem fortitudinis	θ′ (?) και εως αρχοντος της δυναμεως
9₂₃ quia vir desideriorum es ... et intellige visionem (ebenso 10₁₁)	θ′ οτι ανηρ επιθυμιων ει συ ... και συνες εν τη οπτασια (ebenso 10₁₁)
9₂₆ occidetur Christus	σ′ εκκοπησεται χριστος (vgl. α′ εξολοθρευθησεται ηλειμμενος)
cum duce venturo	θ′ συν τω ηγουμενω τω ερχομενω
9₂₇ et erit in templo abominatio desolationis	θ′ και επι το ιερον βδελυγμα των ερημωσεων
10₁ et fortitudo magna	θ′ και δυναμις μεγαλη
10₃ panem desiderabilem	σ′ ⟨αρτον⟩ επιθυμητον Syh

10₇ *in absconditum* — α′ κρυφῇ (s. εν αποκρυφω) Syh

10₉ *consternatus* — ϑ′ κατανενυγμενος

10₁₁ *in gradu tuo* — σ′ επι της βασεως σου Syh

10₁₃ *et ego remansi ibi iuxta regem Persarum* — α′ καγω περιεσσευϑην εκει πλησιον βασιλεως περσων

11₂ *et, cum invaluerit divitiis suis, concitabit omnes adversum regnum Graeciae* — σ′ και εν τω ενισχυσαι αυτον εν τω πλουτω αυτου διεγερει παντας προς την βασιλειαν της γης των ελληνων Syh

11₅ *et confortabitur rex austri . . . praevalebit super eum* — ϑ′ και ενισχυσει ο βασιλευς του νοτου . . . ενισχυσει επ αυτον

11₆ *facere amicitiam, et non obtinebit fortitudinem bracchii nec stabit semen eius* — ϑ′ του ποιησαι σ υ ν ϑ η κ α ς (σ′ ο μ ο ν ο ι α ν Syh) μετ αυτου και ου κ ρ α τ η σ ε ι ισχυος βραχιονος και ου στησεται το σ π ε ρ - μ α αυτου

11₁₄ *filii quoque praevaricatorum* — σ′ ⟨και οι υιοι των⟩ παραβασεων

11₁₆ *et consumetur in manu eius* — ϑ′ και (σ υ ν) τ ε λ ε σ ϑ η σ ε τ α ι ‚εν τη χειρι αυτου

11₃₈ *Deum autem Maozim;* eben- so v. 39 — ϑ′ και ϑεον μ α ω ζ ε ι μ

11₄₀ *et conteret* — ϑ′ και συντριψει

11₄₅ *et figet tabernaculum suum Apadno* — ϑ′ και π η ξ ε ι την σκηνην αυτου εφαδανω (α′ απεδνω s. εν αφαδανω)

super montem inclitum et sanctum et veniet usque ad summitatem eius — α′ *in monte glorioso et sancto* σ′ και ηξει εως ακρου αυτου (*et veniet usque ad verticem montis* Hi.)

Osee.

1₆ *obliviscar eorum* — α′ επιλησομαι αυτων Syh

2₁₄ *lactabo eam;* vgl. 7₁₁ — α′ ϑελγω ⟨αυτην⟩ Syh

2₁₅ *vinitores eius* — α′ τους αμπελουργους αυτης Syh

2₁₈ *et dormire eos faciam fiducialiter* — α′ και κοιμησω αυτους εις πεποιϑησιν

3₂ *et fodi eam* — α′ και εσκαψα αυτην Syh

et coro hordei et dimidio coro hordei — οι λ′ και κορου κριϑων και ημικορου κριϑων

3₃ *exspectabis me;* vgl. Ier. 3₂ — σ′ προσδοκησεις με Syh

3₄ *et sine ephod et sine theraphim* — σ′ϑ′ ⟨et⟩ *sine ephod et sine theraphim*

4₄ sicut hi qui contradicunt sacerdoti   α' ως ο αντιδικων ιερει Syh

4₁₃ subtus quercum et populum et terebinthum   α' υποκατω δρυος και λευκης και τερεβινθου

4₁₄ et cum effeminatis (vgl. Is. 3₄) vapulabit   α' και μετα των διηλλαγμενων
α' δαρησεται Syh

5₁ speculationi . . . super Thabor   α' τη σκοπευσει (vgl. LXX τη σκοπια) . . . επι θαβωρ

5₂ et victimas declinastis in profundum   ε' (lies θ') και σφαγην εκκλινοντες κατεβαθυναν

5₇ mensis   σ'θ' mensis

5₈ post tergum tuum   ε' κατα νωτου σου

5₁₂ putredo; ebenso Hab. 3₁₆   α'σ' σηψις

5₁₃ vinculum   α' επιδησιν; vgl. Ier. 30₁₃

5₁₄ quasi leaena . . . quasi catulus leonis   α' ως λεαινα . . . ως σκυμνος Syh

6₃ vivificabit nos   α'σ' αναζωωσει ⟨ημας⟩

6₅ dolavi   α'θ' ελατομησα (vgl. ε' εξεκοψα)

6₈ supplantata sanguine   θ' η πτερνα αυτης αφ αιματος (vgl. α'σ')

6₉ fauces   σ' fauces

particeps sacerdotum in via interficientium pergentes de Sichem   α' participatio (σ' societas) sacerdotum in via occidebant ε' παροδευοντας εις σιχεμ

7₁ et fur ingressus est spolians, latrunculus foris   σ' και κλεπτης μεν εισηλθεν εκδυον δε ληστηριον εξω

7₄ quievit paululum civitas   ε' επαυσατο προς ολιγον η πολις

7₅ cum illusoribus   α' ⟨μετα⟩ χλευαστων

7₈ subcinericius panis   ε' ως εν σποδια πεσσομενος αρτος

7₁₁ seducta; vgl. 2₁₄   σ' απατωμενη (α' θελγομενη)

7₁₂ secundum auditionem coetus eorum   α' κατα ακοης (lies ακοην) της συναγωγης ⟨αυτων⟩

7₁₃ vastabuntur   ε' εκπορθησονται

7₁₄ ruminabant, recesserunt a me   σ' εμηρυκωντο εξεκλιναν απ εμου (Syh)

7₁₅ et ego erudivi eos   σ' εγω δε επαιδευον αυτους Syh

7₁₆ reversi sunt ut essent absque iugo   σ' ανεστρεψαν εις το μη εχειν ζυγον (vgl. ε' ανευ ζυγου)

a furore   ε' δια μανιαν

8₅ proiectus est vitulus tuus   σ' απεβληθη ε' αποβλητος σου εστιν ο μοσχος

emundari   σ' καθαρθηναι (vgl. LXX καθαρισθηναι)

8₆ *in aranearum telas*	ε′ παραπλησιως τω της αραχνης ιστω
8₉ *onager solitarius sibi*	α′ οναγρος μοναζων εαυτω (vgl. ϑ′ε′)
8₁₀ *sed et cum mercede con-duxerint nationes*	ε′ αλλα και οταν μισϑωσηται εϑνη
9₃ *desiderabile*	α′ επιϑυμημα (vgl. σ′ τα επιϑυμη-ματα)
9₁₀ *et facti sunt abominabiles sicut ea quae dilexerunt*	α′ και· εγενοντο βδελυγματα ως ηγαπησαν Syh (vgl. σ′)
9₁₇ *vagi; vgl. Is. 16₃*	α′ϑ′ αναστατοι Syh
10₁ *frondosa*	σ′ υλομανουσα (vgl. LXX)
adaequatus est ei	α′σ′ εξισωϑη αυτω Syh
10₂ *divisum est cor eorum*	α′σ′ εμερισϑη καρδια ⟨αυτων⟩ Syh
10₅ *vaccas ... coluerunt*	α′ τας δαμαλεις ... εσεβασϑησαν (vgl. ϑ′ εφοβηϑησαν)
10₇ *quasi spumam*	α′ ως αφρον Syh (vgl. σ′ ως επι-ζεμα)
10₁₁ *super pulchritudinem*	α′σ′ επι το καλλος
arabit Iudas	οι λ′ αροτριασει ιουδας
confringet	α′ ·confringet Syh (vgl. σ′ con-fregit Syh)
10₁₄ *eius qui iudicavit*	α′ του δικαζοντος (s. δικαζομενου) Syh
11₁ *sicut mane*	οι λ′ ως ορϑρος : gegen 𝔐
11₄ *in funiculis*	οι λ′ εν σχοινιοις Syh
quasi exaltans iugum super maxillas eorum et declinavi ad eum ut vesceretur	α′ ως ·αιρων (s. επαιρων) ζυ-γον επι τας σιαγονας ⟨αυτων⟩ σ′ και εξεκλινα προς αυτον τρο-φην Syh (ähnlich α′ϑ′)
11₇ *pendebit ad reditum meum; iugum autem imponetur eis simul, quod non auferetur*	σ′ επικρεμαμενος εις το επιστρεφειν προς με ζυγος δε συναντησει αυτω ομου ος ουκ αρϑησεται Syh
12₁ *pascit ventum et sequitur*	α′σ′ ποιμαινει ανεμον και διωκει Syh
12₃ *in fortitudine sua directus est cum angelo*	οι λ′ εν ισχυι ⟨αυτου⟩ Syh α′ κατ-ωρϑωσε προς αγγελον Syh
12₁₁ *quasi acervi*	α′(σ′) ως σωροι
13₁ *loquente Ephraim, horror invasit*	σ′ εν τω λαλειν εφραιμ τρομον (α′ φρικην) ελαβεν Syh
13₃ *de fumario*	ϑ′ εκ (s. απο) καπνοδοχης
13₈ *raptis catulis*	⟨ϑ′⟩ ατεκνουμενη

13₁₂ *colligata est iniquitas*   ϑ′ ενδεδεμενη αδικια

13₁₄ *morsus tuus ero, inferne*   α′ εσομαι δηγμοι σου αδη
Syh

13₁₅ *diripiet thesaurum*   π′ συναρπασει τον θησαυρον
Syh

14₃ *omnem aufer iniquitatem*   α′ πασαν αρατε ανομιαν Syh

Ioel.

1₂₀ *quasi area sitiens imbrem*   α′ επρασιωθη
(Dublette aus dem Komm.
zu *suspexerunt)*

2₁₁ *et quis sustinebit eum*   α′ϑ′ ⟨και τις⟩ υπομενει αυτην Syh

2₁₇ *inter vestibulum;* vgl. Ez. 8₁₆   σ′ ⟨ανα μεσον⟩ του προπυλαιου (s.
προπυλου)

2₃₂ *et in residuis*   α′ϑ′ και εν τοις καταλελειμμενοις
Syh

3₄ *terminus*   σ′ termini

3₈ *Sabaeis*   α′σ′ϑ′ τοις σαβαιμ

3₁₈ *spinarum*   α′σ′ϑ′ των ακανθων Syh

Amos.

1₁ *in pastoribus*   σ′ε′ εν τοις ποιμεσιν
super Israel   π′ περι ισραηλ Syh

1₅ *voluptatis*   ϑ′ τρυφης Syh (*voluptatis* Hi.)
Cyrenem; vgl. 9₇   α′ κυρηνη⟨νδε⟩

1₆ *captivitatem perfectam;*   σ′ϑ′ αιχμαλωσιαν τελειαν
ebenso v. 9

1₁₁ *usque in finem*   σ′ εως τελους (vgl. ϑ′ εις τελος)

1₁₅ *Melchom*   α′σ′ μελχομ

2₂ *Carioth*   ⟨σ′⟩ της καριωθ

2₈ *et super vestimentis pigno-*   σ′ και επι ιματια ενεχυρασμου
ratis accubuerunt   Syh ϑ′ κατεκλινοντο Syh

2₉ *et contrivi*   α′ και συνετριψα Syh

2₁₂ *nazaraeos*   π′ τους ναζιραιους

2₁₃ *stridebo subter vos, sicut*   α′ τριζησω υποκατω υμων καθα
stridet plaustrum   τριζει η αμαξα

2₁₄ *a veloce*   α′ϑ′ ⟨εκ⟩ κουφου Syh

3₇ *secretum suum*   α′ απορρητον ⟨αυτου⟩ Syh

3₁₀ *facere rectum*   οι λ′ ποιειν ορθοτητα Syh

3₁₂ *in plaga lectuli et in Da-*   α′ εν κλιματι κλινης και εν
masci grabato   δαμασκω κραββατου Syh

3₁₅ domum hiemalem; ebenso   α'σ'ϑ' τον οικον τον χειμερι-
Ier. 36₂₂   νον; ebenso LXX Ier. 36₂₂

4₃ in Armon   α' αρμονα

4₉ in aurugine; ebenso Agg. 2₁₈   α'σ' εν ικτερω (= LXX)

4₁₀ et ascendere feci putredi-   α' και ανεβιβασα σαπριαν
nem
in nares vestras   α'σ'ϑ' ·εις τους μυκτηρας υμων

5₈ Arcturum et Orionem   α' αρκτουρον και ωριωνα

5₉ qui subridet   α' ο μειδιων

5₁₂ deprimentes   σ' βαρυνοντες Syh (oppresserunt
                                   Hi.)

5₂₆ tabernaculum   σ' την σκηνην (= LXX)

6₁ vae, qui opulenti estis in   ϑ' ουαι οι ευϑηνουντες εν
Sion   σιων Syh

6₂ in Emath magnam   σ' ⟨εις εμαϑ⟩ την μεγαλην

6₃ qui separati estis   α' οι αποκεχωρισμενοι (vgl. σ' οι
                                   αφωρισμενοι)

6₅ qui canitis   σ' οι εξαρχοντες Syh

6₇ et auferetur factio lasci-   σ' και περιαιρεϑησεται εταιρια τρυ-
vientium   φητων

7₁ et ecce serotinus post tonsi-   ϑ' και ιδου οψιμος μετα την
onem regis   κουραν του βασιλεως Syh
                                   (ähnlich σ')

7₁₄ armentarius   α'σ'ϑ'ε' βουκολος

7₁₆ non stillabis   α' ου σταλαξεις Syh

8₃ cardines   α' αι στροφιγγες Syh

8₈ universus   οι λ' πασα (s. συμπασα) Syh

et eicietur   σ'ϑ' και εξωσϑησεται Syh

8₉ in die luminis   α'ϑ' ⟨εν ημερα⟩ φωτος Syh

9₆ et fasciculum suum   οι λ' ⟨και⟩ δεσμην ⟨αυτου⟩

9₇ de Cappadocia ... de Cy-   σ' ⟨εκ⟩ καππαδοκιας (= LXX) ...
rene (vgl. 1₅)   απο κυρηνης

9₉ in cribro   α'σ' εν τω κοσκινω

lapillus   α' ψηφιον

9₁₃ arator messorem, et cal-   οι λ' ο αροτριων τον ϑεριζοντα και
cator uvae mittentem semen   ο πιεζων τας σταφυλας τον
                                   ελκυοντα ⟨το σπερμα⟩ Syh

Abdias.

7 qui comedunt tecum   σ' οι συνεσϑιοντες σοι

10 in fratrem tuum   σ' την εις τον αδελφον σου

12 in die peregrinationis eius   α' εν ημερα αποξενωσεως
                                   αυτου Syh

18 reliquiae   α'ϑ' καταλελειμμενος Syh
19 hi qui ad austrum sunt; vgl.   οι λ' ⟨οι του⟩ νοτου
     v. 20
     et qui in campestribus   α' και η πεδινη Syh
20 austri   οι λ' του νοτου Syh
21 salvatores   σ' σωζοντες

Ionas.

1₁₁ ibat   α'ϑ' επορευετο (= LXX)
2₆ pelagus   σ' απεραντος
2₁₀ pro salute   σ' υπερ σωτηριου (s. σωτηριας) Syh
2₁₁ et evomuit   α' και ε ξ ε μεσε Syh
3₈ in fortitudine   οι λ' εν ισχυι Syh

Michaeas.

1₆ quasi acervum lapidum   α' εις σωρους Syh
1₁₀ in domo pulveris   α' ⟨εν⟩ οικω χοος Syh
1₁₁ transite vobis . . . pulchra,   σ' διαβαινετε υμιν Syh (vgl. α'
     confusa ignominia   διερχεσθε εαυτοις) . . . καλως
                                  Syh ϑ' αισχυνομενη αισχυνη Syh
1₁₂ quia infirmata est   α' οτι ηρρωστησεν Syh
1₁₄ domus mendacii   α' ⟨οικους⟩ διαψευσματος Syh
2₄ quomodo recedet a me, cum   σ' πως αναχωρησει μοι του επι-
     revertatur   στρεψαι Syh
2₆ non stillabit super istos, non   α' ου σ τ α λ α ζ ε τ ε εις τουτους ου
     comprehendet; vgl. 6₁₄   κ α τ α λ η ψ η
2₁₂ in ovili   α' in rotundo Syh
3₁ duces domus Israel   π' duces domus israel
3₇ quia non est responsum Dei   σ'ϑ' διοτι ουκ εστιν (σ' ην) α π ο -
                                  κ ρ ι σ ι ς του θεου (ϑ' ελωιμ)
                                  Syh
3₁₂ causa vestri . . . quasi acer-   α' χαριν υμων . . . [ως] λιθολογια
     vus lapidum erit   (s. σωρος) εσται
     in excelsa silvarum   σ' εις υψος δρυμου Syh
4₉ consiliarius tuus   ⟨α'⟩ ο συμβουλος σου Syh
5₁ nunc vastaberis, filia   α'σ'ϑ'ε' nunc vastaberis filia la-
     latronis   tronis
5₇ quasi stillae super herbam   α' ως ψ ε κ α δ ε ς επι ποαν (vgl.
                                    σ'ϑ')
6₂ et fortia   α' και τα στερεα Syh
6₅ Setim   οι λ' σετιμ

6₈ *et sollicitum ambulare*	ε′ και φροντιζειν ⟨του πορευεσθαι⟩ (vgl. ϑ′ και ασφαλιζου του πορ.)
6₁₃ *et ego ergo coepi percutere te perditione super peccatis tuis*	α′ καιγε εγω η ρ ξ α μ η ν του παταξαι σε α φ α ν ι σ μ ω επι [πασαις ταις] αμαρτιαις σου Syh
6₁₄ *et apprehendes et non sal-vabis; vgl. 2₆*	α′ και καταληψη και ου μη δια-σωσης
6₁₆ *et custodisti praecepta Amri*	ϑ′ και ε φ υ λ α ξ α ς τα προσταγ-ματα αμρι Syh

Nahum.

1₂ *habens furorem; vgl. 3₄*	α′σ′ ε χ ω ν θυμον
1₅ *et contremuit*	α′ ⟨και⟩ εφριξεν
1₉ *non consurget duplex tribu-latio*	ϑ′ *non consurget secunda tribu-latio*
1₁₀ *quia, sicut spinae se in-vicem complectuntur, sic convivium eorum pariter potantium: consumentur quasi stipula ariditate plena*	ϑ′ οτι ως ακανθαι συμπεπλεγμεναι σ′ ⟨και⟩ το συμποσιον αυτων συμπινοντων αλληλοις αναλω-θησονται ως καλαμη μεστη ξηρα
1₁₁ *mente pertractans praevari-cationem*	α′ βουλευομενος αποστασια⟨ν⟩
1₁₂ *adflixi te, et non adfligam te ultra*	α′ και εκακουχησα σε ου κακουχησω σε ετι
2₁ *ascendit qui dispergat*	α′ ανεβη σκορπιζων
2₃ *in coccineis*	α′σ′ εν κοκκινοις
3₁ *dilaceratione plena*	σ′ (2. ed.) μελοκοπιας πληρης
3₄ *habentis maleficia; vgl. 1₂*	α′σ′ *habentis maleficia*
3₈ *nunquid melior es*	σ′ μη κρεισσων ει (συ)

Habacuc.

1₈ *vespertinis; vgl. Soph. 3₃*	α′ της εσπερας
1₉ *facies eorum ventus urens*	σ′ η π ρ ο σ ο ψ ι ς του προσωπου αυτων α ν ε μ ο ς κ α υ σ ω ν
1₁₀ *triumphabit*	α′ πομπευσει Syh
1₁₂ *fortem, ut corriperes, fun-dasti eum*	σ′ κ ρ α τ α ι ο ν (α′ στερεον) εις το ελεγχειν α′ εθεμελιωσας αυτον
2₁ *et contemplabor, ut videam quid dicatur mihi et quid re-spondeam*	σ′ *et contemplabor ut videam quid dicatur mihi et quid respondeam*
2₃ *et non mentietur*	α′σ′ και ου διαψευσεται
2₄ *non erit recta anima eius*	α′ ουκ ε υ θ ε ι α η ψυχη μου

2₁₅ *mittens*   σ' αφιων *(emittens* Hi.)
    nuditatem   α' γυμνωσιν
2₁₆ *et consopire*   α' και καρωθητι
2₁₇ *deterrebit*   α' καταπτηξει
2₁₉ *in visceribus eius*   α' *in visceribus eius*
3₃ *ab austro veniet*   ϑ' απο νοτ[ι]ου ηξει
    de monte Pharan   α'σ'ϑ' *de monte p h a r a n*
3₅ *mors*   σ'ε' *mors*
3₇ *pro iniquitate*   ϑ' αντι αδικιας
3₉ *fluvios scindes terrae*   α' ποταμους σχισεις γης
3₁₁ *hastae tuae*   ϑ' λογχη (lies λογχης?) σου Syh
3₁₃ *in salutem cum Christo tuo*   α'ε' εις σωτηριαν συν χριστω σου
    denudasti fundamentum eius   ε' *denudasti fundamentum usque*
    usque ad collum   *ad collum*
3₁₄ *ad dispergendum me: exsul-*   α' του διασκορπισαι ⟨με⟩ γαυριαμα
    tatio eorum   αυτων

Sophonias.

1₄ *aedituorum; ebenso* Os. 10₅   α' των τεμενιτων Syh
1₁₀ *piscium*   οι λ' ιχθυακης
1₁₁ *pilae*   α'σ' τον ολμον
1₁₈ *cum festinatione*   σ' μετα επειξεως (vgl. α' κατασπου-
    δασμον)
3₃ *lupi vespere;* vgl. Hab. 1₈   σ' ⟨lupi⟩ *vespertini*
3₄ *vesani*   α' θαμβευται
3₉ *labium electum*   α'ϑ' χειλος ε ξ ε ι λ ε γ μ ε ν ο ν
3₁₀ *ultra flumina Aethiopiae*   σ' περαθεν ποταμων αιθιοπιας ι-
    inde supplices mei; filii dis-   κ ε τ ε υ ο ν τ α (lies -τας?) με
    persorum meorum deferent   τ ε κ ν α τ ω ν δ ι ε σ κ ο ρ π ι σ -
    munus mihi   μ ε ν ω ν υπ εμου ενεγκωσι δωρ'ι·
    ε μ ο ι

Aggaeus.

1₁ *ducem Iuda*   οι λ' η γ ο υ μ ε ν ο ν ιουδα
1₁₁ *siccitatem*   οι λ' ξηρασιαν

Zacharias.

1₈ *inter myrteta*   οι λ' ⟨ανα μεσον των⟩ μυρσινεωνων
2₄ *absque muro*   σ' ατειχιστως
2₁₃ *de habitaculo sancto suo*   σ' εκ κ α τ ο ι κ η σ ε ω ς αγιας αυ-
    του

3₁ et Satan   σ'ϑ' και ο σαταν
3₂ nunquid non iste torris est   α' μητι ουχι ουτος δαλος ερρυσ-
    erutus de igne   μενος απο πυρος
3₉ sculpturam eius   σ'ϑ' την γλυφην αυτου
4₂ infusoria   σ' επιχυτηρες
4₇ lapidem primarium   α' ⟨λιϑον⟩ τον πρωτευοντα (vgl.
                                         ϑ' τον πρωτον)
4₁₀ lapidem   stanneum;   vgl.   α' ⟨τον λιϑον⟩ του κασσιτερου Syh
    Is. 1₂₅
4₁₄ filii olei   σ' ⟨filii⟩ olei
5₁ volumen volans; vgl. Ier.   σ' ειλημα πετομενον Syh
    36₂. 1₄ Ez. 2₉
6₃ fortes   α' καρτεροι
6₇ robustissimi   ϑ' ισχυροι Syh
6₁₃ gloriam   ⟨σ'⟩ δοξαν
7₁₁ scapulam   σ'ϑ' ωμον Syh
9₁₂ vincti spei   σ' ⟨δεσμιοι⟩ της ελπιδος Syh (α'
                                         της υπομονης Syh)
9₁₆ elevabuntur   σ' επαιρονται
11₇ decorem . . . funiculum; vgl.   α' ευπρεπειαν . . . σχοινισμα
    v. 10   (= LXX)
11₈ variavit in me   α' επερκασεν εν εμοι
11₁₀ decus; vgl. v. 7   οι γ' την ευπρεπειαν
11₁₁ pauperes gregis   α' πτωχοι του ποιμνιου [μου]
11₁₃ proice illud ad statuariñm . .   σ' ριψον αυτο εις το χωνευ-
    et proieci illos . . . . ad sta-   τηριον . . . και ερριψα αυτο . . .
    tuarium   εις το χωνευτηριον
11₁₆ pinguium   α' των πιονων Syh
12₁₁ Adadremmon   οι γ' αδαδ⟨ρεμμων⟩ Syh
13₇ ad parvulos   σ' ⟨επι τους⟩ μικρους (= LXX)
14₆ sed frigus et gelu   σ' αλλα ψυχος και παγος : gegen 𝔐
14₁₀ et exaltabitur   οι γ' και υψωϑησεται

Malachias.

1₁₀ quis est in vobis qui claudat   σ'ϑ' τις εστιν εν υμιν ο κλειων
    ostia et incendat altare   τας ϑυρας και αναπτων το
    meum gratuito   ϑυσιαστηριον μου δωρεαν Syh
1₁₄ horribile; ebenso 4₅   α'σ'ϑ' επιφοβον; ebenso α' 4₅
2₂ egestatem   α' ⟨την⟩ σπανιν
2₃ bracchium   α' συν τω βραχιονι
    stercus   α'σ'ϑ' κοπρον
2₉ et humiles   α'σ' ⟨και⟩ ταπεινους

2₁₁ *et habuit filiam dei alieni*	α′ και εσχε θυγατερα θεου απηλλοτριωμενου Syh (vgl. σ′)
3₁ *praeparabit*	ϑ′ ετοιμαζει (ετοιμασει Syh)
3₂ *fullonum*	σ′ γναφεων
3₃ *et colabit*	⟨α′⟩ και διυλισει Syh
3₉ *gens tota*	α′σ′ϑ′ το εθνος απαν Syh
3₁₀ *probate me;* vgl. v. 15	α′ϑ′ δοκιμασατε με Syh (σ′ πειρασατε)
3₁₅ *et tentaverunt Deum;* vgl. v. 10	σ′ϑ′ επειρασαν (α′ εδοκιμασαν) τον θεον Syh
4₁ *omnes superbi*	α′ παντες οι υπερηφανοι

V.

Abhängigkeit der Vulg.=Wiedergaben häufiger Wörter von den jüngeren Übersetzungen.

Bei der Wiedergabe häufiger Wörter der hebr. Vorlage hat LXX sehr oft gewechselt und zeigt einen großen Wortschatz. Die jüngeren Übersetzer neigen mehr dazu, für die gleichen hebr. Wörter auch ein gleiches griech. Wort einzusetzen; auf die Spitze treibt es Aquila, der sich streng an die Regel hält, möglichst jeden hebr. Stamm durch ein bestimmtes Wort wiederzugeben. Dadurch wird die Wortwahl eingeengt. Hieronymus hält die Mitte ein: weder will er die LXX nachahmen, die oftmals zu frei wiedergibt, noch will er wie Aquila sich sklavisch an den Stamm seiner Vorlage binden. Wenn man aber genauer zusieht, dann erkennt man, daß Hieronymus oftmals gerade Aquila als „Wörterbuch" benutzt. Manchmal übernimmt er von Aquila Wiedergaben, die die LXX überhaupt nicht kennt oder nur ganz selten verwendet. Oftmals wählt er ein Wort, das in der LXX öfters vorkommt, das aber die jüngeren Übersetzer immer verwenden und das die anderen von der LXX nebenbei gebrauchten Wörter verdrängt. Gelegentlich zeigt Hieronymus eine Konstanz in der Wiedergabe und folgt eng Aquila, oftmals aber wechselt er ab und bewahrt seine Freiheit; es kann vorkommen, daß er nur ein einziges Mal abweicht, z. B. in seinem Psalterium iuxta Hebraeos[15]) übersetzt er *gaʿar* wie sonst immer mit *increpare,* aber einmal (Ps. 106₉) mit *comminari* (siehe unten). Die Durchsicht des Wortschatzes der Vulg. zeigt, daß Hieronymus sehr stark von den jüngeren Übersetzern beeinflußt ist. Als Beispiel sei zunächst ausführlicher die Wiedergabe von *naweh* „Aue,

---

15) Abkürzung: „Ps.-Hebr."; zitiert wird nach der Ausgabe von P. d e L a - g a r d e (Lipsiae 1874).

Trift, Weide, Wohnung" aufgeführt. Es seien zunächst alle Stellen
der prophetischen Bücher genannt, wo Wiedergaben „der Drei"
überliefert sind:

LXX	„die Drei"	Vulg.
Is. 27₁₀ (Äquivalent unsicher)	σ′ καλη	speciosa
32₁₈ ἐν πόλει εἰρήνης	σ′ εν οικια ειρηνης	in pulchritu- dine pacis
33₂₀ πόλις πλουσία	σ′ϑ′ κατοικησιν ευϑηνιας	habitationem opulentam
Ier. 9₁₀ ἐπὶ τὰς τρίβους τῆς ἐρήμου	α′ επι τα ωραια ⟨της ερημου⟩	super speciosa deserti
10₂₅ τὴν νομὴν αὐτοῦ	α′ την ευπρεπειαν αυτου σ′ κατοικησιν αυτου	decus eius
23₃ εἰς τὴν νομὴν αὐτῶν	α′ επι την ευπρεπειαν αυτων Syh	ad rura sua
23₁₀ αἱ νομαὶ τῆς ἐρήμου	α′ ευπρεπειαι ⟨ερημου⟩ Syh	arva deserti
25₃₀ ἐπὶ τοῦ τόπου αὐτοῦ	α′ϑ′ επι της ευπρεπειας αυτου σ′ επι τη ϑελησει αυτου	super decorem suum
31₂₃ ἐπὶ δίκαιον	[α′]σ′ ο κατοικων εν δικαιοσυνη Syh	pulchritudo iustitiae
49₁₉ εἰς τόπον	α′ προς ευπρεπειαν Syh σ′ επι το κατοικητηριον Syh	ad pulchritudinem
50 ₇ νομὴ δικαιοσύνης	α′ϑ′ ευπρεπεια δικαιοσυνης σ′ τω κατοικιστη τω δικαιω	decori iustitiae
50₁₉ εἰς τὴν νομὴν αὐτοῦ	α′ ⟨προς⟩ ευπρεπειαν αυτου σ′ ⟨προς⟩ κατοικησιν αυτου	ad habitaculum suum
55₄₄ εἰς τόπον	α′σ′ επι το κατοικητηριον	ad pulchritudinem
50₄₅ νομή	α′ κατοικητηριον	habitaculum
Ez. 34₁₄ αἱ μάνδραι αὐτῶν	⟨α′⟩ ευπρεπεια αυτων	pascua eorum
Os. 9₁₃ τὰ τέκνα αὐτῆς (= beneha)	α′σ′ εν κατοικια ϑ′ οι υιοι αυτης (vgl. LXX)	in pulchritudine

Die Zusammenstellung ist lehrreich. Zunächst sind zu den Wiedergaben „der Drei" einige Bemerkungen zu machen. Es ist auffallend, daß Ier. 50₄₄. ₄₅ Os. 9₁₃ κατοικητήριον bzw. κατοικία Aquila zugeschrieben wird. Vielleicht ist der Überlieferung kein Glauben zu schenken, da sonst immer ὡραῖος, εὐπρέπεια als α′-Wiedergaben auftreten, vgl. auch α′ ὡραιότης II Reg. (Sam.) 7₈ Iob 5₂₄ Ps. 22(23)₂ 67(68)₁₃ 73(74)₂₀ Prov. 24₁₅ und α′ εὐπρέπεια Iob 5₃. Sicherlich ist α′ zu streichen Ier. 31₂₃; denn die freie Wiedergabe ο κατοικων εν δικαιοσυνη paßt nur zu Symmachus, nicht zu Aquila.

Deutlich folgt Hieronymus den jüngeren Übersetzern, und zwar Aquila Ier. 9₁₀ 10₂₅ 25₃₀ 49₁₉ 50₇. ₄₄, dagegen Symmachus Is. 27₁₀ Ier. 50₁₉, Symmachus und Theodotion Is. 33₂₀. Wenn er Is. 32₁₈ Ier. 31₂₃ 50₄₄ Os. 9₁₃ ebenfalls *pulchritudo* übersetzt, dann hatte er wohl Is. 32₁₈ die uns nicht mehr erhaltene und an den übrigen Stellen die richtig bezeugte α′-Wiedergabe ὡραιότης bzw. εὐπρέπεια vor sich oder er hat in Erinnerung an die geläufige α′-Wiedergabe seine Übersetzung gestaltet[16]). Ier. 23₃ *(rura)* 23₁₀ *(arva)* wechselt Vulg. im Ausdruck; Ez. 34₁₄ ist *pascua* im Hinblick auf die häufige LXX-Wiedergabe νομή gewählt.

Auch an den übrigen Stellen zeigt sich deutlich die Beeinflussung durch „die Drei". Allerdings war schon die LXX vorangegangen, indem sie Ps. 64(65)₁₃[17]) Ioel 1₁₉. ₂₀ Lam. 2₂ τὰ ὡραῖα τῆς ἐρήμου (Lam. 2₂ Ιακωβ) übersetzt; Hieronymus schließt sich an und übersetzt *speciosa deserti,* aber auch Ioel 2₂₂, wo LXX τὰ πεδία τῆς ἐρήμου liest. Konsequent ist Hieronymus jedoch nicht; im Ps.-Hebr. übersetzt er im Anschluß an Symmachus (αι νομαι της ερημου) *pascua deserti* (die Altlateiner nach LXX *speciosa deserti).* Auch Am. 1₂ ist *speciosa* verwendet (LXX νομαί). Ferner gebraucht Hieronymus *habitaculum* Ier. 33₁₂ (LXX κατάλυμα) 49₂₀ (LXX κατάλυσις) Ez. 25₅ (LXX νομή), *cubile* Is. 34₁₃ (LXX ἔπαυλις) 35₇ (LXX εὐφροσύνη!), 65₁₀ *caula* (LXX ἔπαυλις), *requies* Soph. 2₆ (νομή). Auffallend ist Ez. 34₁₄ Vulg. *in herbis* (LXX ἐν τρυφῇ). Es ist also deutlich zu beobachten, daß Hieronymus bei seiner Wortwahl von den jüngeren Übersetzern beeinflußt ist. Erst recht übernahm er ihre Wiedergaben, wenn bereits die LXX ein Wort hatte, das dann „die Drei" auch wählten. So hatte sicherlich Aquila an den genannten Stellen, wo LXX τὰ ὡραῖα hat, ebenso übersetzt (uns ist es deshalb nicht überliefert, weil Aquila nicht abweicht, aber Hieronymus hatte wohl die ganze α′-Über-

---

[16]) Auch Hab. 2₅ *non decorabitur* wird auf Aquila zurückgehen, wie bereits Field II S. 1005 Anm. 14 bemerkt: Hieronymi versio, *non decorabitur* (οὐχ ὡραιωθήσεται) Aquilam auctorem referre videtur.

[17]) Die ursprüngliche Lesart ist ὡραῖα; ορη und ορια sind sekundär, vgl. A. R a h l f s , Psalmi cum Odis, Göttingen 1931, z. St.

setzung vor sich); weil nun Aquila, den Hieronymus wegen seiner
lexikographischen Kenntnisse sehr schätzte, dieses Wort gebrauchte,
hat es Hieronymus in seine Vulg. übernommen[18]).

Im folgenden soll nun eine Reihe von Vulg.-Wiedergaben aufgeführt werden, die von Aquila, Symmachus und Theodotion abhängig sind. Zunächst seien solche Wörter besprochen, die in der
LXX überhaupt nicht vorkommen (z. B. ἀψίνθιον), oder von der LXX
nicht für das genannte hebr. Äquivalent verwendet werden (z. B.
ἀνῃρημένος für *halal)*, oder nur selten gebraucht werden (z. B. λίνον).
Dann seien solche Wörter aufgeführt, die LXX zwar öfters, aber nicht
durchgängig benutzt, die aber von „den Drei" und der Vulg. einheitlich wiedergegeben werden.

Vulg.-Wiedergaben, die von Aquila abhängig sind:

abicio   α′ ἀποϱϱίπτω   ma'as

LXX verwendet ἀποϱϱίπτειν nicht für *ma'as,* sondern ἀποδοκι
μάζειν, ἀπαϱνεῖσθαι, ἀπωθεῖν und ähnliche Verba. α′ hat immer ἀποϱ
ϱίπτειν (vgl. Is. 5₂₄ 7₁₅. ₁₆ 31₇ Ier. 14₁₉), dem Vulg. mit *abicere, proicere*
öfters folgt; gelegentlich wählt sie *reprobare* = σ′ ἀποδοκιμάζειν
Is. 7₁₅. ₁₆.

abies   α′ ἐλάτη   beroš

An allen Stellen hat die Vulg. *beroš* mit *abies* wiedergegeben.
α′ ἐλάτη ist bezeugt zu folgenden Stellen: Is. 14₈ 37₂₄ 41₁₉ 55₁₃ 60₁₃
Os. 14₉ Ps. 103(104)₁₇. An den restlichen Stellen Ez. 27₅ 31₈
Zach. 11₂ fehlt die α′-Wiedergabe.

absinthium   α′ ἀψίνθιον   la'anah

Ier. 9₁₅ 23₁₅ Lam. 3₁₉ Prov. 5₄ entsprechen Vulg. *absinthium* und
α′ ἀψίνθιον. Ferner übersetzt Hieronymus *la'anah* mit *absinthium*
Lam. 3₁₅ Am. 5₇ 6₁₃, ohne daß α′ bezeugt ist. An der erstgenannten
Stelle (Ier. 9₁₅) steht der Index in Syh bei dem parallelen (ὕδωϱ) χολῆς
(= 𝔐 roš); Field II S. 596 Anm. 30 meint: „Hic autem ne ad *la'anah*
lectiones trahamus, obstat casus secundus (nämlich ἀψινθίου), qui
cum ψωμίζω aptari nequit." Jedoch ist sicherlich der Index falsch
gesetzt; der Genetiv ist eine Folge der falschen Beziehung.

---

[18]) Bereits Stummer, Einführung in die lat. Bibel S. 105, hat auf die Vulg.-
Wiedergabe *speciosa* hingewiesen. Stummer betont aber zu sehr den Einfluß
der LXX und läßt nur bei Ier. 9₁₀ auch die Abhängigkeit von Aquila in Frage
kommen: „bei Ier. 9, 10 konnte er freilich auch durch Aquila beeinflußt sein"
(S. 105). Jedoch war der Einfluß des Aquila entscheidend, wie die obigen
Stellen und Ausführungen zeigen.

chrysolithus   α' χρυσόλιθος   *tharšiš*

Ez. 10₉ und Dan. 10₆ hat Vulg. *chrysolithus;* an beiden Stellen ist
die α'-Wiedergabe χρυσόλιθος bezeugt. Ez. 28₁₃ (ebenso Ex. 28₂₀
39₁₃) steht ebenfalls *chrysolithus,* wohl in Abhängigkeit von Aquila.
Dagegen folgt Hieronymus Ez. 1₁₆ *quasi visio m a r i s* weder Aquila
(χρυσολίθου) noch Symmachus (ὑακίνθου), sondern seiner auch sonst
bezeugten Praxis *tharšiš* mit *mare* wiederzugeben, vgl. Is. 23₁. ₆. ₁₀. ₁₄
60₉ 66₁₉; bereits die LXX ist ihm Vorgängerin gewesen, vgl. Is. 2₁₆
Dan. 10₆. Eine andere Wiedergabe von *tharšiš* ist *hyacinthus*
Cant. 5₁₄, die sich an Symmachus (ὑάκινθος) anschließt.

crepido   α' κρηπίδωμα   ʻazarah

Ez. 43₁₄ ist für ʻazarah dreimal α' κρηπίδωμα bezeugt, dem sich
Vulg. anschließt; ebenso übersetzt Vulg. *crepido* Ez. 43₁₇. ₂₀ und 45₁₉;
auch hier wird Aquila das Vorbild sein.

desperabilis (insanabilis)   α' ἀπογιγνώσκω   *no'aš (ʼanuš).*
Folgende Stellen zeigen deutlich die Abhängigkeit der Vulg.
von Aquila:

Ier.			
2₂₅ α' ἀπέγνως	*desperavi*	*no'aš* („es ist vergeb-	
18₁₂ α' ἀπέγνωσται	*desperavimus*	lich")	
15₁₈ α' fehlt	*desperabilis*	*no'aš*	
30₁₂ α' ἀπεγνωσ-	*insanabilis*	*ʼanuš*	
μένον		*ʼanuš.*	

Auch I Reg. (Sam.) 27₁ ist α' ἀπογνώσεται (Vulg. *desperet*) und
Ps. 68(69)₂₁ α' ἀπεγνώσθην überliefert (Ps.-Hebr. *disperatus sum)*
überliefert. Ferner hat für ʼanuš Vulg. Mich. 1₉ *desperata* und
Ier. 30₁₅ *insanabilis.* Eine scharfe Trennung zwischen ʼanuš und *no aš*
besteht weder für Aquila noch für Hieronymus. Daß Ier. 30₁₂
insanabilis gewählt ist, geht vielleicht auch auf Symmachus zurück,
der hier ἀνίατος übersetzt. Abweichend steht Is. 57₁₀ *(no'as) quies-*
cam; hier folgt Hieronymus der LXX (παύσομαι).

displicio   α' δυσαρεστέω   *qut*

Ez. 6 ₉ *displicebunt sibimet*	α' δυσαρεστηθησονται
20₄₃ *displicebitis vobis*	α' δυσαρεστηθησεσθε
36₃₁ *displicebunt vobis*	(α' fehlt).

Ebenso ist für ʼaquṭ Ps. 94(95)₁₀ α'σ' δυσηρεστηθην bezeugt; Ps.-
Hebr. übersetzt *displicuit mihi.* Mit *displicere* ist also eine charakteristische α'-Wiedergabe in die Vulg. gekommen.

ferio (foedus, pactum)   α' κοπτω   *karath*

Aquila übersetzt immer *karath* mit κόπτειν, dem Hieronymus mit
ferire folgt, vgl. Is. 55₃ 61₈ Ier. 31₃₁; abwechselnd verwendet er *per-*
cutere Ier. 34₈. Zu *foedus, pactum* = συνθήκη statt διαθήκη vgl.
unten.

gazophylacium   α' γαζοφυλάκιον   liškah

Die α'-Wiedergabe γαζοφυλάκιον ist zu Ez. 40₁₇ und I Reg. (Sam.) 9₂₂ bezeugt. Vulg. hat diese α'-Wiedergabe übernommen, hält sich aber nicht streng daran; gewöhnlich ist zwar mit *gazophy-lacium* wiedergegeben, vgl. Ez. 40—46 an allen Stellen, ebenso Ier. 354[19]) (1⁰ und 2⁰; aber 3⁰ *thesaurus)* 36₁₀. ₁₂. ₂₀. ₂₁; aber an der oben genannten Stelle I Reg. (Sam.) 9₂₂ übersetzt sie mit *triclinium.* Zu Ier. 35₂. ₄ 36₁₀. ₂₀ ist die weitere α'-Wiedergabe παστοφόριον (wohl aus der zweiten Ausgabe stammend) bezeugt, die Hieronymus aber nirgends aufnimmt. Ier. 35₂ übersetzt Vulg. *in unam exedram the-saurorum,* schließt sich also Symmachus an: ⟨εις μιαν⟩ των εξεδρων (siehe Abschnitt IV) und fügt *thesaurorum* als Dublette hinzu: v. 4 ist *liškah* 3⁰ mit *thesaurus* übersetzt (siehe oben).

interfectus (gladio)   α' ἀνῃρημένος   halal

Für *ḥalal,* das LXX gewöhnlich mit τραυματίας übersetzt, wählt Aquila ἀνῃρημένος, vgl. Is. 66₁₆ Ez. 6₄ 32₂₅ Nah. 3₃. Hieronymus ahmt ihn nach, wenn er *interfectus* nicht nur an den genannten Stellen, sondern überall wählt.

inutilis   α' ἀνωφελής   'awen

Die α'-Wiedergabe ἀνωφελής wird bezeugt Is. 1₁₃ 58₉ 59₇ Ier. 4₁₄ Os. 4₁₅ 5₈ 12₈(₉). ₁₁(₁₂) Am. 1₅; von diesen Stellen folgt Hieronymus dem Aquila Is. 58₉ *(quod non prodest)* 59₇ *(inutiles)* Ier. 4₁₄ *(noxiae).* Ferner übersetzt er wohl in Abhängigkeit von Aquila Is. 59₆ *inutilia* Am. 5₅ *inutilis* Mich. 2₁ *inutile* Zach. 10₂ *inutile.* Öfters aber verläßt er Aquila und schließt sich Symmachus und Theodotion an, die ἀδικία (ἄδικος) übersetzen: Is. 1₁₃ σ'ϑ' ἀδικίαν Vulg. *iniqui,* 10₁ ϑ' ἀδικίας Vulg. *(leges) iniquas,* 29₂₀ σ' ἀδικίαν Vulg. *iniquitatem,* ebenso 31₂ 32₆ (σ'ϑ'), 41₂₉ ϑ' ἄδικοι Vulg. *iniusti.* Diese Abhängigkeit wird auch Is. 55₇ *(iniquus)* 59₄ *(iniquitatem)* Ez. 11₂ *(iniquitatem)* Hab. 1₃ *(ini-quitatem)* und 3₇ *(pro iniquitate)* vorliegen. Schließlich ist noch die Wiedergabe *idolum* zu erwähnen, die Hieronymus öfters für *'awen* wählt, z. B. Is. 66₃ Ier. 4₁₅ Os. 6₈ 10₈ 12₈(₉). ₁₁(₁₂).

invium (terra invia)   α' ἄβατος   sijjah

LXX verwendet ἄβατος für die verschiedensten hebr. Wörter, aber nie für *ṣijjah;* σ' gewöhnlich für *'arabah,* α' immer für *ṣijjah,* vgl. Is. 41₁₈ 53₂ Ps. 77(78)₁₇. Vulg. übernimmt *(terra) invia, invium,* vgl. Is. 35₁ 41₁₈ Ier. 50₁₂ Ez. 19₁₃ Os. 2₃ Ioel 2₂₀ Soph. 2₁₃, ferner Ps.-

---

¹⁹) Fr. Stummer, Biblica 10 (1929) 21 sieht in *gazophylacium* Ier. 35₄ Einfluß des γαζοφυλάκιον der Hs. 228 der Catenenrezension. Jedoch stammt diese Lesart von Aquila, wie häufig die Text-Gruppe C hexaplarische Varianten über-liefert.

Hebr. Ps. 77(78)₁₇. Dagegen folgt sie Is. 53₂ mit *terra sitiens* der LXX = σ'ϑ'.

irritum facio   α' ἀϰυρόω   *hepher*

LXX kennt ἀϰυροῦν als Wiedergabe von *hepher* nicht, sondern nimmt gewöhnlich διασϰεδαννύναι; α' hat immer ἀϰυροῦν, vgl. Is. 14₂₇ 24₅ 44₂₅; Vulg. folgt α' häufig mit *irritum facere,* manchmal aber auch der LXX und σ'ϑ' (διασϰεδαννύναι) mit *dissipare;* gelegentlich verwendet sie *(dis)solvere.*

militia   α' στρατιά   ṣaba᾽

Zwar übersetzt schon gelegentlich die LXX ṣaba᾽ mit στρατιά, vgl. Ier. 8₂ 19₁₃ Soph. 1₅, aber Aquila hält sich streng an diese Wiedergabe, vgl. Is. 34₂. ₄ 40₂. ₂₆ Ier. 51₃; siehe besonders die Wendung ϰυριος των στρατιων = *jhwh ṣebaoth.* Die beiden andern Übersetzer haben gewöhnlich δύναμις. Hieronymus folgt Aquila, wenn er mit *militia* wiedergibt, vgl. die genannten Stellen. Is. 40₂ hat die Vulg. *malitia;* es ist zu lesen *militia* = α' στρατιά.

nauta   α' ναύτης   *mallaḥ*

Ez. 27₉ übersetzt Aquila ναῦται = Vulg. *nautae;* ebenso Vulg. v. 27. 29; LXX dagegen v. 9. 27 ϰωπηλάται, v. 29 ἐπιβάται. Auch Ion. 1₅ steht in der Vulg. *nautae;* LXX ναυτιϰοί.

onus   α' ἅρμα   *massa᾽*

Die Wiedergabe von *massa᾽* beschäftigte Hieronymus ganz besonders. Immer wieder kommt er in seinen Kommentaren auf sie zu sprechen. Zu Is. 13₁ sagt er: Verbum Hebraicum M E S S A (lies MASSA), vel *onus,* vel *pondus,* intelligi potest. Et ubicumque praepositum fuerit, minarum plena sunt quae dicuntur. Unde miror LXX Translatores in re tristi voluisse ponere *visionem;* sed de hoc alias (155 B). Zu Is. 19₁ sagt er, daß Aquila ἅρμα übersetzt habe, während Symmachus und Theodotion an allen Stellen („semper") λῆμμα übersetzt hätten. Die Wiedergabe des Aquila ἅρμα „possumus dicere ab eo, quod tollat propheta, et portet iugum Domini, eum exstitisse condignum, qui prophetiam Aegypti cerneret, sive portaret". Dann spricht er über die abwegige Wiedergabe der LXX mit *visio* und *verbum* (249 A/B). Ähnlich führt er zu Ier. 23₃₃ aus: Verbum Hebraicum MASSA, Aquila ἅρμα, id est, *onus* et *pondus* interpretatur. Symmachus, Septuaginta et Theodotio, *assumptionem.* Dann fährt Hieronymus fort, indem er sagt: die Drohreden Gottes würden mit ἅρμα betitelt, die Heilsreden mit *visio* oder *verbum* (828 C). Ebenso spricht er im Zwölfpropheten-Komm. zu Nah. 1₁ über die α'-Wiedergabe ἅρμα (1232 A), verweist zu Hab. 1₁ auf seine Ausführungen zu Nah. (1273 A: MASSA, quod Aquila vertit in *pondus:* super quo in

Naum propheta plenius disputavimus), nennt zu Zach. 9₁ wiederum die α′-Wiedergabe *pondus* und *onus* (1479 B) und verweist schließlich zu Mal. 1₁ auf die früheren Ausführungen (1543 B/C). Die Wiedergaben der LXX (ὅρασις, ῥῆμα), des Symmachus und Theodotion (λῆμμα = *assumptio)* gefallen also Hieronymus nicht; deshalb übernimmt er von Aquila ἄρμα und übersetzt an allen Stellen *pondus:* Is. 13₁ 14₂₈ 15₁ 17₁ 19₁ 21₁. ₁₁. ₁₃ 22₁ 23₁ 30₆ Ier. 23₃₃. ₃₄. ₃₆. ₃₈ Ez. 12₁₀ Nah 1₁ Hab. 1₁ Zach. 9₁ 12₁ Mal. 1₁; auch Os. 8₁₀ *ab onere* übernimmt er ἀπὸ ἄρματος des Aquila.

   pravitas   α′ σκολιότης   *šeriruth*
   Die α′-Wiedergabe ist bezeugt Ier. 11₈ 13₁₀ 16₁₂. Vulg. übernimmt sie überall, auch an den übrigen Stellen hängt *pravitas* wohl von α′ ab, so Ier. 3₁₇ 7₂₄ 9₁₄ 18₁₂ 23₁₇. Ebenso ist α′ σκολιότης Ps. 80(81)₁₃ überliefert, das im Ps.-Hebr. mit *pravitas* wiedergegeben ist.

   thalamus   α′ θάλαμος   *tha*’
   α′ θάλαμος ist III Reg. 14₂₈ überliefert. Vulg. übernimmt *thalamus* in Ez. 40 an allen Stellen (9 mal); III Reg. 14₂₈ steht *aramentarium.*

   trieris   α′ τριήρης   *ṣi*’
   Is. 33₂₁ ist α′ τριήρης bezeugt; Vulg. hat ebenfalls *trieris.* Ferner hat Hieronymus *ṣi*’ Ez. 30₉ Dan. 11₃₀ und Num. 24₂₄ mit *trieris* wiedergegeben. Zu Ez. 30₉ ist auch für α′ (neben ϑ′) die Transkription *siim* überliefert, wie der Rand von 86 und Hieronymus bezeugen: ... et pervenerint nuntii iuxta Aquilam et Theodotionem SIIM, quos Symmachus transtulit, *festinantes:* nos in *trieres* vertimus; ita enim ab Hebraeis accepimus (289 A). Hieronymus sagt also hier, daß er in seiner Wiedergabe von den „Hebraei" abhängig sei[20]); aber Aquila spiegelt oft die jüdische Auffassung wieder, so daß die Vulg. indirekt doch von Aquila beeinflußt ist. Wenn für Aquila bereits ṣiim bezeugt ist, so wird er in seiner zweiten Ausgabe, die gerade zu Ez. oft zitiert wird (vgl. Field I S. XXV f.), τριήρης gehabt haben.

   violenter (per vim) facio   α′ βίαν βιάζομαι   *gazal*
   Is. 61₈ ist für *gazul* α′ βίαν und Ez. 18₁₆ α′ βίαν οὐκ ἐβιάσατο für *gezelah lo’ gazal* überliefert. Wenn Vulg. Is. 10₂ *vim facerent* Ez. 18₇ *per vim* (neben *rapuerit*) Ez. 18₁₈ *vim fecit* Ez. 22₂₉ *rapiebant violenter* übersetzt, dann liegt wohl der Einfluß des Aquila vor. Sonst ist gewöhnlich im Anschluß an die LXX (δι)αρπάζειν mit *rapere* wiedergegeben.

---

[20]) Vgl. dazu Fr. Stummer, ZAW 58 (1940/41) 255.

vasto   α' προνομεύω   *šadad*

Der Stamm *šdd* ist von α' mit προνομεύειν (vgl. Is. 33₁. Ier. 6₂₆ 9₁₉ 10₂₀ 12₁₂ 48₈. ₂₀ 49₁₀ 51₅₆) bzw. προνομή (vgl. Os. 7₁₃ 10₁₄ Hab. 2₁₇ Ier. 48₃) wiedergegeben. Zu einigen Stellen ist für α' auch ταλαιπωρεῖν überliefert, so Ier. 4₂₀ 49₁₀. ₂₈ 51₅₆; falls die Überlieferung richtig ist, gehören diese Wiedergaben der doppelten α'-Ausgabe an. Vulg. hat fast an allen Stellen *vastare (vastatio)* und ist sicherlich von Aquila beeinflußt; gelegentlich verwendet sie das verwandte Wort *praedari* (Is. 33₁), *praedo* (Ier. 51₄₈. ₅₆).

volumen   α' εἴλημα   *megillah*

Die α'-Wiedergabe εἴλημα ist Ier. 36₂. ₁₄ Ps. 39(40)₈ bezeugt; Zach. 5₁ ist α'ϑ' διφϑέρα nach Syh Hi. und σ' εἴλημα nach Syh neben σ' κεφαλίς nach Hi. bezeugt; vgl. auch Ez. 2₉ σ' εἰλητὸν τεῦχος (siehe Abschnitt IV). Die Vulg.-Übersetzung *volumen,* die gewöhnlich für *megillah* steht (auch Ps. 39(40)₈ im Ps.-Hebr.), greift εἴλημα wieder auf; gelegentlich gibt *volumen* auch *sepher* wieder, so Ier. 36₈. ₁₃. ₁₈. ₂₃.

V u l g. - L e s a r t e n , d i e v o n S y m m a c h u s a b -
h ä n g i g s i n d :

qui fugit   σ' διαφεύγων   *palit*

Symmachus gibt *paliṭ* mit διαφεύγων (ἐκφεύγων) und *peleṭah* mit διάφευξις wieder, vgl. Is. 45₂₀ Ez. 7₁₆ 24₂₇ Ier. 25₃₅; LXX hat dafür gewöhnlich ἀνασωζόμενος; Vulg. folgt LXX ganz selten, so Is. 45₂₀ *(salvati)* Ez. 6₉ *(liberati)* und Ier. 25₃₅ *(salvatio);* sonst steht immer *qui fugit (effugit);* hier ist Symmachus Vorbild.

contristo   σ' ὀδυνάω   *honah* (Hiphil von *jnh*)

LXX verwendet gewöhnlich καταδυναστεύειν; für σ' ist Ez. 18₇ ὀδυνᾶν bezeugt; ebenso Ez. 46₁₈ von Hieronymus nur lateinisch σ' *contristare,* das er öfters in seine Vulg. übernimmt, vgl. Ez. 18₇. ₁₂. ₁₆ 22₇ Ier. 22₃; vgl. auch Is. 29₂ σ' κατωδυνος και οδυνωμενη, Vulg. *tristis et maerens.* Ferner verwendet Vulg. *adfligere, depopulari* und Ez. 46₁₈ *per violentiam* (im Anschluß an LXX καταδυναστεῦσαι; vgl. auch Ez. 22₂₉ α' εβιαζοντο).

lineus   σ' λίνον   *bad*

Die LXX verwendet zwar λίνον (λινοῦς) für *bad* in den historischen Büchern, aber nicht in den prophetischen Schriften; hier steht ποδήρης, στολή, βύσσινα; Symmachus hat λίνον, vgl. Ez. 9₂. ₁₁ 10₂ Dan. 10₅; Vulg. folgt Symmachus, wenn sie an den genannten Stellen und Ez. 9₃ 10₆. ₇ Dan. 12₆ *lineus* (in der Wendung *vestitus* bzw. *indutus lineis*) übersetzt. Zu Ez. 9₂ sagt Hieronymus ausdrücklich, daß er sich Symmachus angeschlossen habe (86 A; siehe Abschnitt III).

      maneo   σ' μένω   *jašab*

Nur gelegentlich hat LXX μένειν für *jašab* verwendet, vgl.
Gen. 24₅₅ Ps. 9₇ 101(102)₁₂ Zach. 14₁₀. Eine Vorliebe für dieses
Verbum hat Symmachus; es ist Ier. 37₂₁ 38₂. ₁₃ bezeugt, aber sicher
öfters von ihm verwendet worden. Vulg. gebraucht es sehr oft,
wohl in Anlehnung an Symmachus, vgl. außer den genannten Ier.-
Stellen noch folgende: 35₁₁ 38₂₈ 40₁₀ 42₁₀ 43₄ 49₃₃ und Ez. 3₁₅
(mansi).

   obsideo (obsessio)   σ' πολιορκέω (πολιορκία)   *sur (masor)*

In der LXX steht πολιορκεῖν für ṣur selten, in den Propheten-
Schriften nur Ier. 46₁ Dan. 1₁; πολιορκία für *masor* (oder ähnlich)
findet sich überhaupt nicht. Dagegen scheint es Symmachus fast
immer verwendet zu haben; vgl. σ' πολιορκεῖν Is. 21₂ Ier. 21₄ 32₂ 51₃₀
Ez. 4₃ 6₁₂ und σ' πολιορκία Is. 29₃. ₇ Ier. 10₁₇ 52₅ Ez. 21₂₀ (₂₅) Am. 3₁₁
Mich. 5₁ 7₁₂. Vulg. übersetzt, abhängig von Symmachus, *obsidere,*
obsessio an fast allen Stellen, wo der Stamm ṣur vorliegt; nur selten
hat sie eine andere Wiedergabe, so Am. 3₁₁ *tribulabitur* (von ṣarah
abgeleitet; Hieronymus billigt aber die Wiedergabe πολιορκία des
Symmachus in seinem Kommentar 1019 B; siehe Abschnitt II),
Zach. 9₃ *munitio,* Ez. 21₂₀(₂₅) *munitus.*

     scelus   σ' μύσος (μυσαρία)   *zimmah*

Die Wiedergabe μύσος (μυσαρία) ist Symmachus eigen. Sie wird
oft bezeugt: σ' μύσος Ez. 22₉ 23₂₁. ₄₈ Ier. 13₂₇ Lev. 18₁₇ Ps. 25(26)₁₀,
σ' μυσαρία Ez. 16₄₃. ₅₈ 23₂₇. ₂₉, σ' μυσαρός Ez. 16₂₇ (σ' εξω των οδων σου
των μυσαρων). Vulg. mit *scelus* wandelt in den Spuren des Symmachus; zu Ez. 16₂₇ sagt Hieronymus ausdrücklich, daß er *scelerata*
„iuxta Symmachum" (145 C; siehe Abschnitt III) übersetzt habe.
Auch Ps. 25(26)₁₀ hat er im Ps.-Hebr. *scelus* gewählt. Nur selten
nimmt die Vulg. ein anderes Wort, so *nefarius* Ez. 22₁₁ 23₄₄, oder
exsecrabilis Ez. 24₁₃.

     scoria   σ' σκωρία   *sig*

Die σ'-Wiedergabe σκωρία (von der LXX nie verwendet) wird
Is. 1₂₂. ₂₅ Ez. 22₁₈ (2 mal) 22₁₉ und Ps. 118(119)₁₁₉ bezeugt. Hieronymus übernimmt *scoria* an allen Stellen (auch im Ps.-Hebr.). Dagegen ist Prov. 25₄ *rubigo* und 26₂₃ *(argentum) sordidum* verwendet.

absque temperamento (oder ähnlich)   σ' ἀνάρτυτος   *thaphel*

Das hebr. Wort *thaphel* „Tünche" kommt 5 mal in Ez. vor[21]):
13₁₀. ₁₁. ₁₄. ₁₅ 22₂₈; zu allen Stellen außer 13₁₄ wird die σ'-Wieder-
gabe ἀνάρτυτος bezeugt (α' ἄναλος θ' ἀφροσύνη). Hieronymus hat in
der Vulg. folgende Wiedergaben:

---

[21]) Iob 6₆ *thaphel* σ' ἀνάρτυτον; Vulg. *insulsum:* von Aquila abhängig, der hier
sicherlich ἄναλον hatte (die α' Wiedergabe ist nicht bezeugt).

13₁₀ *luto absque paleis*
13₁₁ *absque temperatura*
13₁₄. ₁₅ 22₂₈ *absque temperamento.*

Die zuerst genannte Wiedergabe sieht nicht so aus, als ob sie von Symmachus abhinge; aber Hieronymus in seinem Komm. zu Ez. 13₁₀ deutet die σ′-Wiedergabe in der Weise aus, wie sie in der Vulg.-Übersetzung umschrieben ist: Ipsumque parietem . . ., liniebant pseudoprophetae *absque temperamento,* ut interpretatus est Symmachus, hoc est, puro luto, et quod paleas non haberet, ut nec praebere posset aliquam fortitudinem (112 C); damit ist die Abhängigkeit von Symmachus deutlich gegeben. Field notiert zu Ez. 13₁₀ und 22₂₈ die Lesart: ο εβϱ′ πηλον (πηλω) ανευ αχυϱων (-ϱου), die aus einem cod. Coislin. und einem Schol. apud Nobil. stamme (ich kann nicht nachkontrollieren); bei 22₂₈ ist auf den cod. Marchalianus (Q) verwiesen, der auf dem linken Rand liest: ηλειφον αυτους πηλω ανευ αχυϱων (diese Randnote scheint die Vorlage der oben von Field genannten Lesarten des εβϱ′ zu sein). Die Lesart πηλω ανευ αχυϱων möchte man als die eigentliche Vorlage der Vulg.Wiedergabe *luto absque paleis* ansehen; aber sie wird umgekehrt nur eine griech. Rückübersetzung der Vulg. sein; sie gehört in die Reihe der gelegentlich von Cyrill aufgeführten εβϱ′-Wiedergaben, die deutlich von der Vulg. abstammen (siehe Abschnitt IV).

Vulg.-Wiedergaben, die von „den Drei" abhängig sind:

hypocrita   α′σ′ϑ′ ὑποϰϱιτής   *ḥaneph*

Die LXX kennt die Wiedergabe ὑποϰϱιτής nicht; sie verwendet andere Begriffe: ἄνομος, παράνομος, ἀσεβής; „die Drei" dagegen haben ὑποϰϱιτής, das zu folgenden Stellen überliefert ist: Is. 9₁₇ 33₁₄ Prov. 11₉. In Iob wird ὑποϰϱιτής zugeschrieben: α′ϑ′ 15₃₄ (σ′ ἔνοχος), α′ 20₅; ϑ′ 34₃₀ 36₁₃; vgl. auch Is. 32₆ α′σ′ϑ′ ὑπόϰϱισις. Hieronymus übernimmt *hypocrita* von den jüngeren Übersetzern; nur gelegentlich wählt er das lateinische Wort *simulator,* vgl. Iob 36₁₃ Prov. 11₉. Bei der Wahl des Wortes *hypocrita* hat die ntl. Sprechweise sicherlich eingewirkt.

pactum (foedus)   α′σ′(ϑ′) συνϑήϰη   *berith*

Die LXX verwendet zwar an einigen Stellen συνϑήϰη, aber niemals als Äquivalent für *berith* (auch IV Reg. 17₁₅ ist συνϑήϰη hexaplarisch und stammt wahrscheinlich von Aquila). Die jüngeren Übersetzer, namentlich Aquila und Symmachus (von Theodotion ist es niemals ausdrücklich bezeugt) haben dafür συνϑήϰη. Zu Ier. 11₂ bemerkt Hieronymus: Notandum est autem, quod verbum BERITH, Aquila et Symmachus semper *pactum,* LXX et Theodotio

testamentum, interpretati sunt (752 C).   Zu vielen Stellen ist συνθήκη
für die jüngeren Übersetzer bezeugt, siehe die Konkordanz von
Hatch-Redpath II 1316.   Hieronymus wechselt zwischen *pactum*
und *foedus;* nur selten verwendet er *testamentum,* vgl. Ier. 3₁₆
Zach. 9₁₁ Mal. 3₁; auch Dan. 11₂₈. ₃₀. ₃₂ steht *testamentum* (= διαθήκη
LXX und ϑ′); neben der LXX wird hier das *testamentum* der Vetus
Latina und der ntl. Sprachgebrauch eingewirkt haben.

taceo (sileo)   α′σ′ϑ′ σιωπάω (σιγάω)   *damah (damam)*

Die beiden Stämme *damah* und *damam,* die als Niphal öfters die
Bedeutung haben „vernichtet werden" (zu den anderen Wiedergaben siehe die Wörterbücher), werden von der LXX öfters abwegig
wiedergegeben; die jüngeren Übersetzer, namentlich Aquila und
Symmachus, fassen sie in der Bedeutung „schweigen" auf; ihnen
schließt sich die Vulg. gewöhnlich an.   Die Stellen seien aufgeführt:

LXX	„die Drei"	Vulg.
Is. 6 ₅ κατανένυγμαι	οι λ′ εσιωπησα	*tacui*
15 ₁ (LXX fehlt)	α′ϑ′ εσιωπησεν σ′ εσιωπηθη	*conticuit* (2 mal)
23 ₂ ὅμοιοι γεγόνασιν	α′ σιωπησατε σ′σιγησατε	*tacete*
Ier. 8₁₄ ἀπορριφῶμεν	α′σ′ σιγησωμεν	*sileamus*
ἀπέρριψεν	α′σ′ κατεσιωπησεν	*silere nos fecit*
14₁₇ διαλιπέτωσαν	α′ σιωπησετε σ′ παυεσθε	*taceant*
47 ₅ ἀπερρίφη	α′ ηφανισθη σ′ εσιωπησεν	*conticuit*
47 ₆ ἐπάρθητι	α′ σιωπησον	*sile*
48 ₂ παύσεται	σ′ σιωπηση	*conticesces*
49₂₆ πεσοῦνται	σ′ σιωπηθησονται	*conticescent*
50₃₀ ῥιφήσονται	α′ σιγησονται σ′ σιωπηθησονται	*conticescent*
51 ₆ μὴ ἀπορριφῆτε	α′ μηποτε σιωπησητε σ′ μη σιωπηθητε	*nolite tacere*
Ez. 24₁₇ αἵματος	σ′ σιγων	*tacens*
27₃₂ (LXX fehlt)	ϑ′ κατασιγηθεισα	*quae obmutuit*
Os. 4 ₅ ὡμοίωσα	α′ϑ′ εσιωπησα σ′ σιωπησω	*tacere feci*
4 ₆ ὡμοιώθη	α′ϑ′ εσιωπησεν σ′ εφιμωθη	*conticuit*

Außerdem ist noch zu Os. 10₁₅ bezeugt α′ κατεσιωπηθη (LXX
ἀπερρίφη); Vulg. *pertransiit* (vorhergeht *transiit;* LXX ἀπερρίφησαν);
ebenso liest Vulg. 10₇ *transire fecit* (LXX ἀπέρριψεν). Die Wiedergabe mit „schweigen" hat Vulg. noch Abd. ₅ (*conticuisses;* LXX

ἀπεῤῥίφης) und Soph. 1₁₁ *(conticuit;* LXX ὡμοιώθη). Die LXX hat nur Lam. 3₄₉ *damah* mit σιωπᾶν (σιγᾶν) wiedergegeben (Vulg. *tacuit).* Ier. 6₂ folgt Vulg. *(adsimilavi)* dem Symmachus (ωμοιωσα); Ez. 32₂ dagegen mit *adsimilatus* es der LXX (ὡμοιώθης).

Bei zahlreichen Stämmen der hebr. Vorlage hält die LXX nicht an einer bestimmten Wiedergabe fest, sondern verwendet sinnverwandte Wörter. Die jüngeren griech. Übersetzer zeigen dagegen bei ihrer Wiedergabe eine gewisse Konstanz; besonders stark ist diese Stetigkeit bei Aquila zu beobachten. Vielfach übernehmen sie eine Wiedergabe, die bereits LXX an verschiedenen Stellen gebraucht hat, und verwenden sie immer (oder fast immer), wenn das gleiche hebr. Wort vorliegt. An die Vielfalt der LXX-Wiedergaben tritt somit die Einförmigkeit der jüngeren griech. Übersetzungen. Sehr viele für den Wortschatz der LXX bezeichnende Wörter begegnen uns nicht mehr bei Aquila, Symmachus und Theodotion. Hieronymus zeigt nun in seinem lateinischen Glossar eine deutliche Abhängigkeit von den jüngeren Übersetzern: bewußt oder unbewußt schließt er sich ihnen an. Die Tatsache, daß bereits die LXX an verschiedenen Stellen dieses oder jenes Wort so wiedergegeben hat und daß die jüngeren Übersetzer (namentlich Aquila) das von der LXX gebrauchte Wort aufgriffen und ihm Alleingeltung verschafften, hat ihn bewogen, auch diese Wiedergabe zu wählen. Er braucht nicht immer Einsicht in die jüngeren Übersetzungen genommen zu haben, da sich die Wortwahl bereits gefestigt hatte; er hat es aber sicherlich oft getan. Als Beispiel sei die Wiedergabe von *ga'ar (ge'arah)* hier ausführlicher besprochen. Das Verbum *ga'ar* kommt 14 mal vor, das Subst. *ge'arah* ebenso oft (dazu noch 1 mal in der Form *ge'ereth,* also 15 mal). Die LXX übersetzt mit ἐπιτιμᾶν bzw. ἐπιτίμησις 14 mal, und führt so die wichtigste Wiedergabe in die griech. Bibel ein. Ferner verwendet sie ἀπειλεῖν (Nah. 1₄), ἀπειλή (Is. 50₂ A-Q alii Is. 54₉ Prov. 13₈ 17₁₀), ἀποσκορακίζειν (Is. 17₁₃), ἀποσκορακισμός (Is. 66₁₅), συνλοιδορεῖν (Ier. 29₂₇), ἔλεγμός (Is. 50₂ O S* L C alii), φωνή (Is. 30₁₇), ἐκλελυμένος (Is. 51₂₀), ἀνάλωσις (Deut. 28₂₀), ἀπώλεια (Prov. 13₁: aus ἀπειλή verderbt?). Mal. 2₃ (ἀφορίζειν) und 3₁₁ (διαστέλλειν) setzen ein anderes Verbum voraus *(gara'?);* Iob 26₁₁ fehlt LXX. Das Bild ist also recht bunt. Die jüngeren Übersetzer übernehmen von der LXX die Wiedergabe ἐπιτιμᾶν (ἐπιτίμησις) und scheinen sie überall verwendet zu haben; überliefert sind uns folgende Stellen: ἐπιτιμᾶν Is. 17₁₃ α′ (aber σ′ ἐμβριμᾶσθαι), 54₉ α′σ′ϑ′, Nah. 1₄ α′σ′ Mal. 2₃ α′σ′, Ps. 67(68)₃₁ σ′; ἐπιτίμησις Is. 30₁₇ οι γ′, 50₂ σ′, 51₂₀ σ′ϑ′, 66₁₅ α′σ′ϑ′, Prov. 13₈ α′σ′ϑ′, 17₁₀ α′ϑ′, Iob 26₁₁ ϑ′. Als Hieronymus an die Übersetzung der lateinischen Bibel aus

der „Hebraica veritas" ging, war somit die Wiedergabe des Stammes
g'r mit dem griech. ἐπιτιμᾶν festgelegt; er griff sie auf in der lateinischen Form *increpare,* die er fast überall verwendet; Ausnahmen
sind: *corripere* Ruth 2₁₆ und Koh. 7₆, *correptio* Prov. 17₁₀, *arguere*
Prov. 13₁, *terror* Is. 30₁₇, *ad nutum* Iob 26₁₁. Auch im Ps.-Hebr. hat
Hieronymus *increpare, increpatio,* die bereits in den altlateinischen
Psalterien Bürgerrecht hatten, übersetzt; nur Ps. 105(106)₉ übersetzt
er *comminatus est* statt *increpavit.* So haben hier die ältere LXX
und die jüngeren „Drei" auf die Übersetzungsweise der Vulg. eingewirkt; der Hauptdruck geht jedoch von den jüngeren Übersetzungen aus.

Bei vielen Beispielen können wir denselben Vorgang beobachten; die wichtigeren seien genannt (es genügen allgemeine Angaben; für die Aufzählung der Stellen sei auf die einschlägigen
Konkordanzen verwiesen).

ašam

LXX übersetzt öfters 'ašam mit πλημμελεῖν; „die Drei" haben
dieselbe Wiedergabe; sie ist bezeugt: Ier. 50₇ Ez. 22₄ Os. 4₁₅ 5₁₅ 10₂
13₁ Hab. 1₁₁ (α'σ'). Vulg. mit *delinquere* schließt sich ihnen an
(Os. 4₁₅ 13₁ Ez. 22₄). Öfters stehen sinnverwandte Ausdrücke *(peccare)*; manchmal liest sie wie LXX šamam statt 'ašam Os. 5₁₅ 10₂ 14₁
Hab. 1₁₁ Ioel 1₁₈ Ez. 6₆.

'ašaq

LXX συκοφαντεῖν 7 mal, συκοφάντης 2 mal, συκοφαντία 4 mal;
in den Propheten-Schriften kommt nur 1 mal συκοφαντία als Wiedergabe von 'anuš Am. 2₈ vor. Die jüngeren Übersetzer geben 'ašaq
immer mit συκοφαντεῖν, συκοφαντία wieder; bezeugt sind folgende
Stellen: συκοφαντεῖν Is. 52₄ (σ') Ier. 7₆ (α') 21₁₂ (α'σ') 50₃₃ (α'σ')
Ez. 22₂₉ (α'σ') Os. 12₇(₈) (οι λ'); συκοφαντία Is. 33₁₅ (α'σ'ϑ') 38₁₄ (α')·
59₁₃ (α'σ') Ier. 6₆ (α'σ') 22₁₇ (α'σ') Ez. 22₁₂ (σ'ϑ') 22₂₉ (α'σ')²²). Vulg.
übernimmt an allen Stellen *calumniari, calumnia;* nur Is. 38₁₄ übersetzt sie *vim patior.*

bor

Gewöhnlich übersetzt LXX *bor* mit λάκκος; α'σ'ϑ' übernehmen
λάκκος für alle Stellen; Vulg. mit *lacus* schließt sich ihnen oft an;
manchmal wählt sie *cisterna,* z. B. Ier. 2₁₃ 6₇.

gebirah

LXX wechselt ab: ἰσχύς Is. 47₅, ἄρχουσα 47₇, δυναστεύουσι
Ier. 13₁₈, βασίλισσα 29₂; nur Is. 24₂ ist mit κυρία wiedergegeben, das

---

²²) Vgl. E b. N e s t l e , Sykophantia im biblischen Griechisch, in: ZNW 4
(1903) 271 f.

σ′ Ier. 13₁₈ verwendet.   Vulg. hat überall wohl im Anschluß an σ′
domina (Ier. 13₁₈ *dominatrix*).

gadaph

LXX hat verschiedene Wiedergaben: ὀνειδίζειν, παροξύνειν,
παροργίζειν für das Verbum *gadaph* und ὀνειδισμός, φαυλισμός, κονδυλισμός für das Subst. *giduph*. Die jüngeren Übersetzer haben
überall βλασφημεῖν, βλασφημία (Is. 37₆. ₂₃ 43₂₈ 51₇ Ez. 5₁₅); beide
Wörter übernimmt Vulg. *(blasphemare, blasphemia)* an allen Stellen.
Während LXX für den Stamm *gdph* nicht βλασφημεῖν verwendet, gebraucht sie es 1 mal für n'ṣ Is. 52₅ (ebenso σ′), das sonst mit
ὀνειδίζειν, παροργίζειν, παροξύνειν wiedergegeben wird. Auch hier
hat Vulg. überall *blasphemare*, vgl. Is. 1₄ 5₂₄ Ier. 23₁₇. Die beliebte
Wahl von *blasphemare* ist wohl auch im Hinblick auf das N. T.
erfolgt.

'abir

LXX hat die mannigfaltigsten Wiedergaben: θεός, ἄγγελος,
ταῦρος, μόσχος, ἵππος, kennt aber die Bedeutung „stark", wie Ri. 5₂₂
und Lam. 1₁₅ (ἰσχυρός), Is. 1₂₄ und 49₂₆ (ἰσχύειν, ἰσχύς) zeigen. Die
jüngeren Übersetzer geben *'abir* gewöhnlich in diesem Sinn wieder;
Vulg. schließt sich an:

Is. 1₂₄ π′ *fortis*	Vulg. *fortis*
10₁₃ α′σ′ δυνατος θ′ εν κρατει	*potens*
34 ₇ α′ μετα δυναστων	*cum potentibus*
σ′ μετα κραταιων	
θ′ μετα ισχυρων	
49₂₆ α′θ′ ισχυρος σ′ δυναστης	*fortis*
Ier. 46₁₅ οι γ′ ο δυνατος σου	*fortis tuus*

Ferner ist zu Ier. 8₁₆ α′ δυνατων und 47₃ θ′ δυνατων überliefert;
Vulg. übersetzt freier: *pugnatorum* und *bellatorum*. Ier 50₁₁ folgt
Vulg. *tauri* der LXX ταῦροι.

'elil

LXX hat für *'elil* nur 3 mal εἴδωλον gesetzt; Is. 2₈ ist es für θ′ und
31₇ für σ′θ′ bezeugt; Vulg. übernimmt von ihnen *idolum* an beiden
Stellen und verwendet es auch sonst öfters, z. B. Is. 2₁₈. ₂₀ 10₁₀. ₁₁
Ez. 30₁₃.

'armon

LXX übersetzt *'armon* nur 5 mal mit βάρις; in den prophetischen Schriften hat sie gewöhnlich θεμέλιον. Sehr häufig ist die α′σ′-
Wiedergabe βάρις und die θ′-Übersetzung οἴκησις, vgl. Ier. 6₅ 9₂₁(₂₀)
17₂₇ 49₂₇ Am. 1₄. ₁₂ 2₅. Hieronymus gibt in seinem Komm. zu
Ier. 17₂₇ βάρις mit *turrita domus* wieder (794 A) und zu Am. 1₁₂

83

einfach mit *domus* (1001 C). Die Vulg. ist also wohl von α'σ' abhängig, wenn sie gewöhnlich *domus* wiedergibt (neben *aedes*).

golah (galuth)

LXX übersetzt gewöhnlich *golah (galuth)* mit αἰχμαλωσία, an nur wenigen Stellen mit μετοικεσία; diese Wiedergabe übernehmen „die Drei", namentlich α'∴ Ez. 1₁ σ', 1₂ οι λ', 3₁₁ α' (ϑ' ἀποικία), 12₃ α'; Vulg. folgt mit *transmigratio*. Hieronymus sagt im Komm. zu Ez. 1₂, daß *transmigratio* die bessere Wiedergabe sei: significantiusque iuxta Hebraeos et caeteros Interpretes *transmigratio* dicitur Ioachin, et non *captivitas,* quod LXX transtulerunt (18 B; vgl. Abschnitt II).

da'ag, de'agah

LXX verwendet nur Ps. 37(38)₁₈ μεριμνᾶν als Wiedergabe für *da'ag.* „Die Drei" haben eine Vorliebe für dieses Wort, das Hieronymus in der lateinischen Form *sollicitus* ebenso gerne übernimmt:

Is. 57₁₁ α'ϑ' μεριμνησασα	Vulg. *sollicita*
Ier. 38₁₉ α' μεριμνω	*sollicitus sum*
42₁₆ α'σ' μεριμνατε	*solliciti estis*
49₂₃ σ' υπο μεριμνης	*prae sollicitudine*
Ez. 4₁₆ α' εν μεριμνη	*in sollicitudine*
12₁₉ α'ϑ' εν μεριμνη	*in sollicitudine*

Auch im N. T. ist μεριμνᾶν (μέριμνα) = lat. *sollicitum esse (sollicitudo)* oft verwendet; damit war für Hieronymus das lat. Wort gegeben.

hon

LXX 8 mal πλοῦτος, aber Ez. 27₁₈. 27 δύναμις, 27₁₂ ἰσχύς, 27₃₃ πλῆθος; dagegen 27₁₂. 18 οι γ' πλοῦτος, ebenso α'ϑ' πλοῦτος 27₂₇. 33. Vulg. *divitiae* v. 12. 27. 33; *opes* v. 18.

hamon

LXX öfters πλῆθος (auch in Is. Ez.), sonst ἰσχύς, δύναμις, ἦχος, πολυάνδριν (Ez. 39₁₁. 15. 16); „die Drei" gewöhnlich πλῆθος: α'σ' Ier. 3₂₃ 47₃, σ'ϑ' Ez. 32₁₈, α' Ez. 32₂₀, σ' Ez. 39₁₆; Vulg. *multitudo,* auch *populus* (Ez. 32₂₀).

zamam, mezimmah

LXX verwendet ἔννοια 4 mal in Prov. und 1 mal ἐνθυμεῖσθαι Lam. 2₁₇, ferner διανοεῖσθαι Zach. 8₁₄. ₁₅; sonst hat sie ἐγχείρημα Ier. 23₂₀ 30₂₄, ἐγχειρεῖν Ier. 51₁₂, ὀργή 51₁₁ oder ähnlich. Aquila und Symmachus verwenden ἐνθύμημα und ἐνθυμεῖσθαι, vgl. Ier. 30₂₄ 51₁₁ 51₁₂ (α'), bzw. ἔννοια Ier. 23₂₀ (α', wenn richtig übersetzt ist; nur syrisch erhalten). Vulg. mit *cogitatio, cogitare, mens* schließt sich an.

h o b e l

LXX κυβερνήτης Ez. 27₈. ₂₇. ₂₈, aber πρωρεύς Ez. 27₂₉ Ion. 1₆; οι γ′ κυβερνήτης Ez. 27₂₉ Ion. 1₆; Vulg. immer *gubernator*.

ḥ a d a l

LXX 7 mal παύειν, sonst πτοεῖν (Ez. 2₅. ₇), ἐνδεῖν (Ez. 3₁₁), ἀπειθεῖν (Ez. 3₂₇), κοπάζειν (Am. 7₅), ἀπειπεῖν (Zach. 11₁₂); παύειν α′σ′ Ez. 2₅. ₇ 3₁₁ Zach. 11₁₂, α′ Is. 2₂₂ Ez. 3₂₇, σ′ Is. 1₁₆ (= LXX). Vulg. hat an den genannten Stellen *quiescere*. Ier. 40₄ 41₈ folgt sie σ′ (απομεινον, απεσχετο), siehe Abschnitt IV.

t a m e᾿

LXX gewöhnlich ἀκάθαρτος (sehr häufig); α′ μεμιαμμένος Is. 6₅ 52₁, ebenso α′σ′ Is. 52 ₁₁; Vulg. im Anschluß an die LXX *immundus* Is. 52₁ 64₆, aber sonst *pollutus* wie α′σ′, vgl. Is. 6₅ 35₈ 52₁₁ Ez. 4₁₃ Agg. 2₁₄ (in LXX-Hss. die Dublette μεμιασμένος ἀκάθαρτος).

j e l e q

LXX 6 mal βροῦχος, 2 mal ἀκρίς (Ier. 51₁₄. ₂₇); α′σ′ βροῦχος Ier. 51₁₄. ₂₇; Vulg. überall *bruchus*.

j e r i ͑ a h

LXX oft δέρρις (auch Ier. 4₂₀ 10₂₀), ferner αὐλαιός, σκηνή, ἱμάτιον; δέρρις bei „den Drei": α′σ′ϑ′ Is. 54₂, οι λ′ Hab. 3₇, α′ Ier. 10₂₀ (= LXX), α′σ′ 49₂₉. Vulg. an den genannten Stellen immer *pellis*.

k a š a l , m i k š o l

LXX hat verschiedene Wiedergaben: ἀσθενεῖν, ἀδυνατεῖν, ἀπολλύναι, κοπιᾶν, πίπτειν, καταναλίσκεσθαι, πλανᾶσθαι; 4 mal προσκόπτειν (Prov. 4₁₉ Dan. 11₁₄. ₁₉. ₃₃). σ′ verwendet gerne προσκόπτειν Is. 8₁₅ 59₁₀ Ier. 18₁₅ Os. 14₁₀; Vulg. mit *impingere* knüpft an Symmachus an: Is. 59₁₀ 63₁₃ Ier. 18₁₅ 31₉ 46₁₂ Dan. 11₁₉. Selten ist *offendere* verwendet, z. B. Is. 8₁₅ (= σ′ προσκόπτειν). Mal. 2₈ hat σ′ϑ′ εσκανδαλισατε (vgl. α′ εσκανδαλωσατε) = Vulg. *scandalizastis*. Am liebsten verwendet Hieronymus für *kašal corruere*, auch für verschiedene andere hebr. Stämme.

Das Subst. *mikšol* ist von der LXX in den prophetischen Schriften niemals mit σκάνδαλον wiedergegeben worden, im ganzen nur 3 mal Lev. 19₁₄ I Reg. (Sam.) 25₃₁ Ps. 118(119)₁₆₅; sie verwendet βάσανος, κόλασις, πτῶμα. Die jüngeren Übersetzer, namentlich Aquila, übersetzen mit σκάνδαλον: α′ Is. 8₁₄ 57₁₄ Ez. 14₃; α′σ′ Ez. 7₁₉; οι λ′ Ez. 3₂₀; ebenso Vulg. *scandalum* Is. 8₁₄ Ez. 7₁₉ 14₃. ₄. ₇; weiterhin wird *offendiculum* und *ruina* verwendet; I Reg. (Sam.) 25₃₁ steht *scrupulus*.

m a n a·

LXX 3 mal κωλύειν, sonst ἀποστρέφειν, ἐφιστάναι, ἀνέχειν; „die Drei" κωλύειν: α′ Ier. 2₂₅, α′σ′ Ier. 5₂₅, 48₁₀, σ′ Ier. 3₃ 42₄, οι γ′ Ez. 31₁₅; Vulg. immer *prohibere,* nur Ier. 42₄ *celabo* = LXX κρύψω (α′ υποστελω).

m a r a d

LXX gewöhnlich ἀφιστάναι, nur Ez. 2₃ παραπικραίνειν (= *marah*), Is. 36₅ ἀπειθεῖν. Das Verbum ἀφιστάναι wird auch von α′ϑ′ Ez. 2₃, σ′ 17₁₅, ϑ′ Dan. 9₅. ₉, α′σ′ϑ′ Is. 36₅ vertreten; Vulg. mit *recedere* schließt sich an.

m i š p a ḥ a h

LXX häufig συγγένεια, aber auch öfters φυλή, dann πατριά, γενεά. α′σ′ συγγένεια Ier. 1₁₅ 2₄ 3₁₄ 25₉, α′ συγγένεια Ier. 31₁ Ez. 20₃₂. Vulg. übernimmt *cognatio;* ferner *familia,* gelegentlich *natio, provincia.*

n a ḥ a l

LXX oft χειμάρρους, aber auch häufig φάραγξ; „die Drei" χειμάρρους: α′ Is. 7₁₉ 15₇ 34₉ Ier. 31₉, σ′ Is. 35₆, α′ϑ′ Am. 6₁₄ Ez. 47₅, α′σ′ϑ′ Is. 27₁₂ 30₂₈. Vulg. entlehnt fast durchgehend *torrens*[23]).

n a ṭ a p h

LXX (ἀπο)σταλάζειν, (ἀπο)στάζειν, aber auch ἐπιβλέπειν, ὀχλαγωγεῖν; α′ σταλάζειν Am. 7₁₆ Mich. 2₆ (3 mal); Vulg. gewöhnlich *stillare* (nur Mich. 2₆ zur Abwechslung *ne loquamini loquentes* neben *non stillabit*).

s a r i d

LXX hat verschiedene Wiedergaben: σωζόμενος (σεσωσμένος), φεύγων, πυρ(ο)φόρος, σπέρμα (Is. 1₉ = Vulg. *semen*). Nur Lam. 2₂₂ steht καταλελειμμένος. Diese Wiedergabe wird α′ Ier. 42₁₇ 44₁₄ (und wahrscheinlich 31₂; im Syrischen fehlerhaft überliefert) und α′ϑ′ Ioel 2₃₂ Abd. ₁₈ zugeschrieben. Vulg. übernimmt sie gewöhnlich, wenn sie *residuus, reliquus, qui remanebit* (oder ähnlich) übersetzt.

p a q a d , p e q u d a h

LXX ἐπισκέπτεσθαι (ἐπισκοπή) sehr häufig, aber auch ἐκδικεῖν (namentlich in Ier. und Dodekaproph.). Die jüngeren Übersetzer haben immer ἐπισκέπτεσθαι, das sehr oft bezeugt ist: α′ Ier. 23₄ 49₁₉ Os. 1₄, σ′ Is. 26₂₁, α′σ′ Ier. 50₁₈. ₂₁ 51₅₂, α′ϑ′ Ier.14₁₀, οι λ′ Os. 2₁₃ 4₉ Am. 3₁₄ Soph. 1₉. Vulg. übernimmt *visitare* (an fast allen Stellen).

---

[23]) In den historischen Schriften ist *naḥal* manchmal mit *convallis, vallis* wiedergegeben. Vgl. dazu F r. S t u m m e r , Journ. of the Pal. Or. Society 12 (1932) 17 ff.; d e r s., Das Heilige Land 80 (1936) 74 f. Stummer möchte die Wiedergabe *torrens* auf Abhängigkeit von der Vetus Latina zurückführen. Sie mag mitsprechen, entscheidend ist die Wiedergabe „der Drei".

parah

LXX nur βλαστᾶν Num. 17₈(₂₃) für *parah*, sonst ἀνατέλλειν, (ἐξ)ανθεῖν; „die Drei" (namentlich α') βλαστᾶν, so α' Is. 66₁₄, α'θ' Ez. 7₁₀, α'σ' Os. 14₈. Vulg. schließt sich mit *germinare* an.

qaṣir

LXX gewöhnlich θερισμός 27 mal, ἄμητος (ἀμητός) 15 mal, τρύγητος (τρυγητός) 6 mal. Die jüngeren Übersetzer haben θερισμός: σ' Is. 9₃ 27₁₁ Os. 6₁₁, α'σ'θ' Am. 4₇. Vulg. hat fast überall *messis* (*seges* Ier. 5₁₇). Hieronymus sagt in seinem Komm. zu Am. 4₇: Pro *messe*, LXX, suo more, *vindemiam* transtulerunt, quod si recipimus, omnino iuxta Orientis omnes regiones et insolitum et impossibile est (1029 A). Wie die oben aufgeführte Statistik zeigt, ist „suo more" nicht zutreffend; Hieronymus wertet für seine Wiedergabe auch seine Landeskenntnis aus[24]); entscheidend aber ist die von den jüngeren Übersetzern festgelegte Wiedergabe θερισμός = *messis*.

repha᾽im

LXX öfters γίγαντες (auch Is. 14₉), aber Is. 26₁₄ ἰατροί und 26₁₉ ἀσεβεῖς; σ' an beiden Stellen γίγαντες. Vulg. folgt mit *gigantes*.

šekar

LXX 5 mal μέθυσμα, aber σίκερα 14 mal; zu den Stellen Is. 5₁₁. ₂₂ 24₉ 28₇ 29₉ 56₁₁ ist überliefert, daß die jüngeren Übersetzer μέθυσμα gehabt haben. Vulg. schließt sich mit *ebrietas* an (nur Num. 6₃ Is. 24₉ steht *potio*).

nathaš

LXX manchmal ἐκτίλλειν, aber auch ἐκριζοῦν, ἐκβάλλειν, ἀποσπᾶν, ἐξαιρεῖν. „Die Drei" haben ἐκτίλλειν, vgl. α' III Reg. 14₁₅, α'σ' Ier. 12₁₄, σ'θ' Am. 9₁₅. Vulg. greift auf diese Wiedergabe mit *evellere* zurück, die sie fast immer für *nathaš* verwendet.

ranan, rinnah

LXX gewöhnlich αἰνεῖν (αἴνεσις), aber auch gelegentlich ἀγαλλιᾶσθαι, εὐφραίνεσθαι. α' immer αἰνεῖν (αἴνεσις); Vulg. *laudare (laus)* übernimmt die α'-Wiedergabe.

šiquṣ (šeqeṣ)

LXX προσόχθισμα selten, gewöhnlich βδέλυγμα. θ' wird προσόχθισμα öfters zugeschrieben Ez. 5₁₁ 7₂₀ 20₇ 37₂₃, α' Deut. 29₁₇(₁₆), α'σ' Ez. 8₁₀. Vulg. mit *offensio (offendiculum)* wandelt in ihren Spuren; manchmal folgt sie mit *abominatio* der LXX (βδέλυγμα).

---

[24]) Vgl. Fr. Stummer, Die Landeskenntnis des Hieronymus und ihr Einfluß auf die Vulgata, in: Das Heilige Land 80 (1936) 65—76.

than, thanin

LXX gewöhnlich δράκων, aber auch στρουθός, ὄρνεον, σειρήν; δόμα; die jüngeren Übersetzer schwanken ebenfalls; für *thanin* hat α' κῆτος = Vulg. *cetus* Is. 27₁ Iob 7₁₂; für *than* ist σειρήν als jüngere Wiedergabe bezeugt Is. 13₂₂ 35₇ 43₂₀ Ier. 10₂₂ 14₆ 49₃₃ 51₃₇ Mich. 1₈ Mal. 1₃; aber nur Is. 13₂₂ folgt ihr Vulg. mit *sirenes* = α'σ'ϑ' σειρηνες. Sonst wählt sie gewöhnlich *draco;* auch Is. 51₉ = σ'ϑ' δρακων (aber α' κῆτος); für *than* ist δράκων bezeugt: Is. 34₁₃ σ', Ier. 10₂₂ ϑ', 14₆ α'ϑ', 49₃₃ α'; an den genannten Stellen hat Vulg. ebenfalls *draco.*

VI.

Verdeckte Aquila=, Symmachus= und Theodotion=Lesarten.

Deutlich haben wir aus den Stellen im vorhergehenden Abschnitt gesehen, daß Hieronymus seinen Wortschatz für die Vulg. aus den jüngeren Übersetzern ergänzt. Vielfach hat ihn die Wortwahl „der Drei" veranlaßt, die entsprechende lat. Vokabel zu nehmen. Häufig vorkommende Stämme sind mit einer gewissen Stetigkeit wie von „den Drei" wiedergegeben. Aber auch bei selteneren Wörtern folgt Hieronymus oft den jüngeren Übersetzern, wie die Beispiele im Abschnitt IV zeigen. Nun läßt sich beobachten, daß Hieronymus auch an solchen Stellen, wo uns keine α'σ'ϑ'-Wiedergaben überliefert werden, seltene hebr. Stämme mit lat. Wörtern wiedergibt, die auf den ersten Blick etwas fremd anmuten und nicht gleich richtig zu verstehen sind; erst bei genauerer Untersuchung sehen wir, daß sie „verdeckte" Aquila-, Symmachus- oder Theodotion-Lesarten sind. Ganz sicher ist jedoch die Abhängigkeit von „den Drei" nicht zu erkennen; es liegen zwei Möglichkeiten vor: entweder hat Hieronymus die uns verlorengegangenen jüngeren Übersetzungen noch vor sich gehabt, sie eingesehen und nach ihnen wiedergegeben, oder er hat in Erinnerung an die Wiedergabe des gleichen hebr. Wortes an einer anderen Stelle durch „die Drei" übersetzt; für die letztere Erklärung spricht vor allem die Tatsache, daß er an verschiedenen Stellen eine Wiedergabe bringt im Gegensatz zu der an der gleichen Stelle bezeugten jüngeren Übersetzung, aber in Übereinstimmung mit der Wiedergabe an einer anderen Stelle. Es kann allerdings auch so sein, daß Hieronymus noch eine zweite Ausgabe von Aquila oder Symmachus vor sich hatte und nach ihr übersetzt hat.

Als Beispiel sei auf die Vulg.-Wiedergabe *suburbana* verwiesen. Ez. 45₂ 48₁₅. ₁₇ ist *migraš* mit *suburbana* wiedergegeben. Das hebr.

migraš wird von der LXX Num. 35₃. ₇ und von σ′ Ios. 14₄ 21₂. ₁₁. ₁₅ mit προάστειον wiedergegeben, an den genannten Stellen hat Vulg. ebenfalls *suburbana*. Hieronymus wird also in Erinnerung an die LXX- und σ′-Wiedergabe in den historischen Büchern *suburbana* bei Ez. übersetzt haben. Zu Ez. 45₂ überliefern Syh und Hi. die σ′-Lesart περιορισμός, *terminus*. Hier war also Symmachus nicht die Quelle. Zu Ez. 48₁₅ haben die lukianischen Hss. εις προαστεια αυτου; bereits Field notiert zur Stelle: „fortasse ex Symmacho"; es mag also sein, daß Hieronymus *suburbana* entweder auf dem Umweg der lukianischen Überlieferung (die häufig Symmachus ausschöpft) oder direkt die σ′-Übersetzung übernommen hat. Ferner übersetzt Hieronymus Is. 16₈ *šedemah* mit *suburbana,* wo LXX πεδία α′ αρουραι σ′ κληματα ϑ′ αγροι θανατου haben. Diese griech. Wiedergaben kommen also nicht für die Vulg. in Frage. Nun hat aber Aquila Ier. 31₄₀ *šedemah* mit προάστειον wiedergegeben (Vulg. hat hier *regio mortis* wohl im Anschluß an σ′). Im Hinblick auf diese α′-Wiedergabe hat Hieronymus Is. 16₈ *suburbana* übersetzt, das ihm auch wegen des folgenden Städtenamens (*suburbana H e s e b o n)*. besser zu passen schien; ebenso übersetzt er Deut. 32₃₂ *de suburbanis Gomorrhae*. Hieronymus war also in seiner Wiedergabe *suburbana* sicherlich von Symmachus und Aquila abhängig, mag er sie auch an den betreffenden Stellen nicht vor sich gehabt haben.

Eine Reihe weiterer Stellen läßt sich aufführen, wo hinter den Vulg.-Wiedergaben versteckte α′σ′ϑ′-Übersetzungen vorliegen. Alle in Frage kommenden Stellen können nicht genannt werden; es möge eine Auswahl genügen. Bereits in der Liste im Abschnitt IV sind manche kurze Hinweise gegeben (vgl. zu Is. 5₂ den Hinweis auf Ier. 2₂₁).

Verdeckte α′-Wiedergaben.

Is. 41₂ *et reges o b t i n e b i t*. Das Verbum *obtinere* geht wohl auf Aquila zurück, der *radah* mit ἐπικρατεῖν wiedergibt, vgl. Ier. 5₃ (lies επεκρατουν statt επεκροτουν) Os. 11₁₂ (12₁) Ps. 48(49)₁₅ 67(68)₂₈ 109(110)₂.

Ier. 7₂₀ *et indignatio mea c o n f l a t u r* und 44₆ *et c o n f l a t a e s t indignatio mea.* Das hebr. *nthk* (Niphal) wird von α′ mit συγχωνεύεσθαι wiedergegeben, vgl. Ier. 42₁₈ (α′ συνεχωνευθη = Vulg. *conflatus est)* und Nah. 1₆ (α′ συνεχωνευθη; Vulg. *effusa est).* An den Stellen Ier. 7₂₀ 44₆ ist Hieronymus von Aquila abhängig.

Ez. 3₉ und Zach. 7₁₂ übersetzt Vulg. *šamir* mit *adamas.* Aquila übersetzt *šamir* immer mit ἀδάμας, vgl. meine textkrit. Notizen, Gött. 1939, S. 88.

Ez. 22₅ *t r i u m p h a b u n t de te.* Ebenso hat Hab. 1₁₀ Vulg. übersetzt *de regibus triumphabit,* wo die α′-Wiedergabe nur syrisch überliefert ist. Field wagt keine griech. Rückübersetzung, sondern nur eine lateinische: *celebrabitur*. Es kommt aber πομπευσει in Frage, wie ich in einer anderweitigen Abhandlung ausgeführt habe, s. Beiträge zum griech. Dodekapropheton, in: Nachr. d. Akad. d. Wiss. in Gött., Phil.-Hist. Kl., 1943, Nr. 10, S. 374. Hab. 1_{10} übernimmt Vulg. die α'-Wiedergabe; auch Ez. 22_5 ist durch Aquila beeinflußt.

Os. 5_{10} *quasi a d s u m e n t e s terminum*. Das hebr. Verbum *nsg* (Hiphil) wird öfters vom „Verrücken" der Grenzsteine verwendet, vgl. Deut. 19_{14} 27_{17} Iob 24_2 Prov. 22_{28} 23_{10}. Aquila übersetzt es mit προσλαμβάνειν, vgl. Deut. 19_{14} Iob 24_2. An der Deut.-Stelle 19_{14} folgt Vulg. dem Aquila und hat gleichzeitig eine freiere Wiedergabe als Dublette: *non a s s u m e s et transferes terminos* = α' ου π ρ ο σ λ η ψ η ορια. An den anderen Stellen übersetzt sie freier: *transferre* (Deut. 27_{17} Iob 24_2) und *transgredi* (Prov. 22_{28}); aber Prov. 23_{10} genauer *attingere*. Os. 5_{10} ist auf Aquila zurückzuführen.

Os. 5_{11} *abire post s o r d e s*. LXX hat ὀπίσω τῶν ματαίων. Bereits die LXX hat *so'ah* mit ῥύπος wiedergegeben, vgl. Is. 4_4 und Zach. $3_{4.5}$ (ῥυπαρός = ṣo'); aber Aquila erst hat ständig diese Wiedergabe, vgl. Is. 28_8 30_{22}, ferner Ex. 32_{25} *lešimsa'* α' εις ονομα ρυπου = Vulg. *propter ignominiam sordis*. Auch Os. 5_{11} wird α' οπισω ρυπου gehabt haben, das Vulg. übernommen hat.

Hab. 2_6 *d e n s u m l u t u m*. Im Hebr. steht das Hapaxlegomenon ʿabṭiṭ, das gewöhnlich mit „Pfand" wiedergegeben wird. Vulg. übernimmt hier sicherlich eine uns verlorene α'-Wiedergabe; für Aquila sprechen: ʿab = δασύς, vgl. Ez. 6_{13} (α'σ'ϑ') 19_{11} (α'ϑ') 20_{28} (α'σ') 31_3 (α'ϑ') und *tit* = πηλός Is. 57_{20} (α'σ'ϑ') Ier. 38_6 (α'σ'). Zwar kennt auch LXX die Wiedergaben δασύς und πηλός, aber entscheidend ist die Auflösung des hebr. Wortes in zwei Bestandteile, die Aquila gerne vornimmt, siehe das obengenannte Beispiel aus Ex. 32_{25} εις ονομα ρυπου (weitere Stellen bei Field I S. XXII f.). Vielleicht hat auch ϑ' wie α' gelesen. Bereits die LXX hat das Wort geteilt: τὸν κλοιὸν αὐτοῦ στιβαρῶς. Statt δασύς kann Aquila auch παχύς gehabt haben, vgl. α' παχος = ʿab Ex. 19_9 Is. 19_1. Auffallend ist, daß in dem zweimaligen Zitat Hab. 2_{6-8} im Komm. Cyrills von Alexandrien zu Mich. Kap. 5 die alten Ausgaben τον π η λ ο ν αυτου statt τὸν κ λ ο ι ο ν αὐτοῦ beide Male lesen (PG 71, 725 A. 738 C); Pusey dagegen hat die geläufige LXX-Lesart κλοιόν (I S. 682 Z. 14 und S. 688 Z. 20). Wahrscheinlich liegt hier Einfluß der Vulg. vor. Die Complutenser Polyglotte mit τον παχυν πηλον hat (wie häufig zu beobachten ist) die Vulg.-Lesart ins Griechische rückübersetzt und so Aquila in griech. Fassung (vielleicht ist δασυν statt παχυν zu lesen) wiederaufleben lassen.

Soph. 1₁₂ *d e f i x o s in faecibus suis.* LXX übersetzt abwegig τοὺς καταφρονοῦντας ἐπὶ τὰ φυλάγματα αὐτῶν. Das Verbum *qph'* „gerinnen" hat Aquila Iob 10₁₀ mit πηγνύναι wiedergegeben (ebenso LXX Ex. 15₈); das Subst. *šemer* „Hefe" ist richtig mit τρυγίας von LXX σ' Ps. 74(75)₉, ϑ' Is. 25₆, α' (τρύξ) σ' Ier. 48₁₁ wiedergegeben worden; Vulg. hat an den genannten Stellen *faeces* (Is. 25₆ *defaecatus).* Die Wiedergabe Soph. 1₁₂ wird auf Aquila zurückgehen.

Verdeckte σ'-Wiedergaben.

Ier. 46₁₁ *s a n i t a s non erit tibi.* Für *sanitas* steht in 𝔐 *t h e ʿ a l a h,* das nur noch 30₁₃ vorkommt; hier übersetzt LXX ὠφέλεια = Vulg. *utilitas;* σ' συνουλωσις. Hieronymus hat 46₁₁ *sanitas* mit Rücksicht auf σ' συνουλωσις 30₁₃, das er frei wiedergibt, übersetzt.

Ier. 11₁₆ *ad vocem l·o q u e l a e; leqol hamullah* LXX εις φωνην π ε ρ ι τ ο μ η ς αυτης; σ' προς φωνην π λ η ϑ ο υ ς.

Ez. 1₂₄ *quasi sonus erat m u l t i t u d i n i s; qol hamullah* LXX fehlt; ϑ' φωνη του λ ο γ ο υ.

Die Vulg. Wiedergaben kreuzen sich mit den σ'- und ϑ'-Übersetzungen. Das hebr. *hamullah* „Geräusch" kommt nur an diesen zwei Stellen vor. Vielleicht hat ϑ' Ier. 11₁₆ του λογου und σ' Ez. 1₂₄ πληϑους gehabt; Vulg. ist ihnen gefolgt.

Ez. 42₂₀ ist *ḥol* mit *vulgi locum* und 48₁₅ mit *profanum* wiedergegeben. Diese Wiedergaben gehen auf Symmachus zurück, der Ez. 22₂₆ 48₁₅ (hier auch ϑ' zugeschrieben) λαϊκόν übersetzt; an beiden Stellen hat Vulg. *profanum.* Dagegen ist 44₂₃ *pollutum* wieder-gegeben, das an LXX und α' (βέβηλον 48₁₅) sich anschließt. I Reg. (Sam.) 21₄ hat Vulg. *laicus* = σ'ϑ' λαϊκός.

Dan. 8₃ *ante paludem.* Im Hebr. steht *'ubal,* das Vulg. v. 2 und 6 im Anschluß an die LXX mit *porta* wiedergibt. Zu v. 2 ist von Hieronymus selbst bezeugt, daß Symmachus *super paludem* übersetzt habe. Diese Wiedergabe übernimmt Hieronymus v. 3 in die Vulg., ändert aber die Präposition.

Verdeckte α'σ'ϑ'-Wiedergaben.

Is. 25₇ *et t e l a m quam o r d i t u s est.* Die Wiedergabe ist wohl von α'ϑ' abhängig, die 30₁ του διασασϑαι διασμα wiedergegeben haben = Vulg. *et ordiremini telam.* An beiden Stellen denkt Hieronymus im Anschluß an Aquila und Theodotion an den Stamm *nasak* „w e b e n", während Symmachus 25₇ *nasak* als „s a l b e n" faßt.

Ez. 26₂₁ *(in n i h i l u m redigam te)* 27₃₆ *(ad n i h i l u m deducta es)* 28₁₉ *(n i h i l i factus es)* gibt Vulg. das hebr. *ballahah* wieder;

LXX hat immer ἀπώλεια. Hinter der Vulg. steckt ἀνυπαρξία, das α′ Iob 18₁₁. ₁₄, α′σ′ 27₂₀ zugeschrieben wird; vgl. 24₁₇ σ′ ἀνύπαρκτος.

Zum Schluß sei noch kurz auf den textkritischen Wert der jüngeren griech. Übersetzungen und der Vulg. in ihrer Beziehung zueinander verwiesen. Beide leisten sich gegenseitige Hilfe. Zunächst ist die Vulg. wertvoll bei der Richtigstellung der α′σ′ϑ′-Lesarten, die manchmal auf dem Rand der griech. Hss. wegen der kleinen und verwischten Schrift schlecht zu lesen sind und in der Syrohexapla als syrische Lesarten nur schwer ins Griechische rückübersetzt werden können. Hier kann man mit Hilfe der Vulg. eine lateinische Übersetzung geben, die wenigstens die Gewähr bietet, zutreffende lateinische Wörter zu finden. Als Beispiel sei auf *pavimentum* verwiesen, das bei der Beschreibung des Tempels Ez. 40 ff. als Wiedergabe des hebr. *riṣpah* verwendet wird. Ez. 40₁₇ ist für *riṣpah* als σ′-Wiedergabe *šuwajaʾ* bezeugt, von dem Field II S. 877 Anm. 45 sagt: Quid autem in nostro loco Graece posuerit Sym., nemo facile dixerit. Field wagt deshalb keine griech. Rückübersetzung, sondern nimmt *pavimentum* der Vulg. als σ′-Wiedergabe in seine Sammlung auf, das den Sinn des syr. Wortes trifft. Hieronymus hat es sicherlich in Abhängigkeit von Symmachus verwendet, den er noch griechisch vor sich hatte, während er uns zu dieser Stelle nur syrisch bezeugt ist. Auch Ez. 40₁₈ 42₃ steht in der Vulg. *pavimentum.*

Auf der anderen Seite können die α′σ′ϑ′-Wiedergaben als Kontrolle für manche verdächtige Vulg.-Lesarten herangezogen werden. So ist Ez. 7₇. ₁₀ nicht *contritio,* wie die Vulg.-Ausgaben haben, sondern *contractio* zu lesen; dies ergibt sich nicht nur aus dem Kommentar zur Stelle (64 D), sondern auch aus der α′-Wiedergabe συστολή, die der Kodex 86 überliefert und die als Vorlage von *contractio* zu nehmen ist. Is. 49₁₀ liest die Vulg. *et ad fontes aquarum p o t a b i t eos.* Das Verbum *potabit* paßt zwar recht gut in den Zusammenhang, ist aber nicht richtig; es muß heißen *portabit.* Im Hebr. steht *nahal,* das Aquila an unserer Stelle, ferner Is. 51₁₈ Ps. 22(23)₂ 30(31)₄ mit διαβαστάζειν wiedergibt; Vulg. folgt Aquila mit *portare* Is. 40₁₁ Ex. 15₁₃; auch Is. 49₁₀ wird Hieronymus dem Aquila gefolgt sein und *portabit* übersetzt haben. Auf Is. 40₂ *malitia — militia* (= α′ στρατιά) ist bereits oben verwiesen worden[25]).

---

[25]) Einige gute alte Vulg.-Hss. werden wohl die Lesarten *contractio portabit, militia* vertreten. Leider kann ich nur den cod. Amiatinus an Hand der Kollation in der Vulg.-Ausgabe von H e y s e - T i s c h e n d o r f, Biblia Sacra Latina Veteris Testamenti, Lipsiae 1873, nachprüfen. Is. 40₂ liest er bereits fehlerhaft *malitia* (e sil.); Is. 49₁₀ richtig *portabit;* Ez. 7₇. ₁₀ *contractio* (aus *contractio* verderbt)

Die obigen Darlegungen mögen genügen. Es lag nicht in der Absicht, alle Stellen lückenlos zu bringen; das Material ist zu reichhaltig. Die zahlreichen aufgeführten Beispiele zeigen jedenfalls deutlich, wie sehr Hieronymus in seiner Vulgata den jüngeren Übersetzern, namentlich Aquila und Symmachus verpflichtet ist. Die Aufnahme der griech. Wiedergaben „der Drei" in die Vulgata rückt diese Männer in unsere Nähe und fordert uns zugleich auf, die Reste ihrer Lesarten sorgsam zu behandeln und zu erforschen, um auch von dieser Seite her die Vulgata genauer kennenzulernen. Immer wieder werden uns hier Aquila, Symmachus und Theodotion begegnen und wir werden sie als alte Bekannte erkennen und begrüßen, auch wenn sie im lateinischen Gewande verkleidet sind. Mit Recht sind sie deshalb in einem Vulgata-Wiegendruck des Frobenius von Basel aus dem Jahre 1496 in Begleitversen zum Bild des hl. Hieronymus aufgeführt:

> Simmachus atque Theodotion vel septuaginta:
> Addo Aquilam: et quorum nomina lata patent:
> Quos per ab Hebreis ad grecos deinde latinos
> Biblia migravit: factaque digna legi est:
> Concedunt nobis. me namque interprete solo
> Biblia ab Hebreo fonte latina fluit
> Contigit hinc relegi per tot modo secula solum
> Hieronymum: et cunctos laude preire viros.
> (Zitiert nach dem Exemplar im Besitz der
> Frauenburger Dombibliothek.)

Der griechische Dodekapropheton-Text
der Complutenser Polyglotte

FRANZ DELITZSCH spricht im dritten Heft seiner *Studien zur Complutenser Bibel (Fortgesetzte Studien zur Entstehungsgeschichte der complutensischen Polyglotte,* Leipzig 1886, S. 53-57) nur kurz über den griech. Prophetentext mit der Überschrift: « Die noch unerledigte Frage » (S. 53). Als Quellen vermutet D. die Bibelhss. der Marciana in Venedig; es kämen folgende Hss. in Frage: Marc. 1 = V (bei Holmes-Parsons 23), Marc. 5 = 68 und Marc. 6 = 122. Nach einigen Bemerkungen über das Verhältnis dieser drei Hss. untereinander und zum Text der Aldina untersucht D. an Hand einiger Beispiele den Text der Compl. zu den Venediger Hss. und kommt zu dem Ergebnis, dass im Buch Ezechiel der Text der Compl. wesentlich gleichartig mit der Aldina ist, die ihrerseits wiederum mit 68 zusammengeht ([1]). Dagegen zeigen nach Delitzsch einige Belegstellen aus dem dritten Kap. des Buches Habakuk, dass hier Compl. merkwürdigerweise mit der zweiten Fassung des Kap. 3, die in den Hs. V 62-147-86-407 vorliegt, in verschiedenen Lesarten übereinstimmt. Sonst aber sei der Text der Compl. einzigartig: « Aber übrigens ist auch der complutenische Text einzig in seiner Art, manches daran wird sich kaum je in irgend welcher Handschrift finden, der Psalm des Propheten ist nicht ohne eine gewisse Meisterschaft geniessbarer gemacht, der praktische Werth des Bibelwerks stand den Herausgebern höher als der historische »; zum Schluss weist D. darauf

---

([1]) Die Ausführungen über das Verhältnis der Hss. 68. 122 halten einer genauen Nachprüfung nicht stand, wenigstens in bezug auf das Dodekapropheton. Der Schreiber von 68 (ein kretischer Priester Johannes Rhosos) legt seiner Hs. nicht 122 zugrunde, sondern hauptsächlich die Minuskel 87, bzw. einen Abkömmling von ihr, vgl. Einleitung zu meiner Textausgabe S. 91 f. Die beiden Hss. 68 und 122 sind keineswegs « wesentlich gleich »; 122 ist vielmehr eine Abschrift des cod. Vaticanus B, siehe Einleitung S. 11.

hin, dass die Bearbeiter des Bibeltextes in Alcala, obwohl sie als
Kinder ihrer Zeit kein volles Verständnis für die Textkritik haben
konnten, doch Grosses geleistet haben, und schliesst seine Untersuchungen mit dem Satz: « nicht eher zu ruhen, als bis der Schleier
von dem Entstehungshergang ihrer bahnbrechenden Leistungen wissenschaftlich gehoben — auch das gehört zu den der neueren Wissenschaft würdigen Vorsätzen und Zielen » (S. 57).

Bis jetzt ist diese Aufgabe nicht erfüllt. Deshalb soll im folgenden der griech. Text des Dodekapropheton in der Compl. näher
untersucht werden ([1]).

Zunächst kann man leicht feststellen, dass zu den bekannten
alten Unzialen B-S-A-Q keine nähere Beziehung besteht. Nirgends
finden sich Sonderlesarten dieser Hss. in der Compl. Zwar geht
manchmal die Compl. mit der alexandrinischen Textform zusammen;
aber dieses Zusammengehen ist gewöhnlich durch die unten genannten Hs. 40 und 42 vermittelt, die in engster Verwandtschaft mit
Compl. stehen. Auch mit der Catenen-Gruppe besteht kein näherer
Zusammenhang; ebenso finden sich keine Berührungen mit der hexaplarischen Textform.

Nur mit der lukianischen Textform geht Compl. öfters
zusammen. Lukianische Lesarten sind etwa ein Drittel aufgenommen;
als Beispiel genügt es, das Buch Sophonias zu untersuchen; es finden
sich in der Compl. folgende lukianischen Lesarten: 1_4 ἱερέων] $+$ μετα
των ιερεων Compl. $= L'^?$ 1_{12} οἱ λέγοντες] τους λεγοντας 2_{11} κόρα-
κες] pr. και 3_2 οὐκ 2°] ουδε 3_4 νόμον] pr. εις 3_6 διοδεύειν] διο-
δευεσθαι 3_8 αὐτούς] $+$ την οργην μου 3_{11} οὐκέτι] $+$ ου 3_{12} πραΰν]
πραον. Aber auch hier zeigt eine genauere Nachprüfung, dass diese
Lesarten auch von den Hss. 40-42 (so 2_{11} ex silentio nach Holmes-
Parsons, 3_4), von 42 (so 1_4 1_{12} 3_2 3_{11} 3_{12}), von Hi. (so 1_4 2_{11} 3_4
3_8) bezeugt werden, die unten als treueste Begleiter von Compl. er-
wiesen sind. So werden die lukianischen Lesarten grösstenteils auf
dem Weg über die genannten Zeugen 40-42 Hi. bzw. über die mit
ihnen verwandte Hs., die als Vorlage der Compl. diente, in die Compl.
gekommen sein.

Weiterhin trifft Compl. öfters (allerdings nicht so häufig wie mit
40-42 Hi.) mit folgenden Hss. und Übersetzungen zusammen, die

---

[1] Leider war es mir nicht möglich, ein Exemplar der Compl. einzusehen; die Varianten sind aus Holmes-Parsons entnommen.

ihrerseits wiederum unter sich in naher Beziehung stehen: mit dem
Pap. W, mit dem **Rand von 86**, mit der **kopt.** (namentlich
Ach) und mit der **altlatein. Übersetzung.** Belegstellen:

W (^{1}): Am. 4_4 εἰς τὸ πρωί] om. τό Compl. $=$ W 40
7_1 ἐρχομένη ἑωθινή] ερχομενης εωθινης $=$ W
8_{10} θρῆνον] θρηνους $=$ W 40-42 86^{mg}
9_2 om. καί $=$ W AchSa

Mich. 1_{15} κληρονομία] $+$ σου $=$ W 40-42 Sa
4_7 ἀπωσμένην] απερριμενην $=$ W La^S (*proiec-
tam*)

$5_{2(1)}$ Βηθλεεμ οἶκος] οικος του βηθλεεμ $=$ W AchSa
Ioel 2_9 διὰ θυρίδων] δια των θυριδων $=$ W Ach
$3(4)_4$ καί 1°] καιγε $=$ W 40
Soph. 1_1 υἱὸν Γοδολίου] υιου γοδολιου $=$ W La^S Tht
1_{13} om. ἐν αὐταῖς $=$ W Cypr. $=$ 𝔐
3_9 ὅτι] διοτι $=$ W
3_{18} συντετριμμένους] διεσκορπισμενους $=$ W
Zach 8_{21} πέντε πόλεις] om. πέντε $=$ W Hi
86^{mg}: Am. 9_3 βάθη] θεμελια Compl. $=$ 86^{mg}
La: Os. 11_7 αὐτόν] -τους Compl. $=$ 40 La^S Ach $=$ 𝔐
Am. 8_4 οἱ καταδυναστεύοντες] οι καταλυοντες $=$ La^C
(*qui dissolvitis*)

Mich. 2_1 τὸν θεόν] τον κυριον $=$ La^C (*dominum*)
2_{11} μέθυσμα] pr. εις $=$ 40 La^C $=$ 𝔐
7_1 ἐπιφυλλίδα] -δας $=$ La^S et Hi. (*racemos*) $=$ 𝔐
Ion. 2_4 εἰς βάθη] εις βαθος La^C et Hi. $=$ 𝔐
Soph. 1_6 τοῦ κυρίου] αυτου $=$ 40 La^S Ach $=$ 𝔐
Agg. 1_7 θέσθε] $+$ δη $=$ 42 La^S (*itaque*)
1_{13} τῷ λαῷ] pr. ειπον 449-764 La^S (*dic*)
Co: Os. 1_6 ἐλεῆσαι] αγαπησαι Compl. $=$ *amare* Co
7_{16} εἰς οὐθέν] εις τον κενον $=$ *in vanum* AchSa
(plur.)

(^{1}) Vgl. die Aufzählung der Stellen bei SANDERS, Ausgabe des Pap.
W S. 37. Hier sind auch Am. 5_{15} Ioel 2_{14} Hab. 3_2 3_{10} Zach. 2_9 genannt.
Von diesen Stellen können Ioel 2_{14} Zach. 2_9 ausscheiden, weil noch anderweitige Zeugen vorhanden sind. Am. 5_{15} hat W αυτους ιωσηφ für τοῦ Ιωσηφ;
ob W τους vor περιλοίπους auslässt, ist unsicher, da der Pap. hier zerstört
ist. Hab. 3_2 3_{10} müssen gestrichen werden, weil hier Compl. mit W^C geht
(bzw. mit 𝔐).

13_2 συντετελεσμένα] συγκεχωνευμενα = *conflata* Ach Hi.ᴾ

13_{15} οὗτος] αυτος = *ipse* Ach Hi

Mich. 7_{11} ἀποτρίψεται] αποστρεψεται = *avertet* Bo

Ioel 2_2 οὐ προστεθήσεται] ουκ εσται = *non erit* Ach Sa Hi

2_8 πεδίον] ωσει πεδια = *sicut campi* Ach; vgl. *sicut campus* Hi.; πεδια = (ohne Vergleichs-partikel) W-407 Laᶜ

Nah. 2_5 ἐν ταῖς ὁδοῖς] εν τ. εξοδοις = *in exitibus* Ach Hi.

Hab. 3_{18} χαρήσομαι] ευφρανθησομαι = Ach (ϯⲡⲁⲣⲉⲅ-ⲫⲣⲁⲛⲉ)

Soph. 2_6 ποιμνίων] ποιμενων = *pastorum* AchSa = ⲙ̄

3_{20} ἐν πᾶσι τ. λαοῖς] om. ἐν = Ach Laˢ Aeth

Zach 10_{11} ἀφαιρεθήσεται] καταισχυνθησεται = *confundetur* Ach Cypr.

Eine **neutestamentliche** Lesart hat Compl. Am. 5_{26}: ρομφα = Apg. 7_{43} (cod. B und textus receptus). Auch Mal. 3_1 scheint ntl. Einwirkung vorzuliegen; Compl. liest οστις ετοιμασει für καὶ ἐπιβλέ-ψεται, das Hi. Vulg. mit *et praeparabit* übersetzen, während die ntl. Stellen (Matth. 11_{10} und Parallelen) ὅς κατασκευάσει lesen; Compl. hat also das ntl. ὅς in οστις umgebildet und das Verbum von Hi. übernommen.

An einigen Stellen stimmt Compl. mit Varianten überein, die hsl. nicht mehr oder nur selten belegt sind und gewöhnlich in Zita-ten(¹) vorkommen: Mal. 1_{11} ἕως] μεχρι Compl. = Eus. Constit. Chr. Tht. und Mal. 4_2 (3_{20}) καὶ ἀνατελεῖ ὑμῖν τοῖς φοβ. τὸ ὄνομά μου] υμιν δε τοις φοβουμενοις το ονομα μου ανατελει Compl. = Cyr. II 1252 Or.ˡᵃᵗ VII 413.

Unter den Minuskeln stimmen die beiden bei Holmes-Parsons kollationierten Hss. 40 und 42 am häufigsten mit Compl. überein: gelegentlich sind sie schon oben verzeichnet worden. Leider sind beide Hss. verschollen (s. RAHLFS, *Verzeichnis der griech. Hss. des A. T.*, Berlin 1914, 330). Die Hs. 40 ist eine Cyr.-Hs.; sie enthält den Kommentar zu den 12 kleinen Propheten und ist in der Ausgabe Pusey's unter der Sigel « F » (= Cyr.ᶠ) verwendet; sie stammt aus

(¹) Die Hs. 42 hat an zwei Stellen die Zitaten-Lesart: Am. 8_{11} ἐξαποστελῶ] επαξω 42 und Mal. 2_7 γνῶσιν] κρισιν 42.

dem XII. Jahrh. Die andere Hs. 42 ist eine Bibelhs. des XI.-XII. Jahrh. und enthält Ez., Dan. und die 12 kleinen Propheten ([1]). Da wir bei diesen beiden Hss. auf die Kollation von Holmes-Parsons angewiesen sind, die nicht immer verlässig sind, ist die Verwandtschaft von Compl. und 40-42 nicht im vollen Umfang zu erkennen; aber die bei Holmes-Parsons notierten Varianten lassen zur Genüge deutlich werden, dass 40-42 unter allen Hss. am häufigsten mit Compl. zusammengehen. Einige Beispiele seien genannt.

1. Compl. = 40: Os. 11_8 συνεταράχθη] διεταραχθη Compl. = 40 Am. 1_4 ἐξαποστελῶ] εξανατελω 6_8 τοῖς κατοικοῦσιν αὐτήν] τοις εν αυτη Mich. 2_{12} Ισραηλ] pr. οικου Ioel 1_7 ἔρριψεν] εξερριζωσεν 2_{26} ἐσθίοντες] βρωσει Hab. 1_8 ὁρμήσουσι] εξορμησουσι Zach. 7_{14} γῆν] την γην την.

2. Compl. = 42: Ioel 1_{10} τεταλαιπώρηκε $2°$] εταλαιπωρήθη Compl. = 42 Nah. 1_{15} προσθῶσιν] προστεθωσιν Soph. 1_{17} ἐξήμαρτον] ημαρτον Zach. 11_2 ἐταλαιπώρησαν] εταλαιπωρηθησαν.

3. Compl. = 40-42: Am. 4_{11} ἐγένεσθε] εγενηθητε Compl. = 40-42 5_4 προς] επι 7_{16} Μὴ προφήτευε] ου προφητευσεις Zach. $2_{8(12)}$ ἀπέσταλκε] εξαπεσταλκε Mal. 3_{13} τοὺς λόγους] εν τοις λογοις. Hab. 3_{14} hat Compl. mit beiden Hss. je eine Variante gemeinsam: δυναστῶν] δυνατων 42; των δυναστων 42; των δυνατων Compl.

Die Belegstellen brauchen nicht vermehrt oder vollständig aufgeführt zu werden; die enge Verwandtschaft von Compl. mit 40-42 ist deutlich. Wie die Beispiele zeigen, sind es meistens geringfügige Änderungen, die Compl. (= 40-42) am Bibeltext vorgenommen haben. Das Bild ändert sich, wenn wir den nächsten Zeugen, der häufig mit Compl. übereinstimmt, verhören, nämlich den altlateinischen Bibeltext des Hieronymus in seinem Kommentar.

Sehr häufig stimmt Compl. mit Hi. überein. Belegstellen ([2]): Os. 1_6 Οὐκ ἠλεημένη] ανελεημοσυνη Compl. = *absque misericordia* Hi., ebenso v. 8 $2_{5(7)}$ κατήσχυνεν] κατησχυνθη = *confusa est*

([1]) Die Hs. 40 war im Besitz eines Predigers Dorotheus Bulisma in Jassy (Rumänien) und wurde kollationiert von einem Freund des Christian Friedr. Matthäi, den dieser einen « sacerdos doctus et accuratus » nennt (vgl. Pusey, *S. Cyrilli Alex. in XII proph.*, I, p. IX). Die Hs. 42 kollationierte Matthäi selbst; sie gehörte einem Mönch Demetrius aus Moldavia (Rumänien). Der Kollationierung legte Matthäi nicht, wie Holmes es gewünscht hatte, die Vatikanische Septuaginta-Ausgabe zu Grunde, sondern die von Grabe (vgl. Rahlfs, *Verzeichnis der griech. Handss.*, S. 144.

([2]) Die übrigen Zeugen sind in Klammern beigefügt.

$2_{6(8)}$ ἀνοικοδομήσω] φραγήσομαι = *obstruam* $2_{20(22)}$ τὸν κύριον] οτι εγω κυριος (40) = *quia ego dominus* 3_1 ὁ θεός] κυριος = *dominus* (= ᴀᴍ) 4_{10} τοῦ φυλάξαι] του μη φυλ. = *ut non custodirent* 4_{15} ζῶντα κύριον] ζη κυριος = *vivit dominus* 6_6 ἤ] μαλλον η = *magis quam* 7_7 ἦν] εστιν = *est* 9_{11} αἱ δόξαι αὐτῶν] δοξα αυτων = *gloria eorum* 10_4 ἐπὶ χέρσον] επι ερημου = *super desertum* 10_{11} ἐπιβιβῶ] επιθησω = *superponam* 11_4 δυνήσομαι] δυναμενος = *praevalens* 11_8 τί σε διαθῶ 1° et 2°] τι σοι ποιησω (vgl. 40) = *quid faciam tibi* $12_{3(4)}$ ἐν κόποις αὐτοῦ] εν κοπω αυτου = *in labore suo* $12_{8(9)}$ ἅς] εν αις (42) = *in quibus* 13_2 συντετελεσμένα] συγκεχωνευμενα = *conflata* Hi.ᴾ Ach 13_{12} συστροφήν] συναγωγη = *congregatio* 13_{15} οὗτος] αυτος = *ipse* Ach

Am. 3_5 σχασθήσεται] σταθησεται (40) = *deponatur* 4_1 αἱ 1°] αι ουσαι (40) = *quae estis* Bo Arm 4_{11} ἐκ πυρός] απο καυσεως (40) = *de incendio* Vulg. 6_2 τῶν ὑμετέρων ὁρίων] των οριων υμων (40 Iust.) = *terminis vestris* 7_5 Κύριε κύριε] κυριος ο θεος (40) (¹) = *domine deus*.

Mich. 1_{12} ὀδύνας] εν οδυναις = *in doloribus* 6_5 δή] δεομαι = *quaeso* Vulg. (om. Hi.) 6_{13} ἄρξομαι τοῦ πατάξαι σε, ἀφανιῶ σε] εβασανισα σε αφανισμω = *cruciavi te perditione* 6_{14} καὶ σκοτάσει ἐν σοί (και εξωσω σε εν σοι)] και αποβαλω σε εις σεαυτην = *et eiiciam te in temetipsam* | καὶ οὐ μὴ διασωθῇς] και ου μη διασωσεις = *et non salvabis* 7_{13} ἐκ (απο) καρπῶν] δια τους καρπους = *propter fructus* 7_{14} δρυμόν] εν δρυμω = *in saltu* 7_{16} ἐκ πάσης τῆς ἰσχύος αὐτῶν] εν παση ισχυι αυτου = *in omni fortitudine sua*.

Ioel 1_9 οἱ λειτουργοῦντες θυσιαστηρίῳ] οι λειτουργοι του κυριου = *ministri domini* 2_1 συγχυθήτωσαν] συνταραχθητωσαν = *conturbentur* 2_2 οὐ προστεθήσεται] ουκ εσται = *non erit* AchSa 2_3 πεδίον] ωσει πεδια: cf. *sicut campus* $3(4)_{14}$ ἦχοι ἐξήχησαν] ηχοι ηκουσθησαν (40) = *sonitus exauditi sunt* $3(4)_{20}$ εἰς γενεὰς γενεῶν] εις γενεας και γενεαν: cf. *in generatione et generationem*.

Abd.$_3$ ὑψῶν κατ. αὐτοῦ λέγων ἐν καρδίᾳ αὐτοῦ] υψουντα κατ. σου λεγοντα εν τη καρδια σου (40) = *exaltantem habitaculum tuum atque dicentem in corde tuo* $_{11}$ καὶ σὺ ἦς (και υμεις εστε)] και υμεις ητε = *et vos eratis* $_{17}$ καὶ κατακληρονομήσουσιν] και –σει = *et possidebit* $_{19}$ τήν Γαλααδῖτιν] την γαλααδ (42) = *galaad* $_{20}$ ἕως Σεφραθα (εφραθα)] εως ευφραθα = *usque euphratha* Laˢ * Hi.ˡᵉᵐ (*usque euphrathem*).

___

(¹) Fehlt bei Holmes-Parsons; von Pusey nachgetragen.

Ion. 2₁ καταπιεῖν] και κατεπιεν (S*) = *et devoravit* (AchSa Syh
Syp) 2₅ πρὸς ναόν] τον ναον = *templum* 3₇ παρὰ τῶν μεγ.] παρα
παντων των μεγ. = *a maioribus omnibus*: cf. S* (παντων μεγ.) 4₅
ἀπέναντι τῆς πόλεως] κατα ανατολας = *contra orientem civitatis.*

Nah. 1₈ ἐν κατακλυσμῷ πορείας] εν κατακλ. πορευοντι = *in di-*
luvio transeuute 2₂ τῇ ἰσχύι] ισχυε = *roborare* Hi.ᵖ 2₅ ἐν ταῖς ὁδοῖς]
εν ταις εξοδοις = *in exitibus* (Ach) 2₆ ἡμέρας] ἐν ἡμέραις = *in*
diebus 2₉ ὕδατος] υδατων = *aquarum* 3₂ ἦν] εσται = *erit* 3₁₁ στά-
σιν = *stationem* Hi.ᶜᵒᵐᵐ] ινα σταση = *ut stes* Hi.ˡᵉᵐ 3₁₂ σκοπούς ἔχου-
σαι] εχουσαι ολινθους = *quae grossos habent.*

Hab. 2₆ τὸν κλοιὸν αὐτοῦ στιβαρῶς] τον παχυν πηλον καθ εαυτου = *contra se densum lutum* Vulg. 2₁₆ ἐκύκλ. ἐπὶ σέ] εκυκλ. σε
= *circumdedit te* 2₁₉ τοῦτο δὲ ἐστιν] και εστιν = *et est* 3₆ βουνοὶ
αἰώνιοι] β. του αιωνος = *colles saeculi* 3₈ ὅτι ἐπιβήσῃ] ο αναβησομενος = *qui ascendens* 3₁₀ σκορπίζων] διασπερεις = *disperges* 3₁₁ εἰς
φῶς] εν φωτι = *in luce* (vel *lumine*) εἰς φέγγος] και εν φεγγει =
in splendore 3₁₃ ἔβαλες] επεμψας = *misisti* | ἀνόμων] ασεβων = *im-*
piorum 3₁₄ διέκοψας] διεμερισας = *divisisti* | ἐν ἐκστάσει] εν θαμβει
= *in stupore* | λάθρα] ἐν ἀποκρύφῳ = *in absconso* (vel *abscondito*)
3₁₅ ἐπεβίβασας] υπερηγαγες = *superduxisti* 3₁₇ οὗ καρποφορήσει]
ου μη παραδω τον καρπον: cf. *non afferet fructum* | ἀπὸ βρώσεως
πρόβατα] διοτι εφαγον πρόβατα = *eo quod comederent oves* | καὶ οὐχ
ὑπάρχουσιν] και ουκ εισιν = *et non sunt* | ἐπὶ φάτναις] εν ταις φατ-
ναις = *in praesepibus* 3₁₉ τάξει] θησει = *ponet* | ἐπιβιβᾷ με] επιθη-
σει με = *imponet me.*

Soph. 2₂ πρὸ τοῦ ἐπελθεῖν ἐφ' ὑμᾶς ἡμέραν] προ του επιπεση
εφ υμων ημερα οργης = *antequam super vos irruat dies irae* 2₁₀ αὕτη]
τουτο = *hoc* 2₁₂ ῥομφαίας μου ἐστε] ῥομφαία μου εσεσθε = *gladio*
meo eritis (εσεσθε = 40-42) 3₅ εἰς φῶς] εν φωτι = *in luce* | οὐκ
ἔγνω] ουκ οιδεν = *nescit* 3₇ Πλὴν φοβεῖσθέ με καὶ δέξασθε] πλην
φοβηθησεσθε με και δεξεσθε = *verumtamen timebitis me et suscipietis*
3₁₀Αἰθιοπίας] + υποδεξομαι τους διεσπαρμενους μου (42) = *suscipiam*
dispersos meos Hi.ˡᵉᵐ (*suscipiam in dispersis meis* Hi.ᶜᵒᵐᵐ = B-S...).

Agg. 2₁₉ ἐπὶ τῆς ἅλω] επι γης αλως (534) = *super terram area.*

Zach. 1₁₂ ἃς ὑπερεῖδες] αις εθυμωθης = *quibus iratus es* 1₂₁(2₄)
τὰ ἔθνη] εθνη εισιν = *gentes sunt* 5₆ Αὕτη] + εστιν = *est* 7₂ Αρ-
βεσεερ] ρογωμ = *rogom* Vulg. 7₁₃ εἶπε] ειπον (Tht.) = *dixi* (nach
Migne, *dixit* Martianay, Vallarsi) 8₇ ἀνασώζω] ανασωσω = *salvabo*
Vulg. (deest Hi.) 8₁₆ οὗτοι οἱ λόγοι] ουτοι εισιν οι λ. = *isti sermo-*
nes sunt Hi. (cf. *hi sunt sermones* Ir.ˡᵃᵗ; *haec sunt verba* Lucif.)

9$_4$ καταναλωθήσεται] κατακαυθησεται = *concremabitur* 9$_{10}$ ἐξολεθρευ-
θήσεται] εξολοθρευσει = *disperdet* (Aeth Arab Syp) | πολεμικόν] πο-
λεμιστων = *pugnantium* | ὑδάτων] απο των υδατον = *ab aquis* Hi.^{P}
9$_{14}$ κύριος ἔσται ἐπ' αὐτούς] κυριος ο θεος επ αυτους οφθησηται =
dominus deus super ipsos apparebit 10$_6$ ὃν τρόπον οὐκ ἀπεστρεψά-
μην αὐτούς] ον τροπον οτε ουκ αυτους απερριψα = *sicut quando non
eos abieceram* 11$_9$ ὑμᾶς] αυτους = *eos* 11$_{14}$ τὴν ῥάβδον τὴν δευτέ-
ραν] την ρ. μου την δευτ. την καλουμενην = *virgam meam* (> Hi.^{P})
secundam quae appellabatur 11$_{16}$ γῆν] + οστις = *qui* 12$_5$ Εὑρήσο-
μεν ἑαυτοῖς] ευρησωμεν ημιν = *inveniemus nobis* 12$_8$ ὁ δὲ οἶκος]
και ο οικος = *et domus* (Ach Aeth Arab Arm) | ὡς ἄγγελος]
και ο αγγ. = *et angelus* 13$_1$ εἰς τὴν μετακίνησιν] και εν τη μεταλ-
λαγη = *et in transmutationem* 14$_{11}$ πεποιθότως] πεποιθως (198) =
confidens.

Mal. 1$_4$ τὰς ἐρήμους] ηρημωμενα = *deserta* 1$_{13}$ Ταῦτα] ιδου =
ecce Hi.^{P} 3$_7$ νόμιμά μου] απο των νομιμων μου = *a legitimis meis*
3$_{12}$ γῆ] ως γη = *ut terra* 3$_{18}$ ἀνὰ μέσον 1° – ἀνόμου] τι αν ειη ανα
μεσον δικαιου και αδικου = *quid sit inter iustum et iniquum*.

Diese Beispiele zeigen deutlich, dass der Text der Compl. häufig
mit dem altlateinischen Bibeltext des Hi. übereinstimmt. Gelegentlich
zeigen sich auch Berührungen mit der Vulg.; besonders
lehrreich ist Hab. 2$_6$; hier ist Vulg. wohl von Aquila abhängig (leider
ist zu dieser Stelle die Lesart des Aquila nicht überliefert). Sogar
fehlerhafte Stellen, die innerlateinisch verderbt sind, begegnen uns in
der Compl. in griech. Fassung: so Nah. 2$_2$ ισχυε = *roborare* Hi.:
lies *robore* (so die meisten Hss.) Hab. 3$_8$ ο αναβησομενος = *qui
ascendens*: lies *quia* (so einige Hss.) *ascendes* 3$_{10}$ διασπερεις = *disperges*: lies *dispergens* (Migne hat fehlerhaft als Lemma-Lesart *disperge*;
im Kommentar steht richtig *disperges*) Zach. 11$_9$ αυτους = *eos*:
lies *vos*. Es ist kein Zweifel, dass wir hier überall Rückübersetzungen
aus dem Lateinischen in das Griechische haben (« Spanisches Griechisch »); aber nicht zu entscheiden ist die weitere Frage, welche von
diesen Rückübersetzungen auf die Bearbeiter der Compl. zurückgehen.
Denn die bisweilen mit Compl. und Hi. zusammengehenden Zeugen,
namentlich die Hs. 40, zeigen deutlich, dass bereits vor der Bearbeitung der Compl. Kodizes im Umlauf waren, die lateinischen Einfluss zeigten. So mag auch der Kodex, der die eigentliche (heute
nicht mehr bekannte) Vorlage der Compl. im Dodekapropheton bildete, noch stärker als 40 latinisiert gewesen sein. Nur dann, wenn wir

diesen unbekannten Kodex zur Hand hätten, könnten wir feststellen, inwieweit die Bearbeiter eingegriffen haben.

Der Grund dieser Änderungen ist nicht immer ganz durchsichtig; denn eine wirkliche Verbesserung sind sie nicht; der Bearbeiter hat sie sicherlich als solche angesehen. Manche Worte mögen ihm nicht gefallen haben; so ἐπιβιβᾶν, das an allen Stellen (Os. 11_{11} Hab. 3_{15} 3_{19}) verdrängt wurde; aber das andere Kompositum ἀναβιβᾶν ist Am. 8_{10} belassen; nur die Form αναβιβασω ist für ἀναβιβῶ gewählt (αναβιβασω lesen auch $\angle$II 40, stand also wahrscheinlich in der Vorlage). An einigen Stellen ist der Grund der Änderung leicht ersichtlich: es ist die Angleichung an den hebr. Text, so besonders Hab. 2_6.

Damit kommen wir zu den Stellen, wo Compl. mit ЛѢ zusammengeht. Bereits oben bei den Beispielen, die das Zusammengehen der Compl. mit W La Co zeigen, sind uns einige begegnet, die mit ЛѢ übereinstimmen, z. B. Os. 11_7 Mich. 2_{11} 7_4 Ion. 2_4 Soph. 1_6 1_{13} 2_6.

Weitere Stellen, wo Compl. in Sonderlesarten mit ЛѢ übereinstimmt, sind folgende: Os. 1_4 καὶ Αχαζ καί] αχαζ Compl. = ЛѢ 1_8 om. ἔτι $2_{7(9)}$ om. αὐτούς 3° = Hi. 3_4 ὁ θεός] κυριος = Hi. 3_2^2 ἐμισθωσάμην] + αυτην = Hi. 3_3 om. καί 2° 5_4 Ἰταβύριον] ταβωρ 7_6 om. ἐγενήθη (איה ЛѢ) 8_{12} om. καί 1° = Hi. 11_4 ἀνθρώπων] – που $12_{3(4)}$ κόποις] κοπω = Hi. $12_{10(11)}$ χερσί] χειρι 13_4 om. ὁ στερεῶν – ὀπίσω αὐτῶν.

Am. 1_5 Χαρραν] αδαν 6_2 om. πασῶν = 40 6_{10} τὰ ὀστᾶ αὐτῶν] om. αὐτῶν 7_7 ἰδού] + κυριος = 40 8_4 om. εἰς τὸ πρωί 8_7 τὰ ἔργα ὑμῶν] τα ε. αυτων: cf. τα ε. αυτου 40.

Mich. 2_6 οὐ γάρ] ουκ 2_{12} κοίτης αὐτῶν] κ. αυτου = 40 4_4 τὰς κορυφάς] την κορυφην = 40 Sa Syh Hi.ˡᵉᵐ 4_{12} τὸν λογισμόν] τους λογισμους = 40 Hi. 5_5 ἡμῶν 1° et 2° Compl. (alle Hss. haben ὑμῶν 1° et 2°).

Ioel 1_8 ὑπὲρ νύμφην] υπερ παρθενον: cf. ως παρθενον 86ᵐᵍ 1_9 θυσιαστηρίῳ] του κυριου = Hi. 1_{16} init.] pr. ουχι $3(4)_{12}$ om. πάντα 1° = 40.

Hab. 1_{13} πόνους] πονον = Hi. 3_{10} ὄψονται] ειδον 3_{13} εἰς κεφαλάς] επι κεφαλην: cf. in caput Hi.

Soph. 2_9 ἅλωνος] αλος = 233-710 Bo 3_5 δώσει τὸ κρίμα αὐτοῦ] κριμα αυτου δωσει = Syh Hi. 3_{14} om. θύγατερ 2° = Arm.

Agg. 1_{12} om. ἐκ φυλῆς Ιουδα = Bo 2_9 om. καὶ εἰρήνην – fin. 2_{15} om. εἰς = 40-42 410.

Zach. 1_{13} om. παντοκράτωρ = Hi. 1_{17} om. init. – ἐν ἐμοί = Hi.ᵖ 6_{10} τὰ ἐκ τῆς] απο της 6_{12} ὄνομα αὐτῷ] ον. αυτου = Co

Aeth Arab Arm Iust. Hi. 8₈ κατασκηνώσω] -νωσουσιν 9₁₄ om. ὁ παντοκράτωρ = AchSa Hi.ᴾ 11₂ om. μεγάλως = Hi.

Mal. 1₄ om. θέσθε – fin. 1₇ αὐτούς] σε 1₁₃ Ταῦτα] ιδου = Hi.ᴾ 4₄(3₂₃) τὸν Θεσβίτην] τον προφητην.

Es könnten noch zahlreiche Stellen genannt werden, wo Compl. im Verein mit andren Zeugen, so besonders mit der Catenen-Gruppe *C*, Übereinstimmungen mit 𝕸 zeigt. Jedoch kann von einer durchgehenden Korrektur nach 𝕸 nicht gesprochen werden. Meistens sind nur die Überschüsse gegen 𝕸 getilgt. Wie die anderen Zeugen, die gelegentlich mit Compl. gehen, zeigen, sind die Angleichungen an 𝕸 wohl nicht immer erst von den Bearbeitern der Compl. gemacht worden, sondern wurden bereits in der Vorlage vorgefunden. Ausschlaggebend war der hebr. Text jedoch nicht; auch das griech. Sprachgefühl war mitbestimmend. Ein lehrreiches Beispiel ist Agg. 1₁₂: hier lesen alle griech. Hss. καὶ ἐφοβήθη ὁ λαός; 𝕸 hat das Verbum im Plural; im Anschluss daran auch Syh Aeth; die Hs. 42 liest richtig ἐφοβήθησαν ὁ λαός; Compl. übernimmt den Plural ἐφοβήθησαν, lässt aber ὁ λαός aus, weil die Verbindung von ὁ λαός mit ἐφοβήθησαν zu ungrammatisch klingt.

Bis hierher wurden nur solche Stellen aufgeführt, wo Compl. mit wenigstens einem oder zwei Zeugen zusammengeht, oder mit 𝕸 übereinstimmt. Es finden sich jedoch auch viele Lesarten, die völlig alleinstehen, d. h. in keiner der uns bekannten Hss. oder Übersetzungen belegt sind; sie seien im folgenden besprochen.

Selten hat Compl. Zusätze, die sonst nicht belegt sind; z. B. Mich. 1₄ κηρός] pr. τηκεται 1₅ Σαμ.] pr. συ Zach. 8₂₃ ἀνδρός] pr. ενος.

Auch sonst nicht bezeugte Auslassungen grösserer Teile (die mehr als 2-3 Worte umfassen) finden sich nur einige Male in der Compl.: Am. 7₁₁ om. ἀπὸ τῆς γῆς αὐτοῦ 7₁₃ om. καὶ οἶκος βασιλείας ἐστί 9₁₀ om. οὐδὲ μὴ γένηται Mich. 7₄ om. ἐν ἡμέρᾳ σκοπιᾶς.

Umstellungen nimmt Compl. gelegentlich vor, die sonst nicht bezeugt sind: Os. 6₆ τοὺς προφ. / ὑμῶν] tr. Compl. Am. 7₁₃ βασιλέως / ἐστί Mich. 3₃ ἀπ᾽ αὐτῶν / ἐξέδειραν Ioel. 3(4)₃ ἔδωκαν / τὰ παιδάρια Abd.₁ εἰς τὰ ἔθνη / ἐξαπέστειλεν Soph. 3₁₇ ἐν σοι / δυνατός Zach. 2₃₍₇₎ ἄγγελος / ἕτερος 9₆ κατοικήσουσιν / ἀλλογενεῖς 11₂ ὅτι μεγάλως μεγιστᾶνες ἐταλαιπώρησαν] διοτι εταλαιπωρηθησαν μεγιστανες Compl.

Mit dem an letzter Stelle genannten Beispiel kommen wir zu den grammatisch–stilistischen Änderungen, die Compl.

vorgenommen hat, nämlich zu dem Änderungen der Tempora, Modi,
Verbalformen und zur Artikelsetzung.

Tempora: Os. 7₁ ἀποκαλυφθήσεται] απεκαλυφθη Compl. 14₉ ἐτα-
πείνωσα] ταπεινωσω 14₁₀ εὕρηται] ευρεθη Am. 6₁₀ Σίγα] σιγατω
7₁₅ προφήτευσον] προφητευσεις Mich. 4₁₀ ὤδινε] οδυνει 4₁₂ ἁλόα]
αλεσον 7₁₄ Ποίμανε] ποιμανει Ioel 1₁₀ τεταλαιπώρηκε 1° et 2°]
1° εταλαιπωρηθησαν, 2° εταλαιπωρηθη Hab. 1₁₁ ἐξιλάσεται] ιλα-
στησεται 3₃ ταραχθῆναι] ταρασσεσθαι Agg. 2₂₃ ἡρέτισα] ηρε-
τικα Zach., 3₅ ἀφήρηκα] εξειλομην 4₁ ὅταν ἐξεγερθῇ] οταν εξεγειρεται
8₃ Ἐπιστρέψω] επεστρεψα 8₁₆ ποιήσετε] εποιησατε 13₃ ἐλάλησας]
λελαληκας.

Personen: Am. 5₁₁ κατεκονδυλίζετε] κατεκονδυλιζεν 5₁₄ εἴπατε]
ειπαν 6₁ ἀπετρύγησαν] -σα 6₁₂ ἐξεστρέψατε] εξεστρεψαν Mich.
6₁₅ πίητε] πιεσαι.

Sing.–Plur.: Os. 8₁₁ ἐγένοντο] εγενηθη Am. 6₁ εἰσῆλθον] εισηλθεν Ioel 1₂ γέγονε] εγενοντο (Subj. τοιαῦτα) 1₁₀ τεταλαιπώρηκε
1°] εταλαιπωρηθησαν (Subj. τὰ πεδία) Nah. 1₁ ἐξέλιπεν] εξελιπον
(Subj. τὰ ἐξανθοῦντα).

Kompositum-Simplex: Os. 5₇ καταφάγεται] φαγεται Compl.
8₁₂ καταγράψω] γραψω 12₄₍₅₎ ἐνίσχυσε] ισχυσεν Am. 2₉ ἐξῆρα] ηρα
4₃ ἀπορριφήσεσθε] ριφησεσθε 8₃ ἐπιρρίψω] ριψω Mich. 2₁₂ ἐκδέ-
ξομαι] δεξομαι 5₅₍₄₎ ἐπέλθῃ] ελθη Ioel 2₃ ἀναπτομένη] απτομενη
2₂₇ ἐπιγνώσεσθε] γνωσεσθε Ion. 1₇ ἐπιγνῶμεν] γνωμεν Hab. 1₁₇
ἀμφιβαλεῖ] βαλει 2₅ εἰσδέξεται] δεξεται 3₁₃ ἐξήγειρας] ηγειρας
Soph. 3₂₍₄₎ εἰσήκουσε] ηκουσε.

Simplex-Kompositum (selten): Ion. 4₆ σκιάζειν] συσκιαζειν Nah.
3₁₁ ζητήσεις] επιζητησεις Hab. 3₁₅ ταράσσοντας] συνταρασσοντας
3₁₆ ἐταράχθη] συνεταραχθη.

Bei diesen Änderungen war vielleicht das von Hi. gebrauchte
Simplex bzw. Kompositum massgebend: Os. 8₁₂ *scribam* Ioel 2₂₇ *scietis*
Soph. 3₂₍₄₎ *audivit* Hab. 3₁₅ *conturbantes* 3₁₆ *conturbata est*.

Eine besondere Eigentümlichkeit der Compl. besteht darin, dass
sie den Artikel häufig auslässt: Os. 5₁ τοῦ βασιλέως] om. τοῦ Compl.
12₅₍₆₎ ὁ παντοκράτωρ 13₁ τῷ Ισραηλ 14₁ τὸν θεόν 14₅ τὴν οργήν
14₉ Τῷ Εφραιμ Am. 2₁ ταῖς τέσσαρσιν 5₃ Ἡ πόλις 5₆ ὁ οἶκος
5₁₃ τῷ καιρῷ 5₁₅ τοῦ Ιωσηφ 5₂₀ τοῦ κυρίου 6₃ οἱ ἐγγίζοντες
8₁₂ τὸν λόγον 9₁₃ τὸν τρύγητον Mich. 1₁₃ τοῦ Ισραηλ 2₁₃ ὁ βασιλεύς 3₆ ἡ ἡμέρα 4₈ ἡ ἀρχή 6₄ τὸν Μωυσῆν 6₉ τῇ πόλει
7₁ τὰ πρωτόγονα Ioel 1₁₂ οἱ υἱοί τῶν ἀνθρώπων 2₃ τὰ ἔμπροσθεν...
τὰ ὀπίσω 2₅ τὰς κορυφάς 2₁₀ ὁ ἥλιος... ἡ σελήνη... τὸ φέγγος

$3(4)_{11}$ ὁ πραΰς Abd.$_7$ οἱ ἄνδρες $_{11}$ τοὺς ἀνασωζομένους Ion. 4_7 τῇ
ἐπαύριον Hab. 3_{19} τῇ ᾠδῇ Soph. 1_5 τοὺς ὀμνύοντας $2°$ $3_1(2_{15})$ ἡ
λέγουσα Agg. 1_7 τὰς καρδίας 2_{16} τὸ ὑπολήνιον Zach. $2_{4(8)}$ τὸν
νεανίαν $2_{7(11)}$ οἱ κατοικοῦντες 5_5 ὁ ἄγγελος 6_6 οἱ μέλανες 6_7 οἱ
ψαροί 8_{23} τῶν ἐθνῶν 13_2 τὸ πνεῦμα Mal. 1_{13} τὰ ἐνοχλούμενα
1_{14} τῷ κυρίῳ $4_6(3_{22})$ τὸν Ισραηλ: an allen Stellen hat Compl. den
Artikel nicht.

Der umgekehrte Fall ist selten; auffallend ist, dass im 3. Kap.
des Propheten Hab. häufig der Artikel beigesetzt ist: 3_{11} τ ῶ ν ὅπλων
3_{12} τ η ν γῆν 3_{13} τ ο υ τραχήλου... εἰς τ ο τέλος 3_{14} τ α ς κεφαλάς...
τ ω ν δυνατῶν 3_{16} τ ω ν χείλεων... τ η ς θλίψεως... τ η ς παροικίας
3_{17} τ ο ἔργον τ η ς ἐλαίας.

Häufig sind Wortlautveränderungen, die tiefer den überlie-
ferten Text umgestalten: Os. $2_{9(11)}$ ἀφελοῦμαι] ληψομαι Compl. $2_{15(17)}$
νηπιότητος] νεοτητος 5_{13} ἰάσασθαι (ρυσασθαι)] διασωσαι 6_8 παρα-
βαίνων] παραπικραινων 7_4 κατακαύματος ἀπὸ τῆς φλογός] επι της
καυστηρης φλογος | στέατος] ζυμης 7_6 καταράσσειν] καταποντιζεσθαι
8_3 ἀπεστρέψατο] απερριψατο 8_{11} ἠγαπημένα] επλημμελημενα 10_7
ἀπέρριψε] απεβαλε 11_2 γλυπτοῖς] ειδωλοις 11_{10} τέκνα ὑδάτων] υιοι
θαλασσης 13_3 πορευομένη] διερχομενη 14_{10} διότι] επει.

Am. 1_2 ποιμένων] προβατων 1_5 Ων] ειδωλου 2_6 δίκαιον] πτω-
χον | ἕνεκεν] ανθ 2_{12} καί $1°$] υμεις δε 2_{16} τὴν καρδίαν] την ψυχην
4_9 ἐπάταξα]. επυρωσα 5_8 ἐκτρέπων] στρεψω 5_9 διαιρῶν] διεγειρων
6_{13} λόγῳ] ρηματι 7_{13} ἁγίασμα] ετασμα 7_{17} ἐν ῥομφ. πεσοῦνται] αιχ-
μαλωτοι αχθησονται: ex sq. 8_3 ὁ πεπτωκώς] ο κοπετος 8_5 ἐμπο-
λήσομεν] συναξωμεν 8_6 γεννήματος (πρασεως)] παραθεσεως 9_7 υἱοὶ
Ισρ.] οικος ισρ. 9_9 λικμιῶ] δεικνυω | σύντριμμα] συστρεμμα 9_{11} ἀνοι-
κοδομήσω] αναστησω: ex praec.

Mich. 1_7 κατακόψουσι] κατασκαψουσιν 1_9 ἕως $1°$ et $3°$] εν
3_3 συνέθλασαν] συνετριψαν 3_7 καταγελασθήσονται] καταισχυνθησον-
ται: ex praec. | καταλαλήσουσι κατ᾿ αὐτῶν] καταρασονται αυτων
3_{12} ἄλσος] τοπον 4_{11} ἐπόψονται] ειδετωσαν 4_{13} κατατήξεις] παταξεις
7_7 τῷ θεῷ] τω κυριω 7_{12} εἰς ὁμαλισμόν] εις συμπερασμα.

Ioel 1_{19} ἀνῆψε] κατεκαυσε 2_{27} ἐγώ] ειπεν.

Abd.$_9$ πτοηθήσονται] φοβηθησονται | μαχηταί] πολεμισται | ὅπως
ἐξαρθῇ] ινα αποστησηται $_{16}$ καταβήσονται (καταπιονται)] καταπο-
θησονται.

Ion. 3_6 περιεβάλετο] ενεδυσατο 3_8 περιεβάλοντο] περιεθεντο
3_{10} μετενόησεν] παρεκληθη 4_2 μετανοῶν] παρακαλουμενος 4_8 ἀπε-
λέγετο] απελειπετο.

Nah. 1_5 σύμπασα] οικουμενη 1_{14} ταχεῖς] ωκεις 3_6 ἐπιρρίψω] επιστρεψο 3_{10} εἰς μετοικεσίαν] εν αιχμαλωσια.

Hab. 3_2 ἀρετή] δυναμις 3_4 ἀγάπησιν κραταιάν] αγαπην ισχυραν | ἰσχύος] δυναμεως 3_6 ἐπέβλεψε] κατενοησε 3_7 κόπων] πονων | πτοηθήσονται] ταραχθησονται 3_{10} ὠδινήσουσι] συναλγουσιν 3_{11} ἐπήρθη] υψωθη 3_{12} ὀλιγώσεις] ελαττωσεις | θυμῷ] οργη 3_{14} σεισθήσονται] σαλευθησονται | χαλινούς] τας ηνιας | ἔσθων] τρωγων 3_{16} ἐπτοήθη] εφοβηθη 3_{17} γενήματα] φυτα 3_{19} δύναμις] ισχυς.

Soph. 2_{10} τὸν παντοκράτορα] των δυναμεων.

Agg. 1_2 παντοκράτωρ] ο θεος των δυναμεων 1_2 παντοκράτωρ] των δυναμεων, ebenso 1_9 1_{14} 2_4 2_6 2_2 ἐλάλησε κύριος] εγενετο λογος κυριου 2_{14} ἐνώπιον ἐμοῦ] εναντιον εμου | ἐν πύλαις ἐλέγχ.] τους εν θυραις ελεγχοντας.

Zach. $2_{4(5)}$ σχοινίον] σπαρτιον 3_5 ἀνομίας] αδικιας 5_2 βλέπεις] ορᾶς 14_5 ἐγκολληθήσεται] συναψεται.

Mal. $4_1(3_{19})$ οἱ ἀλλογενεῖς] αλλοφυλοι | παντοκράτωρ] των δυναμεων $4_6(3_{22})$ δικαιώματα] κριματα.

Während an den genannten Stellen nur ein Wort geändert ist, indem ein Synonymum dafür gewählt wurde, ist bei den folgenden Belegen ein ganzer Satzteil anders geformt (jedoch nur selten): Am. 2_{10} τὴν γῆν τῶν Ἀμορραίων] τον αμορραιον 3_4 θήραν οὐκ ἔχων] ον θηραν ουκ ειδωσιν 4_{13} ἰδοὺ ἐγώ] κυριος ει 5_{11} ἀνθ᾿ ὧν] ὁ ἄνω ὤν 6_{11} ἕνεκα τοῦ μὴ ὀνομάσαι τὸ ὄνομα κυρίου] ου μη ονομασει κυριον 7_1 εἰς Γωγ ὁ βασιλεύς] εἰς γωγ τον βασιλεα 9_7 ὑμεῖς ἐστε ἐμοί] εμοι εσται. Diese Beispiele sind alle dem Buch Amos entnommen; in anderen Büchern fehlen grössere Änderungen fast gänzlich.

Es erhebt sich wiederum die Frage: woher stammen die zuletzt genannten Änderungen? Hsl. Zeugen kennen wir nicht. So möchte man daran denken, dass die Bearbeiter der Compl. aus eigenem, ohne hsl. Grundlage, diese Stellen geändert haben. Dies mag an verschiedenen Stellen der Fall sein, z. B. Os. 7_4, wo das seltene Wort στέατος in das gebräuchliche ζυμης umgeändert worden ist. Aber bei den meisten Lesarten erkennt man keinen Grund der Änderung. Sicherlich standen manche schon in der Vorlage, so Am. 5_{11} ὁ ἄνω ὤν. Klar und deutlich zeigen die oben genannten Stellen, wo Compl. mit W 86^{mg} La Co und mit den altlatein. Väter-Zitaten (Cypr.) zusammengeht, dass sie eine Vorlage hatte, die ganz altertümliche Lesarten überlieferte, die heute in den uns bekannten Hss. fehlen. Bevor man die aufgeführten Zeugen kannte (namentlich den Pap W, erst 1927 von Sanders veröffentlicht), hielt man viele Les-

arten der Compl. als Sonderlesarten, die auf Rechnung der Bearbeiter zu setzen seien. So hat Paul de Lagarde mit Recht die
Compl. hoch eingeschätzt (ohne ihre alten, wertvollen Lesarten richtig zu erkennen): « Ich war vor zwei Jahren ... darauf und daran,
die Complutensis zu wiederholen, und ihr die Varianten der Aldina
und der Codices ABS unterzulegen: so wertvoll ist in meinen Augen
jener allerdings (Anmerkungen zu den Proverbien 59 66 68) ab
und zu von seinen Herausgebern korrigierte Text » (*Mitteilungen*
I, Göttingen 1894, 123).

Zwölfprophetenbuch

I. Kritische Bemerkungen zur Verwendung der Septuaginta im Zwölfprophetenbuch der Biblia Hebraica von Kittel[1].

Die Septuaginta (𝔊) verdient als älteste Übersetzung des hebr. Textes einen bevorzugten Platz in der Textkritik. Deshalb ist sie mit Recht auch in der neuesten (3.) Ausgabe der Biblia Hebraica von KITTEL oft herangezogen; im ersten Apparat sind viele Lesarten von 𝔊 gebucht und im zweiten Apparat sind zahlreiche Verbesserungen durch den Hinweis auf 𝔊 gestützt. Da die Biblia Hebraica von Lehrern und Lernenden ständig benutzt wird, ist es notwendig, sehr sorgfältig den Apparat zu gestalten und alle Verweise auf 𝔊 genauestens zu prüfen. Gewiß ist diese Aufgabe schwierig, weil zu viel Unsicherheit bei Konjekturen besteht; aber das Bestreben muß sein, möglichst sicheres und verlässiges Material zu bringen.

Bci dcr Ausarbeitung des Dodekapropheton für die große Göttinger Septuaginta-Ausgabe, die ständig die Einsichtnahme in die hebr. Bibel verlangt, sind mir viele Stellen begegnet, die verbessert werden müssen. Zunächst sollen einige allgemeine Bemerkungen gemacht werden, die zusammenfassend verschiedene Verweise auf 𝔊 im Apparat behandeln.

1. Es ist nicht leicht zu entscheiden, welche Stellen von 𝔊 herangezogen werden sollen. Notwendig sind alle Stellen namhaft zu machen, die für die Erhebung des ursprünglichen Textes wichtig sind. Aber auch solche Wiedergaben, die für die Kenntnis der Geisteshaltung des Übersetzers kennzeichnend sind, verdienen gebucht zu werden, z. B. Am 7 1 βροῦχος εἷς Γωγ ὁ βασιλεύς. Dagegen sind alle Verweise auszuscheiden, die Textteile bringen, welche den Konsonantenbefund im allgemeinen voraussetzen und nichts zum besseren Verständnis des hebr. Textes beitragen. Der Dodekapropheton-Übersetzer hat nämlich die Gewohnheit, bei schwierigen Stellen ohne Rücksicht auf den Sinn Wort für Wort zu übersetzen und aus der Vorlage verschiedene Bedeutungen herauszulesen, die unzutreffend

---

[1] Literatur (Abkürzungen): NYBERG = H. S. NYBERG, Studien zum Hoseabuche, Uppsala 1935. — STEKHOVEN = J. Z. SCHUURMANS STEKHOVEN, De alexandrijnsche Vertaling van het Dodekapropheton, Leiden 1887. — VOLLERS I = K. A. VOLLERS, Das Dodekapropheton der Alexandriner. Erste Hälfte: Nah.-Mal., Berlin 1880; VOLLERS II = ders., II. Teil: Os. Am., ZAW 3 (1883) 219—272; VOLLERS III = ders., III. Teil: Mich.-Jon., ZAW 4 (1884) 1—20. — WUTZ = Fr. WUTZ, Die Transkriptionen von der Septuaginta bis zu Hieronymus, Stuttgart 1925—33.

sind. Bei genauer Prüfung ergibt sich, daß er oft den uns vorliegenden verderbten hebr. Text las; man muß sich strengstens hüten, bei jeder abweichenden Übersetzung einen anderen hebr. Text als Vorlage anzunehmen. Nun finden sich im 1. Apparat verschiedene Stellen verzeichnet, die im angegebenen Sinn übersetzen; sie tragen nichts zur Erhebung des ursprünglichen hebr. Textes bei, sondern zeigen nur die Art der Übersetzung an; sie können deshalb ausgeschieden werden: Os 6 10 β-β πορνείαν τοῦ Ἐφράιμ 7 16α-α οὗτος ὁ φαυλισμὸς αὐτῶν 8 3α-α ὅτι Ἰ. ἀπεστρέψατο Joel 1 18β ἔκλαυσαν Abd 7α-α ἔθηκαν ἔνεδρα ὑποκάτω σου Mich 4 9α καὶ νῦν 6 1β πρός Nah 1 4α ὀλιγώθη Soph 1 12α μετὰ λύχνου 3 3β-β οὐχ ὑπελίποντο εἰς τὸ πρωῒ Agg 1 10β ὁ οὐρανός 2 19β τὰ οὐ φέροντα Zach 1 3α-α κύριος παντοκράτωρ 5 7α-α μία γυνή bzw. γυνὴ μία 5 11α καὶ ἑτοιμάσαι 6 3α-α ποικίλοι ψαροί 6 8α καὶ ἀνέπαυσαν 6 13α ὁ ἱερεύς 9 16α κυλίονται 11 2α ὁ σύμφυτος 12 2α-α καὶ ἐν τῇ Ἰουδαίᾳ ἔσται περιοχή Mal 3 6α ἀπέχεσθε (wenn man diese Lesart anführt, dann muß auch das dazugehörende Stück ἀπὸ τῶν ἀδικιῶν vel ἁμαρτιῶν beigefügt werden).

Sehr häufig wechselt der Übersetzer zwischen Plural und Singular, vgl. Stekhoven S. 75f. Deshalb kann man sich nur mit aller Vorsicht auf 𝕲 berufen, z. B. Os 7 3α βασιλεῖς 7 5α-α ἡμέραι τῶν βασιλέων ὑμῶν 9 5α ἐν ἡμέραις — ἐν ἡμέρᾳ Mich 1 9ᵃ 1 12α ἐπὶ πύλας 3 10a 3 12b Agg 2 7a Zach 6 11a 6 14a 12 8a (auch v. 7 und v. 10 hat 𝕲 bei derselben Wendung den Plural gegen den Singular in 𝔐) Mal 2 2b. Die oben genannten Stellen Os 7 3 7 5 9 5 können ruhig gestrichen werden.

2. Wenn auf 𝕲 verwiesen wird, dann ist immer nachzuprüfen, ob 𝕲 eine Lesart ohne Varianten bezeugt, oder ob Varianten vorliegen. Bei Verzweigung der hsl. Überlieferung muß dies irgend wie angegeben werden. Die ganz allgemeine Notierung »𝕲ᵐˢˢ« sollte vermieden werden. Eine genaue Angabe aller Einzelheiten ist allerdings oft nicht möglich, aber auch nicht notwendig; dafür ist die Sept.-Ausgabe da. Bei den alten Unzialen ist am besten die Praxis beizubehalten und ihre Lesart zu notieren durch Angabe der einzelnen Hss., also B—S, A—Q; der alte Papyrus W (III. Jh.) ist überall nachzutragen. Zweckdienlich ist es auch, die jüngeren Textformen der Rezension des Origenes (= O) und des Lukian (= L) und der Catenengruppe (= C) kurz durch Angabe der Hauptgruppe zu notieren; die Nebengruppen und begleitenden Minuskeln können ohne weiteres wegfallen. Notwendig ist es, die Sonderlesarten der einzelnen Hss. zu kennzeichnen; am besten geschieht es wie bei der Stuttgarter Sept.-Ausgabe von Rahlfs durch Beifügung eines hochstehenden Kreuzes (+); so ist Os 10 13α »𝕲ᴮ+«, Abd 1α »𝕲ᴮ+« Abd 16α »𝕲ᴮ⁻ˢ*+« zu notieren. Wenn es deutlich ist, daß die ursprüngliche Septuaginta eine Lesart hat im Gegensatz zu späteren

(hexaplarischen, lukianischen) Veränderungen, dann mag die Praxis, dies mit »𝕲*« zu bezeichnen, beibehalten werden. Besonders vorsichtig muß man sein, wenn man nur eine Hs. zitiert, die irgend eine von 𝔐 abweichende Lesart bringt. Hier ist es unerläßlich, erst einmal die betreffende Hs. zu untersuchen; wenn es sich herausstellt, daß diese Hs. zuverlässig ist und auf eine gute von 𝔐 abweichende Vorlage zurückgeht, kann man sie bevorzugt behandeln. Dies wird aber selten der Fall sein. Als Beispiel sei auf Zach 14 3 verwiesen, wo die Hs. 91 (eine Minuskel der Catenen-Gruppe) mit der in das Hebr. rückübersetzten Lesart בַּיּוֹם הַהוּא zitiert wird. Die Notiz kann wegfallen; denn 91 zeigt keine Lesarten, die irgendwie textkritisch wertvoll sind: ἐν τῇ ἡμέρᾳ ἐκείνῃ ist als bekannte Redewendung dem Schreiber unbewußt in die Feder geflossen.

3. Sehr dienlich ist es, bei verwandten und parallelen Stellen die Hinweise auf diese Stellen zu bringen. Es ist nicht in Ordnung, wenn nur an einer Stelle eine Notiz gebracht wird, dagegen an der verwandten Stelle die Notiz fehlt. So ist Am 1 9 vermerkt: »𝕲 τοῦ Σαλωμών«; diese Notiz (wenn sie nicht besser ganz wegfällt) ist bereits 1 6 zu bringen mit Hinweis auf v. 9. Mich 1 6 ist notiert »𝕲 ὀπωροφυλάκιον«; dagegen vermißt man die gleiche Notiz 3 12. Soph 3 8 steht im App. »𝕲 τῆς Ἀραβίας«; bereits Hab 1 8 sollte der nämliche Vermerk stehen mit Hinweis auf die Soph-Stelle.

4. Wenn 𝕲-Texte zitiert werden, die in 𝔐 fehlen und in der hexaplarischen Rezension mit Obelen überliefert werden, dann ist es anschaulich und zweckdienlich, die Obelen einzutragen. Mal 1 7 ist ein obelisierter Text überliefert mit der Einführung »c obelisco«. Besser ist es, den Obelus einzuzeichnen. An folgenden Stellen ist er nachzutragen: Os 8 13β + ÷ καὶ ἐν Ἀσσυρίοις ἀκάθαρτα φάγονται Joel 1 5α + ÷ ἐξ οἴνου αὐτῶν 1 5β + ·×· (pro ÷) εὐφροσύνη καὶ χαρά 2 12α + ÷ ὁ θεὸς ὑμῶν Am 6 10α-α ÷ καὶ ὑπολειφθήσονται οἱ κατάλοιποι Mich 5 3α ÷ καὶ ὄψεται und ÷ τὸ ποίμνιον αὐτοῦ 5 6α + ÷ ἐν τοῖς ἔθνεσιν Agg 2 9α + ÷ καὶ εἰρήνην — τοῦτον 2 14α + ÷ ἕνεκεν τῶν λημμάτων — ἐλέγχοντας Zach 1 2α + ÷ μεγάλην 2 2α + ÷ κύριε Mal 2 2α + ÷ καὶ διασκεδάσω — ἐν ὑμῖν. Das gleiche gilt von den asterisierten Stellen.

5. Einfacher ist es, manche Notizen des 1. Apparates in den 2. zu nehmen, so Os 10 13α (hier braucht dann die Lesart von A — Q nicht doppelt vermerkt zu werden) Mich 2 10α-α Hab 1 6α u. ö.

6. Von 𝕲 direkt abhängige Übersetzungen können fehlen, so 𝔏 (altlat. Übersetzung), z. B. Joel 1 13α.

Im folgenden sind die Bemerkungen zu den einzelnen Stellen nach der hebr. Reihenfolge der Bücher dargeboten; auch gelegentliche Druckfehler sind korrigiert. Zuerst ist der erste (obere) Apparat, dann der zweite (untere) Apparat durchgesehen.

Erster Apparat.

Os 2 9 : α 𝕲(𝕾) haben αὐτούς 3⁰ wohl aus eigenem eingefügt im
Anschluß an αὐτούς 1⁰ 2⁰; sie lasen also 𝔐, vgl. STEK-
HOVEN S. 75.

2 16 : α-α 𝕲 hat ursprünglich gelesen: καὶ ἄξω αὐτὴν εἰς ἔρημον
= 𝔐; τάξω und ὡς sind innergriech. Verderbnisse.

2 17 : α-α Es ist sehr fraglich, ob 𝕲(𝕾) ein anderes Subst. voraussetzen. Wahrscheinlich ist σύνεσις von συνιέναι »zusammengehen« abzuleiten, vgl. Zach 9 12 συναγωγή = תִּקְוָה.
Siehe VOLLERS II S. 244.

2 20 : α α΄ κοιμήσω αὐτούς = 𝔐; leider ist sonst keine Stelle
überliefert, wo α΄ שכב Hiphil übersetzt; sicherlich setzt
α΄ kein anderes Verbum voraus; für הוֹשִׁיב verwendet α΄
καθίζειν, vgl. Ps 4 9.

3 2 : β-β Zu καὶ νέβελ οἴνου vgl. I Reg 1 24 II Reg 16 1. Bereits
NYBERG S. 23 hat diese Notiz mit Recht beanstandet.

4 5 : α 𝕲 ἀσθενήσει (lies ἀσθενήσεις = 𝔐) ist innergriechisch
entstanden durch Einwirkung des folgenden ἀσθενήσει
und durch Beziehung auf ὁ δὲ λαός μου (v. 4), das als Subjekt genommen wurde.

γ 𝕲 ὡμοίωσα setzt ebenso wie 𝔙 (tacere feci) die Punktierung דִּמִּיתִי voraus, vgl. NYBERG S. 25.

5 2 : α 𝕲 ὑμῶν = לָכֶם, vgl. NYBERG S. 37.

5 15 : α Füge am Ende hinzu: »cf 10 2 14 1 Joel 1 18«.

6 5 : α καὶ τὸ κρίμα μου . . . ; keine einzige Hs. liest το δε
κριμα μου . . .

6 8 : α-α Es ist sehr fraglich, ob 𝕲 das Verbum עבר voraussetzt;
richtig bemerkt NYBERG S. 43: »auch andere Möglichkeiten
wären zu erwägen«. Jedenfalls ist hinter עֶבְרָה ein Fragezeichen zu setzen.

6 9 : β 𝕲 ἔκρυψαν = חָבוּ oder חָבְאוּ; das Hiphil braucht 𝕲 nicht
gelesen zu haben, vgl. NYBERG S. 43.

γ Die Beifügung von κυρίου findet sich öfters gerade in
der alexandrinischen Rezension (= 𝕲ᴬ⁻Q), vgl. meine
Isaias-Ausgabe (Göttingen 1939), S. 29.

8 13 : β Füge hinzu: »ex 9 3« (in den Corrigenda, Prolegomena
S. XL nachgetragen).

9 2 : α Füge hinzu (hinter ἔγνω) αὐτούς.

10 1 : α 𝕲 εὐθηνῶν setzt 𝔐 voraus; sicherlich hat 𝕲 nicht נָאוָה
gelesen, vgl. NYBERG S. 72. Eher kommt ישלה in Frage, so
VOLLERS II S. 253.

10 2 : α Füge hinzu: »cf 5 15 14 1 Joel 1 18«.

10 12 : β Schreibe γενηματα (mit einem ν).

11 5 : α-α Füge hinzu : »cf 9 3«.

11 6 : α Schiebe καί vor ἠσθένησεν ein.

11 7 : α-α ᵹ ἐπικρεμάμενος (Sing.) setzt 𝔐 (Plur.) voraus; bei
עם steht öfters der Plur., vgl. im 2. App. zu Os 4 6.

β-β Lies ὁ (θεὸς) statt ὁ (θεὸς) : Druckfehler (in den Corrigenda verbessert). θυμωθήσεται = יֵחַר.

12 1 : β-β Lies κεκλήσεται statt κληθήσεται (so V A alii, vgl.
Sept.-App.).   Statt κληθήσεται ist zu schreiben : »κεκλήσεται (κληθήσεται A alii)«.

13 4 : α στερεῶν (ο στ. A alii) οὐρανὸν (τὸν οὐρ. B⁺) καὶ κτίζων
γῆν (τὴν γῆν ist hsl. nicht bezeugt) ... στρατιὰν (nicht
στρατείαν) ...

14 1 : α Füge hinzu : »cf 5 15 10 2 Joel 1 18«.

14 3 : β-β Füge am Anfang hinzu : »ᵹ ὅπως μὴ λάβητε ἀδικίαν«
und füge hinter ἀφελεῖν ein : »(vel ἀφαιρεῖν)«.

14 8 : α-α Schreibe : »ᵹ* ζήσονται καὶ μεθυσθήσονται (= וְיִרְיוּ :
dupl. lect.) σίτῳ; ᵹᴼᴸᶜ ζήσονται καὶ στηριχθήσονται
σίτῳ: cf Gen 27 37«.

Joel 1 5 : β Füge hinzu : »ex 1 16«.

1 8 : α Füge hinzu : »dupl. trad.«; oder schreibe besser : »ᵹ
θρήνησον πρός με: dupl. trad.«.

1 18 : α-α Statt »ἑαυτοῖς« ist »ἐν αὐτοῖς« zu schreiben, vgl. Sept.-
App.

γ Füge hinzu : »cf Os 5 15 10 2 14 1«.

2 20 : α Streiche : »om ᵹ«; ᵹ hat καὶ ἀφανιῶ für וּשְׁמָמָה; sie
setzt also das Verbum שמם voraus, das gewöhnlich im
Dodekapropheton mit ἀφανίζειν wiedergegeben wird, vgl.
Os 2 12 (14) Am 7 9 9 14 Mich 6 13 Joel 1 17 Soph 2 9 3 6
Zach. 7 14.

2 23 : α ᵹ τὰ βρώματα (om. τα ᵹᴸ alii).

Am 1 3 : β Füge hinzu : »cf v. 13«.

1 7 : α Füge hinzu : »cf ᵹ (ἐπὶ τὰ τείχη): item v. 10«.

1 9 : α Füge hinzu : »cf v. 6«.

1 10 : α Füge hinzu : »cf v. 7«.

1 15 : α ᵹᴸ (ebenso α' σ') μελχομ (nicht Μελχώμ), vgl. Soph 1 5.

2 7 : α-α Streiche : »(τ. π. ἐ. τ. χ. τ. γ. ᵹᴵ)«. Die Abkürzungen
sind zu unklar; ᵹᴵ liest wie ᵹ*.

3 9 : α-α Schreibe : »ᵹ« (nicht »ᵹᴮ«) καὶ ἐπὶ τὰς χώρας τῆς
(> A) Αἰγύπτου (ἐν γῇ Αἰγύπτῳ O L C) = וְעַל אַדְמוֹת מ'.
ᵹ setzt nicht ארץ voraus, sondern אדמה, vgl. 3 10. 11. Mich
5 5 (4) ist richtig באדמתנו als Äquivalent für ᵹ ἐπὶ τὴν
χώραν ἡμῶν (innergriechisch zu ὑμῶν verderbt) angegeben. Der ganze Passus zu Am 3 9 kann fehlen.

3 11 : α-α ᵹ Τύρος καὶ (> ᵹᵐˢˢ) κυκλόθεν ἡ γῆ σου ἐρημωθήσεται.

3 12 : α 𝕲 κατέναντι = 𝔐; sicherlich hat 𝕲 nicht לִקְרַאת gelesen. פאה (= Seite) ist öfters mit κατά übersetzt, vgl.
Ex 27 12 Lev 13 41.

4 2 : α Die Hss. W 86^mg und Sa lesen ὁ θεός = 𝔐.
β-β Vor λήμψονται (so besser als λήψ., siehe Corrigenda)
ist καὶ einzufügen.
γ-γ Das zweite γ ist oben im Text hinter וּפְרָצִים v. 3 zu
setzen. ἔμπυροι (streiche »[l ἐν πυρί?]«) = דּוּנִם.

4 13 : α Streiche den hebr. Artikel הַ.

5 26 : α Füge hinter 𝕲 ein: »et σ'«.

6 1 : α Füge hinter ἀπετρύγησαν ein: »lege ἀπετρύπησαν?«.

6 3 : α Lies »𝕲^{A Q*}« statt »𝕲^{A Q}« und füge den hebr. Artikel הַ
hinzu.

6 6 : α-α 𝕲 τὸν διυλισμένον οἶνον; keine einzige Hs. stellt um;
richtig bemerkt A. SCHULZ, Psalmen-Fragen (Münster i. W.
1940), S. 117, daß die Reihenfolge schon von 𝕲 vorausgesetzt wird und nicht geändert werden darf.

6 10 : α-α οἱ κατάλοιποι setzt sicherlich nicht מִיתָר voraus; wahrscheinlich ist es innergriechisch aus κάτοικοι verderbt.
οἱ οἰκεῖοι αὐτῶν (οἱ nach οἰκεῖοι ist Dittographie, die sich
nur in B findet) = 𝔐; דּוֹרוֹ braucht nicht angenommen zu
werden.
δ-δ 𝕲 σίγα = הַם, vgl. 8 3 σιωπή = הַם. Am besten ist
die ganze Notiz zu streichen.

7 1 : α Füge am Ende hinzu: »cf 7 4. 6. 7 8 1«.

8 4 : α Es ist sehr fraglich, ob 𝕲 das Verbum כבש oder עשק
voraussetzt; zwar ist καταδυναστεύειν die gewöhnliche
Wiedergabe von עשק, vgl. Os 5 11 12 7(8) Am 4 1 Zach 7 10;
aber es ist auch als Äquivalent für נשא Mich 2 2 und כתר
Hab 1 5 gewählt. Wahrscheinlich setzt 𝕲 an unserer Stelle
𝔐 voraus und ist durch die Parallelstelle Am 4 1 (αἱ κατα-
δυναστεύουσαι πτωχούς) beeinflußt.

8 14 : α Füge ein hinter θεός: »lege θεῖος = דֹּדְךָ«. Vgl. WUTZ
S. 31. 195.

Abd 1 : β Füge hinzu: »= 𝕲 (ἤκουσα)«.

4 : α-α Streiche: » > 𝕲«; 𝕲 hat den Passus (καὶ ἐὰν ἀνὰ μέσον
τῶν ἄστρων θῇς).

13 : α-α Streiche » > 𝕲^{Babא*}«; alle Hss. haben diesen Versteil.

16 : α οἶνον = תמיד (als תָּמֵד gelesen, vgl. ZAW 23 [1903] 345),
nicht הֶמֶר. B und S* lassen nicht nur οἶνον, sondern πίονται πάντα τὰ ἔθνη οἶνον wegen Homoiotel. aus (πίονται
1° ⌢ 2°).

Jon 1 13 : α Streiche »ΣΘ«. σ ′θ′ lesen 1. die Präposition εἰς statt πρός
(so 𝕲 und α′), 2. τὴν ξηράν statt τὴν γῆν. Q^mg gibt deutlich die Verschiedenheit der Präpositionen an; in Syh^mg
ist versehentlich aus der 𝕲 τὴν γῆν beigefügt. Die 𝕲-
Wiedergabe in Jon 1 13 ist frei; 2 11 ist die nämliche
Wendung wörtlich von 𝕲 mit ἐπὶ τὴν ξηράν wiedergegeben.
Am besten ist die ganze Notiz zu streichen.

Mich 1 6 : α Schreibe: »𝕲 εἰς ὀπωροφ.« und füge hinzu: »cf 3 12«.

1 10 : α Statt »Q^mg« schreibe »O C οἱ ἐν βαχειμ«.

1 15 : α-α Verbessere: »𝕲 ἕως τοὺς κληρονόμους (+ σου L) =
‎עַד הַיֹּרֵשׁ« (steht also 𝔐 nahe).

2 2 : α Füge hinzu: »cf ⁙ καὶ᾿ ἄνδρα 𝕲^BO«.

4 1 : β Schreibe »𝕲*« statt »𝕲«; 𝕲^L hat οἴκου.
γ Füge hinzu: »et 𝕲«.

4 14 : α Notiere: »𝕲 τὰς φυλάς (πυλας haben nur B—68 als
orthographischen Fehler) = ‎שִׁבְטֵי«.

5 1 : α Füge hinzu: »ex Matth 2 6«.

5 3 : α Akzentuiere ποίμνιον (in den Corrigenda verbessert).

5 6 : α Füge hinzu: »ex v. 7 ?«.

6 1 : α Füge hinzu: »𝕲^W+ λόγον κυριος κύριος εἶπεν; 𝕲^A λόγον
κυρίου ἃ ὁ κύριος εἶπεν; 𝕲^VQσ ἃ ὁ κύριος εἶπε(ν)«.

6 8 : α Schreibe: »εἰ (> V L C alii) ἀνηγγέλη« (-λη Druckfehler).

6 9 : α-α »𝕲 καὶ σώσει φοβ. (τους φοβ. A) τὸ ὄν. αὐτοῦ«.

Nah 1 8 : Schreibe »A« (= Aquila) statt »𝕲^A« und »מְקָמָיו« statt
»מקמיו«.

2 1 : α »𝕲 προσθῶσιν (-θήσωσιν B^(+))«.

3 3 : α Füge hinzu: »cf 𝕲 (καὶ ἀσθενήσουσιν)«.

Hab 1 5 : α Füge hinzu: »cf 2 5 Soph 3 4«.

1 6 : α τοὺς μαχητάς ist wohl Dublette zu τοὺς Χαλδαίους; es
ist fraglich, ob es auf ‎הַגִּבּוֹרִים zurückgeht.

2 4 : α-α Die α′-Wiedergabe νωχελευομένου setzt 𝔐 voraus.
Das Vergleichsmaterial fehlt zwar, aber fast regelmäßig
liest α′ unseren 𝔐. VOLLERS I S. 27 verweist auf den arab.
Stamm ‎غَفَل »nachlässig, träg sein«.

2 5 : α-α Schiebe hinter κατοιόμενος ein: »(lege κατοινωμένος ?)«.

3 2 : α Schreibe »𝕲« statt »𝕲^I«.

3 13 : α-α »𝕲 ἔβαλες (βαλεῖς B—S*+) εις κεφαλας . . .«.

Soph 1 4 : α Füge hinzu: »ex sq. ?«.
β-β Schreibe »𝕲*« statt »𝕲« (hab. L C Syh^mg).

2 1 : α-α Füge hinzu: »(lege συνιτε ?)«.

2 10 : α Schreibe »𝕲*« statt »𝕲« (hab. L).

3 3 : α Füge hinzu: »cf Hab 1 8«.

3 5 : α-α Das zweite α oben im Text gehört hinter ‎עֻיל.

3 14: α Füge hinzu: »ex Zach 9 9 ?«.

3 18: α 𝕲ᴮˢ lesen nur τοὺς συντετριμμένους (ohne σου) = מְכָּם.
Es ist sehr wahrscheinlich, daß σου von der alexandrinischen Textform frei hinzugefügt wurde, da A—Q gewöhnlich solche Teile haben ohne Rücksicht auf die hebr.
Vorlage. B—S schließen sich enger der hebr. Vorlage an.
Also am besten so notieren: »𝕲ᴮ⁻ˢ τους συντετριμμενους
(+ σου A—Q) = מְכָּם«.

Agg 1 1: α Schiebe נָא hinter אָמַר ein und füge hinzu: »cf 2 1. 2«.

1 10: α Schreibe »𝕲*« statt »𝕲« (hab. L Syh) und füge hinzu:
»dupl. lect.«.

1 12: α 𝕲ᵂ Laˢ Aeth Cypr. lesen nur πρὸς αὐτούς, die übrigen
Zeugen haben die Dublette ὁ θεὸς αὐτῶν πρὸς αὐτούς.
Füge also hinzu: »dupl. lect.« und schreibe »𝕲ᵐˢˢ ᵖˡᵘʳ«
statt »𝕲«.

2 14: α Schreibe: »[𝕲ⱽᴸᶜ πονηριῶν]« statt »[𝕲ℵᶜᵃ πονηρῶν]«.
Alle in Frage kommenden Hss. haben πονηριῶν. Hinter
ἐλέγχοντας füge ein: »(vel ἐλέγχοντα)«.

2 17: α Füge hinzu: »cf Am 4 9«.

2 19: α Schreibe genauer: »𝕲ᵂᴮ⁻ˢ καὶ εἰ ἔτι; 𝕲ꟼᶜ καὶ ἔτι«.

2 22: α Füge oben im Text auch hinter dem ersten מַמְלָכוֹת α ein.
Am besten ist jedoch die ganze Notiz zu streichen; βασιλεύς findet sich nämlich öfters als Wiedergabe von מַמְלָכָה,
vgl. Soph 3 8 Jes 13 4. 19 23 11 14 16 60 12.

Zach 1 8: α-α Schiebe hinter δύο ein: »ex 6 1«.

2 2: β Füge hinzu: »hab. O sub ·⨰·«.

2 4: β Streiche »[62. 147 τὴν Ἰερουσαλήμ]«; die Variante von
62—147 besagt nichts.

2 7: α 𝕲 hat wohl nicht עֹמֵד gelesen, sondern נִצָּב oder auch
יָצַב, vgl. VOLLERS I S. 55. Das zweimalige יָצָא in 𝔐 ist
verdächtig. Es ist möglich, daß 𝕲 auch von verwandten
Stellen wie 3 5 beeinflußt ist.

2 12: β Füge hinzu: »= 𝕲ᵂ Tert 𝔅«.

6 13: α Die Hss. 68—130—311 233—710 lassen den Artikel ὁ
aus.

8 9: α-α Füge hinzu: »cf Agg 2 18 (καὶ ἀπὸ τῆς ἡμέρας)«.

9 12: α-α Notiere so: »𝕲 καθήσεσθε (και θησεσθε Q*; και θησονται A) ἐν ὀχυρώματι (-μασι(ν) B—S—V)«.

11 14: α Auch 86 Aeth lesen ιερουσαλημ. Die Variante besagt
aber nicht viel, weil der Wechsel ιηλ und ιλημ naheliegend
und deshalb sehr häufig ist. Die Notiz ist zu streichen.

12 2: α-α Das erste α ist oben im Text vor וַם zu setzen. Am
besten ist diese ganze Notiz des 1. App. zu streichen und
im 2. App. hinter cf 𝕲 einzufügen: περιοχή.

12 10 : α-α Am Anfang füge καί ein.

13 7 : α Die Angabe der Hss. ist zu vervollständigen: 𝔊ᵂ ᴮ⁻ˢ*
πατάξατε, 𝔊ᴬ⁻ᵠ πᾰταξον, 𝔊ⱽ ᵃˡⁱⁱ πᾰταξω = Mt 26 31.

14 2 : Füge hinzu: »cf 𝔊²³³⁻⁷¹⁰ κοιτασθήσονται«.

14 10 : α Schiebe nach καί ein: »(lege κατά)«.

Mal 1 3 : α 𝔊 εἰς δόματα = 𝔐, von נתן = δίδωμι abgeleitet. נָוֶה
bzw. נָאָה übersetzt das Dodekapropheton mit νομή, vgl.
Am 1 2 Soph 2 6, mit ὡραῖον Joel 1 19. 20 und mit πεδίον
Joel 2 22.

1 4 : α 𝔊 ἐπικληθήσεται = 𝔐, vgl. Os 1 10 (2 1) κληθήσονται
καὶ αὐτοί לָהֶם וְיֻאֲמַר, Am 5 16 ῥηθήσεται יֹאמְרוּ und κληθήσεται וְקָרְאוּ. Vgl. STEKHOVEN S. 78.

1 6 : α φοβηθήσεται ist lukianische Lesart. Schreibe also »𝔊ᴸ«
statt »𝔊ℵ ᶜᵃ«.

1 7 : α Notiere so: »𝔊 + ÷ καὶ τὰ ἐπιτιθέμενα βρώματα (>
B—S* L C) ἐξουδενωμένα (-νωσατε B—S* L)« und füge
hinzu: »ex v. 12«.

2 13 : α Füge hinzu: »cf Zach 8 17 שָׂנֵאתִי אֲשֶׁר«.

3 16 : α Füge hinzu: »lege τότε?«.

3 19 : α Schreibe »𝔊ᴬ⁻ᵠ« statt »𝔊«; κυρίου fehlt in 𝔊ᴮ⁻ˢ*.
Vgl. oben zu Os 6 9γ.

Zweiter Apparat.

Os 1 6 :   a Schiebe hinter 𝔊 ein: »𝔊ᴸ«.
b-b Streiche: »cf 𝔊 ἀντιτασσόμενος ἀντιτάξομαι«. Wenn
𝔊 in ihrer Vorlage שָׂנֵא אֲשֶׁא gehabt hätte, dann hätte sie
sicherlich das Verbum μισεῖν gewählt. Vgl. VOLLERS II
S. 243.

1 9 :   a Die angeführten Zeugen »𝔊⁴² ⁴⁴ Orig Georg Aug« sind
schlechte Stützen für die vorgeschlagene Lesart. Die ganze
Notiz ist zu streichen. 𝔐 ist ursprünglich.

3 3 :   a Schreibe: »𝔊ᴬ⁻ᵠ« statt »𝔊« und füge hinzu: »cf Dtn 24 2
Jer 3 1«. Aus diesen Stellen wird das ἑτέρῳ der alexandrinischen Textform stammen und nicht aus einer hebr.
Vorlage, weil A—Q gewöhnlich innergriechische Varianten
haben und nicht nach dem Hebr. korrigiert sind. Die Notiz
könnte so lauten: »ins? אַחֵר, cf 𝔊ᴬ⁻ᵠ et Dtn 24 2 Jer 3 1«.

4 6 :   a Streiche die Notiz. Daß 𝔊 (auch α' σ' θ') den Sing. liest,
besagt nichts. Der Plur. ist in Ordnung; häufig wird עַם
mit dem Plur. konstruiert, vgl. Os 11 7 Am 1 5 Joel 2 26. 27
Nah 3 18 Agg 1 2. 12.

4 8 :   a Füge hinzu: »et 𝔊 σ' (τὰς ψυχὰς αὐτῶν) θ' (ἐν ταῖς
ψυχαῖς αὐτῶν)«.

4 12 : b-b Füge hinzu: »ᴳ (ἐπλανήθησαν)«.

4 18 : c Schreibe: »ᴳᴬ⁻ᑫ« statt »ᴳᴬ«. Das Pron. αὐτῶν ist
jedoch innergriechisch durch ἠγάπησαν bedingt; αὐτῆς
ᴳᴮ ist ursprünglich.

5 2 : c Füge hinzu: »cf ᴳ (παιδευτής)«.

5 11 : b Füge hinzu: »cf ᴳ (πορεύεσθαι)«.

6 5 : d-d Schreibe וּמִשְׁפָּטִי statt שׁמ־.

7 1 : c Füge hinzu: »cf ᴳ (ἐκδιδύσκων)«.

8 11 : b-b Füge hinzu: »c ᴳᴸ«.

10 2 : a Schiebe hinter חֵלֶק ein: »cf α′ σ′ ἐμερίσθη«.

10 5 : d Füge hinzu: »cf σ′ πενθήσει«.

10 6 : c Füge hinzu: »cf ᴳᴸ (αἰσχύνην)«.

10 10 : a Füge hinzu: »(lege ἦλθον)«.

10 12 : a Füge hinzu: »cf ᴳᴸ (ὡς ἐ(σ)τι καιρός) Hi. (*quoniam est
tempus*)«.

10 14 : f Schreibe: »ᴳᴮᑫ*« statt »ᴳ«.

12 3 : c Füge hinzu: »c ᴳ«.

12 5 : a Füge hinzu: »c ᴳᴬ⁻ᑫᴸ ᴳ«.

13 10. 14 : a Füge hinzu: »c ᴳ (ποῦ)«.

13 15 : d-d Schreibe בְּלִי statt אֵלִי (Druckfehler?).

Joel 1 9 : a Füge hinzu: »c ᴳ (πενθεῖτε)«.

3 1 : a Füge hinzu: »cf Act 2 17«.

4 9 : b-b Füge hinzu: »cf ᴳ (προσαγάγετε καὶ ἀναβαίνετε)«.

4 16 : a-a Streiche »c ᴳ ℵc. b«. Die Auslassung in Sᶜ·ᵇ ist nicht
sicher und besagt nichts.

Am 2 3 : a Füge hinzu: »cf ᴳᴸ (ἐξ αὐτοῦ)«.

  b Füge hinzu: »cf ᴳᴸ (ἄρχοντας αὐτοῦ)«.

2 7 : a und b-b Streiche »cf ᴳ« (zweimal); ᴳ setzt 𝔐 voraus.

2 8 : a Füge ein: »cf ᴳ«.

3 5 : a Es ist nicht sicher, daß bereits ᴳ פַּח nicht gelesen hat;
vielleicht stand in der Vorlage פַּחְנֵי statt פַּח, das ᴳ nicht
übersetzte; vgl. Mi 3 3 εἰς χύτραν ק בְּתוֹךְ, Am 3 9 ἐν αὐτῇ
בְּקִרְבָּהּ.

3 9 : b-b Schreibe »ᴳ*« statt »ᴳ«; ἐν γῇ αἰγύπτῳ (-του) lesen
O L C.

4 3 : c Schreibe genauer ᴳᴬ⁻ᑫ Ρεμμαν, ᴳᵂ Ραμμαν, ᴳᴮ⁺ Ρομ-
μαν, ᴳᵒᶜ Ερμωνα, ᴳᴸ Αρμανα.

4 4 : a Füge hinzu: »cf ᴳᴸ Syh (καὶ ἐπληθύνατε)«.

4 10 : c Füge hinzu: »cf ᴳ«.

6 8 : b-b Schreibe »ᴳ*« statt »ᴳ«; *L C* Syhᵐᵍ haben diesen
Passus.

6 10 : b Streiche: »c ᴳ«. ᴳ besagt nichts, da sie öfters das Personalpronomen aus eigenem beifügt, vgl. Stekhoven S. 76.
Man könnte vielleicht notieren: »c ᴳ?«. Vgl. Mi 7 3.

7 4: d-d Schreibe »𝔊^{B—V}« statt »𝔊«. Es ist aber sehr fraglich, ob κυρίου ursprünglich ist.

7 7: a Füge hinzu: »cf 𝔊^{mss} (κύριος ὁ θεός vel κύριος κύριος)«.

7 17: a Füge hinzu: »cf La^C Lucifer«.

8 2: a Füge hinzu: »𝔊^L verss«.

8 11: a-a Schreibe »𝔊*« statt »𝔊«; O C haben κύριος κύριος.

9 10: a-a Füge hinzu: »ἐφ' ὑμᾶς, cf Mi 3 11«.

9 13: a Streiche: »c 𝔊«. Richtig bemerkt K. BUDDE, Journ. of Bibl. Lit. 44 (1925) 119, daß der Artikel in 𝔊 nicht den hebr. Artikel voraussetzt. Wenn man 𝔊 beiziehen will, dann kann es so geschehen: »cf 𝔊^{WBQ*} ὁ ἄμητος, 𝔊^{AQᵒ} ὁ ἀλόητος = הָדִישׁ ?, cf Lev 26 5«.

Abd 7: b Schreibe »𝔊*« statt »𝔊« und füge hinzu: »cf 𝔊^{VL} (οἱ συνεσθίοντές σοι) et 𝔊^W (ἐπολέμησάν σε)«.

10: a Füge hinzu: »cf 𝔊 (καὶ τὴν ἀσέβειαν)«.

11: a-a Füge hinzu: »cf 𝔊 (ἀφ' ἧς ἡμέρας)«.

14: a Füge hinzu: »cf 𝔊 (αὐτῶν A—Q S^{ᶜᵃ}; αὐτοῦ B—S*—V O C et σ')«.

16: a Schreibe »𝔊^{VL}« statt »𝔊« und füge hinter וּבָלְעוּ ein: »cf 𝔊^C (καταπίονται)«.

17: b Füge hinzu: »αὐτούς«.

20: a-a Füge hinzu: »cf 𝔊 (ἡ ἀρχὴ αὕτη)«.
   b Füge hinzu: »𝔊 γῆ = אֶרֶץ«.

21: a Schreibe »Θ« statt »Σ«; σ' hat σώζοντες, wie ausdrücklich Hi. bezeugt. Füge hinzu: »cf Zach 9 9«.

Jon 1 8: a-a Die Auslassung in 𝔊^{B—S—V} besagt nichts, da sie infolge Homoiotel. erfolgt ist (ἡμῖν 1⁰ ⌒ 2⁰).

Mich 1 3: b Schreibe »𝔊^{B*—V}« statt »𝔊«.

1 5: d Es wird näherliegen מים als ursprüngliche Lesart anzunehmen, vgl. WUTZ S. 186. 333. 470.

1 11: f-f Schreibe ὀδύνης statt ὠδ.

1 15: a-a Füge hinzu: »cf 𝔊 (ἀγάγω σοι)«.

2 4: b Streiche »𝔊«. 𝔊 hat ἐν μέλει, das נִהְיָה entspricht.
   h Schreibe: »𝔊^{WB—V}« statt »𝔊«. 𝔊 ^{A—Q} hat διεμετρήθησαν.

2 9: b Füge hinzu: »cf 𝔊«.

2 10: a Füge hinzu: »cf 𝔊 (σοι), *vobis* La^C Aeth Ambr«.
   c-c Füge hinzu: »cf 𝔊 (διεφθάρητε φθορᾷ)«. Die 𝔊-Lesart ist vom 1. App. hierher zu versetzen.

2 11: b-b Füge hinzu: »cf 𝔊 (ψεῦδος vel ψευδές)«.

3 12: b Schiebe vor ἄλσος ein: εἰς. Am besten fällt die Notiz weg, siehe oben S. 108.

4 14: b Schiebe vor 𝔖 ein: »𝔊^V (ἔταξαν)«.

5 1: a-a Schreibe: »οἶκος τοῦ (> B⁺)« statt »οἶκος«.

5 8 : a Füge hinzu: »cf $\mathfrak{G}$ (ὑψωθήσεται)«.

6 1 : a Schreibe »$\mathfrak{G}^{WBA}$« statt »$\mathfrak{G}$«.

6 5 : b Streiche »c $\mathfrak{G}$«. $\mathfrak{G}$ setzt $\mathfrak{M}$ voraus, vgl. STEKHOVEN S. 77.

6 13 : a Schreibe »A« (= α′) statt hochgestelltes »ᴬ« (Druck-fehler).

6 16 : d Streiche die Notiz. $\mathfrak{G}$ (λαῶν) setzt $\mathfrak{M}$ voraus, den alten Plural auf ׳. Vgl. Abd 13 λαῶν עַמִּי, Abd 12 ἀλλοτρίων נכרו (wahrscheinlich נכרי gelesen) Os 2 16 (18) βααλ(ε)ιμ בעלי; A. SCHULZ, Psalmen-Fragen (Münster i. W. 1940), S. 100 verweist auf weitere Stellen, wo diese Form als Plural auf-gefaßt worden ist: Ps 112 (113) 1 134 (135) 1 148 3 Ri 5 15.

7 3 : b Streiche »c $\mathfrak{G}$«; $\mathfrak{G}$ setzt $\mathfrak{M}$ voraus; αὐτῶν ist aus eigenem hinzugefügt, vgl. STEKHOVEN S. 76. Vgl. Am 6 10.

7 11 : c Füge ein: »cf? $\mathfrak{G}^{WB-VLC}$ (+ σου)«.

7 12 : b Schreibe »$\mathfrak{G}$« statt »$\mathfrak{G}^{BbA}$«. Nur B* hat die rein ortho-graphische Variante ειξουσιν (Wechsel η—ει).

7 15 : a-a Schreibe »$\mathfrak{G}^*$« statt »$\mathfrak{G}$«; $\mathfrak{G}^{VOLC}$ hat ἐκ γῆς = $\mathfrak{M}$.

7 19 ; a Schreibe »$\mathfrak{G}^{A-Q}$« statt »$\mathfrak{G}^A$«.

Nah 1 2 : a Streiche: »c $\mathfrak{G}^Q$«; Q hat dieses Wort.

1 7 : a Füge hinzu: »cf $\mathfrak{G}$ (τοῖς ὑπομένουσιν αὐτόν)«.

1 10 : a Füge hinzu: »($\mathfrak{G}^{WA-Q}$ αὐτῶν, $\mathfrak{G}^{BC}$ αὐτοῦ)«.

1 13 : c Füge hinzu: »cf $\mathfrak{G}$ (τὴν ῥάβδον αὐτοῦ)«.

3 8 : b Schreibe הֵילָה statt הֵילָה (Druckfehler) und füge hinzu: »cf $\mathfrak{G}^{WcA}$«.

c Füge hinzu: »cf $\mathfrak{G}$ (καὶ ὕδωρ) $\mathfrak{S}$ $\mathfrak{V}$«.

3 19 : a Füge hinzu: »cf? $\mathfrak{G}$ (ἴασις)«.

Hab 1 7 : a Streiche: »cf $\mathfrak{G}$«. $\mathfrak{G}$ hat dieses Wort (καὶ τὸ λῆμμα αὐτοῦ).

1 10 : a und b Füge hinzu: »cf $\mathfrak{G}$«.

1 11 : a Vor $\mathfrak{S}$ schiebe ein: »$\mathfrak{G}^L$ (τὸ πνεῦμα αὐτοῦ)«. Es ist jedoch sehr wahrscheinlich, daß Lukian und der syr. Übersetzer das Poss.-Pronomen aus eigenem beigefügt haben.

1 12 : a-a Füge hinzu: »cf $\mathfrak{G}$ ὁ θεὸς (+ μου $\mathfrak{G}^A$) ὁ ἅγιός μου«.

1 17 : a-a Füge hinzu: »cf $\mathfrak{G}$ (διὰ τοῦτο)«.

2 16 : a Schreibe: »καὶ διασαλεύθητι (καρδία σαλ. mend. mss. plur.)« für »σαλεύθητι«.

Soph 2 9 : a Füge hinzu: »om $\mathfrak{G}^V$ AchSa«.

2 11 : a Füge hinzu: »(vel ἐπιφανὴς ἔσται)«.

3 15 : c-c Schreibe: »$\mathfrak{G}^{WScAL}$« statt »$\mathfrak{G}^{אA}$« und füge hinzu: »cf Mi 4 7«.

Agg 1 4 : a Füge hinzu: »cf $\mathfrak{G}^{A-Q}$«.

Zach 1 15 : a Streiche »Cyr«. Die Hinzufügung πάντα kommt nur in einem (freien) Zitat vor, aber nicht im Kommentar z. St., vgl. 4 5. Auch die Hinzufügung von πάντα der Hs. 239 besagt nicht, daß sie in ihrer Vorlage so gelesen hat.

2 10 : a Besser ist כָּנַשְׁתִּי, vgl. Wutz S. 231.

4 5 : a Streiche: »Cyr«. Die Auslassung findet sich nur in einem Zitat, aber nicht im Kommentar z. St., vgl. 1 15.

4 7 : a-a Füge hinzu: »cf? $\mathfrak{G}^L$ (τὸ ὄρος)«.

4 9 : a Füge hinzu: »c $\mathfrak{G}^L$ (ἐπιγνώσεσθε) $\mathfrak{B}$ (scietis)«.

4 13 : a Füge hinzu: »om $\mathfrak{G}$*«. Nur S^c C 68 Syh haben λέγων.

6 5 : a Schreibe »$\mathfrak{G}$*« statt »$\mathfrak{G}$«. S^{ca} L Syh haben πρός με.

6 7 : a Streiche: »c $\mathfrak{G}$ℵ$^{c. b}$«. Das Plus ἐπὶ γῆν νότου stammt aus v. 6 und besagt nichts.

6 11 : a Schreibe: »$\mathfrak{G}^{LC}$« statt »$\mathfrak{G}^{MSS}$« und füge hinzu: »cf v. 14«.

7 8. 9 : a-a Streiche die ganze Anmerkung. Die Hs. 240 enthält den Tht.-Kommentar, der häufig die vorausgestellten Lemmata-Verse ausläßt. Siehe die Aufzählung in der Einleitung meiner Ausgabe S. 13 f.

8 12 : a-a Füge hinzu: »cf $\mathfrak{G}$ (ἀλλ' ἢ δείξω εἰρήνην)«.

8 16 : a Füge hinzu: »om $\mathfrak{G}^{A—Q}$ (hab. sub ⨽· B—S—V C Syh)«.

9 5 : a Füge hinzu: »cf. $\mathfrak{G}^{A—Q}$ (ἀπὸ τῆς ἐλπίδος αὐτῆς)«.

9 15 : e-e Füge hinzu: »cf $\mathfrak{G}$ (ὡς φιάλας)«.

11 5 : a Füge hinzu: »cf $\mathfrak{G}$ (ἔλεγον)«.

11 5 : b Füge hinzu: »cf $\mathfrak{G}$ (ἔπασχον)«.

11 7 : a-a Füge hinzu: »cf $\mathfrak{G}$ (εἰς τὴν Χαναανῖτιν)«.

11 11 : a-a Füge hinzu: »cf $\mathfrak{G}$ (οἱ Χαναναῖοι)«.

14 4 : a-a Füge hinzu: »om AchSa Tert«.

14 5 : e σ' setzt $\mathfrak{M}$ voraus, punktiert aber אֶל אֵצֶל; das Personalsuffix bezeugt σ' nicht.

Mal 1 13 : c-c Füge hinzu »cf $\mathfrak{G}^L$ (προσεφέρετε αὐτὰ εἰς θυσίαν)«.

2 3 : a Streiche: »cf $\mathfrak{G}$ ἀφορίζω«. $\mathfrak{G}$ setzt das Verbum גרע voraus.

d-d Streiche: »cf $\mathfrak{G}$«. $\mathfrak{G}$ hat die 1. Person καὶ λήμψομαι an die vorhergehenden Formen ἀφορίζω und σκορπιῶ angeglichen.

2 4 : a ἐγώ haben alle $\mathfrak{G}$-Hss. ἐγὼ κύριος $\mathfrak{G}^{A—QL}$.

c Streiche: »c $\mathfrak{G}$«. $\mathfrak{G}$ = $\mathfrak{M}$.

2 5 : a Streiche: »cf $\mathfrak{G}$ $\mathfrak{B}$«.

2 12 : a Füge hinzu: »cf $\mathfrak{G}$ (ἕως = עַד)«.

2 13 : a Füge hinzu: »cf $\mathfrak{G}$ (ἐκαλύπτετε)«.

2 17 : a Schreibe »$\mathfrak{G}^{WB—S\,Q}$« statt »$\mathfrak{G}$«. Besser jedoch ist die ganze Notiz zu streichen. Mit $\mathfrak{G}^A$ ist kein Pronomen als Objekt anzunehmen; αὐτόν und σε (so C) sind sekundär.

3 8 : a Schreibe: »εἰ πτερνιεῖ« statt »πτερνίζετε«.

e Schiebe »ὅτι« vor μεθ' ein.

3 14 : a Füge hinzu : »Aeth Arm Lucifer« »𝔄« (=arabische Übers).
ist zu streichen. Die genannten Zeugen sind jedoch kein
Beweis dafür, daß sie ein Plus in 𝔐 voraussetzen.

3 15 : a Streiche : »c 𝔊«. Es kann nicht ausgemacht werden,
daß 𝔊 □ַ voraussetzt ; auch das 2. □ַ ist mit καί wiedergegeben.

b Schreibe : »𝔊^B−S* LC« statt »𝔊« und füge hinzu : »cf
v. 19«.

3 16 : a-a Füge hinzu : »cf ? 𝔊^26 (αὐτόν)«.

3 22 : a Schreibe »𝔊*« statt »𝔊«.

Es war nicht beabsichtigt, alle 𝔊-Stellen namhaft zu machen,
die für die Beurteilung des hebr. Textes wichtig sind, sondern nur
die offensichtlichen Fehler zu korrigieren und einige Nachträge zu
bringen. Bei einer Neuausgabe der Biblia Hebraica des Dodekapropheton muß das gesamte 𝔊-Material, wie es die eben erschienene
Göttinger Septuaginta-Ausgabe vorlegt, neu bearbeitet werden.

II. Die Zuverlässigkeit griechischer Handschriften-Kollationen im Buche Amos.

Ein jeder, der irgendwelche Hss. kollationiert, weiß, daß er selbst bei größter
Genauigkeit immer wieder Fehler begeht. Jede Nachkollation deckt einige Versehen
auf. Die Gefahr von Fehl-Kollationen ist dann besonders groß, wenn die Hs. an Ort
und Stelle in kurzer Zeit eingesehen werden muß, so daß man gezwungen ist, schnell
zu arbeiten, ohne eine Nachkollation vornehmen zu können. Dies war häufig der Fall
in früherer Zeit, als die Photographie noch nicht im Dienst der Hss.-Forschung stand.
Seitdem aber photographische Wiedergaben der wichtigsten Hss. in schönen Bänden
auf den größeren Bibliotheken vorhanden sind und jeder Zeit Aufnahmen der ge-
wünschten Hss. hergestellt werden können, hat sich die Lage völlig verändert. Sobald
man ein gut lesbares Photogramm zur Hand hat, kann man genau kollationieren,
eine Nachkollation vornehmen und in Zweifelsfällen immer nachschlagen.

Im Hinblick auf die erschwerten Verhältnisse der früheren Zeit kann man es
entschuldigen, wenn die älteren Septuaginta-Ausgaben fehlerhaft sind. Dies gilt
namentlich für HOLMES-PARSONS (H.-P.), eine Ausgabe der griechischen Vollbibel
mit allen damals erreichbaren Hss. ; daß in dem großen Apparat Fehler stecken, ist
nicht zu vermeiden ; nur darf es nicht so sein, daß es von Fehlern wimmelt, wie unter
1 gezeigt ist. Nicht so leicht kann man Nachsicht üben, wenn nur wenige Hss. (die
wichtigsten Unzialen) in einer kleinen Handausgabe aufgenommen sind und viele
Fehler im Apparat stehen. So ist der Kodex Marchalianus (Q) bei Swete äußerst
unzuverlässig kollationiert ; die fehlerhaften Angaben sind auch in der neuesten Ausgabe nicht berichtigt. Dies ist um so weniger zu verstehen, als diese Hs. in einer schönen
photographischen Ausgabe von Cozza-Luzi vorliegt (siehe unter 4). Aber unverzeih-
lich sind fehlerhafte Kollationen kleiner Abschnitte der Bibel, wenn man die Photo-
gramme zur Hand hat, wie dies im Aufsatz von BOSSHARD (siehe unter 6) der Fall ist.

Die unten gegebene Zusammenstellung der Fehler früherer Kollationen, die
sich nur auf das Buch des Propheten Amos beschränkt, hat auch den Zweck, die Not-

wendigkeit einer neuen Septuaginta-Ausgabe, wie sie zu Göttingen erscheint, zu zeigen. Für diese Ausgaben sind alle Hss. von Mitarbeitern des Sept.-Unternehmens neu an Hand der Photos kollationiert; jede Hs. wurde nachkollationiert. Somit sind die Fehler auf ein Mindestmaß beschränkt. Bei solchen Stellen, wo der Herausgeber an der Treue der Kollation zweifelt, besteht die Möglichkeit, das Photo der Hs. einzusehen. Ganz selten ist ein Fehler festzustellen.

Völlig fehlerlos einen Apparat zu gestalten, wird keinem gelingen. Aber das Ziel muß sein, möglichst zuverlässıg zu arbeiten.

1. Holmes-Parsons.

Es ist bekannt, daß der Apparat der großen LXX-Ausgabe von H.-P. nicht zuverlässig ist. Gewöhnlich meint man nur, daß etliche Varianten fehlen oder falsch notiert sind; wenn man aber genauer nachprüft, dann ist man erstaunt, wie zahlreich die Fehler sind. Oftmals kommt es daher, daß sich die Herausgeber an manchen Stellen die Arbeit zu schwer gemacht haben, da sie auch dort, wo ihr Text (d. i. die sixtinische Ausgabe = Sixt.) von nur wenigen Hss. oder von nur einer Hs. oder überhaupt nicht handschriftlich bezeugt ist, als Lemma die Lesart der Sixt. nahmen und alle abweichenden Hss. notierten. Da waren Fehler unvermeidlich; denn bei der Masse der Hss. konnten leicht eine oder mehrere übersehen werden. Als Beispiel sei auf Os 7 6 verwiesen, wo Sixt. die Sonderlesart von B ενεγενηθη allein vertritt; alle übrigen Zeugen lesen ἐγενήθη; es fehlen bei H.-P. 26, 36ᶜ (deest 36*), 40, 91, 130; ferner auf Am 8 5, wo Sixt. die von Ald. übernommene Umstellung μέτρον μικρόν statt μικρὸν μέτρον allein ohne griech. hsl. Bezeugung vertritt (nur Laᶜ Syh Spec. haben die Umstellung wie Sixt..Ald.); es fehlen bei H.-P. 49, 68, 233, 239; die Hs. 22 ist bei der nächsten Variante mit dem Artikel zu nennen; sie liest μικρον το μετρον. Hier wäre es für die Bearbeiter einfacher und für die Benutzer übersichtlicher gewesen, folgende Notierung vorzunehmen: Os 7 6 ἐγενήθη B] εγενηθη rel. Am 8 5 μέτρον μικρόν Sixt. = Ald.] tr. rel.; μικρον το μετρον 22, 36, ... Die mangelhaften Angaben mußten sich verhängnisvoll bei Untersuchungen der Hss.-Gruppierung auswirken, wenn man auf H.-P. angewiesen war. Zwar konnte man allgemein feststellen, daß diese oder jene Hs. zu dieser oder jener Gruppe in Beziehung stand; aber genaue Resultate konnten nicht erzielt werden, so daß besonders die Zählung der von irgendwelchen Hss. oder Hss.-Gruppen vertretenen Varianten niemals stimmt. Diese Unsicherheit soll die folgende Liste zeigen, die eine Nachkollation der Hs. 68 bringt; ich habe gerade diese Hs. gewählt, weil sie im Dodekapropheten die Hauptquelle der Ald. ist.

Zunächst seien die Stellen genannt, wo 68 bei der Aufzählung der Zeugen fehlt; an diesen Stellen ist also 68 bei H.-P. nachzutragen: 1 3 τῶν ἐν Γαλααδ] om. ἐν 68   1 8 τῶν ἀλλοφ.] om. τῶν   1 9 εἰς τὴν

᾿Ιδουμ.] εἰς τὴν ιουδαιαν 1 13 αὐτόν] αυτους | τὰ ὅρια ἑαυτῶν] τα ο.
αυτων 1 15 οἱ βασιλεῖς αὐτῆς] om. οἱ | αὐτῶν 2⁰] om. 2 1 οὐκ
ἀποστρ. αὐτόν] ουκ αποτρ. αυτους | τῆς ᾿Ιδουμ.] om. τῆς 2 2 τὰ
θεμ.] om. τά | καὶ μετὰ φωνῆς] μετα κραυγης (streiche 68 bei der
vorher notierten Variante και μετα κραυγης) 2 4 οὐκ ἀποστρ. αὐτόν]
ουκ αποστρ. αυτους | τοῦ ἀπώσ. αὐτούς] om. αὐτούς = Ald. 2 5
Καὶ ἐξαποστελῶ] om. Καί 2 6 αὐτόν] αυτους 3 7 παιδείαν] + αυτου
3 9 τῆς Αἰγύπτου] εν γη αιγυπτω (streiche 68 bei der vorher notierten
Variante εν γη αιγυπτου) | τὴν ἐν αὐτῇ] om. τήν 3 12 κατέναντι
τῆς φυλῆς] om. τῆς 4 4 Εἰσήλθατε] και εισηλθετε 4 8 τοῦ πιεῖν ὕδωρ]
om. τοῦ 4 9 ὑμῶν 2⁰—ὑμῶν 4⁰] om. 4 10 καὶ οὐδ᾽ ὥς] και ουδ ουτως
(ebenso 4 11) 5 2 τοῦ Ισρ.] om. τοῦ 5 3 Διὰ τοῦτο] διοτι | ἐξ ἧς
ἐξεπορεύοντο 1⁰] εξ ης επορευοντο 5 6 ὅπως μὴ ἀναλάμψῃ] οπως
μη αναλαμπει (-πη 68) 5 11 κατεκονδύλιζον] κατεκονδυλιζετε (-ζε
fehlerhaft 68) | οἴκους ξεστούς] οικους ξυστους 5 14 οὕτως μεθ᾽
ὑμῶν] ponit μεθ᾽ ὑμῶν statim post παντοκράτωρ 5 16 ταῖς πλα-
τείαις] om. ταῖς | ταῖς ὁδοῖς] om. ταῖς 5 17 διὰ μέσου σου] om. σου
5 20 τοῦ Κυρίου] om. τοῦ 6 4 καὶ ἔσθοντες] και εσθιοντες 6 14 εἰς
Αιμαθ] εις εμαθ 7 5 Καὶ εἶπα] και ειπον 7 14 καὶ κνίζων] om. καί
8 5 μέτρον μικρόν] tr. (siehe oben) 8 7 κατὰ τῆς ὑπερηφανίας] καθ
υπερηφανιας 8 10 καὶ ἀναβιβῶ] και αναβω 68* (corr.¹) 8 12 ἀπὸ
τῆς θαλάσσης] om. τῆς 9 14 καὶ φάγονται] και φαγωνται.

Weiterhin seien die Stellen genannt, wo die Varianten von 68
(und Ald.) nicht genannt sind, also im App. von H.-P. fehlen: 1 9
τοῦ Σαλωμων] του σολομων 68 Ald. 2 7 καὶ πατήρ] και πνς 68
2 13 κυλίεται] κυριεται 68 2 14 φυγή] φυγην 68 Ald. | μαχητής]
μαχητος 68 Ald. 3 4 θήραν] θυραν 68 3 12 ὠτίου] αιτιου 68 5 4
λέγει] λεξει 68 5 14 ὅπως ζήσητε] οπως ζησεται 68 5 15 τά 1⁰ ⌒ 2⁰
68 5 16 om. οὐαί 2⁰ 68 5 18 κυρίου 1⁰ ⌒ 2⁰ 68 6 5 καί] ωαι 68
7 14 ἀλλ᾽ ἢ αἰπόλος] αλλ αιπολος 68 Ald. (nicht αλλα αιπολος; auch
62, 86, 91, 97, 130, 147, 311 lesen αλλ αιπολος) 8 6 ἐν ἀργυρίῳ] εν
αργυρια 68 Ald. | ἀντί] ανθ 68 Ald. (mit vielen anderen Zeugen, siehe
den App. meiner Ausgabe) 9 2 κατάξω] καταταξω 68.

Manche dieser Varianten haben H.-P. wohl absichtlich ausgelassen, so die fehlerhaften Lesarten Am 2 7 2 13 2 14 3 4 3 12 5 4
6 5 8 6. Aber es wäre doch besser gewesen, diejenigen zu notieren,
die auch in Ald übergegangen sind. Sie hat ja hauptsächlich ihren
Text aus 68 bezogen. Dies wird allerdings aus dem App. von H.-P.
nicht ganz deutlich, da zwar Ald. gewöhnlich gut kollationiert ist,
aber 68 sehr mangelhaft; so ist Ald. bei den Varianten der ersten
Liste richtig notiert und fast regelmäßig vertreten. Eine neue Kollation von 68 im Zwölfprophetenbuch wird also zeigen, daß 68 mit
den Hss. der Catenengruppe (= 87—91—97—228—310 bei H.-P.)
und besonders mit der Ald. viel enger verbunden ist als es der App.

von H.-P. deutlich macht. Ich habe diese Kollation nachgetragen und an rund 350 Stellen mangelhafte und falsche Notierungen festgestellt. Das Ergebnis dieser Nachkollation für die Beziehungen von 68 und der Catenengruppe zur Ald. soll an anderer Stelle mitgeteilt werden.

2. Oesterley.

W. O. E. OESTERLEY gibt in seinen »Studies in the Greek and Latin Versions of the Book of Amos«, Cambridge 1902, S. 25—61 auf der linken Spalte einen Abdruck des Textes des codex Marchalianus (Q) und auf der rechten Spalte der Minuskel 22 (zur lukianischen Textform gehörend). S. 1 stellt OESTERLEY in einer Liste die Fehler der Ausgabe von SWETE (es ist wohl die 2. Ausgabe von 1899 gemeint) zusammen; diese Liste bringt eine Reihe neuer Fehler, die sich beim Abdruck des Textes S. 25—61 wiederholen. S. 2 nennt OESTERLEY ausdrücklich zwei fehlerhafte Itazismen: 2 12 ενετελλεσθαε und 4 11 εγενεσθα εως (für ἐγένεσθε ὡς). Richtig ist folgendes: Q* liest ενετελλεσθαι, das in ενετελλεσθε, und εγενεσθαι ως, das in εγενεσθε ως korrigiert ist. Weiterhin vermerkt OESTERLEY, daß 2 12 (so richtig statt 2 7) über ηγιασμενους geschrieben sei ναζαρωΓ; es steht aber hier die aus der Vulg. genommene lateinische Lesart *nacareos*; solche Vulg.-Lesarten sind öfters in Q von einer Hand des XIII./XIV. Jh. eingetragen.

Erwecken gleich diese Notizen auf den ersten zwei Seiten ein Mißtrauen gegen die Arbeitsweise von OESTERLEY, so wird es durch eine Nachkollation der beiden Hss. Q und 22 bestätigt[1].

Im folgenden steht an erster Stelle die richtige Lesart von Q bzw. 22, an zweiter Stelle die fehlerhafte von OESTERLEY.

1 5 αιχμαλωτισθησεται Q] αιχμαλωτεθησεται falsch Oest. 2 7 και εκονδυλιζον] om. και 2 9 προ προσωπου] om. προ 2 10 τεσσερακοντα ετη] τεσσαρακονταετῆ 2 11 υιων υμων] om. υμων 2 12 ενετελλεσθαι] ενετελλεσθαε (siehe oben) 3 5 χασθησεται (= Q*)] σχασθησεται (= Qᵃ) 3 13 επιμαρτυρασθε (επιμαρτυριασθε*, corr.¹)] επι μαρτυρια 3 14 ασεβειας] -βειαν | κατασκαφησεται (= Q*)] κατασκαφησεται (= Qᵃ) 4 1 εν] ειν 4 3 εξενεχθησεσθαι (= Q*)] -σθε (= Qᵃ) | απορριφησεσθαι (= Q*)] -σθε (= Qᵃ) 4 4 εισηλθατε (= Q* vid.)] -θετε (= Qᵃ vid.) 4 8 και ουδ ως] om. και 4 11 εγενεσθαι ως] εγενεσθε εως (siehe oben) 5 5 εισπορευεσθαι (= Q*)] -σθε (= Qᵃ) 5 11 οικοδομηθησεται] -σατε 5 19 απεριση Q* (-ρειση Qᵃ)] απερισηται 5 20 αυτη (= Q*)] αυτης (= Qᵃ?) 5 22 ενεγκηται (= Q*)] -τε (= Qᵃ)

---

[1] Auch die S. 7 aufgezählten Nachträge und Berichtigungen (meistens betreffen sie nur die belanglose Tilgung des Ny ephelkystikon) der Kollation von 22 in H.-P. ist fehlerhaft.

5 25 τεσσερακοντα] τεσσαρακοντα 6 4 οι εσθ.] αι εσθ. 6 14 χιμαρρου]
-ρον 7 1. 6 κυριος] + κυριος (= Q^a) 7 10 δυνηται] δυναται 8 1 εδειξεν]
εδειξε 8 2 προσθησω] προσθω 8 5 μικρον μετρον] tr. 8 8 και ανα-
βησ.] om. και 9 1 σισθησονται] σισθησεται 9 7 εσται (= Q*)] εστε
(= Q^c) 9 9 ον τροπον λικμαται] ον τρ. λικμω.

1 3 εν πριοσι 22] om. εν falsch Oest. 1 4 αποστελω] αποστελλω
1 5 πεδιου ων] πεδιουων 1 9 τετταρσιν] τεσσαρσιν (ebenso 1 13
2 1 2 4 2 6) 1 13 εμπλατυνωσιν 22* (-σι 22^c)] ενπλατυνωσιν 1 14
τα θεμελια] om. τα 2 1 κατεκαυσαν] -σεν 2 7 ο πατηρ] om. ο 2 9
υψος κεδρου] υψ (sic) κεδρου 2 11 εις προφητας] om. εις 2 14 κρα-
τηση] -σει 2 15 και ο ιππευς] ουδε ο ι. 2 16 φευξεται (= 22*)]
διωξεται (= 22^c) 4 4 εισηλθετε] -θατε 4 9 επληθυνατε κηπους] om.
επληθυνατε 4 11 και εγενεσθε] om. και 4 13 και επιβαινων] om. και
5 3 κυριος] + κυριος 5 8 επι προσωπου] επι -πον 5 11 οικοδομη-
σετε (= 22*)] οικοδομηστε (οικοδομησατε 22^c) 5 16 οδοις] pr. ταις
5 19 χειρας] pr. τας | επι τον τοιχον] εις τον τ. 5 21 οσφρανθω]
+ θυσιας 5 26 εαυτοις] -των 5 27 μετοικιω] μετοιχιω 6 8 λεγων
(= 22*)] λεγει (= 22^c) 6 10 οικειοι] + οι 6 11 ρημασιν ⟨= 22*;
ρηγμασιν 22^c)] ραγμασιν 6 14 εκθλιψουσιν] -ψι 7 10 δυνηται] δυναται 7 14 συκαμινα] pr. και 8 3 επιρριψω] επερριψω 8 5 οι λεγον-
τες] om. οι 8 7 υπερηφανιας] -νειας 9 1 προπυλα (= 22*)] -λαια
(= 22^c) 9 6 επαγγελιαν] -λειαν 9 7 καπαδοκιας] καππαδοκιας 9 11
δαδ] δαυειδ 9 14 λαου του Ισρ.] του λαου ισραηλ.

3. Lietzmann.

In den Kleinen Texten für theologische Vorlesungen und Übungen
erschien als Heft 15/16 der Prophet Amos hebräisch und griechisch
(Bonn 1905); den hebr. Text bearbeitete J. Meinhold, den griech.
H. Lietzmann. Der griech. Text »bietet einen genauen abdruck des
codex Marchalianus ... mit allen fehlern des schreibers« (Vorrede
S. 3). Als Schul- und Übungstext erwartet man eine einwandfreie
und vorbildliche Ausgabe; diese liegt aber nicht vor; vielfach (namentlich im Apparat) finden sich Fehler:
1 13 γαλααδιτιδων Q^a Zi.] γαλααδιτιλων Q^a Li.; auch Swete (siehe
   unter 3) notiert wie Li. Es ist aber -τιδων zu lesen; das Δ
   steht auf dem Τ, so daß der untere Strich des Δ mit dem Quer-
   strich von Τ zusammenfällt.
2 15 σωσει Q^a (vid.)] σωση Q^a. Über dem η ist etwas geschrieben,
   das aber nicht deutlich zu lesen ist; es könnte ΕΙ lauten, so daß
   Q^a σωσει zuzuschreiben wäre; jedoch ist die Lesung zu unsicher
   und am besten nicht zu notieren.
4 3 απορριφησεσθαι Q*] αποριφησεσθαι Q*. Es sind 2 ρ zu schreiben.
4 4 εισηλθατε Q* (-θετε Q^a)] εισηλθετε Q. Das ε vor τ ist aus α korrigiert.

4 6 πασιν Q* (πασι Qᵃ)] πασιν (ohne Notiz).

5 11 σ' ξυστους Qᵐᵍ] συ Qᵐᵍ. Im Text von Q steht ξυστους, das in ξεστους korrigiert ist; wie Li. richtig notiert. Am Rand steht σ' darunter υ; dies kann nicht συ heißen, sondern soll besagen, daß Symmachus ξυστους gelesen hat.

5 12 οι ο' καταπατουσαι Qᵐᵍ] ο συ καταπατουσαι Qᵐᵍ (Druckfehler?).

5 20 αυτης Qᵃˀ] αυτης Q. Das Schluß-σ ist über den Rand hinausgeschrieben und könnte ursprünglich sein; aber sehr wahrscheinlich ist es vom Korrektor beigefügt, der den ursprünglichenText αυτη nach der hexaplarischen Lesart (Syh) geändert hat.

5 26 αυτοις Qᵃ(?)] αυτοις Qᵃ. Es ist sehr fraglich, ob der Korrektor das ε getilgt hat; die Tilgungszeichen (der über ε gesetzte Punkt und das Strichlein durch ε) sind kaum zu erkennen. Wenn überhaupt eine Notierung erfolgt, dann ist ein großes Fragezeichen zu Qᵃ zu setzen.

6 4 οι εσθοντες Q*] αι εσθοντες Q*. Bei οι ist das ο in α verbessert und κ darüber geschrieben = και Qᵃ (richtig von Li. notiert); ursprünglich hat Q sicher οι gelesen.

6 10 προεστηκοσιν Q* (-κοσι Qᵃ)] προεστηκοσιν (ohne Notiz).

8 2 ουκετι μη προσθησω Q*; ου προσθησω ετι Qᵃ] ουκετι μη προσθησω Q*; om. μη Qᵃ.

8 6 πασης πρασεως Qᵐᵍ] πασης πραξεως Qᵐᵍ.

9 10 ελθη Qᵐᵍ] ελθει Qᵐᵍ.

An der genannten Stelle 8 2 liegt eine Umstellung vor, wie sie der Korrektor von Q häufig im Anschluß an die hexaplarische Vorlage (gewöhnlich nach 𝔐) vornimmt. Er zeigt sie dadurch an, daß er über die umzustellenden Wörter dünne, schräge Striche zeichnet. An der genannten Stelle hat der Korrektor μη getilgt und ebenso das κ in ουκετι; durch zwei Striche über ουκετι und durch drei Striche hinter προσθησω deutet er an, daß umzustellen ist, also ου προσθησω ετι zu lesen ist. Die Bedeutung dieser Striche hat weder LIETZMANN noch SWETE (siehe unter 4) erkannt. An folgenden weiteren Stellen hat der Korrektor die Umstellung vorgenommen (weder von LIETZMANN, noch von SWETE notiert): 2 16 εκεινη / τη ημερα] tr. Qᵃ 3 12.13 ιερεις ακουσατε] tr. Qᵃ 3 15 οικοι ετεροι] tr. Qᵃ 4 1 πενητας … πτωχους] tr. Qᵃ 5 14 μεθ' υμων / κυριος ο θεος ο παντοκρατωρ] tr. Qᵃ 6 2 εις μαθ ραββα / και διελθατε εκειθεν] tr. Qᵃ 8 9 εκεινη / τη ημερα] tr. Qᵃ.

Ein Rückblick zeigt, daß der Text von Q ziemlich gut von LIETZMANN abgedruckt ist und daß die Fehler gewöhnlich auf SWETE zurückgehen, von dem LIETZMANN zu sehr abhängig ist. Der Apparat ist häufig unzuverlässig; auf die Fehler kann nicht näher eingegangen werden[1].

---

[1] Der Apparat verzeichnet auch die Varianten von B und die Lesarten der drei Amos-Kommentare des Cyrill von Alexandrien, Theodor von Mopsuestia und Theo-

4. Swete.

Bis zum Erscheinen der Stuttgarter Septuaginta von Rahlfs (1935) wurde die Handausgabe von Swete am häufigsten benutzt. Die erste Ausgabe von Bd. III erschien 1894; jetzt liegt die vierte Ausgabe von 1912 vor, von der 1930 ein Abdruck ausgegeben wurde. Schon rein äußerlich gesehen, griff man gern zu den handlichen, gefälligen Bänden; man glaubte auch hier eine Ausgabe vor sich zu haben, die einen genauen Abdruck der ältesten Hs. (gewöhnlich B) bot und im Apparat die Varianten der Unzialen sorgfältig buchte. Dieser Eindruck wurde dadurch verstärkt, daß im Apparat eine Menge kleiner und kleinster Abweichungen verzeichnet ist, wie Itazismen, Auslassung oder Hinzufügung des Ny ephelkystikon, Korrekturen aller Art (darunter auch Rasuren) und andere Quisquilien. Die nicht im Apparat verzeichneten Orthographika sind in der Appendix zu jedem Band nachgetragen (besser wäre es gewesen, alle Orthographika in der Appendix anzubringen). Wenn man aber genauer zusieht, dann erkennt man, daß sehr viele Fehler vorhanden sind (die Beobachtungen beziehen sich auf die Propheten-Bücher); ziemlich gut ist der Text abgedruckt; von den Hs. sind am besten B und S (nach Tischendorf) kollationiert; A ist öfters ungenau verzeichnet; ganz ungenügend ist Q kollationiert, der gerade für die Propheten-Schriften sehr wichtig ist, weil er für Is. Jer. und Zwölferbuch einen guten Text bietet, und dann nach einer hexaplarischen Hs. von einem Korrektor bearbeitet worden ist, der die hexaplarischen Zusätze und Auslassungen durch Asteriskus und Obelus gekennzeichnet hat und selbst eine Menge hexaplarischer Lesarten und besonders die Lesarten der jüngeren Übersetzer gebucht hat. Swete bringt zwar im Apparat viele Notizen über Q^a und Q^{mg} (= Korrektor von Q); aber sehr viele sind unterlassen oder falsch notiert; die hexaplarischen Zeichen (Asteriskus und Obelus) sind sehr oft nicht vermerkt (in der Ausgabe von Cozza-Luzi sind sie ziemlich verblaßt, aber doch ge-

---

doret von Cyrus. Richtig ist unterschieden zwischen dem dem Kommentar jeweils vorangesetzten Bibeltext und dem im Kommentar verwendeten Bibeltext; aber unrichtig sind Kommentar-Lesarten notiert, die völlig freie Umgestaltungen des Bibeltextes darstellen und sicher nicht in der Bibel des betreffenden Kirchenvaters gestanden haben, z. B. 2 18 ω ιερεις ακουσαντες επιμαρτυρασθε Theodoret, oder 6 14 ο παντων των απανταχου δυνατων κυριος Theodor. Ein großer Mangel besteht darin, daß die unbrauchbare Cyrill-Ausgabe von Aubert (Abdruck Migne) für die Cyr.-Zitate verwendet worden ist, die gänzlich versagt, weil sie die Bibelstellen vielfach nach der Sixt. umgeändert hat. Hier hätte die neuere Ausgabe von Pusey zugrundegelegt werden müssen; allerdings ist auch Pusey in der Wahl der Bibellesarten aus seinen Hss. nicht immer glücklich gewesen. Vgl. meinen Aufsatz »Der Bibeltext des Cyrill von Alexandrien zu den zwölf kleinen Propheten in den Druckausgaben« in: Nachr. d. Akad. d. Wiss. in Göttingen, Phil.-Hist. Kl. 1943, Nr. 10, S. 400—412.

wöhnlich bei genauer Nachprüfung deutlich zu erkennen); wie schon oben (unter 3) gesagt wurde, sind die Zeichen für Umstellung nicht erkannt worden. Es kann nicht der Zweck dieser Zeilen sein, alle Fehler namhaft zu machen; als Beispiel sei nur der Prophet Amos nachkollationiert[1]; benutzt wurde die vierte Ausgabe im Neudruck (1930).

Am 1 1 Οζιου BᵇAQᵃ   2 ποιμνιων Q* (-μενων Qᵃ)   5 αιχμαλωτευ-θησεται Qᵃ] αιχμαλωτισθησεται AQ*   6 συνκλισαι AQ*   9 αυτον Qᵃ (θ΄ -την α΄σ΄ ομοιως τοις ο΄ Qᵐᵍ)   13 -διτι | δων Qᵃ | οπως ενπλατυνωσιν] superscr. α΄θ΄ Qᵗˣᵗ; οι ο΄ ωστε εμπλατυναι σ΄ ομοιως τοις ο΄ Qᵐᵍ   14 αναψω] superscr. θ΄ Qᵗˣᵗ; οι ο΄ εξαψω σ΄ ομοιως τοις ο΄ Qᵐᵍ   15 αυτων 1⁰] αυτου Qᵃ; ομοιως οι γ΄ Qᵐᵍ | αυτων 2⁰] -του Qᵐᵍ (superscr. π΄ Qᵐᵍ).

2 2 αυτης BQᵃ] αυτων AQ*·   3 αυτου] αυτης Q* (non A) 7 βεβηλωσωσιν AQ* (-σωσι Qᵃ)   9 εξηγειρα A   14 om. ου μη σ. τ. ψ. αυτου A   15 σωση AQ (siehe oben unter 3)   16 füge ein: εκεινη / τη ημερα] tr. Qᵃ.

3 2 streiche: »υμων] αυτων A*ᵛⁱᵈ (υμ. Aᵃ)«   5 χασθησεται A*Q* 11 streiche »ο θεος] om. ο Aᵇ«   12.13 füge ein: ιερεις ακουσατε] tr. Qᵃ 12 ιερεις] pr. κλινη Qᵐᵍ   14 ασεβειαν A (streiche Q*ᵛⁱᵈ)   15 füge ein: οικοι 1⁰] pr. οι Qᵃ | οικοι ετεροι AQ*.

4 1 πενητας AQ* | πτωχους AQ*   3 füge ein: γυμναι] ⟨γυν⟩η Qᵐᵍ (vid.)   4 εισηλθατε Q*ᵛⁱᵈ   5 απαγγειλατε AQ*   10 υμων 3⁰ = ult.] μου AQ*.

5 1 Ισραηλ] pr. του Q (non A)   3 om. εξ ης 1⁰ B*   8 streiche »συσκοταζη Qᵐᵍ«   9 επ] επι AQᵃ   11 füge ein: σ΄ ξυστους Qᵐᵍ (siehe oben unter 3) | om. εξ AQᵃ   12 καταπατουντες AQ* (super-scr. οι λ΄ Qᵗˣᵗ); οι ο΄ -τουσαι Qᵐᵍ   13 streiche: »εκειν Qᵐᵍ«   14 füge ein: μεθ υμων / κυριος ο θεος ο παντοκρ.] tr. Qᵃ   19 απεριση AQ* (απερειση Qᵃ) | επι] προς Aᵃ; εις A* (vid.) Q   20 αυτη] αυτης Qᵃˀ   22 σωτηριου AQᵐᵍ   27 füge ein: επεκεινα Δαμασκου] επεκεινα βα-βυλωνος Qᵇ.

6 2 schreibe: tr. και διελθατε (-θετε Qᵃ) εκειθεν post Ραββα Q* statt: »om. και διελθατε εκειθεν Q« und »Ραββα] + και — εκειθεν Q« | πλεονα] πλιονα A; πλειονα Q   4 και 2⁰] οι Q*   8 διοτι] ÷ Qᵃ; οτι A   9 füge ein: και υπολ. οι καταλοιποι] ÷ Qᵃ   12 οτι] + υμεις AQ* (om. υμεις Qᵃ)   14 streiche: »om ιδου εγω B*« und füge ein: επεγειρω Q*] -γερω Qᵃ.

---

[1] Aus anderen Büchern sei als besonders bezeichnendes Beispiel Jon. 2 8 ge-nannt; Swete notiert: ειπεν] + ως Qᵐᵍ; diese Randnote erscheint sofort verdächtig; es ist zu lesen: + ωδη ϛ΄ Qᵐᵍ (so hat auch 86ᵐᵍ); das ist die Überschrift zur 6. Ode (= Jon. 2 3-10).

7 1 Κυριος ο θεος] κυριος AQ*; κυριος κυριος Q^a (die Notierung von Sw. ist irreführend) 6 Κυριος] + κυριος Q^a 8 ειπον Q^b | λαου] pr. του Q* (om. του Q^a).

8 2 ου προσθησω ετι Q^a] ουκετι μη προσθησω Q*, ουκετι μη προσθω A (siehe oben unter 3) 3 κυριος Κυριος] κς AQ* (κς κς Q^a) 5 ενπολησομεν B*A 9 füge ein: εκεινη / τη ημερα] tr. Q^a 11 Κυριος] pr. κυριος Q^a | διψαν] superscr. α' θ' Q^{txt}; οι ο διψος Q^{mg} 12 της θαλασσης] εως θαλασσης AQ; pr. απο θαλασσης Q^{mg}; besser ist zu notieren: υδατα] + απο θαλασσης Q^{mg} | της θαλ.] εως θαλ. AQ; die Notierung von Sw. ist unrichtig.

9 1 σεισθησεται BAQ^{a et mg}] σισθησονται Q* ^{et txt} 3 ληψομαι B^aQ 6 om. της (vor γῆς 1⁰, nicht vor θαλασσης) A 13 καταληψεται B^aQ 15 streiche »αυτους] αυτου A«.

Diese Nachkollation von Amos zeigt zur Genüge, daß die Handausgabe von Swete für die wissenschaftliche Erforschung der Textkritik, die sauberste Arbeit verlangt, ungenügend ist. Es ist unverständlich, daß der cod. Marchalianus so schlecht kollationiert worden ist; eine Nachkollationierung an Hand der Ausgabe von Cozza-Luzi, die doch leicht zu machen ist, hätte schon bei der ersten Auflage die Fehler verbessern und zahlreiche Nachträge machen können. Aber soviel ich sehe, hat die Kritik nicht auf die Hss. selbst zurückgegriffen, weil wohl den Besprechern nicht die Ausgaben zur Hand waren oder weil ihnen eine Nachkollation zu langweilig war. So war es möglich, daß bis heute die Neuauflagen und Drucke in dieser mangelhaften Form erschienen sind.

5. Rahlfs.

Die vorhergehenden Ausführungen zeigen, daß die Handausgabe von A. Rahlfs der Septuaginta, die in Stuttgart 1935 erschien, notwendig war. Die Kritik hat sie sehr günstig aufgenommen. Über den Text, den Rahlfs zum erstenmal in der LXX-Forschung auf Grund der besten Hss. neu gestaltet, soll hier nicht gesprochen werden; an vielen Stellen wird die fortschreitende Forschung ihn verbessern können; jeder Text, der nicht eine alte Hss. einfach abdruckt, sondern vom Herausgeber gestaltet wird, ist notwendig subjektiv gefärbt und wird niemals in jeder Hinsicht vollkommen sein (wie ja auch alle Texte, die von den alten Rezensoren hergestellt wurden und uns jetzt in manchen Bibelhss. vorliegen, ihre nicht geringen Mängel haben!). Es soll in diesem Aufsatz nur die Zuverlässigkeit der Kollationen von Rahlfs und die Sauberkeit des Textes und des Apparates geprüft werden. Und da können wir sofort sagen, daß die Ausgabe von Rahlfs in dieser Hinsicht Lob verdient. Gewiß finden sich auch verschiedene Mängel und Versehen; aber im

Vergleich zu den oben besprochenen Werken sind sie verschwindend gering. Es ist hier nicht einmal möglich, nur das Buch Amos nachzuprüfen, weil sich kein Ergebnis zeigt; so sei die Untersuchung auf das ganze Dodekapropheton ausgedehnt. Zunächst sollen einige allgemeine Bemerkungen folgen. Rahlfs notiert sehr anerkennenswert die Lesarten der Origenes- (O) und Lukian-Rezension (L) und der Catenengruppe (C); jedoch sind diese Notierungen sehr unvollständig (sicherlich absichtlich). Hier vermißt man an verschiedenen Stellen eine Variante, z. B. Mi 6 2 ορη C für βουνοί,¦während an anderen Stellen die Notierung fehlen könnte. Auch hat Rahlfs nur die Hauptgruppen, nicht die Untergruppen notiert. Sehr unregelmäßig ist die Notierung der hexaplarischen Zeichen des Asteriskus und des Obelus; es ist nicht einzusehen, daß sie an manchen Stellen vermerkt werden, an andern aber nicht. Mit Recht nimmt Rahlfs nicht alle Quisquilien auf, die die Hss. überliefern; auch verschiedene Eigentümlichkeiten der Grammatik und des Dialektes sind nicht vermerkt, so die Varianten επεσαν—επεσον, ειπαν—ειπον, εσθιειν—εσθειν, ενεκεν—ενεκα, με—εμε, και εγω—καγω (auffallenderweise ist Zach 8 8 καγω B⁺ notiert). Alle diese Unterlassungen sind absichtlich erfolgt, um die Handausgabe nicht zu sehr zu belasten. Aber andere fehlende Notierungen sind für die Ausgabe ein Mangel: Rahlfs hat nicht alle Varianten des wichtigen Papyrus W aus dem III. Jh. und des Marchalianus Q gebucht; es ist ein großer Nachteil, daß er nicht die Text- und Randkorrekturen des letzteren notiert, die (neben der Syrohexapla) die wichtigsten Zeugen des Origenestextes sind. Noch bedeutender sind die Lesarten des Pap. W, besonders dann, wenn er mit Lukian zusammengeht, z. B. Zach 14 17; hier hätte Rahlfs notieren müssen: Zach 14 17 fin.] + και ουκ εσται επ αυτοις (- τους L) υετος W L = 𝔐.

Fehler finden sich im Apparat des Dodekapropheton nur wenige; sie seien aufgeführt: Os 7 7 κατεφαγον BQ*] -γε(ν) AQᶜLC   Am 5 19 επι] εις A* (vid.) Q; προς Aᶜ   Mi 6 8 θεου] pr. του AL (nicht C) Agg 1 13 κυριου AQ⁽ᵐᵍ⁾SᶜW] + εν αγγελοις κυριου BS*C = θ' sec. Syᵐᵍ; + εν αποστολη κυριου L (der Text von Q springt von εκ φυλης Ιουδα v. 12 auf εκ φυλης Ιουδα v. 14; der Rand bringt die fehlenden Teile, aber nicht εν αγγελοις κυριου; L liest αποστολη statt αγγελοις). Zach 14 5 φαραγξ 1⁰ AQW] pr. η BSL; η κοιλας C.

Folgende Varianten sind versehentlich nicht notiert, also im Apparat nachzutragen: Jon 2 5 τον ναον] τον λαον B*; om. τον AQ Nah 2 1 προσθησωσιν B⁽⁺⁾] -θωσιν rel. | δια σου B—S⁺] > rel. Zach 14 13 επιλημψονται BSLC] -ψεται AQW.

Nebenbei seien einige Druckfehler berichtigt: Os 7 16 οὗτος (οὗτος Rahles) Hab 2 5 ἀλαζὼν (ἀλάζων) Zach 4 2 σὺ (σύ) 12 12 οἴκου (οἶκου).

6. Boßhard.

Im Journ. of Bibl. Lit. 58 (1939) 331—347 erschien ein Aufsatz von E. Bosshard: »Septuagint Codices V, 62, and 147 in the Book of Amos«. Bosshard hat die Hss. V 62 147 nach Photos kollationiert und untersucht ihr Verhältnis zu A, B und 22. Die Lesarten von A und B sind Swete und Rahlfs entnommen; 22 ist nach der Ausgabe von Oesterley (siehe unter 2) benutzt. Damit war schon eine Fehlerquelle gegeben. Aber Bosshard hat verschiedene neue Fehler bei der Notierung der Varianten von 22 gemacht, die nicht Oesterley zu Schulden kommen. Jedoch noch fehlerhafter sind die eigenen Kollationen von Bosshard, wie ich bereits in der Einleitung zu meinen Duodecim prophetae S. 74 Anm. 2 gesagt habe. Es lohnt sich eigentlich kaum, eine Berichtigung der Kollationen von Bosshard zu geben; aber sie soll doch erfolgen, um zu zeigen, wie manchmal verantwortungslos Hss. gelesen und »Varianten« notiert werden. Gewiß sieht man bei verschiedenen Korrekturen nicht gleich, wie ursprünglich geschrieben stand und was die Korrektur besagen soll; aber ein Einlesen in die Hss., die zudem deutlich geschrieben sind, läßt bald mit der Schreibweise vertraut werden, so daß es nicht verständlich ist, wie manche einfache Kürzungen falsch gelesen werden und auch sonst zahlreiche Lesefehler vorkommen. Im folgenden ist an erster Stelle die richtige Lesart genannt, dann die falsche von Bosshard; zunächst sind die Hss. 62 147 nachgesehen, dann der cod. Venetus V.

Am 1 5 χαρραν 147] χαρρα falsch Bosshard (Abkürzung falsch gelesen) 1 6 αιχμαλωτευσαι 62] -λωτασαι 1 11 τεταρσιν 62 (ebenso 1 13 2 1 2 6)] τετταρσιν 1 13 εμπλατυνωσι 62—147] ενπλατυνωσι 2 9 ἦν 1⁰ 147] κυριον 2 13 κυλιεται 62] -τε | καλαμην 147] καμαμην 3 1 ελαλησε 62—147] ελαλεσε (Druckfehler?) 3 4 εξερευξεται 62—147] εξερευεται (Druckfehler?) | δωσει 147] δωσεις 3 9 hab. και (vor ἐπί 1⁰) 147] om. και | ιδετε 147] ιδεται | πολλα 147] πολλαι 3 15 hab. και (vor απολουνται) 147] om. και 4 2 λειψονται 62*—147*] ληψονται (= 62ᶜ—147ᶜ) | τους 62] τοις 4 3 hab. το ορος 147] om. το ορος 4 6 ενδειαν 62] ενδιαν 4 7 βραχησεται 147] υπαρχησεται 4 9 συκωνας 147] συκαμας 4 11 εξεσπασμενος 62—147] εξεπασμ. 4 12 hab. πλην 147] om. πλην 5 11 κατεκονδυλιζετε 147] - ζεται 5 14 ζησησθε 147] ζησεσθε 5 19 εισπηδηση 147] - σει 5 24 χειμαρρους 147] χειμαρρος (Abkürzung falsch gelesen!) 6 1 εαυτοις 147*; αυτοι 147ᶜ] αυτο 147 6 2 εις χαλανην 62—147] εις χαλαμην | καταβητε 147] -ται | αλλοφυλων 147*; αλοφυλων 147ᶜ] αλοφυλων 147 | βασιλειων 147] - λεων 6 4 στρομναις 147] στρομμαις | εσθιοντες 147] εσθιον (Abkürzung übersehen!) | μοσχαρια 147] μασχαρια | μεσου 62—147] μεσον 62; μεστου 147 6 5 επικροτουντες 147] επικρατ. 6 6 hab. τον 147] om. τον | συντριβη 147] συντριμη 6 7 χρεμετισμος 62—147] χρεματισμος 6 14 hab. εθνος 62 147] om. εθνος | φησι 147]

φη (Abkürzung nicht erkannt) 7 2 hab. τον (vor Ιακωβ) 62—147]
om. τον 7 10 τους λογους 62] τοις λογοις 7 12 αμεσιας 62] ανεσιας
7 14 αμεσιαν 62] ανεσιαν 8 1 βλεπεις 147] βλεψεις 8 9 μεσημβριας
147] μεσεμβρις | συσκοτασει 62] συσκοτα 8 10 hab. τας (vor ωδας)
147] om. τας 9 17 συμφυτοι 62—147] συνφυτοι. Verschiedene Varianten sind von Bosshard nicht vermerkt: 1 9 ασεβειαις] -βειας 147
3 9 θαυμαστα] θαυματα 147 3 12 Δαμασκω] + καινη 62—147* (eras.[c])
5 11 πιητε] πιῆτε 147; ποιῆτε 62 5 18 ινα] pr. και 62—147 6 14
Ισραηλ] + φυσι κυριος ο θεος στρατιων (- τειων 62) εθνος 62—147
7 16 om. οὐ (vor μη 2[0]) 62—147 8 1 ειπα] ειπον 147 (deest 62 propter
homoiot.) 8 6 αντι] ανθ V 62—147 9 12 επικεκληται] επιβεβληται
147.

Am 1 5 ανδρων V] αδρων falsch Bosshard 1 6 εχμαλωτευσαι]
εμαλωτ. 1 11 μητερα] μητερ 5 8 συσκοταζων] συσκατ. 5 23 οδων
ολων 6 10 εξενεγκαι] -κειν | προεστηκοσιν] προεστακ. 7 5 hab.
τον] om. τον 7 6 hab. κυριε] om. κυριε 7 7 αδαμαντινους V*
(-νου[c])] αδαμαντινους V 8 6 εμπορευσομεθα] -σαμεθα 9 3 hab. μου]
om. μου.

Folgende Varianten fehlen: 3 14 om. τά 1[0] V* 7 13 βασιλεως]
-λειας V 9 11 ανοικοδομησω 2[0]] .οικοδομησω V.

Weiterhin hat Bosshard eine Reihe von Orthographika nicht
gebucht, die auch ganz gut fehlen können. Aber wenn einmal eine
vollständige Kollation gegeben werden soll (dies Ziel hat Bosshard,
da er rund 200 Orthographika notiert), dann müssen auch alle Orthographika genannt werden. Für V wären nachzutragen: 2 8 συκοφα-
τιων 3 12 οτιου 5 2 μι (= μη) 8 10 ωσφυν 9 1 ρομφεα 9 7 αλλο-
φυλλους 9 11 ανοκοδομησω 1[0] (für ανοικοδομησω 1[0]) 9 13 συμ-
φοιτοι.

Schließlich ist genau zu notieren, wie die ursprüngliche Lesart
und wie die verbesserte lautet. Besonders 147 zeigt viele Korrekturen der Itazismen, die oftmals nicht oder fehlerhaft bei Bosshard
notiert sind. Es lohnt sich nicht, die Stellen zu nennen, die unrichtig sind.

Die Ausführungen zeigen zur Genüge, daß Bosshards Kollationen gänzlich unzuverlässig sind. Damit sind seine Schlußfolge-
rungen über die Abhängigkeit der einzelnen Hss. auch in Frage gestellt; ja der ganze Aufsatz ist nur insofern von Wert, als er zeigt,
wie man es nicht machen darf.

[Abgeschlossen am 8. Februar 1943.]

Beiträge zur koptischen Dodekapropheton-Übersetzung

Über die koptische Übersetzung des Dodekapropheton hat WILLEM GROSSOUW die Schrift veröffentlicht: *The Coptic Versions of the Minor Prophets. A Contribution to the Study of the Septuagint,* Rome 1938 (= Monumenta biblica et ecclesiastica 3). Wie der Untertitel besagt, will sie ein Beitrag zum Studium der LXX sein. Bei diesen Untersuchungen musste Gro. die grosse Ausgabe von HOLMES-PARSONS zugrunde legen, die zwar reichhaltiges Material verwendet, aber oft lücken– und fehlerhaft notiert. So finden sich bei Gro. häufig unrichtige Angaben bei der Hss.-Vergleichung, die erst nach Erscheinen der grossen Göttinger Ausgabe berichtigt werden können. Der grösste Teil der Arbeit von Gro. umfasst die Kollationierung der koptischen Varianten (S. 18-97). Bei der Ausarbeitung des textkritischen Apparates der Göttinger Ausgabe habe ich das gesamte Material (ausgenommen die zerstreuten vereinzelten sahidischen Zitate) nachgeprüft; an zahlreichen Stellen konnte ich die Kollation von Gro. ergänzen und berichtigen. Bereits in meiner Besprechung der Arbeit von Gro. in der *Theol. Revue* 39 (1940) 105 f. habe ich einige Stellen herausgegriffen und vermerkt, dass ich die Nachträge an anderer Stelle verzeichnen werde. Dies soll hiemit im I. Teil des folgenden Aufsatzes geschehen. Ein II. Teil soll die griechischen Lehnwörter, die Gro. nicht näher bespricht, behandeln ([1]).

([1]) Die Abkürzungen sind die gleichen wie die in der Göttinger Septuaginta verwendeten; lib. = libere, d. h. freie Wiedergabe. Folgende Schriften sind abgekürzt: SPIEGELBERG = W. SPIEGELBERG, *Koptisches Handwörterbuch,* Heidelberg 1921; TATTAM, *Ausg.* = *Duodecim prophetarum minorum libros in lingua aegyptiaca vulgo coptica seu memphitica...* ed. H. TATTAM, Oxonii 1836; TILL. *Ausg.* = W. TILL, *Die achmimische Version der zwölf kleinen Propheten,* Hauniae 1927; TILL, *Gramm.* = W. TILL, *Achmimisch-koptische Grammatik,* Leipzig 1928.

I

Zunächst seien zusammenfassend einige kopt. Wiedergaben besprochen, die häufiger vorkommen und die Übersetzungspraxis beleuchten.

1. Die Wiedergabe von Präpositionen, die in Verbindung mit καί an zweiter (dritter usw.) Stelle im Satz stehen:

ἐν ... καὶ ἐν:

Os. $2_{19\,(21)}$ ϩⲛ ... ⲙⲛ ... ⲙⲛ ... ⲙⲛ AchSa([1]); deest Bo

9_5 ϩⲛ ... ⲁⲟⲩ ϩⲛ Ach; ϧⲉⲛ ... ⲛⲉⲙ ϧⲉⲛ Bo

Am. 1_1 ϩⲛ ... ⲁⲟⲩ ϩⲛ Ach; ϧⲉⲛ ... ⲛⲉⲙ ϧⲉⲛ Bo

3_{12} deest Ach; ϩⲛ ... ϩⲛ Sa (om. καί); ϧⲉⲛ ... ⲛⲉⲙ ϧⲉⲛ Bo

4_9 deest Ach; ϩⲛ ... ⲙⲛ Sa; ϧⲉⲛ ... ⲛⲉⲙ Bo

5_{16} deest AchSa; ϧⲉⲛ ... ⲟⲩⲟϩ ϧⲉⲛ Bo

Mich. $5_{15\,(14)}$ lib. Ach; ϧⲉⲛ ... ⲛⲉⲙ Bo

Ioel 2_{12} ϩⲛ ... ⲙⲛ ... ⲙⲛ AchSa; ϧⲉⲛ ... ⲛⲉⲙ ... ⲛⲉⲙ ϧⲉⲛ Bo

$2_{32}\,(3_5)$ ϩⲛ ... ⲁⲟⲩ ϩⲛ AchSa; ϧⲉⲛ ... ⲛⲉⲙ Bo

$3\,(4)_1$ ϩⲛ ... ⲁⲟⲩ ϩⲛ AchSa; deest Bo (propter homoioar.)

Nah. 1_8 ϩⲛ ... ⲙⲛ AchSa; ϧⲉⲛ ... ⲁⲟⲩ ϧⲉⲛ Bo

Agg. 2_{17} ϩⲛ ... ⲁⲟⲩ ϩⲛ AchSa; ϧⲉⲛ ... ⲛⲉⲙ Bo

Zach. 8_8 ϩⲛ ... ⲙⲛ Ach; ϧⲉⲛ ... ⲛⲉⲙ Bo

14_8 ϩⲛ ... ⲙⲛ AchSa; ϧⲉⲛ ... ⲛⲉⲙ ϧⲉⲛ Bo

14_{21} ϩⲛ ... ⲁⲟⲩ ϩⲛ Ach; ϧⲉⲛ ... ⲛⲉⲙ Bo

Mal. 2_{11} ϩⲛ ... ⲁⲟⲩ ϩⲛ Ach; ϧⲉⲛ ... ⲛⲉⲙ ϧⲉⲛ Bo

Vgl. ferner: ἐν ... οὐδὲ ἐν:

Os. 1_7 ϩⲛ ... ⲙⲛ ... ⲙⲛ ... ⲙⲛ ... ⲙⲛ Ach
ϧⲉⲛ ... ⲟⲩⲇⲉ ϧⲉⲛ (5 mal) Bo

ἐν ... ἐν:

Mich. 6_6 ϩⲛ ... ϩⲛ Ach; ϧⲉⲛ ... ⲛⲉⲙ (= *et in*) Bo

[1] Nähere Angaben zu Sa (wie bei Gro.; z. B. Sa^Ci = Ausgabe CIASCA) sind nur dann gemacht, wenn zur selben Stelle anderweitige Fragmente mit Varianten überliefert sind.

ἓν ... ἢ ἓν :

Ioel 1₂ &ⲛ ... ⲏ &ⲛ AchSa; ϧⲉⲛ ... ⲛⲉⲙ ϧⲉⲛ Bo

εἰς ... καὶ εἰς :

Am. 5₁₆ deest AchSa; εἰς ... καί ... καὶ εἰς ⲉⲩ- ... ⲛⲉⲙ
... ⲛⲉⲙ Bo

Mich. 4₂ ⲁ&ⲣⲏⲓ ⲁ- ... ⲁⲟⲩ ⲁ&ⲣⲏⲓ ⲁ- AchSa; ⲉⲡϣⲱⲓ
ⲉⲝⲉⲛ ... ⲛⲉⲙ Bo

7₁₂ AchSa lib; ⲉⲩ- ... ⲛⲉⲙ Bo

Zach. 5₄ ⲁ&ⲟⲩⲛ ⲁ- ... ⲁⲟⲩ ⲁ&ⲟⲩⲛ AchSa; ⲉϧⲟⲩⲛ
ⲉ- ... ⲛⲉⲙ ⲉ&ⲟⲩⲛ Bo

6₁₄ καὶ εἰς ... καὶ εἰς] ⲁⲟⲩ ⲁ- ... ⲁⲟⲩ ⲁ- Ach;
ⲛⲉⲙ ... ⲛⲉⲙ Bo

8₁₉ ⲁⲩ- ... ⲙⲛ ... ⲁⲟⲩ ⲁ- AchSa; ⲉⲩ- ... ⲛⲉⲙ
... ⲛⲉⲙ Bo

10₁₀ ⲁ&ⲟⲩⲛ ⲁ- ... ⲙⲛ Ach; ⲉⲃⲟⲗϧⲉⲛ (= ἐκ) ...
ⲛⲉⲙ ⲉϧⲟⲩⲛ ⲉ- Bo

13₁ deest AchSa; ⲛⲉⲙ (= και εις) ... ⲛⲉⲙ Bo

ἐπί ... καὶ ἐπί :

Os. 3₅ ⲁⲭⲛ ... ⲁⲟⲩ ⲁⲭⲛ AchSa; ⲉⲝⲉⲛ ... ⲛⲉⲙ
ⲉⲝⲉⲛ Bo

Ioel 2₂₉ (3₂) ⲛ- ... ⲙⲛ AchSa; ⲉ&ⲣⲏⲓ ⲉⲝⲉⲛ ... ⲛⲉⲙ Bo

Soph. 1₄ ⲁⲭⲛ ... ⲁⲟⲩ ⲁⲭⲛ Ach; ⲉⲝⲉⲛ ... ⲛⲉⲙ ⲉⲝⲉⲛ Bo

1₈ ⲛ- ... ⲙⲛ ... ⲙⲛ Ach; ⲉⲝⲉⲛ ... ⲛⲉⲙ ⲉⲝⲉⲛ Bo

1₁₆ ⲁⲭⲛ ... ⲁⲟⲩ ⲁⲭⲛ AchSa; ⲉⲝⲉⲛ ... ⲛⲉⲙ
ⲉⲝⲉⲛ Bo

Agg. 1₁₁ ⲁⲭⲛ ... (καὶ ἐπί 1ᵒ om. Ach) ... ⲁⲟⲩ ⲁⲭⲛ ...
ⲙⲛ ... ⲙⲛ ... ⲙⲛ ... ⲁⲟⲩ ⲁⲭⲛ ... ⲙⲛ
... ⲙⲛ ... Ach; ⲉⲝⲉⲛ ... ⲛⲉⲙ ⲉⲝⲉⲛ ...
ⲛⲉⲙ ⲉⲝⲉⲛ ... ⲛⲉⲙ ⲉⲝⲉⲛ ... ⲛⲉⲙ ⲉⲝⲉⲛ
ⲛⲉⲙ ... ⲛⲉⲙ ⲉⲝⲉⲛ ... ⲛⲉⲙ ⲉⲝⲉⲛ ... ⲛⲉⲙ
ⲉⲝⲉⲛ Bo

Zach. 11₁₇ deest Ach; ⲉⲝⲉⲛ ... ⲛⲉⲙ ⲉⲝⲉⲛ Bo

12₁₀ ⲁⲭⲛ ... ⲙⲛ Ach; ⲉⲝⲉⲛ ... ⲛⲉⲙ Bo

13₇ ⲁⲭⲛ ... ⲁⲟⲩ ⲁⲭⲛ Ach; ⲉⲝⲉⲛ ... ⲛⲉⲙ ⲉⲝⲉⲛ Bo

Mal. 3₅ ⲁ- ... ⲁⲟⲩ ⲁ- ... ⲁⲟⲩ ⲁ- ⲁⲟⲩ ⲁ- Ach; ⲉⲝⲉⲛ
... ⲛⲉⲙ ⲉⲝⲉⲛ ... ⲛⲉⲙ ⲉⲝⲉⲛ ... ⲛⲉⲙ ...
(ⲛⲉⲙ ⲉⲝⲉⲛ ... ⲛⲉⲙ) Bo

μετά . . . καὶ μετά :

Os. $2_{18\,(20)}$ ⲙⲛ . . . ⲁⲟⲩ . . . ⲙⲛ Ach; ⲛⲉⲙ . . . ⲛⲉⲙ . . .
ⲛⲉⲙ Bo

Am. 2_2 ϩⲛ . . . ⲙⲛ Ach; ϧⲉⲛ . . . ⲛⲉⲙ Bo

Vgl. auch Os. 5_6 μετά . . . καί : ⲙⲛ . . . ⲙⲛ Ach; ⲛⲉⲙ . . . ⲛⲉⲙ Bo

περί . . . καὶ περί :

Mich. 1_1 ⲉⲧⲃⲉ . . . ⲙⲛ AchSa; ⲉⲧⲃⲉ . . . ⲛⲉⲙ ⲉⲧⲃⲉ Bo.

Hier hat wahrscheinlich AchSa bereits in ihrer Vorlage περί $2^\bullet$
nicht gelesen; περί 2° > W' 36–*lII*–49 *C*–68. Weiteres Vergleichsmaterial fehlt. Bei den anderen Stellen, die oben genannt sind, ist
aber die Präposition in der griech. Vorlage anzunehmen; jedenfalls
kann man nicht entscheiden, ob sie stand oder fehlte. Deshalb sind
folgende Stellen zu korrigieren, bzw. zu streichen, wo Gro. notiert:
« om. ἐν 2° (εἰς 2°) 3°. . . » Os. $2_{18\,(20)}$ Am. 5_{16} Mich. 5_{15} Ioel 2_{12}
$2_{32}(3_5)$ Zach. 6_{14}.

Die Präpositionen ἐκ und ἐν werden von Bo (nur gelegentlich
von AchSa) öfters vertauscht, ohne dass die Vorlage dafür herangezogen werden kann. Beispiele :

Os. 13_{10} ἐν πάσαις τ. πόλεσί σου] *ex omnibus civilati-*
bus tuis Bo

Am. 1_5 ἐκ πεδίου] *in campo* Ach Bo

1_8 ἐξ Ἀζώτου] *in azoto* Ach Bo

5_{12} ἐν πύλαις] *e portis* Bo

Ioel 1_{11} ἐξ ἀγροῦ] *in agro* Bo

Ion. $2_{2\,3}$ ἐκ τῆς κοιλίας] *in ventre* AchSa

Zach. 10_{10} εἰς τὴν Γαλααδῖτιν] *ex galaad* Bo

10_{11} ἐν θαλάσσῃ] *e mari* Bo.

Bei der Vertauschung der Präpositionen mögen die dazu gehö-
renden Verba vielfach beeinflussend gewesen sein, so Os. 13_{10} δια-
σωσάτω, Am. $1_{5\,8}$ κατοικοῦντας, Am. 5_{12} ἐκκλίνοντας, Zach. 10_{11} δι-
ελεύσονται. An den übrigen Stellen wird freie Wiedergabe vorliegen.

An zwei Stellen hat bereits die Vorlage ἀπό bzw. ἐκ gelesen:
Zach. 6_8 ἐν γῇ] ⲉⲃⲟⲗϧⲉⲛ ⲡⲕⲁϩⲓ Bo = απο γης 198 und
Zach. 7_2 εἰς Βαιθηλ] ⲉⲃⲟⲗϧⲉⲛ ⲃⲉⲑⲏⲗ Bo = εκ Βαιθηλ
233' 407' Aeth Cyr.[p] Hi.[p]

Die Partikel ϰαί wird öfters nicht mit ⲁⲩⲟ (ⲟⲩⲱ) wiedergegeben, sondern mit ⲋⲟⲩⲉ (ⲋⲱⲉ), besonders, wenn ein gegensätzlicher Sinn vorliegt, z. B. Os. 1_{10} $2_{2(4)}$ 3_3 8_{15} 11_3 usw. Deshalb sind Notierungen bei Gro. wie z. B. Os. 2_2 « ϰαί 1°] om. Ach » zu streichen.

Im folgenden sind die einzelnen Stellen im Anschluss an Gro. (S. 18-97) behandelt. Verschiedene Varianten hat Gro. absichtlich nicht notiert, wie er S. 73. 77. 91 bemerkt, da er sie als « quisquiliae » und « minutiae » betrachtet.

Osee

$1_{10}(2_1)$ οὐδέ] ⲟⲩⲟⲋ ... ⲁⲛ = *et non* Bo.

$2_{5(7)}$ ϰατήσχυνεν] pr. *et* Ach Bo.

$2_{10(12)}$ χειρός μου] plur. Bo.

$2_{13(15)}$ ἐϰδιϰήσω ἐπ' αὐτήν] *adducam iniquitatem super eam* Ach: keine Dublette, sondern wahrscheinlich αδιϰησω statt εϰδιϰησω gelesen.

$2_{15(17)}$ διανοῖξαι] ⲁⲩⲱⲛⲋ Ach; lies ⲟⲩⲉⲛ = LXX, vgl. ⲉⲟⲩⲱⲛ Bo.

ϰατὰ τὰς ἡμέρας 2°] sing. Bo = 𝔐.

$2_{16(18)}$ ἔτι] hab. Bo; ⲭⲉ = ετι; ⲭⲉ zweimal zu setzen (als Einleitungspartikel für die Rede und als Wiedergabe für ἔτι), war nicht angängig.

3_2 ϰαί 2°] om. Ach Bo = 𝔐; gehört zum kopt. Idiom; also nicht als Variante notieren!

Zur freien Wiedergabe von γομορ und νεβελ mit ⲋ(ⲉ)ⲓ (ϣⲓ) = *mensura* vgl. Agg. 2_{16} σατον = ⲋ(ⲉ)ⲓ.

3_3 ϰαθήσῃ] Imperativ (= ϰαθισον 239) Ach Bo, vgl. TILL, *Gramm.* S. 108.

ἐγώ] + *ero* AchSa Bo: Idiom.

ἐπὶ σοί] *tibi* AchSa Bo = Hi.

3_4 δήλων] ⲣⲉϥⲧⲁⲙⲟ Ach Bo: setzt LXX voraus, liest aber δηλῶν (Partizip) statt δήλων (gen. plur. von δῆλοι).

4_{12} πνεύματι] pr. *quia* AchSa = 𝔐.

4_{15} ϰαὶ μή 1°] ⲟⲩⲆⲉ Ach (= μηδε, vel lib.?).

4_{16} παροίστρησεν] pr. *ita* AchSa Bo = Cyr.

4_{18} ἠρέτισε] ⲁϥⲕⲱⲋ Ach = *zelavit*, vgl. *provocavit* Hi.

5_3 ἐμιάνθη] pr. *et* Bo = *c* 764 alii.

5_8 ἐξέστη] pr. *quia* Ach. = Arm.

5_{10} ὅρια] sing. Ach = 𝔐.

5_{12} ἐγώ] + *ero* Ach Bo: Idiom = La^W Cyr.

5_{14} καί 2°] om. Ach Sa.

6_3 ἡμῖν] tr. post ἥξει Ach Bo.

6_9 ὁδόν] ⲛⲛⲟⲩⲙⲱⲓⲧ Bo = *vias eorum*; lies vielleicht ⲛⲟⲩ-
ⲙⲱⲓⲧ = LXX.

7_1 με] om. Ach Bo (wie 6_{11}).

7_2 ὅπως συνάδωσιν ὡς συνάδοντες] *ne forte dicant sicut dicentes* Ach = 𝔐.

τοῦ προσώπου μου] του προσωπου αυτων Bo.

7_{10} καὶ οὐκ 2°] ουδε Ach.

7_{14} ἐν] *super* AchSa Bo = V *C* alii: cf. Mich. 2_1.

7_{16} ἐντεταμένον] *perversum* AchSa Bo = 𝔐: cf. ε′ διαστροφον.

8_1 init.] pr. *dabo illis* Ach: cf. Sa.

ὡς ἀετός] pr. *volabunt* Ach (non Bo).

8_{10} ἄρχοντας] sing. Ach (vid.).

9_2 ἔγνω] plur. Bo = Syh Arm.

9_7 τῶν ἀδικιῶν] sing. Bo = 𝔐.

9_9 ἀδικίας . . . ἁμαρτίας] ανομιας . . . *iniquitates* (= αδικιας)
Ach; ἀδικίας ist hier acc. plur., vgl. $2_{17 (19)}$ 7_2 8_{13}, wo
ebenfalls μιμνήσκεσθαι mit dem acc. verbunden ist; die
lukianischen Hss. setzen dafür den gen. ein, vgl. HEL-
BING, *Kas.* S. 107 f. Ach Bo setzen also ἀδικίας voraus.

9_{10} *ficum praecocem* (ebenso Nah. 3_{12}) setzt σκοπόν der LXX
voraus, und nicht συκον; die kopt. Wiedergabe ist wohl
nur eine Umschreibung der LXX.

9_{12} ἐὰν ἐκθρέψ.] ⲁⲣⲱⲉⲛⲉⲱ Bo; lies ⲁⲣⲱⲁⲱⲉⲛⲉⲱ = LXX.

9_{16} καί] om. Ach Bo: cf. 9_{12} (bis om. καί Ach Bo).

10_1 εὐθηνῶν αὐτῆς] tr. Ach Bo = A–Q alii.

κατά 2°] pr. *et* Bo = A alii.

10_{10} ἐν ταῖς δυσὶν ἀδικίαις αὐτῶν] *in iniquitate eorum* Bo.

10_{12} εἷς 1°] om. Bo; lies ⲉⲟⲩⲙⲉⲑⲙⲏⲓ statt ⲛⲟⲩⲙⲉⲑⲙⲏⲓ =
LXX; wahrscheinlich freie Wiedergabe.

10_{13} ἵνα τί] ⲭⲉ Ach = *quia* (cf. 𝔐: om. ἵνα τί); hat mit om.
τί Q* nichts zu tun.

10_{14} Für *humiliatio* erwartet man ein anderes Substantiv; ⲑⲃⲃⲓⲟ
ist zwar die gewöhnliche Wiedergabe von ταπεινοῦν;
Ioel 1_{10} scheint es aber ταλαιπωρεῖν zu entsprechen;
so wird man auch hier *exterminatio, vastatio* einsetzen
dürfen.

11₁ Ισραηλ (2°) καί] tr. Bo (n o n Ach).

11₃ « ουκ] pr. *et* Ach Bo = omnes » ist zu streichen; an dieser
Stelle liegt keine Variante vor.

11₇ ἐπικρεμάμενος] p l u r . Ach = ⲘⲤ.

11₈ μετεστράφη] + *ad me* Ach = ⲘⲤ.

11₁₂ κεκλήσεται] *vocabunt eos* Bo: Wiedergabe des Passiv; eine
eigentliche Variante liegt nicht vor.

12₂ ₍₃₎ καὶ κρίσις τῷ κυρίῳ] ⲀⲞⲨ ⲀⲠⲅⲈⲠ ⲘⲠⲬⲀⲈⲒⲤ ⲅⲞⲞⲠ
Ach; ⲞⲨⲞⲅ ⲠⲅⲀⲠ ⲘⲠⲟⲥ Bo.
Weder hier noch Mich. 6₂, wo die gleiche Wendung κρίσις τῷ κυρίῳ vorkommt, bringt Gro. eine Variante:
mit Recht. Dagegen notiert Gro. zu Os. 4₁: *iudicium
domini* AchSa Bo. Die kopt. Wiedergabe setzt sicherlich die griech. Vorlage voraus; ähnlich wie die lateinischen Übersetzungen (vgl. Cypr. zu Os. 4₁; Tyc. zu
Os. 12₂ ₍₃₎; La^CS Hi. zu Mich. 6₂) gehört die kopt.
Wiedergabe dem Idiom an, ist also keine eigentliche
Variante. Vgl. auch TILL, *Ausg.* zu Os. 4₁ (S. 7).

12₅ ₍₆₎ μνημόσυνον αὐτοῦ] *ei memoriale* Ach Bo: cf. μνημοσ. αυτω
764; wohl nur Idiom.

12₆ ₍₇₎ ἐν] *ad* Bo: lib.?

12₁₁ ₍₁₂₎ εἰ μὴ Γαλαάδ ἐστιν] lies mit Till ⲘⲎ ⲚⲈ . . . Ach = εἰ μή;
und ⲦⲈ für ⲖⲈ Bo = ἐστιν.

13₂ συντετελεσμένα] ⲀⲨⲘⲀⲚⲔⲞⲨ Ach = *conflata* Hi.^P = συγκεχωνευμενα compl.

13₃ χνοῦς] ⲢⲎⲤⲈ Ach; ob Ach χνοῦς oder χοῦς voraussetzt,
lässt sich nicht ausmachen; beide Wörter bedeuten
« Staub ».

13₄ δέ] om. Bo = *Ι Γ'*.

13₆ αἱ καρδίαι αὐτῶν] *in cordibus suis* Bo: lib.

13₁₅ οὗτος] ⲚⲦⲀϥ (= αυτος) Ach = *ipse* Hi.

14₇ αὐτοῦ 2°] + *erit* Sa Bo (ⲚⲀⲈⲢ): Idiom.

14₈ αὐτοῦ 2°] + *erit* AchSa (ⲚⲀⲈⲢ): Idiom.

Amos

1₅ φυλήν] ⲚⲚⲞⲨⲪⲨⲖⲎ Ach; lies ⲚⲞⲨⲪⲨⲖⲎ = LXX
(item v. 8).

1₁₄ ἀνάψω] *emittam* Ach; ex v. 4. 7. 10. 12.

2_8 αὐτῶν 2°] om. Ach; lies ⲙⲡⲟⲩⲛⲟⲩⲧⲉ = LXX.

2_{10} ἐγώ] om. Bo.

2_{12} προφητεύσητε] + *nobis* (non *mihi*) AchSa = Aeth.[p]

2_{16} ἐν δυναστείαις] *in fortitudinibus suis* (non sing.) Sa = ⲙ.

3_2 ἁμαρτίας] *iniquitates* Sa.

3_6 ἐν πόλει 1°] ϧⲉⲛ ⲟⲩⲕⲁϩⲓ (= *in terra*) Bo; lies vielleicht
        ϧⲉⲛ ⲟⲩⲃⲁⲕⲓ = LXX.

3_{10} καί 1°] *et ipsi* Sa.

3_{11} ἡ γῆ] ϩⲙ ⲡⲕⲁϩ Sa; lies ⲙⲛ ⲡⲕⲁϩ = *et terra*: cf. ⲙ.

3_{13} ὁ παντοκράτωρ] ⲛⲛϭⲟⲙ Sa = των δυναμεων (non των
        στρατιων). Vgl. Zach. 6_{15}.

3_{15} καί 1°] om. Bo Sa.

4_1 Βασανίτιδος] βασαν Sa Bo; Co hat an allen Stellen βασαν,
        vgl. Mich. 7_{14} Nah. 1_4 Zach. 11_2; dies wird auf den
        kopt. Übersetzer zurückgehen, der in seiner Vorlage
        wie LXX hatte.

        αἱ 1°] *quae sunt* Bo = Cyr.[F] (αι ουσαι), *quae habitatis*
        Sa = αι κατοικουσαι 36 239.

4_2 κύριος] + *deus* Sa = W (vid.) 86^{mg}.

4_3 εἰς] *super* Bo (ⲉⲭⲉⲛ) = επι 86^c-711 alii.

        τὸ ὄρος] ⲛⲓⲧⲱⲟⲩ Bo; lies ⲡⲓⲧⲱⲟⲩ = LXX.

4_4 τοῦ ἀσεβῆσαι] *iniquitates* (ανομια) *vestras* Sa: cf. Aeth.

4_6 ἄρτων] sing. Sa Bo: cf. 8_{11}.

4_7 ξηρανθήσεται] ⲥⲛⲁϣⲱϥ Sa = *delebitur*; lies ⲥⲛⲁϣⲱⲩⲓ
        = LXX.

4_9 ἡ κάμπη] ϯⲉⲧⲏϣⲓ Bo = η ερυσιβη 86^{mg}: cf. Ioel 1_4 2_{25}.

5_2 οὐκέτι] hab. Bo (ⲛ ... ⲭⲉ); ἔτι = ⲭⲉ Am. 8_{14} Bo.

5_{15} τὰ πονηρά ... τὰ καλά] sing. Bo = A (το πονηρον ... το
        καλον).

5_{19} τὰς χεῖρας] sing. Bo = Syh alii = ⲙ.

5_{21} μεμίσηκα ... ἑορτὰς ὑμῶν] *odio habui festa vestra et repu-*
        diavi ea Bo: Idiom, vgl. Am. 9_{10} *non appropinquabit*
        nobis malum et non veniet Ach; ferner Am. 3_{15} *et con-*
        turbabo domum et percutiam eam Sa.[Ma]

5_{22} σωτηρίου] *ea (quae sunt) salutis* Bo = LXX: Idiom.

6_6 τὸν διυλισμ. οἶνον] *vinum electum* Bo: lib.; oder lies ⲉⲧ-
        ⲥⲱⲧϥ (= LXX; cf. ⲉⲧⲥⲁⲧϥ Ach) statt ⲉⲧⲥⲱⲧⲡ.

6_{11} ἐντέλλεται] ϥⲛⲁⲛⲟϩⲉⲙ Bo; lies ϥⲛⲁϩⲟⲛϩⲉⲛ = LXX;
        das Futur gehört dem kopt. Idiom an.

7_{10} Αμασίας] αμψιας Ach (non Bo): item v. 12. 14 Ach.

8_2 ἔτι] h a b . Bo: cf. 5_2.

8_8 πολὺς ὁ πεπτωκώς] plur. Bo = Hi. *(multi cadentes erunt)*.
ἐπιρρίψω σιωπήν] *nemo dabit vocem suam* Sa: lib.; *faciam silentium esse* Bo: lib.; cf. Gro. S. 14.

8_5 καί 3° Bo] *ut* Sa.

8_8 πενθήσει πᾶς ὁ κατοικῶν] plur. Sa Bo.

8_9 ἐκείνη τῇ ἡμέρᾳ] lies ⲡⲓⲉϩⲟⲟⲩ Bo = LXX, vgl. Tattam, *Ausg. z. St.*

9_2 κατορυγῶσιν] ⲁⲣⲱⲁⲛⲱⲱⲡⲓ Bo; lies ⲁⲣⲱⲁⲛⲱⲟⲱⲧ = LXX.
καί] om. AchSa = W.

9_3 ἐξερευνήσω] + *eos* AchSa Bo: Idiom = 86* 534 Aeth.

9_8 προσώπου] om. Ach = 410 710.

9_{10} ἐγγίσῃ] + *nobis* AchSa (om. ἐφ᾽ ἡμᾶς Ach).

9_{13} καὶ περκάσει ἡ σταφυλή] *et vitis germinabit* Bo: lib.

9_{14} κατοικήσουσι] + *in eis* A c h S a Bo = 36 Aeth.ᴾ Arab.
καί 4°] om. Ach.

9_{15} οὐκέτι] *non celeriter* Bo(?)

Michaeas

1_1 Καὶ ἐγένετο λόγος κυρίου] *verbum domini factum est* AchSa Bo: cf. ⲙ̅.

1_2 οἴκου] *templo* Sa (n o n A c h).

1_3 ἐκπορεύεται] fut. Sa: Idiom.

1_6 ἀγροῦ] *in agro* Sa^Ci = Hi. (*in agro*): lib. (?)

1_8 τούτου] ⲛⲉⲓ Ach = plur.; lies ⲡⲉⲓ = LXX.

1_{12} τίς] *quia* Ach S a ᴮᴺ (Druckfehler für Sa^Ci?; deest Sa^Ci propter homoiot.). Im nämlichen Vers ist « Sa^Ci » bei « κατοικούσῃ] nominat. » zu streichen.

2_1 ἐν] *super* AchSa Bo = Syh (= ⲙ̅): cf. Os. 7_{14}.
οὐκ] om. Bo = 233-710 456: cf. ⲙ̅.

2_4 λέγων Ach] plur. Sa Bo: cf. λεγοντων Wᶜ L alii.
ἐταλαιπωρήσαμεν] 3. pers. sing. Bo = *laboravit* La^C.

2_6 τούτοις] sing. Bo = A–Q alii.

2_7 εἶ] ⲙⲏ ... ⲁⲛ Bo: cf. ου Q^txt V alii.

2_{10} σοι αὕτη ἀνάπαυσις] *haec requies tua* AchSa Bo.

2_{11} ψεῦδος] *mendax* (= ψεῦδες) scheint auch Bo vorauszusetzen.

2_{13} διῆλθον] *proiecerunt* Bo.

3_2 τὰ καλά] ⲙ̅ⲡⲁⲅⲁⲑⲟⲛ AchSa = το αγαθον = ⲘⲂ.

ζητοῦντες] ⲉⲩⲙⲉⲅⲉ Ach (= *meditantes*); lies ⲉⲩⲙⲉⲓⲉ = ⲘⲂ: cf. ⲉⲩⲙⲉ Sa.

3_6 ὁράσεως] + *vestra* Ach = Aeth: Idiom.

3_7 αὐτοί] om. AchSa = V Cyr.[F]

3_{12} οἴκου] + *erit* AchSa Bo = εσται Tht. II 529: Idiom.

4_2 εἰς 2°] om. Bo.

4_{12} συνήγαγεν] plur. Ach (n o n Bo).

4_{13} καὶ κατατήξεις λαοὺς πολλούς B 407 = Bo. Diẹ boh. Übers. geht nicht mit A-Q, wie Gro. notiert; ⲃⲱ̅ⲗ ⲉⲃⲟ̅ⲗ verwendet Bo immer für τήκειν, vgl. Mich. 1_4 Nah. 1_6 Hab. 3_6 Zach. 14_{12}, ferner Hab. 3_{12} *dissolves* (= κατατηξεις) Bo.

$5_1 (4_{14})$ ἐμφραχθήσεται] 1. pers. sing. (*obstruam*) Bo.

τὰς φυλάς] *tribuum* Bo: lib.

$5_2 (1)$ ἐν τῷ Ισρ.] *super israel* Sa = επι τον ισρ. Bas. N.

$5_3 (2)$ ἐπὶ τοὺς υἱούς] *filii* Bo.

$5_4 (3)$ ἄκρων] sing. AchSa = *l II* Tht. (ακρου).

$5_5 (4)$ αὕτη] om. Ach; lies ⲧⲉⲓ̈ⲉⲓⲣⲏⲛⲏ (= Sa) = LXX.

5_{15} Ach übersetzt frei: *et faciam furorem et iram* (οργη) *et ultionem*; das Einfügen der Partikel *et* vor ἐκδίκησιν hat nichts mit και εκδικησιν Q zu tun.

6_5 γνωσθῇ] *recordetur* (= μνησθη) Bo.

6_8 ἢ 1°] *et* Ach (n o n Sa[cit]).

μετὰ κυρίου] *post* (= οπισω) *dominum* AchSa[cit] = *L"*.

6_{13} Streiche « Bo » bei εν: deest Bo.

6_{15} ἐλαίαν] plur. Bo.

7_2 ἀπόλωλεν] *defecit* Bo = εκλελοιπεν 86[mg] (λ'); Bo übersetzt ἐκλείπειν gewöhnlich mit ⲙⲟⲩⲛⲕ (15mal im Dodekaproph.); dagegen ἀπολλύναι mit ⲧⲁⲕⲟ (14mal im Dodekaproph.).

7_6 πατέρα] + *eius* AchSa B o: Idiom.

7_{10} ἡ λέγουσα] ⲡⲉⲧⲭⲟⲩ ⲙⲙⲁⲥ Ach; lies ⲧⲉⲧⲭⲟⲩ ⲙⲙⲁⲥ = LXX, vgl. TILL, *Ausg.* z. St.

νῦν] + *autem* Ach (ⲅⲉ).

ἔσται εἰς καταπάτημα Bo] *conculcabitur* AchSa: lib.

7_{19} καταδύσει] *et abscondet* AchSa (= και κατακρυψει): lib.? ἀπορρίψει AchSa B o.

7_{20} δώσεις ἀλήθειαν] *et dabit veritatem* (om. igitur εις) Bo.

Ioel

1_9 ἐξῆρται] pr. *quia* Bo = Aeth^p.

1_{13} καὶ κόπτεσθε, / οἱ ἱερεῖς] tr. Sa = 410.

1_{18} βοῶν] ⲛⲉⲥⲱⲟⲩ (= *ovium*) Bo: ex sq.; lies ⲛⲉⲅⲱⲟⲩ (= LXX), vgl. Am. 6_4.

2_1 συγχυθήτωσαν] ⲙⲁⲣⲟⲩϣⲑⲟⲣⲧⲉⲣ Bo = LXX; Bo setzt sicherlich das Verbum συγχύειν voraus, das er gewöhnlich mit ϣⲑⲟⲣⲧⲉⲣ wiedergibt, vgl. Am. 3_{15} Mich. 7_{17} Ioel 2_{10}.

2_2 ἀπὸ τοῦ αἰῶνος] *ab initio* AchSa; der Hinweis auf die ntl. Stellen ist mit Recht mit Fragezeichen versehen; es liegt nur f r e i e Wiedergabe vor, vgl. *a principio* Hi. (= Vulg.) und *a creatione mundi* Aeth.

2_7 τὰς τρίβους αὐτῶν] ⲛⲛⲟⲩⲙⲁⲛϣⲱⲡⲓ Bo; lies ⲛⲛⲟⲩⲙⲁⲛϣⲱⲡⲓ = LXX.

2_9 θυρίδων] pr. artic. Ach (n o n Bo) = W.

2_{11} ἔσται ἱκανὸς αὐτῇ] *poterit* (s. υποστησεται) *in ea* Bo: lib.?; cf. *sustinebit eum* Vulg.

2_{14} ἡμῶν] υμων Bo = 86^c 130′ Th. = Ⲙ.

2_{19} ἐν τοῖς ἔθνεσι] *gentium* Ach: lib.

2_{20} ἡ σαπρία αὐτοῦ] ⲡⲉϥⲧⲁⲕⲟ Sa Bo; ⲡϥ̄ⲧⲉⲕⲟ Ach. Die Wahl dieses blassen Wortes, das sonst öfters für ἀπώλεια gebraucht wird, ist auffallend.

ὁ βρόμος αὐτοῦ] *foetor* Gro. Hier liegt keine Variante vor; βρόμος (von einigen Minuskeln 130′ 613 und Tht. βρῶμος geschrieben) heisst « Gestank » und ist so von allen Übersetzungen verstanden worden.

2_{22} τὰ πεδία] ⲛⲣⲱⲧ AchSa = τα ωραια (nicht *fruges,* wie Gro. notiert), vgl. Ioel 1_{19} 1_{20}.

2_{23} τὰ βρώματα] + υμων AchSa: Idiom.

2_{25} μου] om. Bo.

2_{27} ἔτι] *alius* AchSa: lib.?, cf. ετερος La^C Aeth Cyr.^{B}
οὐκέτι] om. Bo = 130′ alii.

2_{28} ἀπὸ τοῦ πνεύματός μου] *spiritum meum* Ach (n o n Sa); lies vielleicht ⲅⲙ ⲡⲁ‾ⲡ‾ⲛⲁ‾ (statt ⲙⲡⲁ‾ⲡ‾ⲛⲁ‾) = LXX, vgl. v. 29.

2_{32} Die Auslassung in Ach ist durch Homoiot. entstanden.
εὐαγγελιζόμενοι] sing. Sa (ⲡⲉⲧⲉⲩⲁⲅⲅⲉⲗⲓⲍⲉ) = ο ευαγγελιζομενος 538.

3_7 ἐκεῖ] om. Ach Sa Bo.

3_{18} τῶν σχοίνων] ⲚⲚϢⲀⲚⲦⲈ Ach, ⲚⲚϢⲞⲚⲦⲈ Sa = τῶν
ακανθων, vgl. ἄκανθα = ϢⲀⲚⲦⲈ Os. 9_6 10_8. ⲚⲒ-
ϢⲈⲚⲤⲒϤⲒ Bo = των κεδρων, vgl. κέδρος = ϢⲈⲚⲤⲒϤⲒ
Am. 2_9 Soph. 2_{14} Zach. $11_{1\,2}$. An der anderen Stelle,
wo σχοῖνος vorkommt (Mich. 6_5), haben Ach Bo das
griech. Wort übernommen.

Abdias

9   μαχηταί] ⲢⲈϤϮⲄⲀⲠ (= iudices) Bo; lies ⲢⲈϤϮ = LXX.
10   καὶ τὴν ἀσέβειαν] impietatis Bo.
13   μηδέ (ⲞⲨⲆⲈ Bo)] et non AchSa = και μη V *O L' C'* alii.
18   εἰς καλάμην] plur. Bo; sicut calami (plur.) Sa.
     πυρφόρος] ignifer (= πυρφόρος) Ach Bo.

Ionas

1_1 τὸν τοῦ Αμ.] filium amathi AchSa Bo = 198 La^S: Idiom.
1_3 κατέβη] intravit Ach Sa Bo.
1_4 συντριβῆναι] dissolvi Bo = A alii; Bo übersetzt συντρίβειν
         immer mit ϨⲞⲘϨⲈⲘ (9mal im Dodekaproph.); Ach
         gebraucht hier das farblose ⲦⲈⲔⲞ, das auch Os. $2_{18\,(20)}$
         für συντρίβειν verwendet ist. Sonst verwendet Ach für
         συντρίβειν gewöhnlich ϨⲰϢϤ, vgl. Am. 1_5 Mich. $7_{6\,7}$
         Ioel 2_6 Nah. 1_{13} Soph. 3_{18} Zach. 11_{16}.
1_6 ὅπως] ειπως Sa Bo (ⲀⲢⲎⲞⲨ).
1_7 ἐν ἡμῖν Bo] super nos Ach (ϨⲒⲬⲰⲚ) Sa (vid.) = Q alii:
         cf. v. 8.
1_8 ἐν ἡμῖν] super nos Sa (Ach del.): cf. v. 7
1_9 σέβομαι] Bo setzt wohl σέβομαι voraus: lib.
1_{10} πρὸς αὐτόν] ad ιωναν Sa^{Ci}.
1_{11} καί 2°] ⲬⲈ (= ut) AchSa^{BuCi}: Idiom?
         ἐπορεύετο] AchSa^{BuCi} setzen sicherlich ἐπορεύετο (= 𝔐) vor-
         aus; die Wiedergabe mit ⲦⲰⲚⲈ (ⲦⲰⲞⲨⲚ) ist nur
         etwas frei; dagegen hat Bo in seiner griech. Vorlage
         επωρυετο gelesen. In wörtlicher Übersetzung heisst die
         Stelle von AchSa also: quia mare surgebat magis et
         excitabat fluctum magnum.

1₁₂   ἐφ᾽ ὑμᾶς] ϩιχωπ SaᶜⁱCi = εφ ημας 956; lies vielleicht ϩιχωτπ (so SaᴮᵘBu) = LXX.

1₁₄   ἀνεβόησαν SaᴮᵘBu] ⲁⲩⲟⲩⲱϣ SaᶜⁱCi = εβοησαν 49; füge vielleicht ⲉⲃⲟⲗ hinzu (so SaᴮᵘBu) = LXX.

1₁₆   καὶ ἐφοβήθησαν οἱ ἄνδρες] *viri autem* (ⲇⲉ) *timuerunt* SaᶜⁱCi.

2₁   καταπιεῖν] ⲁⲩⲱⲙⲕ SaᶜⁱCi; lies vielleicht wie SaᴮᵘBu ⲁϥⲱⲙⲕ = *et devoravit*.

2₅   καὶ ἐγώ] *ego autem* SaᶜⁱCi (ⲇⲉ) SaᴮᵘBu Ach; ϩⲟⲩⲧ (Ach) ϩⲱ (SaᴮᵘBu) = *autem*.

3₈   ἀπέστρεψαν] sing. AchSa Bo: Idiom? = A alii.

λέγοντες] *et dixerunt* Ach = Laᶜ; *et dixit* SaᴮᵘBu (ⲁⲩⲱ ⲡⲉⲭⲁϥ).

4₁   καὶ συνεχύθη] om. Ach Bo.

4₂   καὶ εἶπεν Ὦ κύριε] hab. SaᴮᵘBu; ⲉϥϫⲱ ⲙⲙⲟⲥ SaᴮᵘBu = λεγων 410 Lucif. (*dicens*) pro καὶ εἶπεν.

μου 1°] om. SaᴮᵘBu.

μου 3°] om. SaᴮᵘBu = Lucif.

ἐλεήμων καί] hab. SaᴮᵘBu.

4₃   καὶ νῦν] *nunc autem* AchSaᴮᵘBu: cf. Mich. 7₁₀ Agg. 2₄₁₅.

με 1°] *magis* AchSa Bo = μαλλον *III* Laᶜ; item v. 8.

4₆   κεφαλῆς 1°] om. AchSa = ⲙ̅.

τῆς κεφαλῆς (2°)] om. AchSa.

4₈   καί 2°] om. AchSa.

4₁₁   κατοικοῦσι] om. Sa.

Nahum

1₁   Λῆμμα Νιν.] om. SaᶜⁱCi Bo.

1₅   ἀπ᾽ αὐτοῦ] *a facie eius* SaᶜⁱCi = απο προσωπου αυτου 46-711: cf. 6.

ἀνεστάλη] *dissoluta est* (non *sunt*) Ach.

1₆   ἀπ᾽ αὐτοῦ] *a facie eius* AchSa: cf. 5.

1₁₀   βρωθήσεται] plur. AchSa Bo.

2₄   ἁρμάτων αὐτῶν] add. *sunt sicut colores ignis* Ach.

2₅   ἀστραπαί] λαμπαδες Bo: ex praec.

2₁₁   ἐκβρασμός] + *cordis* Bo: ex sq.

ὡς πρόσκαυμα χύτρας] *adussit sicut olla* Ach: lib.

2₁₄   ἐν καπνῷ] ϧⲉⲛ ⲟⲩⲭⲣⲱⲙ (= *in igne*) Bo: lib.?; lies vielleicht ϧⲉⲛ ⲟⲩⲭⲣⲉⲙⲧⲥ = LXX.

3₅   ὁ θεός] om. Ach = 198; hab. ὁ ante παντοκράτωρ.

3_7 αὐτήν] *super eam* Ach Bo = Q^c *L'*^{a} alii.

3_{12} Zu σκοπούς vgl. Os. 9_{10}.

3_{18} Ἀσσύριος] ⲛⲁⲥⲥⲩⲣⲓⲟⲥ Ach; lies ⲛⲛⲓⲁⲥⲥⲩⲣⲓⲟⲥ = Sa Bo.

       ἀπῆρεν ὁ λαός σου] *dispersit populum tuum* Bo.

3_{19} χεῖρας] sing. Ach = A; lies mit Till ⲛⲛⲟⲩϭⲓⲭ = *manus
       suas* (item Bo).

Habacuc

1_6 ἐξεγείρω] + *super vos* Sa^{Ci} = εφ υμας A alii.

       ἐπὶ τὰ πλάτη] *super fines* s. *regiones* Sa^{Ci} (ⲛⲧⲟⲩ): lib.

1_{10} αὐτός 2^0] om. AchSa Bo.

1_{15} ἀμφιβλήστρῳ] + *eius* Ach Bo: Idiom.

1_{17} καί] om. Ach = V alii.

       ἀποκτέννειν] 3. pers. fut. Bo = αποκτενει W alii.

2_1 ἀποκριθῶ] + *ego* Ach.

2_5 init. — ἀλαζών] ο δε καταφρονητης *vir superbus, multus
       (est) impetus eius* Bo: lib.

       οὗτος] *ipse* Bo = αυτος W^c *L'*^{a} alii.

2_8 ἀσεβείας] sing; Ach Bo: cf. v. 17.

2_9 ὦ] *et* Ach (Druckfehler).

2_{19} ἐξεγέρθητι] tr. post λίθῳ Bo.

       πᾶν] om. Bo (vid.): lib.? = Q alii.

3_5 ἐξελεύσεται] plur. Bo (coniunxit cum οἱ πόδες αὐτοῦ) = Q^c
       alii (AchSa).

3_7 καί] om. tantum Ach; hab. Sa^W (ⲙⲛ).

       γῆς] της Sa^W = W*.

3_8 ἡ ἱππασία σου] *impetus fugae equorum tuorum* Bo: ampli-
       fizierende Wiedergabe, vgl. v. 17.

3_9 ποταμῶν] pr. *ex* Bo = εκ 410.

3_{10} σκορπίζων] *disperget* Bo: lib.

3_{13} ἐξήγειρας] *induxisti* Ach: lib.

3_{16} ἀπὸ φωνῆς] *a voce tua* (non *mea*) Ach.

3_{17} βρῶσιν] ⲃⲣⲉ Ach = *fructum, semen*; lies vielleicht ⲅⲣⲉ
       (ϩⲣⲉ Bo) = LXX; ⲅⲣⲉ verwendet Ach Ioel 1_{16} für
       βρῶμα.

       ἀπὸ βρώσεως] *quia non habent cibum*: freie, amplifizierende
       Wiedergabe, vgl. v. 8.

       ἐπὶ φάτναις] *in praesepio* Bo = εν φατνη W^c.

3_{19} συντέλειαν] + *et* Ach Sa.

Sophonias

1_{11} ἀργυρίῳ] pr. *in* Bo = εν 130′ La^S Spec.

1_{12} ἐκείνῃ] add. *dicit dominus* Bo = Aeth Pesch.

1_{14} Ὅτι] *ecce* Sa^{Ci}.

    ἡμέρας] om. Sa^{Ci}.

1_{18} ζήλους] pr. *furoris eius et* Sa^{Ci}.

    διότι] *ecce dominus* Sa^{Ci}.

    πάντας] om. Sa^{Ci} = 407 Aeth Cyr^B.

2_1 τὸ ἔθνος τὸ ἀπαίδευτον] *omnes gentes indisciplinatae* Sa^{Ci} : lib.

2_2 παραπορευόμενον] *interiens* (s. *decidens*) AchSa (ⲧⲉⲕⲟ) : lib.

    κυρίου 1⁰] + *et furorem eius* (om. πρὸ τοῦ ἐπελθεῖν 2⁰ —

      κυρίου 2⁰) Sa^{Ci}.

2_3 δικαιοσύνην ζητήσατε] *persequimini* (ⲡⲱⲧ ⲛⲥⲁ) *iustitiam*

    Sa^{CiW} : lib.?

2_9 Αμμων] + *erunt* AchSa Bo : Idiom.

2_{14} νεμήσονται] ⲉⲩⲉⲙⲟϣⲓ (= *ambulabunt*) Bo; lies ⲉⲩⲉⲙⲟ-

    ⲛⲓ = LXX.

    ποίμνια] ⲥⲉⲛⲟⲥⲉ ⲛⲧⲃⲛⲓ = (*greges iumentorum*) Ach;

    ⲥⲁⲛⲟⲥⲓ ⲛⲉⲥⲱⲟⲩ Bo = *greges ovium* La^S : cf.

    Mich. $5_{8\,(7)}$ Ioel 1_{18}.

    ἐχῖνοι] ⲛⲥⲃⲟⲩ Ach und ⲛⲓⲁⲭⲱ Bo = εχιδνοι Q* alii,

    vgl. SPIEGELBERG S. 257 Anm. 12.

3_1 ἡ φαυλίστρια] ⲛⲣⲉϥⲧⲁⲕⲟ Bo = *exterminatrix* : lib.

    ἀφανισμόν] + *et facta est* Ach : ex praec.

    τὰς χεῖρας αὐτοῦ] *caput suum* Ach Bo.

3_6 διοδεύειν et κατοικεῖν] + *in eis* Ach Bo.

3_8 πᾶσαν] om. Ach.

3_{12} ἐν σοί] *in medio tuo* Ach = ⲘⲂ : cf. v. 15 (ἐν μέσῳ σου).

3_{13} καί 1⁰] om. Ach = La^S Arm = ⲘⲂ.

3_{15} ἐκ χειρός] plur. Bo.

    Ισρ.] hab. Ισρ., sed tr. post εν μεσω σου Bo : lib.

3_{16} ἐν] + δε Bo.

3_{17} ὁ θεός σου] ⲡⲉⲛⲛⲟⲩϯ Bo; lies ⲡⲉⲕⲛⲟⲩϯ = LXX.

3_{18} οὐαί] ⲟⲩⲟⲥ Bo; lies ⲟⲩⲟⲓ = LXX.

Aggaeus

1_4 εἶ] hab. Ach; ⲭⲉ vertritt hier sowohl die Fragepartikel, als

    auch die Einleitungspartikel der folgenden Rede, vgl. 2_{19}.

    ὁ δὲ οἶκος οὗτος] ⲡⲛ̄ⲏⲓ ⲇⲉ Ach; lies ⲡⲓⲏⲓ ⲇⲉ = LXX.

2_4 καὶ νῦν] *nunc autem* (ϭⲉ) Sa^{Ci}: cf. v. 15; in Ach ist ϭⲉ
      vor ⲥ̄ⲛ̄ϭⲁⲙ ausgefallen.

    ἐγώ] om. Bo: cf. v. 6.

2_9 καί 2^0] *dabo* AchSa = Aeth^p.

    εἰς περιποίησιν] ⲉⲅⲱⲛϩ Bo setzt LXX voraus, vgl. Mal.
      3_{17} εἰς περιποίησιν ⲉⲟⲩⲧⲁⲛϩⲟ Bo = « zur Erhal-
      tung », « zur Bewahrung ». περιποίησις ist Gegensatz
      zu ἀπώλεια, vgl. im N. T. Hebr. 10_{39}. Chron. II $14_{13 (12)}$
      ist מִחְיָה von der LXX mit περιποίησις wiedergegeben.

2_{10} ἔτους δευτέρου] *in anno secundo* Ach Bo: lib.

    Δαρείου] + *regis* Sa = La^S Aeth^p Vulg.

2_{12} ἐψέματος] *cibi* (= βρωματος) Ach: ex s q.

2_{14} λημμάτων αὐτῶν] om. αὐτῶν Sa (ⲡⲗⲏⲙⲙⲁ: sing.) Bo.

2_{15} καὶ νῦν] *nunc autem* (ϭⲉ) AchSa: cf. 2_4 Mich. 7_{10} Ion. 4_2.

    δή] om. A c h S a Bo.

    ταύτης] om. AchSa.

2_{17} ὑμῶν] + ⲉⲡⲁⲧⲁⲝⲁ *eos* AchSa: ex praec.

2_{18} ἐν ταῖς καρδίαις] sing. Ach.

2_{19} εἰ 1^0] h a b. AchSa (ⲭⲉ); ⲭⲉ = εἰ: cf. 1_4.

2_{21} ἐκ φυλῆς] pr. artic. (= τον) AchSa.

2_{22} ἀναβάτας] *qui exultant super eos* Bo.

Zacharias

1_6 ἐν πνεύματί μου τοῖς δ. μου τοῖς προφ.] *in spiritu servo-*
      rum meorum prophetarum Bo: cf. δια των δουλων μου
      των προφητων 86^{mg}; om. μου 1^0 *LII*.

1_{13} ἐν ἐμοί] + *et loquebatur ad eum* AchSa.

1_{14} πρός με] om. Ach = 534.

1_{15} ἐγώ 1^0] om. AchSa = 36*.

2_2 Διαμετρῆσαι] *metior* A c h (f u t.) Bo. Zu Ach vgl. TILL,
      Gramm. S. 147.

    μῆκος] + *eius* (fem.) Ach Bo = Syh Aeth (= ⲙ).

2_4 λέγων 2^0] + *ei* Ach.

    ἐν μέσῳ αὐτῆς] pr. ⲉⲩϩⲛ Ach; pr. ⲉⲧϩⲉⲛ Bo = των
      A Q^{mg} *L'$^{}$* alii.

2_5 ἔσομαι 2^0] + *ei* (= αὐτῇ) Ach: ex praec.

2_{12} αἱρετιεῖ] ⲛⲉϥⲥⲱⲧⲙ Sa^W: lies ⲛⲉϥⲥⲱⲧⲡ = LXX.

2_{13} πᾶσα σάρξ] tr. post κυρίου Bo = Tyc.

3_4 καὶ ἐνδύσατε] *et dixit induite* AchSa^{BN} = 239 613.

3_6 καὶ διεμαρτύρατο] *testificatus est autem* (**ⲆⲈ**) Bo.

3_{10} ἕκαστος] + *vestrum* Sa^{BN}.

4_4 καὶ εἶπον] om. AchSa^{BN} (hab. Sa^{Ci}). 4_{11} hat Ach(Sa) καὶ
ἀπεκρίθην καὶ εἶπα, wo dieselbe hebr. Wendung zu-
grunde liegt, mit **ⲀⲞⲨ ⲀⲒⲞⲨⲰϢⲂⲈ ⲈⲒⲬⲞⲨ ⲘⲘⲀⲤ**
übersetzt, also καὶ εἶπα wörtlich wiedergegeben (ebenso
1_{14} 3_4 4_{11} 6_4). Dagegen übersetzt Ach 4_{12} καὶ ἐπηρώ-
τησα mit **ⲀⲒⲬⲚⲞⲨϤ** (ebenso Sa^{Ci}). Die Notiz bei
TILL, *Ausg.* S. 88 Anm. b ist also zu berichtigen.

4_4 κύριε] om. Sa^{Ci} = 87–68.

4_5 init. — ἐν ἐμοί] om. Sa^{Ci} Bo.
om. λέγων Ach Sa^{Ci} Sa^{BN}.

4_{11} πρὸς αὐτόν] om. Sa^{Ci}.

5_2 Ἐγὼ ὁρῶ] tr. Bo = A.

5_3 ὁ κλέπτης] *iniquus* Bo.

5_4 τῷ ὀνόματί μου] + *super iniquitate* AchSa^{Ci}; uterque tr.
ἐπὶ ψεύδει post τοῦ ὀμνύοντος: lib.

5_6 εἶπεν 2^0] om. AchSa^{Ci}.

5_{11} πρός με] om. Bo.

6_2 καί] om. Bo = 46-711.

6_7 εἶπεν] + *eis* Ach Bo.

6_8 ἀνέπαυσαν] **ⲀⲨⲔⲀ** (= *posuerunt*) Ach : lib. ; Bo hat wörtlich übersetzt (**ⲀⲨⲦⲘⲦⲞⲚ**).
ἐν γῇ] *e terra* Bo = απο γης 198.

6_{10} Λάβε] + *tibi* Bo : Idiom.?

6_{15} παντοκράτωρ] **ⲚⲚϬⲀⲘ** Ach = των δυναμεων. Die griech.
Rückübersetzung των στρατιων kommt nicht in Frage.
Os. 13$_4$ Soph. 1$_5$ belässt Ach στρατιά (**ⲤⲦⲢⲀⲦ(Ⲉ)ⲒⲀ**).
Vgl. Am. 3$_{13}$.

7_3 ἤδη] **ⲎⲆⲎ ⲈⲒⲤ** Ach (Bo hat nur **ⲈⲎⲆⲎ**). Hier ist **ⲈⲒⲤ** nicht
mit *ecce* zu übersetzen, sondern als achmim. Wieder-
gabe von ἤδη zu betrachten = « seit ». Der Hinweis
auf Syh^{mg} besagt nichts; ‏כא‎ (steht übrigens auch im
Text von Syh) heisst hier nicht *ecce* = siehe, sondern
iam = seit. Ebenso hat Syh Zach. 1$_{12}$ etwas frei τοῦτο
ἑβδομηκοστὸν ἔτος mit ‏כא שנין שבעין אנש‎ = seit siebzig
Jahren. Ähnlich haben Zach. 1$_{12}$ Ach (**ⲈⲤ ⲤϦⲂⲈ
ⲚⲢⲀⲘⲠⲈ**) und Sa^{Ci} (**ⲈⲒⲤ ϢϤⲈ ⲚⲢⲞⲘⲠⲈ**) übersetzt,
während Bo wörtlich wiedergibt. Auch hier heisst
Ⲉ(Ⲓ)Ⲥ « seit », vgl. TILL, *Gramm.* S. 198.

7_{10} μνησικακείτω] **ΤΕΤΝΤΑΑΕΟΥΕ** Ach = μνησικακειτε V *L* alii.

7_{11} ἔδωκαν] *averterunt* Ach Bo: lib.

νῶτον] *retro* Ach: lib.; + *suum* Bo = αυτων *L'*: Idiom.

παραφρονοῦντα] *insipientes* Ach Bo: lib.

7_{12} ἐξαπέστειλε] **ΕΤΑϤΧΟΤΟΥ** (= *dixit*) Bo: lib.?; lies wahrsch. **ΕΤΑϤΧΟΟΥ** = LXX.

8_3 παντοκράτορος] + *vocabitur* Ach: ex praec.

8_9 κυρίου] *dei* Ach.

8_{23} κρασπέδου] + *vestimenti* Ach Bo (lib.?) = ιματιου 410 Aeth.

9_3 ἐθησαύρισεν et συνήγαγεν] + *sibi* Ach: lib.

9_6 καθελῶ] *humiliabo* Bo: lib.

9_{10} διεκβολὰς γῆς] *usque ad terminum* (sing.) *terrae* AchSa.

9_{15} init.] pr. *et* Ach = V alii.

πλήσουσι] sing. Bo.

10_1 ὥραν] + *eius* Ach Bo: Idiom.

10_8 ὁ θεός] om. Ach Bo.

11_7 τὴν Χαναανῖτιν] *terram chanaan* Ach Bo = γην χαναav *L'*. Es ist allerdings nicht sicher, dass Co in ihrer griech. Vorlage χανααν hatte statt Χαναανῖτιν; an allen Stellen bringen sie die Endung –ιτιν nicht zum Ausdruck, vgl. Am. 4_1.

11_8 βαρυνθήσεται et ἐπωρύοντο] **ⲤΝΑϬⲰⲚⲦ** et **ⲀⲨϬⲀⲚⲦ** Ach; Ach verwendet für beide Verba das blasse Verbum **ϬⲰⲚⲦ** « zürnen ».

ἐπ᾽ ἐμέ] **ⲈⲌⲢⲎⲒ ⲈⲬⲰⲞⲨ** (= *super eos*: ex praec.) Bo; lies **ⲈⲌⲢⲎⲒ ⲈⲬⲰⲒ** = LXX.

11_9 ἕκαστος] + *vestrum* Ach: Idiom.

11_{14} κατάσχεσιν] διαθηκην η ν Ach = *L* alii.

12_3 ἔσται] om. Ach (item v. 9. 17) = Aeth: lib.

λίθον] pr. *sicut* Bo = ως 130′ 26 Aeth Arm.

12_6 ἐν καλάμῃ] plur. Bo.

12_8 καὶ ἔσται 1°] om. Ach = **Ⲙ**.

13_8 ἐν πάσῃ τῇ γῇ] tr. post λέγει κύριος B = *l l*.

13_9 αὐτός 1° Sa] pr. *et* Bo = Arab.

14_2 ἐπὶ Ιερουσαλημ / εἰς πόλεμον] tr. Bo = V–239 407′ Cyr[F].

14_8 παρατάξεται] **ⲈϤⲈϤⲰϮ ⲈⲂⲞⲖ** (= *delebit*) Bo; lies **ⲈϤⲈ-ⲂⲰⲦⲤ** (cf. 10_5) = LXX.

14_7 καὶ οὔ] ουδε Ach Sa Bo.

14_{18} ἐὰν 2°] om. Ach Bo (item v. 19).

14₁₉   ἔσται] praes. A c h Bo.
14₂₁   ἔσται πᾶς λέβης] plur. Ach.
        ἐν 1⁰] pr. *qui* A c h Bo.

Malachias

1₁   ἐπὶ τὰς καρδίας] sing. Ach Bo.
1₄   ὅρια] λαος Bo: ex sq.
        καί 1⁰] om. Bo = 411 Hi.
        τὰς ἐρήμους] ⲚⲚⲈⳤⲘⲀⲚⲬⲀⲒⲈ Ach = τας ερημους αυτης;
            ⲚⲚⲈⳤⲱⲀϥⲉⲨ Bo = τας ηρημωμενας αυτης. Es ist
            aber fraglich, ob Ach wirklich τὰς ἐρήμους voraus-
            setzt, zumal Ach häufig frei wiedergibt.
1₇   ἐξουδενώσατε] *contemnuntur cibi* Bo (ⲤⲈⳤⲟⲱϥ ⲚⲬⲈ ⲚⲒ-
            ⲐⲢⲎⲞⲨⲒ) setzt die alexandrinische Lesart βρωματα
            εξουδενωμενα voraus; es wäre zwar möglich, dass Bo
            wie in v. 12 gelesen hat; aber das gewöhnliche Zu-
            sammengehen mit der alexandrinischen Gruppe spricht
            dagegen.
1₉   τοῦ θεοῦ] pr. *domini* Bo = κυριου 576 Aeth.
1₁₃   τῶν χειρῶν] om. Bo.
1₁₄   διεφθαρμένον] plur. Bo = W *L'*² alii.
2₂   εἰς τὴν καρδίαν ὑμῶν] plur. Bo = εν ταις καρδιαις Sᶜ–V
            407 Cyr.ᵖ
2₅   τῆς ζωῆς καὶ τῆς εἰρήνης] *cum vita et pace* Bo: lib.; cf.
            cum vita et pace Cypr. (om. αὐτοῦ).
2₁₀   ἕκαστος] + *vestrum* Ach Bo: Idiom.
2₁₁   ἐπετήδευσεν] ⲀϥⲤⲒⲦⲞⲨ (= *proiecit*) Bo: lib.?
2₁₂   καὶ ἐκ] ⲚⲈⳤ ⲈⲐⲞⲖⲐⲈⲖ = *et mactatione* Bo; lies ⲚⲈⳤ
            ⲈⲂⲞⲖⲐⲈⲚ = LXX.
2₁₄   ὅτι κύριος] ⲡⲟⲥ̄ Bo = ο κυριος A–Q alii. Bo setzt die
            alexandrinische innergriechisch verderbte Lesart ὁ statt
            ὅτι voraus.
2₁₅   ὁ θεός] *dominus* Ach.
3₇   ἐφυλάξασθε] + *ea* AchSa: Idiom = αυτα 130'–239.
3₁₀   αὐτοῦ (nach διαρπαγή)] om. Ach S aᶜⁱᵗ.
        ἐν τῷ οἴκῳ αὐτοῦ Bo] *in domibus vestris* Ach S aᶜⁱᵗ.
3₁₁   ὑμῖν τὸν καρπὸν τῆς γῆς] *fructum terrae vestrae* Ach Bo:
            lib. = Syh Aeth Arab Arm Hi.

3₁₅   ἄνομα] **ⲛ̅ϩⲁⲛⲙⲉⲧⲁⲛⲟⲙⲟⲥ** Bo (item 4₁) setzt LXX
       voraus; es ist nicht wahrscheinlich, dass Bo in der
       griech. Vorlage ανομηματα oder ανομιαν hatte.

3₁₆   κύριον 1°] *deum* Bo = θεον 130′ Lucif.

3₁₈   ἀνόμου] **ⲛⲟⲩⲣⲉϥϭⲓⲛϫⲟⲛⲥ** Bo = αδικου. Bo übernimmt
       an den übrigen Stellen ἄνομος (**ⲁⲛⲟⲙⲟⲥ**) aus der
       griech. Vorlage (5mal).

4₁   καλάμη] plur. Bo = Syh.

4₅   πατρός] *hominis* Bo: ex sq.

II

Eine besondere Beachtung verdienen die griech. L e h n w ö r t e r
der kopt. Übersetzungen im Dodekapropheton. Für die Psalmen ([1])
und für die Apophthegmen–Literatur ([2]) sind eigene Untersuchungen
bereits erschienen. Auf die im Dodekapropheton verwendeten griech.
Lehnwörter hat Gro. S. 13 f. kurz verwiesen; sie sollen hier ausführlicher behandelt werden. Die unten aufgeführten Listen zeigen deutlich das Eindringen der griech. Lehnwörter und den Kampf der
einheimischen Wörter mit den Eindringlingen. An zahlreichen Stellen
ist für dasselbe Wort der Vorlage bald das Fremdwort, bald das
einheimische Wort verwendet; hier kam es zu keiner klaren Entscheidung; an anderen Stellen findet sich nur das griech. Lehnwort.
Besonders wichtig sind solche Stellen, wo ein griech. Lehnwort steht,
ohne dass sich dieses Wort in der Vorlage findet; hier sind uns
teilweise griech. Varianten erhalten, die in der griech. hsl. Überlieferung fehlen.

Nicht näher kann in diesem Aufsatz auf die orthographischen
Eigentümlichkeiten der griech. Lehnwörter eingegangen werden. Wie
in den Psalmen (vgl. Wᴇssᴇʟʏ S. 6-8) und in den Apophthegmata
(vgl. Hᴏᴘꜰɴᴇʀ S. 2 9) findet sich auch im Dodekapropheton häufig
der Wechsel von αι–ε, ε–ι, ε–υ, η–ι, γ–κ, δ–τ usw.: lauter Erschei-
nungen, die wir auch in den griech. Hss. feststellen können (siehe die
Zusammenstellung der Orthographika in meiner Ausgabe S. 109-119).

([1]) K. Wᴇssᴇʟʏ, *Die griechischen Lehnwörter der sahidischen und bohei-
rischen Psalmenversion* (= *Denkschriften der Kais. Ak. der Wiss. in Wien.
Phil.-hist. Kl.* 54, 3), Wien 1910.

([2]) Tʜ. Hᴏᴘꜰɴᴇʀ, *Über Form und Gebrauch der griechischen Lehnwörter
in der koptisch-saʿidischen Apophthegmenversion* (*ebd.* 62, 2), Wien 1918.

Manche Schreibweisen sind allerdings auffallend, so das seltsame ⳅⲓⲡⲡⲉϥ für ἱππεύς Nah. 3₃ Hab. 1₈, vgl. dazu W. Spiegelberg, ZÄgSp 62 (1926) 47 und Till., *Ausg.* S. 62 Anm. c.

Lehrreich ist ein Vergleich der griech. Lehnwörter der kopt. Psalmenversion mit den griech. Fremdwörtern der kopt. Übersetzungen des Dodekapropheton. Nur einige Punkte sollen herausgegriffen werden. Im allgemeinen findet man eine Übernahme der nämlichen griech. Wörter; so sind z. B. im Dodekapropheton und in den Psalmen die griech. Lehnwörter αἰχμαλωσία, ἀλλόφυλος, ἅρμα, αὐλή, διαθήκη, ἔθνος, εἰρήνη usw. übernommen. Sogar in der Rechtschreibung finden sich ganz gleiche Fehler, z. B. ⲉⲩⲑⲉⲛⲓⲛ (für εὐθηνεῖν) Bo, ⲉⲩⲥⲟⲥ (für ἴσος) Bo. Dagegen treten auch Unterschiede in der Aufnahme von griech. Wörtern auf; so sind die Wörter ἀγαπᾶν, δύναμις, κρίσις, καταπατεῖν in den Psalmen übernommen, dagegen im Dodekapropheton in puristischer Weise ausgeschieden; umgekehrt begegnet uns im Dodekapropheton in allen Dialekten πόλεμος, das in den Psalmen in Bo durch ⲃⲱⲧⲥ wiedergegeben wird. Auf weitere Einzelheiten soll hier nicht eingegangen werden.

Wessely kommt auch auf die griech. Lehnwörter zu sprechen, die nicht im griech. Text (also in der uns geläufigen LXX) stehen. S. 1 sagt W., dass es nur Ausnahmen sind und « ersichtlich auf einer koptischen Spracheigentümlichkeit beruhen »; S. 4 stellt W. diese Wörter zusammen und schickt die Bemerkung voraus : « Das Koptische setzt in eigentümlicher Weise für die im Griechischen verwendeten Wörter andere stammverwandte oder sinnverwandte... ». Bei der Übernahme stammverwandter Wörter wird die Erklärung von W. stimmen; dagegen muss bei sinnverwandten Wörtern eine von LXX abweichende Vorlage angenommen werden, vgl. nur Ps. 1₅, ἐν βουλῇ] εν συναγωγη Sa = αʹ.

Zunächst seien die Lehnwörter aufgeführt, die in Co leicht geändert sind:

ἀγάπησις = ⲁⲅⲁⲡⲏ Os. 11₄ Soph. 3₁₇ Ach Bo; Hab. 3₄ Sa Bo
ἐγκρυφίας = ⲉⲅⲕⲣⲩⲫⲓⲟⲛ Os. 7₈ Ach
λαμπάδιον = ⲗⲁⲙⲡⲁⲥ Zach. 4₂₃ Co
πιστά = ⲡⲓⲥⲧⲓⲥ Os. 5₉ Ach
σκήνωμα = ⲥⲕⲏⲛⲏ Zach. 12₇ Mal. 2₁₂ Ach (ebenso Ps. 83₁₀ Bo, vgl. Wessely S. 4. 12).

Manchmal sind griech. Formen nur gelegentlich geändert, z. B. Abd. 7 ⲉⲓⲣⲏⲛⲏ Ach für εἰρηνικός, das sonst beibehalten ist, oder

Zach. 1_6 ⲛⲟⲙⲟⲥ Ach für νόμιμον, das an den anderen Stellen übernommen ist. Nah. 1_{12} hat Ach ⲉϥⲉⲛⲁⲣⲭⲱⲛ, dagegen Sa ⲉϥⲁⲣⲭⲏ für κατάρχων.

Wie im Griech. (αἰχμαλωτεύειν – αἰχμαλωτίζειν) begegnen uns auch im Kopt. beide Formen: ⲉⲣⲉⲭⲙⲁⲗⲱⲧⲉⲩⲓⲛ Bo Am. 1_5 1_6 5_5 Mich. 1_{16} Abd. $_{11}$ und ⲁⲓⲭⲙⲁⲗⲱⲧⲓⲍⲉ Ach(Sa) Am. 1_5 1_6 Abd. $_{11}$ (Mich. 1_{16} haben AchSa ϥⲓ ⲛⲁⲓⲭⲙⲁⲗⲱⲧⲟⲥ; Am. 5_5 fehlen AchSa). Hier wird man innerkoptischen Wechsel annehmen müssen; die beiden Formen begegnen ebenso im kopt. Psalter, vgl. WESSELY S. 21. In der LXX schwanken die Hss. zwischen beiden Formen Am. 1_5.

Gewöhnlich gehen Ach und Sa in der Übernahme der griech. Wörter eng zusammen. Nur an folgenden Stellen gehen Ach und Sa auseinander:

Mich. 1_2 εἰς μαρτύριον] ⟨ⲉⲩⲙⲛⲧⲙⲛ⟩ⲧⲣⲉ Ach (zerstört); ⲉⲩ-
             ⲙⲁⲣⲧⲩⲣⲓⲟⲛ Sa

    3_6 ἐξ ὁράσεως] ⲋⲙ ⲡⲉⲧⲉⲧⲛⲛⲟ ⲁⲣⲁϥ Ach; ⲉⲃⲟⲗⲋⲉⲛ
             ⲟⲩⲟⲣⲁⲥⲓⲥ Sa

    7_3 αἰτεῖ] ϥⲭⲟⲩ ⲙⲙⲁⲥ ⲭⲉ ⲁⲩⲉⲉⲓ (= dicit da) Ach;
             ϥⲁⲓⲧⲉⲓ Sa

Ioel 2_{11} ἔσται ἱκανὸς αὐτῇ] ⲡⲉⲧⲛⲁⲋⲱⲡⲉ ⲛⲉϥ ⲛⲋⲓⲕⲁⲛⲟⲥ
             Ach; ⲡⲉⲧⲛⲁⲱϥⲓ ⲋⲁⲣⲟϥ Sa

Abd. $_{13}$ λαῶν] ⲙⲡⲙⲓⲉⲓⲱⲉ Ach; ⲙⲡⲁⲗⲁⲟⲥ Sa

Nah. 1_3 ἐν συντελείᾳ] ⲋⲛ ⲟⲩⲋⲁⲉⲓ Ach (ebenso Hab. 1_9 Soph. 1_{18});
             ⲋⲛ ⲟⲩⲥⲛⲧⲉⲗⲓⲁ Sa (ebenso Hab. 1_9 Soph. 1_{18})

Hab. 1_3 ἀσέβειαν] ⲟⲩⲙⲛⲋⲉϥⲧ Ach; ⲟⲩⲁⲥⲉⲃⲓⲁ Sa
             κρίσις] ⲁⲩⲋⲉⲡ Ach; ⲁⲩⲕⲣⲓⲥⲓⲥ Sa.

Zach. 3_2 δαλός] ⲟⲩϣⲉⲩ Ach; ⲗⲁⲙⲡⲁⲥ Sa
    3_7 διακρινεῖς] ⲉⲧⲛⲁⲕⲣⲓⲛⲉⲓ Ach; ⲕⲛⲁϭⲱ ⲋⲓⲭⲙ Sa
   13_7 πατάξατε] ⲣⲡⲁⲧⲁⲥⲥⲉ Ach; ⲣⲱⲋⲧ Sa.

An vielen Stellen wechselt das kopt. Wort mit dem griech. Fremdwort; sie seien hier aufgeführt (an erster Stelle steht das griech. Fremdwort in Ach und Sa, an zweiter das achmim. Wort, an dritter Stelle ist die bohair. Übersetzung genannt):

ἀγαθόν   = ⲁⲅⲁⲑⲟⲛ Ach Os. 3_5 10_1 14_3 2mal Mich. 1_{12} 7_4
                Zach. 1_{17} 9_{17}
          = ⲛⲁⲛⲟⲩ Ach Os. 8_3 Am. 9_4 Zach. 8_{19}

= ⲁⲅⲁⲑⲟⲛ Bo Os. 3_5 8_3 10_1 14_3 2mal Mich. 1_{12} 7_4 Zach. 1_{17} 9_{17}

= ⲛⲁⲛⲟⲩ Bo Am. 9_4 Zach. 8_{19}

ἄδικος = ⲁⲇⲓⲕⲁⲓⲟⲥ Ach Mal. 3_{18}

= ⲣⲉϥϭⲓⲛϫⲟⲛⲥ Bo Mal. 3_{18}

ἄδικον = ⲭⲓⲛϭⲁⲛⲥ Ach Soph. 3_5 (Am. 8_5 fehlt Ach)

= ϭⲓⲛϫⲟⲛⲥ Bo Am. 8_5 Soph. 3_5

ἀδικία = ⲁⲇⲓⲕⲓⲁ Ach Soph. 3_5; an allen übrigen Stellen hat Ach ⲭⲓⲛϭⲁⲛⲥ (ebenso Bo); Ach hat Soph. 3_5 ⲁⲇⲓⲕⲓⲁ genommen, weil im nämlichen Vers bereits ⲭⲓⲛϭⲁⲛⲥ für ἄδικον (siehe oben) stand

αἰών = ⲁⲓⲱⲛ Ach Am. 9_{11} Mich. 7_{14} Mal. 3_4 in der Wendung ἡμέραι τοῦ αἰῶνος, dagegen ⲁⲛⲏⲅⲉ Mich. $5_{2\,(1)}$ in derselben Wendung

= ⲉⲛⲉⲅ Bo immer

ἀλλογενής = ⲁⲗⲗⲟⲅⲉⲛⲏⲥ Ach Mal. 4_1 (3_{19})

= ⲯⲉⲙⲙⲟ Ach Ioel 3 $(4)_{17}$ Abd. $_{11}$ Zach. 9_6

= ⲁⲗⲗⲟⲅⲉⲛⲏⲥ Bo immer

ἄλσος = ⲁⲗⲥⲟⲥ Ach Mich. 3_{12}

= ⲙⲁⲛϣⲏⲛ Ach Mich. $5_{14\,(13)}$

= ⲓⲁⲅϣϣⲏⲛ Bo immer

ἁρπάζειν = ⲁⲣⲡⲁⲍⲉ Ach Am. 1_{11}

= ⲧⲱⲣⲡ Ach Os. 5_{14} Mich. 3_2 $5_{8\,(7)}$ Nah. 2_{12}

= ⲅⲱⲗⲉⲙ Bo immer

ἄρχεσθαι = ⲁⲣⲭⲉⲥⲑⲁⲓ Ach Os. 6_{11} 7_5

= ⲭⲱⲛⲧ Ach Os. 5_{11} Mich. 6_{13} Ion. 3_4

= ⲅⲟⲩⲧⲟⲟⲧ⸗ Ach Mich. 1_{12}

= ϭⲱⲗⲕ Bo Os. 6_{11}

= ⲉⲣϩⲏⲧⲥ Bo Os. 5_{11} 7_5 Mich. 1_{12} 6_{13} Ion. 3_4

γέννημα = ⲅⲉⲛⲛⲏⲙⲁ Ach Zach. 8_{12}

= ⲉⲗⲁⲁⲗⲉ Ach Hab. 3_{18} (= *uva*); Os. 10_{12} übersetzt Ach nach 𝕄

= ⲟⲩⲧⲁⲅ Bo immer

δίκαιος = ⲇⲓⲕⲁⲓⲟⲥ Ach überall, nur Zach. 7_9 8_{16} ⲅⲉⲡ ⲛⲙⲓⲉ für κρίμα δίκαιον

= ⲑⲙⲏⲓ Bo immer

δοκιμάζειν = ⲇⲟⲕⲓⲙⲁⲍⲉ Ach Zach. 13_9 2mal

= ⲭⲱⲛⲧ Ach Zach. 11_{13}

= ⲇⲟⲕⲓⲙⲁⲍⲓⲛ Bo immer

δρυμός   = ⲀⲢⲨⲘⲞⲤ Ach Os. 13_8 Mich. 7_{14} Zach. 11_2

        = ⲘⲀⲚϢⲎⲚ Ach Mich. 3_{12} $5_{8(7)}$ Am. 3_4 (Sa)

        = ⲀⲢⲨⲘⲞⲤ Bo Os. 13_8 Mich. $5_{8(7)}$

        = ⲘⲀⲚϢϢⲎⲚ Bo Zach. 11_2

        = ⲒⲀⲅϢϢⲎⲚ Bo Am. 3_4 Mich. 3_{12} 7_{14}

δυνατός   = ⲀⲨⲚⲀⲦⲞⲤ Ach Soph. 3_{17}

        = ⲚϬⲀⲘ Ach Nah. 2_4 Soph. 1_{15}

        = ϪⲞⲞⲢⲈ Ach Mich. 4_7 (hier hat Ach wahrscheinlich ἰσχυρόν in ihrer Vorlage gelesen)

        = ϪⲰⲢⲒ Bo immer

ἔκστασις   = ⲈⲔⲤⲦⲀⲤⲒⲤ Ach Zach. 14_{13}

        = ⲘⲚⲦⲬⲀⲤⲒⲈⲎⲦ Ach Hab. 3_{14}

        = ⲠⲰⲤⲈ Ach Zach. 12_4

        = ⲦⲰⲘⲦ Bo immer

ἐπικαλεῖν   = ⲈⲠⲒⲔⲀⲖⲈⲒ Ach Os. 7_{11} Am. 9_{12} Ion. 1_6 Ioel 2_{32} Soph. 3_9 Zach. 13_9

        = ⲰϢ Ach Os. 7_7; ebenso Bo

        = ⲘⲞⲨⲦⲈ Ach Mal. 1_4 = ⲘⲞⲨϮ Bo Am. 9_{12} Mich. 6_9 Mal. 1_4

        = ⲦⲈⲞⲨⲀ= Ach Mich. 6_9

        = ⲦⲰⲂⲈ Bo Os. 7_{11} Ion. 1_6 Ioel 2_{32} Soph. 3_9 Zach. 13_9

ἔρημος   = ⲈⲢⲎⲘⲞⲤ Ach Os. 9_{10} 13_5 Am. 2_{10} Ioel 2_{22} Soph. 2_{13} Zach. 14_{10}

        = ϪⲀⲒⲈ Ach Os. $2_{8(5)\ 14(16)}$ 13_{15} Ioel $1_{19\ 20}$ Agg. 1_9

        = ⲘⲀⲚϪⲀⲒⲈ Ach Mal. 1_{34}

        = ϢⲀϤⲈ Bo immer

ἔτι   = ⲈⲦⲒ Ach Ion. 3_4 4_2 Agg. 2_6 Zach. 1_{17} (1^0) 8_4 11_{15}

        = ⲀⲚ Ach Os. 3_1 $12_{9(10)}$ 14_9 Zach. 12_6

        = ϬⲈ (mit Negation) Ach Os. $2_{17(19)}$ Mich. 4_3 Nah. 1_{12} 1_{15} (2_1)

        = ⲚⲔⲈ-ⲤⲀⲠ Ach Os. 1_6 (1^0) 8 Zach. 1_{16} 13_3

        = ϪⲚⲚϮⲚⲞⲨ Ach Os. $2_{16(18)}$ Nah. 1_{14} 2_{14} Agg. 2_{19} (1^0) Zach. 14_{11}

        = ⲚⲞⲨⲰⲈⲘⲈ Ach Zach. 1_{16}

        = ⲤⲰⲦ Ach Zach. 14_{21} om. ἔτι Ach Os. 1_6 (2^0) Am. 6_{10} Hab. 2_3 Agg. 2_{19} (2^0) Zach. 1_{17} (2^0 3^0) $2_{12(16)}$ 8_{20}

        = ⲈⲦⲒ Bo Os. 1_4 3_1 $12_{9(10)}$ Am. 6_{10} Ion. 3_4 Agg. $2_{6\ 20}$ Zach. 1_{16} 1_{17} 3mal $8_{4\ 20}$ 11_{15}

= **ON** Bo Os. 1_8 13_2 14_9

= **ⲬⲈ** (mit Negation) Bo Os. $2_{16 (18) \; 17 \; (19)}$ Am. $8_{2 \; 14}$
Mich. 4_3 Ioel 2_{27} Nah. 2_{14} Soph. 3_1 (2_{15})
Zach. $14_{11 \; 21}$

= **ⲚⲔⲈⲤⲞⲠ** Bo Zach. 13_3

= **ⲒⲤⲬⲈⲚ** Bo Ion. 4_2

om. ἔτι Os. 1_6 (1^0) Ioel 2_{27} (2^0) Nah. $1_{12 \; 14}$ 1_{15} (2_1)
Hab. 2_3 Zach. $2_{12 \; (16)}$ 12_6

εὐαγγελίζεσθαι = **ⲈⲨⲀⲄⲄⲈⲖⲒⲌⲈ** Ach Ioel 2_{32}

= **ⲦⲀⲰⲈⲀⲒⲰ** Ach Nah. 1_{15} (2_1)

= **ⲊⲒⲰⲈⲚⲚⲞⲨⲪⲒ** Bo immer

εὐφραίνειν = **ⲈⲨⲫⲢⲀⲚⲈ** Ach Os. 7_3 9_1 Ioel 2_{23} Soph. 3_{17}
Zach. 2_{10} 8_{19}

= **ⲞⲨⲚⲀϤ** Ach Ioel 2_{21} Hab. 1_{16} Soph. 3_{14} Zach.
10_7

= **ⲞⲨⲚⲞϤ** Bo immer

θυμός = **ⲐⲨⲘⲞⲤ** Ach nur Hab. 3_{12}, weil für ἀπειλή im
nämlichen Vers bereits **ϬⲰⲚⲦ** verwendet ist,
sonst immer **ϬⲰⲚⲦ**

= **ⲘⲂⲞⲚ** Bo immer

καθαρίζειν = **ⲔⲀⲐⲀⲢⲒⲌⲈ** Ach Mal. 3_3

= **ⲦⲂⲂⲞⲨⲞ** Ach Mal. 3_3; wohl wegen der Abwechslung. Bo hat 2mal **ⲦⲞⲨⲂⲞ**.

κατά = **ⲔⲀⲦⲀ** Ach Os. $2_{15 \; (17)}$ 2mal 4_7 9_9 10_1 2mal 11_9
$12_{2 \; (3)}$ 2mal $13_{1 \; 2 \; 6}$ Mich. 7_{15} Nah. 3_6 Zach. 1_6
2mal 8_{11} 12_{12} 14_{15}. An den übrigen Stellen ist
anders übersetzt, teils in etwas freier Weise.
Os. 3_1 10_5 11_2 ist καθώς mit **ⲔⲀⲦⲀ ⲦⲄⲈ** wiedergegeben; Agg. 1_{12} entspricht **ⲔⲀⲦⲀ ⲦⲄⲈ**
καθότι

= **ⲔⲀⲦⲀ** Bo Os. $2_{15 \; (17)}$ 2mal (om. 4_7) 9_9 10_1 2mal
11_9 $12_{2 \; (3)}$ 2mal $13_{1 \; 2 \; 6}$ Mich. 7_{15} Ion. 3_2 Nah. 3_6
Zach. 1_6 2mal 8_{11} 12_{17}

= **ⲘⲫⲢⲎⲦ** Bo Zach. 14_{15}. Sonst ist frei übersetzt

καθότι = **ⲔⲀⲦⲀ ⲦⲄⲈ** Ach Agg. 1_{12} Zach. 7_3 10_8

= **ⲘⲠⲢⲎⲦⲈ** Ach Mich. 7_{20}

= **ⲚⲦⲄⲈ** Ach Mal. 4_6 (3_{22})

= **ⲀⲂⲀⲖ ⲬⲈ** Ach Ioel 2_{32} (3_5)

= **ⲔⲀⲦⲀⲫⲢⲎⲦ** Bo Mich. 7_{20} Agg. 1_{12}

= **ⲘⲫⲢⲎⲦ** Bo Mal. 4_6 (3_{22})

= ϫε Bo Ioel 2_{32} (3_5)

= εθβε ϫε Bo Zach. 7_3

= ϫε ογⲎⲓ Bo Zach. 10_8 = διοτι : ex praec.

καθώς = κατα ⲧⲅⲉ Ach Os. 3_1 10_5 11_2 Ion. 3_2 (Sa ; in Ach Lücke) Zach. 1_6 Mal. 3_4 bis

= κατα Ach Zach. 14_3

= ⲛⲧⲅⲉ Ach an den übrigen Stellen

= καταφⲣⲎⲧ Bo Os. 3_1 4_9 7_{12} (1^0) 10_5 11_2 Mich. 7_{14} Ioel 2_{23} Ion. 3_3 Zach. 1_6 Mal. 3_4 (1^0)

= ⲙφⲣⲎⲧ Bo an den übrigen Stellen

καταλαλεῖν = καταⲗⲁⲗⲉⲓ Ach Mal. 3_{16}

= ⲩⲉϫⲉ ⲥⲉ- Ach Os. 7_{13} Mich. 3_7 Mal. 3_{13}

= ⲥⲁϫⲓ ⲛⲥⲁ- Bo immer

κηρύσσειν = κⲎⲣⲅⲥⲥⲉ Ach Ion. 1_2 3_4 Soph. 3_{11} Zach. 9_9

= ⲧⲁⲩⲉⲁⲓⲩ Ach Mich. 3_5 Ioel 1_{14} 3 (4)$_9$

= ⲅⲓⲱⲓⲩ Bo immer

κρίνειν = κⲣⲓⲛ(ⲉ)ⲓ Ach Mich. 4_3 Zach. 3_7 (διακρίνειν) 7_9 8_{16}

= ⲧ-ⲅⲉⲡ Ach Os. 13_{10} Mich. 3_{11} Ioel 3_{12} (διακρίνειν)

= ϫⲓ-ⲅⲉⲡ Ach Os. $2_{2(4)}$ bis Mich. 6_1 Ioel 3_2 (διακρίνειν)

= ⲧ-ⲅⲁⲡ bzw. ϭⲓ-ⲅⲁⲡ Bo immer

κριτής = κⲣⲓⲧⲎⲥ Ach Am. 2_3 Mich. 7_3 Hab. 1_3 Soph. 3_3

= ⲣⲉϥⲧ-ⲅⲉⲡ Ach Os. 7_7

= ⲣⲉϥⲧ-ⲅⲁⲡ Bo immer

λαός = ⲗⲁⲟⲥ Ach gewöhnlich, ausser an den folgenden Stellen :

= ⲙⲓⲉⲓⲩⲉ Ach Ioel $2_{5\ 6}$ Abd. $_{12}$ Nah. $3_{17\ 18}$ Soph. 1_{11} Zach. 12_2

= ⲗⲁⲟⲥ Bo immer

λογισμός = ⲗⲟⲅⲓⲥⲙⲟⲥ Ach Nah. 1_{11}

= ⲙⲉⲟⲅⲉ Ach Mich. 4_{12}

= ⲙⲉⲅⲓ Bo immer

λόγος = ⲗⲟⲅⲟⲥ Ach nur Zach. 1_{13} (wegen der Abwechslung); sonst immer ⲩⲉϫⲉ

= ⲥⲁϫⲓ Bo immer

λυπεῖν = ⲣ-ⲗⲅⲡⲎ Ach Mich. 6_3 Ion. 4_1

= ⲙⲕⲁⲅ (ⲛⲅⲎⲧ) Ach Ion. 4_4 4_9 2mal

= ⲙⲕⲁⲅ (ⲛⲅⲎⲧ) Bo immer

λύπη = ⲗⲩⲡⲏ Ach Ion. 4_1 = ⲙⲕⲁⲅ ⲛⲅⲏⲧ Bo Ion. 4_1

μαρτύριον = ⲙⲁⲣⲧⲩⲣⲓⲟⲛ Ach Soph. 3_8

= ⲙⲛⲧⲙⲛⲧⲣⲉ Ach Os. $2_{12\,(14)}$ Am. 1_{11} Mich. 7_{13}

= ⲙⲉⲧⲙⲉⲑⲣⲉ Bo immer

νόμιμον = ⲛⲟⲙⲓⲙⲟⲛ Ach Os. 8_{12} Mich. 7_{11} Mal. 3_7

= ⲥⲱⲛⲧ Ach. Mich. 6_{15}

= ⲛⲟⲙⲟⲥ Bo immer

ὅρασις = (ⲅ)ⲟⲣⲁⲥⲓⲥ Ach Os. 12_{10} Ioel 2_{28} (3_1) Abd. $_1$
Nah. 1_1 Hab. $2_{2\,3}$ Zach. 10_2 13_4

= ⲛⲉ Ach Ioel 2_4

= ⲅⲣⲃⲉ Ach Nah. 2_5

= (ⲅ)ⲟⲣⲁⲥⲓⲥ Bo immer

ὀργή = ⲟⲣⲅⲏ Ach immer, ausser Os. 14_5 ⲋⲱⲛⲧ

= ⲭⲱⲛⲧ Bo immer, ausser Nah. 1_6 Hab. 3_2 Soph.
$2_{2\,3}$, wo ⲉⲙⲃⲟⲛ für ὀργή steht (sonst entspricht
ⲉⲙⲃⲟⲛ gewöhnlich θυμός)

ὀρεινή... πεδινή = ⲟⲣⲓⲛⲏ ... ⲡⲉⲇⲓⲛⲏ Ach Zach. 7_7

= ⲁⲛⲧⲱⲟⲩ ... ⲙⲉⲱⲱⲱⲧ Bo Zach. 7_7

παραδιδόναι = ⲡⲁⲣⲁⲇⲓⲇⲟⲩ Ach Zach. 11_6

= ✝ Ach Os. 8_{10} Mich. 6_{14} 6_{16}

= ✝ immer

πατάσσειν = ⲡⲁⲧⲁⲥⲥⲉ Ach Am. 4_9 (Sa; deest Ach) Mich. 6_{13}
Agg. 2_{17} bis Zach. 12_4 2mal 13_7 Mal. 4_5 (3_{24})

= ⲱⲟⲩⲟⲩⲋⲉ Ach Os. 6_1

= ⲣⲱⲅⲧ Ach Mich. 5_1 (4_{14})

= ⲟⲩⲁⲅⲥⲁⲅⲛⲉ Ach Ion. $4_{7\,8}$

= ⲙⲁⲅⲉ Ach Zach. 10_{11}

= ⲉⲓⲛⲉ Ach Zach. 14_{18}

= ⲱⲁⲣⲓ Bo immer, ausser Mich. 5_1 (4_{14}) ⲅⲉⲓ und
Ion. 4_8 ⲅⲓⲟⲩⲓ

πλανᾶν = ⲡⲗⲁⲛⲁ Ach Os. 4_{12} 8_6 Am. 2_4 Mich. 3_5

= ⲙⲟⲩⲣ Ach Os. $2_{14\,(16)}$ (lies ✝ⲛⲁⲥⲁⲣⲙⲥ statt
✝ⲛⲁⲙⲁⲣⲥ)

= ⲥⲱⲣⲉⲙ Bo immer

πληγή = ⲡⲗⲏⲅⲏ Ach Mich. $1_{9\,11}$ Nah. 3_{19}

= ⲥⲁⲅ Ach Zach. 13_6

= ⲉⲣⲑⲟⲧ Bo immer

πνεῦμα = ⲡⲛⲁ̄ Ach gewöhnlich

= ⲟⲩⲧⲏⲟⲩ Ach Os. $12_{1\,(2)}$ Ion. 1_4 4_8 vom Winde
gesagt

	= **π̄ν̄λ̄** Bo immer, ausser Ion. 1$_4$ **ⲑⲏⲟⲩ**
πονηρός	= **ⲡⲟⲛⲏⲣⲟⲥ** Ach Mich. 2$_3$ Hab. 1$_{13}$ Mal. 2$_{17}$
	= **ⲉⲑⲁⲩ** Ach Os. 3$_4$ 7$_{15}$ Mich. 3$_2$ Ion. 3$_{8\ 10}$ Nah. 1$_{11}$ Zach. 1$_4$ 2mal
	= **ⲅⲱⲟⲩ** Bo immer
πρεσβύτερος	= **ⲡⲣⲉⲥⲃⲩⲧⲉⲣⲟⲥ** Ach Ioel 1$_2$
	= **ⲅⲗⲗⲁⲓ** Ach Ioel 1$_{14}$ 2$_{16\ 28}$ Zach. 8$_4$
	= **ⲡⲣⲉⲥⲃⲩⲧⲉⲣⲟⲥ** Bo Ioel 1$_{2\ 14}$ 2$_{16}$
	= **ⲅⲉⲗⲗⲟⲓ** Bo Ioel 2$_{28}$ Zach. 8$_4$
πρόσταγμα	= **ⲡⲣⲟⲥⲧⲁⲅⲙⲁ** Ach Mal. 4$_6$ (3$_{22}$)
	= **ⲟⲩⲁⲅⲥⲁⲅⲛⲉ** Ach Am. 2$_4$ Zach. 3$_7$
	= **ⲟⲩⲁⲅⲥⲁⲅⲛⲓ** Bo immer
σκεῦος	= **ⲥⲕⲉⲩⲟⲥ** Ach Ion. 1$_5$ Zach. 11$_{15}$
	= **ⲅⲛⲟ** Ach Os. 8$_8$ 13$_{15}$ Nah. 2$_9$
	= **ⲥⲕⲉⲩⲟⲥ** Bo immer
σχοῖνος	= **ⲥⲭⲟⲓⲛⲟⲥ** Ach Mich. 6$_5$; ebenso Bo
	= **ⲩⲁⲛⲧⲉ** Ach Ioel 3 (4)$_{18}$ = ⟋ (spinarum)
	= **ⲩⲉⲛⲥⲓϥⲓ** Bo Ioel 3 (4)$_{18}$ = ⟋ (cedrorum)
ταλαιπωρεῖν	= **ⲧⲁⲗⲁⲓⲡⲱⲣⲉⲓ** Ach Mich. 2$_4$ Zach. 11$_2$ 11$_3$ 2mal
	= **ⲑⲃⲃⲓⲟ** Ach Os. 10$_2$ Ioel 1$_{10}$ (1°)
	= **ⲧⲉⲕⲟ** Ach Ioel 1$_{10}$ (2°)
	= **ⲧⲁⲗⲁⲓⲡⲱⲣⲓⲛ** Bo immer
τότε	= **ⲧⲟⲧⲉ** Ach Hab. 1$_{11}$, ebenso Bo
	= **ⲙⲡⲟⲩⲁⲉⲓⲩ ⲉⲧⲙⲙⲟ** Ach Os. 2$_{7\ (9)}$ Soph. 3$_{9\ 11}$
	= **ⲙⲡⲓⲥⲏⲟⲩ ⲉⲧⲉⲙⲙⲁⲩ** Bo Os. 2$_{7\ (9)}$
	= **ϧⲉⲛ ⲡⲓⲥⲏⲟⲩ ⲉⲧⲉⲙⲙⲁⲩ** Bo Soph. 3$_{9\ 11}$
ὑπομένειν	= **(ⲅ)ⲩⲡⲟⲙⲓⲛⲉ** Ach Mich. 7$_7$ Nah. 1$_7$ Soph. 3$_8$ Zach. 6$_{14}$ Mal. 3$_2$
	= **ⲱⲅⲉ** Ach Hab. 2$_3$
	= **ⲅⲩⲡⲟⲙⲉⲛⲓⲛ** Bo Zach. 6$_{14}$ Mal. 3$_2$
	= **ⲟⲅⲓ** Bo Soph. 3$_8$
	= **ⲭⲟⲩⲩⲧ** Bo Nah. 1$_7$ Hab. 2$_3$
	= **ⲙⲟⲩⲛ** Bo Mich. 7$_7$ (parallel **ⲭⲟⲩⲩⲧ** = ἐπιβλέπειν)
φύλαγμα	= **ⲫⲩⲗⲁⲅⲙⲁ** Ach Soph. 1$_{12}$
	= **ⲅⲁⲛ⸗** Ach Mal. 3$_{14}$
	= **ⲭⲓⲛⲁⲣⲉⲅ** Bo immer
σκιρτᾶν	= **ⲥⲕⲓⲣⲧⲁⲛⲉ** Ach Ioel 1$_{17}$
	= **ϥⲁⲕⲥ** Ach Mal. 4$_2$ (3$_{20}$)
	= **ϭⲓϥⲉⲓ** Bo immer

χειμάρρους = ⲭⲉⲓⲙⲁⲣⲟⲥ Ach Ioel 3 (4)$_{18}$; ebenso Bo
 = ⲙⲟⲩⲛⲥⲱⲣⲉⲙ Bo Am. 5$_{24}$ 6$_{15}$ (Am. 5$_{24}$ 6$_{15}$
 fehlt Ach)

χριστός = ⲭⲣⲉⲓⲥⲧⲟⲥ Ach Hab. 3$_{13}$
 = ⲭⲣⲥ Bo Am. 4$_{13}$ (deest AchSa)
 = ⲑⲱⲅⲥ Bo Hab. 3$_{13}$ (quos unxisti).

Im Gegensatz zu dieser Reihe, in der Ach(Sa) gewöhnlich das
griech. Lehnwort übernimmt, während Bo das kopt. Wort wählt, steht
die folgende Aufzählung, in der Bo ein griech. Lehnwort hat gegenüber Ach(Sa).

ἅγιος = ⲁⲅⲓⲟⲥ Bo Am. 4$_2$ (deest Ach)
 = ⲟⲩⲁⲃ Bo an den sonstigen Stellen
 = ⲟⲩⲁⲁⲃⲉ Ach immer

ἀναχωρεῖν = ⲁⲛⲁⲭⲱⲣⲓⲛ Bo Os. 12$_{12 (13)}$ Am. 7$_{12}$ (ἐκχωρεῖν LXX)
 = ⲡⲱⲧ Ach immer

ἀντιλέγειν = ⲁⲛⲧⲓⲗⲉⲅⲓⲛ Bo Os. 4$_4$
 = ⲟⲩⲱⲅⲙⲉ Ach Os. 4$_4$

ἀπαντᾶν = ⲁⲡⲁⲛⲧⲁⲛ Bo Os. 13$_8$ (5$_{14}$ von 13$_8$ her eingedrungen) Zach. 2$_{3 (7)}$ (ἀπάντησις LXX)
 = ⲛⲁ ⲁⲃⲁⲗ ⲅⲏⲧ= Ach. Os. 13$_8$ (lib.)
 = ⲧⲱⲙⲧ Ach Zach. 2$_{3 (7)}$

ἀσέβεια = ⲙⲉⲧⲁⲥⲉⲃⲏⲥ, ⲉⲣ-ⲁⲥⲉⲃⲏⲥ Bo immer
ἀσεβεῖν = ⲙⲛⲧⲅⲉϥⲧ, ⲣⲅⲉϥⲧ Ach immer
ἀττέλεβος = ⲁⲧⲧⲉⲗⲁⲃⲟⲥ Bo Nah. 3$_{17}$
 = ⲁⲗⲓⲗⲁⲓ Ach Nah. 3$_{17}$

γενεά = ⲅⲉⲛⲉⲁ Bo Ioel 1$_3$ Soph. 3$_9$
 = ⲭⲱⲟⲩ Bo Ioel 2$_2$ 3 (4)$_{20}$
 = ⲭⲱⲙ Ach immer

γνόφος = ⲅⲛⲟⲫⲟⲥ Bo immer
 = ϭⲁⲥⲙⲉ Ach immer

δαλός =: ⲗⲁⲗⲟⲥ Bo immer
 = ⲱⲉⲩ Ach immer

δρῦς = ⲗⲣⲩⲥ Bo Os. 4$_{13}$ Am. 2$_9$
 = ⲱⲏⲛ Bo Zach. 11$_2$
 = ⲥⲓ Ach immer

ἐλπίζειν = ⲉⲣ-ⲅⲉⲗⲡⲓⲥ Bo Os. 10$_{13}$ Mich. 7$_5$
 = ⲕⲁ-ⲅⲧⲏ= Ach Os. 10$_{13}$ Mich. 7$_5$

ἐπαγγελία = ⲉⲡⲁⲅⲅⲉⲗⲓⲁ Bo Am. 9_6
  = ⳙⲡⲱ Ach Am. 9_6
εὐθηνεῖν = ⲉⲩⲑⲉⲛⲓⲛ Bo Os. 10_4 Zach. 7_7
  = ⲁⳙⲉⲓ Ach Os. 10_4 (lib.)
  = ⲟⲩⲁⲁⲗⲉ Ach Zach. 7_7
εὐχή = ⲉⲩⲭⲏ Bo Ion. 1_{16} Nah. 1_{15} (2_4) Mal. 1_{44}
  = ⳙⲡⲱⲡ Ach Ion. 1_{16} Nah. 1_{15} (2_4) Mal. 3_8 (für
    ἐπιδέκατα LXX); Mal. 1_{44} fehlt Ach
ἡγούμενος = ⲅⲏⲅⲟⲩⲙⲉⲛⲟⲥ Bo immer
  = ⲛⲁⳟ Ach Mich. 2_9 $3_{9\,44}$ Nah. 3_4 Hab. 1_{44}
  = ⲛⲉⲧⲅⲓⲭⲱ⸗ Ach Mich. 7_5; Mal. 1_8 fehlt Ach
ἰσότης = ⲅⲩⲥⲟⲥ Bo Zach. 4_7, ebenso in den Pss., vgl.
    Wessely S. 10
  = ⲅⲏⲅ Ach Zach. 4_7
κατακλυσμός = ⲕⲁⲧⲁⲕⲗⲩⲥⲙⲟⲥ Bo Nah. 1_8
  = ⲉⲧⲛⲁⳙⲱϥ Ach Nah. 1_8
καύσων = ⲕⲁⲩⲥⲱⲛ Bo immer
  = ⳙⲁⲣⲃⲁ Ach immer
κλῆμα = ⲕⲗⲏⲙⲁ Bo immer
  = ⳙⲁⲅ Ach immer
κονία = ⲕⲟⲛⲓⲁ Bo Am. 2_4
  = ⲅⲏⲛⲉ Ach Am. 2_4
κρίμα = ⲕⲣⲓⲙⲁ Bo Mich. 7_9
  = ⲭⲓⲕⲃⲁ Ach Mich. 7_9; Ach Bo haben für δίκη
    im nämlichen Vers bereits ⲅⲉⲡ bzw. ⲅⲁⲡ
    gewählt und deshalb für κρίμα ein anderes
    Wort genommen
λάκκος = ⲗⲁⲕⲕⲟⲥ Bo Zach. 9_{44}
  = ⳙⲏⲓ Ach Zach. 9_{44}
μισθοῦν = ⲙⲓⲥⲑⲟⲓⲛ Bo Os. 3_2
  = ⲧⲅⲛⲟ Ach Os. 3_2
ὀνομαστός = ⲟⲛⲟⲙⲁⲥⲧⲟⲥ Bo Soph. $3_{19\,20}$
  = ⳙⲟⲩⳙⲟⲩ Ach Soph. $3_{19\,20}$
ὅπως = ⲅⲟⲡⲱⲥ Bo immer
  = ⲭⲉⲕⲁⲁⲥ Ach immer
ὅταν = ⲅⲟⲧⲁⲛ Bo nur Mich. $5_{6\,(5)}$ 2mal Ioel $3\,(4)_4$
    Soph. 3_{20} (2^0)
  = ⲉⳙⲱⲡ Bo Mich. $5_{5\,(4)}$ 2mal Soph. 3_{20} (1^0)
  = ⳙⲁ- Bo an den übrigen Stellen
  = ⲅⲟⲧⲁⲛ Ach Soph. 3_{20} (1^0), sonst ⳙⲁ-

παράκλησις = ⲡⲁⲣⲁⲕⲗⲏⲥⲓⲥ Bo Nah. 3₁₇

         = ⲧⲛⲟⲙⲧ Bo Os. 13₁₄ Zach. 1₁₃ (παρακλητι-
            κός LXX)

         = ⲥⲁⲗⲥⲗⲉ Ach immer

πίτυς = ⲡⲓⲧⲩⲥ Bo Zach. 11₂

         = ⲛⲁⲙ Ach Zach. 11₂

προσεύχεσθαι = ⲡⲣⲟⲥⲉⲩⲭⲉⲥⲑⲉ Bo Ion. 2₂ 4₂

         = ⲱⲗⲏⲗ Ach Ion. 2₂ 4₂

σάτον = ⲥⲁⲧⲟⲛ Bo Agg. 2₁₆ 2mal

         = ϣⲓ Ach Agg. 2₁₆ 2mal

σειρομάστης = ⲥⲩⲣⲟⲙⲁⲥⲧⲏⲥ Bo Ioel 3 (4)₁₀

         = ⲙⲉⲣⲏϩ Ach Ioel 3 (4)₁₀

σκοπός = ⲥⲕⲟⲡⲟⲥ Bo Os. 9₈ ₁₀ Nah. 3₁₂

         = ⲕⲛⲧⲉ ⲛⲥⲉⲧ Ach Os. 9₁₀ Nah. 3₁₂ = frühreife
            Feige: lib.?

         = ⲥⲙⲁⲧ Ach Os. 9₈ (= τροπος oder τυπος für
            σκοπός LXX)

σπήλαιον = ⲥⲡⲏⲗⲉⲟⲛ Bo Hab. 2₁₅

         = ⲁⲥⲭⲏⲙⲟⲥⲩⲛⲏ Ach = ⲙ

συναγωγή = ⲥⲩⲛⲁⲅⲱⲅⲏ Bo immer

         = ⲥⲁⲩϩⲥ Ach immer

συντέλεια = ⲥⲩⲛⲧⲉⲗⲉⲓⲁ Bo Hab. 1₁₅ 3₁₉

         = ϫⲁⲉ Bo Am. 1₁₁ 8₈ 9₅ Nah. 1₃ Hab. 1₉

         = ⲭⲱⲕ Bo Nah. 1₈ ₉ Soph. 1₁₈ (bei der Wendung
            συντέλειαν ποιεῖσθαι)

         = ϩⲁⲉⲓ Ach immer

τρίβολος = ⲧⲣⲓⲃⲟⲗⲟⲥ Bo Os. 10₈

         = ⲁⲣⲁⲩ Ach. Os. 10₈

ὑπόστασις = ϩⲩⲡⲟⲥⲧⲁⲥⲓⲥ Bo Nah. 2₈

         = ϭⲁⲙ Ach Nah. 2₈

φαρμακός = ⲫⲁⲣⲙⲁⲕⲟⲥ Bo Mal. 3₅

         = ⲣⲉϥⲣⲡⲁϩⲣⲉ Ach Mal. 3₅ Nah. 3₄ (1°)

φάρμακον = ⲫⲁⲣⲙⲁⲕⲟⲛ Bo Nah. 3₄ (1°)

         = ⲫⲁϩⲣⲓ Bo Nah. 3₄ (2°) Mich. 5₁₂ ₍₁₁₎

         = ⲙⲛⲧⲣⲉϥⲣⲡⲁϩⲣⲉ Ach Mich. 5₁₂ ₍₁₁₎; = ⲙⲛⲧ-
            ⲣⲉϥⲣϩⲓⲕ Ach Nah. 3₄ (2°)

χειροπέδη = ⲡⲉⲗⲉⲥ ⲛ̅ϫⲓⲝ Bo Nah. 3₁₀

         = ⲉⲓⲛⲉ ⲛϩⲁⲙⲧ Ach Nah. 3₁₀

χέρσος = ⲭⲉⲣⲥⲟⲥ Bo Os. 10₄ 12₄

         = ⲉⲥⲕⲉⲓ ⲁⲡⲱϣⲱ Ach Os. 10₄ 12₁₁

χερσοῦσθαι   = ερ-ⲭερⲥⲟⲥ Bo Nah. 1₁₀
              = ⲅⲱϥ Ach Nah. 1₁₀
χηρεία   = ⲙⲉⲧⲭⲏⲣⲁ Bo Mich. 1₁₆
              = ⲅⲁⲓⲉⲥ Ach Mich. 1₁₆.

Häufig sind die Fälle, wo Ach(Sa) ein griech. Lehnwort hat,
während Bo das kopt. Wort einsetzt:

αετος **ⲁϥⲱⲙ**, αηρ **ⲩⲱⲙ**, ακαθαρτος **ⲋⲁϥⲉⲙ**, αναπαυσις
ⲙⲧⲟⲛ, αποστερειν **ϥⲱⲭⲓ**, αρκος **ⲗⲁⲃⲟⲓ**, αρχη **ⲅⲏ**, βοτανη
ⲥⲓⲙ, βουνος **ⲑⲁⲗ** (9mal) und **ⲕⲁⲗⲁⲙϥⲟ** (5mal), δικαιος **ⲑⲙⲏⲓ**,
δικαιοσυνη **ⲙⲉⲑⲙⲏⲓ** (nur Zach. 8₈ **ⲇⲓⲕⲉⲟⲥⲩⲛⲏ**, weil **ⲙⲉⲑⲙⲏⲓ**
für ἀλήθεια bereits verwendet wird), δικαιωμα **ⲙⲉⲑⲙⲏⲓ**, δυναστης
ⲭⲱⲣⲓ, εξομολογησις **ⲟⲩⲱⲛⲅ ⲉⲃⲟⲗ**, θαλασσα **ⲓⲟⲙ**, θλιβειν und
θλιψις **ⲅⲟⲭⲅⲉⲭ**, θυσια **ⲩⲟⲩⲩⲱⲟⲩⲩⲓ**, θυσιαστηριον **ⲙⲁⲛ-
ⲉⲣⲩⲱⲟⲩⲩⲓ**, ιππευς **ⲋⲁⲥⲓⲅⲑⲟ**, καμπη **ⲉⲧⲏⲩⲓ** (Am. 4₉) **ϥⲉⲛⲧ**
(Ioel 1₄) **ⲅⲁⲙⲡⲓⲧⲁ** (Ioel 2₂₅), καπνος **ⲭⲣⲉⲙⲧⲥ** (Ioel 2₃₀(3₃)
om. Bo; Nah. 2₁₄ **ⲭⲣⲱⲙ** = *ignis*, lies **ⲭⲣⲉⲙⲧⲥ**) καρπος **ⲟⲩⲧⲁⲅ**, κεδρος **ⲩⲉⲛⲥⲓϥⲓ**, κλαδος **ⲭⲁⲗ** (Os. 14₇) **ⲗⲁϥⲉⲙ**
(Zach. 4₁₂), κοινωνος **ⲩϥⲏⲣⲓ**, κοσμειν und κοσμος **ⲥⲟⲗⲥⲉⲗ**, κρι-
νον **ⲩⲱⲩⲉⲛ**, κωλυειν **ⲩⲱⲩⲧ**, λυπη **ⲕⲁⲅ ⲛⲅⲏⲧ**, μεγισταν
ⲛⲓⲱϯ (Ion. 3₇ Nah. 2₅) **ⲛⲅⲣⲏⲓ** (Nah. 3₁₀ Zach. 11₂), μερις **ⲧⲟⲓ**,
η ορεινη και η πεδινη **ⲡⲓⲁⲛⲧⲱⲟⲩ ⲛⲉⲙ ⲡⲓⲙⲉⲩⲩⲱⲧ**, ορμημα
(= **ⲟⲣⲙⲏ**) **ⲙⲃⲟⲛ** (Os. 5₁₀) **ⲟⲩⲟⲓ** (Am. 1₁₁ Hab. 3₈), παραδειγμα
ⲥⲣⲁⲅ, παραπετασμα **ⲭⲓⲛϥⲱⲣⲩ**, πηγη **ⲙⲟⲩⲙⲓ**, πιστις und
πιστευειν **ⲛⲁⲅϯ**, πλασμα und πλασσειν **ⲙⲟⲩⲛⲕ**, πολις **ⲃⲁⲕⲓ**,
πονηρευειν **ⲉⲣ-ⲡⲉⲧⲅⲱⲟⲩ**, προσηλυτος **ⲣⲉⲙⲛⲭⲱⲓⲗⲓ**, σοφος **ⲥⲁ-
ⲃⲉ**, σπερμα **ⲭⲣⲟⲭ**, στολη **ⲅⲉⲃⲥⲱ**, (εν)τρυφαν und τρυφη **ⲟⲩⲛⲟϥ**, φαντασια **ⲅⲟⲣⲧϥ**, χαρις **ⲅⲙⲟⲧ**, χορδη **ⲕⲁⲡ**, χωνευτον
ⲟⲩⲱⲧⲅ (Nah. 1₁₄) **ϥⲱⲧⲅ** (Hab. 2₁₈).

Im folgenden sind die griech. Fremdwörter aufgezählt, die an
allen Stellen (die häufiger vorkommenden Wörter sind gesperrt) in
Co (also AchSa Bo) einfach übernommen sind:

αγγελος, α ι τ ε ι ν (zu Mich. 7₃ vgl. S. 126), α ι χ μ α λ ω σ ι α, αιχ-
μαλωτιζειν bzw. αιχμαλωτευειν, αιχμαλωτος, α λ λ α, α λ λ ο φ υ-
λ ο ς, αναγκη, αναθεμα, ανατολη, α ν ο μ ι α, α ν ο μ ο ς, αντι-
δικος, απαρχη, αρα, αρετη, αρκευθος, α ρ μ α, αρχειν (nicht
αρχεσθαι = anfangen), αρχηγος, αρχων, α σ ε β η ς, αυλη.

βοηθειν, βοηθος, βρουχος.

γαρ.

δε, διαβολος, δ ι α ϑ η κ η, διαψαλμα, δρακων, δωρον.

ε ϑ ν ο ς, ε ι δ ω λ ο ν, εικων, ε ι ρ η ν η, ειρηνικος, εκκλησια, εκνη-
φειν, ελεφαντινος, ε λ π ι ς, εντολη (AchSa desunt), εξις, επι-
βουλος, επιϑυμειν, επιτιμαν.

ζωον.

ϑ η ρ ι ο ν, ϑ ρ ο ν ο ς.

ιλαστηριον, ι π π ε υ ς.

και γαρ (Zach. 11₈), κ α κ ι α, κανων, κ α τ α φ ρ ο ν ε ι ν, καταρακτης, κητος, κινδυνευειν, κ λ η ρ ο ν ο μ ε ι ν, κ λ η ρ ο ν ο μ ι α,
κ λ η ρ ο ς, κοιτων, κολυμβηϑρα, κρηπις.

λαμπας, λευκη, λημμα, λοιμος, λυχνια.

μακαριζειν, μαστιξ, μετρητης, μοχλος.

νησος (Soph. 2₁₁ deest Ach propter homoiot.), νηστεια, νομος.

ομολογια, οπλον, οργανον, ορφανος.

πανϑηρ, π α ν τ ο κ ρ α τ ω ρ, παραβαινειν, παραβολη, παραδεισος,
παρδαλις, παρεμβολη, παρϑενος, πετρα, πλατεια, πλην, π ν ε υ μ α,
ποδηρης, πολεμικος, π ο λ ε μ ο ς, π ο ρ ν ε υ ε ι ν, πορνη, πορνια,
πορνος, προβλημα, προσευχη, π ρ ο φ η τ ε υ ε ι ν, π ρ ο φ η τ η ς,
π υ λ η, πυλων, πυξιον, πυργος.

σαββατον, σ α λ π ι γ ξ, σαλπιζειν, σ α ρ ξ, σκανδαλον, σ κ η ν η,
σκηνοπηγια, σμιλαξ, σπαταλαν (für κατασπαταλαν Am. 6₄), στηλη,
στρατ(ε)ια, σφενδονη, σφραγις, σωμα, σωτηρ.

ταλαιπωρειν, τ α λ α ι π ω ρ ι α, ταξις, τροχος, τυραννος.

φιαλη, φ υ λ η.

χαλινος, χαμαιλεων, χηρα, χιλιαρχος, χρηστος, χωρα.

ψυχη, ψαλμος.

ωδη.

Besonders wichtig für die Textgeschichte sind die Stellen, welche
ein griech. Wort überliefern, das n i c h t in der LXX steht, sondern
gewöhnlich gegen die LXX mit 𝕸 übereinstimmt:

ἀγαθόν: Mich. 3₂ τὰ καλά טוב] ΠΑΓΑΘΟΝ AchSa

ἄγγελος: Zach. 14₅ οἱ ἅγιοι קדשׁים] ΝΕϥΑΓΓΕΛΟϹ Bo = οι αγγε-
λοι (αυτου) 26: ex Matth. 25₃₁

ἀγέλη: Ioel 1₁₈ βουκόλια עדרי] ΝΑΓΕΛΗ Ach

Mich. 2₁₂ ποίμνιον עדר] ΑΓΕΛΗ AchSa = α′ σ′ ϑ′ αγελη

ἀθετεῖν: Hab. 1₁₃ καταφρονοῦντας בוגדים] ΝΕΤΡΑΘΕΤΕΙ Ach

Mal. 2₁₁ ἐγκαταλείφθη בגדה] ΑΘΕΤΙ Ach = α′ ηθετησεν

ἀκάθαρτος: Agg. 2₁₄ μιανθήσεται הוא טמא] + **сєпаϩωпє па-**
    кαθαρτοn AchSa

ἀνομία: Os. 9₉ 12₈ ₍₉₎ ἀδικία עון] **апоміа** Ach

    Os. 10₁₃ τὰς ἀδικίας αὐτῆς עולת] **поуапоміа** Ach

    Mich. 7₁₉ Zach. 14₁₉ ἁμαρτία חטא] **апоміа** Ach

ἀποτάσσειν: Zach. 11₁₂ ἀπείπασθε חדלו] **тєтпραпотассє** Ach;
    ампотассє (sic) Sa; **αριαποταϩєсθє** Bo

ἀσεβής: Hab. 3₁₃ ἀνόμων רשע] **ппасєвнс** Ach

ἀσχημοσύνη: Hab. 2₁₅ ἐπὶ τὰ σπήλαια αὐτῶν על־מעוריהם] **ахп**
    тчасхнмосупн Ach = σ′ ⟨επι την⟩ ασχημοσυνην
    ⟨αυτων⟩

ἀτμίς: Os. 13₃ χνοῦς] **αθміс** Bo: ex sq.

Γαβαα: Os. 9₉ βουνοῦ נבעה] **птαвαλ** Ach = Thph.comm et α′ σ′
    γαβα[θ]α

γάρ: Mich. 4₂ Σιων] + **ϩαρ** Sa = σ′ εκ γαρ σιων

δικαιοσύνη: Mal. 3₁ τῆς διαθήκης = לו] **птє †λικєосупн** Bo
    = της δικαιοσυνης 26 Arab Hi.

εἰ μή τι: Os. 10₄ λαλῶν] pr. **єιмнті** AchSa = nisi ut La^S

εἴδωλον: Mich. 5₁₃₍₁₂₎ τὰ γλυπτά σου פסילים] **ппєкєιλωλоп**
    Ach

ἕλος: Ion. 2₆ ἐσχάτη סוף] **оуєλос** Ach; **оуϩуλос** Sa

ἐλπίζειν: Soph. 3₁₂ εὐλαβηθήσονται ἀπὸ τοῦ ὀνόματος חסו בשם]
    сєрєλпιϩє ϩп пρєп AchSa

ἐλπίς: Zach. 9₁₂ τῆς συναγωγῆς התקוה] **пθєλпіс** Ach

ἐξουσία: Mich. 4₈ ἡ ἀρχή ממשלה] **тαρхн птєϩоусіα** Ach:
    Dublette

    Zach. 9₁₀ καὶ κατάρξει ὑδάτων ומשלו מים] **тчєϩоусіα ас-**
    паϩωпє хпп θαλασса AchSa = α′ και η εξουσια
    αυτου απο θαλασσης, vgl. Os. 11₁₀

ἐπεί, ἐπειδή: Ion. 1₁₀ διότι] **єпєι** AchSa^Bu; **єпєιλн** Sa^Ci

ἐπιτιμᾶν: Nah. 1₄ ἀπειλῶν גער] **єчрєпітіма** AchSa = α′ σ′ επι-
    τιμων

εὐφραίνειν: Hab. 3₄ χαρήσομαι אגיל] **†паєуφрαпє** Ach = ευ-
    φρανθησομαι Compl.

εφωδ: Os. 3₄ ἱερατείας] + **оуλє єφоуλ** AchSa (Dublette) = σ′ θ′
    ουδε εφωδ

ἡγούμενος: Nah. 3₁₇ ἐξήλατο מנזריך] = **пєϩнϩоумєпос ачϧι-**
    чαкс Ach (Dublette) = οι ηγουμενοι σου εξηλαντο W

θάλασσα: Os. 11₁₀ ὑδάτων] **αвαλ ϩп θαλασσα** Ach = οι λ′
    απο θαλασσης, vgl. Zach. 9₁₀

ἴκτερος: Agg. 2₁₇ ἐν ἀνεμοφθορίᾳ [בירקון] ϩⲛ ⲟⲩϣⲱⲛⲉ ⲛⲓⲕⲧⲉⲣⲟⲥ AchSa

ἵνα: Am. 4₁ ὅπως] ϩⲓⲛⲁ Bo (so Bo häufig in den Pss., vgl. Wessely S. 10)

κακία: Os. 7₁ ἡ ἀδικία [עון] ⲧⲕⲁⲕⲓⲁ Bo = η κακια V Qᶜ C′ alii: ex sq.

καλῶς: Hab. 2₂ σαφῶς [באר] ⲕⲁⲗⲱⲥ Ach

κάπνος: Os. 13₃ ἀτμίς [עשן] ⲕⲁⲡⲛⲟⲥ Ach = α′ καπνος

κριτής: Mich. 5₁ (4₁₄) τὰς φυλάς [שפט] ⲙⲡⲕⲣⲓⲧⲏⲥ Ach = οι γ′ τον κριτην

λαμπάς: Nah. 2₅ ἀστραπαί] ϩⲁⲛⲗⲁⲙⲡⲁⲥ Bo: ex praec.
  Zach. 3₂ δαλός] ⲗⲁⲙⲡⲁⲥ Sa: lib.?: ex Nah. 2₅ Zach. 12₆

λαός: Mal. 1₄ ὅρια] ⲡⲓⲗⲁⲟⲥ Bo: ex sq.

μέρος: Am. 3₁₂ λοβόν [בדל] ⲟⲩⲙⲉⲣⲟⲥ Sa

μεταβολή: Hab. ̃3₃ διαψαλμα [סלה] ⲧⲙⲉⲧⲁⲃⲟⲗⲏ ⲙⲡⲇⲓⲁⲯⲁⲗⲙⲁ = μεταβολη διαψαλματος W ll–86–407

μήπως: Mal. 4₅ (3₂₄) μή [פ] ⲙⲏⲡⲱⲥ Bo = ne forte Hi.

μίτρα: Zach. 3₅ κίδαριν 1° 2° [צניף] ⲙⲉⲧⲣⲁ Bo; ⲛⲟⲩⲙⲓⲧⲣⲁ ⲁⲟⲩ ⲟⲩⲕⲓⲇⲁⲣⲓⲥ 1° AchSa (für κίδαριν 2° haben AchSa wie LXX ⲕⲓⲇⲁⲣⲓⲥ): Dublette = μιτραν (και) κιδαριν W L′⁾ alii (Tert.)

οἰκουμένη: Hab. 3₃ ἡ γῆ] ⲧⲟⲓⲕⲟⲩⲙⲉⲛⲏ AchSa = η οικουμενη V ll–86–407

πέτρα: Os. 9₁₃ εἰς θήραν [לצור] ⲙⲡⲣⲏⲧⲉ ⲛⲟⲩⲡⲉⲧⲣⲁ Ach, vgl. θ′ εις πετραν

πνεῦμα: Zach. 6₈ τὸν θυμόν μου [את־רוחי] ⲙⲡⲁⲡ̅ⲛ̅ⲁ̅ Bo = το πνευμα μου Tht.

πόλις: Os. 7₁ ἀπὸ τῆς φλογός [מעיר] ⲁⲃⲁⲗ ϩⲛ ⲛⲟⲩⲡⲟⲗⲓⲥ Ach, vgl. ε′ η πολις

πονηρία: Mich. 7₁₃ ἐπιτηδευμάτων αὐτῶν = [מ] + ⲛⲧⲉⲩⲡⲟⲛⲏⲣⲓⲁ Sa; vgl. πονηριας επιτηδευμ. αυτων W alii

πύλη: Zach. 12₂ πρόθυρα [סף] ϩⲉⲛⲡⲩⲗⲏ ⲛϩⲁⲣⲡ Ach = προπυλα W (+ θυρα: Dublette) Eus. dem. p. 394
  Zach. 9₁ φυλάς [שבטי] ⲛⲓⲡⲩⲗⲏ Bo: Verschreibung

ταλαιπωρία: Os. 12₁ ₍₂₎ μάταια [שד] ⲟⲩⲧⲁⲗⲁⲓⲡⲱⲣⲓⲁ Ach

ταλαίπωρος: Nah. 3₇ Δειλαία [שדדה] ⲟⲩⲧⲁⲗⲉⲡⲱⲣⲟⲥ Bo

τόπος: Mich. 1₄ ἐν καταβάσει [במורד] ⲙⲡϥⲧⲟⲡⲟⲥ Ach; aber ϩⲙ ⲡⲉϥⲙⲁ ⲛⲉⲓ ⲉⲃⲟⲗ Sa

τότε: Mich. 3₄ οὕτως [אז] ⲧⲟⲧⲉ AchSa

φιάλη : Am. 6₆ οἶνον] + **ϩⲛ ⲛ̄ⲫⲓⲁⲗⲏ** Ach : Dublette ; vgl. εν
  φιαλαις Iust. (für τὸν διυλισμένον)

φόρος : Zach. 10₄ ὁ ἐξελαύνων נֹגֵשׂ] **ⲉⲧϫⲓⲫⲟⲣⲟⲥ** Ach, vgl. φορο-
  λογων εξελαυνων W (Dublette). Dagegen hat Ach Zach. 9₈
  ἐξελαύνων mit **ⲡⲉⲧⲭⲱⲣⲙⲉ ⲁⲟⲩ ⲡⲣⲉϥϫⲓⲱⲙⲙ**
  (= *exactor et portitor vectigalium* : Dublette) wiedergegeben, vgl. **ⲣⲉϥϫⲓⲱⲟⲙ** Sa = φορολόγος LXX Iob 3₁₈

ὕλη : Mich. 2₁₃ διέκοψαν] + **ⲛⲑⲩⲗⲏ** Ach : contra 𝔐

χάλκιον : Am. 4₂ (nur Sa ; es fehlt Ach) Mich. 3₃ (AchSa) Zach. 14₂₀ ₂₁
  (Ach) steht **ⲭⲁⲗⲕⲓⲟⲛ** statt λέβης

χόρτος : Mich. 5₇ (6) ἐπ᾽ ἄγρωστιν עֲלֵי עֵשֶׂב] **ⲁⲭⲛ ⲟⲩⲭⲟⲣⲧⲟⲥ** Ach
  = σ᾽ ϑ᾽ επι χορτον.

Bei diesen Stellen erhebt sich die Frage, ob die griech. Lehnwörter bereits alle in der griech. Vorlage von Co standen. Zunächst
ist darauf hinzuweisen, dass sich auch sonst in anderen kopt. Texten
öfters griech. Lehnwörter finden, die nicht mit der griech. Vorlage
zusammengehen. So hat bereits WESSELY eine Reihe solcher Wörter für die Psalmen zusammengestellt (siehe oben). Auch HOPFNER
führt solche nicht in der griech. Vorlage stehende griech. Lehnwörter der kopt. Apophthegmen-Literatur auf und überschreibt den Ab-
satz : « Seltenere griechische Wörter werden durch im Koptischen
mehr eingebürgerte sinnverwandte Lehnwörter ersetzt » (S. 11). So
könnte man auch bei den oben genannten griech. Lehnwörtern auf
die Meinung kommen, dass sie nicht in der Vorlage von Co standen,
sondern von dem kopt. Übersetzer selbst gewählt worden seien. Auch
Gro. neigt teilweise dieser Ansicht zu, wenn er zu Os. 13₈ ἀτμίς
bemerkt : « Ach habet ipsam vocem graecam καπνος, ex quo tamen
non necessario sequitur idem vocabulum fuisse in textu graeco unde
Ach fluit » (S. 30 Anm. 1). Die vorsichtige Fassung von Gro. ist
berechtigt ; denn es kann tatsächlich nicht angenommen werden, dass
sämtliche Wörter in der griech. Vorlage standen. Dies gilt zunächst
von den Partikeln (Konjunktionen) ει μη τι, επει(δη), ινα ; hier hat
der kopt. Übersetzer von sich aus diese Konjunktionen gewählt. Besonders **ⲉⲓⲙⲏⲧⲓ** scheint in der kopt. Übersetzungsliteratur sehr
beliebt gewesen zu sein, vgl. HOPFNER S. 27 f. (einmal steht nur εἰ
μή für kopt. **ⲉⲓⲙⲏⲧⲓ**). Sehr lehrreich ist ein Vergleich mit der
griech. Vorlage in dem Clemensbrief (Ausgabe SCHMIDT) : hier entspricht **ⲉⲓⲙⲏⲧⲓ** 50, 2 und 52, 1 εἰ μή, aber 13, 4 und 51, 5 ἀλλ᾽ ἤ
bzw. ἀλλά.

Auch ϩιΝΑ für griech. ὅπως wird auf den kopt. Übersetzer zurückgehen; öfters entspricht in den Psalmen ϩιΝΑ ὅπως, vgl. WESSELY S. 10. Hierher gehört ferner ΚΑλωc, das für das seltene σαφῶς gewählt ist (ΚΑλωc ist häufig belegt in der kopt. Literatur, allerdings gewöhnlich der Vorlage entnommen, vgl. HOPFNER S. 18. 34). Schwieriger ist die Entscheidung bei Synonymen, die nicht durch den hebr. Text geſordert sind, z. B. ἀνομία, ἀποτάσσειν, ἀσεβής, εἴδωλον, εὐφραίνειν, μίτρα, χάλκιον, χόρτος. Hier könnte man zunächst annehmen, dass diese Synonyme vom kopt. Übersetzer eingesetzt seien; bei manchen mag es stimmen, so bei ἀνομία, ἀσεβής, εἴδωλον; die genannten Begriffe kommen häufig als griech. Lehnwörter im Kopt. vor. Auch bei ἀποτάσσειν mag nur ein Ersatz für ἀπειπεῖν vorliegen; in den Apophthegmata Patrum ist einmal ΑΠΟΤΑϹϹε für ἀπαγορεύειν gesetzt, vgl. HOPFNER S. 11. Es wäre allerdings möglich, dass bereits die Vorlage αποταξατε gelesen hat. Bei εὐφραίνειν könnte man ebenfalls nur einen Ersatz annehmen; aber die Übereinstimmung mit Compl., die auch sonst öfters bei AchSa zu beobachten ist (vgl. Gro. S. 117), zeigt, dass hier eine hsl. Variante vorliegt, die uns zufällig nicht mehr erhalten ist. Deutlich gehen μίτρα, χόρτος auf die griech. Vorlage zurück; dies ist wohl auch für χάλκιον anzunehmen; es ist nicht einzusehen, warum AchSa nicht wie Bo λέβης hätten übernehmen können. Iob 41_{22} und Par. II 35_{11} ist χάλκιον von der LXX für סיר genommen. Somit ist χάλκιον eine Wiedergabe des hebr. Textes, die der LXX–Praxis entspricht. Zu dieser Gruppe gehören noch folgende Wörter: ἀγαθόν, ἀκάθαρτος, ἕλος (vgl. Ex. 2_{85}), ἐλπίζειν, ἐλπίς, ἡγούμενος (vgl. ἡγήσατο = נָגִיד Gen. 49_{26}), ἴκτερος, μίτρα, πέτρα, ταλαιπωρία, ταλαίπωρος, τότε, φιάλη, φορολογῶν (vgl. φορολόγος = נֹגֵשׂ Iob 3_{18} 39_7). Bei den Wörtern ἀγέλη, ἀθετεῖν, ἀσχημοσύνη, Γαβαα, γάρ, ἐξουσία, ἐπιτιμᾶν, εφωδ, θάλασσα, καπνός, κριτής, πόλις, χόρτος, die bei einem der jüngeren griech. Übersetzer, namentlich bei α΄ belegt sind, könnte man Abhängigkeit von diesen Übersetzungen annehmen. Aber dies muss nicht unbedingt sein; denn die genannten Wörter finden sich auch als LXX–Wiedergaben in anderen Bücher des A. T. Es mag zwar Zufall sein, dass keine einzige Wiedergabe uns begegnet, die charakteristisch α΄ zugehört; aber es ist doch bemerkenswert, dass wir nur griech. Lehnwörter haben, die im Rahmen der sonstigen LXX–Praxis stehen.

Von den übrigen griech. Lehnwörtern, die oben in der Liste genannt sind, können ἀτμίς, λαμπάς, λαός ausgeschieden werden; sie

sind durch die Umgebung beeinflusst. Ob sie bereits in der griech.
Vorlage standen oder nicht, ist nicht auszumachen. Dann bleiben
noch folgende Wörter übrig: μέρος, τόπος, ὕλη. Am. 3$_{12}$ kann man
vielleicht μέρος als Ersatz für λοβόν, das dem kopt. Übersetzer nicht
so geläufig war, erklären; es wäre aber möglich, dass bereits in der
griech. Vorlage μέρος ὠτίου gestanden hat (Vulg. hat *extremum
auriculae,* eine Wiedergabe, die vielleicht von σ' abhängig ist). Sehr
lehrreich ist Mich. 1$_4$; hier kann man die Wiedergabe von Ach nicht
anders als eine Übersetzung der sa. Vorlage erklären: Ach hat ⲙⲁ
mit τόπος wiedergegeben und ⲛⲉⲓ ⲉⲃⲟⲗ unterschlagen; es ist dies
ein deutliches Beispiel, dass Ach griech. Wörter verwendet, ohne sie
in der direkten sa. Vorlage oder in der indirekten griech. Vorlage
vorzufinden. Mich. 2$_{13}$ kann die Einfügung von ⲛⲑⲩⲗⲏ auf Ach
zurückgehen; es kann aber auch sein, dass bereits die griech. Vorlage τὴν ὕλην hatte. Seltsam ist jedenfalls dieser Zusatz; vielleicht
ist er innerkoptisch aus ⲛⲧⲡⲩⲗⲉ, das aus dem folgenden ⲍⲛ
ⲧⲡⲩⲗⲏ beeinflusst ist, entstanden.

Wenn man noch die zahlreichen sonstigen Übereinstimmungen
von Co (namentlich von AchSa) mit ⲃ hinzunimmt, die nur koptisch
vorliegen (siehe dazu Gro. S. 112 f.), dann sieht man deutlich die
griech. Vorlage von Co: sie hatte noch Hss. vor sich, die uns heute
bis auf einen kleinen Rest verloren gegangen sind, aber glücklicher-
weise in W und in der von Justin benutzten Bibelhs. erhalten geblieben sind; diese Hss. hatten einen Text, der nicht auf dem Wege der
Hexapla, sondern längst vorher nach dem hebr. Text korrigiert war
auf Grund von Übersetzungen, die vielleicht die α'– und σ'–Version
selbst waren oder sich doch nahe mit ihnen berührten.

Braunsberg (Ostpr.), Januar 1943.

JOSEPH ZIEGLER.

Der Text der Aldina im Dodekapropheton

Es ist schon längst erkannt worden, dass die Minuskel 68 (Venedig, Bibl. Marc. 5, XV. Jahrh.) für das Dodekapropheton die Hauptquelle für die Aldina gewesen ist. Bereits STROTH in seinem *Versuch eines Verzeichnisses der Handschriften der LXX* in EICHHORNS *Repertorium für Bibl. und Morgenl. Litteratur* 5 (1779) S. 106 vermutet, dass « sich seiner Aldus bey seiner Ausgabe bedient habe » (zitiert bei RAHLFS, *Verzeichnis der griech. Hss. des A. T.* S. 306). EB. NESTLE in seinem Beitrag: *Griech. Bibelübersetzungen* in *Realenc. f. prot. Theol. und Kirche*[3] III S. 5 nennt unter den Hss., die der Ald. zugrunde liegen, ebenfalls 68. J. DAHSE in seinem Aufsatz: *Zur Herkunft des alttestamentlichen Textes der Aldina,* in *ZAW* 29 (1909) 177-185, möchte in der Minuskel 97 (Rom, Vat. gr. 1153/54, XII.-XIII. Jahrh.) die Vorlage sehen, die den Propheten-Text der Ald. geliefert hat; nach Dahse gehört 97 zu den Venediger Hss., « denen (neben HP 23) der Prophetentext von 68 entstammt » (S. 184). Dagegen macht G. MERCATI in einem kleinen Beitrag: *Il testo dell'Aldina,* in *BibZ* 8 (1910) 337 f. aufmerksam, dass die Hs. 97 nicht als Vorlage in Frage kommt, weil sie seit 1481 in Rom ist und seit dieser Zeit nicht ausgeliehen worden ist. Sicherlich ist Mercati im Recht, wenn er behauptet, dass 97 nicht dem Setzer in die Hand gegeben worden sei, da sie als Catenen-Hs. zu unpraktisch für den Druck gewesen sei, und dass Aldus wahrscheinlich noch andere Hss. verwendet habe.

Die Hs. 97 kann auch deswegen nicht in Frage kommen, weil sie eine *Pergamenths.* ist, während es von der im Verzeichnis der Hss. Bessarions von 1468 genannten Prophetenhs. heisst, sie sei « *in papyro* » geschrieben. Darauf aufmerksam gemacht, schreibt J. DAHSE in einer Notiz in *ZAW* 30 (1910) 68: « Meine Behauptung, dass Vat. 1153/54 zur Aldina gebraucht sei, wird durch diese Berichtigung nicht hinfällig ».

Nestle nennt 68 « eine Abschrift aus Ho 122 + x » (S. 5) (¹).
Diese zu knappe Darstellung ist unklar: man weiss zunächst nicht,
was « x » bezeichnen soll: entweder eine unbekannte Grösse, also
eine unbekannte Hs., oder die von Lagarde für die Hs. 29 Holmes-Parsons verwendete Sigel (vgl. LAGARDE, *Sept.-Stud.* I, Gött.
1891, S. 11. 72); das letztere ist nicht anzunehmen, obwohl Lagarde
zitiert wird. Nestle setzt vielmehr » x » für eine unbekannte Hs.

Es ist jedoch möglich, dieses unbekannte « x » näher zu bestimmen. Die Hs. 68 hat nämlich ihren Text aus der Gruppe C (= 87-
91-490) näherhin aus 87, bzw. aus 97, die eine Abschrift von 87 ist,
bezogen (vgl. meine Ausgabe, Einl. S. 92). Die Übereinstimmung
mit 97 mag noch eine grössere sein, als der App. von Holmes-
Parsons erkennen lässt; denn sicherlich sind verschiedene Varianten
versehentlich nicht notiert (siehe unten zu der Kollation von 68). Erst
eine genaue Nachkollation von 97 würde hier zu einem klaren Ergebnis führen. Es mag auch so sein, dass der Schreiber von 68 die
beiden Hss. 87 und 97 vor sich hatte. Eine weitere Quelle bildet
für 68 der cod. Vaticanus (B). Jedoch sind die Übereinstimmungen
mit B selten; nur in Mich. ist 68 ziemlich stark mit B-Lesarten
durchsetzt. Es ist aber fraglich, ob B direkt die Quelle gewesen ist;
wahrscheinlich hat 68 seine B-Lesarten aus 122 übernommen, die
eine Abschrift von B ist (vgl. meine Ausgabe, Einl. S. 11). Allerdings kann ich keine Stelle namhaft machen, die die Benutzung von
122 an Stelle von B deutlich macht.

Holmes-Parsons hat für das Dodekapropheton die Hs. 68 und
Ald. kollationiert. Ein Blick in den App. von Holmes-Parsons zeigt
sofort, dass beide in zahlreichen Sonderlesarten übereinstimmen. Auch
bei solchen Varianten, die von einer grösseren Anzahl von Hss. bezeugt werden, wird man gewöhnlich 68 und Ald. darunter finden.
Trotzdem fällt es bei einer genaueren Durchsicht des App. von
Holmes-Parsons auf, dass öfters Ald. erscheint, ohne dass 68 gebucht ist; dies darf nicht überraschen in den Teilen, wo 68 mit B
geht und die C-Gruppe verlässt (so in Mich.), weil hier gewöhnlich
Ald. gegen 68 mit C geht. Aber auch von diesen Stellen abgesehen,
erscheint trotzdem Ald. häufig ohne 68; dies kommt daher, dass
Ald. ziemlich genau kollationiert ist, während 68 an rund 350 Stellen zu Unrecht fehlt, wie eine Nachkollation auf Grund einer Photo

---

(¹) Auch P. DE LAGARDE hält 122 für die Vorlage der Aldina, vgl.
Mitteilungen I (Göttingen 1884) 122 f.

von 68 zeigt. Somit ist die Verbindung von 68 und Ald. noch viel inniger, als es auf den ersten Blick erscheint.

Im folgenden sind die Sonderlesarten von 68 Ald. ([1]) aufgezählt:

Os. 1_9 διότι] και $2_{5(7)}$ τὰ ὀθόνιά μου] + ο οινος μου $2_{16(18)}$ om. με $1°$ $2_{23(25)}$ om. Οὐ 4_{10} φάγονται] φαγωνται 4_{14} μοιχεύωσι] μοιχευσωσοι | τῶν πορνῶν] om. τῶν 4_{19} σὺ εἶ] συνιει 5_{13} om. ὑμᾶς 8_1 γῆ] + αβατος ως αλωπηξ | om. τὴν διαθήκην – fin. 8_9 ἀνέθαλε] ανεβαλλε 9_8 κατέπηξαν] κατεπτηξαν 9_{15} αὐτῶν ult.] αυτον 10_1 εὐκληματοῦσα] εγκλημ. 10_2 στῆλαι] στειλαι 10_5 Ων] ὧν αδικιας (ebenso 10_8) $12_{2(3)}$ τὸν Ιακωβ] αυτον ιακωβ 13_3 ἀπὸ δακρύων] + καπνωδης 13_4 θεόν... οὐ γνώσῃ] θεος... ουκ εστι 13_8 καταφάγονται] – φαγωνται 14_2 Ισραηλ] ιερουσαλημ.

Am. 1_1 εἶδεν] ειπε | om. καὶ ἐν ἡμέραις 1_{11} τὸν ἀδελφόν] τους αδελφους 1_{12} Θαιμαν] θαμαν 1_{13} υἱῶν Αμμων] ημων 1_{15} οἱ ἄρχοντες αὐτῶν] om. αυτων 2_2 om. καί ult. 2_4 αὐτοὺς τὸν νόμον] τον νομον τον φυσικον 2_5 om. καί $1°$ 2_{14} φυγή] φυγην | μαχητής] – τος 3_1 θήραν] θυραν 4_2 ἔμπυροι] ερημοι 4_9 om. ὑμῶν καὶ συκῶνας ὑμῶν καὶ ἐλαιῶνας ὑμῶν 5_8 συσκοτάζων] pr. και 8_6 ἀργυρίῳ] – ρια 8_{10} τὰς ᾠδάς] om. τάς 8_{13} παρθένοι] + εκειναι 9_7 om. υἱοί $2°$.

Mich. 1_6 καὶ θήσομαι] καθησομαι 2_5 βάλλων] βαλων 3_1 ταυτα tr. post ἐρεῖ | τοῦ γνῶναι] το γνωναι 3_6 ἐκ μαντείας] εις μαντ. 3_9 οἴκου Ισρ.] του ισρ. 3_{12} Ιερουσ.] ισραηλ 4_1 πρὸς αὐτό] επ αυτα 4_2 ἡμῖν] υμιν 4_8 αὐχμώδης] αυχμηδης $5_{7(6)}$ om. μή 6_2 τοῦ Ισρ.] om. τοῦ 6_{16} αὐτήν] αυτη 7_3 ὁ κριτὴς εἰρηνικοὺς | λόγους] tr. 7_5 τῆς συγκοίτου] του συγκ. 7_{14} Βασανῖτιν] βασανειστιν 7_{18} om. ἐξαίρων ἀνομίας 7_{19} ἀδικίας] ανομιας.

Ioel 1_{10} τεταλαιπώρηκε $1°$] τεταλαιπωρηται (= 42) 1_{13} om. θεοῦ 1_{15} om. Οἴμμοι $1°$-$3°$ 1_{18} om. οὐχ ὑπῆρχε νομὴ αὐτοῖς 2_1 Σαλπίσατε] pr. και 2_2 προστεθήσεται] στρατευθησεται 2_{13} om. καὶ ἐπιστράφητε – θεὸν ὑμῶν 2_{23} ὑμῖν $1°$] ημιν 2_{25} ἀκρίς et ἐρυσίβη] tr. 2_{30} (3_3) δώσω] δωσουσι 3 ($4)_2$ om. τὰ ἔθνη 3 ($4)_3$ οἴνου] pr. του 3 ($4)_{16}$ σεισθήσεται] συστησεται 3 ($4)_{17}$ om. κατασκηνῶν – καί | οὐ διελεύσονται] εισελ. 3 ($4)_{18}$ ῥυήσονται $1°$ $2°$.

Abd. 4 μέσον] μεσων 20 Σεφραθα] αφαραθ.

([1]) Die Hs. 68 ist nach Photos (im Besitz des Septuaginta-Unternehmens in Göttingen) kollationiert. Für die Aldina benutzte ich das Exemplar der Leipziger Universitäts-Bibliothek.

Ion. 1_6 προσῆλθε] ηλθε (= 42) 2_7 κάτοχοι] κατωχοι 2_{10} εἰς σωτ. μου] εις σωτ. μοι 3_6 τῆς Νιν.] om. τῆς 4_2 σύ] ο θεος 4_8 καύσωνος] – σωνι.

Nah. 1_3 συσσεισμῷ] σεισμω 2_8 ἀπεκαλύφθη] υπεκαλ. 68 (υτεκαλ. Ald.) | αὕτη] ουδεις 3_5 βασιλείαις] – λειας 3_9 Λίβυες] λιβες 3_{11} σεαυτῇ στάσιν] ἑαυτῆς τάσιν.

Hab. 1_2 εἰσακούσης] – σει 1_3 λαμβάνει] + κρισιν 1_4 κρίμα 1°.2° 1_8 πετασθήσονται] περιτασθησονται 1_{13} πόνους] πονηρους 2_{14} αὐτούς] επι θαλασσης 3_9 σκῆπτρα] σκύπτρα 3_{10} ὠδινήσουσι] ωδινουσι 3_{11} φέγγος] φως.

Soph. 1_{11} κατακεκομμένην] οικουμενην 1_{14} om. ἐγγύς 2° | ἡμέρας] – ρα 2_7 νεμήσονται] νομησ. | αὐτῶν 1°] – του 2_9 om. ὡς θημ. ἀλ. καὶ ἠφανισμ. 2_{11} om. καί 1° $3_{2(1)}$ ᾿Ω ἡ] ὢν 3_3 om. αὐτῆς 1° 3_6 ἐξερήμωσα] εξερημωσαν 3_{15} ὄψη] οψεται 3_{17} καινιεῖ σε] καινιεις | om. ὡς.

Agg. 1_{10} ὑποστελεῖται] υποτελειται 1_{12} φυλῆς] κεφαλης | Αγγαίου] pr. του | ἐξαπέστειλεν] ει απεστειλεν 2_3 οὐχ ὑπάρχοντα] υπαρχετε 2_7 τοῦτον] της 2_{12} ἅψηται] αιψεται 2_{17} ἐπεστρέψατε] επιστρ. 2_{22} ἕκαστος] – στον.

Zach. 3_1 om. μοι 4_2 λυχνία | χρυσῆ ὅλη] tr. 4_6 om. μου 4_{10} κασσιτέρινον] κασσιτηριον 4_{11} δύο ἐλαῖαι αὐται] διοτται ελαιαι 68; δυο ουται ελαιαι Ald. 4_{13} ἔστιν] εσται 5_4 εἰσελεύσεται] – σονται | om. αὐτόν 6_5 ἐκπορεύονται] και επορευοντο 6_8 θυμόν] θορυβον 7_2 Βαιθελ] βαθηλ 7_5 νηστεύσητε] νηστευσησθε 7_7 ἦν Ιερους.] και ισραηλ 7_{11} ἠπείθησαν] ηπειθεισαν 8_1 παντοκράτορος] – τωρος 8_{17} καρδίαις] ημεραις 8_{21} om. καί 1° 8_{23} fin.] + εις (ες 68) τελος 9_2 Ημαθ ἐν] ανεμαθε 9_{10} διεκβολάς] διαβολας 10_5 om. καί ult. 10_7 τέκνα αὐτῶν] om. αὐτῶν 11_{12} ἐρῶ] ὁρῶ | τὸν μισθόν μου 2°] τον μισθουμενον 11_{17} ᾧ οἱ ποιμαίνοντες] ως υπομενοντες 12_5 ἑαυτοῖς τούς] εν εαυτοις 12_6 χιλιάρχους] – χας | δαλόν] δαλοι 12_{10} om. ἐπ’ 2° 12_2 ἐξαρῶ] εξαιρω 13_8 ὑπολειφθήσεται] υποληφθ. 13_9 μου 1°] σου 14_7 οὐ νύξ] ἡ νυξ 14_{10} Ταβεε] γαλααδ 14_{17} ἐκείνοις] – ναις 14_{20} om. τόν | ἵππου] + σου 14_{21} om. οὐκ.

Mal. 1_7 om. ᾿Εν τίνι 1_8 προσαγάγητε 1° 2°] προσαγητε (= 239) 1°; προσαγα 2° 1_{10} καὶ θυσίαν] om. καί 1_{12} αὐτό] αυτα 1_{14} εὐχή] οὐχί 2_2 om. ὑμεῖς – fin. 2_4 Λευίτας] λέβητας 2_5 στέλλεσθαι] – σθε = 407 2_7 παντοκράτορος] – τωρος 3_3 δικαιοσύνη] pr. τη 3_4 om. τά ult. 3_8 om. σε | εἰσι] εστι 3_{10} ἐκχεῶ] χεω 3_{15} ἄνομα] ονομα (ebenso 4_1) 3_{17} εἰς 2°] ως 4_4 (3_{23}) πρὶν ἐλθεῖν] και περιελθειν 4_5 (3_{24}) πατάξω] – ξαι.

Nach Holmes-Parsons tritt zu 68 noch die Hs. 97 hinzu an folgenden der oben aufgeführten Stellen: Os. $2_{5(7)}$ 4_{19} Am. 4_9 5_8 Mich. 3_{12} 4_1 Ioel 1_{13} 2_1 Nah. 3_{11} Hab. 2_{14} 3_{11} Zach. 6_8 7_5;

ferner 97-228: Os. 8_1 $10_{5\,8}$ Am. 1_{15} Mich. 6_{16} 7_3 Hab. 1_3 1_{13} Zach. 12_{10};

ferner 97-310: Os. 4_{10};

ferner 97-228-310: Os. 10_5;

schliesslich 185: Ioel 2_{13} und 153: Hab. 1_4.

Die Hss. 97-228-310 gehören zur Catenen-Gruppe C (vgl. meine Ausgabe, S. 92).

Das Zusammentreffen mit 153 und 185 ist wohl zufällig.

Allzu grossen Wert kann man auf die Kollation der genannten Hss. nicht legen, da sicher bei Holmes-Parsons viele Fehler vorliegen.

An verschiedenen Stellen, wo 68 mit nur wenigen Hss. eine Variante überliefert, eutfernt sich Ald. von 68 und geht mit der Hauptmasse der Hss.:

Os. 1_7 Ιουδα Ald.] > 68 = B 11_2 τοῖς Βααλιμ] τους β. 68 = 239 13_2 ἀνθρώπους] – ποις 68 = 239.

Am. 5_{20} τοῦ κυρίου] om. του 68 = 763 Cyr. P

Mich. 4_6 ἀπωσμένην] εξωσμενην 68 = W B alii 4_7 ἰσχυρόν] δυνατος 68 (fehlerhaft für δυνατον W B) 4_{11} οἱ λέγοντες] om. οἱ 68 = B-V 407 4_{13} καὶ κατατήξεις ἐν αὐτοῖς ἔθνη καὶ λεπτυνεῖς λαοὺς πολλούς] om. ἐν αυτοῖς ἔθνη καὶ λεπτυνεῖς 68 = B 407 5_1 (4_{14}) φυλάς] πυλας 68 = B $5_{2(1)}$ τοῦ Εφρ.] om. τοῦ 68 = B | ἐκ σοῦ] εξ ου 68 = B alii $5_{10(9)}$ ἐκείνη] > 68 = B $5_{12(11)}$ ἐξαρῶ] εξολοθρευσω 68 = B alii 6_4 Μωυσῆν] μωσην 68 = B alii.

Ioel 1_5 ἐξῆρται] εξηρθη 68 = B-S* 2_{11} αὐτῇ] – της 68 = 122 Bas. N.

Ion. 1_3 τὸ ναῦλον] τον ναυλον 68 = 490 410 1_6 ὁ θεὸς / ἡμᾶς] tr. 68 = L'ª alii 1_8 τίνος ἔνεκα ἡ κ. αὕτη ἐν ἡμῖν] δια τινα το κακον τουτο ημιν 68 = L' 1_{12} ἐφ' ὑμᾶς / ἐστι] tr. 68 = V L'ª 1_{14} εἶπαν] ειπον 68 = L'ª 2_5 καὶ ἐγώ] καγω 68 = V A alii | εἶπα] ειπον 68 = L'ª 4_{11} μυριάδες] – δας 68 = 87* 106.

Nah. 1_{15} (2_1) προσθῶσιν] – θησωσιν 68 = B 711 2_8 κλήματα] κτηματα 68 = 147-407.

Hab. 3_1 ἐν τῷ ἐγγ. τὰ ἔτη ἐπιγν.] > 68 = 130'.

Soph. 2_9 λαοῦ μου] pr. του 68 = A 87*.

Agg. 1_9 τὸν οἶκον] om. τόν 68 = 26.

Zach. 1₃ καὶ ἐπιστραφήσομαι – fin.] > 68 = 62 91* 4₁ ἐξε-
γερθῇ] εξερθη 68 = A 12₁ γῆν] pr. την 68 = L'ᵒ alii.

An folgenden Stellen geht Ald. gegen 68 und die Hauptmasse
der Hss., aber mit C (= 87-91-490) und mit 97:

Os. 8₁₄ θεμ. αὐτῶν 68] θεμ. αυτου Ald. = C alii
Am. 1₁₁ ἥρπασεν] ητοιμασα 68; ητοιμασεν Ald. = C
Mich. 1₁ Καὶ ἐγένετο λόγος κυρίου 68] λογος κυρ. ος εγενετο
          Ald. = C
       4₉ ἢ ἡ βουλή 68] μη η β. Ald.; μη β. C
       4₁₀ ἐξελεύσῃ 68] εξελευσεται Ald. = C
       5₆₍₄₎ ἐπ' αὐτόν 68] > Ald. = C
       5₆₍₅₎ Νεβρωδ 68] νεβρωθ Ald = V-239 87-97-310 Laᶜ
          τῇ τάφρῳ 68] τω τ. Ald. = C 407 Bas. N. Thph.
       5₇₍₆₎ μηδείς 68] μηδε εις Ald. = C alii
       5₁₀₍₉₎ ἐξολοθρεύσω 68] pr. και Ald. = C Syh Thph.
       5₁₂₍₁₁₎ ἐν σοί 68] om. ἐν Ald. = C alii
       6₅ τοῦ Βεωρ 68] om. τοῦ Ald. = C alii
          τοῦ κυρίου 68] om. τοῦ Ald. = C alii
       6₁₂ κατοικοῦντες 68] ενοικουντες Ald. = C alii
       7₄ σκοπιᾶς 68] + σου Ald. = C alii
       7₆ διότι 68] διατι Ald. = C
       7₉ ὄψομαι 68] pr. και Ald. = 87ᶜ-97-228 alii
       7₁₁ ἡμέρας 68] ημερα Ald. = C alii
       7₁₄ καθ' ἑαυτούς 68] κατα μονας Ald. = C alii
          καθὼς αἱ ἡμέραι 68] κατα τας ημερας Ald. = C alii
       7₁₅ ὄψεσθε 68] δειξω αυτοις Ald. = C alii
       7₁₆ ἀποκωφωθήσονται 68] – σεται Ald. = C alii
Ion. 1₆ ὅπως 68] ειπως Ald. = C alii
       1₈ Ἀπάγγειλον 68] + δη Ald. = C
       2₁₁ προσετάγη 68] + απο κυριου Ald. = C alii
Nah. 1₁₄ ὑπέρ σου 68] περι σου Ald. = C alii
          ἐκ τοῦ 68] εξ Ald. = C
          θήσομαι 68] pr. και Ald. = ll-613 97-228
       2₁ ἐξῆρται 68] ανηλωται Ald. = C
Soph. 3₂₀ τὴν αἰχμ. ὑμῶν 68] tr. post λέγει κύριος Ald. = C
Zach. 1₄ αὐτοῖς 68] αυτους Ald. = 87-91
       1₁₅ συνεπέθεντο 68] συνεπετιθεντο Ald. = 87*-97-228-
          310
       8₂₁ κἀγώ 68] και εγω Ald. = C

Mal. 2_{10} Οὐχὶ θεὸς εἷς ἔκτ. ὑμᾶς / οὐχὶ π. εἷς π. ὑμῶν 68] tr. Ald. = C alii

2_{12} ἕως 68] + αν Ald. = 87ᶜ-97-228-310

2_{13} ἐποιεῖτε 68] εποιησατε Ald. = C

2_{16} κύριος 2° 68] + ο θεος Ald. = 87-310

2_{17} θεόν 68] κυριον Ald. = C

παρωξύναμεν αυτόν 68] π. σε Ald. = C

λέγειν 68] λαβειν Ald. = 97; λαλειν 87-228

3_1 ἐξαποστέλλω 68] - στελω Ald. = C alii.

Die genannten Stellen zeigen deutlich, dass Ald. neben 68 noch eine andere Hauptquelle benutzte, nämlich eine Hs. der C-Gruppe. Dies war sicherlich 97, wie besondere Mal. 2_{17} zeigt. Da die Kollation von 97 bei Holmes-Parsons nicht genau ist, wird man auch Zach. 1_4 Mal. 2_{16} 97 nachtragen müssen.

Auch an den Stellen, wo 68 eine Lücke hat, also nicht als Vorlage dienen konnte, schöpft Ald. aus C, näherhin aus 97. Belege:

Os. 1_7 Ιουδα Ald.] > 68 6_{10} ἐμιάνθη - Εφρ. (7_1)] > 68 7_{15} αὐτῶν] > 68

Am. 2_6 τρισὶν ἀσ. ιερουσαλημ (so Ald. allein; die übrigen Hss. ισραηλ) (^{1}) καὶ ἐπὶ ταῖς] > 68 5_{15} τὰ πονηρὰ καὶ ἠγαπήσημεν (fehlerhaft für – σαμεν)] > 68 5_{16} οὐαί 2°] > 68 5_{18} ἵνα τί αὔτη ἡμῖν (für ὑμῖν) ἡ ἡμέρα τοῦ κυρίου] > 68

Mich. 4_1 λαοί] > 68 4_{11} οἱ λέγ.] om. οἱ 68 4_{13} ἐν αυτοῖς ἔθνη καὶ λεπτυνεῖς] > 68 $5_{2(1)}$ τοῦ Εφρ.] om. τοῦ 68 $5_{10(9)}$ ἐκείνῃ] > 68 6_7 ὑπὲρ ἀσ.] om. ὑπέρ 68

Ioel 2_2 καὶ ἰσχ.] om. καί 68 2_7 καὶ 1°] > 68 3 (4)$_7$ ἐγώ] > 68.

Ion. 1_{11} σοι] > 68

Nah. 3_3 ἐν τοῖς σώμ.] > 68

Hab. 3_1 ἐν τῷ ἐγγ. τὰ ἔτη ἐπιγν.] > 68

Agg. 1_9 τὸν οἶκον 1°] om. τόν 68 2_{12} ἢ οἴνου] om. ἤ 68

Zach. 1_3 καὶ ἐπιστραφήσομαι - fin.] > 68 1_{16} παντοκράτωρ - κύριος 1° (v. 17)] > 68: In diesem Passus lässt Ald. ἔτι v. 16 aus = C, setzt v. 17 mit C ἔτι vor Ἀνάκραγε und schreibt allein gegeu alle Zeugen ο statt κύριος 1° (v. 17) $2_{8(12)}$ διότι ὁ ἁπτόμενος -

---

(^{1}) Die Variante Ierusalem (Ald.) und Israel (cet.) kann indes aus einer falschen Auflösung der Abkürzung herrühren, wie so oft in Handschriften und Ausgaben; auf eine Verschiedenheit der Handschrift lässt sich also nicht ohne weiteres schliessen.

fin.] > 68: hier lässt Ald. allein διότι aus. $2_{12(16)}$ κύριος] > 68
4_5 Οὖ γινώσκεις – λέγων 2° (v. 6)] > 68: hier hat Ald. allein folgende Sonderlesarten γινωσκει, om. καί ult., ουτως (v. 6) 5_6 Τοῦτο
τὸ μέτρον τὸ ἐκπορ. καὶ εἶπεν] > 68 9_{14} καί 2°] > 68 10_{10} εἰσδέ-
ξομαι – Ἀσσυρίων (v. 11)] > 68: Ald. hat die Sonderlesart γαλααδ,
lässt mit C καί 4° aus, liest mit A - 198 770° Tht. ξηρανθησονται
statt – σεται. 12_8 vers. tot. hab. Ald.] > 68

Mal. 2_{17} πᾶς] > 68 3_8 καὶ καθαρίζων] > 68.

Deutlich zeigen die Varianten innerhalb der in 68 fehlenden
Stellen, dass Ald. seinen Text aus C bezog; leider ist keine Stelle
ausfinding zu machen, die deutlich eine Sonderlesart von Ald.
bringt, die gegen C nur mit 97 übereinstimmt (vielleicht sind die
ungenügenden Kollationen von Holmes-Parsons schuld). Da aber
sonst bei Nichtzusammengehen mit 68 die Hs. 97 als Hauptquelle
nachgewiesen ist, wird man auch hier bei Zusammentreffen mit C,
diese Hs. 97 als Quelle anzusehen haben.

Wenn Ald. Varianten bringt, die von ganz wenigen anderweitigen Hss. noch bezeugt werden, so liegt hier wohl nur zufällige
Übereinstimmung vor. Die Varianten sind alle unbedeutend und setzen nicht die Einsicht in andere Hss. voraus:

Os. $2_{1(3)}$ ὑμῶν 2° 68] ημων Ald. = 106 ([1]) 4_{12} ἀπήγγελλον]
απηγγελον = 26 410 5_1 ἐγενήθητε] – θη = 147

Am. 1_{11} ἐπὶ γῆς] επι της γης = 51 130'-613 8_{14} Δαν καὶ ζῇ
ο θεος σου] > Ald. = 538

Mich. 1_{14} δώσεις] δωσει = B alii 4_7 τὸν αἰῶνα] τους αιωνας
= Cyr. 6_8 ἀνηγγέλη] απηγγειλε

Ioel 2_4 ὡς 2°] οι = A 2_{23} τῷ θεῷ] om. τῷ = Q^{tat}

Abd. $_{14}$ διεκβολάς] εκβολας = 62

Nah. 2_1 συντετέλεσται] συντελεσται = 538

Hab. 2_5 οὗτος] ουτως = S* 91-130-311* 2_{19} ἐν αὐτῷ] om.
ἐν = 544

Soph. 3_8 θυμοῦ μου] om. μου = 410 3_{15} οὐκέτι] ουκ εστι =
239 3_{20} καιρῷ 2°] + εκεινω = 46 410 534: ex praec.

Agg. 2_{23} om. σε 1° = W S*

Zach. 1_{10} ἐφεστηκώς] αφεστηκως = 46 | τῆν γῆν] pr. πασαν =
410: ex 11 1_{16} τάδε] > Ald. = 233* 3_7 φυλάξῃ] – ξης = L' 4_7
Τίς] τι = 40 | πρὸ προσώπου] om. πρὸ = W 5_6 καὶ εἶπεν 1°] >

([1]) Vgl. ὑμῶν 1°] ημων 68 106 Ald.

Ald. = 544 10_4 πᾶς ὁ] om. ὁ = L' alii 10_{10} ξηρανθήσεται] – σονται = A - 198 770ᶜ Tht. (siehe oben) 12_{14} πᾶσαι αἱ] om. αἱ =
W alii.

Mal. 1_1 δή] δε = Th.

Während auf der einen Seite sehr viele Sonderlesarten (darunter
öfters fehlerhafte) von 68 in Ald. aufgenommen sind, bleiben auf der
anderen Seite zahlreiche fehlerhafte Lesarten in 68 stehen, die Ald.
nicht übernimmt, an diesen Stellen also einen besseren Text aufweist:
Os. 1_2 λόγου Ald.] λογος 68 11_2 τοῖς β.] τους β. 13_2 ἀν-
θρώπους] – ποις
Am. 1_{11} ἡτοίμασεν] – σα 3_{12} ὠτίου] ʼαιτιου
Ioel 2_{11} αὐτῇ] – της
Ion. 1_3 τὸ ναῦλον] τον ναυλον = 490 410 1_5 ἀπʼ αὐτῶν] αυτω
2_8 ἐν τῷ ἐκλίπειν] ἐν λίπειν (sic) 3_7 νεμέσθωσαν] νεμετωσαν = Thbh.
4_6 εχαρη] εχαρει
Nah. 2_{12} τοῦ] που 3_8 αὐτῆς 1°] αυτου 3_{17} ἀφήλατο] αφειλ-
λατο 3_{18} ἐκοίμισε] – μησε
Hab. 1_{14} τοὺς ἰχθ.] της ιχθ. 2_{13} λαοι] λαοι λαοι
Soph. 3_2 ἐπεποίθει] – θη
Agg. 1_{14} τοῦ ἱερέως] του ιερεως του ιερεως
Zach. 1_8 λευκοί] λιμοι $2_{12(16)}$ Ιουδαν] ιουδα 4_1 ἐξεγερθῇ]
εξερθη = A 4_7 τό 1°] πο 5_4 καταλύσει] καταληγει 5_{11} οἰκοδομῆ-
σαι] – δομουσαι 8_9 ὁ ναὸς ἀφʼ οὗ] ὧν ἅ αὐτοῦ 9_{14} σάλπιγγι] σαλπιγγι σαλπιγγι 11_7 τὴν Χανααντιν] τον χανανιτιν 11_8 επορυοντο]
(für ἐπωρύοντο)] επορευοντο 13_4 τριχίνην ἀνθʼ ὧν] τριχινον αφ ων
14_4 κλινεῖ] κρινει
Mal. 3_1 θέλετε] βλεπετε 3_{16} εὐλαβομένοις] – νος.

Sehr häufig sind die Lesarten (oft fehlerhaft) in Ald., die von
keiner der uns bekannten Hss. gestüzt werden:
Os. $2_{2(4)}$ τὴν μητέρα] τον μητ. Ald. $2_{9(11)}$ οἶνον] οικον $2_{13(15)}$
Βααλειμ] βαλειμ $2_{23(25)}$ Οὐκ ἠλεημ.] ου ηλεημ. 3_1 αὐτοί] – τος
4_{12} συμβούλοις] συμβολων 4_{14} οὐ μή] ου μην, ebenso 8_5 19_9 4_{18}
φρυάγματος] φραγμιτος 5_6 ἀπʼ] επ 5_{12} ὡς 2°] ὅς 6_{11} τρυγᾶν]
τρυγων | ἰάσασθαι] ιασεσθαι 7_6 ὕπνου] υπνον 7_{13} ἀπʼ] επ 8_9 καθʼ
ἑαυτὸν] καθʼ αὐτό 9_7 παρεξεστηκώς] παραξεστηκως ·11_{11} γῆς] των
13_{15} φλέβας] βλεβας
Am. 1_3 τῶν ἐν Γαλααδ] των γαλ. 68; τῷ γαλ. Ald. 1_{11} τὸ
ὅρμ.] om. τό 1_{14} ἐπὶ τὰ τείχη] και επι τειχη 2_4 λέγει κύριος] tr.

2_7 καὶ ὁδόν] tr. 2_{11} ὑμῶν 1ο] ημων 3_{15} ἐλεφάντινοι]–νος 4_2 ὑμᾶς
1ο 2ο] ημας 4_3 ἐξενεχθήσ.] εξενεκθης. | ἀπορριφήσεσθε]–σασθε
4_{13} χριστόν] $\overline{χν}$ 68; χρηστον 5_1 ὑμᾶς] ημας 5_2 οὐκ ἔτι] ουκ εστι
5_{11} κατεκονδυλίζετε] κατευκονδ. 5_{15} ἠγαπήσαμεν]–σημεν 5_{18} κυ-
ρίου 1ο] pr. του | ὑμῖν] ημιν 6_2 καὶ ἴδετε]+ εις χαλανην 68;+ εις
καλανην Ald. | κατάβητε] κατεβητε | ἀλλοφύλων] pr. των 68;. pr. τῷ
Ald. 7_5 τίς] της 7_{10} ὑπενεγκεῖν] υπενενεγκειν 8_3 ἐπιρρίψω] επερριψω 8_{12} ὕδατα]+ απο θαλασσης 68; + απο τα–θαλασσης (sic)
Ald. 9_4 om. καὶ στηριῶ τούς

Mich. 2_3 om. Ἰδού 2_4 ὑμᾶς] ημας | ἐταλαιπωρήσαμεν] ἐκ τα-
λαιπωρησαμεν 3_3 om. καὶ ἐμέλισαν 3_6 καταισχυνθήσ.| καταιχυνθησ.
3_{10} οἰκοδομοῦντες] οικονομουντες 4_8 σέ] συ 4_{12} καὶ αὐτοί]+ δε
$5_{8(7)}$ ἐξαιρούμενος] ξαιρ. 6_2 τῷ κυρίῳ| του κυριου (La^{CS} Co Hi.
haben auch den Genetiv) 6_4 om. καὶ ult. 6_5 Γαλγαλ] γαλαγαλ
6_7 εἰ 1ο] οἱ 6_{16} ἐφύλαξας]–ξε 7_8 διότι] οτι | κύριος]+ μου 7_{10} ἡ
λέγουσα πρός με] η προς με λεγουσα 7_{12} ἡμέρα ὕδ. καὶ θορ.] και
απο θαλασσης εως θαλασσης και απο ορους εως ορους 68; και απο
θαλασσης και απο ορους Ald.

Ioel 1_2 ἐνωτίσασθε]–σεσθε 1_8 ὑμῶν ult.] ημων 1_{14} συναγά-
γετε] συναγετε 1_{17} θησαυροί] σαυροι 2_3 ἀναλίσκον] αναιλ. 2_{20} τὸ
προσ.] om. τό 2_{24} ὑπερεκχυθήσ.] υπερεχυθησ. 2_{25} ἡ ακρίς] om. ἡ
2_{26} μεθ᾽ ὑμῶν] μετ᾽ υμων 3 (4)$_2$ καὶ τῆς κληρ.] om. καί 3 (4)$_5$ χρυ-
σίον] κρισιον 3 (4)$_{17}$ δι᾽ αὐτῆς] δι᾽ ιαυτῆς

Abd. $_5$ εἰ 1ο] οἱ $_7$ ἠδυνάσθησαν] ηδυναθησαν $_{10}$ om. σου
$_{11}$ αἰχμαλωτευόντων] αιχμαλωτιζοντων 68; αιχμαλωτευσοντων Ald.
$_{20}$ γῆ] και $_{21}$ τὸ ὄρος] om. τό

Ion. 1_3 Ἰόππην] ιοπην 68; ιωππην Ald. 1_5 ἐποιήσαντο] ποιη-
σαντο 1_{10} κυρίου] νυν 2_4 ἐπ᾽ ἐμέ] επ εμοι 4_{10} κολοκύνθης]–θος |
οὐδὲ ἐξέθρεψας] pr. ουδε εξαθρησας

Nah. 1_1 Ελκεσαίου] αλκεσαιου 1_2 θυμοῦ] θυμῶ 1_4 τὰ ἔξανθ.]
om. τά 1_6 τήκει] τηχει 1_8 κατακλυσμῷ]–κλησμω 1_{10} σμῖλαξ] με-
λαξ 68; ὁμίλαξ Ald. 1_{11} ἐναντία] αντια 1_{14} σπαρήσεται] παρεισε-
ται 68; σπαρεισεται Ald. 2_2 σκόπευσον] σκοπεσον 2_3 ἐκτινασσοντες|
ἐν τινασσοντες 2_7 ἀπεκαλύφθη] υπεκαλ. 68; υτεκαλ. Ald. 3_5 βασι-
λείαις]–λειας 3_{11} μεθυσθήσῃ] μετυσθηση | om. σύ 2ο 3_{12} ἔχουσαι]
–σα 3_{13} τοῖς ἐχθροῖς] pr. και 3_{14} συμπατήθητι] συμπατήθι 3_{15} κα-
ταφάγεται 1˷3ο] 3_{17} ὁ 1ο] ὡς 68; ὃς Ald. = 91 | ἐπιβεβηκυῖα]–κυα
= 490 | ἀνέτειλε] ενετειλε | ἀγγελίαν] επαγγελιαν 68 410; απαγγε-
λιαν Ald.

Hab. 1_1 κύριε] κυριος 1_7 ἐξ αὐτοῦ 2°] εξ αυτων 1_9 ἐν βασιλεῦσιν] εμβασιλευσιν 1_{12} ὁ ἅγιος] om. ὁ 2_3 ἀνατελεῖ] αναστελει 3_3 κατασκίου] – σκιους 3_{14} σεισθήσονται] συστησονται 68; σειστησονται Ald.

Soph. 1_{10} ὀλολυγμός] ολυγμος 1_{15} ἡμέρα 3°] pr. η 2_2 πρό] προς | ὑμᾶς ult.] ημας 2_5 ὑμᾶς 1°] ημας 2_8 ἐμεγαλύνοντο] μεγ.

Agg. 1_8 ἐνδοξασθῆσ.] εκδοξασθησ. 1_{12} ὁ ἱερεύς] om. ὁ $2_1 (1_{15})$ ἐλάλησε] pr. και 2_{10} ἐνάτου] ἑάτου (sic) 2_{13} ἀπεκρίθησαν] αποκρ. 2_{14} ἀπεκρίθη] αποκρ. | τοῦτο] του 2_{19} ῥόα] ραα

Zach. 1_1 Αδδω] αδοδω 1_7 Βαραχίου] βραχιου 1_8 τῶν ὀρέων] pr. (sic) δυο 1_{11} ἐφεστῶτι] αφεστ. 1_{15} ὠργίσθην] ὡρίσθην 1_{17} κύριος παντοκρ.] ο παντοκρ. $2_{2(6)}$ πηλίκον 1°] πηληκον $2_{8(12)}$ om. διότι 2° $2_{9(13)}$ δουλεύσασιν] δουλευσουσιν 3_9 om. ἐκείνης 4_1 ἐν ἐμοί] om. ἐν 4_2 om. ἐπάνω 1° 4_4 om. Τί 4_5 γινώσκεις] – κει | om. καί ult. 4_6 οὗτος] ουτως 4_{12} ἐλαιῶν] ελεων 5_4 αὐτό] αὐτῷ 5_9 ἔποπος] αἴποπος 68; οὗ πόπος Ald. 6_1 om. ἦν ὄρη 6_7 Πορεύεσθε] ποπορευεσθε 8_5 αἱ πλατεῖαι] πλατειαι 68; πλατειαις Ald. 8_6 ἀδυνατήσει 2°] δυνατησει 8_{10} εἰσπορευομένῳ] εκπορ.: ex praec. 8_{22} ἐκζητῆσαι] εκζητησουσι 9_2 διότι] διοπι 9_6 ὕβριν] υαριν 9_9 αὐτός] αυτους 9_{10} καὶ ἐξολεθρευθήσεται] και εξολοθρ. 68; εξολρθρευθησεται (sic) Ald. 10_{10} Γαλααδῖτιν] γαλααδ = 42 11_1 τάς 2°] και 11_7 σχοίνισμα] σχοινσμα 11_{16} διεσκορπισμένον] εσκορπ. 68; σκορπ. Ald. | συντετριμμένον] συντριμμενον 11_{17} αὐτοῦ $1\overset{\circ}{.} 3^\circ$ | ξηραινόμενος] ξηρανομενος 12_3 ἐμπαίξεται] εμπαιζεται 68; εμπεζεται Ald. 12_{13} καθ᾽ ἑαυτάς 2°] καθ᾽ αὐτάς 12_{14} καθ᾽ ἑαυτήν] καθ᾽ αὐτήν | καθ᾽ ἑαυτάς] καθ᾽ αὐτήν 13_2 ἐν τῇ ἡμ.] om. ἐν 13_4 κύριος] + σαβαωθ 68; + σαββαωθ Ald. 14_2 διαρπαγήσονται] διαρπασθησονται 68; διασπαρθησονται Ald. | καὶ ἐξελεύσ.| om. καί 14_{20} χαλινόν] καλινον 14_{21} πᾶς λέβης| om. πᾶς

Mal. 2_2 ἀκούσητε] – σατε 2_9 οὐκ ἐφυλάξασθε] ου φυλασσεσθε 68; ου φυλαξασθε Ald. 2_{11} ἐγκατελείφθη] εγκαταλ. 2_{16} ἐξαποστείλης] – λας 3_3 χωνεύων] χορευων | τό 1°] το το 3_4 καθὼς τὰ ἔτη] κατα ετη 3_5 καὶ τοὺς κονδυλίζοντας] om. τούς 68; om. καὶ τούς Ald. 3_{11} οὐ μή 1°] ου μοι $4_3 (3_{21})$ καταπατήσετε] καταπλατ. | ὑμῶν] ημων.

Verschiedene dieser Sonderlesarten der Ald. sind deutlich Fehler, manche werden nur einfache Druckversehen sein, z. B. Am. 7_{10} υπενενεγκειν Zach. 9_{10} εξολρθρευθησεται. Aber bei den meisten gewinnt man den Eindruck, dass sie bereits in der Vorlage von Ald. standen; dies ist besonders bei den orthographischen Varianten der Fall.

Ausser den oben verzeichneten orthographischen Varianten finden sich noch weitere Varianten, so häufig der Wechsel ο–ω, ω–ο: **Am.** 9_{14} πίονται 68] πιωνται Ald.   **Mich.** 2_8 δοράν] δωραν 2_{10} φθορᾷ] φθωρα 7_{14} δρυμόν] δρυμων   **Ioel** 3 (4)$_{17}$ ἀλλογενεῖς] αλλωγενεις **Ion.** 1_3 Ιοππην (ιοπην 68)] ιωππην   **Hab.** 2_5 οὗτος] ουτως 2_{17} πτοήσει] πτωησει   **Soph.** 1_{12} ἀγαθοποιήσῃ] αγαθωπ.   **Zach.** 1_4 ὀγδόῳ] ογδωω 4_6 οὗτος] ουτως 6_{15} οἰκοδομήσουσιν] οικοδωμ. 11_8 ὠρυομένων] ωρυωμ. 12_6 καταφάγονται] – γωνται.   Immer ist παντοκρατωρος und παντοκρατωρι geschrieben.

Seltener ist der Wechsel ω–ο: **Am.** 5_9 ταλαιπωρίαν 68] – ποριαν Ald. 6_4 κλινῶν] κλινον   **Nah.** 3_4 πωλοῦσα] πολ.   **Soph.** 2_8 ὠνείδιζον] ονειδιζον 2_{10} ὠνείδισαν] ονειδισαν 3_{20} εἰσδέχομαι] εισδεξωμαι 68; εισδεξομαι Ald.   **Zach.** 1_{11} περιωδεύσαμεν] περιοδ. 8_{10} θλίψεως] θλιψεος 8_{23} γλωσσῶν] γλοσσων 12_6 εὐωνύμων] ευονυμων **Mal.** 2_9 ἐξουδενωμέν.] εξουδενομενους (aber 1_7 εξουθενομενη 68 Ald.).

Ebenso ist auch der Wechsel von ι–ει, ει–ι, αι–ε, ι–η selten: **Hab.** 1_8 Ἀραβίας] αρραβιας 68; αρραβειας Ald.   **Zach.** 3_5 μιτραν 68] μητραν Ald. 4_{12} ἐλαιῶν] ελεων Ald.   An zwei Stellen hat Ald. richtig η und ει geschrieben: **Ion.** 4_6 ἐχάρη Ald.] εχαρει 68 **Soph.** 3_2 ἐπεποίθει Ald.] – θη 68.

Falsche Worttrennungen, die in den Hss. nicht belegt sind, bringt bisweilen Ald.: **Os.** 5_5 καὶ ταπεινωθήσεται 68] καὶ τὰ πεινωθήσεται Ald.   **Ion.** 3_{10} μετενόησεν 68] μετ᾽ ἐνόησεν Ald. (^{1}).

Da Holmes-Parsons die meisten der rein orthographischen Varianten und auch sonstige Schreibversehen der einzelnen Hss. nicht notiert, so werden manche der genannten Lesarten (Fehler) in 97 stehen. Aber ein ganz beträchtlicher Rest wird übrigbleiben, der sich in den uns bekannten Hss. nicht belegen lässt. Da es nicht anzunehmen ist, dass diese Varianten (abgesehen von den offenkundigen Schreibfehlern, bzw. Druckversehen) auf den Herausgeber der Ald. zurückgehen, so wird man annehmen müssen, dass e i n e h e u t e v e r s c h o l l e n e H s ., d i e i h r e n T e x t a u s 6 8 + 9 7 b e z o g, d i e V o r l a g e f ü r d i e A l d . im D o d e k a p r o p h e t o n w a r .

Neben 68 ist es also 97, die in einigen Sonderlesarten mit Ald. zusammengeht; im Gegensatz zu 68 sind es nur wenige; eine genaue

---

(^{1}) Da die Hss. 68 und 87 Nah. 3_{12} fälschlich σὺ · καί statt συκαῖ lesen, ist diese sinnlose Worttrennung, die bereits Theodor von Mopsuestia voraussetzt (vgl. *Migne PG* 66, 421), auch in die Ald. übergegangen.

Kollation mag ihre Zahl etwas erhöhen. Im ganzen habe ich nur zwei gefunden,, die aber sehr bezeichnend sind: Mich. $5_{5(4)}$ ποιμένες 68] μηνες 97-228 = Ald. und Mal. 2_{17} λέγειν 68] λαλειν 87; λαβειν 97 = Ald. Diese Stellen zeigen deutlich, dass Ald. auch aus 97 geschöpft hat.

Andere Stellen beweisen aber, dass Ald. sich von 68 und 97 entfernt, z. B. Am. 6_2 Εμαθ Ραββα] εμα θραββα 97; ἐμὰ θρααβα 68; ἐμὰ τραβα Ald.

Verschiedene Stellen deuten darauf hin, dass die Vorlage der Ald. eine Hs. bildete, die zwar 68 (und 97) engstens verwandt, aber doch näher dem richtigen Text steht, die also gegenüber 68 primär ist, z. B. Nah. 3_{17} ὁ σύμμικτος] ὃς συμμ. Ald. = 91; ὡς συμμ. 68 Hab. 3_{14} σεισθήσονται] σειστησονται Ald.; συστησονται 68 = 147 Zach. 4_{11} δύο ἐλαῖαι αὗται] δυο ουται ελαιαι Ald.; δυοτται ελαιαι 68.

An verschiedenen Stellen schimmert die hsl. Vorlage in Ald. noch durch; so schreibt Ald. Os. 4_{14} 8_5 10_9 μην statt μή: in 68 μή geschrieben. Am. 1_8 6_2 liest Ald. τῷ statt τῶν; dies deutet auf eine Hs. hin, die των mit Abkürzungsstrich schreibt, also τῶ (in 68 τῶν).

Die Schreibung τῷ verweist also wiederum auf eine Vorlage, die nicht mit 68 zusammenfällt. Zwei Auslassungen in Ald. sind lehrreich für die Frage der Vorlage: Soph. 3_1 lässt Ald. allein (= Sixt.) οἱ vor ἱερεῖς aus; der Artikel οἱ wurde auch von 68 ausgelassen, ist aber von erster Hand eingefügt; ähnlich hat der Schreiber von 68 Soph. 3_6 ἐν διαφθορᾷ ursprünglich ausgelassen, es aber sofort nachgetragen (irrtümlich εν διαφορα geschrieben): beide Auslassungen deuten darauf hin, dass eine der vorliegenden Hss. von 68 beide Texte nicht hatte, und dass diese Hs. die Vorlage der Ald. gewesen ist.

Alle diese Stellen weisen darauf hin: Ald. stammt aus einer heute verschollenen Hs., die ihren Hauptanteil aus 68, einen kleinen Rest aus 97 schöpfte.

Verschiedene Lesarten der Ald. sind deshalb bedeutungsvoll geworden, weil sie in die Sixt. übergegangen sind. PAUL DE LAGARDE'S These, dass die Sixt. eine aus B korrigierte Ald. ist (¹), hat

(¹) *Ankündigung einer neuen ausgabe der griechischen übersetzung des alten testaments,* Göttingen 1882; wieder abgedruckt in LAGARDE'S *Mitteilungen I,* Gött. 1884, 122 f.

A. Rahlfs ([1]) durch zahlreiche Belegstellen als richtig erwiesen.
Auch hat Rahlfs erwiesen, dass neben B noch andere Hss. bei der
Herstellung des sixt. Textes von Einfluss gewesen sind (S. 45 f.) ([2]).
In unserem Zusammenhang seien nur die Stellen aufgeführt, die Sixt.
von Ald. übernommen hat, die hsl. heute nicht mehr belegt sind,
oder die von nur wenigen Hss. (namentlich der Catenen-Gruppe C
und 68, die die Hauptquelle der Ald. bilden) bezeugt sind.

Os.	9_{10}	εἶδον / πατέρας αὐτῶν] tr. C – 68 Thph. = Ald. Sixt.
	14_2	ἠσθένησας] – σαν 68 147 = Ald. Sixt.
Am.	1_{12}	Θαιμαν] θαμαν 68 = Ald. Sixt.
	1_{14}	ἐπὶ τὰ τείχη] om. τά 87* = Ald. Sixt.
		Ραββα] ραββαθ (ραβαθ 46) LII (46-86-711) 91ᶜ·68 106
		Syh Arab Tht.ᵖ = Ald. Sixt.
	8_5	μιχρὸν μέτρον] tr. Laᶜ Syh Spec. = Ald. Sixt.
	9_{15}	ὁ παντοχράτωρ] om. ὁ Ald. Sixt.
Mich.	2_6	οὐ γάρ] ουδε γαρ C – 68 Syh = Ald. Sixt.
	2_8	ἐλπίδα] – δας C – 68 = Ald. Sixt.
	3_4	πρὸς κύριον] προς τον κυριον 87*-68 = Ald. Sixt.
Ioel	2_{10}	τὰ ἄστρα] om. τά 22 = Ald. Sixt.
	2_{11}	μεγάλη καὶ ἐπιφανής] om. ἐπιφανής Ald. Sixt.
	2_{14}	θυσιάν] pr. και W 68 Ach Sypᵃ ᶜˡⁱᵐ Aethᵖ Arm = Ald. Sixt.
	3_3	ἀντὶ οἴνου] αντι του οινου 68 = Ald. Sixt.
Abd.	$_{13}$	μηδὲ συνεπιθῇ] και μη συνεπιθη Ald. Sixt.
Ion.	1_{16}	εὐχάς] pr. τας Ald. Sixt.
	4_5	ἐν σκιᾷ] > C – 68 Laᵂ Thph. = Ald. Sixt.
	4_8	καύσωνος] καυσωνι 68 = Ald. Sixt.
Nah.	3_9	οὐκ ἔστι] ουκ εστη Ald. Sixt.
Hab.	2_{10}	λαοὺς πολλούς] tr. C – 68 = Ald. Sixt.
Soph.	3_4	οἱ ἱερεῖς] om. οἱ 68* (add. manus prima) = Ald. Sixt.
Agg.	1_5	τὰς καρδίας] om. τὰς C – 68 = Ald. Sixt.
	1_{12}	Αγγαίου] pr. του 68 = Ald. Sixt.
	2_2	τὸν τοῦ Ιωσεδεκ] om. τόν Ald. Sixt.

([1]) *Die Abhängigkeit der sixtinischen Septuaginta-Ausgabe von der aldi-
nischen,* in *ZAW* 33 (1913) 30-46.
    ([2]) P. Vaccari weist mich darauf hin, dass in der Vat. Bibliothek ein
Exemplar der Aldina aufbewahrt ist (Cod. Vat. gr. 1239), das nach dem
Cod. Vat. (und nach anderen Handschriften) korrigiert ist und dem Drucker
zur Herstellung der Sixtina übergeben wurde.

Zach. 1_{17} Ἀνάκραγε] pr. ετι *C*– 613 Hi. (deest 68 propter homoiot.)
= Ald. Sixt.

7_4 πρός με] προς εμε 68 = Ald. Sixt.

9_{16} ἐπὶ τῆς γῆς] om. τῆς *C*– 68 = Ald. Sixt.

14_4 πρὸς βορρᾶν] προς τον βορραν *C*– 68 Eus. dem. = Ald.
Sixt.

Mal. 1_6 κύριον αὐτοῦ] κυριον εαυτου *C*– 68 = Ald. Sixt.

3_{15} θεῷ] pr. τω 87-68 = Ald. Sixt.

Diese Beispiele zeigen deutlich, wie verschiedene Stellen der
Aldina versehentlich in die Sixtina übernommen worden sind. Es
war ein Verhängnis, dass der Herausgeber der Aldina eine Hs. zu-
grundelegte, die einen jungen, auf die stark hexaplarisch und lukianisch bearbeiteten Catenen-Gruppe zurückgehenden Text überlieferte,
wie er uns in den beiden Hss. 68 und 97 vorliegt. Wenn er die
auch in Venedig vorhandene Hs. 122 als Vorlage der Ald. genommen hätte, dann hätte er einen bessern Griff getan, weil 122 eine
Abschrift von B ist. Erst die Sixtina hat auf den wertvollen codex
Vaticanus zurückgegriffen und dadurch einen für die damalige Zeit
brauchbaren Text geschaffen, der leider durch seine Abhängigkeit
von der Ald. noch teilweise keinen Fortschrift bedeutete.

Die Bedeutung des Chester Beatty-Scheide Papyrus 967 für die Textüberlieferung der Ezechiel-Septuaginta

Der Papyrus 967 hatte nicht nur das Mißgeschick, daß viele seiner Blätter verloren gingen, sondern daß er auch in verschiedene Hände geriet, die ihn gesondert veröffentlichten. Der erste Teil wurde von Fr. G. Kenyon veröffentlicht in der bekannten Sammlung »The Chester Beatty Biblical Papyri. Descriptions and Texts of twelve Manuscripts on Papyrus of the Greek Bible« als fasciculus VII (London 1937) und der zweite Teil in den »Princeton University Studies in Papyrology« Nr. 3: The John H. Scheide Biblical Papyri. Ezekiel, ed. by A. Ch. Johnson, H. S. Gehman and E. H. Kase (Princeton 1938). Dieser zweite größere Teil erschien in einem äußerst stattlichen Band mit ausführlicher Einleitung (Johnson schrieb S. 1—42, Kase S. 42—73 und Gehman S. 73—137) und Darbietung des Textes mit · kritischem Apparat sowie Beifügung der Textblätter in Photos (vom Hauptherausgeber Johnson).

Kenyon veröffentlichte 8 Blätter (16 Seiten) des Papyrus, die folgende Stücke enthalten: 11 $_{25}$—12 $_6$ 12 $_{12}$—18 12 $_{23}$—13 $_6$ 13 $_{11}$—17 13 $_{20}$—14 $_3$ 14 $_6$—$_{10}$ 14 $_{15}$—$_{20}$ 14 $_{23}$—157 16 $_5$—$_{11}$ 16 $_{16}$—$_{22}$ 16 $_{28}$—$_{34}$ 16 $_{39}$—$_{45}$ 16 $_{48}$—$_{53}$ 16 $_{57}$—17 $_1$ 176—10 17 $_{15}$—$_{21}$.

Johnson veröffentlichte 26 Blätter (52 Seiten) mit folgendem Inhalt: 1912—20 $_{15}$ 20 $_{40}$—$_{44}$ 21 $_4$(9)—25 $_5$ 26 $_{10}$—2818 29 $_{12}$—32 $_{30}$ 34 $_6$—36 $_{23}$ 38 $_1$—39 $_{29}$ 37 $_1$—$_4$. Das Stück 37 $_1$—$_4$ steht auffallenderweise hinter Kap. 39 (vgl. dazu Johnson S. 11f.).

Kenyon gibt nur eine ganz knappe Einleitung zum Text (S. X); deshalb soll hier ausführlicher darüber gesprochen werden. Johnson und seine Mitarbeiter Gehman und Kase dagegen bringen ausführliche Beschreibungen der Textgestalt von 967 in ihrer Beziehung zu den Unzialen, zur Hexapla, Vetus Latina, Syrohexapla, Masora und den

übrigen griech. Texten. In den Observationes criticae von GEHMAN
(S. 80—137) sind die Varianten eingehend behandelt. Doch kann man
vielen Bemerkungen nicht zustimmen; öfters sind Fehler unterlaufen.
Gewiß wird man bei der Besprechung und Erklärung der Lesarten oftmals geteilter Meinung sein können; doch bringt eine wiederholte
Prüfung der von 967 vertretenen Lesarten im Verhältnis zu allen
Handschriften, die vom Göttinger Septuaginta-Unternehmen sorgfältig kollationiert sind, oftmals neues Licht. An Alter (erste Hälfte
des 3. Jahrh.) überragt 967 alle uns bekannten Ez.-Handschriften
und verdient deshalb eine genaueste Untersuchung.

I.

967 ist als ältester Zeuge eine wertvolle Stütze von B (und einigen
anderen alten Zeugen, namentlich der altlateinischen und koptischen
Überlieferung) in der Auslassung hexaplarischer, asterisierter
Stellen:[1]

13₂ Ισραηλ 967 B Sa Hi.[test]] + * τους προφητευοντας και ερεις τοις
    προφηταις τοις προφητευουσιν απο καρδιας αυτων rel. = 𝔐

16₂₂ σου 1⁰ 967 B La^S Sa] + * και τα βδελυγματα σου rel. = 𝔐

17₂₀ fin. 967 B La^C Bo Arab] + * και αξω αυτον εις βαβυλωνα — και
    πασας φυγαδειας αυτου rel. = 𝔐

21₁₅ (20) πυλην 967 B La^S Bo] + * αυτων rel. = 𝔐

22₉ λησται 967 B 48*] + * ησαν rel. = 𝔐

23₃₂ πλατυ 967 B lI La^S Co Arab] + * εσται εις γελωτα και (εις)
    μυκτηρισμον rel. = 𝔐

23₃₄ αυτο 967 B lI La^S Co] + * και εκστραγγιεις rel. = 𝔐

---

[1] Die Siglen und Abkürzungen der Handschriften, Übersetzungen und
Väterzitate sind die in der Göttinger LXX-Ausgabe gebräuchlichen:

O = Q — 88 — Syh (Syrohexapla): Hauptgruppe der hexaplarischen Rezen-
    sion;

o = 62—147—407: Untergruppe der hexapl. Rez.; $O' = O + o$.

L = 22 — 36 — 48 — 51 — 96 — 231 — 763: Hauptgruppe der lukianischen
    Rezension;

lI = 311 — 538; lII = V — 46 — 449: Untergruppen der luk. Rez.;
    $L' = L + lI$; $L' = L + lII$; $L'' = L + lI + lII$.

C = 87 — 91 — 490: Haupt-Catenengruppe;

cI = 49 — 90 — 764; cII = 130 — 233 — 534: Neben-Catenengruppen;
    $C' = C + cI$; $C' = C + cII$; $C'' = C + cI + cII$.

Arab(ische) Arm(enische) Bo(hairische) La(teinische) Sa(hidische) Übersetzung; Co(ptische Übers.) = Bo + Sa; La^C = cod. Constantiensis, La^S = cod.
Sangallensis, La^W = cod. Wirceburgensis.

Hi(eronymus) Ir(enäus) Spec(ulum) Tert(ullian) Th(eodore)t Tyc(onius).

24₁₀ fin. 967 B 106 *lI* La^{SW} Co] + * και τα οστα συμφρυγησονται
 (vel sim.) rel. = 𝔐

24₁₁ ἄνθρακας 967 B *lI* La^{SW} Co] + * αυτης εξηφθη (vel sim.) rel. = 𝔐

24₁₁ ἐν μέσῳ 967 B 106 *lI* 534 La^{W} Co] + * αυτης rel. = 𝔐

24₁₃ init. 967 B 106 *lI* La^{SW} Co] pr. * εν τη ακαθαρσια σου ζεμμα
 (vel sim.) rel. = 𝔐

24₁₃ σύ 967 B 106 *lI* La^{SW} Co] + * και ουκ εκαθαρισθης απο ακα-
 θαρσιας σου rel. = 𝔐

26₁₇ Πῶς 967 B *lI* La^{CW} Bo Arab Tyc.] + * απωλου και rel. = 𝔐

26₁₇ ἐπαινετή 967 B La^{CW} Bo Arab Tyc.] + * ητις εγενηθη ισχυρα
 εν θαλασση αυτη και οι κατοικουντες αυτην rel. = 𝔐

26₁₈ fin. 967 B *lI* La^{CW} Bo] + * και ταραχθησονται (αι) νησοι εν τη
 θαλασση απο της εξοδιας σου rel. = 𝔐

26₂₁ ἔτι 967 B *lI* La^{CW} Co Arab] + * και ζητηθηση και ουχ ευρεθηση
 rel. = 𝔐

27₁₁ σου 2° 967 B *lI* La^{C} Co Arm] + * κυκλω rel. = 𝔐

27₁₄ ἱππεῖς 967 B *lI* La^{C} Sa] + * και ημιονους rel. = 𝔐

27₂₃ Χαννα 967 B *L'* Co Arab] + * και δαιδαν (vel sim.) rel. = 𝔐

27₂₄ ὑάκινθον 967 B *lI* Co Arab] + * και ποικιλιαν (πορφυραν)
 rel. = 𝔐

27₂₉ πλοίων 967 B Tyc.] + * αυτων rel. = 𝔐

27₃₀ fin 967 B Co Arab Tyc. Hi.^{test}] + *^{(31)} και φαλακρωσουσιν —
 πικρον rel. = 𝔐

27₃₂ fin 967 B Co Arab Tyc. Hi.^{test}] + * τις ωσπερ τυρος κατασιγη-
 θεισα εν μεσω θαλασσης rel. = 𝔐

28₄ καί 1° 967 B *cII* La^{C} Co Tyc.] + * εποιησας rel. = 𝔐

28₁₀ πλήθει 967 B La^{C} Co Arab Tyc.] + * τραυματιζοντων σε θανατοις
 (vel sim.) rel. = 𝔐

29₁₂ τεσσ. ἔτη 967 B *cII* La^{S} Co Arab] pr. (vel add.) * αφανισμος εσται
 (vel sim.) rel. = 𝔐

29₁₉ init. 967 B La^{S} (vid.) Co Tht.] pr. * δια τουτο rel. = 𝔐

29₁₉ Αἰγύπτου 967 B La^{S} (vid.) Co] + * και λη(μ)ψεται το πληθος
 αυτης rel. = 𝔐

29₂₀ Αἰγύπτου 967 B La^{S} Co Arab] + * οσα εποιησαν μοι (vel sim.)
 rel. = 𝔐

30₃ ἡμέρα 2° 967 B La^{S} (vid.) Co Tyc.] + * νεφελης rel. = 𝔐

30₄ Αἰγύπτῳ 967 B La^{S} (vid.) Co Tyc.] + * και λη(μ)ψονται το πληθος
 αυτης (vel sim.) rel. = 𝔐

30₁₂ ἐρήμους 967 B 46 Co Arab] + * και αποδωσομαι την γην εν
 χειρι πονηρων rel. = 𝔐

30₁₃ ἀπολῶ 967 B Co Arab] + * βδελυγματα και καταπαυσω rel. = 𝔐

30₂₂ τεταμένους 967 B 106 147 La^S Bo Arab] + * και τους συντριβο-
μενους (vel sim.) rel. = 𝔐

31₃ καὶ ὑψ. τῷ μεγ. 967 B La^S Bo Arab] pr. (vel add.) και πυκνος (εν)
τη σκεπη rel. = 𝔐

31₅ αὐτοῦ 2⁰ 967 B La^S Bo Arab] + * και υψωθησαν αι παραφυαδες
αυτου rel. = 𝔐

32₃ λαῶν πολλῶν 967 B Bo Arab Tyc.] pr. * μου (και) εν εκκλησια
rel. = 𝔐

32₁₈ fin. 967 B Co Arab] + * (19) εξ υδατων — μετα απεριτμητων
(vel sim.) rel. = 𝔐

32₂₃ init. 967 B Co Arab] pr. * οι εδωκαν — μαχαιρα (vel sim.) rel. = 𝔐

32₂₇ πολεμικοῖς 967 B 106 La^C Arab] pr. (vel add.) * αυτων rel. = 𝔐

32₂₈ κοιμηθήση 967 B La^C Co Arab] pr. * συντριβηση και rel. = 𝔐

32₂₉ οἱ ἄρχοντες 967 B La^C Co] pr. * (και) οι βασιλεις αυτης και
παντες rel. = 𝔐

32₃₀ πάντες 967 B La^C Co] pr. * παντες αυτοι (vel sim.) rel. = 𝔐

34₉ fin. 967 B Bo] + * ακουσατε λογον κυριου rel. = 𝔐

34₁₂ προβάτων 967 B 106 La^{CS} Bo] + * αυτου rel. = 𝔐

36₁₈ fin. 967 B Bo Tyc. Ps.Cypr.] + * περι του αιματος — εμιαναν
αυτην rel. = 𝔐

Weiterhin geht 967 mit B zusammen in der Auslassung verschiedener Wörter und Sätze, die ohne Asteriskus nach 𝔐 aufgefüllt
sind:

12₃ αἰχμαλωσίας 967 B 106 La^C Co] + και αιχμαλωτισθητι (vel sim.)
rel. = 𝔐

12₄ ἑσπέρας 967 B 410 La^C] + ενωπιον αυτων rel. = 𝔐

13₂₂ δικαίου 967 B La^S Bo Spec.] + αδικως rel. = 𝔐

17₁₀ ξηρανθήσεται 1⁰ 967 B 26 Bo Arm] + ξηρασια rel. = 𝔐

17₂₀ δίκτυον 967 B La^C] + μου rel. = 𝔐

24₁₃ fin. 967 B L' La^W] + εν σοι rel. = 𝔐

24₁₈ μοι 1⁰ 967 B La^{SW} Co] + και απεθανεν η γυνη μου rel. = 𝔐

27₁₅ ἔμποροι 967 B La^C] + σου rel. = 𝔐

28₅ ἐμπορίᾳ 967 B 26 403' 407 Arm] + σου rel. = 𝔐

32₄ ἐμπλήσω 967 B Bo Tyc.] + εκ σου rel. = 𝔐

34₃₁ init. 967 B La^W Co] pr. και υμεις rel. = 𝔐

37₂ ξηρά 967 B Bo Ir.^{lat} Spec.] pr. και ιδου rel. = 𝔐

38₃ ἐπὶ σέ 967 B Arm] + γωγ rel. = 𝔐

Hier ist es nicht leicht zu entscheiden, ob hexaplarische Zusätze
vorliegen, die deshalb nicht mehr erkennbar sind, weil die Asterisken

verloren gingen. Sehr wahrscheinlich sind die beiden ersten Stellen
12₃ und 12₄ asterisierte hexaplarische Zusätze, deren Asterisken in den
Hss. Q 88 und Syh an verkehrter Stelle stehen. Einige dieser Übereinstimmungen mit 𝔐 sind vielleicht ursprünglich und durch fehler-
haftes Abschreiben verloren gegangen, so 13₂₂ αδικως (nach δικαίου)
und 24₁₈ και απεθανεν η γυνη μου (Homoioteleuton). Die Wiedergabe
des hebr. *šeqer* 13₂₂ mit αδικως entspricht der Praxis der Septuaginta;
das griech. und hebr. Wort kommt nur hier bei Ez. vor, so daß man
nicht vergleichen kann. Die übrigen Stellen sind zu farblos, als daß
man ihr hexaplarisches Kolorit feststellen könnte.

Im Wortwechsel geht 967 einige Male mit B zusammen:

12₁₄ ἐκκενώσω 967 B 46 Arm] εκχεω rel.

27₁₃ οὗτοι 967 B 410 46] αυτοι (vel sim.) rel.

30₇ ἠρημωμένων 1° 967 B] ηφανισμενων rel.

32₂₉ ἐδόθησαν 967 B Q^{mg} Syh^{mg} (La^C) Co] εδωμ rel. = 𝔐

34₂₁ ἐπεί 967 B 306 La^{SW} Arm = 𝔐] επι (επειδη) rel.

38₉ ἔση 967 B 88 La^W Arm = 𝔐] πεση(ς) rel.

An allen Stellen stützt also 967 die von B (und nur wenigen
Zeugen) vertretene ursprüngliche Lesart.

In der Wortstellung (Umstellung) geht 967 mit B zusammen:

12₃ ἕτερον τόπον] tr. 967 B *O′ L″* La^C Arab Tht. Hi. = 𝔐

13₄ οἱ προφῆταί σου, Ισραηλ, / ὡς ἀλώπεκες ἐν ταῖς ἐρήμοις] tr. 967
    B *O′ L″* Arm Tht. Hi. Spec. = 𝔐

16₃₄ σοί / μισθώματα οὐκ ἐδόθη] tr. 967 B *O*^{-Syh} —407 538—449
    Hi. = 𝔐

17₁₉ τὴν διαθήκην μου, ἣν π. καί / τὴν ὁρκωμ. μου, ἣν ἠτ. καί] tr. 967
    B *O′ L″* La^C Bo Chr. Tht. = 𝔐

23₁₀ ἐποίησαν ἐκδικήσεις] tr. 967 B Q—*o L′*^{-46} *cII*—239′ Tht. = 𝔐

27₃₂ οἱ υἱοὶ αὐτῶν / ἐπὶ σέ] tr. 967 B *O′ L″* Co Tyc. = 𝔐

29₁₆ οὐκέτι ἔσονται] ουκ εσονται ετι 967 B *O′ L″*—927 La^S Arab Tht.
    = 𝔐

34₂₈ οὐκέτι ἔσονται] ουκ εσονται (ουκ)ετι 967 B *O* = 𝔐

36₄ τοῖς χειμάρροις . . . ταῖς φάραγξιν] tr. 967 B 106 407 La^S Bo = 𝔐

13₁₆ εἰρήνη / οὐκ ἔστιν 967 B *O′ lII* La^S Tht. Hi.] tr. rel. = 𝔐

Die vorgeführten Wortstellungen in 967, die neben B auch von
der hexaplarischen Überlieferung bezeugt sind, stimmen alle außer der
an letzter Stelle genannten (13₁₆) auch mit 𝔐 überein. Welche die
ursprüngliche Wortstellung war, ist auf den ersten Blick nicht festzustellen. Denn es ist möglich, daß bereits in 967, der deutlich Korrekturen nach dem hebr. Text aufweist, die Wortfolge geändert wurde,

die dann bei der hexaplarischen Bearbeitung wiederum aufgenommen wurde. Jedoch wird die von 967 und B bezeugte Wortstellung die ursprüngliche sein; die Umstellung wurde von den anderen Zeugen (namentlich A) aus stilistischen Gründen vorgenommen.

Wenn 967 nicht mit Sonderlesarten von B übereinstimmt, so daß also B (und einige Anhänger) allein steht, dann bildet 967 ein Korrektiv für die fehlerhaften Lesarten von B. Beispiele:

15₂ τῶν κλημάτων 967] > B^txt: homoiot.   16₂₂ τὰς ἡμέρας τῆς νηπιότητός σου] τας ημερας της νεοτητος σου 967; της νηπιοτητος σου της ημερας B (Stellung!)   16₄₃ τὴν ἡμέραν 967] > B Sa 16₅₈ σύ 967] > B* 538 Sa   21₁₃ (18) τί, εἰ καί 967] > B: homoiot. 21₂₇ (32) οὐδέ 967] ουαι B   21₂₉ (34) ὧν 967] > B Bo: homoiot. 21₃₁ (36) διαφθοράν 967] -ρας B   22₈ ἁγιά μου 967] αγιασμον B* 23₄ ἡ 3⁰ 967] ην B* Co | ἡ ult. 967] ην B Bo   23₁₅ καὶ τιάρα βαπτά 967] παραβαπτα και B   24₉ δαλόν 967] λαον B 130 La^S   30₄ τῇ 967 Tyc.] γη B 106—544 Co   32₂₀ βόθρου 967] θορυβου B 32₂₇ γίγαντας 967] παντας B La^C Sa   38₃ σέ 967] > B* V 39₁₂ γαι 967] τε B 26.

An diesen Stellen geht also 967 nicht mit B, der fehlerhafte Lesarten bringt. 22₁₃ bezeugen beide (ebenso V) die Lesart επαξω statt παταξω, das man gern als ursprünglich in den Text aufnehmen möchte (so Rahlfs). Aber es ist fraglich, ob παταξω richtig ist. Zwar wird häufig πατάσσειν für נכה Hi. in der LXX verwendet, aber der Ez.-Übersetzer verwendet dafür κροτεῖν vgl. 6₁₁ 21₁₄(19). 17(22). Das Verbum πατάσσειν kennt er sonst nicht; denn 11₇ ist εταξατε statt επαταξατε zu lesen. Die Wiedergabe επαξω setzt הבתי statt הכתי voraus; ἐπάγειν = בוא Hi. 11mal bei Ez.

II.

Besonders wichtig sind die Sonderlesarten von 967. Als Varianten des ältesten handschriftlichen Zeugen verdienen sie aufmerksame Beachtung. Manche davon gehören der Grammatik und Stilistik an: 12₃ διότι]οτι 967   13₂ 'Ακούσατε]ακουετε   13₁₁ αὐτῶν]-του 967 | πεσοῦνται] πεσειται   14₁ ἦλθον]ηλθοσαν, vgl. 20₁ 23₁₇   16₈ ἐκάλυψα]επεκαλυψα   16₂₁ ἐν τῷ]του   16₃₃ δέδωκας]εδωκας   17₁₅ εἰ 2⁰]η | εἰ 3⁰] μη   20₁ ἦλθον] ηλθοσαν 20₄ διαμάρτυραι] επιμαρτυραι   20₈ ἐν αὐτοῖς] επ αυτους 20₄₁ εἰσδέχεσθαι] εισδεξασθαι   21₂₇ (32) ἕως οὖ] εως οτου   22₄ αὐτῶν]-της   22₂₀ ἄργυρος] αργυριον και χρυσιον   22₂₂ ἀργύριον]

αργυρος 23_{25} μετὰ σοῦ] σοι 23_{27} ἐκ σοῦ]απο σου 23_{38} ἐμίαι-
νον] εμιαιναν 23_{46} ἐπ' αὐτάς] επ αυταις 24_{24} ἐπιγνώσεσθε]
γνωσεσθε 24_{27} ἐπιγνώσονται] γνωσονται 25_4 πίονται] εκπιονται
27_{11} ἐν τοῖς πύργοις] επι τοις πυργοις 27_{18} οἶνον]-νος 27_{30} ἐπι-
θήσουσιν] θησονται | ὑποστρώσουσιν] στρωσονται 28_9 εἶ] ησθα
29_{12} ἐν τοῖς ἔθνεσι] εις τα εθνη, vgl. $30_{23.26}$ 30_4 συμπεσεῖται]
πεσειται 30_{16} διαχυθήσεται]-σονται 30_{18} συσκοτάσει] σκοτασει
30_{21} δοθῆναι 2⁰ et 3⁰] δουναι 30_{22} τεταμένους] επιτεταμενους
31_4 εἰς] επι 31_{16} παρεκάλουν]-λουσαν 31_{17} αὐτοί] ουτοι
32_4 πλησθήσεται]-σονται 35_5 γενέσθαι] γενηθηναι 35_7 ἀνθρώπους καὶ κτήνη] ανθρωπον και κτηνος 36_6 ἐνέγκαι] ανενεγκαι
38_8 ἐπ' εἰρήνης] εν ειρηνη 38_{17} διὰ χειρός] εν χειρι 38_7 οὐκέτι] ετι
39_{10} κόψωσιν] εκκοψωσιν 39_{13} κατορύξουσιν 2⁰] -ξει 39_{23} εἰς
ἐμέ] μοι.

Alle diese Varianten gehen wohl auf den Schreiber zurück, der sie aus dem grammatisch-stilistischen Empfinden heraus niedergeschrieben hat. Manche Formen allerdings könnten ursprünglich sein, so ηλθοσαν 14_1 20_1 (vgl. 23_{17}) und παρεκαλουσαν 31_{16}.

967 hat eine Reihe von Sonderlesarten, die durch Synonymenwechsel entstanden sind.

12_4 ἐξελεύση] εκπορευση 967. Als Äquivalent für יצא ist ἐξέρχεσθαι 33mal und ἐκπορεύεσθαι 10mal bei Ez. verwendet. Vielleicht ist 967 ursprünglich (και συ εκπορευση εσπερας ως εκπορευεται αιχμαλωτος); in den anderen Hss. wäre dann der Abwechslung wegen εξελευση eingesetzt.

$21_{21(26)}$ ἐν τοῖς γλυπτοῖς] εν τοις τυποις 967. Gehman S. 83: »may have been suggested by 𝔐 בתרפים«. Nur hier begegnet uns bei Ez. γλυπτός, das sonst in der LXX gewöhnlich dem hebr. *pesel* entspricht; τύπος kommt in der LXX nur 4mal vor, davon bei Am. 5_{26} im Sinn von »Götzenbild«. Die Wiedergabe in 967 ist vielleicht ursprünglich, da eine nachträgliche Korrektur nach 𝔐 mit τύπος sehr auffällig wäre.

$21_{24(29)}$ ἁλώσεσθε] απολεισθε 967. Hier liegt in 967 eine innergriech. (stilistische) Änderung vor, da ἁλίσκεσθαι ebenso wie 17_{20} תפש wiedergibt.

23_7 ἐνθυμήμασιν] επιτηδευμασιν 967. In 𝔐 steht *gillulim*, das in Ez. 15mal mit ἐνθυμήματα und 7mal mit ἐπιτηδεύματα wiedergegeben ist. Den gleichen Synonymenwechsel bezeugt 967 24_{14} ἐνθυμήματα 1⁰] επιτηδευματα 967 C'—86' Syh[mg] Arm Hi.; hier steht in 𝔐 *'alila*, das in Ez. 2mal mit ἐνθύμημα und 4mal mit ἐπιτήδευμα (dies die gewöhnliche Wiedergabe sonst in der LXX) übersetzt wird. In 967 liegt wohl an beiden Stellen innergriech. Wechsel vor.

25₄ καὶ δώσουσιν ἐν σοὶ τὰ σκηνώματα αὐτῶν = 𝔐] καταλυσουσι τα σκην. αυτων 967. Die wörtliche Wiedergabe aller Hss. außer 967 könnte man mit Gehman S. 94 als Korrektur eines Späteren nach 𝔐 betrachten, so daß also 967 hier die echte LXX-Wiedergabe bewahrt hätte. Da jedoch der Ez.-Übersetzer gewöhnlich den hebr. Text genau wiedergibt, wird in 967 stilistische Verbesserung vorliegen. Auch sonst finden sich solche Verbesserungen in 967: 21₂₄₍₂₉₎ απολεισθε 967 (statt ἀλώσεσθε) siehe oben   23₂₅ ποιησουσιν σοι (statt π. μετὰ σοῦ)   23₃₇ εν πυρι (statt δι' ἐμπύρων)   27₉ επι των δυσμων (statt ἐπὶ δυσμὰς δυσμῶν).

26₁₁ ἀνελεῖ] αποκτενει 967. In 𝔐 steht הרג, das bei Ez. 4mal mit ἀναιρεῖν und 3mal mit ἀποκτείνειν wiedergegeben ist. Da auch in den vorausgehenden Versen (6. 8) des 26. Kap. die Wiedergabe mit ἀναιρεῖν gewählt ist, so wird in 967 nur innergriech. Wechsel vorliegen. Gehman urteilt richtig S. 94: »not necessarily influenced by 𝔐«.

26₁₆ στενάξουσιν] στυγνασουσιν 967. Im Hebr. steht das Verbum שׁמם, das 27₃₅ 28₁₉ und 32₁₀ mit στυγνάζειν wiedergegeben wird (nur hier in der LXX verwendet). Bereits frühzeitig wurde es durch στενάζειν 26₁₆ verdrängt (schon Tyc. und die Altlateiner mit ingemescent setzen στεναξουσιν voraus), 28₁₉ bezeugen nur B und Co στεναξουσιν (Tyc. dagegen mit contristabuntur bezeugt στυγνασουσιν). Zweifellos hat 26₁₆ der Pap. 967 die ursprüngliche Wiedergabe bewahrt (bereits richtig von P. Katz, Theol. Lit. Zeit. 61 (1936) 280 erkannt).

31₁₃ πάντα τὰ θηρία τοῦ ἀγροῦ] π. τα θ. της γης 967. In 𝔐 steht śadeh, das bei Ez. 7mal mit ἀγρός und 21mal mit πεδίον wiedergegeben ist; von diesen 28 Stellen sind jedoch 4 nicht einheitlich bezeugt. 17₂₄ 34₈ 39₁₇ lesen A mit verwandten Minuskeln und Lukian ἀγρός statt πεδίον und ebenso 967 410 an der Stelle 39₄.

Wenn die LXX τα θηρια της γης übersetzt, dann steht im Hebr. 'ereṣ z. B. Ez. 32₄ 34₂₈ Gen. 1₂₄. ₂₅. ₃₀ u. ö. In Abhängigkeit von diesen Stellen gebraucht 967 die Wendung παντα τα θηρια της γης. Ähnlich hat auch 534 της γης statt του αγρου 34₅ gesetzt.

31₁₆ καταβαινόντων εἰς λάκκον] καταβ. εις βοθρον 967. Nur hier und im hexaplarischen Zusatz (sub *) 32₂₃ steht bei Ez. λάκκος für hebr. bor, während es in der übrigen LXX fast durchgehend für bor verwendet ist. Der Ez.-Übersetzer hat jedoch einheitlich βόθρος für bor verwendet (8mal); deshalb ist an unserer Stelle εις βοθρον von 967 ursprünglich (richtig auch von Gehman S. 113 beurteilt).

34₁₁ ἐπισκέψομαι] εκζητησω 967. Hier ist die Lesart εκζητησω durch das im gleichen Vers vorhergehende εκζητησω bedingt; eine Beeinflussung von 𝔐 liegt nicht vor, da hier zwei verschiedene Stämme (בקר‚דרש) stehen. Gegen Gehman S. 121 ist zu sagen, daß 967 hier nicht die ursprüngliche Lesart hat. Ähnlich ist 967 durch die Umgebung beeinflußt, wenn er allein 27₁₄ την εμποριαν statt αγοραν liest; την εμποριαν stammt aus v. 13.

34₂₇ τὸν ζυγόν] τον κλοιον 967 La^W (torquem). Die Lesart τον ζυγον ist nur von B 87^txt und Bo vertreten. Die übrigen Hss. haben wie 𝔐 (moṭot ʿol) die Dublette τον ζυγον του κλοιου oder τον κλοιον (τους κλοιους) του ζυγου. Ursprünglich stand im Hebr. wohl nur ein Wort, nämlich ʿol, das in der LXX gewöhnlich mit ζυγός (26mal) wiedergegeben wird; die Wiedergabe mit κλοιός findet sich nur 9mal. Eine Entscheidung, welches Wort ursprünglich ist, kann nicht gegeben werden, da für Ez. das Vergleichsmaterial fehlt. Nur 30₁₈ kommt in 𝔐 moṭot vor, das LXX (und Vulg.) maṭṭot punktiert und mit τα σκηπτρα wiedergibt.

III.

Die größte Bedeutung haben die Stellen, wo 967 mit 𝔐 übereinstimmt. Zunächst seien nur solche Lesarten behandelt, in denen 967 allein mit 𝔐 zusammengeht. Hier ist es nicht ganz klar, ob 967 nach 𝔐 korrigiert ist oder ob er die ursprüngliche LXX-Lesart bewahrt hat, die in den anderen Hss. durch innergriechischen Einfluß verlorengegangen ist. Sicherlich ist 967 ursprünglich an den beiden Stellen 26₁₆ στυγνάσουσιν 967] στεναξουσιν rel. und 36₈ ἐγγίζουσιν 967 Tyc. Spec.] ελπιζουσιν rel. Die erste Stelle zeigt, daß der Übersetzer in der Wiedergabe von שׁמם konsequenter war als es bisher schien (vgl. 27₃₅ 28₁₉ 32₁₀); die zweite Stelle bestätigt die von Grabe erstmals vorgeschlagene Konjektur, die noch Rahlfs ohne Hinweis auf die altlat. Zeugen aufgenommen hat.

Hierher gehört auch die Stelle 21₂₃(₂₈), wo 967 liest αδικιαν του λημφθηναι, während alle anderen alten Zeugen überliefern αδικιας αυτου μνησθηναι, das in der hexaplarischen und lukianischen Überlieferung in αδικιαν (ανομιαν) αυτων του συλληφθηναι nach Aquila verbessert worden ist. Hier hat 967 den alten ursprünglichen Text. του (so auch 106) ist in αυτου verderbt und λη(μ)φθηναι in μνησθηναι infolge des vorangehenden ἀναμιμνήσκων. Man kann dagegen nicht einwenden, daß λαμβάνειν als Äquivalent für תפש nicht zum Wortschatz des Übersetzers gehöre (so A. Vaccari in Biblica 19 [1938] 213), da er die Komposita συλλαμβάνειν 12₁₃ 194.₈ und ἐπιλαμβάνειν 29₇ 30₂₁ für das gleiche hebr. Äquivalent verwendet. Das Simplex λαμβάνειν für תפש begegnet uns Jer. 27 (50)₂₄ 28 (51)₃₂; zwischen λαμβάνειν und συλλαμβάνειν schwankt die hsl. Überlieferung 4 Kg. 14₁₃ Is 36₁.

Während an den genannten Stellen 967 die ursprüngliche LXX-Lesart in Übereinstimmung mit 𝔐 bewahrt hat, zeigen sich an anderen Stellen mit 𝔐 zusammengehende Lesarten, die deutlich Korrekturen nach dem hebr. Text sind. 24₂ σεαυτῷ] pr. εκει 967, εκει = שָׁם statt שָׁם. Man erwartet, daß εκει entsprechend 𝔐 nach σεαυτῷ erscheint. Die lukianische Gruppe *lII* und Tht. haben die genaue Wiedergabe von 𝔐: σεαυτω το ονομα. 26₁₅ ἐν τῷ σπάσαι μάχαιραν] εν τω αναιρεθηναι μαχαιρα 967, ebenso *lII* Tht. (μαχαιραις) und Tyc. *dum interficiuntur gladio*. Auch La^W geht auf diese griech. Lesart zurück, seine verstümmelte Überlieferung ist zu ergänzen: *in interfectione gladii*.

39₉ κοντοῖς] δορασιν *L''* Tht.; pr. δορασι και 967. Hier ist deutlich zu ersehen, daß 967 aus einer Handschrift schöpft, die nach 𝔐 korrigiert war; er bringt die alte LXX-Lesart neben der neuen (Dublette). Eine alte vorhexaplarische Korrektur nach dem hebr. Text, die in die meisten Hss. eingedrungen ist, ist 31₁₆ auch von 967 bezeugt: ἐν γῇ B *cII* Hi.] + κατωτατω 88 (= οι γ'); + κατωτατη *L''* Tht.; + κατω 967 et rel. = 𝔐. Daß hier κατω nicht ursprünglich ist, geht daraus hervor, daß der Ez.-Übersetzer für hebr. תחתית immer βάθος verwendet, vgl. 26₂₀ 31₁₄ 31₁₈ 32₁₈ 32₂₄ (sonst in der LXX nicht vorkommend).

28₁₆ überlieferte vor dem Pap. 967 die altlat. Konstanzer Hs. = La^C allein die Transkription *cherubin sech* (Tyc. hat nur *cherubim*). 967 bringt nun ebenfalls το χερουβ το σεχ; die Transkription geht auf das hebr. הסוכך zurück, ist allerdings nicht ganz korrekt (man erwartet (το) σοχεχ). Man könnte diese Transkription für ursprünglich halten (so A. Vaccari in Biblica 19 [1938] 213: »senza dubbio genuina, primitiva«); dann müßte man annehmen, daß sie von einem Schreiber wegen der Unverständlichkeit ausgelassen worden sei, da sie in allen anderen Hss. fehlt. Die hexaplarische Überlieferung bringt die von Theodotion entlehnte verständliche Wiedergabe το συσκιαζον. Jedoch möchte ich gegenüber Vaccari stark die Ursprünglichkeit von το σεχ anzweifeln; es ist eine vorhexaplarische Korrektur nach dem hebr. Text und geht nicht auf den Übersetzer zurück, der auch sonst keine

Transkriptionen anwendet[1], sondern einfach die unverständlichen Wörter und Satzteile ausläßt, die dann später in den hexaplarischen Überlieferung manchmal als Transkription erschienen, so 11₄ βεζεκ (im hexaplarischen Zusatz).

Eine nähere Untersuchung verdienen die Stellen, an denen 967 hexaplarische (asterisierte) Zusätze bezeugt. Johnson S. 38f. zählt 20 Stellen auf; davon muß aber über die Hälfte gestrichen werden, nämlich 20₁₂ 24₉ 24₁₁ 24₁₁ 27₁₉ 28₁₆ 30₃ 30₇ 30₇ 32₈ 34₆ 34₁₆. So bleiben nur folgende 8 übrig, die von Johnson ebenfalls nicht ganz richtig beurteilt werden.

1. . 21₂₇(₃₂) ἀδικίαν 2⁰] + αδικιαν 967 B* O (sub *) alii = 𝔐.

2. 23₃₃ ἀφανισμοῦ] pr. αφανειας και 967 O' (sub *) lII = 𝔐.

3. 24₂₅ τὴν ἰσχύν] + αυτων 967 A O^{-Q} (sub *) lII alii = 𝔐; zugleich stellt hier 967 mit lII Arm Tht. την ισχυν αυτων im Anschluß an 𝔐 hinter παρ' αὐτῶν.

4. 27₂ Υἱὲ ἀνθρώπου La^W Arab Arm] + και συ B; pr. και συ 967 O (sub *) et rel. = 𝔐.

5. 31₁₄ ἐν τῷ ὕψει αὐτῶν Bo Arab] pr. * προς αυτα 88—Syh = 𝔐; + προς αυτα (-τον) 967 et rel.

6. 32₄ τῆς γῆς L'' alii] + πασης 967; pr. πασης B A O (sub *) alii = 𝔐; 967 läßt πάντα 2⁰ mit 𝔐 aus.

7. 32₁₃ πούς ἀνθρώπου O C''—86^{txt} alii] + ουκετι 967 L''; + ετι B Tyc. alii = 𝔐; pr. ετι A alii; + * ετι (α′ϑ′) 86^{mg} ; + * μηκετι (σ′) 86^{mg}.

8. 38₁₆ fin.] + γωγ 967 O (sub *) La^{SW} = 𝔐; + ω γωγ L'' = Vulg.; im folgenden Vers (17) läßt 967 La^W Bo das obelisierte τῷ Γωγ aus.

An den beiden erst genannten Stellen könnte 967 die ursprüngliche LXX-Lesart bewahrt haben; 21₂₇(₃₂) ist das dritte αδικιαν ausgefallen und durch Origenes wieder eingefügt worden; 23₃₃ kann αφανειας και infolge Homoioarkton verloren gegangen sein. Die übrigen Stellen zeigen deutlich Nachbesserungen auf Grund von 𝔐, die unabhängig von 967 und später von der hexaplarischen Rezension ausgeführt wurden.

Wie 967 eine Reihe von Hinzufügungen nach 𝔐 gegenüber dem gewöhnlichen LXX-Text aufweist, so bezeugt er auch eine Reihe von Auslassungen, die mit 𝔐 zusammengehen. Die wichtigsten seien genannt. 13₁₃ om. ἐπάξω 967   20₁₃ om. πορεύεσϑε καί (sub ÷) 967 21₆(₁₁) ὀσφύος σου] om. σου (sub ÷) 967   21₇(₁₂) om. πᾶσα σάρξ

---

[1] γελγελ 10 13 ist als Name transkribiert, sonst ist es mit τροχός übersetzt, vgl. 10 2 6 23 24 26 10.

καί (sub ÷) 967   21₂₈₍₃₃₎ om. ἐγείρου 967   21₃₀₍₃₅₎ ἐν τῷ τόπῳ τούτῳ] om. τούτῳ 967 Bo   26₁₆ om. ἐκ τῶν ἐθνῶν (sub ÷) 967 62 La^W Tyc. Hi.   27₂₇ om. ἦσαν (sub ÷) 967 407 *lII* Arm Tyc. 28₇ om. ἐπὶ σὲ καί (sub ÷) 967   28₁₃ om. καὶ ἀργύριον καὶ χρυσίον (sub ÷) 967 Tert.   32₄ om. πάντα 2⁰ 967   34₁₅ om. καὶ γνώσονται ὅτι ἐγώ εἰμι κύριος (sub ÷) 967 Aug.   37₁ om. ἀνθρωπίνων (sub ÷) 967 Tert. Ir.^lat   38₈ om. ἐλεύσεται καί 967 Bo Tht.^p   38₁₁ om. ἐν ἡσυχίᾳ 967 La^W Bo Hi.   38₁₇ om. τῷ Γωγ (sub ÷) 967 La^W Bo Hi.   39₄ om. δοθήσονται 967 Bo   39₈ om. γνώσῃ ὅτι 967 Bo (om. καὶ γνώσῃ ὅτι ἔσται).

Bereits Johnson S. 37 hat auf die Auslassung der in der hexaplarischen Rezension obelisierten Stellen (im ganzen 10) hingewiesen. Er meint, daß es schwierig sei, festzustellen, ob diese Stellen im ursprünglichen LXX-Texte gestanden seien und von 967 durch Parablepsis ausgelassen worden seien oder ob 967 als besserer ursprünglicher Text zu gelten habe, der diese später eingeführten Stellen noch nicht kannte. Jedenfalls muß die Erklärung ausscheiden, daß 967 diese Stellen zufällig ausgelassen habe. Bei manchen Stellen könnte man daran denken, daß 967 die ursprüngliche Lesart habe, während das Plus gegenüber 𝔐 auf innergriech. Weg eingeschoben wurde, so 21₆ ₍₁₁₎ 21₃₀ ₍₃₅₎ 32₄. Jedoch zeigt gerade die letztgenannte Stelle 32₄ neben 38₁₇ (bzw. 38₁₆) deutlich, daß Korrektur auf Grund des hebr. Textes vorliegt; beide Stellen begegneten uns bereits bei Besprechung der Einschübe nach 𝔐 (siehe oben). In 32₄ liest die ursprüngliche LXX πάντα τὰ θηρία τῆς γῆς und bietet hier mit 4 hebr. Hss. und der Peschitta den richtigen Text; nach 𝔐 erwartet man τα θηρια πασης της γης. Origenes hat auch unter Asteriskus πασης vor γης eingefügt, dagegen παντα stehen gelassen. 967 tilgt παντα und fügt πασης ein, allerdings ungenau hinter γης, so daß die Stelle in unserem Papyrus lautet: τα θηρια της γης πασης (in gleicher Stellung ist 38₂₀ πασης eingeschoben της γης πασης, ohne daß es in 𝔐 vorliegt). Die vorhexaplarische Einfügung von πασης bezeugen neben 967 weitere nicht hexaplarisch beeinflußte Hss (auch B kennt πασης, aber nicht von der Hexapla her) und Tyc., die aber παντα stehen lassen; Tyc. liest *omnes bestias universae terrae*.

In 38₁₆ schiebt 967 in Übereinstimmung mit 𝔐 am Ende γωγ ein und tilgt dann τω γωγ im nächsten Vers (17). Origenes fügte ebenfalls in 16 das asterisierte ✱ γωγ ein, ließ es aber in 17 stehen und versah es nur mit dem Obelus (÷ τω γωγ). Damit ist also deutlich erwiesen, daß 967 (oder sein Vorgänger) nach dem hebr. Text korrigiert ist.

IV.

Eine besondere Beachtung verdienen die Umstellungen des persönlichen Fürwortes (Vorausstellung).

26₁₁ σου / πάσας τὰς πλατείας 967 B *L'*] tr. rel. = 𝔐

26₁₁ σου / τῆς ἰσχύος B *O' L' cII*—239'] tr. rel. (967) = 𝔐

26₁₂ σου / τὰ τείχη B *O' L' cII*—239'] tr. rel. (967) = 𝔐

27₄ σοι κάλλος] καλλος σου 967 La^W = 𝔐; καλλος σοι Sa

27₇ σοι στρωμνή] σοι η στρωμνη 967; στρωμνη σοι 106 88

27₇ ἐγένετο περιβόλαιά σου = 𝔐] εγεν. περιβ. σοι 967 87, περιβ. εγεν.
      σοι *A''* 403'; εγεν. σου περιβ. 233; εγεν. σοι εις περιβ. 534; περιβ.
      εγενοντο σου 410

27₁₁ σου / τὸ κάλλος 967] tr. 106—410 403—613 La^C Syh Arm = 𝔐

28₂ σου / ἡ καρδία] tr. 967 *O' L'' cII*—239—306 La^C Arm Hippol. Tht.
      Tyc. Hi. = 𝔐

28₁₈ τὰ ἱερά / σου = 𝔐] tr. 967

29₁₈ αὐταῦ / τὴν δύναμιν 967 B 927 (?)] tr. rel. = 𝔐

30₄ αὐτῆς / τὰ θεμέλια 967 B] tr. rel. = 𝔐

32₂₄ αὐτῶν φόβον B *C''*— 86] φοβον αυτων *O*—107, τον φοβον αυτων
      rel. (967) = 𝔐

34₈ τὰ πρόβατά / μου 1°] tr. 967

38₁₄ τὸν λαόν / μου] tr. 967.

Diese Übersicht zeigt, daß die Voranstellung des persönlichen Fürwortes nur in Kap. 26—38 vorkommt; deshalb ist sie von den Vertretern mehrerer Übersetzer (Thackeray, Herrmann) als Beweis für einen zweiten Übersetzer aufgestellt worden.

Jedoch zeigt sofort auch ein Blick auf die Beispiele, daß keine einheitliche Bezeugung vorliegt. 967 hat die Voranstellung 26₁₁ 27₇ 27₁₁ 28₁₈ 29₁₈ 30₄ 34₈ 38₁₄, also 8mal; 967 bezeugt die Nachstellung 26₁₁ 26₁₂ 27₄ 27₇ 28₂ 32₂₄, also 6mal. Es ist somit sehr fraglich, ob die Voranstellung auf den Übersetzer zurückgeht; ich möchte sie einem Bearbeiter zuschreiben, der an dieser Stellung Gefallen fand und sie gelegentlich verwandte. Häufig blieb die gewöhnliche (ursprüngliche) Stellung unangetastet, die sich in der nächsten Umgebung befand, so z. B. τὸν φόβον αὐτῶν 32₂₃ ₂₆ (neben αυτων φοβον 32₂₄) und τὰ πρόβατά μου im 34. Kap. v. 3 5 8 (2° 3°) 10 11 15 19 22 (neben μου τα προβατα v. 6 8). Manchmal ist das ursprüngliche σου in σοι verwandelt worden, vgl. 27₁₂ τὴν ἀγοράν σου] την αγ. σοι 967. Deshalb wird auch 27₄ καλλος σου und 27₇ στρωμνη σου die ursprüngliche Wiedergabe sein. 27₈ lesen alle Zeugen κωπηλάται σου für שטים לך; stand hier auch ursprünglich σοι statt σου?

Ähnlich finden sich auch Umstellungen des persönlichen Fürwortes bei Status-constructus-Verbindungen, die durch ein Adjektiv
wiedergegeben wurden.

16₁₈ τὸν ἱματισμὸν τὸν ποικίλον σου = 𝔐] τον ιμ. σου τον ποικ. 26
    L'—311 Tht.; τον ιμ. μου τον ποικ. 967; ist μου fehlerhaft für
    σου? Auch 410 kennt dieses μου.

26₁₂ τοὺς οἴκους τοὺς ἐπιθυμητούς σου 967 B *O' lI cII*—239 Arm = 𝔐]
    τους οι. σου τους επιθ. rel.

Keine einheitliche Bezeugung weist die 9mal gebrauchte Wendung
»mein heiliger Name« auf:

20₃₉ 36₂₀ 36₂₁ 36₂₂ 39₇ (1⁰) ist die Stellung τὸ ὄνομά μου τὸ ἅγιον
von den Hauptzeugen überliefert, die von den hexaplarischen Hss.
gewöhnlich nach 𝔐 in το ονομα το αγιον μου geändert wurde. Diese
Stellung nach 𝔐 bezeugt auch 967 (neben *O*—147′) beim zweiten Vorkommen in 39₇. Dagegen kennen an den übrigen Stellen 39₂₅ 43₇ 43₈
die Hauptzeugen die Stellung τὸ ὄνομα τὸ ἅγιόν μου, die von den
lukianischen Hss. und vielen andern Minuskeln (43₇ auch von A) umgeändert wurde. Auch hier kann man nicht feststellen, ob bereits der
Übersetzer die verschiedene Stellung verwendet hat, oder ob sie auf
einen Bearbeiter zurückgeht.

Den Artikel läßt 967 gern aus; viele Stellen können genannt
werden, wo nur in 967 der Artikel fehlt. 19₁₂ (τὰ) ἐκλεκτὰ αὐτῆς
20₇ (τῶν) ὀφθαλμῶν αὐτοῦ   20₈ (τὸν) θυμόν μου   21₂₄(₂₉) (τὰς)
ἀδικίας ὑμῶν und (τὰς) ἀσεβείας ὑμῶν   22₁₁ (τοῦ) πατρὸς αὐτοῦ
22₁₄ (ἡ) καρδία σου   23₁₀ (τὴν) αἰσχύνην αὐτῆς   23₂₁ ἐν (τῷ)
καταλύμματί σου   23₂₆ (τὰ) σκεύη (τῆς) καυχήσεώς σου   27₁₅ (τὴν)
ἐμπορίαν (σου)   27₂₇ πάντες (οἱ) ἄνδρες (οἱ) πολεμισταί (σου)
27₃₄ πᾶσα (ἡ) συναγωγή σου   28₁₃ (τοῦ) θεοῦ   29₁₄ (τὴν) αἰχμαλωσίαν (τῶν) Αἰγυπτίων   29₂₁ παντὶ (τῷ) οἴκῳ   31₁₆ ἀπὸ (τῆς)
φωνῆς (τῆς) πτώσεως αὐτοῦ   31₁₇ (τῆς) ζωῆς αὐτῶν   32₃₀ οἱ
ἄρχοντες (τοῦ) βορρᾶ   34₁₄ ἐν (τῷ) ὄρει (τῷ) ὑψηλῷ Ισραηλ
38₁₂ εἰς (τὴν) ἠρημωμένην   38₂₀ πάντες (οἱ) ἄνθρωποι   39₁₆ (τὸ)
ὄνομα τῆς πόλεως.

Es mag sein, daß hebr. Einfluß vorliegt bei den mit einem
Personalsuffix versehenen Stellen, da hier auch im Hebr. kein Artikel
steht.

V.

Während 967 sehr häufig mit B geht, zeigt er nur wenige Übereinstimmungen mit A. Die sehr zahlreichen Sonderlesarten von A
stehen auch jetzt noch allein, nur einige sind durch 967 gedeckt.

15₅ εἰ] μη 967 A Arab   163₄ διεστραμμένα] εξεστραμμενα 967 A
21₂₁(₂₆) ῥάβδον] ραβδια 967 A   22₂₅ ὠρυόμενοι] ερευγομενοι 967 A.
An anderen Stellen waren die Sonderlesarten von A noch durch einige
(abhängige) Minuskeln vertreten, zu ihnen kommt jetzt auch 967.
163₃ ἐκπορνεύσασιν] εκπορνευουσιν 967 A—26   163₄ διεστραμμένον]
εξεστραμμενον 967 A—26—544 410   204₁ ἐν αἷς] ου 967 A 534
21₂₀(₂₄) ἐν ἀρχῇ] επ αρχης 967 A—26—544 La⁸ Arab   212₆(₃₁) ὕψω-
σας / τὸ ταπεινόν] tr. 967 A—544 403—613   22₂₈ ὁρῶντες] pr. οι
967 A 46   241₉ οὐκ ἀπαγγελεῖς] ου μη απαγγειλης 967 A—26—544
364₄ εἰς καταπάτημα] om. εἰς 967 A—26—544   361₄ ἔτι] ουκετι 967
A—26—544. Wie man sieht, sind es lauter Varianten, die unwesentlich sind. Ganz selten geht 967 in Sonderlesarten mit A, die mit 𝔐
übereinstimmen; es kann nur 28₂ und 261₈ genannt werden. 28₂ om.
καὶ σύ 967 A 407 = 𝔐   261₈ καί Tyc.] νυν 967 La^W = 𝔐; + νυν
A—26—106—544 Arab. An der zuletzt genannten Stelle ist 967
genauer in der Korrektur nach 𝔐.

Öfters dagegen geht 967 mit A und mehreren Minuskeln zusammen, so daß auf der anderen Seite B und weitere Zeugen stehen;
damit ist erwiesen, daß A aus alter Quelle schöpft. Meistens sind es
grammatisch-stilistische Varianten, die keine große Bedeutung haben.
Wichtig sind wiederum die Lesarten, die mit oder gegen 𝔐 gehen.
967 A = 𝔐.   132₃ μαντείας]-τειαν 967 A alii = 𝔐   164₁ πυρί]
pr. εν   171₈ δέδωκα] δεδωκεν   221₆ γνώσεσθε] γνωση   231₅ πα-
τρίδος αὐτοῦ] π. αυτων   232₅ μυκτῆράς σου] μυκτηρα σου
272₈ κραυγὴν τῆς φωνῆς Tyc.] φωνην της κραυγης   302₅ δοῦναι] + με
313 εἰς μέσον] pr. και   32₅ fin.] + πασαν (την) γην   342₄ ἐν μέσῳ
αὐτῶν / ἄρχων] tr.   351₅ καὶ ἐξαναλωθήσεται] om. καί   364 καὶ
ἐγένοντο] αι εγεν.   361₅ ἀνενέγκητε] ενεγκητε ετι   361₇ κατῴκησεν
Tyc.] -σαν   389 ἥξει] ηξεις   392 ἐπ᾽ ἐσχάτου] απ εσχ. (Tyc.)
392₇ τῶν ἐθνῶν ult.] εθνων πολλων.

967 A contra 𝔐.   122₄ οὐκ ἔσται ἔτι = 𝔐] ουκετι εσται 967 A
alii   142₀ ὑπολειφθῶσιν] + (εν) αυτοις   20₃ Ισραηλ] pr. οικου
21₂₀(₂₅) αἱ δύο] αρχαι δυο   221₃ χεῖρά μου] + προς χειρα μου
241₂ καταισχυνθήσεται] pr. και   242₆ εἰς τὰ ὦτα] + σου   261₅
τραυματίας Tyc.] + σου   272₈ φόβῳ φοβηθήσονται Tyc.] om.
φόβῳ   281₅ ἀδικήματα] + σου (Tyc.)   301₂ τὴν γῆν] + αυτων
301₇ ἐν μαχαίρᾳ] om. ἐν   322₃ γῆς ζωῆς] της ζ.   342₃ ἕνα] ετερον
354 ταῖς πόλεσι] pr. εν   397 τὰ ἔθνη] pr. παντα | ἐν Ισραηλ] om. ἐν.

Es ist schwer zu entscheiden, ob 967 A in diesen Fällen die ursprüngliche Lesart haben.

Bei der ersten Reihe (967 A = $\mathfrak{M}$) gibt es zwei Möglichkeiten: die von 967 A vertretene Lesart ist nachträglich an $\mathfrak{M}$ angeglichen (dann ist die von B vertretene freiere Wiedergabe ursprünglich) oder sie ist ursprünglich (dann ist die von B vertretene freiere Wiedergabe nachträglich auf innergriech. Weg entstanden). An nachträgliche Angleichung an $\mathfrak{M}$ ist zu denken 13₂₃ (auch 13₇ ₈ steht der Plur. im Griech., obwohl im Hebr. der Sing. verwendet ist) 22₁₆ 36₁₅ 39₂₇; auch 32₅ ist eine nachträgliche Auffüllung, die allerdings nicht genau das hebr. *hagge'ajot* wiedergibt, sondern vielleicht aus dem vorausgehenden Vers stammt (so Gehman S.115). Es ist fraglich, ob hier $\mathfrak{M}$ in Ordnung ist; La^C und Tyc. ergänzen *colles* (als Parallele zu *montes*). An den übrigen Stellen bieten 967 A die ursprünglichen Lesarten, die in den anderen Hss. (B) auf innergriech. Weg geändert wurden.

Ähnlich bestehen auch bei der zweiten Reihe die beiden Möglichkeiten: die von 967 A vertretene Lesart ist ursprünglich (dann ist die von B vertretene, mit $\mathfrak{M}$ übereinstimmende Lesart nachträglich an den hebr. Text angeglichen) oder sie ist sekundär (dann ist die von B vertretene genaue Wiedergabe die ursprünglichere). In den meisten Fällen sind die von 967 A vertretenen, gegen $\mathfrak{M}$ gehenden Lesarten sekundär, die alle leicht auf innergriech. Weg entstanden sein können. Bei 20₃ 22₁₃ 39₇ (2^0) gehen zwar 967 A gegen $\mathfrak{M}$, setzen aber vielleicht einen von $\mathfrak{M}$ abweichenden hebr. Text voraus, der in ihrer Wiedergabe sich spiegelt. So scheinen sie 20₃ im Hebr. «*des Hauses Israel*» (wie 8₁₁(₁₂) $\mathfrak{M}$ und 20₁ alle Hss. der LXX) 22₁₃ »meine Hand auf meine Hand» (wie 21₁₄(₁₉) ₁₇(₂₂) $\mathfrak{M}$; 21₁₇(₂₂) om. 967 πρὸς χεῖρά μου: homoiotel.) und 39₇ »der Heilige Israels» (so 8 hebr. Hss. Pesch. und Vulg. nach BH³) gelesen zu haben. An diesen Stellen ist die von B vertretene Lesart nach $\mathfrak{M}$ geändert. 34₂₃ ist *'aehad* mit ἕτερος wiedergegeben wie 11₁₉ 17₇ Gen. 42₁₃ Ri. 9₃₇ Zach. 11₇ Jer. 24₂ 39(32)₃₉ (= *'aher*?). Die Wiedergabe mit ενα ist genau dem $\mathfrak{M}$ angepaßt.

VI.

An einer Reihe von Stellen geht 967 mit der **lukianischen Rezension** zusammen; die wichtigsten seien genannt.

21₂₃(₂₈) ἀδικίας]-κιαν 967 L''^{-46} Syh = $\mathfrak{M}$

27₃₃ μισθόν Tyc.] + σου 967 L''^{-449} = $\mathfrak{M}$

28₂ εἶπον] ειπε 967 L''^{-449} Tht.

28₁₅ ἐγενήθης] επορευθης 967 L'' La^C Tht. Tyc. = $\mathfrak{M}$

28₁₆ καὶ ἤγαγεν] κατηγαγεν 967 L'' Arm Tht.; *et abduxit* Tyc.

30₂₁ δοθῆναι 1°] + αυτω 967 *L''* Syh

34₁₈ λοιπόν] καταλοιπον 967 *L''* Tht.

34₁₉ ἐνέμοντο (Subj. πρόβατα)] ενεμετο 967 26 *L''* Tht.ᴮ

36₁₃ ὑπό] απο 967 *L''* Tht.

36₂₃ γνώσονται (Subj. ἔθνη)] γνωσεται 967 *L''*⁻⁴⁴⁹

38₇ συνηγμένοι] επισυνηγμενοι 967 *L''*

38₉ κατακαλύψαι] καλυψαι 967 *L''* Tht., vgl. 16.

Manchmal geht zwar 967 mit Lukian zusammen, weicht aber in
kleinen Änderungen ab.

21₂₃(₂₈) αὐτοῦ μνησθῆναι] του λημφθηναι 967 = 𝔐; αυτων του συλληφθηναι Qᵐᵍ *L''* (siehe oben!)

23₁₉ Αἰγύπτῳ] γη αιγυπτου 967 51ᶜ = 𝔐; pr. γη *L'*

30₅ τῆς διαθήκης μου μαχ. πεσ. ἐν αὐτῇ] της διαθ. μετ αυτων (= 𝔐)
     μαχ. πεσ. εν αυτη 967; της διαθ. μου εν αυτη μαχ. πεσ. μετ
     αυτων *L''*; *testamenti mei gladio cadent in ea cum ipsis* Tyc.

39₄ καὶ τὰ ἔθνη τὰ μετὰ σοῦ = 𝔐] και εθνη πολλα μ. σου 967; και πολλα
     εθνη τα (> *lII*) μ. σου *L''* Laˢ Tht. Die Beifügung πολλα
     kennen auch viele hebr. Hss., die Pesch. und das Targ. (ed.
     Lagarde), vgl. BH³

39₄ καταβρωθῆναι] εις καταβρωμα 967 763 = 𝔐; εις καταβρωσιν
     L''⁻⁷⁶³; pr. εις καταβρωμα 26

39₉ κοντοῖς] pr. δορασι και 967; δορασιν *L''* Tht. (siehe oben!)

Die Bezeugung lukianischer Lesarten durch 967 zeigt ihr hohes vor-
hexaplarisches Alter an. Lukian entnimmt zwar gewöhnlich seine
Lesarten der Hexapla, aber er scheint auch vorhexaplarische Quellen
benutzt zu haben. Die meisten der genannten Varianten gehören der
Grammatik und Stilistik an. Wichtig sind wiederum die mit 𝔐 übereinstimmenden Lesarten. 21₂₃(₂₈) und 39₉ sind bereits besprochen.
27₃₃ bezeugt Tyc. gegen 967 die ursprüngliche Lesart, 28₁₅ 30₅ geht
Tyc. mit 967 in der Abhängigkeit von 𝔐. 28₁₅ entspricht επορευθης
dem Verbum *hithallakta* am Ende des v. 14 in 𝔐; Gehman S. 106
ist demnach zu korrigieren. 30₅ steht das nach 𝔐 eingeschobene μετ
αυτων in 967 an richtiger Stelle, Lukian und Tyc. stellen es unrichtig
an das Ende. Auffallend ist, daß das gegenüber 𝔐 überzählige εν αυτη,
das aus dem folgenden Vers (6) stammt, nicht getilgt ist. 39₄ stammt
πολλα entweder aus der hebr. Vorlage, die es im Gegensatz zu 𝔐 hatte,
oder es ist frei eingefügt auf Grund der geläufigen Wendung ἔθνη
πολλά, vgl. 26₃ 32₁₀ und besonders 38₆ ₉ ₁₅ (ἔθνη πολλά μετὰ
σοῦ). 39₄ entspricht die Wiedergabe εις καταβρωμα genau dem 𝔐,
die uns auch an den übrigen Stellen begegnet 21₃₂(₃₇) 29₅ 33₂₇ 34₅ ₈ ₁₀

35₁₂. Die Wiedergabe καταβρωϑηναι ist singulär; vielleicht hat 967 hier die ursprüngliche Lesart bewahrt.

Mit der Catenen-Gruppe (C'') geht 967 selten. Gewöhnlich sind es grammatisch-stilistische Varianten, z. B. 14₁₇ ἤ καί] εαν δε και 967 106 C''—239—306—403—613—710   28₁₀ ἐλάλησα] λελαληκα 967 C''—86—239—306. Synonymenwechsel bezeugt 967 mit C: 20₄₃ κακίαις = 𝔐] αδικιαις 967 C''—86—239—306—403—613—710 Arm 24₁₄ ἐνϑυμήματα 1⁰] επιτηδευματα 967 C'—86—710 Syh^mg Arm Hi. Diese Stelle ist bereits oben genannt worden. Auch hier bezeugt 967 das hohe Alter mancher C-Lesarten.

Gegen die wichtigsten Unzialen B und A geht 967 öfters mit verschiedenen Minuskeln (ebenso mit der hexaplarischen und lukianischen Rezension), aber gewöhnlich in nebensächlichen Varianten (οτι—διοτι, και εγω—καγω, Artikel). An einigen Stellen hat hier 967 (gegen B A) die ursprüngliche Lesart bewahrt, so 16₃₄ μετά σὲ οὐ 967 = 𝔐 statt μετά σοῦ und 21₁₃(₁₈) τί, εἰ καί = 𝔐 967 statt ἔτι εἰ καί (so A, fehlt in B).

VII.

Schließlich sei noch kurz auf die Wiedergabe des »Nomen Sacrum» in 967 hingewiesen. Diese Frage der Gottesnamen in Ezechiel ist viel erörtert worden, ohne befriedigend bis jetzt beantwortet zu sein. Die verschiedene Wiedergabe in B mit κύριος, κύριος κύριος und κύριος (ὁ) ϑεός war der Hauptpfeiler der These, daß Ezechiel das Werk dreier griech. Übersetzer sei (I. Kap. 1—27, II. Kap. 28—39, III. Kap. 40—48). Nun zeigt Papyrus 967 die überraschende Tatsache, daß er 76mal κύριος und nur 6mal κύριος ὁ ϑεός wiedergibt. Hier geht er (wie auch sonst) mit der Vetus Latina (La^CSW Tyc.) zusammen, die ebenfalls gewöhnlich das einfache *dominus* bezeugt. Mit Recht schließt Kase (S. 48—51: The »Nomen Sacrum» in Ezekiel) aus diesem Befund, daß κύριος die ursprüngliche Wiedergabe ist und daß die anderen Lesarten auf späterer Redaktion beruhen. Sicherlich gilt dies für die Kap. 1—39. Leider fehlt 967 für die letzten Kapitel (40—48), so daß man hier nicht deutlich sehen kann, zumal auch die Vetus Latina (La^CSW; Tyc. fehlt) gewöhnlich in ihrer Wiedergabe *dominus deus* mit B übereinstimmt.

Die Bedeutung des Pap. 967 für den Ez.-Text besteht also in folgenden Punkten:

1. Pap. 967 stützt die bisher von B als einziger Handschrift

vertretenen ältesten, vorhexaplarischen, ursprünglichen Lesarten. Wenn wir die Stuttgarter Septuaginta-Ausgabe von Rahlfs aufschlagen, so finden wir oft bei Ez. B mit hochstehendem Kreuz (B⁺) notiert, d. h. nur B vertritt die Lesart. Jetzt tritt 967 zu B als älterer Zeuge hinzu. Weiterhin sind diese von 967 B vertretenen Lesarten gewöhnlich vom altlateinischen und öfter vom koptischen Text bezeugt. Die von 967 B La Co vertretene Überlieferung bietet also die älteste erreichbare Textform des griech. Ezechiel.

2. An einzelnen Stellen hat 967 allein die ursprüngliche Lesart bewahrt, z. B. 26₁₆ στυγνάσουσιν und 36₈ ἐγγίζουσιν.

3. Die größte Bedeutung hat der Pap. 967 deshalb, weil er deutlich zeigt, daß bereits in vorhexaplarischer Zeit (vielleicht schon im 1. Jahrh. nach Chr.) die Ez.-LXX nach dem hebr. Text korrigiert wurde. Die Übereinstimmungen mit 𝔐 berühren sich zwar manchmal mit hexaplarischen nach 𝔐 korrigierten Lesarten und ebenso mit Wiedergaben der drei jüngeren griech. Übersetzer Aquila, Symmachus und Theodotion, sind aber nicht von ihnen abhängig. Diese Bearbeitung nach dem hebr. Text war keine durchgehende, sondern nur gelegentliche Verbesserung.

4. Der Wortschatz des Pap. 967 zeigt, daß schon frühzeitig der Ez.-Text eine Überarbeitung erfuhr, die in alle Handschriften Eingang fand und so kaum bemerkbar wurde. Bei der Widergabe der hebr. Vorlage war der Übersetzer viel konsequenter, als es bisher schien; so hat er an allen Stellen שמם mit στυγνάζειν und בור mit βόθρος wiedergegeben (beide Wiedergaben finden sich nur hier in der LXX!). Auch die Wiedergabe des Gottesnamens mit κύριος scheint einheitlich gewesen zu sein. Damit ist die Grundlage der Zuteilung an mehrere (drei) Übersetzer wankend geworden.

5. Das gelegentliche Zusammengehen des Pap. 967 mit Lesarten der alexandrinischen Handschriften (A und abhängige Minuskel), lukianischen Rezension (L) und Catenen-Gruppe (C) zeigt, daß diese Zeugen manchmal aus alten vorhexaplarischen Quellen geschöpft haben und deshalb nicht geringschätzend behandelt werden dürfen.

(Abgeschlossen am 12. November 1946.)

Konjektur oder überlieferte Lesart?

Zu Hab 2,5 κατοινωμένος] κατοιομενος

Jeder Textkritiker verlässt nur ungern den breiten Strom der Überlieferung, obwohl er weiss, dass manche ursprüngliche Lesarten nur am Rand der Überlieferung oder überhaupt nicht bezeugt werden (Konjekturen). SCHLEUSNER hat in seinem « *Thesaurus* » die Konjekturen der älteren Zeit gesammelt und vielfach vermehrt; viele davon müssen bei genauem Zusehen ausscheiden ([1]). In seiner ausgezeichneten und ausführlichen Besprechung der Stuttgarter Septuaginta-Ausgabe von RAHLFS hat P. KATZ ([2]) eine grosse Liste von Konjekturen aus fremder und eigener Quelle mitgeteilt, die den Anspruch erheben, als ursprüngliche Lesarten in den Text aufgenommen zu werden. Aber auch hier muss jeder einzelne Vorschlag genau geprüft werden; häufig kann man sich K. anschliessen, aber manchmal muss die Konjektur als nicht ganz zutreffend mit dem Platz im Apparat vorlieb nehmen oder sogar ganz ausscheiden.

Hab 2, 5 habe ich mit Rahlfs im Anschluss an Schleusner die Konjektur κατοινωμένος statt des allgemein bezeugten κατοιόμενος in den Text aufgenommen. Dagegen nimmt P. JUNG ([3]) Stellung und sucht das überlieferte κατοιόμενος zu halten.

Zunächst nimmt J. an dem Akzent Anstoss, der sicher ein part. perf. bezeichne. Dieses soll auch gemeint sein; denn ein solches ist gefordert, da die LXX fast durchgängig für die Schilderung eines Zustandes das part. perf. pass. bevorzugt. Einige Beispiele aus dem Dodekapropheton sollen genannt werden: Os 1, 6. 8; 2, 23 (25) ἠλεημένη ; 4, 14 τετελεσμένων ; 8, 11. 12 ἠγαπημένα, vgl. 9, 10 ; 10, 14 περιτετειχισμένα ; 13, 2 συντετελεσμένα ; 13, 12 ἐγκεκρυμμένη ; Am 2, 12

([1]) Vgl. meine *Beiträge zum griechischen Dodekapropheton*: II. Innergriechisch und innerlateinisch verderbte Lesarten in: *Nachr. der Ak. der Wiss. in Gött. Philolog. Hist. Kl.* 1943, S. 380-399.

([2]) *TLZ* 61 (1936) 265-287, namentlich S. 274-281.

([3]) In *dieser Zeitschrift* 32 (1951) 564-566.

ἡγιασμένους; 6, 6 διυλισμένον; 9, 11 πεπτωκυῖαν, πεπτωκότα, κατε-
σκαμμένα; 9, 14 ἠφανισμένας, vgl. Soph 2, 9; Mich 4, 6. 7 συντε-
τριμμένην, ἐξωσμένην (ἀπωσμένην); Ioel 1, 8 περιεζωσμένην; Abd 2
ἠτιμωμένος; Zach 3, 2 ἐξεσπασμένος; 3, 3 ἐνδεδυμένος; 11, 16 ἐσκορ-
πισμένον, συντετριμμένον; Mal 1, 14 διεφθαρμένον.

Das part. praes. ist dagegen selten; einige Beispiele (ebenfalls
aus dem Dodekapropheton): Os 7, 8 μεταστρεφόμενος; 13, 3 ἀποφυ-
σώμενος; Mich 1, 4 καταφερόμενον; 1, 14 ἐξαποστελλομένους; Nah
1, 10 περιπλεκομένη; Zach 12, 3 καταπατούμενον; 13, 1 διανοιγόμενος.

Gewöhnlich ist das part. praes. ἀνασῳζόμενος verwendet, vgl.
Am 9, 1; Ioel 2, 3; 2, 32 (3, 5) Abd 14, 21; an der zuletzt genannten
Stelle wird aber mit W A Q . . . σεσωσμένοι ursprünglich sein.

Im Buch Hab. kommen die Perfekt-Formen διεστραμμένον 1, 4
und ὑπολελειμμένοι 2, 8 vor; 1, 2 steht das Praesens ἀδικούμενος; es
ist deshalb gewählt, weil das Perfekt ungebräuchlich ist.

Somit ist an unserer Stelle Hab 2,5 ein Perfekt zu erwarten,
zudem auch diese Form gegenüber dem Praesens in der Bibel und
ausserbiblischen Literatur bevorzugt wird (siehe unten). Der Akzent
ist in Ordnung.

Bei einem part. praes. müsste nicht der Akzent vorverlegt werden, sondern die korrekte Form κατοινούμενος hergestellt werden (κατοινόμενος, κατοινώμενος kommen nicht in Frage). Die Formen mit
-ω- sind als part. perf. anzusprechen, so ἐξουδενωμένη Mal 1, 7; 2, 9.

Dann vermisst J. das augmentum temporale; «die grammatisch
richtige Form müsste heissen: κατῳνωμένος» (S. 564). Hier muss
zunächst deutlich gesagt werden, dass man nicht hinreichend gerü-
stet ist, wenn man mit der Schulgrammatik an die LXX herantritt.
Auch das Nachschlagen bei SCHLEUSNER und STEPHANUS führt
nicht zum Ziel; denn seither ist manches neu gesehen worden und
in modernen Wörterbüchern zu finden, so bei LIDDELL-SCOTT. Wenn
man schon STEPHANUS nachschlägt, dann sollte man auch das Simplex οἰνοῦσθαι einsehen; da wird man finden, dass das part. perf.
in der Regel nicht augmentiert ist (ähnlich auch bei PAPE). Ferner
hätte ein Blick in die Grammatiken der LXX, der Papyri und des
neutestamentlichen Griechisch, also der Koine, das Richtige erkennen
lassen. So sagt HELBING (¹), dass bei Diphthongen oft das Augment

---

(¹) *Grammatik der Septuaginta*. Laut- und Wortlehre, Göttingen
1907, S. 74. Vgl. auch BLASS-DEBRUNNER, *Grammatik des neutest. Griechisch*, Göttingen 1943, S. 33 (Nr. 67) und Anhang S. 13 f.

fortfällt, namentlich bei οι; nur ungern haben die Verba κατοικίζειν, ἀποικίζειν, οἰκοδομεῖν das Augment, weil « offenbar das Bewusstsein von den darin liegenden Substantiven οἶκος etc. das οι erhielt » (S. 74). In diesem Zusammenhang verweist Helbing auch auf « οἰνωμένους Ez. 23,43 ». Das Grundwort οἶνος sollte im Verbum deutlich in Erscheinung treten.

Häufig bezeugen verschiedene LXX-Hss. nicht die Augmentation, vgl. THACKERAY, *Grammar of the O. T. in Greek*, § 16,4: « Loss of temporal augment » (S. 198-200); Beispiele aus Ez. in meiner *LXX-Ausgabe* (Göttingen 1952) S. 78.

Wichtig ist, dass das part. perf. *ohne* Augment zwar nicht von der LXX, wie man aus dem oben genannten irreführenden Zitat Ez 23,43 von HELBING schliessen möchte, sondern von der Hexapla viermal bezeugt ist: Ez 23, 43 οἰνωμένους = θ', in viele hexaplarisch beeinflusste Hss. eingedrungen (siehe App. in meiner Ausgabe); Ier 25,38 bei FIELD *Auct.* S. 44; 46,16 bei FIELD II 707 und 50,16 bei FIELD *Auct.* S. 52: an allen drei Stellen σ' τῆς οἰνωμένης, wie 86ᵐᵍ bezeugt.

Schliesslich verweist auch das -οι- in κατοιόμενος eindeutig auf die augmentlose Form κατοινωμένος.

Da das Kompositum nur selten, dagegen das Simplex oft bezeugt ist, könnte man dieses herstellen und lesen: ὁ δὲ καὶ οἰνωμένος. Dies hätte auch den Vorteil, dass וְאַף כִּי besser zum Ausdruck käme. Die Verwechslung και - κατ liegt nahe und ist auch sonst in LXX-Hss. zu beobachten, vgl. Ez 16, 15 καὶ ἐπεποίθεις] κατεπεποιθεις B.

Nun erhebt sich die wichtige Frage: Ist man bei Hab 2, 5 überhaupt berechtigt, eine Konjektur anzunehmen? Grundsätzlich muss betont werden, dass bei jeder Stelle der LXX vom Urtext auszugehen ist; deutlich sieht man jedoch, dass von הַיִּין keine Brücke zu dem allgemein bezeugten κατοιόμενος (¹) führt. Es ist nun zu beobachten, dass der Übersetzer (²) des Dodekapropheton seine Vorlage genau und etymologisierend wiedergibt (vgl. meine Ausgabe

---

(¹) Die Ausdrucksweise von JUNG S. 566 « mit Swete das gut bezeugte κατοιόμενος in den Text einsetzen », ist schief; κατοιόμ. ist nicht « gut », sondern *allgemein* bezeugt; Swete hat es im Text, weil er einfach den Kodex B (sogar mit seinen offenkundigen Fehlern) abdruckt.

(²) Gegen HERRMANN-BAUMGÄRTEL ist an der Einheit der Übersetzung festzuhalten, vgl. meine Abhandlung: *Die Einheit der Septuaginta zum Zwölfprophetenbuch* (= Beilage zum Vorlesungsverzeichnis der Staatl. Akademie zu Braunsberg Ostpr., W.-S. 1934/35).

Duodec. proph. Einl. S. 121-125). Auch bei Fehlübersetzungenn schimmert die Vorlage deutlich hindurch; oft zeigt es sich, dass der Übersetzer bereits verdèrbte Stellen, wie sie unser Massoratext überliefert, vorfand. Gerade aus Hab. können schöne Beipiele zitiert werden, vgl. I, 15 συντέλειαν כלה; 2, I ἐπὶ πέτραν על־מצור; 2, 2 καὶ σαφῶς ובאר; 2, 6 τὸν κλοιὸν αὐτοῦ στιβαρῶς עליו עבטיט; 2, 16 συνήχθη ἀτιμία וקיקלון; 3, 19 εἰς συντέλειαν כאילוה. Die aufgeführten Stellen zeigen, dass im grossen und ganzen der Übersetzer den Konsonantenbestand unseres Massoratextes vor sich hatte (abgesehen von kleinen Verwechslungen, defektiven Schreibweisen, wie 3, 19 oder ähnlichen Dingen). So wird man annehmen dürfen, dass er auch 2, 5 היין las und deshalb κατοινωμένος bzw. (καὶ) οἰνωμένος übersetzte.

Gewiss ist nicht zu übersehen, dass an unserer Stelle der Fall besonders gelagert ist, weil der hebr. Text offenbar nicht in Ordnung ist, vgl. *Bibl. Hebr.* und die *Kommentare* zu 2, 5 ([1]). Wäre die Vorlage über jeden Zweifel erhaben, dann würde man leichteren Herzens zur Konjektur schreiten. Dies ist z. B. der Fall Hab 3, 9, wo die Konjektur ἑπτά statt des allgemein bezeugten ἐπὶ (τά) aufgenommen ist. Hier ist der Konsonantenbestand der Vorlage unantastbar; dies zeigt auch die Wiedergabe mit ἐχόρτασας der in den Hss. 62-147 (= *l I*) V 86 407 vorliegenden Sonderrezension von Hab 3.

Es ist aber methodisch falsch, auf Grund der LXX-Überlieferung, die an unserer Stelle ein singuläres Verbum bringt, das hap. leg. der LXX ist und nach Liddell-Scott nur noch in dem Philo-Fragment 99 bei Rendel Harris steht, den « Urtext » herstellen zu wollen. Richtig dagegen ist, bei Abweichungen immer erst die Korrektur bei den jüngeren, abgeleiteten Stellen zu versuchen. Zudem ist ja der Grieche gegen *spätere* Verderbnisse nicht so geschützt wie der Hebräer.

Als Vorlage für κατοιόμενος möchte nun J. die von HUMBERT vorgeschlagene Konjektur מזיד annehmen. Diese kann jedoch nicht in Frage kommen, da sie graphisch zu fern liegt. Selbst angenommen, der Übersetzer hätte so in seiner Vorlage gelesen, dann hätte er sicher nicht das seltene Verbum κατοίεσθαι, sondern ein anderes Wort gewählt, das er in seinem Wortschatz vorfand, weil es auch

---

([1]) Die neueste textkritische Behandlung von Hab 2, 5 durch M. STENZEL, in einem Aufsatz, der demnächst in dieser Zeitschrift erscheinen wird, lässt היין stehen und ändert nach Is 5, 22 בוגד in נבור (?) um.

sonst in der LXX vorkommt, nämlich ὑπερήφανος (= זֵד 5 mal in der LXX; vgl. auch ὑπερηφανία = זָדוֹן Abd 3), ὑβριστής oder θρασύς (= זֵד Prov 21, 24). Gerade die zuletzt genannte Stelle (Prov 21, 24) ist sehr aufschlussreich, da sie eine Parallele zu Hab 2, 5 bildet; hier stehen die Adjektiva θρασύς (זֵד), αὐθάδης (יָהִיר), ἀλαζών (Dublette), λοιμός (לֵץ), παράνομος (זָדוֹן) nebeneinander. Der Übersetzer von Hab. hätte also Auswahl genug gehabt und war nicht gezwungen, ein so seltenes Wort wie κατοίεσθαι zu nehmen.

Diese Ausführungen zeigen deutlich, dass Hab 2, 5 die Konjektur κατοινωμένος oder καὶ οἰνωμένος berechtigt ist.

Würzburg, März 1952.

JOSEPH ZIEGLER

Die Septuaginta Hieronymi im Buch des Propheten Jeremias

Wir sind Hieronymus zum Dank verpflichtet, weil er in seinen Kommentaren zu den prophetischen Schriften neben der Vulgata-Übersetzung auch die altlateinische Version der LXX beigab. In den Büchern Isaias [1]), Duodecim prophetae [2]) und Ezechiel ist dies im reichen Umfang geschehen. Dagegen hat Hi. in seinem Jeremiaskommentar nur selten die altlateinische Übersetzung beigegeben; es sind folgende Stellen: 1,1aα; 1,6; 1,17b; 2,2a; 2,12; 2,21; 2,23c-24; 2,25; 2,28c; 2,29c; 2,30b; 2,31; 3,3b; 3,19aβ; 4,1a; 4,22a; 6,7b-8; 6,9; 6,11a; 7,4aβ; 8,17c-18; 9,2; 9,6a; 9,21b; 10,17-18; 10,19a; 10,20a; 12,9; 12,11aβ; 12,13a; 13,19b; 14,8b-9a; 15,6c; 15,10bα; 15,10bβ-11 (»in editione vulgata«); 15,12; 16,19b; 17,9a; 17,11aα; 17,17; 18,14; 19,6; 20,8a; 21,13a; 22,13-17; 22,28a; 22,30; 23,6b; 23,23-24; 32,16aβ-17(25,30aβ-31); 34,16-18(27,19-22); 35(28),4; 35(28),17; 36(29),25; 38(31),2; 38(31),8b; 38(31),9aα; 38(31),15; 38(31),21-22; 38(31),23-24; 38(31),35; 39(32),5a; 39(32),17c. Hinzu kommen noch verschiedene Wörter und Wendungen, die Hi. gelegentlich einstreut; manche von ihnen sind griechisch überliefert, so [3]) 2,22 πόαν 28,16 | 2,23 πολυάνδριον 29,12 | 2,24 ἐπνευματοφορεῖτο 31,17 | 17,27 ἄμφοδα 219,20 | 39(32),8 πρεσβύτερον 418,11 | 39(32),17 ὁ ὤν 423,10.

Weiterhin hat Hi. noch sehr viele Lesarten (einzelne Wörter, Wendungen, kurze Sätze) gleich hinter der Vulgata, die er als Lemma seinem Kommentar voranstellt, mit der Partikel »sive« (gelegentlich »vel«, »aut«, »atque«, »et«) eingefügt. Diese Lesarten verdienen unsere besondere Beachtung, weil sie größtenteils der LXX angehören und, falls sie nicht der LXX entnommen sind, auf ihren Ursprung hin untersucht werden müssen. Hi. hat diese Lesarten eingefügt, weil es ihm zu umständlich war, den vollen Wortlaut der LXX anzugeben, der oftmals dem Sinn nach nicht viel von der Vulgata abwich, und um nicht den Unwillen des Lesers zu erregen »ne fastidium legenti facerem« 357,4.

Für die Vorbereitung der großen Göttinger LXX-Ausgabe des Jeremias, die eben in Angriff genommen wird, ist es notwendig, alle Lesarten, die Hi. entweder ausdrücklich der »LXX« (einige Male »vulgata editio«) zuschreibt oder mit »sive« einführt, genau zu untersuchen. Leider hat Hi. seinen Kommentar nicht zu Ende geführt; nur 6 Bücher sind erhalten (er schließt mit 39(32),44).

Diese Nachteile (nur wenige Zitate, unvollständiger Kommentar) wiegt auch nicht der Umstand auf, daß nur der Jeremias-Kommentar des Hi. in einer

---

[1]) Vgl. J. Ziegler, Isaias (=Septuaginta XIV), Göttingen 1939, S. 14. 53.

[2]) Vgl. O. Procksch, Die Septuaginta Hieronymi im Dodekapropheton (=Festschrift der Universität Greifswald zum Rektoratswechsel am 15. Mai 1914), Greifswald 1914; J. Ziegler, Duodecim prophetae (=Septuaginta XIII), Göttingen 1943, S. 17. 95 f.

[3]) Bei den Schriftstellen bezeichnet die Zahl vorher Kapitel und Vers von Jer., nachher Seite und Zeile der Ausgabe von Reiter.

neuen Ausgabe des bekannten Corpus Scriptorum Ecclesiasticorum Latinorum (vol. LIX), hsg. von S. Reiter, Wien 1913, vorliegt. Reiter hat in seinen Prolegomena gerade dem Bibeltext der LXX ausführliche Beachtung geschenkt (S. XXV-LI); aber oftmals sind seine Ausführungen unzutreffend, so daß eine neue Untersuchung notwendig ist.

I.

Reiter S. XXXVI-XLVI kommt auch auf die vom gewöhnlichen LXX-Text abweichenden Hi.-Lesarten zu sprechen, aber ohne klar sehen zu können, da er sich nur auf die Ausgabe von Swete stützt. Er entschuldigt sich damit, daß wir noch keine kritische LXX-Ausgabe haben, und meint (mit Recht), daß noch etliche Zeit vergehen wird, bis eine solche herausgegeben wird. »quo fit, ut quaestio, utrum discrepantiae illae in compluribus eorum exemplorum, quae iam allegamus, codicibus Graecis nitantur an interpretis et arbitrio et culpae sint attribuendae, pro certo diiudicari nequeat« (S. XXXVII). Dann zählt Reiter S. XXXVII-XLV 32 Stellen auf, die vom gewöhnlichen LXX-Text abweichen, und notiert nur gelegentlich eine Variante der Unzialen A S Q (nach Swete). So kommt man natürlich nicht weiter und mit der bloßen Aufzählung ist auch niemanden gedient. Die Benützung von Holmes-Parsons wäre hier notwendig gewesen; allerdings hätte auch dieser Apparat nicht zum Ziele geführt, da er oft unzuverlässig ist und viele Minuskeln nicht notiert. Auch Field's Sammlung der Hexapla-Fragmente hätte zu manchen Stellen Auskunft gegeben.

1. Wie bei den übrigen prophetischen Schriften ist von vorneherein anzunehmen, daß Hi. den hexaplarischen Bibeltext vor sich hatte, vgl. meine Isaias-Ausgabe (Göttingen 1939) S. 53 und Duodecim prophetae (Gött. 1943) S. 95f. (hier schließt sich Hi. besonders eng an die hexaplarisch beeinflußte Catenen-Gruppe an). Wenn wir die (leider nicht zahlreichen) Stellen, die Hi. ausdrücklich als LXX-Lesarten zitiert, vergleichen, dann sehen wir, daß sie oft den hexaplarischen Text voraussetzen. Sie seien hier aufgezählt:[1]

1,17 *ne forte timere te faciam* (so haben nach Hi. auch »ceteri interpretes«) 14,23 = μήποτε πτοήσω σε 88 (fälschlich πτοήσωσιν für πτοήσω) -Syh^{txt} = 𝔐] μηδὲ πτοηϑῇς rel.

2,6 *filius hominis* 19,12 = υἱὸς ἀνϑρώπου S Q O L C...] ἄνϑρωπος B A 410 538 = 𝔐

2,30 *devoravit gladius* 35,8 = κατέφαγε(ν) μάχαιρα O = 𝔐] tr. rel.

2,31 *quia* 36,4 = διότι Q O L C...] διὰ τί B S A 233 407 410 544

3,1 *dicitur* 39,7 = λεγων O (sub ※) — 62 — 233 = Q^{mg} α´※] > rel.

3,19 *hereditatem nominatam* 48,6 = κληρονομίαν ὀνομαστήν O L = 𝔐; ὀνομαστήν sub ※ Q^{mg} α´ϑ´] om. ὀνομαστήν B S A Q C...

6,8 *ne forte* 83,3 = μήποτε O L...] μή B S A Q C...

6,9 *dominus virtutum* 83,14 = κύριος τῶν δυνάμεων Q O L C... = 𝔐] om. τῶν δυνάμεων B S A 410

6,9 *revertimini* 83,16 = ἐπιστράφητε Q^{mg} 86^{mg} 233] ἐπιστρέψατε rel.

8,17 *ait dominus* 115,20 = ※ φησὶ(ν) κύριος Q^{mg} α´σ´ϑ´ O L = 𝔐] > B S A Q C...

---

[1]) Die Siglen und Abkürzungen sind die in der Göttinger LXX-Ausgabe gebräuchlichen:
O = 88 – Syh (Syrohexapla): hexaplarische (Origenes-) Rezension
L = 22 – 36 – 48 – 51 – 96 – 231 – 763: lukianische Rezension
C = 87 – 91 – 490: Catenen-Gruppe   106' = 106 – 410   La^W = cod. Wirceburgensis (ed. Ranke)
Es sind nur die Hauptgruppen (nicht die Untergruppen) notiert, ferner nur die wichtigsten hs.lichen Zeugen (Majuskeln und wichtige Minuskeln). Drei Punkte hinter der Zeugenangabe deuten an, daß weitere (unbedeutende) Zeugen vorhanden sind. Hochgestelltes 𝔭 besagt, daß nur ein Teil (pars) der Gruppe die Lesart vertritt.

9,21 *morte* 126,8 = ⁜ θανάτῳ Qᵐᵍ ϑ' OL = 𝔐] > BSAQC...

10,20 *pelles meae* 137,12 = αἱ δέρρεις μου QOLC... = 𝔐] αἱ δ. σου BSA...

12,9 *super eam* 156,7 = ἐπ' αὐτήν QOL... = 𝔐] > BASC...

12,13 *seminastis* 158,9 = ἐσπείρατε AQᵐᵍOLC...] σπείρατε BSQᵗˣᵗ

12,13 *messuistis* 158,9 = ἐθερίσατε QᵐᵍOC...] θερίζετε B..; θεριεῖτε L; θερίσεται S; θερίσατε AQᵗˣᵗ...

14,9 *et (quasi vir)* 176,12 = καὶ (ὡς ἀνήρ) OL...] ἤ BSAQC...; > 544 = 𝔐

15,10 *non (profui)* 188,19. 25 = οὐκ (ὠφέλησα) QOL...] οὔτε (ὠφέλησα) BSAC...

18,14\ *aut (declinabit)* 226,10 = ἤ OL... = 𝔐] μή BSAQC...

18,14 *sublata vento* 226,11 = φερόμενον ἀνέμῳ O Arm] tr. rel.

19,6 *amplius* 233,21 = ἔτι BᶜSQOLC... = 𝔐] > B*A 407 Laᵂ

19,13 *omnes domus regum Iuda sicut locus Tofeth* 236,19 = πάντες οἶκοι βασιλέων ιουδα ὡς τόπος θαφεθ QᵐᵍO 62 86ᵐᵍ 198 Chr.] > BSAQᵗˣᵗLC... = 𝔐

22,13 *o (qui aedificas)* 260,24 = ὦ (ὁ οἰκοδομῶν) AQOLC... = 𝔐] om. ὤ BS 106 130 410 534

22,13 *apud eum proximus* 261,2 = παρ' αὐτῷ ὁ πλησίον O 62 407 Tht.] παρὰ τῷ πλησίον BSAQLC... = 𝔐

22,15 *bonam* 261,8 = καλήν AQOLC...] > BS 106 410 538 = 𝔐

22,17 *ad iniquitatem* 261,13 = εἰς ἀδίκημα BSOL... = 𝔐] εἰς ἀδικήματα AQC...

22,30 *vir* 270,16 = ἀνήρ AQOL... = 𝔐] > BSC...

23,10 *iuramenti* 277,12 (vgl. 277,7) = ὅρκου O·233 Arm = 𝔐] τούτων rel.

23,23 *ego* 284,5 = SO 106 Ath. II 476 Cypr.] + εἰμι rel.

23,24 *homo* 284,7 = ἄνθρωπος AQOLC... = 𝔐] τις BS 106

23,24 *dicit dominus* 284,7 = ⁜ φησὶ(ν) κύριος Qᵐᵍα'σ'ϑ' OL = 𝔐] > BSAQᵗˣᵗC...

32,16 (25,30) *super (omnes)* 316,19 = OLC... = 𝔐] pr. καὶ BSAQ...

32,16 (25,30) *omnes habitatores* 316,19 = πάντας τοὺς καθημένους AOL... = 𝔐] om. πάντας BSQC...

34,17 (27,10) *quando* 340,18 = ὅτε] ὅτι B*A* 239

38(31),15 *in Rama* 388,21 = ἐν Ῥαμα BQOLC..] ἐν τῇ ὑψηλῇ SA 410 = 86ᵐᵍ α'

38(31),15 *lamentatio et fletus et luctus* 388,21 = θρῆνος καὶ κλαυθμὸς καὶ ὀδυρμὸς QOL... = 𝔐] θρήνου καὶ κλαυθμοῦ καὶ ὀδυρμοῦ BSAC...

38(31),15 *filios suos* 388,22 = ἐπὶ τῶν υἱῶν (τοῖς υἱοῖς) αὐτῆς AQ OLC...] > BS 130

38(31),15 *conquiescere* 388,22 = παύσασθαι BᵗˣᵗSQOL...] παρακληθῆναι BᵐᵍAC... = 𝔐

38(31),21 *tibi* 396,1 = σεαυτῇ OL = 𝔐] σεαυτήν BSAQC...

38(31),21 *in humeros tuos* 396,3 = εἰς τοὺς ὤμους σου SᶜAQᵐᵍ (σου sub ⁜) LC...] om. σου BS*QᵗˣᵗO... = 𝔐

38(31),23 *virtutum deus Israel* 398,17 = ⁜ τῶν δυνάμεων (ο) θεὸς ισραηλ QᵐᵍOL = 𝔐] > BSAQᵗˣᵗC...

38(31),23 *transmigrationem* 398,19 = ἀποικίαν QOC...] αἰχμαλωσίαν BSAL... Aug. (*captivitatem*)

38(31),24 *in omni civitate* 398,22 = ἐν πάσῃ (+ τῇ C) πόλει SQOC...] ἐν πάσαις ταῖς πόλεσιν A; πᾶσαι αἱ πόλεις L = 𝔐; ἐν πάσῃ τῇ γῇ B

38,35(31,37) *haec dicit dominus* 408,7 = τάδε λέγει κύριος OLᵖ... = 𝔐] > BSAQLᵖC...

38,35(31,37) *sublimius* 408,8 = OL = 𝔐] + φησὶ(ν) κύριος BSAQC...

39(32),5 *et Babylonem ingredietur ⟨Sedecias⟩* 415,16 = καὶ εἰς βαβυλῶνα εἰσελεύσεται σεδεκίας QOC...] καὶ εἰσελεύς. σεδ. εἰς βαβ. BS 106 130 410; καὶ εἰσελεύσ. εἰς βαβ. σεδ. A; καὶ εἰς βαβ. ἀπαχθήσεται σεδ. L: cf. 𝔐.

Besonders wichtig sind die Stellen, wo Hi. eine hexaplarische Lesart vertritt, die nur von O (= 88-Syh) bezeugt wird, also 1,17; 2,30; 3,1; 18,14; 23,10. Die zuletzt genannte Variante 23,10 *iuramenti* war für manche Erklärer rätselhaft; Reiter S. XLIV verweist auf Ranke, der in seiner Ausgabe des cod. Wirceburgensis (Wien 1871) »recte« die Hi.-Lesart bespreche: »sed recte dicit Ranke p. 299 LXX neque de *maledictione* neque de *iuramento* quidpiam hoc in commate proferre.« Richtig ist sie bei Field II S. 632 Anm. 28 gewürdigt.

2. Auffallend ist das von Hi. bezeugte Plus nach 𝔐: 3,1 *dicitur* | 3,19 *nominatam* | 6,9 *virtutum* | *ait dominus* | 9,21 *morte* | 12,9 *super eam* | 22,30 *vir* | 23,24 *dicit dominus* | 32,16(25,30) *omnes* | 38(31),23 *virtutum deus Israel* | 38,35 (31,37) *haec dicit dominus.* Durch den Asteriskus sind die Zusätze in 3,1.19; 8,17; 9,21; 23,24; 38(31),23 ausdrücklich als hexaplarisch gekennzeichnet. Dies ist umso auffallender, als Hi. gewöhnlich asterisierte Zusätze als der LXX nicht zugehörig bezeichnet; so lesen wir an über 50 Stellen »in LXX non habetur« (oder ähnlich). Alle diese von Hi. als »nicht in der LXX stehend« bezeichneten Zusätze werden von den Hss 88-Syh bezeugt. Wenn Hi. in seiner griechischen Vorlage die oben aufgeführten hexaplarischen Varianten (Wortlautänderungen, Umstellungen, gelegentlich auch Zusätze nach 𝔐) gelesen hat, dann ist es doch sonderbar, daß er die anderen hexaplarischen Zusätze nicht vorgefunden haben soll. Es ist dies nur so zu erklären, daß Hi. nur solche Zusätze als hexaplarisch erkannte, die in seiner Vorlage asterisiert waren; zugleich hatte er verschiedene griechische Hss vor sich, von denen manche noch den vorhexaplarischen Text boten, während die meisten bereits hexaplarisch bearbeitet waren. Dies geht aus folgenden Stellen hervor: 2,6 »de Theodotione additum est *umbra mortis*« 19,13; 7,1-2 »Hoc in editione LXX non habetur, sed de Theodotione ex Hebraico additum est« 94,4; 10,6-10 »Haec in LXX non habentur, sed de Theodotionis editione in plerisque addita sunt« 131,1; 37(30),10-11 »Haec περικοπὴ in LXX non habetur et in plerisque codicibus vulgatae editionis sub asteriscis de Theodotione addita est« 372,3.

3. Gegen die hexaplarische Überlieferung geht Hi. an folgenden Stellen:

9,2   *quis det* 117,21 = τίς δῴη BSA 106] τίς δώσει QOLC...
9,6   *et dolus* 119,16 = καὶ δόλος BA...] om. καὶ SQOLC...
22,15 *contendis* 261,6 = παροξύνῃ BSA...] παρωξύνθης QOLC...
22,15 *melius erat* 261,7 = βέλτιον ἦν SAQC...] om. ἦν BL...
22,16 *humili* 261,9 = ταπεινῷ BSQ...] -νων AOLC...
22,17 *ut facias ea* 261,14 = τοῦ ποιεῖν αὐτάC; cf. τοῦ π. ταῦτα A...] om. αὐτά BSQOL...
32,16(25,30) *et*[1]) *de loco* 316,16 = καὶ ἀπὸ τοῦ ἁγ. L = 𝔐] om. καί rel.
32,16(25,30) *de loco sancto suo* 316,16 cf. ἀπὸ τοῦ οἰκητηρίου τοῦ ἁγίου C] om. τοῦ οἰκητηρίου rel.
38(13),15 *plorantis* 388,22 = ἀποκλαιομένης SAQ...] -μενη BOLC...
38(31),15 *quia* 389,1 = AQC...] pr. ἐπὶ τοῖς υἱοῖς αὐτῆς BSOL...
38(31),22 *creavit te* 396,5 = ἔκτισέ(ν) σε L] om. σε rel.

4. Auch die folgenden Stellen, wo Hi. eine Lesart bezeugt, die von nur wenigen Zeugen (Minuskeln, Übersetzungen oder Väter-Zitate) bestätigt wird, gehen gegen die hexaplarische Überlieferung:

1,6 om. ἰδού 7,26 = 534 | om. ἐγώ 7,26 = PsChr.VIII 717 | 2,31 om. ἔτι 36,5 = ArmTht. | 21,7 *nec* 250,6 = οὐδέ 106 198 | 22,15 *tibi (facere)* 261,8 = σοι (ποιεῖν) 233 538 | 22,16 *nonne* 261,10 = La[W]] οὐ rel. | 22,17 *oculi tui recti* 261,11 = οἱ ὀφθ. σου ὀρθοί Cyr. X

---

et ist als Schriftwort zu betrachten und deshalb kursiv zu drucken.

292] om. ὀρθοί rel. | 38(31),24 *in terra Iudaea* 398,21: cf. ἐν γῇ ιουδα 233] ἐν ταῖς (> 410) πόλεσιν ιουδα B A 410; ἐκεῖ ιουδας *L*; ἐν τῇ ιουδαίᾳ S Q *O C*...

5. An verschiedenen Stellen bezeugt nur Hi. (einige Male von einer oder zwei Minuskel begleitet) eine Lesart, die mit 𝔐 übereinstimmt:

1,6 *o domine deus* 7,25 = 𝔐] ὁ ὢν δέσποτα κύριε | 2,24 *in desiderio* 30,13 = ἐν ἐπιθυμίᾳ 239 = 𝔐] ἐν -μίαις rel. | 9,21 *iuvenes* 126,7 = 𝔐] καὶ νεανίσκους | 10,17 *in munitione* 135,20 = 𝔐] ἐν ἐκλεκτοῖς | 10,18 *et tribulabo eos* 135,22 = 𝔐] ἐν θλίψει B S A 106 239 410 Co; ἐν θλίψει καὶ ἐκθλίψω αὐτούς rel.: duplex lectio | 10,18 *ut inveniantur* 135,22 = 𝔐] ὅπως ἐλεγχθῶσιν εὑρεθῇ *L*; ὅπως εὑρεθῇ *O*; ὅπως εὑρεθῇ ἡ πληγή σου B S A Q *C*... | 13,19 *omnis Iudas* 168,1 = 𝔐] ιουδας | 14,8 *ad manendum* 176,11 = 𝔐] εἰς κατάλυμα | 15,11 *afflictionis eorum* 190,5: cf. 𝔐] τῶν κακῶν αὐτῶν | 16,19 *ab extremis* 203,17 = 𝔐] ἀπ᾽ ἐσχάτου | 17,9 *quis* 210,12 = 𝔐] καὶ τίς | 21,7 *miserebor* 250,6 = 198 = 𝔐] + αὐτούς | 22,17 *effundas* 261,13 = 𝔐] + αὐτό | 32,16(25,30) *illi autem* = 410 = 𝔐] καὶ οἶδε.

Bei diesen Stellen erhebt sich die Frage, ob Hi. diese mit 𝔐 übereinstimmenden Lesarten bereits in seinem LXX-Ms, das genauer als die uns überlieferten nach dem hebr. Text korrigiert war, vorfand, oder ob er eigenhändig seine lateinische Übersetzung im Anschluß an 𝔐 verbesserte. Das letztere wird der Fall sein; manche der genannten Sonderlesarten stimmen mit der Vulgata überein, die wohl hier Pate gestanden hat, so 2,24 *in desiderio* | 10,18 *et tribulabo eos* | *ut inveniantur* | 13,19 *omnis Iudas* (Vulg. liest *omnis Iuda*) | 14,8 *ad manendum* | 15,11 *afflictionis eorum* (Vulg. om. *eorum* = 𝔐) | 16,19 *ab extremis*. An den Stellen 9,21; 17,9; 21,7; 22,17 kennt ebenfalls Vulg. das Plus der LXX gegen 𝔐 nicht.

6. Eine Reihe von Sonderlesarten kann in keiner der uns bekannten Hss belegt werden; vielfach hat Hi. seine griechische Vorlage frei wiedergegeben. Solche freie Lesarten sind:

2,12 *extra modum et vehementer* 23,2] ἐπὶ πλεῖον σφόδρα | 2,25 *quae dixit* 32,5] ἡ δὲ εἶπεν | 2,28 *viarum* 34,10] διόδων | 2,29 *omnes* 34,18] πάντες ὑμεῖς | 2,31 *serviemus* 36,4] δουλευθησόμεθα A; κυριευθησόμεθα rel. | *nec* 36,5] καὶ οὐχ | 4,10 *o domine deus* 55,23] ὦ δέσποτα κύριε | 6,7 *per omnem dolorem et flagellum* 83,2] διὰ παντὸς πόνῳ καὶ μάστιγι | 6,9 *quasi in vinea* 83,15] ὡς ἄμπελον | 6,11 *consumsi eum* 84,15] συνετέλεσα αὐτούς | 7,4 *in verbis mendacii, quae vobis omnino non proderunt* 95,12] ἐπὶ λόγοις ψευδέσιν, ὅτι τὸ παράπαν οὐκ ὠφελήσουσιν ὑμᾶς | 9,2 *ut relinquam* 117,22] καὶ καταλείψω | 10,17 *substantiam suam* 135,20] τὴν ὑπόστασίν σου | 10,19 *pessima* 136,16] ἀλγηρά | 12,11 *terra* 157,18] πᾶσα ἡ γῆ | 12,13 *triticum* 158,9] πυρούς | 14,9 *qui salvare non possit* 176,13. 23; 177,3] οὐ δυνάμενος σώζειν | 15,11 *domine* 190,4] δέσποτα (κύριε lesen zwar *O L*, aber dies wird kaum die Vorlage gewesen sein, vgl. oben 4,10) | 15,12 *cognoscet* 190,22] γνωσθήσεται | 17,17 *in alienum* 215,9] εἰς ἀλλοτρίωσιν | 22,13 *qui aedificas domum tuam* 260,24] ὁ οἰκοδομῶν οἰκίαν αὐτοῦ | *proximus* 261,2] πλησίον αὐτοῦ | *mercedem ei non reddet* 261,3] τὸν μισθὸν αὐτοῦ οὐ μὴ ἀποδώσει αὐτῷ | 22,14 *domum parvulam* 261,3] οἶκον σύμμετρον | *cedro... sinopide* 261,5] ἐν (> 46 49) κέδρῳ... ἐν (> 46) μίλτῳ | 22,17 *et homicidium* 261,14] καὶ εἰς φόνον | 22,28 *in quo nulla est utilitas* 269,3] οὗ οὐκ ἔστι(ν) χρεία αὐτοῦ | 32,17 (25,31) *et ipse iudicabitur* 317,1] κρίνεται αὐτός | *tradentur gladio* 317,2] ἐδόθησαν εἰς μάχαιραν | 34,18(27,22) *intrabunt* 340,19] εἰσελεύσεται | 38(31),8 *generabit filios multos* 382,9] τεκνοποιήσει ὄχλον πολύν | 38(31),9 *egredientur* 384,7] ἐξῆλθον | 38(31),22 *in salute tua* 396,6] ἐν ᾗ (τῇ *O*; > B *L*) σωτηρίᾳ | 39(32),17 *nihil apud te est absconditum* 422,20] οὐ μὴ ἀποκρυβῇ ἀπὸ σοῦ οὐθέν.

II.

Auf den ersten Blick möchte man meinen, daß alle mit »sive« eingeführten Lesarten der LXX zugehören. Manche davon sind im Text ausdrücklich als »LXX«- Lesarten wiederholt, vgl. 18,3 *super rotam* — sive *lapides* 223,4 und *super rotam, quam* LXX ... *lapides* transtulerunt 224,2, ferner 20,8 sive *quia amaro verbo meo ridebo, praevaricationem et miseriam invocabo* 241,17 und LXX ... *quia amaro verbo meo ridebo, praevaricationem et miseriam invocabo* 242,9. Manchmal ist die mit »sive« eingeführte Lesart im Text genauer wiedergegeben, z. B. 9,6 sive *usura super usuram et dolus in dolo* 119,2 und sive, ut LXX transtulerunt: *usura super usuram et dolus super dolum* 119,16.

Gelegentlich ist mit »sive« die griechische Lesart der LXX eingeführt, so 34,1(27,2) *catenas* — sive κλοιούς 332,11.

Manchmal weicht die im Text wiederholte Lesart von der im Lemma genannten Variante ab, z. B. 10,20 sive *oves meae* 137,4 und sive *pecora mea,* quod a LXX additum non stat iuxta historiam 137,13. Einige Male ist gleich im Lemma die LXX-Lesart genannt, so 15,6 *laboravi rogatus* — sive *rogans* —, pro quo LXX transtulerunt: *nequaquam ultra dimittam eos* 185,25. Wie bei der zuletzt genannten Stelle ist auch 8,17 gleich nach der im Lemma eingeführten mit »sive« Lesart ausdrücklich die LXX-Lesart notiert: *regulos* — sive *pessimos,* aut, ut Septuaginta transtulerunt, *mortiferos* 115,2. Dies zeigt deutlich, daß nicht alle mit »sive« eingeführten Lesarten der LXX zugehören.

1. Wie bei den eigentlichen LXX-Lesarten, gehen auch manche der mit »sive« eingeführten Varianten gegen B (und den gewöhnlichen LXX-Text):

5,12 sive *mentiti sunt* 71,4 = ἐψεύσαντο S Q *OLC*...] ἐψεύσατο B A...

6,10 sive *vestrae* 83,25 = ὑμῶν S A 88 86^{mg} 106′ 544] αὐτῶν B Q Syh *L C*...= $\mathfrak{M}$

6,21 sive ... *in ea* 90,12 = ἐν αὐτῇ S^{mg} A Q *OLC*...] > B S^{txt}

8,14 sive *proiciamur ibi* 113,16 = ἀπορριφῶμεν ἐκεῖ Q *OLC*...] om. ἐκεῖ B S A 106′

8,16 sive *equitatus* 114,14 = ἱππασίας *O*...] + ἵππων B S A Q *L C*...

10,19 sive *vulnus meum* 136,22 = τὸ τραῦμά μου Q *OL*...] τὸ τραῦμά σου B S *C*...; om. μου A

10,19 sive *apprehendit me* 136,22 = κατέλαβέν με A Q *OL*...] κατέλ. σε B S *C*...

10,20 sive *omnes pelles meae*... 137,2 = αἱ δέρρεις μου Q *OLC*...] αἱ δ. σου B S A...

10,20 sive *non est locus ultra tabernaculo meo* 137,5 = οὐκ ἔστιν τόπος ἔτι τῆς σκηνῆς μου *O*] οὐκ ἔ. ἔτι τ. τ. σκ. μου rel.

14,13 sive *qui es, domine deus* 178,25 = ὁ ὤν, κύριε κύριε *O* Arm; ὁ ὤν, δέσποτα κύριε A *L*...] ὁ ὤν, κύριε B S Q *C*...

15,14 sive *servire te faciam inimicis tuis* 191,13 = καταδουλώσω σε τοῖς ἐχθροῖς σου Q *O*...] καταδ. σε κύκλῳ τ. ἐ. σου rel.

21,5 sive *excelso* 249,6 = ὑψηλῷ Q^{mg} *OL*...] κραταιῷ B A Q^{txt} *C*...; ὑψηλῷ καὶ (> S*) κραταιῷ S

23,1 sive ... *pascuae meae* 271,17 = τῆς νομῆς μου A Q *OL*...] τῆς ν. αὐτῶν B S *C*...

23,10 sive *iuramenti* 277,7 = ὅρκου 88 - Syh^{txt} - 233 Arm] τούτων rel.

23,15 sive *doloribus* 280,5 = ὀδύνας A Q *L* La^W...] ὀδύνην B S... *O C*...

32,22(25,36) sive *iubilum arietum* 318,23 = ἀλαλαγμὸς τῶν κριῶν *OL*...] ἀλ. τῶν προβάτων B S A Q *C*...

32,23(25,37) sive *speciosa* 319,2 = τὰ καλά *OL*...] τὰ κατάλοιπα B S A Q *C*...

37(30),14 sive *multiplicata sunt* 373,14 = ἐπληθύνθησαν Q *LC*...] ἐπλήθυναν B S A *O*- 233 410

38(31),4 sive *assumam tympana tua* 380,7 = τυμπάνων σου 106] τύμπανόν σου rel.
38(31),11 sive *fortioris* 385,16; 386,11 = στερεωτέρου *O* Ir.[lat]] στερεωτέρων rel.

2. Manche der oben genannten Stellen stimmen mit 𝔐 überein; verschiedene andere Varianten bei Hi. sind ebenfalls dem hebr. Text angeglichen, ohne daß sie sonst von anderen Zeugen belegt werden. Hier hat Hi. ohne griech. Vorlagen selbständig nach 𝔐 seinen lateinischen Text (manchmal im Anschluß an die Vulgata) gestaltet. Beispiele:

2,20 sive *ibi diffundebaris in fornicatione* 27,9] ἐκεῖ διαχυθήσομαι ἐν τῇ πορνείᾳ μου
4,29 sive *intendentis arcum* 63,13] ἐντεταμμένου τόξου
8,16 sive *et venient et devorabunt* 114,16] καὶ ἥξει καὶ καταφάγεται
9,10 sive *homo* 120, 23] ἀνθρώπους
13,19 sive ... *omnis Iuda* 167,17; 168,1] ιουδας συνετέλεσεν (-σαν)
13,25 sive ... *inoboedientiae tuae adversum me* 171,7] τοῦ ἀπειθεῖν ὑμᾶς ἐμοί
14,1 sive *Iudas* 173,13] ἡ ἰουδαία
15,10 sive *iudicii* 187,21] δικαζόμενον
21,12 sive *ut non egrediatur* 251,20] ὅπως μὴ ἀναφθῇ
38(31),37 sive *statuta haec* 406,17] οἱ νόμοι οὗτοι.

3. Bei diesen Lesarten entfernt sich Hi. schon beträchtlich von der LXX, die solche Varianten nicht kennt. Gelegentlich ist gleich hinter der mit »sive« eingeführten Lesart die LXX-Lesart zitiert, die von der eben genannten Variante abweicht. Belegstellen:

2,23 *in convalle* sive *valle,* quae Hebraice dicitur *ge* et a LXX interpretatur πολυάνδριον, quod sermone nostro dici potest *sepulchrum multitudinis* 29,11. Dazu ist zu vergleichen, was Hi. zu 7,31 ausführt: *ge* quippe φάραγγα, hoc est *vallem* ... sonat 106,2.

8,17 *regulos* – sive *pessimos* aut, ut Septuaginta transtulerunt, *mortiferos* 115,2.

15,6 *laboravi rogatus* – sive *rogans* –, pro quo LXX transtulerunt: *nequaquam ultra dimittam eos* 185,24.

39(32),17 *non erit tibi difficile* – sive *inpossibile* – *omne verbum* – vel iuxta LXX *nihil apud te est absconditum* 422,19

Einige Male ist erst im Kommentar die eigentliche LXX-Lesart zitiert, die von der im Lemma unter »sive« eingeführten abweicht. Belegstellen:

15,9 *septem* – sive *plurimos* 187,2; vgl. unde et diversa est interpretatio Aquila, LXX et Theodotione *septem* transferentibus, Symmacho *plurimos* 187,18

15,11 *tribulationis* et *angustiae* 189,13; vgl. in editione vulgata ita scriptum repperi: *tribulationis* 190,2. 6

17,17 *non sis mihi tu formidini* ... sive *non fias mihi alienus parcens mei in die pessimo* 214,19; vgl. LXX transtulerunt dicentes: *ne fias mihi in alienum parcens mihi in die malo* 215,9

23,6 *iustus noster* sive *iustitia nostra* 273,14; vgl. iuxta LXX ... appellabitur *Iosedec,* id est *dominus iustus;* si secundum Hebraicum ... dicetur: *dominus iustitia nostra;* hoc enim significat *adonai sadecenu* 274,16.

23,9 *ad prophetas* sive *in prophetis* vel *contra prophetas* 273,18; vgl. hoc, quod in LXX male additum est *in prophetis,* penitus amputandum 273,15.

Hier bringt also Hi. unter »sive« Lesarten, die nicht in der LXX gestanden haben. Wo hat er sie hergenommen? Die Antwort lautet: aus der hebräischen Vorlage. Dies zeigen deutlich die Ausführungen zu 23,6, wo Hi. auf das Hebräische verweist. Jedoch hat er sie nicht direkt aus dem Hebräischen bezogen, sondern vielfach die jüngeren griechischen Übersetzer Aquila, Symmachus und

Theodotion eingesehen, die hier Pate gestanden haben.[1] Dies geht deutlich aus 15,9 hervor, wo die mit »sive« eingeführte Lesart *plurimos* dem Symmachus entnommen ist; vgl. auch 1 Sam 2,5 *plurimos* Vulg. Damit ist ein Fingerzeig gegeben, wie wir manche »sive«-Lesarten identifizieren können.

4. Folgende Lesarten entstammen den jüngeren Übersetzern:

2,23 sive *valle* 29,11 = α′ σ′ φάραγγι
3,2 sive *interfecisti* 40,23 = α′ ἐφονοκτόνεις
7,20 sive *stillavit* 101,13,18: cf. α′ σ′ στάξει
8,17 sive *pessimos* 115,2 = σ′ πονηροὺς (die Vulg.-Lesart *regulos* geht auf Aquila zurück, der *regulos* übersetzt hat, wie Hi. selbst sagt 115,9)
37(30),3 sive *sedere faciam* 368,16 = α′ καθίσω
39(32),17 sive *inpossibile* 422,19: cf. α′ σ′ οὐκ ἀδυνατήσει
39(32),29 aut *ingredientur* 429,14 = α′ εἰσελεύσονται, wie Hi. selbst sagt: melius Aquila, qui pro eo, quod scriptum est *venient*, transtulit εἰσελεύσονται, hoc est *ingredientur* civitatem 431,1.

Leider sind uns nur Bruchstücke der jüngeren Übersetzungen überliefert, so daß wir nicht alle Stellen verifizieren können. Manche von Hi. mit »sive« bezeichnete Lesarten gehen sicherlich auf die jüngeren Übersetzer zurück oder sind von ihnen beeinflußt, ohne daß wir es genau beweisen können, weil zu diesen Stellen die hexaplarischen Noten fehlen. So geht wohl 9,22 sive *cadavera* 125,22 auf Symmachus zurück, der 43(36),30 das hebr. *n°belāh* mit πτῶμα wiedergibt (LXX θνησιμαῖον, Vulg. *cadaver*). Die Vulg.-Wiedergabe 9,22 *morticinum* entspricht dem θνησιμαῖον der LXX. Auch 6,1 sive *apparuit* 79,16 wird auf Symmachus zuzückzuführen sein, der sehr oft das Verbum φαίνειν verwendet, vgl. die Konkordanz vom Hatch-Redpath S. 1422 und J. Ziegler, Textkritische Notizen zu den jüngeren griech. Übersetzungen des Dodekapropheton, in: Nachr. d. Akad. d. Wiss. in Gött., Phil. Hist. Kl. 1943, Nr. 10, S. 364. Wenn Hi. in seiner Vulgata oft *apparere* verwendet, so wird er hier von Symmachus beeinflußt sein.

Auffallend ist, daß 13,19 steht *transmigratione* — sive *captivitate* 167,18. Die LXX liest ἀποικία (= *haggōlāh; ℳ hoglāh*). Gewöhnlich übersetzt die LXX gōlāh mit αἰχμαλωσία, während die jüngeren Übersetzer ἀποικία nehmen; vgl. zu 1,3: pro *transmigratione*, quod omnes alii voce consona transtulerunt, LXX posuere *captivitatem* 6,19.

5. Damit kommen wir zu einer Reihe von »sive«-Lesarten, die weder mit der LXX noch mit einer Wiedergabe der »Drei« übereinstimmen:

6,6 *effundite* — sive *conportate* ... *aggerem* 81,23] ἔκχεον.
   Das Verbum *conportare* ist in der Vulg. öfter mit *aggerem* verbunden, vgl. Ez. 4,2; 21,22; 26,8; Dan. 11,15; Hab. 1,10.
2,23 *crudelis est* — vel *inpudens* 90,26] ἰταμός.
   Das Adj. *crudelis* ist die gewöhnliche Wiedergabe von *'akzari* (LXX ἀναιδής); *inpudens* wird in der Vulg. nur 3 mal verwendet (Is. 33,19; 56,11; Dan. 8,23); ihm entspricht ἀναιδής = LXX Is. 56,11 und Dan. 8,23.
13,9 *superbiam* sive *iniuriam* 160,27] τὴν ὕβριν.
13,17 *superbiae* — sive *iniuriae* 165,13] ὕβρεως.
   In der Vulg. ist *superbia* die gewöhnliche Wiedergabe von *gā'ōn; iniuria* weist auf ἀδικία = *'awel* (*'awlāh* oder ähnlich) und wird in der Vulg. nur spärlich verwendet.

---

[1]) Hi. hat häufig die jüngeren Übersetzer als Vorlage seiner Vulgata genommen, vgl. J. Ziegler, Die jüngeren griechischen Übersetzungen als Vorlagen der Vulgata in den prophetischen Schriften (= Beilage zum Vorlesungsverzeichnis der Staatl. Akademie zu Braunsberg, Ostpr., W.-S. 1943/44).

15,11 *tribulationis* — et *angustiae* 189,13] θλίψεως.
Beide Wörter werden in der Vulg. für das hebr. *sarah* und das griech.
θλίψις verwendet. στενότης steht nur einmal in der LXX 2 Macc. 12,21.

15,13 *gratis* — sive *absque pretio* 191,11] ἀντάλλαγμα.
Die gleiche hebr.Wendung übersetzt die Vulg. Is. 45,13 mit *non in pretio* und
Is. 55,1 mit *absque ulla commutatione,* das dem ἀντάλλαγμα der LXX nahesteht.

18,23 *corruentes* — sive *inpingentes* 230,6] ἡ ἀσθένεια αὐτῶν.
Die Vulg. verwendet beide Verba (*corruere* und *inpingere*) für die Synonyma
nāphal und *kāsal,* die in Jer. sehr oft vorkommen.

20,5 *pretium* — sive *gloriam* 240,11] τὴν τιμήν.
Die Lesart *gloria* ist auffallend, da sie sonst weder dem griech. τιμή noch
dem hebr. *jeqār* entspricht. Ps. 48(49),13. 21 ist *jeqār* mit τιμή, *honor* wiedergegeben.

6. Sehr oft verzeichnet Hi. unter »sive« Lesarten, die nur scheinbar nicht
mit LXX übereinstimmen; Hi. hat sie frei zitiert (häufig im Anschluß an die
Vulg.-Lesart). Beispiele:

2,34 *in omnibus istis* — sive *sub omni quercu* 37,8.18. 20] ἐπὶ πάσῃ δρυΐ.

3,21 *in viis* — sive *in labiis* 49,4] ἐκ χειλέων.

4,31 *angustias* — sive *gemitus* 64,20] τοῦ στεναγμοῦ.

10,13 *elevat* — sive *educit* 133,3. 23] ἀνήγαγεν.

12,11 *luxitque super me* — sive *periit* 157,4] ἀπωλείας δι' ἐμέ.

13,1 *in aquam non inferes illud* — sive *per aquam non transibit* 160,10] ἐν ὕδατι οὐ
διελεύσεται.

14,17 *deducant oculi mei lacrimam* — sive *deducant oculi vestri lacrimas* 180,15] κατ-
αγάγετε ἐπ᾽ (εἰς τοὺς) ὀφθ. ὑμῶν δάκρυα.

15,1 *coram me* — sive *contra me* 183,19, vgl. im Kommentar *vel in conspectu meo
vel contra me* 183,22] πρὸ προσώπου μου.

15,9 *cum adhuc esset dies* — aut *medius dies* 187,4] ἔτι μεσούσης (τῆς) ἡμέρας.

17,19 *per quam* — sive *per quas* 216,3] ἐν αἷς.

19,12 *sicut Tofeth* — sive *ut ruinam* 236,17] ὡς τὴν (γῆν) διαπίπτουσαν.

19,13 *sicut locus Tofeth* — sive *ruinae* 236,18] καθὼς ὁ τόπος ὁ διαπίπτων.

20,9 *non recordabor eius* — sive *non nominabo dominum* 242,18] οὐ μὴ ὀνομάσω τὸ
ὄνομα κυρίου.

22,3 *inique* — sive *impie* 254,27] μὴ ἀσεβεῖτε.

22,6 *super domum* — sive *ad domum* 256,21] κατὰ τοῦ οἴκου.

23,9 *madidus* — sive *superatus* 276,9. 23] συνεχόμενος.

23,13 *stultitiam* — sive *iniquitatem* 278,23] ἀνομήματα.

23,17 *qui blasphemant me* — sive *abiciunt verbum meum* 280,21, vgl. im Kommentar
sive *qui abiciunt sermonem meum* 281,3] τοῖς ἀπωθουμένοις τὸν λόγον κυρίου.

23,25 *somniavi, somniavi* — sive *vidi somnium* 285,16] ἠνυπνιασάμην ἐνύπνιον.

32,2(25,16) *inebriabuntur* — sive *voment* 306,18] ἐξεμοῦνται.

35(28),16 *emittam* — sive *eiciam* 347,16] ἐξαποστέλλω.

38(31),19 *postquam enim convertisti me* — sive *captus sum* 392,1] ὅτι ὕστερον αἰχμαλωσίας μου.

Bei manchen Lesarten ist es fraglich, ob Hi. nur frei die LXX-Lesart wiedergegeben hat (im Anschluß an die Vulg.), oder ob die hebr. Vorlage eingewirkt hat, so bei dem Wechsel Singular – Plural:

32,18(25,32) *afflictio* – sive *malum* 317,4] κακά.
33(26),3 *mali* – sive *a malo* 321,1] ἀπὸ τῶν κακῶν.
33(26),13 *mali* ... – sive ... *a malis* 326,14] ἀπὸ τῶν κακῶν.
32,18(25,32) *a summitatibus* – sive *extremis* 317,6] ἀπ᾽ ἐσχάτου.

Deutlich zeigt der Vergleich der beiden Stellen 33(26),3 und 13, daß Hi. nicht konsequent ist; bei der gleichen Wendung in beiden Versen, wo die LXX zweimal den Plural ἀπὸ τῶν κακῶν gegenüber dem Singular der hebr. Vorlage hat, wechselt Hi. ab, indem er v. 3 den Singular *a malo* und v. 13 den Plural *a malis* setzt.

7. An verschiedenen Stellen führt Hi. nach der Vulgata-Lesart mit »sive« zwei Varianten ein, von denen nur eine der LXX entspricht. Hier erhebt sich die Frage, woher die andere Lesart stammt.

3,14 *revertentes* – sive *vagi* et *recedentes* 46,1] ἀφεστηκότες. vagi = σ'.

4,15 *idolum* – vel *dolorem* 58,17, vgl. dazu im Kommentar: »*idolum* autem vel *Bel* vel *iniquitatem* ...« 58,21] πόνος.
Das hebr. ᾽āwen wird manchmal von der LXX mit ἀδικία (= *iniquitas*) wiedergegeben, vgl. namentlich Os 4,15.

13,26 *nudavi* – sive *nudabo* et *revelabo* 171,20] ἀποκαλύψω.
Die Vulg. verwendet gern das Verbum *nudare,* während die LXX γυμνοῦν nur sparsam gebraucht. Das gleiche hebr. Verbum hāśaph ist Jer. 49,10 mit *discooperire* wiedergegeben.

15,4 *in fervorem* – sive *commotionem* et *angustias* 184,21; 185,4] εἰς ἀνάγκας.
Die Lesart *commotionem* geht auf die jüngeren griechischen Übersetzer zurück die das hebr. zawʿāh, das bei Jer. 4 mal vorkommt, mit σάλος 15,4 σ'; 24,9 α'σ'; 36(29),18 ϑ' und Is. 28,19 mit σεισμός σ', κίνημα ϑ' wiedergeben.

15,9 *infirmata est* – sive *abiecit* aut *vacua facta est* 187,1] ἐκενώϑη.
Die Vulg.-Lesart *infirmata est* geht auf ἠσϑένησεν zurück, wie die LXX 1 Sam. 2,5 und Thren. 2,8 ᾽umlal übersetzt hat. Die Variante *abiecit* ist schwer zu erklären; ähnlich übersetzt Vulg. Is. 16,8 das gleiche hebr. Verbum mit *deserta sunt.*

19,2 *praedicabis* – sive *clamabis* vel *leges* 231,5] ἀνάγνωϑι.
Die zweite Person Futur ist eine Angleichung an die Vulg.-Form. Das hebr. qārā᾽ kann mit *legere* = LXX ἀναγιγνώσκειν oder *clamare* = LXX (ἀνα)κράζειν wiedergegeben werden.

23,9 *ad prophetas* sive *in prophetis* vel *contra prophetas* 275,15; vgl. *ad prophetas* sive *contra prophetas* 273,18, und *contra prophetas* sive *ad prophetas* 285,24] ἐν τοῖς προφήταις.
Die LXX liest *in prophetis,* wie Hi. selbst 273,15 sagt = ἐν τοῖς προφήταις; daneben sind noch die Varianten ἐπὶ τοῖς προφήταις O Arm und περὶ τῶν προφητῶν 62 407 überliefert. Diese Varianten haben Hi. beeinflußt.

23,19 *turbo* – sive *tempestas* et *commotio* 281,23] σεισμός.
In der Vulg. ist *tempestas* das Synonym zu *turbo; tempestas* wird Jer. 4,13 für suphāh (LXX καταιγίς) und 23,19 neben *turbo* (siehe oben) für saʿar (LXX ὀργή) verwendet.

23,32 *in miraculis* – sive *stuporibus* atque *terroribus* 289,8] ἐν τοῖς᾽πλάνοις.
Für *terroribus* ist *erroribus* als LXX-Lesart zu lesen, so richtig Field, Origenis Hexapl. II S. 634 Anm. 70 und Reiter S. 289 Note zu Z. 8. Die Variante *stuporibus* geht auf α'σ' ἐν ϑάμβοις zurück, das Syh überliefert.

36(29),26 *dux* – sive *praeceptor* et *episcopus* 362,19] ἐπιστάτην.
In der Vulg. steht *dux* neben *praeceptor* Is. 55,4 Prov. 6,7. Im N. T. entspricht bei Lk. 6 mal *praeceptor* ἐπιστάτης. *episcopus* geht auf σ᾽ ἐπίσκοπον an unserer Stelle zurück.

III.

In seinen Prolegomena wirft R e i t e r auch die Frage auf, ob Hi. seine Übersetzung aus der LXX selbst angefertigt oder bereits vorgefunden habe. Mit S a -
b a t i e r entscheidet er sich für die letzte Annahme; dies beweise ein Vergleich
mit den Lesarten der Vetus Latina aus dem Würzburger Kodex (=La^W) und den
Kirchenvätern Tertullian, Cyprian, Irenäus, Hilarius und anderen: »Plurimis Hie-
remiae locis versionem illam ex editione LXX petitam ... ad verbum fere con-
cordare animadvertimus cum testimoniis apud Patres Latinos Hieronymo ve-
tustiores obviis...« (S. XXIX). Dann führt R e i t e r S. XXIX-XXXVI verschiedene
Stellen auf, die zeigen sollen, daß die Väter-Zitate oft mit Hi. übereinstimmen
oder nur wenig von ihm abweichen. Diese Liste hat zunächst den Nachteil, daß
sie nicht zwischen den eigentlichen LXX-Zitaten und den beim Lemma hinter
den Vulg.-Lesarten unter »sive« (oder ähnlich) notierten Varianten unterscheidet.
Dann zeigt ein flüchtiger Blick auf die Liste bei Reiter, daß die Hi.-LXX toto
caelo von der älteren Vetus Latina (Kirchenväter-Zitate) verschieden ist. Gewiß
finden sich einige Stellen, die mit den Zitaten älterer Kirchenväter (namentlich
Ambrosius) übereinstimmen; aber sie sind nur spärlich. Im folgenden sollen
zunächst einige Beispiele aufgeführt werden, wo Lesarten, die von Hi. ausdrücklich der LXX zugeschrieben werden, mit der Vetus Latina übereinstimmen, dann
solche, die mit »sive« notiert sind.[1]

LXX Hi. = Vetus Latina:	»Sive«-Lesart Hi. = Vetus Latina:
15,10 *non profui neque profuit mihi quis-* *quam* 188,20 = La^W AM	12,14 sive *eiciam* 159,5 = La^W
	14,18 *dolor famis* 181,3 = La^W
21,13 *ecce ego ad te, qui habitas in valle* *Sor campestri* 253,15 = La^W Spec.	15,18 *contristant me* 192,21 = AU
22,14 *cenacula perflatilia, distincta fene-* *stris* 261,4 = AM	17,5 *spem habet* 207,6 = La^W TERT CY
	17,8 *fructiferum* 208,22 = La^W AU
22,14 *contignata cedro* 261,5 = AM	19,1 *doliolum* 231,17 = La^W
22,17 *et ad iniquitatem et homicidium* *261,13* = La^W	20,9 *dissolutus sum* 242,21 = AM
	22,26 *proiciam te* 266,9 = La^W
22,30 *abdicatum* 270,15 = AM IR	23,5 *orientem iustum* 273,9 = La^W HIL
23,23 *deus appropinquans* 284,5 = La^W AM IR	23,5 *intelleget* 273,10 = La^W HIL
23,23 *in absconditis* 284,7 = CY	23,17 *abiciunt verbum* 280,21 = CY
23,24 *impleo* 284,8 = CY Spec.	23,33 *allidam* 290,11 = La^W.

Bei diesen Listen wurde eine Auswahl getroffen; damit eine größere Ver-
gleichsmöglichkeit da ist, wurden nur solche Stellen ausgewählt, die auch in La^W
enthalten sind. Ein Rückblick zeigt, daß Hi. gelegentlich die Vetus Latina eingesehen hat, namentlich bei schwierigen Wörtern, so 22,14 und 22,30 AM. Manche Übereinstimmungen besagen nichts, da sie naheliegende wörtliche Wiedergaben sind, so 17,5.

Jedoch viel größer und zahlreicher sind die Abweichungen der LXX Hi. von
der Vetus Latina; es mag genügen, nur einige Stellen zu zitieren, wo die Wortwahl deutlich zeigt, daß Hi. eine neue Übersetzung direkt aus seiner griechischen
Vorlage bringt.

LXX Hi. gegen Vetus Latina:

12,13 *cleri eorum* 158,9; *sortes eorum* La^W.
15,11 *dirigentibus illis* 190,4; *consummatio illorum* La^W.

---

[1] Alle altlateinischen Zeugen wurden nicht vernommen; es genügt eine Auswahl.

17,9   *profundum* 210,12 = βαθεῖα; *grave* La^W AU = βαρεῖα.

19,6   *locus iste amplius ruina et* πολυάνδριον *filii Ennom, sed* πολυάνδριον *occisionis*
233,21; *huic loco taphee et multitudo virorum enom, sed ruinam trucidationis* La^W.

22,13 *cenacula tua* 261,1; *superiora eius* La^W AM Spec.

22,14 *lita sinopide* 261,5; *linitam minio* La^W; *illita minio* AM.

22,15 *contendis contra Achaz* 261,6; *exacerbatus es in acham* La^W.

22,28 *inhonoratus est* 269,2; *depraetiatus est* La^W; *abiectus est* AM.

»Sive«-Lesart Hi. gegen Vetus Latina:

12,15 sive *habitare faciam* 159,8; *constituam* La^W.

15,13 *absque pretio* 191,11; *immutationem* La^W.

15,18 *fortis* 192,23; *solida* La^W; *valida* AU.

15,18 *curabor* 192,24; *sanabor* La^W AU.

20,10 *vituperationem* 242,23; *improperium* La^W.

22,6   *principium* 256,22; *initium* La^W.

23,10 *pascua* 277,8; *pabula* La^W.

23,33 *assumtio* 290,9. 10. 13. 17. 18; 292,10. 12; *dictio (dictum)* La^W.

Diese kleine Auswahl zeigt zur Genüge, daß Hi. sich in seiner Wortwahl stark von der Vetus Latina, namentlich La^W, entfernt. Dies weist darauf hin, daß er selbständig seine lateinische Übersetzung gemacht hat.

Zusammenfassend kann folgendes Ergebnis dieser Untersuchungen mitgeteilt werden:

Die Angaben Reiters in seinen Prolegomena über die Vetus Latina des Hi. zu Jeremias müssen in verschiedenen Punkten korrigiert werden. Vor allem ist genau zu unterscheiden zwischen den Lesarten, die Hi. ausdrücklich der LXX zuschreibt (»LXX-Lesarten«) und solchen, die er mit »sive« (oder ähnlich) einführt (»Sive-Lesarten«).

I. 1. In den LXX-Lesarten setzt Hi. gewöhnlich die hexaplarische Rezension voraus.
   2. Gelegentlich entfernt sich Hi. von der Hexapla.
   3. Manchmal hat Hi. selbständig auf Grund von 𝔐 verbessert (teilweise im Anschluß an die Vulgata).

II. 1. Auch die mit »sive« eingeführten Lesarten gehen größtenteils auf die hexaplarische Rezension zurück.
   2. Manche »Sive«-Lesarten stimmen mit 𝔐 überein.
   3. Manche »Sive«-Lesarten gehen gegen die LXX.
   4. Verschiedene »Sive«-Lesarten stammen von den jüngeren griechischen Übersetzern Aquila, Symmachus und Theodotion.
   5. Verschiedene »Sive«-Lesarten sind nur andere lateinische Synonyme, die auch als Übersetzung möglich sind.
   6. Etliche »Sive«-Lesarten sind freie Wiedergaben.
   7. Einige Male sind zwei Varianten unter »sive« eingefügt, von denen die erste der LXX und die zweite einem der jüngeren griechischen Übersetzer angehört oder unbekannten Ursprungs ist.

III. Hi. hat seine Übersetzung aus der LXX selbständig wiedergegeben, nur gelegentlich bei älteren Vätern (Ambrosius) oder Übersetzungen Anleihen gemacht.

Der Bibeltext im Daniel-Kommentar des Hippolyt von Rom

Vorgelegt von J. Jeremias in der Sitzung vom 11. Juli 1952

Für die Textgeschichte und Textkritik des griechischen Daniel ist es von großem Wert, daß wir einen Kommentar von Hippolyt besitzen. Das Werk ist um 204 geschrieben und ist nicht nur der älteste Danielkommentar, sondern „die älteste uns erhaltene exegetische Schrift der christlichen Kirche" (Altaner S. 137). Somit besitzen wir in Hippolyts Kommentar einen griechischen Danieltext um die Wende des 2. Jahrhunderts. Von besonderer Bedeutung ist noch, daß auch in Hippolyts Schrift „De Antichristo", die vor dem Daniel-Kommentar geschrieben wurde (um 200), umfangreiche Zitate aus Daniel stehen. So ist zu verschiedenen Stellen eine vergleichende Untersuchung möglich.

Es ist erfreulich, daß der Daniel-Kommentar und die Schrift „De Antichristo" in der Berliner Ausgabe der griechischen christlichen Schriftsteller bereits vorliegen (= Hippolytus Werke, Band I, Leipzig 1897). G. Nath. Bonwetsch (Abk. „Bonw.") gab den Danielkommentar heraus (Bd. I/1, S. 1—340) und H. Achelis die Schrift „De Antichristo" = Ant. (Bd. I/2, S. 1— 47). Trotz dieser neueren Ausgabe ist die Untersuchung des Danieltextes nicht leicht, weil die Ausgabe (namentlich des Kommentars) etliche Schwächen und Fehler aufweist und die handschriftliche Überlieferung lückenhaft und uneinheitlich ist.

Eine wichtige Ergänzung zur Ausgabe von Bonwetsch bildet die Hs. Nr. 573 des Meteoronklosters (X. Jahrh.), deren Lesarten uns Constantin Diobouniotis in den Texten und Untersuchungen 38,1 (Leipzig 1911) S. 45—58 mitteilt. Sie bietet aus dem 1. Buch des Dan.-Kommentars einige Teile, die bei Bonw. nur altslawisch erhalten sind, und sehr viele Stücke aus den übrigen Büchern, die oftmals bessere Lesarten als die Ausgabe von Bonw. überliefern (siehe unten)*.

---

* Die Sigel und Abkürzungen der Handschriften, Übersetzungen und Väterzitate sind die in der Göttinger LXX-Ausgabe gebräuchlichen:

O = V-62-147: hexaplarische Rezension.
L = 22-36-48-51-96-231-763: Hauptgruppe der lukianischen Rezension.
l = 311-538; lll = 88-449: Untergruppen der luk. Rezension.
C = 87-91-490: Catenengruppe.
Arab(ische) Arm(enische) Bo(hairische) Fa(jumische) Sa(hidische) La(teinische) Übersetzung; Co(ptische Übers.) = Bo + Sa. La^V = Vulgata.
La^C = cod. Constantiensis, La^S = cod. Sangallensis, La^W = cod. Wirceburgensis.

I. Kritische Bemerkungen zur Ausgabe von Bonwetsch

Bonw. hat mit großer Sorgfalt Text und Apparat gestaltet. Schon rein äußerlich übertrifft an Ausdehnung der Apparat jeden anderen irgendeines Textes der Berliner Ausgabe. Ja man darf sagen, daß hier des Guten zuviel getan ist, da alle orthographischen Varianten und sogar Auslassung oder Falschsetzung der Akzente notiert sind. Gerade die Hs. A weist viele orthographische Fehler und Unstimmigkeiten in der Akzentsetzung auf. Alle diese Quisquilien hätten ruhig (trotz der Bemerkung S. XIII) fehlen dürfen.

Für unsere Zwecke sind vor allem die Angaben zu den Bibelzitaten wichtig. Auch hier ist Bonw. viel zu weit gegangen, indem er alle Abweichungen vom Bibeltext gewissenhaft notiert, sogar dann, wenn offenkundig Hippol. nur frei seinen Danieltext zitiert. Ein großer Nachteil liegt auch darin, daß der Daniel-text nach der Ausgabe von Tischendorf benutzt wurde. Für diese Ausgabe wählt Bonw. zudem recht unglücklich die Sigel „D" (einige Male „D Tisch."), ohne in der Einführung diese Sigel zu nennen; deshalb wird man leicht irre-geführt, weil man „D" zunächst für eine Hippol.-Hs. hält, bis man erst all-mählich darauf kommt, daß „D" den Text der Ausgabe von Tischendorf bezeichnet. Da für die Kap. 1—6 des griechischen Textes nur die Hs. A vor-liegt, wäre es angemessen gewesen, diese Hs. zugrundezulegen und (abgesehen von groben Fehlern) abzudrucken. Bonw. jedoch verfährt nicht so, sondern „verbessert" oft den Bibeltext auf Grund der Ausgabe von Tischendorf, wenn A abweichende Lesarten zeigt. Auch ab Kap. 7, wo weitere griechische Zeugen vorhanden sind, hätte der Hs. A als ältestem Zeugen der Vorzug gebührt, da die anderen keinen besseren Text überliefern. Allerdings zeigt A oft Lücken und ist in manchen Teilen nicht lesbar; hier mußte dann der Bibeltext nach S mit Hilfe von Tischendorfs Ausgabe ergänzt werden.

Es ist nicht möglich, die zahlreichen Stellen namhaft zu machen, wo die Lesart von A in den Text hätte aufgenommen werden sollen; nur eine Auswahl kann getroffen werden. Ferner werden in der folgenden Liste noch solche Stellen genannt, wo die von Bonw. in den Text aufgenommene Lesart nicht tragbar ist.

Arn(obius) Ath(anasius) Aug(ustinus) Clem(ens Alexandrinus) Chr(ysostomus) Cyr(illus Alexandrinus) Cyr(illus) Hieros(olymitanus) Hi(eronymus) Prisc(illianus) Spec(ulum) Th(eodore)t(us).

Ant.   = Hippolyts Schrift „De Antichristo".

verss.p = nur ein Teil (pars) der Übersetzungen vertritt die Lesart.

Literatur:

Altaner = B. Altaner, Patrologie², Freiburg i. Br. 1950.
BH   = Biblia Hebraica Heft 14 (Daniel), Stuttg. 1937.
Montg. = A Critical and Exegetical Commentary on the Book of Daniel by James A. Montgomery, New York 1927.

Das Buch *Hippolyte: Commentaire sur Daniel.* Introduction de Gustave Bardy. Texte établi et traduit par Maurice Lefèvre (= Sources chrétiennes 14), Paris 1947, kommt für unsere Untersuchung nicht in Frage, da es sich mit dem Bibeltext des Daniel nicht befaßt. Es ist nur zu Abschnitt XVII zitiert.

Sus. 61 πρεσβύτας 43,2] lies πρεσβυτερους vgl. 43,23 || Dan. 2,33 καὶ μέρος δέ τι 56,17] streiche δέ τι, vgl. Ant. 15,2 || 2,35 streiche αὐτά 58,4 mit ᴬ, vgl. Ant. ᴴ 15,6 || 2,34 streiche ἐξ ὄρους 68,10, vgl. 56,18; Ant. 15,2, wo ebenfalls ἐξ ὄρους fehlt; Hippol. kennt nur ἀπὸ ὄρους 64,21; 66,15; 68,14 = v. 45 || 4,4 streiche οἱ ἐπαοιδοί 118,6 mit ᴬ, vgl. Z. 20, wo es ebenfalls fehlt. || 7,20 μικροῦ 216,8] lies mit ᴬˢ ἕτερον || 7,24 ἀναβήσεται 220,2] lies mit ᴬ ἀναστήσεται || 7,28 οἱ διαλογισμοί 222,13] + ⟨μου⟩ mit ˢ || 8,11 καὶ εὐωδώθη 250,24] lies mit ᴬ καὶ κατενοδώθη || 8,22 τούτου 258,3] lies mit ᴬ τοῦ || 10,16 ὅρασις ὡς 286,19] lies mit Georgiades ὡς ὄρ. = Z. 21 || 11,37 πάντα θεόν 310,13] lies παντὸς θεοῦ; so richtig ᴹᵉᵗ; auch ᴬ wird so gelesen haben || 11,45 ὄρος Σαβεὶν ἅγιον 312,3] lies ὄρος σαβιρ ἅγιον; so, mit orthogr. Variante ᴹᵉᵗ σαβηρ; ὄρος ἀβιράγιον ᴮ und ὄρος σαβίρα ἅγιον ˢ (griech. Vorlage) lassen deutlich σαβιρ erkennen, das auch von 230 und L (σαβειρ) gestützt wird || 12,7 ὤμοσεν 331,10] + ἐν mit ᴶ; durch Haplographie ausgefallen.

II. Die handschriftliche Grundlage der Ausgabe des Kommentars[1]

„S". Der Danielkommentar ist nur in altslawischer Übersetzung (S) vollständig erhalten. Diese Übersetzung gibt die Schriftzitate im allgemeinen getreu wieder, weist aber gelegentlich auch freie und verkürzende Wiedergaben auf, so daß nicht immer auf die griechische Vorlage geschlossen werden kann. Bonw. hat gewöhnlich im App. auf die verkürzende und freie Wiedergabe von S verwiesen, siehe 46,3 „kürzer S"; 46,10 „‚des Traumes Erzählung' S" (für ὁ λόγος); 46,14 „‚große Geschenke' S" (für δόματα καὶ δωρεάς).

„A". Die wichtigste griechische Hs. ist der Kodex Nr. 260 des Athosklosters Vatopedi, aus dem X. oder XI. Jahrh. Sie beginnt mit Sus. 52b—53 und bringt die Bibelstellen ab Dan. Kap. 2 (Kap. 1 fehlt, da es vor Sus. steht, siehe unten). Leider sind viele Stellen der Hs. unleserlich, so daß nicht immer der Bibeltext sicher zu ermitteln ist. Bonw. ergänzt ihn in diesen Fällen nicht überall glücklich nach S (altslaw. Übersetzung) und der griech. Bibelausgabe von Tischendorf.

„B". An zweiter Stelle ist die Chalkihandschrift 11 aus dem XV. oder XVI. Jahrh. zu nennen. Sie enthält nur das IV. (letzte) Buch des Danielkommentars, also die Schriftstellen ab Kap. 7.

„C". Unter der Sigel C sind verschiedene Katenenfragmente zusammengefaßt, die alle auf einen Archetypus zurückgehen. Diese Fragmente stammen aus dem X. bis XVI. Jahrh. Sie enthalten die Schriftstellen zu Sus. (nur geringe Fragmente), Dan. 8,4a. 8b (in Buch IV 26), 11,2b (IV 41), 12,9—10a (IV 59).

---

[1] Eine eingehende Besprechung der Hss. gab N. Bonwetsch in den Nachrichten der K. Gesellschaft der Wissenschaften zu Göttingen, Philol.-hist. Klasse, 1896, Heft 1, 16—42. Eine kurze Übersicht steht in seiner Ausgabe S. V—XIV.

„J". Wichtiger als C ist die Chigihs. gr. R. VII 45 (= 88 Rahlfs, aus dem X. Jahrh., nicht aus dem XI., wie Bonw. notiert). Sie enthält aus dem IV. Buch die Abschnitte 23—24; 26; 28; 30—37; 40,3—41; 47—50; 54; 57 und bringt hier die Bibelstellen 8,4a. 8b. 10b. 11b. 12b; 9,1—2. 24—25. 26—27;10,1—4a. 5. 6. 13. 20—21; 11,2—4a. 7bα. 17bβ. 27a. 36. 41b—43; 12,5—7. 11b—12.

„M". Nur geringe Ausbeute bietet die Exzerptenhs. aus München gr. 53 (XVI. Jahrh.), da sie bloß IV 50—53,1 bietet mit den Schriftstellen 9,27 und 12,11b—12.

„P". Die Hs. P = Paris, gr. 159 (XIII. Jahrh.) enthält auf zwei Blättern nur die Zitate 9,24—25. 26. 27.

Die noch von Bonw. für seine Ausgabe benutzte Hs. H scheidet für uns aus, weil sie keine Bibeltexte mitteilt.

„Met". Besonders wichtig ist die von Diobouniotis in den Texten und Untersuchungen 38,1 (S. 45—58) herausgegebene Meteoronhs. 573 (X. Jahrh.). Sie überliefert folgende Schriftstellen: Erstmalig in griech. Form: Sus. 1—3 (S. 48); Dan. 1,1—2 (S. 48); 1,3—6 (S. 48f.); Sus. 1—2 (S. 57. 58); Sus. 3. 4—6 (S. 58). Dann als Paralleltexte zur Ausgabe von Bonwetsch: 3,1a. 16. 17. 18. 21—22a. 49a. 91—92. 93a; 4,8. 11. 12b—13. 16b. 20a. 20b. 21b. 22. 23b. 24. 25—26a. 27. 29. 30b. 31. 34c; 5,1a. 2. 5. 6a. 7a. 7b—8. 9. 10—12; 6,1—3. 4a. 4b. 5. 6—9. 10b. 11—14. 15b. 16a. 17. 18. 19—20. 21—22. 23b. 24; 9,25b. 27a; 8,23b + 11, 36—38 + 39b + 41b; 11,42—43 + 45; 12,2—3. 5—7. 8b—10 + 13.

Die Zitation einzelner Wörter des Bibeltextes ist bei dieser Aufzählung nicht berücksichtigt.

III. Register der Daniel-Stellen

Da die Berliner Ausgabe der Werke Hippolyts noch nicht abgeschlossen ist, fehlt der Index der Bibelstellen. Deshalb soll hier das Verzeichnis der Daniel-Stellen aufgeführt werden, damit ein Überblick der vorhandenen Texte möglich ist. Diese Zusammenstellung bringt auch eine Reihe von Zitaten, die von Bonw. übersehen oder unrichtig bezeichnet worden sind, gekennzeichnet durch „Z.". Die kursiv gedruckten Zahlen kennzeichnen solche Stellen, die nicht verstreut im Kommentar, sondern im größeren Umfang als „Lemma" dem Kommentar voranstehen.

Die zweite Spalte bringt die Bibelstellen, die wiederholt zitiert werden; hier sind auch die Zitate der Schrift „De Antichristo" (Abk.: Ant.) aufgenommen.

Zitate, die nur einige Wörter oder Wendungen aus Daniel bringen, sind durch * gekennzeichnet.

Auffallend ist, daß zuerst das erste Kap. von Dan. behandelt wird, dann die Erzählung von Susanna. Es ist aber fraglich, ob in dieser Anordnung (Dan. 1, Sus., Dan. 2 usw.) die Bibelhandschrift vorgelegen hat. Diese Frage erhebt sich, weil in dem Abschnitt V Sus. 2—3 (S. 11) zitiert ist, und dann von Sus. gesagt wird, daß „dieses Ereignis (Sus.) später geschah, aber in diesem Buche früher niedergeschrieben wurde; denn es war die Gewohnheit der Schriftsteller, das später Geschehene in den Schriften früher aufzuführen". Dann folgt (nur in S erhalten) die Notiz: „Der Anfang aber des Buches ist dieser" (S. 11), und die ersten Verse von Dan. 1. So mag auch im Bibelexemplar des Hippolyt Sus. vor Dan. 1 gestanden haben.

Von Sus. sind griechisch nur einzelne Wörter, Versteile und Verse enthalten:

1—3	48 (Diobouniotis)	22*	33,5—6
1—2	57 (Diob.)	24*	35,9 (Z.)
1—2	58 (Diob.)	52b—53	41,4—7
3	58 (Diob.)	54*	43,9 (Z.)
4—6	58 (Diob.)	56*	41,10
2*	20,5 (Z.)	57—59	41,11—17
5*	24,4.5	58*	43,10 (Z.)
13*	25,24	60—61a	42,21—43,3
15*	26,18 (Z.)	61—62a	43,23—44,1
17*	26,22.23.24 (Z.)	62b—64	44,2—7
21*	32,9—10		

Folgende Verse sind nur in slawischer Sprache erhalten:

7—8	23,7—9	24b	35,18—19
7b	29,28—29	25	35,21—22
9	25,2—4	25*	35,26—36,1
10—11a	25,11—12	27*	36,3—5
12a	24,15; 25,1—2	28—30	36,16—22
13—14a	25,21—23	31	36,26—27
14bα	26,5—6	32	37,5—6
15	26,15—17	32*	37,18
15b	27,22—24	34	37,12.17
17*	30,5	35	37,18—19
18b	30,17—18	36—41	37,22—38,4
18*	30,6—7	42b—44	38,18—21
19—21	30,21—26	45—46	38,28—39,2
22—23	32,26—33,4	46*	39,14
22*	33,26; 34,2—3	48b—50a	39,22—26
23	34,8—9	50b—55	39,28—40,9
24	35,6—8	55b	40,10—11

Von Kap. 1 sind nur 1—2 und 3—6 bei Diobouniotis in griech. Sprache erhalten. Alles übrige ist nur slawisch (bei Bonw.) überliefert:

8	17,21—23	11*	18,3
8*	16,25—26	12—13	18,12—15
9—10	17,25—18,3	14—15	18,24—26
10*	18,5.6	17—19	19,6—10

Erst ab Kap. 2 bekommen wir sicheren Boden unter die Füße, da hier die Bibelstellen häufiger und in griechischer Sprache zitiert werden. Die Stellen, die einen vom geläufigen Bibeltext abweichenden Text bieten und unten im Abschnitt XVI behandelt sind, sind durch „NB!" gekennzeichnet.

2, 1—6	46,1—15		
8αβ—11	48,16—50,8		
2,12—13a	50,9—10 (Z.)		
13b	50,14—15		
14*	50,15		
15aβ	50,19—20		
15b	52,1—2		
16	52,2—3		
17—23	52,3—17	21*	158,20
		22b	158,20—21
24	54,1—4		

25	54,5—7		
26	54,7—8		
27—28a	54,8—12	28aα	54,16—17
29*	56,6—7		
30	56,1—4		
31—45	56,13—60,10	31—35	Ant. 14,25—15,8
		37—38a	122,24—124,1
		32*	64,17—19; 66,10—12; 200,8—9; Ant. 19,7. 8. 9
		33*	64,19—21; 66,13; 68,5; 200,10—11; 202,1. 4; Ant. 17,17—18
		34a	68,10—11
		34*	64,21—66,1; 66,13. 15—16
		35*	66,2—3; 66,16—17; 68,17—18; 210,3; Ant. 18,10. 12; 19,13—14
		37—38a	122,24—124,1
		38*	66,6. 22; 72,5—6
		39*	66,6—8; 68,2 (Z.)
		40*	66,8—9; 68,5—6; 196,4 (Z.); 202,3; Ant. 21,17—18
		41*	66,9; 68,6
		42*	68,8—9 (Z.); Ant. 17,19—20 (Z.)
		43	202,7—10 (Z.)
		44abα	68,19—70,2
		45c	70,4—5
		45*	68,14—15
46	60,13—14	46b	60,17
47—48	62,4—9	47	124,3—4
		48*	62,11—12 (Z.); 132,2 (Z.)
49	64,1—2		
3, 1—6	70,6—18	1	92,4—7
		1*	72,1—4. 8. 9—10; 78,11—12 (Z.); 92,11. 13. 16—17. 19 (Z.); 122,21; 126,10—11; 142,21
		2	72,10—13
7*	72,14—15		
8—15	74,1—18	12*	172,1—2
		14b	84,7—8
		15a	84,16—19
		15c	84,10—12; 140,3—4
		15*	108,22—23
16—18	76,1—7	16	82,14—15
		16b	84,8—9
		17	82,16—19; 84,13—15; 86,1—3
		17*	78,15. 20; 86,15; 108,23; 110,1; 114,7
		18	82,22—84,2; 84,19—20; 86,4—6
19—20	86,18—22	19*	88,1; 90,20 (Z.)
21—22	90,11—12	22*	86,22
23—24	94,7—10		
25	96,3	25*	96,3—4
32*	96,7—8		
		47	106,3—4
46—47	102,9—11	47*	104,21—22
48	102,11—12	48*	178,11
49—50	102,18—22	49a	104,19—20
		49*	106,2. 3
		50*	94,11. 12 (Z.); 102,14; 106,1
51—52a	96,10—12	51*	98,23—24 (Z.)
57	96,15—16		
60*	96,18—19	60*	98,4
62*	96,20		
62b	96,21—22		
63*	96,20		
63b	96,21—22		

8a	286,6		
9bβ	286,6		
10a	286,7	10*	286,20 (Z.)
10b—12	286,9—15	11*	262,18; 290,7
		12	262,16—19 (Z.); 290,5—7
13bβ	290,5	13*	290,10
16aα	286,19—20	16*	286,21 (Z.)
16b	288,7—9		
18—19a	288,10—13		
19b	288,16—17		
20a	290,1—3	20aβ	290,7—8
21	290,3—5		
11, 2aα	292,3	2aβ	292,18—19
2aβ—4a	292,7—13	2bα	294,1—2
		2*	294,3 (Z.)
		3a	294,9
6	300,13—16 (NB!)	6a	302,2—4 (NB!)
7bα	294,9—10		
8abα	302,9—10 (NB!)		
15aβ	322,20—324,1 (Z.) (NB!)		
17	306,7—10 (NB!)	17b	306,17—18 (NB!)
17bβ	306,18 (NB!)	17bβ	308,17—18 (NB!)
21aβ	310,5—6 (NB!)		
27a	308,18—20 (NB!)	27abα	308,1—2 (NB!)
30	298,15—17 (NB!)		
33b	298,17—18 (NB!)	33*	298,12. 13 (Z.)
34*	300,9—10		
36aβ—38	310,11—17 (NB!)	36*	312,6. 8. 19
		38*	312,7—8
39b	310,18—19	39bβ	322,20
41b—43	310,19—312,2	41b	324,1—2; Ant. 34,15—16 (NB!)
44a	306,5—6 (NB!)	42b	324,1 (NB!)
45	312,2—3		
12, 2—3	326,12—17	2	Ant. 45,5—6
		2aβ	328,12
		2b	328,13—14
		2*	326,17 (Z.); 328,1. 2 (Z.)
		3*	328,2 (Z.)
4*	278,3. 4		
5—7	330,3—11	5*	330,12 (Z.)
		6*	330,13—14; 334,1
		7b	332,4—5. 7—8
		7*	332,10. 15. 16—17; 334,4—5
8b—10	334,18—21	9—10a	336,6—8
		10b	336,16—17
11b—12	316,4—7	11b—12	324,12—326,1; Ant. 43,1—3
		11*	332,13 (Z.)
13	334,21—336,2		

Die Erzählung von Bel und dem Drachen hat Hippol. nicht eigens kommentiert; es finden sich nur einige Zitate und Hinweise in seinem Kommentar, nämlich 4*: 88,12: 5: 88,13—15; 31* (cf. Dan.6,16): 90,2 und 108,16.

Ein Überblick über die Zusammenstellung der Schriftzitate zeigt das Mißverhältnis zwischen den einzelnen Lemmata untereinander und den Lemmata und den im Kommentar benutzten Schriftstellen. Auffallend ist sodann der große Umfang der Lemmata; dies darf aber nicht überraschen, da Hippol. auch in seiner Schrift De Antichristo das umfangreiche Zitat 7,2—14 (S. 15, 11—16, 19) bringt. Schriftzitate größeren Umfangs sind nur zu den Kap. 2, 3, 4, 5, 7, 8 und 9 überliefert. Es ist nicht anzunehmen, daß Hippol. nur zu den genannten Kapiteln diese umfangreicheren Zitate gebracht hat; die übrigen sind verlorengegangen. Aber auch die vorhandenen Lemmata sind nicht von vornherein als ursprünglich anzunehmen. Eine Kontrolle ist deshalb möglich, weil Hippol. in seinem Kommentar gelegentlich (nicht immer) die Schriftzitate wiederholt und auch sonst (besonders in seiner Schrift De Antichristo) Danielzitate bringt. Wenn sich herausstellt, daß die Unterschiede bei wiederholten Zitaten nur unwesentlich sind (siehe unten), dann kann man auf die Ursprünglichkeit der Lemmata schließen. Deutlich ist das große Lemma 7, 2—12 (182, 1—184, 11) in seinem letzten Teil nicht ursprünglich (v. 7—12); denn die anschließende Erklärung beschäftigt sich nur mit v. 2—6 (S. 184 bis 194), und dann folgt ein neues Lemma, das v. 7—12 noch einmal bringt (S. 194, 4—22) mit anschließendem Kommentar (S. 196ff.). Zu Kap. 8 ist die erste Hälfte (v. 1—14) zusammenhängend zitiert mit folgender Erklärung (S. 252—256), dann folgt der zweite Teil (v. 15—27), aber ohne weitere Erklärung, sondern mit kurzer Überleitung zu Kap. 9 (S. 258—260). Auch hier mag der Kommentar des Hippol. lückenhaft sein.

IV. Hippol. = B

Die älteste Schicht des Danieltextes tritt uns im Kodex Vaticanus (B) entgegen, dem unter den Unzialen der Kodex Marchalianus (Q) und unter den alten Übersetzungen die Vetus Latina (La) am nächsten stehen. Es ist zu erwarten, daß diese älteste Textform auch von Hippol. bezeugt wird. Tatsächlich kann eine stattliche Reihe von Lesarten aufgeführt werden, die mit B geht. Im folgenden sollen sie der Reihe nach aufgeführt werden (es mag für unsere Zwecke genügen, nur die wichtigsten Zeugen der Überlieferung zu nennen):

Sus. 17 $\sigma\mu\acute{\eta}\gamma\mu\alpha\tau\alpha$ 26, 22. 23 = B La^{v}] $\sigma\mu\eta\gamma\mu\alpha$ rel.

    63 $\tau\tilde{\eta}\varsigma$ $\vartheta\nu\gamma$. $\alpha\dot{\upsilon}\tau\tilde{\omega}\nu$ ^{A}44, 4 = B L La^{S}] + $\sigma o \upsilon \sigma \alpha \nu \nu \alpha \varsigma$ (vel -$\nu\eta\varsigma$) rel. = ^{S}44, 11

1, 12 $\sigma\pi\varepsilon\varrho\mu\acute{\alpha}\tau\omega\nu$ 18, 13 = B O L] + $\tau\eta\varsigma$ $\gamma\eta\varsigma$ rel.

2, 5 $\tau o\tilde{\iota}\varsigma$ $X\alpha\lambda\delta$. 46, 10 = B Q La^{w}] pr. vel add. $\varkappa\alpha\iota$ $\varepsilon\iota\pi\varepsilon\nu$ rel.

2, 10 $o\acute{\iota}$ $X\alpha\lambda\delta$. 50, 2 = B Q] pr. vel add. $\pi\alpha\lambda\iota\nu$ rel.

2, 16 $\mathring{\eta}\xi\acute{\iota}\omega\sigma\varepsilon$ 52, 2 = B Q] pr. $\varepsilon\iota\sigma\eta\lambda\vartheta\varepsilon(\nu)$ $\varkappa\alpha\iota$ rel.

2, 23 $\varkappa\alpha\acute{\iota}$ 3^{0} 52, 16 = B Q C La^{c}] + $\nu\nu\nu$ rel.

2, 32 $\chi\varrho\eta\sigma\tauo\tilde{\upsilon}$ 56, 15; 64, 18; Ant. 14, 27 = B^{txt} O La^{c}] $\varkappa\alpha\vartheta\alpha\varrho o\nu$ rel.

2, 33 $\varkappa\alpha\grave{\iota}$ $\mu\acute{\varepsilon}\varrho o\varsigma$ 56, 17 = B Q O C] $\mu\varepsilon\varrho o\varsigma$ $\delta\varepsilon$ rel.

2, 34 $\mathring{\alpha}\pi\varepsilon\sigma\chi\acute{\iota}\sigma\vartheta\eta$ 56, 18; 68, 10; Ant. ^{H}15, 2 = B O L] $(\alpha\pi)\varepsilon\tau\mu\eta\vartheta\eta$ rel.

2, 34 $\varepsilon\mathring{\iota}\varsigma$ $\tau\acute{\varepsilon}\lambda o\varsigma$ 58, 1; Ant. ^{HS}15, 4 = B^{txt} Q^{txt}] pr. $\alpha\upsilon\tau o\upsilon\varsigma$ rel.

2, 35 $\tau\grave{o}$ $\mathring{o}\sigma\tau\varrho\alpha\varkappa o\nu$, / $\mathring{o}$ $\sigma\acute{\iota}\delta\eta\varrho o\varsigma$ 58, 2 Ant. 15, 5 = B Q L C] tr. rel.

2, 35 $\mathring{\varepsilon}\gamma\acute{\varepsilon}\nu\varepsilon\tauo$ 58, 3; Ant. 15, 5^{ES} = B...] $\varepsilon\gamma\varepsilon\nu o\nu\tauo$ rel.

2, 35 $\tau\grave{o}$ $\pi\lambda\tilde{\eta}\vartheta o\varsigma$ ^{A}58, 4; Ant. ^{H}15, 6 = B] pr. $\alpha\upsilon\tau\alpha$ (vel sim.) rel.

2, 38 $o\mathring{\upsilon}\varrho\alpha\nuo\tilde{\upsilon}$ 58, 10 = B Q^{txt} O] + $\varkappa\alpha\iota$ $(\tauo\upsilon\varsigma)$ $\iota\chi\vartheta\nu\alpha\varsigma$ $\tau\eta\varsigma$ $\vartheta\alpha\lambda\alpha\sigma\sigma\eta\varsigma$ rel.

2, 39 $\mathring{\eta}\tau\tau\omega\nu$ $\sigma o\upsilon$ ^{A}58, 12 = B O C ...] + $\eta(\tau\iota\varsigma)$ $\varepsilon\sigma\tau\iota\nu$ o $\alpha\varrho\gamma\upsilon\varrho o\varsigma$ rel.

2,43   μετὰ τοῦ ὀστρ. 60,2 = B Q O C ...] τω οστρακω rel.

2,48   ἐπί 2⁰ 62,9 = B Qᶜ O C ...] pr. και rel.

3,3   fin. 70,13 = B Q ...] + ης εστησε(ν) ναβουχοδονοσορ ο βασιλευς (vel sim.) rel.

3,4   λαοί 70,14 = B Qᵗˣᵗ ...] pr. εθνη rel.

3,5   σαμβύκης 70,15 = B L ...] + τε rel.

3,5   ψαλτηρίου 70,15 = B Q ...] + και συμφωνιας rel.

3,9   τῷ βασ. Ναβ. 74,2 = B ...] και υπολαβοντες (υποβαλοντες, αποκριθεντες) ειπον ναβ. τω βασ. (vel sim.) rel.

3,10   ψαλτηρίου ˢ75,4 = B Q ...] + και συμφωνιας rel.

3,12   οἵ 74,8 = B Q ...] οι ανδρες εκεινοι rel.

3,17   θεός ᴬ76,3; ᴬ82,17; ᴬ84,13; ᴬ86,2 = Bᵗˣᵗ Q Laᵂ] + ημων εν ουρανοις (vel sim.) rel.

3,22   fin. 94,7 = B Q C Laᵂ ...] + και τους ανδρας — η φλοξ του πυρος rel.

3,23   τῆς καμίνου 94,9 = B Laᵂ ...] + του πυρος rel.

3,94(27) fin. 108,13; 114,13 = Bᵗˣᵗ L] + και προσεκυνησεν — τω κυριω rel.

3,97(30) καὶ ἠξίωσεν αὐτούς ˢ115,24 = B* Qᵗˣᵗ] pr. και ηυξησεν αυτους rel.

4,1(4) fin. ᴬ118,1 = B Q ...] + επι του θρονου μου (vel sim.) rel.

4,5(8) ᾧ 118,9 = B Q ...] και το ενυπνιον ενωπιον αυτου (vel sim.) rel.

4,8(11) τὸ πέρας ᴹᵉᵗ136,19 = B 62-147] τα περατα rel. = 120,23; ᴬ136,19

4,16(19) καὶ ἀπεκρίθη 1⁰∩2⁰ 126,18 = B ...

5,1   χιλίοις ᴬ146,20; ᴬ150,5 = B O L Laˢ ...] pr. ανδρασι(ν) rel. (= ᴹᵉᵗ)

5,4   fin. 148,8 = Bᵗˣᵗ Q O L C ...] + και τον θεον — του πνευματος αυτων rel.

5,10   καὶ εἶπε 152,22 = B Q Laˢ ...] pr. και απεκριθη η βασιλισσα rel.

5,11   θεοῦ 152,24 = B C Laˢ ...] + αγιον rel.

5,17   ἀναγνώσομαι 156,5 = B Q Laˢ ...] + τω βασιλει rel.

5,20   τῆς βασιλείας 156,17 = B Q O C Laˢ ...] + αυτου rel.

5,29   ἐν τῇ βασιλείᾳ ᴬ158,15 = B O C ...] + αυτου rel.

6,2(3) ὅς ᴬ158,24 = B O ...] ων (vel και) rel.

6,3(4) περισσόν 160,2 = B Laˢ ...] + ην rel.

6,8(9) Περσῶν ... Μήδων ˢ163,13 = B C Laˢ ...] tr. rel.

6,13(14) σον 170,6 = B C Laˢ ...] + περι του ορισμου ου (εν)εταξας rel.

6,13(14) αἰτεῖ ᴬ170,6 = B L ...] αιτειται rel. (= ᴹᵉᵗ)

6,14(15) ἐξελέσθαι αὐτόν 1⁰∩2⁰ 170,9 = Bᵗˣᵗ Laˢ ...

6,22(23) μοι ᴬ174,21 = B O L ...] εν εμοι rel. (= ᴹᵉᵗ)

7,1   ἐνύπνιον αὐτοῦ ᴮ186,16 = B Laˢ] om. αὐτοῦ rel.

7,2   ἐθεώρουν 182,2 = B Laˢ ...] + εν οραματι μου της νυκτος (vel sim.) rel.

7,6   αὐτῇ ult. 182,12; 192,6 = B C ...] αυτω rel.

7,7   σιδηροῖ 182,14; 194,6; 204,8; Ant. 15,22; 17,16 = B V Laˢ ...] + μεγαλοι rel.

7,10   εἷλκεν 184,6; 194,16; 212,8; Ant. 16,8 = B Q Laˢ ...] pr. εκπορευομενος A; + εκπορ. rel.

7,13 ἐρχόμενος 210,17; Ant. 16,15; 18,14; 28,12 = B Q V La^S...] + ην
rel.

7,17 τὰ τέσσαρα ^{BS}208,9 = B Q La^S...] > ^{A}208,9; pr. vel add. τα μεγαλα rel.

7,20 τρία 216,9 = B Q La^S...] + (και το) κερας εκεινο rel.

7,26 ἐκάθισεν 220,6 = B* Q O L ...] καθισει rel.

7,28 οἱ διαλ. μου / ἐπὶ πολύ 222,13 = B Q L C La^S ...] tr. rel.

7,28 ἠλλοιώθη 222,14 = B Q V L La^S ...] + επ εμοι (vel. sim.) rel.

7,28 διετήρησα ^{A}222,14 = B ...] ετηρησα ^{B}222,14 = Q; συνετηρησα rel.

8,2 Αιλαμ 250,1 = B Q La^S ...] + και (ε)ιδον εν οραματι rel.

8,3 κέρατα 250,3 = B Q La^S ...] + και τα κερατα rel.

8,3 ὑψηλόν 250,4 = B Q V L La^S ...] -λοτερον rel.

8,4 init. ^{A}250,4 = B Q O La^S ...] pr. και rel.

8,5 κέρας 250,9 = B Q La^{SW} ...] + (εν) θεωρητον rel.

8,6 ἑστώς 250,11 = B] εστωτος (-τα) rel.

8,9 νότον 250,20 = B La^{SW}] + και προς ανατολην (vel. sim.) rel.

8,19 εἶπεν ^{AB}256,18 = B Q O L C La^W] + μοι rel.

8,24 αὐτοῦ ^{B}258,8 = B La^{SW} ...] + και ουκ εν τη ισχυι αυτου rel.

9,2 init. 260,4 = B La^W ...] pr. εν ετει ενι (+ επι) της βασιλειας αυτου rel.

9,3 fin. 260,8 = B La^W ...] + και σποδω rel.

9,4 ἔλεος ^{AB}260,10 = B Q O L C La^W ...] + σου rel.

9,5 ἠδικήσαμεν, ἠνομήσαμεν ^{A}260,11 = B ...] ηνομησ. ησεβησαμεν ηδικησ.
(vel sim.) rel.

9,20 ἁγίου 262,4 = B ...] + του θεου μου rel.

9,24 ἀδικίας(1⁰) 264,4 = B O ...] ανομιας rel.

9,25 τεῖχος 278,9 = B Q O C La^C ...] περιτειχος rel.

9,27 ἑβδομάδος 278,13; 314,18; Ant. 27,22 = B^{txt} La^{CS} ...] + καταπαυσει
— της εβδομαδος rel.

9,27 ἐρημώσεων 278,14 = B Q L La^{CS}] + εσται rel.

10,10 fin. 286,9 = B La^{CSW} ...] + και ταρσους χειρων μου (vel sim.) rel.

10,12 πρώτης ἡμέρας 286,13 = B La^W ...] ημερας της πρωτης rel.

10,12 τοῦ θεοῦ 286,14 = B La^W ...] pr. κυριου rel.

11,36 θεόν 310,11 = B La^{CS} ...] + και επι τον θεον των θεων rel.

11,37 ἐπὶ παντὸς θεοῦ ^{A} ^{Met}310,13 = B* La^{CS}] επι παντας (τους) θεους rel.

11,37 ἐπιθυμία ^{A}310,14 = B ...] επιθυμιαν ^{B}310,14 = A...; επι επιθυμια
rel.

11,38 χρυσῷ ... ἀργύρῳ 310,17 = B O ...] αργυριω ... χρυσιω L; χρυσιω ...
αργυριω rel.

12,7 διασκορπισμόν 330,11; 332,8. 16; 334,5 = B La^S ...] + (χειρος) λαου
ηγ. rel.

12,10 πολλοί 334,20; 336,8 = B* Q O L La^S] pr. και αγιασθωσι(ν) rel.

12,11 βδέλυγμα 316,4; 324,12; Ant. 43,1 = B O L ...] pr. το rel.

12,13 καὶ ἀναστήσῃ 336,1 = B La^S] pr. και αναπαυση rel.

Die aufgeführten Stellen (im ganzen 89) zeigen deutlich das Zusammengehen von Hippol. mit dem B-Text. Wichtig sind jene Stellen, an denen nur wenige Zeugen diesen Text vertreten, also Sus. 17; Dan. 2,5; 2,10; 2,16 usw.; hervorzuheben ist, daß Hippol. 2,34. 35 noch nicht die Dublette αυτους, αυτα kennt.

V. Hippol. gegen B

Verschiedene Stellen können namhaft gemacht werden, an denen Hippol. gegen B stimmt. Zunächst seien solche aufgezählt, wo Hippol. von der Hs. B abweicht, die von nur wenigen Zeugen gestützt wird:

2,27   *ἐπερωτᾷ* 54,9] *ερωτα* B 106 Clem.

2,39   *βασιλεία ἑτέρα* 58,12] tr. B 538

3,2   *Ναβ. ὁ βασιλεύς* 70,11] > B-26

3,8   *προσῆλθον* 74,1] -*θοσαν* B-26 62-147

3,18   *τῇ χρυσῇ* 76,6; 84,1. 20; 86,5] > B 87[txt] La[W] Spec. Aug.

3,95(28) *Μισαχ* 114,15] pr. *και* B 407 verss.[p]

4,17(20) *τὸ μεγαλυνθέν* 126,20; 136,17] om. *τό* B 584

6,13(14) *ὁ ἀπό* 170,5] om. *ὁ* B La[s]

7,22   *τῶν ἡμερῶν* 216,12] om. *τῶν* B-46-130-239 538 584 590

8,7   *ἐξηγριώθη* 250,12] -*ριανθη* B-26 393 (vid.)

11,37   *πάντα* 310,11] *παν* B-26

12,7   *καὶ καιρούς* 330,10; 332,8. 10] *καιρων* B-26 La[s] Aeth.[p]

Ferner werden folgende Sonderlesarten von B durch Hippol. nicht gedeckt: 2,23 *ἔδωκας* 52,16] *δεδωκας* B || 2,30 *τῷ βασιλεῖ / γνωρίσαι* 56,3] tr. B || 2,38 *κατέστησέν σε* 58,11] om. *σε* B 590* || 3,4 *λαοί* 70,14] *λαοις* B || 3,79 *ἐν τοῖς ὕδ.* 98,10] om. *τοῖς* B || 3,96(29) *δόγμα* 114,19] pr. *το* B || 3,100 (4,3) *καὶ ἡ ἐξουσία* 126,19] om. *καί* B || 4,8(11) *πάσης* 120,23] *απασης* B || 4,16(19) *ἔστω / τὸ ἐνύπνιον* 126,19] tr. B || 4,17(20) *ἔφθασεν* 126,21] *εφθανεν* B || 4,24(27) *τὰς ἀδ. σου* 128,19] om. *σου* B || 4,28(31) *ἡ βασ. σου* 128,26] om. *σου* B || 4,29(32) *ἐκδιώξουσιν* 128,27] -*διωκουσιν* B || 4,29(32) *ἕως οὗ* 130,1] om. *οὗ* B 590 || 5,2 *ἐνεγκεῖν* 146,22] pr. *αυτου* B || 5,9 *ἠλλοιώθη* 148,21; 152,20 = Q La[s] ...] + *εν αυτω* B || 5,9 *συνεταράσσοντο* 148,22] -*σσαντο* B* || 5,16 *ἐπὶ τὸν τράχ.* 156,1] *επι τω τραχηλω* B || 5,21 *ἔγνω* 156,20] *γνω* B || 5,30 *Χαλδαῖος* 158,16] -*δαιων* B || 6,24(25) *ἤγαγον* 178,3] -*γοσαν* B || 7,1 *πρώτῳ* 180,14] *τριτω* B[txt] || 7,5 *τρία πλευρά* 182,8; 190,5] *τρεις πλευραι* B || 7,20 *τῶν προτέρων τρία* 216,8] *των πρωτων* B || 7,24 *ἀναστήσεται ἕτερος* 220,2] om. *ἕτερος* B* || 7,25 *καί* ult. 220,5] + *γε* B || 8,5 *ἀνὰ μέσον* 250,9] om. *ἀνά* B || 8,10 *συνεπάτησεν* 250,23] -*σαν* B || 8,11 *ἐταράχθη* 250,24; 254,7. 17] *εραχθη* B || 8,17 *Σύνες* 256,15] > B[txt] || 8,26 *ἀληθής* 258,13] -*θως* B || 9,1 *ἔτει Δαρείου* 260,2] om. *Δαρείου* B* || 9,20 *κυρίου τοῦ* 262,4] tr. B || 11,42 *τὴν χεῖρα αὐτοῦ* 310,20] om. *αὐτοῦ* B || 12,3 *ἐκλάμψουσιν* 326,15] *λαμψουσιν* B || 12,11 *(τοῦ) δοθῆναι*] *δωσουσιν* 316,4; 324,12; Ant. 43,1; *δοθησεται* B.

VI. Hippol. = A

Die oben genannten Beispiele zeigen, daß sich Hippol. nicht eindeutig für den B-Text festlegen läßt; im Gegenteil, oftmals steht er auf der Gegenseite, die vom Kodex Alexandrinus geführt wird. Folgende Stellen kommen in Frage (in Klammern steht jeweilig die Lesart des B-Textes): 2,5 ἐὰν οὖν 46,11 (om. οὖν B ...) ‖ 2,5 σύγκρισιν αὐτοῦ 46,12 (om. αὐτοῦ) ‖ 2,9 ἀπαγγείλητε 48,18 (αναγγ.) ‖ 2,15 ἡ ἀναιδὴς αὕτη 50,19 (om. αὕτη) ‖ 2,20 σύνεσις καὶ ἡ ἰσχύς 52,11 (om. καὶ ἡ ἰσχύς) ‖ 2,28 ἀλλ᾽ 54,10 (αλλ η) ‖ 2,30 οὐκ 56,1 (δε ουκ) ‖ 2,38 τοῦ οὐρ. 58,10 (om. τοῦ) ‖ 2,48 πολλὰ καὶ μεγάλα 62,7; 132,2 (μεγ. και πολλα) ‖ 3,5 τῆς φωνῆς τῆς σάλπ. 70,14 (φωνης σαλπ.) ‖ 3,10. 15 σαμβύκης τε 74,3. 15 (om. τε) ‖ 3,15 τῇ εἰκόνι τῇ χρυσῇ 74,16 (om. τῇ χρυσῇ) ‖ 3,15 τῶν χειρῶν 74,18 (χειρος) ‖ 3,21 ⟨καὶ⟩ ἐνδύμασιν αὐτῶν 90,11 (om.) ‖ 4,20(23) χαλκῷ 128,7 (εν χ.) ‖ 4,23(26) εἶπεν 128,15 (ειπαν) ‖ 5,7 σύγκρισιν αὐτῆς 148,17 (om. αὐτῆς) ‖ 5,16 τὴν γρ. ταύτην A154,24 (om. ταύτην = S) ‖ 5,16 γνωρίσαι 154,25 (-σης) ‖ 5,20 ὑπερηφανεύεσθαι 156,16 (-νευσασθαι) ‖ 5,21 ὁ ὕψιστος 156,21 (ο θεος ο υψ.) ‖ 5,22 σύ 156,25 (συ ουν) ‖ 5,23 ἤνεγκας 158,2 (-καν) ‖ 6,7(8) αἰτήσηται A162,10 (-ση; -σει Met) ‖ 6,7(8) ἀνθρώπων A162,10 (-πον = Met) ‖ 6,23(24) τῷ θεῷ 178,2 (εν τω θεω) ‖ 7,3 ἀνέβαινον 182,4 (-νεν) ‖ 8,3 ἐσχάτων 250,4 (-τω) ‖ 8,18 ἐθαμβήθην καὶ πίπτω 256,17 (om. ἐθαμβ. καί) ‖ 8,18 πόδας μου 256,18 (om. μου) ‖ 8,25 ἀπωλ(ε)ίᾳ 258,12; 322,20; cf. 312,10 (-λειας) ‖ 9,7 κατοικοῦσιν 260,18 (ενοικ.) ‖ 9,7 Ιερουσ. 260,18 (εν Ιερουσ.) ‖ 12,7 εἰς τὸν αἰῶνα 330,10 (om. εἰς) ‖ 12,12 ὑπομείνας 316,5; 324,13; Ant. 43,2 (υπομενων).

Hippol. vertritt hier eine Lesart, die A (im Gegensatz zum B-Text) gewöhnlich von verschiedenen Minuskeln, von der origeneischen und lukianischen Rezension begleitet, bezeugt. Stellen, wo Hippol. mit A allein, oder von nur wenigen Minuskeln begleitet, zusammengeht, können nicht genannt werden. Die Zahl der oben aufgeführten Stellen ist 36; das ist nicht einmal die Hälfte der oben genannten Stellen, wo Hippol. den B-Text vertritt (im ganzen 89). Somit neigt sich Hippol. deutlich dem B-Text zu.

VII. Hippol. = Q

Mit dem Kodex Marchalianus Q (und verwandten Minuskeln) geht Hippol. einige Male zusammen:

2,5   ἀπεκρίθη] + δε A46,10 = Q-233-541

3,90   τὸν κύριον] om. τόν 102,6 = Q V 26 534 588

3,91(24) ἄνδρας τρεῖς Met] tr. A106,7 = Q 584 verss.ᵖ

4,29(32) καὶ χόρτον] om. καί A128,28 = Q V 26 239 311 534 590 Bo Arab

5,9   ἠλλοιώθη 148,21; 152,20 = Q 26 46 130 239 311 verss.] + επ (εν B) αυτω rel.

5,17   τῆς οἰκίας] του οικου 156,4 = Q

7,13   προσήχθη αὐτῷ] προσηνεχθη αυτω 210,18; Ant. 16,26; 18,15;
        ᴱᴿ28,13 = Qᶜ

7,20   ᾧ] ου ᴮ216,9 = Q-230 590

7,20   στόμα] pr. το ᴮ216,9 = Q-230-541 46 130 311 407 534 590

7,28   διετήρησα] ετηρησα ᴮ222,14 = Q

8,1   πρός με] εμοι ᴮ248,20: cf. μοι Q verss.

8,3   πρό] επι 250,3 = Q

10,21   ἐντεταγμένον] εγγεγραμμενον 290,3 = Q Bo.

Diese Übereinstimmungen mit Q sind auffallend; besonders nahe steht die Hippol.-Hs. B, die, wie oben gesagt, ab Kap. 7 den Hippol.-Kommentar überliefert.

Auch wenn Q die Variante mit einer der Rezensionen oder Textgruppen teilt (O L C), geht sie manchmal mit Hippol. zusammen. Belegstellen:

2,20   τοῦ θεοῦ] κυριου 52,9 = Q-233 L ...

2,41   ὀστράκινον ... σιδηροῦν] tr. ᴬ58,17 = Q-230-233 ...: cf. σιδηρου ...
        οστρακου L

3,98 (4,1) ὁ βασιλεύς] om. ὁ 116,16 = Q C ...

4,4(7) εἶπα]-πον 118,7 = Q L ...

4,6(9) σε] σοι 118,11 = Q-230-233-541 V L ...

4,20(23) ἀπὸ τοῦ οὐρ.] απο ουρ. 128,5; 136,8: cf. απ ουρ. Q L

4,32(35) ἀντιποιήσεται] αντιστησεται 130,13; 144,12 = Q-230-233-541 L C

4,34(37) ὑπερυψῶ] νψω 144,17 = Q L

5,12   σύγκρισιν αὐτοῦ] om. αὐτοῦ ᴬ154,4 = Q-230-233 O L Laˢ ...

8,10   om. τοῦ οὐρανοῦ 2⁰ 250,22 = Qᵗˣᵗ-230-541 O L ...

10,20   τοῦ ἄρχοντος] om. τοῦ 290,2 = Q O C ...

11,45   εἰς ὄρος] επ ορος 312,3 = Q V C (87ᶜ); επ ορους 87* 230-233-541.

Diese Beispiele zeigen, daß Hippol. gerade mit Q eine enge Verwandtschaft hat. Auch die oben genannten Belegstellen, die die Beziehung zum B-Text aufzeigen, müssen hier noch einmal in Erinnerung gebracht werden, weil dort oft Q neben B genannt wird (in 89 Fällen 44mal, also die Hälfte). Unter den Minuskeln schließen sich 230-233-541 am engsten Q an; gerade diese treten oben öfter im Zusammenhang mit Hippol. auf. Auch bei der folgenden Liste stehen sie, namentlich 230, an führender Stelle.

VIII. Hippol. = Minuskeln (namentlich 230)

Häufig bringt Hippol. Lesarten, die von nur wenigen Minuskeln bezeugt werden:

2,9   ὁ καιρός] om. ὁ 50,1 = 46

2,9   παρέλθῃ]-θοι 50,1 = 230

2,25   om. αὐτῷ 54,5 = 233 Aeth

2,26   om. Εἰ 54,7 = 46-130 541

2,42   om. τι 3⁰ 58,21 = 670 verss.ᵖ Chr.

3,11   ἐμβληθήσεται]-θῆναι αυτον ᴬ74,5 = 26 46-130-534 (om. αυτον)

3,12   εἰσίν] + δε 74,6 = 230 584

3,15   om. καὶ συμφωνίας 74,15; 84,17 = 541

3,17   θεός] + εν ουρανω ᴹᵉᵗ ˢ82,17; ᴹᵉᵗ ˢ86,2 = 88 541 584

3,20   ἰσχύι] pr. εν 86,21 = 230

3,20   πεδήσαντας]-τες 86,21 = 26 147 230-233-541 584 588 742

3,90   om. τῶν θεῶν ᴬ102,6 = 588 Fa

3,91(24) ὑμνούντων αὐτῶν] tr. ᴹᵉᵗ106,6 = 46-130 410

3,91(24) εἰς μέσον] εις το μ. ᴬ106,7 = 147 534; εν μεσω ᴹᵉᵗ106,7 = V 407 541

3,94(27) ἡ θρίξ] om. ἡ 108,11 = 410

3,96(29) καὶ ἐγώ] καγω 114,19 = 46-130 410 538

3,97(30) Αβδεναγω] pr. και ᴬ114,23 = 147 233 405 410 588 verss.ᵖ Tht.

4,17(20) τὸ ἰσχυκός ᴹᵉᵗ136,18] om. τό 126,20; ᴬ136,18 = 230 239 584 Tht.ᵖ

4,20(23) ἀλλοιωθῶσιν] αλλαγησονται 128,9; 140,15 = 230 584

4,22(25) om. ἔσται ᴬ128,12 = 26

5,2   πιέτωσαν] πινετ. 148,1 = 584 590

5,7   ἐνδύσεται]-σηται ᴬ148,17; ᴹᵉᵗ152,9 = 230-541 407 584

5,11   εὑρέθη ἐν αὐτῷ] εδοθη αυτω ᴬ152,25 = 230

5,13   ὁ βασιλεύς 2⁰] ναβουχοδονοσορ 154,22 = 230-233-541 Arm

5,22   πάντα ταῦτα] tr. 158,1 = 230 239 311 verss.ᵖ Tht.

5,23   τὸν κύριον] tr. 158,1 = 106 230

6,3(4)   πνεῦμα] + θεου ᴹᵉᵗ ˢ160,2 = 230-233 407

6,4(5)   Δανιηλ] pr. του ᴹᵉᵗ160,9 = 584 Tht.

6,9(10) ἐπέταξε] εκελευσεν 162,15 = 230

6,10(11) ἐπὶ τὰ γόν.] om. ἐπί ᴬ164,4 = 46 90 230 311 verss.ᵖ

6,15(16) Μήδοις καὶ Πέρσαις] μηδων και περσων ᴹᵉᵗ170,17 = 239 742

6,17(18) ἐπὶ τὸ στόμα] εις το στ. 172,17 = 534

6,17(18) ἐν τῷ δακτ. 1⁰] om. ἐν 172,18 = 239 311 541 Chr.

6,26(27) om. μου 1⁰ ᴬ178,21 = 88 311 Tht.ᵖ

7,23   εἶπε] + μοι 218,17 = 230 Tht.

7,28   ῥῆμα] + μου ᴬ222,14 = 239

8,2   ἐν Σούσοις] εμμεσουσοις ᴬ248,21 = 449ᶜ (εν μεσ.)

8,2   om. ἥ ἐστιν ᴬ250,1 = 230 Aeth Tht.ᵖ

8,2   ἐν χώρᾳ] om. ἐν ᴮ250,1 = 26 410

8,3   ἕν] ετερον 250,3 = 407

8,8   ἰσχῦσαι]-χυειν ᴮ250,17 = 106 230

8,9   om. ἕν ᴬ250,20; ᴬ254,6 = 239 584 Tht.ᵖ

8,10   τοῦ οὐρανοῦ 1⁰⌒2⁰ ᴬ250,21 = 106 230-541 393 410 538 764

8,14   δισχίλιαι] χιλιαι 252,5; 256,2. 4 = 26 584 Armᵖ

8,16   ἐκεῖνον / τὴν ὅρασιν] tr. ᴮ256,13 = 230 Laᵂ; om. ἐκεῖνον ˢ257,14 = 584

8,20   fin.] + εστιν 258,1 = 230 verss.ᵖ

8,21   Ἑλλήνων] + εστιν 258,2 = verss.ᵖ

8,22   τέσσ. ὑποκ. κέρ.] υποκ. (+ αυτου^B) κερ. τεσσ. 258,4 = 130 239 584

8,23   αὐτῶν 1⁰]-του ^{A}258,6 = 538

9,1   Χαλδαίων] pr. των ^{BJ}260,4 = 26 46 239 Tht.

9,2   τὸν ἀριϑμόν] των -μων ^{AJ}260,4 = 36 62 88 230-233 584 764^c Bo

9,3   τὸν ϑεόν] + μου ^{A}260,9 = 26 46-130-534 230 239 584 verss.^{p} Eus. dem.

9,3   om. τοῦ ἐκζητῆσαι — ϑεόν μου (v. 4) ^{AB}260,7 = 239 Aeth^p

9,5   ἠδικήσαμεν, ἠνομήσαμεν] tr. ^{BS}260,11 = 239 La^W Arm Aug.

9,6   εἰσηκούσαμεν] εισακ. ^{A}260,13 = 230 584

9,7   σοί 1⁰] + δε 260,16 = 534

9,20   ἁμαρτίας 1⁰ ⌒ 2⁰ ^{A}262,3 = 106

9,20   τοῦ λαοῦ μου] om. μου ^{S}263,2 = 233-541 764* Arm Tht.^{p}

9,20   om. Ισραηλ 262,3 = 239

9,20   τὸν ἔλεον] το ελαιον ^{A}262,4 = 106

9,21   ὥραν]-ρα ^{B}262,6 = 538 584

9,24   ἁμαρτίαν]-τιας 264,4; 272,3 = 230-233-541 405 Arab PsAth. IV 685

9,24   ἐξιλάσασϑαι ἀδικίας] εξιλ. (+ τας ^{J}270,1) αμαρτιας 268,10; ^{JP}270,1 = 239

10,1   ἐπεκλήϑη] εκληϑη ^{B}280,9 = 541; > ^{J}280,9 = 46 230 La^{CS}

10,5   om. εἰς ^{J}282,3 = 230 Chr. I 722 Tht.^{p} Arn.

10,11   τῇ στάσει] την στασιν ^{A}286,11 = 538

10,12   ἐν τοῖς λόγοις σου] (του) συνετισαι σε 262,18 = 230-233-541

10,19   ἀνήρ] ανερ ^{A}288,12 = 230 239 410 Tht.^{p}

10,20   om. Εἰ ^{B}290,1 = 230-541 Bo

10,21   ἀλλ' ἤ 2⁰] αλλα ^{AJ}290,4 = 541

11,2   μέγαν]-γα ^{A}292,8. 19; ^{A}294,2 = 147 230-541

11,8   πᾶν] pr. και 302,10 = 584 verss.^{p}

12,2   ἐν γῆς] εκ γης ^{A}326,13. 17 = 26 91 230-233-541 231 534 584 Constit.^{p}

12,5   om. ἕτεροι ^{J}330,4 = 239 Bo Arm

12,7   ἀριστερὰν αὐτοῦ] om. αὐτοῦ $^{B\ Met}$330,9; $^{B\ J\ Met}$332,5 = 230-541

12,7   om. ἐν 1⁰ ^{AB}330,10 = 26 88 239 410

12,10   ἐκλεγῶσι] pr. εως αν 334,20; 336,7 = 410 Chr. I 895

12,10   ἐκλευκανϑῶσι] λευκ. $^{B\ Met}$334,20; ^{B}336,7: cf. 336,9. 10 = 230-233-541 239 Chr. I 895

12,10   πυρωϑῶσι] εκπυρ. ^{A}334,20; 336,7: cf. 336,13 = 88

12,10   ἄνομοι 1⁰ ⌒ 2⁰ 334,21; 336,16 = 230-233-541 405 410 584 La^S Bo

Im ganzen sind es 80 Stellen, wo Hippol. mit Minuskeln zusammengeht; an der Spitze steht 230, die 35mal mit Hippol. übereinstimmt; dann folgen 541 (19mal), 584 (18mal), 239 (17mal), 233 (12mal), 410 (10mal), 46 (9mal), 26 (8mal), 534 (6mal), 106 130 538 (je 5mal). Doch diese Zählweise vermittelt nur ein undeutliches Bild, da die Varianten nicht zu zählen, sondern zu wägen sind. Deutlich ergibt sich, daß 230 in naher Beziehung zu Hippol. steht; verschiedene Varianten werden nur von 230 Hippol. bezeugt: 2,9; 5,11; 6,9(10); 8,16; 8,20; 10,5. Besondere Beachtung verdient die Stelle

6,9(10), wo Hippol. und 230 das Verbum εκελευσεν statt ἐπέταξε haben. Es ist fraglich, ob Hippol. wirklich in seiner Bibel εκελευσεν gelesen hat; es ist eher so, daß 230 hier von Hippol. beeinflußt ist. Hippol. liebt nämlich das Verbum κελεύειν und verwendet es häufig (vgl. 86,11; 90,14; 104,14; 166,1; 178,20; 206,8), namentlich in der Aoristform ἐκέλευσεν (vgl. 20,7; 50,9; 140,21; 150,6; 154,20; 158,14; 176,18). Manchmal steht es im Zusammenhang mit biblischen Wendungen, so 50,9; 150,6; 302,19; 304,4; ähnlich auch an unserer Stelle 162,15.

IX. Hippol. = O L C

Selten geht Hippol. mit O; es können nur drei Stellen aufgeführt werden, die aber belanglose Varianten bringen: 3,99 (4,2) ἐμοῦ 2⁰] μου 116,18 = O ... 230-541 || 4,5(8) ἑαυτῷ] αυτω 118,9; 120,9. 18 = O ... 230 || 10,6 ὡσεί 1⁰] ως 284,2 = O.

Mit V, der führenden Hs. der O-Gruppe, geht Hippol.^{Met} 3mal zusammen:

3,91(24) εἰς μέσον] εν μεσω ^{Met}106,7 = V 407 541

4,23(26) τὴν ἐξουσίαν] την βασιλειαν ^{Met}136,11 = V Tht.

12,7 τὸν αἰῶνα] τους αιωνας ^{J}330,10; ^{Met}332,7 = V 230.

Auch lukianische Lesarten sind bei Hippol. selten und unbedeutend; folgende Stellen kommen in Frage: 2,10 ξηρᾶς] γης 50,3 = L || 6,26(27) δόγμα τοῦ] om. τοῦ 178,22 || 8,13 ἡ θυσία] pr. και ^{BS}252,3 || 8,16 φωνήν]-νης ^{B}256,12 || 8,18 πόδας] τους π. μου 256,18 || 8,22 ὑποκάτω] + αυτου ^{BS}258,4 || 9,4 εἶπα]-πον ^{A}260,9 (εἶπων sic) || 9,6 ἄρχοντας] pr. τους ^{A}260,15 = 48; pr. προς τους L^{-48} || 9,24 ἀπαλεῖψαι] pr. του ^{ABP}264,4; 268,9. 16 || 10,20 om. ἵνα 290,1 || 11,45 σαβαιν] σαβιρ 312,3 || 12,7 τὰ βαδδιν] το β. 330,8. 17 || 12,13 κλῆρον] καιρον ^{Met}336,2.

Außer der zuerst genannten Lesart sind alle aufgezählten Varianten nicht charakteristisch; vielleicht muß sogar die erste Variante 2,10 ausscheiden, da die Lesart nicht sicher ist, siehe Bonw. z. St. Einige Varianten sind auch von 230 bezeugt, so 8,18; 8,22; 11,45; 12,7; 12,13. Zudem ist die handschriftliche Bezeugung nicht einheitlich; erst recht gehen die Zeugen auseinander, wenn die Stellen wiederholt zitiert werden. Beispiele:

4,5(8)   ἐν ἑαυτῷ / ἔχει] tr. L; εχει εν αυτω 120,9; εν αυτω εχει 118,9; 120,18

9,24   τὰς ἀδικίας ^{AJ}268,16] om. τάς 264,4; 268,9 = L

10,12   τοῦ θεοῦ σου 290,6] om. σου 286,15 = ll

11,2   βασιλείαις Ἑλλήνων ^{AC}294,3] ταις βασ. των ελλ. 292,10; ^{J}294,3 = L

11,42   γῇ ^{B}310,21; 324,1] pr. η ^{AJ}310,21 = L.

Wichtiger als die eben genannten Stellen sind vier Lesarten, an denen Hippol. mit O und L übereinstimmt und zugleich mit $\mathfrak{M}$ geht:

3,23   οἱ τρεῖς οὗτοι] pr. οι ανδρες 94,7; pr. οι ανδρες εκεινοι V = $\mathfrak{M}$; οι ανδρες ουτοι 62-147; οι ανδρες ουτοι (εκεινοι) οι τρεις L'’

3,95(28) om. εἰς πῦρ 114,18 = 62-147 L ...

4,15(18) δ $\varepsilon\tilde{\imath}\delta o\nu$] om. δ 122,15 = O L ... 230-233-541
4,24(27) om. δ $\vartheta\varepsilon\acute{o}\varsigma$ 128,20; 134,6 = O L ...

Es kann nicht entschieden werden, ob die genannten Lesarten Hippol. bereits in seiner Bibel vorgefunden hat, oder ob hier nachträgliche Korrekturen vorliegen. Bei wiederholten Zitaten ist keine Einheitlichkeit festzustellen, so 4,20(23) $\dot{\varepsilon}\acute{a}\sigma\alpha\tau\varepsilon$ / $\dot{\varepsilon}\nu$ $\tau\tilde{\eta}$ $\gamma\tilde{\eta}$ 136,10; 146,1] tr. 128,6 = 62-147 L C 230-233 ... = $\mathfrak{M}$. Hier steht die nach $\mathfrak{M}$ umgestellte Lesart nur im Lemma (128,6); es mag sein, daß wir in ihr eine spätere Korrektur haben.

Mit der zuletzt genannten Stelle sind uns Hippol.-Lesarten begegnet, die mit C (Catenen-Gruppe) übereinstimmen. Weitere Belegstellen:

6,6(7) $\varepsilon\tilde{\imath}\pi\alpha\nu$ ^{Met}]-$\pi o\nu$ ^{A}162,7 = L C 230-541 ...
6,7(8) $\ddot{o}\pi\omega\varsigma$ $\ddot{o}\varsigma$ ^{Met}] om. $\ddot{o}\varsigma$ ^{A}162,10 = L C 230-541 ...
7,15 $\dot{\varepsilon}\tau\acute{a}\varrho\alpha\sigma\sigma\acute{o}\nu$ $\mu\varepsilon$] $\sigma\nu\nu\varepsilon\tau\alpha\varrho$. $\mu\varepsilon$ ^{B}206,3 = LC 233 541 ...; $\varepsilon\tau\alpha\varrho\alpha\sigma\sigma o\nu\tau o$ ^{A}206,3
8,25 $\chi\varepsilon\iota\varrho\acute{\iota}$ 2^0 ^{A}258,12] pr. $\varepsilon\nu$ ^{BS}258,12 = L C ...

Zweimal ist die mit C übereinstimmende Hippol.-Lesart auch von der Untergruppe ll bezeugt: 3,50 $\alpha\dot{v}\tau o\tilde{\imath}\varsigma$]-$\tau o\nu\varsigma$ 102,22 = ll C ... || 3,60 $\dot{\varepsilon}\pi\acute{a}\nu\omega$] $v\pi\varepsilon\varrho\alpha\nu\omega$ 98,4; 96,18 = ll C ...

Mit C allein (und verschiedenen Minuskeln, die keiner Rezension zugehören) geht Hippol. an folgenden Stellen:

2,23 $\ddot{o}\varrho\alpha\mu\alpha$] $\varrho\eta\mu\alpha$ 52,17 = C 26 230 538
4,9(12) $\varkappa\alpha\grave{\imath}$ $\dot{v}\pi o\varkappa\acute{a}\tau\omega$] om. $\varkappa\alpha\acute{\imath}$ 120,24 = C^{-87} 46 130 ...
5,1 $\varkappa\alpha\grave{\imath}$ $\varkappa\alpha\tau\acute{\varepsilon}\nu\alpha\nu\tau\iota$] om. $\varkappa\alpha\acute{\imath}$ ^{A}146,20 = C 233-541 584 ...
6,10(11)   om. $\alpha\dot{v}\tau o\tilde{v}$ 2^0 164,3 = C 407 Bo
6,17(18) $\alpha\dot{v}\tau o\tilde{v}$ $1^0 \frown 2^0$ 172,18 = 87
7,7 $\delta\iota\acute{a}\varphi o\varrho o\nu$]-$\varphi\varepsilon\varrho o\nu$ 182,16; 194,8 = C 106 230-233-541 407 590; aber $\delta\iota\alpha\varphi o\varrho o\nu$ Ant.^{H}; $\delta\iota\alpha\varphi o\varrho\omega\varsigma$ Ant.^{ER}
7,25 $\pi\alpha\lambda\alpha\iota\acute{\omega}\sigma\varepsilon\iota$] $\pi\lambda\alpha\nu\eta\sigma\varepsilon\iota$ 220,4 = C 46-130-534 ...
8,5 $\dot{o}\varphi\vartheta\alpha\lambda\mu\tilde{\omega}\nu$ $\alpha\dot{v}\tau o\tilde{v}$] om. $\alpha\dot{v}\tau o\tilde{v}$ 250,10 = C 230-233-541 ...

Wichtig ist die an erster Stelle genannte Lesart 2,23 $\varrho\eta\mu\alpha$, die sicher ursprünglich ist. Auffallend ist die Unterdrückung von $\alpha\dot{v}\tau o\tilde{v}$ 6,10(11) und 8,5; auch hier wird Hippol. eine alte (ursprüngliche?) Lesart vertreten. Die Variante 7,25 $\pi\lambda\alpha\nu\eta\sigma\varepsilon\iota$ ist sekundär, aber alt.

Ein Rückblick zeigt, daß der Bibeltext des Hippol. kein einheitliches Gepräge hat. Am meisten nähert er sich dem B-Text; häufig geht er auch mit Q zusammen; unter den Minuskeln steht ihm 230 am nächsten. Da diese Minuskel (230) nahe mit Q verwandt ist, und Q wiederum oft den B-Text stützt, hatte die Bibel des Hippol. einen Text, wie er uns teilweise in den genannten Hss. B, Q, 230 erhalten ist. Die mit den späteren Rezensionen O und L, sowie mit der Catenen-Gruppe übereinstimmenden Lesarten sind meistens unwesentlich; da die Texte in den verschiedenen Hippol.-Hss. und bei wiederholter Zitation auseinandergehen, liegen spätere Korrekturen vor. Nur gelegentlich haben sich alte Hippol.-Lesarten hier erhalten.

X. Hippol. = o′

Einige Lesarten von Hippol. stimmen mit dem o′-Text überein oder klingen an ihn an: 2,10 Οὐκ] pr. οτι ᴬ50,2 || 2,17 Καί 1⁰] τοτε 52,3 || 2,30 καὶ ἐμοί] καμοι 56,1 || 2,32 ἡ κεφαλή] + αυτης 56,15 || 2,46 ἔπεσεν] πεσων 60,13. 17 || 3,3 καὶ εἱστήκεισαν] και εστησαν 70,13 || 3,15 ἐὰν δὲ μή] ει δε μη 74,16 || 3,21 εἰς μέσον τοῦ π. τῆς καιομ.] εις την καμινον του π. την καιομενην 90,12 || 6,10(11) καὶ αἱ θυρίδες ἀνεῳγμ. αὐτῷ] ηνοιξεν τας θυριδας 164,3 || 8,11 καὶ κατευοδώθη] και ευοδωθη ᴮ250,24 || 8,21 Ἑλλήνων] + εστιν 258,5 = Bo Aeth Arm || 9,6 ἐν τῷ ὀνόματι] επι τω ονομ. ᴬ260,14 || 10,6 τὰ σκέλη] οι ποδες 284,10 || 10,9 ἤμην κατανενυγμ. καὶ τὸ πρόσ. μου] και πιπτω επι προσ. μου 286,6: cf. o′ εγω ημην πεπτωκως επι προσ. μου || 10,12 τὴν καρδίαν σου 286,14] το προσωπον σου 262,16; 290,6 = 62-147 | τοῦ συνιέναι καὶ κακωθῆναι 286,14; 290,6 (om. τοῦ συν. καί)] ταπεινωθηναι 262,17 || 12,3 εἰς τοὺς αἰῶνας] εις τον αιωνα 326,16 = Bo Aeth Spec. || 12,6 θαυμασίων] θαυμαστων (-ματων ᴬ) 330,7.

Diese o′-Lesarten sind nicht bedeutsam (außer zu 10,12, vgl. dazu unten); oftmals stehen sie in Stellen, die in freier Weise zitiert sind, so 2,17; 2,30; 2,46; 3,3; 6,10(11); 10,6; 10,9; 12,6. Trotzdem ergibt sich mit Sicherheit, daß Hippolyts Bibeltext verschiedene o′-Lesarten hatte. Dies geht auch aus seinem Kommentar hervor, wo er ohne nähere Angabe des Bibeltextes Wörter und Wendungen bringt, die nur im o′-Text vorkommen, so ἐν τοῖς ὄρεσι 132,22 bis 23; 140,5 (aus o′ 4,12(15)) und εἰς τὴν ἔρημον 140,1; 188,2 (aus o′ 4,22(25)).

Ob Hippol. bereits die verderbte o′-Lesart 7,19 διαφθείροντος (statt διαφέροντος, vgl. o′ 7,3; θ′ 7,3. 7. 19) kannte, da er διαφθείροντα (so richtig ᴮˢ gegen διαφέροντα ᴬᶜ) τὴν ἀνθρωπότητα 184,15—16 schreibt, ist nicht sicher. Lehrreich für o′ 7,19 ist jedenfalls der handschriftlich bezeugte Wechsel διαφθείροντα — διαφέρ. bei Hippol. 184,15.

XI. Sonderlesarten bei Hippol.

Oft stehen bei Hippol. Sonderlesarten. Zunächst seien solche aufgeführt, die einheitlich (von allen Hss.) bezeugt sind: Sus. 60 εὐλόγησαν] εδωκεν αινον 42,22 || Dan. 2,4 εἶπον τὸ ἐνύπν.] το εννπν. ειπε 46,9 (ειπε auch 88 Tht.) || 2,9 διεφθαρμένον] διεστρεμμενον 48,18 || 2,10 ἐνώπιον τοῦ βασ.] τω βασιλει 50,2 || 2,18 μετὰ τῶν ἐπιλ. σοφῶν] συν τοις επιλοιποις σοφοις 52,6 || 2,24 καὶ τὴν σύγκρισιν τῷ βασ. ἀναγγελῶ] και αναγγελω τω βασ. το ενυπνιον και την συγκρ. αυτον 54,3 (vgl. L verss.ᴾ) || 3,23 ἔπεσον] επεπεσον 94,8 || 3,95(28) ἐξείλατο] ερρυσατο 114,16 = Tht. || 3,96(29) καθότι] οτι 114,21 || 4,12(15) σιδηρῷ ... χαλκῷ] tr. 122,8; ebenso 4,20(23) ᴬ128,7 || 4,30(33) ἀπό 2⁰] υπο 130,4 || 4,33(36) ἐζήτουν] εξεζητουν 144,15 || 5,1 τῶν χιλίων] τουτων 146,21 || 5,22 κατενώπιον] κατεναντι 156,25 || 5,24 ἐνέταξεν] εταξεν 158,9 = Compl. || 6,10(11) αὐτοῦ 3⁰] εαυτου 164,5 || 6,14(15) ὡς / τὸ ῥῆμα] tr. 170,7 || 6,19(20)

ἐπὶ τὸν λάκκον] εἰς τον λ. 174,11 ‖ 6,22(23) κατέναντι] κατενωπιον 174,21 ‖
6,25(26) ἔγραψε] επεγραψεν 178,18 ‖ 6,27(28) σημεῖα ... τέρατα] tr. 180,2 ‖
7,28 ἐπὶ πολύ] επι πλειον 222,13 = Chr. ‖ 8,14 καθαρισθήσεται] αρθησεται
252,6 = Clem.[L] ‖ 9,27 δυναμώσει] διαθησει 278,12; 314,17; Ant. 27,20 ‖
10,6 ὡσεὶ ὅρ. ἀστραπῆς] ως η (> [B]) αστραπη 284,5 = CyrHieros. p. 740 ‖
10,12 ἠκούσθησαν] εισηκ. 286,15 = CyrHieros. p. 740 ‖ 10,16 ὁμοίωσις] ορασις
286,19. 21 ‖ 10,21 εἷς] ουδεις 290,4 ‖ 11,6 συνθήκας / μετ᾽ αὐτοῦ] tr.
300,14 ‖ 11,7 τοῦ βορρᾶ] αιγυπτου 294,10 ‖ 11,21 οὐκ ἔδωκαν] ου δωσουσιν
310,5 ‖ 12,11 δοθῆναι] δοθησεται B; δωσουσιν 316,4; 324,12; Ant. 43,1.

Bei den genannten Sonderlesarten ist nicht immer deutlich, ob sie von
Hippol. wirklich in seiner Bibel gelesen wurden, oder ob es freie Zitationen
sind. Bei manchen kann man das Letztere annehmen, so Sus. 60; Dan. 2,10;
2,17; 2,18; 4,30(33); 5,1 usw. Für echte Lesarten, d.h. solche, die Hippol.
in seinem Exemplar vorgefunden hat, sind jene zu halten, die in gleicher Form
wiederholt werden, also 9,27; 10,16; 12,11. Oftmals werden unbedeutende
Varianten dem Schreiber (Korrektor) der Handschrift angehören. Da von
Kap. 1—7 für den griechischen Text nur die Hs. A (und gelegentlich Met)
vorliegt, ist hier die Anzahl der Sonderlesarten größer als im zweiten Teil
(Kap. 7—12), wo die Hss. B (für die meisten Stellen), C, M, J (für einige
Stellen, siehe oben) vorliegen. Deshalb haben die für Kap. 7—12 oben genannten Sonderlesarten auch ein größeres Gewicht, da sie von allen Hss.
bezeugt werden.

Viele Sonderlesarten sind nicht einheitlich, sondern von nur einer oder
zwei Hss. bezeugt: Sus. 57 ἀνομίαν [S]] ασχημοσυνην [A]41,13 ‖ Dan. 2,6 γνωρί-
σητε]-ρησεται [A]46,13 ‖ 2,30 τοὺς ζῶντας [S]] κατοικουντας [A]56,2 ‖ 3,49
κυρίου [S]] του θεου [A]102,18 = Arm ‖ 3,57 κυρίου [S]] αυτου [A]96,15 ‖ 4,10(13)
ἅγιος]-ιον [A]122,3 = Bo ‖ 4,13(16) ἀνθρώπων[S]] ουρανων [A]122,10 ‖ 4,30(33)
ἕως [S]] και [A]130,5 ‖ 5,6 συνεκροτοῦντο]-ρωτουν 148,14 ‖ 5,16 νῦν[S]] επει
[A]154,23 ‖ 5,22 ἔγνως [S]] ειπας [A]158,1 ‖ 6,7(8) ἀλλ᾽ ἤ] αλλα 162,11 ‖
6,12(13) ἔταξας [Met]] εθηκας [A]170,1 ‖ 6,17(18) ἐσφραγίσατο [Met]]-γησεν [A]172,17 ‖
7,4 ὡσεί[1O,A]] ως [B]182,4 ‖ 7,15 ἕξει [BS]] εκστασει [A]206,2 ǀ ἐτάρασσόν (συνετ.[B])
με] εταρασσοντο [A]206,3 ‖ 7,19 διαφέρον [BS]] φοβερον [A]216,4 ‖ 7,20 ἑτέρου [AS]]
μικρου [B]216,8 ‖ 7,23 πᾶσαν / τὴν γῆν [B]] tr. [A]218,19 ‖ 7,24 ἀναστήσεται [A]]
αναβησεται [B]220,2 ‖ 7,25 καιρῶν [AS]] ημερων [B]220,5 ‖ 7,27 ὑπακούσονται [B]]
επακ. [A]220,10 ‖ 8,1 πρός με ἐγώ [A]] εμοι [BS]248,20 ‖ 8,6 ἔδραμεν [AS]]-μον
[B]250,11 ‖ 8,10 αὐτά [B]]-το [A]250,23; > [S] ‖ 8,13 ἤκουσα [AS]]-σαν [B]252,2 ‖
8,19 ἔτι [S]] εστι [A]256,19; εστη [B] ‖ 8,22 τοῦ συντρ. οὗ ἔστησαν [A] τουτου συντρ.
ανεστησαν (αντεστ. [B]) [BS]258,3 ‖ 9,1 ἐπί [BJ]] εις [A]260,3 ‖ 9,23 καὶ ἐγώ [B]]
καγω [A]262,9 ‖ 9,25 γνώσῃ καὶ συνήσεις [BJPS]] γνωσις και συνεσις [A]264,7 ‖
11,2 παρά [AB]] υπερ [J]292,9 ǀ τοῦ πλούτου [BJ] τον πλουτον [A]292,9 ‖ 11,4 συντριβήσεται [ABS]]-βησαι [J]292,12 ‖ 11,39 αὐτοῖς [A]]-τον [B]310,18; sibi [S] ‖
12,3 ἐκλάμψουσιν [B]]-ψωσιν [A]326,15 ‖ 12,13 ἀναστήσῃ εἰς τόν [BS]] αναστηναι
[A]336,2.

Die Varianten sind unwesentlich, vielfach nur Schreibversehen. Erst ab Kap. 7, wo zu A noch andere Hss. hinzutreten, kann man Vergleiche ziehen; es sind 24 Stellen, von denen 12 Sonderlesarten von A, 9 von B bringen; A ist somit an Sonderlesarten reicher als B. Die Hs. J zeigt 2 mal Sonderlesarten gegen A B. An einer Stelle (8, 19) hat nur S gegenüber A B die richtige Lesart.

Zusätze sind selten. Von allen Hippol.-Hss. bezeugt sind folgende: 2, 30 ζῶντας] κατοικουντας επι της γης ᴬ56, 2; + *super terram* ˢ57, 2 ‖ 3, 13 τότε] + ακουσας 74, 10 ‖ 3, 15 αὐτῇ τῇ ὥρᾳ] pr. εν 74, 16 ‖ 5, 12 πνεῦμα] + θεου 154, 1 ‖ 5, 17 σου 1⁰] + βασιλευ 156, 3 ‖ 10, 10 χείρ] + ανθρωπον 286, 7. 8. 20 ‖ 11, 43 ἐπιθυμητοῖς] pr. τοις 310, 22.

Einige Zusätze bei Hippol. finden sich auch in manchen Übersetzungen und Väterschriften: 4, 15 (18) σύγκριμα 1⁰] + αυτου 122, 16 = Bo Aeth Arm ‖ 4, 31 (34) ἡμερῶν 130, 6; 144, 5] + εκεινων 188, 9 (cf. 68, 19) = Bo ‖ 7, 7 σιδηροῖ] + και οι ονυχες αυτου χαλκοι 182, 14; 194, 6; 204, 8; Ant. 15, 22; 17, 16; 21, 16 = Armᵖ Tht.ᵖ Prisc.: ex 19 ‖ 12, 9 οἱ λόγοι] + ουτοι 334, 19; 336, 7 = Arab.

Nicht einheitlich bezeugt sind folgende Zusätze: 4, 18 (21) πᾶσιν] + ην ᴬ126, 23; 138, 8 ‖ 4, 30 (33) αὐτοῦ 3⁰] + εγενοντο ᴬ130, 6 ‖ 5, 11 ἐν ᾧ] + εστι ᴹᵉᵗ ˢ152, 24 = Laˢ Arm Spec. Hi. ‖ 6, 10 (11) ἔμπροσθεν ᴹᵉᵗ] pr. εν τοις ᴬ164, 6 ‖ 7, 20 τῶν προτέρων] pr. εκ ᴮˢ216, 8 = *de* Aug.civ. | μείζων] pr. εγενοντο ᴮ216, 10 ‖ 10, 6 ὄχλου] + πολλου ᴬᴶˢ284, 14 = Aethᵖ: ex Apoc. 19, 1. 6 ‖ 10, 10 χείρ] pr. ωσει ᴬ286, 7; pr. ως ᴮˢ286, 7. 20 ‖ 12, 12 ὁ ὑπομένων] ο υπομεινας εις χριστον ᴮˢ316, 6 (fehlt in ᴹ und in allen Hss. 324, 13).

Die Zusätze sind weder zahlreich noch bedeutend, wenn man von 7, 7 absieht, der etwas länger und 6 mal bei Hippol. bezeugt ist und deshalb für echt gehalten werden muß. Manche Zusätze sind durch die freie Zitationsweise des Hippol. bedingt, so 3, 13; 6, 10 (11). Der christliche Zusatz 12, 12 εις χριστον stammt wohl von Hippol. selbst.

Zahlreicher als die Zusätze sind die Auslassungen. Folgende Auslassungen sind einheitlich bezeugt: 2, 27 om. σοφῶν 54, 9 ‖ 2, 42 om. ἔσται 2⁰ 58, 22 ‖ 2, 48 τοὺς σοφούς] om. τούς 62, 9 ‖ 3, 5 om. ᾗ ἔστησε Ναβ. ὁ βασιλεύς 70, 16 ‖ 3, 12 om. βασιλεῦ 74, 8 ‖ 3, 15 om. ᾗ ἐποίησα 74, 16; 84, 19 | om. προσκυνήσητε 2⁰ 74, 16 ‖ 3, 46 om. τὴν κάμινον 102, 9 ‖ 3, 93 (26) om. τοῦ πυρός 1⁰ 108, 4 ‖ 3, 99 (4, 2) om. ὁ ὕψιστος 116, 18 ‖ 4, 6 (9) om. τὴν ὄρασιν 118, 11 ‖ 4, 11 (14) om. οὕτως 122, 4 ‖ 6, 6 om. αὐτῷ 162, 7 ‖ 7, 24 om. καὶ τρεῖς βασιλεῖς ταπεινώσει 220, 3 ‖ 8, 15 om. ἐγὼ Δανιηλ 256, 10 = Compl. ‖ 10, 6 om. τῶν λόγων 284, 14 ‖ 10, 16 om. τῶν χειλέων 286, 20 | om. καὶ ειπα 288, 7 ‖ 12, 5 om. ἐγὼ Δανιηλ 330, 3.

Wenn die Auslassungen in den kurzen Zitaten des Kommentars stehen, so 10, 6; 10, 16 (siehe oben), dann werden sie wohl von Hippol. absichtlich ausgelassen sein; Hippol. liebt es nämlich, die Zitate nur verkürzt anzuführen.

Sehr häufig finden sich Auslassungen in der Hs. A, während S und B (ab Kap. 7) den vollen Wortlaut der Bibelstelle bringen. Oft ist das Minus infolge Homoioteleuton entstanden. So fehlen die beiden Verse 8,18—19 (S. 256,16) in A infolge Homoioteleuton, ebenso die Versteile 4,13(16) καὶ καρδία θηρίου δοθήσεται 122,11 und 5,19 καί ult.—fin. 156,14 = Aeth.[p]

XII. Vergleichung der von Hippol. wiederholt aufgeführten Zitate

Für die Untersuchung des Bibeltextes ist es sehr vorteilhaft, daß verschiedene Stellen wiederholt im Kommentar und auch in seiner Schrift De Antichristo („Ant.") zitiert werden. Zugleich erschwert aber auch diese Wiederholung unsere Studie, weil oftmals die Texte abweichen. Zunächst seien solche Stellen genannt, wo die abweichenden Lesarten von allen Hippol.-Hss. bezeugt werden:

2,28	θεός *54,10*] ο θεος 54,16 = A L
2,28	ἀποκαλύπτων 54,17] ο αποκ. *54,11* = 87
2,37	βασιλέων 122,24] βασιλευοντων 58,8
2,38	ὅπου *58,9*] ω 124,1: cf. εν ω C …
2,38	οἱ υἱοί 124,1] om. οἱ *58,9* = 87ᶜ 233 …
2,43	συμμιγεῖς ἔσονται 202,7] συμμιγησονται *58,23* = 130 230-541 311 584
2,43	ἐν σπέρματι *58,23*] εν σπερμασιν 202,8 = 233
2,43	προσκολλώμενοι *60,1*] κολλωμενοι 202,8
2,43	καθώς *60,1*] καθαπερ 202,9
3,2	τοὺς τοπάρχας 72,11] om. τούς *70,9* = C 230 …
3,15	ἐξελεῖται *74,17*; 140,4] δυνησεται ρυσασθαι 84,12; 108,23
3,22	ἐπεὶ τὸ ῥῆμα τοῦ βασ. ὑπερίσχυεν] επει υπερισχυεν το του βασ. ρημα 90,13; κατα το ρημα του βασ. υπερισχυον 86,22
3,47	ἐπάνω τῆς καμίνου 102,10] κυκλω της καμ. 106,4
3,47	ἐπὶ πήχεις 106,4] om. ἐπί 102,10 = 147 Sy
3,51	ἐξ ἑνὸς στόματος 98,23] δι ενος στομ. 96,10
4,5(8)	ὅς 120,9] οστις *118,9* = 46 130
4,11(14)	ἐκτίλατε … ἐκτινάξατε 122,4; 136,9; 142,1] tr. 138,19
4,11(14)	σαλευθήτωσαν 138,21] -θητω *122,6* = Q L
4,11(14)	τὰ θηρία *122,6*] + τα 138,21 = 49 230 588 Aeth
4,12(15)	τῶν θηρίων 122,9] om. τῶν 140,8 = Q-230-233-541 239; + αγριων 140,8 = Q-230-233-541 Aeth[p] Arm[p]
4,17(20)	εἰς τὸν οὐρ. *126,21*] εως του ουρανου 136,18 = 147 311
4,20(23)	ἐάσατε / ἐν τῇ γῇ 136,10; 146,1] tr. *128,7* = O L C: cf. 12
4,20(23)	ἐπ' αὐτόν 140,16; 142,9] επ αυτω *128,9* = L 230-541: cf. 13
4,23(26)	ἀφ' ἧς ἂν γνῷς *128,16*] βασιλευ εως αν επιγνως 136,11
4,23(26)	τὴν οὐράνιον *128,17*] την επουρανιον 126,9; 136,11; 144,22 = A Q C …
4,24(27)	μακρόθυμος 134,6] -θυμια *128,19* = L
4,25(28)	ταῦτα π. ἔφθασεν ἐπὶ Ναβ. τὸν βασ. 128,20] ταυτα μεν ουν απαντα συνεβη τω βασιλει Ναβ. 136,14

4,30(33) ἕως αἱ τρίχες αὐτοῦ ὡς λεόντων ἐμεγαλ. καὶ οἱ ὄνυχες αὐτοῦ (+ εγενοντο ᴬ) ὡς ὀρνέων 130,5] εως ου η θριξ αυτου ως λ. ηυξησεν και οι ον.
αυτου ως ορ. εμεγαλ. 140,14

4,31(34) ἡμερῶν *130,6*; *144,5*] + εκεινων 188,9 (cf. 68,19) = Bo

4,31(34) τῷ ὑψίστῳ 188,11] τον υψιστον *130,8*; *144,7* = 62-147 *L* 230-541 ...

4,31(34) εἰς τὸν αἰῶνα *130,9*] εις τους αιωνας 144,7; 188,11 = A Q-230-233
L C ...

4,31(34) ἡ ἐξουσία 144,8; 188,12] om. ἡ *130,9* = 233 534

5,5   ἐξῆλθον δάκτυλοι ... ἔγραφον ᴹᵉᵗ150,12; 150,15: cf. 150,24; 152,2]
          εξηλθεν δακτυλος ... εγραφεν *148,9*; ᴬ150,12

5,5   ἐπὶ τὸ κονίαμα 150,13] επι τω κονιαματι *148,10*

5,7   ἐπὶ τὸν τράχ. *148,18*] περι τον τραχ. 152,10 = A-106-584 311

5,8   εἰσεπορεύοντο *148,19*] επορευοντο 152,11 = Qᵗˣᵗ

6,4(5)   πρόφασιν 1⁰ 160,9] αφορμην 110,7; 166,23

6,4(5)   εὗρον 160,17] ηυρισκον 166,23

6,20(21) ὁ θεός σου 174,13] om. σου 110,3 = *C* ...

6,20(21) ἐκ στόματος 110,9; 174,14] εκ του στομ. 110,4 = 130 584

6,20(21) ἐξελέσθαι 174,13] ρυσασθαι 110,3 (cf. 110,9)

6,22(23) ὁ θεός μου ἀπέστειλεν 174,19] ο θεος εξαπεστειλεν 110,5

8,25   ἐπὶ ἀπωλ. 258,12] pr. αυτος 322,19

10,12   τὴν καρδίαν σου 286,14] το προσωπον σου 262,16; 290,6 = 62-147

10,12   τοῦ θεοῦ 286,14] pr. κυριον 290,6 = A Q *O L C* ...

10,12   θεοῦ σου 290,6] om. σου 286,15 = 311-538

10,12   ἡκούσθησαν οἱ λόγοι σου] εισηκ. οι λ. σου 286,15; εισηκουσθη η δεησις
          σου 262,18; 290,7

11,2   πάσαις βασ. Ἑλλήνων 294,3] π. ταις βασ. των ελλ. 292,10 = *L*.

Diese Gegenüberstellung der abweichenden Lesarten bei wiederholter Zitierung gibt ein buntes Bild. Klare, einheitliche Linien lassen sich nicht aufzeigen. Man kann nicht sagen, daß z.B. nach *L* korrigiert worden sei, wenn
auch unter den 50 Stellen 10 mit Lukian-Lesarten vertreten sind; denn diese
Lesarten sind nicht charakteristisch lukianisch, teilweise auch von Majuskeln
(A, Q) und von der Minuskel 230, die öfter mit Hippol. zusammengeht, vertreten. Deutlich ist manchmal frei zitiert, so 3,22 (86,22); 4,25(28) (136,14);
4,30(33) (140,14). Die meisten Abweichungen sind grammatischer Natur und
unbedeutend. Wenn die vom gewöhnlichen Text abweichende Lesart öfter
(wenigstens zweimal) zitiert wird, kann man annehmen, daß Hippol. so in
seiner Bibel gelesen hat, so 4,23(26) επουρανιον 126,9; 136,11. Manchmal
(so 5,5) ist die gewöhnliche und die abweichende Lesart gleich oft bezeugt;
hier kann man nicht feststellen, ob Hippol. den Singular εξηλθεν δακτυλος ...
εγραφεν wirklich in seiner Bibel als Sonderlesart vorgefunden hat. Einige Male
finden sich Wortlautänderungen. Die wiederholte Zitierung von αφορμην 110,7;
166,23 (vgl. auch 160,9; 164,19 = Tim. I 5,14; 166,21) könnte darauf hinweisen, daß Hippol. wirklich Dan. 6,4(5) αφορμην gelesen hat. Jedoch wird es

so sein, daß Hippol. das ihm geläufige αφορμην an die Stelle von πρόφασιν gesetzt hat, das er 160,9 als Bibeltext kennt. Auch in seiner Schrift „Refutatio omnium haeresium" verwendet Hippol. sehr oft ἀφορμή, siehe im Wortregister bei Wendland S. 310 s. v. Bei Dan. kommt dieses Wort nicht vor; in der LXX 3mal, im NT 5mal.

Dagegen scheint Hippol. in seinem Text 6,20(21) ρυσασθαι 110,3 gelesen zu haben; denn dieses Verbum wird als Stichwort im Kommentar wieder aufgenommen, vgl. 110,9. 13. 19. 20; 112,1. 7. 10. Auch 3,15 (84,12) und 3,95(28) (114,16) steht bei Hippol. ῥύεσθαι statt ἐξαιρεῖσθαι. Der Daniel-Text verwendet beide Verba, zieht aber ἐξαιρεῖσθαι (12mal) dem ῥύεσθαι (7mal) vor.

Das Bild der Varianten wird noch bunter, wenn wir solche Stellen betrachten, bei denen bei wiederholter Zitierung die einzelnen Hippol.-Hss. abweichen:

2,47   κύριος τῶν βασιλέων ᔆ63,5] κυριος των κυριευοντων ᴬ62,5; κυριος κυριων 124,4

2,47   ἠδυνήθης ᔆ63,6; 124,4] ηδυνηθη ᴬ62,6 = 130 Arab

4,8(11)   πάσης τῆς γῆς 120,3; ᴹᵉᵗ136,19] om. πάσης ᴬᔆ136,19 = Q-230-541 L ...

4,10(13)   ἀπ' οὐρανοῦ κατέβη] κατεβη απο του ουρ. 122,3 = Co Arm; απο ουρανων κατεβη 140,20; ᴹᵉᵗ150,14 (ᴬ ουρανου)

5,8   πάντες 152,11] > ᴬ148,19 = A-106-584

5,8   τὴν σύγκρισιν ᴬ148,20] + αυτης ᔆ149,20; 152,12 = 742 verss.ᴾ

5,9   ὁ βασιλεὺς Βαλτ.] ο βαλτ. ᴬ148,20; om. Βαλτ. ᔆ149,20; 152,19

6,7(8)   καὶ ἀνθρώπου] η ανθρωπου 88,18 = L; και ανθρωπων ᴬ162,10 = A -106-584 ...

8,4   στήσονται ᴬ250,6; ᴬᴶ252,11] στησεται ᴮ250,6; ᴮᶜ252,11 = 87 46 393

8,11   δι' αὐτόν ᴮ250,24; 254,7; ᴬ254,17] δι αυτου ᴬ250,24; ᴮ254,17 = 26 46-130 106 239

9,24   συντελεσθῆναι ᴮᴶᴾ264,3] συντελεσαι ᴬ264,3; 272,2 = A 26

9,24   ἐξιλάσ. ἀδικίας ᴮ270,1] εξιλασ. (+ τας ᴶ270,1) αμαρτιας 268,10; ᴶᴾ270,1 = 239.

Auch diese kurze Übersicht (kleine Zusätze und Auslassungen sind nicht aufgenommen) zeigt, daß keine Spuren einer Revision der einzelnen Hss. nach systematischen Grundsätzen festgestellt werden kann. Nur 5,8; 6,7(8); 9,24 sind Übereinstimmungen der Hippol.-Hs. A mit dem Kodex Alexandrinus (A). Die anderen Unterschiede werden auf die Kopisten zurückgehen.

Auch die Zitate in der Schrift De Antichristo (Ant.) weichen von denen des Daniel-Kommentars ab. Es sind aber nur unbedeutende, grammatische Varianten, wie folgende Aufstellung zeigt (es genügt, nur einige Stellen zu bringen):

2,32   κεφαλή Ant. 14,26] + αυτης 56,15 = o'

2,35   ἐγένετο 58,3; Ant. ᴱᔆ15,5] εγενοντο Ant. ᴴᴿ15,5

7,3   ἀλλήλων 184,13; Ant. ᴱᴿ15,14] αλληλοις 182,4; Ant. ᴴ15,14

7,4   πτερὰ αὐτῇ 182,5; ᴮᴹ186,3; ᴬᴮ186,5; Ant. ᴱᴿˢ15,14; ᴱᴿ16,24] πτ. αυτης ᴬ186,3; ᴹ186,5; Ant. ᴴ15,14; ˢ16,24; πτ. αυτου Ant. ᴴ16,24; om. αὐτῇ ᶜ186,5

7,7   διαφέρον 182,16; 194,8] -φορον Ant. ᴴ15,23; -φορως Ant. ᴱᴿ15,23

7,9   ἕως ὅτου 194,13; Ant. ᴴ16,5] εως ου Ant. ᴱᴿ16,5; εως οτε 184,2

7,9   ἐκάθητο 194,14; 212,5; Ant. 16,5] εκαθησεν 184,3

7,13   προσήχθη Ant. ᴴ28,13] προσηνεχθη 210,18; Ant. 16,16; ᴱᴿ18,15; ᴱᴿ28,13; > Ant. ᴴˢ18,15

7,21   ἴσχυσεν ᴮ216,11; Ant. ᴱᴿ30,21] ισχυεν ᴬ216,11; Ant. 18,7; ᴴ30,21

9,27   θυσία 278,13; 280,2; ᴹ314,18] pr. μου ᴮᴶ314,18; Ant. 27,22

11,41   διασωθήσονται ᴮᴶ310,19] σωθησονται ᴬ ᴹᵉᵗ310,19; 324,2; Ant. 34,15

12,11   ἡμέραι χίλιαι διακόσιαι ᴮ316,5; 324,13] -ρας -λιας -σιας ᴶᴹ316,5; Ant. 43,2.

XIII. „Freie" Zitate bei Hippol.

Schon gelegentlich war die Rede von „freien" Zitaten im Kommentar des Hippol. Manche Stellen sind nicht leicht als „freie" Zitate anzusprechen; bei anderen läßt es sich ohne Schwierigkeit feststellen, z.B. 2,12 θυμωθεις ο βασιλευς εκελευσεν αποκτανθηναι παντας τους σοφους βαβυλωνος 50,9 ‖ 2,13 b αναιρειν τον τε δανιηλ και τους τρεις φιλους αυτου 50,14 ‖ 2,16 τὸν βασιλέα] αυτον 52,2 ‖ 2,29 τί δεῖ γενέσθαι] τι αρα εσται 56,7 ‖ 3,8 ἄνδρες Χαλδαῖοι] τινες των χαλδαιων 74,1 ‖ 3,20 τὸν Σεδρ., Μισ., Αβδ.] αυτους 86,21 ‖ 6,16(17) καὶ ἤγαγον] αχθηναι 172,11 ‖ 10,10 ἤγειρέ με] ανεστησεν με 286,9 ‖ 12,6 ὧν εἴρηκας τῶν θαυμ.] των λογων των θαυμα(σ)των ων ελαλησας 330,7.

Die einführenden Worte einer direkten Rede werden von Hippol. gewöhnlich frei zitiert, während die Rede selbst dem Bibeltext entspricht. Beispiele: 2,26 καὶ ἀπεκρίθη ὁ βασ. καὶ εἶπεν τῷ Δαν.] εφη τω δαν. 54,7 ‖ 3,92(25) καὶ εἶπεν ὁ βασ.] ο δε αποκριθεις εφη 106,8 ‖ 6,12(13) καὶ εἶπεν ὁ βασ.] ο δε ειπεν 170,3 ‖ 6,13(14) τότε ἀπεκρίθησαν καὶ λέγουσιν ἐνώπ. τοῦ βασ.] οι δε προς αυτον 170,4 ‖ 6,16(17) καὶ εἶπεν ὁ βασ.] και αποκριθεις ο βασ. ειπεν 172,12. Bei dem letzten Beispiel könnte man zur Meinung neigen, daß Hippol. die Lesart απεκριθη von 62-147 = 𝔐 voraussetze, ebenso bei 3,92(25) die lukianische Lesart αποκριθεις (ähnlich απεκριθη 62-147 = 𝔐). Dies ist aber nicht anzunehmen, weil Hippol. hier frei zitiert.

XIV. Hippol. = 𝔐

An einigen Stellen stimmt Hippol. gegen die sonstige Überlieferung mit 𝔐 überein:

2,17   Καὶ εἰσῆλθεν Δανιηλ] τοτε (= 𝔐) δαν. εισηλθεν 52,3

2,32   ἡ κεφαλή] + αυτης 56,15 = 𝔐

3,23   οἱ τρεῖς οὗτοι] pr. οι ανδρες 94,7 = 𝔐

3,91 (24) *καί* 1ᵛ] *τότε* 106,5 = 𝔐

5,21   *καὶ χόρτον*] om. *καί* ᴬ156,19 = 𝔐 (cf. 4,29: ᴬ128,28)

6,16 (17) *καὶ εἶπεν ὁ βασ.*] *και αποκριθεις ο βασ. ειπεν* 172,12 = 𝔐

7,20   *τῶν προτέρων*] pr. *εκ* ᴮˢ216,8 = 𝔐

8,22   *βασιλεῖς*]-*λειαι* ᴮ258,4 = 𝔐.

Die Übereinstimmungen mit 𝔐 sind unbedeutend. *τότε* für *καί* 2,17; 3,91 (24) wird auch von o′ bezeugt und ist bei Hippol. nur freie Zitation, wie der Kontext zeigt. Ebenso ist 6,16 (17) nur freie Zitation (siehe Abschnitt XIII). Die handschriftlich nicht einheitlich bezeugte Auslassung von *καί* 5,21 und die Hinzufügung von *ἐκ* 7,20 ist unwesentlich; ebenso die Variante 8,22.

XV. Hippol. und Aquila und Symmachus

Die jüngeren griechischen Übersetzungen Aquila und Symmachus hat Hippol. nicht eingesehen. Höchstens käme der Ausdruck *παλαιὸς ἡμερῶν* 7,9 (vgl. 7,13. 22) in Frage, den Hippol. in der gebräuchlichen Form kennt (194,13; 212,1. 5), aber in dem Sinn erklärt, daß Gott selbst nicht alt wird, sondern „die Tage alt werden läßt" *τὸν παλαιοῦντα τὰς ἡμέρας* 212,3 (nach Montg. S. 300: „an ingenious comment"). Theodoret berichtet uns nun in seinem Dan.-Kommentar, daß *τινὲς τῶν ἑρμηνευτῶν* übersetzt hätten *ὁ παλαιῶν τὰς ἡμέρας* (Migne PG 81,1424 A). Vielleicht hat Symmachus so wiedergegeben.

Dagegen findet sich bei Hippol. 330,16—17 ein anderes Zitat, das nicht dem Danielbuch entnommen ist und deutlich auf Aquila und Theodotion zurückgeht: *ὁ τὸ κάστυ τοῦ γραμματέως περὶ τὴν ὀσφὺν φορῶν καὶ τὸ βαδδίν, τὸν ποικίλον χιτῶνα ἐνδεδυμένος*. Bonw. notiert unrichtig: „Exod. 29,5" (hier steht nur das Wort *χιτῶνα*); richtig ist: Ez. 9,2, wo *α′ϑ′ καστυ* ⟨*του*⟩ *γραμματεως* und *ϑ′ βαδδιν* bezeugt ist, siehe meine Ezechiel-Ausgabe Hexapla-App. z. St.

XVI. Reste einer handschriftlich nicht mehr bezeugten Textform?

Bei der Besprechung der abweichenden Lesarten von Hippol. als „freie" Zitationen muß man sehr vorsichtig sein, weil bei näherer Untersuchung manche Lesart, die auf den ersten Blick frei erscheint, doch nicht als solche zu werten ist.

Bei der Beschreibung des Traumbildes 2,32 werden „Brust", „Arme", „Bauch" und „Lenden" genannt. Der o′-Text übersetzt:

στῆθος, βραχίονες, κοιλία, μηροί.

Der *ϑ′*-Text hat ähnlich:

χεῖρες, στῆθος, βραχίονες, κοιλία, μηροί.

Hier steht also die Dublette *χεῖρες, στῆθος*; *χεῖρες* ist ursprünglich, *στῆθος* nach der Vorlage (oder aus o′) verbessert. Bei Hippol. wird 6 mal 2,32 zitiert. Hier begegnen uns folgende Körperteile:

χεῖρες, στῆθος, βραχίονες, κοιλία, μηροί 56,15—16
ὦμοι, στῆθος, κοιλία, μηροί 64,18—19
στῆθος, βραχίονες, κοιλία, μηροί 66,11—12
χεῖρες, βραχίονες, στῆθος, κοιλία, μηροί 200,9
βραχίονες, ὦμοι, [στῆθος[S]; > HER], κοιλία, μηροί Ant.14,27
ὦμοι, βραχίονες, κοιλία, μηροί Ant. 19,8.

Hippol. scheint also in seiner Bibel ὦμοι gelesen zu haben.

Manche Stellen erscheinen zunächst als „freie" Zitate; es ist aber auffallend, daß sie immer von Hippol. durch eine einleitende Formel als Schriftwort eingeführt werden, so daß man annehmen muß, daß Hippol. hier genau zitiert. Folgende Stellen kommen in Frage:

I. καὶ διὰ τοῦτο ὁ μακάριος Δανιηλ ἔφη· και μετα το τελος των ημερων εκεινων αναστησει ο θεος — υπολειφθησεται[1] 68,19—70,2.

Bonw. gibt als Bibelstelle „Dan. 2,44" an. Dies ist richtig für den letzten Teil: αναστησει — υπολειφθησεται. Der erste Teil (ohne εκεινων, das sich aber auch 188,9, dagegen nicht 130,6; 144,5 findet) ist der Anfang von 4,31(34). Entweder hat Hippol. dieses Teilzitat aus 4,31(34) übernommen oder in seiner Bibel vorgefunden. Wahrscheinlich ist die erste Annahme, da auch sonst Hippol. kombinierte Bibelzitate bringt. Somit genaue Stellenangabe: 4,31(34)aα + 2,44aβ.

II. ἅπερ λέγει Δανιηλ· προσενοουν τω θηριω και ιδου δεκα κερατα οπισω αυτου, εν οις αναβησεται ετερον μικρον ως παραφυαδιον, και τρια των προ αυτου εκριζωσει Ant. 17,22—24.

Achelis notiert: „Dan. 7,7. 8". Aus 7,7 stammt δεκα κερατα; aus 7,8 sind die übrigen Teile entnommen, die aber völlig in der Darstellung abweichen. Im Gegensatz zum Bibeltext steht bei Hippol. das Futur statt des Imperfekt. Der Vergleich ως παραφυαδιον scheint eine erklärende Glosse zu sein, die aber Hippol. bereits vorgefunden hat. Im Daniel-Kommentar ist 7,7—8 (von kleinen Varianten abgesehen) genau zitiert (vgl. S. 182,17—184,2; 194,4—13), jedesmal jedoch im großen zusammenhängenden Lemma. So mag es möglich sein, daß Hippol. obigen Text vorgefunden hat.

IIIa. λέγει γὰρ Δανιηλ· προσενοουν (προσκατενοουν[H]) τω κερατι και ιδου το κερας εκεινο εποιει πολ. μ. των αγιων και ισχυε προς αυτους, εως ανηρεθη το θηριον — πυρος Ant. 18,6—9.

IIIb. καθὼς λέγει Δανιηλ· προσενοουν τω κερατι και ιδου οφθ. ωσει ανθ. εν τω κερατι και στομα λαλουν μεγαλα και ηνοιξε το στομα αυτου εις βλασφημιαν προς τον θεον και το κερας εκεινο εποιει πολ. μ. των αγιων και ισχυε προς αυτους, εως ου ανηρεθη το θηριον — πυρος Ant. 30,17—22.

Zum Zitat IIIa notiert Achelis richtig: „Dan. 7,21" und „Dan. 7,11". Der erste Teil (bis προς αυτους) = 7,21, der zweite Teil (εως — πυρος) = 7,11b.

---

[1] Die vom ϑ'-Text abweichenden Teile sind gesperrt gedruckt.

Der Anfang des Zitats προσενοουν weicht von 7,21 ϑ' ἐθεώρουν ab und nähert sich der Fassung von 7,21 ο' κατενόουν und von 7,8 ϑ' προσενόουν τοῖς κέρασιν. Zum Zitat IIIb notiert Achelis: „Dan. 7,8—11. 21". Dies ist ungenau. Zum Anfang des Zitats siehe oben unter IIIa. Der zweite Teil (και ιδου οφϑ. — μεγαλα) = 7,8b; der dritte Teil (και ηνοιξε — προς τον θεον) = Apok. 13,6 (von Achelis völlig übersehen); der vierte Teil (και το κερας — προς αυτους) = 7,21, und der letzte Teil (εως ου — πυρος) = 7,11b. Somit setzt sich das ganze Zitat so zusammen: 7,21aα (oder 7,8aα?) + 7,8b + Apok. 13,6 + 7,21 + 7,11b.

Es ist auffallend, daß Hippol. die drei genannten Danielzitate (Nr. II, IIIa, IIIb) mit dem gleichen Verbum beginnt und in ähnlicher Weise zusammenstellt. Der Wortlaut der Zitate stimmt mit dem ϑ'-Text im allgemeinen überein, nur die Kombination ist auffallend.

IVa. φησὶν οὖν πρὸς αὐτὸν Γαβριηλ [ὁ ἄγγελος] οὕτως· αφ ης ημερας εδωκας το προσωπον σου ταπεινωθηναι προ προσωπου κυριου του θεου σου εισηκουσϑη η δεησις σου και απεσταλην εγω συνετισαι σε, ινα μη προ καιρου καιρον επιζητης· ανηρ γαρ επιθυμιων συ ει 262,15—19.

IVb. αφ ης γαρ ημερας εδωκας το προσ. σου κακωθηναι εναντιον κυριου του θεου σου εισηκουσϑη η δεησις σου και απεσταλην εγω του πολεμησαι μετα αρχοντος Περσων 290,5—8.

Zum Zitat IVa notiert Bonw. nur zum letzten Teil ανηρ γαρ επιθ. συ ει „Dan. 9,23"; zum Zitat von IVb: „Dan. 10,12" und „Dan. 10,20" und bemerkt im Apparat: „Hippol. giebt Daniel nicht wortgetreu wieder". Beide Zitate gehen auf Dan. 10,12 in ihrem Hauptteil zurück, weichen aber von dem ϑ'-Text erheblich ab. Der Teil και απεσταλην (ohne εγω, das nur noch von Chr. bezeugt wird) könnte aus 10,11 stammen. Der Infinitiv in Nr. IVa (του) συνετισαι σε steht in 10,14; vgl. aber unten. Der Teil in IVa ινα μη προ καιρου καιρ. επιζητης läßt sich nicht identifizieren; inhaltlich könnte man an Dan. 12,8 ο' und Cor. I 4,5 denken. Das letzte Sätzchen in IVa hat bereits Bonw. richtig Dan. 9,23 zugewiesen. Der letzte Abschnitt in IVb του πολεμησαι μ. αρχ. Περσων stammt aus 10,20.

Da Hippol. zweimal dieses Zitat bringt, ist nicht anzunehmen, daß er frei zitiert hat; nur freie Kombination verschiedener Schriftstellen liegt vor. In dem großen Lemma ist unsere Stelle 286,13—15 übereinstimmend mit dem ϑ'-Text zitiert. Hier weicht Hippol. von dem ϑ'-Text ab und stimmt in το προσ. σου ταπεινωϑ. mit dem ο'-Text überein. Auch 286,15 (im Lemma) liest Hippol. allein εισηκουσθησαν, hat also sicher das Kompositum in seiner Bibel vorgefunden. η δεησις σου ist Sondergut des Hippol.; da er es zweimal verwendet, stand es wohl in seiner Vorlage, vgl. Luk. 1,13 εἰσηκούσθη ἡ δέησίς σου. Eine freie Zitation im Anschluß an die eben genannte ntl. Stelle und an die öfter vorkommende Wendung in der LXX (Sir. 51,11 εἰσηκ. ἡ δέησις und Sus. 35a ο' Ps. 6,9 usw.) wäre ebenso möglich; auch 40,15 hat Hippol. Tob. 3,16 in der Form zitiert εισηκουσϑη η δεησις statt LXX εἰσηκ. ἡ προσευχή. Die

Wendung *και απεσταλην εγω* steht für *και ἐγὼ ἦλθον* in Dan. 10, 12 (hier auch
das *εγω*!) und an Stelle von *ἐν τοῖς λόγοις σου* der Infinitiv *συνετισαι σε*, den
auch die Minuskeln 230-233-541 bezeugen, die sonst in auffallender Weise
mit dem Bibeltext des Hippol. übereinstimmen (siehe oben Abschnitt VIII).

Besonders im 11. Kap. finden wir bei Hippol. eigenartige Bibelzitate, die
in ihrem Wortlaut und in der Anordnung vom geläufigen Bibeltext abweichen.
Gewöhnlich werden sie mit einer Zitationsformel eingeleitet und damit von
vorneherein als eigentliche Zitate abgestempelt.

1. *Λέγει πάλιν· και εισελευσεται θυγατηρ βασιλεως του νοτου προς (τον) βασ.
του βορρα, του π. μετ αυτου συνθηκας. και ου στησονται βραχιονες του αγοντος
αυτην και συντριβησεται και πεσειται και αυτη και ο αγων αυτην*
300, 13—16.

Bonw. notiert: „Dan. 11, 6" und bemerkt im Apparat zum zweiten Teil
και ου στησονται — αυτην „giebt Hipp. frei wieder". Ähnlich Montg. in seinem
Daniel-Kommentar S. 432: „Hipp. 300,13ff., has a paraphrase". Der erste
Teil *και εισελευσ. — συνθηκας* entspricht, von unwesentlichen Wortumstellungen
abgesehen, dem *ϑ'*-Text von 11, 6a. Dagegen ist der zweite Teil *και ου στησονται — αυτην* völlig anders. *και ου στησ. βραχιονες* weicht von der Punktation
des *ϑ'*-Textes 11, 6b ab, der *zar'ō* liest, berührt sich dagegen mit *o' βραχίων*
und sieht aus wie eine Wiedergabe einer hebr. Vorlage *weלō' ja'am⁰dū z⁰ro'āw*,
die BH vorschlägt. Die beiden Verba *συντριβησεται* und *πεσειται* haben echt
biblisches Kolorit, vgl. Dan. 11, 4. 20. 22 *συντριβήσεται* und 11, 19 *πεσεῖται*. Es
ist sehr zweifelhaft, ob Hippol. sie aus diesen Stellen bezogen hat. Der letzte
Teil *και αυτη και ο αγων αυτην* könnte als freie Wiedergabe von *ϑ' αὐτὴ καὶ οἱ
φέροντες αὐτήν* angesehen werden; aber es liegt näher, an eine andere, bis jetzt
nicht erkannte Übersetzung der hebr. Vorlage *hī' ūm⁰bī'æ'hā* zu denken.
Das Hiphil von *bō'* ist auch Dan. 1, 3 *o'* und 9, 24 *ϑ'* mit *ἄγειν* wiedergegeben.

2. *λέγει γὰρ οὕτως ἡ γραφή· και επαναστησεται βασιλευς του νοτου προς
βασιλεα του βορρα και επαναστησεται σπερμα εξ αυτης* 302, 2—4.

Bonw. notiert: „Vgl. Dan. 11, 6. 7" und bemerkt im Apparat: „vgl. Dan. 11, 7,
wörtlich findet es sich bei Dan. nicht."

Das Zitat weicht völlig vom *ϑ'*-Text ab, der unter Nr. 1 wörtlich steht,
und nähert sich dem *o'*-Text *και εἰσελεύσεται βασιλεὺς Αἰγύπτου* ... Vielleicht
ist das erste *επαναστησεται* nicht ursprünglich, sondern durch das zweite
επαναστησεται bedingt; stand an seiner Stelle *εισελευσεται*? Der letzte Teil *και
επαναστ. σπ. εξ αυτης* klingt in seinem Wortbestand an *ϑ'* an, läßt aber die
Negation aus. Vielleicht stammt er aber aus 11, 31 a a, den *ϑ'* übersetzt *καὶ
σπέρματα ἐξ αὐτοῦ ἀναστήσονται*. Diese Kombination 11, 6a + 11, 31 a a wäre
für Hippol. kennzeichnend, aber auffallend ist die abweichende Wiedergabe.
Hippol. scheint also die Stelle bereits in seinem Bibeltext vorgefunden zu haben.

3. *και πληρουται ἡ γραφὴ καθὼς λέγει Δανιηλ· και γε τους θεους αυτων και τα
χωνευτα αυτων και παν χρυσιον επιθυμητον οισει εις Αιγυπτον* 302, 8—10.

Bonw. notiert richtig: „Dan. 11,8". Die Stelle steht ϑ′ nahe, verkürzt aber den Text. Der Akkusativ χρυσίον findet sich auch in der o′-Übersetzung.

4a. λέγει πάλιν ἡ γραφή· και επαναστησεται ετερος βασιλευς και ουτος κατισχυσει επι της γης και επαναστησεται βασιλευς του νοτου και γε των θυγατερων αυτου ληψεται εις γυναικα 306,7—10.

4b. καὶ πληροῦται ἡ γραφὴ ὡς λέγει· και ληψεται των θυγατερων αυτου εις γυναικα 306,17—18.

Bonw. notiert zu Nr. 4a „Dan. 11,14—17" und zu 4b „Dan. 11,17".

Wieder begegnet uns zweimal das Verbum επαναστησεται wie oben unter Nr. 2. Eine ähnliche Wendung steht 8,23 ϑ′ ἀναστήσεται βασιλεὺς ἀναιδὴς προσ. und 11,3 ϑ′ καὶ ἀναστήσεται βασ. δυνατός, vgl. 294,9 και αναστησεται βασιλευς ετερος (> ᴬˢ) δυνατος und 310,10 και αναστησεται ετερος βασιλευς αναιδης (siehe unten zu Nr. 7).

Das Verbum κατισχύειν wird oft im 11. Kap. verwendet, vgl. o′ v. 2. 5. 19, ϑ′ v. 12; o′ϑ′ v. 6. 7. 21. 32. Oder ist κατισχυσει επι της γης nur eine verdeckte Wiedergabe von v. 19 lᵉmā̆ ʾūzzē̄ ʾarṣō? (o′ εἰς τὸ κατισχῦσαι τὴν χώραν αὐτοῦ, ϑ′ εἰς τὴν ἰσχὺν τῆς γῆς αὐτοῦ).

Das Zitat weicht völlig von Dan. 11,17 ab; hier ist zwar auch von einer Heirat die Rede, aber mit anderem Wortlaut (καὶ θυγατέρα τῶν γυναικῶν δώσει αὐτοῦ). Vgl. auch Macc. I 10,54 δός μοι τὴν θυγατέρα σου εἰς γυναῖκα. Da 306,17—18 die gleiche Stelle mit dem nämlichen Wortlaut (Nr. 4b) (die Umstellungen sind unwesentlich) noch einmal wiederkehrt, wird man annehmen müssen, daß Hippol. hier nicht frei, sondern nach einer Vorlage zitiert hat.

5a. λέγει δέ· και διαφθερει αυτην και ουκ αυτω εσται 306,18.

5b. καὶ πληροῦται τὸ εἰρημένον· διαφθερει αυτην και ουκ αυτω εσται ουδε αυτω μενει 308,17—18.

Zu Nr. 5a gibt Bonw. keine Stellenangabe. Gegen Bonw. ist (wie oben) zu interpunktieren: λέγει δέ· και διαφθερει . . .

Zu 5b notiert Bonw. richtig: „Dan. 11,17". Der letzte Teil ist von Bonw. nicht durch Anführungszeichen als Zitat gekennzeichnet.

Das Zitat stimmt im Wortlaut im allgemeinen mit ϑ′ überein; nur ist das Futur gesetzt statt des Infinitiv (ϑ′ τοῦ διαφθεῖραι) und das Simplex statt des Kompositum (ϑ′ παραμείνη). Da das Fut. διαφθερει zweimal steht, wird man diese Form der Bibelvorlage Hippolyts zuteilen müssen.

6. καὶ πληροῦται τὸ εἰρημένον ἐν τῇ γραφῇ· και ου δωσουσιν αυτω δοξαν βασιλειας 310,5—6.

Bonw. notiert richtig: „Dan. 11,21".

Im ϑ′-Text heißt es wörtlich nach der hebr. Vorlage: καὶ οὐκ ἔδωκαν ἐπ′ αὐτὸν δόξαν βασιλείας. Der o′-Text hat dagegen das Futur καὶ οὐ δοθήσεται ἐπ′ αὐτὸν δόξα βασ. Ebenso hat Hippol. das Futur und faßt die Stelle als Vorhersage auf. Die Form δωσουσιν ist Sonderlesart bei Hippol.; αυτω statt ἐπ′ αὐτόν wird von 311-538 und einigen Versionen (wohl frei) bezeugt.

7. λέγει γὰρ οὕτως· και αναστησεται ετερος βασιλευς αναιδης και υψω-
θησεται υπερ (επιʲ) παντα θεον και μεγαλυνθησεται και λαλησει υπερογκα ...
310, 10 ff.

Bonw. notiert richtig: „Dan. 11, 36".

Zum ersten Teil des Zitates, das Dan. 11, 36 nicht steht, vgl. zu Nr. 4.
Es stammt wohl aus 8, 23. Hippol. hat sicher das Adjektiv ἀναιδής gelesen,
denn 312, 5 nimmt er es wieder auf. υπερ statt ἐπί ist Sonderlesart von Hippol.
(ebenso 312, 5. 18).

8a. λέγει δὲ ἡ γραφή· και επι μια τραπεζη ψευδη λαλησουσιν αμφοτεροι οι
βασιλεις 308, 1—2.

8b. ὅτι· αμφοτεροι οι βασιλεις αι καρδιαι αυτων εις πονηριαν και επι μια τραπεζη
ψευδη λαλησουσιν αμφοτεροι οι βασιλεις 308, 18—20.

Bonw. notiert richtig zu beiden Zitaten: „Dan. 11, 27".

Im Wortlaut stimmen die Zitate mit ϑ' überein, abgesehen von der Umstellung μιᾷ τραπέζῃ, die unbedeutend ist. Umso wichtiger ist die Stellung
von ἀμφ. οἱ βασιλεῖς hinter λαλήσουσιν, die zweimal bezeugt ist. Beim zweiten
Zitat (Nr. 8b) ist dann ἀμφ. οἱ βασιλεῖς im Anschluß an ϑ' noch einmal eingefügt worden.

9. πληροῦνται οὖν τὰ πρὸς τὸν μακάριον Δανιηλ λελαλημένα· και εισελευσεται
εν εξοδιαις και επαρθησεται η καρδια αυτου επι διαθηκην αγιαν και θελησει
παντα ποιησαι κατα την καρδιαν αυτου και θλιβησονται και ασθενησουσιν
οι δουλοι μου εν λιμω και εν μαχαιρα και εν αιχμαλωσια 298, 14—18.

Bonw. notiert: „Dan. 11, 30. 33".

Dieses Zitat hat wieder echt bibelgriechisches Kolorit, deckt sich aber weder
mit dem o'-Text noch mit dem ϑ'-Text. Einige wörtliche Berührungen können
festgestellt werden: και εισελευσεται vgl. ϑ' καὶ εἰσελεύσονται; η καρδια αυτου
επι διαθηκην αγιαν = ϑ' 11, 28 (ähnlich o'); και ασθενησουσιν = ϑ' 11, 33; εν
αιχμαλωσια = o'ϑ' 11, 33. Inhaltlich vgl. επαρθησεται η καρδια mit o'ϑ' 11, 12
ὑψωθήσεται ἡ καρδία; θελησει παντα ποιησαι mit 11, 36 o'ϑ' καὶ ποιήσει κατὰ τὸ
θέλημα αὐτοῦ (vgl. auch 8, 4 o' καὶ ἐποίει ὡς ἤθελε ϑ' καὶ ἐποίησε κατὰ τὸ θέλημα
αὐτοῦ); εν μαχαιρα mit 11, 33 ϑ' ἐν ῥομφαίᾳ. Das „Schwert" gehört zu den drei
Plagen, die ϑ' im Anschluß an die hebr. Vorlage mit ἐν ῥομφαίᾳ, ἐν φλογί, ἐν
αἰχμαλωσίᾳ wiedergibt. Bei Hippol. lesen wir dafür εν λιμω, εν μαχαιρα, εν
αιχμαλωσια; nur das letzte Glied stimmt mit ϑ' überein. Das Synonym μάχαιρα
steht nur 1 mal bei ϑ' Bel et Dr. 26; ῥομφαία dagegen bei ϑ' 9 mal. Der „Hunger"
könnte aus Jer. stammen, wo er häufig als Plage genannt wird; Jer. 15, 2
werden die vier Plagen θάνατος, μάχαιρα, λιμός, αἰχμαλωσία aufgezählt. Vielleicht
geht aber εν λιμω auf bᵉrāʾāb zurück, das an Stelle von bᵉlehābāh gelesen wurde.
Sicherlich ist ἐν ἐξοδίαις Wiedergabe eines hebr. ביים an Stelle des 𝔐
בו ציים, das ϑ' mit ἐν αὐτῷ οἱ ἐκπορευόμενοι wiedergibt. Darauf hat bereits
Montg. in seinem Kommentar S. 456 verwiesen, der allerdings ein Fragezeichen setzt: „Hipp. has a paraphrase which looks like an independent tr.,
εἰσελεύσεται ἐν ἐξοδίαις (= ביים ?); cf. a similar case at v. 6".

10. ὡς λέγει Δανιηλ· και αυτος επι απωλεια πολλων στησεται και γην διελει εν δωροις και βαλει εις αυτην χωμα και γη Αιγυπτου ουκ εσται εις σωτηριαν, και ουτοι σωθησονται εκ χειρος αυτου Εδωμ και Μωαβ και αρχη υιων Αμμων 322, 19—324, 2.

Bonw. kennzeichnet nur die Teile και γην δ. εν δωροις und και γη Αιγ. — Schluß als Schrifttext, und notiert unvollständig und ungenau: „Dan. 11, 39. 42. 41".

Aber auch der erste Teil και αυτος — στησεται ist Schrifttext = Dan. 8, 25 b a; αυτος ist Plus von Hippol. allein, fehlt 258, 12 (Lemma).

Der zweite Teil και γην δ. εν δωροις = 11, 39 c.

Schwierig ist der dritte Teil zu beurteilen: και βαλει χωμα (ohne εις αυτην) steht wörtlich bei Hab. 1, 10 = 𝔐; ähnlich Ez. 21, 22 (27) βαλεῖν χῶμα = 𝔐. Es wäre möglich, daß dieser Teil von Hab. 1, 10 stammt; aber es ist doch auffallend, daß mitten in einem Daniel-Zitat eine Stelle aus Hab. steht (siehe aber oben Nr. IIIb). Deshalb wird man vermuten dürfen, daß και βαλει [εις αυτην] χωμα nichts anderes ist als eine bisher unerkannte Wiedergabe von Dan. 11, 15 וישפך סוללה, das im ϑ'-Text wörtlich übersetzt ist και ἐκχεεῖ πρόσχωμα, dagegen im ο'-Text verderbt vorzuliegen scheint και ἐπιστρέψει τὰ δόρατα αὐτοῦ; Wutz, Transkr. S. 15. 170 und Katz, ThLZ 61 (1936) 281 wollen verbessern und lesen και εκχεει (oder (περι)βαλει) χαρακα. Das Plus εις αυτην ist wohl von Hippol. frei hinzugegeben.

Der vierte Teil και γη — σωτηριαν (= 11, 42 b) ist wörtlich zitiert (ebenso 310, 21).

Der letzte Teil και ουτοι — fin. (= 11, 41 b) ist ebenfalls wörtlich zitiert; die Sonderlesart σωθησονται (statt διασ.) steht auch A Met310, 19 und Ant. S. 34, 15, geht also auf Hippol. zurück. Somit ist Nr. 10 ein kombiniertes Zitat: 8, 25 b a + 11, 39 c + 11, 15 a β + 11, 42 b + 11, 41 b.

11. καὶ πληροῦται τὸ εἰρημένον ἐν τῇ γραφῇ· και ακοη και σπουδαι ταραξουσιν αυτον απο ανατολων και δυσμων 306, 5 -- 6.

Bonw. notiert richtig: Dan. 11, 44.

Der Anfang stimmt mit ϑ' überein; der Sing. ακοη entspricht wohl ο', aber mit s ist der Plur. ακοαι zu lesen. Die Angabe der Himmelsrichtungen deckt sich weder mit ο' ἀπὸ ἀνατολῶν καὶ βορρᾶ (nur απο = ο') noch mit ϑ' ἐξ ἀνατ. καὶ ἀπὸ βορρᾶ, findet sich aber öfter in der LXX (mit kleinen Abweichungen der Präposition), vgl. Mal. 1, 11; Bar. 4, 37; Ps. 49 (50), 1; 112 (113), 2; Chr. I 12, 15. Wörtlich deckt sich Hippol. mit Ps. 106 (107), 3 ἀπὸ ἀνατολῶν καὶ δυσμῶν. Es ist nicht zu entscheiden, ob Hippol. frei zitiert oder abweichend bereits in seiner Bibel gelesen hat.

Ein Überblick zeigt, daß sich kein völlig klares Bild ergibt. Auf eine eigene Textform, die Hippol. benutzt haben könnte, weisen hin: die Einführungsformeln, die bei wiederholter Zitation gleichbleibenden Varianten, das biblische Kolorit der Zitate und namentlich solche Stellen, die abweichend vom o'- und ϑ'-Text eine bisher nicht erkannte Wiedergabe der hebr. (oder aramäischen) Vorlage darstellen.

Klarer wird der Sachverhalt, wenn wir noch die Daniel-Zitate zweier Schriften vergleichen, nämlich des Barnabasbriefes und des Dialoges *De recta in Deum fide*, der Adamantius zugeschrieben wird. Der Barnabasbrief ist um 130 und der Dialog des Adam. um 300 in Syrien geschrieben (vgl. Altaner S. 60 und S. 180).

Im Barnabasbrief stehen folgende Daniel-Zitate:

1. λέγει δὲ οὕτως καὶ ὁ προφήτης · Βασιλειαι δεκα επι της γης βασιλευσουσιν, και εξαναστησεται οπισθεν μικρος βασιλευς ος ταπεινωσει τρεις υφ εν των βασιλεων IV 4 (Funk-Bihlmeyer, Die apostol. Väter, Tüb. 1924, S. 13).

Das Zitat, das auf Dan. 7,24 zurückgeht, weicht bedeutsam von der uns bekannten Fassung in o' und ϑ' ab. Nur folgende Berührungen sind festzustellen: δεκα = o'ϑ', ταπεινωσει τρεις = o'ϑ', βασιλευς = o' (fehlt bei ϑ'). Zu εξαναστησ. vgl. o' στήσεται und ϑ' ἀναστήσεται. Βασιλειαι (statt o'ϑ' βασιλεῖς) haben 967 (damit als alte Lesart bezeugt) und Aeth; ebenso steht bei Aeth das Plus επι της γης (hinter ἀναστήσονται), das aus v. 17 stammt. Das beigegebene Subjekt βασιλευς (fehlt in 𝔐) findet sich bei Aeth CyrHieros. und Tht. Die Berührungen mit Aeth sind somit kennzeichnend.

2. ὁμοίως περὶ τοῦ αὐτοῦ λέγει Δανιηλ · Και ειδον το τεταρτον θηριον το πονηρον και ισχυρον και χαλεπωτερον παρα παντα τα θηρια της θαλασσης, και ως εξ αυτου ανετειλεν δεκα κερατα και εξ αυτων μικρον κερας παραφυαδιον, και ως εταπεινωσεν υφ εν τρια των μεγαλων κερατων IV 5 (Funk-Bihlm. S. 13).

Auch dieses Zitat aus Dan. 7,7. 8 weicht stark ab und zeigt nur folgende Berührungen mit o'ϑ': το τετ. θηρ. (o'ϑ' stellen um: θηρ. τετ. ohne Art.), παρα παντα τα θηρια, δεκα κερατα (o'ϑ' stellen um: κερ. δεκα), μικρον (κερας); τρια των ... κερατων = o'; ισχυρον = ϑ'.

Es ist nun bedeutsam, daß auch Hippol. in seiner Schrift De Antichristo ein Zitat bringt, das auf Dan. 7,7. 8 zurückgeht, in ähnlicher Weise die Texte zusammenzieht, aber doch wieder stark abweicht (siehe oben Nr. II). Wichtig ist jedoch, daß in beiden Zitaten παραφυαδιον steht; dieses gehört also zur alten Überlieferung.

Weitere Stellen kommen nicht in Frage; das XVI 6. 8 stehende Zitat stammt nicht aus Daniel, sondern aus Henoch.

Der Dialog des Adamantius überliefert folgende Daniel-Zitate:

1. Δανιηλ λέγει · ειδον και ιδου, λιθος ετμηθη εξ ορους ανευ χειρων και επαταξε την εικονα, και εποιησεν αυτην ως κονιορτον και εξεφυσηθη υπ ανεμου (van de Sande Bakhuyzen, Leipzig 1901, S. 48).

Das Zitat geht auf Dan. 2,34. 35 zurück; beide Verse werden zusammengezogen und verkürzt wiedergegeben. λιθος — την εικονα stimmt mit o' überein; ως κον. = ϑ' (ὡσεὶ κον.); και εξεφυσ. υπ αν. klingt mehr an o' (καὶ ἐρρίπισεν αὐτὰ ὁ ἄνεμος) als an ϑ′ an; και εποιησεν ist frei gegenüber o′ϑ′ καὶ ἐγένετο = 𝔐. Die Einleitungsformel findet sich nicht 2,34, wohl aber an anderen Stellen, so 8,3; 10,5.

2. κατὰ τὴν προφητείαν τοῦ Δανιηλ, λέγοντος · μετα την χρυσην και αργυραν και χαλκην εγερϑησεται βασιλεια σιδηρα (van de Sande Bakh. S. 46).

Dieses Zitat, das auf Dan. 2,40 zurückgeht, scheint frei zu sein und in dieser Form in keiner Bibelhs. gestanden zu haben. Statt εγερϑησεται würden wir αναστησεται erwarten, vgl. 2,39.

3. καϑὼς καὶ ὁ Δανιηλ λέγει · ειδον ως υιον ανϑρωπον δια των νεφελων ερχομενον (van de Sande Bakh. S. 48).

Die Akkusativ-Konstruktion findet sich nicht in Dan. 7,13, sie könnte frei sein (im Anschluß an die ntl. Parallelen, siehe unten). Dagegen ist nicht anzunehmen, daß die seltsame Präposition δια frei gewählt ist gegenüber o′ ἐπί und ϑ′ μετά; beide Präpositionen stehen auch in den ntl. Stellen: ἐπί Matth. 24,30; 26,64; μετά Marc. 14,62; Apoc. 1,7; außerdem steht noch ἐν Marc. 13,26; Luc. 21,27, aber niemals διά.

Die Daniel-Zitate aus dem Barnabasbrief und dem Dialog des Adamantius zeigen somit das nämliche Gepräge wie die besprochenen Hippol.-Zitate: ausdrückliche Zitationsformel; Mischtext aus o′ϑ′, freie Wiedergaben, aber auch Reste einer verlorenen Textform.

XVII. Dichterische Ausgestaltung einiger biblischen Szenen

Aus einigen Darlegungen des Hippol. in seinem Kommentar können wir ersehen, wie die dichtende Phantasie die biblische Darstellung bereits um das Jahr 200 um einige Züge bereicherte. In Kap. 3 erzählt der biblische Bericht, daß die drei Männer auf den Befehl des Königs gefesselt (v. 20) in den brennenden Ofen geworfen wurden v. 21. 23. 91 (24). Das Feuer aber schadete ihnen nicht, nicht einmal ein „Brandgeruch" konnte wahrgenommen werden v. 94 (27); der König sieht die Männer „frei" im Ofen umhergehen v. 92 (25)[1]; die Fesseln waren also nicht mehr da. Hier erzählt nun Hippol., daß die Fesseln im Gegensatz zu den Kleidern verbrannten 94,10.

Ausführlicher als in diesem kleinen Zug tritt uns in Kap. 6 die dichterische Ausschmückung entgegen. Hier heißt es im biblischen Bericht, daß der König allein zu Daniel gekommen sei, der ihm aus der Grube antwortete: „Mein Gott sandte seinen Engel und verschloß den Rachen der Löwen" (v. 23). Hippol. sagt in weiterer Ausführung: Die wilden Tiere wurden besänftigt und kamen mit dem Schwanze wedelnd froh zu Daniel, wie zu einem zweiten

---

[1] „„Sie gehen frei umher' — das heißt zunächst: die Fesseln, die sie an der freien Bewegung hinderten, sind von ihnen abgefallen: ein charakteristischer Zug solcher Geschichten, der sich zuweilen in sinnloser, spielerischer Überspannung zeigt." So C. Kuhl, Die drei Männer im Feuer (= Beihefte zur ZAW 55), Gießen 1930, S. 44.

Adam, und gehorchten ihm; sie leckten die heiligen Füße Daniels und wälzten sich zu seinen Fußsohlen hin, ihren Willen damit bekundend, daß er auf sie trete 176,5—9. Der König Darius sah den Daniel mitten unter den Löwen sitzen (vgl. Bel et Dr. 40), wie er mit seinen Händen ihr Fell kraulte 176,19 bis 20[1]. Dann habe Darius alle (seine Untertanen oder seine Begleiter?) versammelt und ihnen das Wunder gezeigt, wie wilde Tiere von einem Manne gezähmt und mit seinen Händen gestreichelt wurden 176,20—22.

---

[1] Richtig bemerkt zu dieser Stelle Lefèvre: „Il n'est pas impossible qu'Hippolyte pense ici aux peintures des catacombes, qu'il avait sous les yeux. Le thème de Daniel dans la fosse aux lions est un de ceux qui sont le plus fréquemment représentés par les anciens artistes." Hippolyte: Commentaire sur Daniel, Paris 1947, S. 162 Anm. a.

Zur Textgestaltung der Ezechiel-Septuaginta

I.

Alfred Rahlfs hat für die grosse Göttinger LXX-Ausgabe die Forderung aufgestellt, auf Grund des gesamten überlieferten Materials einen k r i t i s c h e n Text herzustellen und nicht einfach eine Hs. abzudrucken, wie es die grosse Cambridger Ausgabe macht. Manche Kritiker halten diese Forderung für unerfüllbar und überspannt; denn einmal sei es nicht erwiesen, dass am Anfang eine einheitliche Übersetzung (« Urseptuaginta ») stehe, und dann sei die Gefahr zu gross, dass ein rein « subjektiver » Text, wie er nie im Lauf der Zeit existiert habe, vorgelegt werde. Richtig ist, dass man sich niemals einbilden darf, den « Urtext » der Septuaginta herstellen zu können, auch wenn das gesamte überlieferte Material, wie es bei den prophetischen Büchern der Fall ist, deutlich auf eine einheitliche Urfassung hinweist. Weiterhin ist richtig, dass der hergestellte Text infolge des eklektischen Verfahrens, irgendwie « subjektiv » ist. Aber dies gilt für jede Handschrift der LXX, sofern sie nicht eine Abschrift ist; denn alle Hss. zeigen irgendwie eine bessernde Hand und sind so « subjektiv ». Dieses Recht der alten Rezensoren hat auch ein Bearbeiter unserer Zeit, dem viel mehr Unterlagen für seine Textherstellung vorliegen als in der alten Zeit. Auch wenn man nur eine Handschrift abdruckt (wie Swete in seiner Handausgabe), müsste man doch oftmals eingreifen und wenigstens den Text dieser Handschrift korrigieren, da er oft sinnlose Fehler zeigt; Swete hat dies nicht getan und so bleiben störende Lesarten von B im Text stehen, die den ganzen Sinn verdunkeln, z. B. 24, 9 λαόν (richtig δαλόν); 25, 9 ἐπαναγωγῆς (richtig ἐπάνω πηγῆς); 32, 27 πάντας (richtig γίγαντας).

Die Sichtung und Bewertung des überlieferten Materials zeigt deutlich, dass e i n Überlieferungszweig den besten Text bringt. Diese Textform wird man dann zu Grunde legen; bei Ez. ist dies der B-Text. Hier sind wir in der glücklichen Lage, dass grosse Teile der

Chester Beatty-Scheide Papyrus (Sigel 967) (¹) und eine stattliche
Anzahl von Versen auch Tyconius überliefern, so dass wir in diesen
Zeugen einen Text vor uns haben, der über hundert Jahre älter ist
als der von B überlieferte Text. Häufig stützen diese beiden alten
Zeugen (967 und Tyc.) den B-Text und beweisen so seine Vorzüglich-
keit. Die Freude über diese alten Zeugen ist aber etwas getrübt,
da sie deutlich Spuren einer Bearbeitung nach der hebr. Vorlage
zeigen; deshalb muss bei Übereinstimmung mit M immer gefragt
werden, ob nicht sekundäre Einwirkung des Hebr. vorliegt.

Eine besonders genaue Prüfung verlangen solche Lesarten, die
von nur wenigen Zeugen überliefert sind und Anspruch erheben ursprünglich zu sein, und vor allem die K o n j e k t u r e n. Für jeden
Herausgeber eines Textes ist es immer eine schwere Entscheidung,
eine nur dünn bezeugte Lesart oder gar ohne jegliche Grundlage eine
Konjektur in den Text aufzunehmen. In der *ThLZ* 61 (1936) 280 f.
und in einem *Brief* vom 8. V. 1951 hat P. KATZ für Ez. eine Reihe von
bereits vorgeschlagenen und eigenen Lesarten und Konjekturen mitgeteilt, die in den Text gehörten. Für die von anderer Seite vorgeschlagenen Konjekturen sei vor allem auf J. A. BEWER, *JBL* 57
(1938) 421-425 verwiesen. Soweit sie nicht in die Ausgabe des Ez.
aufgenommen wurden (vgl. dort S. 87 f.), sei hier die Diskussion dieser
Stellen eröffnet.

Eine besonders wertvolle Hilfe für die Textgestaltung bietet
Pap. 967, da er der älteste Zeuge ist. Oftmals geht 967 mit dem B-Text
und ist deshalb eine Hauptstütze für dessen Ursprünglichkeit.

Mit Vorsicht ist das Zeugnis von 967 aufzurufen, wenn er mit M
geht, da deutlich erwiesen ist, dass er nach dem Hebr. korrigiert ist.
Wenn 967 mit vielen anderen Zeugen eine mit M übereinstimmende
Lesart überliefert, kann diese Lesart als ursprünglich in den Text aufgenommen werden, so 27,28 πρὸς τὴν φωνὴν τῆς κραυγῆς 967 A Q
ΙΙ' C . . . = M] προς την κραυγην της φωνης B *L* Co Arab Tyc. Gegenüber 967 wiegen die Zeugen B und Tyc. beträchtlich, und man
kann mit Katz hinweisen, dass das ungewöhnliche προς την κρ. της φ.
alles für sich habe, und fragen, wer es später eingesetzt hätte. Trotzdem möchte ich 967 den Vorzug geben, da auch sonst B Umstellungen bezeugt, die B selbst oder bereits sein Vorgänger vollzogen

(¹) Vgl. J. ZIEGLER, *Die Bedeutung des Chester Beatty-Scheide Papyrus 967 für die Textüberlieferung der Ezechiel-Septuaginta*, in *ZAW* 61
(1945/48) 76-94.

hat. Solch eine Umstellung findet sich auch 37, 24, wo B Eus. Tyc. gegen M lesen ἔσται ποιμὴν εἷς (statt καὶ ποιμὴν εἷς ἔσται). Eine nachträgliche Angleichung an v. 22 möchte ich nicht annehmen, da v. 22 und 24 bereits im hebr. Text gleichartig aufgebaut sind. Als Beispiel einer nachträglichen Umstellung sei 23, 15 genannt, wo B καὶ τιαρα βαπτα seiner Vorlage, die noch 967 Q . . . bezeugen, verliest und das καὶ nachstellt: παραβαπτα καὶ.

Wenn 967 eine Lesart gegen M vertritt, so verdient sie Vertrauen, besonders wenn sie von alten Zeugen wie B und Tyc. gestützt wird. Deshalb ist 28, 18 mit B 967 Tyc. ἐβεβήλωσα unbedingt εβεβηλωσας vorzuziehen, vgl. auch die erste Person ἐξάξω, δώσω im gleichen Vers. Deutlich zeigt die Wiedergabe in LXX eine von M abweichende Auffassung des ganzen Verses. Dagegen möchte ich 16,61 der von 967 und L (= Pesch.) vertretenen Auffassung nicht den Vorzug geben, da ihre Lesart deutlich gegenüber M erleichtert.

Wenn 967 fehlt, bilden Lesarten von Tyc. oftmals einen Ersatz für unseren Pap., da auch Tyc. ein alter Zeuge ist und deutlich in den Bahnen von 967 läuft (aber nicht immer !). So kann leicht Tyc. sein ganzes Gewicht in die Waagschale werfen, wenn man eine von ihm bezeugte Lesart in den Text aufnehmen will. Als Beispiel sei auf 32, 32 verwiesen, wo Katz δέδωκε(ν) mit L Tyc. (= Targ.) und den Zusatz μετ' αὐτοῦ mit B Tyc. als echt aufnehmen möchte, beide Stellen gegen M. Zunächst sei bemerkt, dass keine griech. Hs. das Perfekt δέδωκε(ν) bezeugt; 62-147 L lesen εδωκε(ν); dann möchte ich auf *dedit* des Tyc. kein allzu grosses Gewicht legen, da diese Form leicht infolge Dittographie des *t* entstanden sein könnte (es folgt *timorem*; vielleicht hat Tyc. doch *dedi* statt *dedit* gelesen !). Der Übersetzer fand bereits in seiner Vorlage die erste Person vor; ob sie richtig ist, ist eine Frage der Exegese.

Trotz der guten Bezeugung möchte ich den Zusatz μετ' αὐτοῦ nicht für ursprünglich halten, auch nicht 30, 5; denn es lassen sich verschiedene Stellen aufführen, wo gerade dieser Zusatz sekundär ist. Deutlich zeigt dies 30, 5: 967 fügt μετ αυτων am richtigen Platz ein, dagegen L Tyc. am Schluss des Verses. Aufschlussreich sind die weiteren Stellen:

30, 11 αὐτοῦ 2°] + ※ μετ αυτου O L = M
34, 30 αὐτῶν] + ※ μετ αυτων O L = M
37, 19 αὐτούς 2°] + μετ αυτου L = M
38, 5 Λίβυες] + ※ μετ αυτων O L = M
46, 10 ἐξελεύσεται] + μετ αυτων A Syh (sub ※).

An der letzten Stelle steht bereits hinter εἰσελεύσεται ein obe-
lisiertes μετ᾽ αὐτῶν, das (obwohl von allen Zeugen überliefert) doch
vielleicht sekundär ist.

Wenn nur wenige, und dazu spätere Zeugen (Minuskeln) eine
Variante nach M überliefern, ist höchste Vorsicht geboten, sie als
ursprünglich in den Text aufzunehmen, auch dann, wenn graphisch
eine Verschreibung oder eine Auslassung naheliegt.

20, 28 wird man Cornill S. 296 mit Katz gern zustimmen, dass
innergriechische Verderbnis vorliegt. Richtig weist auch Katz darauf
hin, dass αὐτῶν nicht recht sinnvoll sei, man erwarte ἀλλοτρίοις
(oder ein ähnliches Adjektiv). Trotzdem ist nicht ausgeschlossen, dass
LXX bereits in ihrem Text לֵאלֹהֵיהֶם vorfand, wie BH³ notiert;
die mit M übereinstimmende Variante von 106-410, die als Dublette
auch in 239-306 und La figuriert, ist dann nachträgliche Korrektur
nach M. Die beiden Minuskeln 106-410 zeigen auch sonst gelegentliche
Korrekturen nach M, so 20, 42 εἰς ἦν ἦρα] om. εἰς 106-410 = M und
44, 28 αὐτοῖς / οὐ δοθήσεται] tr. 106-410 = M.

Wenn 967 allein oder von nur wenigen Zeugen, so von L und O,
bzw. einigen Vertretern dieser Rezensionen begleitet, eine mit M übereinstimmende Lesart bezeugt, dann ist hier eine spätere sekundäre
Variante anzunehmen. Dies gilt für Stellen wie 20, 4; 26, 13; 28, 15;
28, 16; 32, 32. Allerdings ist es nicht ausgeschlossen, dass durch
diese Zeugen auch das Echte sekundär wieder hergestellt werden
kann.

In 20, 4 liegt in der LXX Personenwechsel gegenüber M vor;
solche Beispiele gibt es bei Ez. (und auch sonst) häufig, vgl. oben zu
32, 32 und unten zu 26, 13; 45, 24. 25. Überall an M anzugleichen,
halte ich für sehr bedenklich. Man könnte gewiss in der LXX nachträgliche Angleichung an die gleiche Person im nämlichen oder vorausgehenden Vers annehmen, aber man muss sich auch fragen, ob
nicht bereits die Vorlage von LXX bereits anders gelesen hat als
unser M. 20, 4 verbindet LXX mit dem Vorhergehenden; der Vokativ
υἱὲ ἀνθρ. ist mit dem Folgenden verbunden. An der Parallelstelle
22, 2 steht infolge des voranstehenden Vokativ einheitlich in M und
LXX die zweite Person; hier fehlt das zweite Glied, das 967 mit O L
nach M ergänzt hat.

26, 13 ist die erste Person spätere Angleichung an M; die beiden
Zeugen V und Hi. haben auf Grund der Hexapla angeglichen, dagegen 967 auf Grund vorhexaplarischer Korrektur nach M. LXX hat
in ihrer Vorlage וְהִשְׁבִּית gelesen; sehr gut kann Nebukadnezar

als Subjekt genommen werden; ab v. 14 ist dann Gott Subjekt. Vgl. auch den Wechsel Singular-Plural in v. 11 (M Sing.; LXX Plur.) und v. 12 (M 5 mal Plur.; LXX 5 mal Sing.).

28, 14/15 steht zweimal ἐγενήθης für verschiedene hebr. Äquivalente. Solche Beispiele finden sich öfters, siehe unten. In solchen Fällen ist es sehr leicht möglich, dass das mit M nicht genau übereinstimmende Wort überdeckt wurde. 967 und L haben hier nach M hergestellt; es mag sein, dass sie damit die ursprüngliche Lesart wieder heraufgeholt haben. Trotzdem habe ich in v. 15 ἐγενήθης belassen, da επορευθης Korrektur nach M ist.

28, 16 kann ich mich nicht dazu bekennen mit VACCARI, (Biblica 19 [1938] 213), BEWER S. 423 und KATZ die Transkription το σεχ als ursprünglich anzuerkennen, siehe ZAW 61 (1945/48) 85 f. Meine Bemerkung in ZAW, dass der Übersetzer keine Transkriptionen anwende, ist so zu verstehen, dass er nicht gern zu Transkriptionen greift, sondern sie nur gebraucht, wenn es sich um geographische Namen oder sonstige ihm unbekannte Fachausdrücke (bes. in Kap. 40 ff.) handelt. Für die nachträgliche Einfügung der Transkription spricht die Tatsache, dass sie Origenes nicht in seiner Vorlage vorfand (auch Tyc. bezeugt sie nicht), sondern die Lücke nach ϑ' ergänzte. Wäre sie vorgelegen, dann hätte sie ϑ' übernommen, der ja ein besonderer Freund von Transkriptionen ist. Es wäre auch auffällig, wenn diese Transkription in allen Zeugen ausser 967 La verloren gegangen wäre oder unterdrückt worden sei (aus Missverständnis), da sonst alle Transkriptionen des Übersetzers einheitlich (natürlich mit Verschreibungen) bezeugt sind.

19, 9 nimmt K. ἔτι mit 88 106 (vgl. auch L μηκετι) in den Text auf, das vor ἐπί leicht ausfallen konnte. Als Parallele kann man auf Jer. 20, 9 verweisen, wo ebenfalls in A L ἔτι vor ἐπί ausgefallen ist. Trotzdem ist die Ursprünglichkeit von ἔτι in 19, 9 nicht sicher; einmal wird es nur von Hss. bezeugt, die es auf Grund der hexaplarischen Überlieferung kennen, und dann ist עוֹד im hebr. Text leicht zu entbehren, ja als nicht ursprünglich zu tilgen, weil es den ersten Halbvers belastet. Der LXX-Übersetzer hat es in seiner Vorlage nicht gelesen. So ist das letzte עוֹד 37, 22 ebenfalls als sekundär zu streichen (mit LXX Pesch. und Vulg.). Fraglich bleibt, ob mit K. 20, 48 (21, 4) ἔτι, das A... La Tyc. überliefern, in den Text aufgenommen werden soll. In dem parallelen Vers 21, 5 (10) steht es in allen Zeugen, auch in M. Wahrscheinlich ist es von hier aus in 20, 48 (21, 4) eingedrungen; gerade A zeigt öfters Einfluss aus Parallelstellen.

45, 24. 25 möchte K. mit 407 bzw. mit 26-106 nach M ποιήσει statt des sonst allgemein bezeugten ποιήσεις lesen. Aber es ist fraglich, ob man auf Grund dieser schmalen Basis verbessern darf, da auch sonst gerade bei kultischen Anweisungen oft die Person wechselt. Vgl. im nämlichen Kap. 45: v. 6 δώσεις תִּתֵּנוּ; v. 18 λήμψεσθε תִּקַּח; v. 21 ἔδεσθε יֹאכַל. In Kap. 43 steht in der LXX 6 mal die 3. Pers. Plur. gegenüber der 2. Pers. Sing. in M: v. 20 λήμψονται, ἐπιθήσουσιν, ἐξιλάσονται; v. 21 λήμψονται; v. 22 λήμψονται; v. 23 προσοίσουσιν. Vgl. ferner 44, 28 οὐ δοθήσεται לֹא־תִתֵּנוּ. Man wird in diesen Fällen keineswegs die Person von M herstellen dürfen, auch wenn sie einmal von einigen Zeugen überliefert wird, so 45, 6 δωσετε von 147 Hi.

Wichtig für die Textgestaltung ist eine gründliche Einsicht in die A r t   u n d   W e i s e   d e r   E z . - Ü b e r s e t z u n g . Man muss untersuchen, ob der Übersetzer gebunden oder frei übersetzt. Von vorneherein ist anzunehmen, dass er keine starre Konsequenz in der Wiedergabe der gleichen Wörter und Wendungen zeigt; diese ist ein Kennzeichen des Aquila. Bei Ez. wird die Untersuchung der Übersetzungsmanier dadurch erschwert, dass manche Wiedergaben auf verschiedene Übersetzer hinweisen; so nehmen THACKERAY und HERRMANN drei Übersetzer an (I: Kap. 1-27; II: Kap. 28-39; III: Kap. 40-48). W. DANIELSMEYER hat in seiner Dissertation *Neue Untersuchungen zur Ezechiel-Septuaginta* (Münster i. W. 1934) dieses Ergebnis neu zu befestigen versucht. Trotzdem kann die These von drei Übersetzern nicht aufrecht erhalten werden, wie vor allem die Untersuchungen zum Pap. 967 zeigen, vgl. den Beitrag von E. H. KASE, *The Translator(s) of Ezekiel* in der Ausgabe des Papyrus (Princeton 1938) S. 52-73. Wenn sicher nachgewiesen werden kann, dass ein Teil von einem anderen Übersetzer stammt, so ist dessen Eigenart zu berücksichtigen; dies gilt von 36, 24-38, das Thackeray als späteren Lektionstext betrachtet. Hier wäre also v. 33 und 37 αδωναι κύριος in den Text aufzunehmen.

Die folgenden Beispiele, welche die Übersetzungsweise illustrieren sollen, sind immer aus solchen Stellen genommen, die in räumlicher Nähe liegen, einmal weil sie so beweiskräftiger sind, und dann, damit den Verfechtern der Mehrheit der Übersetzer keine Handhabe geboten wird, sie a limine abzuweisen. Sie sind aber zugleich ein Gegenbeweis, da sie deutlich zeigen, dass in allen Teilen eine grosse Mannigfaltigkeit der Wiedergabe vorliegt.

Bei häufig vorkommenden Wörtern ist von vornherein nicht zu erwarten, dass einheitlich übersetzt ist. Auffallend ist jedoch der häufige Wechsel, der sich auch nicht durch Annahme von drei Übersetzern erklären lässt (¹), ferner das gelegentliche Auftreten einer Vokabel, die singulär ist, oder einer Wortform, die von der gewöhnlich gebrauchten abweicht. Es mag genügen, folgende Beispiele zu nennen:

גִּלּוּלִים = ἐνθυμήματα 15 mal

= ἐπιτηδεύματα 7 mal

= εἴδωλα 10 mal (+ 3 mal sub ※)

תּוֹעֵבוֹת = ἐνθυμήματα 15 mal

= βδελύγματα 13 mal

= ἀνομίαι 25 mal

= ἀνομήματα *nur* 16, 50 (ανομα A)

= ἐπιτηδεύματα *nur* 8, 15

הָמוֹן = πλῆθος 7 mal (+ 5 mal sub ※)

= ἰσχύς 7 mal

= δύναμις *nur* 32, 24

חָלָל = τραυματίας 26 mal

= τετραυματισμένος 4 mal (+ 1 mal A 32, 30)

= τραῦμα *nur* 32, 29

= νεκρός 3 mal

[= βέβηλος 1 mal 21, 30]

Man wäre gern geneigt, die singulären Wörter und Wortformen irgendwie als sekundär auszuscheiden und anzugleichen. Aber man wagt es nicht, da die einheitliche Überlieferung dagegen spricht.

Auffallend ist die verschiedene Wiedergabe der gleichen hebr. Wörter in aufeinander folgenden Abschnitten; nur einige Stellen seien genannt:

חדל = πτοεῖσθαι 2, 5. 7

= ἐνδεῖν 3, 11

= ἀπειθεῖν 3, 27 (2 mal)

בַּד = ποδήρης 9, 2. 3. 11

= στολή 10, 2. 6. 7

(¹) Keines dieser Beispiele (ausser חָלָל) findet sich bei Herrmann, da sie gegen die Vielheit der Übersetzer sprechen. Auch die Wiedergabe von חָלָל besagt nichts für die These von Herrmann. Seine Aufzählung ist ungenau.

Wenn gleiche Wendungen in weiter auseinander liegenden Abschnitten vorkommen, ist es leichter verständlich, dass der Übersetzer nicht die gleiche Wiedergabe wählt. Jedoch sind diese Stellen
auch kennzeichnend für die Mannigfaltigkeit der Übersetzung. Einige
Beispiele:

4, 16 ἒν ἐνδείᾳ... ἒν ἀφανισμῷ
12, 19 μετ᾽ ἐνδείας... μετὰ ἀφανισμοῦ

12, 13 καὶ συλλημφθήσεται ἐν τῇ περιοχῇ μου
17, 20 καὶ ἁλώσεται ἐν τῇ περιοχῇ αὐτοῦ (μου 534 Arm = M)

12, 20 καὶ ἡ γῆ εἰς ἀφανισμὸν ἔσται
14, 16 ἡ δὲ γῆ ἔσται εἰς ὄλεθρον

20, 4 εἰ ἐκδικήσω (-σεις 967 L = M) αὐτοὺς ἐκδικήσει
22, 2 εἰ (ου 967 A C...) κρινεῖς (+ ει (ου 967) κρινεις 967 O L)

Völlig abweichend (teilweise infolge von Verlesung) sind die parallelen Stellen 13, 5 und 22, 30 wiedergegeben:

13, 5 οὐκ ἔστησαν ἐν στερεώματι καὶ συνήγαγον ποίμνια (-νιον
       967 L... = עדר für נדר)
22, 30 ἀναστρεφόμενον ὀρθῶς καὶ ἑστῶτα... ὁλοσχερῶς (το -σχερες
       A; εν διακοπη φραγμου Q^{mg} L)

Oftmals wechselt die Wiedergabe der gleichen hebr. Vorlage im
gleichen Kapitel (und sogar im gleichen Vers):

תּוֹעֵבוֹת = ἀνομίαι 8, 6. 13. 17
          = ἐπιτηδεύματα 8, 15 (nur hier für ת"!)

מִשְׁפָּט וּצְדָקָה = κρίμα καὶ δικαιοσύνη 18, 5. 27
          = δικαιοσύνη καὶ ἔλεος 18, 19. 21

יְתָכֵן = κατευθύνει 1ο 2ο 3ο 18, 25 (1ο κατορθοι A...;
          1ο 2ο 3ο κατορθοι C...)
          = κατορθοῖ 18, 29 (3 mal)

אֶל־שִׁבְטֵי מֹשְׁלִים = ἐπὶ φυλὴν ἡγουμένων 19, 11
שֵׁבֶט לִמְשׁוֹל = φυλὴ εἰς παραβολήν 19, 14

(לְסִינ)ים = ἀναμεμειγμένοι (-νος) 22, 18 (2 mal)
          = εἰς σύγκρασιν μίαν 22, 19 (hap. leg. der LXX!)

קְרוֹבִים = τοὺς ἐγγίζοντας αὐτῇ 23, 5
          = τοὺς ἐγγὺς αὐτῆς 23, 12

מִבְחַר = ἐκσεσαρκισμένα (ἀπὸ τῶν ὀστῶν) 24, 4

      = ἐξ ἐπιλέκτων (κτηνῶν) 24, 5

עַל־חוֹמוֹתַיִךְ = ἐπὶ τῶν τειχέων σου 27, 11

      = ἐπὶ τῶν ὅρμων σου 27, 11

וַיִּשְׂאוּ כָל" = καὶ ἐλάβοσαν (ελαβον L) τὴν βάσανον αὐτῶν 32, 24

      = καὶ ἀπήνεγκαν (ελαβον A... L) τὴν β. αὐτῶν 32, 30

וְתָקַע בַּשּׁ" = καὶ σαλπίσῃ τῇ σάλπιγγι 33, 3

      = καὶ (μὴ) σημάνῃ τῇ σάλπ. 33, 6

הַחוֹלָה = τὸ κακῶς ἔχον 34, 4

      = τὸ ἐκλεῖπον (το ησθενηκος L) 34, 16

הִנֵּה אֲנִי לֹקֵחַ = ἰδοὺ ἐγὼ λήμψομαι 37, 19

      = ἰδοὺ ἐγὼ λαμβάνω 37, 21

Es ist offensichtlich, dass der Übersetzer solchen Wechsel im Ausdruck liebt. Deutlich hat A (auch L und C) an manchen Stellen angeglichen. Man ist versucht, es auch zu tun, so bei dem graphisch
naheliegenden ἐγγύς 23, 12, zumal auch 7, 4(7); 22, 5 (42, 13 und
43, 19 sind unsicher, wenn man 40, 46 vergleicht) קָרוֹב mit ἐγγίζειν
wiedergegeben ist. Auch das singuläre ἐπιτηδεύματα 8, 15 möchte
man zu gunsten von ἀνομίαι entfernen. Aber dagegen spricht einmal
die Praxis des Übersetzers zu wechseln und das Gewicht der einheitlichen hslichen Überlieferung.

Noch auffallender als die verschiedene Wiedergabe gleicher Vorlage ist die gleiche Wiedergabe einer abweichenden Vorlage. Einige
Beispiele seien genannt:

21, 31 (36)   ὀργήν μου זַעְמִי

           ὀργῆς μου עֶבְרָתִי

22, 26   οὐ διέστελλον לֹא הִבְדִּילוּ

        οὐ διέστελλον לֹא הוֹדִיעוּ

25, 5   εἰς νομάς לְנָוֶה

      εἰς νομήν (νομ(ε)ας L) לְמִרְבָּץ

26, 4   καὶ καταβαλοῦσι(ν) וְשִׁחֲתוּ

     καὶ καταβαλοῦσι(ν) (καθελουσι(ν) A... Qᵐᵍ lII Tht.) וְהָרְסוּ

34, 26   καὶ δώσω (και εσονται A... La) וְנָתַתִּי

     καὶ δώσω (και αποστελω A...; καταβιβασω L) וְהוֹרַדְתִּי

Aus Wortarmut sind die Wiederholungen nicht entstanden; denn der Übersetzer verfügt über Synonyme, die er hätte verwenden können. Bei verschiedenen Stellen kann man sich des Eindrucks nicht erwehren, dass vielleicht ein Synonym verloren ging, so 22, 26; 26, 4; 34, 26. An den beiden letzten Stellen hat A die Wiederholung vermieden. Bei 26, 4 möchte man die von A ... vertretene Lesart in den Text setzen; auch 36, 36 ist הרם mit καθαιρεῖν wiedergegeben. Aber die Lesart καθελουσι(ν) ist deutlich eine Korrektur nach M, wie besonders die Zeugen Q^{mg} und *III* verraten, die häufig hexaplarische Lesarten bezeugen. Da auch 26, 12 הרם mit καταβάλλειν wiedergegeben ist, kann man leicht auch an unserer Stelle dieses Verbum dem Übersetzer zuschreiben. Auch 34, 26 ist die von A und Trabanten gebotene Lesart nicht vorzuziehen, da der A-Text im ganzen Vers abweichend übersetzt und deutlich sekundäre Lesarten bringt. Höchstens käme hier die *L*-Lesart καταβιβασω in Frage, da auch sonst הוריד καταβιβάζειν sich entsprechen, vgl. 26, 20; 28, 8; 31, 16. 18; 32, 18. Aber da δώσω 2° ausgezeichnet bezeugt ist (auch von 967), ist es unangefochten zu lassen, zumal die obigen Stellen zeigen, dass öfters das gleiche Wort wiederholt wird.

Lehrreich ist in diesem Zusammenhang 39, 9:

וּבָעֲרוּ וְהִשִּׂיקוּ ※ καὶ εκκαυσουσι(ν), καὶ (ἐκ)καύσουσιν
וּבָעֲרוּ καὶ καύσουσιν.

Es ist zunächst nicht klar, welches Verbum in der ursprünglichen LXX fehlte; nach Cornill וּבָעֲרוּ, nach BH³ וְהִשִּׂיקוּ. Origenes scheint וּבָעֲרוּ ergänzen zu wollen, wie Asteriskus und Stellung zeigen. Sicherlich verdient וְהִשִּׂיקוּ als ursprünglich den Vorzug. Stand am Rand der Vorlage der LXX וּבָעֲרוּ, um das seltenere וְהִשִּׂיקוּ zu erklären, und ist nach dieser Randglosse übersetzt worden, so dass zweimal καὶ καύσουσιν erscheint?

Besonders das 21. Kap. scheint zu verschiedenen Konjekturen Anlass zu geben. Aber auch hier muss man zweierlei beachten: Der Übersetzer gebraucht gern (a) das gleiche Wort oder die ähnliche Wendung, während im Hebr. ein abweichender Text steht, und daneben (b) verschiedene Ausdrücke für dasselbe hebr. Wort. Beispiele:

(a) 20, 48 (21, 4)   καὶ ἐπιγνώσονται (-σεται) וְרָאוּ
21, 5 (10)   καὶ ἐπιγνώσεται וְיָדְעוּ
21, 12 (17)   ἐν τῷ λαῷ μου 1° בְּעַמִּי

21, 12 (17)   ἐν τῷ λαῷ μου 2°   אֶת־עַמִּי

21, 12 (17)   κροτεῖν = ספק

21, 14 (19)   κροτεῖν = נכה Hiph.

(b) חֶרֶב = ῥομφαία 21, 9 (14). 11 (16). 14 (19)

         = ἐγχειρίδιον 21, 3 (8). 4 (9). 5 (10).

חדד Hoph. = ὀξύνεσθαι 21, 9 (14). 10 (15). 16 (21) (an

         der letzten Stelle LXX = חדד geg. אחד M)

         = ἐξακονεῖσθαι 21, 11 (16)

תפש Ni. = ἁλίσκεσθαι 21, 24 (29)

         = (συλ)λαμβάνεσθαι (so richtig 967 L gegen

         μιμνήσκεσθαι der übrigen Zeugen) 21, 23(28)

Im « Schwertlied » begegnet uns das « Stichwort » מרט 6 mal (auch 21, 15 (20) muss mitgezählt werden, da hier מֹרְטָה statt מֵעֻטָּה zu lesen ist, vgl. BH[3]). Nach der hslichen Überlieferung ist מרט nicht einheitlich übersetzt:

21, 9 (14)   θυμώθητι

   10 (15)   ἑτοίμη

   11 (16)   ἑτοίμην... ἑτοίμη

   15 (20)   εὖγε γέγονεν 2° (neben 1° = אָח עֲשׂוּיָה)

   28 (33)   ἐσπασμένη 2° (neben 1° = פְּתוּחָה)

Hier ist die Versuchung leicht gegeben, da מרט 3 mal mit ἑτοίμη wiedergegeben ist, anzugleichen und an den übrigen Stellen mit K. das Verbum ἑτοιμάζειν einzusetzen: 21, 9 (14) ἑτοιμάζου (bzw. ἑτοιμάσθητι), 21, 15 (20) ἑτοίμη, 28 (33) ἑτοιμασμένη. Die Ez.-LXX kennt zwar das Verbum ἑτοιμάζειν, aber für andere hebr. Äquivalente (כון hi., ברא pi., פקד). Allerdings ist vom A-Text zu 21, 28 (33) ετοιμαζου überliefert, aber wie die Stellung anzeigt (hinter ῥομφαία 2°) wohl als Randnote eingedrungen; auch sonst finden sich im A-Text sekundäre Angleichungen. Es wäre jedoch auffallend, wenn in der ganzen Überlieferung an den drei Stellen die ursprüngliche Lesart verloren gegangen wäre. Zudem ist v. 9 (14) ετοιμαζου graphisch zu weit von θυμώθητι entfernt; da läge es schon näher, mit Wutz S. 34 und Bewer S. 422 γυμνωθητι einzusetzen. In v. 15 (20) und 28 (33) könnte man annehmen, dass die Wiederaufnahme des gleichen Verbums sekundär wäre; dagegen spricht aber die Beobachtung, dass auch sonst das gleiche Wort wieder erscheint (siehe oben). In v. 28 (33) entspricht ἐσπασμένη gut der Vorlage; denn auch σ' verwendet dieses Verbum für מרט, vgl. v. 10 (15). 11 (16).

Diese Beispiele zeigen deutlich, dass der Übersetzer (oder auch d i e Übersetzer, falls es mehrere sind) keine starre Linie zeigt. Deshalb wird man sich bei den folgenden vorgeschlagenen Konjekturen immer fragen: « Darf man angleichen? », auch wenn es noch so sehr bei der Nähe des graphischen Bildes reizt, dies zu tun.

3, 17 הזהרת διαπειλήσῃ] διαστελεῖς Herrmann.

זהר kommt 3, 18-21 6mal vor und ist immer mit διαστέλλειν wiedergegeben. Das Verbum διαπειλεῖν ist in der LXX nur noch III Macc. 2mal verwendet, also sehr selten. Auch an der Parallelstelle in Kap. 33 ist זהר nicht einheitlich wiedergegeben: 5mal φυλάσσειν, aber 1mal (33, 9) προαπαγγέλλειν, das hap. leg. der LXX ist, und 1mal (33, 3) σημαίνειν, das v. 6 תקע entspricht (ebenso Jer. 4, 5; 6, 1).

22, 9 זמה ἀνόσια] ἀνομίαν Katz.

Das Adjektivum (Adverbium) ἀνόσιος kommt nur 8mal in späteren Schriften des griech. AT (Weish., Esr., II-IV Macc.) vor und sieht verdächtig aus. זמה ist bei Ez. häufig: 9mal ἀσέβεια, 1mal ἀσεβεῖν und 2mal ἀνομία (24, 13 ζε(μ)μα ist hexaplarisch, aus ϑ').

Trotz der graphischen Nähe (noch näher würde ἄνομα liegen) möchte ich nicht ἀνομίαν einsetzen, da auch sonst der Übersetzer in seinem « Lasterkatalog » Wörter verwendet, die von der gewöhnlichen Wiedergabe abweichen, so 16, 50 ἀνομήματα (ανομημα, ανομα) für תועבה, ἐναντία 17, 15 für אלה und 18, 18 für לא טוב.

16, 52 פללת ἔφϑειρας] ἔφϑασας? Cornill.

« Ob es ursprünglich heissen sollte εφϑασας? » Cornill S. 270. Cornill's Unsicherheit kann nicht behoben werden. Beide Verba sind für Ez. verdächtig. Das Simplex φϑείρειν (auch 967) kommt nur hier vor; ob das Kompos. διαφϑ., das A... C hier bezeugen, vorzuziehen ist, da es noch 3mal bei Ez. sich findet, ist ebenfalls fraglich. Auch φϑάνειν kennt Ez. nicht; zudem wäre hier seine transitive Verwendung auffallend, da es sonst immer in der LXX im Sinne « kommen », « gelangen » verwendet wird. Auch mit der hebr. Vorlage kann es kaum in Einklang gebracht werden. Deshalb ist der überlieferte Text beizubehalten, bis eine besserer Vorschlag gemacht wird.

16, 54 בנחמך ἐν τῷ (σε) παροργίσαι με] ἐν τῷ παρηγορῆσαι Cornill.

Cornill S. 271 sieht hier « auf jeden Fall innergriechische Verwechslung » vorliegen. Jedoch erregt παρηγορεῖν Anstoss, da der Ez.- Übersetzer für נחם immer παρακαλεῖν verwendet, (ausser 14, 22, wo μεταμελεῖσθαι steht), und παρηγορεῖν ein spätes Wort ist, das in der LXX nur IV Macc. 12, 3 und von den jüngeren Übersetzern, namentlich von σ' gern verwendet wird, dem es auch an unserer Stelle zugeschrieben wird (nicht auch α', wie Field vermerkt; cod. 86 kennt nur die σ' Randnote !).

Die von M abweichende Konstruktion deutet darauf hin, dass der Übersetzer den Stamm חמה, יחם herausgelesen hat, vgl. חֵמָה = 4mal ὀργή. Sonst ist bei Ez. παροργίζειν = כעס 3mal und = נדף 1mal.

23, 20 על פלנשיהם ἐπὶ τοὺς Χαλδαίους] ἐπὶ τοὺς παλλακούς Bewer.

Diese Konjektur ist sehr fraglich. Einmal ist es nicht sicher, ob wirklich der hebr. Text hier פל׳ gelesen hat, das an allen Stellen des AT fem. ist. Auch angenommen, die LXX habe es gelesen, so ist ihre Wiedergabe im Hinblick auf v. 14. 15. 16, wo die « Chaldäer » genannt sind, gestaltet. Der Übersetzer glaubte hier berechtigt zu sein, den Eigennamen « Chaldäer » einzusetzen, da das gleiche Verbum ἐπιτιθέναι v. 5. 7. 9. mit « Assyrer » verbunden war. Ähnlich hat auch B (und einige Minuskeln) Jer. 28 (51), 64 statt τῶν κακῶν verdeutlichend den Eigennamen των Χαλδαιων gesetzt.

31, 10 καὶ εἶδον ἐν τῷ ὑψ. αὐτόν] καὶ εἶδεν τὸ ὑψ. αὐτόν Cornill.

LXX weicht von M ab und setzt eine Lesart voraus, die in 19, 11 steht. Es ist aber fraglich, ob sie genau so wie 19, 11 lautete; vielmehr liegt es näher, dass LXX 31, 10 bereits ואראה gelesen hat, da die 1. Pers. in v. 11 (παρέδωκα) auftritt. Trotz 19, 11, wo der Akk. steht, darf man nicht 31, 10 auch den Akk. fordern; denn ἐν = בְּ. Wenn man schon die Person ändert, dann müsste die 2. Pers. genommen werden im Anschluss an ἐγένου, ἔδωκας ; aber εἶδες entfernt sich graphisch von εἶδον. Selbst wenn in der Vorlage die 3. Pers.

gestanden hätte, wäre es nicht notwendig, auch in der LXX εἶδεν
zu lesen, da häufig Personenwechsel durch Angleichung an die nämliche Form im gleichen oder nächsten Vers vorkommt.

32, 18 אַדִּרִם νεκράς] στερεας Schleusner.

Wahrscheinlich ist mit Q 106 νεκρα zu lesen und auf τὰ ἔθνη zu
beziehen. Die Konjektur στερεα(ς), die K. erwägt, wäre durch Regn.
I 4, 8 (στερεός - אַדִּיר) gestützt. Es ist jedoch auffallend, dass der
Ez.-Übersetzer diese Wiedergabe wählt, da er 17, 8. 23 אַדִּיר mit
μέγας übersetzt (andere Wiedergaben in der LXX: μεγιστάν, ἰσχυρός,
θαυμαστός...). Weiterhin denkt Schleusner an νεαρός, das aber nur
Ex. 13, 4 α' zugeschrieben wird (= אָבִיב). Dann hätte LXX אביבים
statt אדרם gelesen. Jedoch ist auch dieses Adjektiv zu singulär.
So gut man sagen kann, dass der griech. Text nicht in Ordnung ist,
ebenso gut kann man behaupten, dass der hebr. Text im Argen liegt.
Vielleicht ist mit BH³ אֲרֻדֶם zu lesen. Hat dafür LXX אַבְדָם gesehen
und dies frei mit νεκρά übersetzt? Bei Ez. entspricht νεκρός 3mal
חָלָל und 1mal (37, 9) הָרֻג; gerade diese Wiedergabe zeigt, dass νεκρός
frei verwendet werden konnte.

Wenn man schon ändern will, dann müsste in diesem Vers tiefer eingegriffen (καὶ καταβιβασον αυτην) und entweder τὰς θυγ. oder
τὰ ἔθνη ausgeschieden werden. Da aber weder für die hebr. noch für
die griech. Textgestalt eine Sicherheit zu gewinnen ist, bleibt man zunächst bei der überlieferten Form.

39, 3 וְהִכֵּיתִי καὶ ἀπολῶ] καὶ ἀποβαλῶ Katz.

Die Konjektur απoβαλω würde gut zu καταβαλῶ im gleichen
Vers passen. Aber sie ist nicht nötig, da auch das überlieferte Verbum
belassen werden kann. ἀπολλύειν ist in der Ez.-LXX oft verwendet,
neben dem gewöhnlichen Äquivalent אבד (11mal) für andere Stämme שמם, שדד, אסף, כרת, שבת. Dagegen kennt Ez.-LXX ἀποβάλ-
λειν nicht, das sich nur 5mal sonst in der LXX findet und gern von
σ' verwendet wird (39, 3 bezeugt σ' ἀποτινάξω = L''). Wie an unserer Stelle, stehen auch 32, 12 die beiden Verba καταβαλῶ אַפִּיל - ἀπο-
λοῦσι שָׁדְדוּ nebeneinander; auch dies spricht für die Ursprünglichkeit
von ἀπολῶ 39, 3.

43, 3 לשחת τοῦ χρῖσαι] τοῦ ἀχρειῶσαι Katz.

Für die Konjektur beruft sich K. auf Esdr. I 1, 53 πάντα τὰ ἔνδοξα αὐτῆς ἀχρειῶσαι, ohne ihr besonders zu vertrauen. Mit Recht, da der Übersetzer für שחת gewöhnlich ἐξαλείφειν verwendet. Wahrscheinlich ist daher χρῖσαι zu belassen, dass auf למשח (oder ähnlich; Cornill: למשחה) zurückgeht.

Einige Konjekturen, die von angesehener Seite gemacht wurden, sind nicht einmal im Apparat vermerkt, geschweige denn in den Text aufgenommen worden.

Hierher gehört in erster Linie der von E. NESTLE in der *ZAW* 20 (1900) 170 f. gemachte Vorschlag zu 24, 17. 22, dem J. A. BEWER in *JBL* 57 (1938) 422 zugestimmt hat. Der von allen Zeugen überlieferte Text lautet:

24, 17 οὐ μὴ π α ρ α κ λ η θ ῇ ς ἐν χείλεσιν αὐτῶν
24, 22 ἀπὸ στόματος αὐτῶν οὐ π α ρ α κ λ η θ ή σ ε σ θ ε.

Cornill S. 334 verweist auf Capellus bei Schleusner und fragt: « Ob es nicht vielleicht innergriechische Verderbnis aus παρακαλυφθης ist ? cf. 16, 54 einen ähnlichen Fall ». Nestle ändert in παραβληθῇς und παραβληθήσεσθε; er verweist auf παραβάλλειν, das regelmässig dem Hiphil von נטה entspreche. Der Übersetzer habe תשה für תעשה genommen. Nestle ist seiner Konjektur ganz gewiss und verkündet, dass « kein künftiger Herausgeber des griechischen Alten Testaments zögern » wird, diese Verbesserung « in seinen Text zu setzen... » (S. 171).

Zunächst ist zu bemerken, dass die Wiedergabe von נטה Hiphil mit παραβάλλειν eine Eigenheit des Proverbien-Übersetzers ist, der sie 5mal verwendet: 2, 2 (« das Herz neigen ») und 4, 20; 5, 1. 13; 22, 17 (« das Ohr neigen »). Für unsere Ez.-Stelle ist damit nichts anzufangen; wie soll man auch die Konjektur von Nestle übersetzen? Nestle selbst gibt keinen Hinweis. Eher würde man, wenn man schon konjizieren will, das Verbum περιβάλλειν, περιβάλλεσθαι nehmen, das Ez. 16, 10. 18; 18, 7. 16 für כסה Piel und 34, 3 für לבש steht.

In Lev. 13, 45 (die gleiche Wendung wie Ez. 24, 17. 22) und noch 5mal in der LXX ist περιβάλλεσθαι für עטה verwendet; Symmachus gebraucht es an unserer Ez.-Stelle und an der Parallele Mich. 3, 7. Jedoch scheidet es für uns aus, weil die Medialform dem Passivum graphisch zu fern steht.

Die eben genannten Stellen Lev. 13, 45 und Mich. 3, 7 sind die einzigen Parallelen zu Ez. 24, 17. 22, die die Wendung « den Lippenbart (שָׂפָם) verhüllen » haben. An keiner Stelle ist das Nomen שָׂפָם korrekt wiedergegeben; nur Lev. 13, 45 ist im gewissen Sinn « richtig » wiedergegeben καὶ περὶ τὸ στόμα αὐτοῦ περιβαλέσθω. Mich. 3, 7 ist völlig frei übersetzt: καὶ καταλαλήσουσι κατ' αὐτῶν. So ist auch in Ez. frei wiedergegeben: Der Prophet soll bei der Trauer um sein Weib ungetröstet bleiben. Deutlich zeigt auch die verschiedene Wiedergabe des שָׂפָם, dass der Übersetzer weder wörtlich übersetzt noch die beiden Stellen angleicht.

G. AD. DEISSMANN schlägt in seinen *Bibelstudien* (Marburg 1895) S. 94 Anm. 5 vor, 47, 3 ὕδωρ ἕως αφες statt ὕδωρ ἀφέσεως zu lesen. Der Übersetzer habe das hap. leg. אֲפָסִים « Knöchel » nicht verstanden und mit αφες transkribiert; das ἕως sei ebenso wie v. 4 eingefügt worden ἕως αφες. Ein « findiger Kopf » habe dann umgestellt αφες ἕως. Richtig sagt Deissmann, dass der Übersetzer auch sonst unverstandene Wörter einfach transkribiert hat; allerdings ist der Hinweis auf 27, 16 εν αφεκ wertlos, weil wir hier eine hexaplarische Lesart haben. Jedoch steht der Konjektur von Deissmann das ἕως entgegen; denn einmal ist fraglich, ob wirklich der Übersetzer ebenso wie in v. 4 bereits in v. 3 ἕως setzte, da er auch sonst nicht konsequent ist (siehe oben) und dann ist die Umstellung des « findigen Kopfes » ein Postulat. Viel näher liegt es, dass der Übersetzer ἄφεσις einfach im Anklang an das hebr. Wort gewählt hat, wie er auch sonst solche Wörter liebt. Diese Erklärung gibt G. A. COOKE, *ZAW* 42 (1924) 113, der die Wiedergabe ἀφέσεως « ingenious » nennt und in ihr « a specimen of pre-Christian rendering » sieht; in der Anm. verweist Cooke auf ähnliche Wiedergaben: 21, 31 (36) ἀνδρῶν βαρβάρων; 26, 20; 31, 14 βόθρος; 3, 14 ὁρμή; 23, 42 ἁρμονία.

Auch sonst in der LXX scheint ἄφεσις einige Male wegen des Anklanges gewählt worden zu sein, so für אָפִיק II Regn. 22, 16; Ioel 1, 20; 3 (4), 18; חפש Is. 58, 6 und vielleicht (das hebr. Äquivalent ist nicht ganz sicher) נִפֵּץ Dan. 12, 7.

Cornill S. 501 möchte als hebr. Vorlage אֲפִיקִים annehmen, « da an eine Gleichung αφεσ-ις = אֶפֶס doch kaum zu denken » sei.

Wie dem heutigen Übersetzer, so machten bereits dem ersten Übersetzer in die griech. Sprache die Kap. 40-48, namentlich die Abschnitte über den Bau und die Einrichtung des Tempels (Kap. 40-43) die grössten Schwierigkeiten. Hier standen viele architektonische Fachwörter, die bis heute noch nicht völlig geklärt sind. Manche von ihnen verstand der Übersetzer oder glaubte sie zu verstehen und übersetzte sie ins Griechische; andere waren ihm unklar, und wurden deshalb einfach transkribiert.

Nun ist es auffallend, dass der Übersetzer auch bei diesen Fachausdrücken keine einheitliche Wiedergabe wählte. Einige Beispiele genügen:

אֲטֻמִים = διϰτυωτός 41, 16

= ϰρυπτός 40, 16; 41, 26 (ebenso Regn. III 6, 4)

אַתִּיק = τὸ ἀπόλοιπον 41, 15

= ἐστιχισμένος und στοά 42, 3

= περίστυλον 42, 5

[= ὑπόφαυσις 41, 16; wahrscheinlich andere hebr. Vorlage, vgl. BH³ וְהַשְׁקֻפִים]

בִּנְיָן = διορίζον 41, 12 (2 mal); 41, 15; 42, 1. 10; 41, 13 (διορίζοντα)

= προτείχισμα 40, 5

= διάστημα? 42, 5

לִשְׁכָּה = ἐξέδρα 18 mal (ἐξέδρα nur bei Ez.)

= παστοφόριον 3 mal (ebenso Chron. I II)

מַעֲלָה = ϰλιμαϰτήρ 6 mal (nur bei Ez.; sonst ϰλίμαξ)

= ἀναβαθμός 2 mal (ebenso Regn. III IV und Chron. II)

רִצְפָה = περίστυλον 40, 17 (2 mal); 40, 18; 42, 3

= στοά 40, 18

Diese Mannigfaltigkeit wird uns warnen, zu schnell angleichen zu wollen. Wenn in der hslichen Überlieferung Abweichungen auftreten, kann man leicht korrigieren, so 41, 12, wo B die Sonderlesart αιθριζον überliefert; hier ist mit allen anderen Zeugen διορίζον zu lesen. Bei graphischer Nähe ist es natürlich gestattet, zu konjizieren; so ist mit Semler (nach Schleusner II 86) 45, 19 ἱλαστηρίου statt ιερου (Kontraktion!) einzusetzen, da an allen übrigen Stellen (43, 14 (3 mal); 43, 17. 20) עֲזָרָה mit ἱλαστήριον wiedergegeben ist. Sehr nahe lag es, 43, 14 ϰοιλώματος und 43, 17 ϰύϰλωμα nach 43, 13 in ϰολπωματος, ϰολπωμα zu ändern, vgl. ϰόλπος = חֵיק (gewöhnliche Wiedergabe in der LXX). Trotzdem habe ich es nicht getan; denn es ist doch auffallend, dass so nah beieinander die hsliche Überlieferung einheitlich (nur 43, 14 lesen einige Minuskeln ϰυϰλωματος) drei verschiedene Wörter bezeugt.

In gleicher Nähe stehen die unterschiedlichen Wiedergaben 41, 25 σπουδαῖα (ξύλα) עֵץ und 41, 26 ἐζυγωμένα הָעֵצִים.

Die Wiedergabe in 41, 26 kann man verstehen (vgl. Cornill z. St.), aber σπουδαῖα erregt Anstoss. Schleusner's Vorschlag σπιδαῖα (von σπιδής) besticht zwar auf den ersten Blick; aber dieses Wort ist ad hoc erfunden. K. denkt an κρηπιδιαῖα (nach Regn. III 7, 43 (6) *fundamenta* Arm für עֵץ); jedoch ist die Wiedergabe des Arm eine unsichere Stütze. Weiterhin schlägt K. nach 41, 26 ζυγοειδῆ, ζυγώδη vor; jedoch vermisst man hier die graphische Nähe. Meines Erachtens ist der Text zu belassen; σπουδαῖα heisst hier « festes », « hartes », «vortreffliches» Holz; in diesem Sinne findet sich σπουδαῖος auch in einem Papyrus (III. v. Chr.), vgl. Preisigke, Wörterbuch der griech. Papyrusurkunden s. v. Sonst wird עֵץ gewöhnlich mit πάχος wiedergegeben; inhaltlich liegt σπουδαῖα in der gleichen Linie.

Auffallend ist 40, 7 τοῦ θαιηλαθα, das aber (von kleinen orthographischen Abweichungen abgesehen) sehr gut bezeugt ist. K. möchte nach v. 12 τῶν θεϊμ = M herstellen. Man könnte mit K. auch annehmen, dass *L* noch das Richtige (wenigstens teilweise) überliefert; hier steht του θεε (statt des zu erwartenden τῶν θεϊμ) mit dem aus dem vorigen stammenden αιλαμ, das in B usw. entstellt wäre.

Häufig finden sich in Kap. 40 ff. Stellen, wo gleiche hebr. Ausdrücke kurz hintereinander abweichend übersetzt wurden. Hier möchte man gern angleichen. Doch halte ich dies für bedenklich. Es ist schwerer zu verstehen, dass gleiche Wiedergaben sich differenzierten, als dass verschiedene Wiedergaben sich anglichen. Deshalb habe ich bei folgenden Stellen die überlieferte Textgestalt beibehalten und nicht mit K. auf Grund von M angeglichen:

40, 5 παλαιστῆς (παλαιστῇ würde πήχει entsprechen, vgl. 43, 13).

40, 44 τῆς πρὸς νότον βλεπούσης δὲ πρὸς βορρᾶν (της βλεπ. προς ν. φερουσα δε προς β. wie vorher; aber wenn man schon ändert, dann würde es sich empfehlen, tiefer einzugreifen und das singuläre φέρουσα zu entfernen: τῆς πύλης τῆς πρὸς β., βλέπουσα πρὸς νότον, καὶ μία κατὰ νώτου τῆς π. τῆς πρὸς νότον, βλέπουσα δὲ πρὸς β.).

44, 14 κατατάξουσιν (die erste Person wage ich nicht ohne hsliche Zeugen herzustellen; zum Personenwechsel siehe oben!).

48, 18 καὶ ἔσονται αἱ ἀπαρχαὶ τοῦ ἁγίου (sieht zwar im Hinblick auf v. 18a sekundär aus, ist aber zu belassen; *L* 407 haben nach M verbessert).

48, 22 τῶν ἀφηγουμένων 1º 2º (der ganze Vers zeigt keine
verständliche Darstellung; gegen die hsliche Überlieferung habe ich
nicht gewagt, den Text zu glätten und der hebr. Vorlage anzupassen).

Die Frage, ob man angleichen darf, erhebt sich auch bei verschiedenen grammatisch-stilistischén Varianten. So
möchte man mit K. gern 14, 15. 17; 33, 2 den Konj. Aor. ἐπαγάγω in
Angleichung an die in nächster Nähe stehenden gleichen Verbalformen in den Text aufnehmen, zumal der Konj. Aor. gut bezeugt ist
(so 14, 15. 17 auch von 967; 33, 2 ist 967 nicht erhalten). Trotzdem ist
ἐπαγάγω im App. verblieben, einmal weil auch der Konj. Präs. nicht unmöglich ist (siehe BLASS-DEBR., *Gramm.*[7] 371-3; der Hinweis auf 16, 27
ἐὰν ἐκτείνω; 35, 11 ἡνίκα ἂν κρίνω σε besagt nichts, weil beide Formen auch Aorist sein können) und dann, weil bei gleich gut bezeugten Varianten gewöhnlich dem B-Text der Vorzug gegeben wurde.

23, 43 zieht K. im Anschluss an Wackernagel μοιχῶνται vor im
Hinblick auf 23, 37 und 16, 32. Aber da μοιχῶνται nur von A-26-544
bezeugt ist und gerade A (mit seinen Trabanten) gewöhnlich angleicht,
wurde μοιχεύουσι aufgenommen, das bereits 967 überliefert.

34, 10 ἑαυτούς, das äusserst schwach bezeugt ist (nur von Constit. Aug.[p], die mit Vulg. übereinstimmen), im Anschluss an v. 2. 8
in den Text aufzunehmen, halte ich für bedenklich; wie soll man sich
dann αὐτά erklären? K. möchte hier eine gedankenlose Wiedergabe
sehen.

Besondere Beachtung erfordert die Behandlung des P r o n o -
m e n   p o s s e s s i v u m   bei der Textherstellung. Im allgemeinen
kann man den Grundsatz aufstellen, dass häufig der griechische
Übersetzer (dies gilt nicht nur für Ez.) das Pronomen ausgelassen hat,
auch wenn es im Hebr. stand. Häufig ist es ergänzt worden; manchmal
geschah dies auf Grund der hexaplarischen Rezension (Einblick in die
hebr. Vorlage), manchmal auch aus stilistischem Gefühl heraus (ohne
Einblick in die hebr. Vorlage). Häufig hat Lukian das Pronomen
ergänzt, siehe *Is.* S. 86 und *Duodecim proph.* S. 87.

Deshalb ist der Grundsatz zu befolgen, dass das Pron. poss. im
Text auszuscheiden ist, wenn es nicht von allen oder fast allen Zeugen
überliefert ist. Auch wenn es von nur wenigen, aber alten Zeugen
überliefert ist, kann man es als sekundär betrachten, da es nicht zu
erklären ist, warum die Mehrzahl der Zeugen es nicht überliefert. So
habe ich 28, 15 σου (hinter ἀδικήματα) ausgeschieden, obwohl es ausgezeichnet überliefert ist. Jedoch kennt es der B-Text nicht, der die
Grundlage der Textherstellung bildet.

Auch bei anderen Stellen kann man fragen, ob man das Pron.
poss. nicht in den App. verweisen soll, so 13, 12 ὑμῶν (hinter ἡ
ἀλοιφή), das 967 Sa mit M auslassen. Aber hier spricht dagegen,
dass diese beiden Zeugen oft nach M korrigiert sind.

Ein schwieriges Kapitel bilden die *Eigennamen*, da hier Verle-
sungen und Verschreibungen nahe liegen; oftmals ist eine grosse Va-
riantenzahl überliefert. Bei schwankender Vokalisation ist keine Sicherheit zu erreichen; so bleibt fraglich, ob man 27, 22 mit Katz Ρεγμα
967 *L* statt Ραγμα in den Text aufnehmen soll (beachte den gleichen
Vokalwechsel α–ε bei Σανειρ – Σενειρ 27, 5). Oftmals ist es unsicher,
ob ein hebr. Buchstabe der Vorlage bereits verlesen wurde oder ob
der richtig übernommene Buchstabe später innerhalb der Überlieferung verloren ging oder verschrieben wurde. So denkt K. 27, 23
an Χαρμαδ statt Χαρμαν. In 967 46 (χαρμα) ging der Endbuchstabe
verloren; von den wichtigsten Zeugen ist ein ν am Schluss überliefert:
Χαρμαν. Deshalb wird man annehmen müssen, dass ד in ן verlesen
wurde. Möglich ist allerdings auch, dass das Δ hinter Α leicht verloren ging.

Ein schwieriges Rätsel gibt 27, 16 auf, wo zu dem allgemein bezeugten εκ Θαρσ(ε)ις nur 967 das Plus και θασοβ überliefert, das deutlich als Dublette zu erkennen ist. Bereits die Herausgeber des Scheide-
Papyrus haben sich um die Stelle abgemüht (S. 98-101): Endsilbe
-σις von שש statt בוץ; in der LXX-Vorlage stand רקמת תרשיש;
εκ θασοβ aus einer Randglosse בוץ, die als σοβ, und dem Index-
Zeichen X, das als ת = θ(α) verlesen wurde. Bewer S. 423 dagegen
hält εκ θαβος für ursprünglich; die zwei letzten Buchstaben von
רקמה wurden nach B. als מת gelesen: מתבוץ = εκ θαβος. In 967
fälschlich εκ θασοβ, in der sonstigen Überlieferung durch εκ θαρσις
ersetzt, weil θαβος (θασοβ) unverständlich gewesen sei.

Richtig ist, dass die Endsilbe -σοβ in 967, wenn auch verschrieben, auf בוץ des hebr. Textes verweist. Für die Präposition εκ
braucht man kein Äquivalent zu suchen, da es auch v. 18 ἐκ Χελβων
und ἐκ Μιλήτου fehlt. Deutlich zeigt die Dublette in 967, dass hier
ein Teil später ist; da 967 öfters nach dem Hebr. korrigiert ist und
die Endsilbe -σοβ auf בוץ verweist, ist και θασοβ eine sekundäre Wiedergabe. Ein sicherer Teil der Überlieferung ist die Vorsilbe θα-, weil
sie doppelt bezeugt ist, sowohl in θ α ρσις als auch in θ α σοβ. Ihre
Entstehung zu erklären, ist nicht gelungen; es ist möglich, sie aus
dem letzten Buchstaben von רקמה herauszuholen (ה – ת), aber es
ist nicht angängig, die Verbindungspartikel ו vor בוץ zu unterschla-

gen. Von ℩ müsste man ϑα- herleiten, aber dies will nicht gelingen. Es bestünde auch die Möglichkeit ϑα- aus den zwei letzten Buchstaben von ποικίλμα τ α herzuleiten; da müsste aber der Wechsel τ–ϑ angenommen werden (der allerdings häufig ist) und das ἐκ als sekundär ausgeschieden werden. Die Endsilbe -σις mit einem שׁישׁ in Verbindung zu bringen, scheint auf den ersten Blick verlockend, ist aber doch nur ein Wagnis. Jedenfalls ist καὶ ϑασοβ in 967˙eine sekundäre Lesart, εκ ϑαρσις dagegen primär und allgemein bezeugt. Gewiss scheint es verdächtig, aber eine Konjektur auf Grund von 967 ist in doppelter Hinsicht unsicher, einmal weil eben der Pap. nach dem Hebr. korrigiert ist, und dann weil er gerade bei den Eigennamen bereits vielfache Verderbnisse überliefert, vgl. im Kap. 27 v. 5 ανεβ, v. 18 ϑαιβων, v. 23 χαρρα und χαρμα.

Sehr beachtlich ist der Vorschlag von K., das Plus, besonders wenn es eine D u b l e t t e oder gar eine D i t t o g r a p h i e ist, kenntlich zu machen bzw. aus dem Text auszuscheiden. Reine Dittographien gehören ohne Zweifel in den Apparat. Aber manchmal ist es fraglich, ob man eine Lesart als Dittographie ansprechen darf, so 27, 27 ἦσαν, das von 88 obelisiert ist, und von 967 407 *III* und Tyc. mit M ausgelassen wird. Nur mit Not kann man ἦσαν als Dittogr. aus (ϑαλασσ)ης und einem αι, das nur von *III* 407 bezeugt wird, auffassen. Vielmehr ist es schon vom Übersetzer (gegen M) eingefügt wie 9, 6; 40, 49. Von den oben genannten Zeugen ist ἦσαν im Hinblick auf M getilgt worden. Das Satzgefüge ist in 27 nicht ganz klar; Tyc. (78, 31) zieht das erste Wort von v. 27 unrichtig zum Ende von v. 26; gegen Burkitt ist aber abzuteilen und zu verbessern: *contrivit te. in corde maris virtutes* (-*tis* codd.) *tuae.* Der Pap. 967 hat den Akk. δυναμιν statt δυνάμεις und scheint ihn auf συνέτριψε v. 26 zu beziehen.

Origenes ‚wagte es nicht', das Plus zu tilgen; er versah es nur mit dem Obelus; erst spätere Rezensoren haben das obelisierte Plus manchmal getilgt. Gewiss ist das Plus im Text zu behalten, wenn es Zutaten, Erweiterungen darstellt; aber auch die Dubletten, wie 28, 3 τῇ ἐπιστήμῃ αὐτῶν und 28, 25 καὶ τῶν ἐϑνῶν, sind im Text zu belassen; jedoch erscheint es angezeigt, sie durch eckige Klammern kenntlich zu machen.

So ist der Grundsatz zu befolgen, nur eigentliche Dittographien in den App. zu verweisen, die allerdings nicht gleich auf den ersten Augenblick hin erkenntlich sind, z. B. 21, 32 (37) σου.

Würzburg, März 1952. Joseph Ziegler

Zur Textgestaltung der Ezechiel-Septuaginta II

Peter Katz

Durch Übersendung der Druckbogen seiner Ezechiel-Ausgabe hat mir J. Ziegler einen alten Wunsch erfüllt: mit meinen Besserungsvorschlägen nicht erst hinterher zu kommen, sondern sie dem Herausgeber so zeitig vorzulegen, dass das Ergebnis der Ausgabe zugute komme. Freilich war das, mit Rücksicht auf den wartenden Setzer und die hohen Kosten von Satzänderungen, nur zum Teil zu erreichen; um so dankbarer begrüsse ich Z.s ' Nachtrag ' in der Ausgabe S. 87 f., und seinen Aufsatz in *Biblica* 1953, 435-455, der dort angekündigt ist, sowie die Gelegenheit, mich dazu zu äussern.

Ein Vergleich der bisher erschienenen Prophetenbände zeigt, dass Z. von der modischen Geneigtheit immer freier wird, Unerträgliches im Text lieber dem Autor als der Überlieferung zuzutrauen. Geblieben ist jedoch ein Bestreben, so weit wie irgend möglich – und unter Umständen noch ein wenig weiter – bei dem Bestbezeugten stehen zu bleiben, was sich, wie ähnlich bei Rahlfs, aus dem langjährigen intimen Umgang mit den Quellen ohne weiteres erklärt. Da er jedoch dabei keineswegs vor seinen Autoritäten die Waffen streckt, sondern Wert darauf legt, seine Entscheidungen zu rechtfertigen, so kommt doch auch bei ihm, vielleicht mehr als ihm bewusst wird, ein subjektives Moment herein. Und das ist dann nicht immer ganz unbedenklich, wenn sich die rechtfertigenden Erwägungen in erster Linie um Klarheit über die Vertrauenswürdigkeit einer bezeugenden HSS-Gruppe bemühen, und die Frage des innern Werts der Lesart unter Umständen in zweite Linie tritt. Durch solche Bevorzugung des diplomatischen Gesichtspunkts wird wohl eine beneidenswerte Geschlossenheit erzielt, aber die daraus fliessende Überzeugungskraft wird erschüttert, sobald man Ernst damit macht, gegenüber dem Zeugnis der HSS-Gruppen sich ernsthaft in die Intentionen des Übersetzers, der den Urtext vor sich hatte, im Unterschied von den späteren Stadien der Überlieferung, die mit der griech. Vorlage allein auskommen musste, zu versetzen. Man glaubt dann zu fühlen, dass diese Sicherheit

in der Handhabung der verschiedenen Überlieferungsgruppen unter
Umständen letzten Endes trügt, um so mehr als, je nach Bedarf,
die Entscheidung im Einzelfall bald nach der einen, bald nach der
andern Seite ausschlagen kann.

Das wird aus Z.s erstem Beispiel, 27, 28 (*Bb* 1953, 437) ganz deutlich. Mit Recht warnt er, 967 zu trauen, wo er gegen die übrigen Zeugen mit dem Hebr. gehe, da er ja vielfach sekundäre Annäherungen an
diesen aufweise. Wo 967 aber mit vielen andern Zeugen zu *M* stimme,
sei diese Lesart echt und textwürdig, so hier πρὸς τὴν φωνὴν τῆς κραυγῆς σου 967 A Q *ll̓* C = *M* gegen das ungewöhnliche πρὸς τὴν κραυγὴν
τῆς φωνῆς σου von B *L* Co Arab Tyc. In Wahrheit ist dieses von der
ganzen Gruppe des guten alten « B-Textes » (Einl. S. 23) ausser 967
bezeugt, nämlich B Co Tyc., zu denen hier, wie öfters (Einl. S. 20, 24)
noch Arab hinzutritt. Es ist dies eine der Stellen, an denen Arab,
im Unterschied von A, die Angleichung an *M*, sei es vermittels der
Hexapla oder unabhängig von ihr, noch nicht kennt. Und wie A zu
Arab, so verhält sich hier 967 zu den übrigen Zeugen des B-Textes.
Darum ist die Stütze, die 967 von den gleichfalls mit *M* gehenden
Zeugen erfährt, von recht zweifelhaftem Wert. Hier treffen sich vor-
und nachhexaplarische Zeugen im Ergebnis wiederholten Rückgangs
auf das Original. Schon damit ist gegeben, dass das nicht der alte
Text sein kann. Entscheidend kommt aber noch das sprachliche Mo-
ment hinzu. Für die Vertauschung der beiden Nomina im stat. constr.
Verhältnis gibt es viele Beispiele, deren Herausarbeitung das Verdienst von Alfons Schulz ist ([1]). Z. verschliesst sich war meiner Ar-

---

([1]) Zuletzt *ZAW*, NF 13 (1936) 270-7. Einen ganz entsprechenden,
von Schulz nicht angezogenen Fall habe ich in *JTS* xlviii (1947) 194 ff.
kurz behandelt, nämlich ἐν πυρὶ φλογός für בְּלַבַּת־אֵשׁ Exod. 3, 2 in
Bhqru, das Rahlfs nicht hätte verwerfen dürfen. In viel jüngerer Zeit,
die an sich keinen B-Text mehr erwarten liesse, taucht es immer wieder
überraschend auf. Zuerst in der LXX selbst, Sir. 8, 10; 45, 19, wo die
Varianten vermuten lassen, dass es ursprünglich auch in 28, 22 stand,
und in Ps. Sal. 12, 4. φλὸξ πυρός von Sir. 21, 9 und Ps. Sal. 15, 4 spricht
nicht dagegen, da wir hier nicht das volle ἐν πυρὶ φλογός von Exod. 3, 2
haben. Dann lesen wir ἐν πυρὶ φλογός in II Thess. 1, 8 und sollten es
auch Act. 7, 30 als etwas Altertümliches, also nicht nachträglich Ein-
getragenes, aus dem Apparat heraufholen. In Justin. Mart., wo der einzige erhaltene Codex wie stets ein uneinheitliches Bild gibt, überwiegt
die alte Form ἐ. π. φ. doch stark. Sie findet sich in Justins eigner Rede
zweimal in Dial. 59, während die andern Stellen nebeneinander abweichende Anführungen aufweisen: In Dial. 60 zuerst die Paraphrase mit

gumentation nicht, dass späterer Eintrag der abweichenden Lesung schwer vorstellbar sei, beruhigt sich aber bei seiner Entscheidung für 967 = *M* durch den Hinweis auf andere, in B vorkommende, Umstellungen. Hier aber handelt es sich, wie gezeigt, nicht um B allein, sondern um die ganze B-Klasse ausser 967 ([1]). Zudem zeigt Z.s eigne Darlegung (Einl. S. 26), dass die Umstellungen von B, wo er ganz (23, 15) oder fast ganz (10, 15) allein steht, andrer Art sind, nämlich notgedrungene flüchtige Einrenkungen nach vorausgegangener Textverderbnis. Der Umstellung in 37, 27 geht eine Angleichung an II Cor. 6, 16 voraus.

Ich schliesse hier gleich 23, 43 an, weil auch da zu Unrecht ein rein formales Argument, dass nämlich « A (mit seinen Trabanten) gewöhnlich angleicht » (*Bb* 1953, 453), ausschliesslich die Entscheidung bestimmt. Das führt dazu, dass J. Wackernagels sorgsame Darlegungen in dem Göttinger Programm *Hellenistica* (1907, S. 7-9) nicht zur Auswirkung kommen. Er zeigt, dass μοιχᾶσθαι dorisch ist und einer niedrigeren Schicht des hell. Griechisch angehört, dass Jeremias stets μοιχᾶσθαι gebraucht ([2]), und ebenso Ezechiel 16, 32 und 23, 37; μοιχεύουσιν 23, 42, also in nächster Nähe von 23, 37, beurteilt er als klassizistische Korrektur. Es steht noch mehr in diesen von den Theologen vernachlässigten Ausführungen. Sie sollten überzeugen, dass trotz der schmalen Bezeugung A-26-544 hier das Echte bewahrt, also nicht « angeglichen » haben.

Sucht Z. hier die vermeintliche Fülle des Sprachgebrauchs von Ez *G* vor unberechtigter Reglementierung zu schützen, so kann er anderswo von der sprachlichen Einheitlichkeit der Übersetzung einen

---

ἐ. φ. π. und später im Kapitel das Zitat mit ἐ. π. φ., in Ap. I 63 hintereinander zwei, auch sonst nicht ganz gleichlautende Zitate, das erste mit ἐ. φ. π., das zweite, von Hatch, Essays in Biblical Greek, 171 zu Unrecht als Paraphrase bezeichnet, mit ἐ. π. φ. Hier ist die *M* und dem griech. Vulgärtext entsprechende Lesart gewiss, wie sonst oft, ein später Eindringling. Auch die Übergangsform ἐν πυρὸς φλογί in der ja unsicheren Cyrill-Überlieferung scheint für die alte abweichende Form zu sprechen. Dass sich bei späteren, insbesondere lat., Vätern nichts mehr von ihr findet, nimmt nicht Wunder.

([1]) Auch in 37, 24 steht B nicht allein, sondern hat Tyc. und Eus. ecl. neben sich. Dass die verschiedne Wortstellung dieser Gruppe in 22 und 24 darum nicht ursprünglich sei, weil beide Verse in *M* gleich gebaut sind, leuchtet mir nicht ein.

([2]) ἐμοίχευσεν 3, 9 war nicht zu vermeiden, da μοιχᾶσθαι nur im Praesensstamm vorkommt (Wackernagel).

zu starken Eindruck geben (*Bb* 1953, 447, zu 16, 54). Stehen doch den drei Beispielen für παρακαλεῖν für נחם zwei unter sich verwandte Gegenbeispiele gegenüber. In 14, 22 ist angesichts einer eigenartigen Gedankenführung des Originals mit μεταμεληθήσεσθε eine hier verfehlte Bedeutung von נחם gewählt, kurz vor 14, 23 παρακαλέσουσιν. In der inhaltlich verwandten Stelle 16, 54 ist das Merkwürdige, dass *G* mit einer Umwandlung von Sinn und Konstruktion ἐν τῷ σε παροργίσαι με bietet. Seltsam nur, dass *G*, wo es den Sinn verfehlt, etwas lautlich dem sinngerechten παρηγορῆσαι (Cornill) so Nahestehendes aufweist. Dem gegenüber darf es m. E. nicht stören, dass dies Verb, in Prosa eigentlich erst nachattisch üblich und, wie Z. mit Recht hervorhebt, der eigentlichen LXX fremd, nicht gerade das ist, was wir erwarten würden. Es passt so ausgezeichnet, dass ich es nicht für unmöglich erklären würde. Ein Schluss *e silentio* hat immer sein Bedenkliches. Dass der Grieche, wie wir ihn lesen, die Konstruktion ändert, war, wie zahlreiche Beispiele beweisen, die notwendige Folge, nachdem einmal das Verb korrumpiert war. Im Blick auf 14, 22 habe ich nicht die Zuversicht, hier dem Übersetzer ein so völliges Danebengreifen zuzutrauen. Und solange eine innergriechische Möglichkeit offen ist, sollte man nicht einen andern hebr. Stamm zur Erklärung beiziehen.

Dieser Grundsatz hat sich mir lang bewährt: In unklaren Fällen, besonders da, wo Erklärungen von Abweichungen aus dem Urtext und den Übersetzungen gleich möglich scheinen, sollte man stets an der jüngsten, vom ursprünglichen Verfasser am weitesten abliegenden Stelle einsetzen, also eher als beim Original beim Übersetzer, wenn nicht gar erst beim späteren Stadium der Überlieferung, das mit dem Urtext in keiner lebendigen Berührung mehr stand ([1]). Wo das nicht geht, und nur da, gehe man schrittweise rückwärts. Hiernach sind die Besserungsvorschläge zu beurteilen, in denen ich den Wechsel der Person nicht dem Übersetzer, sondern der späteren Überlieferung zur Last lege. Selbst wo das Recht zu solcher Entscheidung nicht völlig eindeutig erwiesen werden kann, macht sie dem Übersetzer gegenüber von dem billigen Rechtsspruch *in dubio pro reo* Gebrauch. Ich gebe zu, dieser Masstab muss mit Bedacht angelegt werden; denn dahinter lauert stets die Gefahr, nicht mehr als Textkritiker das, wenn auch verfehlte, Ursprüngliche herzustellen, sondern gleich einem Schulmeister unwillkürlich einer fehlerhaften Schülerarbeit mit leich-

---

([1]) Ganz ebenso, zu meiner Freude, Ziegler in *Bibl* 33 (1952) 369.

ten Strichen aufzuhelfen. Ist man sich der Gefahr aber bewusst, so ist sie gebannt.

Was nun die Stärke der Bezeugung angeht, so muss ich mich zu einer weiteren Ketzerei bekennen. Wir haben genug korrupte Stellen, bei denen nur freie Emendation hilft. Also sollte man, wo nur wenige Zeugen, vielleicht in einem Winkel, aus dem man kaum Hilfe erwarten würde, das Richtige haben, nicht gleich an nachträgliche Korrektur denken ([1]). Verglichen mit den in der ganzen Überlieferung verderbten Stellen ist das nur ein Unterschied des Grades. In Verteidigung seines eklektischen Standpunkts sagt Lagarde mit Recht, keine HS sei so schlecht, dass sie nicht einmal das Richtige böte, und Z.s eigene Listen (Einl. S. 39. 80) legen dafür beredtes Zeugnis ab.

Die Fälle von Personenwechsel, wofür ich die Schuld bei der späteren Überlieferung suche, sind unter sich recht verschieden. In 32, 32 (*Bb* 1953, 437) bedeutet er ein Herausfallen aus einer in den Versen vorher durchweg festgehaltenen Linie. Hier sind sich die Kritiker des hebr. Textes, einschl. Z. in seinem Echter-Kommentar, einig, dass נְתַתִּי falsch ist; denn im Vorausgehenden wird die Redensart « seinen Schrecken im Land der Lebendigen verbreiten » auf die Grossen der Erde, aber nicht auf Gott, angewandt. Wie im Targum, wo eine Angleichung an den Zusammenhang auf Grund vernünftiger Überlegung immerhin denkbar ist, ist in der LXX bemerkenswerter Weise die zu fordernde 3. Person überliefert von den gewichtigen Zeugen Tyc. und Aeth, welch letzterer, nach Einl. S. 18, den alten LXX-Text vertritt, sowie von *L'*ɔ und *o*. Das Zeugnis des Tyc. möchte Z. auf Dittographie zurückführen (*dedi[t] timorem*). Aber aus den Worten, mit denen Tyc. das Zitat 32, 32 einführt, lässt sich diese Annahme als unberechtigt erweisen. Denn *quod essent terribiles* kann nur auf ein *dedit timorem* gehen. Da nun so alte wertvolle Zeugen wie Tyc. Aeth mit andern das in *M* zu Fordernde bezeugen, so müssen sie den echten *G*-Text darstellen, der seinerseits den verlorenen echten *M*-Text voraussetzt. Die Mehrheitslesart, die mit dem als sekundär erkannten *M* übereinstimmt und eine spätere Angleichung an diesen darstellt, ist damit selbst als sekundär entlarvt. Das hat vor mehr als achtzig Jahren J. Wellhausen in seinem « *Text der Bücher Samuelis* » gelehrt. Ob wir nun δέδωκεν oder ἔδωκεν zu lesen haben, ist schwerer zu sagen; als Partiz. finden wir vorher sowohl δεδωκότες als δόντες.

([1]) So neuerdings W. G. Lambert (*VetTest* 2 [1952] 187) für Jdc.

16, 61 ist ebenso zu beurteilen. Von allen Kritikern wird בְּקַחְתְּךָ in בְּקַחְתִּי geändert. Dieser richtige Text stand bisher fast nur in *L*. Nun tritt, wie in 20, 4 und anderswo, 967 neu hinzu und bestätigt somit den richtigen Text des Syrers, den das folgende « ich gebe » evident macht. Ebenso hat ja *L*, hier selbst gegen 967, die richtigen Imperative in 21, 26 (31). Mir scheint es unmöglich, den Hebräer bestätigende Lesarten als nachträgliche Besserungen und dem heutigen Hebräer überlegene Lesungen als unverbindliche Vermutungen gleichermassen abzulehnen. Die Vorlage von 967 *L*-311 Pesch muss den unbeschädigten hebr. Text noch gelesen haben, den wir heute durch Konjektur wiederherstellen.

20, 4 ist einer der Fälle, in denen ich meine freie Konjektur (*ThLZ* 1936, 280) nachher handschriftlich bestätigt gefunden habe, ἐκδικήσεις 1° durch 967, und ἐκδικήσεις 2° (¹) durch *L'²*, der, wie öfters, auch im ersten Fall als nicht zu verachtender Zeuge 967 zur Seite tritt. Vielleicht hat Cornill in der Parallelstelle 22, 3 Recht und stammt die Doppelung, die in einigen hebr. HSS fehlt, aus 20, 4, aber auch hier weisen sie, neben anderen, wieder 967 *L'* auf. Wir müssen sicher εἰ ἐκδικήσεις αὐτούς, ἐκδικήσεις, υἱὲ ἀνθρώπου; lesen, und zweifelhaft ist höchstens, ob *L'²* nicht auch mit dem zweiten εἰ im Recht ist. Weiter ergibt die Parallele, dass das in 22, 3 an erster Stelle stehende « Menschensohn » auch in 20, 4 mit den hebr. Akzenten nach vorn mit dieser Phrase verbunden werden muss. Erst die Korruptel ἐκδικήσω gab unsern LXX-Drucken Veranlassung, es zum Folgenden zu ziehen (²).

Die Verse 28, 17 f. sind insofern parallel gebaut, als zuerst von der Versündigung des Königs von Tyrus in der 2. Person, und dann von der Gottesstrafe in der 1. die Rede ist. Wenn nun in v. 18 der B-Text einschl. 967 Tyc. trotzdem die 1. Person ἐβεβήλωσα aufweist, so versteht man, dass Z. hier eine Missübersetzung der LXX findet, umsomehr als die Konsonanten חללת mehrdeutig sind, und in der LXX vv. 17 b und 18 a ganz parallel gebaut und, gegen *M*,

---

(¹) Umgekehrte Korruptel: 23, 45 ἐκδικήσει 1°] –σεις 87.

(²) Die Liste der von mir nach *M* berichtigten, weil ohne innern Grund davon abweichenden Satzzeichen (Einl. S. 88) ist noch zu ergänzen. In 21, 21 (26) f. müssen wir sicher lesen: ...ἡπατοσκοπήσασθαι. (²⁷) ἐκ δεξιῶν αὐτοῦ ²² ἐγένετο... 34, 20 würde ich durch Komma mit v. 21 verbinden und bei v. 22 mit καί = *sondern* (Bertholet) neu einsetzen. In 27, 34 schliesse ich mich dagegen jetzt an Z. an.

beidemal durch διὰ (τὸ) πλῆθος (τῶν) ἁμαρτιῶν σου eingeleitet sind. Trotzdem bleibt es zulässig und ratsam, in solcher Angleichung an das folgende ἐξάξω und δώσω die als Imperfektformen im Hebr. unverwechselbar waren, einen *vor* unsern besten HSS liegenden Überlieferungsfehler anzunehmen, die Angleichung also als eine frühe Fehlentwicklung in der Weitergabe des griech. Textes anzusehen (¹). In solchen Fällen wird leicht Ansicht gegen Ansicht stehen. Die meine beruht darauf, dass ich im griech. Ezechiel in den meisten Fällen Grund genug sehe, die Personenverwechslung nicht dem Übersetzer, sondern der Überlieferung zur Last zu legen.

In der Gottesrede 26, 7-14 geben Anfang und Ende, vv. 7 und 13 f., Aussagen in der 1. Person, alles dazwischen Liegende in der 3. Wenn die grosse Mehrheit unsrer HSS die 3. Person auch in v. 13 aufweist (καταλύσει), dann scheint es mir wieder methodisch richtig, diese Angleichung an das Vorausgegangene der späteren Überlieferung zuzuschreiben, und zwar auch dann, wenn die 1. Person καταλύσω unbezeugt wäre. Also würde ich weniger Gewicht auf die Mehrdeutigkeit der Konsonanten השבת legen und, angesichts der Häufigkeit, mit der die HSS in Ezechiel und auch vielfach sonst die Personalendungen –ω, –εις, –ει verwechseln, bei 967, dem allerdings einzigen Zeugen neben V Hi., keine spätere Angleichung an *M* suchen. Wie die Überlieferung schwanken konnte, zeigt im gleichen Zusammenhang die Variante v. 8 δώσει 1°] δωσω *cII*. So wenig *G* in 32, 32 unsere heutige falsche 1. Person gelesen hat, dürfte sie hier in 26, 13 die falsche 3. Person vorgefunden oder herausgelesen haben. Ich sehe selbst, dass in 26, 13 meine Entscheidung am leichtesten anzufechten ist. Aber es lag mir daran, sie an allen Stellen durchzuführen und zu zeigen, dass sie überall möglich ist. 32, 21 allein genügt, um einsichtig zu machen, dass bei weitem nicht jede, nur von 967 bezeugte Übereinstimmung mit *M* darum sekundär ist, was ja auch Z. nicht entfernt behauptet. Hier, beim Abschluss dieses breit geratenen Abschnitts über die Personenänderungen aufweisenden Varianten, liegt mir daran, davor zu warnen, die Zahl der vermuteten Fehler der hebr. Vorlage durch solche Rückschlüsse zu vermehren oder als vermeintlich leichteste Lösung Fehldeutung durch den Übersetzer anzunehmen.

(¹) Ähnlich geht aus Z.s Darstellung in *ZAW* 61 (1945/48) 85 hervor, dass in 26, 15 967 Tyc. La^W etc. mit ihrer wörtlichen Übersetzung sekundär sind.

Bei 20, 28 setzt Z. (*Bb* 1953, 438) der von ihm als stark empfunden-
en Beweisführung Cornills nur die Erwägung entgegen, schon der
Übersetzer habe לֵאלֹהֵיהֶם vorgefunden. Damit wird der offensichtli-
che Fehler nur in ein früheres Überlieferungsstadium zurückgescho-
ben. Jedoch wird er, aufs Ganze gesehen, zweifellos dem allgemeinen
Urteil zustimmen, dass diese künstliche Vermehrung der hebr. Varianten der grösste Missgriff von BH³ ist, den eine richtige Neubearbeitung zuerst beseitigen wird. Dass Bewer, dessen Ezechiel eine glän-
zende Leistung ist und an den sonst zu Tage tretenden Mängeln der
Ausgabe den geringsten Anteil hat, hier für die Vorlage eine Ersetzung von אֶת־זִבְחֵיהֶם durch לֵאלֹהֵיהֶם überhaupt ins Auge fassen
konnte, begreife ich schwer. Sein Zusatz « cf La » hilft auch nicht
weiter. Das von Cornill mit Recht verworfene τοῖς θεοῖς αὐτῶν fehlt
nur in 106', in 239' steht es vor, in La^{cs} hinter dem notwendigen
τὰς θυσίας αὐτῶν. Es ist als graphische Korruptel leicht zu erklären.
Aufs Hebräische kann es nicht zurückgehen, und so brauchen wir die
Frage nicht zu stellen, ob sich der Übersetzer etwas dabei gedacht
habe und was. Was wir hier aber dankbar zur Kenntnis nehmen, ist
der Beitrag von vereinzelten Gruppensplittern zur Erhaltung der echten Übersetzung.

In 28, 14 f. erwägt Z. (*Bb* 1953, 439) selbst die Möglichkeit, dass
ἐπορεύθης, das ausser 967 *L''* u. a. auch La^{c} Tyc. bezeugen, « die ursprüngliche Lesart » sei. Ebenso kommt er in der Untersuchung über
den Sprachcharakter der Ez.-Übersetzung mit seiner schon früher
auf diesem Feld oft bewährten Meisterschaft zu dem richtigen Ergebnis, « aus Wortarmut sind die Wiederholungen nicht entstanden »
(*Bb* 1953, 444). Man darf ergänzen, auch nicht aus Hilflosigkeit, wie sie
nach Ottley und Z. der griech. Isaias so kläglich verrät. In Wahrheit
gehen solche Wiederholungen gegen den Urtext, wie manchmal Parallelstellen erweisen, so wenig immer auf den Übersetzer zurück wie
die besprochene Änderung der Person. Wie diese sind sie in weitem
Ausmass eine der gewöhnlichsten Korruptelen von Abschreibern, die
sich durch die Umgebung irremachen lassen. Sie finden sich in allen
Texten. So hat z. B. Wolfgang Schmid (*ZNW* 1942, S. 100) Justin
Ap. I 26, 4 den Text von einer « simplifizierenden Angleichung » be-
freien können. Im Anschluss an diese Verderbnis hat sich dann in
unsere Ausgaben eine sinnstörende Zeichengebung eingeschlichen, die
Z. leider nicht richtiggestellt hat. Wir müssen abteilen: ...ἔθηκά σε,
...ἐγενήθης, ἐν μέσῳ λίθων πυρίνων ¹⁵ ἐπορεύθης · (¹⁵) ἄμωμος...

Die hier genau durchgeführte Doppelzählung verewigt hier wie anderswo (¹) die herkömmliche Sorglosigkeit unsrer Ausgaben.

26, 4, eines der von Z. für Wiederholung der nämlichen griech. Vokabel für nebeneinanderstehende hebr. Synonyme angezogenen Beispiele (*Bb* 1953, 444), erlaubt bei Heranziehung von weiterem Vergleichsstoff doch vielleicht eine andre Lösung. In 26, 4 steht καταβαλοῦσιν zuerst für שָׁחֲתוּ, dann für הָרְסוּ, mit der Variante καθελοῦσιν in A'ᵓ-403′ Qᵐᵍ *lII* Tht. Um über den etwaigen inneren Wert dieser Variante urteilen zu können, müssen wir die Wiedergabe von הרס genauer verfolgen, wobei wir uns hier auf mehrfach auftretende Verba beschränken dürfen, nämlich κατασκάπτειν 13, 14; 16, 39; 36, 35; καταβάλλειν 26, 4. 12; καθαιρεῖν 36, 36. Wo das Hebr. Synonyme aufweist, haben wir folgendes Bild: 16, 39 κατασκάψουσιν (הָרְסוּ) mit καθελοῦσιν (נִתְּצוּ); 26, 12 καταβαλεῖ (הָרְסוּ) mit καθελεῖ (יִתֹּצוּ). Ausserdem stehen für das Niphal nebeneinander 36, 35 f. κατεσκαμμέναι und καθῃρημένας. Darnach wird man sagen dürfen, dass, wo der Übersetzer bei Wiedergabe eines wiederholten הרס (36, 35 f.) (²) oder bei Hinzutritt eines Synonyms (16, 39; 26, 12) Abwechslung sucht, καθαιρεῖν ihm am nächsten liegt. Es liegt auf der Hand, dass dadurch die Variante in 26, 4 an Bedeutung gewinnt. Nun brauchen nach Einl. S. 46 f. Sonderlesarten von *lII* und Qᵐᵍ keineswegs hexaplarisch zu sein. Wo, wie in 26, 4, A'ᵓ-403′ hinzutreten, könnte die ganze Bezeugung wohl einer älteren Schicht entstammen. Das liesse sich, im Blick auf 26, 12, wohl auch von 26, 9 behaupten (καθελεῖ *lII* Tht. für יְתֹץ). Nach all dem stelle ich anheim, ob nicht, wie in dem vorigen Beispiel 28, 14 f., die « simplifizierende Angleichung » das Sekundäre ist, womit wieder die führenden HSS-Gruppen ins Unrecht gesetzt wären.

In diesem Zusammenhang verliert auch die uneinheitliche Wiedergabe von מרט im Schwertlied viel von dem Gewicht, das sie für Z. in seiner sorgsamen Behandlung (*Bb* 1953, 448) besitzt. Diese Uneinheitlichkeit schrumpft zusammen, sobald man in 21, 15 (20) sowie 2S (33) den oben genügend gekennzeichneten Überlieferungsfehler der Verdrängung des Ursprünglichen durch das im griech. Text unmittelbar vorher vom Übersetzer gewählte Synonym erkennt. An beiden Stellen ist die Wiederherstellung des zu Erwartenden das

_____

(¹) Vgl. S. 34, Anm. 2.
(²) Man könnte etwa μεταμέλεσθαι 14, 22 und παρακαλεῖν 14, 23 vergleichen, die beide נחם wiedergeben (oben S. 32).

methodisch Gegebene. In 9(14) zweifelt niemand, dass ϑυμώϑητι falsch sei. Wenn Wutz und Bewer unabhängig voneinander γυμνώϑητι vorschlagen, so folgen sie, wie sonst auch, zu einseitig der graphischen Aehnlichkeit. In der LXX ist aber das Verb auf גלה und γύμνωσις auf עֶרְוָה beschränkt, beides in der Noahgeschichte, und das ermutigt nicht, es hier einzusetzen. L. Cappellus hatte an ἑτοιμώϑητι gedacht, L. Bos an στομώϑητι. Ohne sich durch A in 28 (33) bestimmen zu lassen, darf man doch daran erinnern, dass -ωϑ- und -ασϑ- sehr oft verwechselt werden, und dass vielleicht ἐσπασμένη in 28 (33) das andre-ασμενη als das Verdrängte nahelegt. Selbst wenn im Detail keine Übereinstimmung zu erzielen wäre, gibt der Sachverhalt, besonders die wiederholte Ausdrängung, hier doch Herstellung einer einheitlichen Wiedergabe an die Hand. Denn hier – und das ist das Besondere des Falles – trägt jede Abweichung von der einheitlichen Wiedergabe das deutliche Merkmal der Korruptel. Dass Symmachus in 28(33) ἐσπασμένη für מרט wählt, darf uns nicht irre machen.

Ich möchte nicht in dieser Ausführlichkeit fortfahren. Nur zu einer Stelle sind noch etwas mehr Worte nötig. Zu 27, 27 stellt Z. (*Bb* 1953, 455) sehr schön und überzeugend *virtutes* = αἱ δυνάμεις in Tyc. her und zeigt an ihm wie an 967, dass früh über die Satzabteilung Zweifel bestanden. Wieder gilt das aber nicht für den ersten Übersetzer. In 9, 6 und 40, 49, woran Z. erinnert, fügt *G* ἦσαν als Kopula in einen kein andres Verb aufweisenden Satz ein. Hier dagegen sind wie im Hebr. alle voraufgeschickten Nomina von dem an letzter Stelle folgenden Verb πεσοῦνται abhängig. Wenn der Obelus in 88 echt ist, woran zu zweifeln kein Grund vorliegt, dann besagt er nur, dass Origenes kein Äquivalent dafür in *M* fand. Dass ἦσ- eine Dittographie von ϑαλάσσ-ης ist, ist unverkennbar. Und die Tatsache, dass das -αν von ἦσαν den nach Massgabe der andern Nomina nötigen Artikel αἱ bis auf wenige Zeugen verdrängt hat, ändert nichts daran, dass αἱ gegen Z. in den Text gehört. Auch hier wieder stehen 967 *l II* zusammen, diesmal mit Tyc., und das sollte zu denken geben. Der Satz kommt erst durch Ausscheidung von ἦσαν und Einsetzung von αἱ in Ordnung, dann aber völlig, und zwar ist dies nicht Aufnahme einer Korrektur, sondern das Echte. Nicht überall, wo 967 mit *M* übereinstimmt, ist er notwendig sekundär. Innere Gründe entscheiden hier in der andern Richtung.

Damit möchte ich abbrechen. Es kann sich mir hier nicht um Vollständigkeit handeln. Zudem verdienen eine Reihe meiner brieflichen Vorschläge weder Druck noch Diskussion, und z. T. hat sie schon Z.s Nachtrag mit Recht mit (?) versehen. Die letzteren sind oft nicht mehr als zu Papier gebrachte, mehr oder weniger hoffnungslose Bemühungen um verzweifelte Stellen. Andre, wie 3, 17; 16, 52; 21, 23; 41, 25, sind höchstens apparat-würdig. Bewers geistreiches παλλακούς gehört auch dahin. Dass פלגש sonst nur fem. ist, ist kein Einwand, da hier von Liebhabern einer Frau die Rede ist. Gewichtiger ist, dass wir das Wort nur aus dem Lexikon des Hesych kennen, und Belege in der Literatur fehlen. Sollte es Hesych von hier haben? Das ist doch wohl ausgeschlossen. Übrigens beschert uns die, wie ich glaube, richtige Textherstellung Z.s in 27, 18 mit einem gleichfalls nur aus Hesych bekannten Wort: τροχίας courier, messenger (Liddell-Scott[9]).

Was endlich meine Vorschläge zu dem oft hoffnungslosen Text der Kapp. 40 ff. angeht, so waren viele davon ebenso gemeint. Sie wollten, vielleicht im Apparat, dem Leser zeigen, wie man sich etwa helfen könne, immer vorausgesetzt, dass der Übersetzer nach unserm heutigen Text übersetzte und dabei seine fünf Sinne einigermassen beisammen hatte. Anleihen bei andern Teilen der LXX wie 32, 18 στερεά und 43, 3 ἀχρειῶσαι sind an sich nicht unbedenklich, wie Z. (Bb 1953, 449 f.) sehr schön an Nestles Vorschlag zu 24, 7. 12 zeigt. Ausnehmen möchte ich indes Deissmanns glänzendes ἕως αφες 47, 3. Vielleicht habe ich eine Schwäche für gute Einfälle, aber dieser löst eine Schwierigkeit, wobei man nicht vergessen sollte, dass אֲפָסִים eben nicht אֲפִיקִים ist!

· Dass Z. unter schwierigsten Umständen wieder hervorragend, in vielem mit gegen früher verfeinerter Methode, gearbeitet hat, ist jedem kundigen Benutzer seiner Ausgabe offenbar. Wir sind uns beide darin einig, dass letzte Gewissheit an vielen Stellen unerreichbar und jede Entscheidung hier subjektiv mitbedingt ist. Wenn sich dabei bei ihm das Pflichtgefühl des Sammlers und Bewahrers eines Überlieferungsschatzes u. U. anderen Erwägungen vorordnet, und ich mehr dem Übersetzer, wie ich ihn am Werk zu sehen glaube, zu seinem Recht zu verhelfen strebe gegen Verunstaltungen eben dieser Überlieferung, so müsste der ideale Herausgeber erst geboren werden, in dem sich diese beiden Richtungen voll auspendeln. Wie viel ich durch und von Z. gelernt habe, ist mir klar, und es gibt Viele, die ein Gleiches von sich dankbar bekennen dürfen.

Cambridge, Mai 1952.

PETER KATZ

Ein Aquila-Index in Vorbereitung.

Prolegomena und Specimina II [1]

Ein jeder, der sich mit den jüngeren griechischen Übersetzungen der „Drei" beschäftigt, empfindet sehr das Fehlen eines Index. Zwar haben HATCH-REDPATH (= H.-R.) in ihrer Konkordanz die Vokabeln verzeichnet, aber sie haben es leider nicht der Mühe wert gefunden, auch die hebr. Äquivalente anzugeben, und so hat ihr Verzeichnis nur einen halben Wert. Weiterhin wird der Wert dadurch beeinträchtigt, dass sie nur die griechisch überlieferten Lesarten notieren; die syrisch, lateinisch, armenisch, aramäisch überlieferten Lesarten sind nicht verzeichnet. Schliesslich stammt die Konkordanz aus dem Jahr 1897; sie schöpft aus dem Werk von FIELD von 1875, das gewiss

---

[1] Literatur. FR. FIELD, *Origenis Hexaplorum quae supersunt*, tom. I. II. Oxonii 1875. — J. ZIEGLER, *Isaias* (1939), *Ieremias...* (1957), *Ezechiel* (1952), *Daniel...* (1954), *Duodecim Prophetae* (1943). — L. LÜTKEMANN u. A. RAHLFS, *Hexaplarische Randnoten zu Isaias* 1-16 (Gött. 1915); Abk.: Lü.-Ra. — J. ZIEGLER, *Textkritische Notizen zu den jüngeren griech. Übersetzungen des Buches Isaias*, in: Nachr. v. d. Ges. d. Wiss. zu Gött., Philol.-Hist. Kl. (1939) S. 75-102; Abk. „*Notizen I*". — J. ZIEGLER, *Textkrit. Notizen zu den jüng.griech. Übersetzungen des Dodekapropheton*, ebd. (1943) S. 345-379; Abk. „*Notizen II*". — J. REIDER, *Prolegomena to a Greek-Hebrew & Hebrew-Greek Index to Aquila*, Philadelphia 1916.

für damals eine imponierende Leistung darstellt, aber heute doch veraltet ist. Wie die neuen Kollationen der hexaplarischen Fragmente für die Göttinger Ausgabe zeigen, hat FIELD viele unrichtige und mangelnde Angaben, namentlich hinsichtlich der Namen. Leider sind in der Göttinger Septuaginta vorerst nur die prophetischen Bücher erschienen; somit ist der Herausgeber eines Aq.-Index für die anderen Schriften auf FIELD angewiesen; dadurch wird er manche unrichtige Angaben in seinen Index bringen. Aber man kann nicht warten, bis die Neuausgabe aller hexaplarischen Fragmente vorliegt. Nach dem Erscheinen von FIELD's Werk sind neue Fragmente gefunden worden, deren Vokabeln noch nicht in einem Gesamtindex verzeichnet sind. Nur LÜTKEMANN-RAHLFS haben für die Isaias-Hs. 710 ein mustergültiges „Hebräisch-griechisches und griechisch-hebräisches Wörterverzeichnis" geliefert; es kann vielfach als Vorbild dienen.

Es ist deshalb sehr zu begrüssen, dass P. KATZ-Cambridge seine ganze Tatkraft einsetzt, damit bald möglichst wenigstens ein *Aquila*-Index erscheine; J. REIDER, der bereits die Prolegomena 1916 geschrieben hat, stellt eine Abschrift seines ungedruckten Aquila-Indexes von 1913 zur Verfügung für eine ganz neu zu machende Arbeit. Auch die Indices für Symmachus und Theodotion etc. sollen in Angriff genommen werden; sie sind ebenso notwendig.

Damit diese Werke wirklich gut und brauchbar werden, wird es sich empfehlen, kurze Prolegomena und einige Specimina zu veröffentlichen, die sich zunächst nur auf den Aquila-Index beziehen, aber *mutatis mutandis* auch für einen Symmachus- und Theodotion-Index richtunggebend sind.

Zunächst einige Hinweise, die kleine Dinge betreffen. Vokabeln, die nur Aq. eigen sind, sind durch besonderen Druck hervorzuheben (am besten *gesperrt* zu drucken). Vokabeln, die nicht griechisch, sondern nur syrisch, lateinisch usw. überliefert und nur durch Rückübersetzung ins Griechische gewonnen sind, müssen in Kleindruck (wie bei FIELD) gesetzt werden.

Wenn Vokabeln überliefert werden, die gegenüber der alten LXX, die die betreffende Stelle nicht übersetzte, ein Plus (nach 𝔐) darstellen, ist ein Asteriskus (✳) hinter die Stellenangabe zu setzen; dadurch ist sofort ersichtlich, dass diesen Vokabeln in der LXX nichts entspricht, (wenn sie ohne Asterisk überliefert sind, vielleicht ✕).

Die Abkürzungen der atl. Bücher sind der griech. Bibel zu entnehmen, also Regn. I-IV usw. Die Kapitel- und Verszählung ist ebenfalls nach der griech. Zählung zu machen; die hebr. Zählung ist in Klammern beizugeben, z.B. Ier. xxviii (li) 24; H.-R. haben bei den LXX-Wörtern die griech., aber bei den Aq.-Lesarten die hebr. Zahl an erster Stelle, so dass leicht Verwirrung eintritt.

Als Sigla für die „Drei" empfiehlt es sich, im Anschluss an die Göttinger Ausgabe (und auch Swete) die Namen in Minuskelschrift, wie sie auch in dem Hauptzeugen 86 verwendet werden, zu schreiben, also α′ σ′ θ′ οι γ′ π′ οι λ′. Die Majuskelschrift, die Field und Lü.-Ra. verwenden, ist nicht so geeignet, vor allem auch deshalb, weil „'A" (= Aquila) leicht mit der Sigel „A" (= codex Alexandrinus) verwechselt werden kann.

I

Hexaplarische Lesarten, die neben α′ auch σ′θ′ zugeschrieben oder unter einem Sammel-Namen (οι γ′ οι λ′ π′) überliefert werden (Kollektiv-Lesarten)

Bei diesen Lesarten müssen die Begleit- oder Sammel-Namen angegeben werden. Diese Angaben machen es leicht, die Gefährten und Nachfolger des Aq. festzustellen und damit den Einfluss des Aq. zu kennzeichnen. Die Angabe der Sammel-Bezeichnungen dient zugleich auch als Warnungszeichen, weil α′ manchmal zu Unrecht eingeschlossen ist; dies gilt besonders beim hexaplarischen Plus, weil hier der hexaplarische Bearbeiter zunächst nur das Plus als solches gegenüber der LXX angeben wollte, ohne auf die im Einzelnen unterschiedliche Wiedergabe der „Drei" (Synonyma, Simplicia-Composita) Wert zu legen. Als Beispiel sei auf die Wiedergabe von צְבָאֹת Ier. xxxii 18 (xxv 32) α′σ′θ′ ✳ τῶν δυναμεων verwiesen; nach Ausweis anderer Stellen (vgl. nur Ex. xii 41) hat α′ στρατιων (ohne Artikel) übersetzt [1]. Gelegentlich bringt ein anderer Zeuge zu einzelnen Wörtern oder Wendungen genauere Angaben, z.B. Ier. xxxv (xxviii) 14 π′ ✳ και δουλευσουσιν αυτω καιγε τα θηρια του αγρου δεδωκα αυτω Q 86; α′ το ζωον της χωρας Syh: cf. xxxiv 5 (xxvii 6) α′ το ζωον της χωρας Syh. Sicherlich gehören δουλευειν, καιγε, διδόναι Aq. an; aber bei θηρίον und ἀγρός muss man infolge der Angabe in Syh Bedenken tragen, sie Aq. zuzuschreiben; H.-R. haben beide Vokabeln in ihrer Konkordanz unter Aq. verzeichnet. Wenn Syh bei dem hexaplarischen Plus die Wiedergaben des Aq. genauer angeben wollte,

---

[1] Siehe P. Katz, *Philo's Bible*, Cambridge 1950, 149.

dann entfallen die Stellen bei H.-R. Es besteht aber auch die Möglichkeit, dass hier Syh aus einer anderen Ausgabe des Aq. geschöpft hat,
die genauer nach dem Hebr. übersezt hat (siehe unter VI.). Dann
muss man beide Vokabeln notieren, aber mit einem jeweiligen Hinweis auf die verschiedene Übersetzung, siehe unter VI.

Specimina. ἀναπνοή נִשְׁמָה Gen. ii 7 α'σ'θ'; Is. ii 21 (22) ※,
             lvii 16 α'σ'θ'
          κόπρος דֹּמֶן Ier. viii 2 α'σ' syr., xvi 4 α'σ'
          κόπριον דֹּמֶן Ps. lxxxii (lxxxiii) 11
          דֹּמֶן κόπρος Ier. viii 2 α'σ' syr., xvi 4 α'σ'
          κόπριον Ps. lxxxii (lxxxiii) 11

II

α'-Lesarten, die nur *syrisch* überliefert sind („syr.")

Auch die nur syrisch überlieferten Vokabeln müssen in einem Aq.-
Index verzeichnet werden. Da Aq. seine Vorlage sklavisch wiedergibt und dabei stets die gleichen Äquivalente gebraucht, können
die nur syrisch bezeugten Lesarten leicht ins Griechische retrovertiert werden, besonders wenn Parallelstellen vorliegen. FIELD hat
hier gewöhnlich gute Arbeit geleistet, siehe *Notizen II* 345-347.
Als Rückübersetzungen sind sie (wie bei FIELD) in Kleindruck zu
setzen bzw. hinter der Stellenangabe durch „syr." als solche zu kennzeichnen. Es ist eine ausserordentliche Zutat, wenn am Rand der
Syh bei manchen schwierigen α'-Lesarten die griech. Vokabel in
Unzialschrift beigegeben wird, z.B. Ier. lii 22 ΚΡΟΚΥΦΑΝΤΩΤΟΝ
oder Ier. xxviii (li) 44 ΠΟΤΑΜΩΘΗΣΟΝΤΑΙ. Die letztere Angabe
ist besonders wertvoll, weil man daraus ersieht, dass hier die Form
ποταμοῦσθαι wie Is. ii 2 verwendet wurde, und nicht ποταμίζεσθαι, das
86 überliefert.

Das zuletzt genannte Beispiel zeigt zugleich, dass viele Rückübersetzungen ungenau sind, weil man aus der syrischen Vorlage nicht
ersehen kann, welche Wortform (bei Verben, ob Simplex oder Kompositum) oder welches Synonymum Aq. gewählt hat. Hier muss man
sich FIELD anschliessen und die möglichen Rückübersetzungen zur
Wahl stellen, vgl. Ier. i 13 α' φυσηθεντα s. εμφυσηθεντα oder Ier.
xviii 20 22 α' βοθρον s. βοθυνον.

Im Index müssen dann beide möglichen durch Rückübersetzung

gewonnenen Vokabeln aufgeführt werden mit jeweiligem Hinweis auf die andere Vokabel. Dem Bearbeiter des Aq.-Index wird sich dann öfter ergeben, dass manche von FIELD zur Wahl gestellte Lesarten wegfallen, z.B. Os. ii 14 (16) ἀπατᾶν, ebenso Os. iv 5 ἡσυχάζειν und σιγᾶν, siehe *Notizen II* 353.

Bei manchen nur syrisch bezeugten Lesarten will es trotz grösster Mühe nicht gelingen, eine befriedigende griech. Retroversion zu finden; es bleibt dann nichts anderes übrig, als eine lateinische Übersetzung zu geben, z.B. Ier. xv 19. Auch diese ins Lateinische retrovertierten α'-Lesarten müssen gebucht werden.

Specimina. κροκυφάντωτος שְׂבָכָה Ier. lii 22 syr. et gr., 23 syr.

ποταμοῦσθαι נהר Is. ii 2 α'θ'; Ier. xxviii (li) 44 syr. et gr.

ποταμίζεσθαι נהר Ier. xxviii (li) 44

πλήσσειν הכה Gen. iv 15; Ier. xxi 7 syr. (s. πατάσσειν)

πατάσσειν הכה Gen. xxxvi 35; Ier. xxi 7 syr. (s. πλήσσειν)

contemptibilis זוֹלֵל Ier. xv 19 syr.

Die Aufnahme der syrisch überlieferten Lesarten wird den Aq.-Index sehr bereichern. Als Beispiel sei die Wiedergabe von שדד gewählt:

προνομεύειν שדד Ps. xvi (xvii) 9 syr., cxxxvi (cxxxvii) 8; Prov. xi 3 <α'>θ'; Is. xv 1 anon., xxxiii 1; Ier. iv 30 ※ lat. (*vastata*):[1] → α'θ' ※ ταλαιπωρος, vi 26 syr., ix 19 (18) anon. syr., x 20 syr., xii 12 syr., xxviii (li) 48 ※ syr., 56 syr.: → α' ταλαιπωρεῖν, xxix 11 (xlix 10) syr.: → α'θ' ταλαιπωρεῖν, xxxi (xlviii) 8 syr., 20 syr.

Sehr wertvoll wäre auch ein syrisch (griech.)-hebr. Index; er würde folgenden Dienst leisten: die Übersetzungsweise des Syrers kennzeichnen (dabei würde sich herausstellen, dass er leider nicht wie Aq. sklavisch übersetzt, siehe *Notizen II* 347) und die Rückübersetzungen sehr erleichtern. Als Specimen sei die Wiedergabe des oben genannten προνομεύειν שדד gewählt: כ‍ = προνομεύειν שדד Ps. xvi (xvii) 9, cxxxvi (cxxxvii) 8; Ier. ix 19(18) anon., x 20, xii 12, xxviii (li) 56.

ܡܚܠ = προνομεύειν שדד Ier. vi 26, xxix 11 (xlix 10) xxviii (li), 48 ※, xxxi (xlviii) 8, 20.

Leider wird sich dies nicht ermöglichen lassen, weil die Aufnahme dieses syrisch(griech.)-Hebr. Index die Ausgabe zu sehr vergrössern und verteuern würde.

---

[1] Zum Zeichen → siehe VI (eine zweite α' zugeschriebene Wiedergabe).

III

α'-Lesarten, die nur lateinisch überliefert sind („lat.")

Hieronymus überliefert verschiedene hexaplarische Lesarten nur in lateinischer Übersetzung. FIELD hat sie ins Griechische zurückübersetzt; in der Göttinger LXX sind sie in der lateinischen Form belassen (nur gelegentlich ist die griech. Rückübersetzung beigegeben), weil sie kennzeichnend für die Übersetzertätigkeit des Hieronymus sind, und vor allem deshalb, weil sie oft von Hieronymus für seine Vulgata verwendet wurden: Sehr viele Vokabeln der Vulgata sind α'σ'θ'-Wiedergaben im lateinischen Gewand. [1]) Deshalb sind die lateinisch überlieferten α'-Lesarten in einem Aq.-Index zu notieren. Man braucht dann nur eine Vulgata-Konkordanz aufzuschlagen, um festzustellen, ob Hieronymus diese Vokabel in seiner Vulgata von Aq. (oder Symm. Theod.) übernommen hat. Die griech. Rückübersetzung ist dem lateinisch (griech.)-hebr. Index beizugeben. Selbstverständlich sind die zurückübersetzten Vokabeln beim griech.-hebr. Index in Kleindruck aufzunehmen bzw. durch „lat." zu kennzeichnen.

Specimen. *negotiator* (= μετάβολος) כְּנַעֲנִי Is. xxiii 8 lat.

μετάβολος כְּנַעֲנִי Is. xxiii 8 lat. (*negotiator*); Zach. xiv 21 syr.

IV

α'-Lesarten, die nur *armenisch* überliefert sind („arm.")

Nur zu Is. sind m.W. hexaplarische Lesarten in armenischer Sprache überliefert, siehe die Göttinger Is.-Ausgabe Einl. S. 13. 110. Für sie gilt das gleiche wie für die syr. oder lat. überlieferten Lesarten, siehe unter II. und III.

Specimen. μελετᾶν הָגָה Ps. cxlii (cxliii) 5; Is. viii 19 arm., xvi 7.

V

α'-Lesarten in Talmud und Midrasch („aram.", „hebr.")

Selten sind α'-Lesarten im jüdischen Schrifttum überliefert, siehe REIDER, *Proleg.* Appendix III, S. 151-155.

Specimen. λαμπάς נְבְרַשְׁתָּא Dan. v 5 aram. transcriptio.

---

[1]) Siehe J. ZIEGLER, *Die jüngeren griechischen Übersetzungen als Vorlagen der Vulgata in den prophetischen Schriften*, Braunsberg (Ostpr.) 1943/44.

VI

Lesarten der „prima editio" (ed. I) und „secunda editio"
(ed. II) des Aquila

Aq. hat zu Ier. und Ez. zwei Übersetzungen gemacht, wie Hieronymus ausdrücklich bezeugt (Stellen bei FIELD I S. XXVf.). Das Verhältnis der beiden Übersetzungen ist noch nicht genau erforscht;
der neue Aquila-Index wird für diese Arbeit gute Dienste leisten.
Die Lesarten der beiden Übersetzungen müssen genau notiert werden
mit jeweiligen Hinweis → auf die andere Wiedergabe.

Specimen. ὑδρία נֶבֶל Ier. xiii 12 ed. I lat. (*laguncula*) et syr.:

→ νεβελ ed. II

νεβελ נֶבֶל Ier. xiii 12 ed. II lat. et syr. transcriptio:

→ ὑδρία ed. I.

נֶבֶל ὑδρία ed. I et νεβελ ed. II.

Aber auch zu anderen Stellen in Ier. und Ez., wo es Hieronymus
nicht ausdrücklich bezeugt, und zu anderen Büchern liegen verschiedene α'-Wiedergaben vor, die auf eine zweifache Übersetzung
des Aq. schliessen lassen, siehe FIELD I S. XXVIf. (das Verzeichnis
kann noch erheblich erweitert werden). Beide Wiedergaben müssen
sorgfältig notiert werden; bei der getrennten Nennung im griech.-
hebr. Index ist ein Hinweis (→) auf die andere (abweichende) Wiedergabe beizufügen.

Specimen. κεγχαρ כִּכָּר Ier. xliv (xxxvii) 21: → περίμετρον

περίμετρον כִּכָּר Regn. I x 3; Ier. xliv (xxxvii) 21

syr.: → κεγχαρ

כִּכָּר περίμετρον Regn. I x 3; κεγχαρ et περίμετρον

syr. Ier. xliv (xxxvii) 21.

Siehe auch das Specimen προνομεύειν unter II.

VII

Pseudonyme hexaplarische Lesarten

Die Namen der jüngeren griech. Übersetzer konnten leicht verwechselt werden oder auch ausfallen, da sie gewöhnlich aus nur
einem Buchstaben bestehen. Somit ist anzunehmen, dass uns manche
Pseudonyme begegnen. Es sind zwei Fälle möglich: 1. α' muss für σ'θ'
oder neben σ'θ' stehen. 2. σ'θ' müssen für α' stehen (fälschlich α'

zugeschriebene Lesarten). Nur genaue Untersuchungen geben hier Klarheit.

1. Der erste Fall ist verhältnismässig selten. Is. xvi 3 ist von Tht. überliefert, dass θ′ μεταναστευοντα für נודד übersetzt habe. Sicherlich hat auch α′ so wiedergegeben, zumal im vorhergehenden Vers α′ נודד μεταναστευον bezeugt ist, und μεταναστεύειν auch sonst α′ zugeschrieben wird (siehe das Specimen).

Specimen. μεταναστεύειν נדד Ps. xxx (xxxi) 12; Is. xvi 2, xvi 3 ⟨α′⟩θ′; Ier. iv 25 syr., ix 10 (9) syr.

2. Viel häufiger ist der zweite Fall, dass σ′ oder θ′ anstelle von α′ treten müssen. Bei solchen Stellen muss gesiebt werden; sonst besteht die Gefahr, dass eine Menge von Vokabeln dem Wortschatz des Aq. zugezählt werden, die nicht sein Eigentum sind. So ist Ier. viii 4 überliefert α′ (nicht α′σ′ wie Field notiert) ανακαμψει. So hat Aq. שוב nicht wiedergegeben, sondern mit ἀναστρέφειν oder ἐπιστρέφειν. Das Verbum ἀνακάμπτειν gehört σ′ an, vgl. Ez. viii 17; Ps. lviii (lix) 15, oder auch θ′, vgl. Iob xxxix 4; Ez. i 14, vii 13.—Ier. xviii 17 ist ἀνατολικός syr. mit dem Namen α′ notiert; diese Wiedergabe gehört zu σ′, vgl. Gen. xv 19; Iob i 3; Ez. x 19, xi 1 syr., xl 10.— Ier. xxi 7 ist in 86 überliefert: α′σ′ τοὺς θεράποντας; α′ ist zu streichen. — Ier. xiii 22 soll α′ שולים mit τὰ πρὸς ποδῶν übersetzt haben; bereits Field z. St. und Lü.-Ra. S. 287 Anm. 247 haben an dieser Zuweisung mit Recht Anstoss genommen. Alle die genannten Vokabeln haben H.-R. in ihrer Konkordanz unter „Aq." notiert; dies darf sich in einem neuen Aq.-Index nicht wiederholen. Jedoch sollen sie auch nicht gänzlich fehlen, sondern in einem eigenen Verzeichnis „Fälschlich α′ zugeschriebene Lesarten" notiert werden, damit die Überlieferung ihren Tribut bekommt. Zugleich ist mit diesem Verzeichnis auch einem künftigen Symm.- und Theod.-Index sehr viel gedient.

Specimina. ἀνακάμπτειν שוב Ier. viii 4 α′: leg. σ′ θ′
ἀνατολικός קדים Ier. xviii 17 α′: leg. σ′
θεράπων עבד Ier. xxi 7 α′σ′: leg. σ′
τὰ πρὸς ποδῶν שולים Ier. xiii 22 α′: leg. θ′?

VIII

Anonyme hexaplarische Lesarten, die α′ zugehören

Bei verschiedenen hexaplarischen Randnoten sind die Namen verloren gegangen, so dass sie heute anonym (anon.) sind. Da unter den „Drei" Aq. der geprägteste Übersetzer ist, kann man gewöhnlich leicht feststellen, ob ihm die anon. Lesart zugehört, besonders dann, wenn Vergleichsstellen vorliegen. Gerade dem Bearbeiter des Aq.-Index wird es leicht sein, manche anon. Lesart dem Aq. zuzuteilen, die bisher nicht nominiert werden konnte. So steht zu Ier. xxxiv (xxvii) 4 die anon. Randnote ειμι; auf den ersten Blick kann man sehen, dass sie Aq. zugehört, der אֻנְכִי mit ἐγώ εἰμι übersetzt. — Zu Ier. xxvii (l) 11 steht die anon. Randnote ωσπερ μοσχοι χλοης και εχρεμετιζετε; nur das Verbum χρεμετίζειν ist von Syh dem α' zugeschrieben. Bereits FIELD hat die ganze Stelle mit Recht für α' in Beschlag genommen. — Ier. xxxvii (xxx) 3 steht in Syh anon. την αποστροφην. FIELD verweist auf die Parallele xxxix (xxxii) 44 α' την αποστροφην Syh, wagt es jedoch nicht, sie dem Aq. zuzuschreiben, sondern setzt dafür sein nichtssagendes Ἄλλος.

Specimina. ἐγώ εἰμι אֻנְכִי Ier. xxxiv (xxvii) 4 anon., 5 ✳ α'σ'θ', xxxvi
(xxix) 11 ✳ α'θ'

μόσχος עֶגְלָה Ier. xxvii (l) 11 anon.; עֵגֶל Ier. xli (xxxiv)
18 19.

χλόη דֶּשֶׁא Ier. xxvii (l) 11 anon.

ἀποστροφή שְׁבוּת Ier. xxxvii (xxx) 3 syr. anon., xxxix
(xxxii) 44 syr.

IX
Durch Konjektur hergestellte α'-Lesarten

Etliche hexaplarische Randnoten sind verstümmelt und verkehrt überliefert; hier kann man durch Konjektur die richtige Lesart herstellen. Dies gelingt leicht, wenn ein anderer Zeuge, z.B. Syh., die gleiche Lesart, mag sie auch nur in syrischer Sprache vorliegen, notiert. So hat bereits FIELD Ier. xxx (xlix) 2 richtig auf Grund von Syh das falsche πολεων von 86 in πολεμου geändert. Wenn gute Parallelen vorliegen, dann ist es auch nicht schwierig, die richtige Konjektur zu finden. FIELD hat an solchen Stellen die richtige Lesart eingesetzt, z. B. Ier. xlvii (xl) 11 γαιαις (besser γεαις) für falsches γενεαις (siehe unter x 2); Thr. ii 22 επαλαιστωσα für επαλαιωσα; Os. xiv 9 ελατη für ελαια τις; Hab. ii 17 αδικια für αιμα. In meinen Ausgaben der prophetischen Bücher und in meinen *Notizen* konnte ich über FIELD hinaus etliche verderbte α'-Lesarten heilen; folgende seien genannt: Is. xxvii 12 απο ροος (siehe *Notizen I* 88); Is. li 9 ωδινοποιησας (siehe *Notizen I* 96f.); Is. lii 15 συστελουσιν (siehe *Notizen I* 97); Is. liii 10 επιτριψαι (siehe *Notizen I* 98); Is. lxvi 12 απολαυσετε (siehe *Notizen I* 102); Ier. xxvii (l) 44 αιθαν, FIELD unrichtig αιθαμ (siehe Hexapla-App. z. St.); Ier. xxix (xlvii) 2 κατακλυσουσιν (siehe Hexapla-App. z. St.); Thr. iii 15 πικραμμων (siehe Einl. zur Ier.-Ausgabe S. 108).

Schwieriger ist es, verderbte α'-Lesarten, die nur syrisch überliefert sind, zu heilen, weil hier der Umweg über die griech. Rückübersetzung gemacht werden muss. Aber FIELD ist es gelungen, viele solche Konjekturen zu machen, die bestehen können, z. B. Ier. i 15 συγγενειας; xxiii 14 πορειαν (schon SPOHN); xxiii 15 αγανακτησις; xxviii (li) 39 ποτους; xxxviii (xxxi) 39 γααθα. Über FIELD hinaus kann man weitere Konjekturen vorschlagen, z. B. Ier. xvii 11 εθαλψεν; Mich. ii 12 αγωγης (siehe *Notizen II* 367).

Den genannten Konjekturen darf man volles Vertrauen schenken. Bei anderen dagegen kann man etwas misstrauisch sein; sie müssen mit einem Fragezeichen versehen werden. Als Beispiel sei Ier. xxii 28 α' οστεωμα? (στομα Q) und Ier. xxxvii (xxx) 13 α' πωρωσιν? (πορρωθεν 86) genannt, zwei Konjekturen, die trotz der graphischen Nähe nicht ganz befriedigen, vor allem Ier. xxii 28 ὀστέωμα, weil hier eine andere hebr. Vorlage angenommen werden muss (עֶצֶם für עֶצֶב 𝔐).

Einige α'-Lesarten sind sicher fehlerhaft überliefert; bis jetzt trotzen sie jeder Verbesserung; sie müssen mit † bezeichnet werden, z.B. Ier. xxviii (li) 27 † ραψαρ της αφθαρ 86.

Manche α'-Lesarten sind abweichend von der gewöhnlichen Orthographie geschrieben; diese Schreibung gehört nicht Aq. selbst an, sondern einem Abschreiber, z.B. Ier. xiv 2 das vulgäre ωλιωθησαν für ωλιγωθησαν (gegen FIELD, der ωλιωθησαν auf Aq. selbst zurückführen möchte).

Auf die Notierung der durch Konjektur gewonnenen α'-Lesarten ist grosses Gewicht zu legen, weil dadurch erstmalig neue Vokabeln auftreten, z.B. ὠδινοποιεῖν. Dem Bearbeiter des Aq.-Index wird es auf Grund des zusammengestellten Vergleichsmaterial gelingen, neue Konjekturen zu machen. Der Name des Gelehrten, der die Konjektur erstmalig vorschlug, ist beizugeben.

Specimina. ἐλάτη בְּרוֹשׁ Os. xiv 9 (ελαια τις 86; ελατη FIELD).

παλαιστοῦν טֹפַח Thr. ii 22 (επαλαιωσα Q anon. syr.; επαλαιστωσα FIELD).

ῥοῦς שִׁבֹּלֶת Is. xxvii 12 (απο ορους Tht.; απο ροος ZI.)

πικραμμοί מְרוֹרִים Thr. iii 15 (αμμον Q anon.; πικραμμων Zı.).

ἀγωγή דְּבַר Mich. ii 12 (συναγωγης syr.; αγωγης
Zı.).

X

Umfang des Aq.-Index

1. Quantitativ. Ein Index ist nur dann wertvoll, wenn er möglichst
alle Vokabeln und alle Stellen angibt. Bei sehr häufig vorkommenden
Wörtern kann man gewiss fragen, ob man alle Stellen notieren soll,
so bei κύριος, γῆ u.ä. H.-R. haben es getan. Ich halte es nicht für
notwendig; es mag genügen, die Fälle zu zählen, und dann anzugeben, wie oft Aq. κύριος, γῆ u.ä. übersetzt hat.

Auch die kleinen unscheinbaren Vokabeln wie Pronomina, Partikeln usw. müssen notiert werden. Häufig werden sie in den Lexika
und Konkordanzen mit Unrecht als „quantité négligeable" behandelt.
Man notiert sie zwar, gibt aber keine Stellen an und schreibt dazu
„passim", eine Notiz, die den Benützer solcher Werke oftmals ver-
driesst. Selbstverständlich ist es unnötig, alle Stellen zu notieren, an
denen z.B. Aq. den Artikel setzt (in zusammenhängenden grösseren
Randnoten). Aber wenn es der hexaplarische Bearbeiter der Mühe
wert gefunden hat, an den Rand seiner Hs. eigens den Artikel zu
notieren, dann muss eine solche Stelle auch in einem Aq.-Index
Aufnahme finden, z.B. Ier. vii 18 α΄ ⁎ το. Das Gleiche gilt auch für
die Possessiv-Pronomina, die oftmals von der alten LXX vernach-
lässigt wurden, aber von den jüngeren Übersetzern, namentlich von
Aq., nach 𝔐 ergänzt wurden, z.B. ⁎ αυτου Is. ix 21 ⁎ οι γ΄, xxx 4
⁎ οι γ΄. Vordringlich ist vor allem die Aufnahme solcher Wiedergaben,
die für Aq. charakteristisch sind, z. B. das bereits unter VIII genannte ἐγώ εἰμι, ferner σύν אֶת; καιγε, γε גַּם, וְגַם; εἰς ἀπό לְמִן
Ier. xlix (xlii) 8. Sogar καί muss notiert werden, wenn es eigens vermerkt ist, weil es zeigt, dass hier Aq. (im Gegensatz zur LXX) in
seiner hebr. Vorlage ו gelesen hat, z. B. καί Ier. xı 18 ⁎, xxvii (l) 42 ⁎.

Specimina. οἱ הַ Ier. xxxii 20 (xxv 34) ⁎

τοῦ לְ cum infin. Ier. xl (xxxiii) 5 ⁎

τῷ לְ cum substant. = dativ. Ier. xii 12 ⁎

τόν אֶת Is. xxxvi 2 ⁎ οι γ΄, xxxvii 2 ⁎ οι γ΄, xxxvii 23 ⁎

μετά אָת Ier. xii 3, xli (xxxiv) 8

δή נָא Is. xxix 11 ⁎ οι γ′; Ier. v 1 ⁎, vii 12 ⁎, xvii 15 ⁎ α′θ′.

2 Qualitativ. Es genügt bei manchen Vokabeln nicht, ihr Vorkommen durch Anführung der Stellen oder statistisch zu erfassen; einige charakteristische Besonderheiten grammatisch-stilistischer Art müssen eigens genannt werden. Lü.-Ra. haben in ihrem Wörterverzeichnis sogar die Flexionsformen angegeben; dies ist nicht notwendig, wenn auch recht nützlich.

So muss der Plural von γαῖα (oder richtiger von γῆ) eigens genannt werden. Die Pluralform γαῖαι (so immer in den Hss., nach Wackernagel und Katz γέαι zu schreiben) ist für die „Drei” und besonders für Aq. kennzeichnend.

Specimen.   γέαι אֲרָצֹות Lev. xxvi 39 α′σ′θ′; Is. xxxvii 11; Ier. xxiii 3
             syr., xxxiv 5 (xxvii 6) α′σ′, xxxv (xxviii) 8 syr., xxxix
             (xxxii) 37 α′σ′, xlvii (xl) 11 (γενεαις 86; γεαις Zi.);
             Ez. xxix 12 π′.

Bei grammatisch-stilistischen Varianten empfiehlt es sich, die LXX-Lesart beizugeben, um den Unterschied zu zeigen.

Specimina.   ἐγενήθην Ier. xxxviii (xxxi) 9; LXX ἐγενόμην
             ἐρρίπτει Ier. xliii (xxxvi) 23 οι γ′; LXX ἔρριπτεν
             μὴ φοβεῖσθε Ier. xlvii (xl) 9 = σ′; LXX μὴ φοβηθῆτε
             ἠδύναντο Ier. xlv (xxxviii) 22 syr.; LXX δυνήσονται.

Auch die Wiedergabe des Infinit. absol. ist eigens zu vermerken, z.B. Ier. xlix (xlii) 15 α′σ′ θεντες.

Besonders wichtig ist die Notierung verschiedener häufig vorkommender Wendungen und Formeln, weil sie die Wahl der einzelnen Vokabeln bedingen. Es ist unsinnig, die Wendungen und Formeln auseinander zu reissen und die einzelnen Vokabeln getrennt zu notieren.

Specimina.   φησὶ(ν) κ̅ς̅ נְאֻם י׳ Ier. iii 10 ⁎ α′σ′θ′, v 11 ⁎ α′σ′θ′,
             xxvi (xlvi) 23 α′σ′
             τάδε λέγει κ̅ς̅ כֹּה־אָמַר י׳ Ier. xiii 12 ⁎ α′σ′θ′
             οὕτως εἶπε(ν) κ̅ς̅ כֹּה־אָמַר י׳ Ier. xvii 19 οι γ′.

XI

Die hebräische Vorlage des Aquila

Reider hat im IV. Kap. seiner *Prolegomena* (S. 81-100) eingehend über die hebr. Vorlage des Aq. gesprochen. Im Grossen und Ganzen stimmt sie mit unserem 𝔐 überein; doch sind etliche Stellen namhaft zu machen, wo sie abweicht, indem 𝔐 anders liest oder die betreffende Vokabel nicht bezeugt. Dies ist im Index kenntlich zu machen. Als Beispiel sei auf die α'-Wiedergabe Am. iii 15 (siehe *Notizen II* 363) und Regn. I v 6 (siehe FIELD z. St.) hingewiesen, wo Aq. in seiner Vorlage gegen 𝔐 das Verbum המם gelesen hat.

Specimina. φαγεδαινοῦν המם Deut. vii 23; Ps. xvii (xviii) 15 syr.; Ier. xxviii (li) 34 syr.; Am. iii 15 (והכהי 𝔐 : α' וְהָמֹתִי Zi.)

φαγεδαινίζειν המם Regn. I v 6 anon. (וישמם 𝔐 : α' ויהמם FIELD) Regn. I vii 10

λόγος Ier. xxv 2 ⁜ α'σ'θ': om. 𝔐

τῶν Ier. xxviii (li) 12 ⁜ : om. 𝔐

Jeremias-Zitate in Väter-Schriften

Zugleich grundsätzliche Betrachtungen über Schrift-Zitate

Wenn auch Väter-Zitate als Textzeugen der „indirekten Überlieferung" gewöhnlich an letzter Stelle aufgeführt werden, so sind sie doch nicht geringschätzig zu behandeln, sondern mit größter Sorgfalt zu untersuchen. Dabei wird sich oft herausstellen, daß sie (namentlich die Zitate der Vetus Latina) einen alten vorhexaplarischen Text bezeugen; in diesen Fällen rücken sie an die Spitze auf und treten neben die ältesten Hss. B S A. Weiterhin ist es manchmal nur durch Väter-Zitate möglich, Zeit und Heimat einer Text-Rezension festzustellen; dies gilt besonders für die zahlreichen Zitate des Chrysostomus (Chr.) und Theodoret (Tht.), die es ermöglichen, den lukianischen Text zu bestimmen, der erst in Minuskeln einer späteren Zeit (X.–XII. Jahrh.) bezeugt ist[1].

Bei der Bearbeitung der Väter-Zitate muß der Herausgeber eines Bibeltextes zu den Väter-Ausgaben greifen, wie sie in den großen Sammlungen von Migne Patrologia Graeca (PG) und Patrol. Latina (PL), der Berliner (CB) und Wiener Akademie (CV) und der neuesten Steenbrugger Ausgabe des Corpus Christianorum (CC) vorliegen. Einige Schriften sind auch in Sonderausgaben erschienen, so Ir. (Harvey), Tyc. (Burkitt), Firmici Mat. Consultationes Zacchaei et Apollonii (Morin) = Consult., Patres Apostol. (Funk-Bihlmeyer), Iustin (Goodspeed) u. a.

Bei dieser Arbeit erlebt man wenig Freude, weil man überall auf ungenügende, irreführende und fehlerhafte Angaben stößt. Bei der Ausgabe von Migne, die gewöhnlich nur Abdrucke älterer Ausgaben bringt, ist man ja solche Dinge gewöhnt. Bei den neueren Ausgaben jedoch erwartet man, daß die Zitate genauer verzeichnet werden, aber auch die Bände des CV und CC weisen in der Behandlung der Bibel-Zitate solche Mängel auf, daß unbedingt auf diese Wunde der Finger gelegt werden muß. Wenn schon bei den verhältnismäßig wenigen Jer.-Zitaten (hinzukommen noch die Bar. Thr. Ep. Jer.-Zitate) so viele Fehler vorliegen, wie wird es dann um alle Bibel-Stellen bestellt sein!

Für die lateinischen Bibel-Zitate ist die Untersuchung leicht gemacht, weil der „Denkapparat" in Beuron zur Verfügung steht. Aber man kann nicht immer nach Beuron fahren, und von der neuen Ausgabe der Vetus Latina ist nur der Anfang gemacht, so daß man doch immer wieder zu den Text-Ausgaben greifen muß. Auch der Herausgeber und die Mitarbeiter der Vetus Latina in Beuron wären froh, wenn ihnen die Ausgaben bessere Hilfe für ihre Sammlung bieten würden.

1. Das notwendigste Rüstzeug für die Untersuchung von Bibelzitaten ist der I n d e x. Bei Migne fehlt er überall außer zu Tht. Ebenso wird er noch zu verschiedenen Bänden des CB und CV vermißt. Erst 1955 ist der Index zu Or. X–XII im CB erschienen. Endlich haben wir einen Index im CC zu Tert., der so lange ersehnt wurde. Es muß als unerläßliche Forderung aufgestellt werden, daß schon bei den einzelnen Teilbänden Indizes beigegeben werden; nur so ist es möglich, die Ausgabe auszuschöpfen.

Aber der Index ist nur dann wertvoll und nützlich, wenn er zuverlässlich und voll-

---

[1] Die Sigel und Abkürzungen sind die gleichen wie in der großen Göttinger Septuaginta-Ausgabe; sie sind leicht verständlich und brauchen hier nicht aufgeführt zu werden.

ständig ist. Gewiß können sich sehr leicht Fehler (noch als Druckfehler) einschleichen; jedoch ist es möglich, ausgezeichnete Indizes zu erstellen, wie der Registerband zu Clem. im CB zeigt. Dieses Lob kann nicht den Indizes der neuesten Ausgaben des CB CV CC gespendet werden.

Zum Index der Jer.-Stellen zu Or. X–XII im CB. Streiche bei 2, 21 „(?) XI 3, 20“. Str. „6, 4“ und schreibe dafür „Joel 3, 9“. Str. „39, 24 ff.?“ u. schr. dafür „14, 1“. Ergänze zu Is. 5, 7 „XI 3, 20“.

Zum Index der Jer.-Stellen zu Tert. im CC. Statt „2, 10–13“ schr. „2, 10–12a“. Stelle „Pud. 6, 2“ unter 4, 4 zu 4, 3. Statt „7, 15 sq. Pud. 2, 5“ schr. „7, 16 Pud. 2, 6“. Statt „11, 14 sqq. Pud. 2, 4“ schr. „11, 14 Pud. 2, 5“. Streiche „10, 10 Iud. 7, 6“. Statt der Kap.-Zahlen „31“ (6mal) und „38“ (3mal) schreibe „38 (31)“. Streiche die letzten 3 Jer.-Stellen „46, 21“ „50, 26–27“ „51, 45“. Trage nach: „2, 13 Iud. 13, 14“ „7, 16 Pud. 2, 6“ „17, 9 carn. 15, 1; Iud. 14, 6“ „28 (51), 15 Herm. 45, 3“.

Zum Index der Jer.-Stellen zu Aug. civ. im CC. Streiche „9, 23 sq. XVII, 4, 37“ und „28, 13 sq. XI, 15, 9“ und trage die letzte Stelle bei E z e c h i e l nach! (richtig im App.). Füge zu 25, 11 ein „XVIII, 26, 10 p. 617“.

Schließlich muß der Index leicht zu handhaben sein, d. h. die Stellen müssen mühelos gefunden werden. Dies ist leider im CC nicht der Fall, weil die S e i t e n angaben fehlen. So muß man bei Tert. erst auf dem U m w e g der Reihenfolge der einzelnen Schriften, die S. 1456 angegeben ist, mühsam die betreffenden Abschnitte nachschlagen. Unbedingt müssen die Seiten angegeben werden.

2. Die Schuld an der Mangelhaftigkeit eines Index trägt aber gewöhnlich nicht der Bearbeiter (der oft nicht der Herausgeber selbst ist), sondern derjenige, der im A p p. der T e x t a u s g a b e f e h l e r h a f t e A n g a b e n gemacht hat. Es ist oft zu beobachten, daß manche Bibelstellen falsch oder ungenau notiert sind, einige anderen bibl. Autoren zugeschrieben werden, und, was der größte Mangel ist, etliche Stellen überhaupt nicht als Bibel-Zitate erkannt werden. Das Letzte ist besonders schwerwiegend, weil so viele Zitate verloren gehen. Versteckte Jer.-Zitate habe ich nicht gefunden; aber zufällig habe ich im neuen Ambr.-Band VII (CV 73) folgende Zitate festgestellt, die nicht verifiziert sind: S. 137, 35 Noli me tangere, quia mundus sum = Is. 65, 5. S. 138, 2–3 Inmundus enim apud dominum omnis iniquus = Prov. 3, 32 a. S. 306, 104. 2–3 Non legatus – fecit eum = Is. 63, 9.

3. In f o r m e l l e r Hinsicht ist folgendes zu beachten: Als Abkürzungen für die bibl. Bücher sollen die gebräuchlichen verwendet werden, also Jer. Is. (Jes.) Ez. usw., aber nicht die fremdartigen und auch unschönen Sigel „Hier.“ (leicht aufzulösen in Hieronymus!) „Hierem.“ „Es.“ „Esai.“ „Hiezech.“, wie sie oft im CV und neuestens auch wieder im CC verwendet werden, mögen auch die latein. Autoren (unrichtig) „Hieremias“ usw. schreiben. Da überall die LXX und für die älteren lat. Väter die Vetus Latina, die bekanntlich nur eine LXX im lat. Gewand ist[2], zugrundeliegt, sind auch die Bezeichnungen der LXX zu nehmen, nicht die des massor. Textes oder der

---

[2] Dies scheint manchen Herausgebern nicht immer bewußt zu sein, denn sonst würden sie nicht zu vielen Zitaten der Vet. Latina „Sept.“ hinzufügen. Dies ist gänzlich unnötig. Wichtiger wäre es bei Zitaten, die mit der Vulgata übereinstimmen, zu notieren „= Vulg.“ oder „cf. Vulg.“. Auch im neuen Ambr.-Band des CV steht oftmals dieser überflüssige Hinweis, S. 175, 82. 84 sogar „(codd. Sept.)“.

Vulgata, also Regn. I–IV usw. In Klammern können dann die Bezeichnungen nach dem hebr. Text und der Vulg. beigefügt werden.

Bei abweichender Kap.- und Vers-Zählung, wie sie ab Jer. 25, 15 vorliegt, muß die doppelte Zählung erwähnt werden, und zwar an erster Stelle die g r i e c h. Zahl. Bei Migne ist gewöhnlich nur die hebr. Zählung angegeben, so daß man erst auf Grund eines Conspectus, wie er dankenswert bei Swete hinter dem Text von Jer. steht, die griech. Ordnung nachschlagen muß. Im CB ist gewöhnlich richtig nach der griech. Ordnung gezählt, aber die hebr. Zählung leider nicht immer angegeben. Im CV ist völlige Unordnung; immer wieder ist der Fehler gemacht, daß man von der Vulg. ausgeht und ihre Zählung notiert. So sind in der Cypr.-Ausgabe des CV im App. die Jer.-Stellen nach der Vulg. notiert; im Index ist das Versäumnis nachgeholt. Unrichtig ist hier das letzte Jer.-Zitat notiert: „48 (Hebr. 41), 10“; richtig ist „31 (48), 10“. Im CB steht Or. VI 266 im App. in falscher Folge „32, 11 (39, 11)“; richtig im Index „39 (32), 11“.

Die Nichtbeachtung der verschiedenen Zählweise hat im Index der neuen Tert.-Ausgabe des CC Verwirrung angerichtet, weil Kroymann in Marc. nach der griech., dagegen die Bearbeiter anderer Schriften (bapt. Carn. usw.) nach der hebr. Zählweise notieren. Alle Zitate stammen aus Kap. 38 (31), siehe oben unter 1. Im Spec. (CV 12) ist uneinheitlich 6mal nur nach der hebr. und 2mal nach der hebr. und griech. Zählweise notiert.

Es ist unbedingt erforderlich daß alle Jer.-Zitate ab 25, 15 nach der g r i e c h. Ordnung notiert werden; in Klammern ist die hebr. Zahl anzugeben.

In den neuen Ausgaben, wo auch die Zeilen abgezählt sind (leider nicht immer für jede Seite, sondern für die einzelnen Abschnitte, was unpraktisch ist, so in manchen Bänden des CV und im neuen CC), können die Zitate genauestens verzeichnet werden. Leider ist dies oftmals nicht geschehen. So ist Tert. II 318 f (CV 70) Jer. 2, 10 b–12 a und II 319, 82–84 Jer. 2, 13 zitiert. Im App. ist nur S. 318 vermerkt: „74–84 Hier. 2, 10–13“. Dabei ist deutlich v. 13 von v. 10 b–12 a getrennt und steht in der Ausgabe sogar auf der nächsten Seite. Wie leicht kann 2, 13 übersehen werden! Da Tert. im neuen CC vielfach nur ein Abdruck des CV ist, sind diese Fehler weiter verschleppt worden.

Wenn mehrere Verse zitiert werden, dann ist nicht leichthin „sqq.“ zu notieren, sondern die genaue Anzahl der Verse anzugeben. So sieht man sofort, wie groß das Stück ist. Sehr nützlich ist es bei größeren Zitaten auch im Text die einzelnen Versziffern in kleinen hochgestellten Typen einzutragen, damit man sich leicht zurecht findet. So ist richtig Aug. civ. CV 40/2, 210 Reg. (besser wäre „Regn.“) I 2, 1–10 notiert, aber in der neuen Ausgabe des CC steht nur „2, 1 sqq.“ (dazu noch an falscher Stelle!). Richtig ist Ambr. VII 334 „Thren. 3, 24–28“ notiert; da aber auch Multi – defecit Schrifttext ist (siehe unter 4.), ist zum ganzen Zitat zu notieren: „2–9 Thr. 3, 22–23 + 1, 22 c + 3, 24–28“.

Sehr mangelhaft ist die Notierung bei Aug. c. Faust. 13 (CV 25). S. 387, 1 statt „Hierem. 17, 5 sqq.“ schreibe „Jer. 17, 5–8“. S. 388, 3–4 ungenau „17, 5 sqq.“; richtig 7 8 10 12 19 Jer. 17, 9“. S. 391, 22–24 fehlt „17, 11 a“. S. 392, 14–15 fehlt „17, 11 b“. S. 393, 5 ungenau „Hier. 17, 10 sqq.“ genau: „5–6 10 20 Jer. 17, 12“. S. 397, 6 fehlt „17, 12“, S. 397, 10 14–16 18–19 fehlt „17, 13“. S. 397, 24–25 fehlt „17, 14 a“. S. 397, 27 falsch „Hier. 17, 13 sq.“; richtig „Jer. 17, 14 c.“

4. Die V e r i f i z i e r u n g g r i e c h. Z i t a t e, besonders wenn sie umfangreich sind, macht im allgemeinen keine Schwierigkeit, weil bei Versagen des eigenen

Gedächtnisses ein Blick in die LXX-Konkordanz von Hatch-Redpath die Stelle leicht finden läßt. Bei kurzen Zitaten, bei freier Verwendung einer Bibelstelle und bei Anspielungen, besonders wenn keine „Kernworte" verwendet werden, ist es schwierig, die Grundstelle zu finden.

Dagegen bietet die N o t i e r u n g   l a t e i n i s c h e r Zitate Hemmnisse, weil wir leider noch keine Konkordanz der Vetus Latina haben. In solchen Fällen bleibt nichts anderes übrig, als das Vetus Latina-Zitat ins Griech. zurückzuübersetzen und ein „Kernwort" in der Sept.-Konkordanz nachzuschlagen. Bei solchen Fällen haben oftmals die Herausgeber den falschen Weg eingeschlagen und die Vulgata-Konkordanz aufgeschlagen, um nach ihr das Schriftwort zu verifizieren. Dies ist aber nur bei den sog. deuterokanonischen Büchern zulässig, so wie bei den Psalmen, die bekanntlich nicht eigentliche Vulgata des Hieronymus sind. Bei den anderen Büchern verleitet die Vulg.-Konkordanz zu falschen Angaben. So im CB Or. XI 67, 18 sanctificate bellum „Jer. 6, 4". Aber nicht diese Jer.-Stelle, sondern Joel 3, 9 liegt zugrunde; denn Jer. 6, 4 liest die LXX παρασκευάσασθε ἐπ᾽ αὐτὴν εἰς πόλεμον, zudem steht in der Vulg. Jer. 6, 4 sanctificate s u p e r   e a m bellum. Or. hat sicher Joel 3, 9 im Auge. Ähnlich ist zu Tert. II 323 (CV 70) in tempore visitationis notiert „cf. Hier. 46, 21; 50, 26. 27". Diese (ungenaue und unvollständige) Stellenangabe ist der Vulg.-Konkordanz entnommen. In Jer. 26 (46), 21; 27 (50), 27. 31; 28 (51), 6 steht καιρὸς ἐκδικήσεως αὐτῶν; in der Vetus Latina würde dies lauten tempus vindictae eorum (siehe Or. VIII 315). Dagegen setzt Tert. ἐν καιρῷ ἐπισκοπῆς (ἐπισκέψεως) αὐτῶν voraus, und diese Wendung steht Jer. 6, 15; 10, 15; 28 (51), 18. Diese Stellen sind also zu notieren.

Manchmal ist es schwer, die Grundstelle zu bestimmen, da es unsicher bleibt, ob der Autor die angeführte Stelle im Auge hat. Bei solchen Stellen ist ein Fragezeichen (?) beizugeben. Oftmals aber kann das Fragezeichen fehlen, weil die ganze Angabe fehl am Platze ist. So Or. XI 3, 20 „Vgl. Jer. 2, 21?". Richtig: „Is. 5, 7". Or. XI, 70, 22 „Vgl. Jer. 39, 24 ff.?"; richtig „Jer. 14, 1" (siccitates = ἀβροχίαι vgl. Sir. 32 [35], 26). Or. III 182, 11 „Vgl. 1, 8?"; besser „Vgl. 15, 19 f." Or. III 185, 4 „Vgl. Jerem. 20, 9?"; besser die Stelle streichen.

Jedoch ist es unzulässig, bei einer Schriftstelle einfach aus Bequemlichkeit ein Fragezeichen anzubringen. Denn wenn man nicht selbst das Zitat findet, kann man leicht in Beuron anfragen und die Stelle dann angeben. So ist erstaunlich, daß im CV bei Tert. II/2 228, 9 nur „Hier.?" und S. 326, 39 nur „Hier." notiert ist. An beiden Stellen steht das sehr häufige Jer.-Zitat 17, 9 b. Die neue Tert.-Ausgabe des CC hat diese ungenügenden Angaben einfach abgedruckt; noch beim Korrekturenlesen hätten die Stellen nachgetragen werden können [3].

5. Manchmal sind T e i l e eines Zitates n i c h t   a l s   S c h r i f t t e x t gekennzeichnet; vielleicht liegt nur ein Druckversehen vor; aber es sieht doch so aus, daß der Herausgeber solche Teile nicht als Bibeltext erkannt hat. Oft ist dies bei Migne zu beachten; es sei nur ein Beispiel genannt: Greg. Nyss. PG 45, 693 C. 732 C ist μετὰ ταῦτα nicht als Bibeltext (Bar. 3, 38) gekennzeichnet. Beispiele aus CB und CV. Or. VIII 444, 3–4 Vae qui (Anfang) und pessima, dicit dominus (Schluß) sind Schrifttext. Die abweichende Form des Zitates findet sich auch Or. XII 209 Lommatzsch und Ambr. VI 110. – Or. XI 254, 30–31 et Balthasar filii eius. – Tert. I 217, 13 Paschae gehört zum

---

[3] Nebenbei seien noch zwei Is.-Stellen verifiziert: Tert. II/2 227, 44 = Is. 63, 9 und Tert. III 462, 26 = Is. 49, 7. Diese Stellen sind im Index des CC nachzutragen.

Schrifttext; es liegt Ausfall infolge Haplogr. vor: in die festo Pasch ae ⟨Paschae⟩ diem significat. – Ambr. IV 485, 5 vestrum ist Schrifttext; in dieser Form begegnet uns das Zitat auch Or. VI 315 und Hi. in Is. 15, 55. – Ambr. VII 130. 23, 36 ut iudicium eius declinemus frei Thr. 3, 35 nachgebildet; iudicium ist als Schriftwort zu kennzeichnen und im App. auf Thr. 3, 35 hinzuweisen. – Ambr. VII 183, 61 a fletu meo = ἀπὸ κλαυθμοῦ (μου) 36 49–90–764 538 544; dieser Zusatz steht auch bei Vict. Vit. (CV 7, 106, 1; auch hier ist *a fletu eius* nicht als Schrifttext gekennzeichnet). – Ambr. VII 183, 66 caligaverunt ist Schrifttext, stammt aber nicht aus Job 16, 17, wie im App. notiert ist, sondern aus 1, 16; so richtig bereits Ad. Jülicher, ThLZ 39 (1914) 234. Nach Ambr. V 394, 17 ist zu schreiben: in lacrimis oculi mei ⟨oculi mei⟩ caligaverunt. Ebenso ist Z. 67 gloria mea Schrifttext. – Ambr. VII 330, 3. 9 In his ergo (lies ego, siehe unter 15.) fleo ist Schrifttext, wie richtig S. 183, 51 notiert ist. Auch S. 333, 8. 1 ist In his ergo flet als Schrifttext zu kennzeichnen und im App. zu notieren: „cf. Thr. 1, 16". – Ambr. VII 334, 9, 4 Multi sunt gemitus mei et cor meum defecit = Thr. 1, 22 c [4]; richtig als Schrifttext gekennzeichnet Ambr. V 157, 12–13. – Ambr. VII 337. 12, 11 suam (nach maxillam) = αὐτοῦ *L;* richtig Ambr. V 204, 9. – Faust. Reiens. Ep. 3 (CV 21, 170, 26) et post haec.

6. Wenn eine Schriftstelle in ihrem vollen Wortlaut zitiert wird, greift oftmals der Autor einen V e r s t e i l , eine W e n d u n g oder auch nur ein W o r t heraus, um diese Textteile für seine Ausführungen zu verwenden. In solchen Fällen ist es sehr angebracht, diese wiederaufgenommenen Schrifttexte als Bibel-Zitate zu kennzeichnen. Oftmals ist dies geschehen, aber auch oftmals unterlassen. Beispiele: Tert. II/2 318 und 319 wird Jer. 2, 10 b–12 a und 2, 13 zitiert. Im weiteren Verlauf werden dann S. 318, 77 expavit, 319, 79 horruit nimis, 319, 85 fontem aquae vitae, 319, 86 lacus contritos aus dem Zitat verwendet; alle diese Teile sind als Bibel-Texte zu kennzeichnen. – Ambr. V 331, 22–27 wird Thr. 2, 15 zitiert. 335, 25 ist aus Thr. 2, 15 corona gloriae und 335, 26 iucunditas universae terrae wiederholt, ohne daß diese Wendungen gekennzeichnet sind und ohne daß im App. auf Thr. 2, 15 verwiesen wird. – Ambr. VI 51 wird Jer. 11, 19 zitiert; das Kernwort panem wird im folgenden Satz wieder aufgenommen und erklärt bene panem dicit pro carne eius; hier ruft panem direkt nach einer Hervorhebung. – Ambr. VII 399 sind Thr. 3, 27–28 und Ps. 4, 10 zitiert. Richtig sind dann verschiedene wiederaufgenommene Wörter durch Anführungszeichen als Schrifttext gekennzeichnet. Aber auch das Adverb singulariter, das in beiden Stellen steht, muß 53, 2 hervorgehoben werden.

7. Oftmals werden nicht ganze Verse, sondern nur e i n z e l n e W e n d u n g e n oder W o r t e aus einem Vers z i t i e r t , weil diese Wendungen und Worte besonders kennzeichnend sind. So ist gewöhnlich nicht der ganze Vers Jer. 5, 8 zitiert, sondern nur der treffende Ausdruck ἵπποι θηλυμανεῖς. In solchen Fällen ist dieser Ausdruck als Schriftwort kenntlich zu machen, z. B. Or. IV 206, 1 und 376, 26–27 (ebenso ist Z. 26 χρεμετίζοντες zu kennzeichnen). Ebenso ist Or. IV 35, 12–13 zu schreiben σπείρεται «σπέρμα» οὐ μόνον «ἀνθρώπων» ἀλλὰ καὶ «κτηνῶν».

---

[4] Ad. Jülicher hat in ThLZ 39 (1914) 234 die Herkunft dieses eingeschobenen Versteiles nachgewiesen, da es Petschenig „wie alle seine Vorgänger" nicht bemerkt habe. Trotz dieses Hinweises hat es auch der Herausgeber des neuen Ambr.-Bandes des CV nicht bemerkt – zum Schaden der Ausgabe.

Zu Ambr. VI 143, 26–27 ist im App. notiert „cf. Hier. 15, 18“. Es werden nur wenige Leser sein, die sofort erkennen, daß aus Jer. 15, 18 die Wendung aqua mendax verwendet ist. Zugleich ist noch im App. zu Z. 27 de profundo clames als biblische Wendung mit Hinweis auf Ps. 129, 1 zu kennzeichnen. – Ambr. VI 281, 23 ist deus appropinquans wörtlich Jer. 23, 23 entnommen, dagegen das parallele Glied von Ambr. aus stilistischen Gründen ebenfalls in das Part. umgewandelt (elonginquans); deus appropinquans muß als Schriftwort gekennzeichnet werden.

8. Oft verwenden die Väter in ihren Schriften W o r t e und W e n d u n g e n, die h ä u f i g in der Bibel vorkommen und ihnen deshalb besonders g e l ä u f i g sind. Bei diesen Schriftworten geben sie gewöhnlich keine Quelle an, weil es nicht notwendig ist. In solchen Fällen genügt es, nur eine oder zwei Stellen zu notieren und durch Beifügen von „u. ö.“ anzuzeigen, daß das zitierte Wort öfter vorkommt; nicht angebracht ist es, irgendeine Stelle herauszugreifen und zu notieren, sondern es muß die Stelle genannt werden, wo zum ersten Mal uns das Schriftwort begegnet.

Or. XI 73, 10 ist zu sacrificandum diis alienis notiert. „Vgl. Jer. 1, 16 u. ö.?“ Das Fragezeichen kann ruhig fehlen (siehe unter 4.). Die Wendung „fremden Göttern opfern“ steht 5mal bei Jer.: 1, 16; 19, 4; 51 (44), 3. 5. 8; ferner Regn. IV 22, 17 Par. II 28, 25; 34, 25. Es ist deshalb zu notieren: „Vgl. Regn. ... Par. ... Jer. 1, 16 u. ö.“ – Or. II 185, 8 ist notiert „Vgl. Jerem. 1, 4. 9“; richtig: „Vgl. Jer. 26 (46), 13; 44 (37), 2“. – Or. IV 486, 17 ist notiert „Jer. 1, 4“; besser „14, 1; 39 (32), 6 u. ö.“ – Ambr. V 11, 14–15 ist zu ut convertaris a via prava et maligna notiert „cf. Hier. 33 (26), 3“. Die Formel „sich von seinem bösen Weg bekehren“ kommt nicht nur hier, sondern auch sonst bei Jer. vor (7mal), ferner Ez. 13, 22; 18, 23. Es ist also zu notieren: „cf. Jer. 18, 11 et alibi Ez. 13, 22 et alibi“. – Ambr. VI 353, 16 ist zu dolores sicut parturientis notiert „cf. Hier. 22, 23“. Dieser Vergleich ist bei Jer. beliebt: 6, 24; 8, 21; 22, 23; 27 (50), 43; aber auch Ps. 47, 7 und Os. 13, 13 kommt er vor. Es ist also zu notieren: „cf. Ps. 47, 7; Os. 13 Jer. 6, 24 et saepius“. Jedenfalls ist es nicht zulässig, nur auf Jer. 22, 23 zu verweisen.

9. Manchmal drücken die Väter einen G e d a n k e n mit b i b l i s c h e n Worten und W e n d u n g e n aus, die n i c h t w ö r t l i c h der S c h r i f t entl e h n t sind, so daß nur schwer die G r u n d s t e l l e erkennbar ist. Oft kommen diese Worte und Wendungen auch bei verschiedenen biblischen Stellen vor, ohne daß klar ist, welche der Schriftsteller im Auge hat. Tert. II 174, 44 ist zu fugite lon⟨ge! lon⟩gum enim... notiert „cf. II Cor. 6, 17 (cf. Hier. 51, 45; Ez. 20, 34. 41; Es. 52, 11)“. Wegen des Zitates Cor. II 6, 15 in Z. 43 mag man an die angeführte Cor.-Stelle denken. Die in Klammern beigegebenen Jer.- und Is.-Stellen scheinen sekundär dem Rand von Nestle zu Cor. II 6, 17 entnommen zu sein. Die ganze Note ist zu streichen; denn fugite verweist eindeutig auf Jer. 28 (51), 6 u. 31 (48), 6. Wenn die Ergänzung longe richtig ist, dann kann noch Jer. 30, 8 (49, 30) φεύγετε λίαν genannt werden. Noch näher liegt die ntl. Stelle Cor. I 10, 14, weil auch hier εἰδωλολατρία vorkommt. Somit ist zu notieren: „cf. Cor. I 10, 14; Jer. 28 (51), 6; 31 (48), 6; 30, 8 (49, 30)“. – Zu Ambr. VI 40, 22 ist „cf. Hier. 9, 7“ genannt; näher liegen Stellen aus dem N. T., das Ambr. bekannter als das A. T. ist. In Betracht kommen Cor. I 3, 13 und Petr. I 1, 7. – Ambr. IV 97, 16 ist zu cuius vocem elementa sonuerunt notiert: „Hier. 50, 42“. Diese Jer.-Stelle kommt nicht in Frage; denn Subjekt ist hier „das Volk aus der Ferne“. Eher wäre an Jer. 10, 13 ∥ 28 (51), 16 zu denken, oder an Ps. 28, 3–9 u. Ps. 45, 4. Je-

doch hat Ambr. die ntl. Stellen Matth. 3, 17 (vox de caelis) und Joh. 12, 28–30 (vox de caelo ... tonitruum) im Auge.

10. In Jer. finden sich mehrere P a r a l l e l s t e l l e n. Wenn ein Zitat aus einer solchen Stelle stammt, dann ist es nicht auf den ersten Blick deutlich, welche Stelle der Verfasser zitieren will. Da aber die Stellen nicht völlig parallel, sondern in Wortwahl und Wortform verschieden sind, kann leicht auf Grund der Konkordanz die richtige Stelle nachgeschlagen werden. Bei solchen Parallelstellen ist oftmals die notwendige Genauigkeit außer Acht geblieben, so daß fehlerhafte Angaben gemacht wurden.

2, 27 b ‖ 39 (32), 33 (18, 17 nur in O L). Or. VI 93 falsch „18, 17“; richtig „2, 27“. – Didym. p. 1201 falsch „18, 17“; richtig „2, 27“. – 2, 28 b ‖ 11, 13. Cyr. III 1264 falsch „2, 28“; richtig „11, 13“. Chr. V 622 falsch „11, 13“; richtig „2, 28“. – 6, 14 ‖ 8, 11. Aug. c. litt. Pet. (CV 52, 101) falsch „8, 11“; richtig „6, 14“. – 7, 13. 25 ‖ 25, 3–5 ‖ 42 (35), 14–15. Cassiod. ps. 126, 3 falsch „7, 13. 25“; richtig „42 (35), 14 b–15 a“. – 7, 16 ‖ 11, 14 ‖ 14, 11 ‖ 16, 7. Chr. I 891 falsch „14, 11–12“; richtig „7, 16“. Chr. IV 407 falsch „16, 7“; richtig „7, 16“. Chr. VII 59. 587 IX 534 falsch „11, 14“; richtig „7, 16“. Chr. VI 238 falsch „7, 16“; richtig „11, 14“. – 7, 18 ‖ 51 (44), 17. Or. VI 233 falsch „7, 18“; richtig „51 (44), 17“. – 7, 34 ‖ 16, 9. Cypr. I 85 falsch „16, 9“; richtig „7, 34“. – 10, 12–16 ‖ 28 (51), 15–19. Cypr. I 162 falsch „28, 15–18“; richtig „10, 12–15“ (fehlt im Index). Spec. S. 536 falsch „51, 15–17“ und S. 541 falsch „51, 15 et 16“ (im Index richtig gestellt). – 16, 14–15 ‖ 23, 7–8. Ir. II 420 (Harvey) falsch „23, 7–8“; richtig „16, 14–15“. – 23, 20 ‖ 37 (30), 24. Cypr. I 42 falsch „23, 20“; richtig „37 (30), 24 b“.

11. Einige Jer.-Stellen haben k e i n e P a r a l l e l e n in J e r. selbst, sondern in a n d e r e n S c h r i f t e n des A. T.

Jer. 4, 3 ‖ Deut. 10, 16. Zu GregNyss. III 220 ist in der Nota zu lesen, daß die zitierte Stelle wohl Deut. 10, 16 sei „nam apud Jeremiam haec verba me legisse non memini“. Es ist jedoch Jer. 4, 3 gemeint. – Jer. 9, 23–24 ‖ Regn. I 2, 10. Eus. in ps. 104 (PG 23, 1300 A) weiß, daß das Zitat Jer. 9, 23–24 auch in Regn. vorkommt; er zitiert dann in der Fassung von Jer. Lucif. S. 82 sagt ausdrücklich, daß er nach Regn. zitiert; S. 148 ist das Schriftwort mit der allgemeinen Formel eingeleitet „sicut scriptum est“; der Text ist Jer. entnommen. Im App. S. 82, 6 ist „(cf. Hier. 9, 23)“ zu streichen, ebenso im Index S. 337. – Jer. 11, 4 ‖ Deut. 4, 20. Ambr. V 450 ist „Jer. 11, 4“ notiert. Richtig ist „Deut. 4, 20“. – Jer. 13, 16 ‖ Ps. 67, 35 ‖ Par. I 16, 28. Or. VII 229, 7 date gloriam Deo = Ps. 67, 35. Das folgende Zitat date magnificentiam Deo geht auf Deut. 32, 3 zurück. – Jer. 11, 19 ‖ Is. 53, 7. Ambr. VI 173 ist nicht Jer. 11, 19, sondern Is. 53, 7 vorausgesetzt. Es ist zu Z. 1. 11. 12 zu notieren „cf. Is. 53, 7“ (vgl. S. 337, 11–12). – Jer. 20, 14 ‖ Job 3, 3. Hi. ep. 39, 2 (CV 54, 296) ist nicht Jer. 20, 14, sondern Job 3, 3 zitiert.

12. Einige S t e l l e n des Jer. sind im N e u e n T e s t a m e n t z i t i e r t. Da das N. T. dem Kirchenschriftsteller vertrauter als das A. T. ist, wird gewöhnlich dem N. T. der Text entnommen. Je nachdem die atl. oder ntl. Form auftritt, muß notiert werden. Jer. 38 (31), 15 ‖ Matth. 2, 18. Just. Dial. 78, 8 sagt zwar, daß Jer. so gesprochen habe, zitiert aber genau Matth. 2, 18. Im App. ist zu notieren: „Matth. 2, 18, cf. Jer. 38 (31), 15“. – Ambr. VI 143 ist ebenfalls nach Matth. 2, 18 zitiert, nicht nach Jer. – Euch. (CV 31, 31) ist nicht „Hier. 31, 33“, sondern Cor. II 6, 18 zitiert.

13. Manchmal sind Parallelstellen nicht s c h a r f a u s e i n a n d e r g e h a l t e n , sondern mit V a r i a n t e n d u r c h s e t z t . In diesen Fällen ist dann immer auf die P a r a l l e l e zu verweisen.

Clem. I 210 Chr. I 847 ὑαίνης stammt aus 12, 9. – An Stelle von 9, 24 ὅτι 1⁰– ἐπὶ τῆς γῆς wird gern der Text aus Regn. I 2, 10 gesetzt; dies ist auch der Fall in der griech. Minuskel 534. Von der Vetus Latina ist zu nennen: Spec. 22 S. 394, Hi. in Zach. 2, 10, Aug. civ. 17, 4; an allen genannten Stellen ist hinzuzufügen: „cf. Regn. I 2, 10". Einige griech. Väter haben aus Regn. τὸν κύριον übernommen: Bas. I 353 III 1225 Chr. V 377 Cyr. IX 74ᵢ, ebenso die griech. Min. 239. – Ps. Vig. c. Var. 1, 11 (PL 62, 362) ist v. 13 a in der Form zitiert „et posuit sonum aquae in caelo"; dies stammt aus 28 (51), 16 a. - Spec. 54 S. 536 evanuit verweist auf ἐματαιώθη 28 (51), 17. – Or. III 263, 24 ist ungenau angegeben „14, 11. 12". Genau „7, 16 vgl. 14, 12". – Or. I 28 II 36 Hi. ep. 65, 21 (CV 54, 644) stammt ὑετίζων (qui pluat) aus 14, 22; richtig angegeben, aber fehlerhaft die beiden Stellen getrennt. – Or. III 155, 8 f. Chr. IV 221 VII 609 Tht. I 277 II 1460 stammen die hslich nicht belegten Varianten (ἀν)οικοδομεῖν und καταφυτεύειν aus 1, 10. – Eus. ps. 50 (PG 23, 440 A) ist zu notieren: „Jer. 20, 14 cf. Job 3, 3 et Ps. 50, 7". – Aus der ntl. Stelle Hebr. 8, 8–12 sind viele Varianten nach Jer. 38 (31), 31–34 gewandert. So steht συντελέσω in griech. Väter-Zitaten, die ausdrücklich Jer. zugeschrieben sind: Cyr. III 800. 857. 1221 IV 172 V 576. 776 IX 997 X 861 Tht. III 737. Ebenso consummabo bei den Lateinern Cypr. I 134 Aug. c. Faust. 32, 9 (CV 25, 767) civ. 17, 3 et 18, 33 (CV 40/2, 208. 318) ep. 75, 14 (CV 34, 306) gest. Pel. 14 (CV 42, 65) Ambrst. qu. 44, 3 (CV 50, 73) Fulg. (PL 65, 434 B 483 A) Prim. in Apoc. (PL 68, 821 D) Cassiod. ps. 73, 19 (PL 70, 533 B) Consult. 2, 7 (Morin S. 61).

14. Manchmal sind auseinander liegende Zitate z u s a m m e n g e n o m m e n , wenn sie inhaltlich übereinstimmen. So kommt ein Bibelzitat zustande, das aus zwei (oder drei) verschiedenen Stellen besteht, ein „k o m b i n i e r t e s" Zitat oder ein „M i s c h z i t a t". Solche Zitate sind oftmals nicht genau verifiziert, sondern nur einteilig angegeben. Am besten sind die zitierten Bibelstellen durch ein Pluszeichen (+) zu verbinden. So richtig notiert Or. VIII 278 „Vgl. Bar. 2, 17 + Prov. 4, 25"; nur ist besser statt Bar. 2, 17 aus dem gleichen Buch Prov. 20, 13 b zu notieren; also: „Vgl. Prov. 20, 13 b (Bar. 2, 17) + Prov. 4, 25".

Cyr. VII 105 γῆ γῆ ἄκουε λόγον κυρίου stammt aus 22, 29; notiere „Jer. 6, 19 + 22, 29". – Just. Dial. 22, 6 ἐπελαβόμην τῆς χ. αὐτῶν ἐξαγαγεῖν aus 38 (31), 32; ähnlich Epiph. II 166. Notiere „Jer. 7, 21 f. + 38 (31), 32".

6, 19 + 22, 29 Cyr. VII 105. – 7, 22–23 + Zach. 7, 10 + Zach. 8, 16. 17 Or. XI 436 XVII 119 Lo. Epiph. II 166 Cyr. VI 857. – Jer. 7, 22 f + 38 (31), 32 Just. Dial. 20, 6 Epiph. II 166. – Par. II 28, 3 + Jer. 7, 31 Cyr. VIII 400. – Jer. 8, 5 a + 3, 7. 8. 10 Chr. II 325. – 9, 18 (17) + 13, 17 Cyr. X 424. – Jer. 9, 23 + Cor. I 1, 31 (= II 10, 17) Tert. III 466 Hil. ps. 51, 5 (CV 22, 99); richtig notiert ClemRom. 13, 1 (Funk-Bihlm.) ClemAlex. I 112. – 15, 1 + 7, 16 (cf. 11, 11. 14; 14, 12) Or. III 284. 285 Chr. XII 654 Constit. (Funk). – 15, 1 + 15, 6 Or. VIII 9. – 20, 14 + Job 3, 3 + Ps. 50, 7 Eus. ps. 50 (PG 23, 440 A). – 23, 23 + 39 (32), 27 b Cyr. I 424. 609. 912. 992 IV 144. 565. VI 356 VIII 497 X 868. In der Ausgabe von Pusey sind richtig beide Stellen notiert. – 27 (51), 15 + 28 (51), 11 Cyr. X 661. – 28 (51), 45 + Cor. II 6, 17 Chr. XIII 314. – 3, 14 + Mal. 3, 7 Tht. IV 548.

15. In den Zitaten der Vetus Latina sind oft Lesarten überliefert, die deutlich von der griech. Vorlage abweichen, aber nur scheinbar, weil bei näherem Zusehen i n n e r - l a t e i n i s c h e   V e r d e r b n i s s e vorliegen. Durch Vergleich mit der LXX können sie gewöhnlich leicht geheilt werden. Es ist nicht in Ordnung, solche Fehler stehen zu lassen, besonders dann, wenn der Text unverständlich ist. Dies gilt vor allem für Spec. S. 401, 1 cui cellae agri; nicht einmal im App. findet man irgend welchen Vorschlag; dafür ist zu lesen avicellae agri, siehe Einl. meiner Jer.-Ausgabe der Göttinger Sept. S. 131. Aber auch dann, wenn der Text nicht unverständlich ist, muß bereits der Herausgeber einer Väter-Schrift solche innerlateinisch verderbte Stellen zu heilen versuchen, ihre Lesart, wenn die Konjektur sehr gut ist, in den Text aufnehmen, oder wenn die Herstellung unsicher bleibt, im App. die Konjektur vermerken. Nur selten sind innerlat. Fehler verbessert, so Spec. S. 653, 5 im App., ferner Lucif. S. 237, 17 im App. „nec fort. ut 1. 4. et 30“; sicher ist hier nec zu lesen. Es mag manchmal der Fall sein, daß der Schriftsteller bereits die verderbte Lesart in seiner Bibelhs. vorfand. Aber auch dann ist wenigstens im App. auf diese fehlerhafte Lesart zu verweisen und die richtige zu vermerken. Im folgenden seien verschiedene innerlat. Verderbnisse aufgezeigt und geheilt.

2, 21 vitis alienae Spec. S. 644, 6; lies vitis aliena. – 5, 31 inique Spec. S. 498, 15; lies iniqua = Fac. Herm. (PL 67, 571 D). – 7, 3 emundate Ir. II 277 (Harvey); lies emendate. – 8, 6 quia currebat Spec. S. 400, 21; lies qui currebat. – 8, 8 metatura vestra scribae Spec. S. 499, 5; lies metatura falsa scribis = Cypr. – 9, 7 (6) propter haec hoc dicit dominus Lucif. S. 147, 25/26; lies propter hoc, haec d. d. – 10, 2 timentes a conspectu facies eorum Spec. S. 492, 3; lies timentes ea conspectu [facie: lectio duplex] eorum. – 10, 4 et malleis Spec. S. 492, 5; lies in malleis. – 15, 9 exterrita est Cypr. Consult. Evagr. alterc. 2, 4 Isid. (PL 83, 489); lies extenuita? est oder exhaurita? est oder exinanita? est (so Ir. lat.). – 15, 9 timuit Consult. (p. 58 Morin); lies teduit (so Cypr. Ir. lat.). – 15, 18 sanabo Ps.Aug. adv. Fulg. 4 (CV 53, 292, 27); lies sanabor. 28 (51), 7 babylonis Ambr. I 351, 3; lies babylon = Ambr. II 445 V 465. – 37 (30), 19 laudantium Consult. (S. 108, 12 Morin); lies ludentium. – 38 (31), 20 ut puer Ambr. VII 180, 82; lies aut puer = ἡ παιδίον L.

Thr. 1, 15 ergo fleo Ambr. VII 183, 51 u. 330, 9; lies ego fleo = Ambr. V 355, 25. – 2, 19 ad dominum Ambr. V 423: aus ad deum = La^W (ad dm) = ad eum. – 3, 29 spes patienti Spec. S. 474, 11; lies spes patientiae. – 4, 8 a dorso Cassiod. ps. 101/6 (PL 70, 709 B); lies ad ossa (gleich im Text folgt o s s a sua). – 4, 21 in geth Ambr. V 475, 16; lies in ge.

Bar. 3, 35 vocabis eas Spec. 653, 19; lies vocavit eas. – 3, 37 electo Aug. c. Faust. 12, 43 (CV 25, 371) PsVig. c. Var. 1, 2 (PL 62, 356 D); lies dilecto.

Ep. Jer. 31 in gehenna La^L Firm.; lies in cena mit La^{CV} – Ep. Jer. 45 (so richtig; falsch „Jer. 10, 9“) aurifices Cassiod. ps. 113, 12 (PL 70, 814 B); lies artifices.

Manchmal ist die verderbte lateinische Lesart nicht allgemein bezeugt; hier ist es leicht durch Einsicht in die griech. Vorlage die richtige Lesart in den Text aufzunehmen. Beispiele: Jer. 16, 20 sic faciet Aug. c. Faust. 13, 7 (CV 25, 386, 18); lies mit PM und der ed. princ. s i (εἰ) faciet. – Thr. 3, 33 q u i (non humiliavit) Ambr. VII (CV 73, 130. 32); lies mit Γ VPRS und der ed. Amerbach quia = Ambr. V 233, 5 PsCypr. paen. S. 19. – Bar. 3, 24 (domus) tua Ambr. VII 399, 9; lies mit AH und der ed. Amerbach und der Maur.-Ausg. domus domini. Vielleicht ist auch domus dei zu lesen, wie Ambr. ep. 15, 4 bezeugt ist.

Häufig wechseln in altlat. Hss. e und i[5], namentlich bei der Endung des Verbums, so daß die Entscheidung nicht leicht ist, ob Präsens oder Futur vorliegt. Hier muß die griech. Vorlage den Ausschlag geben. Dies ist der Fall bei dem sehr oft zitierten Vers 17, 9 b et homo est, et quis c o g n o s c e t *(γνώσεται)* eum. Das Futur ist richtig, mögen auch gute Hss. cognoscit bezeugen. So steht richtig cognoscet Tert. II 228 III 387 Cypr. I 74 Ir. II 96. 103. 266 Ambr. V 253 VI 221. 317. 368. 380 Consult. S. 77 Aug. c. Faust. 13 (CV 25, 388, 4 agnoscet). Unrichtig ist agnoscit Aug. c. Faust. 13 (CV 25, 388, 9. 12. 19; 633, 27; 634, 2) u. civ. 18, 33 (CV 40/2 318 und im neuen CC 48, 627). Auch im neuen Ambr.-Band (CV 73) steht S. 125, 37 unrichtig agnoscit (lies mit LM cognoscet) und S. 306. 103, 7 cognoscit (lies mit D a. c. LH cognoscet).

Leicht werden auch et und ut verwechselt[6]. Auch hier ist die griech. Vorlage maßgebend. Richtig steht Ambr. VI 149, 2 et voment im Text (gegen ut vomant DEF im App.). Auch Ambr. V 370, 18 steht richtig et scibo und Cypr. I 80, 18 et cognoscam; dagegen unrichtig Ambr. fid. 4, 165 ut sciam (PL 16, 648 C); lies e t sciam. – Ambr. V 254, 20 ist ut declinaret zu lesen, mag es auch nur ganz schwach bezeugt sein (von Rm 2); vor ut ist ein Komma zu setzen.

16. Zum Schluß sei eine L i s t e v o n K o r r e k t u r e n mitgeteilt, die keiner näheren Besprechung bedürfen; die Reihenfolge ist PG PL CB CV.

Eus. comm. in Ps. (PG 23)

Statt	lies	Statt	lies
S. 248. 249 Jer. 7, 23	Jer. 38 (31), 33	S. 1136 Jer. 25, 12. 14	Is. 1,14
		S. 1349 Jer. 10, 11	Jer. 23, 23

Ath. (PG 25–28)

Statt	lies	Statt	lies
III 352 Bar. 2, 35	Jer. 38 (31), 31	IV 56 Jer. 23, 7	Ps. 105, 9
III 396 Jer. 3, 14	Jer. 3, 22 a	IV 52 Bar. 2, 34	Lev. 26, 42
		IV 240 Jer. 32, 4	Jer. 39 (32), 28

Didym. (PG 39)

Statt	lies	Statt	lies
S. 1160 „ibid." 12, 1	Sir. 20, 9	S. 1201 Jer. 18, 17	Jer. 2, 27
S. 1161 Jer. 19, 11	Is. 30, 13–14	S. 1220 Jer. 5, 4 sqq.	Jer. 9, 6 a + 2 b–3
S. 1176 Jer. 30, 17	Is. 7, 4	S. 1288 Jer. 31, 8	Jer. 16, 19
S. 1268 Jer. 23, 5	Ez. 34, 23	S. 1472 Jer. 4, 17	Jer. 27 (50), 17

GregNyss. (PG 44–46)

Statt	lies	Statt	lies
I 640 Jer. 20, 10	Jer. 20, 7 a	I 1133 Jer. 10, 1 sqq.	Jer. 11, 14
I 800 Thr. 2, 1 sqq.	Thr. 1, 1; 4, 1 a	II 693 Bar. 3, 28	Bar. 3, 38
I 1129 Jer. 10, 17	Jer. 11, 20; 20, 12	III 220 fehlt	Jer. 4, 3 b + 4 a

---

[5] Beispiele aus dem Dodekapropheton in meinen Beiträgen zum griech. Dodekapropheton (Nachr. der Akad. der Wiss. in Göttingen. Phil.-Hist. Kl. 1943, S. 398).
[6] Beispiele aus dem Dodekapropheton ebd. S. 396 f.

Cyr. I–X (PG 68–77)

Statt	lies	Statt	lies
I 876 Jer. 25, 14	Ps. 61, 13 b	III 953 Jer. 51, 1–3	Is. 13, 17 f.
II 221 Jer. 50, 26	Is. 62, 10	VIII 400 Jer. 19, 13	Ez. 16, 43
II 573 Jer. 49, 32. 36	Ez. 5, 10	VIII 704 Jer. 4, 2	Esdr. I 3, 12
II 676 Jer. 15, 9	Regn. I 2, 5	VIII 1288 Jer. 2, 2	Am. 7, 15
II 856 Jer. 7, 11	Is. 56, 7	IX 296 Jer. 7, 3	Is. 62, 10
II 1149 Jer. 6, 20	Is. 1, 12	IX 1269 Jer. 17, 10	Jer. 39 (32), 27
III 553 Jer. 15, 20	Jer. 1, 18 f.	X 356 Jer. 35, 14	Prov. 1, 24
III 953 Jer. 1, 17	Jer. 27 (50), 21	X 997 Jer. 50, 42	Jer. 27 (50), 31 a

Chr. I–XII (PG 47–63)

Statt	lies	Statt	lies
I 827 Jer. 31, 34	Is. 27, 9	VI 73 Jer. 1, 16	Exod. 4, 13
V 681 Jer. 12, 1	Ps. 72, 12	VII 262 Jer. 4, 2	Is. 65, 15
V 246 Jer. 32, 3	Deut. 5, 6	XII 183 Jer. 27, 6	Ps. 103, 2

Tht. (PG 80–84)

Statt	lies	Statt	lies
I 1092 Jer. 15, 19	Mal. 3, 7	II 147. 261 Jer. 10, 22	Ioel 2, 20
I 1845 Jer. 3, 22	Mal. 3, 7	II 261 Jer. 4, 6	Is. 43, 6

Hi. (PL 24–26, 1845)

Statt	lies	Statt	lies
24, 221 D „Jerem. II"	Jer. 31 (38), 2 a	25, 1294 A	
24, 661 B Jer. 24, 7	Jer. 38 (31), 21	„Jerem. XXVIII"	Jer. 45 (38), 22
25, 62 C Jer. 39, 5	Jer. 52, 8 b–9	25, 1432 D „Jer. XLVI"	Jer. 3, 12 a
25, 81 A „LVIII"	Jer. 5, 8	25, 1495 B „Jer. XXXI"	Jer. 28 (51), 50 b
25, 163 D Jer. 34, 4	Ez. 12, 13	25, 1518 A „Jer. XXX"	Is. 10, 10
25, 871 C Gen. 4, 9. 15	Jer. 38 (31), 21 a	25, 1555 B Jer. 13, 20	Joh. 4, 35
25, 1110 B „Jer. XXV"	Jer. 28 (51), 7 a	26, 202 D Thr. 3, 30	Is. 50, 6
25, 1216 C „Jerem."	Jer. 15, 10	26, 516 B Jer. 15, 17	Is. 37, 29

Fac. Herm. (PL 67, 571 D/572 A)
Statt Thr. 2, 14 f. lies Jer. 5, 31

Cassiod. (PL 70)   Eus. Onom. (CB)

Statt	lies	Statt	lies
S. 533 B Jer. 23, 5	38 (31), 31–32 a	S. 90, 13 Jer. 49, 4	Jer. 29 (47), 5
S. 814 B Jer. 10, 9	Ep. Jer. 45 b	S. 176, 20 Jer. 48, 21	Jos. 21, 15

Eus. eccl. theol. III 5 (CB)
S. 163, 12 richtig Thr. 4, 20 notiert, fehlt aber im Index.

Ambr. IV (CV 32/4, 229). Statt „Hier. 50, 6" lies Matth. 15, 24; cf. 10, 6.

Hi. ep. 96, 19 (CV 55, 179). Statt „Hier. 34, 4 (27, 5)" lies Is. 45, 12 a.

Zum Wortschatz des griechischen Sirach

Die alten griechischen Übersetzer des AT, deren Zahl traditionell mit 70 angegeben wird, und die deshalb »Septuaginta« (LXX) genannt werden, sind für uns alle »Anonymi« bis auf einen, nämlich den Enkel des Jesus Sirach. Er ist die einzige Übersetzerpersönlichkeit der LXX, die uns sichtbar begegnet; zugleich sind wir damit auch in der glücklichen Lage, Ort und Zeit der Sirachübersetzung zu kennen: Alexandrien um 130 v. Chr. (der Übersetzer kam im Jahre 132 nach Alexandrien und wird bald mit seiner Arbeit begonnen haben). So haben wir einen sicheren Standort, der es uns ermöglicht, den griechischen Wortschatz örtlich und zeitlich festzulegen.

Besondere Verdienste um die Erforschung des griechischen Sirach hat Rudolf Smend, der in seinem Kommentar »Die Weisheit des Jesus Sirach« (Berlin 1906) einen kurzen Überblick über die Übersetzungsweise (S. LXII—LXVII) und wertvolle Notizen zu vielen Einzelstellen gibt, sodann besonders in seinem »Griechisch-Syrisch-Hebräischen Index zur Weisheit des Jesus Sirach« (Berlin 1907) das ganze Material übersichtlich zusammenstellt und damit eine äußerst wertvolle Hilfe für die vorliegende Untersuchung bietet[1].

Der Übersetzer kannte sehr gut die alte LXX, die ihm »öfter als Wörterbuch gedient hat« (Smend, Komm. S. LXIII). Eine Fülle von Vokabeln kann genannt werden, die der griechische Sirach aus der LXX übernommen hat. Besonders kennzeichnend sind solche Wörter, die verhältnismäßig selten in der LXX vorkommen, die der Übersetzer des Sirach übernimmt.

I. Folgende Wörter begegnen uns außer Sirach nur noch in einem Buch der LXX:[2]

ἀβροχία (1) Jer (2), ἀγρυπνία (9) II Macc (1), ἀδάμαστος (1) IV Macc (1), ἄδοξος (1) I Macc (1), ἄκμων (1) Job (1), ἀκτίς (1) Sap (2), ἀκροατής (1) Jes (1), ἀλλοίωσις (2) Ps (1), ἅλμη (1) Ps (1), ἀμνησία (-στία) (1) Sap (2), ἀνάλημμα (1)

---

[1] Folgende Literatur ist noch zitiert: V. Ryssel, Die neuen hebräischen Fragmente des Buches Jesus Sirach und ihre Herkunft, Theol. Stud. u. Kritiken 73 (1900), 363—403, 505—541; 74 (1901), 75—109, 269—294, 547—592; 75 (1902), 205—261, 347—420. H. Herkenne, De Veteris Latinae Ecclesiastici cap. I—XLIII, Leipzig 1899. N. Peters, Das Buch Jesus Sirach oder Ecclesiasticus, Münster i.W. 1913.

[2] Die Schriften I-IV Reg, I-II Chr, I-II Esdr, I-IV Macc sind als ein Buch betrachtet. Eine genaue Stellenangabe ist nicht notwendig, da der Fundort leicht nach Smends Index und nach der Konkordanz von Hatch-Redpath festgestellt werden kann. Die arabischen Ziffern in Klammern geben das Vorkommen des betreffenden Wortes an.

II Chr (1), ἀναποδίζειν (2) II Macc (1), ἀντίζηλος (2) Lev (1), ἀντικαταλλάσσειν (1)
III Macc (1), ἀπαιδευσία (3) Os (1), ἀπερίσπαστος (1) Sap (1), ἀποθαυμάζειν (3)
Dan o᾿ (1), ἀπόνοια (1) II Macc (1) IV (1), ἀποπλάνησις (1) Deut (1), ἀποτρέπειν (2)
III Macc (1) IV (2), ἀπρόσκοπος (1) III Macc (1), ἀφαίρεσις (1) III Macc (1), ἁρμός (1)
IV Macc (1), ἀσχολία (1) III Macc (1), ἀφυστερεῖν (1) Neh (1), αὔγασμα (1) Lev (2).

βαθμός (1) IV Reg (5) I (1), βασκαίνειν (2) Deut (2), βάσκανος (3) Prov (2),
βρέφος (1) I Macc (1) II (1) III (1) IV (1).

γεωργία (1) II Macc (1), γνήσιος (1) III Macc (1): vgl. γνησίως II Macc (1)
III (1), γομφιάζειν (1) Ez (1), γραμματεία (1) Ps (1), γυροῦν (1) Job (1).

δευτέρωσις (1) IV Reg (2), διαδιδράσκειν (1) II Macc (1), διαμάχεσθαι (4)
Dan o᾿ (1), διανεύειν (1) Ps (1), διάφορον »Geld« (5) II Macc (3), δίγλωσσος (4)
Prov (1), δωροκοπεῖν (1) III Macc (1).

ἐγγύη (2) Prov (2), ἔγγυος (2) II Macc (1), ἐγκράτεια (2) IV Macc (1), ἐγκυλίειν
(3) Prov (1), ἐθίζειν (2) II Macc (1), ἐκθαυμάζειν (2) IV Macc (1), ἐκμάσσειν (1) Ep. Jer
(2), ἐκτιναγμός (1) Nah (1), ἐκτύπωμα (1) Ex (1), ἐκφαίνειν (10) Dan o᾿ (3), ἐλάττωμα
(1) II Macc (1), ἐλάττωσις (7) Tob (1), ἐμβίωσις (2) III Macc (1), ἐμεῖν (1) Jes (1),
ἔμμονος (1) Lev (3), ἐμφραγμός (1) Mi (1), ἐμφυσιοῦν Smend (1) I Esdr (2), ἐξήγη-
σις (1) JudB (1), ἐξολλύναι (1) Prov (3), ἐξυψοῦν (1) Dan o᾿ (1), ἐπαιτεῖν (1) Ps (1),
ἐπέτειος (1) Deut (1), ἐπικοινωνεῖν (1) IV Macc (1), ἐπίπονος (1) III Macc (1), ἐπιστοι-
βάζειν (1) Lev (3), ἐπιτίμιον (2) II Macc (1), ἐπισχύειν (1) I Macc (1), ἐπιχορηγεῖν
(1) II Macc (1), ἐρεθισμός (1) Deut (2), ἔρις (3) Ps (1), ἑρμηνεία (2) Dan o᾿ (1), ἔσοπ-
τρον (1) Sap (1), εὔζωνος (1) Jos (2), εὔκοπος (1) I Macc (1), εὔλαλος (1) Job (1),
εὕρεμα (4) Jer (2), εὕρεσις (1) Sap (2), εὐωδιάζειν (1) Zach (1).

ἥδεσθαι (1) Sap (1), ἦθος (1) IV Macc (5), ἥσυχος (1) Sap (1).

ἱκετεία (3) II Macc (4) III (1), ἱλαρύνειν (-ροῦν) (4) Ps (1), ἰχνεύειν (1) Prov (1).

κάπηλος (1) Jes (1), κόκκος (1) Thr (1), κρήνη (1) II Reg (3) III (2) IV (1).

λῆψις (2) Prov (2), λοίδορος (1) Prov (3), λουτρόν (1) Cant (2).

μέμφεσθαι (2) II Macc (1), μυριοπλασίως (1): vgl. μυριοπλάσιος Ps (1).

νύκτωρ (1) II Macc (2) III (1), νύσσειν (2) III Macc (1), νωθρός (2) Prov (1).

οἰκίζειν (2) Job (1), οἰκόπεδον (1) Ps (2), ὀλισθαίνειν (7) Prov (1), ὁλοκαρποῦν
(1) IV Macc (1), ὁμαλίζειν (1) Jes (2), οὐραγεῖν (1) Jos (1), ὀψίζειν (1) I Reg A (1).

πανούργευμα (-γημα) (2) Judith (1), πάντη (1) III Macc (1), παροιμία (5)
Prov (2), περιστολή (1) Ex (1), περκάζειν (1) Am (1), πολυπειρία (1) Sap (1), προ-
κοπή (1) II Macc (1), προπετής (1) Prov (2), προσγελᾶν (2) I Esdr (1), προσδεῖσθαι
(6) Prov (1), προσκύνησις (1) III Macc (1), προσοχή (2) Sap (2), προσπαίζειν (1)
Job (1), προσφιλής (2) Esth (1), πρωτόγονος (1) Mi (1), πτύειν (1) Num (1), πύ-
ινος (1) Ez (2).

σιγηρός (1) Prov (1), σιωπή (1) Am (1), σκανδαλίζεσθαι (3) Dan o᾿ (1), σκευά-
ζειν (1) III Macc (1), σπαταλᾶν (1) Ez (1), στρέβλη (1) IV Macc (8), συγγνώμη (2)
II Macc (1), συγκύπτειν (2) Job (1), συμβολοκοπεῖν (2) Deut (1), συνεγγίζειν (1)
II Macc (3), συνεδρεύειν (3) Dan o᾿ (1), συνουσιασμός (1) IV Macc (1).

τανύειν (1) Job (1), τυποῦν (1) Sap (1).

ὕαινα (1) Jer (1), ὑπεράγειν (2) I Macc (1), ὑπηρετεῖν (1) Sap (4), ὑποβλέπεσθαι
(1) I Reg (1), ὑποκρίνεσθαι (3) II Macc (3) IV (2), ὑπόνοια (1) Dan o᾿ (3), ὑποπτεύειν (1) Ps (1).

φαντάζεσθαι (1) Sap (1).

χαλβάνη (1) Ex (1), χάλιξ A (1) Job (2), χολέρα (2) Num (1), χρησιμεύειν (1)
Sap (1).

Somit finden sich die gleichen Wörter wie in Sirach in II Macc 20,
III Macc 16, Prov 14, Sap 13, IV Macc 12, Ps 10, Job Dan o′ 8, Deut,
I Macc 5, Lev, Jes 4, Ex, IV Reg, Jer, Ez 3, Jos, III Reg, Am, Mich,
I II Esdr 2, Jud B, I Reg, II Chr, Judith, Tob, Cant, Os, Nah, Zach,
Thr, Ep. Jer 1.

II. Folgende Wörter kommen außer Sirach noch in z w e i Büchern
der LXX vor:

ἀγωνίζεσθαι (1) Dan θ′ (2) I Macc (1) II (3) IV (1), αἰτιᾶσθαι (1) Prov (1)
IV Macc (1), ἀκάρδιος (1) Prov (2) Jer (1), ἀκηδία Ps (1) Jes (1), ἀκρίβεια (3) Sap (1)
Dan o′ (1) θ′ (2), ἀκριβής (4) Dan o′ (3) Esth (1), ἀκροᾶσθαι (3) Sap (1) Jes (1),
ἀλισγεῖν (1) Mal (3) Dan o′ (2) θ′ (1), ἀναξηραίνειν (2) Os (1) Jer (1), ἀναπτεροῦν (1)
Prov (1) Cant (1), ἀντιστήριγμα (1) Ps (1) Ez (1), ἀπαναίνεσθαι (3) Ps (1) Job (1),
ἄπληστος (1) Prov (3) Ps (1), ἀποσβεννύναι (2) Prov (1) Jes (1), ἀποσοβεῖν (1) Deut (1)
Jer (1), ἀποτιννύειν (1) Gen (1) Ps (1), ἀργός (1) III Reg (1) Sap (2), ἀρχιτέκτων (1)
Jes (1) II Macc (1), ἀφανής (2) Job (1) II Macc (1), ἄφοβος (1) Prov (2) Sap (1),
αὐτάρκης (4) Prov (1) IV Macc (1), ἀχάριστος (-ρίστως) (3) Sap (1) IV Macc (1),
ἄχι (1) Gen (4) Jes (1).

βδελυκτός (-λυρός) (1) Prov (1) II Macc (1), βόλβιτον (1) Soph (1) Ez (2),
βρόχος Smend (1) Prov (3) III Macc (1), βῶλος (1) Job (1) Ez (2).

γαλαθηνός (1) I Reg (1) Am (1), γλύμμα (2) Ex (1) Jes (1), γλωσσώδης (3)
Ps (1) Prov (1), γῦρος (1) Job (1) Jes (1).

διάδοχος (2) I Chr (1) II (2) II Macc (2), διδασκαλία (2) Prov (1) Jes (1),
δολιότης (1) Num (1) Ps (4).

ἐγγυᾶν (2) Tob S (1) Prov (5), ἔκδικος (1) Sap (1) IV Macc (1), ἐκπέτεσθαι (1)
Os (1) Thr (1), ἔκχυσις (1) Lev (1) III Reg (1), ἐναποθνήσκειν 253 … Smend (1)
I Reg (1) IV Macc (3), ἐνδόσθια (1) Ex (2) Lev (5), ἔντερον (1) Gen (1) II Macc (1),
ἐξαγγέλλειν (3) Ps (8) Prov (1), ἐξηχεῖν (1) Joel (1) III Macc (1), ἐπαγωγή (8) Deut
(1) Jes (2), ἐπανάγειν (2) Zach (1) II Macc (2), ἐπανήκειν (2) Lev (1) Prov (2), ἐπιδεῖν
(egere) (3) Deut (6) Job (1), ἐπιδέχεσθαι (5) Esdr I (1) I Macc (11) II (6) III (1),
ἐπιξενοῦσθαι Esth (1) Prov (1), ἐπίχαρμα (3) Ex (1) Judith (1), ἐργάτης (3) Sap (1)
I Macc (1), εὐκαιρία (1) Ps (3) I Macc (1), εὐκαίρως (1): vgl. εὔκαιρος Ps (1) II Macc
(3) III (2), εὐσταθής (1) Esth (1) II Macc (1).

ἡσυχῇ (1) Jud A (1) Jes (1).

θηρευτής (1) Ps (1) Jer (1), θυμώδης (2) Prov (5) Jer (1).

καθυστερεῖν (2) Ex (1) I Chr (1), κακοῦργος (2) Esth (1) Prov (1), κάρπωσις (2)
Lev (3) Job (1), κασσίτερος (1) Num (1) Ez (3), καταγινώσκειν (2) Deut (1) Prov (1),
καταμωκᾶσθαι (1) II Chr (1) Jer (1), καταπτήσσειν (1) Jos (1) Prov (3), καταράσσειν
(1) Ps (6) Os (1), κατασκεύασμα (1) Judith (1) II Macc (1), κληροδοτεῖν (1) Esdr II (1)
Ps (1), κλώθειν (1) Ex (29) Lev (5), κλῶσμα (1) Num (1) Jud A (1), κοινῇ (2)
Dan θ′ (1) II Macc (2), κόπριον (1) Jer (1) I Macc (1), κτίσμα (2) Sap (3) III Macc
(1), κώδων (1) Ex (5) II Chr (1).

λογεῖον (1) Ex (17) Lev (2).

μακροημερεύειν (1) Deut (5) Jud (1), μέθυσος (2) Prov (2) IV Macc (1),
μετάνοια (1) Prov (1) Sap (3), μῆνις (2) Gen (1) Num (1), μωμᾶσθαι (1) Prov (1)
Sap (1).

νοήμων (2) Prov (7) Dan θ' (1), νομίζειν (1) Sap (2) II Macc (4) IV (8).
ξενίζειν (1) Esth (1) II Macc (1) III (1).
οἰωνισμός (1) Gen (2) Num (1), ὄρεξις (2) Sap (4) IV Macc (2).

παιδευτής (1) Os (1) IV Macc (2), πανοῦργος (5) Job (1) Prov (13), παραβλέ-πειν (1) Job (2) Cant (1), παρθενία (2) Jer (1) IV Macc (1), πειθαρχεῖν (1) I Esdr (1) Dan ο' (1), περίμετρον (1) III Reg (1) III Macc (1), περισπᾶν (1) Eccl (1) IV Macc (1), πιέζειν (πιάζειν) (1) Cant (1) Mi (1), πλατυσμός (1) II Reg (2) Ps (3), πρόγονοι (1) Esth (2) II Macc (2) III (3) IV (3), προσκρούειν (1) Job (1) II Macc (1).

ῥόδον (3) Esth (1) Sap (1), ῥιζοῦν (2) Jes (1) Jer (1), ῥοΐσκος (1) Ex (6) II Chr (2), ῥύμη (1) Tob (1) Jes (1).

σκληροκαρδία (1) Deut (1) Jer (1), στολισμός (1) II Chr (1) Ez (1), στρεβλός (1) II Reg (1) Ps (2), στροφή (1) Prov (1) Sap (1), συμπεριφέρεσθαι (2) Prov (2) II Macc (1) III (1), συμπόσιον (3) Esth (2) I Macc (1) II (1) III (3), συμφύρεσθαι (1) Os (1) Ez (1), συναναστρέφεσθαι (1) Gen (1) Bar (1), σύνεγγυς (3) Deut (1) Tob S (1), συνθλίβειν (1) Eccl (1) I Macc A (1), τὸ σύνολον (1) Esth (1) III Macc (6), συστέλ-λειν (1) Jud B (2) I Macc (3) II (1) III (1), σχολή (1) Prov (1) Gen (1).

τήρησις (1) Sap (1) I Macc (1) II (1) III (1), τιθηνεῖν (1) Thr (1) III Macc (1), τοκετός (1) Gen (1) Job (2), τρυγητής (1) Abd (1) Jer (2), τρυφᾶν (1) Neh (1) Jes (1).

ὑγρός (1) Jud (2) Job (1), ὑδραγωγός (1) IV Reg (2) Jes (2), ὕπανδρος (2) Num (2) Prov (2), ὑπερβάλλειν (2) Job (1) II Macc (3) III (1), ὑπόδειγμα (1) Ez (1) II Macc (2) IV (1) ὑποχωρεῖν (1) Jud B (1) II Macc (1).

φιμός (1) Job (1) Jes (1), φορεῖν (2) Esth (1) Prov (3), φυσᾶν (2) Sap (1) Jes (1).

χαράσσειν (1) III Reg B (1) IV (1) III Macc (1), χαρίζεσθαι (1) Esth (1) II Macc (5) III (2) IV (2), χρίσμα (1) Ex (8) Dan ο' (1) θ' (1).

ψαλτῳδός (ψαλμῳδός) (2) I Chr (6) II (4) Esdr I (1), ψεύστης (2) Ps (1) Prov (1), ψιθυρίζειν (2) II Reg (1) Ps (1), ψυχρός (1) Prov (1) IV Macc (1).

Somit finden sich die gleichen Wörter wie in Sirach in Prov 31, II Macc 24, III Macc, Ps 17, Sap 16, Jes, IV Macc 15, Job 13, Ier, Esth 11, Ex, I Macc 9, Gen 8, Deut, Ez 7, Lev, Num, Jud, II Chr 6, Dan 6, Os 5, III Reg 4, II Reg, IV, I Esdr, Cant, Tob, I Chr 3, I Reg, Judith, Eccl, Zach, Thr 2, Jos, Neh, II Esdr, Am, Mich, Joel, Abd, Soph, Mal, Bar 1.

III. Folgende Wörter kommen außer Sirach noch in drei Büchern der LXX vor:

ἀκηδιᾶν (1) Ps (3) Bar (1) Dan ο' (1), ἀμαυροῦν (1) Deut (1) Sap (1) Thr (1), ἀμέτρητος (2) Jes (1) Bar (1) III Macc (3), ἄνεσις (2) II Chr (1) I Esdr (1) II (1) Sap (1), ἄλγος (1) Ps (1) Thr (3) II Macc (1) IV (1), αἱρετός (2) Prov (3) Dan θ' (1), II Macc (1), ἀναστενάζειν (1) Thr (1) Dan θ' (1) II Macc (1), ἀνάξιος (1) Esth (1) Jer (1) II Macc (1), ἀνελεήμων (3) Sap (2) Prov (5) Iob (2), ἀποδοκιμάζειν (1) Ps (1) Jer (7) Sap (1), ἀποστερεῖν (5) Ex (1) Deut A (1) Mal (1), ἀποτυφλοῦν (1) Deut (1) Tob S (1) Sap (1), ἀργεῖν (1) I Esdr (1) II (2) Eccl (1) II Macc (1), ἄτιμος (1) Job (2) Sap (5) Jes (2).

βαπτίζειν (1) IV Reg (1) Judith (1) Jes (1), βάρος (1) Jud B (1) Judith (1) II Macc (1) III (1), βασανίζειν (1) I Reg (1) Sap (4) II Macc (4) IV (20), βραδύνειν (1) Gen (1) Deut (1) Jes (1).

γέρων (5) Job (1) Prov (2) II Macc (1) III (1) IV (12), γεώργιον (1) Gen (1) Prov (6) Jer (1), γλύκασμα (1) Esr I (1) Neh (1) Prov (1).

δανειστής (1) IV Reg (1) Ps (1) Prov (1), διαβολή (6) Num (1) Prov (1) II Macc (1) III (1), διαθρύπτειν (1) Lev (1) Nah (1) Hab (1) Jes (1), διεξάγειν (1) Esth (1) Hab (1) II Macc (2), δισσός (3) Gen (2) Prov (3) Jer (1), δίστομος (1) Judith (1) Ps (1) Prov (1), διῶρυξ (2) Ex (2) Jes (3) Jer (1).

ἑδράζειν (1) III Reg (1) Prov (1) Sap (1), ἔθειν (1) Num (1) Dan o' (1) IV Macc (1), ἐθισμός (1) Gen (1) III Reg (1) II Macc (2), ἐκποιεῖν (3) III Reg (1) II Chr (1) Ez (2), ἐλευθερία (2) Lev (1) I Esdr (2) I Macc (1) III (1), ἐμπαιγμός (1) Ps (1) Sap (1) Ez (1), ἐμποδίζειν (4) Jud (1) II Esdr (1) I Macc (1), ἐνδιδύσκειν (1) II Reg (2) Judith (2) Prov (1), ἐνευλογεῖσθαι (1) Gen (5) I Reg (1) Ps (2), ἔπαινος (3) I Chr (1) II (1) Ps (3) IV Macc (1), ἐπικαθῆσθαι (1) II Reg (1) Ep. Jer (1) II Macc (1), ἐπικροτεῖν (1) Prov (1) Jes (1) Am (1), ἐπινοεῖν V . . . SMEND (1) Job'(1) Sap (2) IV Macc (1), ἐπίνοια (1) Sap (4) Jer (1) II Macc (1) IV (1), ἐπιστροφή (3) JudB (1) Cant (1) Ez (3), ἐπισυνιστάναι (1) Lev (1) Num (4) Jer (2) Ez (1), ἑταίρα (1) Jud B (1) Prov (1) II Macc (1), εὐοδία (4) I Edsr (2) Tob (1) Prov (1), εὐχαριστία (1) Esth (1) Sap (1) II Macc.

ἡγεμονία (2) Gen (1) Num (2) IV Macc (2).

θάλλειν (1) Gen (1) Job (1) Prov (2), θέμα (1) Lev (3) I Reg (3) Tob (1), θέρμη (1) Job (1) Ps (1) Eccl (1).

ἱερωσύνη (1) I Chr (1) I Esr (1) I Macc (4) IV (2), ἱμάς (1) Job (1) Jes (2) IV Macc (1).

καλαμᾶσθαι (1) Deut (1) Jes (2) Jer (1), καλλονή (2) Ps (2) Sap (2) I Macc (1), κάρταλλος (1) Deut (2) IV Reg (1) Jer (1), καρτερεῖν (2) Job (1) Jes (1) II Macc (1) IV (6), καταβιβρώσκειν (1) Neh (2) Ez (1) Dan o' (2) θ' (1), κατάσκοπος (1) Gen (6) I Reg (1) II (1) I Macc (1), κέντρον (1) Prov (1) Os (2) IV Macc (1), κῆρυξ (1) Gen (1) Dan o' (1) θ' (1) IV Macc (1), κτίστης (1) II Reg (1) Judith (1) II Macc (3) IV (2).

λάρυγξ (1) Job (5) Ps (9) Cant (2), λέξις (2) Esth (3) Job (2) II Macc (1), λοιδορία (3) Ex (1) Num (1) Prov (2).

μετεωρισμός (2) Ps (3) Jo (1) II Macc (1), μηνίειν (2) Lev (1) Ps (1) Jer (1), μισητός (4) Gen (1) Prov (3) Sap (1), μίσθιος (3) Lev (2) Tob (1) Job (1), μόλις (4) Prov (1) Sap (1) III Macc (3), μωραίνειν (1) II Reg (1) Jes (2) Jer (2).

νυσταγμός (1) Ps (1) Jer (1) Dan o' (1).

ὀλίσθημα (1) Ps (3) Jer (2) Dan θ' (3), ὄμβρος (1) Deut (1) Sap (1) Dan o' (2) θ' (1), ὁμιλεῖν (1) Judith (1) Prov (3) Dan o' (4) θ' (3), ὁμόνοια (1) Ps (2) Sap (2) IV Macc (3), ὄναγρος (1) Ps (1) Jer (1) Dan θ' (1), ὀπτασία (2) Esth (1) Mal (1) Dan θ' (6).

παγετός (1) Gen (1) Jer (1) Bar (1), παρουργία (4) Num (1) Jos (1) Prov (2), παραδοξάζειν (1) Ex (3) Deut (1) II Macc (1) III (1), παράδοξος (1) Judith (1) Sap (3) II Macc (1) III (1) IV (2), παραζηλοῦν (1) Deut (2) III Reg (1) Ps (4), παράκεισθαι (2) Judith (2) Dan o' (1) II Macc (3) III (2), περιβολή (2) Gen (1) Dan o' (1) II Macc (1), περισκελής (1) Ex (2) Lev (2) Ez (1), περιστέλλειν (1) Tob (1) Jes (1) Ez (1), πρέπειν (2) Ps (3) I Macc (1) III (4), προσποιεῖν (1) I Reg (1) Job (1) Dan o' (1), προστάτης (1) I Chr (2) II (3) I Esdr (1) II Macc (1), πυρά (1) Judith (1) Sap (1) I Macc (1) II (3) IV (1).

ῥᾳθυμεῖν (1) Gen (1) Judith (1) II Macc (1).

σάλος (1) Ps (4) Jo (1) Zach (1) Thr (1), σκόλοψ (1) Num (1) Os (1) Ez (1), σκυθρωπός (1) Gen (1) Dan θ' (1) III Macc (1), σμύρνα (1) Ex (1) Ps (1) Cant (6), σπινθήρ (3) Sap (3) Jes (1) Ez (1), στοχάζεσθαι (1) Deut (1) Sap (1) II Macc (1), σύγκριμα (2) Jud A (1) Dan oʹ (9) θʹ (6) I Macc (1), συμβολή (1) Ex (8) Prov (1) Jes (1), συσσείειν (1) Job (1) Ps (2) Agg (1).

τυραννίς (1) Esth (1) Sap (1) IV Macc (4).

ὑπερασπισμός (1) II Reg (1) Ps (1) Thr (1), ὑπονοεῖν (1) Tob (1) Judith (1) Dan θʹ (1), ὕστερον (2) Prov (3) Jer (4) II Macc (2) III (2) IV (1).

φαῦλος (1) Job (3) Prov (5) III Macc (1), φιλία (5) Prov (9) Sap (2) I Macc (18) II (2) IV (3), φιλιάζειν (1) Jud A (1) B (1) II Chr (2) I Esr (1).

χαλεπός (1) Sap (3) Jes (1) II Macc (3) IV (3), χόρτασμα (2) Gen (4) Deut (1) Jud (1).

Somit finden sich die gleichen Wörter wie in Sirach in II Macc 31, Prov 25, Ps 23, Sap 23, IV Macc 21, Jer 16, Gen, Jes 15, Job 14, Dan. θʹ, III Macc 13, Deut, Dan oʹ 11, Judith 10, Jud, Ez 9, I Esdr, I Macc 8, Ex, Lev, Num 7, II Reg, Tob, Esth 6, I Reg, II Chr, Thr 5, III Reg 4, IV Reg, I Chr, II Esdr, Cant, Bar 3, Eccl, Os, Jo, Hab, Mal, Neh 2, Jos, Am, Nah, Agg, Zach, Ep. Jer 1.

Wenn man nun die unter I—III aufgeführten Vokabeln, die außer Sirach nur selten in einigen Büchern der LXX vorkommen, zusammenzählt, dann ergibt sich folgendes Bild:

Pent	95	IV Macc	48
II Macc	75	III Macc	46
Prov	70	Job	35
Sap	52	Jes	34
Ps	50	Jer	30

Es ist somit deutlich zu ersehen, daß hauptsächlich der Pentateuch dem griechischen Sirach als »Wörterbuch« diente; aber auch die Libri Sapientiales waren dem Übersetzer bekannt und die Propheten-LXX lag ihm ebenfalls vor. Die Verwandtschaft des Wortschatzes mit dem von II-IV Macc läßt sich aus der zeitlichen und örtlichen Nähe erklären: Alexandrien, 1. Hälfte des 2. Jh. v. Chr.

Deutlicher als einfache Vokabeln zeigen zusammengesetzte Ausdrücke, Redewendungen, ja direkte »Zitate«, daß der griechische Sirach die übrigen Schriften der LXX vor sich hatte und aus ihnen seine Wiedergaben bezog. Bereits SMEND, Komm. S. LXIII, Anm. 1 hat darauf hingewiesen, daß der Übersetzer namentlich den griechischen Pentateuch und die Propheten-LXX kennt. Sirach geht so weit, daß er sogar dann Wiedergaben aus der alten LXX bringt, wenn die hebräische Vorlage anders liest. So steht 36 29 βοηθὸν κατʼ αὐτόν = Gen 2 18 LXX 𝔐, in H aber »eine Hilfe und eine Festung«. Es ist nicht mit LÉVI und RYSSEL anzunehmen, daß Sirach bereits in seiner hebräischen Vorlage wie Gen 𝔐 gelesen habe. Ähnlich heißt es 49 7 . . . ἐν μήτρᾳ ἡγιάσθη προφήτης im Anschluß an Jer 1 5 . . . ἐκ μήτρας ἡγίακά σε, προφήτην . . ., während die hebräische Vorlage bei Sirach lautet »vom Mutterschoß an wurde er gebildet als Prophet«.

45 7 heißt es nach H »und er gab ihm (Aaron) Ehre (הוד)« im Anschluß an Num 27 20; dies ist aber nicht nach LXX übersetzt, sondern nach Ex 29 9 Num 25 13 ἱερατείαν λαοῦ; der Übersetzer hat also (richtig) die »Ehre« Aarons als »Priesterwürde« gedeutet. 45 11 50 9 werden die »Wunschsteine« אבני־חפץ (ebenso Jes 54 12 λίθους ἐκλεκτούς) genannt; der Übersetzer nimmt den gewöhnlichen Ausdruck λίθος πολυτελής wie seine Vorgänger, die ihn vor allem dann verwenden, wenn ihnen das seltene Wort der Vorlage nicht bekannt ist: I Chr 29 2 פוך »Hartmörtel«, Job 31 24 כתם »Gold«, Prov 3 15 8 11 31 10 פנינים »Korallen«.

SMEND, Komm. S. LXIII hat aus dem Pentateuch und der Propheten-LXX einige Parallelen angeführt; im folgenden seien andere genannt. Eine Benutzung der griechischen Hagiographen dagegen sei nach SMEND »kaum nachweisbar«; bereits die oben angeführten Vokabeln haben den Nachweis erbracht; erst recht tun dies viele der jetzt genannten Stellen:

1 13 11 26 18 24 40 2 ἡμέρα τελευτῆς: Gen 27 2 II Chr 26 21
10 9   17 32 γῆ καὶ σποδός, vgl. 40 3: Gen 18 27 Job 30 19 42 6
17 3   κατ' εἰκόνα αὐτοῦ ἐποίησεν αὐτούς: Gen 1 26. 27 5 1
17 4   κατακυριεύειν θηρίων καὶ πετεινῶν: Gen 1 28 9 1
25 2   προσοχθίζειν τῇ ζωῇ: Gen 27 46
25 23 πρόσωπον σκυθρωπόν: Gen 40 7 Dan θ' 1 10
28 18 ἐν στόματι μαχαίρας: Gen 34 26 u. ö.
29 22 ὑπὸ σκέπην δοκῶν: Gen 19 8 ὑπὸ τὴν σκέπην τῶν δοκῶν μου
39 26 50 15 αἷμα σταφυλῆς: Gen 49 11 Deut 32 14
43 18 ἐκστήσεται καρδία: I Reg 4 13 28 5 Judith 12 16
44 17 Νωε εὑρέθη τέλειος δίκαιος: Gen 6 9 Νωε ἄνθρωπος δίκαιος τέλειος
44 21 ἐνευλογηθῆναι ἔθνη ἐν . . .: Gen 12 3 18 18 22 18 26 4 28 14
49 15 Ιωσηφ . . . ἡγούμενος ἀδελφῶν: Gen 49 26 Ιωσηφ . . . ἡγήσατο ἀδελφῶν
50 15 ὀσμὴ εὐωδίας: Gen 8 21 Ex 29 18 u. ö.

 8 10 45 19 ἐν πυρὶ φλογὸς αὐτοῦ: Ex 3 2 [3]
16 10 ἑξακοσίας χιλιάδας πεζῶν, vgl. 46 8: Ex 12 37 Num 11 21
24 4 ἐν στύλῳ νεφέλης: Ex 13 21 u. ö.
24 15 ὡς χαλβάνη καὶ ὄνυξ καὶ στακτή: Ex 30 34 στακτὴν ὄνυχα χαλβάνην
24 15 ὡς σμύρνα ἐκλεκτή: Ex 30 23
32 (35) 6 ἢ ἢ ὀφθῇς ἐν προσώπῳ κυρίου κενός: Ex 23 15 οὐκ ὀφθήσῃ ἐνώπιόν μου κενός, vgl. 34 20 Deut 16 16
39 26 σεμίδαλις πυροῦ: Ex 29 2 σεμίδαλιν ἐκ πυρῶν
43 1 στερέωμα καθαριότητος: Ex 24 10 εἶδος στερεώματος τοῦ οὐρανοῦ τῇ καθαριότητι
45 8 ποδήρη καὶ ἐπωμίδα: Ex 25 7 εἰς τὴν ἐπωμίδα καὶ τὸν ποδήρη, vgl. 28 4
45 10 ὑακίνθῳ καὶ πορφύρα: Ex 25 4 u. ö., vgl. Jer 10 9 Ez 27 7. 24
45 10 κεκλωσμένη κόκκῳ (κοκκινω 339 . . .): Ex 26 1 κοκκίνου κεκλωσμένου u. ö. Lev 14 4 u. ö.

---

[3] Vgl. zu dieser Wendung, P. KATZ, ZNW 46 (1955) 134f.

45 10 ἔργῳ ποικιλτοῦ: Ex 26 36 u. ö.
45 11 γλύμματος σφραγῖδος: Ex 28 11
45 11 ἐν γραφῇ κεκολαμμένῃ: Ex 32 16
45 12 ἐκτύπωμα σφραγῖδος: Ex 28 32 (36)
45 19 ἐποίησεν αὐτοῖς τέρατα, vgl. 48 14: Ex 15 11 ποιῶν τέρατα, vgl. Esth 10 3
49 1 ἔργῳ μυρεψοῦ: Ex 30 35 38 25 (37 29)
51 2 ὅτι σκεπαστὴς καὶ βοηθὸς ἐγένου μοι: Ex 15 2

6 30 κλῶσμα ὑακίνθινον: Num 15 38
9 9 μετὰ ὑπάνδρου γυναικός, vgl. 41 21: Num 5 20. 29 Prov 6 24. 25
24 25 50 8 ἐν ἡμέραις νέων: Num 28 26 τῇ ἡμέρᾳ τῶν νέων, vgl. Ex 13 4 ἐν μηνὶ τῶν
        νέων, ähnlich Ex 23 15 u. ö. Deut 16 1
39 2 ἀνδρῶν ὀνομαστῶν vgl. 44 3: Num 16 2 I Chr 5 24 12 31 Jer 52 25, vgl. Gen
        6 4 οἱ ἄνθρωποι οἱ ὀνομαστοί.

6 26 ἐν ὅλῃ δυνάμει σου, vgl. 7 30: Deut 6 5 ἐξ ὅλης τῆς δυνάμεώς σου
9 1 γυναῖκα τοῦ κόλπου σου: Deut 13 7 ἡ γυνὴ ἡ ἐν κόλπῳ σου, vgl. 28 54
9 9 μὴ συμβολοκοπήσῃς μετ' αὐτῆς ἐν οἴνῳ: Deut 21 20 συμβολοκοπῶν οἰνοφλυγεῖ
9 14 14 13 κατὰ τὴν ἰσχύν σου, vgl. 28 10 κατὰ τὴν ἰσχὺν τοῦ ἀνθρώπου: Deut 3 24
14 8 ὁ βασκαίνων ὀφθαλμῷ (-μον εαυτου A): Deut 28 54. 56 βασκανεῖ τῷ ὀφθαλμῷ
14 24 σύνεγγυς τοῦ οἴκου αὐτῆς: Deut 3 29
28 19 ὃς οὐχ εἵλκυσε τὸν ζυγὸν αὐτῆς: Deut 21 3
37 11 μετὰ μισθίου ἐφετίου: Deut 15 18 ἐφέτιον μισθὸν τοῦ μισθωτοῦ
39 6 πνεύματι συνέσεως ἐμπλησθήσεται (εμπλησει αυτον ScA): Deut 34 9 ἐνεπλήσθη
        πνεύματος συνέσεως
39 15 δότε τῷ ὀνόματι αὐτοῦ μεγαλωσύνην: Deut 32 3 δότε μεγ. τῷ θεῷ ἡμῶν, vgl.
        Tob 12 6 B

46 19 ἕως ὑποδημάτων ... οὐκ εἴληφα: I Reg 12 3 εἴληφα ... ὑπόδημα
39 15 ἐν ᾠδαῖς χειλέων καὶ ἐν κινύραις: II Reg 6 5 ἐν ᾠδαῖς καὶ ἐν κινύραις
47 23 ὃς ἐξήμαρτε τὸν Ισραηλ: III Reg 14 16 u. ö.

10 26 ἐν καιρῷ στενοχωρίας σου: I Macc 2 53
44 20 ἐν πειρασμῷ εὑρέθη πιστός: I Macc 2 52
24 8 ὁ κτίστης ἁπάντων: II Macc 1 24 ὁ πάντων κτίστης, vgl. IV 11 5
50 2 περιβόλου ἱεροῦ: IV Macc 4 11 τοῦ ἱεροῦ περίβολον, vgl. II 6 4

7 17 πῦρ καὶ σκώληξ: Jes 66 24 σκώληξ ... πῦρ
7 23 κάμψον ... τὸν τράχηλον αὐτῶν, vgl. 30 35 (33 27): Jes 58 5
14 4 ἐν τοῖς ἀγαθοῖς αὐτοῦ τρυφήσουσιν (ἐντρυφ. Sca ..): Jes 55 2 ἐντρυφήσει
        (τρυφ. L) ἐν ἀγαθοῖς, vgl. Neh 9 25 ἐτρύφησαν (ενετρυφ. A) ἐν ἀγαθωσύνῃ σου
25 23 χεῖρες παρειμέναι καὶ γόνατα παραλελυμένα: Jes 35 3 χ. ἀνειμέναι (α' παρειμ.)
        καὶ γόν. παραλ.
28 2 αἱ ἁμαρτίαι σου λυθήσονται: Jes 40 2 λέλυται αὐτῆς ἡ ἁμαρτία, vgl. Job 42 9
        ἔλυσε τὴν ἁμαρτίαν αὐτοῖς
39 14 ἀνθήσατε ἄνθος ὡς κρίνον: Jes 35 1 ἀνθείτω ὡς κρίνον, vgl. Os 14 6
30 23 οὐκ ἔστιν ὠφέλεια ἐν αὐτῇ: Jer 26 11 37 13 ὠφ. οὐκ ἔστι σοι
36(33) 13 ὡς πηλὸς κεραμέως ἐν χειρὶ αὐτοῦ: Jer 18 6
30 10 γομφιάσεις τοὺς ὀδόντας σου: Ez 18 2 οἱ ὀδόντες ... ἐγομφίασαν (aber Jer
        38 29 ἠμωδίασαν)

17 32 δύναμιν ὕψους οὐρανοῦ: Dan 8 10 θ′ ἕως τῆς δυνάμεως τοῦ οὐρ., vgl. II Chr 18 18 πᾶσα ἡ δύν. τοῦ οὐρ., ferner Jes 34 4 . . . πᾶσαι αἱ δυνάμεις τῶν οὐρανῶν B L

43 17 συστροφὴ πνεύματος: Os 4 19

46 9 ἐπιβῆναι αὐτὸν ἐπὶ τὸ ὕψος τῆς γῆς: Am 4 13 ἐπιβαίνων ἐπὶ τὰ ὕψη τῆς γῆς, ebenso Mi 1 8

51 15 ὡς περκαζούσης σταφυλῆς: Am 9 13

38 28 τήξει σάρκας αὐτοῦ: Zach 14 12 τακήσονται αἱ σάρκες αὐτῶν, vgl. IV Macc 15 15 τὰς σάρκας . . . τηκομένας

31(34) 27 ὁ ἀποστερῶν μισθὸν μισθίου: Mal 3 5 ἐπὶ τοὺς ἀποστεροῦντας μισθὸν μισθωτοῦ, vgl. Deut 24 14 A οὐκ ἀποστερήσεις (απαδικησεις B) μισθὸν πένητος

7 24 μὴ ἱλαρώσῃς (ιλαρυνης S . . .) . . . τὸ πρόσωπόν σου, vgl. 32(35) 9 36 24 ἱλαρύνει πρόσωπον: Ps 103(104) 15 τοῦ ἱλαρῦναι πρόσωπον

8 3 μετὰ ἀνθρώπου γλωσσώδους, 9 18 ἀνὴρ γλ., 25 20 γυνὴ γλ.: Ps 139 (140) 11 ἀνὴρ γλ., Prov 21 19 γυναικός . . . γλ.

14 17 πᾶσα σὰρξ ὡς ἱμάτιον παλαιοῦται: Ps 101 (102) 26 Jes 50 9 51 6

15 3 ψωμιεῖ αὐτὸν ἄρτον συνέσεως: Ps 79 (80) 5 ψωμιεῖς ἡμᾶς ἄρτον δακρύων

18 4 ἐξαγγεῖλαι τὰ ἔργα αὐτοῦ: Ps 106 (107) 22

20 30 41 14 τίς ὠφέλεια ἐν: Ps 29 (30) 9, ebenso Job 21 15

21 3 ῥομφαία δίστομος: Ps 149 6, vgl. μάχαιρα δίστομος Jud 3 16 Prov 5 4

27 22 διανεύων (και εννευων A: vgl. Prov 6 13 10 10) ὀφθαλμῷ: Ps 34 (35) 19 διανεύοντες ὀφθαλμοῖς

43 3 τίς ὑποστήσεται: Ps 129 (130) 3 147 6 Nah 1 6 Mal 3 2

50 16 ἐν σάλπιγξιν ἐλαταῖς: Ps 97 (98) 6

8 16 μετὰ θυμώδους, 28 8 ἄνθρωπος γὰρ θυμώδης: Prov 11 25 15 18 22 24 29 22 ἀνὴρ θυμώδης

14 3 ἀνθρώπῳ βασκάνῳ, 18 18 37 11 βασκάνου: Prov 23 6 28 22 ἀνὴρ βάσκανος

19 1 ἐργάτης μέθυσος οὐ πλουτισθήσεται: Prov 23 21 μέθυσος . . . πτωχεύσει

23 26 τὸ ὄνειδος αὐτῆς οὐκ ἐξαλειφθήσεται: Prov 6 33

26 2 γυνὴ ἀνδρεία, vgl. 28 15: Prov 12 4 31 10

26 13 τὰ ὀστᾶ αὐτοῦ πιανεῖ: Prov 16 2 (15 30), vgl. Jes 58 11 τὰ ὀ. σου πιανθήσεται

41 20 γυναικὸς ἑταίρας (ετερας S A . . .): Prov 19 13 ⟨γυναικὸς⟩ ἑταίρας (אשה), ebenso Jud 11 2 γυναικὸς ἑταίρας (ετερας A)

51 2 διαβολῆς γλώσσης: Prov 6 24

4 6 7 11 ἐν πικρίᾳ ψυχῆς αὐτοῦ, vgl. 34 (31) 29: Job (viermal)

13 26 26 4 πρόσωπον ἱλαρόν: Job 33 26 BS* προσώπῳ ἱλαρῷ, vgl. Esth 5 1 τὸ πρόσ. αὐτῆς ἱλαρόν

24 5 γῦρον οὐρανοῦ: Job 22 14

43 12 οὐρανόν . . . ἐτάνυσαν αὐτό: Job 9 8 ὁ τανύσας τὸν οὐρ.

43 20 παγήσεται κρύσταλλος: Job 6 16 κρύστ. πεπηγώς.

Jedoch ist Sirach nicht sklavisch von der LXX abhängig; dies zeigen seine zahlreichen Hapaxlegomena, viele abweichende Wiedergaben und Lieblingswörter.

Smend zählt über 200 Hapaxlegomena; in seinem Index hat er sie mit § gekennzeichnet. Dies hätte noch öfter geschehen sollen, und zwar bei folgenden Vokabeln: ἀνομβρεῖν, ἀνυπονόητος, διακριβάζεσθαι, ἐλλιπής, ἐμπολιορκεῖν, ἔμφοβος, ἐνθουσιάζειν, ἔπος, ἐρώτημα, μῦθος, περιεργάζεσθαι, στερέωσις, φαντασιοκοπεῖν. SMEND hat manche dieser Hapaxlegomena deshalb übersehen, weil er irreführenden Angaben der Konkordanz von H.-R., über deren Mängel er in der Vorrede seines Index mit Recht bewegliche Klagen führt, zum Opfer gefallen ist, z. B. bei μῦθος; hier ist bei H.-R. noch die späte sekundäre Lesart μυθος A Sap 17 4 notiert, die als orthographische Variante wertlos ist.

Von den vielen abweichenden Wiedergaben kann nur eine kleine Auswahl genannt werden. Zunächst seien einige abweichende Übersetzungen schwieriger, seltener Vokabeln genannt:

4 25 ἀντιλέγειν und 41 2 ἀπειθεῖν סרב: Ez 2 6 παροιστρᾶν, 14 16 ἀπατᾶν פתה: Prov 29 21 σπαταλᾶν, 14 22 ἐνεδρεύειν רצד: Ps 67 (68) 17 ὑπολαμβάνειν, 32 (35) 22 μακροθυμεῖν התאפק: Gen 45 1 Jes (3) ἀνέχεσθαι und Gen 43 31 I Reg 13 12 ἐγκρατεύεσθαι, 35 (32) 5 ἄνθραξ אודם: Ex 28 17 Ez 28 13 σάρδιον.

Dann mögen einige Redewendungen zitiert sein:

5 1 11 24 αὐτάρκη μοί ἐστιν: Gen 31 29 Deut 28 32 ἰσχύει ἡ χείρ μου, 6 20 ἀκάρδιος (ebenso Prov 10 13): Prov (3) δι' ἔνδειαν oder ἐνδεὴς φρενῶν, 15 2 γυνὴ παρθενίας: Prov 5 18 Jes 54 6 Mal 2 14. 15 γυνὴ (ἡ ἐκ) νεότητος, 16 6 ἐν ἔθνει ἀπειθεῖ: Jes 10 6 εἰς ἔθνος ἄνομον, 16 17 ἐν λαῷ πλείονι: Num 20 20 ἐν ὄχλῳ βαρεῖ, 36 30 στενάξει πλανώμενος: Gen 4 12 στένων καὶ τρέμων, 43 24 οἱ πλέοντες τὴν θάλασσαν (vgl. I Macc 13 29): Jes 42 10 Ps 106 (107) 23 οἱ καταβαίνοντες εἰς τὴν θάλασσαν, 50 8 ἔξοδοι ὕδατος: Jes 30 25 ὕδωρ διαπορευόμενον und Jes 44 4 παραρρέον ὕδωρ.

Besonders kennzeichnend ist 10 13 παρεδόξασε κύριος τὰς ἐπαγωγάς: Deut 28 59 παραδοξάσει κύριος τὰς πληγάς σου. In der Wahl des Verbums stimmt Sirach mit der LXX und mit Symmachus überein, der allein unter den »Drei« παραδοξάζειν bevorzugt (ebenso παράδοξος und παραδοξασμός, s. u.), aber beim Nomen weicht er ab, obwohl er πληγή kennt, und wählt sein Lieblingswort ἐπαγωγή, das in der Bedeutung »Plage« »Schlag« nur bei ihm vorkommt. — Gelegentlich übernimmt Sirach eine Vokabel oder Phrase der alten LXX, ändert sie aber leicht um: 30 18 θέμα, aber Lev (6) Num (4) ἐπίθεμα; 33 (36) 12 ἄρχοντες פאתים, aber Num 24 17 ἀρχηγοί; 32 (35) 12 καθ' εὕρεμα χειρός, aber Lev 14 30 u. ö. καθότι εὗρεν αὐτοῦ ἡ χείρ o. ä.

Die Selbständigkeit des griechischen Sirach zeigt sich schließlich deutlich in den vielen Lieblingswörtern.

Einige davon finden sich nur bei ihm:

ἀνομβρεῖν (3) und ἐξομβρεῖν (2), ἀρρώστημα (5), ἐνδελεχίζειν (8), ἐπαγωγή s. o. (8).

Andere stehen auch in der LXX, aber selten:

διαβολή (6), διήγησις (7), ἐκφαίνειν (10), ἐλαττονεῖν o. ä. (19), ἐλάττωσις (7), ἐμπιστεύειν (12), ἐπέχειν »vertrauen« (9), εὐλαβεῖσθαι (9), εὐοδία (5), κατασπεύδειν (8), κοσμεῖν (9), οἰκέτης (12), ὀλισθαίνειν (7), πτῶσις (12), στηρίζειν (11), χάριν Präposition (13), χρεία (20), χρήματα (15).

Ein schönes Beispiel der Selbständigkeit des griechischen Sirach gegenüber der LXX ist 3 6 ὁ δοξάζων πατέρα μακροημερεύσει. Die Grundstelle ist Deut 5 16 τίμα τὸν πατέρα σου . . ., ἵνα μακροχρόνιος γένῃ. Der Übersetzer kennt das Verbum τιμᾶν und verwendet es 3 8. 5. 8 mit dem gleichen Objekt πατέρα; dagegen kommt μακρο- χρόνιος beim griechischen Sirach nicht vor. Statt dessen nimmt er μακροημερεύειν, das gerade bei den Verheißungsformeln im Deutero- nomium gern (fünfmal) verwendet wird. Für dieses Verbum hat er eine Vorliebe, wie auch das Nomen μακροημέρευσις zeigt, das nur bei Sirach dreimal vorkommt. Der Wechsel μακροήμερος — μακροχρόνιος A ist auch handschriftlich Deut 4 40 bezeugt.

Wieder andere teilt Sirach auch mit einigen Schriften der LXX: διηγεῖσθαι (10), auch oft Ps; ἐλεημοσύνη (13), auch oft Prov, Tob; κοπιᾶν (10), auch oft Jes; λύπη (14), auch oft Prov, Jes; μάστιξ (8), προσέχειν (17), σαλεύειν (8), auch oft Ps; σκέπη (7), auch oft Ps, Jes.

Die Verwendung solcher Lieblingswörter kann gelegentlich für die Textverbesserung herbeigezogen werden. So ist für עבד immer οἰκέτης (13) verwendet; δοῦλος, παῖς, θεράπων (Job eigentümlich) kennt Sirach nicht. Wenn nun 30 34 (33 26) von fast allen Zeugen ἐν παιδί überliefert wird und auch in den Ausgaben steht, so muß doch mit V 46, 248, 421, 547*, 705 La Aeth(vid.) ἐν παιδείᾳ gelesen oder besser ἐν παιδί durch ἐν οἰκέτῃ ersetzt werden, das auch Sa vor- auszusetzen scheint (auch αὐτῷ in der zweiten Vershälfte und H ver- langen ein persönliches Nomen).

Der Wortschatz des griechischen Sirach ist eng verwandt mit dem des Symmachus. Beide (Sirach und Symmachus) gehören einer gemeinsamen Übersetzerschule an, die eine einheitliche Tradition weitergeben. Kennzeichnend ist 12 16, wo das schwierige Wort מהמרות, das nur noch Ps 139 (140) 11 vorkommt, von beiden mit »Grube« übersetzt wird: Sirach εἰς βόθρον (βοθυνον 249 . . .), Symmachus εἰς βοθύνους (LXX ἐν ταλαιπωρίαις). Bereits RYSSEL und SMEND haben hier auf Symmachus verwiesen. Weitere Stellen können genannt werden: 11 29 δολίου רוכל] διαβολου 106, 130, 248 . . . SMEND, Komm. S. 111 verweist auf die Hexapla zu Prov 11 13 20 19 Ez 22 9 ohne näher zu bemerken, daß δόλιος dem Symmachus als Wiedergabe von רכל eigen ist, während διάβολος dem Aq. zugehört (so richtig O. STÄH- LIN, Clemens Alex. und die Sept., Nürnberg 1901, 50). Keineswegs setzt δόλιος נועל voraus, wie PETERS, Komm. S. 102 bemerkt. — 20 14 πολλοί] septemplices La. H hat sicher wie Syr »sieben« gelesen. Auch Symmachus übersetzt »sieben« mit πολλοί, vgl. Jer 15 9 ἑπτά] σ' plurimos (= πολλούς). Zu Ps 118 (119) 164 ἑπτάκις haben nach Theo-

doret τινες mit πλειστάκις übersetzt; wahrscheinlich geht diese Wiedergabe ebenfalls auf Symmachus zurück, vgl. HERKENNE S. 174. —
43 14. 17 ist רשף mit πετεινά (Plur.) wiedergegeben; bereits die LXX
kennt diese Deutung »Vögel« (Deut 32 24 ὄρνεα, Job 5 7 γύψ), ebenso
Aq., der πτηνός verwendet; aber Symmachus allein hat das gleiche
Wort wie Sirach, nämlich πετεινά Hab 3 5 Job 5 7. — 30 14 übersetzt
Sirach עֶצֶם mit ἕξις; die gleiche Wiedergabe findet sich nur bei Symmachus Thr 4 7.

Diese Beispiele zeigen deutlich, daß Sirach und Symmachus bei
seltenen Vokabeln und Phrasen die gleichen Wiedergaben haben.
Häufiger sind die Fälle, wo beide Übersetzer das gleiche Wort benützen (bei verschiedener Vorlage).

Oben sind bereits die Hapaxlegomena des griechischen Sirach
genannt worden, die SMEND in seinem Index mit § gekennzeichnet
hat.

Folgende von ihnen werden nur noch von Symmachus bezeugt:

ἀρεταλογία, ἀσχολεῖν, διαλλαγή (3), δοκιμασία (= מסה σ' Deut 33 8; aber
Sir 6 21 משא), ἐκσυρίζειν, ἐξισάζειν, κύκλωσις, μωρία, παρέλκειν (2), περιεργάζεσθαι,
σκοπή מצפה, σκύβαλον, σπατάλη (2), φωτεινός, χαριτοῦσθαι.

Von den unter I genannten Wörtern kommen folgende nur noch bei Symmachus
vor: ἀδάμαστος, ἀκτίς, ἀντικαταλλάσσειν (2), ἀπαιδευσία, ἀποτρέπειν, ἀσχολία, βαθμός,
γομφιάζειν, διαδιδράσκειν, ἐπίπονος (2), ἐρεθισμός, εὔλαλος, ἥδεσθαι, ἱλαρύνειν, ὁμαλίζειν
(3), προπετής, προσγελᾶν שחק, πτύειν רקק, πύρινος (3) אש, ὑποκρίνεσθαι, ὑποπτεύειν;
dies sind 21 Vokabeln.

Von den unter II genannten Wörtern kommen folgende nur noch bei Symmachus vor: ἀκηδία, ἀργός (3), ἀφανής (3), ἄφοβος בטח (3; 2 = בטח), αὐτάρκης,
βδελυκτός, δολιότης תרמית, ἔκδικος, ἐνδόσθια, ἐπιδέχεσθαι (παιδείαν) קבל, ἐργάτης
פועל, εὐκαιρία, κακοῦργος מרע (6), καταγινώσκειν (2), κατασκεύασμα, μέθυσος,
μετάνοια, νομίζειν (2), παραβλέπειν, περισπᾶν, τὸ σύνολον, συστέλλεσθαι, τρυγητής,
ὑποχωρεῖν, χρίσμα, ψιθυρίζειν לחש (2); dies sind 26 Vokabeln.

Von den unter III genannten Wörtern kommen folgende nur noch bei Symmachus vor: ἄνεσις, ἀργεῖν, ἄτιμος נקלה (2), βάρος, διαθρύπτειν, διῶρυξ, ἔθειν
(εἰώθει), ἡγεμονία ממשלה, ἱμάς, κτίστης, μωραίνειν, ὁμόνοια, πανουργία, παραδοξάζειν,
παράδοξος (3; 2 = נפלא), παράκεισθαι, περιβολή, περιστέλλειν, σκυθρωπός, φαῦλος,
φιλία אהבה (2); dies sind 21 Vokabeln.

Auch von den Vokabeln, die außer Sirach noch in vier bis acht
Schriften der LXX, also verhältnismäßig selten, auftreten (oben
nicht aufgeführt), kommen ziemlich viele auch bei Symmachus vor:

δῆλοι (»Urim«), διαλέγεσθαι (4), ἐγκαθίζειν ישב, ἐκφυσᾶν, ἐλεήμων רחום,
ἐμμένειν, ἐξετάζειν חקר (3), ἡλικία (2), θέρος קיץ, θώραξ שריה, καταγελᾶν (4), κατα-
γράφειν, κατακρατεῖν, καταμανθάνειν (4), μωρός נבל (2), παραμένειν, παριδεῖν,
πλουτίζειν כשר ποσάκις, πταίειν כשל (2), συγγενής, συμφέρειν טוב (3), συναπολ-
λύναι ספה, τέχνη, ὑγιής, ὑποδεικνύναι (13), φροντίζειν (2).

Verschiedene Wörter verwendet der griechische Sirach, die in
der LXX zwar auch vorkommen und ebenso bei Aq. und Theod., aber

sehr spärlich, jedoch bei Symmachus sehr oft, so daß sie dessen Lieblingswörter genannt werden können:

ἀποδοκιμάζειν (13), βαστάζειν (14), διαλύειν (16), διαμένειν (11), διασώζειν (12), ἑδράζειν (27), ἐκδίκησις (10), ἐλεημοσύνη (8), ἐννοεῖσθαι (13), ἐπαινεῖν (8), θορυβεῖν (13), κακοῦν (14), κάκωσις (23), ἱκανός (11), μάχη (11), ὑπερβάλλειν (8), περιφράσσειν (11).

Im Gegensatz zu Symmachus begegnet uns Aquila mit seinem Wortschatz selten. Eigentlich ist es nur ein Wortstamm, der einige Male bei Sirach, selten in der LXX, aber dann als Lieblingswort des Aq. oft vorkommt, nämlich ἀκριβάζειν (Sir. 1, Aq. 7), ἀκρίβεια (Sir. 3, Aq. 5), ἀκριβής (Sir. 4, für Aq. nicht bezeugt). Gelegentlich haben auch Symmachus und Theodotion diesen Wortstamm, sind aber von Aq. abhängig. Zu 32(35) 14 δωροκόπει und zu 43 17 ὠδίνησεν (so richtig mit SMEND; RAHLFS falsch ὠνείδισεν) hat bereits HERKENNE auf Deut 10 17 α' δωροκοπία und Ps 28(29) 8 α' ὠδίνειν (LXX συσσείειν) verwiesen.

Von den Hapaxlegomena des Sirach (und der LXX) werden von Aq. ἀπληστεύεσθαι, στόμωμα, ῥοῦς[4] bezeugt. Von den bei Sirach und LXX seltenen (den oben unter I—III genannten) Vokabeln verwendet Aq. folgende: ἀβροχία, ἀναξηραίνειν, ἀποσοβεῖν, βαπτίζειν, βραδύνειν, βρέφος, ἐθίζειν, ἔκχυσις, ἐλευθερία, ἐξολλύναι, εὔζωνος, εὐχαριστία, καταπτήσσειν, λουτρόν, μετεωρυσμός, περκάζειν, συναναστρέφεσθαι, τιθηνεῖν, φαντάζεσθαι, ὕαινα, ὑπόδειγμα, χαλβάνη, χαρίζεσθαι.

Schließlich ist noch Theodotion zu nennen, der selten mit Sirach zusammentrifft. Nur folgende Hapaxlegomena des Sirach (und der LXX) bezeugt auch Theodotion: ἀνομβρεῖν (auch Quinta), εὐδοκιμεῖν, ἐννόημα, ζωγραφία, στέργειν. Von den bei Sirach und LXX seltenen Wörtern kommen bei Theodotion vor: ἄκμων, ἄχι, γαλαθηνός, γυροῦν, δανειστής, ἐμπαιγμός, ἐπιστροφή, ἐπίχαρμα, καταράσσειν, ποσαχῶς, πυρά, στροφή, συστέλλειν[4], ὑπονοεῖν. Das Lieblingswort des Sirach ἐπαγωγή übernimmt Theodotion Prov 27 10 (אי‎ר).

Besonders auffallend ist die nahe Verwandtschaft mit Symmachus. Ähnlich hat J. FICHTNER in seinem Aufsatz »Der AT-Text der Sapientia Salomonis«, in ZAW 57 (1939) 155—192, festgestellt, daß der Wortschatz der Sap. nahe mit dem des Symmachus verwandt sei, und daß besonders in alttestamentlichen Zitaten Übereinstimmung mit Symmachus gegen LXX festgestellt werden könne. F. glaubt daraus schließen zu dürfen, daß der Verf. von Sap. Bibeltexte benutzte, die von einem Vorläufer des Symmachus übersetzt wurden (S. 168 u. ö., bes. S. 191f.).

---

[4] Zu ῥοῦς und συστέλλειν vgl. J. ZIEGLER, Textkrit. Notizen zu den jüngeren griechischen Übersetzungen des B. Jes, in Nachr. v. d. Ges. d. Wiss. zu Göttingen, 1939, S. 88 und 97.

Gewiß ist diese Übereinstimmung mit Symmachus auffallend; aber damit ist noch nicht erwiesen, daß Sap. »Vor-Symm.« -Texte benutzte. Daß es solche gab, ist durch den Fund der griechischen Dodekapropheton-Fragmente in Qumran eindeutig bestätigt. Aber man könnte das gleiche (Verwandtschaft mit Symmachus) auch für Prov und I-IV Macc (auch NT usw.) erweisen: es ist eben so, daß die mit Symmachus übereinstimmenden Vokabeln damals (im 2. und 1. Jh. v. Chr.) »gängig« waren. Deshalb wurden sie von den Übersetzern und Verfassern gewählt. Deutlich ist dies aus dem Prolog des Sirach zu ersehen; in diesem kleinen Stück finden sich drei Vokabeln, die nur noch von Symmachus bezeugt sind, nämlich βίωσις, φιλοπονία, συγγράφειν (gehört nach Syh nur σ' an). Klärend in dieser Hinsicht ist auch die bereits oben besprochene Stelle 3 6 mit dem Anklang an das vierte Gebot: ὁ δοξάζων πατέρα. Sirach kennt beide Formeln τίμα τὸν πατέρα σου 3 8 (vgl. auch 3 8. 5 ὁ τιμῶν πατ. und 38 1 τίμα ἰατρόν) und 7 27 δόξασον τὸν πατέρα σου (vgl. 3 2 ἐδόξασε πατ. und 7 31 δόξασον ἱερέα 32 (35) 10 δόξασον τὸν κύριον). Nun ist zu Deut 5 16 die Aq.-Wiedergabe δόξασον bezeugt. Es ist jedoch keineswegs so, daß Sirach dieses Verbum in einer Übersetzung, die von einem Vorläufer des Aq. stammte, vorfand, sondern er hat δοξάζειν gewählt, weil dieses Verbum geläufiger war (es ist ein Lieblingswort, das 31 mal bei Sirach und auch oft bei den »Drei« vorkommt) als das veraltete τιμᾶν der LXX, das Sirach eben in Abhängigkeit von ihr nur fünfmal verwendet.

(Abgeschlossen am 23. Juli 1957)

Hat Lukian den griechischen Sirach rezensiert?

I

Bei der Sichtung des Variantenmaterials des griechischen Sirach lässt sich deutlich erkennen, dass die drei Minuskeln 248-493-637 eine Gruppe bilden, die eine besondere Rezension bezeugt. Daneben lässt sich eine weitere Gruppe von vier Minuskeln aufstellen, nämlich von 106-130-545-705, die Lesarten bringen, die denen von 248-493-637 gleich oder ähnlich sind. Man kann die erste Gruppe 248-493-637 als Hauptgruppe L und die zweite Gruppe 106-130-545-705 als Untergruppe l bezeichnen. Wenn beide zusammengehen, dann lässt sich kurz ihre Lesart unter der Sigel $L' = L + l$ notieren.

Von den Unzialen ist nur S zu nennen, aber nicht die erste Hand, sondern eine zweite Hand, und zwar der von Tischendorf mit [ca] bezeichnete Korrektor, also S[ca].

Von den Übersetzungen schliesst sich oftmals die Vetus Latina (La) an, deren textkritischer Wert nicht hoch genug geschätzt werden kann.

Bei den Väter-Zitaten kann man beobachten, dass die Lesarten von folgenden Kirchenschriftstellern häufig mit L übereinstimmen: Johannes Chrysostomus (Chr.), Maximus Confessor (Max.), Antiochus Monachus (Antioch.), Anastasius Sinaita (Anast.), Antonius Melissa (Anton.). Schliesslich ist noch Malachias Monachus (Mal.) zu nennen, der seinem Kommentar zwar nicht die Textform von L zugrunde legt, aber oftmals Lesarten zitiert, die mit L und namentlich mit der führenden Minuskel 248 übereinstimmen.

Unter den genannten Minuskeln steht 248 (in der Vatikanischen Bibliothek) nicht nur zufällig (numerisch), sondern auch ehrenhalber an erster Stelle. Ihr hoher Wert wurde von den Textkritikern bald erkannt, nachdem ihre Varianten von HOLMES-PARSONS in ihrer grossen *Septuaginta-Ausgabe* und von FRITZSCHE in seinen *Libri apocryphi Veteris Testamenti graece* (Lipsiae 1871) notiert worden waren. An erster Stelle sind wohl S. SCHECHTER und C. TAYLOR zu nennen, die in *The Wisdom of Ben Sira* (Cambridge 1899) bereits im Vorwort S. IX f. auf die wichtigen Stellen 3,25; 43,23; 43,26 mit ihren bedeutsamen Varianten in 248 hingewiesen haben und ständig in den Anmerkungen die Lesarten von 248 verzeichnen. Unter den Kommentatoren des Sirach ist vor allem R. SMEND zu nennen, der in seinem Buch *Die Weisheit des Jesus Sirach* (Berlin 1906) in ausgezeichneter Weise die Textkritik handhabt und der Minuskel 248 den ihr gebührenden Platz einräumt. Schliesslich hat uns vor 50 Jahren J. H. A. HART eine Ausgabe von 248 geschenkt: *Ecclesiasticus. The Greek Text of Codex 248* ed. with a textual Commentary and Prolegomena (Cambridge 1909).

Die zweite Minuskel 493 (aus Augsburg stammend, jetzt in der Staatsbibliothek in München) ist bereits 1603 von D. HOESCHEL (laut eigenhändiger Notiz auf Blatt 218 b) verglichen und in seinem Buch *Sapientia Sirachi sive Ecclesiasticus* (Augustae Vind. 1604) unter der Sigel « C. A. » zitiert worden. Nach Hoeschel wurden die Varianten von Fritzsche notiert (unter der Sigel « H ») und von Smend (unter der Sigel 70) neu kollationiert, da die Angaben von Hoeschel vielfach ungenau und missverständlich sind.

Die dritte Minuskel 637 (in der Biblioteca Casanatense in Rom) war bis jetzt unbekannt und ist zum ersten Mal vom Göttinger Septuaginta-Unternehmen kollationiert worden.

Unter den Minuskeln der Untergruppe *l* sind die beiden ersten (106-130) alte Bekannte, da sie uns bereits bei den prophetischen Schriften begegnet sind. Bei Holmes-Parsons ist für Sirach jedoch nur 106, nicht aber 130 kollationiert. Die beiden letzten Minuskeln 545-705 sind zum ersten Mal durch die Kollationen des Göttinger Septuaginta-Unternehmens uns zugänglich gemacht worden.

Die Varianten von S[ca] sind auch in die Handausgaben von Swete und Rahlfs aufgenommen und somit leicht zu erreichen.

Über die Vetus Latina des Sir. sind verschiedene Arbeiten veröffentlicht worden. Die beste ist der Beitrag von D. DE BRUYNE, *Étude sur le texte latin de l'Ecclésiastique* in RBén 40 (1928) 5-48; hier spricht de Bruyne auch über die Beziehungen der Vetus Latina (La) zu 248.

Die Bedeutung der Väter-Zitate ist ebenfalls schon lange von verschiedenen Textkritikern (Smend, de Bruyne u. a.) erkannt, aber nicht im vollen Umfang gewürdigt worden. Leider liegen die oben genannten Kirchenväter in nur alten, völlig ungenügenden Ausgaben vor, die Migne abgedruckt hat. Sehr viele Zitate sind überhaupt nicht oder falsch identifiziert; deshalb ist es leicht möglich, dass mir manche entgangen sind.

So wurde die Bedeutung einzelner Zeugen bis jetzt wohl erkannt, aber diese Zeugen wurden nur in ihrer Vereinzelung gesehen und deshalb nicht richtig eingeordnet. Es ist jedoch ganz sicher, dass sie alle Zeugen einer ganz bestimmten Rezension sind, die mit der Sigel L bezeichnet werden kann. Diese Sigel L ist uns aus der Ausgabe der prophetischen Bücher wohl bekannt und bezeichnet die Rezension des Lukian. Ist es erlaubt, anzunehmen, dass L auch in Sirach für Lukian steht? Bis jetzt hat kein Textkritiker dies behauptet und auch bewiesen, nur Smend [1] gibt einmal in dieser Hinsicht einen kleinen Hinweis und hat damit seinen vorzüglichen Spürsinn gezeigt.

Leider haben wir kein äusseres Zeugnis für die Berechtigung, die Sigel L in *Lukian* aufzulösen. Auch die Handschriften, die in den prophetischen Büchern die lukianische Rezension überliefern, können nicht befragt werden, weil sie nur prophetische Texte enthalten. Nur ein Bindeglied verknüpft die Libri prophetarum mit den Libri sapientiales, und dies ist der Korrektor von S; der gleiche Korrektor, der mit S^{ca} bezeichnet wird, hat seine Arbeit nicht nur an den prophetischen (und übrigen) Schriften, sondern auch am Text des Sirach getan. Es ist erwiesen, dass er aus Lukian geschöpft hat. Nebenbei ist zu bemerken, dass zuweilen bereits der erste Schreiber von S auffallende Berührungen mit L zeigt (siehe unter V die Beispiele der Wortlautänderungen 10,15; 10,25; 37,20).

II

Für die prophetischen Bücher sind *Chrysostomus* und *Theodoret* besonders wichtige Zeugen der lukianischen Rezension; durch die Übereinstimmung der L-Lesarten mit Chr. und Tht.

[1] « Vielleicht liegt deshalb in Cod. 248 auch für den Sirach eine Lucian-Rezension vor, von der bezüglich der Zusätze auch 70 106 55 254 S^{ca} abhängen » (*Die Weisheit des Jesus Sirach*, Berlin 1906, Prolegomena S. xcvii).

ist die Heimat des *L*-Textes eindeutig festgelegt und damit auch der Urheber dieser Rezension bestimmt, wie bereits Hieronymus sagt: « Constantinopolis usque Antiochiam Luciani martyris exemplaria probat » (Praef. in librum Paralipomenon), siehe Einleitung zur *Ieremias*-Ausgabe S. 80. Bei den prophetischen Schriften sind wir in der glücklichen Lage, auf weite Strecken hin die *L*-Lesarten mit dem Bibeltext des Chr. und Tht. zu vergleichen, weil die genannten Kirchenväter Kommentare zu den prophetischen Schriften geschrieben haben, die uns allerdings nicht immer vollständig erhalten sind.

Leider wurde Sir. von Chr. und Tht. nicht kommentiert, aber es sind uns zahlreiche Zitate, namentlich in dem weitläufigen Schrifttum des Chr. erhalten (Tht. zitiert selten Sir. und kann somit ausscheiden), die ein ausgezeichnetes Vergleichsmaterial liefern.

Jedoch zeigt ein Vergleich, dass in den Sir.-Zitaten des Chr. oftmals Sonderlesarten stehen, die also in *L* nicht bezeugt sind. Einige Beispiele sollen aufgeführt werden ([1]):

1,22 $οὐ\ δυνήσεται\ ...\ δικαιωθῆναι$] $ουκ\ αθωωθησεται$ Chr. II 508 XII 25.53.869

4,3 $καρδίαν$] $ψυχην$ Chr. I 990 II 87

11,14 $πτωχεία\ ...\ πλοῦτος$] $πλουτος\ ...\ πενια$ Chr. X 293

13,22 $ἀπόρρητα$] $πλουσιος$ Chr. V 224: ex 23 a

15,9 $αἶνος$] $υμνος$ Chr. XI 363 PsChr. V 538

16,19 b $ἐν\ τῷ\ ἐπιβλέψαι\ εἰς\ αὐτὰ\ τρόμῳ\ συσσείονται$] $εν\ τω\ επιβλ.$ $σε\ ταραχθησονται\ επι\ σου\ ορη$ Chr. V 97 (non citat v. 19 a)

18,26 a $ἕως\ ἑσπέρας\ μεταβάλλει\ καιρός$] $εως\ οψε\ μεταβολαι\ πολλαι$ Chr. V 332

18,26 b $ἔναντι\ κυρίου$] $ενωπιον\ αυτου$ Chr. V 332

19,11 $ἀπὸ\ προσώπου\ λόγου\ ὠδινήσει\ μωρός$] $ηκουσε\ λογον\ ο\ μωρος$ $και\ ωδινησεν$ Chr. XII 152

([1]) Es werden die gleichen, leicht verständlichen Sigel und Abkürzungen wie in der Göttinger LXX-Ausgabe verwendet. Bei starker Verzweigung der Varianten werden nur die Hauptzeugen genannt. Wenn mehr als zwei Minuskeln die Variante überliefern, dann werden die Handschriften nicht einzeln aufgeführt, sondern unter « alii » einbezogen; in Klammern wird die Zahl der Handschriften angegeben. Einige Minuskeln gehören zu verschiedenen Gruppen, die mit folgenden Sigeln bezeichnet sind:

a = 149–260–606
b = 249–254–603–754
c = 296–311–548–706.

22,22 μὴ εὐλαβηθῇς] μη απογνως Chr. XI 74

23,17 ἕως ἂν τελευτήσῃ] εως αν καταποθη Chr. XI 471

25,10 ἀλλ᾽ οὐκ ἔστιν ὑπὲρ τὸν φοβούμενον] ουδεν ισον του φοβουμενου
      Chr. XI 204

28,4 ὅμοιον] ομοτιμον Chr. I 401

31(34),24 θύων] ο αποκτενων Chr. VII 526.

Gewöhnlich sind es Synonyma, die Chr. als Sonderlesart bezeugt.
Es mag sein, dass er lukianische Lesarten zitiert, da Lukian gern
Synonyma wählt; in den genannten Fällen hätten die *L*-Handschriften
versagt. Bei einigen Stellen könnte man an freie Zitation denken,
so 16,19 b; 19,11; 25,10; aber einmal muss man sehr vorsichtig sein,
wenn man ein Väter-Zitat « frei » nennt und es so irgendwie disquali-
fiziert (siehe *Beiträge zur Ier.-Septuaginta* S. 170-193), und dann
kann es nur zufällig sein, dass Chr. Sonderlesarten hat. Dies zeigen
solche Fälle, wo eine Minuskel (oder einige Minuskeln) und andere
Väter die von Chr. vertretene Lesart ebenfalls bezeugen und so
dessen Sonderstellung verdrängen. Einige Beispiele sollen genannt
werden:

7,36 οὐχ ἁμαρτήσεις] ου μη αμαρτης 753 Chr. I 985 II 684 V 436.
     452 XI 477

13,22 ἔσφαλε] ελαλησε 307 Chr. V 224 = Syr.: cf. 23 c

22,11 ὑπὲρ θάνατον] υπερ τον θαν. 339 Chr. I 1022

23,17 οὐ μὴ κοπάσῃ] ου μη παυσηται 46 Chr. XI 471

25,24 ἀπὸ γυναικός] απο γαρ γυν. 339 Chr. I 567 IV 663

27,2 ἀγορασμοῦ] αγορας 575 Chr. XIII 436

30(33),37 πολλήν] απασαν 575; πασαν Chr. I 429 III 194 IV 113
          VIII 249

2,10 εἰς ἀρχαίας γενεάς] εις τας αρχ. γεν. Chr. V 452 Max. Anast.
     Anton.

15,9 ἐν στόματι] εν τω στομ. Chr. IX 255 Ath. I 544[t]

15,16 τὴν χεῖρά/σου Chr. X 117] tr. Chr. II 756 Antioch.

16,21 τὰ δὲ πλείονα] τα γαρ πλ. Chr. II 131 V 415 Anton. Or.[lat]
      VIII 363 (*enim*)

18,16 λόγος] + αγαθος Arm Chr. X 271 XII 575 Max.

19,10 ἀκήκοας] ηκουσας Chr. II 55 V 433 XII 152.847 Anton.

20,5 σιωπῶν] τις σιγων Chr. V 433 Anton. (bis)

23,2 ἐπιστήσει] δωσει Chr. V 436.438 Or. (bis) Or.[lat] Ambr.

25,9 μακάριος ὃς εὗρε φρόνησιν, καὶ ὁ διηγούμενος] μακαριος ο λεγων
      Chr. III 364 IV 40.377 V 499 VI 120 PsChr. IX 710 (λαλων)
      Clem. (bis) Or. (bis)
39,21 οὐκ ἔστιν εἰπεῖν] μη ειπης Chr. III 486 V 488 Or. Tht.

Das Zusammengehen mit Tht. Max. Anton. Antioch. Anast., die
Zeugen des L-Textes sind (siehe unter I), zeigt deutlich, dass hier
lukianische Varianten von Chr. bezeugt werden, mögen auch die
handschriftlichen L-Zeugen schweigen. An den beiden zuletzt genannten Stellen ist eine Form des Zitates bezeugt, die durch das häufige
Vorkommen verfestigt ist und vielleicht auf ein altes Florilegium
zurückgeht (siehe *Beiträge zur Ier.-Septuaginta* S. 182).

Das Zeugnis des Chr. scheint auch dadurch gemindert zu sein,
dass Stellen überliefert sind, wo Sonderlesart · gegen Sonderlesart
steht. Als Beispiele sollen aufgeführt werden:

4,3   παρωργισμένην] κεκακωμενην Chr. I 990; τεταπεινωμενην Chr.
       II 87
15,16 παρέθηκέ σοι] παρεθηκα σοι Chr. II 756; ιδου γαρ Chr. X 117
18,17 οὐκ ἰδού] και ιδου Chr. X 271 XII 575; ιδου γαρ Chr. I 656
25,1   καὶ γυνὴ καὶ ἀνὴρ ἑαυτοῖς συμπεριφερόμενοι] και ανηρ και γυνη
       αλληλοις συμπεριφ. Chr. V 385; και γυνη ανδρι συμπεριφερομενη
       Chr. XI 135
28,18 a ἐν στόματι μαχαίρας] δια μαχαιρας Chr. II 228; απο μαχαιρας
       Chr. V 432: cf. Syr.
28,18 b διὰ γλῶσσαν] δια γλωττης Chr. II 228; απο γλωττης Chr.
       V 432
30,7   υἱόν] τον υιον τον εαυτου Chr. III 330; τον υιον αυτου Chr.
       VII 543.

Manche der genannten Lesarten mögen lukianisch sein, so 4,3;
25,1; 28,18 a (Vermeidung des Hebraismus); 28,18 b (Wechsel der
Präposition und des Kasus häufig bei L, siehe unter VIII); 30,7
(Artikel und Possessiv-Pronomen häufig bei L, siehe unter VIII).
Die doppelte Form der Varianten mag auf die Spaltung der Lukian-
Rezension zurückgehen, die bald eintrat; deutlich ist ja in der hand-
schriftlichen Überlieferung die Hauptgruppe L und die Untergruppe l
geschieden.

Diese Verzweigung der lukianischen Varianten zeigt sich auch
bei anderen Zitaten, wo Chr. bald mit 248, bald mit 493-637, also

gegen 493-637 oder gegen 248 geht. Folgende Beispiele sollen dies deutlich machen:

27,14 πολυόρκου 248 Chr. X 186] -κων 493-637 613* Syh 35(32),10
αἰσχυντηροῦ 248 Chr. VII 485 XI 120] -ριον 493-637 249-358

41,2 ἐσχατογήρῳ 248 Chr. XIII 581] εσχατω γηρα 493-637 alii (6)

25,1 τῶν πλησίον 493-637 (uterque πλησιων) Chr. V 385] του πλησιον 248 Max.

25,11 φόβος 493-637 Chr. X 248 XI 204] αγαπησις 248

26,28 ἐπὶ ἁμαρτίαν 493-637 Chr. I 306 Anast.] εις αμ. 248 alii (4)
Anton.

28,25 ζυγὸν καὶ σταθμόν 493-637 Chr. V 433] ζυγοσταθμον 248

31(34),28 ὠφέλησαν 493-637 Chr. I 306.1046 II 315 Anast.] ωφε-
λουσι 248

31(34),30 ὠφέλησεν 493-637 Chr. I 306 Anast. Antioch. Anton.]
οφελος 248

35(32),3 ἐν ἀκριβεῖ (+ δε Chr.) ἐπιστήμῃ 493-637 Chr. XII 523] εν
ακριβεια δε επιστημης 248 46 Clem.

41,1 τὸ μνημόσυνόν ἐστιν 493-637 Chr. XIII 581] om. ἐστιν 248
alii (3) = H.

In den genannten Belegstellen ist die vor dem Lemmahaken stehende Lesart die von allen Zeugen (also von B-S A C V ...) vertretene, während die hinter dem Lemmahaken verzeichnete die Sonderlesart der genannten Zeugen darstellt, die wohl auch als lukianische Variante anzusprechen ist.

Eine klare Stellungnahme lassen auch etliche Zitate vermissen, die öfter vorkommen, aber nicht immer die lukianische Lesart bezeugen. Als Beispiele sollen dienen:

18 17 ἀγαθόν 248 Chr. XII 575] αγαθος 493-637[s] Chr. X 271

18 25 ἐν καιρῷ 248 Chr. III 417 V 137 Max.] εν ημερα 493-637
Sa Chr. II 127

19,10 συναποθανέτω 248 Chr. XII 847 Antioch.] εναποθ. 493-637
O alii (4) Chr. II 55 V 433 XII 152.

20,29 ἀποτρέπει 248 Chr. XII 138] αποστρεψει 493-637 336 Aeth;
αποστρεφει b alii (4) Chr. VIII 359 Anton.

Es sind lauter nahe Varianten (auch 18,25, weil häufige Wendung), die vielfach einem Abschreiber zu verdanken sind.

Die bisher aufgeführten Chr.-Stellen können nicht als eindeutige Zeugen der lukianischen Rezension gewertet werden, mögen auch viele Varianten ihr wirklich angehören. Aber infolge der Fülle der Chr.-Zitate aus Sir. sind wir in der Lage, eine Reihe von Stellen zu nennen, an denen Chr. mit *L* geht. Manche von ihnen sind deshalb besonders wertvoll, weil sie öfter zitiert werden und gewichtige *L*-Varianten bezeugen. Folgende seien genannt:

2,4 a fin.] + ασμενως Chr. XI 130 = *O* (= 253-Syh) *L'*-694-672-743 La (vid.) Arm Antioch.

10,9 a init.] pr. φιλαργυρον μεν (+ γαρ ᵃ) ουδεν ανομωτερον (ατιμο-τερον ᵃ) · ο γαρ τοιουτος και εαυτον αποδιδοται Chr. VII 728 (ο γαρ τοι. και ε. αποδ. lib.?); pr. οτι φιλαργυρον ουδεν ανο-μωτερον· ουτος γαρ και την ψυχην αυτου εκπρακτον ποιει Chr. IX 219 = *O* (sim.) *L'* alii (4) La Antioch.

25,1 γυνη ... ἀνήρ] tr. Chr. V 385 = V *O L* 336 443 La Sa Aeth (= Syr.)

28,18 ἔπεσαν] -σον Chr. II 228 V 432 = *L' a b c* alii (4)

29,21 ζωῆς] + ανθρωπον Chr. IV 265 = A *L' b c* alii (3) Laᵖ Syh Arm Anton. Mal. (» ἐν ἑτέροις «).

Besonders kennzeichnend sind der kurze Zusatz hinter 2,4 a und die lange Beifügung vor 10,9 a; an beiden Stellen hat auch *O* (= 253-Syh) das Plus. Echt lukianisch ist auch die Verbalform ἔπεσον (statt ἔπεσαν; siehe unter VIII).

An manchen Stellen ist ebenfalls von Chr. eine *L*-Lesart bezeugt und zwar öfter, aber gleichzeitig findet sich auch die vorlukianische Lesart (also die Textlesart). Dies zeigt, wie zäh sich die alte Lesart bei Chr. hielt. Einige Belege seien notiert:

4,8 τὸ οὖς σου Chr. IV 316 Antioch.] + αλυπως *O L*-694; pr. αλυπως La ᵖ Chr. I 655 III 85 Max.

20,29 ἐλεημούς Chr. XII 138ᵗ Anton.] ελεγχους V *O L a* 307 613* Chr. VIII 359 XII 138ᵃ

21,1 μηκέτι Chr. I 306] ετι *L'* alii (4) La Chr. IX 620 XII 156 XIII 812 Anast. Antioch.

An anderen Stellen stimmt Chr. zwar nicht mit *L*, aber mit Sᶜᵃ überein, der ein wichtiger Zeuge der lukianischen Rezension ist (siehe unter I). Es mag genügen, folgende Stellen zu nennen:

2,5 b fin.] + εν νοσοις (νοσω Chr.) και πενια (παιδεια Syh; παιδειαις 253) επ αυτω πεποιθως γινου Sᶜᵃ *O b* 404 Chr. I 936 (hab. post 2 a) II 184 (hab. post 4 b)

2,10 ἐνεπίστευσε] επιστ. S^{ca} 493-694-*l* alii (9) Chr. XI 197 PsChr.
IX 767 Antioch.

16,3 b fin.] + στεναξεις γαρ πενθει αωρω και εξαιφνης (εξαπινα Chr.)
αυτων συντελειαν γνωση (-σεται S^{ca}) S^{ca} 339 679 Chr. I 354
Antioch. (om. και εξαιφνης — γνωση)

16,3 c εἶς ἢ χίλιοι] εις (δικαιος) ποιων (το) θελημα κυριου η μυριοι
(χιλιοι 315-672 Arm) παρανομοι S^{ca} 315-672 Arm Chr. II 259
III 65-67. 518 IV 186. 193. 363 IX 74. 189. 203 XI 350 XII
169. 614 XII 188 Max. (om. ποιων θελ. κυριου) Antioch. (ποιων
το θελ. του θεου pro δικ. π. θελ. κυριου)

22,27 ἐπὶ στόμα μου] επι τω στοματι μου S^{ca} *l* 429 443 Chr. II 228;
επι στοματος μου L-743 alii (9); επι του στοματος μου Max.

Verschiedene Stellen lassen sich nennen, an denen Chr. mit La
O (oder wenigstens mit einem Zeugen der *O*-Rezension, nämlich Syh),
die auch sonst in enger Verbindung mit *L* stehen, geht. Beispiele:

2,10(11) ἐνεπίστευσε] ηλπισεν Chr. I 608^t V 129. 144. 331. 452 VI
161 XI 199 Max. Antioch. Anton. La (*speravit*)

2,10 c (12 a) τῷ φόβῳ] ταις εντολαις Chr. I 608 VI 161 La (*man-
datis*) Sa

6,5 εὔλαλος] ευχαριστος Chr. IX 286 La ^{p} (*eucharis*) = H

7,5 μὴ δικαιοῦ] + σεαυτον Chr. VI 113 La (*non te iustifices*)

7,6 μὴ οὐκ ἰσχύσεις] ει μη ισχυεις Chr. XI 673 Anton. La (*nisi
valeas virtute*) Arm

18,26 Om. ἐστί Chr. V 332 La Aeth.

13,22 ταπεινός] πτωχος Chr. V 224 Syh Sa Aeth Arm
23,10 ἐξεταζόμενος ἐνδελεχῶς] tr. Chr. XII 773 Syh

5,12 (14) ἡ χείρ σου/ἔστω] tr. Chr. V 433 Anton. *O* 421 547 La Aeth
11,27 τρυφῆς] pr. πολλης Chr. XI 629; + πολλης *O* La (vide sub I)
16,1 a (15,22) τέκνων πλῆθος] tr. Chr. V 312 Anton. La Syh Sa
Aeth = H

31(34),24 init.] pr. ως Chr. VII 526 La Syh Sa Aeth Arm = Syr.

Dieses Zusammengehen von Chr. mit *O* La ist sehr bedeutsam;
die *L*-Zeugen gehen mit der Hauptlesart (vor dem Lemmahaken); sie
haben die lukianische Lesart nicht übernommen. Chr. tritt hier also
an Stelle von *L* (siehe unter VI zu 11,27).

III

In den prophetischen Schriften ([1]) ist zu beobachten, dass es das Hauptbestreben des Lukian war, den griechischen Text zu mehren; so finden wir eine Menge kleinerer und grösserer *Z u s ä t z e* , die Lukian grösstenteils dem hebr. Text (nicht direkt, sondern der hexaplarischen Rezension, näherhin den jüngeren griechischen Übersetzungen des Aquila, Symmachus und Theodotion) entnahm. Verschiedene kleinere Zusätze hat er aus exegetischen Gründen zum besseren Verständnis aus eigenem beigegeben. Das gleiche kann für Sir. gesagt werden; rund 200 kurze Zusätze sind dem ursprünglichen Text beigegeben. Manche haben eine Entsprechung im hebräischen Sirach, andere stimmen mit der syrischen Übersetzung (= Syr.) überein, wieder andere sind Sonderbesitz des Lukian; aber bei diesen ist es leicht möglich, dass sie in einer uns nicht mehr bekannten Rezension des hebr. Textes einmal standen. Wie Lukian in den prophetischen Schriften nicht direkt auf den hebr. Text zurückgegriffen hat, sondern aus den jüngeren griech. Übersetzungen des Aq. Symm. Theod. geschöpft hat, so hat er sicher auch bei Sir. nicht direkt den hebr. Text, sondern Übersetzungen eingesehen, die bald (wahrscheinlich bereits im ersten christlichen Jahrhundert) entstanden sind, deren Namen wir leider nicht kennen.

Einige Beispiele sollen hier genannt werden:

5,4   ἐγένετο] + λυπηρον *L'*-694-743 La Aeth (vid.): cf. H

([1]) Zum Vergleich wird nur die lukianische Rezension der prophetischen Bücher herangezogen, weil sie eindeutig und unwidersprochen erarbeitet ist. In der Einleitung zum jeweiligen Band der grossen Göttinger Ausgabe ist sie ausführlich behandelt, und im Apparat sind alle lukianischen Lesarten sorgfältig verzeichnet. Auf diese Bände sei hier allgemein verwiesen; gelegentlich werden sie zu einzelnen Fragen zitiert. Alle Bände der Prophetenausgabe liegen vor:

Isaias, Göttingen 1939

Ieremias, Baruch, Threni, Epistula Ieremiae, Gött. 1957

Ezechiel, Gött. 1952, *Duodecim prophetae*, Gött. 1943

Daniel, Susanna, Bel et Draco, Gött. 1954.

Weiterhin werden gelegentlich zitiert meine *Beiträge zur Ieremias-Septuaginta = Nachrichten der Akademie der Wissenschaften in Göttingen*, I. Philol.-hist. Klasse Nr. 2 (1958) und mein Aufsatz *Zum Wortschatz des griechischen Sirach* in der Eissfeldt-Festschrift *Von Ugarit nach Qumran*, Berlin 1958, 274-287.

32(35),22 μακροθυμήσῃ ἐπ᾽ αὐτοῖς] + ο κραταιος *L*: cf. H; pr. *fortissimus* La

34(31),11 init.] pr. δια τουτο *L* La = H

38,5 b fin.] + υπο (απο 248) ανθρωπον *L*: cf. H

50,10 ἐλαία] + ευπρεπης *L*: cf. H.

19,15 διαβολή] + ματαια 248 = Syr.

21,14 b fin.] + εν ζωη αυτου *L'*: cf. Syr.

26,12 στόμα ἀνοίξει] + ευρων πηγην 248; pr. *ad fontem* La: cf. Syr. (*ad aquas frigidas*)

26,14 γυνὴ σιγηρά] + και εννους *L*; pr. *sensata et* La: cf. Syr. (*mulier bona*)

29,19 ἁμαρτωλός] + παραβαινων εντολας κυριου *L* La = Syr.

3,8 τὸν πατέρα σου] + και την μητερα (σου) *L'*-694-743

12,12 ζητήσῃ τὴν καθέδραν σου] + λαβειν *L'*-694

20,9 ἀνδρί] + αμαρτωλω *L'*-743; + *indisciplinato* (= απαιδευτω?) La

23,20 b fin.] + καθορα τα παντα *L*-743 La

46,17 ἐν ἤχῳ μεγάλῳ] + βροντης *L*.

Bedeutsamer als diese kleinen Beigaben sind die grossen Zusätze, die ganze Verszeilen umfassen. Auch diese Erweiterungen hat Lukian aus einer hebräischen Quelle bezogen; manche von ihnen liegen in dem uns zugänglichen Urtext vor. Andere haben ihre Parallele in der syrischen Übersetzung, so die Verse 19-27 (nach der Zählung der Complutenser Polyglotte, die den Text von 248, dem Hauptzeugen der lukianischen Sirach-Rezension, übernommen hat) im 26. Kapitel, die nur von *L*-743 (und teilweise von Arm, ClemAlex. und Anton.) bezeugt werden. Diese grossen Zusätze haben ihre Parallele in den umfangreichen Beifügungen in Ier. und Ez., die Lukian auf dem Umweg über die Hexapla in seine Bibel aufgenommen hat.

IV

Zum lukianischen Plus tritt als zweites bedeutsames Merkmal der *L*-Rezension die *Wortwahl*. Wie aus den prophetischen Schriften zu ersehen ist, hat Lukian oftmals den Wortlaut geändert, wenn er nicht mit dem Urtext übereinstimmte, und häufig die Vokabel dem Wortschatz der jüngeren griechischen Übersetzer, namentlich des Symmachus, entnommen. Andere Wortlautänderungen, namentlich die Synonyma, sind dem Stilgefühl Lukians zu verdanken. Das gleiche können wir bei Sir. feststellen. Beispiele:

11,29 δολίου Clem.] διαβολου 248-*l* alii (3) Antioch.: cf. H
37,26 πίστιν (τιμήν Sm.)] δοξαν *L* La = H
39,33 ἐν ὥρᾳ αὐτῆς] εν καιρω αυτης *L* C 755 = H

19,16 ἥμαρτεν] ωλισθησεν 248 = Syr.
29,10 ἰωθήτω] κατακρυβε αυτο *L* La: cf. Syr.
30,18 ἐκκεχυμένα = H] κεκλεισμενα 248 = Syr.

16,4 ἀνόμων] ασεβων *L* La
22,21 ῥομφαίαν Chr. XI 74] μαχαιραν *L*
49,6 ἐνεπύρισαν] ενεπρησαν *L*.

Bedeutsam ist die zuerst genannte Stelle; in meinem Aufsatz *Zum Wortschatz des griechischen Sirach* S. 284 habe ich gezeigt, dass διάβολος dem Aquila eigen ist. Zum Wechsel 22,21 ῥομφαία –μάχαιρα kann auf Nah. 2,14; 3,15 verwiesen werden, wo ebenfalls μάχαιρα für Lukian bezeugt ist, siehe *Duod. proph.* S. 80.

V

Deutlich ist aus der Propheten-Septuaginta zu ersehen, dass Lukian oftmals seine Zusätze und Wortlautänderungen der hexaplarischen Überlieferung entnimmt. Deshalb begegnet uns im Apparat der Göttinger Ausgabe immer wieder die Zusammenstellung *O L*.

Das nämliche Bild haben wir im griechischen Sirach. Jedoch sind die *O L* gemeinsamen Zusätze nur in Kap. 1-13 häufig, weil ab Kap. 14 der hexaplarische Bearbeiter nur selten den Text ergänzt hat.

Als Belegstellen sollen zehn kurze Zusätze und zehn Wortlautänderungen aufgeführt werden, die *O L* gemeinsam sind:

1,28 a fin.] + ενδεης ων *O L*
2,4 a   fin.] + ασμενως *O L'*
3,22 a fin.] + ※ οσιως *O L*
5,1 b   fin.] + εις ζωην *O L'*
5,3 a   fin.] + δια τα εργα μου *O L'* La
5,11 b fin.] + ※ ορθην *O L* La
5,14 c fin.] + μοχθηρα *O L*
9,13 d fin.] + παραχρημα *O L*
10,25 b fin.] + παιδευομενος *O L* La
11,13 b fin.] + θεωρησαντες V *O L*.

10,15 ἐξέτιλε] εξειλεν S* O L'

10,25 σοφῷ] συνετω S* V O L' La

15,1 τοῦ νόμου] γνωσιν (-σεως L) νομου V O L

15,1 καταλήμψεται] ευρησει V O L

27,22 κακά] πονηρα V O L

33(36),4 ἐνώπιον 2°] εναντιον V O L

37,20 τροφῆς (τρυφῆς Smend)] σοφιας S* V O L'

43,5 κατέσπευσε] κατεπαυσε(ν) S^ca V O L

44,18 ἐτέθησαν] εσταθησαν O L

49,9 ἀγαθῶσαι] κατωρθωσε V (κατορθωσαι) O L'.

VI

Oftmals übernimmt L nicht genau den Text von O, sondern ändert ihn um, besonders dann, wenn es die Gesetze der Grammatik und Stilistik erfordern. Häufig bringt er die Zusätze an anderer Stelle als O, stellt also um. Beispiele aus den prophetischen Schriften sind in der Einleitung der jeweiligen Ausgabe aufgeführt, siehe *Is.* S. 83-86, *Ier.* S. 87 f., *Ez.* S. 51 f., *Dan.* S. 55, *Duod. proph.* S. 85 f. Für Sir. sollen folgende Stellen genannt werden:

1,18 v. 18] + ※ αμφοτερα δε εστιν δωρα κυριου O; pr. αμφοτερα δε εστι δωρα θεου εις ειρηνην L

1,19 συνέσεως ἐξώμβρησεν] σοφια εξομβρει O; + η σοφια L' (vide *sub* VII)

1,22 θυμὸς ἄδικος] ανηρ θυμωδης O; θυμωδης ανηρ L

5,3 fin.] + την υβριν σου O;
    + σου την υβριν L'

5,10 a fin.] + εν ασφαλει O;
    + ασφαλει (-λως 493-637) L'

5,11 ἐν ἀκροάσει σου] εν ακροασει αγαθη O 106-545;
    + αγαθη L–130-705

7,9b fin.] + τα δωρα μου O;
    + μου τα δωρα L'

7,16 b fin.] + ασεβεσιν V O;
    + επι ασεβεις (-βεσι l) L'

7,26 fin.] + και μισουμενη (μισουση σε S^ca V Syh)
    μη εμπιστευσης σεαυτον (*nihil* Syh) S V O (non 253);
    + μισουμενη δε μη εκδως σεαυτον L

11,4   ἐν ἡμέρᾳ δόξης] εν παση δοξη ουση απαρανομω O Clem. (sim.);
                              + παρανομου L
11,27 τρυφῆς] + πολλης O;
                    pr. πολλης Chr. XI 629 (Chr. vertritt hier L, siehe
                    unter II)
12,12 μή 2°] pr. ινα O;
                    + ποτε L
18,31 εὐδοκίαν ἐπιθυμίας] ευδοκιας επιθυμιαν O;
                          επιθυμιαν ευδοκιας αυτης L

1,10   κατὰ τὴν δόσιν αὐτοῦ] + ※ απ αυτης O (non 253);
                              pr. απ αυτης L
1,30   τὰ κρυπτά σου] pr. παντα O;
                              + παντα L
8,16   καταβαλεῖ σε] pr. εκει O (deest 253);
                              + εκει L
9,8   κάλλει] + γαρ O (deest 253);
                    pr. γαρ L Clem.
11,4   τὰ ἔργα κυρίου] pr. sunt O (deest 253);
                              + εστιν L.

                              VII

Besonders kennzeichnend für die lukianische Rezension sind die
D u b l e t t e n . Zwar finden sich Dubletten auch sonst, gelegentlich
von der gesamten Überlieferung, manchmal von den alten Unzialen,
den jüngeren Minuskeln, den verschiedenen Rezensionen und Textformen bezeugt, aber nur bei Lukian in einer grossen Menge. Dies
kommt daher, dass Lukian nicht die neue nach dem hebr. Text verbesserte Lesart an Stelle der alten setzt, sondern sie neben die vor-
gefundene stellt. Sämtliche Dubletten in Ieremias und Threni sind
in meinen *Beiträgen zur Ieremias-Septuaginta* S. 87-113 ausführlich
besprochen; einzelne Beispiele sind in der Einleitung der jeweiligen
Ausgabe verzeichnet, siehe *Is.* S. 84, *Ier.* S. 88, *Ez.* S. 52, *Dan.* S. 55,
Duod. proph. S. 85 f. Für Sir. sollen folgende Stellen genannt werden:

1,19   συνέσεως ἐξώμβρ.] σοφια εξομβρει O; + η σοφια L'
10,13 d καὶ κατέστρεψεν εἰς τέλος αὐτούς] pr. (ante v. 13 c) και κατα-
         στραφησεται εις τελος L'
10,14 ἀρχόντων] superborum Arm = H; + υπερηφανων V O L
10,15 ἐθνῶν = H] + υπερηφανων V O L = גאים

11,24 αὐτάρκη μοί ἐστιν] + και πολλα μοι L'

21,8 εἰς χειμῶνα (χῶμα Smend = Syr.)] εις χωμα ταφης αυτου L'

25,2 μοιχόν] μωρον V La Syh = Syr.; pr. μωρον και Sᶜᵃ

29,7 ἀπέστρεψεν] + τον ανθρωπον 248; + χειρα l; + χειρα τον ανθρωπον 493-637

30,23 ἀπώλεσεν S A 493-637-l] απεκτεινεν B V O = H; + και απεκτεινεν 248: cf. Syr.

34(31),21 μεσοπωρῶν] εμεσον πορρω a-534 (so liest Rahlfs im Text); εμεσον 493-637 (so, ohne πορρω, ist im Text zu lesen); μεσοπωρων εμεσον 248

38,1 πρὸς τὰς χρείας αὐτοῦ Sᶜᵃ 493-637-l Clem.] + τιμαις αυτου B-S* A C V O 248

39,1 ἀρχαίων] ανθρωπων c 547 755; + ανθρωπων 493-637-315; pr. ανθρωπων 672

39,22 ξηράν] terram LaΩ Sa Aeth; + γην 493-637

40,2 προσδοκίας] cordis Syh; + καρδιας 493*-637

41,19 παροικεῖς] pr. περιπατεις ἤ 493

43,23 νήσους V 248 Syh] ιησους B-S A C 253; κυριος l a c; ο κυριος νησους 493-637 b

44,2 ὁ κύριος: cf. Hᵗˣᵗ עליון (excelsus)] להם Hᵐᵍ (eis); + εν αυτοις L Syh

44,12 ἔστη (εστι L)] pr. εστηριχθη 493-637

44,16 κυρίῳ] τω θεω 493-637 = Gen. 5, 22.24; + θεω 248

47,25 ἐκδίκησις] pr. οργη και L.

VIII

Kennzeichnend für die lukianische Rezension sind die zahlreichen *grammatisch-stilistischen Änderungen* (siehe *Is.* S. 87 f; *Ier.* S. 88-92; *Ez.* S. 52-57; *Dan.* S. 56; *Duod. proph.* S. 86-89). Gewiss hat jede Rezension solche grammatisch-stilistische Änderungen aufzuweisen; aber entscheidend für Lukian ist die Häufigkeit dieser Varianten. Zu den einzelnen Gruppen sollen je fünf Beispiele aufgenommen werden.

Präposition.

11,19 ἐκ τῶν ἀγαθῶν μου] απο των αγ. μου L'-694

23,24 εἰς ἐκκλησίαν] εν εκκλησια L-315-672 768

46,12 a ἐκ τοῦ τόπου αὐτῶν] επι τον (> 493-637) τ. αντων L
46,12 c ἐφ᾽ υἱοῖς] εν υιοις L 542 547
47,23 ἐκ τοῦ σπέρματος αὐτοῦ] απο του σπ. αυτου L.

Kompositum–Simplex.

2,16 ἐμπλησθήσονται] πλησθ. V L'-694
11,13 ἀπεθαύμασαν] εθαυμ. Cᶜ V O L' a alii (10) La Mal.
21,11 κατακρατεῖ] κρατει L Max. Anton.
25,4 ἐπιγνῶναι] γνωναι L
27,23 ἐκθαυμάσει] θαυμασει L.

Singular-Plural.

10,24 κριτὴς καὶ δυνάστης] κριται και δυνασται L-743
40,6 ἐν ἡμέρᾳ] εν ημεραις L 311 768
40,13 ἐν ὑετῷ] εν νετοις (υψιστοις 493) L
46,6 ἐπ᾽ ἔθνος] επ εθνη L
48,12 ὑπὸ ἄρχοντος] υπο αρχοντων L.

Plural-Singular.

11,34 ἐν ταραχαῖς] εν ταραχη S V O L alii (5) La Sa
32(35),18 δάκρυα] -ρυον L Laᵖ Aeth = H
36(33),13 ἄνθρωποι] -πος L' 613 La Aeth = H
46,15 ἐν ῥήμασι] εν ρηματι V O L b c alii (3) Aeth Mal. = H
51,14 ἕως ἐσχάτων] εως εσχατου L b alii (6) Laˣ verss.

Verwandte Wortform.

20,2 ἐλαττώσεως] ελαττωματος L' 613
34(31),10 καύχησιν] καυχημα L 547
37,28 εὐδοκεῖ] ευδοκιμει L
42,4 σταθμίων] σταθμων L'-157 443
51,19 διαμεμάχισται] διαμεμαχηται L'-157 alii (6).

Kasus.

3,2 ἐφ᾽ υἱοῖς] εφ υιους L'-694
21,21 ἐπὶ βραχίονι δεξιῷ] επι βραχιονος δεξιου L
32(35),22 κρινεῖ δικαίοις] κρ. δικαιους L alii (3)

37,4 ἑταῖρος φίλου] ετ. φιλω L La: cf. 5 a
38,10 ἀπόστησον πλημμέλειαν] αποστ. πλημμελειας V L 46 336 421.

Tempus.

30(33),35 κάμψουσι] καμπτουσι(ν) C L 613ᶜ La verss.ᵖ
37,23 παιδεύσει Anton.] παιδενει L 253 443 La
41,6 ἐνδελεχιεῖ]-χιζει L
43,16 σαλευθήσονται] σαλενεται L 253 631
44,9 ὑπάρξαντες] υπαρχοντες L.

Einfügung von Präpositionen.

3,28 ἐπαγωγῇ] pr. εν L alii (5) Anton.
15,8 ὑπερηφανίας] pr. απο L'-672-694 La Syh Sa Aeth = H
16,7 τῇ ἰσχύι αὐτῶν] pr. εν L' Syh Sa (propter) Aeth = H
21,26 καρδία δέ] εν δε καρδια L 768 La; pr. εν 130-705
51,5 λόγου] pr. εκ L Laᵖ.

Einfügung von Partikeln.

19,10 οὗ] + γαρ L; pr. quoniam La
22,22 νούτοις] + γαρ L-613-672 Arm
41,4 τοῦτο] + γαρ L-315-672 Aeth; pr. quia Sa = Syr.

29,6 ἐάν] + δε L La
35(32),18 ἀλλότριοι] + δε L 307 679.

Einfügung des Artikels.

4,29 ἐν γλώσσῃ σου] εν τη γλ. σου V L' b alii (6) Max.
21,26 στόμα αὐτῶν] pr. το L' 768
50,1 ἐν ζωῇ αὐτοῦ] εν τη ζ. αυτου L 339 358
32(35),20 ἕως νεφελῶν] εως των νεφ. L b alii (5) Mal.
47,10 ἐν ἑορταῖς] εν ταις εορταις L.

Einfügung des Possessiv-Pronomens.

6,29 αἱ πέδαι] + αυτης L-694 Laᵖ Aeth = H
16,25 ἐπιστήμην] + αυτου L'-743 : cf. H (scientiam meam)
21,6 ἐν καρδίᾳ] + αυτου L 358 La Clem. = Syr.
44,19 ἐν τῇ δόξῃ] + αυτου L Sa = H
46,19 Χριστοῦ] + αυτου Sᶜᵃ L 613 768 Aeth = H.

Gerade die in den beiden letzten Abschnitten genannte Einfügung des Artikels und des Possessiv-Pronomens ist für Lukian
kennzeichnend. Wie eine genaue Untersuchung des Gebrauches des
Artikels in der Ier.-LXX zeigt, ist er vielfach erst später und besonders gern von Lukian eingefügt worden, siehe *Beiträge zur Ier.-Sept.*
S. 114-169, bes. S. 162-164. Das Possessiv-Pronomen liess der Sir.-
Übersetzer gern weg, später wurde es von *L* beigegeben, manchmal
von H abhängig.

Schliesslich sei als letztes Kennzeichen der lukianischen Rezension eine Massnahme erwähnt, die aber gerade für Lukian entscheidend eintritt, nämlich die *a t t i z i s t i s c h e n   K o r r e k-
t u r e n .*

Beispiele:

50,22.24 *τὸ ἔλεος*] *τον ελεον L*
28,18; 50,17 *ἔπεσαν*] *-σον L′* (28,18 auch Chr.)
44,17 c *ἐγενήθη*] *εγενετο* 493-637 253 *a c* alii (4)
46,4 *ἐγενήθη*] *εγενετο* 493-637 755
13,23 *εἶπαν*] *ειπον* 637-694-*l* 46 755
24,31 *εἶπα*] *ειπον L* 46 755.

Man darf nicht erwarten, dass alle lukianischen Zeugen die
attizistische Variante überliefern; auch in den prophetischen Schriften
ist dies nicht der Fall, siehe *Is.* S. 87, *Ier.* S. 92. Lukian wird überall
die genannten Attizismen in seiner Bibel gehabt haben, aber die
späteren Schreiber haben solche Varianten vielfach als « quantité
negligeable » behandelt und unterdrückt.

IX

Wie in den prophetischen Schriften werden auch in Sir von *L*
etliche *U m s t e l l u n g e n* vollzogen, die jedoch nicht zahlreich
sind.

Beispiele:

10,15 *ταπεινοὺς* / *ἀντ᾽ αὐτῶν* Anton.] tr. *L*
14,24 *πήξει πάσσαλον* / *ἐν τοῖς τοίχοις αὐτῆς*] tr. V *O L*-694 La = Syr.
30,3 *ἐπ᾽ αὐτῷ* / *ἀγαλλιάσεται*] tr. *L* La = Syr.
30,12 *ἔστι νήπιος*] tr. *L* La
39,5 *ὀρθρίσαι* / *πρὸς κύριον*] tr. *L*
41,4 *παρὰ κυρίου* / *πάσῃ σαρκί*] tr. *L* Sa = H.

Manche dieser Umstellungen mögen auf Lukian selbst zurückgehen, so 10,15; 39,5. Andere fand er bereits in seiner Vorlage vor,
so 30,4; 30,12; 41,4. Andere (10,24) übernahm er von der O-Rezension,
die er stark ausgebeutet hat, wie vor allem die vielen Zusätze zeigen,
die er von ihr entlehnte (siehe unter V).

X

Wie in den prophetischen Schriften lassen sich auch in Sir. verschiedene *A u s l a s s u n g e n* feststellen, die nur für L (und
einigen verwandten Zeugen) feststellbar sind.
Beispiele:

3,12 ἐν τῇ ζωῇ αὐτοῦ] om. τῇ L' 534-613
21,8 τοὺς λίθους αὐτοῦ] om. τούς L' 543 Mal. (» ἐν ἑτέρῳ «); om.
αὐτοῦ L' La^A Sa Arm Mal. (» ἐν ἑτέρῳ «) = Syr.
28,2 τῷ πλησίον σου] om. σου L a alii (5) La^Ω*
34(31),26 om. ἐν μάχῃ L La Aeth Clem.
47,4 om. οὐχί L a = H
50,5 om. ὡς L.

Die Auslassungen sind unwesentlich. Lukian war kein Freund
von Kürzungen; in den prophetischen Schriften hat er nicht einmal
die von Origenes durch Obelus gekennzeichneten Teile getilgt. Er
war im Gegenteil ein ausgesprochener Mehrer des Textes. Auffallend
ist die Auslassung 34(31),26 ἐν μάχῃ; wahrscheinlich stand sie nicht
in seiner Vorlage; schon Clem. kennt nicht ἐν μάχῃ. Ebenso ist auffallend, dass er 3,12; 21,8; 28,2 Artikel und Possessiv-Pronomen nicht
bezeugt, da doch gerade die Einfügung solcher Partikeln eine Eigenart
von Lukian ist, wie wir oben bereits gesehen haben (siehe unter VIII).
Auch hier mag er bereits in seiner Vorlage die Partikel nicht gekannt
und es versäumt haben, sie aufzunehmen. Jedenfalls zeigen auch die
von L bezeugten Auslassungen in Sir., dass sie nicht gegen Lukian
sprechen.

Ergebnis.

I. Die unter der Sigel L zusammengefassten Handschriften des
Sirach überliefern die Rezension des Lukian. Ein äusseres Zeugnis
fehlt. Auch die Handschriften, die in den prophetischen Schriften die

lukianische Rezension überliefern, versagen, weil sie eben nur prophetische Texte enthalten. Wichtig ist jedoch S^{ca}, ein anerkannter Zeuge
der lukianischen Rezension, der öfter mit L in Sirach zusammengeht.

II. Deutlich verweist die Übereinstimmung mancher Varianten
von L mit Chrysostomus (Chr). auf Lukian.

III. Die sehr zahlreichen Zusätze haben lukianischen Charakter.

IV. Die Wortlautänderungen zeigen lukianisches Gepräge.

V. Die Abhängigkeit von der Hexaplarischen Rezension ($O =$
253-Syh) ist für Lukian kennzeichnend.

VI. Die gelegentlich zu beobachtende Lockerung der Abhängigkeit von O weist deutlich auf Lukian hin.

VII. Besonders kennzeichnend für Lukian sind die Dubletten.

VIII. Äusserst beliebt sind bei Lukian die grammatisch-stilistischen Änderungen; besonders hervorzuheben sind die Attizismen.

IX. Umstellungen sind verhältnismässig selten; auch dies spricht
für Lukian.

X. Im Gegensatz zum Plus ist das Minus der Zahl und dem
Umfang nach gering. Dies ist kennzeichnend für Lukian, der allzu
gern den Text erweitert, aber ebenso ungern ihn kürzt.

Die Vorlage der Isaias-LXX und die erste Isaias-Rolle von Qumran (1 Q Is^a)

I

FÜR DEN biblischen Textkritiker ist die vollständige Isaias-Rolle (1QIs^a; in diesem Beitrag einfach mit "Qu" bezeichnet) der wertvollste Fund von Qumran; denn sie enthält eine Textform, die von dem masoretischen Text ("M") in zahlreichen Varianten abweicht (im Gegensatz zur unvollständigen zweiten Isaias-Rolle, die M ganz nahe steht). In vielen Abhandlungen ist der Textcharakter von Qu untersucht worden; es seien hier die folgenden genannt (die Zahl in eckigen Klammern bezeichnet die Nummer, unter der die Aufsätze in der von Chr. Burchard zusammengestellten *Bibliographie zu den Handschriften vom Toten Meer*, Berlin 1957, stehen).

A. ALLGEIER, "Der Isaiastext der Funde am Toten Meer," *Jahresber. d. Görres-Gesellschaft* 1950 (Köln, 1951), 50–52 [1401].

D. BARTHÉLEMY, "Le grand rouleau d'Isaïe trouvé près de la Mer Morte," *RB*, LVII (1950), 530–49 [86].

W. BAUMGARTNER, "Der palästinische Handschriftenfund," *ThRsch*, 17 (1948/49), 338–343 [109].

M. BURROWS, "Variant Readings in the Isaiah Manuscript," *BASOR*, 111 (1948), 16–24; 113 (1949), 24–32 [234].
"Orthography, Morphology, and Syntax of the St. Mark's Isaiah Manuscript," *JBL* 68 (1949), 195–211 [235].

O. EISSFELDT, "Varianten der Jesaja-Rolle," *ThLZ*, 74 (1949), 221–226 [397].

M. D. GOLDMAN, "The Isaiah Mss.," *Austr. Bibl. Review*, 1 (1951), 1–22 [461].

M. H. GOTTSTEIN, "Die Jesaia-Rolle im Lichte von Peschitta und Targum," *Bibl.*, 35 (1954), 51–71 [477].
"Die Jesaiah-Rolle und das Problem der hebräischen Bibelhandschriften," *Bibl.*, 35 (1954), 429–442 [478].

J. HEMPEL, "Vorläufige Mitteilungen über die am Nordwestende des Toten Meeres gefundenen hebräischen Handschriften," *Nachr. d. Akad. d. Wiss. in Göttingen. I. Philolog.-hist. Kl.*, 1949, 411–438 [523].
"Chronik," *ZAW* 62 (1949/50), 253 f. [524].
"Beobachtungen an der 'syrischen' Jesajarolle vom Toten Meer," *ZDMG*, 101 (1951), 138–173 [525].

P. KAHLE, "Die textkritische Bedeutung der Jesaja-Rolle," *ThLZ*, 74 (1949), 93 [577].

O. LÖFGREN, "Zur Charakteristik des 'vormasoretischen' Jesajatextes," in *Donum Natal. H. S. Nyberg oblatum*, Uppsala, 1954, 171–184 [675].

J. T. MILIK, "Note sui manoscritti di 'Ain Fešḫa," *Bibl.*, 31 (1950), 73–94, 204–225 [733].

F. NÖTSCHER, "Entbehrliche Hapaxlegomena in Jesaia," *VT*, 1 (1951), 299–302 [777].

H. M. ORLINSKY, "Studies in the St. Mark's Isaiah Scroll," *JBL*, 69 (1950), 149–166 (S. 152–155 zu חושב 32 6); *JJSt*, 2 (1950/51), 151–154 (zu חמת 42 25); *JNESt* , 11 (1952), 153–156 [795].

I. L. SEELIGMANN, "The Epoch-making Discovery of Hebrew Scrolls in the Judean Desert," *BO*, 6 (1949), 1–8 [961].

A. VACCARI, Besprechung der Ausgabe von Burrows, *Bibl.*, 34 (1953), 396–403 [231].

P. WERNBERG-MØLLER, "Studies in the Defective Spellings in the Isaiah-Scroll of St. Mark's Monastery," *JSST* 3 (1958), 244–264.

J. ZIEGLER, "Der Handschriftenfund in der Nähe des Toten Meeres," *MüThZ*, 1 (1950), 23–39 [1241].[1]

Gelegentlich sind meine Arbeiten zur Is.- und Ier.-LXX zitiert:

J. ZIEGLER, *Untersuchungen zur Septuaginta des Buches Isaias* (= Alttest. Abhandlungen, XII, 3), Münster, 1934.
Beiträge zur Ieremias-Septuaginta (= Mitteilungen des Sept.-Unternehmens, VI), Göttingen, 1958.

Bei diesen textkritischen Untersuchungen von Qu mussten die Forscher auf Varianten stossen, die sich mit LXX-Lesarten berührten, und sie beurteilen. Dies ist auch bisweilen geschehen, aber gewöhnlich nur in kurzen Hinweisen und einfacher Aufführung der in Frage kommenden Stellen. Gottstein hat in seinem Beitrag über die Beziehung von Qu zu Pesch. Targ. auch jedesmal die LXX genannt, wenn sie mit Qu Pesch. Targ. gegen M zusammenging (es sind aber verschiedene fehlerhafte Angaben über die LXX gemacht).

[1] Der Beitrag von S. Segert, "Septuaginta rukopisy z Ain Faščha," *Listy filol.*, 77 (1954), 293 f., [976], war mir nicht zugänglich.

Am ausführlichsten hat sich Orlinsky mit unserer Frage befasst und an zwei Einzelbeispielen ausführlich nachzuweisen versucht, dass die LXX-Lesarten nicht dazu berechtigen, die in Qu vorliegende Lesart auch in der Vorlage der LXX anzunehmen (siehe unter VIII zu 32 6 und 42 25). Orlinsky ist bekanntlich ein fanatischer Liebhaber von M und ebenso ein entschiedener Gegner von Qu: "MT has been transmitted unusually carefully, SM (=Qu), on the other hand, is an extraordinarily carelessly written text" *JNESt*, 11 (1952), 155. Es ist Orlinsky zuzustimmen, wenn er davor warnt, bei Varianten, die in Qu und LXX übereinstimmen, auf die gleiche hebr. Vorlage zu schliessen, aber es ist doch etwas zu spitz formuliert, wenn er schreibt: "a more patient and sober study of DSI (=Qu) and G would have shown how reckless and baseless the idea of associating DSI with G's Hebrew *Vorlage* really was" *JJSt*, 2 (1950/51), 152. Im Verlauf dieser Untersuchungen wird gezeigt werden, dass LXX zwar in ihrer Vorlage oftmals wie M gelesen hat, dass sie aber auch die Lesart von Qu gekannt und benutzt hat.

Für die vorliegende Studie wurde die Textausgabe von Millar Burrows, *The Dead Sea Scrolls of St. Mark's Monastery*, vol. I (New Haven, 1950), zugrunde gelegt. Eine wertvolle Hilfe bieten die Variae Lectiones von O. Eissfeldt, die 1951 als Sonderheft der *Biblia Hebraica* (=BH) erschienen und auch in der Neuausgabe des Isaias in der BH aufgenommen sind, weil hier die Sonderlesarten von Qu gegenüber M verzeichnet sind. Leider ist ihr Dienst nicht immer bereit, weil etliche Lücken und Mängel vorliegen, siehe Hempel, *ZAW*, 64 (1952), 64 f. Deshalb sind die beiden Nachträge von M. H. Gottstein, "Bemerkungen zu Eissfeldt's Variae Lectiones der Jesaiah-Rolle," *Bibl.*, 34 (1953), 212–221, und S. Loewinger, "New Corrections to the Variae Lectiones of O. Eissfeldt," *VT*, 4 (1954), 80–87, sehr dienlich.[2]

---

[2] Ein Wort an die "Variantensammler," das zugleich eine "correctio fraterna" sein soll. Hempel, *ZAW*, 64 (1952), 64, hält es bei der Besprechung von E.'s Variae Lectiones für "selbstverständlich, dass ein subjektives Moment bei der Auswahl der Varianten gar nicht zu umgehen ist; es sind diejenigen ausgelassen, die E. für rein grafisch oder grammatikalisch hält." Gottstein, *Bibl.*, 34 (1953), 213, nimmt Hempel's Äusserungen beifällig auf, meint aber, dass E. doch "gar zu subjektiv zu Werk gegangen" sei. Man kann von einem "subjektiven Moment" in dem Sinn reden, dass es eine Rolle spielt, wenn man nur gewisse Arten von Varianten aufnimmt, andere aber (z. B. die orthographischen) ausscheidet, und besonders dann, wenn man von einer gewissen Art von Varianten (z. B. von den grammatikalischen) nur eine Auswahl trifft. Diese Auswahl ist aber sehr leicht zu subjektiv, weil andere Textkritiker gerade die fehlenden Varianten für ihr Thema wichtig halten, und deshalb in den meisten Fällen ohne grossen Wert. Jedoch darf das "subjektive Moment" keine Rolle spielen in der Weise, dass man völlig inkonsequent verfährt; dies tadelt Gottstein mit Recht, siehe *Bibl.*, 34 (1953), 215[2], [7], 216[6].

Nur e i n "subjektives Moment" kann man nicht umgehen, weil es in der "fallibilitas humana" seine Wurzel hat. Ein jeder, der Varianten notiert, weiss, wie gross hier das Versagen ist; so sagt Gottstein, *Bibl.*, 34 (1953), 212: "Man glaube aber nicht,

Eine besondere Schwierigkeit für unsere Studie liegt darin, dass
(1) an manchen Stellen die LXX ganz anders liest als M (und Qu), so
dass eine andere Vorlage angenommen werden muss, und dass (2) sehr
oft frei wiedergegeben wird, so dass bei zwei verschiedenen Vokabeln in
M und Qu nicht gesagt werden kann, welche LXX in ihrer Vorlage las.
Einige Beispiele sollen genannt werden. Zu (1) sei 21 10a und 37 27c
genannt. Infolge der völlig abweichenden Wiedergabe in LXX kann
nicht gesagt werden, dass LXX die in Qu überlieferte Variante 21 10a
נדרי oder 37 27c הנשרף לפני קדים gelesen hat. Es wird so sein, dass LXX
weder Qu noch M vor sich hatte, sondern einen anderen Text. Zu
(2) mögen folgende Stellen zitiert werden:

13 10 (τὸ φῶς οὐ) δώσουσι] יהלו M; יאירו Qu.
13 16 (καὶ τὰς γυναῖκας αὐτῶν) ἕξουσιν] תשגלנה M; תשכבנה Qere
   Qu.
26 12 (εἰρήνην) δὸς (ἡμῖν)] תשפת M; תשפוט Qu.
48 21 (ὕδωρ . . .) ἐξάξει] הזיל M; הזיב Qu.

An allen Stellen lässt die freie Wiedergabe der LXX keinen Schluss
auf die Vorlage zu. LXX kann sowohl M als auch Qu gelesen haben.
   Deshalb bietet auch 47 13 die LXX-Wiedergabe οἱ ἀστρολόγοι keine
Handhabe, um das Hapaxlegomenon des M הברו als "entbehrlich" zu
bezeichnen. Auch οἱ ἀστρολόγοι ist Hapaxlegomenon der LXX und

dass hiermit das Rohmaterial erschöpft sei, und es wird noch so mancher 'Zusätze'
bedürfen, bis alle Varianten definitiv verzeichnet sind." Dies ist jedoch wieder zu
pessimistisch. Wenn die Sammlung der Varianten richtig gehandhabt worden wäre,
dann hätte dies auf den ersten Hieb hin "definitiv" geschehen können. Deshalb seien
hier drei Regeln genannt: (1) Man darf sich nicht mit e i n e r Kollation begnügen,
sondern muss eine zweite, ja sogar eine dritte machen, (2) man muss die Kollation
immer zu zweien machen, weil man viel leichter die Varianten übersieht als überhört,
(3) man muss die Kollationen langsam, ohne jede Hast, machen.
   Die Sammlung der Varianten soll geordnet (konkordanzmässig) vorgelegt werden.
Gewiss ist es notwendig, die Varianten nach Kapitel und Vers geordnet vorzulegen, wenn
sie im Apparat der BH aufgenommen werden sollen. Wenn sie jedoch in einem Sonderheft erscheinen, dann ist eine geordnete Zusammenstellung (wie es bei den "Orthographika" der Göttinger Sept.-Ausgabe in der Einleitung geschieht) erforderlich. So
bleibt es dem Benützer erspart, noch einmal die Arbeit zu leisten, die der Sammler
bereits gemacht hat. Bei dieser Darbietung der Varianten werden auch Versehen
leichter ausgeschaltet. Zwei Beispiele seien genannt: (1) רומליה Qu, so (mit ו, bedeutsam für die LXX, siehe unter VII), fehlt bei Eissfeldt, nachgetragen von Hempel, ZAW,
64 (1953), 64 und ZDMG, 101 (1951), 140, und Gottstein, Bibl., 34 (1953), 215: 7 1 (von
Hempel übersehen); 7 5; 7 9, aber 7 4 fehlt das ו, und 8 6 ist eine Lücke im Ms. (2) רונה
so mit ו, nicht mit י, wie fehlerhaft die Ausgabe von Burrows hat: 14 7 (von Gottstein
übersehen) und sonst überall, ausser 43 14; vielleicht mag diese Lesart (=M) andeuten,
dass an dieser schwierigen Stelle nicht das Wort "Jubel" vorliegt. Somit wäre zu
notieren: (1) רומליה 7 1, 5, 9; רמליה 7 4; 8 6 lacuna. (2) רונה 14 7; 44 23; 48 20; 49 13; 54 1;
55 12; ברונה 35 10; 51 11; רנתמה 43 14 (cf. M).

im Anschluss an das folgende οἱ ὁρῶντες τοὺς ἀστέρας = M Qu gewählt. Der Übersetzer hat höchst wahrscheinlich bereits die Lesart von M vor sich gehabt, die nicht anzutasten ist; dagegen ist Qu sekundär (gegen Nötscher, *VT*, 1 [1951], 299).

II

Das P l u s, das LXX Qu gegenüber M bezeugen, ist unbedeutend. Es betrifft zunächst (1) die Einfügung von Partikeln, die verhältnismässig häufig ist, und dann (2) die Einfügung einzelner Wörter und Wendungen, die selten ist.[3]

(1) Sehr oft ist die Konjunktion von LXX (καί) und von Qu (ו copulativum) bezeugt, die in M fehlt.

καί LXX = ו Qu] om. M.

1 3; 1 8; 2 4; 3 7; 3 9; 3 19; 3 20; 3 21; 3 22; 5 6; 7 4; 13 8; 16 10; 16 41; 17 8; 17 14; (ו auch "20 MSS"); 30 19; 30 23; 31 5; 32 13; 34 2; 34 10; 34 16 36 15; 38 5; 39 6; 40 17; 41 2; 41 3 (2mal); 42 7; 42 21; 43 17; 44 11; 44 16 (ו auch "42 MSS"); 44 19; 45 14; 45 16; 45 23; 46 3; 46 6; 47 11 (2mal); 48 13; 48 16; 48 18; 48 20; 49 9; 52 5; 52 9; 52 13; 52 15; 53 4; 53 5; 53 11; 55 13; 56 6; 57 4; 57 13; 58 8; 58 9; 60 7; 60 13; 60 18; 61 8; 62 4; 65 20; 66 8 (ו auch "Var Ka"): 68 Fälle.

οὐδέ LXX = ולא Qu] לא M.

5 27; 13 18; 26 14; 35 9; 38 13 (2°); 40 28; 57 11; 64 4 (3): 8 Fälle.

δέ LXX = ו Qu] om. M.

26 11; 55 13 (ו auch "mlt HSS Q"); 64 8 (7): 3 Fälle.

---

[3] Es werden die gleichen Sigel und Abkürzungen wie in der Göttinger LXX-Ausgabe verwendet: S, A–Q, *O* (=B–V; hexaplarische Rezension), *L* (lukianische Rezension), *C* (Catenen-Gruppe), *oI oII, lI lII, cI cII* (hexaplarische, lukianische, Catenen-Untergruppen). Bei starker Verteilung sind nur die Hauptzeugen genannt; wenn wenige Zeugen eine Lesart überliefern, dann sind alle Hss. aufgeführt.

Es ist auffallend, dass manche Textkritiker immer noch zu den kleinen Handausgaben (Swete, Rahlfs) greifen, wenn sie eine LXX-Lesart zitieren. Gewiss mögen in manchen Fällen die Handausgaben genügen, aber für textkritische Untersuchungen sind sie unzureichend, zumal auch die hexaplarischen Lesarten in ihnen nicht verzeichnet sind. Wenn man die Göttinger LXX-Ausgabe ignoriert, kann es passieren, dass man völlig ungenügende und nichtssagende Angaben macht, z. B. zu 51 9 "Catena in XVI prophetas, apud BH³, πλάτος," so Burrows, *BASOR*, 113 (1949), 26, und direkt von Burrows übernommen, bei Milik, *Bibl.*, 31 (1950), 82⁸, ferner zu 40 10 "Also here DSI follows some Greek translations" bei Goldman, *Austr. Bibl. Review*, 1(1951), 15, und zu 49 24". . . is also found in two Greek translations," *ebd.*, S. 16, — sehr zum Schaden der Untersuchungen.

γάρ LXX = ו Qu] om. M.

2 11; 9 21 init. (19 fin. M); 41 29: 3 Fälle.

ἀλλά LXX = ו Qu] om. M.

7 17: 1 Fall.

Im ganzen sind es also 83 Fälle, wo LXX Qu die Konjunktion *et* bezeugen, während sie in M fehlt. Damit ist aber nicht gesagt, dass die LXX-Vorlage an allen Stellen auch ו gehabt hat; manchmal mag der griech. Übersetzer sie aus eigenem beigegeben haben.

Hierher gehören auch 43 19 ἃ νῦν: cf. ועתה Qu] om. ἃ M und 46 2 οἳ οὐ (δυνήσονται): cf. ולוא Qu] om. οἳ Bo Cypr. = M.

An den genannten Stellen ist καί einhellig bezeugt. Es lassen sich auch Stellen anführen, wo die Bezeugung von καί geteilt ist, wo also nur einige Rezensionen, Textgruppen, Unzialen, Minuskeln und Väterzitate καί überliefern, das als ו auch in Qu steht.

1 16   καθαροὶ γένεσθε = M] pr. και 93 130 ClemRom. Or. ^{lat} = Qu.
9 12 (11)   ἐπὶ τούτοις] pr. και 538 Syp = Qu.
10 4   ἐπὶ τούτοις] pr. και C 403–613 Syp = Qu.
15 2   πάντες] pr. και l I 449–770 Cyr. = Qu.
40 26   οὐδέν] pr. και Syh = Qu.
41 2   ἐκάλεσεν αὐτήν] pr. και 309 = Qu.
41 25   κληθήσονται] pr. και L = Qu.
42 1   κρίσιν] pr. και Bo = Qu et Matth 12 18.
42 11   ἐπαύλεις] pr. και αι Iust. = Qu.
43 3   ἐποίησα] pr. και Syp = Qu; pr. ιδου 46 538 Sa.
45 21   οὐκ ἔστι 2°] pr. και 233 534 = Qu.
46 2   οὐκ] pr. και 88 L = Qu.
46 13   τῷ Ισραηλ] pr. και Eus. Hi. = Qu.
52 2   κάθισον] pr. και L c II = Qu.
57 2   ἔσται] pr. και 106 88 147–233 Cypr. = Qu.
59 13   ἐλαλήσαμεν] pr. και 88 = Qu.
60 11   οὐ] pr. και L = Qu.
61 6   λειτουργοί] pr. και A–86–106 449–770 538 Bo = Qu.
63 10   αὐτός] pr. και S* A C = Qu "50 MSS."

An keiner einzigen Stelle kann mit Sicherheit gesagt werden, dass die genannten Zeugen in der hebr. Vorlage ו gelesen haben, weil sie nicht nach ihr ausgerichtet sind, ausgenommen 42 11 (Iust.). Es könnte der Fall sein bei L; aber auch für Lukian ist der Stil, nicht der hebr. Text entscheidend. Nur an der zuletzt genannten Stelle (63 10) ist sehr wahrscheinlich καί ursprünglich.

In den beiden Zusätzen 34 10 und 43 23 ist καί nicht einheitlich bezeugt:

34 10 ※ κ α ι (hab. S^c *o II L*=Qu; om. V=M) ουκ εστιν ...

43 23 ο υ δ ε (S^c A *cI II*=Qu; ουκ V *oI II L C*=M) εδουλευ-
σας ...

Oft steht der A r t i k e l in LXX Qu, während er in M fehlt.

8 9; 23 8; 44 23; 52 10 τ ῆ s γῆs = Qu] om. τ ῆ s M.

8 22; 45 9 τ ὴ ν γῆν.

9 19 (18); 24 20 ἡ γῆ.

14 12; 63 15 ἐκ τ ο ῦ οὐρανοῦ.

14 16 ὁ παροξύνων.

19 6 ο ἱ ποταμοί.

23 7 ἡ ὕβρις.

32 11 τ ὰ s ὀσφύας.

34 3 τ ὰ ὄρη.

41 18 τ ὴ ν ἔρημον.

45 10 ὁ λέγων.

52 14 ἀπὸ τ ῶ ν ἀνθρώπων.

Während an den genannten Stellen der Artikel einhellig überliefert ist, findet er sich an den folgenden Stellen nur in einigen Zeugen.

1 2 γῆ = M] pr η 147–36 410 534 538 613 = Qu.

14 16 σείων = M] pr. o 88 L C = Qu.

66 2 τρέμοντα] pr. τον *lI* 544 = Qu.

Noch unsicherer als bei der Konjunktion ı lässt die Setzung des Artikels in der LXX einen Schluss zu, dass er bereits in der hebr. Vorlage gestanden habe und dass somit die LXX-Vorlage und Qu in der Setzung des Artikels übereingestimmt hätten. Man kann deutlich beobachten, dass oft der Artikel sekundär ohne Rücksicht auf die Vorlage aus stilistischen Gründen eingefügt worden ist.[4] Auch die Einfügung von ה in Qu ist sekundär; deutlich zeigt dies 33 9 ἡ γῆ = Qu^c] om. ἡ M Qu*. Auch parallele oder benachbarte Stellen erweisen, dass die Setzung bzw. Unterlassung des Artikels in LXX keinen Schluss auf die Vorlage ziehen lässt:

23 8 ἄρχοντες τ ῆ s γῆs = Qu] om. τ ῆ s M; vgl. 23 9 πᾶν
ἔνδοξον ἐπὶ τ ῆ s (>M Qu) γῆs.

63 15 ἐκ τ ο ῦ οὐρανοῦ = Qu] om. τοῦ M parallel ἐκ τ ο ῦ
(>M Qu) οἴκου.

---

[4] Siehe meine *Beiträge zur Ier.-Sept.*, S. 114–169. Vierter Beitrag: Der Artikel in der Ier.-LXX.

Dies gilt besonders für den Is.-Übersetzer, der bekanntlich seine Vorlage frei wiedergibt.

P r o n o m i n a sind selten von LXX Qu gegenüber M bezeugt.

Pronomen separatum.

65 3   α ὐ τ ο ί = Qu] > M.

36 11   καὶ εἶπε π ρ ὸ ς α ὐ τ ό ν = Qu] om. πρὸς αὐτόν M.

48 17   ἐ ν ᾗ πορεύσῃ ἐ ν α ὐ τ ῇ = Qu] om. ἐ ν ᾗ et ἐ ν α ὐ τ ῇ M.

66 21   λήμψομαι ἐ μ ο ί S A (εμαυτω)-Q C = Qu] om. ἐ μ ο ί O L = M.

Suffixum nominale.

1 31   ἡ ἰσχὺς α ὐ τ ῶ ν et αἱ ἐργασίαι α ὐ τ ῶ ν = Qu] om. α ὐ τ ῶ ν (bis) M.

26 18   σωτηρίας σ ο υ = Qu] om. σ ο υ M (im Text habe ich οὐκ für σου geschrieben).

53 12   διὰ τὰς ἁμαρτίας α ὐ τ ῶ ν = Qu] om. α ὐ τ ῶ ν M.

40 26   ἰσχύος = M] + αὐτοῦ 87* Sa = Qu.

Suffixum verbale.

44 13   ἔστησεν αὐτό = Qu] om. αὐτό M.

49 7   ὁ ῥυσάμενός σε = Qu] om. σε M.

65 1   τοῖς ἐμὲ μὴ ζητοῦσιν = Qu] om. ἐμέ M.

Präpositionen.

כ 34 12 ε ἰ ς ἀπώλειαν: cf. Qu כְּאָפֵס] om. ε ἰ ς M.

55 9   ὡ ς ἀπέχει = Qu] om. ὡ ς M.

62 5   ὡ ς συνοικῶν = Qu] om. ὡ ς M.

64 10 (9) ὡ ς ἔρημος = Qu] om. ὡ ς M.

66 3   ὡ ς ὁ ἀποκτέννων = Qu] om. ὡς M.

ב 9 14 (13) ἐ ν μιᾷ ἡμέρᾳ = Qu] om. ἐν M.

37 38   ἐ ν τῷ οἴκῳ = Qu] om. ἐν M.

43 23   ἐ ν ταῖς θυσίαις σου = Qu] om. ἐν M.

6 10   καὶ τῇ καρδίᾳ: cf. בלבבו Qu] ולבבו M.

57 15   ἐν ἁγίοις 2°: cf. ובקודש Qu] וקדוש M.

ל 31 1   ε ἰ ς Αἴγυπτον = Qu] om. εἰς M.

45 18   ε ἰ ς κενόν = Qu] om. εἰς M.

49 4   καὶ ε ἰ ς οὐθέν = Qu] om. εἰς M.

מן 18 7 ἐκ λαοῦ = Qu (parallel ἀπὸ λαοῦ = Qu M)] om. ἐκ M, vgl.
Hempel, *ZDMG*, 101 (1951), 167: "das hochgewachsene
Volk wird nicht als Gabe dargebracht, sondern stiftet selbst
Gaben."

29 9 ἀπὸ οἴνου = Qu] om. ἀπό M; es geht voraus ἀπὸ (> Qu M)
σικερα.

Sonstige Partikeln.

כי 7 4 ὅταν γάρ = Qu] om. γάρ M.

48 8 ὅτι ἀθετῶν = Qu] om. ὅτι M.

לא 58 13 τοῦ μὴ ποιεῖν = Qu] om. μή M.

ולא 38 18 οὐδὲ οἱ ἀποθανόντες = Qu] om. οὐδέ M.

עוד 54 9 ἐπὶ σοὶ ἔτι = Qu] om. ἔτι M.

אם 62 9 ἀλλ' ἤ Sᶜ A–Q C = כיא אם Qu] om. ἤ S* O L = M.

Die genannten Qu LXX gemeinsamen Varianten sind zahlreich, aber
ohne Gewicht. Ebenso kann nicht gesagt werden, dass die Vorlage der
LXX immer mit Qu übereingestimmt hat. Häufig sind die LXX-Lesarten
durch den Stil des Übersetzers bedingt, der bekanntlich frei seiner Vorlage
gegenüber stand. Namentlich geht die Hinzufügung und Auslassung des
kopulativen ו und καί oftmals auf den Schreiber zurück, vgl. dazu
Gottstein, *Bibl.*, 35 (1954), 437–439.

(2) Bedeutsam sind die folgenden Wörter und Wendungen, die in
LXX Qu stehen, dagegen in M fehlen.

37 9 καὶ ἀκούσας ἀ π έ σ τ ρ ε ψ ε = Qu] om. ἀ π έ σ τ ρ ε ψ ε
M; vgl. unter X "Dubletten."

39 6 εἰς Βαβυλῶνα ἥ ξ ε ι = Qu] om. ἥ ξ ε ι M.

49 9 καὶ ἐν π ά σ α ι ς ταῖς ὁδοῖς = Qu] om. π ά σ α ι ς M.

51 23 τῶν ἀδικησάντων σε κ α ὶ τ ῶ ν τ α π ε ι ν ω σ ά ν τ ω ν
σ ε = Qu] om. κ α ὶ τ ῶ ν τ α π. σ ε M.

53 11 δεῖξαι αὐτῷ φ ῶ s = Qu] om. φ ῶ s M.

56 7 ἔ σ ο ν τ α ι δεκταί = Qu יעלו] om. ἔ σ ο ν τ α ι M.

60 19 φωτιεῖ σοι τ ὴ ν ν ύ κ τ α = Qu] om. τ ὴ ν ν ύ κ τ α M.

64 2 (1) καὶ κατακαύσει πῦρ τ ο ὺ ς ὑ π ε ν α ν τ ί ο υ ς (+σου
L Qu) = Qu] om. τ ο ὺ ς ὑ π ε ν α ν τ ί ο υ ς (σου) = M.

36 11 τῶν ἀνθρώπων τῶν]+κ α θ η μ ε ν ω ν A cI II = Qu;+εστη-
κοτων V–Qᵐᵍ–oI II L C.

36 14 ὁ βασιλεύς]+α σ σ υ ρ ι ω ν 26 407 538 Sa = Qu.

An den Stellen 49 9; 51 23; 53 11; 60 19 haben LXX Qu das Ursprüngliche erhalten; deshalb ist ihre Lesart als Text anzunehmen und zu
übersetzen, siehe meinen Isaias-Kommentar der "Echter-Bibel" III
(Würzburg, 1958) zu den einzelnen Stellen. Die übrigen Stellen sind in
exegetischer Hinsicht nicht so wichtig; hier scheinen sekundäre Erweiterungen vorzuliegen, die M nicht kennt. Zu 56 7 ist zu bemerken, dass
ἔσονται nicht "innergriechisch" (so Gottstein, *Bibl.*, 35 [1954], 63) ist,
sondern LXX in ihrer Vorlage עלו (wie Qu) gelesen hat (BH retrovertiert
יהיו, setzt aber mit Recht ein Fragezeichen hinzu); auch sonst hat εἶναι
andere hebr. Äquivalente.[5] An den beiden letzten Stellen, wo die Bezeugung der mit Qu übereinstimmenden griech. Lesart geteilt ist, braucht
nicht die hebr. Lesart in der LXX-Vorlage angenommen zu werden.

III

Die Stellen, an denen LXX Qu ein M i n u s gegenüber M haben, sind
nicht so zahlreich wie die, welche ein Plus bezeugen. Auch hier kann
man unterscheiden: Auslassung (1) von Partikeln und (2) von einzelnen
Wörtern.

(1) om. καί LXX Qu] hab. M. 1 24; 6 1; 8 11; 13 22; 14 13; 17 8 (2mal);
30 23; 33 9; 37 26; 44 7; 45 11; 46 4; 46 13; 48 5; 48 7; 50 2; 51 16; 51 22;
56 3; 58 2; 64 4 (3); 64 6 (5); 65 7.

Dies sind 24 Fälle (beim Plus 83). Dies zeigt, dass LXX Qu gegenüber M sekundär sind; denn die asyndetische Verbindung ist ursprünglich.

An einigen Stellen lassen nur einige Zeugen καί bzw. δέ aus:

43 8   καὶ ὀφθαλμοί = M] om. καί 22–93 = Qu.
43 10   καὶ ὁ παῖς = M] om. καί 393 = Qu.
61 2   καὶ ἡμέραν = M] om. καί V Spec. = Qu.

49 21   τούτους δέ = M ואלה] om. δέ 534 Tert. = Qu.
54 16   ἐγὼ δέ = M ואנכי] om. δέ 88–oII lII 49* Bo = Qu.

Das Fehlen von καί besagt nicht, dass die genannten Zeugen nach
einer hebr. Vorlage ausgerichtet worden wären, die wie Qu ו nicht hatte.

An nur 3 Stellen fehlt der A r t i k e l in LXX Qu, während er in
M steht: 11 5; 64 8 (7); 66 22.

---

[5] Siehe *Beiträge zur Ier.-Sept.*, S. 35. Vgl. auch 57 2 ἔσται ἐν εἰρήνῃ יבוא שלום.

Auch hier hat der Übersetzer nur frei wiedergegeben, wenn er den Artikel nicht setzt.

P r o n o m i n a   (S u f f i x a)   fehlen selten.

11 15 $\pi\nu\epsilon\acute{\nu}\mu\alpha\tau\iota$ = Qu]+*eius* M.
13 9 $\kappa\alpha\grave{\iota}$ $\tau o\grave{\nu}s$ $\grave{\alpha}\mu\alpha\rho\tau\omega\lambda o\acute{\nu}s$ = Qu]+*eius* M.
21 14 $\check{\alpha}\rho\tau o\iota s$ = Qu]+*eius* M.
26 8 $\grave{\eta}\lambda\pi\acute{\iota}\sigma\alpha\mu\epsilon\nu$ = Qu]+*te* M.
42 3 $o\grave{\nu}$ $\sigma\beta\acute{\epsilon}\sigma\epsilon\iota$ = Qu]+*eam* M.
45 11 $\grave{o}$ $\pi o\iota\acute{\eta}\sigma\alpha s$ = Qu]+*eum* M.
46 6 $\grave{\epsilon}\pi o\acute{\iota}\eta\sigma\alpha\nu$ = Qu]+*eum* M.
48 15 $\grave{\epsilon}\kappa\acute{\alpha}\lambda\epsilon\sigma\alpha$ = Qu]+*eum*M.
63 11 $\grave{o}$ $\grave{\alpha}\nu\alpha\beta\iota\beta\acute{\alpha}\sigma\alpha s$ = Qu "pc MSS"]+*eos* = M.
 5 27 $\kappa o\pi\iota\acute{\alpha}\sigma o\nu\sigma\iota\nu$ = Qu]+*in eo* M.

S o n s t i g e   P a r t i k e l n

44 20 $\Psi\epsilon\hat{\nu}\delta o s$ = Qu] pr. והלא M ($\check{o}\tau\iota$ 1° 2° von LXX eingefügt).
52 6 $\tau\grave{o}$ $\check{o}\nu o\mu\acute{\alpha}$ $\mu o\nu$ = Qu]+ ※ $\delta\iota\alpha$ $\tau o\nu\tau o$ V C = M et $o\iota$ γ'.
60 20 $\delta\acute{\nu}\sigma\epsilon\tau\alpha\iota$ = Qu]+ ※ $\epsilon\tau\iota$ = M et $o\iota$ λ'.

(2) Einzelne Wörter fehlen manchmal in LXX Qu, während sie in M stehen. Das "Füllwort" *esse* fehlt 2mal, *omnis* 4mal.

3 24 $\kappa o\nu\iota o\rho\tau\acute{o}s$ = Qu]+*erit* M.
7 23 $\grave{\epsilon}\kappa\epsilon\acute{\iota}\nu\eta$ = Qu] + ※ $\epsilon\sigma\tau\alpha\iota$ L C = M et π'

11 9 $\tau\grave{o}$ $\check{o}\rho o s$ = Qu] pr. *omne* M = σ' $\epsilon\nu$ $\pi\alpha\nu\tau\iota$ $\tau\omega$ $o\rho\epsilon\iota$.
14 18 $\grave{\epsilon}\kappa o\iota\mu\acute{\eta}\vartheta\eta\sigma\alpha\nu$ = Qu] pr. *omnes illi* M.
21 16 $\grave{\eta}$ $\delta\acute{o}\xi\alpha$ = Qu] pr. *omnis* M.

56 6   om. $\pi\acute{\alpha}\nu\tau\alpha s$ Sa = Qu] hab. $\pi\acute{\alpha}\nu\tau\alpha s$ rel. = M.

Die Zufügung in M ist wohl sekundär.

An folgenden Stellen fehlen die genannten (manchmal in *O L C* vorhandenen) Wörter in LXX Qu.

26 3   fin. = Qu]+$\epsilon\lambda\pi\iota\delta\iota$ *O L* = M.
26 5 $\kappa\alpha\tau\alpha\beta\alpha\lambda\epsilon\hat{\iota}s$ = Qu]+*humiliabit eam* M.
26 6 $\pi\alpha\tau\acute{\eta}\sigma o\nu\sigma\iota\nu$ $\alpha\grave{\nu}\tau\acute{\alpha}s$ = Qu]+*pes* M.
36 11 $I\omega\alpha\chi$ = Qu] + ※ $\pi\rho o s$ $\tau o\nu$ $\rho\alpha\psi\alpha\kappa\eta\nu$ V L C = M.
62 10 $\pi o\rho\epsilon\acute{\nu}\epsilon\sigma\vartheta\epsilon$ = Qu] + ※ $\pi o\rho\epsilon\nu\epsilon\sigma\vartheta\epsilon$ Q^{mg}–oI 403 Eus. = M.

Überall wird M den Vorzug gegenüber LXX Qu haben.

An einigen Stellen fehlen die genannten Wörter nur in einigen Zeugen der LXX und in Qu.

48 19 καὶ τὰ ἔκγονα τῆς κοιλίας σου = M] om. τῆς κοιλίας L = Qu.
59 21 εἶπε γὰρ κύριος (2°) = M] om. oI = Qu.

Auch hier verdient M den Vorzug gegenüber LXX Qu.

Die Auslassungen, die Qu LXX gegenüber M haben, sind der Zahl und dem Umfang nach unbedeutend, besonders dann, wenn man sich vor Augen hält, wie oftmals LXX ein Minus gegenüber M Qu hat, das dann Origenes gewöhnlich sub asterisco aufgefüllt hat. Nur zwei Stellen können genannt werden, wo LXX Qu im Minus gegenüber M übereinstimmen, und von ihnen kommt eigentlich nur die erste in Frage, nämlich 40 7–8, die bereits Kahle, *ThLZ*, 74 (1949), 93, besprochen hat: "Wir sehen, dass der Text der Rolle genau der hebräischen Vorlage der LXX entspricht." An der zweiten Stelle 55 1 fehlen in Qu infolge Homoioteleuton die drei Verba ואכלו ולכו שברו, dagegen in LXX nur die beiden letzten, die von V *L*P *C* ※ καὶ πορευεσθε και αγορασατε aus ϑ' ergänzt worden sind. Hier wird LXX den ursprünglichen Text bezeugen, vgl. BH.

IV

In der W o r t f o l g e stimmen LXX Qu gegenüber M an nur wenigen Stellen überein.

23 9 πᾶσαν τὴν ὕβριν = Qu] tr. M ; om. πᾶσαν A 198.
60 7 δεκτὰ ἐπί = Qu "4 MSS"] tr. M.
61 7 ἐκ δευτέρας κληρονομήσουσι τὴν γῆν: cf. Qu *duplicia in terra sua possidebunt*] *in terra sua duplicia possidebunt* M.
62 8 Εἰ ἔτι δώσω τὸν σῖτόν σου: cf. *si dedero ultra triticum tuum* Qu] *si dedero triticum tuum ultra* M.

37 1 τὸν βασιλέα / Εζεκίαν = M] tr. Qu, cf. εζεκιας ο βασιλευς *l* I-36*–456.

Somit ist die Wortfolge nur selten geändert. Dies ist umso auffallender, als LXX sehr oft gegen M umstellt und ebenso Qu (siehe die Stellen bei Eissfeldt "invers"). Wenn hier LXX mit Qu zusammengeht, so ist damit nicht gesagt, dass bereits in der Vorlage der LXX die Umstellung vorhanden gewesen sein muss. Nur 60 7 haben LXX Qu die ursprüngliche Wortfolge bewahrt, siehe BH und die Kommentare.

V

Sehr zahlreich sind die g r a m m a t i k a l i s c h - s y n t a k t i -
s c h e n Varianten, die LXX Qu gegen M bezeugen.

(1) N u m e r u s.

1 18 ὡς φοινικοῦν = Qu "4 MSS"] plur. M (parallel ὡς κόκκινον = Qu M).

14 11 τὸ κατακάλυμμά σου = Qu "66 MSS"] plur. M.

15 2 ἐπὶ πάσης κεφαλῆς = Qu] plur. M.

43 23 τῆς ὁλοκαρπώσεώς σου = Qu] plur. M.

59 9 ἐν ἀωρίᾳ = Qu] plur. M (parallel σκότος = Qu M).

63 15 ἡ ἰσχύς σου = Qu] plur. M.

6 7 τὰς ἁμαρτίας σου = Qu] sing. M (parallel τὰς ἀνομίας σου: sing. Qu M).

26 6 πραέων = Qu] sing. M (neben ταπεινῶν = Qu M).

32 7 ταπεινῶν = Qu] sing. M (parallel ταπεινούς = Qu M).

53 9 τοὺς πλουσίους = Qu*] sing. Quᶜ M (parallel τοὺς πονηρούς = Qu M).

53 12 ἁμαρτίας 1° = Qu] sing. M (parallel τὰς ἀνομίας bzw. ἁμαρτίας, siehe unter VI).

20 2 τὰ σανδάλιά σου = Qu] sing. M, ebenso 28 25 ἐν τοῖς ὁρίοις σου.

37 19 und 60 21 ἔργα (χειρῶν).

41 2 κατὰ πόδας αὐτοῦ.

47 7 τὰ ἔσχατα.

57 10 ταῖς πολυοδίαις σου.

58 3 τὰς ψυχὰς ἡμῶν.

59 5 ἀσπίδων.

64 6 (5) διὰ τὰς ἀνομίας ἡμῶν.

64 8 (7) τῶν χειρῶν σου.

43 6 ἀπ' ἄκρων: cf. Qu] απ ακρου S oI C Tyc. = M.

66 19 σημεῖα Sᶜ A–Qᵗˣᵗ = Qu] σημειον S* O–Qᵐᵍ L C = M.

37 17 ※ τους οφθαλμους σου (im hexaplar. Zusatz) = Qu] sing. M.

36 12 πρὸς ὑμᾶς = Qu] sing. M (ad te).

56 5 αὐτοῖς 2° = Qu et α'σ'θ'] sing. M (ei).

9 21 (20) φάγεται = Qu] plur. M; "le ms. fait commencer le verset 20 par ויאכל comme la Sept." Barthélemy, RB, 57 (1950), 541.

10 29 καὶ παρελεύσεται 2°: cf. Qu] plur. M (es geht voraus καὶ
       παρελεύσεται 1°=Qu M, und es folgt καὶ ἥξει: Qu M
       aliter).

12 4   καὶ ἐρεῖς=Qu (wie 12 1 καὶ ἐρεῖς=Qu M)] plur. M (et
       dicetis).

16 4   ἀπώλετο=Qu] plur. M (Subjekt ὁ ἄρχων ὁ καταπατῶν=Qu
       M; BH "l רמסים").

33 23 ἀρεῖ=Qu] plur. M.

35 10 ἀπέδρα=Qu] plur. M (parallel καταλήμψεται αὐτούς: Qu M
       aliter).

42 11 εὐφράνθητι=Qu] plur. Syh=M.

62 2   καὶ καλέσει σε=M] et vocabunt Tyc.=Qu.

1 23   ἀγαπῶντες ... διώκοντες=Qu] sing. M (Subjekt ist οἱ
       ἄρχοντες; LXX om. כלו).

2 18   κατακρύψουσιν: cf. Qu] sing. M (LXX zieht v. 18 zu v. 19, wo
       der Plur. steht).

3 25   καὶ οἱ ἰσχύοντες ὑμῶν=Qu] sing. M (LXX übersetzt frei).

5 3   οἱ ἐνοικοῦντες=Qu] sing. M (LXX übersetzt das kollektive
       יושב mit dem Plural, wie auch sonst, vgl. nur 12 6a LXX
       plur. gegen Qu M sing.).

6 10   ἀκούσωσι=Qu] sing. M (alle Verba stehen in der LXX im
       Plur.; Subjekt ist λαός im kollektiven Sinn. Das ו der
       Pluralform ישמעו gehört vor בלבבו; somit liegt in Qu falsche
       Worttrennung vor).

7 1   ἠδυνήθησαν=Qu et M LXX IV Reg 16 5] sing. M (vielleicht
       ist der Plur. ursprünglich, vgl. BH).

13 14 καὶ ἔσονται=Qu] sing. M (LXX setzt gegen M als Subjekt
       οἱ καταλελειμμένοι ein).

14 32 ἀποκριθήσονται=Qu] sing. M (LXX hat als Subjekt βασι-
       λεῖς=Qu; M scheint verderbt zu sein, vgl. BH).

16 10 εὐφρανθήσονται=Qu] sing. M (neben πατήσουσιν gegen
       Qu M sing.; LXX übersetzt frei, da sie die Vorlage nicht
       versteht).

21 9   συνετρίβησαν=Qu] sing. M (LXX ändert die Satzkonstruk-
       tion und nimmt ἀγάλματα, χειροποίητα als Subjekt).

23 2   διαπερῶντες=Qu] sing. M (Subjekt οἱ ἐνοικοῦντες=Qu M,
       und μεταβόλοι ×⁶ Qu M sing.).

30 20 ἐγγίσωσί σοι=Qu] sing. M (Subjekt οἱ πλανῶντές σε=Qu
       M).

32 5   εἴπωσι 1°=Qu] sing. M Niphal (parallel εἴπωσι 2°: gegen M
       Niphal und יואמר Qu).

---

⁶ Das Zeichen × besagt, dass in den genannten Zeugen entgegengesetzte Lesarten
stehen, steht also dem Gleichheitszeichen = gegenüber.

36 ₇ λέγετε = Qu et M IV Reg 18 ₂₂] sing. M et LXX IV Reg (die Rede folgt im Plural: πεποίθαμεν = Qu M).

36 ₈ μείχθητε = Qu et LXX IV Reg 18 ₂₃] sing. M Is. et M IV Reg (siehe zu 36 ₇).

39 ₆ καὶ λήμψονται = Qu] sing. M Is. Niphal et M LXX (λημφθήσεται) IV Reg 20 ₁₈ (aktive Form in der LXX und deshalb Plural).

41 ₂₅ ἐρχέσθωσαν = Qu] sing. M (Subjekt ἄρχοντες = Qu M).

42 ₂₀ ἠνοιγμένα = Qu] sing. M (in LXX überall Plural).

50 ₁₀ᵦ οἱ πορευόμενοι = Qu] sing. M (in LXX überall Plural: gegen Qu M sing.).

51 ₃ εὑρήσουσιν = Qu] sing. M Niphal (in LXX aktive Form).

56 ₆ τοὺς φυλασσομένους = Qu] sing. M (LXX hat überall Pluralformen in diesem Vers = Qu M).

57 ₂₀ κλυδωνισθήσονται = Qu (Subjekt οἱ δὲ ἄδικοι).

58 ₅ καλέσετε = Qu] vocabis Cypr. Spec. = M.

6 ₃ ἐκέκραγον S A–Q L C (87ᶜ) = Qu] εκεκραγεν B 87* = M.

45 ₂₄ ἥξουσι Sᶜ A–Q = Qu "21 MSS Seb"] ἥξει S* O L C = M.

(2) Tempus.

2 ₁₁ καὶ ταπεινωθήσεται = Qu] perf. M (parallel καὶ ὑψωθήσεται × Qu M).

5 ₅ ἀφελῶ = Qu] infin. abs. M (parallel καθελῶ × Qu M).

5 ₁₂ ἐμβλέπουσι = Qu] fut. M (parallel κατανοοῦσι = Qu M).

8 ₂ μάρτυρας . . . ποίησον = Qu (vgl. die Imperative 8 ₁ Λάβε und γράψον = Qu M).

10 ₂₆ καὶ ἐπεγερεῖ = Qu] part. M (in der LXX überall v. 24–34 Future = Qu M).

14 ₂₄ ἔσται = Qu] perf. M (parallel μενεῖ = Qu M).

17 ₁₃ καὶ ἀποσκορακιεῖ = Qu] perf. M (es folgt διώξεται × Qu M).

26 ₁₉ ἐγερθήσονται . . . καὶ εὐφρανθήσονται = Qu et οἱ λ'; α' ϑ'] imperat. M (es geht voraus ἀναστήσονται = Qu M; nach BH sind die Futurformen zu lesen).

27 ₆ καὶ ἐξανθήσει = Qu] perf. M (neben βλαστήσει = Qu M)

28 ₁₆ ('Ιδοὺ ἐγὼ) ἐμβαλῶ (besser ἐμβάλλω) = מיסד Qu] perf. M (nach הנה steht gewöhnlich das Partizip; deshalb fordert BH יֹסֵד).

29 ₁₁, ₁₂ (2°) καὶ ἐρεῖ = Qu] perf. M (das Futur ist in LXX stilistisch gefordert, vgl. καὶ ἐρεῖ 1° v. ₁₂ × לָֽאמֹר Qu M).

33 ₁₀ λέγει = Qu] יֹאמַר M (LXX λέγει im Anschluss an die häufige Formel λέγει κύριος).

41 ₇ ἐρεῖ = Qu] part. M (ἐρεῖ stilistisch notwendig, vgl. καὶ ἐρεῖ 41 ₆ fin.).

43 28 καὶ ἔδωκα = Qu] imperf. M וָאֶתְּנָה (es geht voraus καὶ ἐμίαναν;
       BH fordert mit Qu die Punktierung 'וָאֶ).

45 16 καὶ πορεύσονται = Qu] perf. M (parallel αἰσχυνθήσονται καὶ
       ἐντραπήσονται × Qu M).

48 14 καὶ (>Qu) συναχθήσονται . . . καὶ ἀκούσονται = Qu] impe-
       rat. M

48 14 ἀγαπῶν σε: cf. אוהבי Qu] perf. M.

52 5 καὶ ὀλολύζετε: cf. Qu] imperf. M (siehe unter VIII).

53 7 ἀνοίγει 2° = Qu] imperf. M (bei ἀνοίγει 1° auch Qu wie M
       imperf.).

54 2 πῆξον: cf. יטי Qu] imperf. plur. M יטו (πῆξον = הטי BH; in
       v. 2 nur Imperative).

56 4 καὶ ἐκλέξωνται = Qu] perf. M (parallel φυλάξωνται = Qu M).

57 17 καὶ ἀπέστρεψα = Qu] infin. abs. M (neben καὶ ἐπάταξα
       αὐτόν: cf. Qu M).

59 4 πεποίθασιν . . . τίκτουσιν = Qu] infin. abs. M (auch die beiden
       anderen absoluten Infinitive sind mit λαλοῦσι und κύουσι
       übersetzt).

62 9 καὶ αἰνέσουσι = Qu] perf. M (neben φάγονται und πίονται =
       Qu M).

63 16 οὐκ ἐπέγνω = Qu] imperf. M (parallel οὐκ ἔγνω = Qu M).

66 2 καὶ ἔστιν = Qu] imperf. M (vgl. BH).

(3) Wechsel der Person.

7 14 καλέσεις = M] –σει S 311–46 = Qu.

33 17 ὄψεσθε = Qu] videbunt (oculi tui) M.

48 8 ἤνοιξα] –ξας 564 239 410 534 Sa = Qu; apertum est M (siehe
       unter VIII).

53 8 τοῦ λαοῦ μου = M] του λαου αυτου Syp = Qu.

60 21 χειρῶν αὐτοῦ = Qu] χ. μου lI lII–233 Tht. = M.

49 5 ὁ πλάσας με = M] ο πλ. σε 534 Sa = Qu.

51 18 (ὁ παρακαλῶν) σε = Qu] לָה M.

58 14 ἀναβιβάσει σε . . . ψωμιει σε: = Qu] et sustollam te . . . et cibabo
       te M.

Vgl. auch 46 13 ἤγγισα τὴν δικ. μου] ηγγισεν η δικαιοσυνη μου
       538 Syl Tert. (plur.): cf. קרובה Qu. Auch Pesch. und Targ.
       haben "Gerechtigkeit" als Subjekt, vgl. Gottstein, Bibl.,
       35 (1954), 61.

(4) Genus.

14 32 καὶ δι' αὐτοῦ = Qu] וּבָה M.

15 3 ἐν ταῖς πλατείαις αὐτῆς = Qu] εν ταις πλ. αυτου M.

Zahlenmässig sind es somit viele Stellen, wo LXX und Qu gegen M übereinstimmen. Aber bei diesen grammatikalisch-syntaktischen Varianten muss man sehr vorsichtig sein, wenn man auch sagen will, dass LXX überall so wie Qu in ihrer Vorlage gelesen hat. An den meisten Stellen forderte der griechische Stil, nicht die hebräische Vorlage, die mit Q übereinstimmende Wiedergabe.

VI

In der Vokalisierung (Punktation) treffen LXX und Qu manchmal zusammen.

5 28 ὡς στερεὰ πέτρα = כצור [Qu] כַּצֻּר M.

14 32 βασιλεῖs = מלכי [Qu] מַלְאֲכֵי M.

15 3 περιζώσασθε = חגורו [Qu] חָגְרוּ M.

21 7 ἀναβάτην 1° 2° und 21 9 ἀναβάτης = רוכב [Qu] רֶכֶב M.

27 1 φεύγοντα = בורח [Qu] בָּרִיחַ M.

34 13 αὐλή = חצר [Qu] חָצִיר M.

40 10 μετὰ ἰσχύος = בחזק Qu, vgl. Hempel, *ZAW*, 61 (1945/48), 282] בְּחָזָק M.

40 26 καὶ ἐν κράτει (ähnlich σ' ϑ' και κρατους) = ואמץ [Qu] וְאַמִּיץ M.

41 26 ἀληθῆ = צדק [Qu] צַדִּיק M.

49 17 οἰκοδομηθήσῃ (ähnlich α'ϑ' οικοδομουντες σε) = בוניך [Qu] בָּנָיִךְ M = σ' οι υιοι σου.

53 3 καὶ εἰδώς = ויודע [Qu] וִידֻעַ M.

53 12 καὶ διὰ τὰς ἁμαρτίας (besser ἀνομίας) αὐτῶν = ולפשעיהמה [Qu] וְלַפֹּשְׁעִים M.

54 11 καὶ τὰ θεμέλιά σου = ויסודותיך [Qu] וִיסַדְתִּיךְ M.

55 10 εἰς βρῶσιν = לאכול [Qu] לָאֱכֹל M.

57 15 ἐν ἁγίοις 2° = ובקודש [Qu] וְקָדוֹשׁ M.

66 2 καὶ (+τον *ll* 544 = Qu, siehe unter II) τρέμοντα = והחורד [Qu] וְחָרֵד M.

66 12 τὰ παιδία αὐτῶν = ויונק[ותיהמה [Qu] וִינַקְתֶּם M.

Bei den genannten Stellen hat der Übersetzer die Lesarten von Qu entweder bereits in seiner Vorlage gelesen oder als Randnoten bzw. Korrekturen irgendwie gekannt und sie als "matres versionis" benützt.

Von den Lesarten können als ursprünglich betrachtet werden: 49 17 (BH: "l"); 53 12 (ἀνομίας ist anstelle von ἁμαρτίας 2° in den Text aufzunehmen; es ist nicht anzunehmen, dass zweimal hintereinander פשעים ursprünglich ist); 54 11 (BH: "prps"; besser ist: "l"); 66 12 (vgl. BH).

Bei den übrigen Stellen kann man geteilter Meinung sein, ob die Punktation des M oder die Lesart der LXX Qu den Vorzug verdient.

VII

Auch die T r a n s k r i p t i o n der E i g e n n a m e n verrät, dass LXX in verschiedenen Fällen Qu näher als M steht. Dies ist schon gelegentlich festgestellt worden, siehe Hempel, *ZDMG*, 101 (1951), 140, und Milik, *Bibl.*, 31 (1950), 217. Die in Frage kommenden Eigennamen seien hier zusammengestellt.

1 9 Σόδομα: cf. Qu סודם] סְדֹם M, ebenso an allen Stellen.

1 9 Γόμορα: cf. Qu עומרה] עֲמֹרָה M, ebenso an allen Stellen.

7 1 (υἱὸς) Ρομελίου: cf. Qu רומליה] רְמַלְיָהוּ M, ebenso 7 5; 7 9; 8 6; aber 7 4 (LXX aliter) steht in Qu רמליה, also ohne ו, siehe Anm. 2.

15 5 Σηγωρ: cf. Qu צעור] צֹעַר M.

21 13 Δεδαν V 544 Bo Hi. (δαιδαν S A–Q O C): cf. M דְּדָנִים] a' σ' δωδανιμ = L Qu דודנים.

36 3 Σομνας: cf. Qu שובנא] שֶׁבְנָא M, ebenso 36 11, 22; 37 2.

Die Transkriptionen 1 9; 7 1; 15 5 sind allgemein in der übrigen LXX gebräuchlich. Wiederum kann nicht sicher gesagt werden, dass der Is.-Übersetzer den o-Laut, der in Qu besonders gern eingefügt wird (man kann bei Qu direkt von einer kennzeichnenden o-Vokalisierung im Gegensatz zur a-Vokalisierung bei M sprechen), in seiner hebr. Vorlage gelesen hat. Jedoch hat er sicher die Lesarten mit dem Vokal o gekannt und sie als "matres transcriptionis" benützt. Wenn 21 13 Aquila und Symmachus (und von ihnen abhängig Lukian) mit ω transkribieren, so ist dies ein Beleg, dass sie eine alte Tradition wieder aufgreifen.

In M haben viele Eigennamen die langen altertümlichen Endungen יהו–, während in Qu die kurzen Endungen יה– stehen. Auch in der LXX sind durchweg die Eigennamen in der Art von Qu geschrieben, vgl. Ησαιας, Εζεκιας, Οζιας usw. Auch hier kann LXX wie M in ihrer Vorlage gelesen haben; aber ebenso war ihr die Form in Qu bekannt.

Auf die Endung von "Jerusalem" לם–, ־לָיִם hat bereits Hempel, *ZDMG*, 101 (1951), 142, hingewiesen. Wenn LXX durchgehend Ιερουσα λ η μ wiedergibt, so mag dies ein Hinweis darauf sein, dass sie die Endung לם– als "mater transcriptionis" gekannt hat.

Doppeltes י liest Qu 23 1 כתיים, das auch LXX voraussetzt Κιτιέων (κιτιαιων S A B C; χετιειμ 239–306^mg), und 23 12 Κιτιεῖς, wo auch M Ketib כתיים hat (M Qere aber כתים). Auch 23 1 ist nach LXX Qu כתיים zu lesen.

Die zuletzt genannten Stellen zeigen, dass keine Konsequenz vorhanden ist. Dies ist auch allgemein in Bezug auf die Transkription der Eigennamen zu beobachten. In Qu stehen noch viele andere Eigennamen mit dem o-Laut, der aber in LXX keine Aufnahme gefunden hat, z. B. 20 1 Ταναθαν (θαρθαν Q^mg-οΙ = M)] תורתן Qu.

VIII

Buchstaben-Vertauschung

ו | י   18 6   καὶ καταλείψει: cf. וְעָזְבוּ Qu] יַעֲזְבוּ M; vgl. Loewinger, VT, 4 (1954), 81.

ו | י   21 2   οἱ πρέσβεις = צירי Qu] צוּרי M.

22 24   ἔνδοξος = כביד Qu (vid.)] כבוד M.

33 13   γνώσονται = ידעו Qu] וּדְעוּ M.

37 13   Σεπφαρ(ε)ιμ A L cI = ספרים Qu] σεπφαρουαιμ O–Qᵐᵍ: cf. ספרוים M.

52 5   καὶ ὀλολύζετε: cf. והללו Qu] יהילילו M.

ו | ז   16 9   τὰ δένδρα σου: cf. ? ארזיך Qu] אֲרֻזַּךְ M; BH: "l אֲרֻזֶּיךְ"

ב | מ   9 19 (18)   διὰ θυμόν = מעברת Qu] בע' M.

46 6   ἐκ μαρσιππίου = מכיס M] εν μαρσιππω 534 Bo = 'בכ Qu.

מ | ב   15 9   Ρεμμων] διηβων V Eus.; διβων 87–91; δεεβων 309–490 = דיבון Qu; δειμων B et οι γ' διμων = דימון M.

65 14   ἐν εὐφροσύνῃ = בטוב Qu] מט' M.

מ | כ   40 17   εἰς (ως 88 93 87* 566 Cyr.ˡᵉᵐ) οὐθέν: cf. כאפס Qu] מא' M.

כ | ב   44 4   ὡς (ωσει) ἀνὰ μέσον = כבין Qu "10 MSS"] בבין M.

כ | ב   28 21   ἐν τῇ φάραγγι = בעמק Qu] כע' M.

ר | ד   23 10   ἐργάζου = עבדי Qu] עברי M.

29 3   ὡς Δαυιδ = כדוד Qu] כַּדּוּר M, vgl. Loewinger, VT, 4 (1954), 82.

ד | ר   14 4   ὁ ἐπισπουδαστής: cf. מרהבה Qu] מד' M.

ה | ח   51 9   πλατος (im hexaplar. Zusatz) = רחוב Qu] רהב M.

56 10   ἐνυπνιαζόμενοι = חוים Qu; "pl MSS" חזים] הזים M.

ה | ת   42 25   ὀργὴν (θυμοῦ αὐτοῦ) = חמת Qu] חֲמָה M.

48 8   ἤνοιξας 564 239 410 534 Sa = פתחת Qu] ηνοιξα rel.; פְּתְחָה M; siehe oben unter V (3).

מ | ה   63 11   ὁ ἀναβιβάσας = המעלה Qu "pc MSS"] לָם– M.

ו | מ   9 4 (3); 60 6   Μαδιαμ = מדים Qu] מדין M.

ת | י   35 9   εὑρεθῇ = ימצא Qu] תמצא M.

ד | ת   64 9 (8)   ἐν καιρῷ = לעת Qu] לעד M.

ע | א   28 22   καὶ ὑμεῖς = ואתם, vgl. Loewinger, VT, 4 (1954), 82¹: cf. ועתה Qu] ואתה M.

לו | לא   31 8   οὐκ = לוא Qu, לא "Kᵒʳ"] לו M "Occ Qᵒʳ."

לא | לו   49 5   πρὸς αὐτόν = לו Qu "9 MSS Q"] לא M.

אל | על   2 2   (καὶ ἥξουσιν) ἐπ' [αὐτό עלהי Qu et עליו Mich 4 1] אליו M et LXX Mich 4 2 (πρὸς αὐτό).

17 8   (πεποιθότες ὦσιν) ἐπί Qu] אל M.

22 5   (πλανῶνται) ἐπί (τὰ ὄρη) על Qu] אל M.

36 7   Ἐπί (κύριον . . . πεποίθαμεν) על Qu] אל M.

על | אל   22 15   (Πορεύου . . .) πρὸς (Σομναν) אל Qu] על M.

29 12   (καὶ δοθήσεται . . .) εἰς χεῖρας (ἀνθρώπου) אל Qu] על M.

65 6, 7 (v. 6 ἕως ἂν ἀποδῶ, v. 7 ἀποδώσω . . .) εἰς (τὸν κόλπον
αὐτῶν) אל Qu] על M.

66 20 (ἄξουσι . . .) εἰς (τὴν ἁγίαν πόλιν) אל Qu] על M.

BH empfiehlt die Lesart von Qu LXX an folgenden Stellen: 40 17;
44 4; 23 10; 14 4; 42 25; 63 11; 49 5; von den genannten Stellen schwächt
sie ihre Empfehlung durch "frt" oder "prb" ab: 23 10; 42 25; 63 11. Wenn
hier LXX Qu zusammengehen, so ist nicht immer damit erwiesen, dass
der Übersetzer auch so in seiner Vorlage gelesen hat. Dies gilt besonders
für die Präpositionen על und אל; sie sind teilweise durch das Verbum
bedingt, so ἐπί 17 8 36 7 durch πεποιθέναι, ebenso εἰς 29 12 durch
διδόναι (im vorausgehenden Vers 11 ist die gleiche Wendung frei mit dem
Dativ δῶσιν αὐτὸ ἀνθρώπῳ wiedergegeben; deshalb ist die Notiz in
BH "1 c G אל" hinfällig) und vor allem 65 6, 7 durch die Wendung
ἀποδιδόναι εἰς τὸν κόλπον, die auch Ps 78 (79) 12 und Ier 39 (32) 18
vorkommt.

48 8 ist vielleicht ἤνοιξας ursprünglich: s ist infolge Dittographie
ausgefallen, es folgt σου.

Lehrreich ist beim Eigennamen Madian 9 4 (3) und 60 6 der Wechsel
מ | ן, der somit bereits auf hebr. Ebene erfolgt ist, siehe meine *Beiträge
zur Ier.-LXX*, S. 66 f. Orlinsky, *JJSt*, 2 (1950/51), 151–154, tritt
energisch dafür ein, dass 42 25 חמה des M ursprünglich sei und die
Wiedergabe in LXX (ebenso in Targ. Pesch. Vulg. siehe BH) keinesfalls
חמת voraussetze; aber LXX hat vielleicht חמת als "mater versionis"
gekannt.

IX

Am bedeutsamsten sind solche l e x i k a l i s c h e Varianten, die
ein anderes Wort bezeugen, weil sie für die Exegese entscheidend sind.

10 32   τὴν θυγατέρα = Qu Qere בת [בית M.
16 9   τὰ δένδρα σου, siehe bereits unter VIII.
23 10   ἐργάζου, siehe bereits unter VIII.
32 6   νοήσει: cf. Qu חושב [יעשה M = *faciet* Vulg.
36 11   τῶν ἀνθρώπων = Qu האנשים [העם M = *populi* Vulg.
37 26   ἐν ὀχυροῖς: cf. Qu נצורים [נצים M: cf. *compugnantium* Vulg.
39 1   καὶ ἀνέστη = Qu ויחיה [ויחזק M = *et convaluisset* Vulg.
41 5   ἅμα = Qu יחדו [יחרדו M = *obstupuerunt* Vulg.
41 20   καὶ ἐννοηθῶσι = Quᶜ וׁיבינו [cf. *et recogitent* Vulg.] וישימו Qu* M.
44 20   δύναται ἐξελέσθαι: cf. Qu יוכיל [יציל M.
45 2   καὶ ὄρη = Qu ההרים [ההדורים M: cf. *gloriosos terrae* Vulg.
45 8   εὐφρανθήτω: cf. Qu הרעיפו [הרעיו M = *rorate* Vulg.
49 24   ἀδίκως: cf. Qu עריץ: cf. *a robusto* Vulg.] צדיק M.
50 2   ξηρανθήσονται = Qu תיבש [תבאש M = *computrescent* Vulg.
50 6   ἀπέστρεψα = Qu הסירותי = *averti* Vulg.] הסתרתי M.

44 16 (vorhexaplar. Zusatz) $\epsilon\nu$ $\tau o\iota s$ $a\nu\vartheta\rho a\xi\iota\nu$ B; $\epsilon\pi\iota$ $\tau\omega\nu$ $a\nu\vartheta\rho a\kappa\omega\nu$
$a\nu\tau o\nu$ 449–770; $\epsilon\pi\iota$ $\tau o\iota s$ $a\nu\vartheta\rho a\xi\iota\nu$ $a\nu\tau o\nu$ Q^{mg} (om. $a\nu\tau o\nu$)
239–306 Syh^{mg}=Qu נחליו] om. hic M, sed hab. v. 19.

51 9 (hexaplar. Zusatz) η $\kappa a\tau a\kappa o\psi a\sigma a$ L=Qu המחצת = *percussisti*
Vulg.] $\dot{\eta}$ $\lambda a\tau o\mu\eta\sigma a\sigma a$ V–oII C (ex a' σ' ϑ') = המחצבת M.

Ursprünglich sind LXX Qu 10 32 (BH: "l"); 23 10 (BH: "l frt";
streiche "frt"); 32 6; 45 2 (BH: "l?"; streiche das Fragezeichen); 49 24
(BH: "l"); 44 16 (BH: "l"); 51 9 (BH: "l").

Sedundär sind LXX Qu 16 9; 36 11 (stammt aus v. 12); 37 26 (erleichternde Lesart); 41 5; 45 8 (Qu bestätigt meine Vermutung, dass LXX
bereits הריעו vor sich gehabt hat, siehe *Untersuchungen zur Is.-Sept.*,
S. 157); 50 2 (erleichternde Lesart).

Verschiedene Stellen sind eigens zu besprechen. An den beiden
Stellen 41 20 und 50 6 hat LXX wohl die Lesart des M vor sich gehabt
und frei übersetzt; es ist aber möglich, dass die Lesart von Qu in der
Vorlage stand entweder als Textlesart oder als Randnote. 41 20 ist zum
Verbum שים das Nomen לב zu ergänzen, vgl.

41 22 $\dot{\epsilon}\pi\iota\sigma\tau\dot{\eta}\sigma o\mu\epsilon\nu$ $\tau\dot{o}\nu$ $\nu o\tilde{\nu}\nu$.

47 7 $\dot{\epsilon}\nu\dot{o}\eta\sigma as$ . . . $\dot{\epsilon}\nu$ $\tau\tilde{\eta}$ $\kappa a\rho\delta\dot{\iota}a$ $\sigma o\nu$.

57 1 $\dot{\epsilon}\kappa\delta\dot{\epsilon}\chi\epsilon\tau a\iota$ $\tau\tilde{\eta}$ $\kappa a\rho\delta\dot{\iota}a$.

57 11 $o\dot{\nu}\delta\dot{\epsilon}$ $\dot{\epsilon}\lambda a\beta\dot{\epsilon}s$ $\mu\epsilon$ $\epsilon\dot{\iota}s$ $\tau\dot{\eta}\nu$ $\delta\iota\dot{a}\nu o\iota a\nu$ $o\dot{\nu}\delta\dot{\epsilon}$ $\epsilon\dot{\iota}s$ $\tau\dot{\eta}\nu$ $\kappa a\rho\delta\dot{\iota}a\nu$ $\sigma o\nu$
($o\dot{\nu}\delta\dot{\epsilon}$ $\epsilon\dot{\iota}s$ $\tau\dot{\eta}\nu$ $\kappa a\rho\delta\dot{\iota}a\nu$ $\sigma o\nu$ ist Dublette, siehe *Untersuchungen zur Is.-Sept.*,
S. 77). Es ist deshalb mit $\dot{\epsilon}\nu\nu o\eta\vartheta\tilde{\omega}\sigma\iota$ richtig wiedergegeben, wie die
benachbarten Wörter verlangen. Es ist sehr wahrscheinlich, dass die
Lesart von Qu als "mater versionis" bereits der LXX vorlag.

50 6 liegt in M die häufige Wendung vor "das Angesicht verbergen,"
von den Menschen als Subjekt nur 4mal (Exod 3 6; Isa 50 6; 53 3; 59 2),
von Gott jedoch 27mal (namentlich in den Psalmen) ausgesagt. Überall
übersetzt die LXX mit $a\pi o\sigma\tau\rho\dot{\epsilon}\varphi\epsilon\iota\nu$ $\tau\dot{o}$ $\pi\rho\dot{o}\sigma\omega\pi o\nu$ Exod 3 6;
Deut (3mal); Pss (14mal); Ier 40 (33) 5; Ezek (3mal); auch Isa 8 17; 53 3;
54 8; 57 17; 59 2; 64 7 (6), also 6mal. Nur Iob 13 24 ist "warum verbirgst
Du Dein Angesicht" frei mit $\delta\iota\dot{a}$ $\tau\dot{\iota}$ $a\pi'$ $\dot{\epsilon}\mu o\tilde{\nu}$ $\kappa\rho\dot{\nu}\pi\tau\eta$ wiedergegeben.
Auch die Peschitta übersetzt diese Wendung wie die LXX, siehe Gott-
stein, *Bibl.*, 35 (1954), 62. Die jüngeren Übersetzer haben wörtlich
übersetzt: $a\pi o\kappa\rho\dot{\nu}\pi\tau\epsilon\iota\nu$ (a' Exod 3 6; Deut 31 18; Isa 8 17 u. ö.;
ϑ' Isa 59 2), $\kappa\rho\dot{\nu}\pi\tau\epsilon\iota\nu$ (σ' Isa 8 17; 54 8 u. ö.) $\tau\dot{o}$ $\pi\rho\dot{o}\sigma\omega\pi o\nu$.

Es ist auffallend, dass nur 50 6 in Qu הסירותי steht, das wie eine
Retroversion des griech. $a\pi\dot{\epsilon}\sigma\tau\rho\epsilon\psi a$ aussieht, aber sicher keine ist. Es
ist auch nicht anzunehmen, dass in der Vorlage der LXX die Lesart von
Qu gestanden habe. Aber es ist deutlich zu sehen, dass die LXX-

Übersetzer eine gemeinsame Tradition kennen, die ihre Heimat nicht in Alexandrien, sondern in Palästina hat. Es mag so gewesen sein, dass für die Übersetzer gewisse "Richtlinien" ausgearbeitet worden sind, die Angaben über die Bedeutung und Wiedergabe verschiedener Wörter und Wendungen enthielten. Sie mögen zunächst an den Rand der Handschriften geschrieben sein (unsere Handschrift von Qumran enthält keine Randnoten, wohl aber die hebr. Sirach-Handschriften); vielleicht waren sie auch in getrennten "Wörterverzeichnissen" vorhanden. Man kann diese Lesarten als "lectiones auxiliares" oder besser (im Anschluss an die "matres lectionis") als "matres versionis" bezeichnen (siehe oben die "matres transcriptionis"). Sie sind dann gelegentlich vom Rand oder von der separaten Liste in den Text geraten (wie an unserer Stelle).

Ein weiterer Beleg für diese Annahmen ist die Stelle 32 6, die O r l i n s k y ausführlich besprochen hat, siehe *JBL*, 69 (1950), 152–155, und wiederholt *JJSt*, 2 (1950/51), 152; *JNEST*, 11 (1952/53), 153. Man kann wohl Orlinsky zustimmen, wenn er sagt, dass das Zusammengehen von LXX (und Targ.) mit Qu nicht beweist, dass beide Zeugen die Lesart von Qu auch in ihrer Vorlage gehabt haben. Aber es besteht doch die Möglichkeit (und dies soll hier gleich betont werden), dass die Lesart von Qu bereits dort stand. Bei Orlinsky steht Qu nicht hoch im Kurs; die von M abweichenden Varianten verdanken ihren Ursprung dem fehlerhaften mündlich tradierten Text: "The St. Mark's Isaiah Scroll derives from a text which was written (probably from dictation) from memory," *JBL*, 69 (1950), 165. Man darf jedoch nicht zu sehr den Ton auf die "mündliche" oder "gedächtnismässige" Tradition legen. Es ist auch nicht anzunehmen, dass so umfangreiche Texte "from memory" oder "from dictation" geschrieben worden seien, zumal auch, so viel ich sehe, Hörfehler nicht festgestellt worden sind. Deshalb ist es nicht richtig, in חושב "an unreliable oral variation" (*ebd.*, S. 165), zu sehen. Vielmehr ist die Lesart von Qu eine "mater versionis," die bereits in der Vorlage der LXX gestanden haben kann.

39 1 ist ebenfalls nicht sicher zu sagen, dass LXX wie Qu in der Vorlage gelesen hat. Aber wiederum ist dem Is.-Übersetzer die Qu-Lesart bekannt gewesen; dies zeigt die Parallelstelle 38 9 καὶ ἀνέστη = ויחי M Qu (von hier kam ויחי nach 39 1), ferner 26 19, wo ebenfalls חיה mit ἀνίστασθαι wiedergegeben ist: ἀ ν α σ τ ή σ ο ν τ α ι οἱ νεκροί.

Auch bei 44 20 kann nicht entschieden werden, ob LXX wie Qu in der Vorlage gehabt hat. Es ist eher wahrscheinlich, dass sie wie M gelesen hat und dass ihr die Lesart יוכל als "mater versionis" (aus 16 12, siehe unten) ebenfalls zur Verfügung stand. Bei der Verwendung des Verbums δύνασθαι bestehen d r e i Möglichkeiten:

1. Die Vorlage hat zwei Verba (dies ist der gewöhnliche Fall), z. B.

7 1   καὶ οὐκ ἠδυνήθησαν πολιορκῆσαι αὐτήν = M Qu.

36 14   οἳ οὐ δυνήσονται ῥύσασθαι ὑμᾶς = M Qu.

2. Die Vorlage hat nur das Hauptverbum; der Übersetzer übernimmt als Hilfsverbum δύνασθαι, z. B.

11 9   οὐδὲ μὴ δ ύ ν ω ν τ α ι (>M Qu) ἀπολέσαι.

20 6   οἳ οὐκ ἠ δ ύ ν α ν τ ο (>M Qu) σωθῆναι.

36 9   καὶ πῶς δ ύ ν α σ θ ε (>M Qu) ἀποστρέψαι.

36 19   μὴ ἐ δ ύ ν α ν τ ο (>M Qu) ῥύσασθαι.

3. Die Vorlage hat nur יכל im absoluten Sinn "vermögen," "imstande sein"; diesen absoluten Charakter hat der Übersetzer verkannt und musste so ein sinnentsprechendes Verbum beifügen, z. B.

16 12   καὶ οὐ μὴ δύνηται ἐξελέσθαι αὐτόν (ἐξελέσθαι αὐτόν sub ÷ ; om. M).

29 11   οὐ δύναμαι ἀναγνῶναι (ἀναγνῶναι sub ÷ ; om. M).

Weitere Beispiele in den *Untersuchungen zur Is.-Sept.*, S. 65, und in den *Beiträgen zur Ier.-Sept.*, S. 92 zu 20 9.

X

Die bis jetzt genannten Stellen zeigen, dass Qu von M abweichende, gewöhnlich sekundäre Lesarten kennt, die auch LXX als "matres versionis" benützte. Da kann es leicht vorkommen, dass D u b l e t t e n eindringen; es ist aber auffallend, dass nur wenige Stellen genannt werden können, wo "Dubletten" in Qu bzw. LXX vorliegen.

37 9   καὶ ἀκούσας ἀπέστρεψε = Qu וישמע וישוב] וישמע וישב M; וישב IV Reg. 19 9.

Als ursprüngliche Lesart ist mit IV Reg 19 9 וישב anzunehmen, siehe meinen Is.-Kommentar in der "Echter-Bibel" (BH "sed ? origin" ist zu Unrecht unschlüssig; bereits am Anfang von v. 9 steht richtig וישמע, das sicher nicht zweimal im gleichen Vers geschrieben wurde). Die Erklärungen, dass hier eine einfache "addizione," so Milik, *Bibl.*, 31 (1950), 86, oder "verschiedener Ausfall durch doppeltes Homoioarkton," so Hempel, *ZAW*, 62 (1949/50), 289, vorliege, treffen nicht das Richtige.

40 19   ἐποίησε: cf. Qu ויעשה מסך] נסך M.

Der in Qu vorliegende Text ist unklar. Hempel, *ZAW*, 61 (1945/48), 284, meint, dass "מסך für נסך 19, wohl unter dem Einfluss des neben פסל

häufigen מסכה" stehe. Jedoch ist in מסך ein Nomen als Objekt von ויעשה zu sehen. Sowohl Qu als LXX kannten die Lesart עשה. Der griech. Übersetzer benützte sie als "mater lectionis" und gab deshalb נסך mit ἐποίησε wieder. Der Schreiber von Qu wollte die alte ursprüngliche Lesart nicht unter den Tisch fallen lassen und schrieb "und er machte ein Gussbild." Jedoch passt die Satzkonstruktion nicht gut; man erwartet ויעשה מסך ופסל.

41 11   πάντες 2°: cf. Qu אנשי [כול אנשי M.
Man könnte כול als einfache Hinzufügung betrachten, die der Schreiber aus eigenem beigab; aber πάντες 2° der LXX zeigt, dass כול bereits vorlag (beeinflusst von πάντες 1° v. 11a). כול ist sekundär, siehe G. Fohrer, *VT*, 5 (1955), 249.

65 2   ἀπειθοῦντα καὶ ἀντιλέγοντα] מורה (so ist nach dem Photo zu lesen, nicht סורה, wie Burrows abdruckt) Qu; סורר M.
Wahrscheinlich hat LXX in ihrer Vorlage bereits die beiden Lesarten von M und Qu סורר ומורה gelesen. Dann hätten wir in der LXX eine Dublette, die allerdings ihr Doppelgesicht verloren hat, da die Wendung "widerspenstig und abtrünnig" an vielen Stellen vorkommt und ursprünglich ist, siehe meine *Untersuchungen zur Is.-Sept.*, S. 78. An unserer Stelle ist nur e i n Verbum und zwar das des M echt.

XI

Wenn neu entdeckte Handschriften uns geschenkt werden, dann erregt die Schreibung und Wiedergabe der G o t t e s n a m e n besonderes Interesse. So auch bei unserer Isaias-Rolle. Über die Gottesnamen hat P. Boccaccio in *Bibl.*, 32 (1951), 90–96, einen Beitrag "I manoscritti del Mar Morto e i nomi di Dio יהוה, אל" geschrieben, jedoch keine Notiz von der Wiedergabe in der LXX genommen. Auch in anderen Aufsätzen ist über die Gottesnamen gesprochen worden, aber nur gelegentlich auf die LXX Bezug genommen, vgl. Burrows, "The Treatment of the Tetragrammaton," *BASOR*, 113 (1949), 31 f., und Hempel, *ZAW*, 62 (1949/50), 253. Um eine Übersicht zu gewinnen, seien die Stellen, an denen Qu in der Behandlung des Gottesnamens von M abweicht, zusammengestellt.

6 11   κύριε יהוה Qu, אדני M.
7 14   κύριος יהוה Qu, אדני M, ebenso 9 8 (7); 21 16.
28 2   κυρίου ליהוה Qu "mlt MSS Edd," לאדני M.

3 18   κύριος יהוה Qu* "mlt MSS" אדוני Quᶜ; אדני M, ebenso 8 7.

3 17 ὁ θεός] κυριος C 46 403–613 = יהוה Qu^c, "mlt MSS"; אד' Q* M.

37 20 ὁ θεός 2°] יהוה M; κυριος ο θεος 86 = יהוה אל' Qu IV Reg 19 19.

49 7 κύριος = יהוה M] אד' יהוה Qu;

38 11 τοῦ θεοῦ] יה Qu; יה יה M = α'ϑ' ια ια; σ' (τον) κυριον.

49 14 καὶ ὁ κύριος] και ο θεος A 88–oII L = ואל' Qu^c; ואד' Qu* M.

42 6 κύριος ὁ θεός] יהוה M; om. יהוה Qu: cf. Hempel, ZAW, 62 (1949/50), 253.

25 9 ὁ θεὸς ἡμῶν = אלהינו M] pr. κυριος S 393 538 Co Syp Ir.^{lat} = יהוה אל' Qu.

28 16 κύριος S A–Q^{txt}C = יהוה Qu*] κυριος κυριος O–Q^{mg} et κυριος ο θεος L = אד' יהוה Qu^c M.

28 22 (παρὰ) κυρίου = יהוה Qu "4 MSS"] a domino deo Hi.; οι γ' + ※ κυρίου = אד' יהוה M.

30 15 κύριος S A 87* = יהוה Qu*] κυριος κυριος Q O C (87^c) et κυριος ο θεος L = אד' יהוה Qu^c M.

42 5 κύριος ὁ θεός = האל האל' Qu; האל יהוה M: cf. Hempel, ZAW, 62 (1949/50), 253] o θεος 51; κυριος oII 407 410 Ir. Cyr.

49 22 κύριος B* A–Q^{txt} S L = יהוה Qu] κυριος κυριος O (B^c)–Q^{mg} C = אד' יהוה M; dominus deus Hi.

50 5 κυρίου S* A–Q^{txt} L C] κυριου κυριου S^c B–Q^{mg}–oI 36 = אד' יהוה M; אל' Qu.

52 4 κύριος S A–Q^{txt} L = יהוה Qu] κυριος κυριος O– Q^{mg} = אד' יהוה M; κυριος ο θεος C.

54 6 ὁ θεός σου S A–Q O L C = אלהיך M] κυριος ο θεος σου 88 239–306 Bo (ημων pro σου) = יהוה אל' Qu.

61 1 κυρίου = יהוה Qu] + ※ κυριου Q^{mg} = אד' יהוה M.

61 11 κύριος S A–Q^{txt} L C] κυριος κυριος O–Q^{mg} = אד' יהוה M; dominus deus Hi. = יהוה אל' Qu.

65 13 κύριος = יהוה Qu*] + ※ κυριος 407 613 Or. = אד' יהוה Qu^c M.

Ein Überblick über die genannten Stellen lässt keine klare Linie sehen. Der griech. Übersetzer hatte ja bereits die Schwierigkeit, אדני mit einem entsprechenden Wort wiederzugeben, nachdem κύριος für יהוה festgelegt war. So ist 49 14 zweimal κύριος für אדני und יהוה verwendet. Das bekannteste Beispiel ist Ps 109 (110) 1 (Εἶπεν) ὁ κύριος τῷ κυρίῳ μου יהוה לאדני. Deshalb kann auch nicht gesagt werden, ob LXX wie Qu יהוה in ihrer Vorlage 6 11; 7 14; 9 8 (7); 21 6; 28 2; 3 18 gelesen hat. Dagegen hat sicher LXX wie Qu nur e i n e n Gottesnamen (M zwei) an folgenden Stellen: 28 16; 28 22; 30 15; 49 22; 50 5; 52 4; 61 1; 65 13, ferner 38 11. Wahrscheinlich hat hier LXX mit Qu das Ursprüngliche bewahrt. Dagegen stehen aber wieder Stellen, wo LXX mit M nur e i n e n Gottesnamen hat, während in Qu zwei stehen, so 37 20; 49 7; 25 9; 54 6. Schliesslich hat LXX nur e i n e n Gottesnamen, während in Qu M zwei stehen, so 50 5; 61 11.

E r g e b n i s . Eine stattliche Anzahl von Varianten konnte notiert werden, die in LXX Qu gegen M übereinstimmen. Diese Übereinstim- mung besagt aber nicht, dass überall die Vorlage der LXX die gleiche hebr. Lesart wie Qu hatte. Es ist deutlich zu erkennen, dass Qu gerade in vielen Fällen, wo sie mit LXX übereinstimmt, sekundäre, erleichternde Lesarten gegenüber M bezeugt.

Jedoch ist erwiesen, dass bereits der LXX-Übersetzer die von M ab- weichenden Varianten in Qu kannte, entweder als Lesarten, die am Rand seiner Vorlage standen (Randnoten), oder im Text angebracht waren (Textkorrekturen), oder völlig die ursprüngliche Lesart, die in M steht, verdrängt haben (sekundäre Lesarten). Es besteht auch die Möglichkeit, dass solche Varianten, besonders die lexikalischen, die den Sinn anders deuteten, von einer Gelehrtenschule mündlich tradiert und auch schrift- lich in separaten Verzeichnissen fixiert wurden. Diese Lesarten kannte sicher der Übersetzer und hat sie als "matres versionis" bzw. "trans- criptionis" benutzt. Es besteht auch die Möglichkeit (und sie liegt sehr nahe), dass ein Grossteil der aufgeführten Varianten von Qu bereits in der LXX-Vorlage stand; denn wenn sie in Qu Aufnahme gefunden haben, warum hätten sie nicht auch in der LXX-Vorlage stehen können? Somit verraten LXX und Qu eine gemeinsame Textform, in der sich "gewisse «schriftgelehrte» Tendenzen geltend machen, die dazu zu zwingen scheinen, in ihr den Niederschlag einer bewussten Rezension zu sehen," wie richtig Hempel, *ZAW*, 62 (1949/50), 254, bereits "als vorläufiges Ergebnis" feststellt. Nur ist der Is.-Übersetzer bzw. der Bearbeiter der LXX-Vorlage konsequenter als der Rezensent von Qu, wie die durch- gängige Schreibweise der Eigennamen Ρομελιας und Σομνας mit ο (siehe unter VII) und die ständige Wiedergabe ἀ π ο σ τ ρ έ φ ε ι ν τὸ πρόσωπον (siehe unter IX) zeigen, während Qu den ו Laut nicht überall hat und nur einmal (50 6) das Verbum סור Hiphil bezeugt. Aber ganz folgerichtig waren weder der Is-Übersetzer bzw. die Bearbeiter der LXX- Vorlage noch der Rezensor von Qu, und dies ist auch nicht zu erwarten, denn der Is.-Übersetzer war kein Aquila und der Bearbeiter von Qu bzw. der LXX-Vorlage waren keine Schüler des Rabbi Aqiba. Diese Erkennt- nisse sind das wichtigste Ergebnis der vorliegenden Untersuchung, mag auch die Summe der LXX Qu gemeinsamen Lesarten (besonders wenn man die Gegenprobe machen würde und die sehr zahlreichen Stellen sammelte, wo LXX M gegen Qu oder LXX gegen M Qu geht) ὀλιγοστὸς καὶ οὐκ ἔντιμος sein, um mit den Worten der Is.-LXX 16 14 zu schliessen.

Die hexaplarische Bearbeitung des griechischen Sirach

Herrn Prof. DDr. Friedrich Nötscher
zum 70. Geburtstag gewidmet

In der Propheten-Septuaginta konnten als älteste und wichtigste Bearbeitungen des LXX-Textes die beiden Rezensionen von O r i - g e n e s (= O) und L u k i a n (= L) eindeutig festgestellt werden. Wenn man von der Proph.-LXX zu den griech. Libri sapientiales übergeht, fragt man sofort, ob es sich hier ebenso verhält. Bei den protokanonischen Büchern (Job, Prv, Eccle, Ct) darf man dies von vornherein annehmen; hier gilt es, nur die Zeugen der beiden Rezensionen namhaft zu machen. Schwieriger ist der Nachweis von O und namentlich von L bei den beiden deuterokanonischen Schriften Sapientia Salomonis (Sap) und Jesus Sirach (Sir). Für Sir konnte einwandfrei gezeigt werden, daß L u k i a n den griech. Text rezensiert hat[1]. Die gleiche Frage kann auch in bezug auf O ge-stellt werden: Hat O r i g e n e s den griech. Sirach rezensiert?

I.

Als wichtiger Zeuge der hexapl. Rezension wurde für die Proph.-Sept. die Syrohexapla (Syh) festgestellt, die sich ja schon durch ihren Namen ausweist. Sie überliefert auch die Libri sapientiales

---

[1] Siehe J. Z i e g l e r , Hat Lukian den griechischen Sirach rezensiert? Bib 40 (1959), 210–229 (= Studia Biblica et Orientalia I [Roma 1959], 76–95).

Folgende Autoren sind öfter und ausführlich zitiert:
S c h l a t t e r , Adolf, Das neu gefundene Hebräische Stück des Sirach. Der Glossator des griechischen Sirach und seine Stellung in der Geschichte der jüdischen Theologie = Beitr. z. Förd. christl. Theol. I 5–6, Gütersloh 1897.
H a r t , J. H. A., Ecclesiasticus. The Greek Text of Codex 248, Cambridge 1909.
S m e n d , Rudolf, Die Weisheit des Jesus Sirach, Berlin 1906.
D e B r u y n e , Donatien, Étude sur le texte latin de l'Ecclésiastique: Rev. Bén. 40 (1928), 5–48.
S e g a l , M. H., The Evolution of the Hebrew Text of Ben Sira: JQR NS 25 (1934/35), 91–149.
K e a r n s , Conleth, The Expanded Text of Ecclesiasticus. Its Teaching on the Future Life as a Clue to its Origin (Diss.), Rome 1951. Leider liegt diese Dissertation nur in Maschinenschrift vor.
Das Werk von S m e n d ist grundlegend und umfassend; die Kommentare von N. P e t e r s (Exeget. Handbuch zum AT 25, Münster 1913) und B o x and O e s t e r l e y (The Apocrypha and Pseudepigrapha of the OT in English I 268–517, Oxford 1913) kommen über Smend nicht hinaus und werden deshalb nicht zitiert.

und damit Sir; so besteht die Aufgabe, ihren Text zu prüfen, ob er wirklich hexaplarisch ist. Der Nachweis begegnet manchen Schwierigkeiten, weil der Text syrisch überliefert ist und deshalb immer ins Griech. zurückübersetzt werden muß. Die Retroversion von Syh ist jedoch sehr erleichtert, weil bei Sir (und Sap) eine griech. Minuskel überliefert ist, die den gleichen Dienst leistet wie 88 in der Proph.-LXX, nämlich 253. Die beiden Hss. 253 und Syh haben einen gemeinsamen Vorfahren. Jedoch besteht ein Unterschied zwischen 253-Syh in Sir und 88-Syh in der Proph.-LXX. Die Proph.-Syh übersetzt ihre Vorlage genauer als die Sir-Syh (das Urteil von H. Herkenne[2], S. 19 über Syh: «archetypum Graecum summa fidelitate vertit» ist übertrieben), und dann sind 253-Syh in Sir nicht so eng verbunden wie 88-Syh in der Proph.-LXX; hier kann man bei jeder Variante von 88 annehmen, daß sie auch in Syh steht, während in Sir (und Sap) 253 auf der einen, und Syh auf der anderen Seite eine Reihe von Sonderlesarten bezeugt.

Äußere Merkmale einer hexapl. Hs. sind die beiden Zeichen *Asteriskus* und *Obelus;* wenn sie in einer Hs. überliefert sind, dann kann man diese auf den ersten Blick als hexaplarisch ansprechen. Jedoch ist Vorsicht geboten, weil auch *unechte* Asterisken (und Obelen) überliefert werden. Besonders wichtig sind die *asterisierten Zusätze;* solche finden sich in der Syh von Sir (auch von verschiedenen Minuskeln bezeugt). Gelegentlich sind es ganze oder halbe Verse, mehrere Wörter, einzelne Wendungen oder einzelne Wörter. Sie sollen hier genannt werden (bereits von Smend S. XCVI Anm. 2 aufgezählt, aber nicht vollständig).

1, 10 fin.] + ×[3] αγαπησις – εις ορασιν αυτου (der Asteriskus steht
                  unrichtig bereits vor και ἐχορήγησεν v. 10) O 493 La
1, 12 fin.] + × φοβος κυριου – καθιστησι O 493
1, 18 fin.] + × αμφοτερα – θεου O L La
1, 19 init.] pr. × πλατυνει δε καυχ. τοις αγ. αυτον O L
1, 20 fin.] + × 21 φοβος – πασαν οργην O L' La Clem.
3, 18 fin.] + × 19 πολλοι – τα μυστηρια αυτου Sᶜ O L'
3, 24 fin.] + × 25 κορας – μη επαγγελλου O L = H
10, 8 fin.] + × φιλαργυρου – εκπρακτον ποιει O L' La
11, 14 fin.] + × 15-16 σοφια – συγγηρα κακια O–V L' La
13, 13 fin.] + × 14 ακουων – εις σωτηριαν σου O L' La.

1, 10a fin.] + × απ αυτης Syh
3, 21a fin.] + × αναισθητως O 248

---

2 De Veteris Latinae Ecclesiastici capitibus I–XLIII ..., Leipzig 1899.
3 Das Zeichen × steht für den Asteriskus.

3, 21b fin.] + × αφροσυνη O 248

3, 22a fin.] + × οσιως O L

3, 28 fin.] + × και ου γνωσθησεται O La

4, 5a fin.] + × χαριν οργης O La

4, 25a fin.] + × κατα μηδε εν O L; + κατα μηδεν S^c

5, 11 fin.] + × ορθην O L La

5, 14a fin.] + × εν τω βιω σου (der Asteriskus steht fälschlich vor
μὴ κληθῇς v. 14a init.) O–V La^p

6, 14 fin.] + × ευλογιας O L⁻²⁴⁸ La^L

12, 15 fin.] + × απο αδικιας O–V.

Bereits Smend hat auf die merkwürdige Tatsache hingewiesen,
daß Syh nur bis 13, 25 umfangreiche (größtenteils nicht asterisierte) Zusätze verzeichnet; der letzte asterisierte Zusatz steht
13, 13 (s. oben). Nur selten finden sich ab Kap. 14 größere Zusätze,
so 29, 23 (ex Rg I 2, 7); 40, 14 und 50, 29. Auch in 253 brechen die
Zusätze hinter Kap. 13 ab; dies zeigt, daß der Bearbeiter der griechischen Vorlage von 253-Syh seiner Arbeit müde geworden ist
und die Zusätze einfach nicht mehr vermerkte. Sie fehlten aber
wohl nicht in der ursprünglichen hexapl. Bearbeitung; denn sie
sind (allerdings nicht vollständig) auch in der lukianischen Rezension (L) bezeugt.

In der Proph.-LXX stehen die hexapl. Zeichen (Asteriskus und
Obelus) auch in 88; dagegen finden sie sich nicht in 253. Wie
sind nun diese Asterisken zu beurteilen? Nach K e a r n s ist ihre
Bedeutung noch nicht klar («not yet clear» S. 16). S c h l a t t e r sah
sie als Zeichen nicht für ein Addendum, sondern für ein Delen-
dum an (also im Sinn des Obelus); er kam zu dieser Auffassung,
weil der hebr. Urtext damals (1897) noch nicht bekannt war.
Schlatter hielt die Zusätze für griech. Ursprungs und schrieb sie
dem jüdischen Philosophen Aristobulos und seiner Schule zu.
Ähnlich urteilt auch D. d e B r u y n e, der die von 253 (und von
Syh, die de Bruyne in diesem Zusammenhang nicht nennt) überlieferten Zusätze dem recht armseligen Typ («très pauvre type»
S. 43) 253 zuschreibt. Der Bearbeiter habe das Plus mit Asterisken
versehen, weil ihm der Asterisk vertrauter gewesen sei als der
Obelus, den er eigentlich hätte anwenden müssen.

Mit diesen Ausführungen über die Asterisken wendet sich de
Bruyne gegen S m e n d, der diese Zeichen positiver beurteilt, wenn
er schreibt, daß sie «nach Analogie der übrigen Hexapla gedeutet
werden müssen, mag der syrohexaplarische Sirach nun auf Ori-

genes zurückgehen oder nicht» (S. XCVI). Smend meint, daß der
Redaktor das Plus einer anderen griech. Übersetzung des Sir, die
auf einem erweiterten hebr. Text beruhte, entnommen habe, daß
er vielleicht einen solchen hebr. Text noch selbst gekannt habe
und ihn bei Aufnahme der Zusätze als Maßstab benützt habe.
«Zum wenigsten wird man aber annehmen dürfen, daß er den
erweiterten griechischen Text als eine bestimmte Rezension
kannte, die er für authentisch hielt» (S. XCVI). Man kann zum
Vergleich auf Hieronymus hinweisen, der bei der Revision des
altlat. Psalteriums (beim Psalt. Gallicanum) ebenfalls nicht direkt
den hebr. Text einsah, sondern die hexaplarische Septuaginta,
die nach seiner festen Meinung bereits die Hebraica veritas (allerdings in griech. Sprachform) enthielt. Smend hat richtig gesehen:
die Asterisken sollen, so wie in der übrigen Hexapla, die wohl
nicht direkt einer hebr. Vorlage, aber einer nach einer hebr. Vorlage bearbeiteten griech. Revision oder Übersetzung entnomme-
nen Zusätze, kennzeichnen. Dies stimmt sicher in bezug auf die
größeren Zusätze, die einen oder mehrere Verse oder Halbverse
umfassen. Bei den kleinen Zusätzen, die nur ein Wort oder eine
Wendung betreffen, muß man etwas vorsichtiger sein; es ist möglich, daß manche von ihnen auf innergriech. Ebene entstanden
sind. Dies konnte der Rezensent so wenig feststellen wie wir; er
hat manche von ihnen ebenfalls mit einem Asteriskus versehen,
weil sie eben auch in seiner griech. Vorlage standen.

Außer in Syh sind nur noch von dem *Korrektor* (S$^{c.a}$ nach
Tischendorf und Swete, hier kurz mit «S^c» bezeichnet) des cod.
Sinaiticus zu folgenden Verszeilen *Asteriske*n verzeichnet: 16, 3c;
16, 10a und 16, 10b; 18, 12a und 18, 12b; 23, 2d; 23, 18d; 35, 18c.
Diese Teile sind keine neuen Wiedergaben oder Zusätze (aus
GrII), sondern insgesamt Texte der alten Übersetzung (GrI). Der
Standort dieser Asterisken ist also höchst seltsam. Man würde näm-
lich die Asterisken bei den oben genannten Zusätzen erwarten.
Jedoch kann man sie hier nicht finden, weil nur zwei Zusätze,
nämlich 3, 18 fin. πολλοι – τα μυστηρια αυτου und 4, 25a fin. κατα μηδεν
(also leicht von O abweichend), auch von S^c bezeugt sind, aber
ohne Asteriskus (und gerade hier wäre er sehr willkommen!).

An der ersten Stelle (16, 3c) erwartet man den Asteriskus bei
dem von S^c bezeugten Zusatz στεναξεις – παρανομοι, ebenso an der
zweiten Stelle (16, 10a) bei dem von S^c überlieferten Plus ταυτα
παντα – παρεκληθη. Der zu 16, 10b überlieferte Asteriskus gehört
wohl zu dem von *L* Clem. bezeugten Zusatz μαστιγων – διεφυλαξεν,

der vielleicht in der Vorlage von S^c stand, aber nicht von S^c übernommen wurde. Die zu 23, 2d in S^c stehenden Asterisken zeigen
wohl an, daß bereits in der Vorlage von S^c (wie jetzt noch in 248
Sa Mal.) der Stichus 23, 2d fehlte. Ähnlich wird es der Fall sein
mit 23, 18d; om. 18d 429 Ambr. V 11. Ebenso kann der Asteriskus
zu 35, 18c erklärt werden; om. 18c L 157 543 = H. Die in S^c zu
18, 12a und 12b verzeichneten Asterisken lassen sich nicht erklären; sie scheinen versprengt zu sein. Jedenfalls zeigen die in
S^c stehenden Asterisken, daß der Korrektor eine hexaplarisch
bearbeitete Vorlage hatte, die diese Zeichen überlieferte.

II.

Somit kann kein Zweifel bestehen, daß die in Syh und S^c überlieferten Asterisken die hexaplarische Rezension von Sir kennzeichnen. Wie steht es jedoch mit den anderen kritischen Zeichen,
die sonst immer (z. B. in der Proph.-LXX) zusammen mit den
Asterisken verwendet werden, nämlich mit den *Obelen?* Hier sind
wir bei Sir in der prekären Lage, keine Obelen vorzufinden. Wenn
sie wie in der übrigen LXX auch in Sir neben den Asterisken verwendet wären, dann hätte man bei der Frage nach der hexapl.
Rezension ein leichtes Spiel. Jedoch darf ihr Fehlen nicht zu hoch
angeschlagen werden. Folgende Erwägungen können angestellt
werden:

Es ist zu beobachten, daß in der LXX ein Plus gegenüber der
hebr. Vorlage nicht so oft vorkommt wie umgekehrt (Minus in
der LXX gegenüber der hebr. Vorlage). Deshalb ist der Obelus
im Gegensatz zum Asteriskus weniger häufig anzutreffen. Dann
ist für einen Bearbeiter der überlieferte Text bereits eine deutlich
abgegrenzte Größe, den er gern einfach übernimmt, ohne gleich
zu fragen, ob er in der hebr. Vorlage auch überall bezeugt ist.
Zudem scheint gerade in Sir mit seinen deutlich abgesteckten
Stichen ein Plus gegenüber H selten gewesen zu sein. Es mag auch
sein, daß der Bearbeiter den Obelus überhaupt nicht anwandte,
sondern solche Teile, die nur einen geringen Umfang hatten (nur
eine Vokabel), sofort einfach ausließ. So lassen sich auch einige
Auslassungen feststellen, die mit H übereinstimmen. Beispiele:

12, 11 om. οὐκ O 694 = H
14, 20 om. ὅς 2° O La = H
37, 19 om. ἀνήρ O = H.

Es mag sein, daß man bei Sir einen milderen Maßstab anwandte
als bei den protokanonischen Schriften. Hier hat Origenes, wie

er selbst sagt, bei den gegenüber 𝔐 überschießenden Stellen
den Obelus gesetzt, weil er es nicht «wagte», die Stellen einfach
auszulassen, wie er in seinem Matth.-Kommentar XV 14 sagt (siehe
Einleitung zur Is-Ausgabe S. 64). Erst spätere Bearbeiter, die das
Werk im Geist des großen Alexandriners fortsetzten (so Eusebius
und Pamphilus in der griech. und Hieronymus in der lat. Kirche),
haben solche Stellen, die keine Entsprechung im hebr. Text hatten
und in ihrer Vorlage mit dem Obelus gekennzeichnet waren, einfach gestrichen. Dies ist aber selten geschehen.

III.

Kennzeichnend für die hexaplarische Bearbeitung sind die
Wortlautänderungen, die oftmals bloß in der Wahl eines Syno-
nyms oder manchmal in der Neuübersetzung einer Stelle bestehen.
Solche neue, spätere Wiedergaben sind jedoch verhältnismäßig
selten. Offenbar scheute man sich, zu stark in den überlieferten
Text einzugreifen. Vielfach war man auch nicht in der Lage, neue
Übersetzungen zu machen. Dies ist auffallend; denn ein Vergleich
mit den jüngeren griech. Übersetzungen zeigt deutlich, daß viele
Stellen der alten Sept. unrichtig und unverständlich übertragen
worden sind. Trotzdem ließ sie Origenes häufig stehen.

Auch in Sir können nicht allzu viele neu übersetzte Stellen
namhaft gemacht werden, obwohl oftmals der griech. Text erheblich von H abweicht, da einesteils der Übersetzer in der Wortwahl
nicht so genau und konstant war wie in anderen Büchern der LXX
(z. B. Dodekapropheton, Jer, Ez, Pss) und andererseits oftmals eine
andere hebr. Vorlage gehabt hat.

Eindeutig sind diejenigen Wiedergaben als hexaplarische Neu-
übersetzungen zu erkennen, die mit der hebr. Vorlage übereinstimmen. Auch bei Sir sind solche festzustellen.

Beispiele:

5, 7 κυρίου] αυτου S* O La = H
12, 2 τοῦ ὑψίστου] κυριου O La = H
14, 5 τοῖς χρήμασιν] τοις αγαθοις O–V La = H.

Leider liegt hier der hebr. Text von Sir nicht mehr vollständig
vor, so daß nicht immer die Übereinstimmung mit H aufgezeigt
werden kann. Aber bei etlichen Stellen kann man sie voraussetzen, z. B.

1, 18 καὶ ὑγίειαν] μεστην O
1, 20 φοβεῖσθαι] αγαπαν O.

Die Annahme, daß an manchen Stellen nach dem hebr. Text (der heute nicht mehr vorhanden ist) korrigiert worden ist, verdichtet sich zur Gewißheit, wenn die von O bezeugte Variante mit Syr übereinstimmt.

Weiterhin lassen sich neue Wiedergaben auch an jenen Stellen namhaft machen, wo die alte Übersetzung mit H übereinstimmt, also die hexaplarische Lesart gegen den bekannten hebr. Text geht. Solche Stellen können nur so erklärt werden, daß hier O (bzw. die Quelle von O) eine hebr. Vorlage hatte, die von dem uns bekannten hebr. Text abwich.

Beispiele:

6, 11 ὡς σύ = H] μετα σου O
14, 16 ζητῆσαι τρυφήν = H] μνησθηναι ζωην O.

Schließlich begegnen uns O-Lesarten, die nur ein Synonym überliefern. Hier ist nicht Einsicht in eine hebr. Vorlage nötig; eine solche Variante kann auch dem Stilgefühl des Rezensenten entspringen, indem er nichtgängige Vokabeln einfach auswechselte.

Beispiele:

3, 21 ἐξέταζε] ερευνα O Or. IV 230
6, 37 διὰ παντός] ενδελεχως O
13, 25 κακά] πονηρα O; ebenso 27, 22 O–V L
23, 22 ἀλλοτρίου] αλλου O–V 248
43, 12 ἐγύρωσεν] εκυκλωσεν O–V.

Bei diesen Beispielen ist nicht klar, ob Syh auch immer die griech. Lesart von 253 vertritt; dies ist zwar von vornherein anzunehmen, aber nicht sicher, da hier die syr Wiedergabe «neutral» ist. Es ist jedoch vorausgesetzt, daß Syh mit 253 geht, und deshalb ist überall «O» notiert; vor allem kann dann angenommen werden, daß Syh mit 253 geht, wenn auch V die griech. Variante bezeugt, also 23, 22; 27, 22; 43, 12.

IV.

Als letzte Eigenart der hexapl. Rezension konnte die Änderung der *Wortfolge* nach der hebr. Vorlage festgestellt werden. Die Anlage der Hexapla bedingte ohne weiteres, daß bei abweichender Stellung die Wortfolge der hebr. Kolumne angeglichen werden mußte. Wenn also in Sir eine Umstellung nach der hebr. Vor-

lage festgestellt werden kann und diese in hexaplarischen Zeugen
überliefert ist, darf man annehmen, daß der Rezensent die Umstellung nach H vorgenommen hat. Es mag genügen, folgende zwei
Beispiele zu nennen:

11, 20 ὁμίλει/ἐν αὐτῇ] tr. O La verss. ᴾ = H
13, 23 ἀνύψωσαν/ἕως τῶν νεφελῶν Syh] tr. 253 La = H.

Das letzte Beispiel zeigt deutlich, daß in Syh die alte ursprüngliche Wortfolge beibehalten wurde; nur 253 und La, der beste
Zeuge von GrII, haben nach H umgestellt, oder besser die in ihrer
Vorlage (GrII) bereits nach H vollzogene Wortstellung übernommen.

Manchmal liegt in hexaplarischen Zeugen eine Wortfolge, die
mit H übereinstimmt, vor, ohne daß man dafür die hebr. Vorlage
in Anspruch nehmen kann. Hier kann auch das Stilgefühl den
Ausschlag gegeben haben.

V.

Sir ist also wie die anderen protokanonischen Bücher behandelt
worden. Jedoch läßt sich nicht nachweisen, daß Origenes selbst
diese Arbeit geleistet hat. Man könnte sie ihm zuschreiben, wenn
er selbst in seinem Schrifttum ausdrücklich auf seine Bearbeitung
von Sir zu sprechen käme oder wenn in den hexapl. Sir-Hss.
irgendwelche Notizen (in Form eines Kolophons) überliefert
wären. Ein innerer Grund wäre die Übereinstimmung der Sir-
Zitate des Origenes mit der von 253-Syh überlieferten Textform.
Jedoch ist kein einziger Zusatz von Origenes bezeugt; auch Smend
S. LXXIV weist mit Recht auf diesen Textbefund hin. Ebenso sind
andere O-Lesarten von Origenes selten belegt; man könnte höchstens [4] auf 4, 28 hinweisen: ὑπὲρ σοῦ] περι σου O Or. X 653. Das Zusammengehen kann jedoch zufällig sein. Aber dies ist kein stich-
haltiger Gegenbeweis; denn es läßt sich bereits bei der Proph.-LXX
zeigen, daß Origenes gewöhnlich nicht seine neue Rezension,
sondern den alten vorhexaplarischen Text zitiert. Es ist zwar
wichtig für die Textgeschichte, aber nicht für die Textform, wer
die Rezension geschaffen hat. Jedenfalls ist erwiesen, daß in Sir
eine hexaplarische Rezension vorliegt, die vielleicht von Origenes, aber wahrscheinlicher von Eusebius oder Pamphilus gemacht wurde.

---

[4] Neben 3, 21 (siehe unter III.).

VI.

In den protokanonischen Schriften ist deutlich zu sehen, daß O (und vielleicht auch *L*) ihr Material nicht direkt aus der hebr. Vorlage, sondern aus den jüngeren griech. Übersetzungen, namentlich aus der Revision des Theodotion, entnommen haben. Es legt sich die Vermutung nahe, daß dies bei Sir ähnlich gewesen ist. Tatsächlich haben die Textkritiker (zuerst Nöldeke, siehe Smend S. XCI) schon lange erkannt, daß neben der ursprünglichen griech. Übersetzung des Enkels, die in dem Text der alten Unzialen B S A C und in der ed. Sixtina vorliegt und deshalb anfänglich als *recensio sixtina* bezeichnet wurde, eine zweite Übersetzung existierte, die man als *recensio complutensis* bezeichnete, weil sie in der ed. Complutensis (Abdruck der Minuskel 248) vorlag. Jetzt wird sie gern als zweite griech. Übersetzung, nämlich als «GrII» bezeichnet; diese Sigel wurde bereits oben gelegentlich verwendet, und sie soll auch beibehalten werden.

Bis jetzt ist GrII nicht richtig beurteilt und eingestuft worden. Als Zeugen von GrII nennt S m e n d «die von Cod. 248 und Syh geführten Gruppen von Handschriften» (S. XCI) und den L a - t e i n e r (La), dessen «Vorlage von der zweiten Übersetzung wohl noch stärker beeinflußt» war «als irgend eine griechische Handschrift» (S. XCVIII). Die «Reste» von GrII hat Smend (S. IC bis CXIII) abgedruckt; Smend beschränkt sich aber einseitig auf die *Zusätze* (die besonders zahlreich nur in La stehen); als «Reste» von GrII müßten auch die Wortlautänderungen (neue mit H übereinstimmende Wiedergaben), Umstellungen (nach H) und Auslassungen (nach H) verzeichnet werden.

D. d e B r u y n e kommt in seinem Artikel über den lateinischen Sirach auch auf GrII zu sprechen und versucht mit überlegenen spöttischen Bemerkungen die bisherigen Ansichten über GrI und GrII zu korrigieren. Er nennt Smend's Meinung, daß Origenes GrI mit einem hebr. Manuskript, das GrII entsprach, verglichen habe, «aventureuse» (S. 42). Obwohl Smend seine These als «pas impossible» vorlegte, sei sie von den Späteren (Hart, Peters, Oesterley) als «très probable» angenommen worden. De Bruyne kann nicht glauben, daß im 3. Jahrh. ein hebr. Ms. existiert hätte, das GrII entsprach; er bringt vielmehr folgende ganz einfache («très simple» S. 42) Lösung:

Der Urheber von Syh verglich zwei griech. Hss., eine erste vom Typ GrI und eine zweite, aber nicht vom Typ GrII, auch nicht vom Typ 248, sondern vom Typ 253.

S e g a l hat in einem ausführlichen Aufsatz zum Problem der Entwicklung des hebr. Sir-Textes Stellung genommen und bei dieser Gelegenheit auch die Geschichte des griech. Textes behandelt. Er stellt die Textgeschichte von H und GrI (GrII) ungefähr so dar: Die hebr. Vorlage des Enkels unterschied sich bereits von dem hebr. Urtext des Großvaters, wie eine genaue Untersuchung von GrI zeigt. GrII ist eine «new version or revision», die auf eine neue Rezension des hebr. Textes zurückgeht, die sich mehr oder weniger von der hebr. Vorlage von GrI unterschied. Einige der griech. Zusätze in GrII gehen auf eine hebr. Vorlage zurück, andere haben einen griech. Ursprung. GrII war sicherlich das Werk eines Juden, das in frühe Zeit, wahrscheinlich in *vor*christliche Zeit zurückgeht. Die syrische Übersetzung setzt eine Rezension des hebr. Textes, nicht GrII voraus. Neun Zusätze sind zugleich in GrII und Syr bezeugt, so auch das umfangreiche Plus 26, 19–27. Die hebr. Vorlage des Syr ist später als GrII, aber früher als die uns bekannten hebr. Hss. (von Cairo); sie stammt wahrscheinlich aus dem 2. Jahrh. nach Chr. Der uns vorliegende hebr. Text stammt aus der talmudischen Periode (S. 132); das Studium der talmudischen Zitate zeigt, daß der hebr. Text früher als die rabbinischen Zitate gegen Ende des 2. Jahrh. nach Chr. entstanden sei, daß er also älter als die rabbinischen Zitate ist.

K e a r n s behandelt in seiner Dissertation *The Expanded Text of Ecclesiasticus* auch den griech. Text des Sir, kommt aber nicht viel über Smend hinaus. In GrII sieht er «a distinct recension of Sir», eben den «Expanded Text» (S. 14); die überschießenden Stichen gehen auf einen erweiterten hebr. Text zurück. Im allgemeinen kann man folgenden Ausführungen Kearns' zustimmen:

1. Keine der Hss. stellt GrII als solche dar; als Rezension ist sie uns nicht überliefert. Die «Zeugen» von GrII überliefern den Text von GrI, der unter dem Einfluß einer oder mehrerer Hss. vermehrt ist.

2. GrII ist nicht eine unabhängige neue Übersetzung. Der zweite Übersetzer hat die vorliegenden griech. Hss. benützt und dort neu übersetzt, wo er es für notwendig hielt.

3. 248 hat manche Lesarten, die auf eine alte hebr. Vorlage zurückgehen, die GrI nicht übersetzte, sondern erst GrII uns überlieferte.

4. Die Zusätze in den Hss. bieten nicht das gesamte Material von GrII, sondern nur eine Auswahl.

5. Alle Tochterübersetzungen des griech. Sir sind wichtig und nützlich, aber nur die lateinische Übersetzung (La) ist grundlegend.

6. Die griech. Väterzitate, namentlich die des Clemens von Alexandrien und der späteren biblischen Florilegien, auf die bereits Hart S. 321–345 und 346–370 verweist, bestätigen GrII.

Kearns stimmt Segal in drei Punkten zu: 1. GrI liegt eine eigene hebr. Rezension zugrunde, 2. Ein Teil der Interpolationen von GrII geht auf einen erweiterten hebr. Text zurück. 3. Ein Teil der Interpolationen ist griech. Ursprungs. Dagegen kann Kearns Segal nicht beipflichten, wenn er nur auf Grund des textlichen Befundes GrII in die *vorchristliche* Zeit verlegt. Um die Zeit zu bestimmen, müsse der *Inhalt* der Zusätze genauestens untersucht werden. Diese Aufgabe hat sich Kearns gestellt und bringt deshalb in dem Hauptteil seiner Untersuchung (S. 89–224) die *Eschatologie* von Sir II, die er vor allem durch Aufzeigung der Parallelen in der jüdischen Literatur darstellt. Kearns weist nach, daß Sir II von den eschatologischen Anschauungen, wie sie in Ps 15 (16) und 16 (17), Dn 12 und in den apokryphen Schriften, namentlich in dem Buch der Jubiläen, vorliegen, abhängig ist. Diese theologischen Ideen verweisen in die *vorchristliche* Zeit: die hebr. Vorlage von GrII und damit auch GrII selbst gehört in das erste vorchristliche Jahrh., genauer in die Zeit 75–60 v. Chr. (in die gleiche Zeit gehört auch die hebr. Rezension, die die Vorlage für Syr bildet).

Segal und Kearns haben teilweise klar gesehen und GrII richtig beurteilt. In der chronologischen Fixierung können jedoch keine so sicheren Punkte angegeben werden; hier kann nur gesagt werden, daß GrII, der erstmals deutlich von Clemens Alexandrinus benutzt wird und damit in das zweite nachchristliche Jahrh. zurückgeht, *vielleicht* schon vorchristlich ist.

VII.

Die ganz «einfache» Lösung von de B r u y n e stimmt jedoch nicht, wie auch die Erklärung Smend's (und seiner Nachfolger) nicht befriedigt. Beide Gelehrte haben einige richtige Spuren von GrII gefunden, jedoch ihn selbst nicht. Die Lösung ist vielmehr in der folgenden Weise zu suchen:

Wie bei der Untersuchung über die hexaplarische und lukianische Rezension muß man von den anderen Büchern der LXX, namentlich der Proph.-Sept., ausgeben. Hier ist deutlich zu sehen, daß Origenes (und auch Lukian) ihre Zusätze und Wortlautänderungen nicht direkt von einer hebr. Handschrift, sondern von den jüngeren griech. Übersetzern, namentlich von Theodotion, bezogen. So wird es sich auch beim griech. Sir verhalten haben. Sicher wurden sehr bald, vielleicht schon in vorchristlicher Zeit von Sir entweder neue Übersetzungen oder Revisionen an Hand des hebr. Textes, der allerdings teilweise eine andere Textform als die uns bekannten Stücke hatte, hergestellt. Denn es geriet niemals die Tatsache in Vergessenheit, daß ein *hebr.* Urtext von Sir vorhanden war, und was lag hier näher, als den griech. Text mit dem hebr. Text zu vergleichen? Zu den anderen (protokanonischen) Büchern sind uns die drei Übersetzer Aquila, Symmachus und Theodotion namentlich bekannt; aber wir wissen, daß es außer ihnen noch andere anonyme Übersetzer und Rezensenten gab, wie vor allem die jüngst gefundene Lederrolle mit Dodekaprophetontexten zeigt. Man kann annehmen und es aus dem Wortschatz von GrII auch beweisen, daß nicht nur eine, sondern mehrere griech. Übersetzungen oder Revisionen des Sirach im Umlauf waren. Diese wurden fleißig benützt und schon von Origenes mit dem alten griech. Text des Enkels verglichen und bearbeitet; besonders hat man die fehlenden Teile ergänzt, ganz so wie es Origenes später in seiner Hexapla getan hat. Solche «hebraisierenden» Texte lagen bereits Clemens von Alexandrien vor, der gerade von Sir zahlreiche Zitate bringt, die GrII nahe stehen. Ebenso bildeten sie die Vorlage der Vetus Latina, die zahlreiche Reste von GrII im lateinischen Wortlaut bezeugt; hier trifft sie gelegentlich mit dem Text der biblischen Florilegien (Anastasius Sinaita, Antiochus Monachus, Antonius Melissa, Johannes Climacus, Johannes Damascenus, Maximus Confessor) zusammen, die die griech. Form noch haben. Schließlich haben Origenes (oder ein Späterer) und Lukian diese Quellen ausgeschöpft, und aus den Rinnsalen ihrer Rezensionen sind uns wertvolle Teile der jüngeren griech. Übersetzungen des Sir geflossen, die man meinetwegen als «GrII» bezeichnen kann, wobei aber immer bemerkt werden muß, daß GrII keine einheitliche Größe ist.

Erst eine genaue Untersuchung des Wortschatzes von GrII, die in einem eigenen Aufsatz gemacht werden soll, kann die Vorlage von O (und L) näher charakterisieren und sie vielleicht auch zeitlich genauer festlegen.

(Abgeschlossen am 31. März 1960)

Zur Septuaginta-Vorlage im Deuteronomium

Jeder alttestamentliche Textkritiker ist der Septuaginta (𝔊) zu größtem Dank verpflichtet, weil sie ihm als älteste vorchristliche Übersetzung des AT unschätzbare Dienste leistet. Bei allen schwierigen, unklaren, verderbten Stellen des massoretischen Textes (𝔐) muß man deshalb in erster Linie 𝔊 befragen, die allerdings nicht immer die richtige Antwort geben kann. Vielfach liegt jedoch die Schuld auf Seiten des Fragenden, der oftmals in völlig ungeschickter Weise 𝔊 um Auskunft bittet. Bevor man nämlich 𝔊 aufschlägt, muß man sich immer wieder vergegenwärtigen, daß die alte griechische Übersetzung keine einheitliche Größe ist, daß die einzelnen Bücher ganz verschieden übersetzt sind und daß schließlich jeder Übersetzer wiederum keine klare Linie zeigt. Hätten die Siebzig so wie später Aquila übersetzt, dann wäre die Sache leicht; bei ihm kann man seine hebräische Vorlage, die gewöhnlich mit 𝔐 übereinstimmt, leicht herstellen.

Wenn 𝔊 Lesarten überliefert, die von 𝔐 abweichen, dann muß die Genesis dieser Varianten untersucht werden. Da kann man beobachten, daß manche Textkritiker einen Weg einschlagen, der ihrer vorgefaßten Meinung nach am schnellsten zum Ziel führt: sie übersetzen einfach die griechische Lesart, mag sie nun allgemein oder von einzelnen Zeugen, Rezensionen, Hss-Gruppen, ja sogar von späten Minuskeln überliefert werden, unbedenklich ins Hebräische zurück. So haben es besonders gern die Bearbeiter der Biblia Hebraica gehalten, wie unzählige Noten im Apparat zeigen[1]. Als Regel sollte gelten, daß man

---

[1] In einem Beitrag in dieser Zeitschrift *Kritische Bemerkungen zur Verwendung der Septuaginta im Zwölfprophetenbuch der Biblia Hebraica von* KITTEL, ZAW 60 (1944) 107—120, habe ich auf die vielfach unzulässige und unzureichende Verwertung der 𝔊 hingewiesen und an zahlreichen Stellen des Apparates der BH³ Verbesserungen gemacht. Die Vorbereitung der neuen (vierten) Auflage der BH (= BH⁴) ist der Anlaß dieses Beitrages, der vor allem das Ziel hat, die Bearbeiter darauf aufmerksam zu

mit Rückübersetzungen äußerst sparsam und vorsichtig ist; es wird sich empfehlen, oftmals ein Fragezeichen zu setzen, wenn man schon eine Rückübersetzung bringt. So ist es nicht angängig, Dtn 32 31, wo in Ꮻ ἀνόητοι für פלילים steht, im Apparat der BH³ einfach ins Hebräische zurückzuübersetzen: Ꮻ אֱוִלִים; diese Retroversion ist keinesfalls über alle Zweifel erhaben, wie bereits SCHLEUSNER in seinem Novus Thesaurus (Londini 1829) I 230 meint: Legerunt sine dubio אֱוִלִים. Die griechischen Übersetzer scheinen die genaue Bedeutung von פלל I nicht gekannt zu haben; wie aus Gen 48 11 στερεῖσθαι und Ez 16 52 φθείρειν (διαφθείρειν) hervorgeht, haben sie פלל I im privativen Sinn genommen (berauben, vernichten). Vielleicht ist von hier aus die Wiedergabe Dtn 32 31 zu erklären. Wenn man eine Notiz zu Ꮻ bringen will, dann höchstens in der Weise, wie es für BH⁴ vorgesehen ist (wo das Fragezeichen sehr berechtigt ist): Ꮻ ἀνόητοι = אֱוִילִים? Diese Notiz besagt aber nichts für den hebräischen Text und kann ruhig fehlen.

Ein lehrreiches, zugleich warnendes Beispiel ist Dtn 32 51:

על אשר מעלתם בִּי ᵃ וגֵ᷏ ἠπειθήσατε τῷ ῥήματί μου

Hier muß man der Versuchung, ins Hebräische zurückzuübersetzen, tapfer widerstehen: ᵃ Ꮻ 𝔗 ᵒᴶ בִּדְבָרִי.

Die nähere Untersuchung der Übersetzungsweise im Pent zeigt, daß פֶּה (zur Vermeidung des Anthropomorphismus) mit ῥῆμα wiedergegeben worden ist: Ex 17 1 Num 33 2 διὰ ῥήματος κυρίου, Num 14 41 22 18 24 13 27 14 Dtn 1 43 παραβαίνειν τὸ ῥῆμα κυρίου und Dtn 1 26 9 23 ἀπειθεῖν τῷ ῥήματι κυρίου. Ꮻ setzt also voraus, daß פי statt בי 𝔐 stand; der Wechsel פ-ב ist auch sonst im Pentateuch bezeugt, vgl. J. FISCHER, *Das Alphabet der LXX-Vorlage im Pentateuch*, Münster i. W. 1924, S. 32f. (unsere Stelle hat F. übersehen). Bei der Wiedergabe von פֶּה mit ῥῆμα steht Ꮻ auf dem gleichen Standpunkt wie das Targum; hier wird sehr oft מימרא als Umschreibung für פֶּה verwendet, siehe V. HAMP, *Der Begriff »Wort« in den aramäischen Bibelübersetzungen*, München 1938, S. 22—26 (die Übereinstimmung von Ꮻ mit 𝔗 Dtn 32 51 hat H. nicht notiert).

So weist die Übereinstimmung mit 𝔗 darauf hin, daß Ꮻ in ihrer Vorlage פִי statt בִּי gelesen hat. Grammatisch ist jedoch בפי richtig, da מעל immer mit ב konstruiert ist. Ist ב hinter מ haplogra-

---

machen, bei der Verwendung der Ꮻ vorsichtig zu sein und namentlich bei Rückübersetzungen ins Hebräische äußerste Vorsicht walten zu lassen. Durch solche Rückübersetzungen gewinnt man eine große Menge außermassoretischer Varianten, die aber in Wirklichkeit kein Gewinn, sondern ein Verlust sind.

Unter den Büchern habe ich das Deuteronomium gewählt, weil hier infolge der deuteronomistischen Sprechweise viele Wendungen vorkommen, die ein ausgezeichnetes Vergleichsmaterial bieten.

phisch ausgefallen? Das Verbum מעל ist ebenfalls auffallend, da in der gleichen Wendung 1 26 9 23, ferner 1 43 Num 27 14 מרה steht. Las ⑹ מריתם פי (ohne את) wie Num 27 14 𝔐? Es besteht weiterhin die Möglichkeit, daß ⑹ ursprünglich las ἠπειθήσατέ μοι, das durch Einwirkung der Parallelstellen 1 26 9 23 zu ἠπ. τῷ ῥήματί μου erweitert wurde.

Deutlich zeigt dieses Beispiel, daß manche ⑹-Varianten nicht so leicht auf einfache und schnelle Weise (namentlich durch Rückübersetzung ins Hebräische) erklärt werden können.

Die Varianten sind dem *Old Testament in Greek*, ed. BROOKE-MᶜLEAN (Cambridge 1911), entnommen. Die Ausgabe von RAHLFS (Stuttgart 1935) wurde eingesehen; ihre Textlesarten sind gelegentlich mit »Ra.« notiert. Für die Hss. sind die gebräuchlichen Sigla verwendet, die A. RAHLFS in seinem *Verzeichnis der griechischen Handschriften des Alten Testaments* (Göttingen 1914) eingeführt hat.

Folgende Hss. werden zitiert (in Klammern stehen die Sigla, die BROOKE-MᶜLEAN verwendet): B A W(Θ) F G M V (N)

15(a) 19(b) 29(b₂) 44(d) 52(e) 53(f) 54(g) 85(z) 55(h) 56(i) 57(j) 58(k) 59(l) 72(m) 75(n) 82(o)

106(p) 120(q) 121(y) 129(r) 130(s) 134(t) 135(c₂)

314(w) 344(v) 376(c)

407(u) 426(x) 509(a₂).

Seit 1935 sind wir in der glücklichen Lage, für das Deuteronomium noch zwei Papyri zu besitzen:

957 Pap. Ryl. Gr. 458 (2. Jh. vor Chr.); Ausgabe: *Two Biblical Papyri in the John Rylands Library Manchester*, ed. by C. H. ROBERTS, Manchester 1936. Es sind nur kleine Fragmente von 23 24 (26)—24 3, 25 1-3, 26 12, 26 17-19, 28 31-33 erhalten.

963 Chester Beatty Papyri, London, Brit. Mus. (3. Jh.). Ausgabe: *The Chester Beatty Biblical Papyri*, fasc. V, by FR. G. KENYON, London 1935. Es sind umfangreiche Teile der Kapitel (mit Lücken) 1—7, 9—12, 18—19, 27—32 überliefert.

Als älteste Hss. sind 957 und 963 an die Spitze der Zeugen gestellt; die Lesart von 957 und 963 ist immer angeführt, weil man bei der lückenhaften Überlieferung nicht ̓e silentio auf sie schließen kann.

Die Minuskeln werden nicht in numerischer Reihe (wie bei HOLMES-PARSONS) oder in alphabetischer Folge (wie bei BROOKE-MᶜLEAN), sondern nach Rezensionen und Gruppen geordnet (wie in der Göttinger Sept.-Ausgabe) aufgeführt.

Nach J. HEMPEL, *Die Schichten des Deuteronomiums* (Leipzig 1914), S. 10, lassen sich für das Deuteronomium folgende Gruppen bilden:

1. (a) c (k) (m) o x, zu welchen auch G tritt (G hat etliche Lücken).
2. (Θ) d (n) p t, »während mit Θ wiederum g zusammenhängt«.
3. e j (m) (s) (z).
4. f i.
5. b b' w 118.

Zu 1. Diese Gruppe ist hexaplarisch. Die Einklammerung verschiedener Hss. zeigt, daß die Zeugen a k m manchmal abspringen. Die Minuskel m kann ausscheiden, da sie nur selten mit O geht.

Zu 2. dpt bilden die lukianische Gruppe L. Zu Θ gehören gn; wenn Θ fehlt, dann vertreten gn die Lesart von Θ.

Zu 3. Auch uva₂ gehören hierher; m ist auszuscheiden. Somit bilden ejsuvza₂ eine Gruppe.

Zu 4. fi bilden keine Gruppe, sondern sind nur zwei verwandte Hss.

Zu 5. b' und 118 sind eng mit b verwandt; sie haben wahrscheinlich den gleichen Vater und können somit ausscheiden. Häufig gehen bw zusammen.

Somit kann folgende Notierung angewandt werden:

O = G-15-58-82-376-426 (G ackox),
L = 44-106-134 (dpt),
W'' = W-54-75 (Θ gn); 54-75 = 54' (gn),
e = 52-57-85-130-344-407-509 (ejsuvza₂),
53-56 = 53' (fi)   19-314 = 19' (bw),
121 (y) schließt sich oft A an: A' = A-121 (Ay).

Wenn nur ein Teil (pars) der O-Zeugen auftritt, dann ist O^p notiert. Wenn einige Hss. der e-Gruppe austreten, dann ist dies nicht eigens vermerkt.

Wenn die restlichen Minuskeln, die einen Mischtext vertreten, und einzelne von den oben genannten Gruppen sich lösende Minuskeln eine Variante bezeugen, so sind sie nur dann eigens notiert, wenn sie die Zahl drei nicht übersteigen; sonst steht allgemein »pc« bzw. »pl«: weniger als zehn bzw. mehr als zehn Minuskeln vertreten die Lesart.

Aus der Fülle des Stoffes seien zwei Arten von Varianten gewählt, nämlich (I) der Wechsel von ὑμῶν — ἡμῶν in der im Deuteronomium häufigen Formel κύριος ὁ θεὸς ὑμῶν (ἡμῶν) und (II) die Verschiedenheit des Suffixes in 𝔊 gegenüber 𝔐. Der zweite Abschnitt ist umfangreicher, weil die in Frage kommenden Stellen (namentlich wo das Nominalsuffix steht) überaus zahlreich sind. Das Material ist ausführlich dargeboten (bei Varianten in Unzialen ist Vollständigkeit angestrebt) und spricht größtenteils für sich selbst, so daß zur Erklärung der einzelnen Varianten nur wenig gesagt werden muß.

I

A. ὁ θεὸς ὑμῶν (ημων) אלהיכם 𝔐

1. 1 10   κύριος ὁ θεὸς ὑμῶν (ημων A Fᶜ W'' pc) ἐπλήθ. ὑμᾶς (ημας V 54 314)

1 26   κυρίου τοῦ θεοῦ ὑμῶν (ημων 963 B W'' V L pl)

1 30   κ. ὁ θ. ὑμῶν (ημων 963 W F M L pl) ... πρὸ προσώπου ὑμῶν ... μεθ' ὑμῶν ... ἐποίησεν ὑμῖν 963 (ημιν B pc) ἐν γῇ Αἰγ. (+ κατ οφθαλμους υμων [αυτων Aᶜ; ημων 44] Aᶜ O L = 𝔐)

1 32   κυρίῳ τῷ θεῷ ὑμῶν (ημων 963 B V pc)

3 18   κ. ὁ θ. ὑμῶν (ημων 963 B W'' V pc) ἔδωκεν ὑμῖν (ημιν L⁻⁴⁴ 120 407 509) ... πρὸ προσ. τῶν ἀδ. ὑμῶν (ημων 54*)

3 20   κ. ὁ θ. ὑμῶν 1⁰ (ημων 963 *L e* pc; > A´ 82; om. ὁ θ. ὑμῶν
       𝔐: cf. I E.) ... κ. ὁ θ. ὑμῶν 2⁰ (ημων 963 B A *L* pl Ra.) ...
       ἣν ἔδωκα ὑμῖν.

3 21   κ. ὁ θ. ὑμῶν (ημων omnes 963 Ra. exc A 82 𝔏) ... κ. ὁ θ.
       ὑμῶν (ημων omnes Ra. exc 82 106; > *L*⁻⁴⁴ 72; om. ὁ θ.
       ὑμῶν 𝔐: cf. I E.)

3 22   κ. ὁ θ. ὑμῶν (ημων omnes˙Ra. exc W *L* pc 𝔏) ... περὶ
       ὑμῶν (ημων pc)

4 2   κ. τοῦ θ. ὑμῶν (ημων 963 W'' Bᶜ V *L*⁻¹³⁴ pc) ... ἐντέλλομαι
       ὑμῖν

4 4   κ. τῷ θ. ὑμῶν (ημων 963 W'' Bᶜ M *L e* pc; > Philo)

4 23   κ. τοῦ θ. ὑμῶν (ημων 963 V *O L* pc) ... πρὸς ὑμᾶς (ημας
       82*), καὶ π. ὑμῖν.

4 34   ὅσα ἐποίησεν (+ ※ υμιν F M V *O* pc 𝔏 = 𝔐; + ημιν
       56 57) κ. ὁ θ. ὑμῶν (ημων omnes 963 Ra. exc V pc 𝔏;
       > pc) ἐν Αἰγ. ἐνώπιόν σου (*coram vobis* 𝔏)

6 1   κ. ὁ θ. ὑμῶν (ημων omnes 963 Ra. exc V *O*ᵖ *L*⁻¹³⁴ pc 𝔏)
       διδάξαι ὑμᾶς (ημας 15)

11 22   κ. τὸν θ. ὑμῶν (ημων omnes Ra. exc W'' M *L* pc 𝔏)

12 10   κ. ὁ θ. ὑμῶν (ημων B pc) κατακλ. ὑμῖν, καὶ καταπ. ὑμᾶς
       .. τῶν ἑ. ὑμῶν

2. 8 20   κ. τοῦ θ. ὑμῶν (ημων M pc)
    9 16   ἐναντίον κ. τοῦ θ. ὑμῶν (ημων V 82*-376* *L*⁻⁴⁴ pc)
    9 23   κ. τοῦ θ. ὑμῶν (ημων V pc 𝔏ᶻ)
    12 7   ἐναντίον κ. τοῦ θ. ὑμῶν (ημων V 52 59 75)
    13 4 (5) ὀπίσω κ. τοῦ θ. ὑμῶν (ημων V 52 75 106)
    14 1   κ. τοῦ θ. ὑμῶν (ημων V pc Philo-codd ½ Ath; σου 55;
           > Sa Philo ½)
    20 18   ἐναντίον κ. τοῦ θ. ὑμῶν (ημων V 19 72 106)
    31 12   κ. τὸν θ. ὑμῶν 963 (ημων V pc Cyr-cod; αυτων 376 Cyr-ed;
           > Cyr-cod)
    31̣ 26   κ. τοῦ θ. ὑμῶν 963 (ημων N *O*ᵖ *L*⁻¹³⁴ pc Cyr)

3. 10 17   κ. ὁ θ. ὑμῶν (ημων 19 53 75 106 𝔅ᵛ; σου Just ½)
    11 25   κ. ὁ θ. ὑμῶν (ημων 52 72)
    11 28   κ. τοῦ θ. ὑμῶν (ημων 52 75 106 120)
    12 4   κ. τῷ θ. ὑμῶν (ημων 52 59 72 106ᶜ² 509 𝔅ʷ; σου Or)
    12 12   ἐναντίον κ. τοῦ θ. ὑμῶν (ημων 52 𝔄)
    13 3 (4) κ. τὸν θ. ὑμῶν (ημων 52 59ᶜ² 75 𝔄)
    20 4   κ. ὁ θ. ὑμῶν (ημων 52 72 𝔄)
    29 10 (9) ἐναντίον κ. τοῦ θ. ὑμων 963 (ημων 19 52 59 106).

4. 12 5   κ. ὁ θ. ὑμῶν (ημων 52 376; σου B)
    12 11   κ. ὁ θ. ὑμῶν (ημων 52 𝔄; σου B 121)

13 ₃(₄) κ. ὁ θ. ὑμῶν (ημων 52 59ᶜ⁷ 82 106; σου B 509 Cyr-ed ⅓;
         ὑμῶν sub ※; > W' pc 𝔏 Chr ½ Cyr ⅔ Luc Ra.) ὑμᾶς
         (σε 𝔄-ed 𝔅; σε κ. ὁ θ. σου Chr ½)

31 ₁₃   κ. τὸν θ. ὑμῶν 963 (ημων V pc 𝔄; σου B; > 55)

11 ₃₁   κ. ὁ θ. ὑμῶν 963 (ημων A M V pc; σου pc 𝔏; > 58 𝔄) δίδωσιν
         ὑμῖν (ημιν V; σοι 407 𝔄-ed; > F*)

13 ₄(₅) ὀπίσω κ. τοῦ θ. ὑμῶν (ημων V 52 75 106; σου Philo Or ½
         Eus ⅔ Hil)

14 ₁   κ. τοῦ θ. ὑμῶν (ημων V pc Philo-codd ½ Ath; σου 55;
         > ℭ Philo ½)

5. 5 ₃₂(₂₉)κ. ὁ θ. σου 963 (*noster* 𝔅ʷ)
    5 ₃₃(₃₀)κ. ὁ θ. σου (ημων 963 19' 𝔄; > 75)
    6 ₁₇   κ. τοῦ θ. σου (*vestri* 𝔏 = 𝔐; > 963 376)
    11 ₁₃ κ. τὸν θ. σου (*vestrum* 𝔅ˡʷ = 𝔐)
    6 ₁₆   κ. τὸν θ. σου omnes 963 = Mt 4 ₇ Lc 4 ₁₂.

B. ὁ θεὸς ἡμῶν (υμων) אלהינו 𝔐

1. 1 ₂₀   ὁ κύριος ὁ θεὸς ἡμῶν (υμων W O pl 𝔏) δίδωσιν ἡμῖν (υμιν
           omnes Ra. exc A 82*-426ᶜ 𝔄-codd)
    5 ₂   κ. ὁ θ. ἡμῶν (υμων omnes Ra. exc W'' L pc 𝔄) διέθετο πρὸς
           ἡμᾶς (υμας omnes Ra. exc 59 509* 𝔄-ed; *tibi* 𝔄-codd;
           om πρὸς ἡμᾶς Ir)

    29 ₁₅(₁₄)μεθ' ἡμῶν (υμων 963 W' O L pc 𝔏 Tht) σήμ. ἐναντίον κ.
           τοῦ θ. ἡμῶν (υμων omnes Ra. exc pc 𝔄; σου 𝔅* 75* vid)
           . . . μεθ' ἡμῶν (υμων B W'' O L pl Tht)
    29 ₁₈(₁₇)ἀπὸ κ. τοῦ θ. ἡμῶν (υμων omnes 963 Ra. exc 15-426*
           52 53* (vid) 𝔄-codd)
    29 ₂₉(₂₈)κ. τῷ θ. ἡμῶν (υμων B W'' Lᵖ pc) . . . ἡμῖν (υμιν B W''
           L pl) καὶ τ. τέκνοις ἡμῶν (υμων B W'' L pl)

2. 6 ₄   κ. ὁ θ. ἡμῶν (υμων 59 72 120*; σου 376 𝔏 𝔅 ℭᶜ 𝔓 Clem
           alii patres gr et lat)
    6 ₂₀   κ. ὁ θ. ἡμῶν (υμων 59 120 376 407; > L⁻¹³⁴ 54') ἡμῖν
           (υμιν 19 72 120 376 407 = 𝔐)
    6 ₂₄   καὶ ἐνετ. ἡμῖν (υμιν 59 75 𝔅ˡʷ) . . . κ. τὸν θ. ἡμῶν (*vestrum*
           𝔏)
    6 ₂₅   ἔσται ἡμῖν (υμιν 19 52 55 58 𝔏) . . . ἐναντίον κ. τοῦ θ. ἡμῶν
           omnes . . . ἡμῖν (υμιν 59 376 𝔏)

3. 1 ₁₉   κ. ὁ θ. ἡμῶν (υμων 59; > 82-426* ℭᵐ) ἡμῖν (υμιν 59 509)
    1 ₂₅   κ. ὁ θ. ἡμῶν 963 (υμων 59; > L 120 509 𝔄-ed) δίδωσιν
           ἡμῖν 963 (υμιν L⁻¹³⁴ 53 59 82)

2 36   κ. ὁ θ. ἡμῶν 963 (υμων 59) εἰς τὰς χ. ἡμῶν 963 (υμων
       V 59 376)

4 7   κ. ὁ θ. ἡμῶν (υμων 72; > 314)

5 24(21) κ. ὁ θ. ἡμῶν 963 (υμων 59; > pc)

32 3   τῷ θ. ἡμῶν (υμων 130 344ᵐᵍ).

C. ὁ θεὸς ὑμῶν (ημων), ὁ θεός σου אלהיך 𝔐

1.   2 7   ὁ γὰρ κύριος ὁ θεὸς ὑμῶν (ημων omnes Ra. exc A' Oᵖ pc
           𝔏 𝔅; σου L 19' 53' 55 𝔈 = 𝔐)

     4 3   κ. ὁ θ. ὑμῶν (ημων 963 Bᶜ W'' A F M V O L pl 𝔏 𝔄 𝔅 𝔈)
           ἐξ ὑμῶν (ημων B* pc)

     4 10 ἔστητε (εστη 376; עמדת 𝔐) ἐναντίον κ. τοῦ θ. ὑμῶν (ημων
           963 B W'' Oᵖ pl; σου F 53' 29 58 59 = 𝔐; > 55 72)

     4 21 κ. ὁ θ. ὑμῶν (sic W, ημων 54'; ⸓ σου B M O pc = 𝔐;
           > 963 A F V L pl 𝔏 Chr Ra.) δίδωσιν ὑμῖν (sic 19' 54' 𝔏;
           υμων W; μοι 44; σοι rel = 𝔐)

     4 25 ἐναντίον κ. τοῦ θ. ὑμῶν 963 (ημων V pl)

     4 29 καὶ ζητήσετε (= 𝔐) ἐκεῖ κ. τὸν θ. ὑμῶν (ημων omnes exc
           963 W F V O L⁻¹⁰⁶ pc 𝔏 𝔄 𝔅 Ra.)

     6 2   ἵνα φοβῆσθε (תירא 𝔐) κ. τὸν θ. ὑμῶν (ημων 963 A F* Mᵐᵍ
           V Oᵖ e pc)

     7 19 κ. ὁ θ. ὑμῶν (ημων omnes Ra. exc Bᶜ pc 𝔏 𝔅ʷ 𝔈 Cyr-cod)

     12 9 ἥκατε (= 𝔐) . . . εἰς τὴν κλ. ἣν κ. ὁ θ. ὑμῶν (ημων omnes exc
           V Oᵖ L⁻¹⁰⁶ pc 𝔏 𝔅ᵛ 𝔈 𝔈 Ra.; > 52 72 106 509) δίδωσιν
           ὑμῖν (ημιν 82)

     21 23 καὶ οὐ μιανεῖτε (תטמא 𝔐) τὴν γῆν ἣν κ. ὁ θ. ὑμῶν (sic W'
           O 134, ημων 75 106; > 44 58; σου rel = 𝔐) δίδωσιν ὑμῖν
           (sic W'' O L; σοι rel = 𝔐)

     24 4 καὶ οὐ μιανεῖτε (μιανη 509; תחטיא 𝔐) τὴν γῆν ἣν κ. ὁ θ.
           ὑμῶν (ημων M 52 82 129 344ᵐᵍ; σου B 407 344ᵐᵍ 509
           𝔏 𝔅 = 𝔐; σου ⟨υ⟩μων 376: dupl; > 44 𝔄) δίδωσιν ὑμῖν
           (σοι B 407 344ᵐᵍ 509 𝔏 = 𝔐)

     28 1 εἰσακούσητε (ακουσης B = 𝔐) τῆς φ. κ. τοῦ θ. ὑμῶν (ημων
           V L⁻¹³⁴ pc 𝔄; σου B = 𝔐)

     28 15 εἰσακούσῃς (= 𝔐; (εισ)ακουσητε W'' O L (106ᶜ²) pc 𝔏ʳ 𝔅 𝔈)
           τῆς φ. κ. τοῦ θ. ὑμῶν (sic W' O 106ᶜ²-134 𝔅 𝔈, ημων
           82 509 = o'; > 75; σου rel = 𝔐 et λ)

     28 62 εἰσηκούσατε (-σας B = 𝔐) τῆς φ. κ. τοῦ θ. ὑμῶν (ημων
           W pc; σου B 𝔅ˡʷ = 𝔐)

2.   2 30 κ. ὁ θ. ἡμῶν (υμων 59; > pc Or)

     15 5 εἰσακούσητε (-σης A 72 [ακουσης] 𝔄-ed 𝔅ˡʷ 𝔈 = 𝔐) τῆς

φ. κ. τοῦ θ. ὑμῶν (ημων 52 106 𝔄-codd; σου 55 407 𝔏 𝔄-ed
= 𝔐) ... ἐντέλλομαί σοι (υμιν 85ᵐᵍ 407).

3.   5 9   ὅτι ἐγώ εἰμι κ. ὁ θεός σου 963 (υμων W'' L 19' 55 𝔏)
     29 12(11) ἐν τῇ διαθ. κ. τοῦ θ. σου 963 (υμων B 𝔏 𝔄-ed) ... ὅσα κ.
             ὁ θ. σου (> 120) διατ. πρὸς σέ (ad vos 𝔏 𝔈)
     31 11   ἐνώπιον κ. τοῦ θ. σου (υμων B).

4.   5 6   ἐγώ (εἰμι) κ. ὁ θ. σου 963 (υμων 55 𝔅; > 344) ὁ ἐξ. σε (υμας
             55 85ᵐᵍ 130ᵐᵍ 344ᵐᵍ)
     12 18   ἐναντίον κ. τοῦ θ. σου (υμων 407; > W) ... κ. ὁ θ. σου
             (υμων 407; > 𝔄)
     13 16(17) ἐναντίον κ. τοῦ θ. σου (ημων 106)
     14 20(21) κ. τῷ θ. σου (ημων 19')
     14 22(23) κ. τὸν θ. σου (υμων 82)
     16 20   ἦν κ. ὁ θ. σου (υμων 19'; > F 53 𝔄) δίδωσίν σοι (υμιν 19'
             𝔄-ed)
     28 13   ἐὰν ἀκούσῃς (-σητε 963 19' 𝔈; εισακουσητε V) τῶν
             ἐντολῶν (της φωνης B V 𝔈) κ. τοῦ θ. σου (υμων 963 19' 𝔈).

5.   4 19   κ. ὁ θ. σου 963 (noster 𝔅; > V 19' 𝔏 𝔄 Spec)
     4 23   κ. ὁ θ. σου 963 (vester 𝔏 Spec)
     4 24   κ. ὁ θ. σου (vester 𝔏 Hil Spec-ed: cf Hbr 12 29 ὁ θεὸς
             ἡμῶν πῦρ καταναλίσκον)
     4 30   πρὸς κ. τὸν θ. σου 963 (υμων 𝔏 𝔈 Philo-ed; ημων Philo-
             cod)
     4 40   ἧς κ. ὁ θ. σου 963 (noster 𝔏; > 𝔄-ed) δίδωσίν σοι (vobis 𝔏)
     26 3   ἀναγγέλλω σήμ. κ. τῷ θ. μου (σου F* M Oᵖ 29 53-56*
             = 𝔐)

     D.   ὁ θεὸς τῶν πατέρων ὑμῶν (ημων) אביתיכם 𝔄' 𝔐

1.   1 11   κύριος ὁ θεὸς τῶν πατέρων ὑμῶν (ημων L⁻⁴⁴ 82* pl 𝔄 𝔈)
             πρ. ὑμῖν 1⁰ ... ὑμᾶς (ημας 82) ... ὑμῖν 2⁰ (ημιν 82)
     4 1   ἦν κ. ὁ θ. τῶν π. ὑμῶν (ημων 963 W'' L⁻⁴⁴ pl 𝔄; > 407)
             δίδωσιν ὑμῖν 963 (ημιν 118; > V).

2.   ὁ θεὸς τῶν πατέρων ἡμῶν (υμων) אבותינו 𝔄' 𝔐

     26 7   πρὸς κ. τὸν θ. τῶν π. (om. τῶν π. B 53) ἡμῶν (υμων 376;
             > 𝔅ʷ) ... τῆς φωνῆς ἡμῶν (υμων 59* 106* 376) ... τὴν
             ταπ. ἡμῶν (υμων 59* 106 376) καὶ τὸν μ. ἡμῶν (υμων
             59* 106 376; > 72) καὶ τὸν θλ. ἡμῶν (υμων 59* 106 376;
             > 72 𝔄-ed).

3.   ὁ θεὸς τῶν πατέρων ὑμῶν (ημων) אבותיך א' M

1 21 κληρονομήσατε (רש M), ὃν τρ. εἶπεν κ. ὁ θ. τῶν π. ὑμῶν
(ημων B V L pl) ὑμῖν (ημιν L pc Luc; > 53' 72 75)

12 1 ἧς κ. ὁ θ. τῶν π. ὑμῶν (ημων B A' 52 75 509 Cyr ⅓; *tuorum*
𝔏 ℭ = M) δίδωσιν ὑμῖν (*tibi* ℭ = M)

27 3 ἣν κ. ὁ θ. τῶν π. σου (*vestrorum* 𝔄 ℭ; *nostrorum* ℭ꜀; om
τῶν π. σου 44 58; om τῶν π. 120 Cyr-codd = M) δίδωσίν
σοι (*vobis* 𝔄-codd) ... ὃν τρ. εἶπεν κ. ὁ θ. τῶν π. σού
σοι omnes.

E. κύριος ὁ θεὸς ὑμῶν (ημων); om ὁ θεὸς ὑμῶν M

1 41 ἔναντι κυρίου τοῦ θεοῦ ἡμῶν omnes 963
1 45 ἔναντι κ. τοῦ θ. ἡμῶν (υμων pc; om τοῦ θ. ἡμῶν 963 A W''
F M V *O* L pc 𝔏 𝔄𝔅ⁱᵛ ℭ Ra. = M) ... τῆς φ. ὑμῶ ν (ημων
56 407) ... ὑμῖν (ημιν 407)
3 20 κ. ὁ θ. ὑμῶν (ημων 963 *L* e pc 𝔄 ℭ ℭ; > A' 82; om ὁ θ.
ὑμῶν 58 = M) τοὺς ἀδ. ὑμῶ ν Ra. (sic 963 rel; ημων L⁻⁴⁴
82*) ὥσπερ καὶ ὑμᾶς (ημας 509)
3 21 οὕτως ποιήσει κ. ὁ θ. ἡμῶν (υμων 29 82; > L⁻⁴⁴ 72; om
ὁ θ. ἡμῶν W'' 44 108 314 𝔏 𝔄𝔅 ℭ ℭ = M)
4 3 ὅσα ἐπ. κ. ὁ θ. ἡμῶν 963 (υμων A *O*ᵖ 59; > 72; om. ὁ θ.
ἡμῶν 58 𝔏 𝔄 = M)
6 18 ἐναντίον κ. τοῦ θ. ὑμῶν (sic B* 53 𝔏 ℭ꜀ Ra.; ημων 54';
σου rel 963; om. τοῦ θ. ὑμῶν 72 = M) ... τοῖς πατράσιν
ὑμῶν (σου Bᶜ F *L* e pc = M; > 963)
8 1 ἣν κ. ὁ θ. ὑμῶν (sic B* Ra.; σου L⁻¹³⁴; om ὁ θ. ὑμῶν omnes
exc B* L⁻¹³⁴ Ra. = M) ὤμοσεν τοῖς π. ὑμῶν (ημων W
M* V 108 130 314 𝔄)
9 18 ἐναντίον κ. τοῦ θ. ὑμῶν Ra. (ημων L⁻¹³⁴ pc 𝔄; > B; om
τοῦ θ. ὑμῶν 𝔅ⁱʷ = M)
9 22 κ. τὸν θ. ὑμῶν Ra. (ημων pc 𝔄-codd; > M; om τὸν θ.
ὑμῶν B 58 𝔏ʳᶻ(ᵛⁱᵈ) 𝔅ʷ = M)
29 4 (3) κ. ὁ θ. ὑμῶν (sic Fᶜ pl; ημων 19 44 52; > rel Ra.; om ὁ θ.
ὑμῶν 54' 55 426 ℭ꜀ Tht ½ = M) ὑμῖν (> Fᶜ pl) καρδίαν.

Der Wechsel ὑμῶν — ἡμῶν, ἡμῶν — ὑμῶν ist im Deuteronomium
sehr häufig, da die Wendung κύριος ὁ θεὸς ὑμῶν (ἡμῶν) oft vorkommt.
Das Bild ist äußerst bunt, mannigfaltig und uneinheitlich. Die Variante
ὑμῶν — ἡμῶν findet sich in dem ältesten Zeugen, dem Pap. 963, in den
alten und jüngeren Unzialen B A W F M V, in den Rezensionen
O und *L*, in den Minuskeln, gelegentlich nur in einer Minuskel, in den
Versionen, namentlich in 𝔏, und in den Väter-Zitaten.

Jedoch kann keine Regel festgestellt werden. Man kann nicht aufzeigen, daß gewisse Hss. den Wechsel bevorzugen. Auch die beiden Rezensionen O und L verfahren nicht einheitlich; oftmals ist die Variante ὑμῶν — ἡμῶν nur von einzelnen Hss. der genannten Gruppen bezeugt, so daß die Notierung O^p (d. h. nur ein Teil, pars, bezeugt die genannte Variante) oder L^{-44} (d. h. von den drei L-Hss. bezeugen nur 106-134, nicht 44, die genannte Variante) erscheint. Schon dieser mannigfaltige, uneinheitliche, ja manchmal verworrene Variantenbestand zeigt, daß hier keine strenge, systematische, textkritische Arbeit, sondern ein ungezieltes, unbewußtes, ja kindliches Variantenspiel die Lesarten geschaffen hat. Damit ist bereits die Antwort auf die Frage nach dem Entstehen der genannten Varianten gegeben, aber nur im ganz allgemeinen Sinn, so daß manche Textkritiker damit nicht zufrieden sein werden. Deshalb sei noch eingehender darüber gesprochen.

Der einfachste, allerdings auch primitivste Weg, die Varianten ὑμῶν-ἡμῶν zu erklären, ist von verschiedenen Textkritikern, namentlich von dem Bearbeiter der BH³ des Deuteronomiums, beschritten worden: die beiden Varianten wurden ins Hebräische zurückübersetzt. In BH³ ist dies allerdings nicht zu oft geschehen; dagegen ist für BH⁴ an vielen Stellen eine Notiz vorgesehen, daß verschiedene 𝔊-Hss. ὁ θεὸς ἡμῶν statt ὁ θ. ὑμῶν = 𝔐 lesen, z. B. 1 30 𝔊 963 WFM*L* 56 75 a2 + pc MSS אלהינו.

Ähnlich lautet die Notiz zu 1 26 1 32 3 18 3 20 4 2 4 4 4 23 11 22 31 12.

Besonders ist zu nennen 4 34.

אשר־עשה לכם י׳ אלהיכם ᵝᶜ במ׳ לעיניך ᵈ

BH³: ᵅ > V Ken 80 167 𝔊 ABθ Luc 19 w ‖ ᵝ l frt c 𝔊 אלהינו

BH⁴: ᵇ > V Ken 80 167 𝔊 ABθ Luc 19 53 963 w a2 + pc MSS ⅊; 𝔊 56 57 לנו(⅊ᵇ) ‖ ᶜ l prb c 𝔊 exc N 19 57 w + pc MSS אלהינו ‖ ᵈ ⌇ 𝔗 O(J) 𝔊𝔙 לעיניכם; 𝔊 𝔏 al. ‖

Bereits HEMPEL, Schichten S. 73, Anm. 3, hat darauf hingewiesen, daß die Überlieferung von 4 34b sehr unsicher ist. Zunächst ist לכם, das die ursprüngliche 𝔊 nicht kennt, zu streichen. Niemals gab es eine hebräische Variante לנו, die die Min. 56 57 mit ἡμῖν bezeugen sollen; denn ἡμῖν ist rein innergriechisch aus ὑμῖν entstanden. Möglich jedoch wäre die Lesart אלהינו, da ὁ θεὸς ἡμῶν von fast allen griechischen Handschriften, auch von 963, bezeugt wird. Auch Ra. ist dieser Meinung, wenn er ὁ θεὸς ἡμῶν gegen 𝔐 in seinen Text aufnimmt. Jedoch ist eine Sicherheit nicht zu erreichen, da auch ἡμῶν innergriechisch aus ὑμῶν = 𝔐, das nur wenige Hss. (V ..., siehe oben unter I A 1) bezeugen. Wenn man אלהינו als ursprünglich annimmt, (dies ist möglich, da Moses redet), dann kann לעיניך unangefochten stehen bleiben, das auch 𝔊 einheitlich bezeugt.

Zu den unter I A 4 genannten Stellen 12 11 und 31 13 bringt BH folgende Notiz:

12 11 ᵃ אלהיכם

BH⁴: ᵃ 𝕲 ᴮ¹²¹ אלהיך ⁵² אלהינו

31 13 ᵃᵃ אלהיכם

BH³: α Vᴷᵉⁿ ¹⁷ ⁺ ⁴ ᴹˢˢ ᵕ 𝕲𝕾 אלהיהם Gᴮ אלהיך

BH⁴: ebenso, fügt in Klammern bei: (ᴺ ¹⁹ ⁵² ⁸² ¹²⁰ ¹²⁹ אלהינו).

An der ersten Stelle ist die Variante ἡμῶν nur von der Minuskel 52 bezeugt und sicher innergriechisch entstanden, darf also keineswegs ins Hebräische zurückübersetzt werden. Für ὑμῶν hat B σου; damit ist aber wiederum nicht gesagt, daß B in der hebräischen Vorlage אלהיך gelesen habe. Es wäre wohl möglich, daß hier B allein die ursprüngliche Lesart bewahrt hätte; jedoch ist das Suffix der 2. Pers. Sing. an beiden Stellen fehl am Platz. Dies gilt auch für die beiden anderen (oben unter I A 4 genannten) Stellen 12 5 und 13 3 (4), zu denen BH³ ⁴ keine Notiz bringt (zu den Personalsuffixen in 13 3 (4) siehe unter II F. 1). Das Personalpronomen σου in B an den vier Stellen 12 5 12 11 13 3 (4) 31 13 ist unter dem Einfluß der häufigen Wendung ὁ θεός σου auf den Schreiber des Kodex zurückzuführen, dem es »in die Feder geflossen« ist (dies konnte sehr leicht geschehen, wie 1 25 in 963 zeigt, wo geschrieben ist: εν ταις χερσιν αυτων νωθμω (ὑθώμ)); das gleiche gilt für die Minuskeln 121 12 11 und 509 13 3 (4). Mit Recht hat RAHLFs an den vier Stellen σου in den App. verwiesen.

Noch leichter ist der Übergang von ἡμῶν zu ὑμῶν; allerdings sind es im Verhältnis zur ersten Gruppe weniger Stellen, weil die Wendung ὁ θεός ἡμῶν verhältnismäßig selten ist. Besonders verworren ist die Überlieferung bei den unter I B 1 aufgezählten Stellen 29 15 (14) 29 18 (17) und 29 29 (28).

Zu ihnen bringt BH⁴ folgende Notizen:

29 15 (14) ᵃ אלהינו ‖ ᵇ עמנו

ᵃ 𝕲ᵉˣᶜ ¹⁹. ⁵². ⁵⁷. ¹²⁰. ¹²¹ אלהיכם ‖ ᵇ VQ 𝕲 ᴳ θ ¹⁹. ⁵³. ⁷²(?) ⁷⁵ ⁹⁶³ u.
ʷ ⁺ ᵖᶜ ᴹˢˢ 𝔏 עמכם

29 18 (17) ᵇ הלהינו

ᵇ 𝕲ᵉˣᶜ ¹⁵ ʰ אלהיכם

29 29 (28) ᵃ אלהינו ‖ ᵇ לנו ולבנינו

ᵃ 𝕲 ᴮ θ ᴸ ⁺ ᶜᵒᵐᵖˡ ᴹˢˢ אלהיכם ‖ ᵇ 𝕲 ᴮ θ ᴸᵘᶜ ⁺ ᵖᶜ ᴹˢˢ לכם.

Bei den unter I A—D genannten Beispielen war die Entscheidung bei ὑμῶν-ἡμῶν nicht allzu schwer, weil im hebräischen Text אלהיכם

bzw. אלהינו vorlag; hier muß in fast allen Fällen 𝔐 den Ausschlag geben. Schwieriger wird die Lage, wenn an verschiedenen Stellen (siehe unter I E) nur in 𝔊, manchmal allgemein, manchmal geteilt bezeugt, der Zusatz gegen 𝔐 zu κύριος steht: ὁ θεὸς ὑμῶν (ἡμῶν). Hier kann nur aus dem Zusammenhang erschlossen werden, ob ὑμῶν oder ἡμῶν ursprünglich ist. Jedenfalls ist es unzulässig, den nur in 𝔊 stehenden Zusatz ins Hebräische zurückzuübersetzen, wie es z. B. in BH³ zu 9 18 (siehe unter I E) יהוה geschehen ist:

$$\mathfrak{G}^{B} \text{ ut } \mathfrak{M} \sim \mathfrak{S}\mathfrak{B}; \quad \mathfrak{G}^{Luc} + \text{אלהינו}; \quad G^{rell} + \text{אלהיכם}.$$

Zunächst ist zu dieser Notiz zu bemerken, daß in betreff B ein Versehen vorliegt: B liest nicht wie 𝔐, sondern läßt nur ὑμῶν aus; deshalb ist die Stelle unter II F 1 aufgeführt und besprochen. Die Variante ἡμῶν bezeugen nur zwei L-Hss., nämlich 44-106, einige Minuskeln (52 54-75 59 82 85) und die arabische Übersetzung; ἡμῶν ist deutlich sekundär und rein innergriechisch bedingt.

Es ist also unzulässig, wenn einige 𝔊-Hss., mögen diese auch noch so alt sein (wie z. B. 963), ὁ θεὸς ἡμῶν statt ὁ θεὸς ὑμῶν (oder umgekehrt) bezeugen, ins Hebräische אלהינו, אלהיכם zurückzuübersetzen, wie dies für BH⁴ zu 1 45 3 20 3 21 6 18 vorgesehen ist.

Es ist nicht notwendig, andere Stellen, wo ebenfalls der Wechsel ὑμῶν — ἡμῶν vorliegt, anzuführen und zu besprechen. In allen Büchern der 𝔊 kommt er vor, namentlich auch in Jeremias; darüber habe ich in meinen *Beiträgen zur Ieremias-Septuaginta*, Göttingen 1958, S. 13f. ausführlich gesprochen. Hier war die Entscheidung besonders schwierig, weil an manchen Stellen die gesamte 𝔊-Überlieferung einheitlich ὑμῶν gegen 𝔐 bezeugt. Nach sorgfältiger Prüfung der einzelnen Stellen ist die mit 𝔐 übereinstimmende Form in den Text der Ausgabe aufgenommen worden.

II

A. In 𝔐 und 𝔊 steht das Suffix; einige 𝔊-Zeugen lassen es weg.

1. 2 25   τὸν τρόμον σου 963 (> 29 𝔄) καὶ τὸν φόβον σου (> 963 V 426)

   3 11   τὸ μῆκος αὐτῆς omnes 963 ... τὸ εὖρος αὐτῆς 963 (> B* 𝔅ᶜʳ Tht ½)

   8 18   τὴν διαθήκην αὐτοῦ (> B* 𝔅)

   19 1   τὴν γῆν αὐτῶν 963 [vid] (> B)

   19 14   ἐν τῇ κληρονομίᾳ σου (> B)

   21 13   τῆς αἰχμαλωσίας αὐτῆς (> B)

   21 19   τοῦ τόπου αὐτοῦ (> B)

   23 15 (16) τῷ κυρίῳ αὐτοῦ (> B Philo [vid]) ... παρὰ τοῦ κυρίου αὐτοῦ omnes

28 52   τὰ τείχη σου (> B 19 𝔏ʷ)
28 54   ἐν (τῷ) κόλπῳ αὐτοῦ 963 (> B)

2. 11 13   ἐξ ὅλης τῆς ψυχῆς σου (> A´)
   23 14 (15)   ἐν τῇ παρεμβολῇ σου (> A F* 53 75) . . . ἡ παρεμβολή
           σου (> 53)

3. 24 19   ἀμητόν σου (> B W'' L e pc)
   28 12   ἐπὶ καιροῦ αὐτοῦ (> B W'' e pc)
   28 57   καὶ τὸ τέκνον αὐτῆς (> 963 B W'' e pc)

    8 9   ἧς οἱ λίθοι αὐτῆς (> B W'' V e pc)
    9 27   καὶ τὰ ἀσεβήματα αὐτῶν [vel αυτου] (> B W'' V e pc)

4. 22 1   ἢ τὸ πρόβατον αὐτοῦ (> W'')
   25 5   ὁ ἀδ. τοῦ ἀνδρὸς αὐτῆς (> W'' 121 376)
   26 14   ἐν ὀδύνῃ μου (> W'' 19 𝔄 𝔅)

   11 3   καὶ τὰ σημεῖα αὐτοῦ (> L⁻¹³⁴) καὶ τὰ τέρατα αὐτοῦ
            (> F 72 𝔄-ed)
   21 2   ἡ γερουσία σου (> F 19 44 376) καὶ οἱ κριταί σου (> 407)

    8 13   καὶ τῶν βοῶν σου (> 19´ 𝔄-ed) καὶ τῶν προβάτων σου
            (> F V L 54´ Philo)
   16 16   πᾶν ἀρσενικόν σου (> F V 29 53´ L Or)

    1 12   καὶ τὴν ὑπόστασιν ὑμῶν (> V) καὶ τὰς ἀντιλ. ὑμῶν
            (> 72)
    2 25   τὸν τρόμον σου 963 (> 29 𝔄) καὶ τὸν φόβον σου (> 963
            V 426)

5. 10 16   τὴν σκληροκ. ὑμῶν καὶ τὸν τράχ. ὑμῶν (> Iust)
   11 6   τοὺς οἴκους αὐτῶν (> 44) καὶ τὰς σκ. αὐτῶν (> 72)
            καὶ π. αὐτῶν (αὐτῶν sub ÷; > pc = 𝔐) τὴν ὑπό-
            στασιν
   12 26   τὰ ἅγιά σου (> 15 29) . . . τὰς εὐχάς σου omnes
   14 21 (22)   τοῦ σπέρματός σου (> 59 72) τὸ γέν. τοῦ ἀγροῦ σου
            (σου sub ÷; > 55 = 𝔐)
   28 33   τὰ ἐκφόρια τῆς γῆς σου (> 957 vid 𝔏) καὶ π. τοὺς πόνους
            σου omnes 957

6. 5 24 (21)   ἔδειξεν ἡμῖν (> 963 [vid] B pc) κ. ὁ θ. ἡμῶν (ημιν 509;
            + ημιν Bᶜ e pc)
    6 7   καὶ προβιβάσεις αὐτά 963 (> B* 𝔏 Spec-cod ½)
    7 8   καὶ ἐλυτρώσατό σε 963 (> B* 55 120 121 509 Ra.; vos
            𝔏 𝔄)
   15 18   καὶ εὐλογήσει σε (> B)

23 4 (5)   καταράσασθαί σε (> B; *vos* 𝔈)

25 3   μαστιγώσουσιν αὐτόν omnes 957 ... μαστιγῶσαι
           αὐτόν 957 vid (> B 54)

31 19   καὶ διδάξετε αὐτήν (> A 52 𝔈') ... καὶ ἐμβαλεῖτε αὐτήν
           omnes

26 18   εἵλατό σε 957 vid (> F).

B. In 𝔐 steht das Suffix; in 𝔊 fehlt es ursprünglich, ist später
(gewöhnlich von O, manchmal sub asterisco) ergänzt worden.

1. 1 7   πρὸς π. τοὺς περιοίκους (+ αυτου 376-426 = 𝔐)
    5 14   καὶ ὁ προσήλυτος 963 (+ σου 376-426 54' = 𝔐)
    11 10   τὸν σπόρον (+ ※ σου G-376-426 = 𝔐)
    11 18   τὰ ῥήματα 963 (+ ※ μου G-82-376-426 = 𝔐) ταῦτα
    16 18   κατὰ φυλάς (+ σου G-58-82-376-426 𝔅ᶫⁿ = 𝔐)
    32 10   ὡς κόραν ὀφθαλμοῦ 963 Clem Or (+ ※ αυτου 376 Syh
             = 𝔐)

    4 6   αὕτη ἡ σοφία ὑμῶν καὶ ἡ σύνεσις 963 (+ υμων O L 53'
             𝔅 𝔈 = 𝔐)
    9 21   τὸν κονιορτόν (+ ※ αυτου O [τον χουν αυτων 426]
             L = 𝔐)
    12 15   ἐν πάσῃ πόλει (+ ※ σου O L 𝔈 = 𝔐)
    20 14   π. τὴν ἀπαρτίαν (+ ※ αυτης O L 𝔅 = 𝔐)
    31 24 30 ἕως εἰς τέλος (+ αυτων O L = 𝔐)
    33 3   καὶ π. οἱ ἡγιασμένοι (+ αυτου O L = 𝔐)

    18 8   πλὴν τῆς πράσεως (+ αυτου V O L 53' Cyr = 𝔐)
    33 16   γῆς πληρώσεως (+ ※ αυτης [-του 75] W'' O L 59
             = 𝔐)

2. 7 15   οὐκ ἐπιθήσει (+ ※ αυτα O L 𝔅 = 𝔐) ἐπὶ σὲ καὶ
             ἐπιθήσει αὐτά omnes
    7 26   προσοχθιεῖς (+ ※ αυτο O L 𝔈 = 𝔐; + *ea* 𝔅) καὶ βδ.
             βδελύξῃ (+ ※ αυτο O L 𝔈 = 𝔐; + *illa* 𝔏 𝔄 𝔅)
    9 28   ἀποκτεῖναι (+ ※ αυτους O 𝔏 𝔄 𝔅ᵛ 𝔈 = 𝔐)
    10 8   λειτουργεῖν (+ ※ αυτω O L = 𝔐)
    18 22   ἐλάλησεν 2⁰ (+ αυτο (-τω) O L = 𝔐)
    21 1   τὸν πατάξαντα (+ ※ αυτον O L = 𝔐 53-56ᶜ⁷ 129
             𝔄 𝔅 = 𝔐)
    23 21 (22) ἐκζητήσει (+ αυτην O L 𝔅 Cypr = 𝔐)
    25 1   καὶ κρίνωσιν (+ ※ αυτους O L = 𝔐)
    28 48   οὓς ἐπαποστελεῖ (+ ※ αυτους O L = 𝔐)

3. 1 4   μετὰ τὸ πατάξαι (+ αυτον W'' F M Oᵖ L e pc Tht = 𝔐)

    1 13   καὶ καταστήσω (+ αυτους A F O L pl 𝔅 ℭ 𝔈 = 𝔐)

    3 22   οὐ φοβηθήσεσθε (+ απ αυτων A W F M V O pl ℭ 𝔈: cf.
              𝔐; + αυτους L = 𝔐)

    9 17   ἔρριψα αὐτάς . . ., καὶ συνέτριψα (+ αυτας A W F M V
              O L pl 𝔏 𝔅 ℭ 𝔈 = 𝔐)

    21 10   παραδῷ σοι B 19' 509 L (+ αυτους e; π. αυτον 59 = 𝔐;
              π. αυτους A W'' F M V rel 𝔄 𝔅 𝔈 Cyr: cf 𝔐)

    22 3   καὶ εὕρῃς (+ αυτα A F M O pc 𝔅 = 𝔐; + id 𝔈)

C. In 𝔐 steht kein Suffix. Einige 𝔊-Hss. haben es beigefügt.

1. 20 8   δειλὸς τῇ καρδίᾳ omnes . . . τὴν καρδίαν (+ αυτου και A)
              τοῦ ἀδ. αὐτοῦ

    23 18 (19) πρὸς π. εὐχήν (+ σου W'' L 82ᶜ)

    26 13   τὰ ἅγια (+ μου A; + σου 72)

    28 44   κεφαλή (εις κεφαλην σου G; לראש 𝔐)

2. 2 35   τὰ κτήνη 963 (+ αυτων e 19' 72 𝔅)

    8 2   πᾶσαν τὴν ὁδόν (+ σου 82)

    9 16   ἀπὸ τῆς ὁδοῦ (+ υμων 376)

    12 9   εἰς τὴν κατάπαυσιν καὶ εἰς τὴν κληρονομίαν (+ αυτων
              L⁻¹³⁴)

    13 16 (17) τὴν πόλιν (+ αυτων L⁻¹³⁴)

    16 18   τὸν λαόν (+ σου 15-376 29)

    17 11   ἀπὸ τοῦ ῥήματος (+ σου 59)

    17 12   ἢ τοῦ κριτοῦ (+ σου 19')

    28 35   ἐπὶ τὰ γόνατα καὶ ἐπὶ τὰς κνήμας 963 (+ σου 58)

3. 4 5   ποιῆσαι 963 (+ υμας W'' L 19' 29) οὕτως (+ υμας
              A F M V Oᵖ pc)

    22 3   ὑπεριδεῖν (+ αυτα W'' Aᶜ M V L e pc Cyr)

    22 4   ἀναστήσεις (+ αυτα A pc Cyr; + αυτους e 19)

    26 12   καὶ φάγονται (+ αυτα e pc)

D. In 𝔐 steht kein Suffix. 𝔊 hat das Personalpronomen, manchmal
sub obelo.

1. 8 9   τὸν ἄρτον σου (σου sub ÷; > 𝔏 = 𝔐)

    11 6   καὶ πᾶσαν αὐτῶν (αὐτῶν sub ÷; > pc = 𝔐) τὴν ὑπό-
              στασιν

    14 21 (22) τὸ γένημα τοῦ ἀγροῦ σου (σου sub ÷; > 55 = 𝔐)

    32 16   ἐν βδελύγμασιν αὐτῶν (> 44 = 𝔐)

2. 4 29   καὶ εὑρήσετε αὐτόν (> 963 B W pc = 𝔐)
   5 15   ὥστε φυλάσσεσθαί σε 963 (> B* pl = 𝔐)
   9 21   ἔλαβον αὐτόν (αὐτόν sub ÷ ; > 19′ = 𝔐)
   14 24 (25) καὶ ἀποδώσῃ αὐτά (αὐτά sub ÷ ; > 56* 376 = 𝔐)
   26 18   γενέσθαι σε (> 957 O 54′ 𝔄 Philo Clem = 𝔐)
   34 4   καὶ ἔδειξα αὐτήν (> B pl = 𝔐)
   34 11   ποιῆσαι αὐτά (> 376-426 𝔄 = 𝔐).

E. Das Suffix fehlt in 𝔐, in 𝔊 jedoch steht das Personalpronomen.
Es mag genügen, je zwei Beispiele anzuführen.

1. 19 14   οἱ πατέρες (πρότεροι) σου omnes
   26 13   ἐκ τῆς οἰκίας μου (σου 19′) omnes

2. 21 11   καὶ λάβῃς αὐτήν omnes
   32 13   ἐψώμισεν αὐτούς omnes 963.

F. Das Suffix bei (häufigen) Wendungen und bei Parallelstellen.

1.   κύριος ὁ θεός σου (ὑμῶν)

   9 18   ἐναντίον κ. τοῦ θ. ὑμῶν (> B); om τοῦ θ. ὑμῶν 𝔐
   18 5   ἔναντι κ. τοῦ θ. σου (> B Cyr-ed); om ἔν. κ. τοῦ θ. σου 𝔐
   17 15   κ. ὁ θ. σου (> B 𝔙ˡʷ)
   21 5   κ. ὁ θ. σου (> B)
   23 23 (24) κυρίῳ (> B) τῷ θ. σου (> B 59 509)

   12 11   τῷ θεῷ B 𝔏 ליהוה 𝔐] + υμων (ημων) A W F M V rel;
           τω κυριω (+ θεω 426) υμων O 53′; κυριω τω θεω υμων
           L 120 Spec

   13 3 (4) κ. ὁ θεός W᾽ pc 𝔏 Chr ½ Cyr ⅔ Luc] + σου B 509 Cyr-ed ⅓;
           + ※ υμων (ημων) rel = 𝔐
   29 4 (3) κ. ὁ θεός] + υμων (ημων 19 44 52) Fᶜ pl (om ὑμῖν)

   3 20   κ. ὁ θ. ὑμῶν (> A′ 82); om ὁ θ. ὑμῶν 𝔐
   9 6   κ. ὁ θ. σου (> A′ pc)
   14 24 (25) κ. ὁ θ. σου (> A′ 58)
   18 9   κ. ὁ θ. σου (> A 57 85 130 𝔄 Cyr-cod ¼)
   19 10 28 1 κ. ὁ θ. σου (> A)
   21 9   ἔναντι κ. τοῦ θ. σου (> A′); om τοῦ θ. σου 𝔐

   8 5   κ. ὁ θ. σου (> W pc Tht-cod)
   12 18   ἐναντίον κ. τοῦ θ. σου 1° (> W)
   17 12   κ. τοῦ θ. σου (> W Luc)

4 19   κ. ὁ θ. σου 963 (> V 19' 𝔏)
10 22   κ. ὁ θ. σου (> V 55 72 129)
16 20   κ. ὁ θ. σου (> F 72 𝔄).

Bei der Wendung κ. ὁ θεός σου fehlt σου
bei Philo: 8 2 (auch in G), 16 21 (Philo-codd), 20 1 (Philo ½, ferner
    120 426 Cyr-cod), 25 15 (Philo-codd, ferner 58 59 106 Cyr-cod ½
    Spec).
in der Gruppe *e*: 5 12 (auch 57 407), 8 11 (auch Or^lat), 11 12 1⁰ (auch 𝔏),
    11 12 2⁰ (auch 58 72),
in einzelnen Minuskeln: 5 16 in 44 53 75 376 𝔏, 6 10 in 314 509 𝔏,
    7 16 in 44 55 58 72 129 𝔏, 7 23 in 54', 12 21 in 72 75 509, 15 7 in
    44 52 57 72 85, 16 5 in 29 53 Ir, 16 6 in 29 59 121 376, 16 18 in
    53 85 130 Cyr-ed ½.
Die Aufzählung mag hier enden. Es ist also zu beobachten, daß
wahllos die verschiedenen Hss. σου bzw. ὑμῶν auslassen.

2. 4 42   τὸν πλησίον 963 (+ αυτου *O L* 29 407 𝔏 = 𝔐)
  19 4   τὸν πλ. αὐτοῦ (> *e* 19' 54' 𝔏)
  19 5   μετὰ τοῦ πλ. (+ αυτου A F M V *O L* pc 𝔄 𝔅 = 𝔐)
          ... τοῦ πλ. 2⁰ (+ αυτου *O L* 𝔅 = 𝔐)

 19 11   τὸν πλ. (+ αυτου A F M V *O L* pc 𝔄 𝔅 = 𝔐 et ο' α' θ')

 19 14   ὅρια τοῦ πλ. B Philo (+ σου rel = 𝔐)
 27 17   ὅρια τοῦ πλ. (+ αυτου *O L* = 𝔐)

 22 24   τὴν γυν. τοῦ πλ. (+ αυτου A F M V *O L* pc 𝔄 𝔅 Or ½
          Cyr = 𝔐)

 22 26   ἐπὶ τὸν πλ. (+ αυτου A F M V *O L* pl 𝔄 𝔅 Cyr = 𝔐)
 27 24   τὸν πλ. A W F M *e* pc 𝔏 Philo Spec (+ αυτου B V *O L*
          pc = 𝔐)

 15 2   (ὀφείλει) σοι (σου V) ὁ πλ. (+ ※ σου *O L* 𝔄 𝔅 ℭ Cyr-ed ¼;
          ברעהו 𝔐)
 23 24 (26) εἰς ἀμητὸν τοῦ πλ. σου omnes 957 ... ἐπ' (ἐπὶ τὸν) ἀμ. τοῦ
          πλ. σου 957 omnes
 23 25   εἰς τὸν ἀμπελῶνα τοῦ πλ. σου 957 (> Eus-ed)

3. 1 16   ἀνὰ μέσον τῶν ἀδελφῶν ὑμῶν (> ℭ) ... ἀνὰ μ. (τοῦ)
          ἀδελφοῦ (+ αυτου A F M *O* pl 𝔄 𝔅 = 𝔐) καὶ ἀνὰ μ.
          προσηλύτου αὐτοῦ (> 15 ℭ 𝔈)
 13 6 (7) ὁ ἀδ. σου (> 19' 72) ἐκ π. σου ἢ ἐκ μ. σου
 18 2   ἐν τοῖς ἀδ. αὐτῶν (> *e* 𝔏)
 28 54   τὸν ἀδ. αὐτοῦ (> 963 B W'' 𝔏)

33 9   καὶ τοὺς ἀδ. αὐτοῦ (> Philo) ... καὶ τοὺς υἱοὺς αὐτοῦ
          (> 53 Philo)

33 16   ἐπ' ἀδ. (+ αυτου O L 𝔅 ℭ = 𝔐)

33 24   τοῖς ἀδ. αὐτοῦ (> 𝔄)

4a. 8 14 ὑψωθῇς τῇ καρδίᾳ (+ σου A W'' F M V O L pl 𝔏 𝔄 𝔅
          ℭ ℭ Cyr = 𝔐)

19 6   ὅτι παρατ. τῇ κ. (+ αυτου A F M V O L pc 𝔄 𝔅 = 𝔐)

20 8   δειλὸς τῇ καρδίᾳ omnes (= 𝔐) ... τὴν καρδίαν (+ αυτου
          και A) τοῦ ἀδ. αὐτοῦ

32 46   προσέχετε τῇ κ. (+ υμων omnes exc B W'' 59 𝔏 = 𝔐)

4b. 4 39 τῇ διανοίᾳ 963 (+ σου O 𝔅 Jul-ap-Cyr)·

7 17   ἐν τῇ διανοίᾳ σου 963 (> Bᶜ 75 509)

29 18 (17) τίνος ἡ διάνοια (+ ※ αυτου O L 𝔄 = 𝔐)

5. 12 7   οὗ ἂν τὴν χεῖρα vel τὰς χεῖρας (+ ※ υμων omnes exc
          B A' 58 120 129 𝔏 = 𝔐) ἐπιβάλητε

21 6   νίψονται τὰς χ. (+ ※ αυτων O L 𝔄 𝔅 = 𝔐)

25 11 12 καὶ ἐκτείνασα τὴν χ. (+ αυτης L e 19' 120 𝔅) ... 12 ἀπο-
          κόψεις τὴν χ. (+ αυτης omnes exc B 𝔄 = 𝔐)

23 24 (26) ἐν ταῖς χερσίν σου (> 957vid 58 59)

6. 2 28   ὅτι παρελεύσομαι τοῖς ποσίν 963 (+ μου A F M V O L
          pc 𝔅 = 𝔐)

11 10   καὶ ποτίζωσιν τοῖς π. (+ αυτων B 𝔅; + ※ σου G-426 = 𝔐)

7. 7 10   κατὰ πρόσωπον 1º (+ αυτου O = 𝔐; + αυτων L
          𝔅ˡʷ: cf 𝔐) ... κατὰ πρόσωπον 2º (+ αυτου Oᵖ = 𝔐;
          + eorum 𝔅: cf 𝔐)

31 21   κατὰ πρ. (+ αυτου O = 𝔐; + αυτων omnes exc
          B W'' 19' 59 𝔏 𝔄: cf 𝔐)

9 4   ἀπὸ πρ. (+ σου omnes exc B 344* 376* = 𝔐) ... πρὸ
          πρ. σου (> 56)

12 29 30 ἀπὸ πρ. σου omnes

8. 3 27   καὶ ἀναβλέψας τοῖς ὀφθαλμοῖς 963 (+ σου F V O L e
          pl 𝔏 𝔄 𝔅 ℭvid = 𝔐) ... καὶ ἴδε τοῖς ὀ. σου omnes 963

14 1   ἀνὰ μ. τῶν ὀ. ὑμῶν (> G* V)

28 54   βασκανεῖ τῷ ὀ. 963 (+ αυτου A F M O L pc 𝔅 = 𝔐)

28 56   βασκ. τῷ ὀ. αὐτῆς (> e)

32 10   ὡς κόραν ὀ. 963 (+ ※ αυτου 376-Syh = 𝔐)

9. 12 19 ἐὰν ζῇς ἐπὶ τῆς γῆς (+ σου L e = 𝔐)

15 11   ἐνδεὴς ἀπὸ τῆς γῆς (+ σου A F M V L pl 𝔅ʷ ℭ Spec)
          ... καὶ τῷ ἐπιδ. τῷ ἐπὶ τῆς γῆς σου (> 𝔏)

19 2　ἐν μ. τῆς γῆς σου (> *O*ᵖ 19′ 120 509 𝔏 𝔄 𝔅ˡᵛ) ἧς κ. ὁ θ.
　　σου δίδωσίν σοι

19 10　ἐν τῇ γῇ σου (> B 53′ 58 𝔅ʷ)

21 1　ἐν τῇ γῇ (+ σου *e* 19′ 𝔄)

26 2　ἀπὸ τῆς ἀπ. τῶν κ. τῆς γῆς σου (> *O* 72 𝔈; + οσα (ε)αν
　　ενεγκης απο της γης σου *O* L⁻¹⁰⁶ = 𝔐)

21 23　καὶ οὐ μιανεῖτε τὴν γῆν (+ υμων *O*: cf את־אדמתך 𝔐)

24 4　καὶ οὐ μιανεῖτε τὴν γῆν (את־הארץ 𝔐)

10. 6 7　καθήμενος ἐν οἴκῳ (+ σου 967 *O*ᵖ 54′ 𝔅 𝔈 𝔓ᶜ Spec = 𝔐)
　　καὶ πορευόμενος ἐν ὁδῷ omnes 963 = 𝔐

11 19　καθ. ἐν οἴκῳ (+ σου *O* = 𝔐) καὶ πορ. ἐν ὁδῷ omnes = 𝔐

26 13　ἐκ τῆς οἰκίας μου Philo (σου 19′); מן־הבית 𝔐

11.24 10　ἐνεχυράσαι τὸ ἐνέχυρον (+ ※ αυτου B *O* L pc 𝔅 𝔈 = 𝔐)

24 11　ἐξοίσει σοι (> W′ *e* 𝔄) τὸ ἐνέχ. (*pignus tuum* Spec)

24 12　ἐν τῷ ἐνεχ. (+ αυτου omnes exc Bᶜ *e* = 𝔐)

24 13　ἀποδώσεις (+ αυτω F M V *O* L pc 𝔏 𝔅 𝔈 Spec = 𝔐)
　　τὸ ἐνέχ. αὐτοῦ (-τω V 407; > *O*ᵖ 44 75 𝔏 = 𝔐)

12.12 19　πάντα τὸν χρόνον (+ σου L 𝔄 = 𝔐)

22 19　τὸν ἅπαντα (παντα) χρ. (+ αυτου 𝔅 Cyr-cod = 𝔐)

22 29　τὸν ἅπ. (παντα) χρ. (+ αυτου *O* L 𝔄 𝔅 = 𝔐)

13.　κληρονομεῖν (-μῆσαι) αὐτήν לְרִשְׁתָּהּ 𝔐

4 26　κληρονομῆσαι 963 B 72 (+ αυτην rel Ra.)

32 47　κληρ. B 72 (+ αυτην rel Ra.)

6 1　κληρ. 963 Bᶜ A F M V *e* pl 𝔄 𝔏 (+ αυτην rel Ra.)

7 1　κληρ. 963 B W′′ *e* 𝔏 Ra. (+ αυτην rel)

9 6　κληρ. (+ αυτην 19′ 𝔏ᵍ 𝔅)

21 1　κληρ. (+ αὐτήν *O* L 𝔅 𝔈 vid)

Auffallend ist, daß 3 18 5 31 (28) 12 1 לרשתה mit ἐν κλήρῳ wiedergegeben wird, das sonst נחלה entspricht. Stand dafür auch an den
genannten Stellen in der 𝔊-Vorlage נחלה? Kennzeichnend sind
folgende Stellen:

19 14　ἐν κλήρῳ לרשתה 𝔐] κληρονομησαι αυτην (> 19′ 𝔏)
　　O 19′ 𝔏; + κληρονομησαι αυτην Aᶜ *e*; pr κληρονομησαι
　　αυτην M: dupl

25 19　ἐν κλήρῳ (κατα)κληρονομῆσαι נחלה לרשתה 𝔐] + αυτην
　　O L *e* pc; om ἐν κλήρῳ B 𝔅; om κατακλ. 44 75

14. 1 41　κατὰ π. ὅσα ἐνετείλατο (צִוָּנוּ) κύριος ὁ θεὸς ἡμῶν (> 44)
　　ἡμῖν 963 (> 52 53′ 72 426)

6 25　καθὰ ἐνετ. ἡμῖν (υμιν 59 376 𝔏)

1 19   καθότι ἔνετ. (צוה) κ. ὁ θ. ἡμῶν (> 376-426* 𝖌ᵐ) ἡμῖν
        (אתנו; om ἡμῖν 75)

2 37   καθότι ἔνετ. (צוה) ἡμῖν 963 (> B* Oᴾ 85 106 130 𝔏 = 𝔐)
        κ. ὁ θ. ἡμῶν 963 (+ ημιν B* 𝔏)

5 32 (29) ὃν τρ. ἔνετ. (צוה) σοι (> 963 Oᴾ = 𝔐) κ. ὁ θ. σου 963
        (+ σοι Oᴾ; + אתכם)

5 33 (30) ἣν ἔνετ. (צוה) σοι (> AM Oᴾ pc = 𝔐) κ. ὁ θ. σου (+ σοι
        A M pc; + אתכם)

6 20   ὅσα ἔνετ. (צוה) κ. ὁ θ. ἡμῶν (> L⁻¹³⁴ 54′) ἡμῖν 963 (υμιν
        pc = אתכם)

4 23   ὧν συνέταξέν σοι 963 (צוך; om σοι B* L 54′ 509 Ra.)

G. Das Suffix bei (häufigen) Wortreihen

1. 5 16   τίμα τὸν πατέρα σου (> Ev ²/₅) καὶ τὴν μητέρα σου (> 120
         Ev ⁴/₅ Paul)

13 6 (7)   ἐκ π. σου (> 75 120 Luc) ἢ ἐκ μ. σου (> Luc); om ἐκ π.
         σου ἢ 𝔐

21 13   τὸν π. (+ ※ αυτης A W′′ V O L⁻⁴⁴ 19 𝔅 = 𝔐) καὶ τὴν
         μ. (+ ※ αυτης V O L 54′ 407 𝔄 𝔅 = 𝔐)

21 18   φωνὴν π. (+ αυτου A F M V O L pc 𝔅 Cyr = 𝔐 et
         ο′ α′ θ′) καὶ φ. μ. (+ αυτου A M V O L⁻⁴⁴ pc 𝔄 𝔅 = 𝔐
         et ο′ α′ θ′)

21 19   ὁ π. αὐτοῦ (> 44 72 426 𝔄) καὶ ἡ μ. αὐτοῦ (> Philo)
22 15   ὁ π. τῆς παιδὸς καὶ ἡ μ. (+ αυτης O 𝔅 = 𝔐)
27 16   πατέρα αὐτοῦ (> 44 53 59 407*) ἢ μ. αὐτοῦ (> 75)
33 9   τῷ π. αὐτοῦ (> B 44 Philo Chr Cyr Cypr Spec) καὶ τῇ
         μ. αὐτοῦ (> B 72 120 Philo Chr Cyr Cypr Spec)

27 20   ἐκ π. αὐτοῦ (> M) ... τοῦ π. αὐτοῦ omnes
32 6   οὗτός σου (> pc Philo-cod Clem) πατήρ (π. σου 426 = 𝔐)

2. 5 14   σὺ καὶ οἱ υἱοί σου καὶ ἡ θυγάτηρ σου, ὁ παῖς σου 963
         (> 𝔏) καὶ ἡ παιδίσκη σου, ὁ βοῦς σου καὶ τὸ ὑποζ. σου
         καὶ πᾶν κτῆνός σου 963 (> Bᶜ 509), καὶ ὁ προσήλυτος
         963 (+ σου Oᴾ 54′ = 𝔐)

12 12   ὑμεῖς καὶ οἱ υἱοὶ ὑμῶν καὶ αἱ θυγ. ὑμῶν (> 𝔏), οἱ παῖδες
         ὑμῶν (> L⁻¹³⁴ 𝔏) καὶ αἱ παιδίσκαι ὑμῶν

12 18   σὺ καὶ ὁ υἱός σου καὶ ἡ θυγ. σου (> 121), ὁ παῖς σου (> 𝔏)
         καὶ ἡ παιδ. σου

12 31   τοὺς υἱοὺς αὐτῶν καὶ τὰς θυγ. αὐτῶν (> 𝔄-codd Philo)
16 11 14   (σὺ) καὶ ὁ υἱός σου καὶ ἡ θυγ. σου, ὁ παῖς σου καὶ ἡ παιδ.
         σου omnes

18 10   τὸν υἱὸν αὐτοῦ καὶ τὴν θυγ. αὐτοῦ (> Spec)

28 32   οἱ υἱοί σου (> 957 vid) καὶ αἱ θυγ. σου (> 957 Fᶜ)

28 53   κρέα υἱῶν σου 963 (> F G 344ᵗˣᵗ) καὶ θυγ. σου (> 963
    55 376)

28 56   καὶ τὸν υἱὸν 963 (+ αυτης *O* *L*⁻⁴⁴ 𝔄 𝔅 = 𝔐) καὶ τὴν
    θυγ. αὐτης 963 (> 𝔄)

32 19   δι' ὀργὴν υἱῶν αὐτοῦ (> 𝔄) καὶ θυγατέρων (+ *eius*
    𝔄 = 𝔐)

3. 2 34   καὶ τὰς γυναῖκας αὐτῶν 963 (> 19' 58 72 ⇌ 𝔐) καὶ τὰ
      τέκνα (παιδια 19') αὐτῶν omnes 963

   3 6   καὶ τὰς γυναῖκας 963 (+ αυτων A F M *e* pc 𝔅 ℭ) καὶ τὰ
      παιδία 963 (τεκνα F V *L* pc; + αυτων V *L* 𝔅 ℭ)

  3 19   πλὴν αἱ γ. ὑμῶν 963 (> 44) καὶ τὰ τ. ὑμῶν 963 (> 72)

  20 14   πλὴν τῶν γ. καὶ τῆς ἀποσκευῆς omnes = 𝔐

29 11 (10) αἱ γ. ὑμῶν καὶ τὰ τέκνα (εκγονα 963 B *L* pc) ὑμῶν omnes

  31 12   καὶ τὰς γ. καὶ τὰ ἔκγονα (τεκνα 29) omnes = 𝔐

4. 30 7   ἐπὶ τοὺς ἐχθρούς σου καὶ ἐπὶ τοὺς μισοῦντάς σε omnes = 𝔐

  32 41   τοῖς ἐχθροῖς (sic Clem; + μου Fᶜ *O* 54 59 407 𝔏 𝔄 𝔅ᵛ ℭ
      vid = 𝔐) καὶ τοῖς μισ. (sic B W F* 344 509 Clem; + με
      rel = 𝔐) ἀνταποδώσω

  32 43   τοῖς ἐχθροῖς (+ αυτου A' W' F M V *O*ᵖ 29 56 ℭ vid
      Tht = 𝔐; + σου 59) καὶ τοῖς μισ. (+ αυτον Fᶜ *L*⁻¹³⁴
      pc Iust Tht; + με 15) ἀνταποδώσει (om καὶ τοῖς μισ.
      ἀντ. 𝔐)

  32 27   δι' ὀργὴν ἐχθρῶν (אויב 𝔐) omnes ... οἱ ὑπεναντίοι
      (+ υμων 376; + ημων 426; צרימו 𝔐)

  33 11   ὀσφὺν ἐχθρῶν (> 58 = 𝔐) ἐπανεστηκότων αὐτῷ (vel
      αυτου = 𝔐) καὶ οἱ μισ. αὐτόν omnes = 𝔐

  7 10   τοῖς μισ. 1⁰ (+ αυτον *O* 𝔏 𝔄 𝔅 = 𝔐) ... τοῖς μισ. 2⁰
      (+ αυτον M 15-426 *L* 𝔏 𝔅ˡʷ = 𝔐)

    Vgl. 5 9. 10 τοῖς μισ. με (> 963 Bᶜ), 10 καὶ ποιῶν ... τοῖς ἀγα-
πῶσίν με omnes 963

5. 5 29 (26) τὰς ἐντολάς μου 963 (> 75)

  11 8   πάσας τὰς ἐντ. αὐτοῦ omnes (αὐτοῦ sub ÷)

  17 20   ἀπὸ τῶν ἐντ. (+ αυτου V; + *domini* 𝔏; + *domini dei*
      sui ℭ)

  28 1   πάσας τὰς ἐντ. αὐτοῦ (ταυτας B; > A)

  28 15   π. τὰς ἐντ. αὐτοῦ (του κυριου σου 44; > 75; + ※ και
      τα ηκριβασμενα αυτου *O* = 𝔐)

  5 31 (28) τὰς ἐντολὰς 963 (+ μου *L* 54') καὶ τὰ δικαιώματα (+ μου
      54') καὶ τὰ κρίματα 963 (+ μου *L* 54')

7 11   τὰς ἐντολὰς (+ αυτου Β* 19′ 𝕭 ℭ 𝕻) καὶ τὰ δικαιώματα
       (+ αυτου 𝕭* 𝕻) καὶ τὰ κρίματα ταῦτα (αυτου Β* 𝔏 𝕭 ℭ 𝕻;
       > F* 58 120 𝔄 𝔈 = 𝔐)

8 11   τὰς ἐντολὰς αὐτοῦ (αυτου τας εντ. A F M V pc) καὶ τὰ
       κρίματα (+ ·⁘· αυτου W V O L 𝕭 = 𝔐) καὶ τὰ δικαιώ-
       ματα αὐτοῦ (> 15 19′ 𝔏)

26 17   τὰ δικ. (+ αυτου W′′ V O L 53 𝕭 ℭ = 𝔐; + και τας
       εντολας αυτου [> 120 121ᶜ 407-509] W′′ O L⁻⁴⁴ 120
       121ᶜ 407-509 = 𝔐) καὶ τὰ κρίματα αὐτοῦ (> B V 𝔏;
       + και τας εντολας αυτου e [exc 407-509])

27 10   π. τὰς ἐντ. αὐτοῦ (-των W; > 106) καὶ τὰ δικ. αὐτοῦ
       (> 𝔏)

28 45   τὰς ἐντ. αὐτοῦ καὶ τὰ δικ. αὐτοῦ 963 (> B)

30 10   τὰς ἐντ. αὐτοῦ (> Philo) καὶ τὰ δικ. αὐτοῦ (> Philo) καὶ
       τὰς κρίσεις αὐτοῦ (> Philo; om καὶ τὰς κρ. αὐτοῦ 𝔐)

10 13   τὰς ἐντ. κ. τοῦ θ. σου καὶ τὰ δικ. αὐτοῦ (> W)

17 19   π. τὰς ἐντ. (+ αυτου 58) ταύτας (αυτου F pc 𝔈; > 44)
       καὶ τὰ δικ. ταῦτα (αυτου pc 𝔈)

6 17   τὰς ἐντ. κ. τοῦ θ. σου (καὶ) τὰ μαρτύρια 963 (+ αυτου
       A F M O L e pl = 𝔐) καὶ τὰ δικ. 963 (+ αυτου F Oᵖ
       pc 𝕻 Spec-codd = 𝔐)

11 32   π. τὰ προστάγματα αὐτοῦ (μου Α′; ÷ ταυτα 963 Oᵖ ℭ;
       > Oᵖ = 𝔐) καὶ τὰς κρίσεις ταύτας (ταύτας sub ÷;
       > 58 = 𝔐; αυτου A F M V pl 𝕭ᵛ 𝔈 vid)

11 13   π. τὰς ἐντ. αὐτοῦ (μου 426 = 𝔐; > B 𝕭¹ 𝔈)

26 18   κατὰ π. τὰς ἐντ. (+ σου F M O e pc = 𝔐)

8 1   π. τὰς ἐντ. (+ ταυτας Βᶜ F Mᵐᵍ V e L⁻¹³⁴ pc)

27 1   π. τὰς ἐντ. ταύτας (αυτου 55; > F e pc 𝔏 𝔄 𝕭 = 𝔐)

6. 3 24 καὶ τὴν χεῖρα 963 (+ σου Fᶜ O 53′ 54′ 𝕭 ℭ = 𝔐) τὴν
       κρ. καὶ τὸν βραχίονα 963 (+ σου Oᵖ 53′ 72 𝔏 𝕭 ℭ) τὸν
       ὑψηλόν (om καὶ τὸν βρ. τὸν ὑψ. 𝔐)

    9 26 καὶ ἐν τῇ χ. σου 963 (> 72 82 𝔄) τῇ κρ. καὶ ἐν τῷ βρ.
       σου 963 (> 72 𝔄) τῷ ὑψ. (om καὶ ἐν τῷ βρ. σου τῷ ὑψ. 𝔐)

    9 29 καὶ ἐν τῇ χ. σου τῇ κρ. καὶ ἐν τῷ βρ. σου 963 (> 𝔄) τῷ
       ὑψ. (om καὶ ἐν τῇ χ. σου τῇ κρ. omnes exc B 𝕭ʷʸ = 𝔐)

    11 2 καὶ τὴν χ. (+ ·⁘· αυτου O L⁻⁴⁴ 75 𝕭 = 𝔐) τὴν κρ. καὶ
       τὸν βρ. (+ ·⁘· αυτου O L 𝕭 = 𝔐) τὸν ὑψ.

    26 8 καὶ ἐν χ. κρ. καὶ ἐν βρ. αὐτοῦ (αὐτοῦ sub ÷; > B W′′
       V L pc = 𝔐) τῷ ὑψηλῷ

7. 7 9   ὁ φυλάσσων (τὴν) διαθήκην 963 (+ αυτου Βᶜ 120 L⁻⁴⁴ e
       𝕭) καὶ (τὸ) ἔλεος 963 (+ αυτου F M L Oᵖ pc 𝕭)

7 12 καὶ διαφυλάξει ... τὴν διαθ. 963 (+ σου 19 𝕮; + ταυτην
55) καὶ τὸ ἔλεος omnes 963

8 18 ἵνα στήσῃ τὴν διαθήκην αὐτοῦ (> B* 𝔅)

8. 28 53 ἐν τῇ στενοχωρίᾳ σου 963 (σου sub ÷; > 58 = 𝔐)
καὶ ἐν τῇ θλίψει σου 963 (σου sub ÷; > 15 58 = 𝔐)

28 55 ἐν τῇ στ. (+ σου B 53-56^{cℑ} 129 376 𝔄 𝔅^{lw}; + αυτου 75)
καὶ ἐν τῇ θλ. (+ ÷ σου omnes exc W'' L e pc 𝔄 𝔅^v 𝕮)

28 57 ἐν τῇ στ. 963 (+ σου B 54' 𝔅) καὶ ἐν τῇ θλ. (+ σου omnes
exc 963 A F M O e pl 𝔏^r 𝔄 𝕮)

9. 7 13 τὸν σῖτόν σου 963 (> 53) καὶ τὸν οἶνόν σου καὶ τὸ ἔλαιόν
σου omnes 963

12 17 τοῦ σ. σου (> e 72) καὶ τοῦ οἴνου σου (> e^p 𝔏 Eus) καὶ
τοῦ ἐλ. σου omnes

15 14 ἀπὸ τοῦ σ. σου (> Cyr-ed ½) καὶ ἀπὸ τοῦ οἴνου (τῆς
ληνοῦ) σου (> F)

10. 15 7 ἀπὸ τοῦ ἀδ. σου (> 52-57-85) τοῦ ἐπιδεομένου (+ σου G)

15 11 τῷ πένητι (+ ÷ [pro ※] σου O = 𝔐) καὶ τῷ ἐπιδ.
(+ ※ σου O 𝕮 = 𝔐)

24 14 μισθὸν πέν. καὶ ἐνδεοῦς omnes = 𝔐

11.13 12 (13) ἐν μιᾷ τῶν πόλεων (+ ※ σου B A O L pc = 𝔐)

18 6 ἐκ μιᾶς τῶν π. (+ υμων omnes exc B 72; שעריך 𝔐)

Gewöhnlich steht das Suffix in 𝔊; in einigen Hss. fehlt es: 12 5
(om ὑμῶν 19 72), 12 14 (om σου 72), 16 5 (om σου 𝔏 𝔅¹), 17 2 (om σου
15 𝔄).

12. 14 28 (29) ἐν πᾶσιν τοῖς ἔργοις (sic B W 52 129 𝔄-cod 𝔅^v; + ✶
των χειρων σου O L 19' = 𝔐; + σου rel)

15 10 ἐν π. τοῖς ἔ. (+ σου omnes exc B 56 82 407 = 𝔐) καὶ
ἐν π. οὗ ἂν ἐπιβάλῃς τὴν χεῖρά σου (משלח ידך 𝔐)

Vgl. 23 20 (21) ἐν π. τοῖς ἔργοις σου omnes (exc 𝔏 in omni opere
manuum tuarum)

24 19 ἐν π. τοῖς ἔ. (παντι εργω W'' O 19' 134 Eus) τῶν χειρῶν
σου

30 9 ἐν π. ἔργῳ τῶν χ. σου omnes.

Auch hier ist wie bei den an erster Stelle behandelten Beispielen
das Bild völlig uneinheitlich, so daß es fast verwirrend wirkt. Dies
gilt namentlich für die unterschiedliche Behandlung der Parallelstellen, die doch auf gleicher Ebene stehen. Auch die einzelnen Zeugen
nehmen eine völlig inkonsequente Haltung ein. Eine Ausnahme macht

nur die hexaplarische Rezension (*O*); aber auch sie ist nicht immer linientreu. Dies mag aber nicht am Urheber von *O*, sondern an den späteren Abschreibern liegen. Oftmals sind die Zeugen nicht einheitlich, wie die Notierung *O*ᵖ zeigt, die besagt, daß nur ein Teil (pars) der Hss. die Lesart vertritt. Um diese unterschiedliche Treue verschiedener *O*-Hss. zu kennzeichnen, sind die gewissenhaften Zeugen bei den Belegstellen unter II B 1 einzeln aufgeführt; bei fast jeder Stelle ist die Bezeugung unterschiedlich.

Auch die alten Unzialen, an erster Stelle der Pap. 963, zeigen keine einheitliche Ausrichtung. Besonders B läßt gern das Pronomen aus; in solchen Fällen kann man keineswegs das Fehlen des Pronomens auf eine hebräische Vorlage zurückführen, in der ebenfalls das Personalsuffix gefehlt habe. Die Schuld liegt hier (wie auch bei dem Fehlen des Pronomens in anderen einzelnen Hss., namentlich in Minuskeln) beim Schreiber, der in der Behandlung des Pronomens sehr frei gewesen ist. In manchen Fällen ist es auch infolge Versehen (wegen Homoioarkton) ausgefallen; hierher gehören die beiden bereits (unter I A 4 und I E) genannten Stellen 13 ₃ (4) und 29 ₄ (₃), die noch einmal zitiert werden sollen:

13 ₃ (4) ὅτι πειράζει κύριος ὁ θεὸς ὑμῶν ὑμᾶς εἰδέναι
29 ₄ (₃) καὶ οὐκ ἔδωκεν κ. ὁ θ. ὑμῶν ὑμῖν καρδίαν εἰδέναι.

An der zweiten Stelle ist ὑμῶν nur in einigen Minuskeln erhalten, die alle das folgende ὑμῖν auslassen. An der ersten Stelle stand auch bereits ursprünglich ὑμῶν, das aber schon in alter, vorhexaplarischer Zeit ausgefallen ist. B hat σου sinngemäß ergänzt, *O* jedoch genau nach 𝔐 ὑμῶν. Jedenfalls gehört an beiden Stellen ὑμῶν in den Text; Ra. hat es 13 ₃ (4) zu Unrecht in den Apparat verwiesen und 29 ₄ (₃) überhaupt nicht berücksichtigt.

Ähnlich wie bei 13 ₃ (4) ist auch bei anderen Stellen zu beobachten, daß *O* das Possessivum genau nach 𝔐 setzt, während andere Zeugen (namentlich auch B) frei mit ihm umgehen, siehe 7 ₁₀ und 31 ₂₁ (unter II F 7) κατὰ πρόσωπον αὐτοῦ (αὐτῶν), ferner 11 ₁₀ (unter II F 6) ποσίν ✳ σου (αὐτῶν).

In der vorhexaplarischen 𝔊 scheint das Possessivum oftmals gefehlt zu haben; zu einigen Stellen, so zu 19 ₁₁ (unter II F 2) und 21 ₁₈ (unter II G 1) ist ausdrücklich bezeugt, daß die jüngeren Übersetzer Aquila und Theodotion sowie die Sept.-Spalte der Hexapla (ο′) das Possessivum kennen, während es Symmachus nicht hat (dies deutet darauf hin, daß das Fehlen mehr dem griechischen Sprachgebrauch entspricht).

Die völlig uneinheitliche Behandlung der Personalsuffixe in 𝔊 zeigt deutlich die (unter II G 1) zuerst angeführte Stelle 5 ₁₆, die bekanntlich das vierte Gebot enthält: כבד את־אביך ואת־אמך.

Dtn 5 16 wiederholt Ex 20 12 wörtlich. Das vierte Gebot ist sehr oft zitiert worden, bereits im NT sechsmal (der Index locorum bei Nestle ist lückenhaft). Alle Stellen seien hier zusammen aufgeführt, damit man einen Überblick erhält (die neutestamentlichen Stellen sind nach ·Nestle, ed. tertia decima, zitiert).

Ex 20 12 19 19 τὸν πατέρα σου (> Philo Ev $^2/_5$ Clem Or $^4/_7$ Ir) καὶ τὴν
μητέρα (sic B* A F$^{c?}$ 56* 59 Philo Ev $^4/_5$ Paul Clem
Or $^4/_7$ Cyr $^1/_{10}$ Iul-ap-Cyr; + σου rel verss Ev $^1/_5$ Athen
Theoph Or $^3/_7$ Eus Ath Cyr-Hier Chr Cyr $^8/_{10}$ Hil = 𝔐)

Mt 15 4 19 19 τίμα τὸν πατέρα καὶ τὴν μητέρα

Mc 7 10 τὸν πατέρα σου καὶ τὴν μητέρα σου

Mc 10 19 τὸν πατέρα σου καὶ τὴν μητέρα (+ σου א* C W Θ al)

Lc 18 20 τὸν πατέρα σου καὶ τὴν μητέρα (+ σου א 𝔎 al *a b c* sy)

Eph 6 2 τὸν πατέρα σου καὶ τὴν μητέρα.

Diese Stellen sprechen für sich selbst. Das einheitlich in 𝔐 bezeugte Personalsuffix ist völlig uneinheitlich in 𝔊 überliefert. Man kann nicht mehr feststellen, ob es bei der ursprünglichen Wiedergabe gar nicht, nur einmal oder zweimal (nach 𝔐) gesetzt worden ist. Es ist sehr leicht möglich, daß ursprünglich in 𝔊 das Suffix fehlte, sogar auch der Artikel, den Philo und Clem nicht kennen.

Das Verbalsuffix, das in Deuteronomium nicht so häufig wie das Nominalsuffix steht, erfährt in 𝔊 die gleiche Behandlung wie das Nominalsuffix. Eine einheitliche Linie läßt sich nicht aufzeigen. Besonders kennzeichnend ist der (unter II F 13 aufgeführte) häufig wiederkehrende Infinitiv לְרִשְׁתָּהּ, dessen Suffix gewöhnlich einheitlich bezeugt ist. Aber an sechs Stellen ist die Überlieferung gespalten; in 9 6 und 21 1 kennen alle alten Zeugen, in 4 26 32 47 6 1 7 1 die ältesten Zeugen (963 B) das Suffix nicht. Schon der Übersetzer scheint nicht konsequent gewesen zu sein.

Es ist deshalb nicht gestattet, auf Grund von 𝔊-Zeugen anzunehmen, daß in der Sept.-Vorlage das Verbalsuffix gestanden bzw. gefehlt habe. So sind die Notizen (Rückübersetzungen) in BH³ zu 2 37 (siehe unter II F 14) צַוֵּה (ܣ 𝔊$^{exc h 106 + 2 MSS}$ V צַוֵּנוּ) und zu 10 8 (siehe unter II B 2) לשרתו (𝔊$^{exc Luc h}$ לשרת) höchst fraglich. Man darf sich weiterhin nicht verleiten lassen für BH⁴ zu 4 29 (siehe unter II D 2) וּמָצָאתָ notieren zu wollen:
ܣ 𝔊$^{exc B}$ ⊖ 53 72 75 a₂ + pc MSS 𝔐 וּמְצָאתֶם, ferner zu 26 18 (siehe unter II D 2) להיות: 𝔊$^{957 15 54 58 75}$ לִהְיֹתֶךָ. Es ist gewiß möglich, daß in der 𝔊-Vorlage 10 8 לְשָׁרֵת wie 18 5 in 𝔐 und 26 18 לִהְיֹתֶךָ wie 26 19 in 𝔐 gestanden hat. Besonders für die letzte Stelle könnte der vorchristliche Zeuge 957 als Stütze des Verbalsuffixes angenommen werden; dies ist aber nicht zulässig, wie die angeführten Beispiele zeigen.

Besonders aufschlußreich in unserer Frage ist der älteste Zeuge, nämlich Pap. 957. Er zeigt zwar auch keine einheitliche Linie, indem er auf der einen Seite das Possessivum mit 𝔐 gesetzt oder auf der anderen Seite es gegen 𝔐 ausgelassen hätte. Jedoch ist deutlich zu beobachten, daß er öfter das Possessivum nicht bezeugt, mag nun das Suffix in 𝔐 stehen oder nicht, siehe 25 3 (unter II A 6), 23 24 (26) (unter II F 5), 26 18 (unter II D 2), 28 32 (unter II G 2) und 28 33 (unter II A 5; σου, das 𝔏 nicht kennt, scheint auch in 957 gefehlt zu haben; ROBERTS hat es zu Unrecht eingefügt, so daß die Zeile zu lang wird). H. G. OPITZ und H. H. SCHAEDER, *Zum Septuaginta-Papyrus Rylands Greek 458*: ZNW 35 (1936) 115—117, haben nur kurz über das Fehlen von σε 26 18 und σου 28 32 gesprochen; 26 18 werde »eine ältere, H näherstehende Textform greifbar« und 28 32 liege ein »Fehler« vor (S. 117). Aus der ersten Stelle ist keine so weitreichende Folgerung abzuleiten; 957 hat σε nicht durch Einblick in den hebräischen Text ausgelassen, sondern es von Anfang an nicht gekannt, wie es auch Philo und Clemens nicht haben; es kam aber bereits vor Origenes in den Text, der es im Anschluß an 𝔐 in seinem Text wiederum tilgte. Ausführlicher hat W. CASPARI, *Papyrus-Streifen des vorchristlichen Pentateuch*, ThStKr 107 (1936) 347—353, über das Suffix an einigen Stellen des Deuteronomium und besonders an den von unserem Pap. 957 überlieferten Texten gesprochen, konnte jedoch keine befriedigende Erklärung geben, weil er das gesamte Material nicht durchgearbeitet hat.

(Abgeschlossen am 28. 6. 1960)

Zur griechischen Vorlage der Vetus Latina in der
Sapientia Salomonis

Unter allen Übersetzungen des griech. AT (LXX) nimmt die Vetus Latina (La) die erste Stelle ein[1]. Dieser Vorrang gebührt ihr mit Recht,

---

[1] Die beste Arbeit über die Vetus Latina der Sap. stammt von Donatien de Bruyne, Étude sur le texte latin de la Sagesse: Rev. Bén. 41 (1929) 101—133. Hier sind die Fragen des l a t e i n i s c h e n Textes ausführlich und einleuchtend behandelt. Bei verschiedenen Stellen kommt de Bruyne auch auf den g r i e c h i s c h e n Text, also auf die Vorlage von La, zu sprechen; im IV. Abschnitt *Le Texte grec* (S. 130—133) ist die griech. Vorlage von La etwas ausführlicher behandelt. Jedoch kann man oft der Rekonstruktion der griech. Vorlage de Bruyne's *nicht* zustimmen; wenn er zu Beginn des Abschnittes *Le Texte grec* zu den in den einzelnen Kommentaren und besonders zu den von Feldmann gemachten Kollationen des lat. mit dem griech. Text sagt: „Ces comparaisons sont malheureusement faites avec un texte latin peu sûr" (S. 130), so gilt dies erst recht für de Bruyne in Bezug auf den g r i e c h i s c h e n Text. Deshalb wurden in diesem Aufsatz besonders die griech. Rückübersetzungen de Bruyne's eingehend geprüft, und sie sind fast alle durchgefallen.

Als weitere Literatur ist zu nennen:

Ph. Thielmann, Die lateinische Übersetzung des Buches der Weisheit: Archiv f. lat. Lexikographie u. Grammatik 8 (1893) 235—277.

P. W. Skehan, Notes on the Latin Text of the Book of Wisdom: Cath. Bibl. Quart. 4 (1942) 230—243.

F. Feldmann, Textkritische Materialien zum Buch der Weisheit, Freiburg i. Br. 1902.

J. Holtzmann, Die Peschitta zum Buche der Weisheit, Freiburg i. Br. 1903.

Von den Kommentaren kommen in Frage:

R. Cornely, Commentarius in Librum Sapientiae, ed. F. Zorell (Cursus Script. Sacrae II/V), Parisiis 1910. Cornely hat sich sehr eingehend mit dem lateinischen Text der Sap. befaßt.

P. Heinisch, Das Buch der Weisheit (Exeget. Handbuch z. AT 24), Münster i. Westf. 1912.

J. Fichtner, Weisheit Salomos (Handbuch z. AT. Zweite Reihe 6), Tübingen 1938.

Die Sigel und Abkürzungen werden in der gleichen Weise wie in der Göttinger Septuaginta-Ausgabe, die 1961 erscheinen wird, verwendet.

O = 253-Syh (Syrohexapla): Origenes-Rezension

L = 248-637: Lukian-Rezension (Hauptgruppe)

l = 106-130-261-545-705: Lukian-Rezension (Untergruppe)

L' = $L + l$

a = 149-260-471-485-606

b = 249-254-411-754

c = 296-311-548-706

d = 157-485-563-571

e = 125-339-443-542.

weil sie die älteste Tochter der Septuaginta ist; nach Thielmann S. 276, dem sich de Bruyne S. 128 anschließt, stammt sie aus der 2. Hälfte des 2. Jahrh. n. Chr. Somit ist ihre griech. Vorlage älter als die alten Unzialen B-S (beide sind durch Bindestrich verbunden, weil sie oft zusammengehen) und A; in vielen Fällen (bei „neutralen" Stellen, namentlich grammatisch-stilistischer Natur, kann leider die griech. Vorlage nicht rekonstruiert werden) bietet ja im Verein mit B-S A den ältesten erreichbaren griech. Text, der zu Anfang des 2. Jahrh. im Umlauf war. Den Ehrensitz verdient die Vetus Latina aber nicht nur wegen ihres hohen Alters, sondern auch wegen ihrer getreuen, genauen, ja manchmal zu gewissenhaften Wiedergabe der griech. Vorlage. Jedoch ist dieses Lob nicht allen Büchern zu spenden; manche von ihnen sind etwas freier wiedergegeben, und dazu gehört die Vetus Latina der Sapientia Salomonis.

F. Stummer, Einführung in die lat. Bibel (Paderborn 1928) S. 73, meint zwar, daß der Übersetzer von Sap. nicht frei wiedergab, sondern sich mühte, „nicht nur richtig, sondern auch gut zu übersetzen". Dazu bemerkt de Bruyne etwas spitzig, aber richtig: „Je ne sais pas s'il s'est donné beaucoup de peine, mais en tout cas il n'a pas réussi" (S. 131 Anm. 1). Tatsächlich hat der Übersetzer oftmals s e h r f r e i und s o r g l o s wiedergegeben, wie bereits Thielmann § 5—14 S. 264—276 an vielen Beispielen gezeigt hat. Es genügt, nur einen Beleg anzuführen, nämlich 13,2 *aut solem et lunam* ἢ φωστῆρας οὐρανοῦ. Dies kann man kaum mehr als Übersetzung bezeichnen; es sieht vielmehr wie eine Glosse aus, die in griech. Sprache (ἢ τὸν ἥλιον καὶ τὴν σελήνην) am Rand der Vorlage gestanden haben könnte (weitere Beispiele bei Thielmann S. 264). Diese f r e i e Wiedergabe muß man beständig vor Augen haben, wenn man die griech. Vorlage der Vetus Latina rekonstruieren will, damit man nicht Gefahr läuft, griech. Rückübersetzungen zu machen, die niemals existiert haben.

Ein zweites Warnzeichen muß bei vielen Lesarten von La, die nur scheinbar vom griech. Text abweichen, aufgerichtet werden, nämlich bei den i n n e r l a t e i n i s c h e n Verderbnissen. Viele sind sofort zu erkennen, besonders wenn man nicht nur die Vulgata (LaV) aufschlägt, sondern das gesamte handschriftliche Material (Lapl = plerique codices, Lapc = pauci codices) vor sich ausgebreitet hat. Die erstmalige Veröffentlichung der Varianten des berühmten codex Amiatinus (= LaA) in der Vulgata-Ausgabe von Heyse-Tischendorf (1873) und dann die Herausgabe des vollständigen Textes der Sap. (und des Sir.) durch de Lagarde (1884) zeigte die übergroße Anzahl innerlat. verderbter Lesarten, die der

Amiatinus oftmals allein hat, aber auch oftmals mit den anderen lat. Kodizes teilt, deren Kollationen für die neue römische Vulgata-Ausgabe ich im Frühjahr 1957 in San Girolamo benützen konnte. Es genügt, nur einige Beispiele zu nennen:

4,6 ἐκ γὰρ ἀνόμων ὕπνων *ex iniquis enim somnis* LaV; *ex iniquis enim* (>AM*) *omnes* Lapl

5,11 βίᾳ *per vim* LaV; *per viam* LaA

17,11 (10) μαρτυρεῖ καταδικαζομένη *dat testimonium condemnationis* LaV; *data est in omnium condemnatione* LaA.

Bei diesen und ähnlichen Fällen kann auf den ersten Blick die innerlat. Verderbnis festgestellt und geheilt werden. Es gibt aber auch Stellen, die näher besehen werden müssen, um erfolgreich operieren zu können. Als Schulbeispiel soll 14,26 genannt werden:

χάριτος *dei* LaV; *domini* Lapl; *gratie* LaX (Neuübersetzung aus dem Griech.). Lies *doni* statt *domini (dei)*; die richtige Lesart *doni* hat bereits der scharfsinnige Korrektor Caraffa in der ed. Sixt. Lovaniensis (Antwerp. 1583) hergestellt. Die gleiche Verderbnis liegt 18,2 in manchen Hss. vor:

χάριν *donum* LaV; *dominum* LaAMQ; *dominum vite* LaX; *te dominum* LaZ*; *te deum* LaΩθ.

Wenn somit lat. Lesarten vorhanden sind, die von dem griech. Text abweichen, dann muß zuerst immer untersucht werden, ob nicht innerlat. Verderbnis vorliegt. Es kann sich verhängnisvoll auswirken, solche Lesarten zu übersehen und sie ins Griech. zurückzuübersetzen. Bei solchen Rückübersetzungen gewinnt man zwar eine griech. Variante, deren Besitz aber trügerisch ist. Als Beispiel sei in diesem Zusammenhang (unten werden uns weitere Fälle begegnen) 10,2 genannt:

ἐκ παραπτώματος ἰδίου *a delicto suo* La; *de limo terrae* LaCΨθ Spec.; *de peccato suo* Or. VI 352 Lommatzsch; *de peccato proprio . . . de limo terrae* LaX: dupl. Die Lesart *de limo terrae* spricht de Bruyne als ursprünglich an, die einen anderen griech. Text voraussetze: „mais lequel? Je devine seulement γηδίου au lieu de ἰδίου" (S. 112). Mit Recht bezeichnet Skehan S. 237 diese Retroversion als unglücklich;| *de limo terrae* ist aus *delicto suo* verderbt; *terrae* stammt aus Gen. 2,7.

I.

La S

Wenn man nach der Beziehung von La zu den alten Unzialen fragt, dann muß man an erster Stelle auf S hinweisen. Dies hat bereits de Bruyne richtig gesehen; er bezeichnet als „plus caractéristique: l'accord du latin avec le Sinaiticus (S), parfois même avec la première main de ce ms (S*)'' (S. 130). Dann führt de Bruyne vierzehn Stellen als Belege des Zusammengehens von La S an und fügt als letzte Stelle 13,3 hinzu, die er bereits bei den Cypr.-Lesarten (S. 110) behandelt hat. Jedoch ist das Zeugnis der Liste nicht wertvoll, da zwischen der ursprünglichen (S*) und der späteren korrigierten (S^c) Lesart des Sinaiticus nicht unterschieden ist; diese Unterscheidung ist äußerst wichtig, ja notwendig, und muß auch in der gesonderten Aufführung der Stellen La S* und La S^c sichtbar gemacht werden. Zudem ist zweimal unrichtig die Lesart S* statt S^c zugeschrieben worden: 13,13 συνέσεως S^c (S* ανεσεως) und 17,11 προείληφεν S^c (S* προσειληφεν).

Dann sind vollgültige Zeugen nur solche Stellen, wo S a l l e i n oder von nur einigen Minuskeln begleitet mit La übereinstimmt; das sind unter den vierzehn aufgeführten Stellen nur drei (5,18; 13,11; 18,20), und von ihnen kommt eigentlich nur die letzte (18,20) in Frage.

5,17 (18) λήμψεται πανοπλίαν τὸν ζῆλον (το ζηλος S*) αὐτοῦ *accipiet armaturam zelus illius* La.

Im Griech. kommt ὁ ζῆλος und τὸ ζῆλος vor (s. Thackeray, Grammar of the OT in Greek, § 10, 28 S. 158 Anm. 5), so daß τὸ ζῆλος als Akkusativ im Anschluß an τὸν ζῆλον zu nehmen ist. Der lat. Übersetzer hat den Nominativ *zelus*; ob er bereits in seiner Vorlage wie S* τὸ ζῆλος gelesen und es als Nominativ aufgefaßt hat oder nur in freier Satzkonstruktion den Nominativ gesetzt hat, läßt sich nicht entscheiden.

13,11 καὶ τεχνησάμενος ε ὐ π ρ ε π ῶ ς (ε υ τ ρ ε π ω ς S) κατεσκεύασεν *et arte sua usus diligenter fabricet* La.

Die genaue Wiedergabe von εὐπρεπῶς wäre *decore* oder *speciose*, vgl. Sap. 5,16(17) *decor* εὐπρέπεια und 7,29 *speciosus* εὐπρεπής; aber die Adverbia *decore, speciose* scheint der Übersetzer nicht zu lieben. So wählt er frei das Adverb *diligenter*, das er im gleichen Zusammenhang auch im übernächsten Vers (13,13) für ἐν ἐπιμελείᾳ verwendet. Es k a n n εὐπρεπῶς (wie in S) in seiner Vorlage gestanden haben; dies ist jedoch nicht sicher nachzuweisen.

18,20 ἥψατο δὲ (+ ποτε 248 Mal.) καὶ δικαίων (+ τοτε S*; + ποτε O-S^c -V) πεῖρα θανάτου *tetigit autem tunc et iustos (et iustos tunc Z*) tentatio mortis* La.

Die Stelle ist aufschlußreich. Die kleine Beifügung τότε (*tunc*) änderten spätere Rezensoren (Origenes und Lukian) in ποτε um, vgl. 14,15 ποτε] τοτε B S La (*tunc*). Lukian stellte sie um (ebenso die lat. Hs. Z*);

ähnliche lukianische Umstellungen sind auch in den prophetischen Schriften oft zu beobachten.

Als Belege für das Zusammengehen von La S wären noch folgende Stellen zu nennen:

4,1 κρείσσων] + γαρ S* 755; *melior est enim* LaCQ*TˣZ*

5,11 ἐπιβάσεως ἐν αὐτῷ] επιβ. αυτου S* 755; *itineris illius* La

5,22(23) ποταμοὶ δέ] ποτ. τε S* V 637; *et flumina* La

6,13(14) τοὺς ἐπιθυμοῦντας Clem.] + αυτην S e alii; + αυτης l; *qui se concupiscunt* La

17,21(20) ἐπετέτατο] επεχειτο S 613; *superposita erat* La

18,20 ἔμεινεν ἡ ὀργή] + σου S*V 637 b alii; *ira tua* La

8,12 χεῖρα] χειρας S O b d alii; *manus* La

18,9 τῆς θειότητος] της οσιοτητος S O 637-l a e alii; *iustitiae* (*divinitatis* LaCΣ) La.

Außer 17,21(20) ; 18,9 haben alle Stellen kein großes Gewicht; es sind stilistisch-grammatische Varianten leichter Natur. Lehrreich ist die Beigabe des Possessivum σου 18,20. Ein Vergleich verwandter Fälle zeigt, daß weder der Verfasser, noch der Übersetzer, noch spätere Korrektoren in der Beigabe oder Wegnahme des Possessivum konsequent waren:

16,5(6) (ἔμεινεν) ἡ ὀργή σου (> 766 Sy Arm); *permansit ira tua* (*ira tua permansit*ⱽ) La

18,25 ἡ πεῖρα τῆς ὀργῆς (+ σου S); *tentatio irae* La.

Es ist höchst auffallend, daß an der letzten Stelle (18,25) in La nicht *irae t u a e* steht. Aber auch sonst lassen sich viele Stellen nennen, wo La n i c h t mit S zusammengeht, z.B.

5,16(17) τῇ (>S) δεξιᾷ] + κυριου S 755; + αυτου 248-l; *dextera sua* La

7,3 ἴσα] ησα 248 549ᶜ; *emisi* La; > S d

8,5 πλουσιώτερον = *locupletius* La] τιμιωτερον S

8,18b πλοῦτος = *honestas* La] τερψις S: ex 18a.

La B

Mit B geht La verhältnismäßig selten zusammen, z.B. 7,17 τῶν δεδομένων B 253(διδ.) 248(διδ.) La(*horum quae mihi dantur*)] των λεγομενων S A V 637-l Syh.

An den Stellen 5,3 und 14,14 kennen La B die Zugabe nicht und bezeugen so den ursprünglichen Text:

5,3b fin. B 637 La Sa] + και (οι και S*) ερουσιν rel.

14,14 εἰσῆλθεν B O-Sᶜ-V L' La] pr. θανατος S* A: ex 2,24.

Die Sonderlesarten, die gerade in Sap. häufig von B bezeugt werden, kennt La nicht und erweist damit ihren sekundären Charakter. Man kann deshalb auch nicht solche Stellen, wo La mit allen Zeugen gegen B geht, als Belege dafür nennen, daß La mit S zusammengeht, wie dies de Bruyne S. 130 mit den beiden ersten Stellen 2,22 („θεου SA *dei* — αυτου cet") und 3,18 („εξουσιν SA *habebunt* — εχουσιν cet") getan hat. Nur folgende Notierung macht den Sachverhalt anschaulich:

2,22 θεοῦ S A B^c *O*-V *L'* La] αυτου B*+

3,18 ἕξουσιν S A *O*-V *L'* La] εχουσιν B 46+.

An beiden Stellen hat B eine Sonderlesart, die wie bei Rahlfs durch ein kleines hochstehendes Kreuz kenntlich gemacht ist.

La B-S

Es lassen sich verschiedene Stellen aufzeigen, wo die beiden Unzialen B-S auf der einen Seite mit La stehen, während auf der anderen Seite A steht.

1,5 πνεῦμα παιδείας B-S *O*-V *l* La (*spiritus disciplinae*)] πνευμα σοφιας A *L*

4,2 μιμοῦνται B-S *O*-V La (*imitantur*)] τιμωσιν A *L'*

4,14 οἱ δὲ λαοί B-S A^c *O*-V 248 - *l* La (*populi autem*)] οι δε αλλοι A* 637

7,14 οἱ χρησάμενοι B-S* *O*-V La(*qui usi sunt*)] οι κτησαμενοι A S^c *L'*

15,11 τὸν πλάσαντα αὐτόν B-S *O*-V *L'* La (*qui se finxit*)] τον ποιησαντα αυτον A C

17,3 ἐσκορπίσθησαν B-S(διεσκ.) *O*-V *L* La (*dispersi sunt*)] εσκοτισθησαν A C *l*.

Es sind keine Beispiele stilistisch-grammatischer Art oben gewählt, sondern solche Stellen, wo eine Wortlautänderung vorliegt, da diese besonders kennzeichnend ist. Überall gehen B-S La mit *O* zusammen; damit ist nicht gesagt, daß hier hexaplarische Lesarten vorliegen, sondern daß *O* die alte, von B-S La bezeugte Lesart einfach übernommen hat.

La S A

Die Fälle, wo La mit den beiden Unzialen S A gegen B geht, sind nicht allzu zahlreich. Einige sollen genannt werden:

2,5 ὁ καιρὸς ἡμῶν S A* B^c *l* La (*tempus nostrum*)] ο βιος ημων B* A^c *O*-V *L*; *tempus vitae nostrae* La^X (= *tempus vitae nostrae* La 2,1): dupl.

16,20 παρέσχες S A *O*-V 637-*l* La (*praestitisti*)] επεμψας B 248

19,6 ταῖς σαῖς ἐπιταγαῖς S A O-V 637-l La (*tuis praeceptis*)] ταις ιδιαις επιτ. B C 248.

Die letzte Stelle nennt auch de Bruyne S. 130 als Beleg des Zusammengehens von S La; V steht irrtümlich bei ἰδίαις ; es gehört zu σαῖς.

16,20 bezeugt La das ursprüngliche Verbum παρέχειν, das auch 17,13(12) und 18,3 mit *praestare* wiedergegeben ist. Bereits Tertullian, adv. Marc. IV, 26, kennt diese Lesart: qui etiam de caelo panem angelorum cottidianum populo suo p r a e s t i t i t (CSEL 47,509). Das Verbum παρέχειν verwendet auch Symmachus an der Grundstelle Ps. 77(78),24, s. J. Fichtner, ZAW 57 (1939) 186 f.; παρέσχες ist sicher ursprünglich, dagegen ἔπεμψας sekundär.

La A

Mit A geht La nicht allzu häufig zusammen. Beispiele:

1,6 τῆς γλώσσης] + αυτου A alii La (*linguae eius*)

5,6 ἔλαμψεν ἡμῖν] ελ. εν ημιν A 296 Lapc (*luxit in nobis*)

5,8 καὶ τί] ἤ τι A La (a u t . . . quid)

8,8 εἰκάζειν] -ζει A O - Sᶜ - V L' a b c d e alii La (*aestimat*)

4,15 ἐν τοῖς ἐκλεκτοῖς . . . ἐν τοῖς ὁσίοις] tr. A L' b Syh La

4,16 καμών] θανων A Bᶜ L b c d e La (*mortuus*); θανατω l;

7,5 οὐδεὶς γὰρ βασιλεύς] ουδεις γαρ β α σ ι λ ε ω ν A l a b c La (*nemo enim ex regibus*)

14,1 τοῦ φέροντος αὐτὸν πλοίου] του φερ. αυτον ξ υ λ ο υ A 46 157 339 La (*ligno portante se*).

La O (Sᶜ V 766)

Gelegentlich kann man beobachten, daß La mit der hexaplarischen Rezension O (= 253 - Syh) oder mit hexaplarisch beeinflußten Zeugen (Sᶜ V 766) zusammentrifft. Beispiele:

3,14 ἐν χειρί] εν χερσιν V 547 Syh La (*per manus suas*)

5,1 ἐν παρρησίᾳ πολλῇ/ὁ δίκαιος] tr. V 766 La

5,6 ὁ ἥλιος] + της δικαιοσυνης O - V 248 443 534 - 613 766; + *intelligentiae* La (nonCLXZ*)

7,9 λίθον ἀτίμητον] λ. τιμιον 253 248 336 La (*lapidem pretiosum*)

7,14 ὅν] ᾧ O - V 46 La (*quo*)

8,18 ἐν πόνοις] + εργων O - V 637 336 534 - 613 755 766; *in operibus* La

4,18 ἐξουθενήσουσιν] + αυτον O - V 637 a 766 LaV (+*eum*)

5,8 τί / πλοῦτος μετὰ ἀλαζονείας] tr. O 443 LaV

6,21(22) τύραννοι] pr. ω V b Syh LaV

6,23(25) οὗτος] ο τοιουτος O 637 - lp alii; *talis homo* LaV

13,14 fin.] + τη O - Sc - V 637 Lapc (*terra*)

14,18 τοὺς ἀγνοοῦντας] + μετα τουτο O 637 766 LaSX (*postea*)

17,18(17) κλάδους] + δενδρων O 613 LaX (*arborum*); pr. *arborum* LaV.

La L l (L')

Während in Sirach die lukianische Rezension häufig und deutlich in
Erscheinung tritt, ist dies in Sap. nicht der Fall. Ebenso steht es mit der
Verwandtschaft von La und L: in Sir. kann sehr oft beobachtet werden,
daß beide eng verwandt sind, dagegen sind die Beziehungen in Sap.
zwischen La und L nur selten und lose, und wenn sie festgestellt werden
können, dann nicht zu beiden Zeugen von L (248-637), sondern nur zu
einem von ihnen. Weiterhin kann man beobachten, daß die Berührung
von La häufiger mit der lukianischen Untergruppe l als mit der Hauptgruppe L vorkommt. Einige Belege sollen genannt sein:

16,14 ἀναστρέφει]-στρεφει L La (*revertetur*)

5,16(17) τῇ δεξιᾷ] τη (η 261-545) δ. αυτου 248-l La (*dextera sua*)

12,12 κατὰ ἐθνῶν ἀπολωλότων] om. κατά (1ο) 248 La (vid.; *si perierint nati-
      ones*); κατά 2ο ist einhellig bezeugt, nur La läßt es weg.

14,24 καθαροὺς ἔτι] tr. 248 LaL

17,7 ἐμπαίγματα κατέχειτο] tr. 248 La

4,9 ἀνθρώποις]-που 637; *hominis* LaV Spec. Ambr. IV 420ap Aug.

6,16 ἐν ταῖς τρίβοις] + αυτης 637 Lapc

8,9 ἀγαγέσθαι] + εμαυτω 248 - l a La (*mihi*): cf. 8,2 ἀγαγέσθαι ἐμαυτῷ
      omnes.

9,8 om. ἁγίας 637 LaV

10,14a(13c) συγκατέβη] + τε 637 LaV (*descenditque*)

12,4(3) μισήσας = *odiens* Lapl] εμισησας 637 = *oderas* LaX Spec.;
      quos exhorruisti LaV

12,5 τέχνων τε] om. τε 637 Lapl

13,3 βελτίων] καλλιων 637 766 La (*speciosior*)

13,10 τέχνης] pr. και 637 296 LaΩ Spec.

15,5 εἶδος] pr. και 637 Lapc

16,5 δεινὸς ἐπῆλθεν] tr. 637-l La

19,17(16) ἐκεῖνοι] κακεινοι 637 LaXZ*Σ (*et illi*) Syh

4,16 τελεσθεῖσα ταχέως] tr. lp 755 La Lucif. Spec.

7,23 νοερῶν καθαρῶν λεπτοτάτων] νοερον καθαρον λεπτοτατον l La (*intelli-
      gibilis mundus subtilis*)

2,20 αὐτοῦ ἐπισκοπή] η επισκ. αυτου 637(om. η) - l LaX (*ei respectus eius*)

3,17 λογισθήσονται]-σεται 637 LaL (*computabitur*).

Ein Überblick zeigt, daß alle Varianten, die La mit 248 oder 637 teilt,
grammatisch - stilistischer Natur sind und somit kein Gewicht haben.

Gewichtige Varianten, wie Wortlautänderungen und Zusätze, die allerdings auch selten von 248 und 637 vertreten werden, teilt La nicht mit den beiden Hauptzeugen der lukianischen Rezension. So kennt 6,22 nur 248 den Zusatz ἐν ἀνθρώποις, der nach dem Zeugnis des Malachias Monachus „in einigen Handschriften" steht; unter diesen „Handschriften", die heute alle bis auf 248 verschollen sind, befand sich also die Vorlage von La nicht.

Bei manchen Varianten von 637 sucht man vergebens nach einer gleichen lat. Lesart, z.B.

8,5 τί σοφίας πλουσιώτερον] τῆς σοφιας ουδεν πλους. εστιν 637; *quid sapientia* (+ *est* X) *locupletius* La

13,3 ταῦτα θεούς = *haec deos* LaSᵃ Z* Aug. trin. 15,3] τουτους θεους 637; *deos* La = θεους B; *hoc* Cypr. Spec. Max. = τουθ Sᶜ.

8,5 hat 637 nur εστιν wie LaX (*est*), aber an anderer Stelle.

13,3 scheint die Überlieferung von Anfang an völlig verwirrt gewesen zu sein; hier ist viel herumkorrigiert worden. Dem τούτους 637 würde in La *hos* entsprechen; vielleicht ist dies als ursprünglich einzusetzen, das in Cypr. Spec. zu *hoc* verändert wurde, aber infolge Homoioteleuton in La ausfiel: *delectati ⟨hos⟩ deos putaverunt*. De Bruyne S. 110 beurteilt die Lesarten in 13,3 nicht richtig; es geht nicht an, in ταῦτα θεούς „peut-être un doublet" und in *haec deos* ein „doublet" zu sehen.

La und griech. Minuskeln

An verschiedenen Stellen stimmt La mit griech. Varianten überein, die nur von Minuskeln bezeugt werden. Hierher gehören die von de Bruyne S. 131 f. genannten Stellen 7,25; 17,2; 17,18. Überall hat de Bruyne richtig ohne Kenntnis der Hss., die in der Ausgabe von Holmes-Parsons nicht kollationiert sind, die griech. Vorlage rekonstruiert; dies war allerdings nicht schwierig, da es sich um lateinische Lesarten handelt, die leicht ins Griechische zurückübersetzt werden können.

7,25 ἀπόρροια τῆς ... δόξης] α. τις...δ. 125-542 = *emanatio quaedam claritatis* La

17,2 δέσμιοι] δεσμοις 543 545ᶜ 547 = *vinculis* La

17,19(18) ἀπηνεστάτων θηρίων φωνή] απηνεστατη θ. φ. 637 471 755 = *valida (validarum*L*) bestiarum vox* (>L) La.

Es lassen sich noch weitere Stellen aufführen, z.B.

5,7 ἐρήμους ἀβάτους] τριβους αβ. 359 534 547 563* 755 = *vias difficiles* La

6,15(16) φρονήσεως] + εστι 339 485 571 766 = *est* La

7,12 τούτων] παντων 359 755; + απαντων 547 = *horum* (>Pᶜ) *omnium* LaV vel *omnium horum* LaPl.

II.

Während im ersten Abschnitt uns lat. Lesarten beschäftigt haben, die auch in den griech. Unzialen und Minuskeln belegt sind, sollen im zweiten Abschnitt solche Varianten behandelt werden, die von verschiedenen Textkritikern, namentlich von de Bruyne, durch Rückübersetzung ins Griechische gewonnen wurden und einmal in heute verschollenen griech. Hss., die als Vorlage der Vetus Latina gedient hatten, gestanden haben sollen. Thielmann in seinem 2. Abschnitt *Verhältnis der Übersetzung zum Original* (S. 262—276) nimmt Abstand von griech. Rückübersetzungen. Skehan bespricht einige *Different readings from the Greek MSS* (S. 236 f.) und meint, daß 2,19 *reverentiam*, das für τὴν ἐπιείχειαν steht, „clearly" τὴν εὐσέβειαν verlange und dieses „the genuine original text" sei (S. 237). Dies kommt nicht in Frage; ἐπιείχεια kommt noch 12,18 vor: ἐν ἐπιειχείᾳ *cum tranquillitate* (parallel μετὰ πολλῆς φειδοῦς *cum magna reverentia);* εὐσέβεια kommt in Sap. nur 10,12 vor, das frei mit *sapientia* wiedergegeben ist. Im NT steht für ἐπιείχεια (ἐπιειχής) *modestia, clementia (modestus).* Diese Parallelen zeigen deutlich, daß 2,19 τὴν ἐπιείχειαν *reverentiam* nicht anzutasten ist.

Die meisten griech. Rückübersetzungen bringt de Bruyne; er weiß zwar sehr gut, daß La oftmals „mal ou librement" (S. 131) übersetzt hat, bringt aber doch zwanzig Stellen, wo La sehr wahrscheinlich („sicher" wagte de Bruyne nicht zu sagen) eine andere griech. Vorlage gehabt hat. Die Stellen (S. 131 f.) seien hier abgedruckt (die Numerierung stammt von mir):

1. 2,2 σπινθηρ εν κινησει] scintillae (-lla edd) ad commovendum = σπινθηρος κινησαι
2. 5,11 πληγῇ δε] sed tantum sonitus = πλην ηχος cf ηχος sonitus 17,4 et sonus 19,17
3. 4,19 πρηνεις] inflatos = πρηστους
4. 5,13 εσχομεν habuimus X] ualuimus = ισχυομεν
5. 7,25 απορροια της ... δοξης] emanatio quaedam claritatis = απ. τις δοξης
6. 8,8 αινιγματων] argumentorum = ενδειγματων
7. 10,7 ης ετι BSA η εστι C etc] cuius (quibus DL) in = ης επι
8. 12,1 αφθαρτον] bonus = αγαθον
9. 13,11 ευκινητον] rectum = ευθυν
10. 13,13 αποβλημα] reliquum = υπολειμμα cf. v. 12 reliquias = υπολειμματα A
11. 14,8 φθαρτον] fragile = σαθρον cf. v. 1 fragilius = σαθροτερον
12. 15,14 νηπιου] superbi = υπερηφανου (sic; υπερηφανοι Druckfehler) (dittographie de υπερ qui précède)

13. 17,2 δεσμιοι] uinculis = δεσμοις

14. 17,3 ινδαλμασιν] cum admiratione = εν θαυμασιν (sic; εν θαυμασια Druckfehler)

15. 17,18 απηνεστατων θηριων φωνη] ualida bestiarum uox = απηνεστατη θ. φ.

16. 18,8 τουτω] sic = ουτως

17. 18,9 πατερων BS*C πατερ S^C (sic; S* Druckfehler)] patri = πατρι.

18. 18,23 οργην iram T] impetum = ολκην

19. 19,14 αλλ' η τις επισχοπη] sed et alius quis respectus = αλλ' η αλλη τις επ. dittographie

20. 19,20 ουδε τηχτον] nec dissoluebant = ουδ' ετηχον.

Eine genaue Überprüfung der Stellen ergibt, daß die meisten gestrichen werden müssen, da sie den überlieferten Text voraussetzen. Dies gilt von folgenden Nummern:

1. Der Nominativ *scintilla* La^V entspricht dem Nominativ σπινθήρ und steht parallel mit *fumus* χάπνος; somit ist *scintilla* als ursprünglich zu belassen. Keineswegs ist *ad commovendum* ins Griech. mit χινῆσαι zurückzuübersetzen, da hier freie Wiedergabe vorliegt, vgl. 2,14 βλεπόμενος *ad videndum*, 4,5 εἰς βρῶσιν *ad manducandum* und besonders 15,15 εἰς ὅρασιν *ad videndum*, εἰς συνολκὴν ἀέρος *ad percipiendum spiritum*, ἀχούειν *ad audiendum*, εἰς ψηλάφησιν *ad tractandum*, πρὸς ἐπίβασιν *ad ambulandum*. Die Wiedergabe durch das G e r u n d bevorzugt somit der lat. Übersetzer, vgl. Thielmann S. 264.

2. Es ist sehr fraglich, ob *tantum* πλήν und *sonitus* ἦχος voraussetzt. Der Übersetzer hat zwar eine Vorliebe für *sonitus* und *sonus*; letzteres steht 17,19(18) für das singuläre χτύπος und 19,18(17) ist es zweimal verwendet: 1. für φθόγγος und 2. für ἦχος (diese Wiedergabe meint de Br. S. 131). Aber an unserer Stelle (5,11) ist s o n i t u s *alarum* freie Wiedergabe für πληγῇ ταρσῶν. Aus stilistischen Gründen ist δέ mit *sed* (vorhergeht *nullum*) wiedergegeben und *tantum* frei hinzugefügt.

3. Außer Sap. 4,19 kommt πρηνής nur noch 3 mal in III Mac. vor:

5,43 πυρὶ πρηνέα (πυριπρην A V) ... χαταστήσειν *igni comburere* Sy Arm

5,50 πρηνεῖς ... ρίψαντες ἑαυτούς *proiecerunt seipsos s u p e r t e r r a m* (*s u p e r f a c i e m* Arm) Sy Arm

6,23 συνιδὼν πρηνεῖς ἄπαντας εἰς τὴν ἀπώλειαν *vidit omnes proiectos esse s u p e r f a c i e s s u a s in perniciem* Sy; *vidit perniciem multo-rum* Arm.

Leider ist von III Mac. keine Vetus Lat. vorhanden; Sy und Arm haben frei (nach dem Zusammenhang) übersetzt; 5,43 ist πρηνής von Sy Arm und 6,23 von Arm unberücksichtigt geblieben (diese Angaben verdanke ich Herrn R. Hanhart — Göttingen, dem Herausgeber von III Mac., der in der Einl. S. 30—32 auch ausführlich über [die Variante πυρὶ πρηνέα — πυρίπρην, 5,43 spricht).

Im NT steht πρηνής in der viel erörterten Stelle über den Tod des Judas Apg 1,18 π ρ η ν ὴ ς γενόμενος ἐλάκησεν μέσος. Hier steht in der Vulg. *suspensus* (im Anschluß an Matth. 27,5 ἀπήγξατο *laqueo se s u s p e n d i t*), in Arm dagegen genau so wie Sap. 4,19 *inflatus* oder *tumefactus*.

Die Bedeutung „aufgeblasen", „angeschwollen", näherhin „von einer entzündlichen S c h w e l l u n g befallen" möchte F. H. Ely, JThSt 13 (1912) 278—285 πρηνής zulegen. A. Harnack, ThLZ 37 (1912) 235—237 stimmt Ely bei und Eb. Nestle weist in einer Miszelle, ZNW 19 (1919/20) 179, darauf hin, daß Papias πρησθείς oder πεπρησμένος und ähnlich Arm gelesen zu haben scheint. Ely verweist für seine Deutung mit Recht auf die lat. und arm. Übersetzung Sap. 4,19 *inflatos* (auch Aeth hat diese Auffassung) und auf Num. 5,21 τὴν κοιλίαν σου πεπρησμένην (πεφυσημενην 130mg; *tumens uterus tuus* Vulg.), 22 πρῆσαι γαστέρα (*et utere tumescente* Vulg.), 27 πρησθήσεται τὴν κοιλίαν (*inflato ventre* Vulg.). Jedoch darf Num. 5,21.22.27 nicht zur Annahme verleiten, daß Papias πρησθείς oder πεπρησμένος (ähnlich!Arm) gelesen habe; es ist daher die in Nestle's NT aufgenommene Konjektur Apg 1,18 πεπρησμένος hinfällig. Vielmehr steht πρηνής 1,18 fest, mag auch die Bedeutung „angeschwollen" (zu Unrecht) umstritten sein. Ebenso stand bereits in der Vorlage der Vetus Lat. Sap. 4,19 πρηνεῖς, dessen Wiedergabe *inflatos* somit keineswegs „auffallend" ist, wie Feldmann S. 50 f. meint, nicht πρηθεῖς, wie Schleusner, Lexicon in LXX (1829) II 852, annehmen möchte („Videtur legisse πρηθεῖς a πρήθω"), oder πρηστούς, das bereits Holtzmann S. 102 nennt, aber vorsichtig mit Fragezeichen versieht, und schließlich wieder de Bruyne S. 131 auffrischt.

4. Die genaue, auch Sap. 11,21(22) und 19,19 verwendete Wiedergabe von ἰσχύειν ist *valere*; dieses steht jedoch auch 16,17 für ἐνεργεῖν: *ignis valebat* ἐνήργει τὸ πῦρ, das 19,20 (19) wiederkehrt *ignis valebat* πῦρ ἰσχυ(σ)εν. Der Übersetzer hat die wörtliche Wiedergabe *habuimus*, die La^X nach dem Griech. später machte, vermieden, weil *nullum signum habuimus ostendere* zu vulgär geklungen hätte.

Der umgekehrte Fall liegt 16,20 vor: πᾶσαν ἡδονὴν ἰσχύοντα *omne delectamentum in se habentem*. Hier hat der „codex latinizans" 534 ἔχοντα. Die Beifügung *in se* scheint La nicht aus eigenem gemacht, sondern mit der Hss.-Gruppe *a* ἐνισχύοντα in der Vorlage gelesen zu haben. Die transitive Verwendung von ἰσχύειν hat bei verschiedenen Textkritikern Anstoß erregt; deshalb möchte Grabe ἴσχοντα dafür setzen. Jedoch kann der überlieferte Text stehen bleiben, weil ἰσχύειν mit Akkusativ grammatisch-stilistisch möglich ist, wie ausführlich Cornely S. 541 f. zeigt, und weil ἴσχειν der LXX fremd ist. Vor allem ist auf Sir. 43,15 (16) hinzuweisen (Cornely nennt diese Stelle nicht): ἴσχυεν νεφέλας *posuit* (lies *potuit?*) *nubes* La.

6. Nur Sap. 8,8 steht αἴνιγμα, das sonst gewöhnlich latinisiert (so Sir. 47,15 b (17 a) *aenigmata*) oder mit *absconditum* (so Sir. 39,3 *in absconditis*) übersetzt wird. Die Vokabel *argumentum* steht Sap. 5,11 und 19,13 (12) für τεκμήριον. Dagegen fehlt ἔνδειγμα in der LXX; im NT steht es nur 2 Thess. 1,5 = *exemplum*; das Verbum ἐνδεικνύναι kommt Sap. 12,17 vor und ist mit *ostendere* wiedergegeben.

Nichts spricht dafür, daß an unserer Stelle *argumentorum* ἐνδειγμάτων voraussetzt; es ist vielmehr freie Wiedergabe des überlieferten αἰνιγμάτων = *argumentorum* „sc. obscurorum ac perplexorum" (so Cornely S. 310).

8. Bei 12,1 ist man zu leicht versucht, *bonus* in ἀγαθόν zurückzuübersetzen, da auch Sy und Arab mit La zusammengehen und ἄφθαρτον — ἀγαθόν graphisch und phonetisch nicht allzu weit auseinanderliegen. Aber es ist damit keineswegs gesagt, daß La in ihrer Vorlage ἀγαθόν gelesen hat. Vielmehr wollte der Übersetzer hier nicht negativ *(incorruptibilis, non corruptus)*, sondern positiv *(bonus)* übersetzen, wie richtig Cornely (S. 426) bemerkt. Deutlich zeigt auch ein Überblick über die griech. Äquivalente von *bonus* (daneben auch von *malus*), daß eine freie Wiedergabe vorliegt. Zwar entspricht *bonus* gewöhnlich ἀγαθός (und καλός), aber folgende Stellen sind kennzeichnend:

18,3 ἥλιον δὲ ἀβλαβῆ φ ι λ ο τ ί μ ο υ ξενιτείας *solem sine laesura b o n i hospitii*
19,21 (20) γ έ ν ο ς ἀ μ β ρ ο σ ί α ς τροφῆς *b o n a m escam*
19,14 (13) ε ὐ ε ρ γ έ τ α ς ξένους *b o n o s hospites*.

Ähnlich ist auch *malus* als freie und blasse Wiedergabe gewählt:
18,9 καὶ ἀγαθῶν καὶ κ ι ν δ ύ ν ω ν *et bona et m a l a*
18,17 φαντασίαι μὲν ὀνείρων δ ε ι ν ῶ ν *somniorum m a l o r u m (horrendorumΣ)*.

Ebenso ist *suavis*, das als Dublette in LaV 12,1 steht *(o quam bonus et suavis est domine spiritus tuus)* und sonst gewöhnlich χρηστός entspricht (so auch Sap. 15,1), frei und farblos für andere griech. Äquivalente verwendet:
7,22 (πνεῦμα) ... ἀπήμαντον *(spiritus)* ... *s u a v i s*
17,18 (17) ὀρνέων ἦχος ε ὐ μ ε λ ή ς *avium sonus s u a v i s*.

Auch das Subst. *suavitas* ist freie Wiedergabe für das Adj. ἁρμόνιος:
16,20 ἁρμόνιον γεῦσιν *saporis suavitatem*.

Die griech. Äquivalente für *bonus, suavis, malus* zeigen deutlich,
daß auch 12,1 bereits La in ihrer Vorlage ἄφθαρτον und nicht ἀγαθόν
gelesen hat.

9. 13,11 setzt *rectum* εὐκίνητον voraus; dieses kommt nur 2 mal in der
LXX und zwar in der Sap. vor; an der zweiten Stelle 7,22 steht dafür
mobilis. Zwar ist *rectus* gewöhnlich εὐθύς (so auch Sap. 10,10 *per vias
rectas* ἐν τρίβοις εὐθείαις); aber der Sap.-Übersetzer legt keinen Wert
auf genaue Wiedergabe der Vorlage.

10. Wenn auch im vorausgehenden Vers (13,12) *reliquias* genau der
von A (und einigen Minuskeln) vertretenen Variante ὑπολείμματα entspricht, so ist doch nicht anzunehmen, daß La auch 13,13 ὑπόλειμμα in
ihrer Vorlage gelesen hat. Es ist auffallend, daß hier A nicht die gleiche
Variante wie 13,12 hat; La hat jedenfalls im Anschluß an den vorausgehenden Vers frei wiedergegeben.

11. Die Wiedergabe *fragile* 14,8 ist von 14,1 abhängig, ohne daß man
annehmen muß, daß auch 14,8 das gleiche griech. Wort σαθρός wie 14,1
in der Vorlage von La gestanden hat. Die Wiedergabe von φθαρτός ist
zwar gewöhnlich *corruptibilis* (so auch Mac. II 7,16 und im NT; vgl. auch
Sap. 19,21 (20) *corruptibilis* für εὔφθαρτος) oder *quod corrumpitur* (so
Sap. 9,15), aber der Sap.-Übersetzer bindet sich nicht an diese Wiedergabe. Das Adj. *fragilis* steht nur in der Sap. (3mal, außer 14,1.8 auch
15,13 *fragilia vasa* εὔθραυστα σκεύη). Eine andere griech. Vorlage als
φθαρτόν 14,8 kommt nicht in Frage. Job 41,19 (18) kommt die gleiche
Wendung ξύλον σαθρόν *lignum putridum* Vulg. vor; dafür steht im Zitat
der Vita S. Antonii 24 (teilweise veröffentlicht von A. Wilmart, RBén 31
[1914/19] 163—173) *lignum fragile* (also wie Sap. 14,8: von hier beeinflußt?)

12. Cornely S. 513 sagt, daß die Vulg. τάλανες ὑπὲρ ψυχὴν νηπίου „mire"
mit *infelices supra modum animae superbi* wiedergegeben habe, versucht
jedoch keine textkritische Lösung. Heinisch S. 295 Anm. 1 nimmt einen
innerlat. Fehler an: „verschrieben aus *pueri*". Dies wird die Lösung sein;
nur erschwert der Umstand die Sache, daß νήπιος gewöhnlich mit *infans*
(so auch in der Sap. 4 mal) und παῖς mit *puer* (so auch in der Sap. 6 mal)
wiedergegeben wird. Jedoch ist dies kein zu starkes Gegenargument;
denn der Sap.-Übersetzer bindet sich nicht an feste Wiedergaben. Jedenfalls scheidet ὑπερηφάνου als Vorlage aus.

14. Bereits Cornely S. 554 hat gemeint, daß ἴνδαλμα, das nur Sap. 17,3 und Jer. 27 (50), 39 vorkommt, dem lat. (und auch dem syr.) Übersetzer unbekannt gewesen ist, und daß er „forte" vermutet hat, es sei ἐν θαύμασι zu lesen (Cornely nimmt also nicht an, daß so in der Vorlage gestanden hat). Der Übersetzer fand ἰνδάλμασιν in seiner griech. Bibel vor (es könnte auch sein, daß er wie 261-545 εν δαλμασι las), nahm es jedoch wie der Syrer *(perterriti sunt)* in der Bedeutung „Schrecken", die *admiratio* hat, wie auch *(ad)mirari* „erschrecken" heißt, vgl. 5,2 *mirabuntur* ἐκστήσονται und 13,4 *mirati sunt* ἐκπλαγέντες.

16. La *sicut enim laesisti ... sic et nos ... magnificasti* setzt 18,8 den griech. Text voraus ὡς (so B-S A) γὰρ ἐτιμωρήσω .. τούτῳ ἡμᾶς ... ἐδόξασας; es mag sein, daß La wie die Hss.-Gruppe *c* τοσούτῳ (statt τούτῳ) gelesen hat. Gerade in der Verwendung von Partikeln ist La frei.

18. Es ist auffallend, daß n u r 18,23 *impetus* für ὀργή steht, das sonst gewöhnlich mit *ira* wiedergegeben wird (in der Sap. 8 mal); einmal (16,5) entspricht *ira* θυμός *(bestiarum ira* θηρίων θυμός). Sir 45,19 (23) steht *impetus* für θυμός: *in impetu iracundiae* ἐν θυμῷ ὀργῆς; hier erwartet man *in furore iracundiae*. Sonst hat *impetus* immer ὁρμή und ὅρμημα als griech. Äquivalent, so in I Mac. (4 mal) und Ps. 45,5 *impetus* τὰ ὁρμήματα, besonders auch im NT. Dies legt nahe, daß *impetum* auch an unserer Stelle ὁρμήν statt ὀργήν voraussetzt; ὁρμή-ὀργή werden nämlich oft verwechselt:

Num. 11,11 ὁρμήν] οργην A F* H M alii
Jer. 29,3 ὁρμῆς] οργης 239

Dan. 8,6 θ' ὁρμῇ] οργη Chr.
Zach. 7,12 ὀργή] ορμη A
Jer. 25,17 ὀργήν] ορμην 239
Mac. II 4.25 ὀργάς] ορμας *q.*

Man möchte gern ὁρμήν den Vorzug als ursprüngliche Lesart geben, die ausgezeichnet in den Zusammenhang paßt, „er schlug den Angriff zurück", „er wehrte d e n A n s t u r m ab", d.h. er verhinderte, daß der Tod weiterhin wütete; so erklärt bereits Cornely S. 585 die Stelle: *amputavit impetum* (accuratius: ... *intercidit iram* i.e. iter irae populum invadentis).

Im Anschluß an ὀργή am Anfang (v. 20 c) und am Ende (v. 25 b) des Abschnittes ist das ursprüngliche ὁρμή zu ὀργή geworden; v. 21 d steht θυμός, das der lat. Übersetzer ebenfalls mit *ira* wiedergibt, da er *furor* nicht verwendet. Es wäre unverständlich, daß der Übersetzer v. 23 nicht *ira* verwendet hätte, wenn er ὀργή in seiner Vorlage gelesen hätte.

Keinesfalls kommt ὁλκήν als Vorlage für *impetum* in Frage, wie de Bruyne S. 132 meint.

Richtig ist die griech. Rückübersetzung 7,25 (Nr. 5), 17,2 (Nr. 13), 17,18 (Nr. 15), die auch von griech. Minuskeln vertreten wird, wie bereits oben gezeigt wurde. Ebenso ist 10,7 *cuius (quibus) in* = ἧς (οἷς) ἐπί richtig; de Bruyne hätte auf die Lesart οἷς ἐπί der Sixtina = *quibus in* verweisen müssen, die im Anschluß an La gebildet wurde (ebenso 5,3 στενάζοντες Sixt. = *gementes* La).

Ebenso kann man 18,9 (Nr. 17) *patri* = πατρί und 19,14 (Nr. 19) *sed et alius quis (quidam*V*) respectus* = ἀλλ' ἢ ἄλλη τις ἐπισκοπή zustimmen.

Schließlich verdient besondere Beachtung die an letzter Stelle (Nr. 20) genannte Lesart 19,20 *nec dissolvebant*, deren griech. Äquivalent οὐδ' ἔτηχον Aufnahme in den Text verdient; 21 b (20 b) verlangt ein Verbum im Anschluß an 21 a (20 a) οὐκ ἐμάραναν *non vexaverunt*. Hier hat uns also La den ursprünglichen griech. Text bewahrt; noch bedeutsamer ist jedoch 2,9 a (8 b), wo La *pratum* λειμών (statt ἡμῶν, ὑμῶν) voraussetzt. Es kann nicht bezweifelt werden, daß λειμών die Ehre verdient, in den Text aufgenommen zu werden, wie auch de Bruyne S. 111 zugibt; die ausführliche Begründung ist in der Einleitung meiner Textausgabe zu lesen. Richtig sagt de Bruyne, daß 2,9 a (8 b) eine der seltenen Stellen („un des rares passages" S. 111) ist, wo man gegen die einmütige Lesart aller griech. Hss. nach La korrigieren muß.

Aber auch die Stellen, wo man für La eine andere als die überlieferte griech. Lesart herstellen kann, sind selten, wie diese Ausführungen zeigen.

Verzeichnis der griech. Wörter und ihrer lat. Äquivalente,
die eingehend besprochen werden.

Altlateinische Psalterien. Neue Ausgaben und Beiträge

1. Le Psautier Romain et les autres anciens Psautiers latins (Collectanea Biblica Latina X). Édition critique par Dom Robert W e b e r, Città del Vaticano, Libreria Vaticana 1953. XXIII, 410 S.

2. Sancti Hieronymi Psalterium iuxta Hebraeos (Coll. Bibl. Lat. XI). Édition critique par Dom Henri de Sainte-Marie, Città del Vaticano, Libreria Vaticana 1954. LXX, 262 S.

3. Liber Psalmorum ex recensione Sancti Hieronymi cum praefationibus et epistula ad Sunniam et Fretelam (Biblia Sacra iuxta Latinam Vulgatam versionem ad codicum fidem X), Romae, Typis polyglottis Vaticanis 1953. XVI, 299 S.

4. Psalterium Uisigothicum-Mozarabicum (Biblia Polyglotta Matritensia. Series VII Vetus Latina L. 21). Editio critica curante Mons. Dr. Theophilo A y u s o M a r a z u e l a, Matriti 1957. XI, 193 S. (Distribución editorial: BAC, calle de Alfonso XI, 4 Madrid.)

5. Les «Tituli Psalmorum» des Manuscrits latins par Dom Pierre S a l m o n, Abbé de l'Abbaye Pontificale de Saint-Jérôme in Urbe (Coll. Bibl. Lat. XII). Città del Vaticano, Libreria Vaticana 1959. 190 S.

6. Richesses et déficiences des anciens Psautiers latins (Coll. Bibl. Lat. XIII), Città del Vaticano, Libreria Vaticana 1959. 267 S.

Vorbemerkung. Der Untertitel dieser kritischen Umschau *N e u e Ausgaben und Beiträge* könnte vielleicht beanstandet werden, weil die Ausgaben nicht mehr «neu» sind, ja der ganzen Sammelbesprechung könnte der Vorwurf gemacht werden, daß sie (wenigstens in bezug auf die Ausgaben) etwas zu spät erscheint. Trotzdem habe ich mich entschlossen, ein Referat zu machen, einmal weil die oben genannten Werke in dieser Zeitschrift überhaupt noch nicht besprochen und auch in anderen deutschsprachigen Zeitschriften nur selten und teilweise sehr kurz rezensiert worden sind, und dann, weil ich bei genauer Durchsicht sah, daß die Ausgaben in technischer Hinsicht in mancher Weise hätten verbessert werden können (dies betrifft namentlich die Notierungen im Apparat und die Indizes verborum, die der Ausgabe des Psalt. Rom. und des Psalt. iuxta Hebraeos beigegeben sind). Manchen Lesern mögen vielleicht verschiedene Bemerkungen zu schulmeisterlich erscheinen; ihnen sei gesagt, daß man für Textausgaben besonders g e s c h u l t sein muß, wenn die Edition wirklich ein M e i s t e r stück werden will.

Die Sigel und Abkürzungen sind die gleichen wie in der Ausgabe des Romanum von Weber (3f):
α   Veronensis (sonst gewöhnlich mit «R» bezeichnet)
β   Sangallensis, Abb. 912
γ   (S. Germani) Parisinus lat. 11947
δ   (Corbeiensis) Petropolitanus F. v. I n° 5

ε   (Coislinianus) Parisinus, Coisl. 186
ζ   (S. Zenonis) Vaticanus lat. 5359
η   Lugdunensis 425 et Parisinus, N. Acq. lat. 1585
ϰ   Augiensis prior fragm. in cod. Caroliruhensi, Aug. CCLIII.
λ   Augiensis alter fragm. in eodem cod. Carolir.
ν   Nonantulanus fragm. in cod. Romano, Bibl. Nat., Sessor. 77
π   Palatinus fragm. in cod. Vaticano, Pal. lat. 187
σ   Sangallensis fragm. in codd. Sang., Turic., Vindob.

moz   Psalt. Mozarabicum; moz^c Cavensis, Abb. 14; moz^x (Complutensis [1]) Matri-
      tensis, Univ. Centr. 31; moz^l Londiniensis, Add. 30851 (Besser wäre die
      Sigel Mo)
med   Psalt. Mediolanense seu Ambrosianum (Besser wäre die Sigel Me)
Ga   Psalt. Gallicanum S. Hieronymi
Ro   Psalt. Romanum
He   Psalt. iuxta Hebraeos
Pi   Psalt. Pianum.

1. Unter den Ausgaben steht mit Recht die Edition von W e b e r an erster Stelle; denn wie aus dem Titel bereits ersichtlich ist, bringt W. neben dem Text des Ro (auf der linken Seitenspalte) auch die Varianten der anderen oben bezeichneten Psalterien (auf der rechten Seitenspalte). Eine ähnliche Kollation hat bereits A. A l l g e i e r in seinen *Altlateinischen Psalterien* (Freiburg i. Br. 1928) geboten: *Das Verhältnis der altlateinischen Psalterien Hg: R Hr M G Mi zueinander* (S. 61–136); A. legt also Ga zugrunde und bringt nur die Lesarten von fünf Psalterien (Ro med moz α γ), dazu in einer sehr mangelhaften, oft ungenügenden Weise.

Von K o n j e k t u r e n im Text des Ro hat W. (wenn ich recht sehe) keinen Gebrauch gemacht; nur im App. ist gelegentlich eine falsch überlieferte Lesart verbessert, so 77, 70: «*a retro insedientium* (pro *insidiantium*, ut vid.) γ» (im *Index verborum* erscheint nur *insidior*). Diese Enthaltsamkeit ist schwer zu verstehen, denn jeden Textkritiker reizt es, Konjekturen zu machen. In der Vetus Latina, namentlich in den lat. Psalterien, ist dies viel leichter als in der LXX, weil sie gewöhnlich ziemlich wörtlich übersetzt sind und genügend Vergleichsmaterial bieten. So ist zu 118, 147 eine Konjektur zu bringen, die auf höchster Sicherheit gründet: *in maturitate*] *in tempestate nocte* α (sed Aug. *intempesta nocte*); ἐν ἀωρίᾳ ⑤ . Zuerst ist die Lesart von α herzustellen. W. ist auf der richtigen Spur, wenn er Aug. zusätzlich zitiert; *intempesta nox* ist ein geläufiger Ausdruck, den Cicero u. a. kennen; nur ist noch die Präposition *in* einzufügen, die durch Haplogr. ausgefallen ist; ebenso ist im Text des Ro zu lesen *in ⟨in⟩maturitate* (von *inmaturitas*). Es ist nicht verständlich, daß W. nicht *in inmaturitate* in seinen Text aufgenommen hat, da bereits R a h l f s , *Psalmi* z. St. die Konjektur gebracht und auf Augustinus hingewiesen hat, der ausdrücklich über diese Lesart spricht. Für ἀωρία ist in der Vetus Latina *inmaturitas* sonst nicht belegt, aber für ἄωρος *inmaturus* Job 22, 16 und Is 65, 20.

Bei etlichen Stellen erwartet man im T e x t eine Lesart, die anderweitig bezeugt ist, also nur im App. steht. Beispiele:

27, 3 *ne simul t r a d a s*] *ne simul trahas* γ (ut vid.) ε = μὴ συνελκύσῃς; *trahas* gehört als ursprüngliche Lesart in den Text.

33, 23 *derelinquet*] *delinquent* δ moz^c med Ga = πλημμελήσουσιν. Warum ist *delinquent* nicht in den Text aufgenommen, das die Ro-Hss. MD*R und die früheren Ausgaben haben?

77,34   *ad eum*] *ad deum* Ga **c** (ed. Romae 1663) **d** (ed. Romae 1925) = πρὸς τὸν θεόν. Umgekehrt haben die Ga-Hss. ψ B VDΩ die fehlerhafte Ro-Lesart *ad eum* statt *ad deum.*

117,27 *usque ad c o r n u altaris*] *usque ad c o r n u a altaris* α γ η Ga = ἕως τῶν κεράτων. Die griech. Vorlage verlangt eindeutig den Plural *cornua* (*a* infolge Haplogr. ausgefallen).

Bei der Kollation der Lesarten der übrigen Psalterien hätten vor allem auch deshalb Konjekturen bzw. Verbesserungen angegeben werden müssen, weil solche fehlerhafte Lesarten in den *Index* Eingang finden und so zu Unrecht als Vokabeln der altlat. Psalterien fungieren. Beispiele:

51,11   *bonum* χρηστόν] *secundum* α; lies *iucundum.* Bereits bei A l l g e i e r existiert zu Unrecht in seinem Wortschatz *secundus* (179); W. hat es ebenfalls in seinen Index übernommen. Notiere also im Index unter *iucundus:* 51,11 α (mend. *secundum* pro *iucundum*).

72,15 *quibus disposui=*ἠσυνθέτηκα] *cui conticui* α* (cf. Aug. quaedam habent exemplaria ... *concinui*) = mend. ἡ συνθέτηκα. Richtig ist auf Aug. verwiesen, aber es ist versäumt worden, die von Aug. genannte Lesart als die ursprüngliche zu bezeichnen; bereits R a h l f s , *Psalmi* z. St. hat auf die Aug.-Lesart verwiesen: «rectius Aug^var concinui». Im Index muß also eingefügt werden: *concino* 72, 15 α (mend. *conticui* pro *concinui,* sic recte Aug^var).

77,36 *dilexerunt* ἠγάπησαν] *dixerunt* γ; deutlicher Fehler. Im Index erscheint die Stelle 77, 36 nicht; sie kann fehlen, aber es ist besser zu notieren: 77, 36 γ (mend. *dixerunt* pro *dilexerunt*). W. hätte sie konsequenterweise notieren müssen, da er auch zur folgenden Stelle 77, 72 die fehlerhafte Lesart *erexit* (unter *erigo*) notiert.

77,72   *pavit* ἐποίμαινεν] *erexit* α. Füge im Index ein (1) bei *erigo* hinter 77, 72 α (mend. *erexit* pro *rexit*), (2) bei *rego* hinter 77, 71: 77, 72 α (mend. *erexit* pro *rexit*). (Hinter 77, 71 fehlt «α».)

Besonders leicht sind i n n e r l a t e i n i s c h e V e r l e s u n g e n auf Grund des Vokalwechsels e-i bei den T e m p o r a zu beobachten. Auch hier kann leicht die richtige Form durch Einblick in die griech. Vorlage gewonnen werden. Häufig sind die Hss. in der Bezeugung des Präsens und des Futurs geteilt, z. B. 38, 4 *exardescit*]*-scet* α β δ η Ga = ἐκκαυθήσεται. Es ist klar, daß *exardescet* in den Text gehört.

Daß hier innerlat. Verwechslung vorliegt, zeigt deutlich der Umstand, daß bei anderen lat. Verba, wo keine phonetische und graphische Nähe vorliegt, e i n h e i t l i c h e Bezeugung des Präsens-Futur und des Perfekt-Imperfekt gegeben ist. Als Beispiel seien die Verba der ersten zehn Verse des 43. Ps aufgeführt.

43, 2   *audivimus* ... *adnuntiaverunt* ἠκούσαμεν ... ἀνήγγειλαν
    3   *plantasti* ... *adflixisti* ... *expulisti* κατεφύτευσας ... ἐκάκωσας ... ἐξέβαλες
    4   *conplacuit tibi* εὐδόκησας
   7a   *sperabo* ἐλπιῶ
    8   *liberasti* ... *confudisti* ἔσωσας ... κατήσχυνας
    9   *laudabimur* ... *confitebimur* ἐπαινεσθησόμεθα ... ἐξομολογησόμεθα
   10   *reppulisti* ... *confudisti* ... *egredieris* ἀπώσω ... κατήσχυνας ... ἐξελεύσῃ

Überall ist diejenige Form einheitlich bezeugt, die auch mit 𝔊 übereinstimmt (nur 9 steht auffallenderweise *laudavimus* in moz^c, das wohl Schreibfehler ist). Aber bei anderen Formen ist der Wechsel e-i und v-b überall bezeugt.

43, 3 *disperdit*] *dispersit* moz^c; *disperdidit* α γ moz^x med; *desperdet* ε; ἐξωλέθρευσεν. Die Form *disperdit*, die auch im Text des Ga steht, ist nicht Präsens, sondern Perfekt.

43, 4a *possidebunt*] *possiderunt* η moz; *possederunt* Ga, ferner die Ro-Hss. T²PQRUX und die Ausgaben fbcd; ἐκληρονόμησαν. *possederunt* gehört in den Text.

43, 4b *salvabit*] *salvavit* Ga, ferner die Ro-Hss. NSKTRQPU und alle Ausgaben; *salvos fecit* α; *liberabit* ε moz^x med; *liberavit* γ δ moz^c; ἔσωσεν. *salvavit* gehört in den Text.

43, 6a *ventilavimus*] *ventilabimus* γ δ ε η moz^x med Ga, ferner alle Ro-Hss. außer AHN*SK; κερατιοῦμεν.

43, 6b *spernemus*] *spernemus* α δ ε η κ med Ga, ferner alle Ro-Hss. außer AHMN*SKT*; ἐξουθενώσομεν. Die beiden Futurformen *ventilabimus* und *spernemus* gehören in den Text.

43, 7b *salvabit*] *salvavit* α, ferner die Ro-Hss. SKP; σώσει. Richtig steht das Futur im Text (siehe *sperabo* 7a).

Auch an anderen Stellen muß die Entscheidung vom Griech. her erfolgen. Als Beispiel sei Vers 30 des Ps 103 genommen, der durch die Verwendung in der Liturgie (Pfingsten) allgemein bekannt ist: *emitte spiritum tuum*] *emittes (emittis* κ) spir. t. κ Ga; ἐξαποστελεῖς.

Der Imperativ steht auch im Missale und Brevier, der als Bitte sehr sinnvoll ist, aber textkritisch als sekundär in das Futur verwandelt werden muß (*s* infolge Haplogr. ausgefallen). Dieser Satz ist konditional verwendet (*si emittis* Pi); im Griech. steht das Futur, wie deutlich die gleiche Konstruktion an Parallelstellen zeigt, vgl. kurz vorher 29b *auferes* (ἀντανελεῖς, *si aufers* Pi) *spiritum* und 50,9a *asperges* (ῥαντιεῖς), 50, 9b *lavabis* (πλυνεῖς); hier hat Pi die Imperative *asperge ... lava* als freie Wiedergabe (gegen das Hebr.).

Zur N o t i e r u n g sind teilweise die gleichen Forderungen wie unten bei Ga zu stellen. Ursprüngliche Lesarten (durch Sternchen gekennzeichnet) brauchen nicht eigens genannt zu werden, wenn bei den Varianten die korrigierten Lesungen aufgeführt sind, z. B. 20, 3 *animae*] α* η*; *cordis* α² γ η² med; es genügt zu notieren: *animae*] *cordis* α² γ η² med; α* η* kann also gestrichen werden.

Praktisch, weil klarer und übersichtlicher, ist die p o s i t i v e Notierung der T e x t l e s a r t, wenn diese allein steht oder von höchstens einem oder zwei Zeugen begleitet ist, während alle ü b r i g e n («rell.») die Variante vertreten. Als Beispiel sei 113, 8 genannt: *solidam petram*] om *solidam* α δ η moz med Ga | *in stagnum aquae*] *in stagna aquarum* α γ δ η moz med Ga. Notiere: *solidam* γ ζ Ro] 〉 rell. | *in stagnum aquae* ζ Ro] *in stagna aquarum* rell.

Bei der ersten Notierung muß man mühsam errechnen, wer die Textlesart bezeugt und sieht erst dann, daß es eine Sonderlesart von Ro ist. Wenn eine solche Sonderlesart von Zeugen vertreten wird, die gewöhnlich mit der Menge der anderen Hss. gehen, ist Mißtrauen am Platz, das nur durch erneute Nachkollation behoben werden kann. Dieses Mißtrauen ist gerade bei der Hs. ζ, die 2mal hier mit Ro gehen soll, sehr berechtigt, weil ζ als Palimpsest sehr schwer zu lesen ist und trotz verschiedener Kollationen noch nicht zuverlässig ediert ist (siehe Introduction S. XIX). Eine neue Einsicht in ζ würde vielleicht zeigen, daß an dieser Stelle nicht sicher zu lesen ist oder daß gar ζ gegen Ro mit den übrigen Zeugen geht.

Dann vermißt man besonders die o r g a n i s c h e Notierung; zusammengehörende Varianten sollten nicht auseinandergerissen werden:

115, 11 *in excessu mentis meae*. W. notiert: *in excessum* γ δ ζ *(ecesum)*; *in extasis* α | *ment. m.*] *meo* η moz^c Ga; *mea* α. Besser und übersichtlicher ist: *in excessu meo* η moz^c Ga; *in excessum m. m.* γ δ ζ; *in extasis mea* α. Dann sieht man sofort, daß in γ δ ζ Dittogr. von *m* vorliegt; zugleich fragt man, ob α wirklich *extasis* liest. Damit man nicht an ein Versehen des Kollationators denkt, muß ein «sic» beigegeben werden.

93, 23 *disperdet*] + *eos disperdet* moz^c Ga. Notiere: *disperdet illos*] pr. *disperdet eos* Ga = $\mathfrak{M}$. So ist sofort ersichtlich, daß eine D u b l e t t e in Ga vorliegt.

138, 19a *peccatorem* γ; + *et* η (ut vid.) Ga. Notiere: *viri*] pr. *et* η (ut vid.) Ga = $\mathfrak{M}$. Die Verbindungspartikel *et* gehört zu 19b *viri*.

55, 12 *vota tua quae* Ga (*tua* sub ast., *quae* sub ob.). Notiere: *vota*] + *tua* Ga (sub ast.). Die Notiz, daß in Ga *quae* sub ob. steht, kann fehlen.

94, 4 *ipsis* α; *ipsius* γ ζ moz^c med Ga | *conspicit*] sunt α γ ζ moz^c med Ga. Notiere: *ipse conspicit*] *ipsius* (*ipsis* α) sunt α γ ζ moz^c med Ga. Dadurch ist die Doppelnotierung erspart. Die Variante von α *(ipsis)* ist deutlich sekundär (Schreibfehler); wenn man sie notieren will, dann ist sie in Klammern hinter *ipsius* einzufügen. Sie kann jedoch fehlen, da sie völlig wertlos ist.

Auch bei U m s t e l l u n g e n vermißt man eine o r g a n i s c h e Notierung, z. B. 24, 9 *mites*] *mansuetos* η med Ga; *mansuetus* δ | *mansuetos*] *mites* η med Ga. Notiere: *mites ... mansuetos*] tr. η med Ga. So ist die doppelte Notierung «η med Ga» erspart, und man sieht sofort, daß eine Umstellung (transpositio) vorliegt.

Als weiteres Beispiel sei genannt: 100, 5 *detrahentem adversus proximum suum occulte*. W. notiert: *detraentes* moz^x; + *secreto* Ga; + *in occulto* med ... *occulte* om. med Ga. Notiere so: *adv. prox. suum occulte*] *secreto proximo suo* Ga = $\mathfrak{G}$; *in occulto adv. prox. s.* med. So kann man deutlich sehen, daß eine U m s t e l l u n g nach $\mathfrak{G}$ erfolgt ist.

Beim ersten Beispiel (24, 9) verleitet die beanstandete Notierung den Benützer des App., die Variante zunächst nur als Synonymen-Wechsel anzuschauen. Beim zweiten Beispiel (100, 5) meint man auf den ersten Blick, daß hier ein Plus und Minus vorliegt. Die zwar nicht falsche, aber verführerische Notierung ist somit unbedingt zu vermeiden.

Der A p p a r a t ist sorgfältig gearbeitet. Nur selten sind Versehen festzustellen. Einige seien genannt: 38, 9 Für welches *me* (1^0 oder 2^0) liest λ *mihi?* Für *me* 2^0. – 55, 13 Für *de*] α γ lies: *de*] *a* γ, und für *α*] *de* lies: *a*] *de*. – 69, 5 *curat habet*; lies *curam habet*. – 134, 12 Ga hat *populo*; streiche Ga bei *servo*.

Zur Notierung der O r t h o g r a p h i k a soll unten bei der Behandlung von Ga ausführlicher gesprochen werden. Hier soll nur bemerkt werden, daß alle Orthographika von Ro gebucht werden müssen, jedoch hätten sie bei der Kollation der übrigen Psalterien ruhig fehlen können, ohne daß sie jemand vermissen würde. So halte ich die Notierungen des Wechsels a-e (z. B. 16, 14 *dispartire*] *dispertire* α moz^x med), o-u (z. B. 77, 46 *locustae*] *lucustae* α γ δ ζ moz^x Ga), e-i (z. B. 87, 8 *elationes tuas*] *elationis tuas* σ*) für überflüssig. Auch der besonders in spanischen Hss. überaus oft zu beobachtende Wechsel b-v braucht nicht eigens notiert zu werden, und wenn er notiert wird, dann ist es geboten, die gewöhnliche und uns vertraute Schreibung anzugeben, damit nicht Mißverständnisse aufkommen, z. B. 103, 33 *ero*] *bibo* α (an der Parallelstelle 145, 2 ist in α richtig *vivo* geschrieben). So muß 103, 33 notiert werden: *bibo* α = *vivo*, cf. 145, 2. Dies ist schon deshalb zu tun, damit nicht im Index gar die Stelle 103, 33 bei der Vokabel *bibo* erscheint, wie dies in der gleich zu besprechenden Stelle 38, 14 mit *habeo* geschehen ist. Hier (38, 14) ist völlig überflüssig die Schreibweise mit Anfangs-h notiert: *(priusquam) eam*] *abeam* γ η med Ga; *habeam* δ λ; πρὸ τοῦ με ἀπελθεῖν. Diese Notierung hat den Bearbeiter des Index verführt, die Stelle 38, 14 (S. 379) unter dem Verbum *habeo (ich habe)* statt richtig *abeo (ich gehe weg)* zu nennen! Erst recht brauchen offenkundige Schreibfehler nicht notiert zu werden, z. B. 146, 11 *beneplacitum est*] *benepl. es* δ.

Sehr willkommen ist der schon gelegentlich genannte *I n d e x v e r - b o r u m* (S. 359–410). Bereits A l l g e i e r hat in seinen *Altlateinischen Psalterien* einen solchen Index gebracht: *Der Wortschatz der altlateinischen Psalterien* (S. 137–187). Aber dieser Wortschatz war sehr lückenhaft (eine Reihe namhafter Vokabeln fehlt; ebenso sind viele Stellen nicht angegeben) und voller Fehler in der Angabe der Stellen (viele Zahlen, namentlich bei den Versen, sind unrichtig); in der Kritik ist dies gelegentlich ausgesprochen worden. Der Index von W e b e r ist in dieser Beziehung ziemlich fehlerfrei.

Jedoch hat auch der neue Index seine Schwächen. Einmal deshalb, weil a b s i c h t l i c h einige Vokabeln ausgelassen werden, wie in der Vorbemerkung zu lesen ist, z. B. *deus, dominus, diapsalma . . . , quia, quoniam, . . . sum,* und dann, weil andere Wortformen nicht eigens aufgeführt sind; ausdrücklich ist in der Vorbemerkung gesagt, daß der Komparativ und der Superlativ meistens nicht getrennt vom Positiv genannt ist. So ist man gezwungen, die Superlative bei den Positiven nachzuschlagen.

Damit kommen wir zu einem ersten Mangel, der stark empfunden wird: viele Wortformen sind nicht eigens aufgeführt, sondern im Stamm- oder Grundwort eingeschlossen und so verdeckt.

Ein zweiter Mangel besteht darin, daß ähnlich wie bei der Notierung im Apparat, wie oben vermerkt worden ist, viele zusammengehörende Vokabeln auseinandergerissen worden sind, und so an teilweise weit entfernten Orten (eben nach der Reihenfolge des Alphabets) stehen.

Es ist nicht angängig, in a t o m i s i e r e n d e r Weise Wortverbindungen und Wendungen auseinanderzureißen, die o r g a n i s c h zusammengehören. Als Hauptbeleg soll die Wiedergabe von ἑορτή, das dreimal mit *dies festus* und einmal (117, 27) mit *dies sollemnis* wiedergegeben wird, und von ἑορτάζειν, das 41, 5 (in α) mit *festivitatem celebrare* und 75, 11 mit *diem festum agere* übersetzt wird. W. notiert getrennt unter *dies, festus, festivitas, sollemnis* und *ago.* Somit ist die Wiedergabe des Verbums ἑορτάζειν *diem festum agere* an d r e i Stellen im Index zerstreut: *dies* (S. 371), *festus* (S. 377) und *ago* (S. 361). Hätten diese Wendungen eine Stimme, dann würden sie mit dem Psalmwort

21, 15 klagen: *Sicut aqua effusus sum, et d i s p e r s a (s e p a r a t a He, d i s i u n c t a Pi) sunt omnia ossa mea!* [1]

Die Fehlerquelle ist leicht zu finden: Der Bearbeiter des Index hat es versäumt, sich vor Augen zu halten, daß die Vokabeln Ü b e r s e t z u n g s - w ö r t e r sind, die also nur vom G r i e c h i s c h e n her richtig eingeordnet werden können. Es rächt sich schwer, diesen Ausgangspunkt geflissentlich zu ignorieren oder unabsichtlich zu übersehen. Nur von der griech. Vorlage her kann ein brauchbarer Index der altlat. Psalterien geschaffen werden. Es ist deshalb notwendig, immer 𝔊 einzusehen (manchmal sogar den hebr. Text, weil dieser wiederum die Vorlage für den griech. Text bildet) und von dort her den Index aufzustellen. A l l - g e i e r hat dies nicht übersehen und bringt deshalb (allerdings nicht vollständig) Wendungen und Wortgefüge zu den betreffenden lat. Grundwörtern; es ist deshalb zu verwundern, daß W. diese Angaben nicht übernommen hat.

Es soll hier versucht werden, R i c h t l i n i e n für die Gestaltung eines Index, der ein brauchbares Arbeitsinstrument in der Hand des Textkritikers sein muß, vorzulegen und etliche Beispiele zu bringen (es kann nicht die Absicht sein, alle Vokabeln anzuführen und zugleich Stellenangaben zu machen).

(1) Bei einem Index könnten gewiß häufig vorkommende Vokabeln (Präpositionen, Partikeln) f e h l e n, wie in der Vorbemerkung gesagt ist. Aber im Hinblick auf die Übersetzungsweise wäre es sehr dienlich, wenn einige Präpositionen und Pronomina eigens genannt würden, so *in* und *super,* wenn sie ἐπί entsprechen, ferner die Wendung *ego sum* (oder *sum ego*), das auf griech. ἐγώ εἰμι zurückgeht, das wiederum hebr. 'anoki oder 'ani entspricht. Ebenso müßte notwendig *sum* aufgeführt werden, wenn es ὑπάρχω wiedergibt.

(2) Der S u p e r l a t i v ist eigens zu nennen, wenn er einem griech. Positiv entspricht. Beispiele:

dilectissimus (*dilectus* Ga) ἀγαπητός, *fortissimus* δυνατός, *gloriosissimus* α (*gloriosus* Ga) δεδοξασμένος, *maximus* (*magnus* α) μέγας, *potentissimus* δυνατός.

Auch *hic, is* müssen eigens aufgeführt werden, namentlich in den Fällen, wenn sie den griech. A r t i k e l vertreten, so *ex h o c nunc* ἀπὸ τοῦ νῦν. Das seltsame *in i d ipsum* (es wäre im Anschluß an die griech. Vorlage εἰς τὸ αὐτό auseinanderzuschreiben) ist zwar unter *idipsum* (S. 380) im Index aufgeführt, aber das notwendig hinzugehörende *in* ist weggelassen.

(3) Eigens sind solche P a r t i z i p i a aufzuführen, die im Griech. und im Lat. s u b s t a n t i v i e r t e A d j e k t i v a geworden sind. So darf

---

1 Den gleichen Mangel beklagt mit Recht R. S c h n a c k e n b u r g bei der Besprechung der *Statistik des neutestamentlichen Wortschatzes* (Zürich-Frankfurt a. M. 1958) von R. M o r g e n t h a l e r in dieser Zeitschrift NF 4 (1960), 156; hier bleiben charakteristische Wortverbindungen unberücksichtigt, z. B. ἡ βασιλεία τῶν οὐρανῶν: «Sowohl im Vokabular als auch in der Liste der Vorzugswörter tauchen nur die einfachen Wörter auf, hier also getrennt βασιλεία und οὐρανός» (157). Dies ist die gleiche, wirklich s i n n - l o s e Methode, wie wenn man in einem Deutschen Index den Begriff *Himmelreich* in die beiden Wörter *Himmel* und *Reich* zerlegen wollte.

z. B. *dilectus* nicht unter *diligo* summarisch genannt werden, sondern ist eigens zu notieren, zumal es ein theologisch bedeutsamer Begriff ist. Ein weiteres Beispiel: *quietus* (πραΰς), in 75, 10 *omnes q u i e t o s terrae* (*mansuetos* γ Ga; πραεῖς) *terrae*. Bei W. steht es versteckt unter *quiesco* (S. 398).

Ebenso sind die Wiedergaben der griech. (hebr.) Partizipia activa eigens aufzuführen, die mit einem lat. Partizip oder auch mit einem Nebensatz wiedergegeben sind. Beispiele:

timentes (Dominum) οἱ φοβούμενοι, *diligentes* οἱ ἀγαπῶντες, *odientes* οἱ μισοῦντες, *tribulantes* οἱ θλίβοντες, *viventes* οἱ ζῶντες, *fetantes* οἱ λοχευόμενοι.

qui timent (Dominum), qui diligunt, qui oderunt, qui persequuntur, qui habitant, qui sedent, qui operantur iniquitatem «Übeltäter» (sehr häufig).

Siehe auch *repentia* τὰ ἑρπετά und *quae repetunt* τὰ ἕρποντα.

Besonders dann ist eigens das Partizip zu nennen, wenn nur dieses vorkommt, z. B. *compedio: compediti* πεπεδημένοι (5mal); im Hebr. steht dafür אסירים *Gefangene* (7mal in den Pss).

(4a) Häufig werden im Griech. und ebenso im Lat. Verba mit einem Substantiv (Adjektiv) und einem Hilfsverbum wiedergegeben. Dies ist besonders häufig bei der Übersetzung des hebr. Hiphil mit ποιέω *facio* der Fall. Im Passiv und Medium werden gern *fio* und *sum* verwendet. Es ist keinesfalls angängig, die Wiedergabe auseinanderzureißen und die Bestandteile einzeln aufzuführen. Als erstes Beispiel sei genannt *salvum facio, salvus fio, salvus sum*. W. verzeichnet die Stellen unter *salvus* (als selbständiges Adjektiv kommt es nirgends vor), *facio* und *fio* (*sum* scheidet absichtlich nach der Vorbemerkung zu Unrecht aus). So ist mühsame Arbeit vergeblich doppelt geleistet. Weitere Beispiele:

auditum facio ἀκουτίζω, cognitum (notum) *facio* γνωρίζω, *habitare facio* κατοικίζω, *intelligere facio* συνετίζω, *quiescere facio* καταπαύω, *tabescere facio* ἐκτήκω, *prudentem (sapientem) facio* σοφόω und σοφίζω, *admirabilem facio* θαυμαστόω, *longe facio* μακρύνω, *beneplacitum facio* εὐδοκέω, *consilium facio* βουλεύομαι.

amicus fio φιλιάω, *abominabilis fio* βδελύττομαι, *inutilis fio* ἀχρεόομαι, *miser fio* ταλαιπωρέω, *propitius fio* εὐιλατεύω, *similis fio* ὁμοιόομαι, *mirabilis fio* θαυμαστόομαι, *dives fio* πλουτέω, *pauper fio* πτωχεύω, *raucus fio* βραγχιάω.

dux sum ἡγέομαι und ὁδηγέω, *dux itineris sum* ὁδοποιέω, *inquilinus sum* παροικέω, *pastor sum* ποιμαίνω, *proximus sum* προσοχθίζω, *anxius sum* ἀκηδιάω, *beneplacitum est mihi* εὐδοκέω, *iucundus sum* ἡδύνω, *memor sum* μνημονεύω, *in memoria sum* μιμνήσκομαι, *odio sum* προσοχθίζω, *oblivio sum* ἐπιλανθάνομαι, *offensus sum* προσοχθίζω, *sanctus sum* ὁσιόομαι, *similis sum* ὁμοιόομαι, *subditus (subiectus) sum* ὑποτάττομαι, *complacitior sum* εὐδοκέω, *deprecabilis (exorabilis) sum* παρακαλέομαι, *propitius sum* ἱλάσκομαι.

beneplacitum habeo εὐδοκέω, *curam habeo* φροντίζω und βοηθέω, *odio habeo* μισέω, *voluntatem habeo* θέλω, *pro nihilo habeo* ἐξουδενόω.

(4b) Auch andere Hilfszeitwörter werden beigezogen, um ein griech. Verbum wiederzugeben. Sie sind alle als Wendungen zu notieren und dürfen keineswegs auseinandergerissen werden. Beispiele:

in adoptionem recipio περιποιέω, *auribus percipio* ἐνωτίζομαι, *cornu ventilo* κερατίζω, *curam gero* μεριμνάω, *ducatum praebeo* ἡγέομαι, *hereditatem adquiro (capio, accipio, consequor, possideo)* κληρονομέω, *morte afficior (affligor)* θανατόομαι, *morti trado* θανατόω, *memoria retineo (teneo)* μέμνημαι, *miseriis affligor* ταλαιπωρέω, *oblivioni datus sum* ἐπιλανθάνομαι, *laudem dico* αἰνέω, *psalmum (hymnum) dico* ψάλλω (ὑμνέω), *sapientiam praesto* und *prudentem doceo* σοφίζω, *somnum capio* ὑπνόω, *sorte divido (distribuo, dò)* κληροδοτέω, *tedium patior* ἀκηδιάω, *in zelum mitto (provoco)* und *ad aemulationem provoco* παραζηλόω, *in ira(m) provoco* und *exacerbo in ira* παραπικραίνω, *in iram concito* παροργίζω, *contra legem ago* und *praetereo legem* παρανομέω, *de luce vigilo* und *ante lucem venio* und *diluculo vigilo (venio)* ὀρθρίζω, *famem patior* λιμώσσω, *nive dealbor* χιονόομαι, *memoria retineo (teneo)* μέμνημαι.

Das in den Psalmen häufige Verbum ἐξουδενόω wird wiedergegeben: (aktiv) *ad nihilum deduco* oder *redigo, pro nihilo duco, irritum facio;* (passiv) *ad nihilum devenio, ad nihilum reducor, pro nihilo habeor.* W. zählt *redigo* 4mal; es kommt nur in der Verbindung mit *ad nihilum* vor.

(5) An Stelle des Substantives steht gelegentlich ein Adverb. Beispiele:

bene ago und *benigne facio* ἀγαθύνω, *dolose ago* δολιόω, *maligne (nequiter) ago (facio)* πονηρεύομαι, *inique ago (gero)* ἀδικέω und παρανομέω, *male loquor* καταλαλέω, *viriliter ago* ἀνδρίζομαι, *longe fio* μακρύνω, *cito facio* ταχύνω.

(6) Gelegentlich sind griech. Wörter in amplifizierender Weise durch ein Substantiv + Genetiv oder Substantiv + Adjektiv wiedergegeben worden. Auch hier müssen die Ausdrücke zusammen notiert werden. Beispiele:

orbis terrae (terrarum) οἰκουμένη, *excessus mentis* ἔκστασις, *frusta panis (buccellae* Ga) ψωμοί, *pluviales aquae (puteales aquae* moz^x; *pluviae* ζ; *imbres* Ga) ὀμβρήματα 77, 44 (nur hier in der LXX), *pallium duplex* α *(diplois* rell.) διπλοῖς 108, 29.

(7) Im Griech. finden sich viele zusammengesetzte Wörter, die der Lateiner durch zwei getrennte Vokabeln wiedergibt. Bei solchen Wiedergaben ist es nicht zulässig, die Wiedergabe zu zerreißen und beide Wortteile an entfernten Orten im Index aufzuführen. Die beiden Glieder sind zwar an Ort und Stelle (des Alphabets) zu nennen, aber bei beiden muß auf das jeweilige Gliedwort hingewiesen werden.

Als Beispiel sei *bona voluntas* gewählt, das uns aus dem NT und der Liturgie (Gloria) wohl bekannt ist *(et in terra pax hominibus b o n a e v o l u n t a t i s).* Das griech. εὐδοκία wird sowohl mit *beneplacitum* (es ist gut, daß es zusammengeschrieben ist, sonst wäre es auch auseinandergerissen worden) und *bona voluntas* wiedergegeben: 5, 13 und 50, 20; ferner steht in α (105, 4) *in bono placito* für das sonst allgemein bezeugte *in beneplacito.* W. notiert (S. 364) *bonus* für 5, 13; 50, 20; 105, 4 α und (S. 409) *voluntas* für 5, 13 u. 50, 20, ferner (S. 395) *placitum* für 105, 4 α (Hapaxleg. in den Psalterien!). Bereits in alter Zeit hat eine solche falsch verstandene Wiedergabe einen hexaplarischen Bearbeiter dazu verleitet, 50, 20 *in bona voluntate tua* ἐν τῇ εὐδοκίᾳ σου in CG² *bona* mit Obelus versehen.

Weitere Beispiele:

pusillus animus (pusillanimitas Ga; *pusillanimus* med) ὀλιγοψυχία, *locus spatiosus* und *spatiosus manibus* εὐρύχωρος, *medius dies* γ δ *(meridies* rel.) μεσημβρία, *media nox* μεσονύκτιον, *musca canina (cynomia* Ga) κυνόμυια, *initium mensis (neomenia* Ga) νεομηνία, *pomorum custodia (-diarium)* und *casa pomarii* ὀπωροφυλάκιον.

humiliter sentio ταπεινοφρονέω, *viam (iter) facio (dux itineris sum* Ga) ὁδοποιέω, *legem statuo (constituo, do, pono)* νομοθετέω, *magna loquor* μεγαλορρημονέω.

copiosus misericordiae, multum misericors, multae misericordiae πολυέλεος, *unius moris (unius modi* Aug.) μονότροπος, *decem cordarum* δεκάχορδος.

Bei manchen Stellen muß man über die griech. Vorlage hinaus zum hebr. Urtext vorstoßen, um hier das Wort zu finden, das bereits von 𝔊 in zwei Bestandteile zerlegt worden ist, die dann die Vetus Lat. übernommen hat. Das bekannteste Beispiel ist צלמות , σκιὰ θανάτου, *umbra mortis, Todesschatten.* W. führt die beiden Teile *umbra* und *mors* getrennt auf.

Lehrreich ist die Wiedergabe der Vokabeln mit dem Alpha privativum. Als Hauptbeleg sei *s i n e   a q u a* ἄνυδρος genannt: 106, 35 *et terram sine aqua* καὶ γῆν ἄνυδρον und 142, 6 *sicut terra sine aqua* ὡς γῆ ἄνυδρος. Beide Stellen sind getrennt verzeichnet unter *sine* und *aqua!* Weitere Belege:

> *sine macula* ἄμωμος, *sine malitia* ἄκακος, *inique (iniqua) ago (facio, gero)* ἀδικέω, *impie gero* ἀσεβέω.
> *non servo (observo) pactum* ἀσυνθετέω, *qui non credunt* ἀπειθοῦντες.
> *(aqua) quae est sine substantia* α *(intolerabilis, immensa* rel.) (τὸ ὕδωρ) τὸ ἀνυπόστατον 123, 5.

Bei griech. Komposita wird manchmal im Lat. das Praefix getrennt wiedergegeben; im Index darf es nicht getrennt werden, dies gilt namentlich für *simul* (σύν), vgl.

> *simul contristor* συλλυπέομαι, *simul curro* συντρέχω, *simul descendo* συγκαταβαίνω, *simul edo* συνεσθίω, *simul traho (trado)* συνελκύω.

Hierher gehört auch die Wiedergabe der mit ευ zusammengesetzten Verba *bene (ad)nuntio* εὐαγγελίζομαι, *bene prospero* εὐοδόω und *bene patiens (bene patientes erunt* εὐπαθοῦντες ἔσονται 91, 15). Im Index (S. 363) ist *bene* 9mal genannt; an 7 Stellen gehört es zum folgenden Wort, nur 2mal (32, 3; 127, 2) steht es als Adverb selbständig für καλῶς.

Es ist nur gut, daß manche Vokabeln im Anschluß an die griech. Vorlage zusammengeschrieben sind (z. B. *benesentio* und *benetinnio*); sonst wäre *bene* auch hier versprengt worden. Im Hinblick auf die genannten Beispiele (*benesentio* und *benetinnio*) ist die Zusammenschreibung bei konsonantisch beginnenden Wörtern richtig; der Übersetzer wird dies bereits so im Anschluß an seine griech. Vorlage gehalten haben.

44, 5 entspricht *prospere procede* κατευοδοῦ und 67, 20 *prosperum iter faciet* κατευοδώσει. Im Index sind die Vokabeln *prospere, procedo,* und *prosperus, iter, facio* g e t r e n n t aufgeführt.

Zu *tempus oportunum* siehe unter 10b!

(8) Die präpositionellen Ausdrücke, die vom hebr. Text auf dem Weg der LXX in die Vetus Lat. gekommen sind, sind eigens aufzuführen:

> *in conspectu, ante faciem, a facie, a vultu, in manus, in manum, in circuitu, in vanum, in unum, in finem, in aeternum, in saeculum, in medio, de medio, usque in velocitatem (velociter* rel.).

(9) Auch solche Adjektiva, die im Anschluß an das Griech. substantiviert wurden, sind eigens aufzuführen. Beispiele:

> *arida* (sc. *terra*), *dextera* (sc. *manus*), *mirabilia* (sc. *opera;* sehr häufig, nur im Plural).

(10a) Wertvoll ist schließlich auch die Notierung b i b l i s c h e r   W e n d u n g e n , besonders solcher, die infolge ihres häufigen Vorkommens fest geprägt und theologisch bedeutsam sind. So muß *Dominus (Deus) virtutum* יהוה צבאות als geschlossener Terminus im Index erscheinen. Bei W. ist laut Vorbemerkung *Dominus, Deus* überhaupt nicht notiert; so ist *Dominus virtutum* unter *virtus* versteckt und schwer zu finden. Weitere Beispiele:

> *domus Domini, nomen Domini, timor Dei, angelus Domini, civitas Domini, lex Domini, vox Domini, Sanctus Israel, filia Sion, mons Sion, portae Sion, terra Aegypti, naves Tharsis, cedrus Libani, volucres (volatilia) caeli, bestiae*

*agri, fines terrae, carbones ignis, pupilla oculi, filii hominum, recti corde, viri
sanguinum, fontes aquarum, vox tubae, terra viventium, panis caeli, panis
Angelorum, adeps frumenti, vallis lacrimarum, scabellum pedum, fructus ven-
tris, capilli capitis, oves pascuae, opus manuum, stagnum aquae, exitus (fontes)
aquarum.*
　　Aqua contradictionis (als Eigenname g r o ß zu schreiben!)

10b. Weniger zahlreich, aber nicht minder bedeutend sind Wortverbindungen (Substantiv + Adjektiv), die zwar selten (gewöhnlich nur
einmal im Psalter), aber besonders k e n n z e i c h n e n d sind, und die
öfter verwendet werden und deshalb vertraut sind. Sie alle müßten im
Zusammenhang notiert werden. Beispiele:
　　*daemonium meridianum, passer solitarius (singularis, unicus), singularis
ferus, domus eburneae* (plur.), *carbones desolatorii.*
　　canticum novum, spiritus sanctus, lingua dolosa, labia dolosa, Mare Rubrum.

Die Wendung *tempus oportunum* kommt 3mal vor, immer im Ablativ
in tempore oportuno 31, 6 (ἐν καιρῷ εὐθέτῳ), 103, 27 (εὔκαιρον), 144, 15
(ἐν εὐκαιρίᾳ).

Die Wiedergabe *lapis pretiosus* λίθος τίμιος «Edelstein» entspricht dem
hebr. *paz,* siehe dazu die Besprechung der Schrift *Richesses* (unter 6).

Da bei der Zusammenstellung des Index ständig vom Griech. auszugehen ist, ist es sehr zu empfehlen, wenigstens bei seltenen und schwierigen Vokabeln und bei seltsamen und auffälligen Wiedergaben das
griech. Äquivalent beizugeben. Noch besser wäre es, zu allen lat. Vokabeln das griech. Grundwort zu notieren und so eine lat.-griech. Konkordanz zu schaffen. Nur im Licht der griech. Vorlage bekommen die
lat. Vokabeln und Wendungen Farbe und Leben. Beispiele:
　　7, 12　*numquid irascitur*] *et non iram (non in iram) adducens* α med; μὴ ὀργὴν
ἐπάγων.
　　16, 14　*quae superfuerunt*] *reliquias (suas)* α β η 2 Ga; τὰ κατάλοιπα.
　　84, 5　*salutaris noster*] *salutarium nostrorum* γ; *salutum nostrarum* Ga;
sanitantium nostrarum α; *sanitatum nostrarum* Aug.; τῶν σωτηρίων ἡμῶν.
　　93, 15　*et qui tenent eam*] *et iuxta illam* Ga; καὶ ἐχόμενοι αὐτῆς.
　　108, 11　*omnem substantiam eius;* πάντα ὅσα ὑπάρχει αὐτῷ.
　　138, 20　*dicitis* = ἐρεῖτε ⅏ R 1215; *dicis* γ η; *dicens* δ; *dices* Ga = ἐρεῖς ⅏ BSA;
contentiosi estis med = ἐρισταί ἐστε ⅏ L.

Ohne Einblick in die griech. Vorlage ist die lat. Wiedergabe unverständlich.

Auch bei Partikeln und Präpositionen ist die griech. Vorlage zu
nennen; dies gilt namentlich für δή, das mit *autem, vero* und sogar *nunc*
wiedergegeben wurde. Für den Lateiner war *nunc* als Wiedergabe von
δή seltsam; deshalb hat es ⅏ R 133, 1 mit νῦν ins Griech. zurückübersetzt,
siehe R a h l f s , *Psalmi* z. St. Ferner *ut quid* (ἵνα τί), *etenim* (καὶ γάρ),
de post und *a retro* (ἐξόπισθεν) 77, 70.

Näher ist die Wiedergabe von ὑπεράνω 73, 5 zu besprechen: *supra
summum*] *super summum* δ Ga; *super summam* ζ; *desuper* α γ moz^c;
deinsuper med. Im Index (370, 371) sind *desuper* und *deinsuper* genannt,
ebenso *supra* (404), aber zu Unrecht von *summum* getrennt, das 404a
steht. Laut Vorbemerkung (359) ist *super* überhaupt nicht aufgeführt,
ausgenommen zu 91, 15 γ, wo es als «adv.» erscheint (404a). Dies ist aber
nicht zutreffend; denn *super* steht 91, 15 nicht für selbständiges ἔτι, sondern für verlesenes ἐπί (der Wechsel ἔτι-ἐπί ist in griech. Hss. häufig zu

beobachten), setzt also das Kompositum ἐπιπληϑύνω voraus. Somit ist *supermultiplicabuntur* mit R a h l f s , *Psalmi* z. St. zu schreiben (Rahlfs versäumt es, die griech. Rückübersetzung zu geben). Nebenbei ist noch zu bemerken, daß *summa* 70, 18 α; 73, 5 ζ im Index fehlt.

Ebenso muß die Vokabel *nolo* durch Angabe der griech. Vorlage spezialisiert werden; gewöhnlich ist *nolo* als Hilfsverbum beim negierten Imperativ verwendet, z. B. gleich bei der ersten Stelle 4, 5 *nolite peccare* μὴ ἁμαρτάνετε. Dann steht es manchmal selbständig für οὐκ ἐθέλω (θέλω) und οὐ βούλομαι.

Schließlich verlangen die lat. Lehnwörter die griech. Urform, z. B. *abyssus* ἄβυσσος, *erodius* ἐρωδιός, *cynomia* κυνόμυια.

Zu einigen S c h r e i b w e i s e n möchte ich bemerken, daß sie meinen Beifall nicht finden können.

Dies ist zunächst die Verwendung von r ö m i s c h e n Ziffern für die Psalmenzählung; sie ist viel zu umständlich und unübersichtlich. Seien wir dankbar, daß wir die arabischen Ziffern haben und notieren können: Ps. 87 (88), 7 statt LXXXVII (LXXXVIII), 7.

Dann sei die Schreibweise *u* statt *v* angegriffen; sie entspricht zwar der Gewohnheit der alten Hss.-Schreiber und mag «gelehrt» aussehen, aber sie ist unpraktisch und verwirrend, z. B. *uulua* statt *vulva*. Auch hier sollen wir froh sein, daß wir im Alphabet die beiden Buchstaben *u v* haben, die phonetisch unterschieden werden. Deshalb sollte man sie auch graphisch auseinanderhalten und nicht im Index den Vokal und Konsonanten *u* und *v* nur unter *u* bringen.

Schließlich sollten die E i g e n n a m e n nicht nur im Text, sondern auch im Index g r o ß geschrieben werden.

2. Das *Psalt. iuxta Hebraeos* lag zwar in neueren kritischen Ausgaben (P. de L a g a r d e 1874, J. M. H a r d e n 1922) vor, aber beide Ausgaben sind vergriffen. So hat sich D o m H e n r i d e S a i n t e - M a r i e sehr verdient gemacht, wenn er eine neue Ausgabe von He auf breitester handschriftlicher Grundlage veröffentlichte.

In der *Introduction* bringt De S.-M. (VI–XII) nicht nur eine nüchterne Aufzählung und kurze Beschreibung der Hss. (wie es W e b e r zu Ro macht), sondern vermittelt auch nähere Einsichten in He: *Histoire ancienne du texte* (XIII–XXVIII), *Histoire médiévale de He* (XXIX bis XLV), *La tradition indirecte* (XLVI–XLIX), *L'œuvre de Saint Jérôme* (L–LXIII), *Les éditions* (LXIV–LXX). Im zweiten Abschnitt *(Histoire ancienne du texte)* teilt De S.-M. (XIII) die alten Zeugen in vier Familien ein: 1. **R** (nur die Hs. R), 2. **F** (FΣTH), 3. **C** (spanische Gruppe: CMB), 4. **I** (insuläre Gruppe: AKI). Wenn diese Gruppen festgestellt werden konnten und mit eigenen Sigeln kenntlich gemacht wurden, warum sind diese dann nicht im App. unter der Gruppen-Sigel aufgeführt worden? Als Unterlage für die Herstellung der Gruppen **F** und **I** führt De S.-M. kennzeichende Fälle («cas significatifs» XVII) von gemeinsamen (fehlerhaften) Lesarten auf, die aber, nicht besonders «significatif» für die Familie **F** (XVII) sind: z. B. 63, 6 *quasi adipe et pinguedine]* om. *et* FΣTHM² und 68, 7 *educit]* *et ducit* FΣTH. Das gleiche ist zu sagen über die drei «exemples probants» von «fautes communes à AKI» der Familie **I** (XXII): 104, 12 *nemorum] morum* A*, *ramorum* I. – 69, 20 *ignominiam] ignorantiam* I; *reverentiam* AK cum Ga. – 125, 5 *qui* 1 °] *iniqui* I. Kein einziges Beispiel ist am Platz; alle drei sind Belegstellen für fehlerhafte Lesarten von I (gehören also auf XXV: Fautes propres à chaque manuscrit): 104, 12 *morum* ist fehlerhafte Lesart von A* (gehört also ebenfalls auf XXV); 69, 20 *reverentiam* ist gemeinsame Lesart von AK (gehört also auf XXIV: Fautes communes à AK). Es hätten sich doch sicher Sonderlesarten der d r e i Hss. AKI finden lassen, die auf einen einzigen Vorfahren («ancêtre unique» XXII) schließen lassen, z. B. 95, 2 *in actione gratiarum*] *in agnitione grat.* AKI. Ferner ist gesagt, daß für AKI die gemeinsamen Auslassungen besonders kennzeichnend sind; aber kein einziges Beispiel ist als Beleg angeführt.

Besonders wertvoll für die Textgeschichte ist die anonyme «s u r r e - c e n s i o n» des IX. Jahrh., die sich hauptsächlich in Θκ findet; der Rand von Θκ bringt eine Menge von Lesarten, die vor allem für das Vokabular wichtig sind (leider im Index verborum nicht aufgeführt).

Es ist schon längst erkannt, daß Hieronymus bei seiner Übersetzung des AT oftmals die H e x a p l a , näherhin die d r e i j ü n g e r e n g r i e c h. Ü b e r s e t z e r Aquila (α'), Symmachus (σ') und Theodotion (ϑ') eingesehen hat (siehe meine Schrift *Die jüngeren griech. Übersetzungen als Vorlagen der Vulgata in den prophetischen Schriften*, Braunsberg 1943/44). De S.-M. spricht LIVf kurz darüber und weist darauf hin, daß mit Hilfe der Wiedergaben der «Drei» manche Textlesarten hergestellt werden können. Besonders lehrreich sind die LV genannten Varianten 127, 2 *idolorum* C = ϑ' ε' εἰδώλων; *doloris* Θμκ Λʟ ΟΩμ = Ro Ga moz; *dolorum* cett.; auf diese Stelle möchte ich nachdrücklich hinweisen, weil sie geradezu als Schulbeispiel der Textkritik dienen kann. Es zeigt eindringlich, (1) daß nur eine genaue Untersuchung der Ü b e r - s e t z u n g s t e c h n i k des Hieronymus die richtige Wahl der Textlesarten garantiert, (2) daß bei He z u e r s t die h e b r. V o r l a g e eingesehen werden muß (die gleiche Wiedergabe des hebr. ꜥsb mit *idolum* liegt nicht nur 16, 4 und 139, 24, wie De S.-M. notiert, sondern auch 115, 4 und 135, 15 vor, also an allen Stellen außer 97, 7, wo in 𝔐 ꜥælilim steht, siehe unten), (3) daß es äußerst gefährlich ist, sich bei He n u r auf l a t. E b e n e zu bewegen (es lag zu nahe, mit den meisten He-Hss. *dolorum* im Anschluß an *doloris* zu lesen). Die oben genannte Stelle 139, 24 hätte es verdient, noch eigens genannt zu werden, denn hier liegt die gleiche Verschreibung vor: *idoli* RFHMBLO; *odoli* A; *ydoli* Στ2; *doli* Στ* cett (also auch die Ausgaben). Von da aus ist in den App. der Biblia Hebr.[3] die fehlerhafte Notierung geraten: «Hie (d. i. He) dolus»; diese Notiz ist somit zu streichen.

Der I n d e x v e r b o r u m des He hat dem Vokabular des Ro gegenüber etliche V o r z ü g e. Dies ist gleich aus der Vorbemerkung zu ersehen, wo die nicht aufgeführten Vokabeln genannt werden; die Liste ist kleiner als die bei Ro. Somit werden die Vokabeln *a* vel *ab, ad, de, in, is, quia, quis, quoniam, sicut, super* und namentlich *Deus, Dominus*, die im Index von Weber fehlen, eigens aufgeführt. Manche von ihnen kommen sehr oft vor, so *in* und *is* (beide über zwei Spalten 229f und 233f). Bei *Deus* und *Dominus* ist die Aufzählung nach den Kasus gegliedert, ebenso sind die Wendungen *Dominus Deus, coram Deo, in Deo, ad Dominum* usw. einzeln genannt. Es ist sogar noch weiter differenziert in Großschreibung *(Deus)* und Kleinschreibung *(deus)*; der Grund der Differenzierung ist nur aus der hebr. Vorlage zu erkennen: *Deus* und *deus* (plur.) entsprechen *'ælohim, deus* (sing.) dagegen *'el.* Zu *deus* (sing.) gehört deshalb auch 82, 1 *in coetu dei* (= *'el*, nicht *Dei*, wie im Text steht); füge also «82, 1» bei *deus* hinter 81, 10 ein und streiche «82, 1» bei *Dei.* Da *deus* einige Male im gleichen Vers wie *Deus* vorkommt, ist der Halbvers anzugeben, also bei *deus* 44, 21b; 77, 14b.

Weiterhin ist schon äußerlich zu erkennen, daß der Index verborum v e r b e s s e r t ist, wie die zahlreichen kleinen Hinweise zeigen, die nähere Angaben über die Verwendung der Vokabeln bringen (z. B. subst., adi., adv., praep., sing., plur.) und ihre Bedeutung näher kennzeichnen (z. B. *bipinnis* = securis; *lactans* = infans; *palma*: arbor und manus; *lactare*: a verbo *lacio* usw.).

Hier ist somit ein guter Anfang gemacht, der eine Fortsetzung hätte finden sollen. So wären neben *coram Deo* und (dann unter *Dominus*) neben *coram Domino, ante Dominum* die auf Grund der hebr. (und griech.) Vorlage mit einem Subst. gebildeten präpositionellen Ausdrücke *in conspectu Domini (Dei), ante faciem Domini (Dei)*, die inhaltlich das gleiche wie *coram Domino (Deo)* und *ante Dominum (Deum)* besagen, eigens aufzuführen. Ferner sind die kennzeichnenden Verbindungen *Deus deorum, Dominus dominorum* aufzuführen.

Damit sind wir zu dem bereits oben genannten Desiderium gekommen, nämlich die kennzeichnenden W o r t v e r b i n d u n g e n jeweilig zu notieren. Dies ist bei He wenigstens in einigen Fällen geschehen, z. B. unter *mare: Mare Rubrum* (bei *ruber* ist dann richtig auf *Mare Rubrum* verwiesen und damit gezeigt, daß *ruber* nur in der Verbindung *Mare Rubrum* vorkommt), ferner unter *salvus: salvum esse* und *salvum facere* (auch hier ist zu erkennen, daß *salvus* allein nicht vorkommt), weiterhin unter *saeculum: in saeculo, in saeculum, in saeculum et in saeculum, usque in saeculum, a saeculo et usque in saeculum, in saecula,* schließlich unter *sanguis: vir sanguinum, viri sanguinum.* Dies ist jedoch nur ein kleiner Teil von Wortverbindungen und Wendungen, der im Index zusammenhängend aufgeführt wird. Es hätten unbedingt die nur in häufigen und deshalb geläufigen Formen vorkommenden Vokabeln eigens genannt werden müssen, z. B. die bekannten Termini der Psalmentitel *victori* und *pro victoria*, ferner die Status-Constructus-Verbindungen *angelus Domini, angeli Dei* (im App. zu 97, 7c *dii*), *reges terrae, iudices terrae, qui operantur iniquitatem* (o. ä. «Übeltäter», sehr häufig), *filii Adam* (kennzeichnend für He gegenüber *filii hominum* der anderen Psalterien).

In der *Introduction* (LIV) hat De S.-M. auf den Einfluß der Hexapla, näherhin der jüngeren griech. Übersetzer, hingewiesen. Wenn eine Übernahme aus ihrem Wortschatz (besonders bei seltenen Wörtern) festzustellen ist, dann ist dies anzumerken. Beispiele: *eurus* (σ' εὖρος) 78, 26. – *horripilare* (σ' ὀρθοτριχεῖν) 119, 120. – *indigena* (ζ' αὐτόχθων) 37, 35. – *informis* (σ' ἀμόρφωτον) 139, 16. – *iuniperus: cum carbonibus iuniperorum* (α' σὺν ἀνθρακιαῖς ἀρκευθίναις) 120, 4. – *lepra* 38, 12; 91, 10 (α' σ' ἀφή).

3. Das *G a l l i c a n u m* erscheint in der Reihe der stattlichen Bände der Vulgata-Ausgabe, deren Anlage (Text und Apparat) allen wohlbekannt ist.

K o n j e k t u r e n wurden verhältnismäßig wenig gemacht; sie waren
ja auch nicht notwendig, da die Textlesart in den meisten Fällen durch
mindestens e i n e Hs. gesichert ist. Bei einigen Stellen ist jedoch die
Textlesart sehr fraglich, so 101, 5 *percussum* = RM*, «cum archetypo
ut videtur»; dann ist auf IV Reg 10, 23 und Tob 8, 15 verwiesen, wo sich
die gleiche Konstruktion findet. Dieser Hinweis ist jedoch nicht viel
wert, weil hier Vulg.-Text vorliegt, den bekanntlich Hieronymus teilweise frei nach stilistischen Grundsätzen gestaltet hat. Entweder ist als
Textlesart *percussum est* (= $\mathfrak{G}$ S $\mathfrak{M}$ ἐπλήγη) oder besser *percussus sum*
(= $\mathfrak{G}$ BAR L ἐπλήγην) zu nehmen. Aus *percussus sum* ist infolge Haplographie *percussum* entstanden, siehe R a h l f s , *Psalmi* z. St.: «Ga om
sus».

An anderen Stellen ist auffällig, daß bereits frühere ausgezeichnete
Konjekturen nur im App. vermerkt werden, die das unbestreitbare
Recht haben, im Text zu stehen. Als Beispiel sei auf die oben be-
sprochene Lesart 118, 147 *in inmaturitate* ἐν ἀωρίᾳ verwiesen.

Die h e x a p l a r i s c h e n Z e i c h e n , A s t e r i s k u s (※) und
O b e l u s (÷) sind im Text eingetragen, so wie es sich für den h e x a -
p l a r i s c h e n Psalter gehört. Hieronymus kommt in seiner bekannten
Epistula ad Sunniam et Fretelam (= ep. 106) öfter auf diese Zeichen zu
sprechen; sie sind sicher ursprünglich vom Bearbeiter (von Origenes
oder von seinen Nachfahren) gewissenhaft gesetzt worden; die späteren
Abschreiber sind jedoch sehr sorglos damit umgegangen. Oftmals haben
sie die Zeichen an die falsche Stelle gesetzt, manchmal vertauscht,
häufig unterlassen. So bringt die griech. Prophetenhs. 88 völlig durcheinander die hexaplarischen Zeichen; hier kann man feststellen, daß die
(verloren gegangene) Vorlage die Zeichen Asteriskus und Obelus an
den Rand schrieb; der Schreiber von 88 hat sie einfach übernommen und
manchmal sinnlos sogar mitten im Wort einen Asteriskus bzw. Obelus
gesetzt. Die Überlieferung der Zeichen ist also vielfach durcheinander
geraten. Auf diese Tatsache kann man in der Einleitung hinweisen. Es
ist jedoch keineswegs notwendig, im Gegenteil überflüssig, die Bezeugung (oder Nichtbezeugung) jedes Mal im App. anzugeben.

Als Beispiel sei auf 55, 12 verwiesen: *vota* ÷ *tua:* ※ *quae: reddam* (so im
Text). Im ersten App. ist notiert: ※ *tua:* ÷ *quae:* restituimus; ※ *tua* ※ *quae* R.
Der zweite App. bringt eine Notiz von 4½ Zeilen: *vota* ※ *tua:* ÷ *quae:* =
Φ^{P2} G^2; *vota* ※ *tua* ※ *quae* R ... (es lohnt sich wirklich nicht, dies abzu-
drucken!) Die Notiz im ersten App. genügt. Die Notiz im zweiten App. kann
fehlen.

Bei der Eintragung der hexapl. Zeichen scheint jedoch nur halbe
Arbeit geleistet worden zu sein; nur diejenigen Zeichen sind notiert, die
die wichtigen Hss. RFCI bezeugen, die zur Rekonstruktion des Archetypus herangezogen werden. Jedoch haben gerade diese Hss. die Zeichen
bei kleinen und kleinsten Teilen nicht immer überliefert. So ist zu 41, 6,
der als Rahmenvers 41, 12 und 42, 5 wiederkehrt, nur von ΦR ΨB *adhuc*
sub ast. bezeugt. Sicher stand ursprünglich wie in 41, 12 und 42, 5 *adhuc*
mit Asteriskus im Handexemplar des Hieronymus; deshalb gehört auch
41, 6 *quoniam a d h u c* in den Text, und zwar *adhuc* mit Asteriskus.

In 93, 16b steht *aut* in IΦv G^2 sub ob.; *aut* fehlt in $\mathfrak{M}$. Warum ist dies nicht im Text angegeben, da sogar die Hs. I, die sonst für die Herstellung des Archetypus verwendet wird, den Obelus bezeugt?

98, 8 ist *omnes* allgemein bezeugt (auch von $\mathfrak{G}$, fehlt aber in $\mathfrak{M}$; deshalb steht in QΦR^{2}zG^{2}v^{P}K ein Obelus. Sicher stand dieser Obelus bereits im ursprünglichen Text, selbst wenn ihn RFCI nicht bezeugen. Er sollte auch im Text der Ausgabe stehen.

So wären an zahlreichen Stellen die beiden Zeichen Asteriskus und Obelus in den Text aufzunehmen. Man kann sich hier nicht auf das Schweigen der im ersten App. genannten Hss. RFCI berufen, weil in der Bezeugung der hexaplarischen Zeichen oftmals völlige Willkür herrscht.

Der e r s t e App. gibt dem Leser Rechenschaft über die Herstellung des A r c h e t y p u s ; hier werden die Lesarten von RFC (lückenhaft) und I (vertritt C, wenn dieser eine Lücke hat) notiert. Seit Beginn der Ausgabe ist dieser App. eingeführt, und die Benützer haben ihn dankbar entgegengenommen; jedoch ist er an und für sich unnötig. In der jeweiligen Einleitung ist nämlich bereits gesagt, welche Hss. hauptsächlich zur Herstellung des Archetypus benützt werden. Der Archetypus ist in allen Fällen, wo er nicht fehlerhaft ist, der hergestellte Text. Die Bezeugung des Textes ist im zweiten App. angegeben, und so sind auf Schritt und Tritt überflüssige Doppelnotierungen gemacht. Die Bearbeiter der Vulgata-Ausgabe brauchen zwar mit dem verfügbaren Raum nicht sparsam umzugehen (wie dies bei anderen Ausgaben vom Verleger und Herausgeber vorgeschrieben ist) und können so gut den ersten App. bringen. Jedoch ist die doppelte Notierung im ersten und zweiten App. wirklich unnötig. Wenn man die zur Herstellung des Archetypus verwendeten Hss. hervortreten lassen will, dann kann man sie im zweiten App. durch Fettdruck kennzeichnen und (hinter dem Lemmahaken) eigens nennen.

Als Beispiel sei 36, 14 *ut* ⸓ *deiciant* ⸓ *pauperem* genannt. Im ersten App. steht: *deiciant* restituimus cum LXX et Ro; *decipiant* RFC, *errante, ut vid., archetypo.* Im zweiten App. steht: *deiciant* restituimus cum hebr., LXX et Ro; *deiciant* rwc ; *decipient* ΦG; *decipiant* rell. codd. et edd. cum α. Die Notiz im ersten App. kann ruhig fehlen; die nötigen Hinweise kann man im zweiten App. unterbringen, indem man hinter *decipiant* einschiebt: RFC *(errante archetypo) rell.* . . .

Der z w e i t e App. bezieht sich auf die Textgeschichte und bringt die V a r i a n t e n aller Hss. und Ausgaben. Im Großen und Ganzen ist die Überlieferung ziemlich einheitlich; Ga ist niemals irgendwie im eigentlichen Sinn rezensiert worden. So finden sich nur selten gewichtige Varianten; gewöhnlich sind es unbedeutende Lesarten grammatisch-stilistischer Natur und Orthographika. Diese entstammen vielfach den anderen altlat. Psalterien, namentlich dem Ro, das viele Ga-Hss. in größerem oder kleinerem Umfang beeinflußte. Seine Textform war durch den langen liturgischen Gebrauch so bekannt, daß seine Lesarten unbewußt den Schreibern der Ga-Hss. in die Feder flossen.

Als Beispiel seien die Varianten des 136. Psalmes genannt:

1. *cum*] *dum* G*VDΩ agrel cum Ro | *Sion*] pr. *tui* are cum Ro; pr. *in* R*
3. cantionum] *canticorum* R cum α moz^x | *duxerunt*] *adduxerunt* Q*Ω^{S} cum moz | *de canticis*] *de cantico* L

6. *lingua mea*] om. *mea* ΩˢS | om. *si* F | *praeposuero* = RFLQΦGK] *pro-*
posuero (+*tui* ΨᴮD·ΩˢS a cum Ro) rell. cum Ro
7. *memor esto*] *memento* F cum Ro et He | *diem* RFL] *in diem* sive *in die*
rell. cum Ro | *usque*] *quousque* D cum Ro
8. om. *tibi* G* | om. *tuam* FΨᴮ* cum Ro | *retribuisti*] pr. *tu* V cum Ro
9. *parvulos tuos*] p. *suos* R²ΨᴮDΩ agels cum Ro.

Nicht befreunden kann ich mich mit den Zeichen † †̄ für Stellen, wo
eine fehlerhafte Lesart des Archetyps durch Konjektur oder nach den
Varianten jüngerer Hss. verbessert wird. Das Zeichen † (Sterbekreuz)
ist als äußerst anschauliche Sigel dann zu verwenden, wenn ein textkritischer Leichnam daliegt, der trotz größter Bemühungen nicht mehr
zum Leben erweckt werden kann, also bei u n h e i l b a r e n V e r d e r b -
n i s s e n (siehe P. M a a s , *Textkritik*[3], 1957, 15). Die Zeichen † †̄ sind
in der Vulg.-Ausgabe im gegenteiligen Sinn verwendet; besser würden
zwei Sternchen passen, wenn man überhaupt solche Textlesarten bezeichnen will (es ist eigentlich nicht notwendig, weil die Sachlage aus
dem App. klar ersichtlich ist).

Einige Stellen zeigen, daß die Ü b e r s c h ä t z u n g d e s A r c h e -
t y p s (dem ein eigener App. eingeräumt ist, siehe oben) manche Lesarten in den Text erhöht hat, die in den App. gehören
    Als Beispiel sei 50, 19 genannt: *spernet* = RF*L (*spernit* CI) ἐξουθενώσει]
despicies rell. et edd. = He et 𝔐. Die Lesart *despicies* gehört in den Text, vgl.
68, 34 *sprevit* ἐξουδένωσεν] *despexit* Ga und 88, 39 *sprevisti* ἐξουδένωσας]
despexisti Ga. Hieronymus hat eine Vorliebe für *despicere*; an unserer Stelle
(50, 19) hat er das alte *spernet* verdrängt und nach 𝔐 bzw. nach der (nicht
mehr in griech. Hss. vorhandenen) hexapl. Rezension die zweite Person
(despicies) eingesetzt.

Die O r t h o g r a p h i k a , die jedem Herausgeber viel Mühe und
Kummer machen, beanspruchen im zweiten App. den größten Raum;
manchmal sind sämtliche notierten Varianten rein orthographisch. In
den lat. Hss. herrscht ja hier eine noch größere Willkür als in den griech.
Zeugen. Es sei nur an die Schreibweise von J e r u s a l e m erinnert, das
im Text *Hierusalem* geschrieben wird und dessen Abbreviaturen ebenfalls im App. vermerkt werden, z. B. 50, 20 *hirlm* Ψᴮ; *ihrlm* G a ; *hyeru-*
salem C; *ierusalem* grelvsc ; *ierlm* DΩ; oder 147, 12 *hierlm* Ψᴮ; *hirlm* G;
hierussalem Q; *iherusalem* a ; *ierusalem* grelvsc ; *ierlm* VDΩ. Ich habe
beide Stellen zitiert, um zu zeigen, daß keine Einheitlichkeit in der
Schreibweise in den einzelnen Hss. vorliegt. Dies gilt auch für andere
Orthographika, die keine Eigennamen sind, z. B. 147, 17 *buccellas*]
buccillas ΦRGV; *bucellas* RFIM²Q²VΩs afr ; *bucillas* Q*; *buccinas* M*.

Diese Beispiele zeigen allzu deutlich, daß solche Lesarten lauter
S p r e u sind, die von den eigentlichen Varianten gesondert werden
müßten. Man fragt sich manchmal, ob es sich überhaupt lohnt, die Orthographika zu verzeichnen. Die Frage darf jedoch nicht verneint werden:
Auch die Orthographika sind zu verzeichnen. Aber sie sind nicht pari-
tätisch mit den übrigen Varianten zu behandeln; wenn sie jedoch im
zweiten App. notiert werden sollen, dann wäre es das Vorteilhafteste,
sie in einem getrennten Abschnitt bei jedem Vers in Kleindruck aufzuführen. Am besten jedoch hat sich das Verfahren der Göttinger Septuaginta-Ausgabe bewährt: Die Orthographika werden in einem eigenen

Abschnitt in der Einleitung übersichtlich zusammengestellt. Dann sieht man deutlich, wie die Schreibweise an den einzelnen Stellen gehandhabt wird, z. B. *lucusta* oder *locusta* (so im Text) an den drei Stellen 77, 46; 104, 34; 108, 23. Jedenfalls sind die Orthographika nicht den anderen Varianten gleichberechtigt und haben keinen Anspruch, im zweiten App. genannt zu werden; dieses Recht muß um so mehr bestritten werden, als ausdrücklich in den Prolegomena 46 gesagt wird, daß im zweiten App. nur die «variae lectiones» aufgenommen werden «exceptis mere orthographicis». Die oben genannten Varianten sind doch wirklich «mere» orthographisch. Oder verstehen die Herausgeber unter «mere orthographica» etwas anderes? Es ist schade, daß nicht von Anfang an hier in der oben geforderten Weise verfahren worden ist.

Die N o t i e r u n g im App. ist vielfach weitschweifig und umständlich. Auch die Verweise auf die LXX sind schwerfällig; in anderen textkritischen Ausgaben sind sie anschaulicher und kürzer gefaßt, z. B. in der Biblia Hebraica. Warum hat man nicht von R a h l f s einfach die Sigel *L* (= lukianische Rezension) übernommen? Dann würde die Notierung zu 58, 14 so aussehen: cf. $\mathfrak{G}^{R\,L}$ statt «cf. LXX (codd. R et lucian.)» oder zu 59, 2: cf. $\mathfrak{G}^{L\,P}$ statt «cf. LXX (aliq. codd. lucian.)».

4. In der Reihe der groß angelegten M a d r i d e r P o l y g l o t t e liegt als erster Band das *P s a l t. U i s i g o t h i c u m* vor. In der zweisprachigen (spanisch und lateinisch) E i n l e i t u n g *(Introduction – Prolegomena;* warum nicht das lat. *Introductio?)* werden zunächst die früheren Ausgaben (von Ortiz, Lorenzana, Gilson) und die zahlreichen handschriftlichen Zeugen kurz beschrieben. Dann folgt ein Abschnitt *Studia critica, Psalterii Mozarabici realitas,* in dem die ursprüngliche Einheit und die doppelte Rezension von Mo an dem Beispiel des Ps. 54 und vieler Einzelstellen aufgezeigt wird. Im letzten Abschnitt werden die kritischen Grundsätze der Ausgabe mitgeteilt.

Der Herausgeber schließt seine Prolegomena ab mit der Feststellung: «Catholicis praesens tempus splendidae fecunditatis fuit circa Psalterium Latinum». Nach den ausgezeichneten Ausgaben des Ga Ro und He der Mönche von San Girolamo sei nun die Ausgabe des Mo erschienen «quam praedictarum haud degenerem fore speramus» (45).

Im äußeren Auftreten kommt die spanische Ausgabe den römischen Ausgaben gleich, übertrifft sogar das Ga der Vulgata. Ebenso ist der Apparat dem des Ga ebenbürtig, übertrifft ihn sogar in der Variantenmenge (dies kommt jedoch daher, daß vielfach auch ein positiver App. gegeben wird, sogar dann, wenn alle Hss. gleich lesen und nur Ga abweicht). Schließlich haben die verzeichneten Varianten auch vielfach das gleiche, aber l e i c h t e Gewicht, wie die der römischen Ausgaben des Ga und He: der weitaus größte Teil besteht aus Orthographika, die unnötig den Apparat anschwellen lassen, zumal sogar diese positiv notiert sind, z. B. 136, 4 *cantabimus* 17 29 30 31 32 33 34 35 37 204 206 207 G L O V, *cantavimus* 13 (nur diese Hs. hat also den häufigen Wechsel v-b!). Man möchte einen Vergleich gebrauchen: Es ist völlig unzweckmäßig, hauptsächlich deshalb einen gewaltigen Speicher zu bauen, um darin neben dem Häuflein Weizen Platz genug für die Spreu zu haben.

(Wenn man die Göttinger Septuaginta-Ausgabe so weiträumig wie die spanische Polyglotte anlegen wollte, dann würde jeder Band den stattlichen Umfang eines Missale in Großformat erhalten.)

Der Text ist fortlaufend gedruckt; übersichtlicher wäre die Einteilung in Stichen (wie in der römischen Vulgata-Ausgabe).

Im App. werden die Hss. mit arabischen Ziffern, die Ausgaben mit großen lat. Buchstaben bezeichnet. Die Notierung weicht von der herkömmlichen stark ab und wirkt deshalb fremdartig und manchmal unverständlich (Lemmahaken ist nicht verwendet): z. B. die Notierung des P l u s 82, 2 (127): *similis: – erit* 17 29 . . . . . L O, + *erit* 13 34 35 V. Warum hat man nicht wie herkömmlich notiert: *similis*] + *erit* 13 34 35 V (dies würde völlig genügen; die Angabe, daß *erit* fehlt – und dies noch an erster Stelle – ist ganz überflüssig), oder die Notierung des M i n u s 82, 3 (127) *quoniam:* + *ecce* 13 17 29 30 31 32^c 33^c 34 . . . O V, – *ecce* 32* 33*. Warum hat man nicht einfach (*ecce* steht im Text) notiert: om. *ecce* 32* 33* (dies genügt vollauf).

Ich brauche nicht näher auf die Ausgabe des Mo einzugehen. Es sei auf die Besprechung von J. G r i b o m o n t in der RBén 69 (1959), 363 bis 365 und auf einen Brief von P. Bonifatius F i s c h e r , Beuron (vom 22. 7. 1960) verwiesen, aus dem ich einige Sätze (mit Erlaubnis des Schreibers) hier abdrucken möchte: «Es ist überhaupt nicht erkannt, daß eine Beeinflussung nur durch das Iuxta Hebraeos (als das Psalterium der spanischen Bibeln) und durch das Romanum erfolgen konnte, nicht durch das Gallicanum, das in Spanien so gut wie unbekannt blieb. Es ist ja auch kein Versuch gemacht, das wesentliche Problem des Visigothicum zu lösen, nämlich das Verhältnis der beiden Textformen zueinander und zu den Resten einer vielleicht älteren Textform, die uns in Antiphonen und einem Psalterium Abbreviatum erhalten sind. Darüber findet sich schon in einem Aufsatz von Schneider über die Cantica 1938 mehr, und neuerdings in einem Aufsatz von L. Brou, Hispania Sacra 8 (1955) 337 bis 360; 9 (1956) 379–390. Über die beiden liturgischen Hss. Toledo 35–5 und 35–2 (jetzt Madrid Biblioteca Nacional lat. 10110 [Hh. 23]) verliert er kein Wort, obwohl Schneider nachweist, daß sie als einzige mit dem Ortiz-Brevier gehen. Und die ältesten Fragmente kennt er nicht: Randeinträge einer Osterliturgie in früher visigothischer Minuskel s. VIII auf den Blättern 32 33 und 39 von Autun, Bibliothèque Municipale 27 (29) mit Ps 148 und 118, 1–79.»

In meiner Schrift *Antike und moderne lateinische Psalmenübersetzungen* (Sitzungsber. d. Bayer. Akademie d. Wiss., Philos.-Hist. Kl. 1960, Heft 3, 6f) habe ich bereits von der Notlage der Textkritiker in früheren Zeiten gesprochen, als brauchbare Ausgaben der lat. Psalterien fehlten, und den Dank für die neuen Editionen ausgedrückt. Der Mangel an guten Ausgaben hat sich teilweise verhängnisvoll ausgewirkt; es sei nur auf die *Psalmen* von R a h l f s (1931) verwiesen, wo allzu viele fehlerhafte Angaben über die lat. Zeugen, deren Wert wegen des hohen Alters ihrer griech. Vorlagen nicht leicht überschätzt werden kann, stehen. Gewiß haben die genannten Ausgaben ihre «Schönheitsfehler», die jedoch unwesentlich sind; gewiß möchte man bei etlichen Stellen eine andere Lesart (eine Konjektur) im Text sehen, aber auch dies ist nicht wichtig. Kein Herausgeber wird sich rühmen können, überall die richtige Textlesart, besonders wenn diese eine Konjektur ist, geboten zu haben; dies ist nicht unbedingt notwendig. Man kann ruhig auch den Spätern etwas übriglassen, die über die Nachlese erfreut sein werden und für eine spätere Edition wertvollste Vorarbeit liefern. Entscheidend ist, daß die genannten Ausgaben das Material in höchst z u v e r l ä s s i - g e r Weise bieten; denn die Z u v e r l ä s s i g k e i t einer Ausgabe macht ihren Wert aus, wie richtig J. G r i b o m o n t in der RBén 69 (1959), 365 schreibt: L'autorité d'une édition se mesure en effet à la sécurité des collations sur lesquelles elle repose.

Anders verhält es sich mit dem I n d e x v e r b o r u m, der der Ausgabe des Ro und He beigegeben ist. Beide Vokabulare müßten neu gemacht werden (und zwar in nicht allzu ferner Zeit) in der oben angegebenen o r g a n i s c h e n (nicht atomisierenden) und g e n e t i s c h e n (mehrsprachlichen) Form. Das Vokabular zu Ro (und den anderen altlat. Psalterien) müßte griech.-lat., das Vokabular zu He hebr.-griech. (die jüngeren griech. Übersetzungen) – lat. angelegt sein. Hier sind Vorbilder bereits vorhanden; es sei verwiesen auf R. S m e n d, *Griech.-syr.-hebr. Index zur Weisheit des Jesus Sirach,* Berlin 1907. Nur ein organischer und genetischer Index kann in vielfältiger Weise (für die Grammatik, Textkritik, Lexikographie, Exegese) ein brauchbares Arbeitsinstrument bieten.

5. Das Werk von Dom Pierre S a l m o n bewegt sich nicht auf dem Boden der biblischen Textkritik, sondern betritt das weite und vielfach noch nicht erforschte Feld der G e s c h i c h t e d e r c h r i s t l i c h e n P s a l - m e n - I n t e r p r e t a t i o n. Es bringt zum ersten Mal eine Ausgabe der lateinischen «T i t u l i p s a l m o r u m». Zunächst spricht S. in der *Introduction générale* über die Verwendung der Psalmen in den ersten christlichen Jahrhunderten (im NT, bei Justin, Irenäus, Tertullian), dann skizziert er die patristischen Kommentare der Psalmen (Origenes, Athanasius, Hilarius, Basilius, Didymus, Ambrosius, Chrysostomus, Theodor von Mopsuestia, Hieronymus, Augustinus, Hesychius, Theodoret von Cyrus, Arnobius der Jüngere und Cassiodor) und versucht die Ursprünge der einzelnen Reihen der Psalmen-Titel aufzuzeigen. Folgende sechs Reihen können festgestellt werden: I. Die Reihe des hl. Colomba (die älteste, am besten bezeugte Reihe, aus Irland stammend). II. Die Reihe des hl. Augustin von Canterbury. III. Die vom hl. Hieronymus inspirierte Reihe. IV. Die aus dem Griechischen übersetzte Reihe des Eusebius von Cäsarea. V. Die von Origenes inspirierte Reihe. VI. Die Reihe des Cassiodor, von Beda übernommen. Zu jeder Reihe gibt S. zu Beginn eine kurze Einführung und bringt dann den Text mit reichem kritischem Apparat.

Im *Avant-propos* schreibt S.: «Ce volume est donc avant tout destiné à montrer comment l'Église, dans les premiers siècles et au moyen âge, a utilisé de brèves indications placées au début des psaumes pour faire de ces chants inspirés une prière de chrétiens.» In ausgezeichneter Weise erfüllt die vorliegende Erstausgabe diesen Zweck. Alle, die sich mit der Psalmenfrömmigkeit beschäftigen, werden dankbar das Buch zur Hand nehmen.

6. Den Sammelband *Richesses et déficiences des anciens Psautiers latins* haben die Mönche von San Girolamo dem Heiligen Vater gewidmet. In der *Introduction* von Dom Pierre S a l m o n , dem Abt von San Girolamo, wird in allgemeinen Zügen über das hebr. Original, die erste Übersetzung (Septuaginta), die lat. Versionen und ihre Verwendung in der Kirche gesprochen.

Der erste Teil bringt Aufsätze über die Entstehung der Texte und der zweite Teil Beiträge über die Texte in der Tradition. Die Untersuchungen erstrecken sich nur auf einen kleinen Teil des Psalteriums, nämlich auf die Psalmen 20–25; diese Beschränkung ermöglichte es, die betreffenden Fragen ausführlich zu beantworten. Es mag genügen, Verfasser, Titel und Inhalt kurz zu nennen und gelegentlich einige kritische Bemerkungen zu machen.

Im ersten Aufsatz *La Vulgate et le texte massorétique* (23–34) stellt B. S t e i e r t das Verhältnis von 𝕭 und 𝔐 in Ps 21 (20) und 22 (21) dar. St. nimmt immer Bezug auf die Noten im App. der Biblia Hebr.[3] und unterwirft sie einer berechtigten scharfen Kritik.

É. B e a u c a m p zeigt in seinem Aufsatz *Le Psaume* 21 (20), *Psaume messianique* (35–50), daß Ps 21 (20) eine Krönungsliturgie ist. Bedeutsam ist vor allem der zweite Abschnitt *Formules et textes parallèles,* da hier verschiedene Wendungen ausführlich besprochen werden; es sei nur verwiesen auf ישועה (41f) טוב ברכות (45f), כבוד (46f).

Umfangreich (51–105) ist der Beitrag von J. G r i b o m o n t und A. T h i b a u t *Méthode et esprit des traducteurs du Psautier grec.* Wertvoll sind die *Analyses philologiques* (59–89) von 15 Wörtern und Wendungen des Ps 20: Dominus virtutum, in (Präposition), virtus, laetari, rex, salutare, anima, dulcedo, in capite, lapis pretiosus, gloria, sperare, misericordia, ὀργή, παραπικραίνω.

Dem lat. Text des Ps 20 ist ein App. beigegeben (61f), in dem auch die Übersetzungen von Zorell (=Z), Pagnini (=P), Calès (=K) und den Professoren des Bibelinstitutes (=B) notiert sind. Hier stößt man wiederum auf a t o m i s i e r e n d e Notierungen, die bereits oben gerügt sind, z. B. 20, 8 *et in*] *et per* Z, *et propter* B | *misericordia*] *favorem* Z, *gratiam* B. Besser, weil übersichtlich, ist die o r g a n i s c h e Notierung: *in misericordia*] *per favorem* Z, *propter gratiam* B.

In der Wiedergabe von פז mit *lapis pretiosus* sehen die Verf. eine «Évocation d'un cadre de civilisation» (78); der Übersetzer habe diese Wiedergabe gewählt, nicht aus Unkenntnis, sondern in der Absicht zu bereichern, denn in der hellenistischen Periode wäre eine goldene Krone für den Messias zu armselig erschienen, wenn sie nicht mit Edelsteinen besetzt gewesen wäre. Damit ist zu viel in die Wiedergabe hineingeheimnist worden; sie geht wirklich auf die Unkenntnis der Übersetzer zurück, die die eigentliche Bedeutung von פז nicht wußten (so wenig wie wir) und überall mit λίθος τίμιος *lapis pretiosus* wiedergegeben haben (die Stellen sind am Ende des Abschnittes genannt). Auch andere kostbare Schmuckgegenstände waren den alexandrinischen Übersetzern unbekannt, z. B. פנינים *Perlen.* Zur Wiedergabe von לב mit ψυχή, *anima* 20, 3 (90) ist auf öd, 21. 33 hinzuweisen; zugleich ist unsicher, ob ψυχή ursprünglich ist, wie ein Vergleich mit 9, 24 (𝔐 10, 3) zeigt.

An Hand des 24. Psalmes zeigt A. T h i b a u t in seinem Beitrag *La revision hexaplaire de Saint Jérôme* (107–149) wie Hi. gearbeitet hat; am Schluß (149) hat Th. vier Prinzipien aufgestellt: 1. Beseitigung der lat. Fehler, 2. Anpassung an den griech. hexapl. Psalter, 3. Genauigkeit in der Wiedergabe, 4. Rücksichtnahme auf das alte lat. Psalterium.

H. d e S a i n t e - M a r i e , *Le Psaume 22 (21) dans le Juxta Hebraeos*
(151–187) zeigt am Beispiel des genannten Psalmes die Arbeitsweise des
Hieronymus, die ja durch die Übersetzung der Hebraica veritas ins
Lateinische (Vulgata) genugsam bekannt ist.

158. Bei der Wiedergabe von בשן mit *pingues* v. 13 ist Hi. sicherlich von
Symmachus abhängig. – 162. Die Wiedergabe mit *et non* (statt *nec*) v. 3 ist von
𝔐 und α' beeinflußt. – 169. *dimittunt labium* v. 8 kann in keiner Weise mit
manus dimissae von Is 35, 3 bei Tertullian, adv. Marc. 4, 10, zusammengebracht
werden. – 171. Die auffallende Wiedergabe von כלבים mit *venatores* (=θηραταί)
kann nicht als «des chiens de chasse» (Jagdhunde) erklärt und aufgefaßt werden.
Es ist höchst unwahrscheinlich, daß Aquila und Symmachus so übersetzt haben.
Vielleicht liegt ein Fehler in der Überlieferung vor. Eine ansprechende Erklärung kann ich noch nicht geben. – Die Wiedergabe *glorificare* beruht nicht
nur auf direkter Einwirkung des Hebr., sondern ist auch von Aquila beeinflußt. –
174. Die Wiedergabe von סתר mit *abscondere* (statt *avertere*) ist n u r im Zusammenhang mit dem Objekt *abscondere f a c i e m* verständlich und deshalb
als Wendung zu behandeln, siehe meine Ausführungen in JBL 78 (1959) 54: –
175. *cor vestrum* He geht direkt auf 𝔐 zurück; bei solchen einfachen Fällen
hat Hi. Aquila nicht eingesehen. – 177. Die Umstellung *dereliquisti me* v. 2 in He
(statt *me dereliquisti* Ga Ro) ist nicht «par goût littéraire» erfolgt, sondern im
Anschluß an 𝔐 . Das nämliche gilt auch für v. 4 (177) *habitator* He (statt *habitas*,
genauer müßte *qui habitas* als Lemma stehen), v. 12 (178) *adiutor* He (statt *qui
adiuvet*), v. 25 (181) *et non* (statt *neque, nec*), v. 27 (181) *quaerentes* (statt *qui
requirunt*), v. 27 (182) *in sempiternum* (statt *in saeculum saeculi*). Alle die genannten Stellen sind keine *Innovations de He par goût littéraire* (wie die Überschrift 177 lautet), sondern möglichst genaue Angleichungen an die Hebraica
veritas des 𝔐 , der zuliebe Hi sogar seinen goût littéraire opfert.

Im ersten Aufsatz *Le Psaume 22 dans l'exégèse patristique* des zweiten Teiles *(Les textes dans la tradition)* 189–211 führt uns J. D a n i é l o u
in die durch die Liturgie vielen wohl vertraute und doch fremde Welt
der Väterexegese. Hierzu war gerade der in der alten Kirche gern verwendete Tauf- und Kommunionpsalm 22 trefflich geeignet.

J. L e c l e r c q gibt in seinem Artikel *Les Psaumes 20–25 chez les
commentateurs du moyen âge* (213–229) eine ausgezeichnete Übersicht
über die mittelalterliche Exegese der Pss 20–25.

Manche Würzburger mag es etwas betrübt haben, hier zu lesen (was schon
anderweitig geschrieben stand), daß der Psalmenkommentar des Bischofs Bruno
von Würzburg, *Expositio Psalmorum* (PL 142, 49–530, so richtig statt «104–122»)
unecht ist; er stammt von einem «auteur inconnu, du milieu du XIIᵉ s.» (214).

P. B l a n c h a r d hat den Beitrag *Le Psautier dans la Liturgie* (231 bis
248) geschrieben; er zeigt, an einigen Beispielen aus Pss 20–25, wie
Texte im Officium divinum und im Missale der liturgischen Verwendung
angepaßt wurden.

Der letzte Aufsatz von E. C a r d i n e spricht von der musikalischen
Seite der Psalmen: *Psautiers anciens et chant Grégorien* (249–258).

Zum Schluß ist ein *Index* beigegeben, der die behandelten lat. und
griech. Vokabeln umfaßt.

Wer die Aufsätze aufmerksam durchliest, wird erkennen, daß die
altlat. Psalterien wirklich *R i c h e s s e s* besitzen, die die *Déficiences*
überstrahlen.

Würzburg, 16. August 1960.   Joseph Z i e g l e r .

Zur Dodekapropheton–LXX

Die Dodekapropheton-LXX bietet eine gute, ziemlich wörtliche Übersetzung (im Gegensatz zur freien Isaias-LXX) ihrer hebr. Vorlage. Sie geht nicht auf *zwei* Übersetzer zurück, wie Herrmann-Baumgärtel beweisen wollen, sondern ist das Werk *eines* Übersetzers, wie die einheitliche Wiedergabe verschiedener, häufig vorkommender Wörter und Wendungen zeigt, z. B. ῥομφαία (gegen μάχαιρα in Isaias), κύριος παντο-κράτωρ (gegen κύριος σαβαιωθ in Isaias).

Der beste und älteste Text liegt in den Unzialen B S V vor, deren Güte durch den ältesten Zeugen, den Washingtoner Papyrus W, der aus dem 3. Jahrh. nach Chr. stammt und grosse Teile des Dodekapropheton enthält, bestätigt wird. Eine spätere Textform enthälten die Unzialen A Q und die meisten Minuskeln (26 49 106 etc.), die ihre Heimat in Alexandrien hat, wie die im Dodekapropheton-Kommentar des Cyrill von Alexandrien vorliegende Textform zeigt, und deshalb der « alexandrinische » Text genannt wird. Origenes hat diese alten Textformen seiner Rezension zu Grunde gelegt und die im griechischen Text fehlenden Teile gewöhnlich *sub asterisco* nach dem hebräischen Text ergänzt, die gegenüber M überschiessenden Teile durch den *Obelus* gekennzeichnet. Seine Rezension liegt in der Syrohexaplaris vor die ihre griechische Vorlage wörtlich übersetzt hat und auch die kritischen Zeichen (*Asteriskus* und *Obelus*) überliefert, sowie in den Randnoten des Codex Q. Später hat dann Lukian eine neue Rezension geschaffen, die vielfach die hexaplarische Textform übernimmt, aber grammatisch und stilistisch viele Änderungen aufweist (namentlich Attizismen). Die lukianische Rezension liegt in 12 Minuskeln vor, die man weiterhin in eine Hauptgruppe und in zwei Untergruppen einteilen kann. Die jüngste Textbearbeitung bietet die Catenen-Gruppe (Hauptgruppe C = 87-91-490, Untergruppe c = 130-311-538), die auf der alten, von den Unzialen vertretenen Textform ruht und oftmals die hexaplarische Rezension benutzt, aber im allgemeinen keine charakteristischen Änderungen bringt.

In früher Zeit, sehr wahrscheinlich bereits im 1. vorchristlichen Jahrhundert, ist der LXX-Text des Dodekapropheton, manchmal volständig, manchmal nur teilweise nach der hebräischen Vorlage neu übersetzt oder revidiert worden. Dies zeigt deutlich die 1952 in einer der Höhlen von Wadi Murabba'a (südlich von Qumran) entdeckte Lederrolle mit dem griechischen. Text der kleinen Propheten, von dem Barthélemy Teile mitgeteilt hat. Sie sind deutlich nach der hebräischen Vorlage neu übersetzte oder bearbeitete Texte. Solche lagen später in nachchristlicher Zeit auch Justinus und den koptischen Übersetzern von. Während

diese Übersetzungen oder Rezensionen anonym sind, kennen wir die
Namen von drei Übersetzern, die ebenfalls auf Grund des hebräischen
Textes das Dodekapropheton neu übersetzt (Aquila und Symmachus)
oder bearbeitet (Theodotion) haben. Diese Übersetzungen der « Drei »
hat namentlich Origenes für seine hexaplarische Rezension ausgebeutet.
Ihm lagen sogar noch weitere « hebraisierende » Übersetzungen vor ; so
wird öfter eine *editio quinta* (ε΄) notiert, dann manchmal eine *editio
sexta* und *editio septima* (von Hieronymus in seinem Kommentar zu den
kleinen Propheten genannt). Hierher gehört auch die zu *Hab.*, Kap. 3
überlieferte, von der LXX stark abweichende Textform, die in V 62-147
86 407 vorliegt.

Der in den alten gedruckten LXX-Ausgaben *(Aldina, Complutensis,
Sixtina)* vorliegende Text hat keinen kritischen, sondern nur einen text-
geschichtlichen Wert. In den Handausgaben von Swete und Rahlfs sind
nur die alten Unzialen verwendet ; wertvoll ist der von Rahlfs erstmals
vorgelegte kritische Text. Die alte grosse Ausgabe von Holmes-Parsons,
deren Kollationen vielfach nicht zuverlässig sind, ist durch die neue
Ausgabe der Göttinger LXX (vol. XIII : *Duodecim prophetae*, 1943)
überholt, die einen selbständingen Text vorlegt, der aus dem reichen
Material Varianten sämtlicher Hss., Versionen und Väter-Zitaten kritisch gestaltet ist.

Dem Übersetzer und Erklärer bietet die LXX eine wertvolle Hilfe ;
im Apparat der *Biblia Hebraica* wird das Material vorgelegt. Dieses ist
jedoch mit grösster Vorsicht zu benutzen, da viele Angaben schief und
falsch sind.

Theologiegeschichtlich bietet die Dodekapropheton – LXX nicht
so reiche Schätze wie die Isaias-LXX, weil sie im Gegensatz zu dieser
gewöhnlich wörtlich übersetzt. Jedoch haben manche Wiedergaben die
Grundlage christlicher Deutungen geschaffen, die für die Theologie und
Volksfrömmigkeit wichtig sind ; es sei nur verwiesen auf *Hab.* 3, 2, ἐν.
μέσῳ δύο ζῴων.

WÜRZBURG   J. ZIEGLER

Literatur. — K. A. VOLLERS, *Das Dodekapropheton der Alexandriner.*
Erste Hälfte : *Nah.-Mal.*, Berlin 1880 ; DERS., Zweiter Teil : *Osee-Amos*,
in ZAW 3(1883), p. 219-272 ; DERS., Dritter Teil : *Mich.-Jon.*, in ZAW 4
(1884), p. 1-20. — J. Z. SCHUURMANS STEKHOVEN, *De alexandrijnsche Vertaling
van het Dodekapropheton*, Leiden, 1887. — A. KAMINKA, *Studien zur Septuaginta an der Hand der zwölf kleinen Prophetenbücher*, Frankfurt a. M., 1928. —
J. ZIEGLER, *Die Einheit der Septuaginta zum Zwölfprophetenbuch*, Braunsberg,
1934. — DERS., *Der griech. Dodekapropheton-Text der Complutenser Polyglotte*, in *Biblica* 25 (1944), p. 297-310 ; DERS., *Der Text der Aldina im Dodekapropheton*, in *Biblica* 26 (1945), p. 37-51 ; DERS., *Beiträge zum griech. Dodekapropheton*, in *Nachrichten d. Akad. der Wiss. in Göttingen*, 1943, p. 345-412 ;
DERS., *Studien zur Verwertung der Septuaginta im Zwölfprophetenbuch*, in
ZAW 60 (1944), p. 107-131 ; DERS., *Ochs und Esel an der Krippe. Biblisch-patris-
tische Erwägungen zu Is. 1, 2 und Hab. 3, 2 (LXX)*, in *Münchener Theol.
Zeitschr.* 3 (1952), p. 385-402. — G. MERCATI, *Osservazioni preliminari circa la*

versione barberiniana del Cantico di Abacuc, in *Studi in memoria di I. Rossellini* II (Pisa 1955), p. 155-180. — D. BARTHÉLEMY, *Redécouverte d'un chaînon manquant de l'histoire de la Septante*, in *Rev. Bibl.* 60 (1953), p. 18-29. — P. KAHLE, *Die im August 1952 entdeckte Lederrolle mit dem griech. Text der kleinen Propheten und das Problem der Septuaginta*, in *Theol. Lit. Zeit.* 79 (1954), p. 81-94.

Die Septuaginta. Erbe und Auftrag*

Hochansehnliche Festversammlung!

Es ist eine alte Gewohnheit, daß am Wiegenfest der Alma Mater Julio-Maximilianea der Rektor das Thema der Festrede seinem engeren Forschungsbereich entnimmt. Von seiten des Redners, seiner Fakultätskollegen und Hörer besteht hier keine Schwierigkeit, weil diese sich sofort, wenn sie das Thema lesen oder hören, wenigstens eine verschwommene Vorstellung machen können, die beim Vortrag immer lichter und klarer wird und alte Erinnerungen an das frühere Studium wachruft. Jedoch wird bei vielen der verehrten Anwesenden ein gewisses Unbehagen bestehen, da sie zunächst nur das eine beim Hören des Wortes Septuaginta wissen, daß diese Vokabel das lateinische Zahlwort für S i e b z i g ist; einige werden wohl noch erraten können, daß Septuaginta etwas mit dem Alten Testament, näherhin mit dem alttestamentlichen Bibeltext, zu tun hat, da der jetzige Rektor die Professur für alttestamentliche Exegese und biblisch-orientalische Sprachen an der hiesigen Universität innehat. Jedenfalls werden viele der verehrten Anwesenden gern die Gelegenheit wahrnehmen, ihr Allgemeinwissen zu mehren, da gerade in unseren Tagen so viel vom „Studium universale" und von „Erwachsenenbildung" geredet und auch manches dafür getan wird. Die Vermehrung des Allgemeinwissens kann immer recht nützlich und vorteilhaft sein; sagte mir doch vor einiger Zeit ein hoher Beamter in München, daß er sehr imponiert habe, weil er wußte, was „Septuaginta" sei, die in einem allerdings sehr bescheidenen Betrag in einem Etat aufgeführt war.

Schon der Name Septuaginta, der zunächst nur als Zahlwort Siebzig heißt, erweckt die Wissensbegier: Sind es etwa s i e b z i g Bücher, sind es s i e b z i g Verfasser, oder besser, da es sich um eine Übersetzung handelt, sind es s i e b z i g Übersetzer? Das letzte ist richtig. Die Septuaginta ist die griechische Übersetzung des hebräischen Alten Testamentes im 3. und 2. vorchr. Jahrhundert in Alexandrien; deshalb wird sie gelegentlich (besonders von den Gelehrten des vorigen Jahrhunderts) die alexandrinische Übersetzung genannt.

Wie kommt es zur Zahl S i e b z i g ? Die Zahl Siebzig ist in der Bibel eine heilige Zahl. Sieben heißt im Hebräischen *scheba'*; die Grundbedeutung des Stammes *schaba'*, der von dem Stamm *saba'* nicht getrennt werden sollte, lautet: satt sein, voll sein, viel sein. Erst

* Festvortrag, gehalten beim 380. Stiftungsfest der Julius Maximilians-Universität zu Würzberg im Kaisersaal der Residenz am 2. Mai 1962.

recht bedeutet die Zahl s i e b e n mal zehn = siebzig, *viel, zahlreich* [1]). Wenn es Ex. 15,27 und Num. 33,9 heißt, daß in Elim eine Oase mit 70 Palmen war, so sind die Palmen nicht genau nachzuzählen, sondern es bedeutet, daß dort ein stattlicher Palmenhain mit v i e l e n Bäumen war. Wenn überliefert wird, daß die hebräische Bibel von siebzig Männern übersetzt worden ist, dann soll damit gesagt sein, daß es eine heilige, große Zahl von Gelehrten war, die dieses Werk geschaffen haben. Dies hat auch die neuere Forschung bestätigt: Die Septuaginta ist nicht von nur einem Mann (wie später die lateinische Bibel von Hieronymus) übersetzt worden, sondern ist das Werk vieler Übersetzer, wie vor allem Wortwahl und Stil zeigen. Einige Gelehrte haben sogar nachweisen wollen, daß größere Bücher (Isaias, Ezechiel, Jeremias) in Arbeitsteilung von zwei und drei Männern übersetzt worden sind. Damit würde man nahe an die Zahl S i e b z i g herankommen.

Da die Geschichte nicht genau um die Entstehung der griechischen Bibel Bescheid weiß, hat es die Legende übernommen, das Dunkel der Geburt der Septuaginta wie bei vielen großen Gestalten und Bewegungen aufzuhellen. Diesen Dienst besorgte der unechte Brief des A r i s t e a s [2]), eines Offiziers der Leibwache des ägyptischen Königs Ptolemäus II. Philadelphus (285—247 vor Chr.).

Der König Ptolemäus war ein großer Bücherfreund, so daß er auch den Beinamen Bibliophilus tragen könnte, und hatte den Ehrgeiz, seine Bibliothek reich auszustatten. So heißt es im Aristeasbrief: Der Direktor der königlichen Bibliothek, Demetrius von Phaleron, erhielt große Geldsummen, um womöglich alle Bücher der Welt zu sammeln. Da machte er den König aufmerksam, daß die Juden, die in der Residenzstadt Alexandrien eine große Diasporagemeinde bildeten, ein Buch besäßen, das unbedingt in die königliche Bibliothek aufgenommen werden müßte. Jedoch sei dieses Buch in einer unverständlichen Sprache geschrieben und müsse deshalb erst in die griechische Sprache übersetzt werden. Dieser Bericht des Hofbibliothekars war der Anstoß, daß der König den Auftrag gab, ein Gesuch an den Hohenpriester Eleazar von Jerusalem zu richten, er möge geeignete Gelehrte nach Alexandrien senden. So kamen 72 (sechs aus jedem Stamm, die Zahl wurde dann auf 70 abgerundet) gelehrte Männer nach Alexandrien und übersetzten innerhalb 72 Tagen den Pentateuch (die fünf Bücher

---

[1]) Vgl. J. H e h n , Siebenzahl und Sabbat bei den Babyloniern und im Alten Testament. Eine religionsgeschichtliche Studie. (Leipziger Semitistische Studien II,5), Leipzig 1907; ders., Zur Bedeutung der Siebenzahl: Vom Alten Testament, Karl Marti-Festschrift (Beihefte zur ZAW 41), Gießen 1925, 128—136; Theol. Wörterbuch zum Neuen Testament II (1935) 623—631.

[2]) Der Brief des Aristeas wurde nach Paul R i e ß l e r , Altjüdisches Schrifttum außerhalb der Bibel (Augsburg 1928) 193—233 zitiert.

Mosis) ins Griechische. Die Zahl 70 wurde später noch weiter ausgedeutet, in dem Sinn, daß die 70 Gelehrten in 70 Zellen (wie in einem Konklave) die Arbeit übernahmen; am Schluß wurde der griech. Text verglichen, und siehe er stimmte genau überein. Dieser wunderbare Gleichklang bildete die Grundlage für die von manchen Kirchenvätern (Augustinus) vertretene Überzeugung, daß die Septuaginta sogar i n s p i r i e r t sei.

Es ist unterhaltsam und zugleich erbaulich, im Aristeasbrief zu lesen, wie die Arbeit der Gelehrten auf jede nur mögliche Weise gefördert wurde. Anschaulich wird erzählt, wie der König Ptolemäus Philadelphus die Gelehrten am Hof empfing; seine erste Begrüßung und Huldigung galt jedoch nicht den Gästen, sondern den heiligen Rollen; vor ihnen verneigte er sich siebenmal und dann erst begrüßte er die Männer: „Es war geziemend, ihr gottesfürchtigen Männer, zuerst den Büchern ... die schuldige Ehrfurcht zu bezeigen, dann erst euch die Rechte zu reichen" (179). In verständnisvoller Weise sorgte der königliche Bücher- und Gelehrtenfreund für ruhige und helle Arbeitsräume; schon damals war im Lärm und Gedränge, in der Unruhe und Enge der Großstadt Alexandrien kein geeignetes Arbeitsklima; deshalb verlegte der königliche Gönner das Institut aus dem Stadtkern an den Rand, näherhin auf die Insel Pharos. Hören wir den Aristeasbrief: „Drei Tage später ging Demetrius mit ihnen über den sieben Stadien langen Wellenbrecher zur Insel, überschritt die Brücke und begab sich in den nördlichen Bezirk. Dann hielt er eine Sitzung in einem am Strand erbauten, prächtigen und still gelegenen Haus und forderte die Männer zur Ausführung der Übersetzung auf, da alles zur Arbeit Nötige wohl vorgesehen war" (301). Auf dieser stillen, abgeschiedenen Insel „versammelten sie sich, wie wir eben sagten, täglich an dem durch Ruhe und Helligkeit angenehm gemachten Ort und erfüllten so ihre Aufgabe" (307). Nach Vollendung der Arbeit wurde die Übersetzung der versammelten Gemeinde vorgelesen und von den Priestern und Obersten der Diasporagemeinde autorisiert: „Die Übersetzung ist in schöner, frommer und ganz genauer Weise gefertigt" (310).

Zum Schluß wird erzählt, daß der König die Gelehrten mit reichen Geschenken in ihre Heimat entließ; zugleich gab er ihnen ein Schreiben an den Hohenpriester mit, in dem er die Bitte aussprach, „man möge die Männer, die zu ihm zurückzukehren wünschten, nicht daran hindern; denn er lege Wert darauf, mit Gebildeten zu verkehren und lieber auf solche seinen Reichtum zu verschwenden als auf Nichtigkeiten" (321).

Unser König Ptolemäus II. Philadelphus ist wirklich ein leuchtendes Vorbild in der Förderung der Wissenschaften! Ich habe einige Stellen des Aristeasbriefes, besonders diejenigen, die über das „Institut" der

Septuaginta-Übersetzer abseits des Lärms der Großstadt in ruhiger Lage berichten, ausführlich und mit Nachdruck zitiert, weil sie für unsere Würzburger Erweiterungspläne so gegenwartsnahe sind; an dem verständnisvollen Lächeln unserer hohen Gäste aus München [3] ersehe ich, daß sie wohl „Absicht fühlen", aber keineswegs „verstimmt" (Goethe) sind.

Die Übersetzung der hebräischen Bibel in die Weltsprache des Griechischen war eine Großtat und Wohltat ersten Ranges. Mit Recht hat man an ihrem Entstehungsort auf der Insel Pharos, „wo erstmalig die Übersetzung aufleuchtete", wie Philo (Das Leben des Moses II 7) berichtet, ein großes Fest, das „Stiftungsfest" der Septuaginta gefeiert.

Geschichtlich wird festzuhalten sein, daß die Septuaginta in Alexandrien im 3. vorchr. Jahrhundert von einer Kommission von Gelehrten angefertigt und von der Gemeinde autoritativ anerkannt worden ist. Nun erheben sich jedoch viele Fragen: Ist unsere heutige Septuaginta im wesentlichen die gleiche wie die damalige Übersetzung? Waren nicht bereits vorher einige hebräische Bücher oder wenigstens manche Perikopen (Paraschen), die in der Synagoge verlesen wurden, ins Griechische übersetzt? Dies ist die Frage nach der Urseptuaginta oder nach der Protoseptuaginta. Hier scheiden sich die Geister. Paul Kahle hat in zahlreichen Veröffentlichungen immer wieder die These vertreten, daß unsere Septuaginta erst am Ende einer langen Entwicklung stehe; sie sei das Ergebnis des Zusammenfließens verschiedener alter jüdischer Texte und stamme in ihrer heutigen Form erst aus christlicher Zeit. Diese These könne sich auf einige Fragmente mit kennzeichnenden Varianten stützen, die in den letzten dreißig Jahren gefunden wurden, von denen zwei sogar aus vorchristlicher Zeit stammten und sicher von Juden für Juden geschrieben worden seien. Kahle hat sich vor allem gegen die Väter des Göttinger Septuaginta-Unternehmens gewandt; jedoch zeigen die Ergebnisse der Textgeschichte, vor allem auch die neuen Funde von Qumran, daß unsere heutige Septuaginta auf einen einheitlichen Text zurückgeht, der im Lauf der Zeit durch die Rezensionen vielfach verändert worden ist und später eine vielfältige Gestalt angenommen hat [4].

Der Text der Septuaginta liegt in zahlreichen (über 1500) griechischen Handschriften vor, die jedoch meistens nur Teile des Alten Testamentes umfassen. Die bisherigen Ausgaben beschränkten sich

---

[3] Zugegen waren die Herren Staatssekretäre Dr. Staudinger vom Kultusministerium und Dr. Lippert vom Finanzministerium, ferner Herr Ministerialrat Gaschott (ebenfalls vom Finanzministerium).

[4] Vgl. dazu vor allem P. K a t z , Das Problem des Urtextes der Septuaginta: Theologische Zeitschrift 5 (1949) 1—24 und R. H a n h a r t , Fragen um die Entstehung der LXX: Vetus Testamentum 12 (1962) 139—163.

darauf, eine mehr oder minder gute Handschrift abzudrucken; die wichtigste ist die römische *editio Sixtina* von 1587, die viele unveränderte Auflagen bis in unsere Zeit erlebte. Ein kritischer Apparat fehlt in den alten Ausgaben; den neueren ist er beigegeben.

Es ist das Verdienst der deutschen Septuaginta-Forscher, daß sie die Forderung erhoben, einen kritischen Text der griechischen Bibel herauszugeben und einen Apparat zu bauen, in dem die Zeugen nicht nach der schematischen (numerischen und alphabetischen) Reihenfolge, sondern in der organischen Ordnung der Rezensionen und Gruppen verzeichnet sind. An erster Stelle ist hier Paul d e L a g a r d e († 1891) zu nennen, dann dessen Schüler Alfred R a h l f s († 1935), der im Rahmen des 1908 gegründeten Septuaginta-Unternehmens in Göttingen vor 40 Jahren (1922) das Büchlein *Ruth* „als Probe einer kritischen Handausgabe der Septuaginta", dann 1926 als ersten Band der großen kritischen Göttinger Septuaginta die *Genesis* und schließlich 1931 die *Psalmen* in einem schönen roten Gewand und in einem neuen Verlag (Vandenhoeck und Ruprecht, Göttingen) herausbrachte. In der Voraussicht, daß die große Göttinger Ausgabe einen weitgespannten Zeitraum beanspruchen wird, bearbeitete Rahlfs eine kritische Handausgabe, die Stuttgarter Septuaginta, die kurz nach seinem Tod 1935 erscheinen konnte. Leider ist die Bedeutung der kleinen Stuttgarter Handausgabe und der großen Göttinger Septuaginta von verschiedenen Gelehrten noch nicht in vollem Maß erkannt. Gewiß erhoben sich viele Stimmen zu ihrem Preis, so namentlich der kürzlich (am 25. März 1962) verstorbene Cambridger Septuaginta-Forscher Peter Walters (Katz), der sich ausgezeichnet in die Erforschung der griechischen Bibel einführte, als er die beste, weitausgreifende und wirklich fördernde Kritik der Stuttgarter Septuaginta in der Theol. Literaturzeitung 61 (1936) 265—287 schrieb.

Es bleibt eine verpflichtende Aufgabe der Herausgeber der großen Göttinger Septuaginta, die 16 Bände umfassen wird, von denen bis jetzt fünf Voll- und vier Teilbände erschienen sind [5]), ihre volle Kraft weiterhin der entsagungsvollen Editionsarbeit zu widmen, damit die

---

[5]) Band IX/1: Maccabaeorum liber 1, ed. W. K a p p l e r , 1936
Band IX/2: Maccabaeorum liber 2, ed. W. K a p p l e ɪ
et R. H a n h a r t , 1959
Band IX/3: Maccabaeorum liber 3, ed. R. H a n h a r t , 1960
Band · X: Psalmi cum Odis, ed. A. R a h l f s , 1931
Band XII/1: Sapientia Salomonis, ed. J. Z i e g l e r , 1962
Band XIII: Duodecim Prophetae, ed. J. Z i e g l e r , 1943
Band XIV: Isaias, ed. J. Z i e g l e r , 1939
Band XV: Ieremias, Baruch, Threni, Epistula Ieremiae,
ed. J. Z i e g l e r , 1957
Band XVI/1: Ezechiel, ed. J. Z i e g l e r , 1952
Band XVI/2: Susanna, Daniel, Bel et Draco, ed. J. Z i e g l e r , 1954.

restlichen Bände bald erscheinen können, denn „ohne solche kritisch
unterbauten Texte kann man die geistigen Gehalte, die das griechische
AT teils weitergibt, teils fortbildet, nicht sicher erfassen" (P. Katz,
Die Religion in Geschichte und Gegenwart [3] V 1706).

Wenn wir von der Septuaginta sprechen, dann ist immer zu beachten,
daß die Septuaginta nicht nur die griechische Übersetzung der
hebräischen Bücher des Alten Testamentes, sondern auch weitere,
gewöhnlich deuterokanonisch oder apokryph genannte Schriften enthält, die entweder ursprünglich griechisch geschrieben waren oder
nur griechisch erhalten sind. Dazu gehören die uns aus der Rektorats-
rede vom 18. November 1961 schon gut bekannten Bücher der Weisheit des Salomo und des Jesus Sirach, ferner das Büchlein Baruch, der
Brief des Jeremias, die griechischen Erzählungen Susanna, Bel und
der Drache, die dem Buch Daniel angehängt sind, ferner unter den
historischen Schriften Esdras I (das apokryphe Esdrasbuch), Judith,
Tobias und die vier Makkabäerbücher. In jeder Septuagintaausgabe,
so in der bekannten Stuttgarter Septuaginta von Alfred Rahlfs, findet
man die genannten griechischen Bücher, die in der hebräischen Bibel
fehlen.

Schließlich ist noch ein Buch zu nennen, das auch in der Septuaginta
steht und zugleich das am eifrigsten gelesene und gebetete Buch des
Alten Testamentes ist, nämlich der *Psalter*. Für die westliche Kirche
wurden die Psalmen schon sehr frühzeitig aus dem Griechischen in das
Lateinische übersetzt. Mögen auch die zahlreichen lateinischen Psalterien in den einzelnen Kirchenprovinzen eine verschiedene Textgestalt angenommen haben (besonders bedeutsam ist die afrikanische
Form), so gehen sie doch alle direkt auf die Septuaginta zurück, die
gewöhnlich sehr wörtlich übersetzt ist. Obwohl Hieronymus auch die
Psalmen nach dem Hebräischen übersetzt hat, ist es seinem Psalterium
iuxta Hebraeos nicht gelungen, in die offizielle lateinische Kirchen-
bibel (Vulgata) aufgenommen zu werden. Vielmehr wurde das alt-
bekannte Psalterium Gallicanum übernommen, dessen Primat erst in
unseren Tagen das neue lateinische Psalterium Pianum (besser
Beanum) zu stürzen versucht.

Einen unschätzbaren Dienst leistet die Septuaginta der T e x t -
k r i t i k und der E x e g e s e. Wir müssen uns immer wieder vor
Augen halten, daß unser hebräischer Text auf die Arbeit der Massoreten, der jüdischen Textkritiker des 6. bis 10. Jahrh. nach Chr.,
zurückgeht. Diese Gelehrten haben zwar für die damalige Zeit ausgezeichnete Arbeit geleistet, aber dem modernen Textkritiker wert-
vollstes Variantenmaterial einfach geraubt, indem sie alle Varianten
buchstäblich unter den Tisch fallen ließen und einen einheitlichen,
eben unseren heutigen massoretischen Text, wie er in jeder gedruck-

ten Biblia Hebraica vorliegt, geschaffen haben. Die Septuaginta geht jedoch auf einen hebräischen Text des 3. und 2. vorchr. Jahrhunderts zurück. Hier besteht die Aufgabe, die hebräische V o r l a g e der griechischen Bibel zu rekonstruieren, eine Arbeit, die größte Kenntnis der Übersetzungsmethode der Septuaginta, die in den einzelnen Büchern verschieden ist, voraussetzt. Für diese schwierige Arbeit leisten die neugefundenen hebräischen Texte von Qumran am Toten Meer ausgezeichnete Dienste, da sie zeitlich mit der Septuaginta-Vorlage zusammenfallen.

Somit weiß jeder Exeget, daß er bei einer schwierigen Stelle immer zuerst die Septuaginta als älteste Übersetzung aufschlagen muß, und oftmals findet er hier eine wertvolle Hilfe. Auch die Herausgeber der Biblia Hebraica, die den Studenten nicht nur den hebräischen Text vorlegen, sondern auch Hinweise zur Übersetzung geben soll, haben gewußt, daß die Septuaginta den besten Dienst leistet, und deshalb im textkritischen Apparat immer wieder mit mehr oder weniger Berechtigung die Lesart der Septuaginta zitiert und mit ihrer Hilfe den Text verbessert.

An 16 750 Stellen [6]) des ersten und zweiten Apparates hat die Biblia Hebraica in ihrer dritten Auflage von 1937 die Septuaginta zitiert, indem sie entweder auf G (= Septuaginta) verweist oder notiert „l c G", d. h. „lies mit der Septuaginta". Gleich zu Beginn (Gen. 1,6) wird sie als zweite Note (in der neuen vierten Auflage, die eben vorbereitet wird, wird sie die erste Stelle sein) zitiert, wo man die im hebräischen Text fehlende, aber sicher ursprüngliche Formel „und es ward so" mit der Septuaginta nach den Versen 9 11 15 24 30 einsetzen muß. Auch die letzte textkritische Notiz Chr. II 36,23 im letzten Vers der hebräischen Bibel verweist auf die Septuaginta, die anstelle des Gottesnamens Jahwe ἔσται bzw. ἔστω liest, das *jihjäh* bzw. *jehi* voraussetzt. Besonders zahlreich sind die Textvorschläge auf Grund der Septuaginta im Buch der Psalmen. Das neue lateinische Psalterium verbessert an über 270 Stellen den hebräischen Text mit Hilfe der Septuaginta. Als Beispiel sei nur eine Stelle aus dem bekannten Psalm 46 genannt, der die Vorlage für das Schutz- und Trutzlied „Ein feste Burg ist unser Gott" bildet. Hier wird im zehnten Vers Gott

---

[6]) Die Zahlen für die einzelnen Bücher seien hier angegeben (ohne Gewähr); die erste Zahl gilt für den ersten, die zweite für den zweiten Apparat. Gen. 340, 282; Ex. 742, 122; Lev. 342, 50; Num. 795, 182; Deut. 295, 223; Jos. 766, 150; Jud. 185, 206; Sam. I 169, 311; Sam. II 102, 232; Reg. I 830, 403; Reg. II 535, 227; Jes. 197, 344; Jer. 995, 613; Ez. 721, 781; Hos. 88, 62; Joel 22, 7; Am. 55, 29; Ob. 8, 10; Jona 4, 1; Micha 24, 33; Nah. 14, 13; Hab. 27, 14; Seph. 14, 19; Hagg. 18, 4; Zach. 55, 41; Mal. 18, 21; Ps. 551, 534; Iob 178, 269; Prov. 116, 306; Ruth 85, 34; Cant. 50, 47; Eccles. 68, 39; Thr. 94, 77; Est. 38, 26; Dan. 95, 127; Esra 60, 189; Neh. 94, 94; Chr. I 907, 291; Chr. II 447, 193.

gepriesen, dem allein das Wunderwerk der Abrüstung gelingt, indem
er in seiner Allmacht alle Kriegswaffen vernichtet:

> „der den Kriegen steuert bis ans Ende der Welt,
> der Bogen zerbricht und Lanzen zerschlägt,
> der W a g e n im Feuer verbrennt".

Neben den Waffen „Bogen" und „Lanzen" paßt „Wagen" nicht gut.
Zwar steht im hebräischen Text *'agaloth,* das immer mit „Wagen"
übersetzt werden muß; aber die hebräische Vokabel, die nicht häufig
ist, bezeichnet niemals den Kriegswagen, sondern den gewöhnlichen
Wagen und Karren (namentlich den Lastwagen und den Dreschschlit-
ten). Die Septuaginta hat auch nicht ἁμάξας „Wagen" übersetzt, sondern ϑυρεούς „Schilde", das ausgezeichnet in den Zusammenhang paßt:
„Gott zerbricht Bogen, zerschlägt Lanzen und verbrennt S c h i l d e
im Feuer". Wie kam die Septuaginta zu dieser allein richtigen Wiedergabe? Sie hat in ihrer hebräischen Vorlage, die ja ohne Vokale geschrieben war, die gleichen Konsonanten wie die massoretische Bibel
gelesen, aber nicht als zweiten Vokal mit der Massora *a ('agaloth),*
sondern *i* gelesen, somit *'agiloth.* Dieses ist der Plural von *'agilah,*
das im Biblisch-Hebräischen fehlt, aber im Jüdisch-Aramäischen vorkommt und „Schild" bedeutet. Somit können wir mit Hilfe der Septuaginta Psalm 46,10 besser und passender übersetzen, und zugleich
hat sie uns eine neue biblisch-hebräische Vokabel *'agilah* geschenkt,
die als Hapaxlegomenon besonders wertvoll ist und mit Recht erstmalig in das neueste hebräische Lexikon von Köhler Aufnahme gefunden hat.

In den Kommentaren wird die Septuaginta immer wieder herangezogen werden müssen, namentlich auch für die Übersetzung mancher hebräischer Wörter und Wendungen. Als magna mater multarum
versionum hat sie die Wiedergabe verschiedener Vokabeln entscheidend beeinflußt und sollte dies weiterhin tun.

Als Beispiel sei die Übersetzung von *salmaweth* erwähnt. Im
hebräischen AT findet sich dieses Wort 18mal: 10mal bei Job, 4mal in
den Psalmen, 4mal in den prophetischen Büchern (Jer. 2mal, Is. 1mal,
Am. 1mal). Die neuere Sprachforschung hat gezeigt, daß die massoretische Punktierung *salmaweth* nicht richtig ist, sondern *salmuth*
gelesen werden muß; es liegt der Stamm *slm* zugrunde, der im
Hebräischen nicht vorkommt, aber im Akkadischen, Arabischen und
Äthiopischen bekannt ist und *dunkel, schwarz sein* bedeutet. Die
Vokabel *salmuth* ist eine seltene Nominalbildung mit der Endung
-uth; somit bedeutet *salmuth Dunkelheit* und ist ein Synonym von
choschek Finsternis. Gerne wird die Wendung *choschek wesalmuth*
Finsternis und Dunkelheit gebraucht, z. B. Ps. 107,10 „Sie saßen in

Finsternis und Dunkelheit". Der Ausdruck *salmuth* kommt nur im poetischen Schrifttum des AT vor und bezeichnet das unheilvolle, unheimliche, tiefe Dunkel.

Diese Bedeutung kannte auch die LXX; so hat sie Job 10,21 übersetzt: „bevor ich dahin gehe, ohne wiederzukehren, ins finstere und d u n k l e Land (εἰς γῆν σκοτεινὴν καὶ γνοφεράν). Die unheimliche Dunkelheit herrscht vor allem dort, wo der Tod ist, in der Unterwelt; so steht Job 38,17 der Ausdruck „Tore der D u n k e l h e i t" (πυλωροὶ δὲ ᾅδου) parallel mit „Pforten des Todes" (πύλαι θανάτου). Diese Wiedergaben sind aber auf die genannten Stellen beschränkt. An fast allen anderen Stellen hat bereits die Septuaginta die später von den Massoreten übernommene Teilung des Wortes in zwei Hälften (*sal* und *maweth*) und gibt es mit σκιὰ θανάτου *Todesschatten* wieder. Damit kam eine Vorstellung in die griechische Bibel, die von fast allen späteren Übersetzern (namentlich den lateinischen und deutschen) übernommen worden ist. Uns allen ist diese Wiedergabe vertraut, da sie auch im NT (aus der LXX stammend) steht, im Benediktus, dem Lobgesang des Zacharias (Luk. 1,79): „zu erleuchten, die in Finsternis und T o d e s s c h a t t e n sitzen" und in dem Isaias-Zitat Matth. 4,16: „Ein Licht ist denen aufgegangen, die im Land des T o d e s s c h a t t e n s wohnen". Die Übersetzung „Todesschatten" gibt ausgezeichnet die hebräische Vokabel wieder, mag sie auch philologisch nicht ganz genau sein: Ein Schauder überrinnt uns, wenn wir dieses Wort „Todesschatten" lesen oder sprechen; wir sind dahin versetzt, wo kein winziger Lichtstrahl mehr leuchtet, wir befinden uns bereits im jenseitigen Ort, wo ewige Finsternis ausgebreitet ist, wo der gewaltige, alles beherrschende T o d seinen S c h a t t e n wirft.

Diese poetische Wiedergabe hat manche angesehene Forscher in ihren Bann geschlagen, so daß sie für die Bedeutung „Todesschatten" eingetreten sind. Es ist hier zu nennen Theodor N ö l d e k e , der seine Ausführungen in der *Zeitschrift für die alttestamentliche Wissenschaft* 17 (1897) 183—187 schließt: Es bleibt also bei der alten Aussprache *salmaweth* und der Übersetzung „Todesschatten" (S. 187). Auch mein verehrter Lehrer, Herr Geheimrat Johannes H e h n , hat sich in den *Mitteilungen der Vorderasiatischen Gesellschaft* 22 (1917) 79—90 für diese Bedeutung und Wiedergabe ausgesprochen. Ich gedenke an dieser Stelle mit besonderem Dank meines Lehrers Johannes Hehn, der zweimal das Amt des Rektors unserer Universität bekleidet hat, weil er vor 30 Jahren, am 9. Mai 1932 „in die Grube steigen" mußte (um mit einer alttestamentlichen Wendung zu sprechen), so daß sein T o d e s s c h a t t e n den Glanz der damaligen Feier des 350. Stiftungsfestes unserer Universität verdunkelte.

Es ist zu bedauern, daß das neue lateinische Psalterium in seiner bekannten nüchternen Art an allen Stellen den T o d e s s c h a t t e n aus dem alten Psalterium Gallicanum verscheucht und für *umbra mortis* die Ausdrücke *caligo, obscurum, tenebrosus* gewählt hat. So heißt es in dem bekannten 23. Psalm:

> Etsi incedam in valle t e n e b r o s a ,
> non timebo mala, quia tu mecum es.

> Wenn ich auch wandle im d u n k l e n Tal,
> ich fürchte nichts Böses, denn du bist bei mir.

Wie viel anschaulicher, beeindruckender würde die Wiedergabe lauten:

> Etsi incedam in valle u m b r a e m o r t i s

> Wenn ich auch wandle im Tal des T o d e s s c h a t t e n s .

Diese dichterische Wiedergabe hätte auch deshalb belassen werden müssen, weil an den zwei oben genannten neutestamentlichen Stellen (Matth. 4,16; Luk. 1,79) σκιὰ θανάτου] *umbra mortis* steht, ein Ausdruck, der nie auf Grund der alttestamentlichen Vorlage durch *Finsternis*, *Dunkel* ersetzt werden sollte.

Bei der Übersetzungstechnik der Septuaginta ist auf einen Dienst hinzuweisen, den die alexandrinischen Gelehrten durch ihr Versagen geleistet haben, indem sie verschiedene Wörter und Wendungen nicht übersetzt, sondern einfach t r a n s k r i b i e r t (umschrieben) haben. Bei den Eigennamen waren solche T r a n s k r i p t i o n e n eine Notwendigkeit; jedoch sind leicht deutbare Namen auch übersetzt worden, allerdings nicht konsequent. Als Beispiel sei das hebräische Wort 'eden genannt, das die Landschaft E d e n bezeichnet, in der das Paradies lag, und „Wonne", „Lust" bedeutet. Die Septuaginta hat an einigen Stellen der Genesis (2,8.10; 4,16) einfach transkribiert, an anderen aber richtig mit τρυφή (2,15; 3,23.24) übersetzt [7]).

Diese Transkriptionen haben für die alte Aussprache des hebräischen Textes, der bekanntlich in ältesten Zeiten ohne Vokale geschrieben war, größte Bedeutung. Jedoch darf ihr Gewicht nicht in dem Maß erhöht werden, daß man mit Franz W u t z annimmt, die griechischen Übersetzer hätten nicht den hebräischen Konsonantentext in hebräischen, sondern in griechischen Buchstaben vor sich gehabt. Dies gilt vor allem bei dem Gottesprädikat Z e b a o t h , das bis heute nicht eindeutig erklärt ist; wir werden im Lauf dieses Vortrages noch einmal auf Zebaoth zurückkommen. Gewöhnlich wurde es übersetzt, aber im ersten Samuelbuch und namentlich im Buch des Propheten

---

[7]) Vgl. A. S c h u l z , Eden: ZAW 51 (1933) 222—226.

Isaias ist es einfach transkribiert worden S a b a o t h (das erste a entspricht dem kurzen e, das allen, die einmal Hebräisch gelernt haben oder es zu lernen versuchten, unter dem kennzeichnenden Namen Schwa mobile bekannt ist). In dieser Form ist es uns aus dem Sanktus der römischen Messe vertraut: Sanctus, sanctus, sanctus Dominus Deus S a b a o t h. Das Trishagion stammt aus dem 6. Kapitel des Propheten Isaias, wo die LXX Sabaoth unübersetzt ließ, von hier kam es in die Vetus Latina, aus der es die Vulgata, die *Dominus Deus exercituum* übersetzt, nicht verdrängen konnte, und dies war sehr gut; denn Sabaoth klingt aus fast dreitausend Jahren als geheimnisvoller, nicht verstandener Gottesname; zugleich gibt Sabaoth mit seinen klingenden Vokalen, dem doppelten a und o, den Tonkünstlern eine treffliche Vorlage für die musikalische Komposition.

Allen ist eine weitere Transkription bekannt, aber nur wenige wissen, daß auch sie aus der Septuaginta stammt, nämlich das A m e n als liturgische Formel am Schluß der Liturgie. Auch ohne die griechische Bibel hätte das Amen vom jüdischen vorchristlichen Gottesdienst in den christlichen Gottesdienst Eingang finden können. Aber diese Übernahme ist dadurch erleichtert worden, daß man in der Septuaginta las, daß bei den offiziellen Gebeten „die ganze versammelte Gemeinde A m e n sprach" (καὶ εἶπε πᾶσα ἡ ἐκκλησία, Ἀμήν) Neh. 5,13; ähnlich Neh. 8,6; Esdr. I 9,47; Chron. I 16,36. Besonders gern wurde es dem Schluß der Doxologie angefügt, und wenn heute die Gebete feierlich schließen mit dem Blick auf Gott, „*der lebt und herrscht in saecula saeculorum, Amen*", so findet sich dieser feierliche Gebetsschluß bereits in der vorchristlichen Septuaginta, am Ende des vierten Makkabäerbuches: εἰς τοὺς αἰῶνας τῶν αἰώνων, Ἀμήν (ähnlich Makk. III 7,23).

Schließlich ist noch eine Transkription zu nennen, die uns die Septuaginta als köstlichste Gabe vermittelt hat, und die in alle vom christlichen Kult beeinflußten Sprachen übergegangen ist, das ist das A l l e l u j a. Das hebräische *Hallelu-Jah* ist zwar einige Male in der Septuaginta wörtlich mit αἰνεῖτε τὸν κύριον *laudate Dominum* übersetzt worden, aber im griechischen Psalter steht 20mal *Alleluja* als Überschrift; außerdem findet es sich noch zweimal, nämlich Tob. 13,18 und Makk. III 7,13. Wiederum ist wie beim Amen zu sagen, daß auch das Alleluja vielleicht ohne in der griechischen Bibel zu stehen, in den christlichen Gottesdienst gekommen wäre. Aber der Weg wurde durch die Septuaginta gebahnt, die im Lobgesang des alten Tobias nach der glücklichen Heimkehr seines Sohnes die Herrlichkeit des himmlischen Jerusalems schildert, auf dessen „Straßen das A l l e l u j a erschallt". Gerade diese Stelle bewirkte, daß das Alleluja in frühchristlichen Zeiten nicht nur im Raum des Gotteshauses, sondern auch auf den Gassen

und Straßen, auf dem Acker und im Weinberg erklang, wie uns
Hieronymus (ep. 46,12: CSEL 54,342 s.) erzählt. Wir sind der Septuaginta besonders für diese Gabe dankbar, zumal das Alleluja durch
seinen Vokalreichtum sowohl der einfachen Vertonung im schlichten
gregorianischen Gesang, — „die Hochblüte des gregorianischen Gesanges hat im Allelujajubilus ihr höchstes Können ausgebreitet und die
andächtige Gemeinde wird in einer Zeit, die noch nicht durch die Reize
der musikalischen Harmonie verwöhnt war, in der nimmermüden
Wiederholung der auf- und niederperlenden Melismen den vollkommensten musikalischen Ausdruck seliger Freude erlebt haben" (J. A.
Jungmann, Missarum Sollemnia[4] I [1958] 550), — als auch der polyphonen Komposition (es sei nur an das Alleluja von Händel erinnert) die
beste Vorlage bot.

Die S p r a c h e der Septuaginta ist das sogenannte „B i b e l -
g r i e c h i s c h", das h e l l e n i s t i s c h e G r i e c h i s c h, die
K o i n e, die Literatur- und Umgangssprache im Zeitalter des Hellenismus von Alexander d. Gr. bis etwa 500 nach Chr. Die griechische
Weltsprache, deren Ursprung „wichtiger als die Zerstörung der alten
und die Entstehung der neuen politischen Gebilde ... dem Erforscher
der menschlichen Kultur ... als eine der deutlichsten Nachwirkungen
der Siege des Makedoniers" [8]) erscheint, war das geeignetste Instrument, die Botschaft der Bibel in alle Welt zu tragen. Das Bibelgriechisch kann nicht im verächtlichen Sinn als „Judengriechisch" bezeichnet werden; die Diaspora in Alexandrien redete die Sprache der
damaligen Zeit und der damaligen Weltstadt Alexandrien. Der erhabene Inhalt der heiligen Bücher mit den Aussagen über den großen
Gott hob das Griechisch der Bibel vor allem in den Lesungen der
Synagoge über die Sprache empor, die auf dem Markt und im Hafen,
auf der Straße und im Haus gesprochen wurde. Aber viele Vokabeln
waren Fachwörter und allen wohl bekannt, wie das oftmalige Vorkommen in den Papyri der damaligen Zeit zeigt.

Zudem ist das Bibelgriechisch nicht einheitlich; es besteht ein großer
Unterschied, ob es sich um Übersetzergriechisch, das man als „gebunden" bezeichnen, oder um Verfassergriechisch, das man „frei" nennen
könnte, handelt. Jedenfalls sind die Bücher der griechischen Bibel in
einer Sprache geschrieben, die dem gelehrten Philosophen und
Theologen wie auch dem ungelehrten Matrosen und Händler verständlich war. Dies war nicht die klassische Sprache des Demosthenes,
die nicht als Maßstab genommen werden kann; denn sonst kommt man
zu solchen Fehlurteilen, wie sie Ulrich v. Wilamowitz-Möllendorff

---

[8]) So A. Deissmann, Die Hellenisierung des semitischen Monotheismus, in:
Neue Jahrbücher f. d. klass. Altertum, Geschichte und deutsche Literatur
und f. Pädagogik XI (Leipzig 1903) 161—177, 161.

gefällt hat, der in überheblicher Weise vom „abscheulichen Septuagintagriechisch" sprach[9]).

Einen wichtigen Beitrag liefert die Septuaginta für die griechische
L e x i k o g r a p h i e . Leider ist die Septuaginta in dieser Beziehung
noch lange nicht ausgeschöpft. Dies konnte auch nicht geschehen; denn
erst, wenn die große Göttinger Ausgabe erschienen sein wird, kann
ein brauchbares Septuaginta-Lexikon in Angriff genommen werden.
Bis jetzt besitzen wir nur das für einzelne Stellen noch brauchbare,
aber sonst größtenteils veraltete Septuaginta-Lexikon von Johann
Friedrich Schleusner: Novus Thesaurus philologico-criticus sive Lexicon in LXX et reliquos interpretes Graecos ac scriptores apocryphos
Veteris Testamenti, das in zweiter, verbesserter und vermehrter Auflage in drei Bänden 1829 erschienen ist (erste Auflage in fünf Bänden).
Der alte Schleusner ist keineswegs zu verachten, sondern vor allem
deshalb wertvoll, weil er die Textbesserungen der *Critici sacri* des
17. und 18. Jahrhunderts aufgenommen und weitergeleitet hat. Es
genügt ja nicht, nur die Vokabeln des laufenden Textes der bisher
erschienenen Ausgaben zu notieren, sondern es müssen auch alle Vokabeln der späteren Rezensionen und Textgruppen, sowie der verschiedenen Varianten der zahlreichen Einzelhandschriften erfaßt werden. Gerade im Apparat der bisher erschienenen Bände der großen
Cambridger und Göttinger Ausgabe steckt ein großer, bis heute noch
nicht gehobener Schatz von griechischen Vokabeln. Vielfach stammen
diese nicht aus der alten, ursprünglichen Septuaginta, sondern von
den jüngeren griechischen Übersetzungen; unter ihnen sind die „Drei"
besonders bekannt: Aquila, Symmachus und Theodotion. Ihre Vokabeln sind nur fehler- und lückenhaft in der Konkordanz von Hatch-
Redpath verzeichnet. Es ist unerläßlich, daß baldmöglichst griechisch-
hebräische und hebräisch-griechische Indizes dieser drei wichtigen
Übersetzungen (des Aquila, Symmachus und Theodotion) erarbeitet
werden. Vergeblich wurde die Hoffnung erweckt, daß wenigstens der
Aquila-Index bald vorliegen werde, da bereits 1916 die *Prolegomena
to a Greek-Hebrew and Hebrew-Greek Index to Aquila* von Joseph

---

[9]) Vgl. Hermes 34 (1899) 635 Anm. 1. Gewiß war das Septuagintagriechisch
dem verwöhnten hellenistischen Leser nicht angenehm, aber noch lange
nicht „abscheulich". Man versuchte deshalb die Bibeltexte umzudichten; so
schreibt E. Vogt in der Theol. Revue 57 (1961) 156: „Zwei griechische Bibeldichtungen sind uns aus altchristlicher Zeit erhalten: die heute fast allgemein als echt angesehene Johannes-Metabole des Nonnos von Panopolis
und die unter dem Namen des Apolinarios von Laodikeia überlieferte Psal-
menparaphrase. Erwachsen sind diese Werke (und verlorene ähnlicher Art,
wie die Bibeldichtungen der Kaiserin Eudokia) vor allem aus dem Bestreben, die Septuaginta auch für den gebildeten Kenner griechischer Dichtung
anziehend zu machen".

R e i d e r erschienen sind und vor kurzem neue *Prolegomena* in der Zeitschrift *Vetus Testamentum* [10]) veröffentlicht wurden.

In diesem Vortrag soll nur eine griechische Vokabel kurz genannt werden, die eine Tätigkeit bezeichnet, deren bedrückende Auswirkung, seitdem es Handel und Wandel auf der Welt gibt, die Menschen erfahren haben und die wir gerade in unseren Tagen spüren: ich meine die Wendung „den Preis steigern", „den Preis erhöhen", griechisch τιμιουλκεῖν, wörtlich „den Preis ziehen". Man erwartet bestimmt, daß τιμιουλκεῖν in der griechischen Literatur, namentlich in den Papyri, vorkommt; aber wenn man das bekannte *Wörterbuch der griechischen Papyrusurkunden* von Friedrich P r e i s i g k e (Berlin 1924—31) nachschlägt, sucht man das Wort τιμιουλκεῖν vergebens. Schaut man in den großen griechischen Lexika nach, dann ist es zwar verzeichnet, aber als Fundort nur eine Stelle aus der Septuaginta Prov. 11,26 angegeben, die bereits die alten Lexikographen Suidas (richtig Suda) und Hesych verzeichnet haben [11]). Es kann jedoch noch eine zweite Stelle namhaft gemacht werden, nämlich Sir. 27,3, wo nur in zwei Minuskelhandschriften der Zusatz ὁ τιμιουλκῶν steht, in der Münchener Sirach-Handschrift 493 und in der römischen Sapiential-Handschrift 637. Die Münchener Handschrift mit ihrer Variante ist schon längst bekannt, da sie der gelehrte Augsburger Humanist David Hoeschel 1604 ediert hat, von dem sie F r i t z s c h e in seine *Libri apocryphi Veteris Testamenti graece* (Leipzig 1871) übernahm. Aber die wertvolle Lesart ὁ τιμιουλκῶν blieb in der alten Ausgabe von Hoeschel versteckt und schlief im Apparat der Edition von Fritzsche den Dornröschenschlaf. Jetzt wird sie in die neue große Göttinger Ausgabe umgebettet werden, in der auch die oben genannte römische Minuskel 637 erstmalig kollationiert worden ist. Von hier aus mag dann der künftige Bearbeiter eines Septuaginta-Lexikons die Stelle Sir. 27,3 erstmalig zum Verbum τιμιουλκέω notieren [12]).

---

[10]) Peter K a t z und Joseph Z i e g l e r , Ein Aquila-Index in Vorbereitung. Prolegomena und Specimina: VT 8 (1958) 264—285.

[11]) An der genannten Stelle (Prov. 11,26) heißt es: ὁ τιμιουλκῶν σῖτον δημοκατάρατος „wer den Getreidepreis in die Höhe treibt, den verfluchen die Leute". (Wie aktuell ist dieses Bibelwort gerade in unseren Tagen, wo so leidenschaftlich und trotzdem erfolglos gegen die Preissteigerung auf allen Gebieten und namentlich auf dem Automarkt gekämpft wird; man braucht nur αὐτόματα statt σῖτον einzusetzen!)

[12]) Über die Handschrift 493 und die Ausgabe von David Hoeschel habe ich ausführlich in meinem Münchener Akademie-Vortrag am 6. Okt. 1961 gesprochen; er ist in erweiterter Form in den Sitzungsberichten der Bayer. Akademie der Wissenschaften, Philosophisch-Historische Klasse 1962, Heft 4 erschienen: *Die Münchener griechische Sirach-Handschrift 493. Ihre textgeschichtliche Bedeutung und erstmalige Edition durch den Augsburger Humanisten David Hoeschel (1604).*

Wertvoll ist die Septuaginta auch als k u l t u r g e s c h i c h t -
l i c h e s Dokument des hellenistischen Ägypten. In den meisten Büchern, namentlich in denen, die ziemlich wortgetreu übersetzt sind,
tritt die kulturgeschichtliche Seite nicht allzu stark hervor. In den
freier wiedergegebenen Schriften dagegen, besonders im Buch Isaias,
sind sehr viele hebräische Ausdrücke der Vorlage nicht wörtlich übersetzt, sondern durch Wörter und Wendungen ersetzt, die den Erd-
geruch des Nillandes tragen. Der Übersetzer machte sich nicht allzu
viel Mühe, genau seine Vorlage zu übertragen; wenn einmalige oder
seltene hebräische Vokabeln im Urtext standen, hat er solche hel-
lenistische Ausdrücke verwendet, die damals gebräuchlich und jedem
Leser verständlich waren.

Auf Einzelheiten [13]) kann hier nicht eingegangen werden; nur ein
Stück soll herausgegriffen werden, nämlich die „Modepredigt" des
Propheten Isaias, die uns 3,18—24 erhalten ist; sie ist ein Stück Kulturgeschichte des 8. vorchr. Jahrhunderts und läßt uns einen Blick in
den Modesalon einer vornehmen Dame des alten Jerusalem tun.

Die Übersetzung dieses Stückes kann nur als Versuch gewertet werden, denn es ist bis heute der lexikographischen Wissenschaft nicht
gelungen, jede hebräische Vokabel genau zu deuten, da oftmals Fachausdrücke der Mode, die ja heute auch nicht allen geläufig sind, verwendet werden. Vor der gleichen Schwierigkeit stand auch der alexandrinische Übersetzer. In vielen Fällen war er ratlos; aber er wußte
sich vielleicht dadurch zu helfen, daß er seine Frau zu Rate zog, die ihm
einige Fachausdrücke der damals gängigen Mode genannt hat. Er hat
jedoch nicht nur so auf das Geradewohl seine griechischen Fachwörter
hingeschrieben, sondern scheint in der Aufzählung irgendwie gebunden gewesen zu sein. Hier hat uns die verhältnismäßig junge Wissenschaft der Papyrologie das Rätsel gelöst. Es wurden nämlich verschiedene Papyri gefunden und veröffentlicht, die Verzeichnisse von
Schmucksachen, Stoffen und Kleidern enthalten, die die Mitgift
(Brautausstattung), Testamente (Vermächtnisse), Abgaben (an den
Tempel) und das Inventar des Tempels aufzeichnen. Solche Listen
bringen häufig die Schmucksachen, Stoffe und Kleider in einer ganz
bestimmten Anordnung und Reihenfolge; diese hat der Übersetzer vor
Augen gehabt und aus ihnen die griechischen Fachausdrücke genommen, die manchmal ganz modern anmuten, so die διαφανῆ Λακωνικά
(Is. 3,22). Darunter sind feine, durchsichtige Gewebe aus Sparta, die
damals wohl besonders geschätzt waren, gemeint; es sind die Flor-
kleider, Florstrümpfe der alexandrinischen Damenwelt.

---

[13]) Ausführlich habe ich über den „alexandrinisch-ägyptischen Hintergrund
der Is.-LXX" in meiner Habilitationsschrift *Untersuchungen zur Septuaginta
des Buches Isaias* (Münster i. W. 1934) 175—212 geschrieben.

So ist gerade diese „Modeschau" Is. 3,18—24 in der griechischen Fassung ein wertvolles, merkwürdiges Stück der alexandrinisch-ägyptischen Kulturgeschichte.

Den größten Dienst leistet die Septuaginta auf t h e o l o g i s c h e m Gebiet. Ohne die theologischen Grundbegriffe der griechischen Bibel ist eine neutestamentliche und christliche Theologie undenkbar.

Die griechische Septuaginta wurde nämlich die Bibel der jungen frühchristlichen Kirche; die neutestamentlichen Autoren haben ihr zahlreiche Zitate entnommen, ebenso die apostolischen Väter und östlichen Kirchenschriftsteller, in größtem Ausmaß Klemens von Alexandrien, Origenes und Johannes Chrysostomus. Heute noch ist die Septuaginta die offizielle Bibel der griechisch-orthodoxen Kirche. Als im Westen das Griechische zurückgedrängt wurde, weil man es nicht mehr sprach und verstand, wurde die griechische Bibel in das Lateinische übersetzt, zuerst wohl in Nordafrika. So entstand die *Vetus Latina,* die nichts anderes als eine Septuaginta im altlateinischen Gewand ist; sie benützten die lateinischen Kirchenväter und Schriftsteller, Tertullian, Cyprian, Ambrosius und namentlich Augustinus.

Man übersieht nur allzu leicht, wenn man das theologische Gebäude der lateinischen Kirchenväter, besonders des großen Augustinus, bewundert, daß die Fundamente, die biblischen alttestamentlichen Zitate in ihrer die Theologie bestimmenden Form, der griechischen Septuaginta entstammen, die in der Vetus Latina gewöhnlich recht wörtlich übersetzt worden sind. Als Hieronymus daranging das Alte Testament aus der hebräischen Ursprache, der „hebraica veritas", in das Lateinische neu zu übersetzen, waren bereits die christlichen Wahrheiten auf Grund der Septuaginta und Vetus Latina fest geprägt, so daß die Vulgata, die sich erst im 7. Jahrhundert durchsetzte, nichts wesentlich Neues bringen konnte [14]).

Wir alle wissen, daß der Gott Israels einen Namen hat, der auf wunderbare Weise geoffenbart wurde und einen geheimnisvollen, seltenen Klang hat. Bis heute sperrt sich dieser Name einer gemeinsamen Aussprache und Deutung, gleichsam als ob Menschenmund dazu weder fähig noch würdig wäre.

J a h w e [15]) ist das häufigste Wort des Alten Testamentes; die Zählung ergibt die Summe 6823. Immer wieder kehrt er in festen Formeln

---

[14]) Richtig macht R. Hanhart, Fragen um die Entstehung der LXX (S. 151), auf diese „oft übersehene, oder doch zu wenig ernst genommene Tatsache" aufmerksam.

[15]) Heute scheint die Aussprache Jahwe so gesichert zu sein, daß sie nicht nur in wissenschaftlichen Werken, sondern auch in den neuen Übersetzungen, die für Kirche und Haus bestimmt sind, verwendet wird. Wilhelm V i s c h e r tritt dafür ein, daß dieser Gottesname *eher J a h w o als Jahwe* auszusprechen sei, vgl. Theol. Zeitschrift 16 (1960) 259—267.

wieder, so besonders als Einleitung der Gottesreden in den prophetischen Büchern: „So spricht Jahwe". Zugleich ist mit Jahwe auch ein
Volk engstens verbunden, und zwar in des Wortes ureigener Bedeutung durch den Bund *(berith)*, der am Sinai geschlossen wurde. Nach
altorientalischer Anschauung gehören Gott und Volk engstens zusammen; jeder Gott hat sein Volk, und jedes Volk hat seinen Gott. So findet sich die häufige Beifügung: Jahwe, der Gott Israels. Obwohl die
Propheten immer wieder verkündigt haben, daß Jahwe nicht nur der
kleine Gott des Volkes Israel ist, sondern der große Gott, der Himmel
und Erde erschaffen hat, und der König, dem die Herrschaft über alle
Völker zusteht, dem Götter keine Wirklichkeiten, sondern „Nichtse"
sind, blieb Jahwe, besonders bei dem gewöhnlichen Volk und bei den
heidnischen Nachbarn in der Hauptsache der V o l k s g o t t Israels.

Diese theologischen Gedankengänge waren auch den alexandrinischen Übersetzern bekannt. Als große Theologen waren sie sich der
schweren Verantwortung bewußt, die sie mit der Übersetzung der
hebräischen Bibel in die Weltsprache des Griechischen übernahmen.
Dieses Buch hatte die Aufgabe, den Gott des kleinen Volkes Israel,
dessen Schicksal neben den beiden Großreichen Assur-Babylon und
Ägypten völlig im Schatten, ja in Vergessenheit lag, als den großen
Gott des alexandrinischen Weltreiches, ja als Gott alles Geschehens in
Geschichte und Natur, zu verkünden. Hier konnten sie den Namen
ihres Gottes, der engstens mit Israel verknüpft war, nicht einfach umschreiben (transkribieren), wie sie es bei vielen semitischen Eigennamen, auch bei den Gottesnamen der umliegenden Völker, getan
haben. Diese Überlegungen führten unsere Bibelübersetzer zu einer
Wiedergabe des hebräischen Gottesnamens, die die bedeutendste Wiedergabe in der Geschichte aller Übersetzungen ist und als wahre Großtat anzusprechen ist: die Septuaginta übersetzt *Jahwe* mit K y r i o s.

Zum ersten Mal hat dieses Meisterwerk Adolf D e i s s m a n n, der
ausgezeichnete Kenner der griechischen Bibel, ins richtige Licht gestellt in seinem bereits oben einmal zitierten Vortrag *Die Hellenisierung des semitischen Monotheismus,* den er vor 60 Jahren (am
8. Sept. 1902) auf dem internationalen Orientalistenkongreß in Ham-
burg gehalten hat. Hier führte Deissmann (im Anschluß an Harnack)
aus, daß vor allem der große Gott des kleinen östlichen Volkes den
westlichen Menschen zu der Weltbibel hinzog: „Mit noch ganz anderer
Wucht offenbart sich hier von der Genesis bis zu den letzten Blättern
des vierten Makkabäerbuches der e i n e Gott, der e i n e Herr, und
dieser E i n e hat das Erdengewand des Nationalismus und des Semitismus, das ihn noch oft in seinen majestätischen Bewegungen hemmte,
an vielen Stellen abgeworfen" (S. 173). Nur der Name hatte einen noch
zu nationalen und semitischen Klang: „Die Bibel, deren Gott *Jahveh*

heißt, ist die Bibel eines Volkes; die Bibel, deren Gott κύριος heißt, ist die Weltbibel. An dem Eigennamen haftet der Semitismus; der Begriff κύριος ist (...) mit seiner internationalen und intertemporalen Weite für die Welt und die Zukunft der Religion wie geschaffen. Wo der Leser des hebräischen Alten Testaments vor einem verhängten Allerheiligsten stand, da ist für den Leser des griechischen Buches der Vorhang zerrissen: das vielhundertfache κύριος ist die große Epiphanie des großen Gottes" (S. 174).

Dieser Vortrag von Deissmann bildet nur den kurzen Prolog zum großen 4bändigen Monumentalwerk über den Gottesnamen Kyrios, das uns der Berliner Professor für Altes Testament und Religionsgeschichte, Wolf Wilhelm Graf B a u d i s s i n, schenkte: *Kyrios als Gottesname im Judentum und seine Stelle in der Religionsgeschichte.* Erst nach dem Tod des Verfassers konnte es Otto Eissfeldt 1926—29 in Gießen bei Töpelmann herausgeben.

In diesem Werke geht Baudissin der Frage bis in ihre letzten Wurzeln nach: Wie kamen die griechischen Übersetzer dazu, den Eigennamen für den Gott Israels *Jahwe* durch K y r i o s *Herr* wiederzugeben? Die beinahe selbstverständliche Antwort könnte lauten: Die Juden der Vorseptuaginta-Zeit haben sich gescheut, den Gottesnamen Jahwe auszusprechen und dafür Adonaj *Herr* gesagt und später auch geschrieben (so oftmals im heutigen Text des hebräischen Ezechiel). Dieses *Adonaj* habe die Übersetzer bewogen, *Jahwe* regelmäßig mit K y r i o s zu übersetzen. Demgegenüber begründet Baudissin die u m g e k e h r t e Entwicklung: Die Übersetzer haben aus theologischen Gründen unter dem Einfluß der allgemein bei den semitischen Völkern herrschenden Vorstellung, daß Gott „der H e r r" sei, Jahwe durch K y r i o s wiedergegeben. Erst später sei dann Adonaj zunächst bei den Schriftlesungen in der Synagoge aufgekommen und als Ersatz für Jahwe vielfach in den hebräischen Bibeltext eingedrungen[16]).

Das Neue Testament hat den Gottesnamen Kyrios von der alttestamentlichen Septuaginta übernommen und ihn auf Christus übertragen. Wenn in alttestamentlichen Zitaten der Kyrios genannt wurde, so verstanden die jungen Christen darunter nicht Jahwe, den Vater und Gott des Volkes Israel, sondern in trinitarischer Schau Christus, den Sohn als erhöhten H e r r n und Gott des neuen Israel. Kennzeichnend ist im ersten Petrusbrief (3, 15) die Hinzufügung von C h r i s t o s zum alttestamentlichen Zitat aus Is. 8, 13: „Haltet heilig in euren Herzen den K y r i o s, den C h r i s t o s !" Romano Guardini hat wie immer sein äußerst feines Gespür für theologische Formu-

---

[16]) Siehe die ausführliche Besprechung des Werkes von Baudissin durch J. H e h n in der Deutschen Literaturzeitung, 3. Folge 1 (1930) 339—350.

lierungen bewiesen, wenn er sicher ohne nähere Kenntnis der Grundlagen in der Septuaginta seinem Christusbuch den Titel gab: „Der Herr".

Besonders bereitwillig hat die altchristliche Liturgie den Namen Kyrios aufgegriffen, war er doch wie geschaffen für den erhöhten Christus, zu dem die versammelte Gemeinde aufschaute. Aus den Tiefen der menschlichen Not und Sündenschuld klang zu Beginn der Liturgie der Ruf Kyrie eleison, der Mund und Ohr (mit itazisierender Aussprache i statt ä) so verhaftet war, daß er in seiner griechischen Form auch in die lateinische Kultsprache übernommen wurde[17]). Die junge christliche Kirche hat jedoch diesen Flehruf nicht selbst geprägt, sondern der Septuaginta entnommen. Die Bitte Kyrie eleison, „Herr, erbarme dich", hat ihren „Sitz im Leben" in den alttestamentlichen Klageliedern und Bußgesängen des einzelnen und der Gemeinde. Sie findet sich mit gelegentlicher Umstellung und Auslassung der Anrede Kyrie, mit der häufigen Beifügung des Pronomens in der Ein- und Mehrzahl (so noch heute in der Karfreitagsliturgie eleison imas wieder mit itazisierender Aussprache i statt ä) 24mal in der Septuaginta (17mal im Psalter und 7mal in anderen Büchern). Bekannt ist besonders der Bußpsalm 50, der mit der Bitte *Eleison Miserere* beginnt und deshalb der Psalm „Miserere" genannt wird. Um Huld und Gnade des Kyrios wirklich zu erlangen, ist an den beiden Psalmstellen 56, 2 und 122, 3 der Ruf wiederholt: Eleison, Eleison. In dieser uralten, von der Septuaginta geprägten griechischen Form erklingt bis heute das Kyrie eleison und erweckt in jedem, auch wenn er der griechischen Sprache unkundig ist, das Gefühl der menschlichen Armseligkeit, die nur der Kyrios, der Herr, durch sein *Eleos*, durch sein *Erbarmen*, beheben kann.

In der jungen Kirche, wo Kyrios von dem erhöhten Christus ausgesagt wurde, waren die Königspsalmen besonders beliebt. Wenn hier immer wieder der siegesfrohe, beglückende Ruf ertönte *Jahwe malach*, ὁ κύριος ἐβασίλευσεν, *Dominus regnavit*, dann sah das Urchristentum im Kyrios den Herrn Christus, der im Kampf mit dem Tod am Kreuz den Urfeind des Lebens, den Tod besiegte. Sogar im alttestamentlichen, vorchristlichen Text wollte man in prophetischer

---

[17]) „Auch im Orient haben nichtgriechische Liturgien, nämlich die koptische, die äthiopische und die westsyrische das *Kyrie eleison* unübersetzt übernommen oder beibehalten", so J. A. Jungmann, Missarum Sollemnia[4] I (1958) 430. Als Gesang des Volkes war und ist das Kyrie eleison sehr beliebt. „Vor allem gilt dies für die nördlichen Länder, wo das *Kyrioleis* als Kehrvers durch Jahrhunderte zu den Grundelementen des Volksgesangs gehört, und die ‚Leise' (franz. ‚lais') eine besondere Klasse geistlicher Volkslieder darstellen" (ebd. S. 442).

Weise bereits das Kreuz als Thron des Kyrios Basileus finden; so lesen wir Ps. 95, 10:

> Kündet den Völkern: der Kyrios ist König v o m K r e u z herab
> Dicite nationibus: Dominus regnavit a l i g n o .

Diesen Zusatz haben der oberägyptische und der abendländische Text, sowie die bohairische Übersetzung. Auch die ältesten Kirchenväter kennen diesen Zusatz, Barnabas, Justin der Märtyrer, Tertullian und der Verfasser der Schrift *De montibus Sina et Sion*. Mit diesem urchristlichen Zusatz *a ligno, vom Kreuz herab* steht dieser Psalmvers noch heute im Graduale des Missale Romanum am Freitag der Osterwoche: Dicite in gentibus: quia Dominus regnavit *a ligno*. Justin ist so felsenfest von seiner Ursprünglichkeit überzeugt, daß er behauptet, die Juden hätten ihn als messianische Stelle aus ihrem hebräischen Text entfernt[18]).

Diese Psalmstelle 95,10 war im alten Christentum die Quelle unerschütterlicher Siegesfreude, die den Märtyrern zufloß, indem sie auch ihnen ihren Sieg verhieß, der die Welt überwand. Sie fand Eingang in den alten Passions- und Kreuzeshymnus *Vexilla Regis* des Venantius Fortunatus:

> Impleta sunt quae concinit
> David fideli carmine
> Dicendo nationibus:
> Regnavit a l i g n o Deus.

Zugleich hat Ps. 95, 10 die Darstellung Christi am Kreuz als Kyrios Basileus grundlegend in der byzantinischen und romanischen Kunst beeinflußt.

Wir haben bereits oben die Gottesbezeichnung *Zebaoth* gehört, die uns in der lateinischen Form *Dominus (Deus) Sabaoth* wohl bekannt ist. Jedoch ist es bis heute nicht gelungen, die eigentliche Bedeutung von Zebaoth zu erforschen. Sind die Zebaoth die irdischen Kriegsscharen I s r a e l s , die himmlischen Heerscharen der E n g e l , die unzählbare Menge der S t e r n e , das Pantheon der dem höchsten Gott untergeordneten k a n a a n ä i s c h e n N e b e n g ö t t e r u n d D ä m o n e n ?

Der Gottesname Jahwe Zebaoth ist im AT sehr häufig; er begegnet uns 279mal, zum erstenmal nur spärlich in den Samuel- und Königsbüchern (wahrscheinlich ist seine Heimat Silo, und sein Ort die heilige Lade), dann sehr häufig in den prophetischen Schriften (beinahe 250mal), namentlich bei Jeremias (77mal), Isaias 1—39 (54mal), ferner in den Psalmen (15mal).

---

[18]) Vgl. A. R a h l f s , Psalmi cum Odis (Göttingen 1931) 31.

Gewöhnlich nimmt man s^eba'oth als Plural von saba', das *Heer* bedeutet. So hat es Hieronymus in seiner Vulgata in Abhängigkeit vom griechischen Übersetzer Aquila wiedergegeben: *Dominus, Deus exercituum.* Das neue lateinische Psalterium ist Hieronymus gefolgt. Jedoch ist diese Wiedergabe zu einseitig.

Neuere Untersuchungen haben ergeben, daß in s^eba'oth mehr ausgesagt ist, daß vor allem in diesem hebräischen Wort die Bedeutung Kraft, Macht, Stärke, Gewalt, vorherrschend ist. Somit würde Jahwe Zebaoth bedeuten: Herr aller irdischen und überirdischen Kräfte und Mächte. Otto Eißfeldt[19]) möchte Zebaoth als einen intensiven Abstraktplural, als Attribut im Sinn von „Mächtigkeit" verstehen: Jahwe Zebaoth ist der Herr der Mächtigkeit, der Allmächtige.

Diese erst in neuerer Zeit mühsam herausgearbeitete Bedeutung von Jahwe Zebaoth als Herr aller Mächte, als der Allmächtige, als der Mächtigste aller Mächtigen hat bereits die Septuaginta erkannt, die allerdings keine einheitliche Wiedergabe hat: In zwei Büchern (im ersten Samuelbuch und in Isaias) haben die Übersetzer, wohl aus Unkenntnis der eigentlichen Bedeutung, das hebräische Wort einfach transkribiert: Kyrios S a b a o t h . Im zweiten Samuelbuch, in den beiden Königsbüchern und in den Psalmen wurde Jahwe Zebaoth mit κύριος δυνάμεων, *Dominus virtutum, Herr der Mächte,* wiedergegeben. Und schließlich ist eine Wiedergabe zu nennen, die man als ein Meisterwerk ersten Ranges bezeichnen kann, nämlich κύρι5ο Παντοκράτωρ: an einigen Stellen von 2 Samuel, 1 Könige und 1 Chronik, dann vor allem im Dodekapropheton (an über hundert Stellen)[20]).

Auch in den deuterokanonischen (apokryphen und pseudepigraphen) Büchern der griechischen Bibel, die im hebräischen Kanon des AT fehlen, findet sich diese majestätische, erhabene Gottesbezeichnung P a n t o k r a t o r , allerdings nicht häufig, außer im 2. und 3. Makkabäerbuch, wo sie 12mal bzw. 6mal steht.

Zum erstenmal findet sich die Gebetsanrede Pantokrator im zweiten Samuelbuch 7, 25: Kyrie, Pantokrator, Gott Israels (dann 7, 27 und Chr. I 17, 24; Bar. 3, 1.4). Besonders kennzeichnend sind ferner zwei Stellen aus dem apokryphen griechischen dritten Makkabäerbuch, wo die Anrede Pantokrator eine führende Rolle in der Anhäufung der Majestätsaussagen spielt. Hier (Makk. III 2, 2) sehen wir den Hohenpriester Simon vor dem Heiligtum auf den Knieen liegen

---

[19]) Jahwe Zebaoth: Misc. Acad. Berolinensia II, 2 (1950), 128—150.
[20]) Vgl. H. H o m m e l , Pantokrator: Theologia Viatorum 5 (1953/54) 322—378; Theol. Wörterbuch zum NT III (1938) 913f.

und hören ihn mit ausgebreiteten Händen beten: „Kyrie, Kyrie, König des Himmels, Gebieter der ganzen Schöpfung, Heiliger der Heiligen, Alleinherrscher, P a n t o k r a t o r, schau auf uns...".
Ähnlich lautet die Gebetsanrede (Makk. III 6, 2), wo der hochbetagte Priester Eleazar ausruft: „König, Großmächtiger (μεγαλοκράτωρ), Höchster, P a n t o k r a t o r, Gott, der du die ganze Schöpfung voll Erbarmen leitest, schau auf die Nachkommen Abrahams...".

Auch im griechischen Buch Job wird der Gottesname P a n t o - k r a t o r oft verwendet, aber nicht als Wiedergabe von Zebaoth, sondern von Schaddaj (16mal)[21]).

Im außerbiblischen Bereich wird der Beiname P a n t o k r a t o r gelegentlich heidnischen Göttern (dem ägyptischen Sonnengott, dem Hermes) gegeben.

Aus der griechischen Bibel ist dieser hehre Gottesname in das NT, allerdings nur in das letzte Buch, in die Apokalypse, übernommen worden (9mal). In den anderen Schriften begegnet er uns nur am Rand in Kor. II 6, 18 als Abschlußformel einer alttestamentlichen Zitatensammlung: „spricht Kyrios Pantokrator" (diese Formel stammt aus dem Zwölfprophetenbuch).

Gern wird dann in der altchristlichen Literatur der Name Pantokrator verwendet; er wurde sogar in das Symbolum Apostolicum aufgenommen: Πιστεύω εἰς τὸν θεόν, πατέρα, παντοκράτορα. Zugleich ist zu ersehen, wie unvollkommen und schattenhaft das lateinische *omnipotens* wirkt, das als Adjektivum aufgefaßt wird und mit *Pater* verbunden ist. Wie viel anschaulicher und theologisch tiefer ist die griechische auf biblischer Grundlage ruhende Formel: Ich glaube an Gott, den Vater, den P a n t o k r a t o r, den Schöpfer des Himmels und der Erde.

Schließlich fand die Herrlichkeitsaussage Pantokrator ihren festen Platz in verschiedenen griechischen Liturgien, die ihn ebenfalls der griechischen Bibel entnommen haben.

Zuletzt ist noch eine Ausstrahlung der bibelgriechischen Majestätsaussage Pantokrator zu nennen, deren Glanz wohl schon die Augen mancher der verehrten Anwesenden getroffen und zur ehrfürchtigen Haltung gezwungen hat: die Darstellung des Pantokrator in der byzantinischen Kunst, die zeitlich und räumlich ihre Grenzen weit gesteckt hat. Ich möchte nur erinnern an die bekannten Panto-

---

[21]) Vgl. Georg B e r t r a m, Zur Prägung der biblischen Gottesvorstellung in der griechischen Übersetzung des Alten Testaments. Die Wiedergabe von schadad und schaddaj im Griechischen: Die Welt des Orients 2 (1954—1959) 502—513, 510.

kratordarstellungen in Palermo, Cefalú und Monreale aus der normannischen Zeit und an die weniger bekannten Darstellungen der Katalanischen Malerei des 12. und 13. Jahrhunderts, die sogar in schlichten romanischen Kirchen versteckter Pyrenäentäler zu finden sind[22]).

Wir können sogar eine Stelle aus dem griechischen Jobbuch namhaft machen, die die Darstellung des P a n t o k r a t o r grundlegend inspiriert und geformt hat. Im 37. Kapitel, das Jahwe als Kyrios der Naturkräfte, als Herrn über Sturm und Gewitter schildert, heißt es in Abweichung vom hebräischen Text in Vers 22 der Septuaginta:

> Von Norden goldschimmerndes Gewölk,
> auf ihm die große Herrlichkeit ($\delta\delta\xi\alpha$)
> und Pracht ($\tau\iota\mu\dot\eta$) des P a n t o k r a t o r

Man kann noch die Schilderung der Theophanie im 3. Makkabäerbuch hinzunehmen, die als Zeichen der Erhörung des oben genannten Gebetes des greisen Eleazar erfolgt (6, 18):

> Da ließ der hochherrliche P a n t o k r a t o r und wahre Gott sein heiliges Angesicht leuchten und öffnete die Himmelspforten. Aus ihnen traten zwei lichtglänzende, strahlende Engel von Furcht erregendem Aussehen . . . .

Haben diese Stellen der griechischen Bibel nicht ihren Ausdruck gefunden in der Darstellung des Kyrios im Gewölbe der Apsis, welches den Himmel vertritt, der als P a n t o k r a t o r, Allmächtiger, Allgegenwärtiger, Allwissender, Weltenrichter, Erlöser und König erscheint?

Somit hat uns die Septuaginta in P a n t o k r a t o r ein kostbarstes Erbstück übermittelt, das die urchristliche Frömmigkeit grundlegend geprägt hat. Nur wer die Septuaginta nicht kennt, kann in einer ignorantia crassa schreiben, daß Pantokrator ursprünglich „ein politischer Begriff" gewesen sei und „dem antiken Herrscherzeremoniell" entstamme[23]). Es ist unsere Pflicht, unsere religiöse Haltung im Angesicht des Kyrios Pantokrator zu formen. Es wäre eine lohnende Aufgabe für den christlichen Künstler, den Kyrios Pantokrator nach dem byzantinischen Vorbild in moderner Form auf der Altarwand unserer Kirchen darzustellen, damit er auch sichtbar in seiner Doxa vor der gläubigen Gemeinde stände.

---

[22]) Fritz H e r m a n n hat sie uns in einem schönen Bändchen (35) des Orbis Pictus *Katalanische Malerei des 12. und 13. Jahrhunderts* (Bern 1961) zugänglich gemacht.

[23]) So W. T r i l l h a a s, Das apostolische Glaubensbekenntnis, Witten 1953, 38.

Wir konnten in diesem Vortrag nur wenige griechische Wörter und Wendungen der Septuaginta vor uns erstehen lassen, die viele theologische Grundbegriffe einer neutestamentlichen und christlichen Theologie entscheidend geprägt hat. Mit vollem Recht, ja mit zwingender Notwendigkeit, hat das bekannte Theologische Wörterbuch zum Neuen Testament immer auch die Vorstufen des neutestamentlichen Wortes in der Septuaginta aufgezeigt. Dies konnte nicht immer in vorzüglicher Weise geschehen, da vielfach Vorarbeiten für theologische Begriffe der Septuaginta fehlen. Es ist eine dankbare, fruchtbare Aufgabe, solche Vorarbeiten zu machen, damit endlich auch einmal eine längst ersehnte *Theologie der Septuaginta* geschrieben werden kann.

*

Wir schauen zurück und lassen noch einmal kurz und zusammenfassend den Blick über den Gabentisch schweifen, den uns unsere geliebte Septuaginta bereitet hat: es ist das wahrhaft königliche Geschenk des Kyrios, des Kyrios Sabaoth, des Kyrios Pantokrator, vor dem wir uns in Ehrfurcht beugen und dessen Doxa wir noch in vielen Darstellungen einer gottbegnadeten Kunst schauen dürfen. Dann kommen die vielen kleinen Gaben, die aber nicht zu verachten sind, weil sie für jeden, der nur einen schwachen sensus philologicus hat, wie Edelsteine leuchten, nämlich die griechischen Vokabeln, die die oftmals dunklen hebräischen Wörter in einem neuen Licht aufstrahlen lassen, und seien es nur rein äußerliche Dinge, wie die Wörter der „Modeschau" im dritten Kapitel des Isaiasbuches. Schließlich sind wir den Vorkämpfern des weiteren alexandrinischen Kanons in altchristlicher Zeit (Basilius, Gregor von Nyssa und besonders Johannes Chrysostomus) von Herzen dankbar, daß sie nicht in enger, verschlossener Haltung nur die in hebräischer Sprache geschriebenen Bücher, sondern auch die griechisch geschriebenen Schriften als heilig betrachteten und ihnen Eingang zum kirchlichen Kanon verschafften; ohne diese weltoffene Haltung hätten wir das schon oft genannte und nicht genug zu preisende Buch der Weisheit nicht, das den großartigen Hymnus auf die Chokma singt.

Somit ergeht an alle der Auftrag, das herrliche Erbe der Septuaginta liebevoll zu wahren: die Exegeten sind zur wissenschaftlichen Arbeit aufgerufen, die Laien zur Lesung der Septuaginta, und zwar die humanistisch Gebildeten in der Ursprache des Griechischen.

Diesen Festvortrag, in dem ich die hohe Ehre und große Freude hatte, meine geliebte Septuaginta, Ihnen, meine verehrten Damen und Herren, vorzustellen und näher bekannt zu machen, möchte ich mit der Frage und Mahnung beschließen, mit der der Heidelberger Theologe Hitzig seine alttestamentlichen Vorlesungen und Übungen zu eröffnen pflegte: „Meine Herren, haben Sie eine Septuaginta? Wenn nicht, so gehen Sie hin, verkaufen alles, was Sie haben, und kaufen eine S e p t u a g i n t a ! " *)

---

*) Als beste Ausgabe ist die oben genannte Stuttgarter Septuaginta von R a h l f s zu empfehlen: Septuaginta id est Vetus Testamentum graece iuxta LXX interpretes, edidit Alfred Rahlfs, Stuttgart 1935, Privilegierte Württembergische Bibelanstalt, 2 Bände. Der Preis beträgt 40,— DM; somit braucht man nicht „alles" zu verkaufen, um eine Septuaginta zu erwerben.

Die Vokabel-Varianten der O-Rezension
im griechischen Sirach

VOKABEL-VARIANTEN (Wortlautänderungen) in Übersetzungen verdanken ihre Entstehung vor allem der Einsicht in die Vorlage. Bei
allen Büchern der LXX, wo ein hebr. Urtext vorlag, wurde dieser
immer wieder eingesehen; an solchen Stellen, wo die Wiedergabe fehlte
oder von ihm abwich, wurde der griech. Text gewöhnlich ergänzt oder
oftmals korrigiert. Dies ist auch in Sir. geschehen, dessen vollständiger
hebr. Text (H)[1] in den ersten christlichen Jahrhunderten noch vorhanden war. Gewöhnlich ist bei dieser Revision die alte griech. Vokabel
durch die neue Wiedergabe verdrängt worden. In einzelnen Fällen
blieb jedoch die alte Vokabel stehen, so daß Dubletten vorliegen.

[1] Sigel und Abkürzungen

H	= Hebräischer Text nach der Ausgabe von Israel Lévi, *The Hebrew Text of the Book of Ecclesiasticus*. First published Leiden, 1904, reprinted 1951.
G	= Griechischer Text (Übersetzung des Enkels).
GrII	= Zweite griechische Übersetzung.
Syr	= Syrische Übersetzung (Peschitta) nach der Ausgabe von P. A. de Lagarde, *Libri VT apocryphi syriace*, Lipsiae–Londinii, 1861.
La	= Vetus Latina (Vulgata); die von G abweichende Kapitel- und Verszählung von La ist in Klammern beigegeben.
O	= 253-Syh (origeneische oder hexaplarische Rezension).
L	= 248-493-637 (Hauptgruppe der lukianischen Rezension).
l	= 106-130-545-705 (Untergruppe der lukianischen Rezension).
a	= 149-260-606.
b	= 249-254-603-754.
c	= 296-311-548-706.
Smend	= Rudolf Smend, *Die Weisheit des Jesus Sirach*, Berlin, 1906.
Smend, *Index*	= R. Smend, *Griechisch-Syrisch-Hebräischer Index zur Weisheit des Jesus Sirach*, Berlin, 1907.
Pe.	= Norbert Peters, *Das Buch Jesus Sirach oder Ecclesiasticus* (Exeget. Handbuch z. AT 25), Münster i. Westf., 1913.
Herk.	= Henr. Herkenne, *De Veteris Latinae Ecclesiastici capitibus I–XLIII*, Leipzig, 1899.
Hart	= J. H. A. Hart, *Ecclesiasticus. The Greek Text of Codex 248*, Cambridge, 1909.
Marcus	= Joseph Marcus, *The Newly Discovered Original Hebrew of Ben Sira* (*Ecclesiasticus XXXII*, 16–*XXXIV*, 1), Philadelphia, 1931.

In der O-Rezension sind nur zwei gleichlautende Dubletten in zwei benachbarten Versen festzustellen:

x. 14 (17) ἀρχόντων] *superborum* Arm = גאים H; + υπερηφανων O-V La (*ducum superborum*).

x. 15 (18) ἐθνῶν גוים H] + υπερηφανων O-V *L* La (*gentium superbarum*).

An beiden Stellen hat GrII in seiner Vorlage גאים gelesen. Smend 95 meint, daß so V. 14–16 überall stand.

In meinem Aufsatz 'Die hexaplarische Bearbeitung des griechischen Sirach' (*Bibl. Zeitschr.*, N.F., iv, 1960, 174–85) habe ich zum Abschluß geschrieben: 'Erst eine genaue Untersuchung des Wortschatzes von GrII, die in einem eigenen Aufsatz gemacht werden soll, kann die Vorlage von O (und *L*) näher charakterisieren und sie vielleicht auch zeitlich genauer festlegen.'

In diesem Beitrag soll ein Teil des Wortschatzes von GrII, und zwar die von O überlieferten Wortlautänderungen, über die in Abschnitt III (S. 179 f.) des oben genannten Aufsatzes kurz gesprochen wurde, ausführlich behandelt werden. Man kann die Vokabel-Varianten von O in fünf Abschnitte einteilen:

   I. Neue Wiedergaben von Vokabeln, die mit H übereinstimmen.
   II. Synonyma an solchen Stellen, wo H vorhanden ist.
   III. Neue mit Syr übereinstimmende Wiedergaben an solchen Stellen, wo H nicht vorhanden ist.
   IV. Synonyma (oder parallele Wörter) an solchen Stellen, wo H fehlt.
   V. Vokabeln, die nicht mit H übereinstimmen.

I

Die folgenden Stellen sind Korrekturen nach der hebr. Vorlage; sie sind am leichtesten zu beurteilen.

(1) iv. 9 καὶ μὴ ὀλιγοψυχήσῃς] και μη ολιγωρησης τη ψυχη O; ואל תקוץ רוחך.

ὀλιγοψυχεῖν nur 2mal bei Sir., hier und vii. 10 (= התקצר); in der LXX selten; 3mal = קצר נפש, so auch Symmachus Zach. xi. 8 καὶ ὠλιγοψύχησα (LXX καὶ βαρυνθήσεται ἡ ψυχή μου).

ὀλιγωρεῖν steht nur noch Prov. iii. 11 für מאס. Die hebr. Vorlage mit Verbum und getrenntem Substantiv war wohl entscheidend für die Übersetzung in *O*. La *non acide feras* geht auf μὴ ἀκηδιάσῃς = H zurück, vgl. xxii. 13 (16) οὐ μὴ ἀκηδιάσῃς *non acediaberis* La.

(2) xii. 8   ἐκδικηθήσεται] επιγνωσθησεται *O*-S^c (γνωσθ.) *l* La (*agnoscetur*) = יודע.

ἐκδικεῖν bei Sir. 6mal, 2mal = נקם.

ἐπιγιγνώσκειν bei Sir. 14mal.

Pe. 108: 'Das vielbesprochene rätselhafte οὐκ ἐκδικηθήσεται des Gr entpuppt sich als ein alter durch das ursprünglich unmittelbar vorhergehende ἐκδίκησιν (V. 6) veranlaßter Schreibfehler.' Dies ist nicht anzunehmen; ἐκδικηθήσεται ist ursprünglich (so auch Herk. 132), ἐπιγνωσθήσεται stammt aus GrII als Neuübersetzung von H.

(3) xii. 17   ὑποσχάσει (πτέρναν σου) יחפש] υποσκαψει *O*-V La (*suffodiet*).

ὑποσχάζειν ist Hapaxleg. der LXX; im N.T. fehlt es.

ὑποσκάπτειν fehlt in der LXX und im N.T.

Schleusner III. 354 und Smend 120 möchten ὑποσκάψει als ursprünglich annehmen. Dies ist nicht zuläßig, da es eine Neuübersetzung von יחפש ist, das vom Stamm חפס, der im Jüd.-Aram. und im Christl.-Pal. 'graben' heißt, abgeleitet wurde.

(4) xiv. 5   ἐν τοῖς χρήμασιν αὐτοῦ] εν τοις αγαθοις αυτου *O*-V La (*in bonis suis*) Arm = בטובתו.

Vgl. xiv. 4   καὶ ἐν τοῖς ἀγαθοῖς αὐτοῦ = ובטובתו.

χρήματα Lieblingswort bei Sir. (15mal).

ἀγαθά 'Güter' bei Sir. sehr häufig (31mal), = immer טוב oder טובה. G hat mit χρήμασιν das Ursprüngliche bewahrt, und wahrscheinlich in der Vorlage חיל wie v. 1, xl. 13, xl. 26, oder נכסים wie v. 8, oder הון wie xxxiv. 3 gelesen: und seines Besitzes wird er sich nicht mehr freuen. Dagegen stammt בטובתו aus xiv. 4b (ist also sekundär), das in GrII wörtlich wiedergegeben wurde.

(5) xiv. 20 (22)   τελευτήσει] μελετησει *O*-S^c *L* = יהגה; *meditabitur* La V. 22b, *morabitur* La^V V. 22a, *morietur* La^pl V. 22a.

τελευτᾶν bei Sir. 7mal.

μελετᾶν bei Sir. nur vi. 37 = הגה (so gewöhnlich in der LXX).

Herk. 144, Smend 137, Pe. 127 sehen richtig in τελευτήσει einen Fehler oder eine Korrektur, die 'durch mißverständliche Beziehung der Worte auf das Vorhergehende' (Smend 137) entstanden sei.

(6) xiv. 27   (σκεπασθήσεται) ὑπ' αὐτῆς] εν τη σκεπη αυτης *O*-V La (*sub tegmine illius*) = בצלה.

Vgl. xiv. 26 ἐν τῇ σκέπῃ αὐτῆς בעופיה.

σκέπη bei Sir. 6mal; in der LXX 15mal für צל.

Smend 139 möchte ἐν τῇ σκέπῃ αὐτῆς als Textlesart aufnehmen (der Art. τῇ fehlt versehentlich bei Smend). Es ist jedoch nicht anzunehmen, daß ursprünglich zweimal (in 26a und 27a) σκέπη stand, zumal in 27a bereits das Verbum σκεπάζειν verwendet ist; man würde σκιά erwarten, vgl. xxxi (xxxiv) 2 σκιᾶς = טללא Syr (H fehlt). Smend verweist auf Koh. vii. 12 LXX: ὅτι ἐν σκιᾷ αὐτῆς (בצל) ἡ σοφία, σ' ὅτι ὡς σκέπει σοφία.

Es ist somit deutlich, daß ἐν τῇ σκέπῃ αὐτῆς von GrII stammt, das O und La übernommen haben. Vielleicht ist ὑπὸ σκιὰν αὐτῆς als ursprünglich anzunehmen.

(7) xxxvi. 9 (xxxiii. 10) ἀνύψωσεν καὶ ἡγίασεν [ברך והקדישו ηυλογησεν και ανυψωσεν O-V.

Vgl. xxxvi (xxxiii) 12 εὐλόγησεν καὶ ἀνύψωσεν . . . ἡγίασεν (deest H).

ηὐλόγησεν ist deutlich Korrektur nach H. Auffallend ist, daß O ἡγίασεν (= H) nicht belassen hat; dies kommt daher, daß in der Vorlage והרים stand, das auch an der Parallele xxxvi (xxxiii) 12 wahrscheinlich vorlag (von Marcus 16 so rekonstruiert). ἀνυψοῦν ist Lieblingsverbum des griech. Sirach (es kommt 22mal vor). Smend 298 zieht ηὐλόγησεν wegen Gen. ii. 3 vor und meint, daß ἀνύψωσεν aus V. 12 eingedrungen ist. Gewiß ist im Anschluß an H ηὐλόγησεν vorzuziehen, aber ἀνύψωσεν hat seinen festen Platz in G.

(8) xxxviii. 2 δόμα משאות] δοξαν O-V 248 Sa.

δόμα selten (3mal) bei Sir. (häufiger δόσις 18mal, gewöhnlich für מתן o. ä.).

δόξα häufig (über 50mal) bei Sir., gewöhnlich für כבוד.

In der LXX steht δόμα für משא Par. II xvii. 11 und δόξα für משא Is. xxii. 25. GrII hebt die Stellung des Arztes höher, indem er ihn von den Königen geehrt sein läßt, anstatt daß er ihn nur Geschenke empfangen läßt.

(9) xlii. 8 πρὸς νέους] περι πορνειας O-V L a Sa Aeth Arm = בזנות.

Vgl. Sir. xli. 17 αἰσχύνεσθε . . . περὶ πορνείας אל זנות.

νέος Sir. ix. 10 (2mal) = חדש und li. 13 νεώτερος = נער.

πορνεία Sir. 3mal; LXX oft, immer = זנה o. ä.

Smend 391 und Pe. 354 sehen richtig in πρὸς νέους eine Verderbnis aus περὶ πορνείας. Herk. 262 möchte verbessern: κρινομένου πορνείας = 'qui respondet (עָנָה) crimini scortationis'.

(10) xlvi. 7 (9)   (ἔναντι) ἐχθροῦ] εκκλησιας O-V 248 = קהל.

Nach Smend 442 ist ἐχθροῦ 'ohne Zweifel' Korrektur, ebenso nach Pe. 396: 'sicher Fehler' für ἐκκλησίας. Es ist jedoch schwer verständlich, wie aus ἐκκλησίας phonetisch oder graphisch ἐχθροῦ werden konnte. Die Lösung ist anders: ἐχθροῦ ist sekundär, geht auf den Plur. ἐχθρῶν (so L⁻²⁴⁸ a alii) zurück, und dieser ist aus ἐθνῶν verderbt. ἐθνῶν ist Wiedergabe von קהל, wie die beiden Parallelverse xxxix. 10 und xliv. 15 zeigen:

xxxix. 10   ἔθνη עדה . . . ἐκκλησία קהל;

xliv. 15   λαοί עדה . . . ἐκκλησία קהל.

ἐκκλησίας stammt von GrII als genaue Wiedergabe von קהל.

(11) xlix. 9 (11)   καὶ ἀγαθῶσαι המכלכל] και κατωρθωσεν O-V L'.

Beide Verba finden sich bei Sir. nur hier. Smend 472 und Pe. 421 halten κατορθῶσαι (Inf.) für ursprünglich. Dies ist nicht richtig; κατώρθωσεν ist Neuübersetzung nach H.

Die Wiedergabe mit ἀγαθῶσαι erschien dem Rezensor nicht als richtig, da dieses gewöhnlich הטיב entspricht.

II

An verschiedenen Stellen stehen in O Synonyma, die zwar mit H übereinstimmen, aber nicht allein durch die hebr. Vorlage, sondern durch die Wahl des zweiten Übersetzers (oder des Rezensors) bedingt waren, weil sie ihm persönlich geeigneter erschienen und zu seiner Zeit geläufig waren.

(1) iii. 16 (18)   ὑπὸ κυρίου] υπο θεου O l La (a deo); בוראו.

    v. 4   ὁ γὰρ κύριος = ייי Hᴰ] ο γαρ υψιστος O La (altissimus enim) = אל Hᴬ.

    xii. 2   παρὰ (τοῦ) ὑψίστου] παρα του κυριου O La (a domino) = מייי.

    Vgl. xi. 4   κυρίου = H] altissimi La (+solius) Syh.

    xxxviii. 1b   (ὁ) κύριος אל] ο υψιστος Clem. La (altissimus).

    xxxviii. 2a   παρὰ γὰρ ὑψίστου] παρα δε κυριου Clem. La (a deo enim); π. γαρ κυριου υψιστου 613; a deo domino enim Sa.

    xliii. 2   ὑψίστου] κυριου PsAth. IV. 381 = ייי; ισχυρον PsChr. VIII. 630.

    xlviii. 5   ὑψίστου] domini dei La; domini Laˣ = ייי.

    vii. 9 (11)   θεῷ ὑψίστῳ] κυριω υψιστω S* l Laᵠ (domino altissimo) Aeth; υψιστω O = Syr.

xli. 8 (11)   θεοῦ ὑψίστου] υψιστου S 248 543* La^{ΩM} Aeth = עליון;
domini altissimi La; κυριου Dam. p. 1157; θεου Anton. p. 777;
υψιστου θεου 155.

xxxix. 35   (τὸ ὄνομα) κυρίου הקדוש.

xlvii. 18 (19)   (ἐν ὀνόματι) κυρίου τοῦ θεοῦ הנכבד.

xlvi. 13 (16)   ὑπὸ κυρίου αὐτοῦ עושהו.

l. 17c   τῷ κυρίῳ (θεω S* 315–672 = Syr) αὐτῶν לפני עליון.

l. 17d   παντοκράτορι θεῷ (τῷ) ὑψίστῳ לפני קדוש ישראל.

Die angeführten Beispiele zeigen, daß sowohl der Übersetzer als auch
der Rezensor mit den Gottesnamen fr ei umging. Die hebr. Vorlage war
zwar für beide richtunggebend, aber nicht bindend. Dies zeigt auch die
Statistik der Wiedergabe mit κύριος in Sir.: = יהוה 35mal, = אל 30mal,
= אלהים 14mal.

(2) iii. 21 (22)   μὴ ἐξέταζε אל תחקור] μη ερευνα O Or. IV. 230 La
(*ne scrutatus fueris*).

ἐξετάζειν 5mal bei Sir., 3mal = חקר; in der LXX 9mal (niemals für
חקר). Das Simplex ἐτάζειν fehlt in Sir., steht in der LXX 13mal, 1mal
(Job xxxii. 11) für חקר.

ἐρευνᾶν, ἐξερευνᾶν fehlt bei Sir.; in der LXX = חקר Jdc. xviii. 2 A,
Regn. II x. 3, Par. I xix. 3.

Sehr beliebt (5mal) ist ἐξερευνᾶν (ἐρευνᾶν nur Koh. xii. 9 α') bei den
'Drei'.

Im N.T. vgl. Cor. I ii. 10: πάντα ἐρευνᾷ καὶ τὰ βάθη.

(3) iv. 28b (33b)   (πολεμήσει) ὑπὲρ σοῦ לך] περι σου O Or. X. 653.

Vgl. iv. 28a   περὶ (τῆς ἀληθείας)] υπερ 46 alii Or.

Ex. xiv. 14   (πολεμήσει) περὶ ὑμῶν] υπερ υμων F M alii (19 min.)
Philo Or. Eus. Chr. Cyr.

Smend 46 verweist auf xxix. 13 πολεμήσει ὑπὲρ σοῦ und Ex. xiv. 14,
ohne die Variante zu nennen (siehe oben). Aus der Exodus-Stelle stammt
die Präposition περί.

Es ist auffallend, daß Or. bei Sir. περί und bei Ex. ὑπέρ hat.

(4) v. 7 (9)   ἐξολῇ תספה] εξολοθρευσει σε O La (*disperdet te*).

ἐξολλύναι nur hier in Sir., auch sonst in der LXX selten (3mal Prov.),
bei Aquila 2mal. Das Simplex ὀλλύναι fehlt bei Sir., steht jedoch in der
LXX öfter (23mal).

ἐξολεθρεύειν fehlt bei Sir., steht jedoch sehr oft in der LXX. Pe. 52

meint, daß die *O*-Lesart 'auf mißverstandenem ἐξολῇ' beruht. Dieses 'Mißverständnis' ist mir nicht erklärlich, ebenso wenig die Änderung. War eine andere hebr. Vorlage maßgebend?

(5) v. 8 (10) (ἐν ἡμέρᾳ) ἐπαγωγῆς עברה] ἐκδικησεως *O*; *obductionis et vindictae* La: lectio duplex.

ἐπαγωγή 'Heimsuchung', 'Plage', Lieblingswort des Sir. (9mal); sonst nur Dt. xxxii. 26 und Is. x. 4, xiv. 17, aber in anderer Bedeutung: 'Wegführung', 'Verschleppung'.

ἐκδίκησις ebenfalls Lieblingswort des Sir. (13mal), aber auch öfter in der LXX (über 60mal).

In *O* ist das bekannte ἐκδίκησις vorgezogen, zumal die Wendung ἡμέρα ἐκδικήσεως gebräuchlich ist, vgl. Dt. xxxii. 35, Jer. xxvi (xlvi) 10 u. ö. und im N.T. Lc. xxi. 22 (ἡμέραι ἐκδικήσεως). Auch in Verbindung mit καιρός wird ἐκδικήσεως gern verwendet, so im vorausgehenden Vers v. 7d ἐν καιρῷ ἐκδικήσεως und bei Jer. (4mal). Vielleicht ist ἐκδικήσεως V. 8 von V. 7d beeinflußt.

(6) vi. 28 (29) ἐπ' ἐσχάτων לאחור] ὑστερον *O*.

    Vgl. Num. xxxi. 2 ἔσχατον אחר] ὑστερον *N L*.

ἐπ' ἐσχάτων bei Sir. 11mal; ὑστερον bei Sir. 2mal; in der LXX selten. Ps. lxxii (lxxiii) 24 אחר ist ὑστερον Symmachus zugeschrieben (LXX μετά). Umgekehrt: Jer. xxxviii (xxxi) 19: ὑστερον] α' μετα.

Es mag sein, daß Num. xxxi. 2 ὑστερον von Symmachus stammt; sehr viele *L*-Lesarten überliefern verdeckte σ'-Lesarten, wie namentlich die prophetischen Schriften zeigen.

Im N.T. ist ὑστερον häufig (10mal) gegenüber ἐπ' ἐσχάτων, das in der Bedeutung 'zuletzt', 'schließlich' fehlt.

(7) vi. 37b διὰ παντός תמיד] ενδελεχως *O*; *maxime* La.

    Vgl. Deut. xi. 12 διὰ παντός] α' ενδελεχως, ebenso Ps. lxviii (lxix) 24, cxviii (cxix) 109, Is. lii. 5, lx. 11.

    Ps. l (li) 5 διὰ παντός] σ' ενδελεχως, ebenso Ps. lxx (lxxi) 7.

διὰ παντός bei Sir. 6mal; ἐνδελεχῶς bei Sir. 5mal, 2mal = תמיד; in der LXX 3mal im Pent. = תמיד. Aquila verwendet immer (6mal) ἐνδελεχῶς für תמיד. *O* bevorzugt ἐνδελεχῶς gegenüber διὰ παντός.

(8) vi. 37d (καὶ ἡ ἐπιθυμία) τῆς σοφίας (δοθήσεταί σοι) יחכמך] της συνεσεως *O*.

    Vgl. i. 19 (24) συνέσεως] σοφια *O*; siehe unter IV (1).

Die wörtliche Übersetzung würde lauten: καὶ ἡ ἐπιθ. σοφισθήσεταί σοι, vgl. xxxviii. 24, 25, l. 28. Jedoch paßt zu σοφισθήσεται das Subjekt ἡ ἐπιθυμία nicht; es liegt somit freie Wiedergabe vi. 37d vor.

Die Stelle wäre eindeutig, wenn umgekehrt überliefert wäre wie i. 19 (24): συνέσεως] σοφια O; dann läge eine spätere, genaue Wiedergabe vor wie Is. v. 21 συνετοί] α΄ σ΄ σοφοι; ähnlich Jer. ix. 12 (11), xviii. 18, xxvii (l) 35. So aber bestehen zwei Möglichkeiten: (1) O hat ursprüngliches συνέσεως bewahrt, das in σοφίας nach H umgeändert wurde (dieser Weg ist jedoch nicht gut denkbar), (2) O (bzw. schon vorher GrII) hat σοφίας als Synonym von συνέσεως frei gewählt.

(9) xii. 14a (13)   τὸν προσπορευόμενον [חובר] τον προσαγοντα O.

προσπορεύεσθαι nur hier in Sir., auch in der LXX nicht oft, für קרב 7mal, für נגש 4mal.

προσάγειν bei Sir. 5mal; in der LXX öfter, gewöhnlich für קרב und נגש.

Die O-Lesart ist dem im vorausgehenden Vers 13b stehenden τοὺς προσάγοντας angepaßt. La qui comitatur ist genaue Wiedergabe von H.

(10) xiii. 25 (31)   κακά [רע] πονηρα O.

Vgl. xxvii. 22 (25)   κακά] πονηρα O-V L; deest H: siehe IV (6).

Regn. I xxv. 28   κακία] σ΄ πονηρία, ebenso α΄ πονηρία Koh. vii. 16 (15), α΄ σ΄ πονηρία Jer. xii. 4.

Jer. xiii. 23   κακά] α΄ πονηρά.

Koh. v. 12   εἰς κακίαν] α΄ εἰς πονηρόν.

  ix. 12   κακῷ] α΄ πονηρῷ.

Jer. xi. 15   τῆς κακίας] α΄ πονηρά.

κακός steht bei Sir. 28mal und πονηρός 36mal für רע, רעה. An beiden Stellen (xiii. 25, xxvii. 22) ist πονηρά gewählt worden, weil κακός allmählich von πονηρός verdrängt wurde. Besonders deutlich ist bei den 'Drei', namentlich bei Aquila, zu sehen, daß sie πονηρός, πονηρία gegenüber κακός, κακία LXX bevorzugen. Auch an solchen Stellen, wo in der ursprünglichen LXX die Wiedergabe von רע, רעה fehlt und erst sub asterisco von der hexaplarischen Rezension aus den Übersetzungen der 'Drei' beigefügt wurde, ist πονηρός, πονηρία gewählt worden:

Jer. v. 28   α΄ σ΄ θ΄ ※ εἰς πονηρόν; viii. 3 α΄ σ΄ θ΄ ※ τῆς πονηρᾶς; xiii. 10 α΄ θ΄ ※ τὸν πονηρόν.

Ez. viii. 9   οι γ΄ ※ τὰς πονηράς; xxx. 12 α΄ θ΄ ※ πονηρῶν.

Jer. xxxvi (xxix) 17   θ′ ⁂ ἀπὸ πονηρίας.

xxvii. 22 (τεκταίνει κακά) mag die Wahl von πονηρά auch durch
die Parallelstelle xi. 33 (πονηρὰ γὰρ τεκταίνει), wo das gleiche Verbum
verwendet wird, beeinflußt sein.

(11) xiv. 3   οὐ καλός לֹא נָאוָה] ουκ αγαθος O.

καλός entspricht Sir. xli. 16 נָאֶה und Cant. i. 5 נָאוָה.

ἀγαθός steht in der LXX fast immer, bei Sir. gewöhnlich für טוב.
Sir. vii. 13 entspricht ἀγαθός נֵעָם.

Die hebr. Vorlage war nicht für ἀγαθός maßgebend; es liegt einfacher
Synonyma-Tausch vor.

(12) xv. 1.   ὁ ἐγκρατής תוֹפֵשׂ] ο ειληφως O-V.

ἐγκρατής 4mal bei Sir.

λαμβάνειν 7mal bei Sir. In der LXX λαμβάνειν = תפש Regn. IV xiv.
13 A (συλλαμβάνειν B); Jer. xxvii (l) 24, xxviii (li) 32. Smend 139
verweist auf Jer. ii. 8, wo die gleiche hebr. Wendung תֹּפְשֵׂי הַתּוֹרָה mit
οἱ ἀντεχόμενοι τοῦ νόμου wiedergegeben wird.

GrII hat das seltene ὁ ἐγκρατής, das leicht in der Bedeutung 'der
Enthaltsame' aufgefaßt werden konnte, durch das bekanntere ὁ εἰληφώς
auf Grund von H ersetzt.

(13) xxxiii (xxxvi) 4b   ἐνώπιον לְעֵינַי] εναντιον O-V L.

Vgl. xxxiii (xxxvi) 4a   ἐνώπιον omnes לְעֵינַי.

ἐνώπιον bei Sir. selten (9mal); = לְעֵינַי 2mal, = לִפְנֵי 1mal, = נֶגֶד
1mal.

ἐναντίον bei Sir. häufig (34mal); gewöhnlich = לִפְנֵי, = נֶגֶד 3mal,
= בְּעֵינַי 2mal.

Im N.T. ist dagegen ἐνώπιον gegenüber ἐναντίον sehr häufig.

GrII hat das in Sir. häufige ἐναντίον gewählt, vielleicht auch um
abzuwechseln, da ἐνώπιον bereits im gleichen Vers (4a) vorkommt.

(14) xliii. 12 (13)   ἐγύρωσεν חוֹק] εκυκλωσεν O-V.

γυροῦν steht nur 2mal in der LXX, hier und Job xxvi. 10: חֹק חָג
⁂ θ′ πρόσταγμα ἐγύρωσεν. Die Jobstelle zeigt, daß die Variante חָג (statt
חוֹק) für ἐγύρωσεν Pate stand.

κυκλοῦν ist in der LXX häufiger (im N.T. 4mal) als γυροῦν (fehlt im
N.T.); κυκλοῦν entspricht in Sir. 2mal und sonst in der LXX 3mal
הִקִּיף. O hat von GrII ἐκύκλωσεν übernommen, um das seltene ἐγύρωσεν zu verdrängen; damit kommt stilistisch unschön der gleiche Stamm
zweimal in V. 12a vor: ἐκύκλωσεν οὐρανὸν ἐν κυκλώσει δόξης.

(15) xliii. 17 *ὠδίνησεν* יחול] *συνεσεισε* O.

Vgl. Ps. xxviii (xxix) 8a *συσσείοντος* α' *ὠδίνοντος* יחיל.
              8b *συσσείσει* α' *ὠδινήσει* יחיל.

Statt *ὠνείδισεν*, das Rahlfs zu Unrecht im Text hat, ist mit A 248 *a* *ὠδίνησεν* zu lesen; *ὠδίνειν* חול steht auch Sir. xlviii. 19. Ebenso kennt Sir. xvi. 19 das Verbum *συσσείειν* = רעש und Sir. xxii. 16 das Subst. *συσσεισμός* (H fehlt). GrII hat יחיל statt יחול gelesen und es mit *συνέσεισε* übersetzt; er steht damit auf gleicher Stufe wie LXX Ps. xxviii (xxix) 8 (siehe oben).

Auf Grund der Ps-Stelle möchte man xliii. 17 *συνέσεισε* als ursprünglich und *ὠδίνησεν* als sekundär ansprechen, vgl. auch Jer. li (xxviii) 29 *καὶ ἐπόνεσεν* ותחול] σ' *καὶ ὠδινήσει*. Aber GrII hat das seltsame *ὠδίνησεν* durch das bekanntere *συνέσεισε* ersetzt.

(16) xliv. 18 (19) (*διαθῆκαι αἰῶνος*) *ἐτέθησαν* נכרת] *εσταθησαν* O L; *εστησαν* V.

Die Wendung *τιθέναι διαθήκην* findet sich nur hier bei Sir.

In der LXX steht *τιθέναι* (כרת) δ. 4mal in der Gen. und 2mal in Job.

Dagegen ist *ἱστάναι* δ. häufiger, bei Sir. im gleichen Kap. Vers 20c *ἔστησεν* δ., ebenso xvii. 12a, xlv. 7a. Im Passiv steht xlv. 24 (30) *ἐστάθη* (*εστη* 248; *statuit* La) *αὐτῷ διαθήκη*.

In der LXX ist *ἱστάναι* δ. Deut. xxviii. 69 für כרת und 5mal in der Gen. für הקים verwendet.

O L haben somit die in Sir. häufiger vorkommende Wendung gewählt.

III

Leider ist H nicht zu allen Stellen erhalten. Als Ersatz kann vielfach Syr gelten, da Syr von H abhängig ist. Wenn somit O-Lesarten mit Syr übereinstimmen, kann man annehmen, daß sie auch mit H zusammengehen.

(1) i. 18 (22) *ἀναβάλλων εἰρήνην καὶ ὑγίειαν ἰάσεως*] *αναβαλλει δε εν αυτοις κυριος ειρηνην μεστην ιασεως* O; *replens pacem et salutis fructum* La.

ὑγίεια bei Sir. 5mal, = חיים 2mal, = שר 1mal (xxx. 16).

μεστός fehlt in Sir.; in der LXX nur 4mal. Ps. lxiv (lxv) 10 wird es Symmachus zugeschrieben (LXX *ἐπληρώθη*, α' *πλήρης*). Steckt מלא hinter *μεστήν*, und kann man es mit *replens* zusammenbringen? Dagegen scheint die Stellung zu sprechen, die es als Äquivalent von ἀναθάλλων ausweist; *replens* ist innerlat. verderbt aus *repollens* (so La^{G*Σ}).

Smend 12 weist darauf hin, daß ἴασις מרפא voraussetzen könnte; er sagt zur Variante μεστήν, daß die beiden Zeugen von O (253-Syh) den Vers 18b 'abwandeln'. Damit ist nicht gedient. Setzt μεστήν eine hebr. Lesart מרבה statt מרפא voraus? Dies vermutet Herk. 50 für *replens*; bestärkt wird er durch מסגיא Syr. Somit gewinnt die Annahme, daß μεστήν auf מרבה zurückgeht, hohe Wahrscheinlichkeit.

(2) i. 29 (37) ἐν στόμασιν (-ματι S)] ἐνώπιον O La (*in conspectu*) Co = Syr (לעין).

Vgl. xiii. 24 (30) ἐν στόμασιν (-ματι SA) על פי.

viii. 11b (14) τῷ στόματί σου = [לפיך] *coram te* Arm = לפניך.

viii. 11a (14) ἀπὸ προσώπου ὑβριστοῦ מפני לץ.

Herk. 55 verweist auf Prov. xv. 14 und Neh. ii. 13, wo die gleiche hebr. Verlesung vorliegt:

Prov. xv. 14 στόμα δέ = ופי Qere, ופני Ketib.

Neh. ii. 13 καὶ πρὸς στόμα 𝕊* = ואל־פי, καὶ κατα προσωπον 𝕊^{79 93} = ואל־פני 𝔐.

Es ist deutlich, daß in i. 29 und viii. 11b die beiden Lesarten לפי/לפני die Vorlage bilden, vgl. Smend 17, 79 und *Index* 216 zu viii. 11.

(3) xvii. 31 (30) καὶ πονηρός (sic B*–S* C; -ρον A alii Ra.)] καὶ ανηρ ος O-V L: cf. Syr ברנשא.

Smend 162 nennt die Variante ἀνὴρ ὅς 'vollends entartet'. Herk. 160 und Pe. 148 dagegen möchten sie als ursprünglich annehmen; Pe. übersetzt: 'und der Mensch (erst), das Gebilde von Fleisch und Blut'.

Die Entscheidung ist schwer. Da auch Syr die Lesart 'Mensch' kennt, ist vielleicht ἀνὴρ ὅς als ursprünglich anzunehmen, aus dem πονηρός durch Verschreibung stammt.

(4) xix. 23 (20) πονηρία (*nequitia* La)] πανουργια O-V L = ערימותא Syr, *prudentiae nequitia* La^{pc}: lectio duplex.

πονηρία in Sir. 10mal, gewöhnlich = רע, רעה.

πανουργία in Sir. 3mal, in der LXX immer (4mal) = ערמה.

Prov. viii. 12 (ערמה) hat Symmachus πανουργία (LXX βουλή).

Smend 177 hält πανουργία für ursprünglich. Pe. 162 erscheint es für wahrscheinlicher, anzunehmen, daß πονηρία zu V. 23b, dagegen σοφία zu V. 23a gehört. Es mag jedoch sein, daß G in ihrer Vorlage רעה las, während GrII (wie Syr) ערמה vor sich hatte, das mit πανουργία neu übersetzt wurde.

(5) xxiv. 14 (18) ἐν αἰγιαλοῖς] εν εγγαδοις O (εν ενγαδοις 253; בעין גד
Syh = Syr) –Sᶜ (εν ενγαδδοις) c.

αἰγιαλός (Sing.!) nur noch Jdc. v. 17 A παρ' αἰγιαλὸν θαλασσῶν. Im
N.T. ist αἰγιαλός littus häufig (6mal). Überall steht der Sing.; der Plur.
ist verdächtig. Richtig hat bereits Herk. 191 ἐν 'Εγγάδοις (besser Ra.
ἐν Αἰγγάδοις) als ursprüngliche Lesart erkannt, aus der ἐν αἰγιαλοῖς
durch Verschreibung entstanden ist. Wir haben hier die gräzisierte
Form Αἴγγαδοι, während sonst Αιγγαδι, Εγγαδι steht (so Ez. xlvii. 10,
Cant. i. 14, Par. II xx. 2). Die Schreibweise Αἰγγάδοις (statt des
sekundären 'Εγγάδοις) ist durch αἰγιαλοῖς gewährleistet.

IV

In diesem Abschnitt sollen solche Stellen besprochen werden, wo in
O Synonyma (oder parallele Wörter) stehen, die aber mit H nicht
verglichen werden können, weil der hebr. Text fehlt.

(1) i. 19 (24) καὶ γνῶσιν συνέσεως ἐξώμβρησεν] γνωσιν (+και δοξαν
253: ex 19c) σοφια εξομβρει O; + η σοφια L'; intellectum prudentiae sapientia compartietur La.

σύνεσις bei Sir. sehr oft (30mal), gewöhnlich = בינה, דעת, שכל o. ä.,
nicht für חכמה. Das Adj. συνετός steht jedoch 1mal (iii. 29) für חכם:
συνετοῦ] sapientis La = H. In Syr entsprechen oft σύνεσις חכמתא
(7mal) und συνετός חכימא (9mal).

Auch i. 19b hat in H vielleicht חכמה gestanden, das in GrII genau
mit σοφία wiedergegeben worden ist. O L haben es von GrII übernommen und zum Subjekt gemacht; L und La haben zugleich eine Dublette.
Vgl. zu vi. 37d unter II (8).

(2) i. 20 (25) φοβεῖσθαι (τὸν κύριον)] αγαπαν O.

Vgl. i. 10 τοῖς ἀγαπῶσιν αὐτόν] τοις φοβουμενοις αυτον l = Syr.

Zu i. 10 meint Smend 9, daß φοβουμένοις 'durch das Folgende erfordert' sei. Wenn man dies annimmt, dann muß man auch i. 20 (25)
ἀγαπᾶν für ursprünglich halten, das durch den eingeschobenen Vers 21
(27) φόβος κυρίου ... ὀργήν in φοβεῖσθαι umgekehrt worden sei. Jedoch ist
i. 20 φοβεῖσθαι sicher ursprünglich, denn die 'Gottesfurcht' ist für Sir.
die Grundlage der Frömmigkeit. Dagegen spielt für GrII die Gottes-
liebe eine wichtige Rolle; es ist jedoch nicht zu entscheiden, ob GrII
aus theologischen Gründen geändert oder bereits in seiner Vorlage אהב
gelesen hat.

(3) iii. 7 (8) δεσπόταις] κυριοις O.

Vgl. xxxi (xxxiv) 29 ὁ δεσπότης] κυριος 543.

Im Sing. wird δεσπότης im A.T. über 50mal von Gott verwendet, vgl. *Theol. Wörterb. z. N.T.* ii. 44 f. Selten steht es im Sing. vom menschlichen Herrn im Gegensatz zum Sklaven (so Sap. xviii. 11 δοῦλος ἅμα δεσπότῃ), dagegen öfter im Plur. von den Herren im Gegensatz zu den Sklaven und zwar im A.T. 2mal (Prov. xvii. 2, xxii. 7) und im N.T. 4mal ('Tim. I vi. 1, 2, Tit. ii. 9, Petr. I ii. 18).

An den genannten ntl. Stellen stehen δοῦλοι (οἰκέται) und δεσπόται einander gegenüber. 'Für Past ergibt sich hier eine Differenz gegenüber Kol 3, 22 und Eph 6, 5, wo neben den δοῦλοι die κύριοι erscheinen' (*Theol. Wörterb. z. N.T.* ii. 47). Die gleiche Ersetzung von δεσπόταις durch κυρίοις haben wir an unserer Stelle. Vielleicht erschien dem Rezensor δεσπόταις zu stark (δεσπότης 'Despot', unumschränkter Herr).

Die Übersetzungen verwenden gewöhnlich *dominus* für δεσπότης. Damit ist aber nicht gesagt, daß sie κύριος in ihrer Vorlage gelesen haben. Auch La verwendet gewöhnlich *dominus*; manche Hss. haben genauer *dominator*, so Sap. xiii. 3 ὁ δεσπότης] *dominator* La; *dominus* La^x Spec.

(4) xix. 27 (24) ἑτεροκωφῶν] εθελοκωφων O-V 248–743 a La (*fingit se non videre*).

Beide Verba kommen nur hier im griech. A.T. vor. Das erste (ἑτεροκωφεῖν) ist sehr selten (bei Pape, *Griech.-Deutsches Wörterb.*, ist es überhaupt nicht aufgeführt). Das zweite (ἐθελοκωφεῖν) ist gebräuchlicher, aber auch selten; es steht bei Clemens von Alexandrien (*Strom.* vi. 65. 1): ἐθελοκωφῶσι τὴν ἀλήθειαν. Schleusner i. 674 und Smend 179 wollen ἐθελοκωφῶν vorziehen; aber richtig bemerkt Herk. 172, daß das äußerst seltene ἑτεροκωφῶν als ursprünglich beizubehalten ist. GrII hat es durch das bekanntere ἐθελοκωφῶν ersetzt.

(5a) xxiii. 22 (32) ἐξ ἀλλοτρίου] εξ αλλου O-V 248; *ex alieno matrimonio* La.

(5b) xxiii. 23 (33) καὶ ἐξ ἀλλοτρίου ἀνδρός] και εξ αλλου ανδρος O-V 248 La (*ex alio viro*).

ἀλλότριος bei Sir. oft (16mal); = זר 5mal, = נכרי 2mal.
ἄλλος bei Sir. 4mal (2mal im Prolog, 2mal = אחר).
In der LXX ἀλλότριος gewöhnlich = נכרי, selten = אחר. Dagegen

ἄλλος gewöhnlich = אַחֵר. Koh. vii. 23 (22) ist ἄλλος = אַחֵר von Symmachus bezeugt (LXX ἕτερος).

GrII hat ἄλλος im weiteren Sinn ('ein anderer Mann', vgl. Regn. I x. 6 εἰς ἄνδρα ἄλλον אַחֵר) genommen; ἀλλότριος 'fremd' erschien GrII unpassend.

(6) xxvii. 22 (25)   κακά] πονηρα O-V L.

Siehe zu xiii. 25 (31) unter II (10).

(7) xli. 5b (8)   (καὶ συναναστρεφόμενα) παροικίαις] ευδοκιαις O (-κιας 253)-V (εν ευδ.); εν αμαρτιαις b.

παροικία bei Sir. 4mal; in der LXX selten.

εὐδοκία bei Sir. 16mal, = רצון 8mal.

Die Entstehung der Lesart εὐδοκίαις ist schwer zu erklären. Hart 204 verweist auf Rom. i. 32 ἄξιοι θανάτου εἰσίν . . . ἀλλὰ καὶ συνευδοκοῦσιν τοῖς πράσσουσιν; aber diese ntl. Stelle kann nicht maßgeblich gewesen sein.

V

Sechs Stellen können genannt werden, an denen im Gegensatz zur ersten Übersetzung, die mit H übereinstimmt, eine andere von H abweichende Wiedergabe in O vorliegt. Diese Lesart verdankt ihre Entstehung entweder einer anderen hebr. Vorlage oder einer auf innergriech. Weg erfolgten Verdrängung der seltenen und mißverstandenen ursprünglichen Lesart.

(1) iii. 21 (22)   χαλεπώτερα פלאות] βαθυτερα O-Sᶜ La (altiora).

χαλεπός nur hier in Sir.; βαθύς in Sir. nur noch xxii. 7 (H fehlt). Stand in der Vorlage עמוקות, das im Sing. (עמוקה) in dem rabbinischen Zitat Talm. Jerus. verwendet ist (vgl. Smend 29)?

Es ist nicht auszumachen, ob altiora La auf βαθύτερα oder auf ὑψηλότερα, das Theodoret kennt, zurückgeht (so Herk. 67).

(2) vi. 11   (ἔσται) ὡς σύ כמוך] μετα σου O.

Smend 55 meint, daß O in μετὰ σοῦ 'entsprechend dem κατὰ σοῦ V. 12' korrigiert habe. Dies ist nicht leicht einzusehen. Es könnte sein, daß in der hebr. Vorlage עמך stand.

(3) xiv. 16a   καὶ ἀπάτησον (τὴν ψυχήν σου) ופנק] και αγιασον O-Sᶜ-V L'; et iustifica La.

ἀπατᾶν steht auch Sir. xxx. 23 = פתה mit dem gleichen Objekt: ἀπάτα τὴν ψυχήν σου. Die Änderung von ἀπάτησον in ἁγίασον ist nach Pe. 124

Tendenz (was näher damit gemeint ist, sagt Pe. nicht). Der Rezensor hat die besondere Bedeutung von ἀπατᾶν 'verzärteln', 'verwöhnen', 'ergötzen' nicht erkannt, sondern es in seiner gewöhnlichen Auffassung 'täuschen', 'verführen' verstanden und deshalb ἁγιάζειν gewählt. Ähnlich ist xxx. 23 ἀπάτα bereits von den alten Unzialen B-S* A in ἀγάπα geändert worden.

(4) xiv. 16b   ζητῆσαι τρυφήν = H] μνησθηναι ζωην O.

Hat O bzw. GrII לזכר חיים gelesen? Der Gedanke 'des Lebens gedenken' ist blasser als der von H und G 'nach Lust und Üppigkeit verlangen' und sekundär. Die Wendung 'des Lebens gedenken' kommt Koh. v. 19 in der volleren Form 'der Tage des Lebens gedenken' vor: μνησθήσεται τὰς ἡμέρας τῆς ζωῆς αὐτοῦ.

(5) xlii. 25 (26)   ἐν τοῦ ἑνός [זה על זה] εως του αιωνος O.

Vgl. Ez. xxv. 15   ἕως αἰῶνος = 𝔐] εως ενος B L' Bo.

Es mag sein, daß die Änderung ἕως τοῦ αἰῶνος durch die orthographische Schreibweise αινος (diese ist nicht mehr handschriftlich bezeugt) statt ἑνός und durch die oft (bei Sir. 6mal) vorkommende Wendung ἕως (τοῦ) αἰῶνος (noch öfter steht εἰς (τὸν) αἰῶνα, bei Sir. 17mal) beeinflußt war; zudem paßte ἕως τοῦ αἰῶνος gut zum Verbum ἐστερέωσεν.

(6) xliv. 16   μετανοίας דעת] αιωνος O; διανοιας V.

μετάνοια steht nur hier bei Sir. Smend 421 hält διανοίας (= H), 'woraus vielleicht das αἰῶνος von Syroh. 253 entstellt ist', für ursprünglich. Es wäre aber auch möglich, daß αἰῶνος auf עד (aus דעת) zurückgeht.

Zu Beginn des Aufsatzes ist bereits die Frage aufgeworfen worden, ob der Wortschatz von O, der auf GrII zurückgeht, auch einen Dienst für die Bestimmung der Zeit von GrII leistet. Die Frage kann bejaht werden. Wie ich in meinem Beitrag zur Eissfeldt-Festschrift, 'Zum Wortschatz des griechischen Sirach' (Z.A.W., Beih. 77, 1958, 274–87), gezeigt habe, hat die erste Übersetzung des Enkels (G) viele Vokabeln, die uns auch bei Aquila und Symmachus, ferner im N.T., begegnen. Diese Feststellung kann auch für den Wortschatz von GrII gemacht werden: manche in G häufig verwendete Vokabeln werden durch solche ersetzt, die zur Zeit des N.T. und der jüngeren griech. Übersetzer geläufig waren.

Besonders wertvoll für die zeitliche Festsetzung ist das Zitat xlviii. 10c
aus. Mal. iv. 5 LXX (= iii. 24 𝔐), das im N.T. Luc. i. 17 wiederkehrt.
Zur besseren Übersicht seien alle Texte zusammengestellt:

Sir. xlviii. 10c   להשיב לב אבות על בנים   H ἐπιστρέψαι καρδίαν
πατρὸς πρὸς (επι V) υἱόν (υιους a–534–613*)
G ἐπιστρέψαι καρδίαν (plur. Syh) πατέρων ἐπὶ
τέκνα O.

Mal. iii. 24   ותשיב לב אבות על בנים 𝔐.

Mal. iv. 5   ὃς ἀποκαταστήσει καρδίαν πατρὸς πρὸς υἱόν LXX.

Luc. i. 17   ἐπιστρέψαι καρδίας πατέρων ἐπὶ τέκνα.

Am besten ist von der ntl. Lukas-Stelle auszugehen, da sie zeitlich
feststeht. Der Infinitiv ἐπιστρέψαι ist bereits aus Sir. xlviii. 10 G und H
bekannt, kann also von hier stammen; er steht aber auch in O und kann
GrII entnommen sein. Zu Mal. iii. 24 𝔐 (= iv. 5 LXX) besteht keine
Beziehung.

Der Plural καρδίας ist auch von Syh xlviii. 10 bezeugt; er scheint
aber nicht ursprünglich zu sein, sondern wurde infolge der beiden
Plurale πατέρων und τέκνα später gesetzt.

Der Plural πατέρων entspricht dem Plural xlviii. 10 in H und O.

Die Präposition ἐπί steht auch xlviii. 10 in O und ist genaue Wiedergabe von על.

Die Lesart τέκνα ist äußerst wichtig, weil hier der Plural wie in
xlviii. 10 H und O steht, und dann besonders, weil statt υἱός das
Synonym τέκνον wie in O gewählt ist. Zum Vergleich kann auf folgende
Stellen verwiesen werden:

Dt. xi. 21   υἱῶν] τεκνων 85mg 344mg.

Esdr. I viii. 81 (85)   υἱοῖς] τεκνοις A.

   82 (85)   υἱοῖς B 19 55] τεκνοις ANrel. = Sixt.

Ps. lxxxix (xc) 16   τοὺς υἱοὺς αὐτῶν] σ' ἐπὶ τὰ τέκνα αὐτῶν.

Job xvii. 5   ἐφ' υἱοῖς] σ' θ' τέκνων.

Regn. III xiv. 3   α' ※ τοῖς τέκνοις αὐτοῦ.

Job xxxix. 4   σ' θ' ※ τὰ τέκνα αὐτῶν.

Man kann deutlich beobachten, daß der Plur. τέκνα dem Plur. υἱοί
vorgezogen wird; υἱοί hat ausnahmsweise seine feste Stelle (1) in den
Ausdrücken υἱοί Ισραηλ, Ααρων, Αδαμ, ἀνθρώπων, ταύρων (Sir. xxxviii.
25) und mußte (2) als Parallelvokabel zu τέκνα im zweiten Halbvers,
nämlich iii. 2b, xvi. 1b, xxx. 30b, gewählt werden. So hat auch GrII
τέκνα 'Kinder' hier genommen, weil er υἱοί zu einseitig als 'Söhne'

auffaßte, dagegen in τέκνα auch die 'Töchter' mit eingeschlossen wissen wollte.

Ein Rückblick zeigt, daß die von O überlieferten Vokabeln oftmals der hebr. Vorlage ihre Abkunft verdanken. Wo H fehlt, kann manchmal festgestellt werden, daß die Varianten mit Syr übereinstimmen. Da Syr gewöhnlich mit H zusammengeht, kann man annehmen, daß die Wortlautänderungen auch auf H zurückgehen.

Oftmals ist die Wahl der Vokabel dadurch bedingt, daß das von G verwendete Wort zur Zeit des zweiten Übersetzers oder Rezensors nicht mehr so gebräuchlich und gängig war. Gern wurden auch schwer verständliche und seltene Vokabeln durch leicht verständliche und häufig gebrauchte Wörter ersetzt.

Wenn völlig von G und H abweichende Wiedergaben von O überliefert sind, dann muß eine andere hebr. Vorlage angenommen werden, falls die Variante nicht innergriechisch verderbt ist.

Besonders wichtig sind solche Stellen, wo O eine ursprüngliche Lesart überliefert, die in den anderen Zeugen (also auch in den alten Unzialen B-S A) verderbt ist. Hier hat GrII auf dem Weg über O entweder die alte ursprüngliche Lesart bewahrt oder neu (nach H) übersetzt und dabei die richtige Vokabel getroffen.

INDEX DER VON O ÜBERLIEFERTEN UND IN DIESEM BEITRAG BESPROCHENEN VOKABELN

Vorbemerkung. Die Vokabeln des griech. Sir. sind bereits dreimal verzeichnet: (1) in der Konkordanz von Hatch–Redpath, (2) in dem *Supplement* dieser Konkordanz von H.-R. (Oxford, 1906), *Concordance to Portions of Ecclesiasticus with Hebrew Equivalents* (S. 163–96), (3) im *Index* von Smend.

Jedoch sind von Hatch–Redpath die Vokabeln der O-Rezension nur dann verzeichnet, wenn sie auch von S^c bezeugt sind, und dies ist nur selten der Fall, z. B. xii. 8 S^c οὐ γνωσθήσεται (O hat ἐπιγνωσθήσεται) unter γιγνώσκειν *Concordance*, S. 269, und *Supplement*, S. 170.

Häufiger hat Smend Vokabeln der O-Rezension in seinen *Index* aufgenommen, besonders dann, wenn er sie für ursprünglich hält.

Smend übt in seiner *Vorrede*, S. IX–XIII, (mit Recht) scharfe Kritik an den oben unter (1) und (2) genannten Konkordanzen von Hatch–Redpath; aber auch sein *Index* hat große Schwächen. Smend hat nämlich die von GrII stammenden Vokabeln nur schlecht oder gar nicht gekennzeichnet, so daß der Benützer nicht weiß, ob sie zur ersten griech. Übersetzung (G) oder zu GrII gehören. So notiert Smend in seinem *Index* S. 41 die oben genannte Stelle

xii. 8 unter γιγνώσκειν; vor xii. 8 ist das Zeichen ° gesetzt (laut *Vorrede* S. VI bezeichnet ° 'unsichere griechische Lesarten'). Jedoch ist γνωσθήσεται S^c keine 'unsichere griechische Lesart', sondern eine aus GrII stammende Neuübersetzung nach H; als solche sollte sie gekennzeichnet werden. Als weiteres Beispiel soll ἐθελοκωφεῖν genannt werden. Smend verzeichnet in seinem *Index*, S. 59, § ἐθελοκωφεῖν xix. 27 (das Zeichen § bedeutet, daß das genannte Wort nur im griech. Sir. vorkommt). Niemand kann wissen, daß ἐθελοκωφεῖν nur von O-V 248–743 a bezeugt ist, also von GrII stammt, und für ἑτεροκωφεῖν steht, das S. 103 als Hapaxlegomenon verzeichnet ist (hier steht wenigstens ein Verweis auf ἐθελοκωφεῖν).

Die in Klammern beigegebenen Vokabeln stammen von G, sind somit von Hatch–Redpath und Smend bereits verzeichnet. Wo kein hebr. Äquivalent angegeben ist, fehlt H zur Stelle.

ἀγαθός, ἀγαθά: ἐν τοῖς ἀγαθοῖς (χρήμασιν) αὐτοῦ בטובתו xiv. 5.

ἀγαθός (καλός) נאוה xiv. 3.

ἀγαπᾶν (φοβεῖσθαι) i. 20.

ἁγιάζειν: καὶ ἁγίασον (καὶ ἀπάτησον) ופנק xiv. 16a.

Αἴγγαδοι: ἐν Αἰγγάδοις (ἐν αἰγιαλοῖς) xxiv. 14.

αἰών: ἕως τοῦ αἰῶνος (ἐν τοῦ ἑνός) זה על זה xlii. 25.

αἰῶνος (μετανοίας) דעת xliv. 16.

ἄλλος: ἐξ ἄλλου (ἐξ ἀλλοτρίου) xxiii. 22, 23.

ἀνήρ: καὶ ἀνὴρ ὅς (καὶ πονηρός) xvii. 31.

βαθύς: βαθύτερα (χαλεπώτερα) פלאות iii. 21.

δόξα: δόξαν (δόμα) משאות xxxviii. 2.

ἐθελοκωφεῖν: ἐθελοκωφῶν (ἑτεροκωφῶν) xix. 27.

ἐκδίκησις: ἐκδικήσεως (ἐπαγωγῆς) עברה v. 8.

ἐκκλησία: ἐκκλησίας (ἐχθροῦ) קהל xlvi. 7.

ἐναντίον (ἐνώπιον) לעיני xxxiii. 4.

ἐνδελεχῶς (διὰ παντός) תמיד vi. 37.

ἐνώπιον (ἐν στόμασιν) i. 29.

ἐξολοθρεύειν: ἐξολοθρεύσει σε (ἐξολῇ) תספה v. 7.

ἐπιγινώσκειν: ἐπιγνωσθήσεται (ἐκδικηθήσεται) יודע xii. 8.

ἐρευνᾶν: μὴ ἔρευνα (μὴ ἐξέταζε) אל תחקור iii. 21.

εὐδοκία: εὐδοκίαις (παροικίαις) xli. 5.

εὐλογεῖν: ηὐλόγησεν (ἀνύψωσεν) ברך xxxvi. 9.

θεός: ὑπὸ θεοῦ (ὑπὸ κυρίου) בוראו iii. 16.

ἱστάναι διαθήκην: ἐστάθησαν (ἐτέθησαν) נכרת xliv. 18.

κατορθοῦν: κατώρθωσεν (ἀγαθῶσαι) המכלכל xlix. 9.

κυκλοῦν: ἐκύκλωσεν (ἐγύρωσεν) xliii. 12.

κύριος: κυρίοις (δεσπόταις) iii. 7.

κύριος: παρὰ τοῦ κυρίου (παρὰ τοῦ ὑψίστου) מיהוה xii. 2.

λαμβάνειν: ὁ εἰληφώς (ὁ ἐγκρατής) תופש xv. 1.

μελετᾶν: μελετήσει (τελευτήσει) יהגה xiv. 20.

μεστός: μεστήν (ὑγίειαν) i. 18.

μετά: μετὰ σοῦ (ὡς σύ) כמוך vi. 11.

μιμνήσκεσθαι: μνησθῆναι ζωήν (ζητῆσαι τρυφήν) xiv. 16b.

ὀλιγωρεῖν τῇ ψυχῇ: καὶ μὴ ὀλιγωρήσῃς τῇ ψυχῇ (καὶ μὴ ὀλιγοψυχήσῃς) ואל תקוץ
   iv. 9.

πανουργία (πονηρία) xix. 23.

περί: περὶ σοῦ (ὑπὲρ σοῦ) iv. 28.

πονηρός: πονηρά (κακά) xiii. 25, xxvii. 22.

πορνεία: περὶ πορνείας (πρὸς νέους) בנות xlii. 8.

προσάγειν: τὸν προσάγοντα (τὸν προσπορευόμενον) חובר xii. 14.

σκέπη: ἐν τῇ σκέπῃ αὐτῆς (ὑπ' αὐτῆς) בצלה xiv. 27.

σοφία: γνῶσιν σοφία (γνῶσιν συνέσεως) i. 19.

σύνεσις: τῆς συνέσεως (τῆς σοφίας) δοθήσεταί σοι יחכמך vi. 37.

συσσείειν: συνέσεισε (ὠδίνησεν) יחול xliii. 17.

τέκνον: ἐπὶ τέκνα (πρὸς υἱούς) על בנים xlviii. 10.

ὑπερήφανος: ὑπερηφάνων (ἀρχόντων x. 14; ἐθνῶν V. 15) גאים x. 14; גוים V. 15.

ὑποσκάπτειν: ὑποσκάψει (ὑποσχάσει) יחפש xii. 17.

ὕστερον (ἐπ' ἐσχάτων) לאחור vi. 28.

ὕψιστος (κύριος) יהוה, אל v. 4.

Ursprüngliche Lesarten im griechischen Sirach

Unter allen Büchern der Septuaginta gibt Sirach (Ecclesiasticus) dem Textkritiker die meisten und schwierigsten Rätsel auf. Immer wieder haben sich seit dem 16. Jahrhundert verschiedene Gelehrte um den griech. Text, der nach der Entdeckung grosser hebräischer Stücke besser beurteilt werden konnte, mit mehr oder weniger Erfolg bemüht; folgende Namen sind zu nennen (in zeitlicher Folge): Camerarius, Drusius, Grotius, Grabe, Bendtsen, Bretschneider, Schleusner, Böttcher, Fritzsche, Hatch, Schlatter, Ryssel, Nestle, Herkenne, Smend, Hart, Peters Box und Oesterley, de Bruyne, Kuhn, Rahlfs, Katz. Die Krone gebührt Rudolf S m e n d; 1906 gab er die Weisheit des Jesus hebräisch und deutsch mit einem hebräischen Glossar, ferner einen ausführlichen Kommentar, dem umfangreiche (159 S.) Prolegomena einleiteten, heraus; in seiner Selbstanzeige in den Götting. Gelehrten Anzeigen 10 (1906) 755-771 sind wichtige Nachträge verzeichnet; ein Jahr später (1907) erschien als wertvolles Arbeitsinstrument der Griechisch-Syrisch-Hebräische Index zur Weisheit des Jesus Sirach. Viele unklare und umstrittene Stellen hat Smend erfolgreich erklärt und so die beste Vorarbeit für den Sirach der Stuttgarter Handausgabe von Rahlfs (1935) geliefert. Aber auch der von R a h l f s hergestellte Text ist noch weit vom Ziel entfernt; den grossen Abstand zeigt K a t z in seiner ausführlichen und wirklich weiterführenden Besprechung der Stuttgarter Septuaginta in der Theol. Literaturzeitung 61 (1936) 278f., wo er in 134 Zeilen zu 270 Stellen eine « vorläufige Liste » seiner (meist auf Smend zurückgehenden) Textlesarten und Emendationen veröffentlichte. Allerdings schoss Katz in seinem Konjekturen- und Emendationeneifer weit über das Ziel hinaus; nach wiederholter, sorgfältiger Prüfung konnten von den 270

vorgeschlagenen Textlesarten nur 70 in die neue Göttinger Ausgabe
übernommen werden (¹).

(¹)   *Sigel und Abkürzungen*

H   = Hebräischer Text   La = Lateinische Übersetzung (Ve-
G   = Griechischer Text (Überset-   tus Latina)
        zung des Enkels)   Syh = Syrohexaplarische Überset-
                                          zung
GrII = Zweite griechische Überset- Syr = Syrische Übersetzung (Pe-
        zung   schitta)

O   = 253–Syh   a   = 149–260–606
L   = 248–493–637   b   = 249–254–603–754
l   = 106–130–545–705   c   = 296–311–548–706

Benützte Literatur

Bendtsen   = *Specimen exercitationum criticarum in Veteris Testamenti Libros
               Apocryphos e scriptis patrum et antiquis versionibus... quod...
               publice defendet* BENEDICTUS Bendtsen, Gottingae 1789
Böttcher   = F. BÖTTCHER, *Exegetisch-kritische Aehrenlese zum AT*, Leipzig
               1849
Box   = G. H. BOX, *The Book of Sirach: The Apocrypha and Pseudepigra-
               pha of the OT in English ed.* R. H. CHARLES I (Oxford 1913)
               268-517
de Br.   = D. DE BRUYNE, *Étude sur le texte latin de l'Ecclésiastique, Rev.
               Bén.* 40 (1928) 5-48
Bret.   = *Liber Iesu Siracidae graece... illustratus a* C. G. BRETSCHNEIDER,
               Ratisbonae 1806
Camerarius   = *Sententiae Iesu Siracidae...* IOACHIMO CAMERARIO Pabepergen.
               autore, Basileae 1551
Drusius   = *ΣΟΦΙΑ ΣΕΙΡΑΧ sive Ecclesiasticus ... ex interpretatione* I.
               DRUSII, Franekerae 1596
Fr.   = *Libri apocryphi Veteris Testamenti graece. Recensuit et cum com-
               mentario critico ed.* O. F. FRITZSCHE, Lipsiae 1871
Grabe   = *Septuaginta Interpretum tomus III, ed.* J. E. GRABE, Oxonii 1720
Grotius   = HUGONIS GROTII, *Annotationes in VT curavit* G. I. L. VOGEL,
               tomus III, Halae 1776
Hart   = *Ecclesiasticus. The Greek Text of Codex 248 ed. ...* by J. H. A.
               HART, Cambridge 1909
Hatch   = E. HATCH, *On the Text of Ecclesiasticus*, in *Essays in Biblical
               Greek* (Oxford 1889) 246-282
Herk.   = H. HERKENNE, *De Veteris Latinae Ecclesiastici capitibus I-XLIII*,
               Lipsiae 1899
Houbigant   = C. F. HOUBIGANT, *Notae criticae in universos Veteris Testamenti
               libros cum hebraice, tum graece scriptos*, Frankfurt 1777
Katz   = P. KATZ, *Besprechung der Septuaginta-Ausgabe von Rahlfs*, in
               der *ThLZ* 61 (1936) 265-287 (Zu Sirach Sp. 278f.)

I. – KONJEKTUREN

Bei der Textgestaltung wurde die Stuttgarter Septuaginta zugrunde gelegt; alle Konjekturen und Emendationen von Rahlfs wurden genau nachgeprüft. Die bessere Einsicht in die vorhandene Variantenmasse des griech. Textes und der verschiedenen Übersetzungen, namentlich der Vetus Latina (La), stärkte die Position mancher Textlesarten von Rahlfs, brachte aber andere zu Fall. Zu den zwei Vorgängen sei je ein Beispiel genannt.

27,18(20) ἀπώλεσεν ἄνθρωπος τὸν ἐχθρὸν (νεκρον 157) αὐτοῦ
homo qui perdit amicum (leg. *inimicum?*) *suum* La
homo qui (>^{X}) *extulit mortuum suum* (>X) La^{sx}

Kuhn I II   = G. KUHN, *Beiträge zur Erklärung des Buches Jesus Sira I und II,* *ZAW* 47 (1929) 289-296 und 48 (1930) 100-121

Nestle   = E. NESTLE, *Marginalien und Materialien,* Tübingen 1893 (Zu Sirach S. 48-59. 94)

Oest.   = W. O. E. OESTERLEY, *The Book of Sirach: The Apocrypha and* *Pseudepigrapha of the OT in English* ed. R. H. CHARLES I (Oxford 1913) 268-517

Pe.   = *Das Buch Jesus Sirach oder Ecclesiasticus übersetzt und erklärt* *von* N. PETERS (= Exeget. Handbuch z. AT 25), Münster i. W. 1913

Ra.   = *Septuaginta id est Vetus Testamentum graece iuxta LXX inter-* *pretes* ed. ALFRED RAHLFS, Stuttgart 1935

Ry.   = V. RYSSEL, *Die neuen hebräischen Fragmente des Buches Jesus* *Sirach und ihre Herkunft, Theol. Studien u. Kritiken* 73 (1900) 363-403. 505-541; 74 (1901) 75-109. 269-294. 547-592; 75 (1902) 205-261. 347-420.

Schla.   = A. SCHLATTER, *Das neu gefundene Hebräische Stück des Sirach.* *Der Glossator des griechischen Sirach und seine Stellung in der* *Geschichte der jüdischen Theologie, Beiträge zur Förderung christl.* *Theologie* I 5-6 (Gütersloh 1897).

Schleusner = *Novus Thesaurus philologico-criticus sive Lexicon in LXX . . .* ed. J. FR. SCHLEUSNER, vol. I-III, Londini 1829

Sm.   = *Die Weisheit des Jesus Sirach erklärt von* R. SMEND, Berlin 1906.

Ferner wurde gelegentlich zitiert:

R. SMEND, *Griechisch-Syrisch-Hebräischer Index zur Weisheit des Jesus Sirach,* Berlin 1907.

J. ZIEGLER, *Zum Wortschatz des griechischen Sirach: Eissfeldt-Festschrift* Von Ugarit nach Qumran, *ZAW* Beihefte 77 (Berlin 1958) 274-287.

J. ZIEGLER, *Beiträge zur Ieremias-Septuaginta, Nachrichten der Akademie der* *Wissenschaften in Göttingen,* Philol.-hist. Kl. (Göttingen 1958) 45-235.

Ra. nimmt *νεκρόν*, das nur « unus cod. » (= 157) bezeugt, statt *ἐχθρόν* in seinen Text auf. Aber auch die lat. Hss. SX *mortuum* haben in ihrer griech. Vorlage *νεκρόν* gelesen. Auch sonst kann diese Verschreibung aufgezeigt werden: Sap. 15,14 *οἱ ἐχθροί*] *mortui* (= *οἱ νεκροί*) Arab und Num. 10,9 *ἀπὸ τῶν ἐχθρῶν ὑμῶν* = M] *a mortuis vestris* (= *ἀπὸ τῶν νεκρῶν ὑμῶν*) La. Die Vorschläge von Bret. *τὴν θήραν* und Kuhn II 107 *τὸν τρίχα* (bereits von Nestle S. 54 vorgeschlagen, aber sofort wieder verworfen) erledigen sich von selbst. Am meisten Chance hatte *κλῆρον*, das schon Böttcher auf Grund des syr. *mnthh* vorschlug; Sm. Pe. Oest. Katz stimmen Böttcher zu. Jedoch ist *κλῆρον* abzulehnen; wenn man das syr. *mnthh* (= *portionem*) in das naheliegende *mithh* (= *mortuum*) verbessert, dann erhält *νεκρόν* eine feste Grundlage.

Bei der Lesart der lat. Hss. SX *extulit mortuum* denkt man unwillkürlich an den Bericht im NT, dass der einzige Sohn der Witwe aus dem Städtchen Naim « als Toter hinausgetragen wurde »; allerdings lautet die griech. (und lat.) Fassung anders: *ἐξεκομίζετο τεθνηκώς* (*defunctus efferebatur*) Luc. 7,12. Das Verbum *ἐκφέρειν* (*efferre*) hat die oft in der profanen Literatur vorkommende spezielle Bedeutung zum Begräbnis hinaustragen, bestatten. Es ist nicht erlaubt, eine andere griech. Vorlage, etwa *ἀπεφόρησεν* (aus *ἀπώλεσεν*), das als *ἐξεφόρησεν* gedeutet wurde, anzunehmen. Wahrscheinlich ist nur frei *extulit* gewählt, weil das wörtliche *perdit* (*perdidit*) nicht recht passte.

38,28 (*φωνὴ σφύρης*) *κ α ι ν ι ε ῖ* (*τὸ οὖς αὐτοῦ*) B-S alii Fr.] *κενιει* A alii; *κινει* 542 543; *κναίει* Grabe Bret.; (*φωνῇ σφ.*) *κλινεῖ* Sm. Box Ra.

Ra. hat zu Unrecht die alte Konjektur *κλινεῖ* übernommen. Richtig haben Herk. und Ry. als hebr. Äquivalent *jhrš* (= er macht taub, so Aeth) erkannt, das der griech. Übersetzer in *iḥdš* (= er macht neu) verlas, vgl. Pe. S. 320.

Im folgenden sind 15 Vokabeln verzeichnet, die den Anspruch erheben können als Konjekturen in den Text aufgenommen zu werden. Die Aufspürung der Konjekturen ist gewöhnlich dadurch erleichtert dass die Vokabel häufig ist und die Verlesung auch sonst festgestellt werden kann.

1. *ἄνθρωπος* (ex *ανος*) — *αὐτός*

10,17a *ἐξ αὐτῶν* Ra.] *ἐξ ανων* = *ἐξ ἀνθρώπων* Hatch p. 262 Sm. Zi. = Syr (V. 17b).

46,12c *αὐτῶν* Ra.] *ανων* = *ἀνθρώπων* Sm. Zi.

4,5 ἀνθρώπῳ Ra.] αὐτῷ Hart Zi. = H.

10,17 und 46,12 ist ἀνθρώπων, dagegen 4,5 αὐτῷ ursprünglich.

Die Verschreibung ανος - αὐτός lässt sich oft beobachten. Beispiele:

5,13 ἀνθρώπου] αυτου C | 10,11 ἄνθρωπον] αυτον C | 15,19 ἀνθρώπου] αυτου A 336 | 18,9 ἀνθρώπου] αυτου C 543 Aeth | 38,6 ἀνθρώποις] αυτοις 249-754 | 9,13 ἀπὸ ἀνθρώπου] ab eo (= απ αυτου) Arm. Sap. 13,13 ἀνθρώπου] αυτου 339 755 | Zach. 12,1 ἀνθρώπου] αυτου A Sir. 17,19b αὐτῶν] των ανθρωπων S* Sap. 14,12 αὐτῶν] ανθρωπων 613 | Mac. II 7,21 αὐτῶν] των ανθρωπων A.

2. βολίς (βέλος) – βασιλεύς (διαβολή)

51,6 βασιλεῖ διαβολή Ra.] καὶ βολίδος Zi. = H

Sm. weiss nicht, wie die Textverderbnis zu heilen sei. Aber Pe. und Hart sind auf der richtigen Spur, wenn sie in βασιλεῖ ein verstecktes βέλος sehen. Hart verweist auf Jer. 9,8(7) βολὶς τιτρώσκουσα ἡ γλῶσσα αὐτῶν und auf Job 39,22. Die Job-Stelle ist besonders lehrreich, weil die gleiche Verderbnis vorliegt: βέλει] βασιλει B-S* Syh^txt. Βέλος ist die gewöhnliche Wiedergabe für ḥeṣ und kommt auch 2mal in Sir. vor (H fehlt an beiden Stellen). Βολίς wird seltener verwendet (fehlt in Sir.); Jer. 9,8(7) 27(50),9 Ez. 5,16 ersetzen Aquila und Symmachus βολίς durch βέλος. Vielleicht leben in βασιλεῖ διαβολή die beiden Lesarten βέλος - βολίς verborgen weiter. Die Verschreibung zu διαβολή (vor γλώσσης) ist durch die gleiche Wendung in V. 2c (διαβολῆς γλώσσης) gefördert worden. Die Entscheidung zwischen βέλος und βολίς ist nicht leicht; ich gebe βολίς als der selteneren Vokabel in Anschluss an Taylor und Ry. den Vorzug.

3. ἐλεγμός – ἐμός

3,1 ἐμοῦ τοῦ πατρὸς ἀκούσατε, τέκνα (+ κρίσιν L)
    ἀκούσατε τέκνα κρίσιν πατρός O Houbigant Nestle Ry. Sm. Katz: cf. Syr.
    κρίμα τοῦ πατρὸς ἀκούσατε τέκνα 768 ed. Wechel
    iudicium patris audite filii La (3,2)

Nestle S. 48f. hat auf die (bereits von Houbigant vorgeschlagene) Lesart κρίσιν hingewiesen und hält sie für «die einzig richtige Lesart», die auch durch die Peschitta (= Syr) verbürgt werde; alle Textkritiker schliessen sich Nestle an. Aber die Stellung von κρίσιν ist nicht ursprünglich; es gehört vielmehr an den Anfang, wo es La richtig hat. Sm. verweist auf die gleiche Stellung 23,7 (παιδείαν στόματος ἀκούσατε, τέκνα) und 41,14 (παιδείαν... συντηρήσατε, τέκνα). Dies zeigt deutlich, dass im ersten Wort (ἐμοῦ) das ursprüngliche Nomen stecken muss, und dieses ist ἐλεγμόν.

Die Vokabel ἐλεγμός (gewöhnlich für thokaḥath) steht 5mal bei Sirach; zweimal findet sich ἔλεγχος. Als Parallelworte treten κρίμα, σύγκριμα, κρίνειν auf:

35 (32 Ra.),17 ἐλεγμόν (correptionem) parallel σύγκριμα (comparationem)
48,7 ἐλεγμόν (iudicium) parallel κρίματα (iudicia)
16,12(13) ὁ ἔλεγχος (correptio) parallel κρινεῖ (iudicat).

Die in Klammern beigegebenen lat. Wiedergaben sind lehrreich: correptio steht auch 20,31 21,7 19,28a (Dublette), iudicium 19,28b (Dublette) 48,10. An correptio ist nichts auszusetzen, wohl aber an iudicium; dieses ist nämlich innerlateinisch aus indicium verderbt.

Bereits Herk. (und ihm folgend de Br.) hat zu 19,28b indicium statt iudicium gefordert.

In der Vulgata steht überall iudicium. Wenn wir die neue Textausgabe von San Girolamo aufschlagen, so steht 19,28 richtig indicium, dagegen unrichtig 48,7a iudicium (statt indicium) und 48,10 iudiciis (statt indiciis).

So wird auch an unserer Stelle indicium in La ursprünglich sein.
Somit ist 3,1 zu lesen: ἐλεγμὸν πατρὸς ἀκούσατε, τέκνα. Der ἐλεγμὸς πατρός 3,1b entspricht ausgezeichnet der κρίσις μητρός 3,2b.

4. ἐπιδέχεσθαι – ἐπιλέγεσθαι – ἐπιδείκνυσθαι

Drei Stellen (36,26 41,1 51,26) zu ἐπιδέχεσθαι verzeichnen Hatch-Redpath in ihrer Konkordanz, zwei weitere (6,18 50,21) führt Sm. in seinem Index auf:

36,26 (21 Ra.) ἐπιδέξεται] επιλεξ. 339; επιδειξ. 795 | 41,1 ἐπιδέξασθαι]
    επιδειξ. 578 | 51,26 ἐπιδεξάσθω] επιδειξ. 706.
6,18 ἐπίλεξαι Ra.] δεξαι 694; excipe La Syr = ἐπίδεξαι Böttcher Nestle
    Herk. Sm. Oest. Katz Zi.
50,21 ἐπιδείξασθαι] επιδεξ. OL alii Ra. Sm. Zi.

Für diesen Wechsel (Δ-Λ, E-EI) lassen sich noch weitere Stellen aufführen:

Sir. 6,23 *ἔκδεξαι*] *εκλεξαι* L alii; *εκλεξον* 755 | 35 (32 Ra.), 14 *ἐκδέξεται*]
εκλεξ. Bᶜ alii = Ald. | 51,16 *ἐδεξάμην*] *εξελεξαμην* 547.

Prov. 24,47 (32 Ra.) *ἐκλέξασθαι*] *εκδεξ*. 339 534-613 = H | Job 34,33
ἐκλέξῃ] *εκδεξη* S | Is. 66,4 *ἐκλέξομαι*] *εκδεξ*. B alii | Regn. II
19,38 (39 Ra.) *ἐκλέξῃ*] *εκδεξηται* A | Mac I 1,63 *ἐπεδέξαντο* (*ἀπο-
θανεῖν*)] *επελεξ*. L alii; *επεδειξ*. 542 | Mac. II 7,29 *ἐπίδεξαι* (*τὸν
θάνατον*)] *επιλεξαι* 19 alii; *επιδειξαι* 370 | 2,26 *ἐπιδεδεγμένοις* q La
Arm] *επιδεδειγμ*. rel. | Mac. III 6,26 *ἐπιδεδεγμένους* q-58 311ᶜ]
επιδεδειγμ. rel. | Est. 2,3 *ἐπιλεξάτωσαν*] *επιδειξ*. A.

Ein Überblick zeigt, dass 6,18 *ἐπίδεξαι* (statt *ἐπίλεξαι*) *παιδείαν* zu
lesen ist; vgl. zur Wendung *ἐπιδέχεσθαι* (oder *ἐκδ*.) *παιδείαν* 51,26 (*ἐπι-
δεξάσθω ... παιδείαν*) | 18,14 (*τοὺς ἐκδεχομένους παιδείαν*) | 35 (32 Ra.),14
(*ἐκδέξεται παιδείαν*).

Diese Wendung gebraucht auch Symmachus Prov. 19,20 (bereits
Böttcher hat auf diese Stelle verwiesen) *ἐπιδέξεται παιδείαν* (LXX anders), ein weiterer Beleg für die Verwandtschaft seines Wortschatzes
mit Sirach, siehe Ziegler, Zum Wortschatz des griech. Sirach S. 284-286.

Zugleich sichert der Überblick die Konjektur Prov. 24,47 (32 Ra.)
ἐκδέξασθαι (statt *ἐκλέξασθαι*) *παιδείαν*.

Weiterhin zeigt die Zusammenstellung, dass 51,21 *ἐπιδέξασθαι* (statt
ἐπιδείξασθαι) in den Text gehört, wie es bereits richtig Ra. getan hat.

Die beiden Verba *ἐπιλέγεσθαι* (6,18) und *ἐπιδείκνυσθαι* (50,21), die
in Sir. nur je einmal an den genannten Stellen vorkommen, sind somit aus dem Wortschatz des Sirach zu streichen; richtig ist dies bereits
von Sm. in seinem Index geschehen.

5. *εὐδοκία* – *εὐλογία*

An zwei Stellen ist *εὐδοκία* statt des überlieferten *εὐλογία* zu lesen:
36,22 (16 Ra.) *εὐλογίαν* Ra.] *ευδοκιαν* 307 534 Ry. Sm. Box Katz Zi. = H.

Die Verschreibung in *εὐλογίαν* hat die Beifügung *Ααρων* (*κατὰ τὴν
εὐλογίαν Ααρων περὶ τοῦ λαοῦ σου*) veranlasst; somit ist *Ααρων*
als « schlechte Glosse » (Sm. S. 322) auszuscheiden. Die Grundstelle ist
Ps. 105,4 *ἐν τῇ εὐδοκίᾳ τοῦ λαοῦ σου* = H.

42,15d *καὶ γέγονεν ἐν εὐλογίᾳ αὐτοῦ κρίμα*

Diese Verszeile steht nur in Sᶜ 339 679 Sa Arm = H. Die Textkritiker Bret. Herk. Schla. Hart Sm. Box lesen richtig nach H *ἐν εὐδοκία*.

Auch 35(32 Ra.),14 hat La (32,18) in der griech. Vorlage εὐλογίαν gelesen: εὐδοκίαν] *benedictionem* = ευλογιαν La (32,18).

Aus den Psalmen lassen sich zwei Beispiele für den Wechsel εὐλογία – εὐδοκία anführen:

Ps. 3,9 εὐλογία] ευδοκια Sa | 18,15 εὐδοκίαν] ευλογιαν Sa 2035.

Für die Vertauschung εὐδοκεῖν – εὐλογεῖν liegen in Sirach keine Beispiele vor. Dagegen können drei Stellen aus den Psalmen genannt werden:

Ps. 48,14 εὐδοκήσουσιν] ευλογησουσιν B-S La alii | 118,108 εὐδόκησον] ευλογησον S Bo | 84,2 εὐδόκησας] *benedixisti* La = ευλογησας.

Der Sirach-Übersetzer verwendet gern (16mal) εὐδοκία; sonst steht es nur noch 10mal in der LXX: 8mal in den Psalmen und je 1mal in Par. I 16,10 und Cant. 6,3(4 Ra.).

6a. εὐοδία – εὐδοκία

Die Vokabel εὐοδία ist selten; Hatch-Redpath zählen zu den vier Stellen bei Sir. noch vier in späten Schriften auf. Nur einmal (10,5) ist εὐοδία (neben dem naheliegenden εὐωδία) einheitlich überliefert, aber sonst ist immer εὐδοκία als Variante bezeugt:

20,9 εὐοδία] ευδοκια 248 679 Dam. | 38,13 εὐοδία] ευδοκια V alii | 43,26 εὐοδία] ευδοκια A.
9,12 εὐδοκίᾳ B A Ra. (-κιαις S rel.)] *prosperitatibus* Syh = ευοδιαις Hart.

Mit Nestle Sm. Box ist anstelle des ungebräuchlichen Plural der Singular εὐοδίᾳ im Anschluss an εὐδοκίᾳ B A, «das durch εὐδοκήσῃς veranlasst ist» (Pe. S. 86), als Textlesart aufzunehmen.

Hart bemerkt zu 9,12: «εὐδοκία is a common corruption of εὐοδία = ṣlḥ cf 2 Chr. XXIX.23, Is. LIV(LV) 17, Je. II.37» (S. 116). Die genaue Aufzeichnung der Stellen zeigt, dass diese Notiz nicht korrekt ist:

Par. I 29,23 (nicht « 2 Chr. ») εὐδοκήθη] ευλογηθη c₂; ευοδωθη b e₂ |
    Is. 54,17 εὐοδώσω] ενδοκησω A | Ier. 2,37 εὐοδωθήσῃ] ευδοκηση
    S* 410 (-κηθηση).

Es kann noch Ier. 14,10 genannt werden: εὐδόκησεν] ευοδωσεν B* (ευωδ.ᶜ).

Die Beispiele zeigen, dass Par. I 29,23 εὐοδώθη in den Text gehört.

Auch Sir. 11,17 hat die griech. Vorlage von La (*profectus*) εὐοδία statt des allgemein bezeugten εὐδοκία gehabt. Jedoch steht hier εὐδοκία fest, wie andererseits 20,9 εὐοδία nicht anzutasten ist. Nestle S. 94 möchte εὐδοκία lesen, ebenso J. Goettsberger, Einleitung in das AT (Freiburg i. Br. 1928) 276 Anm. 5; hier liegt ein Versehen vor, da H zu 20,9 fehlt und somit kein hebr. *ḥpḥṣ* die Vorlage bilden kann.

6b. εὐοδία – εὐλογία

11,22b εὐλογίαν (-για 46 alii) Ra.] *processus* La (11,24b) = εὐοδία Herk. Sm. Hart Pe. Zi.

Sm. hält εὐλογίαν für « schwerlich richtig » (S. 109) und meint, dass εὐοδία Übersetzung von *thqwh* sein könnte. Ich halte εὐλογίαν für sekundär, das von V. 22a (εὐλογία κυρίου) her beeinflusst ist.

7a. κατασπεύδειν – καταπαύειν

45,3 κατέπαυσεν Ra.] κατεσπευσεν Ry. Sm. Pe. Box = H.

H (*mhr*) verlangt κατέσπευσεν als ursprüngliche Lesart. Die gleiche Verschreibung lässt sich an fast allen Stellen beobachten:

43,5 κατέσπευσεν] κατεπαυσε(ν) O-Sᶜ–V L alii | 43,13 κατεπαυσε(ν) S L alii | 50,17 κατεπαυσαν (-σεν) V alii
Ex. 10,16 κατεπαυσε q | Deut. 33,2 κατεπαυσεν f alii | Par. I 21,30 κατεπαυσεν af Tht.

7b. κατασπεύδειν – κατὰ σπουδήν

43,22 (ἴασις πάντων) κατὰ σπουδὴν ὁμίχλη Ra.] κατασπουδη ομιχλης b; κατασπένδει (giesst herab) Kuhn II 115; ἴασιν πάντων κατασπεύδει ὀμίχλη Zi.

Die Wiedergabe κατὰ σπουδήν (*mʿrpḥ* H) ist auffallend. Man erwartet ein Substantiv mit dem Gen. ὀμίχλης, wie es die Minuskelgruppe b überliefert (noch besser würde κατασπονδή passen), oder ein Verbum, wie es Kuhn vorschlägt. Aber κατασπουδή, κατασπονδή, κατασπένδειν fehlen im Wortschatz des Sirach-Übersetzers (und auch in der LXX).

So möchte ich κατασπεύδειν vorschlagen, das in der LXX selten ist, aber gern in Sirach (8mal) verwendet wird. Dieser Vorschlag ist durch das gleiche Vorkommen der Varianten Regn. I 21,9 (κατὰ σπουδήν] κατασπευδον A, επισπευδων O-A) und durch die ähnliche Wendung der Symmachus-Wiedergabe Prov. 19,13 (σταγόνες κατασπεύδουσαι) ausgezeichnet begründet. Am liebsten möchte man auch an unserer Stelle das Partizip (κατασπεύδουσα ὁμίχλη) herstellen; dagegen sprechen jedoch die zu weit wegführende Femininendung und die Stellung (das Partizip müsste nach dem Nomen stehen).

8. λογισμός – λόγος

27,6 λόγος] λογισμός O-V L 543 Pe. Zi. = H
42,3 λόγου] λογισμοῦ Zi. = H.

Sm. glaubt, dass an beiden Stellen λόγος « der Abwechslung halber » (S. 243) für λογισμός stehe. Aber da sonst in der LXX immer λογισμός maḥašaba oder ḥæšbon entspricht, ist auch hier λογισμός als ursprünglich anzunehmen. Der Wechsel findet sich öfter:

5,10 λόγος] λογισμος 753 | 12,12 λόγους] λογισμους 672 743 | 23,13 λόγος] λογισμος V 744-768 = Ald. | 48,1 λόγος] λογισμος 254
43,23 λογισμῷ = cogitatione La (25b)] sermone La (25a) = λογω Herk. Sap. 1,16 λόγοις] λογισμοις 248 | Mac. IV 3,1 λογισμός 1°] λογος V (nach Swete, fehlt bei Ra.).

9. λόγος – νόμος

36 (33 Ra.), 3a (ἐμπιστεύσει) νόμῳ Ra.] λόγῳ Kuhn II 109 Katz Zi. = H.

Sm. verweist auf Ps. 118(119), 57.105, wo νόμος für dbr stehe (siehe unten), und rührt deshalb νόμῳ nicht an. Aber der Wechsel λόγος-νόμος ist innergriechisch, der oft beobachtet werden kann:

31 (34 Ra.), 8 νόμος] verbum (+ legis V) La (34,8) = λογος Zi. | 32 (35 Ra.),1 νόμον = legem La V (35,1)] verbum La Apc (35,1) = λογον Herk.
Ps. 118,57 νόμον] λογον Sa; verbum... legem La G: lectio duplex | 118,105 λόγος] νομος SRAL alii | 118,142 νόμος] λογος S alii | 129,5b λόγον] νομον S 55 Bo | Ier. 8,9 λόγον] νομον B | 34,15 λόγος] νομος S* | Is. 1,10 νόμον] λογον S* alii | Mac. I 2,22 τῶν λόγων] τον λογον S alii; τον νομον A 56.

Hatch-Redpath führen zu Unrecht in ihrer Konkordanz für den Wechsel νόμος - λόγος Deut. 32,45 auf: A τοὺς νόμους τούτους; A liest jedoch λόγους = M.

Somit ist 36 (33 Ra.), 3a mit H $\lambda\delta\gamma\omega$ (statt $\nu\delta\mu\omega$) zu lesen; $\nu\delta\mu\omega$ V. 3a ist durch δ $\nu\delta\mu o\varsigma$ V. 3b (= H) und $\nu\delta\mu o\nu$ V. 2a (= H) beeinflusst.

10. $\nu\alpha\delta\varsigma - \lambda\alpha\delta\varsigma$

36,19 (13 Ra.) $\lambda\alpha\delta\nu$ Ra.] $\nu\alpha o\nu$ Ry. Sm. Box Katz Zi. = H
49,12 $\lambda\alpha\delta\nu$ B-S V 336 Syh Sa Aeth] $\nu\alpha o\nu$ rel. Ra. Zi. = H
50,5 $\lambda\alpha o\tilde{\nu}$ Ra.] $\nu\alpha o\nu$ 603 Bret. Ry. Sm. Katz Zi. = H.

Auch sonst findet sich oft der Wechsel $\lambda\alpha\delta\varsigma$ - $\nu\alpha\delta\varsigma$:

45,9 $\nu\alpha\tilde{\omega}$ = H] $\lambda\alpha\omega$ 358 | 50,1 $\nu\alpha\delta\nu$ = H] $\lambda\alpha o\nu$ 248 alii | 51,14 $\nu\alpha o\tilde{\nu}$] $\lambda\alpha o\nu$ 542 613
Ion. 2,5 $\nu\alpha\delta\nu$] $\lambda\alpha o\nu$ B* | M&c. I 10,80 $\lambda\alpha\delta\nu$] $\nu\alpha o\nu$ S*.

Weitere Beispiele siehe Ziegler, Beiträge zur Ieremias-Septuaginta S. 48.

Es ist somit 36,19 49,12 50,5 nicht $\lambda\alpha\delta\varsigma$, sondern $\nu\alpha\delta\varsigma$ zu lesen. Dagegen ist 45,24 $\lambda\alpha o\tilde{\nu}$ ($\lambda\alpha\omega$) beizubehalten (gegen Hart, der $\nu\alpha o\tilde{\nu}$ fordert).

11. $o\imath\kappa\acute{\varepsilon}\tau\eta\varsigma - \imath\kappa\acute{\varepsilon}\tau\eta\varsigma$
$o\imath\kappa\varepsilon\tau\varepsilon\acute{\imath}\alpha - \imath\kappa\varepsilon\tau\varepsilon\acute{\imath}\alpha$

Für ʽebed hat der Übersetzer nicht das gebräuchliche $\delta o\tilde{\upsilon}\lambda o\varsigma$ oder $\pi\alpha\tilde{\imath}\varsigma$ (siehe unten Regn. III 8,30 und Dan. 9,17), sondern $o\imath\kappa\acute{\varepsilon}\tau\eta\varsigma$ (13mal), das zu seinen Lieblingswörtern gehört, siehe Ziegler, Zum Wortschatz des griech. Sirach S. 284.

Gewöhnlich (8mal) ist einheitlich $o\imath\kappa\acute{\varepsilon}\tau\eta\varsigma$ überliefert. An vier Stellen hat nur eine Minuskel $\imath\kappa\acute{\varepsilon}\tau\eta\varsigma$:

6,11 $\imath\kappa\varepsilon\tau\alpha\varsigma$ 578 | 7,20 $\imath\kappa\varepsilon\tau\eta\nu$ 743 | 7,21 $\varepsilon\imath\kappa\varepsilon\tau\eta\nu$ 253 | 30,39a (33,31a Ra.) $\imath\kappa\varepsilon\tau\eta\varsigma$ 157*.

Umgekehrt steht manchmal $o\imath\kappa\acute{\varepsilon}\tau\eta\varsigma$ statt des ursprünglichen $\imath\kappa\acute{\varepsilon}\tau\eta\varsigma$ z.B. Sir. 4,4 $\imath\kappa\acute{\varepsilon}\tau\eta\nu$] $o\imath\kappa$. V 493 alii und Ps. 73,23 $\imath\kappa\varepsilon\tau\tilde{\omega}\nu$] $o\imath\kappa$. Sa L^p Tht.^{p}

Der Wechsel $o\imath - \imath$ liegt ganz nahe, da $o\imath$ als $\imath$ gesprochen wurde (wie im Neugriechischen). Beispiele aus dem Pentateuch:

Gen. 44,16 $o\imath\kappa\acute{\varepsilon}\tau\alpha\imath$] $\imath\kappa$. f | 50,18 $\imath\kappa\varepsilon\tau\alpha\imath$ k$^{a?}$ | Ex. 5,15 $\imath\kappa\varepsilon\tau\alpha\imath\varsigma$ fs | 12,44 $\imath\kappa\varepsilon\tau\eta\nu$ s | 21,26 $\imath\kappa\varepsilon\tau o\nu$ cs | Num. 32,5 $\imath\kappa\varepsilon\tau\alpha\imath\varsigma$ ci ($\pi\alpha\imath\sigma\imath\nu$ A M alii) | Deut. 5,15 $\imath\kappa\varepsilon\tau\eta\varsigma$ is | 15,15 $\imath\kappa\varepsilon\tau\eta\varsigma$ c.

36,22(16 Ra.) gehen die Zeugen stark auseinander:

οικετων S A V-253 *L*⁻⁶³⁷ alii (= 13 min.) La (*servorum*) Sa Aeth
    Mal. = H
ικετων B 637 alii (= 22 min.) Syh.

Ra. hat zu Unrecht ἱκετῶν im Text stehen; H erfordert deutlich
οἰκετῶν (so bereits richtig Bret. Ry.).

Auch ohne Kenntnis der hebr. Vorlage müsste wegen der Parallelen
Regn. III 8,30 (τῆς δεήσεως τοῦ δούλου σου) und Dan. 9,17 (ο' τῆς προσ-
ευχῆς τοῦ παιδός σου, ϑ' τῆς προσ. τοῦ δούλου σου) οἰκετῶν als ursprünglich erkannt werden. Die Vokabel οἰκέτης gehört zu den Lieblingswörtern (13mal) des Übersetzers, der immer ʿebed so übersetzt; deshalb ist
auch 30,34(33,26 Ra.) ἐν οἰκέτῃ (statt ἐν παιδί) als ursprüngliche Lesart
in den Text aufzunehmen, siehe Ziegler, Zum Wortschatz des griech.
Sirach S. 284.

Nur einmal (4,4 ἱκέτην ϑλιβόμενον) steht bei Sir. das nur noch Ps.
73,23 und Mal. 3,14 vorkommende ἱκέτης. Sm. möchte auf Grund des
lat. *rogationem contribulati* (= H) ἱκετείαν ϑλιβομένου lesen. Jedoch ist
dies eine jüngere Lesart von GrII, die nicht die ursprüngliche Wiedergabe ἱκέτην ϑλιβόμενον verdrängen darf.

Die Vokabel ἱκετεία kommt zweimal in Sir. vor und hat ebenfalls
die Varianten οἰκετεία:

32,17 (35,14 Ra.) ἱκετείαν] οικετειαν 106 548 Sa; οικετηριαν 543 (die
    verwandte Minuskel 578 hat ικετηριαν)
51,9 ἱκετείαν] οικετιαν 545ᵐᵍ = *habitationem* La (51,13) Sa.

La setzt deutlich οἰκετείαν voraus, das in keiner griech. Handschrift
erhalten ist, so richtig J. Mader, Bibl. Zeitschrift 11 (1913) 25 und A.
Vaccari, Verbum Domini 2 (1922) 72. Die Lesart οἰκετίαν 51,9 ist eine
der in 545 zahlreichen aus La zurückübersetzten griech. Randnoten.

12. ὀλίγος - λόγος

20,13 (ὁ σοφὸς ἐν) λόγοις (λογω B alii)] ὀλίγοις 253 Katz Zi.; ὀλίγοις
    λόγοις Sm. = H
20,27 (ὁ σοφὸς ἐν) λόγοις] ὀλίγοις Nestle S. 94 Zi. = Syr (vid.)

    Zum Wechsel ὀλίγος - λόγος:
19,1 τὰ ὀλίγα] *verba* Sa = τὰ λόγια | 35 (32 Ra.),8 ἐν ὀλίγοις] εν λογοις
    542; εν ολογοις 545* (εν οληγοις ᶜ)
Sap. 2,2 ὁ λόγος] ολιγος 443 alii | 4,13 ὀλίγῳ] λογω 157 | 12,2 κατ' ὀλί-
    γον] κατα λογον 336 | Eccl. 6,11 λόγοι] ολιγοι S | 10,1 ὀλίγον] ο
    λογος B*.

An beiden Sir.-Stellen ist ὀλίγοις ursprünglich. Das Ideal des Weisen, vor allem des Redners, ist ὀλίγα, nicht πολλά; sein Motto lautet: ἐν ὀλίγοις πολλά (35,8).

20,13 liegt in H eine Dublette (ebenso 37,20) *dbr* = *bmᶜt* vor: *bmᶜt* = ἐν ὀλίγοις ist primär, *dbr* = λόγῳ ist sekundär.

Sm. hat die Dublette in H (hier und 37,20) völlig verkannt und möchte sie sogar in G übernehmen: «Danach ist wohl ἐν ὀλίγοις λόγοις anzunehmen» (S. 183). Dies ist unzulässig; λόγοις ist eine nähere Bestimmung von ὀλίγοις. Ähnlich ist 34(31 Ra.),19 «das Wenig» (τὸ ὀλίγον) in La als *vinum exiguum* (31,22) verdeutlicht worden. Clem. hat hier οἶνος statt τὸ ὀλίγον; es ist der gleiche Fall wie an unserer Stelle, nur dass in La, nicht in H eine Dublette vorliegt.

Wie ist die Dublette in H entstanden? Wahrscheinlich aus einer Randglosse *dbr* zu *bmᶜt*, die dann in den Text geraten ist. B alii haben *dbr* mit λόγῳ wiedergegeben, das im Anschluss an das ursprüngliche ὀλίγοις in den Plural λόγοις gesetzt wurde. Oder ist *dbr* eine Rückübersetzung von λόγῳ? Siehe unten zu 37,20 (τρυφή - τροφή).

13. συνέχειν – συνάγειν

14,4 ὁ συνάγων (ἀπὸ τῆς ψυχῆς αὐτοῦ συνάγει ἄλλοις).

In H stehen im Gegensatz zu G zwei verschiedene Verba: *mnᶜ* und *qbṣ*. Sm. (S. 131) nennt die Wiedergabe mit ὁ συνάγων «gleichmacherisch» und hält die von Pe. vorgeschlagene Konjektur ὁ συνέχων für «unratsam». Katz dagegen stimmt Pe. zu; er verweist auf Prov. 11,26, wo συνέχειν richtig für *mnᶜ* steht, und auf Job 20,13, wo wie an unserer Sirach-Stelle συνάγειν bezeugt wird. Jedoch zeigt die Aufzählung der Zeugen, dass die *beiden* Verba συνέχειν und συνάγειν vertreten sind, und dass συνέχειν den Vorzug geniesst:

Prov. 11,26 ὁ συνέχων B-S A V rel.] ο συναγων 253 254-754 534-613 766
Iob 20,13 καὶ συνέξει 46 106 130 137 139 und 20 weitere Minuskeln] και συναξει B-S A V und 19 Minuskeln.

Weitere Beispiele des Wechsels:

Is. 52,15 συνέξουσι] συναξουσιν A alii | Ier. 2,13 ὕδωρ συνέχειν] υδωρ συναγαγειν PsAth. IV 509 | Esdr. I 9,17 ἐπισυνέχοντας] επισυναχθεντας B

So ist auch Sir. 14,4 mit Pe. Katz ὁ συνέχων als ursprünglich in den **Text** aufzunehmen.

14. σῶμα – στόμα

37,22 στόματος Ra.] σώματος Sm. Zi. = H.

Der Wechsel kann oft festgestellt werden:

20,29 στόματι] σωματι a | Tob. 13,7 στόματι] σωματι B
23,16e σώματι] ore La (V. 23) = στοματι Herk. | 38,16 σῶμα] στωμα
     315* | 51,2 σωμα] στομα 603
Sap. 1,4 σώματι] στοματι 311 | Iob 6,4 σώματι] στοματι S 296.

Somit ist Sir. 37,22 σώματος statt στόματος zu lesen.

15. τρυφή – τροφή

37,20 τροφῆς B A 964 Sᶜ alii Ra.] σοφιας S* O-V L' alii; τρυφης Sa Sm.
    Hart Pe. Katz Zi.
41,1 τροφήν Ra.] τρυφην Schla. Sm. Hart Pe. Katz Zi. = H.

Das ursprüngliche τρυφή ist fast überall in τροφή verschrieben
worden:

11,27 τρυφῆς] τροφης 155 alii | 14,16 τρυφήν] τροφην 248 alii La (cibum
    V. 17) | 18,32 τρυφῇ] τροφη 493 | 37,29 τρυφῇ] τροφη 46 755.

Im Hebr. steht an allen Stellen thᶜnwg, 37,20 sogar die Dublette
thᶜnwg mʾkl. Die hebr. Vorlage verlangt, dass 37,20 und 41,1 τρυφή als
ursprünglich in den Text aufzunehmen ist; die Vokabel τροφή, die Ra.
an beiden Stellen hat, gehört nicht zum Wortschatz des griech. Sirach-
Übersetzers.

Auch diese Dublette (37,20) in H hat Sm. wie die oben zu 20,13
erwähnte nicht richtig erkannt; er hält sie für eine «schlechte Dittographie» (S. 334) des vorausgehenden mkl (ebenso Pe.) und meint, dass
bereits G der Fehler vorgelegen sei, «so dass τροφῆς τρυφῆς bei ihm zu
lesen wäre» (S. 335). Eine solche griech. Dublette ist als ursprüngliche
Wiedergabe dem Enkel nicht zuzutrauen. Richtig notiert Box: « mʾkl
in H is an addition (a conflate reading) ». Auch hier kann man (wie bei
20,13) fragen: Stammt τροφή von einer Randnote mʾkl in einer hebr.
Vorlage, oder stammt gar das hebr. mʾkl von der griech. Variante τροφή?
Es ist noch darauf hinzuweisen, dass Syr 37,29 die gleiche Dublette hat.

Die Bevorzugung von τρυφή ist auch deshalb begründet, weil der
Wechsel v-o an fast allen Stellen bezeugt ist:

Gen. 49,20 *τρυφήν* B] *τροφην* rel.: ex 27 | Ier. 28,34 *τρυφῆς*] *τροφης* 62
Cyr. | Thr. 4,5 *τρυφάς*] *τροφας* B A-106 verss. | Prov. 19,10 *τρυφή*]
τροφη 46 | Cant. 7,7 *τρυφαῖς*] *τροφαις* V (-*φες*)
Sap. 19,11 *ἐδέσματα τρυφῆς*] εδ. *τροφης* 766 verss.ᵖ Cant. ˡᵉᵐ | 19,21
ἀμβροσίας τροφῆς] αμ. *τρυφης* S* (vielleicht ursprünglich).
Idt. 12,9 *τροφήν*] *τρυφην* A.

An all den genannten Stellen muss die von Ra. in den Text aufgenommene Lesart in den Apparat verwiesen werden. Ebenso ist dies an
folgenden von Sm. empfohlenen Stellen zu tun; sie können ohne nähere
Erklärung hier aufgeführt werden, weil die hebr. (und syr.) Vorlage
sie ohne weiteres fordert.

3,17 *ὑπὸ ἀνθρώπου δεκτοῦ* Ra.] *ὑπὲρ ἄνθρωπον δότην* Sm. Zi. = H
10,22 *πλούσιος καὶ ἔνδοξος*] *προσήλυτος καὶ ἄδοξος* (melius *ξένος* Zi.) = H
16,26 *ἐν κρίσει*] *ἐν κτίσει* = H
21,4 *ἐρημωθήσεται*] *ἐκριζωθήσεται* = La Syr
22,17 *ψαμμωτός*] *γλύμματος* = Syh Syr
25,15 *ἐχθροῦ*] *γυναικός* = La Syr
29,28 *οἰκίας*] *παροικίας* = Laᶻ* (*hospitalitatis*)
30,15 *σῶμα*] *πνεῦμα* = H
34 (31 Ra.),27d *ἀνθρώποις*] *ἀπ᾽ ἀρχῆς* = H
35 (32 Ra.),9 *ἑτέρου λέγοντος*] *ὅπου γέροντες* = H
37,26 *πίστιν*] *τιμήν* = H
39,14 *διάδοτε ὀσμήν*] δ. *φωνήν* = Syr
39,14 *αἰνέσατε ᾆσμα*] αἰν. *ἅμα* = Syr
40,6 *ἐν ὕπνοις*] *ἐν ἐνυπνίοις* = Sa Arm
40,6 *σκοπιᾶς*] *κοπιᾷ* = Arm
41,16 *ῥήματι*] *κρίματι* = H
42,21 *ὡς ἔστιν*] *εἷς ἐστιν* = H: cf. 1,8
44,19 *ὅμοιος*] *μῶμος* = H
45,8 *ἐστερέωσεν*] *ἐστεφάνωσεν* = H
48,10 *ἐν ἐλεγμοῖς* (*ελεγμος* A...)] *ἕτοιμος* = H
51,3 *ἐκ βρυγμῶν*] *ἐκ βρόχων* = H.

II. – UMSTRITTENE TEXT-LESARTEN

Bei vielen Lesarten, besonders bei solchen, die auch von den alten
Unzialen (B-SA) bezeugt werden, kann man darüber streiten, ob man sie
in den Text aufnehmen soll oder nicht. Hier muss vor allem der hebr.

Text, falls er vorliegt, genau eingesehen werden, dann ist der Zusammenhang zu beachten und schliesslich ist zu fragen, ob die Vokabel, die als ursprünglich in den Text aufzunehmen ist, zum Wortschatz des griech. Übersetzers gehört. Auch auf diesem Gebiet hat Sm. vielfach ausgezeichnete Vorarbeit geleistet. Die einzelnen Stellen brauchen hier nicht weiter erörtert zu werden.

Folgende bereits von den alten Unzialen (B-SA) bezeugten Vokabel-Varianten, die Ra. in den Apparat verwiesen hat, habe ich (meistens im Anschluss an Sm.) in den Text aufgenommen:

22,18 χάλικες A Sm. Zi. (χάρακες B-S Ra.)
26,18 ἐπὶ πτέρνοις εὐστάθμοις S* (ἐπὶ στέρνοις εὐσταθοῦς B A Sᶜ rel.)
35 (32 Ra.),9 ἐξουσιάζον S (ἐξισάζον B A rel.)
33,10 (36,7 Ra.) ὁρισμοῦ S (ὁρκισμοῦ B A)
42,1 (41,26 Ra.) ἀπὸ ἀποκαλύψεως B (-ψεων) A (ἀπὸ καλύψεως S)
43,17 ὠδίνησεν A (ὠνείδισεν B-S)
50,11 ἀναβάλλειν S* (ἀναλαμβάνειν BA Sᶜ rel.)

Sm. hat die von mir bevorzugten Lesarten 22,18 26,18 33,10 für «richtig» erklärt. 35,9 und 50,11 entspricht die Sonderlesart von S der hebr. Vorlage; ebenso ist 43,17 ὠδίνησεν durch H gesichert. 42,1 ist ἀπό (= H) infolge Haplographie ausgefallen. Es wäre allerdings möglich, dass keine Haplographie vorläge; dann müsste καὶ ἀποκαλύψεως geschrieben werden. Jedenfalls passt nur ἀποκάλυψις in den Zusammenhang, zumal die LXX das auch in der griech. Literatur seltene κάλυψις nicht kennt.

An der letzten Stelle (50,11) hält Sm. die Lesart von S* für «möglich», d. h. vielleicht ursprünglich, da die LXX 'ṭh gewöhnlich mit ἀναβάλλειν wiedergibt. Der Wechsel zwischen beiden Verben ist auch sonst bezeugt; Beispiele sind aufgeführt in meinen Beiträgen zur Ier.-Septuaginta S. 45. Aus Sap. ist hinzuzufügen 19,4 ἐνέβαλεν] ανελαβον 547; ελαμβανον 46 443.

Ra. hat viele von nur wenigen («pau.») Zeugen überlieferte Lesarten, die Sm. als ursprünglich erwiesen hat, in seinen Text aufgenommen. Aber dies hätte auch an folgenden Stellen geschehen sollen:

8,15 κατὰ σοῦ Ra.] κακά σου O-V 694 La (mala tua) Sm. Zi.
17,8 τὸν ὀφθαλμὸν] τὸν φόβον b alii
21,8 εἰς χειμῶνα] εἰς χῶμα L = Syr
24,6 ἐκτησάμην] ἡγησάμην Sᶜ La (primatum habui)
28,10b ἐκκανθήσεται (= 10a)] αὐξηθήσεται L 768

36 (33 Ra.),13 πᾶσαι αἱ ὁδοὶ αὐτοῦ] πλάσαι αὐτό L La (plasmare illud 33,14)
38,19 κατὰ καρδίας] κατάρα καρδίας L alii = Syr
42,8 πρὸς νέους] περὶ πορνείας O-V L = H
50,29 φῶς] φόβος l 311 = H
51,8 ἐχθρῶν (εθνων B)] πονηρῶν V = H
51,19 ἐπένθησα] ἐπενόησα V-253 248 alii: cf. Sap. 14,2 ἐπενόησεν] επενθησεν
    V (Unzialfehler: O-Θ)

III. – DUBLETTEN

Die Dubletten bereiten jedem Herausgeber grosse Sorgen. Oftmals ist es zunächst nicht leicht, die Dubletten als solche zu erkennen, weil es auch vermeintliche Dubletten gibt, und dann ist es manchmal sehr schwierig, die ursprüngliche Hälfte der Dublette festzustellen, weil diese kein sichtbares Zeichen ihres Alters hat. Wenn ein Teil der Dublette deutlich als sekundär angesprochen werden kann (dies ist leicht bei den späten aus dem Hebräischen stammenden Dubletten der O- und L-Rezensionen), dann muss dieser in den Apparat verwiesen werden.

Besonders zahlreich sind die Dubletten in La; sogar Tripletten sind festzustellen. D. de Bruyne hat sie in seinem Aufsatz in der Rev. Bén. 40 (1928) 15-41 (Le texte latin primitive) mit scharfem Auge erkannt und mit klarem Sinn richtig bewertet.

Bei stichometrisch geschriebenen Texten kann man manchmal schon äusserlich an den überlangen Verszeilen erkennen, dass eine Dublette vorliegt. Zugleich verrät gelegentlich die stilistische Form, dass ein Fremdkörper eingebaut ist. Beide Kennzeichen trägt 38,1: Τίμα ἰατρὸν πρὸς τὰς χρείας αὐτοῦ τιμαῖς αὐτοῦ.

Zur Bezeugung: B C 248 La om. αὐτοῦ 1°; Sᶜ 493-637 alii Clem. La om. τιμαῖς αὐτοῦ.

Herk. hält im Anschluss an Syr und die rabbinischen Zitate πρὸ τῆς χρείας für die «lectio vera» (S. 248) und scheidet τιμαῖς αὐτοῦ als «glossema» (S. 249) aus. Sm. und Pe. äussern sich nicht näher über die Dublette, die Ra. zu Unrecht in den Text aufnimmt.

Zwei Stellen sollen hier näher besprochen werden; die eine (27,3), wo eine vermeintliche Dublette vorliegt, und die andere (51,24), wo eine echte Dublette überliefert wird.

27,3 ἐὰν μὴ ἐν φόβῳ κυρίου κρατήσῃ κατὰ σπουδήν,
    ἐν τάχει καταστραφήσεται αὐτοῦ ὁ οἶκος.

Zunächst möchte man hier eine Dublette sehen; Bret. will ἐν τάχει tilgen, dagegen halten Kuhn II 106 (« Doppelübersetzung ») und Katz (« Dublette ») κατὰ σπουδήν für sekundär. Dann müsste κατὰ σπουδήν zur zweiten Vershälfte (3b init.) gezogen werden. Wenn man es bei 3a fin. belässt, dann muss man es mit dem Verbum κρατήσῃ verbinden und mit « eifrig » (so Pe.) oder « diligently » (so Box) übersetzen. Dies ist aber unzulässig, denn κατὰ σπουδήν heisst nicht « eifrig » oder «diligently», sondern « schnell », « plötzlich » und müsste *vor* dem Verbum stehen (wie 20,18 κατὰ σπουδὴν ἥξει und 21,5 κατὰ σπουδὴν ἔρχεται). Jedoch ist es hier nicht als Dublette anzusprechen, sondern als Doppel-Wendung wie *ql mhrh*, auf das Sm. ohne nähere Angaben verweist. Es steht Joel 3(4),4 (ὀξέως καὶ ταχέως) und Is. 5,26 in der umgekehrten Folge (*mhrh ql ταχὺ κούφως*). Sm. hätte auch auf eine Sirach-Stelle verweisen können, und zwar auf 11,21 διὰ τάχους ἐξάπινα *bpthʿ pthʾm*; der gleiche hebr. Ausdruck findet sich Num 6,9 (ἐξάπινα παραχρῆμα), ferner (mit der Partikel *l* statt *b*) Is. 29,5 (ὡς στιγμὴ παραχρῆμα) und umgekehrt Is. 30,13 (*pthʾm lpthʿ* nur παραχρῆμα). Aus dem NT kann Marc. 6,25 εὐθὺς μετὰ σπουδῆς genannt werden. Somit ist κατὰ σπουδὴν ἐν τάχει keineswegs eine Dublette, sondern wie διὰ τάχους ἐξάπινα 11,21 ein Doppel-Adverb, das die grösste Eile, das plötzliche Eintreffen bezeichnet.

Wenn 27,3a-3b keine Dublette vorliegt, dann muss κατὰ σπουδήν zu 3b gestellt werden:

κατὰ σπουδὴν ἐν τάχει καταστραφήσεται αὐτοῦ ὁ οἶκος.

In der gleichen Weise ist auch an der oben genannten Joel-Stelle 3(4),4 die doppelte adverbiale Wendung in den Ausgaben (auch in der Göttinger Septuaginta) unrichtig auseinandergerissen: ἢ μνησικακεῖτε ὑμεῖς ἐπ' ἐμοὶ ὀξέως; καὶ ταχέως ἀνταποδώσω κτλ. Es muss im Anschluss an die hebr. Vorlage interpunktiert werden: ἢ μν. ὑμεῖς ἐπ ἐμοί; ὀξέως καὶ ταχέως ἀνταποδώσω κτλ.

Trotzdem ist die Erklärung nicht voll befriedigend. Vielleicht hat Fr. richtig vermutet, dass hinter κατὰ σπουδήν ein Begriff « Reichtum, Schätze » als Objekt, das man vermisst, zu κρατήσῃ versteckt ist (Komm. S. 150).

51,24 τί ὅτι ὑστερεῖσθαι λέγετε ἐν τούτοις.

Pe. schreibt: « Die Erklärung von λέγετε ist noch nicht gelungen » (S. 451) und weist mit Recht die Lösung von Sm. zurück, der in λέγετε eine Dittographie des vorausgehenden -τερειτε sieht. Aber auch der Lösungsversuch von Pe. befriedigt nicht. Die Erklärung war dadurch von Anfang an verbaut, dass weder Holmes-Parsons noch Klostermann, der in seinen Analecta den cod. 253 « wegen seiner ungebührlich schlechten Vergleichung » bei Holmes-Parsons (S. 19) nachkollationierte, dessen Lesart richtig notiert haben: 253 hat nämlich ἐλήγετε statt λέγετε. Allerdings ist ἐλήγετε aus λήγετε entstanden (ε dittogr. des vorhergehenden-ε), das auch LaZ* (*degitis*) in der griech. Vorlage gelesen hat. Dieses λήγετε ist Dublette zu ὑστερεῖτε (oder ὑστερεῖσθε); ὑστερεῖν ist ein Lieblingswort des ersten Sirachübersetzers, das er 7mal verwendet. Die Vokabel λήγειν, die nur 6mal in Mac. II und III vorkommt, stammt aus GrII. Die Verschreibung des seltenen λήγειν in das häufige λέγειν liegt sehr nahe; sie ist auch an zwei Stellen in Mac. bezeugt: Mac. II 9,11 λήγειν]λεγειν A-106 62 und Mac. III 6,16 λήγοντος] λεγοντος 771. Die verderbte Schreibweise λέγετε zog dann in verschiedenen Minuskeln den Infinitiv ὑστερεῖσθαι nach sich, den Sw. und Ra. zu Unrecht in ihren Text aufnehmen; andere Handschriften haben die beiden asyndetisch nebeneinander stehenden Verba durch ἤ (Sᶜ alii) oder καί (V 336 La) verbunden.

Alle Handschriften und alle Versionen haben die beiden Verba. Nur die Sixtina hat λέγετε getilgt; sie liest ὑστερεῖτε ἐν τούτοις, das richtig Fr. übernommen hat und auch die neue Göttinger Ausgabe bieten wird.

Zwanzig Stellen können aufgeführt werden, wo man Dubletten erkennen möchte; es ist aber schwer, sie eindeutig als solche anzusprechen und ihre sekundäre Hälfte sicher festzustellen. Es ist deshalb auch nicht ratsam, sie durch eckige Klammern [ ] (wie dies unten geschehen ist) im Text der Ausgabe kenntlich zu machen, weil die Gefahr besteht, die Klammern unrichtig zu setzen.

1. 1,8 εἷς ἐστιν [σοφός], φοβερὸς σφόδρα
2. 5,2 μὴ ἐξακολούθει τῇ ψυχῇ σου [καὶ τῇ ἰσχύι σου]
3. 6,21 ὡς λίθος δοκιμασίας [ἰσχυρὸς] ἔσται
4. 11,18 ἀπὸ [προσοχῆς καὶ] σφιγγίας αὐτοῦ
5. 13,2 καὶ ἰσχυροτέρῳ σου [καὶ πλουσιωτέρῳ (+ σου S A alii)]
6. 16,23 καὶ ἀνὴρ [ἄφρων καὶ] πλανώμενος
7. 19,1 τὰ ὀλίγα · [κατὰ μικρὸν] πεσεῖται
8. 20,7 ὁ δὲ λαπιστὴς [καὶ ἄφρων] ὑπερβήσεται
9. 22,12 μωροῦ [καὶ ἀσεβοῦς] πᾶσαι αἱ ἡμέραι
10. 23,10 ὁ ὀμνύων [καὶ ὀνομάζων] διὰ παντός
11. 25,18-19 ἀνεστέναξεν [πικρά.] ¹⁹ μικρὰ πᾶσα κακία
12. 30,14 πτωχὸς ὑγιὴς [καὶ ἰσχύων] τῇ ἕξει
13. 35 (32 Ra.),18 ἀλλότριος [καὶ ὑπερήφανος] οὐ καταπτήξει

14. 37,14 σκοποὶ ἐπὶ μετεώρου καθήμενοι [ἐπὶ σκοπῆς]
15. 39,35 ἐν πάσῃ καρδίᾳ [καὶ στόματι]
16. 40,16 ἄχι [ἐπὶ παντὸς ὕδατος] καὶ χείλους ποταμοῦ
17. 41,11 ὄνομα δὲ ἁμαρτωλῶν [οὐκ ἀγαθὸν] ἐξαλειφθήσεται
18. 41,16 πάντα πᾶσιν [ἐν πίστει] εὐδοκιμεῖται
19. 48,18b-18c [καὶ ἀπῆρεν ·] 18c καὶ ἐπῆρεν χεῖρα
20. 49,14 [τοιοῦτος] οἷος Ενωχ.

Manche der Dubletten mögen aus einer anderen hebr. Vorlage (auf dem Umweg von GrII) in unseren Text gelangt sein; so geht 39,35 καὶ στόματι auf die Randnote wph in H zurück.

IV. – GRAMMATISCH-STILISTISCHE VARIANTEN

Wenn bei grammatisch-stilistischen Varianten die Bezeugung durch die alten Unzialen (B-SA) bereits geteilt ist, dann ist die Entscheidung für die Textlesarten sehr schwierig. In den meisten Fällen bin ich Ra. gefolgt, damit sein sorgfältig erarbeiteter Text gefestigt bleibt. An folgenden Stellen habe ich mich nach wiederholter Prüfung gegen Ra. entschieden:

3,3 ἐξιλάσεται B—S* Zi. (ἐξιλάσκεται A S^c Ra.)
3,13 καὶ ἐάν S A (κἄν B; Variante von Ra. nicht verzeichnet)
8,19 καρδίαν σου S A (σὴν καρδίαν B)
11,12 περισσεύων S (περισσεύει B A)
12,3 οὐκ ἔστιν B (οὐκ ἔσται S A)
15,3 ποτιεῖ S A (ποτίσει B)
18,4 ἐξιχνιάσει B (ἐξιχνεύσει S A)
22,6 σοφία S* (σοφίας B A S^c rel.)
24,21 οἱ ἔσθοντες S A (οἱ ἐσθίοντες B)
29,19 ἐμπεσεῖται A S^c (ἐμπεσών B-S*)
31 (34 Ra.),7 ἐξέπεσαν S (ἐξέπεσον B A; Variante von Ra. nicht verzeichnet)
37,17 καρδία B*-S* (καρδίας A B^c S^c)
42,16 πλήρης B-S (πλῆρες A)
43,7 ἐπὶ συντελείᾳ S* A (ἐπὶ -λείας B; ἐπὶ -λείαις S^c)
43,16 σαλευθήσονται ὄρη S A (σαλευθήσεται ὄρη B)
44,15 ἐξαγγελεῖ A (ἐξαγγέλλει B-S)
47,22 ἐγκαταλίπῃ A (καταλίπῃ B-S)
48,4 καυχήσεται S A (καυχᾶσθαι B)
49,13 ἡμῶν τείχη S (ἡμῖν τ. B A)
50,8 ἐπ’ ἐξόδων B (ἐπ’ ἐξόδῳ S A rel.)

Der Artikel

In meinen *Beiträgen zur Ieremias-Septuaginta* habe ich ausführlich über den Artikel geschrieben und festgestellt, dass er oft erst später eingefügt wurde. Dies gilt besonders für die Verwendung des Artikels beim Gottesnamen (*κύριος*); aber auch in anderen Fällen ist er häufig sekundär. Die Ursprünglichkeit des Artikels wird erst recht fraglich, wenn bereits die alten Unzialen ihn nicht einheitlich bezeugen. So musste an einer Reihe von Stellen der bei Ra. im Text stehende Artikel in den Apparat verwiesen werden.

Zwei Fälle seien ausführlich genannt, nämlich der Gottesname *Kyrios* als Subjekt und als Objekt, hier jedoch nur in der Wendung οἱ φοβούμενοι (τὸν) κύριον.

κύριος – ὁ κύριος

Kyrios kommt als Subjekt 50mal vor. Davon sind 10 Stellen vorwegzunehmen, wo Kyrios nicht allein, sondern mit einem Adjektiv bzw. einem Attribut oder als sekundäre Variante (als Nominativ) des primären Genitiv vorkommt:

4,28 *Κύριος ὁ θεός*

36,22 (17 Ra.) *ὅτι σὺ εἶ κύριος ὁ θεός* (*ὅτι κύριος εἶ ὁ θεός* Ra.)

39,6 *ἐὰν* (+ δ A S alii) *κύριος ὁ μέγας θελήσῃ*

46,5c *ἐπήκουσεν αὐτοῦ* (+ δ l alii) *μέγας* (+ δ 795) *κύριος*

42,17 *ἐστερέωσεν* (+ δ 543) *κύριος ὁ* (> 248) *παντοκράτωρ*

32,21 (35,18 Ra.) *ὁ ὕψιστος* (κυριος A; ο κυριος 336)

42,18 *ὁ ὕψιστος* (ο κυριος B alii; κυριος b 443)

42,17a *τοῖς ἁγίοις κυρίου* S Ra. (κυριος B A alii; ο κυριος pauci)

43,9 *ἐν ὑψίστοις κυρίου* A Sᶜ Ra. (κυριος B-S* 130)

46,3 *τοὺς γὰρ πολέμους κυρίου* A Sᶜ Ra. (κυριος B-S* alii).

O h n e Artikel steht Kyrios (ursprünglich) 16mal; an 11 Stellen (1,9 1,30c 10,13 17,1 18,2 36,11 43,29 38,4 45,19 47,11 51,22) ist die Bezeugung geschlossen, an 5 Stellen (4,13 16,29 32,13 32,15 38,12) haben verschiedene Minuskeln (38,12 auch *L*) den Artikel eingefügt.

M i t Artikel steht Kyrios (wohl ursprünglich) 14mal; an 9 Stellen (2,11 3,2 5,3 5,4 27,24 32,22 43,33 44,2 47,22) ist die Bezeugung einheitlich, an 5 Stellen (10,14 10,16 15,10 26,28 46,9) haben verschiedene Minuskeln (10,16 auch V *L*; 46,9 auch V) den Artikel *nicht*.

An 10 Stellen sind die alten Unzialen (B-SA) nicht einig: 1,26 *κύριος* B A Ra., *ὁ κύριος* S, ebenso 18,11 38,1 46,17 (Ra. aber hier *ὁ κ.*) | 2,14 *κ.* S*, *ὁ κ.* B A Sᶜ Ra. | 4,14 *κ.* S, *ὁ κ.* B A Ra., ebenso 10,15 | 15,13 *κ.* B, *ὁ κ.* S A Ra. | 39,6 *κ.* B-S* Ra., *ὁ κ.* A Sᶜ | 43,5 *κ.* B-S Ra., *ὁ κ.* A.

Das Bild ist sehr bunt; es lässt jedoch erkennen, dass der griech. Übersetzer selbst nicht konsequent war. Aber ebenso kann man annehmen, dass oftmals der Artikel erst *später* eingefügt worden ist; dies bezeugen vor allem die Unzialen. Deshalb ist der Artikel im Text von Ra. 2,14 4,14 10,15 15,13 46,17 (hier ist Ra. inkonsequent; siehe oben) gestrichen worden, ebenso 10,14.16 und 46,9 wegen der Nachbarschaft (10,15 und 46,17), zumal *ὁ* 10,16 und 46,9 in V und vielen Minuskeln fehlt.

οἱ φοβούμενοι (τὸν) κύριον

Diese Wendung kommt in Sirach sehr oft vor: im Plural 12mal und im Singular 11mal. Bei der pluralischen Wendung ist der Artikel oftmals nur schwach bezeugt, so dass er als sekundär angesprochen werden kann. Ebenso steht der singularische Nominativ (*ὁ φοβούμενος κύριον*) immer o h n e Artikel (3,7; 6,17; 15,1; 21,6; 31,16; 35,14). Bei den anderen Fällen ist der Artikel an 3 Stellen allgemein bezeugt: 1,13 *τῷ φοβ. τὸν κ.* | 10,24 *τοῦ φοβ. τὸν κ.* | 25,10 *ὑπὲρ τὸν φοβ. τὸν κ.* Dagegen schwanken die Handschriften 31,17 *φοβουμένου τὸν* (> *b* 542 547) *κύριον* und 36,1 *τῷ φοβ. τὸν* (> B A alii) *κύριον*.

Ebenso uneinheitlich ist die Überlieferung in den Psalmen: 7mal ist der Artikel einheitlich überliefert; an zwei weiteren Stellen fehlt er nur in A 55 (113,19) und in 55 (127,1); schliesslich ist an zwei Stellen (14,4 und 21,24) die Überlieferung gespalten, aber es ist bedeutsam, dass die alten Unzialen B S A ihn nicht kennen. Deshalb hat Ra. nur Ps. 14,4 und 21,24 keinen Artikel, während er an den übrigen neun Stellen steht.

Richtig hält Baudissin das artikellose *φοβούμ. κύριον* in Sirach für ursprünglich, siehe Kyrios als Gottesname ... I (Giessen 1929) 412 Anm. 1. Deshalb ist Sir. 2,7 10,19 31,17 der Artikel, den Ra. in seinem Text hat, zu streichen.

Lehrreich ist in dieser Hinsicht die bei Sirach 8mal vorkommende Wendung *ἀνοίγειν (τὸ) στόμα*.

15,5 *ἀνοίξει τὸ* (> B alii Zi.) *στόμα αὐτοῦ*
20,15 *ἀνοίξει τὸ* (> 543 603) *στόμα αὐτοῦ*

24,2   τό (> B A alii Ra. Zi.) στόμα αὐτῆς ἀνοίξει
39,5   ἀνοίξει τό (> B A alii Ra. Zi.) στόμα αὐτοῦ
51,25 ἤνοιξα τό (> 336) στόμα μου
22,22 ἐὰν ἀνοίξῃς (+ τo l alii) στόμα
29,24 οὐκ ἀνοίξεις (+ τo 307 443) στόμα
26,12 τό (> A Sᶜ alii Zi.) στόμα ἀνοίξει.

Der Artikel ist an keiner Stelle einheitlich bezeugt. Ra. ist nicht konsequent verfahren, wenn er 24,2 und 39,6 den Artikel fallen lässt, ihn aber 15,5 und 26,12 behält. Am liebsten möchte man den Artikel überall streichen. Aber wahrscheinlich war der Übersetzer selbst nicht konsequent; er hat ihn im Anschluss an die hebr. Vorlage teils ausgelassen, oder dem griech. Syrachgefühl folgend teils gesetzt. Im NT, wo die Wendung ebenfalls öfter vorkommt, steht immer der Artikel.

So ist man berechtigt, den Artikel 15,5 und 26,12 als sekundär zu streichen. Dies ist auch an folgenden Stellen geschehen:

Präposition:

5,12   ἐπὶ τῷ (> B A alii Zi.) στόματί σου
14,1   ἐν τῷ (> B S alii Zi.) στόματι αὐτοῦ
47,2   ἀπὸ τῶν (> S A alii Zi.) υἱῶν Ισραηλ
29,2   εἰς τὸν (> S A alii Zi.) καιρόν
47,9   κατέναντι τοῦ (> Sᶜ A alii Zi.) θυσιαστηρίου
7,8   ἐν γὰρ τῇ (> S A alii Zi.) μιᾷ.

Objekt:

7,20   τὴν (> B alii Zi.) ψυχὴν αὐτοῦ
37,8   τὴν (> S* alii Zi.) ψυχήν σου
26,13 τὸν (> S A alii Zi.) ἄνδρα αὐτῆς
43,24 τὸν (> A alii Zi.) κίνδυνον αὐτῆς.

Subjekt:

30,27 (33,19 Ra.) καὶ οἱ (> S alii Zi.) ἡγούμενοι ἐκκλησίας
44,12 ἔστη τό (> B alii Zi.) σπέρμα αὐτῶν: cf. 44,13 μενεῖ (+ τo L
    alii) σπέρμα αὐτῶν
50,13 πάντες οἱ (> S alii Zi.) υἱοὶ Ααρων
50,16 ἀνέκραγον οἱ (> B-S alii Zi.) υἱοὶ Ααρων.

Oftmals fehlt der Artikel nur in einer der alten Unzialen, in B und namentlich in S. Auch hier möchte man am liebsten den Artikel als sekundär in den Apparat verweisen, aber die überwältigende Bezeugung lässt dies nicht zu.

Das Possessiv-Pronomen

Es lässt sich in allen Büchern der LXX beobachten, dass der griech. Übersetzer oftmals das Possessiv-Pronomen der hebr. Vorlage nicht berücksichtigt; erst recht lässt er es gern weg, wenn das hebr. Nomen kein Suffix hat. Oftmals ist das Poss.-Pron. erst später eingefügt worden, namentlich von den nach dem hebr. Text ausgerichteten Rezensionen des Origenes und Lukian. An vielen Stellen ist daher μου, σου, αὐτοῦ-αὐτῆς-αὐτῶν sekundär. Als Beispiel sei die bei Sirach 8mal vorkommende Wendung ἐν καιρῷ (oder ἡμέρᾳ) θλίψεως genannt. Sie steht wie im Hebr. o h n e Poss.-Pron. 4mal (2,11 22,23 40,24 51,10) und gegen das Hebr. 4mal mit Poss.-Pron. (3,15 6,8b 6,10 32,26 = 35,24 Ra.). Aber an diesen 4 Stellen ist die Bezeugung nicht einheitlich; ich habe deshalb im Gegensatz zu Ra. hier das Poss.-Pron. in den Apparat verwiesen. Ebenso ist dies an den folgenden 9 Stellen geschehen:

3,31 ἐν καιρῷ πτώσεως αὐτοῦ Ra. (> B alii Zi.)

7,27 ἐν ὅλῃ καρδίᾳ σου (> B alii Zi.)

45,16 περὶ τοῦ λαοῦ σου (αυτου V L⁻²⁴⁸ alii; > S* 248 alii Zi.)

47,23 μετὰ τῶν πατέρων αὐτοῦ (= Regn. III 11,43; om. αὐτοῦ B alii Zi.)

7,36 τὰ ἔσχατα σου (> 307 315 603 753 Katz Zi. = H): cf. 28,6 τὰ
     ἔσχατα (+ σου 493-705 verss.) et 38,20 τὰ ἔσχατα (+ σου 493-637
     alii)

12,5 τοὺς ἄρτους αὐτοῦ (> S* 694 La Zi. = H)

19,17 τὸν πλησίον σου (= Lev. 19,17; om. σου S alii Zi.)

30,38 (33,29 Ra.) τὰς πέδας αὐτοῦ (> S* A Bᶜ alii Zi.)

39,7 βουλὴν αὐτοῦ (> S alii Zi.).

Die Präposition ἐν

Gewöhnlich entspricht ἐν dem hebr. b, wie es in der LXX üblich ist, manchmal ist jedoch nur der blosse Ablativ verwendet. Wenn aber gewichtige Zeugen ἐν für b überliefern, dann ist es gegen Rahlfs in den Text an folgenden Stellen aufzunehmen:

11,4d ἐν (= b pro m; > S A alii Ra.) ἀνθρώποις
45,8 ἐν (> B A alii Ra.) σκεύεσιν
48,17 ὤρυξεν ἐν (> B S A alii Ra.) σιδήρῳ.

Das zuletzt genannte Beispiel zeigt, dass ἐν nach -εν leicht ausfallen konnte. Gleich im nächsten Vers (ἐμεγαλαύχησεν ἐν ὑπερηφανίᾳ
48,18) fehlt ἐν in B-SA alii; hier hat es Rahlfs mit V alii richtig in den
Text aufgenommen, siehe die unten genannten Stellen 45,19 ἐποίησεν ἐν
und 47,10 ἔδωκεν ἐν. Deshalb ist auch 45,20 mit S A alii zu schreiben
ἡτοίμασεν ἐν πλησμονῇ (statt ἡτοίμασεν πλησμονήν B alii Ra.).

Der Sirach-Übersetzer verwendet weiterhin ἐν für das hebr. l, das
sonst häufig mit dem Dativ-Artikel wiedergegeben wird. Deshalb ist
ἐν (= l) nach dem Rat von Sm. zu 10,18 (S. 96f.) ἐν γεννήμασιν in den
Text aufzunehmen, auch wenn es nicht allgemein bezeugt ist. Ra. hat
es ferner 45,15 (ἐν τῷ σπέρματι αὐτοῦ) und 45,19 (ἐποίησεν ἐν αὐτοῖς)
zu Unrecht in den Apparat verwiesen.

Richtig steht ἐν (= l) im Text von Ra.:

35 (32 Ra.),1 ἐν (> S alii) αὐτοῖς | 47,10 ἔδωκεν ἐν (> S alii) ἑορταῖς |
48,15 ἄρχων ἐν (> B C) τῷ οἴκῳ | 50,21 ἐδευτέρωσαν (vel -σεν)
ἐν (> V) προσκυνήσει.

Wenn der Übersetzer so streng wie Aquila gewesen wäre, dann
müsste ἐν (= l) auch an folgenden Stellen als ursprünglich angenommen
werden:

4,7a συναγωγῇ] pr. εν C | 4,7b μεγιστᾶνι] εν μεγιστασι 404 | 8,11 τῷ
στόματί σου] pr. εν a-534-613 694 | 12,1 τοῖς ἀγαθοῖς σου] pr.
εν O La Sa.

Ferner müsste ἐν auch an den Stellen stehen, wo die hebr. Partikel
b (= in) vorhanden ist. Jedoch besteht zwischen Aquila und dem Sirach-
Übersetzer ein grosser Unterschied; deshalb ist Katz nicht zu folgen,
wenn er 7,9 mit O 575 La Aeth Syr ἐν vor τῷ πλήθει als ursprünglich
einfügen will.

Die Partikel καί

Gewöhnlich ist der Sinnspruch bei Sirach in zwei Vershälften oder
2 mal 2 Verszeilen (a b, c d) geteilt, deren zweite (b, d) mit καί beginnt.
Abweichend von dieser Regel ist manchmal καί in a überliefert, fehlt

aber in b. Die handschriftliche Bezeugung ist in solchen Fällen oftmals sehr schwach. Trotzdem ist im Text von Ra. *καί* 4,27a | 6,24a | 12,16a | 19,22a | 39,14a | 48,14a zu streichen, dagegen 19,1b | 37,5b | 39,14d | 42,20b | 48,3b (vor *κατ-* leicht zu übersehen) | 48,9b einzufügen.

Ferner ist *καί* 11,12 (vor *προσδεόμενος* = H) und 23,1c (vor *μὴ ἀφῇς*) gegen Ra. aus stilistischen Gründen eingefügt worden.

Der Sirach-Text der Göttinger Septuaginta wird somit gegenüber der Stuttgarter Ausgabe einen grossen Fortschritt bedeuten. Aber auch die neue Edition ist noch lange nicht am Ziel, sondern mitten unterwegs. Eine «editio perfecta atque omnibus numeris absoluta» wird niemals möglich sein, da Sirach unter allen Büchern der griechischen Bibel die höchsten Anforderungen an jeden Herausgeber stellt. Namentlich für das weite Feld der Konjekturen, die gerade in Sirach noch an zahlreichen, sich hartnäckig verschliessenden Stellen fällig sind, gilt der Satz, den Katz in der ThLZ 61 (1936) 274 für die ganze Septuaginta geschrieben hat: «Es bleibt noch unendlich viel zu tun».

GRIECHISCHES WÖRTERVERZEICHNIS

Nur die ausführlich besprochenen Wörter und Wendungen sind verzeichnet. In Klammern steht die Sirach-Lesart der Stuttgarter Septuaginta-Ausgabe von Alfred Rahlfs (= Ra.).

Zwei Beiträge zu Sirach

I

Zu ἐνεφυσίωσεν und *iugulavit* im Sirach-Zitat 4,11 (12)
bei Clemens von Alexandrien und Tertullian

Unter den für die Textgeschichte des griech. Sirach äußerst wertvollen Clem-Zitaten verdient die in Strom. VII. Cap. XVII, 105,1 (III 74
Stählin) zitierte Sir-Stelle 4,11 (12), die auch Tert, Scorp. 7,1 (CSEL
20,158s Reifferscheid-Wissowa) verwendet, besondere Beachtung. Zur
besseren Übersicht seien die Texte von H 𝔊 Clem La Tert [1] zusammengestellt:

חכמות למדה בניה H
ἡ σοφία υἱοὺς αὐτῆς (εαυτη B alii, εαυτης 248 alii) ἀ ν ύ ψ ω σ ε ν 𝔊
ἡ σοφία ἐ ν ε φ υ σ ί ω σ ε ν τὰ ἑαυτῆς τέκνα Clem
sapientia filiis suis v i t a m i n s p i r a v i t (*inspirat* Vulg) *La*
sophia i u g u l a v i t filios suos Tert

So lange kein hebr. Text zu 4,11 (12) vorlag, konnte man in 𝔊
unbeschwert die Aussage finden, daß die Weisheit ihre Söhne e r h ö h t,
zumal auch sonst diese Vorstellung begegnet, s. 15,5 «die Weisheit e r -
h ö h t (ὑψώσει) den Frommen über seine Gefährten», oder Prv 4,8
«wenn du die Weisheit hochschätzt, dann wird sie dich e r h ö h e n»
(ὑψώσει σε). Der griech. Sirach-Übersetzer verwendet sehr gern (30mal)
das Verbum erhöhen, und zwar mit Vorliebe (24mal) das Kompositum
ἀνυψοῦν (sonst nur noch 6mal in der LXX) und 6mal das Simplex ὑψοῦν
(sonst sehr oft in der LXX).
Aber sobald man La aufschlug, sah man, daß sie nicht das zu er-
wartende *exaltavit,* sondern *vitam inspiravit* übersetzte. Ohne Schwierigkeit ließ sich für *inspiravit* im Anschluß an Gn 2,7 *i n s p i r a v i t* Vulg
(ἐνεφύσησεν LXX) ... *spiraculum vitae* und Sap 15,11 *qui i n s p i r a v i t*
(τὸν ἐμπνεύσαντα) *illi animam* ... *et qui i n s u f f l a v i t* (καὶ ἐμφυσήσαντα)
ei spiritum vitalem ἐ ν ε φ ύ σ η σ ε ν als griech. Vorlage rekonstruieren.
Zugleich hat der Übersetzer im Anschluß an die genannten Stellen *vitam*
beigegeben. Diese Schriftstellen waren für die Übersetzung maßgeblich, und nicht eine «bewußte Kontamination mit dem Physiologus (An-
hauchen der tot geborenen Löwenjungen)», wie J. B. Bauer in der ThLZ
86 (1961) 553f. meint. Andere griech. Rückübersetzungen wie ἀνεζώωσε
(Grotius) und ἐνεψύχωσε (Hatch 260) kommen nicht in Frage. Jedoch ist
keineswegs sicher, daß La in ihrer Vorlage ἐνεφύσησεν gelesen hat; viel-

---

[1] Die Siglen und Abkürzungen sind die gleichen wie in der Göttinger
Septuaginta-Ausgabe des Sirach, die in diesem Jahr erscheinen wird.

mehr setzt sie das von Clem bezeugte ἐνεφυσίωσεν voraus, wie bereits
richtig Schleusner I 253 annimmt. Besonders deutlich zeigt dies 3 Esr
9, 49 und 55, wo ἐμφυσιοῦντες und ἐνεφυσιώθησαν im cod. Colb. (bei Saba-
tier) mit *inspirantes* und *inspirati sunt* wiedergegeben werden. Auf die
Lesart bei Clem ist schon frühzeitig verwiesen worden (z. B. in der LXX-
Ausgabe von Wechel 1597 und Bos 1709). Es mag allerdings sein, daß
ἐνεφυσίωσεν bereits in der Vorlage zu ἐνεφύσησεν verschrieben war, da
La oftmals einen verwilderten Text voraussetzt, der in keiner uns erhaltenen Handschrift vorhanden ist (s. u. zu 15, 10).

Herkenne hat in seiner Schrift *De Veteris Latinae Ecclesiastici* cap.
I—XLIII (1899) 74f für ἐμφυσιοῦν die Bedeutung b e l e h r e n nachzuweisen versucht; so werde ἐμφυσιοῦν im dritten apokryphen Esrabuch
(3 Esr Vulg = 1 Esr LXX, parallel 2 Esr LXX = Esr 𝔐) 9, 48 u. 9, 55 verwendet, wo es nur in der LXX vorkommt. Bei dieser Deutung leistete
Herkenne Syr (’lpht = erudit) gute Hilfe; als hebr. Vorlage nahm er
limmᵉdah an. Die 1899 veröffentlichten hebr. Fragmente lasen tatsächlich *lmdh*, wie Herkenne mit größter Befriedigung in seinem Beitrag
Die Textüberlieferung des Buches Sirach: Bibl. Studien 6 (1901) 136f
feststellen konnte. Zu dieser Erklärung konnte Stählin in seiner Schrift
Clemens Alexandrinus und die Septuaginta (Nürnberg 1901) 48f nichts
Neues beitragen, so daß als Ergebnis festzustehen schien: Zwei griech.
Varianten, die auf zwei verschiedene Verba in der hebr. Vorlage zu-
rückgingen: ἀνύψωσεν = *hrjmh* und ἐνεφυσίωσεν = *lmdh*.

Jedoch war man damit nicht ganz zufrieden; Stählin hielt es auch für
möglich, daß ἀνύψωσεν «Korruptel des ungewöhnlichen ἐνεφυσίωσε»
(S. 49) sei. Smend, Katz und Vaccari halten ἐνεφυσίωσεν für die ursprüngliche Lesart, und auch ich hatte beim ersten Entwurf ἐνεφυσίωσεν mit
Clem La in den Text aufgenommen, habe es aber im Endstadium wiederum in den Apparat verwiesen. Wenn man annimmt, daß ἐνεφυσίωσεν
die ursprüngliche Wiedergabe von *lmdh* ist, das in ἀνύψωσεν verderbt
worden sei, dann käme noch eine zweite Stelle in Frage, nämlich 15, 10
καὶ ὁ κύριος εὐοδώσει αὐτόν, *wmšl bh jlmdnh, et dominator dabit eam illi.*
La setzt deutlich καὶ ὁ κυριεύων δώσει αὐτόν voraus, vgl. Herkenne S. 148;
δώσει ist jedoch keineswegs ursprünglich und wurde auch nicht in
εὐοδώσει verderbt, wie Peters (Komm. S. 129) meint. Zunächst habe auch
ich hier ἐνφυσιώσει als ursprünglich annehmen wollen, aber schließlich
doch nicht gewagt, es als neue Textlesart aufzunehmen. Noch eine
weitere Stelle möchte zur Konjektur ἐνφυσιούμενος als ausgezeichnet
passend verleiten, nämlich Dn 5, 1 praef. ο': ἀνυψούμενος ἀπὸ τοῦ οἴνου,
zumal der einzige griech. Zeuge (die Minuskel 88) ursprünglich
ἐνυψούμενος hat (der andere Zeuge Syh setzt ἀνυψούμενος voraus).

Kann man ἀνύψωσεν 4, 11 (12) nur als eine mechanische Korruptel
bezeichnen? Besteht wirklich zwischen ἀνύψωσεν und ἐνεφυσίωσεν keine
innere Beziehung? Begrifflich bezeichnen beide Verba das gleiche: akt.
e r h ö h e n , in eine Hochstimmung versetzen, begeistern; pass. erhöht,
in guter Stimmung sein, begeistert sein. Deutlich wird dies besonders
aus den Übersetzungen, die das anschauliche, farbige ἐμφυσιοῦν mit dem
blassen *exaltare* übersetzen. Besonders kennzeichnend ist die lat. Wiedergabe von 3 Esr 9, 55 *Magnifice enim sunt* e x a l t a t i (ἐνεφυσιώθησαν)
verbis quibus edocti sunt (ἐδιδάχθησαν). Hier haben wir die gleiche

Entsprechung wie an unserer Stelle: ἐμφυσιοῦσθαι = *exaltari*, exaltiert, überschwenglich, begeistert, in gehobener Stimmung sein (im guten Sinn), während Paulus im NT (im schlechten Sinn) das Simplex φυσιοῦσθαι (in der Vulg. immer mit dem lat. Kompositum *inflari* wiedergegeben; das griech. Kompos. ἐμφυσιοῦσθαι fehlt im NT) verwendet: aufgeblasen, übermütig, hochmütig sein. Auch das akt. ἐμφυσιοῦν wird im gleichen Sinn verwendet: einblasen, einflößen, begeistern, erheben, in eine gehobene Stimmung versetzen. Diese Deutung gibt Clemens selbst für ἐνεφυσίωσεν, der im Anschluß an 1 Kor 8, 1 sagt, daß die Weisheit e r h a b e n e Gesinnung (τὸ εἶναι μεγαλόφρονα, μεγαλοπρέπειαν) verleiht. Auch die koptische Übersetzung faßt 1 Kor 8, 1 φυσιοῖ im guten Sinn und übersetzt ἡ γνῶσις φυσιοῖ nicht wie La mit *scientia inflat,* sondern genau wie La Esr 9, 55 mit *scientia exaltat:* Das Wissen e r h e b t[2]. Somit sind ἐμφυσιοῦν und ἀνυψοῦν zwei s y n o n y m e Begriffe, die e r h e b e n, b e g e i s t e r n bedeuten.

Nun erhebt sich die Frage: Welches war die hebr. Vorlage von ἐνεφυσίωσεν? War dies wirklich *Imdh,* das heute in H steht? 3 Esr. 9, 48 und 9, 55 hat ἐμφυσιοῦν als hebr. Vorlage *jabinu* (Neh 8, 8 = συνῆκεν 2 Esr 18, 8) und *hebinu* (Neh 8, 12 = συνῆκαν 2 Esr 18, 12). Mit *bin* begegnet uns ein Wort, das gerade in Esr-Neh und Chr zunächst im gleichen Sinn wie *lmd* verwendet worden zu sein scheint: «belehren», und zwar das Wichtigste lehren, nämlich die Tora. Die LXX verwendet dafür fast durchweg συνετίζειν, z. B. 2 Esr 18, 7 (= Neh 8, 7) ἦσαν συνετίζοντες τὸν λαόν εἰς τὸν νόμον und ebenso 18, 9 (= Neh 8, 9) οἱ συνετίζοντες τὸν λαόν. Auch im großen Tora-Psalm 119 wird 6mal die Bitte *habineni* συνέτισόν με «*unterweise mich* (in deinem Gesetz)» ausgesprochen. Diese Bitte scheint parallel zu *lammᵉdeni* zu sein, s. Ps 119, 124 *lammᵉdeni* δίδαξόν με und 119, 125 *habineni* συνέτισόν με. Jedoch besteht ein Unterschied zwischen *limmed* und *hebin; limmed* steht (als Elementarunterricht) am Anfang und *hebin* (als Ergebnis der «Reifeprüfung») am Ende; *hebin* wird akt. und pass. verwendet: in die letzten Tiefen der Erkenntnis einführen, und die höchste Erkenntnis erreicht haben. Besonders kennzeichnend ist 1 Chr 25, 8 *mebin ʿim-talmid,* das LXX treffend mit τ ε λ ε ί ω ν καὶ μανθανόντων und Rudolph «für den M e i s t e r und Schüler» übersetzt. Alle die genannten Stellen legen nahe, daß ἐνεφυσίωσεν als Vorlage ebenfalls *hebinah* hatte, und nicht *limmᵉdah;* denn wenn *limmᵉdah* dagestanden hätte, dann wäre es sicher mit ἐδίδαξεν übersetzt worden wie an den anderen Stellen, wo in den drei hebr. erhaltenen Stellen *lmd* und überall in Syr '*lph* (= hebr. *lmd*) entspricht, vgl. bes. 30, 3 ὁ διδάσκων τὸν υἱόν αὐτοῦ.

In lat. Form kehrt das Clem-Zitat bei Tert wieder. A. Vaccari[3] hat eindeutig festgestellt, daß Sir 4, 11 — und nicht Prv 9, 2, wie auch die

---

2 Auch Spr 110 des Philippus-Evangeliums hat die gleiche Auffassung; auf diese Parallele bin ich durch die lehrreichen Ausführungen von J. B. Bauer in der TLZ 86 (1961) 551–554 aufmerksam geworden. Auch sonst ist im kopt. NT φυσιοῦσθαι (ebenso τυφοῦσθαι 1 Tim 6, 4) mit *exaltari* wiedergegeben worden, s. Crum, Copt. Dict. 788–790.

3 Dove sta scritto che Dio «strangola i propri fili»?: Scritti di Erudizione e di Filologia II, Roma 1958, 7–11. Das bisher nicht richtig nachgewiesene Sirach-Zitat 4, 11 ist ein lehrreiches Beispiel der stiefmütterlichen Behandlung der Schrift-Zitate in den Ausgaben, s. meinen Beitrag: *Jeremias-Zitate in Väter-*

neuesten Ausgaben (CSEL = CC) notieren — zugrunde liegt. Bereits die oben genannten alten LXX-Ausgaben von Wechel und Bos haben neben Clem auch Tert genannt. Nur ist es bis heute nicht gelungen, die griech. Vorlage der Lesart *iugulavit* zu finden. Gewöhnlich nimmt man an, daß ἐνεφυσίωσεν nicht in Frage komme, da es das Gegenteil von *iugulavit* bedeute. Wechel übersetzt *iugulavit* in ἀπέσφαξε zurück, Bos (und ebenso Grotius) in ἐνεθυσίαζε. Die Rückübersetzung in ἀπέσφαξε verleitete auch dazu, Prv 9, 2 (ἔσφαξεν *immolavit* Vulg, *mactavit* Cypr) als Grundstelle anzunehmen. Vaccari kann ebenfalls keine befriedigende Erklärung geben; er schlägt ἀπεφυσίωσε oder ἀπεψύχωσε vor. Hieronymus verwendet *iugulare* gern (10mal) (gewöhnlich für *šḥṭ* und *hrg*) in seiner Vulgata; besonders kennzeichnend ist Rcht 12, 6 *šḥṭ iugulare* Vulg, θύειν LXX (cod. B) und σφάζειν (cod. A). Tob 2, 3 steht *iugulatus* für ἐστραγγαλωμένος (στραγγαλοῦσθαι ist Hapaxleg. der LXX). Kann von hier aus eine Lösung gefunden werden? Faßt Tert. *iugulare* im Sinn von erdrosseln, strangulieren, aufhängen = *exaltare* (ἀν)υψοῦν auf? Damit werden wir an Joh 3, 14 ὕψωσεν ... ὑψωθῆναι erinnert. Wenn eine Beziehung zu Joh 3, 14 festgestellt werden könnte, dann hätte *iugulare* die gleiche Bedeutung wie (ἐμ)φυσιοῦν = *exaltare*. So könnte *iugulavit* Tert als Vorlage ἐνεφυσίωσεν Clem voraussetzen.

So ist es den Textkritikern gelungen, die Lesart ἐνεφυσίωσεν etwas zu erhellen; aber es ist ihnen nicht geglückt, sie textgeschichtlich einzuordnen. Dies kann ohne Schwierigkeit geschehen: ἐνεφυσίωσεν gehört nicht Gr I, sondern Gr II an, wie schon äußerlich die Zeugen Clem und La, die neben *L* die wichtigsten Vertreter von Gr II sind, beweisen. Die Zugehörigkeit zu Gr II wird aber nicht nur durch die Haupt-Lesart ἐνεφυσίωσεν, sondern auch durch die übrigen Varianten, namentlich durch die Vokabel-Variante τέκνα (für υἱούς Gr I) erwiesen; ich kann auf meinen Aufsatz: *Die Vokabel-Varianten der O-Rezension im griech. Sirach* in der Driver-Festschrift *Hebrew and Semitic Studies,* Oxford 1963, 187 verweisen, wo ich gezeigt habe, daß ursprünglich υἱοί (= *banim*) später gewöhnlich durch τέκνα ersetzt worden ist. Sodann ist die Wortfolge genau dem vorliegenden hebr. Text angeglichen (im Gegensatz zu Gr I und La, die das Verbum an das Ende stellen). Schließlich spricht auch die Verwendung des Reflexivpronomens und seine Stellung vor dem Nomen, wie sie gewöhnlich in Prv gebräuchlich ist (vgl. Prv 9, 2 τὰ ἑαυτῆς θύματα, τὸν ἑαυτῆς οἶνον, τὴν ἑαυτῆς τράπεζαν), für Gr II (Gr I verwendet gewöhnlich das Possessivpronomen hinter dem Nomen).

E r g e b n i s : Das plastische ἐμφυσιοῦν bedeutet *einflößen, begeistern, erheben* (so hat es Clem selbst aufgefaßt) und besagt das gleiche wie das blasse ἀνυψοῦν. Die entsprechende hebr. Vokabel der Vorlage ist nicht sicher zu bestimmen; *lmd,* das heute in H steht, kommt wohl nicht in Frage, eher *bjn* oder *rwm.* Die Lesart ἐνεφυσίωσεν Clem = *iugulavit* Tert gehört Gr II, dagegen ἀνύψωσεν Gr I an.

Schriften. Zugleich grundsätzliche Betrachtung über Schrift-Zitate in Väter-Ausgaben, in der Altaner-Festschrift: *Theologie aus dem Geist der Geschichte,* München-Freiburg 1958, 347–357.

II
Zu מכוער Sir 11,2 und 13,22

Nach 11,2 soll man «einen Menschen wegen seiner Schönheit» (ἄνδρα ἐν κάλλει αὐτοῦ G La, 'dm bt'rw H, «einen schönen Menschen wegen seines Aussehens» Syr) nicht loben und «einen Menschen wegen seines Aussehens» (ἄνθρωπον ἐν ὁράσει αὐτοῦ G La, 'dm mkw'r bmr'hw = «einen häßlichen Menschen wegen seines Aussehens» H Syr) nicht verabscheuen.

Wichtig ist in V. 2b mkw'r, das auch Sa und Aeth ausdrücken: Verabscheue keinen Menschen wegen seiner Häßlichkeit. Besonders auffallend ist aber die Wiedergabe in Syh: verabscheue keinen Menschen bl' ḥzjwth' djlh = in seinem Nicht-Aussehen. Wörtlich ins Hebr. zurückübersetzt würde man auf ein mit lo' negiertes Nomen kommen; solche Bildungen werden gern im prophetischen Schrifttum verwendet, z. B. Is 10,15 lo'-'eṣ Nicht-Holz, 31,8 lo'-'iš Nicht-Mann und lo'-'adam Nicht-Mensch. In unserem Fall würde lo'-mar'eh entsprechen, das eine treffliche Parallele in Is 53,2 hat. Köhler führt Is 53,2 in seinem Lexicon in Veteris Testamenti libros p. 563 eigens auf: «lo'-mar'eh unansehnlich, unbedeutend»; die Is-Stelle ist besonders bedeutsam, weil hier wie Sir 11,2 das Nomen to'ar neben mar'eh steht, gleichfalls mit lo' negiert.

Nun weiß man nicht, wie lo'-mar'eh ins Griechische zurückübersetzt werden soll; Hart S. 77 notiert zur Variante in Syh: «ὁράσει] pr. ουχ», so daß in der Vorlage gestanden hätte ἐν οὐχ – ὁράσει αὐτοῦ. Diese für griech. Ohren barbarisch klingende Ausdrucksweise könnte sehr gut Aquila, aber nicht der griech. Sirach-Übersetzer verwendet haben. Deshalb ist eine andere griech. Vokabel anzunehmen und zwar mit einem Alpha privativum, das gewöhnlich in der Syh mit l' wiedergegeben wird, z. B. Sir 11,25 l' mtdkrnwt' ἀμνησία und Sap 19,17 l' ḥzj' ἀορασία. Die Sap-Stelle bietet uns ἀορασία an, das 6mal in der LXX und 1mal bei Symmachus, aber immer in der Bedeutung Blindheit vorkommt. Jedoch kann ἀορασία auch den Zustand des Nicht-Gesehenwerdens bezeichnen, nämlich Unsichtbarkeit, Dunkelheit, Verborgenheit. Deutlich hat das Adj. ἀόρατος diese Bedeutung; es heißt nicht nur unsichtbar, sondern auch leicht zu übersehen wegen der Kleinheit (so schon bei Plato Tim. 43a διὰ σμικρότητα), dann verborgen (so Is 45,3 θησαυροὺς ... ἀοράτους = mistarim neben σκοτεινούς, ἀποκρύφους), geheimnisvoll, rätselhaft, schwer zu erklären (so bes. im NT: ὁ θεὸς ἀόρατος deus invisibilis ist nicht nur der unsichtbare Gott, sondern auch der verborgene, geheimnisvolle Gott). In diesem Sinn ist 2 Makk 9,5 verwendet: Gott schlug den Antiochus ἀνιάτῳ καὶ ἀοράτῳ πληγῇ mit einer unheilbaren und rätselhaften, nicht zu erklärenden Krankheit (so ist zu übersetzen, nicht «mit einer unsichtbaren Krankheit»).

Noch besser würde ἀόρασις passen; allerdings kann man gegen diese Vokabel einwenden, daß sie in den griech. Lexika nicht verzeichnet ist, aber dies besagt nicht, daß sie überhaupt nie existiert hat. Leider versagt hier die Minuskel 253, die sonst gewöhnlich mit Syh geht (253-Syh bilden die beiden Zeugen der O-Rezension), weil sie eine Lücke hat:

8, 5 – 11, 9 fehlt in 253. Nur in 46 findet sich die sonderbare Schreibweise α?ρ^α, die eine mit α beginnende Vokabel sein könnte; der erste Buchstabe ist deutlich ein α, der zweite Buchstabe sieht aus wie ein in υ korrigiertes α, die Endung ist abgekürzt. Somit ist es sehr fraglich, ob 46 als Zeuge für die Lesart ἀοράσει aufgeführt werden darf.

Jedenfalls kann man zuversichtlich sagen, daß Syh in ihrer griech. Vorlage gelesen hat ἐν τῇ ἀοράσει αὐτοῦ = *in invisibilitate eius, in seiner Unansehnlichkeit,* und dies ist die einzig richtige Wiedergabe. Sie leitet ausgezeichnet zum Bild der *Biene* in V. 3 über, die zwar «klein» und deshalb *unansehnlich* ist, aber «das beste Erzeugnis» (den Honig) hervorbringt. Die Wiedergabe mit *Unansehnlichkeit* wird auch durch *to'ar* in V. 2a gefordert, das *Ansehnlichkeit, Stattlichkeit, Schönheit* (stattliche, auffallende, schöne Erscheinung) bedeutet und in ⑤ richtig (aber doch zu einseitig) mit κάλλος übersetzt worden ist. In dieser Bedeutung steht *to'ar* in der oben genannten Is-Stelle 53, 2, ferner Is 52, 14 *mar'ehu* w^e*to'aro* τὸ εἶδός σου καὶ ἡ δόξα σου und 1 Sm 16, 18 w^e*'iš to'ar* καὶ ἀνὴρ ἀγαθὸς τῷ εἴδει. In diesem Zusammenhang muß noch 1 Sm 16, 7 genannt werden, wo zwar nicht *to'ar,* aber das parallele *mar'eh* genannt wird, weil sie eine treffliche Illustration zu unserem weisheitlichen Spruch bildet: «Schau nicht auf sein A u s s e h e n (*mar'ehu* τὴν ὄψιν αὐτοῦ) und seine hohe Gestalt».

Die aufgeführten Stellen fordern auch für unsere Sirach-Stelle die gleiche Bedeutung von *mar'eh,* nämlich g u t e s *Aussehen;* diese aber würde nur dann vorliegen, wenn im Vers ein streng synonymer Parallelismus vorläge. Dies ist nicht der Fall; das antithetische Verbum «verabscheue» verlangt *mar'eh* in der Bedeutung s c h l e c h t e s *Aussehen* zu nehmen, die es jedoch nicht hat. Von diesem Gesichtspunkt aus gesehen, treffen die Lesarten *mk'r bmr'hw* «der h ä ß l i c h (verhaßt Syr) ist in seinem Aussehen» H, «in seiner U n a n s e h n l i c h k e i t» Syh, «wegen seiner H ä ß l i c h k e i t» Sa Aeth das Richtige.

Nun erhebt sich die Frage nach dem ursprünglichen hebr. Text und nach der hebr. Vorlage für ⑤ (näherhin Gr I und Gr II). Auf den ersten Blick ist zu sehen, daß eine hebr. Vokabel ausgeschieden werden muß, da die Zeile 2b zu lang ist. Die meisten Textkritiker sind schnell bei der Hand und entfernen *mkw'r* als «erläuternde Glosse» (so Peters, Komm. S. 95), da sie von ⑤ nicht bezeugt werde. Smend ist nicht so voreilig; er spürt irgendwie, daß *mkw'r* unrichtig behandelt wird, spricht aber nicht weiter darüber, sondern schreibt nur den sonderbaren Satz: «Was *t'r* hier bedeutet, hängt davon ab, ob *mkw'r* echt ist» (S. 102). Ich halte es für echt. Es ist ein Glück, daß *mkw'r,* das sich sonst nicht im AT findet, im hebr. Sirach kein Hapaxlegomenon ist, sondern auch 13, 22 steht: *wdbrjw mkw'rim* ἐλάλησεν ἀπόρρητα. Die griech. Wiedergabe von *mkw'r* mit ἀπόρρητος ist sehr bedeutsam: 1) ἀπόρρητος ist Hapaxleg. in der LXX, wird aber gern von Aquila (und Symmachus) verwendet und paßt damit vorzüglich zum Wortschatz von Gr I, der sich oftmals mit dem von Aquila (und Symmachus) berührt, siehe meinen Aufsatz: *Zum Wortschatz des griech. Sirach:* ZAW Beih. 77 (1958) 285f. 2) ἀπόρρητος zeigt uns, wie der Übersetzer *mkw'r* verstanden hat: dunkel, verborgen, unklar, undeutlich; in Bezug auf das Reden: unverständlich, dumm, töricht, albern. Diese Bedeutung wird durch das gegensätzliche *mśkjl* σύνεσιν V. 22d erhärtet, ja gefordert: der Arme redet Verständiges (Kluges, Vernünftiges, Gescheites), aber keiner erkennt dies an; der Reiche redet Unverständliches (Törichtes, Dummes), aber alle stimmen ihm bei. Somit ist 13, 22b zu übersetzen (nach H): «und sein dummes Gerede halten sie für gut.» Die Bedeutung «häßlich», die im außerbiblischen Hebräisch überwiegt und von den Übersetzern gewöhnlich genommen wird, steht am Ende der Begriffsentwicklung, liegt aber Sir 13, 22 noch nicht vor. Somit kommen wir bei der Deutung von *mkwᶜr* in die Nähe von ἀόρατος (ἀορασία, ἀόρασις), das 13, 22 im logischen, 11, 2 im ästhetischen und ethischen Sinn verwendet wird.

Darf man von ἀπόρρητος 13, 22 noch einen Schritt weitergehen und auch für 11, 2 die gleiche Wiedergabe voraussetzen? Es käme das in der LXX fehlende Subst. ἀπόρρησις in Frage, so daß man ἀπορρήσει konjizieren müßte, das graphisch nicht allzu weit von ἀοράσει entfernt liegt. Wäre der Sirach-Übersetzer ein Aquila gewesen, dann müßte diese Vokabel angenommen werden. So aber kann es nur eine Vermutung sein. Das seltene ἀπορρήσει (Gr I) wäre dann zum ungebräuchlichen ἀοράσει (Gr II) und schließlich zum bekannten ὁράσει (&) geworden. Als hebr. Vorlage müßte *bkwᶜrw* angenommen werden, das zu *mkwᶜr* verbessert worden wäre. Zu dem seltenen *bkwᶜro* wurde das bekannte *bmrʾhw* zunächst als Randnote geschrieben, die dann in den Text geriet, wo sie heute noch steht. Jedenfalls ist *bmrʾhw* sekundär; ja, es erweckt den dringenden Verdacht, daß es nichts anderes als eine hebr. Rückübersetzung von ἐν ὁράσει αὐτοῦ ist. Damit gehört diese Dublette in H zu der gleichen Art, die uns 20, 13 *bmᶜt dbr* (ὀλίγοις λόγοις) und 37, 20 *mᵉkl tᶜnwg* (τροφῆς τρυφῆς) begegnet. Auch hier werden *dbr* und *mᵉʾkl* am besten als hebr. Rückübersetzungen von λόγοις und τροφῆς erklärt (s. meinen Aufsatz in der Kardinal-Tisserant-Festschrift: *Ursprüngliche Lesarten im griech. Sirach: Studi e Testi 231 (1964) 473f*).

Ergebnis: *mkwᶜr* (= ἀόρατος) 11, 2b ist ein im Verborgenen, im Stillen schaffender Mann (man denkt an Λάθε βιώσας), der von der Öffentlichkeit kaum beachtet wird, nach außen dazu klein, unscheinbar, unansehnlich, ja häßlich [4] ist im Gegensatz zu einem Mann, der *tᵉʾr* (κάλλος) 11, 2a besitzt, der in der Öffentlichkeit wirkt (man denkt an «Publicity») und hohes Ansehen genießt, dazu groß und stattlich, ja schön ist.

mkwᶜrjm (ἀπόρρητα) 13, 22b sind dunkle, schwer verständliche, schlechte, dumme Reden, während *mᵉśkjl* (σύνεσιν) 13, 22d das klare, verständliche, gute, gescheite Sprechen bezeichnet.

*

Die beiden Beiträge führen uns in das Labyrinth der Textgeschichte des Sirach, in dessen verschlungenen Gängen sich sogar der Kundige kaum zurechtfindet. Sie zeigen, daß in alten Zeiten eine Vielfalt von Varianten der verschiedenen Texte (H Syr Gr I u. Gr II La) vorhanden

---

4 Levy, Chald. Wörterbuch über die Targumin I 379 zitiert zu *kᶜr* Taan. 7a «Solch herrliches Wissen in so häßlichem *(mkwᶜr)* Gefäß», bildl. von R. Josua, der sehr häßlich gewesen sein soll.

gewesen sein muß, die in den erhaltenen und uns heute bekannten
Zeugen entweder völlig fehlen oder nur geringe Spuren hinterlassen
haben. Sie mahnen zur größten Vorsicht bei Rückübersetzungen,
Emendationen und Konjekturen.

Verzeichnis der näher besprochenen griechischen Vokabeln

Zusammengestellt von Dr. P. Hugger

κονδυλύζειν 39
κονδυλύζειν — κολαφίζειν 89
κοντός — δόρυ 330, 337
κόπος 39
κόπρος/κόπριον 429
κόπτειν 208
κόρος — ὅρκος 69
κρατεῖν 96
κραυγή — φωνή 416
κρηπίδωμα 208
κρίμα 246
κρίνειν 9
κροκυφάντωτος 430
κρύπτειν 246
κρύσταλλος 19, 21
κτίζειν 31f.
κύκλος — σφαῖρα 57
κυκλοῦν — γυροῦν 516, 623
κυκλοῦν — θυρεοῦν 86
κύριος 436f., 507—509, 554f., 654—656
κύριος — δεσπότης 627
κύριος δυνάμεων 599f., 609f.
κύριος — θεός (pro יהוה) 123
κύριος (ὁ) θεός 338
κύριος ὁ θεὸς ἡμῶν (ὑμῶν, σου) 531, 538f.
κύριος κύριος 338f.
κύριος παντοκράτωρ 587, 610—612
κύριος σαβαωθ 587
κύριος — ὕψιστος 515
κωλύειν 221
κωφός 62

λαβίς 47f.
λάκκος 217
λάκκος — βόθρος 328
λαλεῖν 60
λαμβάνειν — ἐγκρατής 623
λαμβάνειν — μιμνήσκεσθαι 79, 329f., 399
λαμπάς 431
λαός 254
λαός — ναός 644
λατομεῖν 82
λέγειν — λήγειν 651f.
λέγειν — φάναι 437
λειμών — ἡμῶν 563
λενιαθαν/λενιαθαμ (Is 27, 1) 55
λευκή 54
λήγειν — λέγειν 651f.
λιθολογία 91
λίθος 26, 456, 575, 586
λίνον 212
λιτανεύειν 84
λογίζεσθαι 19, 21
λογισμός — λόγος 643
λόγος 438
λόγος — λογισμός 643

λόγος — λοιμός 154
λόγος — νόμος 643f.
λόγος — ὀλίγος 44, 645f.
λόγχη 101
λοιμός — λόγος 154
λύειν 11
λῶμα 64

μακροημερεύειν — μακροχρόνιος 460
μακροήμερος — μακροχρόνιος 460
μακσε (Is 3, 24 ϑ′) 47
ματαιοῦν 446
μάχαιρα — ῥομφαία 42, 389, 587
μαχητής 249
μεγαλοσύνη — εὐφροσύνη 49
μέθυσμα — σίκερα 222
μειδιᾶν 90
μελετᾶν 431
μελετᾶν — τελευτᾶν 617
μελετᾶν — φθέγγεσθαι 51
μελοκοπία — ἀποτομία 155
μέλος — θρῆνος 90
μελχομ (Am 1, 15) 247
μένειν 212
μερίζειν 92
μεριμνᾶν 219
μεστός — ὑγίεια 624f.
μετά 392, 437
μετά — ταῦτα 442
μετά — ὡς 628
μετάβολος 87, 431
μεταναστεύειν 51, 433
μετάνοια — διάνοια 630
μέτρον 113
μή 492
μή τι οὐ 100
μήτηρ 455
μηχανή/μηχάνημα 94
μιμνήσκεσθαι — λαμβάνειν 329f.
μισεῖν — ἀντιτάσσεσθαι 251
μίτρα 102
μίτρα — διάδημα, κίδαρις 46, 68f.
μνησθῆναι — ζητῆσαι τρυφήν 515, 629
μοιχᾶσθαι 417
μόσχος 434
μοτοῦν — ἐπιδεῖν, ὑγιάζειν 82
μῦθος 459
μύσος 213

ναός — λαός 645
ναύτης 210
νεᾶνις 89
νεβελ (Os 3, 2; Ier 13, 12) 246, 432
νεκρός — ἐχθρός 636f.
νεκρός — στερεός 407
νέος — πορνεία 618

σοφία — σύνεσις 621f., 626
σπᾶν 424
σπᾶν — ἀναιρεῖν 330
σπάρτον/σπαρτίον 56
σπείρειν/σπειροῦν 56
σπείρη — στοιβή 98
σπινθήρ 557f.
σπονδεῖον/σποδιά 91
σπουδαῖος 411
(κατὰ) σπουδήν — κατασπεύδειν 642f.
(κατὰ) σπουδήν — ἐν τάχει 650f.
σταθμίζειν — ἱστάναι 104
σταθμίζεσθαι/σταθμᾶσθαι 62
στενάζειν — στυγνάζειν 328f., 339
στερεῖσθαι — φθείρειν 523
στερεός — νεκρός 407
στερεοῦν 31
στοιβή — σπείρη 98
στολή 11
στόμα : ἐν στόμασιν — ἐνώπιον 625
στόμα — σῶμα 647
στρατιά 210
στρατιά — δύναμις 428
στρεβλοῦν 145
στρουθίζειν 49
στρόφιγξ 91
στυγνάζειν — στενάζειν 328f., 339
συγγένεια 221
συγχωνεύειν 224
συκοφαντεῖν 65, 92, 217
συμποσιάζειν/συμποσιασμός 80
συμφορά 64
συνάγειν 41, 61, 94
συνάγειν — συνέχειν 646
συναγωγή (vgl. auch ἀγωγή) 41, 93
συναγωγή — βουλή 288
συναντᾶν 93
συναντᾶν — συνιστᾶν 65
συνάντημα 67
σύναξις — σύνεσις 108
σύνβρωσις 67f.
σύνδεσμος 150
συνεργός 61f.
σύνεσις 9, 41, 108, 246
σύνεσις — σοφία 621f., 626
σύνεσις — σύναξις 108
συνέχειν — συνάγειν 646
συνέχεσθαι 15
συνθήκη 214f.
συνιστᾶν — συναντᾶν 65
συνούλωσις 226
συνοχή — πολιορκία 95
συνταγή 60, 84
συντάσσειν 11
συντελεῖν 446
συντρίβειν 250

συσκιάζειν/εὐσκιάζειν 80, 108
συσκιασμός 90
συσσείειν — ὠδίνειν 625
συστέλλειν 65
σφαγή 15
σφαῖρα — κύκλος 57
σχίζειν 64
σχῖνος/σχοῖνος 112f.
σῶμα — τὰ ἔσχατα 70
σῶμα — στόμα 647

ταλαιπωρεῖν — δείλαιος 30
ταλαιπωρία — θλῖψις 101f.
Ταναθαν — θαρθαν (Is 20, 1) 501
ταπεινός 105
ταπεινοῦν 23, 27f., 105
ταπεινοῦν — κακουχεῖν 65f.
ταράσσειν 19f., 53
ταραχή 107
τάσσειν 30
τάσσειν — ἄγειν 246
τάχος : ἐν τάχει — κατὰ σπουδήν 650f.
τέκνον — υἱός 630f.
τελευτᾶν — μελετᾶν 618
τερέβινθος 46, 80
τήκειν — διαθρύπτειν 31
τιθέναι 30
τιθέναι — ἱστάναι 624
τιμᾶν — δοξάζειν 460, 463
τιμή 353
τιμιουλκεῖν 603
τιμωρεῖσθαι 96
τιτρώσκειν 12, 17, 27
τότε — καί 384
τότε — πότε 552
τότε — ταῦτα 117
τραυματίζειν 66
τρίβολος 88
τριήρης 211
τροφή — τρυφή 647f.
τροχιά 425
τροχός 88
τρυγίας 226
τρυφή 599
τρυφή — τροφή 647f.
τύπος — γλυπτός 327

ὕβρις — ἀδικία 352
ὑγιάζειν — ἐπιδεῖν, μοτοῦν 82
ὑγιάζειν/ὑγιαίνειν — ζῆν 61
ὑγίεια 516
ὑγίεια — μεστός 624f.
ὑδρεύειν 100
ὑδρία 432
ὑετίζειν 446
υἱός 111